权威读本

中华人民共和国民法典合同编解读

（上册）

主编
黄 薇
（全国人大常委会法制工作委员会民法室主任）

中国法制出版社
CHINA LEGAL PUBLISHING HOUSE

前　言

一、编纂民法典的重大意义

编纂民法典是党的十八届四中全会确定的一项重大政治任务和立法任务，是以习近平同志为核心的党中央作出的重大法治建设部署。编纂民法典，就是通过对我国现行的民事法律制度规范进行系统整合、编订纂修，形成一部适应新时代中国特色社会主义发展要求，符合我国国情和实际，体例科学、结构严谨、规范合理、内容完整并协调一致的法典。这是一项系统的、重大的立法工程。

编纂一部真正属于中国人民的民法典，是新中国几代人的夙愿。党和国家曾于1954年、1962年、1979年和2001年先后四次启动民法制定工作。第一次和第二次，由于多种原因而未能取得实际成果。1979年第三次启动，由于刚刚进入改革开放新时期，制定一部完整民法典的条件尚不具备。因此，当时领导全国人大法制委员会立法工作的彭真、习仲勋等同志深入研究后，在八十年代初决定按照“成熟一个通过一个”的工作思路，确定先制定民事单行法律。现行的继承法、民法通则、担保法、合同法就是在这种工作思路下先后制定的。2001年，九届全国人大常委会组织起草《中华人民共和国民法（草案）》，并于2002年12月进行了一次审议。经讨论和研究，仍确定继续采取分别制定单行法的办法推进我国民事法律制度建设。

2003年十届全国人大以来，又陆续制定了物权法、侵权责任法、涉外民事关系法律适用法等。总的看，经过多年来努力，我国民事立法是富有成效的，逐步形成了比较完备的民事法律规范体系，民事司法实践积累了丰富经验，民事法律服务取得显著进步，民法理论研究也达到较高水平，全社会民事法治观念普遍增强，为编纂民法典奠定了较好的制度基础、实践基础、理论基础和社会基础。随着我国社会主义现代化事业不断发展和全面依法治国深入推进，人民群众和社会各方面对编纂和出台民法典寄予很大的期盼。

党的十八大以来，以习近平同志为核心的党中央把全面依法治国摆在突出位置，推动党和国家事业发生历史性变革、取得历史性成就，中国特色社会主义已经进入新时代。在坚持和完善中国特色社会主义制度、推进国家治理体系和治理能力现代化的新征程中，编纂民法典具有重大而深远的意义。

（一）编纂民法典是坚持和完善中国特色社会主义制度的现实需要

回顾人类文明史，编纂法典是具有重要标志意义的法治建设工程，是一个国家、一个民族走向繁荣强盛的象征和标志。新中国成立70多年特别是改革开放40多年来，中国共产党团结带领中国人民不懈奋斗，成功开辟了中国特色社会主义道路，取得了举世瞩目的发展成就，中国特色社会主义制度展现出强大生命力和显著优越性。我国民事法律制度正是伴随着新时期改革开放和社会主义现代化建设的历史进程而形成并不断发展完善的，是中国特色社会主义法律制度的重要组成部分。在系统总结制度建设成果和实践经验的基础上，编纂一部具有中国特色、体现时代特点、反映人民意愿的民法典，不仅能充分彰显中国特色社会主义法律制度成果和制度自信，促进和保障中国特色社会主义事业不断发展，也能为人类法治文明的发展进步贡献中国智慧和中国方案。

（二）编纂民法典是推进全面依法治国、推进国家治理体系和治理能力现代化的重大举措

民法是中国特色社会主义法律体系的重要组成部分，是民事领域的基础性、综合性法律，它规范各类民事主体的各种人身关系和财产关系，涉及社会和经济生活的方方面面，被称为“社会生活的百科全书”。建立健全完备的法律规范体系，以良法保障善治，是全面依法治国的前提和基础。民法通过确立民事主体、民事权利、民事法律行为、民事责任等民事总则制度，确立物权、合同、人格权、婚姻家庭、继承、侵权责任等民事分则制度，来调整各类民事关系。民法与国家其他领域法律规范一起，支撑着国家制度和国家治理体系，是保证国家制度和国家治理体系正常有效运行的基础性法律规范。编纂民法典，就是全面总结我国的民事立法和司法的实践经验，对现行民事单行法律进行系统编订纂修，将相关民事法律规范编纂成一部综合性法典，不断健全完善中国特色社会主义法律体系。这对于以法治方式推进国家治理体系和治理能力现代化，更好地发挥法治固根本、稳预期、利长远的保障作用，具有重要意义。

（三）编纂民法典是坚持和完善社会主义基本经济制度、推动经济高质量发展的客观要求

公有制为主体、多种所有制经济共同发展，按劳分配为主体、多种分配方式并存，社会主义市场经济体制等社会主义基本经济制度，是以法治为基础、在法治轨道上运行、受法治规则调整的经济制度，社会主义市场经济本质上是法治经济。我国民事主体制度中的法人制度，规范民事活动的民事法律行为制度、代理制度，调整各类财产关系的物权制度，调整各类交易关系的合同制度，保护和救济民事权益的侵权责任制度，都是坚持和完善社会主义基本经济制度不可或缺的法律制度规范和行为规则。同时，我国民事法律制度建设一直秉持“民商合一”的传统，把许多商事法律规范纳入民法之中。编纂民法典，进一步完善我国民商事领域基本法律制度和行为规则，为各类民商事活动提供基本遵循，有利于充分调动民事主体的积极性和创造性、维护交易安全、维护市场秩序，有利于营造各种所有制主体依法平等使用资源要素、公开公平公正参与竞争、同等受到法律保护的市场环境，推动经济高质量发展。

（四）编纂民法典是增进人民福祉、维护最广大人民根本利益的必然要求

中国特色社会主义法治建设的根本目的是保障人民权益。改革开放以来，我国民事法律制度逐步得到完善和发展，公民的民事权利也得到越来越充分的保护。中国特色社会主义进入新时代，随着我国社会主要矛盾的变化，随着经济发展和国民财富的不断积累，随着信息化和大数据时代的到来，人民群众在民主、法治、公平、正义、安全、环境等方面的要求日益增长，希望对权利的保护更加充分、更加有效。党的十九大明确提出，要保护人民人身权、财产权、人格权。而现行民事立法中的有些规范已经滞后，难以适应人民日益增长的美好生活需要。编纂民法典，健全和充实民事权利种类，形成更加完备的民事权利体系，完善权利保护和救济规则，形成规范有效的权利保护机制，对于更好地维护人民权益，不断增加人民群众获得感、幸福感和安全感，促进人的全面发展，具有十分重要的意义。

二、编纂民法典的指导思想和基本原则

民法典是新中国第一部以法典命名的基本法律，开创了我国法典编纂立法的先河，具有里程碑意义。以习近平同志为核心的党中央高度重视民法典编纂工作，将编纂民法典列入党中央重要工作议程，并对编纂民法典工作任务作出总体部署、提出明确要求。

根据党中央的指示和要求，编纂民法典的指导思想是：高举中国特色社会主义伟大旗帜，以马克思列宁主义、毛泽东思想、邓小平理论、“三个代表”重要思想、科学发展观、习近平新时代中国特色社会主义思想为指导，增强“四个意识”，坚定“四个自信”，做到“两个维护”，全面贯彻党的十八大、十九大和有关中央全会精神，坚持党的领导、人民当家作主、依法治国有机统一，紧紧围绕统筹推进“五位一体”总体布局和协调推进“四个全面”战略布局，紧紧围绕建设中国特色社会主义法治体系、建设社会主义法治国家，总结实践经验，适应时代要求，对我国现行的、制定于不同时期的民法通则、物权法、合同法、担保法、婚姻法、收养法、继承法、侵权责任法和人格权方面的民事法律规范进行全面系统的编订纂修，连同民法典编纂第一步出台的民法总则，一并形成一部具有中国特色、体现时代特点、反映人民意愿的民法典，为新时代坚持和完善中国特色社会主义制度、实现“两个一百年”奋斗目标、实现中华民族伟大复兴中国梦提供完备的民事法治保障。

为落实好党中央的决策部署，切实做好民法典编纂工作，在编纂民法典工作过程中还始终贯彻和遵循以下基本原则：

一是坚持正确政治方向。提高政治站位和政治自觉，全面贯彻习近平总书记全面依法治国新理念新思想新战略，充分发挥民法典在坚持和完善中国特色社会主义制度、推进国家治理体系和治理能力现代化中的重要作用。民法典确立国家的民事基本制度。这些制度，有的关系到国家的基本经济制度，有的关系到改革开放的大政方针，有的关系到国计民生的顶层设计。民法典编纂工作，必须始终坚持党的领导，坚决贯彻党中央的决策部署，坚持服务党和国家工作大局，以法典化方式确认、巩固和发展改革开放取得的法治成果，充分发挥立法的引领和推动作用。

二是坚持以人民为中心。每个人的生、老、病、死，衣、食、住、行都与民法密切相关，民法关系到每个人的切身利益。编纂民法典必须坚持以人民为中心的发展理念，始终贯彻立法为民，深入了解、切实回应人民群众的法治需求，切实做到“民有所呼，立法有所应”，做好民事法律制度的顶层设计，更好地满足人民日益增长的美好生活需要，充分实现好、维护好、发展好人民群众的根本权益，努力让民法典成为新时代保护人民民事权利的权利法典。

三是坚持立足国情和实际。必须坚持问题导向，立足我国仍处于并将长期处于社会主义初级阶段这个基本国情，全面总结我国改革开放40多年来民事立法和实践经验，深入分析现阶段经济社会发展的实际情况，以实践需求指引立法方向，用实践智慧破解立法难题，积极回应、妥善解决民事法治实践中的问题，创设符合经济社会发展需要的民事法律规范，提高民事法律制度的针对性、有效性、适应性，努力发挥引领、推动、保障作用。

四是坚持依法治国与以德治国相结合。习近平总书记指出，“治理国家、治理社会必须一手抓法治、一手抓德治，既重视发挥法律的规范作用，又重视发挥道德的教化作用，实现法律和道德相辅相成、法治和德治相得益彰”。民法不仅调整规范物权等财产关系和合同等交易关系，还调整规范婚姻、家庭、继承等具有诸多道德伦理因素的民事关系。而调整规范民事关系不仅要依靠法律规则，还要依靠道德约束。很多民法原则与道德规范是一脉相承的，很多民法规范与价值观念是相辅相成的。因此，必须坚持法治与德治并重，既要注重法律制度和规则的合理安排，又要将社会主义核心价值观融入民法典编纂全过程，大力弘扬传统美德和社会公德，强化规则意识，倡导契约精神，维护公序良俗。

五是坚持科学立法、民主立法、依法立法。宪法是国家的根本法，是治国安邦的总章程。编纂民法典必须体现宪法精神、符合宪法要求，充分体现中国特色社会主义的本质属性和特征。民法典关系到我们每一个人，关系到社会生活的方方面面，我们必须坚持立法为民、问法于民，充分反映社情民意，使人民群众在民法典编纂中感受到公平正义。同时，民法制度源远流长，民法理论博大精深，我们不仅要遵循立法的一般规律，还要体现民法的基本原理和基本精神，体现民商事活动的内在规律；既保持民事法律制度的连续性、稳定性，又保持适度的前瞻性、开放性，并处理好、衔接好法典化民事法律制度下各类规范之间的关系。我们还要善于学习他国的民事立法经验，积极借鉴人类法治文明成果。

三、民法典编纂工作情况

根据党中央的工作部署，编纂民法典的起草工作由全国人大常委会法制工作委员会牵头，最高人民法院、最高人民检察院、司法部、中国社会科学院、中国法学会为参加单位。为做好民法典编纂工作，全国人大常委会法制工作委员会与五家参加单位成立了民法典编纂工作协调小组，并成立了民法典编纂工作专班。

编纂民法典不是制定全新的民事法律，也不是简单的法律汇编，而是对现行的民事法律规范进行编订纂修，对已经不适应现实情况的规定进行修改完善，对经济社会生活中出现的新情况、新问题作出有针对性的新规定。编纂民法典采取“两步走”的工作思路进行：第一步，制定民法总则，作为民法典的总则编；第二步，编纂民法典各分编，经全国人大常委会审议和修改完善后，再与民法总则合并为一部完整的民法典草案。

2015 年 3 月，全国人大常委会法制工作委员会启动民法典编纂工作，着手第一步的民法总则制定工作，以 1986 年制定的民法通则为基础，系统梳理总结有关民事法律的实践经验，提炼民事法律制度中具有普遍适用性和引领性的规则，形成民法总则草案。2016 年 6 月、10 月、12 月，全国人大常委会先后 3 次审议了民法总则草案，并且先后 3 次于会后将草案审议稿在中国人大网公布征求社会公众意见，两次将草案印送全国人大代表征求意见，还将草案印发中央有关部门、地方人大、法学教学科研机构征求意见。与此同时，全国人大常委会于 2016 年 10 月和 11 月在北京、四川、宁夏和上海召开 4 次座谈会，由张德江委员长和李建国副委员长分别主持，直接听取中央有关部门，各省、自治区、直辖市人大常委会和部分全国人大代表、基层立法联系点代表、法律实务工作者和专家学者等各方面的意见，并到基层进行实地调研。2017 年 3 月由第十二届全国人民代表大会第五次会议审议通过。制定民法总则，完成了民法典编纂工作的第一步，为民法典编纂奠定了坚实基础。

民法总则通过后，十二届、十三届全国人大常委会接续努力、抓紧开展作为民法典编纂第二步的各分编编纂工作。法制工作委员会与民法典编纂工作各参加单位全力推进民法典各分编编纂工作，系统梳理、研究历年来有关方面提出的意见，开展立法调研，广泛听取意见建议，以现行物权法、合同法、担保法、婚姻法、收养法、继承法、侵权责任法等为基础，结合我国经济社会发展对民事法律提出的新需求，形成了包括物权、合同、人格权、婚姻家庭、继承、侵权责任等 6 个分编在内的民法典各分编草案，提请 2018 年 8 月召开的第十三届全国人大常委会第五次会议审议。其后，2018 年 12 月，2019 年 4 月、6 月、8 月、10 月，第十三届全国人大常委会第七次、第十次、第十一次、第十二次、第十四次会议对民法典各分编草案进行了拆分审议，对全部 6 个分编草案进行了二审，对各方面比较关注的人格权、婚姻家庭、侵权责任 3 个分编草案进行了三审。在此基础上，将民法总则与经过常委会审议和修改完善的民法典各分编草案合并，形成《中华人民共和国民法典（草案）》，提请 2019 年 12 月召开的第十三届全国人大常委会第十五次会议审议。经审议，全国人大常委会作出决定，将民法典草案提请第十三届全国人民代表大会第三次会议审议。

民法典草案经全国人大常委会审议后，2020 年 1 月 10 日，全国人大常委会办公厅、全国人大宪法和法律委员会和法制工作委员会在京联合组织召开 31 个省（自治区、直辖市）人大常委会负责同志和法制工作部门、代表联络工作部门负责同志，以及中央军委政治工作部、全国台联、香港中联办、澳门中联办有关负责同志参加的部署组织全国人大代表研读讨论民法典草案工作会议，王晨同志出席并作部署讲话，对组织代表研读讨论、做好大会审议准备工作提出明确要求。全国人大宪法和法律委员会主任委员李飞同志作了辅导报告。2020 年 1 月中下旬及 2 月初，各省、自治区、直辖市人大常委会和有关单位先后组织代表研读讨论民法典草案工作，并反馈了代表研读讨论的意见。同时，法制工作委员会还将草案印发地方人大、基层立法联系点、中央有关部门征求意见，并在中国人大网公布征求社会公众意见。法制工作委员会还在北京召开多个座谈会，听取有关部门、专家的意见。

2020 年 4 月 20 日、21 日，全国人大宪法和法律委员会召开会议，根据全国人大常委会的审议意见、代表研读讨论中提出的意见和各方面的意见，对民法典草案作了进一步修改完善；认为经过全国人大常委会多次审议和广泛征求意见，草案充分吸收各方面的意见建议，已经比较成熟，形成了提请审议的《中华人民共和国民法典（草案）》。

2020 年 4 月 29 日，第十三届全国人大常委会第十七次会议决定，第十三届全国人民代表大会第三次会议于 2020 年 5 月 22 日在北京召开。考虑到第十三届全国人民代表大会第三次会议是在十分特殊情况下召开的一次特殊会议，为进一步做好会议审议民法典草案的准备工作，更充分听取全国人大代表的意见，法制工作委员会于 4 月 29 日将修改后的民法典草案再次发送给各省、自治区、直辖市人大常委会，请各地以适当方式组织有关全国人大代表研读讨论，并将代表所提意见及时整理反馈给法制工作委员会。

2020年5月22日，第十三届全国人民代表大会第三次会议在北京召开。5月24日下午、5月25日上午，各代表团小组会议审议了民法典草案。5月28日下午，在第三次全体会议上，表决并高票通过了《中华人民共和国民法典》（其中赞成2879票、反对2票、弃权5票）。2020年5月28日，国家主席习近平签发第四十五号主席令，公布《中华人民共和国民法典》，自2021年1月1日起施行。

目　　录

中华人民共和国民法典合同编

上　册

下　册

中华人民共和国民法典合同编

合同制度是社会主义市场经济的基本法律制度。1999年九届全国人大二次会议通过了合同法。合同法的实施对保护当事人合法权益、促进商品和要素自由流动、实现公平交易和维护经济秩序发挥了重要作用。贯彻全面深化改革的精神，使市场在资源配置中起决定性作用，必须坚持维护契约、平等交换、公平竞争，完善社会主义市场经济法律制度。合同编设3个分编，共29章526条。合同编规定了合同的调整范围、合同解释等一般性规定，修改完善了合同的订立、效力、履行、保全、变更和转让以及违约责任等合同基本制度；在合同法规定的15类典型合同的基础上，增加了保证合同、保理合同、物业服务合同、合伙合同4类典型合同，共规定了19类典型合同；对无因管理和不当得利的一般性规则作了规定。值得注意的是，民法典实施后，担保法将不再适用，担保法中关于担保物权的规定已被民法典物权编所取代，而担保法关于定金和保证的规定为民法典合同编所吸收，其中定金规则吸收进合同编第八章违约责任中，保证规则吸收进合同编第十三章保证合同中。

在民法典编纂过程中，对于是否设置债法总则，存在一定的争论。

支持设置债法总则的理由主要有：债法总则是很多国家编纂民法典的立法选择；债法总则是民法典体系化和科学化的反

映；债法总则能体现债的共同规则体系，并据此实现体系整合，保持体系开放性。反对设置债法总则的主要理由有：有些国家的民法典未设置债法总则；债的很多规则不具有普遍适用性，例如合同之债与侵权之债固然有一些共性，但各自的特性更为明显。此外，从我国民事立法进程来看，是先制定民事单行法，再在此基础上编纂民法典。合同法的总则、侵权责任法的一般规定已经涵盖了债法总则的绝大部分内容，司法实务中也已经比较习惯直接适用合同法处理合同案件、直接适用侵权责任法处理侵权案件，比较方便实用。而如果设置债法总则，抽取共性规则，以此统率合同之债和侵权之债，将会导致规则过于抽象和多层次的结果，不利于法律适用，也不符合多年来形成的司法实践现状。

经反复研究讨论，民法典没有设置债法总则。考虑到合同法总则已经涵盖了大部分债的一般性规则，合同编通则在合同法总则基础上做了以下调整，使合同编通则在一定程度上发挥债法总则的作用，以更好规范各类债权债务关系：

一是增加指引性规范，明确了非合同之债的法律适用规则。《民法典》第 468 条明确规定，非因合同产生的债权债务关系，适用有关该债权债务关系的法律规定；没有规定的，适用本编通则的有关规定，但是根据其性质不能适用的除外。

二是补充完善了债法的一般性规则。为了使合同编通则更好地发挥债法总则的作用，合同编通则在合同法总则基础上，补充完善了债法的一般性规则。例如，增加了多数人之债的有关内容，《民法典》第 515 条至第 521 条共 7 个条文，对选择之债、按份之债、连带之债的基本规则作了规定；增加了债务加入规则，《民法典》第 552 条对债务加入规则作了原则性规定，等等。

三是将合同编通则中能够适用于非合同之债的具体规则，尽量通过措辞予以明确指示。对可适用于所有债的类型的共同规则，条文中尽量不使用“合同”、“合同权利”、“合同义务”的表述，而是采用“债”、“债权”、“债务”的表述，而就合同的订立、效力和解除等仅能适用于合同之债的规则仍然使用“合同”的表述。例如，《民法典》第514条中“以支付金钱为内容的债”，可以适用于所有债的类型，因此采用了“债”的表述；《民法典》第517条至第521条规定的按份之债、连带之债的有关内容，也属于债的一般性规则，都是采用的“债权”、“债务”的表述；《民法典》第545条将合同法第79条关于债权转让规定“债权人可以将合同的权利全部或者部分转让给第三人”中的“合同的权利”修改为“债权”，表述为“债权人可以将债权的全部或者部分转让给第三人”；《民法典》第551条将合同法第84条关于债务承担规定的“债务人将合同的义务全部或者部分转移给第三人”中的“合同的义务”修改为“债务”，表述为“债务人将债务的全部或者部分转移给第三人”。再如，合同法第91条关于合同的权利义务终止情形第2项所规定的“解除”仅能适用于合同，而履行、抵销等规则可以适用于所有的债，基于此，《民法典》第557条对此作出修改，将“合同解除”单列为第2款，并将第1款中的“合同的权利义务终止”修改为“债权债务终止”，用以表明第1款中的履行、抵销等规则也可以适用于合同之外的其他债。但是，为了保持合同编体例结构的清晰和完整，合同编各章标题仍然都采用“合同”表述。

此外，无因管理和不当得利也属于传统民法中债法总则的内容，基于此，合同编单设第三分编“准合同”，对无因管理、不当得利两种非合同之债的基本规则作了规定。

第一分编　通　　则

合同编通则共八章一百三十二条，对一般规定、合同的订立、合同的效力、合同的履行、合同的保全、合同的变更和转让、合同的权利义务终止、违约责任等合同基本制度作了全面、系统的规定。合同编通则认真总结和吸收合同法实施20年来的司法实践经验，以问题为导向，在合同法总则的基础上，对体例结构、具体规则等都作了进一步修改完善。在合同编通则制定过程中，注意把握了以下几点：

一、处理好合同编通则与民法典总则编之间的关系

民法典总则编在整个民法典中起统领性作用，合同编通则从以下几个方面保持与民法典总则编的协调：

一是合同编通则落实了民法典总则编的有关规定。例如，民法典总则编将诚信原则作为民法的基本原则。《民法典》第7条规定，民事主体从事民事活动，应当遵循诚信原则，秉持诚实，恪守承诺。合同编将诚信原则贯穿到合同的各个环节。依照《民法典》第500条规定，在订立合同过程中，当事人有假借订立合同、恶意进行磋商，故意隐瞒与订立合同有关的重要事实或者提供虚假情况，或者有其他违背诚信原则的行为，造成对方损失的，应当承担赔偿责任。依照《民法典》第509条规定，在履行合同过程中，当事人应当遵循诚信等原则，根据合同的性质、目的和交易习惯履行通知、协助、保密等义务。依照《民法典》第558条规定，债权债务终止后，当事人应当遵循诚信原则，根据交易习惯履行通知、协助、保密、旧物回收等义务。再如，《民法典》将绿色原则作为民法的基本原则。《民法典》第 9 条规定，民事主体从事民事活动，应当有利于节约资源、保护生态环境。合同编将绿色原则落实到合同制度中。《民法典》第 509 条第 3 款规定，当事人在履行合同过程中，应当避免浪费资源、污染环境和破坏生态。第 558 条规定，债权债务终止后，当事人除应当遵循诚信等原则，根据交易习惯履行通知、协助、保密等义务外，还应当履行旧物回收义务。第 625 条针对买卖合同作出规定，依照法律、行政法规的规定或者按照当事人的约定，标的物在有效使用年限届满后应予回收的，出卖人负有自行或者委托第三人对标的物予以回收的义务。

二是合同编通则删除了与民法典总则编重复、冲突的内容。（1）合同编通则删除了合同法第一章对平等、自愿、公平、诚信、守法和不得损害社会公共利益等原则的规定。《合同法》第 3 条规定："合同当事人的法律地位平等，一方不得将自己的意志强加给另一方。"第 4 条规定："当事人依法享有自愿订立合同的权利，任何单位和个人不得非法干预。"第 5 条规定："当事人应当遵循公平原则确定各方的权利和义务。"第 6 条规定："当事人行使权利、履行义务应当遵循诚实信用原则。"第 7 条规定："当事人订立、履行合同，应当遵守法律、行政法规，尊重社会公德，不得扰乱社会经济秩序，损害社会公共利益。"这些内容均在民法典总则编第 4 条至第 8 条作了规定，合同编没有必要再作重复性规定，故删去了这些内容。（2）合同编通则删去了合同法关于合同效力的大量规定。合同属于民事法律行为的一种，民法典总则编在对民事法律行为的效力等已经作出规定的前提下，合同编通则没有必要再作重复性规定，基于此，合同编通则删去了合同法第三章规定的附生效条件和附生效期限合同、限制民事行为能力人订立的合同效力、无权代理和表见代理、合同无效和合同被撤销等内容。

三是将合同编通则的相关内容与民法典总则编作衔接性、指引性规定。合同编通则在大量删去与民法典总则编重复内容的同时，为了保持合同编相关制度规则的体系完整，便于法律的理解与适用，还对相关内容与民法典总则编作了衔接性规定，采用指引性表述，直接指引到总则编相关条文。例如，《合同编》第 466 条第 1 款规定："当事人对合同条款的理解有争议的，应当依据本法第一百四十二条第一款的规定，确定争议条款的含义。"该规定将对争议条款的解释规范直接指引到总则编第 142 条第 1 款关于对有相对人的意思表示的解释。再如，合同编通则第二章合同的订立对要约、承诺的有关规则作了规定。要约、承诺均属于意思表示，因此，民法典总则编第 137 条对意思表示的生效时间所作的规定、第 141 条对意思表示的撤回规则所作的规定，均适用于要约、承诺。鉴于合同编中要约、承诺规则体系较为复杂，从有利于对制度的理解与适用的角度，有必要保持要约、承诺规则体系的完整，基于此，合同编在将要约和承诺的生效时间、撤回规则删除的同时，采用了指引性表述，直接指引到民法典总则编第 137 条对意思表示的生效时间的规定、第 141 条对意思表示撤回规则的规定。《合同编》第 474 条规定："要约生效的时间适用本法第一百三十七条的规定。"第 475 条规定："要约可以撤回。要约的撤回适用本法第一百四十一条的规定。"第 484 条第 1 款规定："以通知方式作出的承诺，生效的时间适用本法第一百三十七条的规定。"第 485 条规定："承诺可以撤回。承诺的撤回适用本法第一百四十一条的规定。"

二、补充完善债法的一般性规则，使合同编通则尽可能发挥债法总则的作用

前已述及，民法典不设债法总则，使合同编通则发挥债法总则的作用。基于此，合同编通则明确了非合同之债的法律适用规则，即《民法典》第 468 条规定：“非因合同产生的债权债务关系，适用有关该债权债务关系的法律规定；没有规定的，适用本编通则的有关规定，但是根据其性质不能适用的除外。”此外，合同编通则中还加入了不少债法的一般性规则，例如《民法典》第 515 条至第 521 条对选择之债、按份之债、连带之债的基本规则作了规定。

三、根据司法实践发展情况，在合同法总则的基础上，对合同基本制度作了进一步修改完善

为了满足实践需求，合同编通则每一章均对合同法总则的规定作了相应修改完善。例如，在合同编通则第二章合同的订立中，为适应电子商务和数字经济快速发展的需要，规范电子交易行为，对电子合同订立、履行的特殊规则作了规定；为加大对弱势合同当事人一方的保护，完善了格式条款制度，在合同编通则第三章合同的效力中，规定了未办理批准手续影响合同生效情形下的报批义务条款的效力规则。在合同编通则第四章合同的履行中，增加规定了真正的利益第三人合同规则，对情势变更规则作了明确规定。在合同编通则第五章合同的保全中，为了强化对债权实现的保护力度，对债权人代位权和撤销权制度作了进一步完善。在合同编通则第六章合同的变更和转让中，增加债务加入规则，对债权禁止让与特约规则作了完善。在合同编通则第七章合同的权利义务终止中，增加规定债务清偿抵充规则，完善合同解除制度、抵销制度、提存制度。在合同编通则第八章违约责任中，补充完善定金规则，增加非违约方有过错情形下的损害减轻规则等。

第一章　一般规定

本章是关于合同编的一般性规定，共六个条文，分别对合同编的调整范围、合同的定义和身份关系协议的法律适用规则、合同相对性原则、合同解释规则、非典型合同及特定涉外合同的法律适用规则、非合同之债的法律适用规则等作了规定。

第四百六十三条　本编调整因合同产生的民事关系。

条文主旨

本条是关于合同编调整范围的规定。

立法背景

合同是民事主体之间设立、变更、终止民事法律关系的协议。合同编的调整范围是因合同产生的民事关系。合同编第一分编“通则”从合同各方享有的民事权利、承担的民事义务或者责任的角度，分别对合同的订立与效力、合同的履行、合同的保全、合同的变更和转让、合同的权利义务终止、违约责任等内容作总括性、系统性规定。合同编第二分编“典型合同”，则针对19类典型合同的各自特点，对这些典型合同各方主体享有的民事权利、承担的民事义务或者责任作具体规定。至于合同编第三分编“准合同”，则主要是从民法典整体体例结构考虑，民法典不设债法总则，而将无因管理和不当得利这些属于债法主要规则的内容放到合同编予以规定。

条文解读

根据本条规定，可以从以下几个方面理解合同编调整范围：

一是合同编的调整范围涵盖了所有平等民事主体之间设立、变更、终止民事权利义务关系的协议。为了更好理解这一点，有必要回顾一下我国合同法的发展历史。党的十一届三中全会以来，我国先后制定了经济合同法、涉外经济合同法和技术合同法三部合同法。这三部合同法对保护合同当事人的合法权益，维护社会经济秩序，促进国内经济、技术和对外经济贸易的发展，保障社会主义建设事业的顺利进行，发挥了重要作用。但是，随着改革开放的不断深入和扩大、经济贸易的不断发展，这三部法律的一些规定已经不能完全适应经济发展状况了，存在的主要问题有：第一，国内经济合同、涉外经济合同和技术合同分别适用不同的合同法律制度，有些共性的问题不统一，某些规定较为原则，有的规定不尽一致。第二，调整范围不能完全适应经济发展。随着经济社会快速发展，各种交易形式不断涌现，出现了融资租赁等新的合同种类，委托、行纪等合同也日益增多，需要相应作出规定。根据党的十四大关于建立社会主义市场经济体制的要求，1993 年对经济合同法进行了修改，同时开始着手研究起草统一的合同法。在这个背景下，统一合同法的起草以经济合同法、涉外经济合同法和技术合同法三部合同法律为基础，进一步总结实践经验，并充分借鉴了境外合同法律制度的有益经验，经过反复研究修改，

1999 年 3 月 15 日第九届全国人民代表大会第二次会议通过了合同法。

1999 年合同法的调整范围与原经济合同法、涉外经济合同法和技术合同法三部合同法相比，作了适当扩大。原经济合同法、涉外经济合同法和技术合同法的调整范围各有侧重。原经济合同法调整范围是平等民事主体的法人、其他经济组织、个体工商户、农村承包经营户相互之间，为实现一定经济目的，明确相互权利义务关系而订立的合同，不包括公民之间以及公民与法人、其他经济组织之间的合同。原涉外经济合同法适用范围是中华人民共和国的企业或者其他经济组织同外国的企业和其他经济组织或者个人之间订立的经济合同，不包括我国公民同外国企业和其他组织或者个人之间的经济合同。原技术合同法适用范围是法人之间、法人和公民之间、公民之间订立的技术合同，但不包括涉外技术合同。而统一的合同法的适用范围扩大了：一是合同主体，包括中国、外国的个人之间、组织之间以及个人与组织之间订立的合同；二是合同的种类扩大为平等主体之间设立、变更、终止民事权利义务关系的协议，不再限于经济合同、技术合同。《合同法》第 2 条第 1 款规定："本法所称合同是平等主体的自然人、法人、其他组织之间设立、变更、终止民事权利义务关系的协议。"

合同法第 2 条直接通过给"合同"下定义的方式，明确合同法的调整范围。民法典合同编的调整范围延续了合同法的规定，但作了一定的技术处理，即合同编的调整范围是由第 463 条和第 464 条第 1 款结合起来作出规定的，先由本条明确合同编调整因合同产生的民事关系，再由第 464 条第 1 款规定，合同是民事主体之间设立、变更、终止民事法律关系的协议。合同编的调整范围与合同法的规定是一致的，即合同编调整平等主体的自然人、法人、其他组织之间设立、变更、终止民事法律关系的协议。合同编本条规定还有体例结构的考虑，即与民法典物权编、人格权编、婚姻家庭编、继承编、侵权责任编相协调，采用了较为一致性的表述，开篇简要点明该编调整范围。比如，第二编物权编第 205 条规定，本编调整因物的归属和利用产生的民事关系；第四编人格权编第 989 条规定，本编调整因人格权的享有和保护产生的民事关系；第五编婚姻家庭编第 1040 条规定，本编调整因婚姻家庭产生的民事关系；第六编继承编第 1119 条规定，本编调整因继承产生的民事关系；第七编侵权责任编第 1164 条规定，本编调整因侵害民事权益产生的民事关系。

二是合同编属于民法典的一个分编，调整的是民事关系，不属于民事关系的其他活动，不适用合同编。（1）政府对经济的管理活动，属于行政管理关系，不适用合同编。例如，贷款、租赁、买卖等民事关系，适用合同编；而财政拨款、征用等，是政府行使行政管理职权，属于行政关系，适用有关行政法，不适用合同编。（2）企业、单位内部的管理关系，是管理与被管理的关系，不是平等主体之间的关系，也不适用合同编。例如，加工承揽是民事关系，适用合同编；而工厂车间内的生产责任制，是企业的一种管理措施，不适用合同编。

三是关于政府机关参与的合同，应当区别不同情况分别处理。（1）政府机关作为平等的主体与对方签订合同的，如购买办公用品，属于一般的合同关系，适用合同编。（2）属于行政管理关系的协议，如有关综合治理、环境保护等协议，不是民事关系，不适用合同编。（3）政府的采购活动。对政府的采购行为应加以规范，目的主要在于提高政府采购资金的使用效益，维护国家利益和社会公共利益，促进廉政建设等。但这种规范，主要是对政府的采购行为加以约束，并不是约束对方。对于政府采购行为本身，由政府采购法来规范，而政府与对方之间订立的政府采购合同要适用民法典合同编。我国《政府采购法》第 43 条第 1 款明确规定："政府采购合同适用合同法。采购人和供应商之间的权利和义务，应当按照平等、自愿的原则以合同方式约定。"政府采购法第五章专门对政府采购合同作了规定，就政府采购合同的订立、履行、变更等作了有针对性地规定。政府采购合同既要适用合同编，也要适用这些规定。（4）关于国家订货任务或指令性任务问题。我国实行社会主义市场经济体制，指令性计划不是合同编普遍适用的基本原则。根据抢险救灾、疫情防控以及保证国防重点建设等需要，在个别情况下，国家需要下达国家订货任务或指令性任务，为此，在合同编关于合同的订立一章中规定，国家根据抢险救灾、疫情防控或者其他需要下达国家订货任务、指令性任务的，有关民事主体之间应当依照有关法律、行政法规规定的权利和义务订立合同。

第四百六十四条　**合同是民事主体之间设立、变更、终止民事法律关系的协议。**

婚姻、收养、监护等有关身份关系的协议，适用有关该身份关系的法律规定；没有规定的，可以根据其性质参照适用本编规定。

条文主旨

本条是关于合同定义和身份关系协议法律适用的规定。

立法背景

本条关于合同定义的规定，是在合同法第 2 条第 1 款基础上修改而来。《合同法》第 2 条第 1 款规定："本法所称合同是平等主体的自然人、法人、其他组织之间设立、变更、终止民事权利义务关系的协议。"本条第 1 款主要是对合同法第 2 条第 1 款作了两处修改：

一是将"平等主体的自然人、法人、其他组织"修改为"民事主体"。这样修改是基于《民法典》第 2 条已经对民法的调整范围作了总括性规定。《民法典》第 2 条规定："民法调整平等主体的自然人、法人和非法人组织之间的人身关系和财产关系。"合同编本条没有必要再重复规定"平等主体的自然人、法人和非法人组织"，直接以"民事主体"概括即可。

二是将"民事权利义务关系"修改为"民事法律关系"，这样修改也是为了与《民法典》第 5 条的表述相统一。《民法典》第 5 条即采用了"设立、变更、终止民事法律关系"的表述。《民法典》第 5 条规定："民事主体从事民事活动，应当遵循自愿原则，按照自己的意思设立、变更、终止民事法律关系。"

条文解读

对本条第 1 款关于合同定义的规定可以从以下几个方面理解：合同编所规定的"合同"是民事主体之间的协议，即平等主体的自然人、法人和非法人组织之间的协议。首先，"平等主体"是民事关系的核心特征。从行政管理的角度，行政机关与行政相对人之间系不平等主体；从企业管理的角度，企业与职工也系不平等主体，这些都不属于"民事主体"。其次，民事主体包括自然人、法人和非法人组织三类。自然人是最基本的民事主体，民法通则用的是“公民（自然人）”，合同法在起草过程中用过“公民”，但考虑到“公民”含义窄了，不能包括外国人，最终用的是“自然人”。民法总则直接规定为“自然人”。“自然人”就是通常意义上的人，民法上使用这个概念，主要是与法人相区别。自然人不仅包括中国公民，还包括我国领域内的外国人和无国籍人。“法人”是一种社会组织，法律基于社会现实的需要，赋予符合一定条件的组织法人资格，便于这些组织独立从事民事活动。《民法典》第57条规定：“法人是具有民事权利能力和民事行为能力，依法独立享有民事权利和承担民事义务的组织。”总则编将法人分为营利法人、非营利法人、特别法人等，特别法人包括机关法人、农村集体经济组织法人、城镇农村的合作经济组织法人、基层群众性自治组织法人。对于自然人、法人之外的个人独资企业、合伙企业等其他组织，是否可以作为一类独立的民事主体，一直以来存在着争议。在民法总则制定过程中，基于社会实践和多数意见，考虑到赋予个人独资企业、合伙企业等不具有法人资格的组织民事主体地位，有利于其开展民事活动，促进经济社会发展，民法总则明确将个人独资企业、合伙企业、不具有法人资格的专业服务机构等作为第三类民事主体“非法人组织”。民法典将民法总则纳入作为总则编，延续了关于非法人组织的规定。

本条第2款是关于身份关系的协议参照适用合同编的规定。合同编主要调整财产关系，婚姻、收养、监护等有关身份关系的协议有其特殊性，相关法律对这些身份关系作出规定的，适用该相关法律规定；如果对这些身份关系没有相关法律规定，可以根据婚姻、收养、监护这类身份关系协议的性质，参照适用合同编的相关规定。本款是对身份关系协议特定情况下可以参照适用合同编所作的原则性规定，对某一具体的身份关系协议是否可以以及如何参照适用合同编的相关规定，法律无法作统一性规定，只能根据该身份关系协议的性质，具体情况具体判断。

第四百六十五条　依法成立的合同，受法律保护。

依法成立的合同，仅对当事人具有法律约束力，但是法律另有规定的除外。

条文主旨

本条是关于依法成立的合同受法律保护以及合同相对性原则的规定。

立法背景

第1款是关于依法成立的合同受法律保护的规定。合同制度是社会主义市场经济的基本法律制度，党的十八届四中全会即是把编纂民法典的重大立法任务作为加强市场法律制度建设的重要内容提出的。对当事人依法成立的合同予以法律保护，有利于维护契约精神，鼓励交易，是加强市场法律制度建设的重要内容，是使市场在资源配置中起决定性作用的需要。

第2款是关于合同相对性原则的规定。实践中，当事人基于交易的实际情况，自愿选择订立合同的对方当事人、自愿约定合同的内容，对交易具有明确预期。法律设定合同相对性原则，使合同仅对当事人产生法律约束力，是对民法自愿原则即意思自治原则的体现和保障，有利于保护并实现合同当事人的交易预期，进而达到鼓励交易的目的。若没有合同相对性原则，交易将处于一种不确定的状态，极大地阻碍交易发展。正因为合同相对性原则在整个合同制度中具有重要的基础地位，一些国家或者地区也普遍认可合同相对性原则。《法国民法典》就此作出了明文规定，如第1199条规定，契约仅在缔约人之间产生债务；在不影响本节的规定和第四编第三章规定适用的情况下，第三人既不可以要求合同的履行，也不可以被要求履行合同。德国民法典、日本民法典、我国台湾地区的“民法”虽未对合同相对性原则作明文规定，但在理论和实践中，债的相对性原则被视为基于债的自身性质所当然具有的原则。在英美法系中，因法律上不存在债的概念及体系，直接称之为“合同的相对性”，并得到普遍认可。

条文解读

对第1款规定，可以从以下两个方面理解：

1. 关于“依法成立的合同”。合同成立的核心要素是意思表示一致。《民法典》第134条对民事法律行为的成立作了一般性规定，即民事法律行为可以基于双方或者多方的意思表示一致成立，也可以基于单方的意思表示一致成立。合同一般属于双方民事法律行为，比如合同编规定的买卖合同等大部分典型合同均属于双方民事法律行为，双方意思表示一致即可成立；但有的合同，比如合伙合同的成立，需要多个合伙人意思表示一致。合同编对合同的成立时间和成立条件等作了进一步规定。《民法典》第483条规定，承诺生效时合同成立。第490

条规定："当事人采用合同书形式订立合同的，自当事人均签名、盖章或者按指印时合同成立。在签名、盖章或者按指印之前，当事人一方已经履行主要义务，对方接受时，该合同成立。法律、行政法规规定或者当事人约定合同应当采用书面形式订立，当事人未采用书面形式但是一方已经履行主要义务，对方接受时，该合同成立。"第491条第1款规定，当事人采用信件、数据电文等形式订立合同要求签订确认书的，签订确认书时合同成立。第491条第2款对电子合同的成立时间作出规定，即当事人一方通过互联网等信息网络发布的商品或者服务信息符合要约条件的，对方选择该商品或者服务并提交订单成功时合同成立，但是当事人另有约定的除外。此外，合同编还对个别实践合同的成立时间作了特别规定。所谓实践合同，又称要物合同，指除了当事人双方意思表示一致外，尚需交付标的物或者完成其他现实给付才能成立的合同。合同编规定的实践合同有定金合同、自然人之间的借款合同、保管合同三类。《民法典》第586条规定，定金合同自实际交付定金时成立。第679条规定，自然人之间的借款合同，自贷款人提供借款时成立。第890条规定，保管合同自保管物交付时成立，但是当事人另有约定的除外。

2. 关于"受法律保护"。依法成立的合同受法律保护，包含两个层面的意思：

一是对当事人而言，合同依法成立后，不管是否实际生效，均对当事人产生法律约束力。合同的成立时间和合同生效时间原则上是一致的。《民法典》第136条规定，民事法律行为自成立时生效，但是法律另有规定或者当事人另有约定的除外。《民法典》第502条第1款规定，依法成立的合同，自成立时生效，但是法律另有规定或者当事人另有约定的除外。已成立并生效的合同对当事人具有法律约束力体现在当事人必须尊重该合同，并通过自己的行为全面履行合同所设定的义务。当事人一方不履行合同义务或者履行合同义务不符合约定的，对方当事人有权请求其承担继续履行、采取补救措施或者赔偿损失等违约责任。除非当事人另有约定或者法律另有规定，不允许任何一方当事人擅自解除或者变更合同。这时的法律约束力对当事人来说既包括全面积极地履行合同所设定的义务，也包括负有不擅自解除或者变更合同的不作为义务。对于依法成立、但还不具备生效要件的合同，在生效要件尚不具备前，除非当事人另有约定或者法律另有规定，任意一方当事人也不得擅自变更或者解除民事法律行为。例如，对于附条件的民事法律行为，在条件未成就前，其虽还没有生效，但任何一方当事人也不得擅自解除或者变更，也不得为自己的利益不正当地阻止条件成就。这时的法律约束力主要体现在当事人的这种不作为义务上。但在特定情况下，这并不妨碍要求当事人履行约定的使合同生效的义务，例如依照《民法典》第 502 条第 2 款规定，对于依法成立但应当办理批准等手续才能生效的合同，合同虽因当事人未办理批准手续而不生效，但不影响合同中履行报批等义务条款以及相关条款的效力。应当办理批准等手续的当事人未履行义务的，对方可以请求其承担违反该义务的责任。《民法典》第 502 条第 2 款的规定充分体现了对“依法成立的合同受法律保护”这一规定的落实。

二是对当事人之外的第三人而言，合同依法成立后，当事人之外的任何组织或者个人均不得非法干预合同，例如非法阻止合同的正常履行、强迫当事人变更或者解除合同等。

本条第 2 款可以从合同相对性及其例外两个方面来理解：

1. 关于合同相对性原则。本条第 2 款规定，依法成立的合同，仅对当事人具有法律约束力，该规定明确确立了合同相对性原则。合同相对性原则是指合同项下的权利与义务只由合同当事人享有或者承担，合同仅对当事人具有法律约束力，对合同当事人之外的第三人不具有法律约束力。具体而言，对于依法成立的合同，只能由合同当事人享有合同上的权利，当事人之外的任何第三人不能向合同债务人主张合同上的权利；合同义务由合同当事人承担，合同债权人不得要求当事人之外的第三人承担合同义务，当事人之外的第三人也不得代为履行合同义务；合同债务人不履行合同义务或者履行合同义务不符合约定的，应当向债权人承担违约责任，而非向当事人之外的第三人承担违约责任。

合同相对性原则在整个合同制度中具有重要的基础地位，合同编将合同相对性原则在第一章“一般规定”中予以明确，确立了合同相对性原则在合同编中的基础地位，并在相关制度中得到具体体现。例如，《民法典》第 522 条第 1 款关于不真正第三人利益合同的规定即体现了合同相对性原则。该款规定，当事人约定由债务人向第三人履行债务，债务人未向第三人履行债务或者履行债务不符合约定的，应当由债务人向债权人，而不是向第三人承担违约责任。再如，《民法典》第 523 条关于由第三人履行合同的规定也体现了合同相对性原则。该条规定，当事人约定由第三人向债权人履行债务，第三人不履行债务或者履行债务不符合约定的，由债务人向债权人承担违约责任，而不是由第三人向债权人承担违约责任。

2. 合同相对性原则的例外。依据本条第 2 款的规定，合同相对性原则只有一个例外，即“法律另有规定”。民事活动纷繁复杂，当事人之间订立的合同，不可避免地与第三人产生各式各样的联系，合同当事人与第三人存在各式各样的利益关系，在法律确立合同相对性原则的前提下，也有必要针对个别情形作出例外规定，允许在这些特定情形下突破合同相对性原则。目前，法律对合同相对性原则的例外规定主要有以下几种：一是合同的保全。在现实经济生活中，一些债务人怠于行使自己的债权或者无偿、低价处分自己的财产权益等，影响债权人的债权实现，损害了债权人的利益。如果严守合同相对性原则，债权人无权干涉债务人不当减少自身责任财产的行为，对债权人是很不公平的。为了保护债权人的利益，合同编专门规定了合同保全制度，赋予债权人代位权和撤销权，债权人可以在符合法定条件时介入当事人之间的合同，代位行使债务人对相对人的债权或者与该债权有关的从权利，撤销债务人积极减少责任财产的有关行为。二是真正的利益第三人合同制度。为了在特定情形下促进合同目的的实现，保护第三人利益，合同编增加了真正的利益第三人合同制度。依照《民法典》第522条第2款的规定，法律规定或者当事人约定第三人可以直接请求债务人向其履行债务，第三人未在合理期限内明确拒绝的，第三人不仅对债务人取得债务履行请求权，还可以在债务人不履行债务或者履行债务不符合约定时，请求债务人承担违约责任。三是规定了当事人之外的第三人对履行债务具有合法利益情形时的代为履行制度。《民法典》第524条第1款规定，债务人不履行债务，第三人对履行该债务具有合法利益的，第三人有权向债权人代为履行；但是，根据债务性质、按照当事人约定或者依照法律规定只能由债务人履行的除外。四是“买卖不破租赁”制度。为了保护处于弱势地位的承租人利益，许多国家或者地区都规定了“买卖不破租赁”制度。我国合同编对此也作了规定。《民法典》第 725 条规定，租赁物在承租人按照租赁合同占有期限内发生所有权变动的，不影响租赁合同的效力。即租赁合同对新的所有权人仍然具有法律约束力。

第四百六十六条　当事人对合同条款的理解有争议的，应当依据本法第一百四十二条第一款的规定，确定争议条款的含义。

合同文本采用两种以上文字订立并约定具有同等效力的，对各文本使用的词句推定具有相同含义。各文本使用的词句不一致的，应当根据合同的相关条款、性质、目的以及诚信原则等予以解释。

条文主旨

本条是关于合同解释的规定。

立法背景

合同条款是基于合同当事人意思表示一致而订立的，但在实践中由于种种原因，当事人可能会对合同某些条款的理解发生争议。对争议条款含义的确定，应当探究当事人双方（或者多方）订立合同时真实的意思表示。《合同法》第 125 条第 1 款对合同争议条款的解释作了专门规定，即：“当事人对合同条款的理解有争议的，应当按照合同所使用的词句、合同的有关条款、合同的目的、交易习惯以及诚实信用原则，确定该条款的真实意思。”《合同法》第 125 条第 1 款的规定已经被吸收进《民法典》第 142 条第 1 款关于有相对人的意思表示的解释规定中。当事人对合同条款的理解有争议的，可以直接适用《民法典》第 142 条第 1 款确定争议条款的含义，合同编没有必要再作重复性规定，仅是予以指引。《民法典》第 142 条第 1 款规定，有相对人的意思表示的解释，应当按照所使用的词句，结合相关条款、行为的性质和目的、习惯以及诚信原则，确定意思表示的含义。

条文解读

本条第 1 款是关于合同争议条款解释的规定。《民法典》第 142 条第 1 款的适用具体到合同领域，对合同争议条款的解释规则，可作以下理解：

第一，首先要按照条款所使用的词句进行解释。法理上，这种解释方法又被称为文义解释。合同条款是由词句构成的，所以，解释合同条款必须首先从词句的含义入手。一些词句在不同的场合可能表达出不同的含义，对条款中词句的理解首先应当按照一个合理人通常的理解来进行。也就是说，法官应当考虑一个合理人在通常情况下对有争议的条款所能理解的含义作为解释词句含义的标准。对于何谓“合理人”应当结合具体情况来判断，如果是一般的民事活动，则“合理人”就是社会一般的人，例如一个人到商场买一件衣服，对买卖合同的含义发生争议，对该买卖合同的理解就应当按照一个普通人的理解进行解释；如果是某种特殊交易，则“合理人”就是该领域内的人，例如医疗器械的买卖合同的解释就应当按照医疗界人士的理解来解释该买卖合同条款的含义。

第二，对条款中词句的理解不能孤立进行，要结合其他相关条款、行为的性质和目的、习惯以及诚实信用原则，综合判断、确定争议条款的含义。合同条款是合同整体的一部分，条款之间有着密切联系，因此对争议条款的解释不仅要从该条款本身词句的含义去理解，还要结合其他相关条款进行分析判断，即应当整体考虑合同的上下文，根据不同条款之间的关联性来进行解释。行为的性质或者合同的性质，指该合同所体现的显著区别于其他合同的本质特征。合同的性质不同，那么在合同的成立、履行、解除、违约责任等方面也就有所不同。合同的性质，例如某一融资类合同究竟是融资租赁合同还是借款合同，都可能直接影响对合同条款的理解，因此对争议条款含义的确定，也要充分考虑合同的性质。根据行为目的即合同目的进行解释是指在对争议条款进行解释时，应当根据当事人订立合同所追求的目的对争议条款进行解释。当事人签订合同都是为达到一定的目的，合同中的各条款都是为达到合同目的而制定的。合同目的包括了整个合同的真实意图。因此，在解释争议条款时，应当从符合合同目的原则的角度进行剖析，当条款表达意见含混不清或相互矛盾时，作出与合同目的协调一致的解释。按照习惯进行解释是指在条款发生争议以后，应当根据当事人所知悉的生活和交易习惯来对争议条款进行解释。交易习惯也称为交易惯例，它是人们在长期实践的基础上形成的，是某一地区、某一行业在经济交往中普遍采用的做法，成为这一地区、这一行业的当事人所公认并遵守的规则。按照交易习惯确定合同条款的含义是国际贸易中普遍承认的原则。《国际商事合同通则》和《联合国国际货物销售合同公约》对此都有规定。依照交易习惯解释合同条款，是十分必要的。在运用交易习惯进行解释时，双方当事人应当对运用的交易习惯是否存在以及其内容进行举证证明，在当事人未举证的情况下，人民法院也可以主动适用交易习惯进行解释。依照诚信原则解释是指根据诚信原则对有争议的条款进行解释。《民法典》第7条将诚信原则作为民法基本原则，这一基本原则贯穿合同从订立到终止的整个过程。在解释合同条款时也应遵从诚信原则。诚信原则要求法官实事求是地考虑各种因素，将自己作为一个诚实守信的当事人来理解争议条款的内容，平衡双方当事人的利益，合理地判断、确定争议条款的含义。

本条第2款是对不同文字文本解释的规定。依据本款规定，合同文本采用两种以上文字订立并约定具有同等效力的情况下，应当对各文本使用的词句推定具有相同的含义。但在各文本使用的词句不一致的情况下，如何对合同文本进行解释？《合同法》第125条第2款规定，该种情况下，应当根据合同目的予以解释，即根据当事人订立合同的目的予以解释。在民法典合同编起草过程中，有的意见提出，诚信原则作为民法的基本原则，在不同文字的合同文本解释中也应当遵循，甚至对合同目的本身的解释，也要遵循诚信原则；合同的性质也可能直接影响到对合同文本的理解。此外，合同条款之间有着密切联系，因此在不同文字的合同文本解释中也要结合合同相关条款进行分析判断，整体考虑合同的上下文来进行解释。因此，建议在不同文字合同文本的解释中增加根据“合同的相关条款”、“合同的性质”以及“诚信原则”予以解释。经研究，本条第2款采纳了该意见，规定不同文字各文本使用的词句不一致的，应当根据合同的相关条款、性质、目的以及诚信原则等予以解释。

第四百六十七条 本法或者其他法律没有明文规定的合同，适用本编通则的规定，并可以参照适用本编或者其他法律最相类似合同的规定。

在中华人民共和国境内履行的中外合资经营企业合同、中外合作经营企业合同、中外合作勘探开发自然资源合同，适用中华人民共和国法律。

条文主旨

本条是关于非典型合同及特定涉外合同法律适用的规定。

立法背景

民事活动纷繁复杂，合同交易类型多种多样。民法典只能将一些现实生活普遍发生并且规则较为成熟的合同类型在合同编中加以规定。合同编在第二分编“典型合同”中规定了19类典型合同。其他一些单行法律也针对某一合同类型作出专门规定，例如《保险法》专章规定了保险合同，对保险合同的定义、合同的订立、合同主体、合同主体之间的权利义务、合同的履行、合同的变更与转让、合同的解除等作了较为全面、细致的规定；再如，《旅游法》专章规定了旅游服务合同，对旅游服务合同的订立、合同主体之间的权利义务、合同的解除、违约责任等作了明确的规定。对保险合同、旅游服务合同等这些相关单行法律作出专门规定的合同，可以直接适用这些专门规定。但现实经济社会生活中，大量合同类型既没有在合同编中予以规定，其他相关法律也没有明文规定，确定这些非典型合同适用现有法律进行约束和指导的规则，是十分重要的。

条文解读

本条第 1 款是关于非典型合同法律适用规则的规定。合同编通则的规定是针对所有合同的共性规定。因此，非典型合同应当适用合同编通则的规定，合同编通则对合同的订立、合同的效力、合同的履行、合同的保全、合同的变更和转让、合同的权利义务终止、违约责任等所作的规定均适用于各类非典型合同。合同编第二分编规定的典型合同，虽然是对某类合同的专门性规定，但其他一些合同可能会与合同编规定的典型合同存在着共同之处或者相近之处。例如，买卖合同是典型的有偿合同，非典型合同中也有许多有偿合同，这些有偿合同可以参照适用买卖合同的有关规定。基于合同编关于买卖合同的规定在有偿类合同中的指引、示范作用较强，《民法典》第 646 条还对此专门作了规定，即“法律对其他有偿合同有规定的，依照其规定；没有规定的，参照适用买卖合同的有关规定”。同样的道理，其他非典型合同也可以参照适用本编或者其他法律最相类似合同的规定，本条对此予以明确。

本条第 2 款还对特定涉外合同的法律适用作了规定，即在中华人民共和国境内履行的中外合资经营企业合同、中外合作经营企业合同、中外合作勘探开发自然资源合同，适用中华人民共和国法律。

相关规定

《中华人民共和国保险法》第 10 – 66 条；《中华人民共和国旅游法》第 57 – 75 条；《中华人民共和国民事诉讼法》第 266 条

第四百六十八条 非因合同产生的债权债务关系，适用有关该债权债务关系的法律规定；没有规定的，适用本编通则的有关规定，但是根据其性质不能适用的除外。

条文主旨

本条是关于非因合同产生的债权债务关系法律适用的规定。

立法背景

民法典不设债法总则，为更好地规范各类债权债务关系，合同编通则在合同法总则基础上作了相关调整，使合同编通则能够充分发挥债法总则的作用。本条规定即是为了使合同编通则发挥债法总则作用所作的调整之一，属于指引性规定，对非因合同产生的债权债务关系可以适用合同编通则的有关规定予以指引。

条文解读

对本条的规定，可以从以下三个方面理解：

1. 非因合同产生的债权债务关系，首先适用有关该债权债务关系的法律规定。民法典总则编第五章“民事权利”从债权发生原因的角度，对“债权”的概念作了界定。《民法典》第118 条第 2 款规定，债权是因合同、侵权行为、无因管理、不当得利以及法律的其他规定，权利人请求特定义务人为或者不为一定行为的权利。从该规定可以看出，债权债务关系的发生原因有以下几类：

一是合同。合同依法成立后，即在当事人之间产生债权债务关系。基于合同所产生的债为合同之债。债权人有权按照合同约定，请求合同债务人履行合同义务。合同之债是民事主体为自己利益依自己意思自行设定的，合同之债属于意定之债。

二是侵权行为。侵权行为，是指侵害他人民事权益的行为。因行为人侵害他人人身权利、财产权利以及其他合法权益，产生侵权之债，侵权人与被侵权人之间形成债权债务关系。侵权之债并不是基于当事人的意愿设定的，是法律直接对侵权行为所作出的否定性评价，给被侵权人以救济，保护被侵权人的民事权益。侵权之债属于法定之债。

三是无因管理。无因管理，是指没有法定的或者约定的义务，为避免他人利益受损失进行管理的行为。无因管理行为虽为干预他人事务，但却是以为避免他人利益受损失为目的，有利于社会的互助行为。法律为鼓励这一行为赋予管理人请求受益人偿还因管理行为支出的必要费用的权利。因无因管理产生的债称为无因管理之债。无因管理之债并不是基于当事人的意愿设定的，而是根据法律的规定，为法定之债。

四是不当得利。不当得利，是指没有法律根据，取得不当利益，造成他人损失的情形。在社会生活中，任何民事主体不得没有法律根据，取得利益而致他人损害，因此，法律规定受损失的人有权请求取得不当得利的人返还不当利益。不当得利为债的发生原因，基于不当得利而产生的债称为不当得利之债。不当得利之债既不同于合同之债，也不同于无因管理之债。不当得利之债不是当事人双方间的合意，也不以当事人的意志为转移，而是法律为纠正不当得利，直接赋予当事人的权利义务，也是法定之债。

五是法律的其他规定。合同、侵权行为、无因管理、不当得利是债的发生的主要原因，除此以外，法律的其他规定也会引起债的发生，使民事主体依法享有债权。如《民法典》第 26 条规定，父母对未成年子女负有抚养、教育和保护的义务，成年子女对父母负有赡养、扶助和保护的义务。《民法典》第 1067 条规定，父母不履行抚养义务的，未成年子女或者不能独立生活的成年子女，有要求父母给付抚养费的权利。成年子女不履行赡养义务的，缺乏劳动能力或者生活困难的父母，有要求成年子女给付赡养费的权利。这些情况下，未成年子女或不能独立生活的成年子女和缺乏劳动能力或者生活困难的父母依据法律的规定享有债权。

从以上可以看出，非因合同产生的债权债务关系，包括侵权之债、无因管理之债、不当得利之债以及因法律的其他规定产生的债权债务关系。对这些非因合同产生的债权债务关系，首先适用有关该债权债务关系的法律规定。具体来说，对于侵权之债，民法典侵权责任编对侵权之债作了较为系统的规定，其他法律例如《产品质量法》、《消费者权益保护法》、《民用航空法》等，对相关领域的侵权之债也作出了相关规定。对于因侵权产生的债权债务关系首先适用民法典侵权责任编和其他有关法律对侵权责任所作的规定。合同编第三分编“准合同”对无因管理和不当得利的一般性规则作了规定，对因无因管理和不当得利产生的债权债务关系，首先适用合同编第三分编“准合同”的有关规定。对于因法律的其他规定，例如上面列举的因婚姻家庭有关的法律规定所产生的给付抚养费或者赡养费的债权债务关系，首先适用这些法律的有关规定。

2. 对于非因合同产生的债权债务关系，有关该债权债务关系的法律规定没有对相关内容作出特别规定的，直接适用合同编通则的有关规定。值得注意的是，本条规定的是“适用”本编通则的有关规定，而不是“参照适用”，这主要是基于合同编通则的规定，除了合同的订立与效力、合同的解除等规则仅适用于合同外，关于合同的履行、合同的保全、合同的变更和转让、合同的权利义务终止的大量规则，甚至违约责任中的有关规则，都可以直接适用于侵权之债、无因管理之债和不当得利之债等其他债权债务关系，而不是再由裁判者斟酌具体情况“参照适用”。具体而言，合同编第四章“合同的履行”中相当一些规则可适用于非合同之债，例如第 514 条所规定的“以支付金钱为内容的债，除法律另有规定或者当事人另有约定外，债权人可以请求债务人以实际履行地的法定货币履行”，再如第 517 条至第 521 条关于按份之债与连带之债的规定，均可适用于非合同之债，等等。第五章“合同的保全”是对债权人行使代位权和撤销权的规定，也适用于非合同之债的债权人。第六章中关于合同的变更和转让的大部分规则也可适用于非合同之债。第七章“合同的权利义务终止”中除合同的解除仅适用于合同外，债务清偿抵充规则、抵销等规则可适用于所有债的类型。第八章“违约责任”中也有相关规则可以适用于非合同之债，例如关于替代履行的规定，依照《民法典》第 581 条规定，当事人一方不履行债务或者履行债务不符合约定，根据债务的性质不得强制履行的，对方可以请求其负担由第三人替代履行的费用。该规定既可适用于合同之债，也可适用于侵权之债等其他债权债务关系。

3. 将合同编通则适用于非因合同产生的债权债务时，还应当考虑该债权债务关系的性质，因此本条还规定“根据其性质不能适用的除外”。作为意定之债，合同之债的产生与内容均由当事人双方自主自愿决定，贯彻了民法的自愿原则。而侵权之债、无因管理之债、不当得利之债等法定之债的产生与内容，都是由法律予以规定。合同编通则总体上是以合同之债为中心构建的规则，合同之债是合同编通则的基准规范。在判断合同编通则的某一法律规定是否适用于非因合同产生的债权债务关系时，要注意把握意定之债与法定之债在性质上的不同，结合该法律规定所规范的内容，根据该债权债务关系的性质作具体判断。例如，根据法定之债的性质，关于合同订立、合同解除的有关规则就不能适用于这些法定之债。再如，合同编通则关于违约金的规定，也不适用于法定之债。

第二章　合同的订立

本章共三十三条，对合同的形式、合同的内容、要约与承诺、合同成立时间、根据国家订货任务或者指令性任务订立合同、预约合同、格式条款、悬赏广告、缔约过失责任等作了规定。

第四百六十九条　当事人订立合同，可以采用书面形式、口头形式或者其他形式。

书面形式是合同书、信件、电报、电传、传真等可以有形地表现所载内容的形式。

以电子数据交换、电子邮件等方式能够有形地表现所载内容，并可以随时调取查用的数据电文，视为书面形式。

条文主旨

本条是关于合同形式的规定。

立法背景

从我国民事立法来看，对合同形式的规定经历了一个发展变化的过程。《民法通则》第 56 条规定：“民事法律行为可以采取书面形式、口头形式或者其他形式。法律规定用特定形式的，应当依照法律规定。”民法通则的这一规定并没有提出严格的书面形式要求，应当说对于合同形式采取的是不要式原则，一般不作特殊要求，法律规定用特定形式的属例外情形。但是，我国原经济合同法、原涉外经济合同法和原技术合同法三部合同法有关合同的规定一般要求合同采用书面形式。如原《经济合同法》第3条规定，经济合同，除即时清结者外，应当采用书面形式。原《涉外经济合同法》第7条规定，当事人就合同条款以书面形式达成协议并签字，即为合同成立。原《技术合同法》第9条规定，技术合同的订立、变更和解除采用书面形式。我国参加国际公约时也往往对公约中不限定合同形式的规定事项予以保留。在司法实践中，对于不符合法律规定的合同形式的合同，往往被认定为无效。如最高人民法院《关于适用〈涉外经济合同法〉若干问题的解答》（现已失效）规定，涉外经济贸易“订立合同未采用书面形式的”，“应当确认无效”。

在1999年合同法制定过程中，对于合同的形式有不少意见，归纳起来有两种：一种意见认为，合同法应当规定合同必须以书面形式订立，口头合同容易发生争议。另一种意见认为，合同可以书面、口头或者其他形式订立，凡是不违反法律，民事主体双方自愿订立的合同就是有效的，合同法不应对合同再规定限制条件。在起草过程中，有关合同形式条文的写法也数易其稿。考虑到既要适应现实需要，又要提倡当事人尽量采取书面形式订立合同，避免口说无凭，使订立的合同规范化、法制化，《合同法》第10条对合同形式的规定为：“当事人订立合同，有书面形式、口头形式和其他形式。法律、行政法规规定采用书面形式的，应当采用书面形式。当事人约定采用书面形式的，应当采用书面形式。”该规定与《民法通则》

第56条关于民事法律行为形式的要求基本一致。应当说民法通则和合同法的规定既充分尊重了当事人的选择自由，适应了当事人要求交易便捷和提高交易效率的现实需要；也提倡当事人尽量采取书面形式订立民事法律行为，避免口说无凭，使订立的民事法律行为规范化。从多年的实践效果来看，这些规定是好的。基于此，民法总则继承民法通则和合同法的做法。《民法总则》第135条规定，民事法律行为可以采用书面形式、口头形式或者其他形式；法律、行政法规规定或者当事人约定采用特定形式的，应当采用特定形式。民法总则在并入民法典作为民法典总则编后，未对此再作修改。

合同基于当事人双方意思表示一致而成立，是双方民事法律行为。本条关于合同形式的规定，与民法典总则编关于民事法律行为形式的规定保持一致，即当事人订立合同，可以采用书面形式、口头形式或者其他形式。同时，《民法典》第135条对民事法律行为特定形式的要求，即“法律、行政法规规定或者当事人约定采用特定形式的，应当采用特定形式”，也是适用于合同的。

条文解读

根据本条第1款规定，当事人订立合同可以采用书面形式、口头形式或者其他形式。书面形式是指可以有形地表现所载内容的形式，包括合同书、信件、电报、电传、传真等。书面形式明确肯定，有据可查，对于防止争议和解决纠纷、保障交易安全有积极意义。口头形式是指当事人以面对面的谈话或者以电话交流等方式达成协议。以口头形式订立合同的特点是直接、简便、快速，数额较小或者现款交易通常采用口头形式，如在自由市场买菜、在商店买衣服等。口头形式是老百姓日常生活中广泛采用的合同形式。口头形式当然也可以适用于法人、非法人组织之间，但由于口头形式没有凭证，容易发生争议，发生争议后，难以取证，不易分清责任，所以法人、非法人组织之间采用口头形式订立合同的情况非常少见。除了书面形式和口头形式，合同还可以其他形式订立。例如，可以根据当事人的行为或者特定情形推定合同的成立，也被称为默示合同。此类合同是指当事人未用语言或者文字明确表示成立，而是根据当事人的行为推定合同成立。如租赁房屋的合同，在租赁房屋的合同期满后，出租人未提出让承租人退房，承租人也未表示退房而是继续交房租，出租人仍然接受租金。根据双方当事人的行为，我们可以推定租赁房屋的合同继续有效。再如，当乘客乘上公共汽车并到达目的地时，尽管乘车人和承运人之间没有形成书面形式或者口头形式的合同，但可以依当事人的行为推定双方的运输合同成立。

本条第 2 款对书面形式的定义作了界定。依据本条第 1 款规定，书面形式的核心特征是可以有形地表现所载内容。合同书、信件、电报、电传、传真是“可以有形地表现所载内容的形式”，但也不限于这几类。合同的书面形式有多种，凡是“可以有形地表现所载内容的形式”都可以作为合同的书面形式。合同的书面形式最典型的是合同书或者书面合同，其是当事人双方对合同有关内容进行协商订立的并由双方签名、盖章或者按指印的合同文本。通常合同书中明确地记载合同双方当事人的权利义务、解决争议的方法等具体内容。因此，发生争议可以按照合同的规定进行处理，比较容易解决纠纷，摆脱了“口说无凭”的状况。所以，最好采用签订合同书的形式。合同书有多种多样，有行业协会等制定的示范性合同文本，国际上也有通行的某种行业的标准文本，也有营业者提供的由营业者制订的格式合同文本，大量的还是双方当事人自己签订的合同文本。一般来说，作为合同书应当符合如下条件：(1) 必须以某种文字、符号书写。(2) 必须有双方当事人的签名、盖章或者按指印。(3) 必须规定当事人的权利义务。合同也可以信件订立，也就是平时我们所说的书信。书信有平信、邮政快件、挂号信以及特快专递等多种形式。电报、电传、传真也是以有形的形式表现所载内容，也归为书面形式。

本条第 3 款对符合书面形式的数据电文作了规定。联合国国际贸易法委员会的《电子商务示范法》对数据电文的定义作了规定，将以电子方式进行的商业活动称作“电子商务”，将各种通过电子方式传达信息的手段称作“数据电文”，指“经由电子手段、光学手段或类似手段生成、储存或传递的信息，这些手段包括但不限于电子数据交换（EDI)、电子邮件、电报、电传或传真”。我国《电子签名法》对数据电文的界定与此基本一致。《电子签名法》第 2 条第 2 款规定，本法所称数据电文是指以电子、光学、磁或者类似手段生成、发送、接收或者储存的信息。本条第 3 款对数据电文的常见方式作了列举性规定，包括电子数据交换、电子邮件等，这些数据电文的形式在商务实践中大量使用。电子邮件方式好理解，下面就电子数据交换方式作一介绍。电子数据交换，又称“电子资料通联”，英文为“Electronic Data Interchange”，简称“EDI”，是一种在公司、企业间传输订单、发票等商业文件进行贸易的电子化手段。它通过计算机通信网络，将贸易、运输、保险、银行和海关等行业信息，用一种国际公认的标准格式，完成各有关部门或者公司、企业之间的数据交换与处理，实现以贸易为中心的全部过程。由于EDI的使用可以完全取代传统的纸张文件交换，因此也被称为“无纸贸易”或“电子贸易”。电子数据交换自20世纪60年代始于欧洲与美国。早期的电子数据交换只是在两个商业伙伴之间通过计算机直接通信完成，70年代数字通讯技术加快了EDI技术的成熟与应用范围的扩大，出现了跨行业的EDI系统。80年代EDI标准的国际化使其应用进入一个新的发展阶段。EDI作为一种新颖的电子化贸易工具，是计算机、通信和现代管理技术相结合的产物。国际标准化组织将其描述为：“将贸易或者行政事务按照一个公认的标准形成结构化的事务处理或信息数据格式，从计算机到计算机的电子传输。”一般的买卖，是由买方向卖方发出订单，卖方按照订单发货，买方收到货物及发货票后开出支票给卖方，卖方到银行兑现。而EDI的处理过程是：企业收到EDI订单，EDI系统就会自动处理该订单，检查订单是否符合要求；通知安排生产；向供应商订购零配件；向运输部门预订集装箱；向海关、商检等部门申请许可证；通知银行并给订货方开出EDI发票；向保险公司申请保险单等，使整个交易过程在最短时间内准确完成。

依据第3款规定，数据电文要符合书面形式，必须满足两个条件：一是能够有形地表现所载内容；二是可以随时调取查用。第一个条件是书面形式的本质特征，不管采用哪种方式订立合同，都要符合这一条件；第二个条件是针对数据电文所作的专门要求。如果采取的数据电文形式不能保存下来，以供随时调取查用，就丧失了书面形式所具备的易于取证、易于分清责任的优点，也就不宜作为书面形式。将“可以随时调取查用”作为数据电文具备书面形式的要求，也符合国际上的做法。联合国国际贸易法委员会的《电子商务示范法》第6条规定，假若一项数据电文所含信息可以调取以备日后查用，即满足了法律对“书面形式”的要求。我国电子签名法对此也作了规定。《电子签名法》第4条规定，能够有形地表现所载内容，并可以随时调取查用的数据电文，视为符合法律、法规要求的书面形式。依据第3款规定，不管是以电子数据交换方式，还是以电子邮件或者其他方式，如果该数据电文能够有形地表现所载内容，并且可以随时调取查用，均可以视为书面形式。

相关规定

《中华人民共和国电子签名法》第2条、第4条

第四百七十条 合同的内容由当事人约定，一般包括下列条款：

（一）当事人的姓名或者名称和住所；

（二）标的；

（三）数量；

（四）质量；

（五）价款或者报酬；

（六）履行期限、地点和方式；

（七）违约责任；

（八）解决争议的方法。

当事人可以参照各类合同的示范文本订立合同。

条文主旨

本条是关于合同内容的规定。

立法背景

合同的内容是由当事人约定的，体现为一系列合同条款。合同条款是合同中经双方当事人协商一致、规定双方当事人权利义务的具体条文。合同的权利义务，除法律规定的以外，主要由合同的条款确定。合同的条款是否齐备、准确，决定了合同能否成立以及能否顺利地履行、实现订立合同的目的。合同的条款非常重要，但并不是说当事人签订的合同中缺了其中任何一项就会导致合同的不成立或者无效。主要条款的规定只具有提示性与示范性。合同的主要条款由当事人约定，一般包括当事人的姓名或者名称和住所、标的、数量、质量、价款或者报酬、履行期限、履行地点和方式、违约责任、解决争议的方法，但不限于这些条款。不同的合同，由其类型与性质决定，其主要条款或者必备条款可能是不同的。比如，买卖合同中有价格条款，而在无偿合同如赠与合同中就没有此项。

在订立合同的过程中，如果一方当事人坚持合同的订立以对特定事项达成协议为条件，则在这些特定事项未达成协议前，合同不成立。如果当事人各方在订立合同时，有意将一项合同的内容留待进一步商定，则尽管这一项条款没有确定，也不妨碍合同的成立。

条文解读

本条第 1 款列举规定了八项合同内容：

（一）当事人的名称或者姓名和住所。这是每一个合同必须具备的条款。当事人是合同的主体，合同中如果不写明当事人，谁与谁做交易都搞不清楚，就无法确定享有权利的主体和承担义务的主体，发生纠纷也难以解决，特别是在合同涉及多方当事人的时候更是如此。不仅要把合同当事人都写入合同中，而且要把各方当事人的名称或者姓名和住所都作准确、清楚的表达。

（二）标的。标的是合同当事人的权利义务指向的对象。标的是合同成立的必要条件，是一切合同的必备条款。没有标的，合同不能成立，合同关系无法建立。合同的种类很多，合同的标的也多种多样：

1. 有形财产。有形财产指具有价值和使用价值并且法律允许流通的有形物。有形财产依不同的分类有生产资料与生活资料、种类物与特定物、可分物与不可分物、货币与有价证券等。

2. 无形财产。无形财产指具有价值和使用价值并且法律允许流通的不以实物形态存在的智力成果。如商标、专利、著作权、技术秘密等。

3. 劳务。劳务指不以有形财产体现其成果的劳动与服务。如运输合同中承运人的运输行为，保管与仓储合同中的保管行为，接受委托进行代理、行纪行为等。

4. 工作成果。工作成果指在合同履行过程中产生的、体现履约行为的有形物或者无形物。如承揽合同中由承揽方完成的工作成果，建设工程合同中承包人完成的建设项目，技术开发合同中的委托开发合同的研究开发人完成的研究开发成果等。

合同对标的的规定应当清楚明白、准确无误，对于名称、型号、规格、品种、等级、花色等都要约定得细致、准确、清楚，防止出现差错。特别是对于不易确定的无形财产、劳务、工作成果等更要尽可能地描述准确、明白。订立合同时还应当注意各种语言、方言以及习惯称谓的差异，避免不必要的麻烦和纠纷。

（三）数量。在大多数的合同中，数量是必备条款，没有数量，合同是不能成立的。许多合同，只要有了标的和数量，即使对其他内容没有规定，也不妨碍合同的成立与生效。因此，数量是合同的重要条款。对于有形财产，数量是对单位个数、体积、面积、长度、容积、重量等的计量；对于无形财产，数量是个数、件数、字数以及使用范围等多种量度方法；对于劳务，数量为劳动量；对于工作成果，数量是工作量及成果数量。一般而言，合同的数量要准确，选择使用共同接受的计量单位、计量方法和计量工具。根据不同情况，要求不同的精确度，允许的尾差、磅差、超欠幅度、自然耗损率等。

（四）质量。对有形财产来说，质量是物理、化学、机械、生物等性质；对于无形财产、服务、工作成果来说，也有质量高低的问题，并有衡量的特定方法。对于有形财产而言，质量亦有外观形态问题。质量指标准、技术要求，包括性能、效用、工艺等，一般以品种、型号、规格、等级等体现出来。质量条款的重要性是毋庸讳言的，许许多多的合同纠纷由此引起。合同中应当对质量问题尽可能地规定细致、准确和清楚。国家有强制性标准规定的，必须按照规定的标准执行。如有其他质量标准的，应尽可能地约定其适用的标准。当事人可以约定质量检验的方法、质量责任的期限和条件、对质量提出异议的条件与期限等。

（五）价款或者报酬。价款或者报酬，是一方当事人向对方当事人所付代价的货币支付。价款一般是指向提供财产的当事人支付的货币，如买卖合同的货款等。报酬一般是指向提供劳务或者工作成果的当事人支付的货币，如运输合同中的运费、保管合同与仓储合同中的保管费以及建设工程合同中的勘察费、设计费和工程款等。依法应当执行政府定价或者政府指导价的，要按照规定执行。当事人应当在合同中规定清楚或者明确规定计算价款或者报酬的方法。有些合同比较复杂，货款、运费、保险费、保管费、装卸费、报关费以及一切其他可能支出的费用，由谁支付都要规定清楚。

（六）履行期限、地方和方式。履行期限是指合同中规定的当事人履行自己的义务，如交付标的物、价款或者报酬，履行劳务、完成工作的时间界限。履行期限直接关系合同义务完成的时间，涉及当事人的期限利益，也是确定合同是否按时履行或者迟延履行的客观依据。履行期限可以是即时履行的，也可以是定时履行的；可以是在一定期限内履行的，也可以是分期履行的。不同的合同，对履行期限的要求是不同的，期限可以以小时计，可以以天计，可以以月计，可以以生产周期、季节计，也可以以年计。期限可以是非常精确的，也可以是不十分确定的。不同的合同，其履行期限的具体含义是不同的。买卖合同中卖方的履行期限是指交货的日期、买方的履行期限是付款日期，运输合同中承运人的履行期限是指从起运到目的地卸载的时间，工程建设合同中承包方的履行期限是从开工到竣工的时间。正因如此，期限条款应当尽量明确、具体，或者明确规定计算期限的方法。

履行地点是指当事人履行合同义务和对方当事人接受履行的地点。不同的合同类型，履行地点有不同的特点。如买卖合同中，买方提货的，在提货地履行；卖方送货的，在买方收货地履行。在工程建设合同中，在建设项目所在地履行。履行地点有时是确定运费由谁负担、风险由谁承担以及所有权是否转移、何时转移的依据。履行地点也是在发生纠纷后确定由哪一地法院管辖的依据。因此，履行地点在合同中应当规定得明确、具体。

履行方式是指当事人履行合同义务的具体做法。不同的合同类型，决定了其履行方式的差异。买卖合同是交付标的物，而承揽合同是交付工作成果。履行可以是一次性的，也可以是在一定时期内分期、分批的。运输合同按照运输方式的不同可以分为公路、铁路、海上、航空等方式。履行方式还包括价款或者报酬的支付方式、结算方式等，如现金结算、转账结算、同城转账结算、异地转账结算、托收承付、支票结算、委托付款、限额支票、信用证、汇兑结算、委托收款等。履行方式与当事人的利益密切相关，应当从方便、快捷等方面考虑采取最为适当的履行方式，并且在合同中应当明确规定。

（七）违约责任。违约责任是指当事人一方或者双方不履行合同义务或者履行合同义务不符合约定应当承担的法律责任。违约责任是促使当事人履行合同义务，使对方免受或少受损失的法律措施，也是保证合同履行的主要条款。违约责任在合同中非常重要，因此法律对违约责任专门作了规定。但法律的规定是原则性的，即使规定再细致也不可能面面俱到，照顾到各种合同的特殊情况。因此，当事人为了特殊的需要，为了保证合同义务严格按照约定履行，为了更加及时地解决合同纠纷，可以在合同中约定违约责任，如约定定金、违约金、损失赔偿金的计算方法等。

（八）解决争议的方法。解决争议的方法指合同争议的解决途径以及法律适用问题等。解决争议的途径主要有：一是双方通过协商和解；二是由第三人进行调解；三是通过仲裁解决；四是通过诉讼解决。当事人可以约定解决争议的方法，如果意图通过诉讼解决争议是不用进行约定的，通过其他途径解决都要事先或者事后约定。依照仲裁法的规定，如果选择适用仲裁解决争议，除非当事人的约定无效，是排除法院对其争议进行管辖的。当然，如果当事人有证据证明仲裁裁决具有法律规定的情形的，可以依法申请法院撤销仲裁裁决或者申请法院不予执行。当事人选择和解、调解方式解决争议，都不能排除法院的管辖，当事人可以提起诉讼。

解决争议方法的选择对于纠纷发生后当事人利益的保护是非常重要的，应该慎重对待。选择仲裁方式解决争议的，合同应当对选择哪一个仲裁机构规定具体、清楚，不能笼统地规定“采用仲裁解决”。否则，将会影响仲裁协议条款的效力。

此外，本条规定的八项合同条款仅是列举规定，并不能涵盖所有的合同条款。当事人在合同中特别约定的条款，虽然超出本条规定的八项内容，也可以作为合同的主要条款。

第 2 款是关于合同示范文本的规定。实践中，经济贸易活动具有多样性，合同的示范文本对于提示当事人在订立合同时更好地明确各自的权利义务起到了积极作用。因此，本条第 2 款规定订立合同可以参照各类合同的示范文本，其目的与第 1 款一样，就是为了使当事人订立合同更加认真、更加规范，尽量减少合同规定缺款少项、容易引起纠纷的情况。示范文本只是作为当事人订立合同时的参考，并不是要强制当事人采用。

第四百七十一条　当事人订立合同，可以采取要约、承诺方式或者其他方式。

条文主旨

本条是关于合同订立方式的规定。

立法背景

合同是当事人之间设立、变更、终止民事法律关系的协议。合同本质上是一种合意。使合同得以成立的合意是指当事人对合同必备条款达成一致意见。合同订立方式，就是当事人达成合意的方式。

条文解读

依照本条规定，合同订立方式，可以采取要约、承诺方式，也可以采取其他方式。

一、关于要约、承诺方式

要约、承诺方式是最为典型的合同订立方式。当事人合意的过程，是对合同内容协商一致的过程，很多都是经过要约、承诺完成的。向对方提出合同条件作出签订合同的意思表示称为“要约”，而另一方如果表示接受就称为“承诺”。一般而言，一方发出要约，另一方作出承诺，合同就成立了。但是，有时要约和承诺难以区分。许多合同是经过了一次又一次的讨价还价、反复协商才得以达成。

在合同法制定以前，我国的民事立法，包括原经济合同法、原涉外经济合同法、原技术合同法以及其他有关合同的法律、行政法规，都没有关于要约与承诺制度的规定。没有要约与承诺制度，在不少情况下对于合同成立与否难以判断，有可能将本来已经成立的合同认定为不成立。在合同法中规定要约与承诺制度，可以使合同的成立有一个较为具体的判断标准，使在经济交往和社会生活中需要签订合同的当事人有所遵循，也使司法机关有所遵循，有助于更好地分清各方当事人的责任，充分保障当事人的权益，鼓励交易，减少并解决纠纷，促进经济的发展。基于此，合同法确立了要约、承诺的合同订立方式。本条保留了这一合同订立方式。

二、关于合同订立的其他方式

除了要约、承诺方式之外，传统上还存在以下几种合同订立方式：交叉要约；同时表示；意思实现。

1. 交叉要约。交叉要约是指合同当事人各自采取非直接对话的方式，同时作出了为订立同一内容合同的要约。如甲对乙作出为订立合同的要约，而乙对甲也作出了同样内容的要约。此时双方要约的内容完全一致，双方均有订立合同的意思表示，并且几乎同时发出要约。既然双方有相同的意思表示，法律即可推定其必互有承诺的结果，所以认定合同成立。合同成立的时间以后一个要约到达对方当事人时为准。由于此种情况下难以认定谁是要约人谁是承诺人，因此传统上将此种特别方式作为合同成立的方式之一。

2. 同时表示。同时表示与交叉要约本质上相同，交叉要约是在非直接对话的方式的情况下发生的，而同时表示是在对话方式的情况下发生的。同时表示指对话的当事人双方毫无先后之别，同时向对方为同一内容的要约的意思表示。例如，买卖的条件适合当事人双方之意时双方同时拍手，或对于第三人所作成的合同方案，当事人同时表示同意。与交叉要约一样，传统上也将同时表示作为合同成立的特别方式之一。

3. 意思实现。意思实现是指按照习惯或事件的性质不需要承诺通知，或者要约人预先声明承诺无须通知，要约人在相当时间内如有可以推断受要约人有承诺意思的客观事实，则可以据此成立合同。按照习惯或事件的性质不需要承诺通知的，比如订旅馆房间、订饭店席位等，不需要表明承诺，如不承诺则需要告知。推断受要约人有承诺的客观事实，一般是指受要约人不进行口头或书面承诺但按照要约人的要求履行合同义务，如受委托开始处理委托事务、将要约人欲购的货物进行发送等。

对这三种方式，我国理论上比较多的意见认为，交叉要约、同时表示与要约、承诺方式有所不同，可以作为一种特殊缔约方式，而意思实现则可以归入要约、承诺方式的体系中。但也有的意见认为，交叉要约、同时表示也可以归入要约、承诺方式的体系中，双方互为要约人，互为承诺人。但从交易实践来看，传统意义上的交叉要约和同时表示较为少见。

在民法典合同编起草过程中，有的意见提出，除了要约、承诺这一典型的合同订立方式外，法律应当对实践中存在的其他缔约方式予以认可，不能排除在外。例如证券场内交易，每一瞬间都有大量的买方和卖方的报价发出，交易系统按照价格优先、时间优先的规则由电脑自动撮合、逐笔不断成交，这种缔约方式就有别于要约、承诺方式。经研究，对于合同订立方式，本条在合同法规定的“要约、承诺方式”基础上增加“其他方式”，为实践情况及其发展留下空间。

第四百七十二条　要约是希望与他人订立合同的意思表示，该意思表示应当符合下列条件：

（一）内容具体确定；

（二）表明经受要约人承诺，要约人即受该意思表示约束。

条文主旨

本条是关于要约条件的规定。

立法背景

要约在不同的情况下可以称为“发盘”、“发价”等，发出要约的人称为“要约人”，接收要约的人称为“受要约人”。

在大陆法系，合同被定义为当事人的“合意”，要约则一般被定义为：“以一定契约之成立为目的之确定的意思表示”或者“是当事人一方向另一方提出合同条件，希望另一方接受的意思表示。”大陆法系的民法理论认为，要约仅仅是一个希望订立合同的意思表示，本身虽然会引起一定的法律效果，但尚不能发生当事人所希望的成立合同的效力，还不能算是法律行为。也有的学者认为，要约在性质上是一种附条件的法律行为。要约人发出要约之后，要受法律规定的限制，非依规定不能撤回或者撤销。如果对方承诺则协议达成，就必须按照达成的协议履行，违反协议就要承担违约责任。

在英美法系，合同则被定义为“许诺”或者一系列的“许诺”，要约也被视为或者被定义为当事人所作的一种许诺。如“要约，实际上是要约人做什么事或不做什么事的一种许诺。”以“许诺”为要约下定义是不奇怪的，“许诺”或“诺言”（Promise）是英美合同法理论的一个十分重要的概念，基本上是合同的同义语，如“合同是由法律强制履行的一个或一系列的诺言”。美国《合同法重述》也是这样下定义的：“一个合同是这样一个或一系列许诺，违背它，法律将给予补偿；履行它，法律将通过某种方式确认是一种义务。”英美法合同理论上还有一个重要的概念：“对价”（Consideration），要约是否有效以及合同是否有效取决于有无对价。P. S. 阿蒂亚在所著的《合同法概述》中对要约作了这样的说明：“要约，实际上是要约人做什么事或不做什么事的一种许诺，而这种许诺有效的条件是承诺人应接受这个要约，并对这个要约支付或答应支付它的对价。”

以许诺给要约下定义从英美法系来讲可能是最贴切的，但在英美法系也可以看到其他的定义方式。美国《合同法重述》第 24 条规定：“要约是对即时进行交易的愿望的表达。这一表达能使一个通情达理处于受要约人地位的人相信，他或她只要对该要约表示同意，即接受该要约，就可以进行交易。”世界学生版教科书《合同法》（G. H. Treitel 著，Sweet & Maxwell 1995 年版）也采纳了这样的定义：“要约是要约人希望就特定事项签订合同，并且一经受要约人承诺即受拘束的意思表示。”这两个定义与大陆法系的定义没有什么差别。尽管存在不同的理论和不同的定义方式，我们可以知道，两大法系对要约含义的认识基本是一致的。因为说的是同一件事，解决的是同一个问题。

条文解读

本条采取的是最通常和最简单的定义方式：要约是希望与他人订立合同的意思表示。一项订约的意思表示要成为一个要约，要取得法律效力，必须具备一定的条件。如不具备这些条件，作为要约在法律上就不能成立。根据本条规定，要约应当符合下列条件：

一是要约的内容具体确定。要约的内容必须具备足以使合同成立的主要条件，这要求要约的内容必须是具体的和确定的，必须明确清楚，不能模棱两可、产生歧义。要约的效力在于，一经受要约人承诺，合同即可成立。因此，如果一个订约的意思表示含混不清、内容不具备一个合同的最根本的要素，是不能构成一个要约的。即使受要约人作出承诺，也会因缺乏合同的主要条件而使合同无法成立。一项要约的内容可以很详细，也可以较为简明，一般法律对此并无强制性要求。只要其内容具备使合同成立的基本条件，就可以作为一项要约。但究竟怎样才算具备了使合同成立的基本条件，如果法律有类似规定的要依据规定进行判断，最重要的是要根据具体情况进行判断。按照《美国统一商法典》规定的作法，一个货物买卖合同只要有标的和数量就是一个成立并生效的合同。因为价格、履行地点与时间可以事后确定。《联合国国际货物销售合同公约》第 14 条规定："向一个或一个以上特定的人提出的订立合同的建议，如果十分确定并且表明发价人在得到接受时承受约束的意旨，即构成发价。一个建议如果写明货物并且明示或暗示地规定数量和价格或规定如何确定数量和价格，即为十分确定。"此条仅要求货物是明确的，数量和价格只要能够确定就可以，就算是满足了要约的条件。《联合国国际货物销售合同公约》的规定可以作为我们判断意思表示内容是否具体确定的参考。

二是要约必须表明经受要约人承诺，要约人即受该意思表示拘束。这一点很重要，很多类似订约意思表示的表达实际上并不表示如果对方接受就成立了一个合同，如"我打算 5000 元把我的钢琴卖掉"，尽管是特定当事人对特定当事人的陈述，也不构成一个要约。能否构成一个要约要看这种意思表示是否表达了与被要约人订立合同的意愿。这要根据特定情况和当事人所使用的语言表达来判断。当事人在合同中一般不会采用诸如“如果承诺，合同就成立”这样明确的词语来表示，所谓“表明”并不是要有明确的词语进行说明，而是整个要约的内容表明了这一点。

此外，要约人要能够特定，也属于要约成立的内在要求，也在本条规范的内在含义中。发出要约的目的在于订立合同，要约人必须要使接收要约的相对方能够明白是谁发出了要约以便作出承诺。因此，发出要约的人要能够确定，要能够特定化。不论是自然人还是法人、非法人组织，都可以作为要约人。如果是代理人，必须取得本人的授权，还必须说明谁是被代理人。作为要约人只要能够特定即可，并不一定需要说明要约人的具体情况。一个要约，如果处于能够被承诺的状态就可以，不需要一切情况都清清楚楚。如自动售货机，消费者不需要了解究竟是哪家公司安置，谁是真正的要约人。只要投入货币，作出承诺，合同即成立并完成交易。

合同因相对人对于要约的承诺而成立，相对人是否必须是特定的人，则有不同的看法。一种观点认为，要约必须是向特定人发出，向不特定人发出的订约意思表示是要约邀请。因为，向特定人发出的要约，一旦承诺，合同就成立，而向不特定的人发出的订约意思表示，承诺了也不会当然导致合同成立。另一种观点认为，要约可以向不特定的人发出。现实有许多向不特定人发出要约的情况。如自动售货机的设置、公共汽车的行驶等。

要约一般应向特定人发出。因为，相对人的特定化意味着要约人对谁有资格作为承诺人、作为合同相对方作出了选择，这样对方一承诺，一个合同就成立了。如果相对人不确定，则作为合同的另一方当事人就是不确定的，既然不确定，作出承诺后合同也不一定成立。如果是这种情况，把一项订约的意思表示作为一个要约就是不合适的，只能作为一个要约邀请。自动售货机、公共运输事业在大陆法系一般认为是要约方，但这种看法并非没有异议。但即使排除自动售货机、公共运输事业情形，要约在一些情况下也可能是向非特定的人发出，例如构成要约的商业广告就是向不特定的人发出的。总体来说，要约成立并不一定要求必须向特定的人发出。

第四百七十三条　要约邀请是希望他人向自己发出要约的表示。拍卖公告、招标公告、招股说明书、债券募集办法、基金招募说明书、商业广告和宣传、寄送的价目表等为要约邀请。

商业广告和宣传的内容符合要约条件的，构成要约。

条文主旨

本条是关于要约邀请的规定。

立法背景

要约邀请又称要约引诱，是邀请或者引诱他人向自己发出要约的表示，可以是向特定人发出的，也可以是向不特定的人发出的。合同法将要约邀请界定为一种“意思表示”。《合同法》第 15 条规定，要约邀请是希望他人向自己发出要约的

"意思表示"。经过多年来理论和实践的发展，对要约邀请的性质和意思表示的含义有了更深入的认识，也普遍达成了共识，即要约邀请不宜归属于意思表示。意思表示是指行为人为了产生一定民法上的效果而将其内心意思通过一定方式表达于外部的行为。意思表示中的"意思"是指设立、变更、终止民事法律关系的内心意图，"表示"是指将内心意思以适当方式向适当对象表现出来的行为。意思表示具有如下法律特征：一是意思表示的表意人具有使民事法律关系发生变动的意图；二是意思表示是一个将意思由内向外表示的过程；三是意思表示可以产生一定的法律效果。例如，要约作为一种意思表示，一经对方承诺，合同即成立。

条文解读

依照本条第1款规定，要约邀请只是邀请他人向自己发出要约，自己再视情形予以承诺。要约邀请处于合同的准备阶段，虽然也是一种表示行为，但本身不具有使民事法律关系发生变动的内心意图，也不产生民法上的效果，没有法律约束力。从性质上来说，要约邀请可以归属于事实行为。基于此，本条修改了合同法的规定，不再将要约邀请界定为"意思表示"，将合同法规定"要约邀请是希望他人向自己发出要约的意思表示"中的"意思表示"修改为"表示"。但要约邀请也并不是单纯地建议他人与自己进行有关合同的讨论，而是明确提出订立合同的建议，只不过没有提出合同的具体内容。虽然在理论上，要约邀请与作为意思表示的要约有很大区别，例如要约具有内容具体确定、受要约人的承诺对要约人具有拘束力等特点，但事实上在很多情况二者往往很难区分。当事人可能原意是发出要约，但由于内容不确定只能被看作是一个要约邀请。当事人可能原意是发出要约邀请，但由于符合了要约的条件而会被认定为是一个要约。

本条第1款列举了几种比较典型的要约邀请类型：

（1）拍卖公告。拍卖是一种特殊买卖方式。一般认为，在拍卖活动中，竞买人的出价为要约，拍卖人击槌（或者以其他方式）拍定为承诺。拍卖人在拍卖前刊登或者以其他形式发出拍卖公告，对拍卖物及其价格进行宣传介绍等，属于要约邀请。

（2）招标公告。招标投标是一种特殊的签订合同的方式，广泛应用于货物买卖、建设工程、土地使用权出让与转让、技术转让等领域。这种方式的好处是，能够在最接近公平、合理的价格上达成交易、签订合同。所谓招标是指招标人采取招标通知或者招标公告的方式发出以吸引投标人投标的意思表示。所谓投标是指投标人按照招标人的要求，在规定的期限内向招标人发出的包括合同全部条款的意思表示。对于招标公告或者招标通知，一般都认为属于要约邀请，不是要约。而投标是要约，招标人选定中标人，为承诺。英美法系也认为招标属于要约邀请，但认为招标有一定的法律意义，因为招标中对有关合同条件的说明，对达成协议的双方都有拘束力。

（3）招股说明书、债券募集办法和基金招募说明书。招股说明书是股份有限公司发起人向社会公开募集股份时或者公司经批准向社会公开发行新股时，向社会公众公开的说明文书。按照我国公司法的规定，发起人向社会公开募集股份，必须公告招股说明书，并制作认股书。招股说明书应当附有发起人制订的公司章程，并载明下列事项：发起人认购的股份数；每股的票面金额和发行价格；无记名股票的发行总数；募集资金的用途；认股人的权利、义务；本次募股的起止期限及逾期未募足时认股人可以撤回所认股份的说明。公司经国务院证券监督管理机构核准公开发行新股时，必须公告新股招股说明书和财务会计报告，并制作认股书。法律规定要制订招股说明书并向社会公告，其目的是让社会公众了解发起人或者公司的情况和认股人所享有的权利和承担的义务。招股说明书是向社会发出的要约邀请，邀请公众向公司发出要约，购买公司的股份。认股人认购股份，为要约，公司卖出股份，为承诺。但是，如果发起人逾期未募足股份，则依法失去承诺的权利，认股人撤回所认购的股份。招股说明书是要约邀请，但并非一般的要约邀请，是具有法律意义的文件。这一点与一般的要约邀请不同。

债券募集办法与基金招募说明书是应实践需求在合同法基础上新增加的要约邀请类型。

公司发行公司债券，应当按照规定公告公司债券募集办法，对投资者做出投资决策有重大影响的信息予以记载并披露。依照《公司法》第154条第2款规定，公司债券募集办法中应当载明下列主要事项：公司名称；债券募集资金的用途；债券总额和债券的票面金额；债券利率的确定方式；还本付息的期限和方式；债券担保情况；债券的发行价格、发行的起止日期；公司净资产额；已发行的尚未到期的公司债券总额；公司债券的承销机构。投资者根据债券募集办法记载的情况决定是否购买债券。

基金招募说明书是基金发起人公开发售基金时，为基金投资者提供的对基金情况进行说明的文件，一般应载明基金募集申请的准予注册文件名称和注册日期；基金管理人、基金托管人的基本情况；基金合同和基金托管协议的内容摘要；基金份额的发售日期、价格、费用和期限；基金份额的发售方式、发售机构及登记机构名称；出具法律意见书的律师事务所和审计基金财产的会计师事务所的名称和住所；基金管理人、基金托管人报酬及其他有关费用的提取、支付方式与比例；风险警示内容等。投资者根据基金招募说明书载明的情况判断是否申购基金。

债券募集办法和基金招募说明书，在性质上与招股说明书类似，都是具有法律意义的说明性文件，归属于要约邀请。

（4）商业广告和宣传。商业广告是指商品经营者或者服务提供者通过一定媒介和形式直接或者间接地介绍自己所推销的商品或者服务的广告。实践中，商品经营者或者服务提供者除通过商业广告外，还通过其他一些形式对商品或者服务进行宣传。商业广告和宣传的目的在于宣传商品或者服务的优点，并以此引诱顾客购买商品或者接受服务，为要约邀请。但法律并不排除商业广告和宣传如果符合要约的条件也可以成为要约的可能性。

（5）寄送的价目表。寄送的价目表，无论在大陆法系国家还是在英美法系国家，都认为是要约邀请。根据对要约条件的分析，价目表仅指明什么商品、什么价格，并没有指明数量，对方不能以“是”、“对”或者“同意”等肯定词语答复成立合同，自然不符合要约的条件，只能视作要约邀请。寄送的价目表，是商品生产者或者销售者推销商品的一种方式。这种方式当然表达行为人希望订立合同的意思，但并不表明他人表示承诺就立即达成一个合同。实际上，寄送的价目表与货物标价陈列在性质上没有什么差别，只是方式有所不同，商品标价陈列亦作为要约邀请。在商店买卖东西，虽然商品的价格是标明的，但要买多少数量，总是由顾客提出要求。

本条第 2 款规定，商业广告和宣传的内容符合要约条件的，构成要约。一般的商业广告和宣传并不能构成一个要约，但也不排除有些内容确定的商业广告和宣传构成要约。依照《民法典》第 472 条规定，一项意思表示构成要约应当符合下列条件：一是内容具体确定；二是表明经受要约人承诺，要约人即受该意思表示约束。认定一项商业广告或者商业宣传是否符合要约的条件，需要根据实际情况进行判断。例如，一项商业广告称："我公司现有某型号的水泥 1000 吨，每吨价格 200 元，在 10 月 1 日前保证现货供应，欲购从速。"该商业广告的内容具体确定，"在 10 月 1 日前保证现货供应"的内容可能会被认定为其表明了一经承诺即受拘束的意思，从而被视为要约。

相关规定

《中华人民共和国公司法》第 85 条、第 86 条、第 154 条；《中华人民共和国证券投资基金法》第 53 条

第四百七十四条 要约生效的时间适用本法第一百三十七条的规定。

条文主旨

本条是关于要约生效时间的规定。

立法背景

《民法典》第 137 条对有相对人的意思表示的生效时间作了专门规定。要约属于有相对人的意思表示，要约生效的时间自然应当适用《民法典》第 137 条规定。《民法典》第 137 条

区分以对话方式作出的意思表示与以非对话方式作出的意思表示，对其生效时间分别作出规定，并对以非对话方式作出的采用数据电文形式的意思表示时间作了专门规定。

条文解读

依照《民法典》第137条的规定，要约生效的时间可以从以下几个方面理解：

一是以对话方式作出的要约。所谓以对话方式作出的要约，是指要约人采取使相对方可以同步受领的方式进行意思表示，如面对面交谈、电话等方式。在以这种方式进行的意思表示中，要约人作出意思表示和相对人受领意思表示是同步进行的，没有时间差。因此，要约人作出意思表示，相对人知道其内容时，要约生效。

二是以非对话方式作出的要约。对于以非对话方式作出的要约，要约人作出意思表示的时间与相对人受领意思表示的时间不同步，二者之间存在时间差。以非对话方式作出的意思表示在现实生活中存在的形式多样，如传真、信函等。对于以非对话方式作出的意思表示何时生效，其他国家和地区的立法有四种立法例：表示主义、发信主义、到达主义与了解主义。表示主义和发信主义对表意人有利，对相对人不利；了解主义对相对人有利，但对表意人不利；相比较而言，到达主义兼顾了表意人和相对人的利益，所以现在大多数国家和地区的立法采用了到达主义。例如，《德国民法典》第130条规定，在以非对话方式向相对人为意思表示时，意思表示以通知达到相对人时发生效力。我国台湾地区“民法”第95条规定，非对话而为意思表示者，其意思表示，以通知达到相对人时，发生效力。《联合国国际货物销售合同公约》第 15 条和《国际商事合同通则》第 2. 1. 3 条也都规定，要约于送达受要约人时生效。所谓到达主义，是指意思表示进入了相对人的实际控制范围内，至于相对人对意思表示是否了解不影响意思表示的生效时间。我国合同法即采用了到达主义的模式。《合同法》第 16 条第 1 款规定，要约到达受要约人时生效。《民法典》第 137 条延续了合同法的做法，规定以非对话方式作出的意思表示，到达相对人时生效。要约也属于一种意思表示，那么以非对话方式发出的要约，自然是到达相对人时生效。需要强调的是，这里“到达”并不意味着相对人必须亲自收到，只要进入相对人通常的地址、住所或者能够控制的地方（如信箱）即可视为到达，意思表示被相对人的代理人收到也可以视为“到达”。到达相对人时生效还意味着即使在意思表示到达相对人前相对人已经知道该意思表示内容的，该意思表示也不生效。

三是以非对话方式作出的采用数据电文形式的要约。随着科学技术的发展，人们除了可以采用信件等传统的非对话方式作出意思表示外，还可以采用数据电文的方式作出意思表示。“数据电文”系指经由电子手段、电磁手段、光学手段或类似手段生成、发送、接收或存储的信息，这些手段包括但不限于电子数据交换、电子邮件、电报、电传或传真。采用数据电文方式作出的意思表示虽然也是以非对话方式进行的，但由于其发出和到达具有自动性、实时性等特点，意思表示发出即到达，其生效规则也与一般的非对话方式作出的意思表示的生效时间有所区别。那么以数据电文作出意思表示何时生效呢？《合同法》第 16 条参考联合国国际贸易法委员会制定的《电子商务示范法》，规定：要约到达受要约人时生效、采用数据电文形式订立合同，收件人指定特定系统接收数据电文的，该数据电文进入该特定系统的时间，视为到达时间；未指定特定系统的，该数据电文进入收件人的任何系统的首次时间，视为到达时间。《民法典》第137条第2款在继承合同法规定的基础上作了一定的发展。依照《民法典》第137条第2款规定，可以分三个层次对以数据电文形式发出的要约的生效时间予以理解：

第一，对以非对话方式发出的采用数据电文形式的要约，相对人指定特定系统接收数据电文的，该数据电文进入该特定系统时生效。这一规定与合同法的规定是一致的。这针对的是相对人指定了接收意思表示的特定信息系统的情况。在这种情况下，应当以意思表示进入该特定信息系统的时间作为到达的时间，也即要约生效的时间。这里的“特定系统”是指由某一方特别指定的接收系统。例如一项要约明确指定了承诺应当发回的系统。如果只是在文件中显示了电子邮件或者传真件的地址，但没有特别指定，则不应视为明确指定的一个信息系统。“进入”概念用以界定数据电文的收到时间。所谓一项数据电文进入一个信息系统，其时间是在该信息系统内可投入处理的时间。至于进入该信息系统的数据电文是否能够为收件人所识读或者使用则不影响该要约的生效时间。

第二，未指定特定系统的，相对人知道或者应当知道该数据电文进入其系统时生效。这一规定与合同法的规定不完全相同。在这种情况下，合同法规定，该数据电文进入收件人的任何系统的首次时间，为到达时间，而不问相对人是否知道或者应当知道该数据电文进入其系统。鉴于我国加入的《联合国国际合同使用电子通信公约》明确规定，在这种情况下，以相对人了解到该数据电文已发送到相对人的任何系统的时间为到达时间。《民法典》第137条第2款按照公约的规定对合同法的规定作了相应修改。依照该规定，未指定特定系统的，相对人知道或者应当知道该数据电文进入其系统时，要约生效。

第三，当事人对采用数据电文形式发出的要约的生效时间另有约定的，按照其约定。这是对《民法典》第5条自愿原则的贯彻落实，体现了民事活动对当事人意愿的尊重。

第四百七十五条　要约可以撤回。要约的撤回适用本法第一百四十一条的规定。

条文主旨

本条是关于要约撤回的规定。

立法背景

要约的撤回，是指在要约发出之后但在要约生效以前，要约人欲使该要约不发生法律效力而作出的意思表示。要约之所以可以撤回，是因为要约尚未发生法律效力，不会对受要约人产生任何影响，也不会危害交易秩序。因此，在此阶段，应当允许要约人撤回要约，使尚未生效的要约不产生预期的效力，这也是对行为人意愿的充分尊重。基于此，本条规定，要约可以撤回。

行为人可以撤回意思表示，但不是在任何情况下都可以撤回其意思表示，而是有条件的。《合同法》第17条对要约的撤回条件作了规定，即撤回要约的通知应当在要约到达受要约人之前或者与要约同时到达受要约人。《民法典》第141条对意思表示撤回条件的规定与《合同法》第17条的规定是一致的。

《民法典》第 141 条规定，撤回意思表示的通知应当在意思表示到达相对人前或者与意思表示同时到达相对人。要约属于有相对人的意思表示，在《民法典》第 141 条对意思表示的撤回已经作了规定的前提下，合同编没有必要再作重复性规定，要约的撤回直接适用《民法典》第 141 条的规定即可。

条文解读

适用《民法典》第 141 条规定可以得出，撤回要约的条件是撤回要约的通知在要约到达受要约人之前或者同时到达受要约人。如果撤回要约的通知在要约到达受要约人以后到达，则要约已经生效，是否能够使要约失效，就要看是否符合撤销的条件。因此，要约人如欲撤回要约，必须选择以快于要约的方式向受要约人发出撤回的通知，使之能在要约到达之前或者同时到达受要约人。理解本条需要注意两点：

一是根据《民法典》第 474 条和《民法典》第 137 条的规定，以对话方式作出的要约，受要约人知道其内容时生效。以非对话方式作出的要约，到达受要约人时生效。也就是说，对于以对话方式作出的要约，因为受要约人知道其内容时就生效，相当于即时生效，要约人很难作出撤回的通知，这种情况下适用撤回的规定空间比较小。以非对话方式作出的要约，是到达受要约人时生效，则要约人发出撤回要约的通知，且该通知在要约到达受要约人之前或者同时到达受要约人的，可以适用本条撤回的规定。

二是要约的撤回与要约的撤销是不同的。根据本条和《民法典》第 141 条的规定，要约的撤回是在要约未生效前使其不发生效力；而要约的撤销是指在要约作出并生效之后，要约人又作出取消其意思表示的表示。要约的撤回是使一个未发生法律效力的要约不发生法律效力，要约的撤销是使一个已经发生法律效力的要约失去法律效力。要约撤回中仅考虑保护要约人对其意思表示的自由处分权利，因此，要约撤回的通知只要在要约到达之前或与要约同时到达就发生效力。而对于要约的撤销，由于要约在到达后已经生效，受要约人已知悉了要约的内容，甚至可能已经对该要约产生了合理的信赖，因此要约人能否在要约生效后撤销其意思表示，需要考虑保障受要约人合理信赖的问题，要平衡要约人和受要约人的利益，不宜泛泛规定要约人可以撤销要约。要约撤销是否发生效力取决于该要约撤销的意思表示是否在受要约人作出承诺之前到达受要约人或者为受要约人所知道，并且在法律规定的特定情形下，要约是不得撤销的。

第四百七十六条　要约可以撤销，但是有下列情形之一的除外：

（一）要约人以确定承诺期限或者其他形式明示要约不可撤销；

（二）受要约人有理由认为要约是不可撤销的，并已经为履行合同做了合理准备工作。

条文主旨

本条是关于要约不得撤销情形的规定。

立法背景

要约的撤销，是指要约人在要约发生法律效力之后而受要约人作出承诺之前，欲使该要约失去法律效力的意思表示。在要约撤销的问题上，英美法系与大陆法系的理论迥异。按照英美合同法“对价”理论，要约作为诺言在被承诺以前是无对价的，对发出要约的人没有拘束力，因而在要约被承诺以前是可以撤销的，即使是附承诺期限的要约也是如此。大陆法系国家则一般认为，要约一旦生效就不得撤销。如《德国民法典》第145条规定，向他人发出订立合同的要约的人，受要约的约束，但预先声明不受拘束者不在此限。《德国民法典》没有规定要约人有权撤销要约。我国台湾地区的规定与德国的规定一致。

英美合同法虽然认为要约在承诺以前可以撤销，但也有例外。第一种例外情况是，如果要约是限期承诺的，受要约人在一定期限内向要约人提供了对价，就获得了承诺或拒绝的选择权，因而要约人在一定期限内无权撤销要约。实际的情况是，由于要约人在限期承诺的要约被承诺前可以撤销要约，受要约人往往支付一个名义上的对价，如1美元，就获得了承诺或拒绝的选择权。第二种例外情况是，如果要约人可以合理地预见到，其发出的限期承诺的要约将使受要约人在承诺之前发生依赖，并且这种依赖后来在事实上发生了，该要约就是不可撤销的。美国《合同法重述》第87条为避免不公正而对要约人的要约进行了限定：“如果要约人应当合理地预见到其要约会使受要约人在承诺前采取具有某种实质性的行为或不行为，并且该要约的确导致了这样的行为或不行为，该要约便同选择权合同一样，在为避免不公正而必需的范围内具有拘束力。”第三种例外情况是，当受要约人以行为表示承诺时，要约人对其要约不可撤销。因此，当要约人发出要约后，受要约人的履行一旦开始，便不允许要约人撤销要约。第四种例外的情况是，

《美国统一商法典》对商人成立买卖合同的要约是否可以撤销的规定，该法典第 2 – 205 条规定：“商人购买或出售货物，以经签字的书面文件作成的要约，通过其条件保证其有效，这样的要约即使缺乏对价，在规定的期限内，或虽未规定期限，但在一段合理的期限内，是不可撤销的，而不可撤销的期限不超过 3 个月。”

由于有许多例外，使得美国法在要约的撤销问题上已很接近大陆法系。按照大陆法系的观点来看，由于在承诺之前要约人可以撤销限期承诺的要约，对受要约人欠公平，在实践中会导致要约人的随意性和不负责任，并给受要约人带来可能的损害，不应鼓励这一作法。联合国国际贸易法委员会 1980 年通过的《联合国国际货物销售合同公约》在这个问题上调和了两大法系的不同作法。该公约第 16 条规定，在未订立合同之前，发价得予撤销，如果撤销通知于被发价人发出接受通知之前送达被发价人。但在两种情况下发价不得撤销：（1）发价写明接受发价的期限或以其他方式表示发价是不可撤销的；（2）被发价人有理由信赖该项发价是不可撤销的，而且被发价人已本着对该项发价的信赖行事。可见在是否可以撤销的问题上，基本上采纳了英美法系的作法，但是对撤销的条件作了较为严格的限制。这种作法也是两大法系相互妥协的产物。《国际商事合同通则》第 2. 1. 4 条作了与《联合国国际货物销售合同公约》同样的规定。《国际商事合同通则》第 2. 1. 4 条规定，在合同订立之前，要约得予撤销，如果撤销通知在受要约人发出承诺之前送达受要约人。但是，在下列情况下，要约不得撤销：（a）要约写明承诺的期限，或以其他方式表明要约是不可撤销的；（b）受要约人有理由信赖该项要约是不可撤销的，且受要约人已依赖该要约行事。

条文解读

《合同法》第19条借鉴了《联合国国际货物销售合同公约》与《国际商事合同通则》的作法，规定了不可撤销的两种情形：一是要约人确定了承诺期限或者以其他形式明示要约不可撤销；二是受要约人有理由认为要约是不可撤销的，并已经为履行合同作了准备工作。就第一项情形，要约人确定了承诺期限，是不是就等同于要约不可撤销的明示，我国理论和实践中有一些争议。一般来说，确定承诺期限可以视为要约不可撤销的明示，但在一些情况下，例如要约人可能既确定了承诺期限，又在要约中明确指出要约也是可以撤销的，此时就不宜直接以要约确定了承诺期限为由认为要约不得撤销。因此，即使要约人确定了承诺期限，也宜根据具体情况判断要约人确定承诺期限是不是就表明要约不可撤销。为了更为符合实践情况，本条将合同法第19条规定的第一项情形“要约人确定了承诺期限或者以其他形式明示要约不可撤销”修改为“要约人以确定承诺期限或者其他形式明示要约不可撤销”。对于合同法第19条规定的第二项情形，受要约人所作的“准备工作”也有程度差别，为了更好平衡要约人与受要约人之间的利益，本条将合同法中的“作了准备工作”修改为“做了合理准备工作”。《国际商事合同通则》对第2.1.4条的注释可作为理解本条的参考。

一、要约中不可撤销的表示

《国际商事合同通则》在注释中提出，不可撤销的意思表示可以用不同的方式作出，最直接和最清楚的方式是由要约人在要约中作一个明确的声明，如“这是一个确定的要约”、“我们坚持我们的要约直到收到贵方的回复”等。另外，还可以从要约人的其他表示或者行为中作出此种推断。表明确定的承诺期限本身可以（但并非必然）构成要约不可撤销的默示表示。这应当结合个案对要约的条款进行适当的解释，进而作出判断。《国际商事合同通则》在注释中举了例子说明这个问题。一家旅行社在其发送的小册子中通知游客将组织新年度假旅游，并敦促游客在通知后3天内预订，否则过期将可能没有剩余名额。这个声明本身不应视为在这3天内该要约不可撤销的表示。

二、受要约人有理由认为要约不可撤销并已依其信赖行事

《国际商事合同通则》在注释中提出，这一例外规定是通则规定的禁止不一致行为原则的体现。受要约人的合理信赖可源于要约人的行为，比如受要约人对要约人有所了解，或者以前在商业上就有来往等，因此相信要约人的要约不可撤销。受要约人的合理信赖也可源于要约本身的性质，如对某一项要约作出承诺前需要受要约人进行广泛的、费用昂贵的调查，或者某一要约的发出意在允许受要约人进而可以向第三方发出要约。受要约人基于对要约不可撤销的信赖所做的行为，可以是为生产所做的准备、购买或者租用材料设备、负担费用，等等。只要这些行为在有关的贸易中被视为是正常的，或者应是要约人所能预见或者知悉的行为。《国际商事合同通则》在注释中举了两个例子说明这个问题。第一个例子是，甲是古董商，要求乙在3个月内修复10幅画，价格不超过一具体金额。乙告知甲，为了决定是否承诺，有必要先对一幅画进行修复，然后在5天内给出一个明确的答复。甲同意。基于对甲的要约的信赖，乙马上开始工作。甲在5天内不得撤销要约。第二个例子是，乙就合作参与一个在规定的期限内定标的项目，向甲发出要约。对于乙发出的要约，甲在计算投标价格时予以了信赖。在规定的期限届满前且甲已投标后，乙通知甲不愿意再遵守其要约。因为甲在投标时信赖了乙的要约，因此该要约在规定的期限届满前是不可撤销的。

第四百七十七条　撤销要约的意思表示以对话方式作出的，该意思表示的内容应当在受要约人作出承诺之前为受要约人所知道；撤销要约的意思表示以非对话方式作出的，应当在受要约人作出承诺之前到达受要约人。

条文主旨

本条是关于撤销要约的条件的规定。

立法背景

要约生效后，受要约人已经知悉了要约的内容，甚至可能已经基于对要约的信赖作出了某些行为。为了保障受要约人的合理信赖利益，要约人应当在受要约人作出承诺之前撤销要约。如果受要约人已经作出承诺的，要约人不得撤销要约。

条文解读

对本条规定，可以从以下两个方面理解：

一是本条区分撤销要约的意思表示是以对话方式作出的还是以非对话方式作出的，对撤销要约的条件分别规定。本条规定对合同法第 18 条关于要约撤销条件的规定作了一定修改，主要是考虑到与《民法典》第 137 条的协调。《合同法》第 18 条规定，撤销要约的通知应当在受要约人发出承诺通知之前到达受要约人，没有区分撤销要约的意思表示是以对话方式作出的还是以非对话方式作出的。撤销要约的目的在于使已经生效的要约丧失法律效力，撤销要约本身也属于一种意思表示。撤销要约的意思表示的生效时间自然适用《民法典》第 137 条的规定。《民法典》第 137 条对意思表示的生效时间区分意思表示是以对话方式作出的还是以非对话方式作出的，即以对话方式作出的意思表示，相对人知道其内容时生效；以非对话方式作出的意思表示，到达相对人时生效。根据该规定，撤销要约的意思表示的生效时间分别为，撤销要约的意思表示以对话方式作出的，受要约人知道该意思表示的内容时生效；撤销要约的意思表示以非对话方式作出的，该意思表示到达受要约人时生效。为了保障受要约人的合理信赖利益，要约人应当在受要约人作出承诺之前撤销要约，也即要约人撤销要约的意思表示的生效时间应当是在受要约人作出承诺之前。因此，本条规定，撤销要约的意思表示以对话方式作出的，该意思表示的内容应当在受要约人作出承诺之前为受要约人所知道；撤销要约的意思表示以非对话方式作出的，应当在受要约人作出承诺之前到达受要约人。

二是要约人应当在“受要约人作出承诺之前”撤销要约。依照合同法第 18 条规定，要约人应当在“受要约人发出承诺通知之前”撤销要约。本条将合同法第 18 条规定的“受要约人发出承诺通知之前”修改为“受要约人作出承诺之前”，主要是考虑到与《民法典》第 480 条规定相协调。依照《民法典》第480条的规定，承诺应当以通知的方式作出；但是，根据交易习惯或者要约表明可以通过行为作出承诺的除外。《民法典》第480条是认可特定情形下受要约人通过行为作出承诺的。基于此，本条将合同法第18条规定的“受要约人发出承诺通知之前”修改为“受要约人作出承诺之前”。“受要约人作出承诺之前”既包括受要约人发出承诺通知之前，也包括受要约人根据交易习惯或者要约的要求作出承诺的行为之前。

第四百七十八条　有下列情形之一的，要约失效：

（一）要约被拒绝；

（二）要约被依法撤销；

（三）承诺期限届满，受要约人未作出承诺；

（四）受要约人对要约的内容作出实质性变更。

条文主旨

本条是关于要约失效的规定。

条文解读

要约的失效，也可以称为要约的消灭或者要约的终止，指要约丧失法律效力，要约人与受要约人均不再受其约束。要约人不再承担接受承诺的义务，受要约人亦不再享有通过承诺使合同得以成立的权利。

本条规定了要约失效的几种情形，分述如下：

一、要约被拒绝

受要约人接到要约后，通知要约人不同意与之签订合同，则拒绝了要约。要约被拒绝的，该要约即失去法律效力。受要约人的通知中，如果明确地说明拒绝要约，这当然没有疑问。但有的通知中，既没有说明接受要约，也没有明确拒绝要约，也没有明确提出反要约。这时，要根据该通知的具体内容进行判断，搞清楚受要约人究竟是什么意思。比如，回复中仅仅是询问价格有没有降低的可能、是否能提前几天交货等，这种答复不足以证明受要约人拒绝了要约。

如果受要约人的回复没有作出承诺，但提出了一些条件，受要约人在规定期限内仍不作答复，可以视为拒绝要约。按照《国际商事合同通则》的解释，这种情形视为“默示拒绝”。《国际商事合同通则》在对第 2.1.5 条的注释中对默示拒绝还举了一例予以说明：甲收到了乙发出的要约，其中规定该要约两周内是不可撤销的。甲通过邮件回复提出了部分不同的条件，对此乙不予接受。尽管离期限届满还有几天时间，但甲可能不再承诺原来的要约，因为通过发出反要约，甲实际上默示地拒绝了原要约。

实践中也有这种情况，受要约人拒绝了要约，但又反悔，这时受要约人可以撤回拒绝的通知，但撤回拒绝的通知也应像撤回要约一样，必须在拒绝的通知到达要约人之前或者同时到达要约人。

二、要约被依法撤销

要约被依法撤销，当然使要约失效。要约被依法撤销，指的是要符合撤销要约的条件。《民法典》第 477 条对撤销要约的条件作了具体规定，即撤销要约的意思表示以对话方式作出的，该意思表示的内容应当在受要约人作出承诺之前为受要约人所知道；撤销要约的意思表示以非对话方式作出的，应当在受要约人作出承诺之前到达受要约人。如果不符合要约撤销的条件，不发生要约被撤销的效力。此外，如果属于《民法典》第476条规定的要约不可撤销的情形，即要约人以确定承诺期限或者其他形式明示要约不可撤销，或者受要约人有理由认为要约是不可撤销的，并已经为履行合同做了合理准备工作的，要约不可被撤销，即使要约人作出了撤销要约的意思表示，也不发生要约被撤销的效力。

三、承诺期限届满，受要约人未作出承诺

要约中确定了承诺期限的，表明要约人规定了要约发生法律效力的期限，受要约人超过这个期限不承诺，要约的效力当然归于消灭。实践中也有这样的情形，要约中没有规定承诺期限，受要约人也不对要约作出答复，要约什么时候失效？这种情况下，应当按照《民法典》第481条的规定进行处理，一是要约没有确定承诺期限，要约以对话方式作出的，受要约人应当即时作出承诺，没有即时作出承诺的，要约失效。二是要约没有确定承诺期限，要约以非对话方式作出的，承诺应当在合理期限内到达要约人。要约人发出要约后一段合理期限内没有收到承诺，则要约失效。

四、受要约人对要约的内容作出实质性变更

受要约人对一项要约的内容作出实质性变更的，为新要约。新要约使原要约失去效力，要约人即不受原要约的拘束。

第四百七十九条　*承诺是受要约人同意要约的意思表示。*

条文主旨

本条是关于承诺定义的规定。

立法背景

所谓承诺，是指受要约人同意接受要约的全部条件以缔结合同的意思表示。从性质上来说，承诺与要约一样，都属于意思表示。意思表示是指行为人为了产生一定民法上的效果而将其内心意思通过一定方式表达于外部的行为，是实现当事人意思自治的工具。承诺的表意人即受要约人具有使合同得以成立的意图。承诺应当以通知或者其他适当的方式作出，并在承诺期限内到达要约人。符合生效要件的承诺可以发生受要约人预期的法律效果，使合同得以成立。在商业交易中，与要约称作“发盘”、“发价”相对称，承诺称作“接受”。

条文解读

对承诺的定义，可以从以下几个方面理解：

一是承诺须由受要约人作出。要约是要约人向受要约人发出的，受要约人是要约人选定的交易相对方，只有受要约人才具有作出承诺的资格，受要约人以外的第三人不具有承诺的资格。因此，第三人进行承诺不是承诺，只能视作对要约人发出了要约。如果订约的意思表示是向不特定人发出的，并且该订约的意思表示符合要约条件构成要约的，则不特定人中的任何人均可以作出承诺，其一旦作出承诺，受要约人即为特定。

二是承诺须向要约人作出。承诺是对要约的同意，受要约人意在与要约人订立合同，当然要向要约人作出。如果承诺不是向要约人作出，则作出的承诺意思表示不视为承诺，不能达到与要约人订立合同的目的。

三是承诺的内容须与要约的内容保持一致。这是承诺最核心的要件，承诺必须是对要约完全的、单纯的同意。因为受要约人如想与要约人订立合同，必须在承诺的内容上与要约的内容保持一致，否则要约人就可能拒绝受要约人而使合同不能成立。如果受要约人在承诺中对要约的内容加以扩张、限制或者变更，便不能构成承诺，并可能构成一项新的要约。判断承诺的内容是否与要约的内容一致并非易事，受要约人对要约简单地回答同意并不多见，因此，必须对受要约人的承诺进行分析。如果仅仅是表述的形式不同，而不是实质的不一致，则不应当否定承诺的效力。如果承诺中提出了一些新的条件，就要分析这些新的条件是否从实质上改变了要约的内容。如果没有从实质上改变要约的内容，则应当认为是对要约的承诺。如果从实质上改变了要约的内容，则不应认为是一项承诺，而构成了一项新要约。

第四百八十条　承诺应当以通知的方式作出；但是，根据交易习惯或者要约表明可以通过行为作出承诺的除外。

条文主旨

本条是关于承诺方式的规定。

立法背景

承诺属于一种意思表示。意思表示是一个将意思由内向外表示的过程，一个人内心可能有很多的主观意思，但为了让他人知晓，使内心意思产生外在的法律效果，就应当通过适当的方式表示出来。承诺方式，是指受要约人将其承诺的意思表示传达给要约人所采用的方式。对一项要约作出承诺即可使合同成立，因此承诺以何种方式作出是很重要的事情。

一般说来，法律并不对承诺必须采取的方式作限定，而只是一般规定承诺应当以明示或者默示的方式作出。所谓明示的方式，一般为通知。如《德国民法典》第 130 条规定：“在相对人以非对话方式向其为意思表示时，意思表示以通知到达相对人时发生效力。”以通知的方式作出承诺可以是口头通知，也可以是书面通知。一般说来，如果法律或要约中没有规定必须以书面形式表示承诺，当事人就可以口头形式表示承诺。所谓默示的方式，一般按照交易的习惯或者当事人之间的约定，受要约人尽管没有通过书面或者口头方式明确表达其意思，但是通过实施一定的行为和其他形式作出了承诺。如我国台湾地区“民法”第 161 条规定：“依习惯或依其事件之性质，承诺无需通知者，在相当时期内，有可认为承诺之事实时，其契约为成立。前项规定，于要约人要约当时预先声明承诺无需通知者，准用之。”国际公约和国际示范法也有大致类似的规定。如《联合国国际货物销售合同公约》第 18 条规定：“受要约人声明或做出其他行为表示同意一项要约，即为承诺。缄默或不行为本身不等于承诺。”《国际商事合同通则》的规定与公约的规定基本一致。《国际商事合同通则》第 2. 1. 6 条规定：“受要约人做出的表示同意要约的声明或其他行为构成承诺。缄默或不行为本身不构成承诺。”

条文解读

本条的规定与上述的立法例是一致的。根据本条规定，承诺应当以通知的方式作出，根据交易习惯或者要约表明也可以通过行为作出承诺。本条中“通知的方式”是典型的明示方式。“通过行为作出承诺”属于默示的方式，这里的“行为”通常是指履行行为，比如预付价款、装运货物或在工地上开始施工等。以通知方式作出承诺具有直接、明确、不易产生纠纷的特点，因此承诺一般应以通知的方式作出。但是商业实践中往往还存在一些交易习惯，根据这些交易习惯，承诺也可以通过行为作出。这些交易习惯一般为从事该项交易的当事人所知晓，“通过行为作出承诺”的方式在要约人的预期之内，不会损害要约人的利益，因此本条对此予以认可。除了交易习惯外，如果要约人在要约中表明了可以通过行为作出承诺，那么受要约人通过行为作出承诺的，符合要约人的意愿，自然也应当予以认可。

值得注意的是，本条规定是对承诺方式的一般性规定，原则上承诺需要以通知的方式或者通过行为作出，但并没有排除沉默方式的承诺。沉默是一种既无语言表示也无行为表示的纯粹的缄默，完全不作任何表示，是一种完全的不作为。受要约人的沉默原则上不得推断受要约人同意要约。《民法典》第140条第2款规定，沉默只有在有法律规定、当事人约定或者符合当事人之间的交易习惯时，才可以视为意思表示。据此，沉默视为承诺的条件非常严格，如果没有要约人与受要约人事先的约定，也没有要约人与受要约人之间交易的习惯做法，在没有法律特别规定的情况下，仅仅由要约人在要约中表明如果不答复就视为承诺是不行的。《国际商事合同通则》在对第2.1.6条关于这个问题的解释上举了两个例子，很能说明这个问题。其一：甲和乙之间的供酒合同将于12月31日到期，甲要求乙提出续展合同的条件。乙在其要约中规定“最晚在11月底以前，如果我方未收到你方的答复，我方将推定你方同意按上述条件续展合同”。甲发现乙所提议的条件完全不可接受，因此未予答复。这样，当事人间未能达成新的合同，先前的合同到期失效。其二：在一项长期供酒协议中，乙惯常不经明确表示承诺而直接履行甲的订单。11 月 15 日，甲为准备新年物资向乙订一大批货。乙既没有答复，也没有按要求的时间供货。此时乙构成违约，因为根据当事人间业已建立的习惯做法，乙的缄默视同对甲的订单的承诺。

对于承诺的特定方式问题，有些国家的法律作了规定，如《意大利民法典》第 1326 条规定：“当要约人对承诺要求特定形式时，如果承诺以不同于要求的形式发出，则该承诺无效。”有些国家的法律没有特别规定，但一般可从其对意思表示的要求中推断出来。如果要约人在要约中规定承诺需用特定方式的，承诺人作出承诺时，必须符合要约人规定的承诺方式。即使是这种要求的方式在一般人看来是很特别的，只要不为法律所禁止或者不属于在客观上根本不可能，受要约人都必须遵守。例如，要约人限定承诺应以电报回答，则受要约人纵以书面回答，亦不生承诺的效力。但如果要约人仅仅是希望以电报回复，受要约人则不必一定用电报回答。如果某些交易习惯上对承诺的方法有限定的，则一般应遵守交易习惯的要求，但如果要约人明确反对或者规定特定方式的，受要约人应当尊重要约人的意思，并按照要约人的要求的方式作出承诺。如果要约人规定了一种承诺方式，但并没有规定这是唯一的承诺方式，则一般来说，受要约人可以用比要约规定的方式更为迅捷的方式作出承诺。反之，受要约人如果使用比要约的规定更为迟缓的方式，则可能为无效。

第四百八十一条 承诺应当在要约确定的期限内到达要约人。

要约没有确定承诺期限的，承诺应当依照下列规定到达：

（一）要约以对话方式作出的，应当即时作出承诺；

（二）要约以非对话方式作出的，承诺应当在合理期限内到达。

条文主旨

本条是关于承诺到达时间的规定。

立法背景

本条区分要约是否确定了承诺期限，对承诺的到达时间分别作了规定。要约确定了承诺期限的，受要约人自然应当尊重要约人的意愿，承诺应当在该承诺期限内到达要约人。要约没有确定承诺期限的，根据要约是以对话方式作出还是以非对话方式作出，承诺到达时间又有所不同。

条文解读

对本条规定可以从以下两个方面理解：

一是关于要约以对话方式作出的。所谓以对话方式作出的要约，是指采取使受要约方可以同步受领的方式作出的要约，如面对面交谈、电话等方式。在以这种方式作出的要约中，要约人作出要约和受要约人受领要约是同步进行的，没有时间差，受要约人可以即时决定是否接受。依据本条规定，对于以这种方式作出的要约，如果要约本身没有确定承诺期限，受要约人应当即时作出承诺，对话结束后再作出的承诺对要约人不具有拘束力。一些国家和地区的立法例、国际公约以及国际示范法也作了类似规定。例如，《德国民法典》第 147 条规定："对向在场人发出的要约，应立即作出承诺。借助于电话或者其他技术设备以对话方式发出的要约，亦同。"我国台湾地区"民法"第 156 条规定："对话为要约者，非立时承诺，即失其拘束力。"《联合国国际货物销售合同公约》、《国际商事合同通则》的规定与《德国民法典》、我国台湾地区"民法"的规定在表述上略有不同。《联合国国际货物销售合同公约》第 18 条规定："对口头发价必须立即接受，但情况有别者不在此限。"《国际商事合同通则》第 2. 1. 7 条也规定："对口头要约必须立即作出承诺，除非情况有相反的表示。""情况有别者"、"情况有相反的表示"一般是指要约人在口头要约中规定了承诺期限等情况，如在口头要约中说："请在 3 日内答复。"《合同法》第 23 条第 2 款也规定："要约以对话方式作出的，应当即时作出承诺，但当事人另有约定的除外。""当事人另有约定"不仅指要约人在要约中规定了承诺期限，也指事先约定好的情况。本条删去了合同法的"但当事人另有约定的除外"，意在使条文表述更为简洁，如果当事人另有约定的，自然应当尊重当事人约定，无需特别强调。即使本条删去了合同法的"但当事人另有约定的除外"，但条文规范的内涵没变，如果是要约人在要约中规定了承诺期限，或者双方事先有约定的情况，自然应当尊重当事人意愿。

二是关于要约以非对话方式作出的。要约没有确定承诺期限，如果要约以非对话方式作出，如何确定承诺期限？其他一些国家或者地区的民法典以及国际公约、国际示范法都有相关规定。《德国民法典》第147条规定："对向非在场人发出的要约，只能在通常情况下可预期到达的时间内作出承诺。"即以"在通常情况下可预期到达的时间"作为承诺期限。《意大利民法典》第1326条规定："承诺应当在要约人确定的期间内或者根据事务的性质或根据惯例在通常所需的必要期间内到达要约人处。"以"根据事务的性质或根据惯例在通常所需的必要期间"作为承诺期限。我国台湾地区"民法"第157条规定："非对话为要约者，依通常情形可期待承诺达到时期内，相对人不为承诺时，其要约失其拘束力。"以"通常情形可期待承诺达到时期"作为承诺期限。《联合国国际货物销售合同公约》第18条规定，要约中如未规定时间，应"在一段合理的时间内"送达要约人，未曾送达发价人，接受就成为无效，"但须适当地考虑到交易的情况，包括发价人所使用的通讯方法的迅速程度"。《国际商事合同通则》第2.1.7条的规定与公约的规定一致："如果（要约）未规定时间，应在考虑了交易的具体情况，包括要约人所使用的通讯方法的快捷程度，在一段合理的时间内作出承诺。"这些规定虽不完全一致，但都考虑了作出承诺所需要的合理的期间。

本条参考上述立法例，将要约以非对话方式作出情形下的承诺期限规定为"合理期限"，即承诺应当在合理期限内到达要约人。"合理期限"与以上立法例规定的情况总体上是一致的，以上这些规定可以作为理解本条的参考。史尚宽先生对于"依通常情形可期待承诺达到时期"有过解释，也可作为参考。解释说，相当的期间，可分为三段：第一，要约到达于受要约人的期间；第二，为承诺所必要的期间；第三，承诺的通知达到要约人所必要的期间。第一段与第三段的期间，依通讯方式确定，如依邮寄或电报为要约或回答通常所必要的期间。如果要约及承诺的通知，途中有非常事变（火车障碍、暴风雨等）的迟延，要约人如果知道该情况的发生，应当斟酌以定其到达所必要的期间。此承诺达到所必要的期间，依其通知的方法而有不同。要约人如特别限定其承诺通知的方法，须以其方法为承诺。否则得依通常交易上所用的方法。以电报为要约时，是否必须以电报作为回答，应依要约的性质及特别的情势确定。第二段的期间，是自要约到达时以至发送承诺通知的期间，是受要约人审查考虑是否承诺所必要的时间。这个时间可以通常人为标准确定，但依要约的内容不同有所差异，内容复杂，审查考虑的时间就长，如果还要经过法定代表人或者董事会的批准，可能时间还会更长。此三段期间为“依通常情形可期待承诺达到时期”，也就是“合理期间”。

本条关于承诺到达时间的规定，可以结合《民法典》第486条与第487条作一体理解，这三个条文结合起来，从承诺作出的时间层面，对承诺的效力作出了完整的规定。本条可以说是从正面对一项有效承诺应当具备的时间要件作出原则性规定，即一般而言，承诺在承诺期限内到达要约人的，才是一项有效的承诺。《民法典》第486条和第487条是从反面对未在承诺期限内到达要约人的承诺的效力作出规定。依据《民法典》第486条和第487条的规定，未在承诺期限内到达要约人的承诺原则上对要约人不具有拘束力，视为新要约，但是要约人可以及时通知受要约人该承诺有效；有的承诺虽然未在承诺期限内到达要约人，但如果该承诺是受要约人在承诺期限内发出的，按照通常情形能够及时到达要约人，但是因其他原因迟到的，该承诺原则上仍然有效，但是要约人可以及时通知受要约人因承诺迟到而不接受该承诺。

第四百八十二条 **要约以信件或者电报作出的，承诺期限自信件载明的日期或者电报交发之日开始计算。信件未载明日期的，自投寄该信件的邮戳日期开始计算。要约以电话、传真、电子邮件等快速通讯方式作出的，承诺期限自要约到达受要约人时开始计算。**

条文主旨

本条是关于承诺期限起算点的规定。

立法背景

如何确定承诺期限的起算点，对受要约人是否作出承诺、何时作出承诺、以何种方式作出承诺，以及作出的承诺是否有效等具有重要意义。因此，法律有必要对承诺期限的起算点确定一个统一的标准，以尽量减少可能发生的争议。《联合国国际货物销售合同公约》第20条规定："发价人在电报或信件内规定的接受期间，从电报交发时刻或信上载明的发信日期起算，如信上未载明发信日期，则从信封上所载日期起算。发价人以电话、电传或其他快速通讯方法规定的接受期间，以发价送达被发价人时起算。"《国际商事合同通则》第2.1.8条规定"要约人规定的承诺期限自要约发出时起算。要约中显示的时间应被视为是要约发出的时间，除非情况有相反的表示。"

条文解读

本条参考了《联合国国际货物销售合同公约》，区分要约的作出方式，分别规定了承诺期限起算点的不同标准。一是要约以信件或者电报作出的，承诺期限自信件载明的日期或者电报交发之日开始计算。如果信件未载明日期，自投寄该信件的邮戳日期开始计算。二是要约以电话、传真、电子邮件等快速通讯方式作出的，承诺期限自要约到达受要约人时开始计算。

第四百八十三条　承诺生效时合同成立，但是法律另有规定或者当事人另有约定的除外。

条文主旨

本条是关于采用要约、承诺方式所订合同成立时间的规定。

立法背景

合同是当事人之间设立、变更、终止民事法律关系的协议，本质上是当事人之间的合意。《民法典》第134条规定，民事法律行为可以基于双方或者多方的意思表示一致成立。采用要约、承诺方式订立的合同属于典型的双方民事法律行为。要约人发出要约，受要约人作出承诺；承诺生效之时，要约人与受要约人之间的意思表示达成一致。所以，原则上承诺生效之时，就是合同成立之时。

条文解读

本条规定，承诺生效时合同成立，原则上将“承诺生效时”作为采用要约、承诺方式所订合同的成立时间。民事活动应当充分尊重当事人之间的意愿。《民法典》第5条将自愿原则作为民法的基本原则之一。《民法典》第5条规定，民事主体从事民事活动，应当遵循自愿原则，按照自己的意思设立、变更、终止民事法律关系。据此，合同成立时间也应当允许当事人双方另行约定。本条在原则上将“承诺生效时”作为合同成立时间的同时，还作了但书规定“法律另有规定或者当事人另有约定的除外”。这样，既为法律另行规定留下空间，也有利于当事人根据实际情况对合同成立另行约定。比如依照法律规定，实践性合同自实际交付标的物时成立。《民法典》第 586 条规定，定金合同自实际交付定金时成立。第 679 条规定，自然人之间的借款合同，自贷款人提供借款时成立。第 905 条规定，仓储合同自保管人和存货人意思表示一致时成立。此外，要约人与受要约人也可能会对合同成立时间作出另行约定。例如，要约人与受要约人约定，承诺生效后还要制作专门的合同书，只有当事人均签名、盖章时合同始成立。那么在这种情况下，就不能将承诺生效时间直接作为合同成立时间，而是应当尊重当事人之间的约定，以当事人均签名、盖章时作为合同成立时间。

第四百八十四条　以通知方式作出的承诺，生效的时间适用本法第一百三十七条的规定。

承诺不需要通知的，根据交易习惯或者要约的要求作出承诺的行为时生效。

条文主旨

本条是关于承诺生效时间的规定。

立法背景

承诺生效的时间即为合同成立的时间，合同一成立即对当事人双方都产生法律约束力。承诺何时生效还直接影响承诺生效地点的确定。《民法典》第 492 条第 1 款规定，承诺生效的地点为合同成立的地点。因此，承诺何时生效与合同成立的地点也密切相关，与管辖法院的确定以及法律的选择适用都有密切联系。确定承诺生效的时间非常重要。本条区分以通知方式作出的承诺与通过行为作出的承诺，对承诺的生效时间分别作了规定。

条文解读

本条规定可以从以下两个方面理解：

一、以通知方式作出的承诺的生效时间

大陆法系国家或者地区在承诺何时生效的问题上采用到达主义，或称为送达主义。即承诺的意思表示到达要约人时生效，合同成立。如《德国民法典》第 130 条规定："在向另一方作出意思表示时，如果另一方不在场，意思表示以其到达另一方时发生效力。"我国台湾地区"民法"第 95 条也规定："非对话而为意思表示者，其意思表示，以通知达到相对人时，发生效力。"

在承诺何时生效的问题上，英美法系一般认为，承诺应当送达要约人，而且直至要约人已被告知并真正收到承诺以前，合同并未成立。承诺必须真正送到要约人的手中，这是个基本原则。但是，在承诺通过邮局发送时，则有了特别重要的例外。通过邮局发送承诺，承诺的意思表示自发送之时生效、合同成立。这就是所谓的发信主义，或称为送信主义。根据送信主义，一旦承诺人将承诺信件丢进邮筒或者把承诺的电报交给电报局，则承诺生效、合同成立，不论要约人是否收到。承诺的通知因邮局、电报局或者其他原因迟延、丢失，后果由要约人承担。

《联合国国际货物销售合同公约》第 18 条规定：“接受发价于表示同意的通知送达发价人时生效。”《国际商事合同通则》第 2. 1. 6 条也规定：“对一项要约的承诺于同意的表示送达要约人时生效。”可见《联合国国际货物销售合同公约》和《国际商事合同通则》排除了英美法系的发信主义，而采用送达主义。《国际商事合同通则》在注释中说，认可送达主义优先于发信主义的理由在于：由受要约人承担传递的风险比由要约人承担更合理，因为是受要约人选择的通讯方式，他知道该方式是否容易出现特别的风险或延误，因此他最能够采取有效的措施以确保承诺送达目的地。

合同法也采纳了送达主义的作法。《合同法》第 26 条规定，承诺通知到达要约人时生效。《民法典》第 137 条对有相对人的意思表示的生效时间与合同法的规定略有不同。承诺是一种有相对人的意思表示，以通知方式作出的承诺自然应当适用《民法典》第 137 条的规定。《民法典》第 137 条规定区分意思表示是以对话方式作出的还是以非对话方式作出的，分别对意思表示的生效时间作了规定。《民法典》第 137 条规定：“以对话方式作出的意思表示，相对人知道其内容时生效。以非对话方式作出的意思表示，到达相对人时生效。以非对话方式作出的采用数据电文形式的意思表示，相对人指定特定系统接收数据电文的，该数据电文进入该特定系统时生效；未指定特定系统的，相对人知道或者应当知道该数据电文进入其系统时生效。当事人对采用数据电文形式的意思表示的生效时间另有约定的，按照其约定。”

据此，对于以通知方式作出的承诺的生效时间，也应当区分承诺是以对话方式作出的还是以非对话方式作出的，分别对待。

1. 承诺是以对话方式作出的，即受要约人通过面对面交谈、电话等方式向要约人作出承诺的，受要约人作出承诺和要约人受领承诺是同步进行的，没有时间差。受要约人作出承诺并使要约人知道时即发生效力。

2. 承诺是以非对话方式作出的，比如受要约人通过信函、传真、电子邮件等方式向要约人作出承诺的，受要约人作出承诺的时间与要约人受领承诺的时间不同步，二者之间存在时间差。《民法典》第137条参考了大多数国家和地区的立法例，对以非对话方式作出的意思表示的生效时间采用了"到达主义"，即以非对话方式作出的意思表示，到达相对人时生效。基于此，以非对话方式作出的承诺的生效时间应当为"到达要约人时"。例如，实践中如果由于邮局等原因导致承诺通知延误的，在承诺仍为有效的前提下，承诺生效的时间应当为实际到达要约人时，不能以投递承诺通知时为准，也不能以邮局通常情形下会实际送达到要约人的时间为准。《民法典》第137条还根据我国加入的《联合国国际合同使用电子通信公约》，在合同法规定的基础上，对以非对话方式作出的采用数据电文形式的意思表示的生效时间作了专门规定。根据该规定，以非对话方式作出的采用数据电文形式的承诺，要约人指定特定系统接收数据电文的，该数据电文进入该特定系统时生效；未指定特定系统的，要约人知道或者应当知道该数据电文进入其系统时生效。要约人与受要约人对采用数据电文形式的承诺的生效时间另有约定的，按照其约定。

二、通过行为作出承诺的生效时间

根据本条规定，承诺不需要通知的，根据交易习惯或者要约的要求作出承诺的行为时，承诺生效。该规定与《联合国国际货物销售合同公约》、《国际商事合同通则》的规定基本一致。《联合国国际货物销售合同公约》第 18 条第 3 款规定："如果根据该项发价或依照当事人之间确立的习惯作法和惯例，被发价人可以做出某种行为，例如与发运货物或支付价款有关的行为，来表示同意，而无须向发价人发出通知，则接受于该项行为做出时生效，但该项行为必须在上一款所规定的期间内（发价人所规定的时间；如未规定时间，在一段合理的时间内）做出。"《国际商事合同通则》第 2. 1. 6 条第 3 款规定："如果根据要约本身，或依照当事人之间建立的习惯做法，或依照惯例，受要约人可以通过做出某种行为来表示同意，而无须向要约人发出通知，则承诺于做出该行为时生效。"《国际商事合同通则》在注释中予以举例说明：为建立一个数据库，甲要求乙编写一套专门的程序。在未给甲发出承诺通知的情况下，乙开始编写程序，并在完成后要求甲根据要约中所开列的条件付款。这种情况下，乙无权要求付款，因为乙从未通知甲，乙对要约的所谓承诺没有生效。但如果甲在其要约中通知乙随后的两周甲不在，如果乙有意承诺该要约，为节省时间，应立即着手编写程序。这种情况下，一旦乙开始编写工作，合同即告成立，即便乙未将承诺立即通知甲或在以后阶段通知甲。

第四百八十五条 承诺可以撤回。承诺的撤回适用本法第一百四十一条的规定。

条文主旨

本条是关于承诺撤回的规定。

立法背景

承诺的撤回是指受要约人阻止承诺发生法律效力的意思表示。承诺是一种能够产生法律效果的意思表示，承诺作出后如果要撤回必须满足一定的条件。

在英美法系国家，对于通过信件和电报传递的承诺由于采取发信主义，承诺的信件与电报交发即生效，因此，承诺的撤回是不可能的。所以，对于以信件和电报传递的承诺，英美法系是不允许撤回的。英美法系认为，受要约人不享有撤回权是合理的，可以防止承诺人在发出承诺之后根据市场行情变化投机取巧，看行情涨落，如果不利，就以电话等快速方式撤回承诺。而大陆法系认为，如同撤回要约一样，受要约人应当有权决定撤回承诺。《德国民法典》第130条规定："在向另一方作出意思表示时，如果另一方不在场，意思表示以其到达另一方时发生效力。如果撤回的通知先于或者同时到达另一方，则意思表示不发生效力。"《意大利民法典》第1328条规定："承诺得被撤回，但撤回的通知要在承诺之前送达要约人。"我国台湾地区"民法"第95条规定，非对话而为意思表示者，其意思表示，以通知达到相对人时，发生效力，但撤回之通知同时或者先时到达者，不在此限。

《联合国国际货物销售合同公约》第22条规定："接受（承诺）得予撤回，如果撤回通知于接受原应生效之前或同时送达发价人。"《国际商事合同通则》第2.1.10条也规定："承诺可以撤回，只要撤回通知在承诺本应生效之前或同时送达要约人。”可见，两者的规定都采用了送达主义原则，允许受要约人撤回承诺，没有采纳发信主义原则。《国际商事合同通则》在注释中说，对于承诺的撤回，规定了与要约的撤回相同的原则，即受要约人可以改变其想法并撤回承诺。

合同法采纳了大陆法系与国际公约、国际示范法的作法。合同法第27条规定，撤回承诺的通知应当在承诺通知到达要约人之前或者与承诺通知同时到达要约人。

条文解读

本条关于承诺的撤回条件的规定，只是基于体例的考虑，作了转引性规定，但在实质内容上与合同法相比没有变化。《民法典》第141条对意思表示的撤回条件作了规定，即撤回意思表示的通知应当在意思表示到达相对人前或者与意思表示同时到达相对人。承诺是一种意思表示，承诺的撤回条件应当适用《民法典》第141条关于意思表示撤回条件的规定。据此，承诺的撤回条件可以概括为，撤回承诺的通知应当在承诺通知到达要约人之前或者与承诺通知同时到达要约人。如果撤回承诺的通知晚于承诺通知到达要约人，则承诺已经生效，合同已经成立，受要约人撤回承诺的通知不生效力。

第四百八十六条　**受要约人超过承诺期限发出承诺，或者在承诺期限内发出承诺，按照通常情形不能及时到达要约人的，为新要约；但是，要约人及时通知受要约人该承诺有效的除外。**

条文主旨

本条是关于逾期承诺的法律效果的规定。

立法背景

本条与《民法典》第481条规定关联较为密切。《民法典》第481条是从正面对有效承诺的时间要件作出规定，即要约确定了承诺期限的，承诺应在该承诺期限内到达要约人；要约没有确定承诺期限的，承诺应当在合理的期限内到达要约人。本条从反面对逾期承诺，即承诺到达要约人时超过承诺期限的情形予以规定，明确了逾期承诺的法律效果。

从一些国家和地区的立法例来看，《德国民法典》第150条、《日本民法典》第524条、我国台湾地区“民法”第160条均规定，迟到的承诺，原则上视为新要约。有的国家民法还规定，如果要约人欲使迟到的承诺生效，则应当立即通知受要约人。如《意大利民法典》第1326条第3款规定：“即使承诺迟延，要约人亦可以保留迟延承诺的效力，但是，以立即向另一方发出通知为限。”

迟到的承诺视为新要约，英美法系也有同样的原则。但是，英美法系的要约通常是虚盘，其有效期常常采用合理期限进行推定。如果承诺明显地迟发了，明显地超过了合理期限，当然不能生效。但是，有许多承诺难以判断是否在合理期间发出的。判例法认为，如果受要约人有根据认为其承诺是在合理期间内发出的，根据诚实信用原则，要约人应当接受这个承诺。如果要约人断定这个承诺已经逾期，不愿承认这个承诺，就必须把这个意思及时通知受要约人，否则承诺有效、合同成立。

《联合国国际货物销售合同公约》第21条第1款的规定与意大利的规定相仿："逾期接受仍有接受的效力，如果发价人毫不迟延地用口头或书面将此种意见通知被发价人。"《国际商事合同通则》第2.1.9条中也有类似的规定："逾期承诺仍应具有承诺的效力，但要约人应毫不迟延地告知受要约人该承诺具有效力或向受要约人发出具此效力之通知。"《国际商事合同通则》在注释中还对要约人接受逾期承诺时合同的成立时间作了解释，即如果要约人接受逾期承诺，则合同的成立时间是逾期承诺到达要约人时，而不是在要约人将其认可该逾期承诺有效的意思通知受要约人时，并举例说明：甲指定3月31日为承诺其要约的最后期限。乙的承诺于4月3日送达甲。甲仍然对该交易有兴趣，愿意接受乙的逾期承诺，并且立即通知了乙。虽然该通知是在4月5日才送达乙，但合同于4月3日成立。

《合同法》第28条参考了《联合国国际货物销售合同公约》与《国际商事合同通则》，但对于逾期承诺的规定并不完整。《合同法》第28条规定，受要约人超过承诺期限发出承诺的，除要约人及时通知受要约人该承诺有效的以外，为新要约。该规定仅对受要约人超过承诺期限发出的承诺的法律效果作了规定。实践中，逾期承诺还包括一类情形，即受要约人在承诺期限内发出承诺，按照通常情形不能及时到达要约人，并且确实也没有在承诺期限内到达要约人的，这种承诺原则上也应视为新要约。本条规定在《合同法》第28条规定的基础上，将该类逾期承诺的情形纳入，与《联合国国际货物销售合同公约》与《国际商事合同通则》的规定保持了一致。

条文解读

对本条的规定可以从以下两个层面理解：

一是逾期承诺视为新要约。本条的“承诺期限”不但指要约人在要约中确定的承诺期限，也指要约人未确定承诺期限，而根据实际情况推断的合理期限。逾期承诺包括两类情形：第一类情形是，受要约人超过承诺期限发出承诺。这种情况下，承诺到达要约人时肯定也已经超过承诺期限。第二类情形是，承诺虽然是在承诺期限内发出的，按照通常情形不能及时到达要约人，并且也确实没有在承诺期限内到达要约人。《合同法》第28条仅对逾期承诺的第一类情形作了明确规定，即受要约人超过承诺期限发出承诺的，除要约人及时通知受要约人该承诺有效的以外，为新要约。当然也有的观点认为，从解释学的角度，《合同法》第28条也可以理解为包含第二类情形。为了统一理解，更有利于实践运用，本条明确将第二类情形纳入逾期承诺予以规定。根据本条规定，在以上两类情形下，承诺到达要约人时，要约的承诺期限已过，受要约人发出的承诺对要约人不产生拘束力，此承诺已不能作为一项有效承诺，只能作为一项新的要约。对该项新要约，原受要约人成为新要约的要约人，原要约人成为新要约的受要约人，双方位置互换，可以按照要约、承诺规则作新的处理。

二是虽然承诺迟延到达要约人，但是如果要约人及时通知受要约人该承诺有效的，该承诺仍为有效。这体现了对要约人意愿的尊重，也符合受要约人的利益，有利于促进交易。何谓“及时”，要根据交易的实际情况予以判断。

第四百八十七条 受要约人在承诺期限内发出承诺，按照通常情形能够及时到达要约人，但是因其他原因致使承诺到达要约人时超过承诺期限的，除要约人及时通知受要约人因承诺超过期限不接受该承诺外，该承诺有效。

条文主旨

本条是关于因传递迟延造成的逾期承诺的法律效果的规定。

立法背景

本条针对的是在承诺期限内发出并且依通常情形可于承诺期限内到达要约人，但因传递过程中的原因造成承诺到达要约人时超过承诺期限的情形。本条规定的情形再加上《民法典》第486条规定的逾期承诺的一般情形，在逻辑上涵盖了承诺超过承诺期限到达要约人的所有情形，与《民法典》第481条规定可以说是正反面的关系。《民法典》第481条是从正面对有效承诺的时间要件作出规定，第486条是关于逾期承诺的法律效果的一般性规定，本条是对因传递迟延造成逾期承诺的法律效果的特别规定。

按照大陆法系的一般作法，对于在承诺期限内发出并且依通常情形可于承诺期限内到达要约人而逾期的承诺，如果要约人不愿意接受，即负有对承诺人发出逾期通知的义务。要约人及时发出逾期通知后，该逾期的承诺不生效力、合同不成立。如果要约人怠于发出逾期通知，则该逾期的承诺视为未逾期的承诺，具有承诺的效力、合同成立。大陆法系有关立法例，如德国民法典、日本民法典以及我国台湾地区“民法”都有类似规定。《德国民法典》第 149 条规定："承诺通知迟延到达时，如果要约人可能知道依通常传达情形可以及时到达，而且以前尚未有过同样情形的，要约人应在收到承诺通知后，立即将迟延情况通知承诺人。要约人怠于发出上述通知的，承诺视为未迟延。"英美法系以信件、电报发送承诺采用发信主义，发出即生效，因此不存在这个问题。

《联合国国际货物销售合同公约》第 21 条第 2 款规定："如果载有逾期接受的信件或其他书面文件表明，它是在传递正常、能及时送达发价人的情况下寄发的，则该项逾期接受具有接受的效力，除非发价人毫不迟延地用口头或书面通知被发价人：他认为他的发价已经失效。"《国际商事合同通则》作了与《联合国国际货物销售合同公约》一致的规定。《国际商事合同通则》第 2. 1. 9 条第 2 款规定："如果载有逾期承诺的信息表明它是在如果传递正常即能及时到达要约人的情况下发出的，则该逾期承诺仍具有承诺的效力，除非要约人毫不迟延地通知受要约人此要约已失效。"《国际商事合同通则》在注释中对此问题的解释是，只要承诺是因受要约人未及时发送而逾期，一般认定其无效，除非要约人有明确相反的表示。但如受要约人已及时答复，只是因为不可预料的传递延迟才导致承诺逾期到达要约人，情况则有所不同。在这种情况下，受要约人对于承诺能够及时到达的信赖应该得到保护，因此逾期承诺视为有效，除非要约人毫不延迟地拒绝。第 2. 1. 9 条第 2 款所要求的唯一条件是，载有逾期承诺的信件或其他沟通材料可以表明其如果传递正常能够及时送达要约人。并举例说明：甲指定 3 月 31 日为承诺其要约的最后期限。乙知道信件经航空传递到甲需要 3 天时间，乙于 3 月 25 日发出了载有承诺的信件。由于甲的国家邮政部门罢工，信封上盖有邮寄日期的信件4月3日才到。乙的承诺虽然逾期了，但仍应有效，除非甲毫不延迟地拒绝。

条文解读

本条规定参考了一些国家和地区的立法例，与《联合国国际货物销售合同公约》与《国际商事合同通则》的规定是一致的。对于未迟发而逾期的承诺，按照通常情形能够及时到达要约人，只是因其他原因造成承诺逾期，受要约人对承诺能够及时到达要约人的预期和信赖有必要予以保护，在法律效果上应当与《民法典》第486条规定的逾期承诺的一般情形区别对待。依照本条规定，受要约人在承诺期限内发出承诺，按照通常情形能够及时到达要约人，但是因其他原因致使承诺到达要约人时超过承诺期限的，该承诺有效。同时为了保护要约人的利益，本条对此作了除外规定，允许要约人及时否定该承诺的效力，即如果要约人及时通知受要约人因承诺超过期限不接受该承诺的，则该承诺对要约人不产生拘束力。如果要约人没有及时通知受要约人不接受该承诺的，则该承诺有效、合同成立。

第四百八十八条　承诺的内容应当与要约的内容一致。受要约人对要约的内容作出实质性变更的，为新要约。有关合同标的、数量、质量、价款或者报酬、履行期限、履行地点和方式、违约责任和解决争议方法等的变更，是对要约内容的实质性变更。

条文主旨

本条是关于承诺对要约内容作出实质性变更的规定。

立法背景

承诺的内容必须与要约的内容一致，不得作更改，是英美法系与大陆法系两大法系一致的原则。否则，视为新的要约。但在解释上，也并非铁板一块。因为现实中的承诺往往不是简单地回答“是”或者“同意”，承诺是否与要约一致，也是需要进行判断的。在形式上承诺虽然对要约内容有变更，但实质上并没有变更的，仍然可以认为与要约一致，承诺仍为有效。比如就要约的主要内容意思一致，仅就要约的附随事项附以条件或者为其他非实质变更，承诺仍为有效。

要求承诺与要约的内容绝对一致，不利于合同的成立，不利于鼓励交易。在英美法系，也突破了所谓的镜像原则。《美国统一商法典》第 2. 207 条第 1 款规定：“在合理时间内寄送的承诺表示或确认书，只要确定并且及时，即使与原要约或原同意的条款有所不同或对其有所补充，仍具有承诺的效力，除非承诺中明确规定，以要约人同意这些不同的条款为承诺的生效条件。”第 2 款则明确规定，如果“补充条款对合同作了实质性改变”则不“构成合同的组成部分”。

条文解读

依照本条规定，承诺的内容应当与要约的内容一致，但承诺对要约的内容并非绝对不可以改变，对非实质内容可以变更，改变实质内容则是一个新要约。问题在于，什么样的内容是非实质性的？《联合国国际货物销售合同公约》第 19 条第 3 款规定：“有关货物价格、付款、货物质量和数量、交货地点和时间、一方当事人对另一方当事人的赔偿责任范围或解决争端等等的添加或不同条件，均视为在实质上变更发价的条件。”但是，除了列举的这些项目，其他项目如合同的标的、合同所适用的法律等是不是实质性的内容？就列出的项目来说，是否任何一点改变就是实质性改变呢？

《国际商事合同通则》第2.1.11条也规定了实质性改变合同构成反要约，但没有具体列项规定什么条款是实质性条款。《国际商事合同通则》在注释中提出，对于什么能构成实质性变更，无法抽象确定，必须视个案的具体情况而定。如果添加条款或差异条款的内容涉及价格或支付方式、非金钱债务的履行地点和时间、一方当事人对对方当事人承担责任的限度或争议的解决方式等问题，则通常（但不是必然）构成对要约的实质性变更。对此应予考虑的一个重要因素是，变更条款或差异条款在有关的贸易领域中是否广泛适用，因而不出乎要约人的意料。《国际商事合同通则》还举例予以说明，第一个例子：甲向乙订购一台机器，如果乙在订单确认书中，增加了仲裁条款，那么，除非有相反的表示，这一条款构成了对要约的实质性变更，其结果是乙的所谓承诺构成反要约。第二个例子：甲向乙订购一定数量的小麦。在订单确认书中，乙增加了一项仲裁条款，该条款是相关商品交易中的标准做法。因为甲对这种条款不会感到意外，因此它不构成对要约的实质性变更。除非甲毫不迟延地拒绝，该仲裁条款构成合同的一部分。

本条对实质性条款作了列举，有关合同标的、数量、质量、价款或者报酬、履行期限、履行地点和方式、违约责任和解决争议方法，为实质性条款。但是，实质性条款不限于所列这些项目，例如对合同所适用的法律的选择一般也可以归为实质性条款。本条对于实质性条款项目的开列具有提示性质，在实际交易的具体合同中，哪些条款内容的变更构成实质性变更，还需就个案进行具体分析。

第四百八十九条　承诺对要约的内容作出非实质性变更的，除要约人及时表示反对或者要约表明承诺不得对要约的内容作出任何变更外，该承诺有效，合同的内容以承诺的内容为准。

条文主旨

本条是关于承诺对要约内容作非实质性变更的规定。

立法背景

对要约的内容作非实质性变更的承诺是否有效，《联合国国际货物销售合同公约》第 19 条第 2 款规定："对发价表示接受但载有添加或不同条件的答复，如所载的添加或不同条件在实质上并不变更该项发价的条件，除发价人在不过分迟延的期间内以口头或书面通知反对其间的差异外，仍构成接受。如果发价人不作出这种反对，合同的条件就以该项发价的条件以及接受通知内所载的更改为准。"《国际商事合同通则》与《联合国国际货物销售合同公约》的规定是一致的。《国际商事合同通则》第 2.1.11 条规定："对要约意在表示承诺但载有添加或不同条件的答复，如果所载的添加或不同条件没有实质性地改变要约的条件，则除非要约人毫不迟延地表示拒绝这些不符，此答复仍构成承诺。如果要约人不做出拒绝，则合同的条款应以该要约的条款以及承诺所载有的变更为准。"《国际商事合同通则》还举例予以说明：甲向乙订购一台机器，并提出在甲的工地上调试。在订单确认书中，乙声明接受要约的条款，但增加了乙希望参加检验机器的条款。该添加条款不是对要约的实质性变更，因此将作为合同内容的一部分内容，除非甲毫不迟延地拒绝。

本条的规定参考了《联合国国际货物销售合同公约》以及《国际商事合同通则》的规定，与公约及通则的规定基本一致。

条文解读

根据本条规定，承诺对要约的内容作出非实质性变更的，该承诺有效，合同的内容以承诺的内容为准。如果要约人及时表示反对或者要约表明承诺不得对要约的内容作出任何变更的，承诺对要约人不产生拘束力；如果要约人没有及时表示反对，要约也没有表明承诺不得对要约的内容作出任何变更的，则该承诺仍为有效承诺，合同的内容以承诺的内容为准。

第四百九十条　当事人采用合同书形式订立合同的，自当事人均签名、盖章或者按指印时合同成立。在签名、盖章或者按指印之前，当事人一方已经履行主要义务，对方接受时，该合同成立。

法律、行政法规规定或者当事人约定合同应当采用书面形式订立，当事人未采用书面形式但是一方已经履行主要义务，对方接受时，该合同成立。

条文主旨

本条是关于采用书面形式订立的合同成立时间的规定。

立法背景

书面形式是当事人订立合同的形式之一，具体包括合同书、信件、数据电文等形式。采用合同书形式订立合同，为民事主体之间订立合同所经常采用。合同书记载着全部内容，当事人的姓名或者名称和住所、当事人各方的权利义务等都在合同书中作出明确约定。采用合同书形式订立的合同，一般来说，合同的内容比较复杂，合同条款也比较多。为了保护交易安全，有利于预防和解决纠纷，本条对采用合同书形式所订立合同的特别成立要件作了规定。

条文解读

本条第 1 款规定，当事人采用合同书形式订立合同的，自当事人均签名、盖章或者按指印时合同成立。在合同书中当事人的签名、盖章或者按指印是十分重要的，没有各方当事人的签名、盖章或者按指印，就不能最终确认当事人对合同的内容协商一致，也就不能认定合同成立。经过各方当事人签名、盖章或者按指印的合同，其证据效力是最强的，在当事人发生纠纷时，合同书是判断当事人各方权利义务、责任的最基础证据。除法律、行政法规要求必须签订合同书外，当事人要求签订合同书的，应当在承诺生效之前提出。因在承诺生效时，合同即成立，之后再提出签订合同书的，合同书只是作为合同成立的证明，合同并非从签名、盖章或者按指印时成立。

《民法典》第 5 条将自愿原则作为民法的基本原则。合同成立的核心要素是双方当事人意思表示一致。如果一个以合同书形式订立的合同已经履行，而仅仅是没有签名、盖章或者按指印，就认定合同不成立，则违背了当事人的真实意愿。当事人一方既然已经履行主要义务，对方也接受的，合同当然成立。依照本条第1款规定，当事人采用合同书形式订立合同的，在签名、盖章或者按指印之前，当事人一方已经履行主要义务，对方接受时，应视为合同成立符合双方当事人的共同意愿，该合同成立。

法律、行政法规规定或者当事人约定合同应当采用书面形式订立，一般来说，主要是考虑到有些合同类型各方权利义务关系比较复杂，采用书面形式订立合同对明确各方当事人的权利义务、责任至关重要，对促进合同履行、预防和处理纠纷都具有重要意义。如果法律、行政法规规定或者当事人约定合同应当采用书面形式订立，当事人就应当采用书面形式订立合同。但是，并不能反推说，当事人未采用书面形式的，合同一定不成立。本条第2款规定就属于当事人未按照规定或者约定采用书面形式但合同仍成立的一种情形。即使合同没有按照法律、行政法规规定或者当事人约定采用书面形式订立，但是一方已经履行主要义务，对方接受时，应视为合同成立符合双方当事人的共同意愿，该合同成立。

第四百九十一条　**当事人采用信件、数据电文等形式订立合同要求签订确认书的，签订确认书时合同成立。**

当事人一方通过互联网等信息网络发布的商品或者服务信息符合要约条件的，对方选择该商品或者服务并提交订单成功时合同成立，但是当事人另有约定的除外。

条文主旨

本条是关于签订确认书的合同及电子合同成立时间的规定。

立法背景

本条第1款对当事人要求签订确认书情形下合同的成立时间作了规定。该款规定在《合同法》第33条规定的基础上稍作文字修改，条文含义没变。《合同法》第33条规定，当事人采用信件、数据电文等形式订立合同的，可以在合同成立之前要求签订确认书。签订确认书时合同成立。《合同法》第33条的规定又来源于原《涉外经济合同法》的规定。原《涉外经济合同法》第7条第1款规定："当事人就合同条款以书面形式达成协议并签字，即为合同成立。通过信件、电报、电传达成协议，一方当事人要求签订确认书的，签订确认书时，方为合同成立。"原涉外经济合同法第7条主要是针对当时我国对外贸易企业的习惯作法所作规定。按照当时我国对外贸易企业的习惯作法，双方以函电方式达成协议后，中方企业往往还要提出一式两份的销售确认书，邮寄对方交换签字后，才作为合同正式成立的依据。这种销售确认书实质上是一份简单的书面合同。当然，合同编本条第1款规定不局限于对外贸易领域，而是适用于所有采用信件、数据电文等形式订立合同要求签订确认书的情形。

近年来信息网络技术及其应用发展迅速，当事人通过信息网络销售商品或者提供服务已经较为普遍，"线上交易"成为合同交易中的重要类型。为了回应信息网络技术的发展，适应实践需要，本条第 2 款吸收了《电子商务法》的规定，对电子合同的成立时间作了规定。

条文解读

依照本条第 1 款规定，当事人采用信件、数据电文等形式订立合同要求签订确认书的，签订确认书时合同成立。这一规定虽然没有明确何时可以提出签订确认书的要求，但不能理解为允许当事人在承诺生效后再提出签订确认书的要求，因为按照本编规定的要约、承诺规则，承诺生效后合同即已成立。在合同成立后，如果一方当事人提出签订确认书的要求，对合同的成立不产生任何影响。

依照本条第 2 款规定，电子合同的成立需要具备两个基本条件：

一是当事人一方通过互联网等信息网络发布的商品或者服务信息符合要约条件。对于传统交易，当事人往往会通过商店橱窗展示货物及其价格，也可能会通过商业广告和宣传、寄送价目表等形式发布商品或者服务信息，当事人的这些行为一般视为要约邀请，目的在于希望他人向自己发出要约，展示或者发布信息的人不受约束。欲与发布信息的该当事人订立合同，要先向发布信息的该当事人发出要约。而对于“线上交易”，当事人发布商品或者服务信息的信息网络系统，往往具有互动性，相对方不仅可以浏览商品或者服务的价格、规格等具体信息，还可以网上直接选择交易标的、提交订单，这种情况下，当事人通过信息网络发布商品或者服务信息的行为就不能简单地认为是要约邀请，该行为符合要约条件的，应当作为要约对待。符合要约条件，是指符合《民法典》第 472 条规定的要约条件。《民法典》第 472 条规定，要约是希望与他人订立合同的意思表示，该意思表示应当符合下列条件：（一）内容具体确定；（二）表明经受要约人承诺，要约人即受该意思表示约束。“内容具体确定”是指当事人通过信息网络发布的商品或者服务信息要达到内容具体确定的程度，比如对商品的名称、数量、质量、规格、价格、运费等都作了明确表述。“表明经受要约人承诺，要约人即受该意思表示约束”这一要约条件需要根据实践中的具体情况进行判断，一般来说可以从相对方是否能够直接选择商品或者服务并提交订单等情况进行综合判断。

二是相对方选择该商品或者服务并提交订单成功。当事人通过信息网络发布的商品或者服务信息符合要约条件的，相对方可以直接作出承诺达成交易。相对方选择该商品或者服务并成功提交订单，即属于作出承诺。订单一旦提交成功，合同即成立，订单提交成功的时间即为合同成立的时间。合同成立后，对双方当事人均产生了法律约束力，发布商品或者服务信息的当事人应当按时交付商品或者提供服务。

以上是电子合同成立的一般规则。根据合同自愿原则，允许当事人对此作出另外约定。实践中，通过信息网络发布商品或者服务信息的当事人往往是通过设置格式条款的方式作出特别的意思表示，相对方必须勾选同意该格式条款方能提交订单。该格式条款不得违反法律关于格式条款规制的规定，这些规定散布在合同编、消费者权益保护法、电子商务法等法律之中。《民法典》第 496 条对格式条款提供方的提示、说明义务及其法律后果作了规定。《民法典》第 496 条第 2 款规定，采用格式条款订立合同的，提供格式条款一方应当遵循公平原则确定当事人之间的权利和义务，并采取合理的方式提示对方注意免除或者减轻其责任等与对方有重大利害关系的条款，按照对方的要求，对该条款予以说明。提供格式条款的一方未履行提示或者说明义务，致使对方没有注意或者理解与其有重大利害关系的条款的，对方可以主张该条款不成为合同的内容。《民法典》第497条规定，提供格式条款的一方不合理地免除或者减轻其责任、加重对方责任、限制对方主要权利，或者排除对方主要权利的，该格式条款无效。《消费者权益保护法》第26条规定，经营者不得以格式条款作出排除或者限制消费者权利、减轻或者免除经营者责任、加重消费者责任等对消费者不公平、不合理的规定，不得利用格式条款并借助技术手段强制交易。格式条款含有该内容的，其内容无效。此外，电子商务法还专门对电子商务经营者提供的格式条款的效力问题作了规定。《电子商务法》第49条第2款规定，电子商务经营者不得以格式条款等方式约定消费者支付价款后合同不成立；格式条款等含有该内容的，其内容无效。

通过信息网络发布商品或者服务信息的当事人提供的格式条款是否成立、是否有效，要根据以上法律关于格式条款规制的规定，结合具体情况进行判断。

第四百九十二条　承诺生效的地点为合同成立的地点。

采用数据电文形式订立合同的，收件人的主营业地为合同成立的地点；没有主营业地的，其住所地为合同成立的地点。当事人另有约定的，按照其约定。

条文主旨

本条是关于合同成立地点的规定。

立法背景

承诺生效时合同成立，而承诺生效地点为合同成立地点是国际上普遍认可的规则。大陆法系与英美法系因采取不同的承诺生效规则而使合同的成立时间及地点有所不同。在以信件与电报订立合同的情况下，在英美法系，承诺生效采取发信主义，因而承诺生效的地点为发信人所在地，承诺生效的地点又是合同成立的地点，因而合同成立的地点为发信人所在地。而在大陆法系，由于承诺生效采用送达主义，承诺生效的地点为收件人所在地，因而合同成立的地点为收件人所在地。

对于以数据电文形式订立的合同成立地点，难以按照承诺生效的地点为合同成立地点的一般规则予以认定。《电子商务示范法》对以数据电文形式订立的合同成立地点问题作了规定。《电子商务示范法》第 15 条第 4 款规定："除非发端人与收件人另有协议，数据电文应以发端人设有营业地的地点视为其发出地点，而以收件人设有营业地的地点视为其收到地点，就本款的目的而言：（1）如发端人或收件人有一个以上的营业地，应以对基础交易具有最密切关系的营业地为准，又如果并无任何基础交易，则以其主要的营业地为准；（2）如发端人或收件人没有营业地，则以其惯常居住地为准。"《电子商务示范法》在对该款的官方解释中说，该款的目的是解决数据电文的收到地点问题。对收到数据电文的地点规则作出规定，主要原因在于要处理电子商务中特有的情况，那就是收件人收到数据电文的信息系统或者检索到数据电文的信息系统常常是设在并非收件人所在地的一个管辖区内。作出这一规定的出发点是要确保一个信息系统的地点不能作为决定性因素，确保收件人与视作收件地点的所在地有着某种合理的联系，而且发端人可以随时查到该地点。该款规定只是在法律事实上确立了一种不容反驳的推定，当另一项法律（如有关合同订立或法律冲突的法律）要求确定一项数据电文的收到地点时，即可使用这种推定。但是，在电子商务示范法制定过程中，有的意见认为，在计算机传输的范围之外（如在使用电报或电传时），区分一项数据电文的推定收到地点与该数据电文按收到时间实际到达的地点是不合宜的。因此，这项规定的范围只包括数据电文以计算机手段的传递。《电子商务示范法》以上的官方解释把该款的立法目的、理由与适用范围说得比较清楚，总的来说就是不以信息系统的所在地作为确定合同成立的地点，而是采用了更加客观、可行性更高的标准，将“营业地”、“对基础交易具有最密切关系的营业地”、“主要营业地”、“惯常居住地”作为收到数据电文的地点，尽可能以与商业交易具有密切联系的地点作为合同成立的地点。

合同法关于采用数据电文形式订立合同的成立地点的规定参考了联合国贸易法委员会的《电子商务示范法》。《合同法》第 34 条第 2 款规定，采用数据电文形式订立合同的，收件人的主营业地为合同成立的地点；没有主营业地的，其经常居住地为合同成立的地点。当事人另有约定的，按照其约定。本条第 2 款规定基本延续了合同法的规定，但作了一处修改，将收件人没有营业地情形下合同成立的地点由“其经常居住地”修改为“其住所地”。这主要是为了与民法典规定的自然人、法人住所制度相协调。民法典中对民事主体已经不再使用“经常居住地”的概念，而是明确规定了自然人、法人的住所制度。《民法典》第 25 条规定，自然人以户籍登记或者其他有效身份登记记载的居所为住所；经常居所与住所不一致的，经常居所视为住所。《民法典》第 63 条规定，法人以其主要办事机构所在地为住所。

条文解读

依照本条第 1 款规定，一般来说，承诺生效时合同成立，承诺生效的地点为合同成立的地点。而当事人采用特定形式订立合同的，特定形式完成地点为合同成立的地点。例如，依照《民法典》第 493 条规定，当事人采用合同书形式订立合同的，一般来说，当事人最后签名、盖章或者按指印的地点为合同成立的地点。此外，本条虽然没有明确规定，但基于民法的自愿原则，合同成立的地点也可以由双方当事人自行约定。

依照本条第 2 款规定，采用数据电文形式订立的合同，原则上以收件人的主营业地为合同成立的地点。这里的收件人是指要约人，即收到承诺的人。如果收件人没有主营业地，其住所地为合同成立的地点，即收件人是自然人的，合同成立的地点以自然人的住所地为准；收件人是法人的，合同成立的地点以法人的主要办事机构所在地为准。本条规定的“数据电文形式”与《民法典》第 137 条第 2 款规定的“数据电文”应作同一理解，指经由电子手段、电磁手段、光学手段或类似手段生成、发送、接收或存储的信息，这些手段包括但不限于电子数据交换、电子邮件、电报、电传或传真。此外，合同成立地点的确定应当尊重当事人的意愿，对于采用数据电文形式订立的合同，也应当允许当事人对合同成立地点作另外约定。当事人作出另外约定的，按照其约定确定合同成立地点。

第四百九十三条 当事人采用合同书形式订立合同的，最后签名、盖章或者按指印的地点为合同成立的地点，但是当事人另有约定的除外。

条文主旨

本条是关于采用合同书形式订立的合同成立地点的规定。

立法背景

非要式的合同，一般以承诺生效的地点为合同成立的地点。要式合同，以要式达成的地点为合同成立的地点。采用合同书形式订立的合同是一种要式合同。

条文解读

当事人采用合同书形式订立合同的，以签名、盖章或者按指印的地点为合同成立的地点；如果各方当事人签名、盖章或者按指印的时间不同步，则以最后签名、盖章或者按指印的地点为合同成立的地点。当然，如果当事人对合同成立的地点另有约定的，则应当尊重当事人的意愿，以当事人之间的约定确定合同成立的地点。如果当事人以要约与承诺达成合意后又协商签订合同书的，除非当事人另有约定，合同已于承诺生效时成立，承诺生效的地点为合同订立的地点，不适用本条的规定。

第四百九十四条 国家根据抢险救灾、疫情防控或者其他需要下达国家订货任务、指令性任务的，有关民事主体之间应当依照有关法律、行政法规规定的权利和义务订立合同。

依照法律、行政法规的规定负有发出要约义务的当事人，应当及时发出合理的要约。

依照法律、行政法规的规定负有作出承诺义务的当事人，不得拒绝对方合理的订立合同要求。

条文主旨

本条是关于强制缔约义务的规定。

立法背景

根据民法上的自愿原则，民事主体可以自己决定要不要订立合同、与谁订立合同，可以自主决定合同内容。但民法上的自愿原则并不是无限制的，为了维护国家利益、社会公共利益或者照顾弱势一方利益等政策考量，有必要在特定情形下对民法自愿原则予以适当限制。民事主体的强制缔约义务即属于对民法自愿原则的限制，在特定情形下，民事主体具有与相对人订立相关合同的义务，不得以自愿原则为由拒绝订立合同。各个国家或者地区普遍在立法中对民事主体的强制缔约义务予以规定，只不过基于不同的国情，对强制缔约义务的适用情形、适用条件等规定有所不同。我国也有强制缔约义务的规定，这些规定分散在不同的规范性法律文件中。在不同情形下，强制缔约义务的设立需要考量的因素也不同。民法典将强制缔约义务作为一项基本民事制度作总括性规定，有利于使具体情形下强制缔约义务的设定有民法上的依据，强化法律制度之间的衔接，也有利于促使民事主体在特定情形下积极履行缔约义务。

条文解读

本条第 1 款是关于按照国家订货任务、指令性任务订立合同的规定。过去，我国实行计划经济体制，随着改革开放的深入和扩大，建立社会主义市场经济体制，国家指令性计划管理的范围逐步缩小，数量逐步减少，作用逐渐减弱，市场对资源配置的作用逐渐增强。我国从1992年起开始试行国家订货，其目的是在我国经济体制改革不断深入、国家指令性计划的范围和品种数量大幅度缩小的情况下，为了维护全国经济和市场的稳定，保证国防军工、重点建设以及国家战略储备等需要，对于国家还必须掌握的一些重要物资，将以国家订货方式逐步取代重要物资分配的指令性计划管理。从当时有关部门的设想来看，国家订货与原有的国家指令性计划管理的区别主要是，订货的价格比过去进一步放开，同时国家也不再保证生产企业的生产条件，但可以作协调工作。

从实践情况来看，国家根据抢险救灾或者疫情防控的需要也可能会下达订货任务或者指令性任务。国家根据抢险救灾、疫情防控或者保证国防军工、重点建设以及国家战略储备等需要，下达国家订货任务、指令性任务的，必须予以充分保障，有关民事主体不得以合同自愿为借口而不落实国家下达的订货任务、指令性任务。因此，第1款规定，国家根据抢险救灾、疫情防控或者其他需要下达国家订货任务、指令性任务的，有关民事主体之间应当依照有关法律、行政法规规定的权利和义务订立合同。

本条第2款是关于强制发出要约义务的规定。民事主体在特定情形下负有发出要约的义务，是强制缔约义务的一种类型。要约人发出要约是具有民法上法律效果的行为。要约是希望与他人订立合同的意思表示，一经受要约人承诺，即对要约人产生法律约束力，承诺生效时，合同即成立。一般情况下，民事主体可以自行决定是否发出要约、向谁发出要约、何时发出要约，自行决定要约内容等；但在特定情形下，要约人必须发出要约，并且发出要约的时间、相对人、内容等还要受到一定限制。这种限制是对民事主体自愿从事民事活动的重大干预，直接影响民法自愿原则的落实，因此本款规定了施加此种限制的法律效力位阶，即“法律、行政法规”。此处的“法律”是指狭义的法律，即全国人民代表大会和全国人民代表大会常务委员会制定的法律；“行政法规”是由国务院制定。根据本款规定，对于负有发出要约义务的当事人来说，一是发出要约是其义务，不得拒绝；二是发出要约要“及时”；三是发出的要约内容要“合理”。至于何谓“及时”、“合理”，要根据法律、行政法规的规定视具体情况进行判断。目前我国法律、行政法规中，对发出要约义务作出规定的主要是证券法。《证券法》第 65 条至第 70 条、第 73 条对强制投资者、收购人向上市公司所有股东发出收购要约作了具体规定。其中，《证券法》第 65 条第 1 款和《证券法》第 73 条对强制要约收购的适用情形作了规定。《证券法》第 65 条第 1 款规定，通过证券交易所的证券交易，投资者持有或者通过协议、其他安排与他人共同持有一个上市公司已发行的有表决权股份达到百分之三十时，继续进行收购的，应当依法向该上市公司所有股东发出收购上市公司全部或者部分股份的要约。《证券法》第 73 条第 1 款规定，采取协议收购方式的，收购人收购或者通过协议、其他安排与他人共同收购一个上市公司已发行的有表决权股份达到百分之三十时，继续进行收购的，应当依法向该上市公司所有股东发出收购上市公司全部或者部分股份的要约；但是，按照国务院证券监督管理机构的规定免除发出要约的除外。《证券法》

第65条第2款、第66条至第70条还对强制要约收购中要约内容、收购期限、不得撤销要约、收购条件等作了具体规定。证券法设立强制要约收购制度，是对投资者、收购人从事上市公司股份收购交易的重大限制，有其特殊的政策考量，即保证收购的公平性，保护上市公司广大中小股东在公司并购过程中的利益，避免中小股东因持有股份份额较小、获取的信息不对称等原因而利益受损，使中小股东也可以分享上市公司因控制权转移而获得的股份溢价，为中小股东提供一个以合理价格退出上市公司的选择。

第3款是关于强制作出承诺义务的规定。强制作出承诺义务，是强制缔约义务中的典型类型。根据民法自愿原则，民事主体对他人发出的要约或者提出的订立合同的要求，有权自主决定是接受还是拒绝。但在特定情形下，例如，基于保护社会公共利益的需要，民事主体这种自主决定的权利有必要受到限制。前已述及，这种限制是对民事主体自愿从事民事活动的重大干预，与前款规定一样，本款也规定了施加此种限制的法律效力位阶，即“法律、行政法规”。根据本款规定，负有作出承诺义务的当事人，对于对方提出的合理的订立合同要求不得拒绝。本款一方面明确了负有作出承诺义务的当事人不得拒绝作出承诺，另一方面也规定了对方提出的订立合同的要求应当是“合理的”。何谓“合理的”，要根据法律、行政法规的规定视具体情况进行判断。目前我国法律、行政法规中，对作出承诺义务的规定主要集中于具有公共服务属性的行业，这些行业与社会公众利益密切相关。例如，电力法、合同编对供电人、从事公共运输的承运人作出承诺的义务作出规定。对于供电行业，《电力法》第26条第1款规定，供电营业区内的供电营业机构，对本营业区内的用户有按照国家规定供电的义务，不得违反国家规定对其营业区内申请用电的单位和个人拒绝供电；《民法典》第648条第2款规定，向社会公众供电的供电人，不得拒绝用电人合理的订立合同要求。对于公共运输行业，《民法典》第810条规定，从事公共运输的承运人不得拒绝旅客、托运人通常、合理的运输要求。此外，有些情形下，强制缔约义务的设立是为了促进行政管理制度的落实，维护社会公共利益。例如，《机动车交通事故责任强制保险条例》第10条第1款规定，投保人在投保时应当选择从事机动车交通事故责任强制保险业务的保险公司，被选择的保险公司不得拒绝或者拖延承保。

第四百九十五条 **当事人约定在将来一定期限内订立合同的认购书、订购书、预订书等，构成预约合同。**

当事人一方不履行预约合同约定的订立合同义务的，对方可以请求其承担预约合同的违约责任。

条文主旨

本条是关于预约合同的规定。

立法背景

随着经济社会的发展，预约合同在实践中的适用越来越广泛。最高人民法院相关司法解释在买卖合同领域中对预约合同已经作了一定的探索。为了应对实践需求，本条在吸收有关司法解释规定的基础上，明确将预约合同作为一项基本的民事制度予以规定，适用于各种交易活动。本条界定了预约合同的定义，并对预约合同的违约责任作了原则性规定。

条文解读

本条第1款对预约合同的定义作了界定。预约合同最本质的内涵是约定在将来一定期限内订立合同。当事人就将来一定期限内订立合同达成合意，即可构成预约合同。将来应当订立的合同可以称为本约或者本约合同，约定订立本约的合同称为预约或者预约合同。预约合同在实践中经常表现为认购书、订购书、预订书等，当然不仅仅表现为这三种形式。对本条第1款可以从以下几个方面予以理解：

1. 预约合同是独立的合同。在理论上，对于预约合同的法律性质，有一些不同的学说和理解，例如前契约说、从合同说、附停止条件本约说和独立契约说等。本条将预约合同作为一项独立的合同予以规定。预约合同的标的为将来一定期限内订立本约，当事人就此项标的达成合意，预约合同即成立。对此，应当着重把握三点：一是预约合同的成立，必须是双方当事人达成了合意，对双方当事人均具有约束力。例如，甲、乙约定，甲将于两个月期满后，把自己的房子以市场价格优先卖给乙，乙届时应当购买。该约定不仅对甲具有约束力，对乙也有约束力，甲、乙之间的约定构成预约合同。此外，预约合同也可能是多方当事人达成的，例如，甲乙二人拟合伙经营某一共同事业，还想再邀请丙加入，为确保将来合伙合同能够成立，该甲乙二人可以先与丙订立预约合同，约定将来一定期限内订立合伙合同。二是预约合同当事人合意的内容是将来订立本约，就将来订立本约的意思表示达成一致。如果当事人只是就将来达成某一交易进行磋商甚至已经就部分条款达成初步合意，但没有将来订立本约的意思表示，仍然不成立预约合同。

三是将来订立本约应当是确定的。本条规定的“在将来一定期限内订立合同”，指当事人在约定的期限内确定要订立合同。如果是否订立本约并不确定，例如当事人约定两个月期满后再“考虑”订立本约，此种情形下将来订立本约并没有成为当事人的一项确定性义务，也就不构成预约合同。

2. 预约合同与本约合同有所区别。是否要另行订立合同，是预约合同与本约合同最显著的区别。预约合同的目的在于订立本约合同，预约合同当事人的义务就是在一定期限内订立本约合同，订立本约合同是预约合同得到履行的结果。本约合同当事人可直接履行各自义务（例如一方交付货物、另一方支付货款），实现合同目的，无须再另行订立合同。

3. 预约合同的本质内涵与表现形式的关系。本条第 1 款规定了预约合同的常见表现形式，例如认购书、订购书、预订书等。当事人签订的认购书、订购书、预订书并不是确定无疑一定构成预约合同，其是否构成预约合同，关键还是要看当事人是否对将来一定期限内订立本约合同达成合意。如果认购书、订购书、预订书等不符合预约合同的这一本质内涵，就不能构成预约合同。另外，即使属于本条没有列举的其他形式，例如有的意向书，只要符合预约合同的这一本质内涵，也属于预约合同。民法典合同编制定过程中，在本条关于预约合同的表现形式中也曾经列举“意向书”，但一些意见提出，实践中很多情况下“意向书”并不能构成预约合同，列举了“意向书”反倒不利于引导人们对预约合同作正常理解。本条最终删去了“意向书”，只是不把其作为预约合同的典型表现形式，但并没有否定“意向书”也有构成预约合同的可能。

本条第 2 款是关于预约合同的违约责任的规定。预约合同既然是一项以订立本约为目的的独立合同，当事人违反约定，不履行订立本约的义务，也应当承担违约责任。但违反订立本约的义务与违反本约义务毕竟不同，预约合同的违约责任与本约合同的违约责任也有所差别。基于此，本条采用了“预约合同的违约责任”的表述，第 2 款规定，当事人一方不履行预约合同约定的订立合同义务的，对方可以请求其承担预约合同的违约责任。当然，如果一方违约，符合合同编规定的解除合同条件的，非违约方也可以请求解除预约合同。依据合同编第八章关于“违约责任”的规定，违约责任的形式主要有违约金责任、定金责任、继续履行和赔偿损失等。预约合同的违约责任原则上也可以包括以上几种责任形式。当事人就预约合同约定违约金或者定金的，当事人违反预约合同义务的，可以适用违约金责任或者定金责任，这在理论和实务中已经形成共识，不存在问题。但对于是否可以请求违约方继续履行以及损害赔偿的范围仍然存在一定争议。

一是关于继续履行。预约合同中当事人的义务就是订立本约合同。当事人违反预约合同约定，不履行订立本约义务的，非违约方是否可以请求继续履行呢？换言之，就是是否可以要求违约方配合订立本约呢？

反对继续履行的理由主要有：一是，依据民法自愿原则，当事人对是否订立本约有完全的自由，不受他人的强迫。强迫当事人订立本约违反民法自愿原则。二是，订立本约需要双方配合，需要双方都作出意思表示并达成一致，但如果违约方不配合，法院也无法强迫当事人配合订立本约，因为法院无法对人的意志进行强迫，无法强迫当事人作出意思表示。《合同法》第 110 条（现在《民法典》第 580 条第 1 款）规定了三种违约方可以拒绝履行的情形：法律上或者事实上不能履行；债务的标的不适于强制履行或者履行费用过高；债权人在合理期限内未请求履行。要求违约方配合订立本约，即属于“法律上或者事实上不能履行”的情形。三是这种情况下，要求违约方赔偿损失即可，不必强制要求订立本约。

支持继续履行的理由主要有：一是预约合同本身就是落实民法自愿原则而成立的，是双方当事人自愿签订的，基于自己决定、自己负责的法理，诚信地兑现自己的承诺，本身就是为了落实其真实意愿。二是从一些国家或者地区的作法来看，也是支持继续履行的。在德国和我国台湾地区，对于预约合同，法院可以命令违约方作出订立本约的意思表示，债务人不作出意思表示的，视同自判决确定时已为意思表示。本约合同成立后，本约合同的债权人即有请求给付的权利，基于诉讼经济原则，债权人可以合并请求订立本约及履行本约。在日本，违反预约合同义务的效果与通常的违约问题相同，一方当事人不履行订立本约的义务时，另一方当事人可以要求强制履行，具体而言就是请求法院代替当事人作出意思表示。日本 2017 年修改前的民法典第 414 条第 2 款规定，以法律行为为标的之债务，可以通过诉讼代替债务人作出意思表示。日本 2017 年修改后的民法典对此只是在表达上作了调整，将通过诉讼代替债务人作出意思表示归为强制履行中的间接强制，实质上未作修改。这些国家或者地区的作法均认可了预约合同当事人可以请求继续履行。三是“继续履行”在不借助违约方配合的情况下也是可以实现的，比如根据预约合同的内容，本约合同的当事人、标的、数量等必要条款均已具备的情况下，法院是可以据此直接认定本约合同成立的；即使必要条款并不完全具备，也可以根据诚信原则及漏洞填补规则予以补充。四是对于有些预约合同，违约方赔偿损失并不一定符合非违约方的利益，并不能取代继续履行、订立本约的责任形式。如果可以订立本约且履行本约义务对非违约方更为有利的，也有必要支持非违约方。并且，如果可以要求继续履行，使本约得以成立并对本约合同中当事人的具体权利义务予以确定，将更有利于计算具体的损失赔偿额。

二是关于违约损害赔偿范围。预约合同当事人不履行订立本约的义务，非违约方是可以请求违约方赔偿损失的，但违约损害赔偿的范围问题较为复杂。总体来说，比较有共识的是，预约合同的损害赔偿范围不等同于本约合同的损害赔偿范围。理由是，预约合同约定的义务是订立本约合同，而本约合同成立与本约合同履行是两个不同的阶段，因此预约合同的履行利益与本约合同的履行利益是不同的。那么，预约合同的违约损害赔偿范围怎么计算呢？一种观点认为，预约是相对于本约而言的，预约合同所处的阶段，实际上是本约合同的缔约阶段，所以预约合同的违约责任范围大致相当于本约合同的缔约过失责任范围，即相当于赔偿本约合同的信赖利益。也有的观点认为，预约与本约具有内在的联系，当事人的最终目的不在于预约合同的履行，而在于本约合同的订立及履行，因此预约合同违约损害赔偿范围可以以本约合同的履行利益为参照，通过减轻损害、损益相抵等规则予以限缩，结果肯定要小于本约合同的违约损害赔偿范围。还有的观点认为，相对于本约而言，违反预约合同的行为既是预约合同的违约行为，也可视为本约合同的缔约过失行为，此时发生缔约过失责任和预约合同违约责任的竞合，不管采用哪种方式计算，损害赔偿结果应当是一致的，并且以不超过履行利益为限。

本条是在合同编通则中予以规定，广泛适用于买卖、租赁等各种市场交易。涉及的交易形态多种多样，即使同一交易形态，涉及的具体情况也可能差异较大，因此本条第 2 款仅是原则性规定违约方应当承担预约合同的违约责任，使制度设计保持一定的灵活性，以便为实践留下空间。从关于预约合同违约责任各种不同的观点和争议中，我们也可以有所启发，对于预约与本约的理解，应当放在整个的交易链条中予以考虑，预约虽然是独立的合同，但与本约存在着紧密的内在联系，应将预约放在从预约订立到本约得到履行的整个交易链条中予以考虑。如果当事人在预约阶段就对整个交易的主要内容通过谈判达成一致，本约的内容不需要再作过多协商，那么对于预约合同，要求当事人承担“继续履行”的违约责任，即订立本约的责任也就有实现的空间。在此基础上更进一步，如果预约合同阶段在整个交易环节中的位置非常重要，预约合同的订立及预约合同的履行（预约合同的履行即本约合同的订立）就完成了整个交易的绝大部分，使整个交易达到比较高的成熟度，本约合同义务的履行在整个交易环节中只是占有非常小的份量，那么对预约合同的违约损害赔偿范围就可以很接近于本约合同的违约损害赔偿范围。预约合同阶段在整个交易环节中的位置，预约合同的订立及履行使整个交易所达到的成熟度，都应当在计算预约合同违约损害赔偿范围中予以体现，不能僵化适用某一种解决思路。

第四百九十六条　格式条款是当事人为了重复使用而预先拟定，并在订立合同时未与对方协商的条款。

采用格式条款订立合同的，提供格式条款的一方应当遵循公平原则确定当事人之间的权利和义务，并采取合理的方式提示对方注意免除或者减轻其责任等与对方有重大利害关系的条款，按照对方的要求，对该条款予以说明。提供格式条款的一方未履行提示或者说明义务，致使对方没有注意或者理解与其有重大利害关系的条款的，对方可以主张该条款不成为合同的内容。

条文主旨

本条是关于格式条款的规定。

立法背景

格式条款是自19世纪发展起来的，是某些行业在进行频繁的、重复性的交易过程中为了简化合同订立的程序而形成的。这些行业的主体一般是发展较大且具有一定规模的企业，往往具有垄断性，如水、电、热力、燃气、邮电、电信、保险、铁路、航空、公路、海运等行业。既有公用事业，也有一般的大企业。格式条款一般具有以下特点：（1）交易对象具有广泛性，往往都是面向社会公众发出。（2）条款具有持久性。格式条款一般是经过认真研究拟定的，在一个相当长的时期内不会改变。（3）条款具体细致。格式条款往往内容繁复，条款甚多，具体细致。（4）由占有优势的一方提出。不论是由占有优势的一方自行拟定或由某行业协会拟定，不论以何种形式表现，可以合同书形式、票证形式或者其他形式，甚至其条款并不在书面形式上记载，但往往是由占有优势的一方提出。

使用格式条款的好处是，简捷、省时、方便、降低交易成本；其弊端在于，一方往往利用其优势地位，制定有利于自己而不利于交易对方的条款，这一点在消费者作为合同相对方时特别突出。因此，有必要在立法上予以限制。

此外，还需注意两点：一是我国当前采用的是民商合一的立法体制，合同编就交易制度所作的基本规定，是民商事领域共同的基础性法律制度。《民法典》本条以及第497条、第498条这三个条文对格式条款的基本规则作了规定，这些规定不仅适用于普通的民事活动，也适用于商事交易。但商事交易与普通的民事活动毕竟存在一定差异，因此对这三个条文关于格式条款的规定应当根据交易具体情况作合理的理解。二是处理好合同编与消费者权益保护法之间的关系。就格式条款来说，合同编的规定与消费者权益保护法的规定是一般法与特别法的关系。合同编对格式条款所作的规定，也适用于经营者与消费者之间的合同，但是消费者权益保护法有特别规定的，要适用消费者权益保护法的规定。例如，消费者权益保护法对格式条款无效情形作了特别规定，就要适用该规定。对于格式条款的定义，消费者权益保护法没有特别规定，还是要适用合同编的规定。消费者权益保护法只是规定经营者对与消费者具有重大利害关系的内容负有提示、说明义务，但是没有规定经营者未尽到提示、说明义务的法律后果，这就是要适用合同编的规定，对方即消费者可以主张这些与消费者具有重大利害关系的条款不成为合同的内容。

条文解读

本条第1款规定了格式条款的定义。格式条款最实质的特征在于“未与对方协商”。按照自愿原则，当事人有权自主选择与谁订立合同、自主决定合同的内容。但格式条款的提供方为了追求交易便捷、高效等，利用自己的优势地位，事先拟定合同，相对方往往只能选择接受或者拒绝，不能实质上影响合同内容。相对方虽然在合同上签字予以确认，但并一定是真正的内心意愿表达。“未与对方协商”就是指格式条款提供方没有就条款内容与相对方进行实质上的磋商，相对方对条款内容并没有进行实际修改的余地。本条对格式条款的定义还用了“为了重复使用”，从格式条款的通常外在形貌予以描述。格式条款的提供方通常是基于重复使用进而提高交易效率的目的拟定格式条款。正是因为要重复使用，相对方往往对格式条款内容没有进行实质磋商并修改的余地。在民法典合同编制定过程中，有的意见提出，“为了重复使用”只是格式条款的通常表现形式，并不是其本质特征，格式条款的本质特征在于“未与对方协商”，因此即使不是“为了重复使用”，只要相对方无法对合同条款施加影响、没有对合同条款进行修改的余地，都可以称为“格式条款”。基于此，提交全国人大常委会审议的合同编草案一审稿、二审稿、三审稿在格式条款的定义中删去了“为了重复使用”。对此，又有不同意见提出，合同法关于格式条款的定义中，将“为了重复使用”与“未与对方协商”并用，有利于将其实质特征与外在表现较好的统一起来，判断标准明确、易于操作。实践中很多合同，都是一方提供、另一方签字确认，如果删去“为了重复使用”，就会使如何认定“未与对方协商”变得标准模糊、不易掌握。并且，如果仅是过于强调相对方对条款内容没有修改余地，还可能使格式条款制度与总则编关于民事法律行为成立的显失公平制度之间的关系不易理清。经反复研究考虑，本条对格式条款的定义最终又恢复到合同法的表述，保留了“为了重复使用”的表达。但此处的“为了重复使用”，不能作僵化理解，不是要当事人去证明真正实际重复使用了多次，只要格式条款提供方具有重复使用的目的，不论使用的次数多少，都可认为是“为了重复使用”。

本条第2款规定了格式条款提供方的提示、说明义务，并明确了违反该义务的法律效果。格式条款是优势一方当事人单方提供的，并没有经过与相对方的充分磋商。民事活动应当遵循公平原则，为了防止格式条款提供方利用单方拟定格式条款的机会，设计不公平的条款内容，本条明确规定，提供格式条款的一方应当遵循公平原则确定当事人之间的权利和义务。

因为格式条款未与相对方进行实际磋商，相对方对条款的内容并不充分了解，对与自己有重大利害关系的条款并不一定能注意到，即使注意到了，也不一定真正理解。为了让相对人在缔约时，能够充分注意并理解格式条款的内容，从而对合同订立的效果作出合理的判断，本条规定了格式条款提供方对与对方有重大利害关系条款的提示、说明义务。依照本条规定，格式条款提供方应当采取“合理的方式”提示对方注意免除或者减轻其责任等与对方“有重大利害关系的条款”，还要按照对方的要求，对该条款予以说明，使相对方真正理解该条款的含义。采取“合理的方式”，目的在于使相对方充分注意。例如，实践中一些格式条款采用特别的字体予以提示。对于采取“合理的方式”具体指采用什么方式，要视具体情况而定，要能引起相对方的注意。“有重大利害关系的条款”，一般来说主要包括但不限于格式条款提供方免除或者减轻其责任、加重对方责任、限制或者排除对方主要权利等。“有重大利害关系的条款”的认定要视格式条款的具体情况而定。例如，对于经营者单方提供的与消费者之间的格式条款，“有重大利害关系的条款”就不能仅限于以上几类，对消费者权益有重大影响的内容都要提示、说明。消费者权益保护法还对此作了特别规定。《消费者权益保护法》第26条第1款规定，经营者在经营活动中使用格式条款的，应当以显著方式提请消费者注意“商品或者服务的数量和质量、价款或者费用、履行期限和方式、安全注意事项和风险警示、售后服务、民事责任等与消费者有重大利害关系的内容”。

对于格式条款提供方未履行提示或者说明义务，致使对方没有注意或者理解与其有重大利害关系的条款的，会产生什么样的法律效果，合同法未作规定，理论和实践中存在一定的分歧，主要有三种观点：第一种观点是，这种情况下该格式条款无效；第二种观点是，对方可以申请撤销该格式条款；第三种观点是，对方可以主张该格式条款视为未订入合同。设定格式条款提供方未履行提示或者说明义务的法律效果，至少要符合以下两个要求：

一是从实际效果上要更有利于保护相对方。因为相对方并未实际参与格式条款的磋商，有必要予以倾斜性保护。对于前述第一种观点，有的意见认为，如果规定该格式条款无效，就会出现反倒不利于相对方的情况，比如格式条款签订时是不利于相对方的，但随着情况变化，可能会不利于格式条款提供方而有利于相对方，此时格式条款提供方以未尽到提示义务为由主张格式条款无效，就违背了制度设计的初衷，而如果改进一下，规定只能由相对方主张合同无效，又不符合民法典关于双方当事人原则上均可主张合同无效的整体制度设计。对于第二种观点，即相对方申请撤销格式条款，有的意见认为，民事法律行为的撤销有除斥期间的限制，一般要在当事人知道或者应当知道撤销事由之日起一年内提出，一年的期限较短，不利于保护相对方。对于第三种观点，也有一些改进意见，建议直接表述为该格式条款“不成为合同的内容”即可，相对于“视为未订入合同”，意思更为清楚、易懂。

二是从逻辑上要更符合整个制度体系。如何设计格式条款提供方未履行提示或者说明义务的法律效果，涉及制度范畴的归属问题。有的意见认为，格式条款提供方未履行提示或者说明义务，即使对方对合同已经签字确认，但基于对方没有注意或者理解，仍然可以视为当事人双方就这些条款并没有真正达成意思表示一致，因此将格式条款提供方未履行提示或者说明义务的法律效果问题归属于合同订立的制度范畴中比较合适。

经综合考虑、反复研究，对格式条款提供方未履行提示或者说明义务的法律效果，本条第 2 款规定为“对方可以主张该条款不成为合同的内容”，总体上将该制度归属于合同订立的范畴。这也是本条第 2 款与《民法典》第 497 条相区别之处。《民法典》第 497 条规定的格式条款无效情形，属于合同成立后的效力评价层面，归属于合同效力制度。还需要强调一点，本条第 2 款规定的“该条款不成为合同的内容”，只能由相对方主张，格式条款提供方无权主张，这也是从制度设计上对相对方所作的倾斜性保护。

相关规定

《中华人民共和国消费者权益保护法》第 26 条

第四百九十七条 **有下列情形之一的，该格式条款无效：**

（一）具有本法第一编第六章第三节和本法第五百零六条规定的无效情形；

（二）提供格式条款一方不合理地免除或者减轻其责任、加重对方责任、限制对方主要权利；

（三）提供格式条款一方排除对方主要权利。

条文主旨

本条是关于格式条款无效的规定。

立法背景

格式条款无效情形，属于合同成立后的效力评价层面。格式条款在哪些情形下无效，法律有必要予以规定。

条文解读

本条总括性地规定了格式条款无效的情形：

一是与其他民事法律行为通用的无效情形，即具有总则编第六章第三节和合同编第506条规定的无效情形。总则编第六章第三节对民事法律行为的无效情形作了总括性规定，包括无民事行为能力人实施的民事法律行为；限制民事行为能力人超出其年龄、智力、精神健康状况实施的民事法律行为；以虚假的意思表示实施的民事法律行为；违反法律、行政法规的强制性规定的民事法律行为；违背公序良俗的民事法律行为等。如果格式条款具有总则编第六章第三节规定的民事法律行为的无效情形，该格式条款是无效的。合同编第506条是对合同中免责条款无效情形的规定，如果合同中有免除“造成对方人身伤害的”或者“因故意或者重大过失造成对方财产损失的”责任的条款，则该条款无效。如果格式条款具有第506条规定的情形，当然也是无效的。

二是格式条款特有的无效情形。格式条款是单方提供，对方并没有就条款进行实际磋商的机会，格式条款提供方可能会恣意追求自己的单方利益，违背公平原则，不合理地分配合同交易中的风险和负担。其中，本条第2项规定的“不合理地免除或者减轻其责任、加重对方责任、限制对方主要权利”，以及第3项规定的“提供格式条款一方排除对方主要权利”，均属于违背公平原则的情形。格式条款具有这些情形的，该格式条款无效。该规定是在合同法的基础上修改而来。合同法第40条规定，提供格式条款一方“免除其责任、加重对方责任、排除对方主要权利”，该条款无效。本条规定根据实践需求，在增加“减轻其责任”、“限制对方主要权利”的同时，还对这些无效情形作了区分性规定，主要考虑是，本条规定的格式条款适用范围较为广泛，具体情况也较为复杂。实践中也存在这样的格式条款，即综合交易的性质以及双方当事人承担的交易风险和负担等各方面情况来看，虽然存在“免除或者减轻其责任、加重对方责任、限制对方主要权利”的内容，但没有超出合理的范围，没有违背公平原则，这种情况下就不宜认定格式条款无效。因此，本条第2项对于“免除或者减轻其责任、加重对方责任、限制对方主要权利”的情形加上了限定词“不合理地”。但提供格式条款一方“排除对方主要权利”的情形，本身就严重违背了公平原则，可以直接认定格式条款无效。

前已述及，民法典与消费者权益保护法是一般法和特别法的关系。消费者权益保护法对格式条款有特别规定的，适用该特别规定。对于格式条款无效情形，《消费者权益保护法》第26条规定，经营者不得以格式条款作出排除或者限制消费者权利、减轻或者免除经营者责任、加重消费者责任等对消费者不公平、不合理的规定。格式条款含有这些内容的，其内容无效。《消费者权益保护法》第26条基于有利于保护消费者的考虑，对格式条款无效情形作了特别规定，这些特别规定相对于合同编的规定优先适用，即格式条款中存在的“排除或者限制消费者权利、减轻或者免除经营者责任、加重消费者责任”的内容，可以直接认为是不合理、不公平的，应当认定无效。

《民法典》第156条规定，民事法律行为部分无效，不影响其他部分效力的，其他部分仍然有效。该规定也适用于格式条款无效的情形，即格式条款无效，并不意味着含有格式条款的合同整体无效，如果格式条款无效不影响合同其他部分效力的，其他部分仍然有效。

相关规定

《中华人民共和国消费者权益保护法》第26条

第四百九十八条　对格式条款的理解发生争议的，应当按照通常理解予以解释。对格式条款有两种以上解释的，应当作出不利于提供格式条款一方的解释。格式条款和非格式条款不一致的，应当采用非格式条款。

条文主旨

本条是关于格式条款解释的规定。

立法背景

当事人双方对格式条款的理解发生争议时，就需要对格式条款进行合理的解释，以平衡双方利益。格式条款具有为了重复使用、单方事先拟定、对方未参与协商等特点，相对于一般合同条款有其特殊性。基于此，格式条款的解释规则也具有不同于一般合同条款的特殊之处。

条文解读

本条针对格式条款的特点，对格式条款规定了专门的解释规则。

一是按照通常理解予以解释。格式条款是为了重复使用而拟定的，因此对格式条款也应当按照通常理解予以解释，即既不按照提供格式条款一方的理解予以解释，也不按照个别的相对方的理解予以解释，而是按照可能订立该格式条款的一般人的理解予以解释，这对保护相对方的利益是公平的。

二是不利解释规则。对格式条款有两种以上解释的，应当如何处理？格式条款提供方往往处于优势地位，相对方不能实际参与格式条款内容的拟定与磋商，无法对格式条款内容施加影响，因此在对格式条款内容有两种以上解释时，有必要给予相对方倾斜性的保护，即作出不利于提供格式条款一方的解释。

本条还对格式条款与非格式条款不一致时的处理作了规定。合同既有格式条款，也有非格式条款，如果格式条款和非格式条款不一致，应当如何处理？非格式条款优先采信规则已经成为国际上普遍采用的规则。格式条款是单方拟定并提供给相对方使用、相对方未实际参与协商，不能充分体现相对方的真实意愿。而非格式条款是双方当事人自由协商的结果，与格式条款相比，更能体现双方当事人的真实意愿。优先采用非格式条款更符合民法上的自愿原则，对当事人也更为公平。据此，本条规定，格式条款和非格式条款不一致的，应当采用非格式条款。

第四百九十九条　悬赏人以公开方式声明对完成特定行为的人支付报酬的，完成该行为的人可以请求其支付。

条文主旨

本条是关于悬赏广告的规定。

立法背景

悬赏广告在经济社会中较为常见，各个国家或者地区的民法普遍对悬赏广告制度作了规定。《德国民法典》第 657 条规定，通过公开广告的方式，对完成某行为特别是对引起某一结果加以悬赏的人，有义务向完成此行为的人给付报酬，即使行为人未顾及悬赏广告而实施行为亦然。《日本民法典》第 529 条规定，以广告声明对实施一定行为的人给予一定报酬者，对完成该行为的人负给付报酬的义务，不论完成该行为的人是否知道广告。我国台湾地区“民法”第 164 条规定，以广告声明对完成一定行为之人给予报酬者，为悬赏广告。广告人对于完成该行为之人，负给付报酬之义务。

我国司法实践对于悬赏广告也作了一定探索。最高人民法院 2009 年发布的《最高人民法院关于适用〈中华人民共和国合同法〉若干问题的解释（二）》第 3 条规定，悬赏人以公开方式声明对完成一定行为的人支付报酬，完成特定行为的人请求悬赏人支付报酬的，人民法院依法予以支持。

合同编参考一些国家和地区立法例，在吸收司法实践经验的基础上，对悬赏广告制度的基本规则作了规定，为规范悬赏广告行为、处理悬赏广告纠纷提供了基本依据，并为悬赏广告制度的丰富和发展奠定了民事基本法上的基础。

条文解读

依据本条规定，悬赏广告的构成要满足以下几个条件：一是要以公开的方式作出声明。公开的具体方式，可以是通过广播电视、报纸期刊或者互联网等媒介发布，也可以是在公众场所发传单、在公开的宣传栏张贴广告等。二是悬赏人在声明中提出明确的要求，即要完成特定行为。该要求，要有具体、明确的表达，不能含混不清。三是悬赏人具有支付报酬的意思表示，即对完成特定行为的人给付一定报酬。悬赏人应当对报酬的形式、给付方式等作出明确的表达。如果报酬是给付金钱，应当明确金钱的币种、数额等。对于满足以上条件的悬赏广告，完成该特定行为的人可以请求悬赏人支付报酬，悬赏人不得拒绝。

第五百条 当事人在订立合同过程中有下列情形之一，造成对方损失的，应当承担赔偿责任：

（一）假借订立合同，恶意进行磋商；

（二）故意隐瞒与订立合同有关的重要事实或者提供虚假情况；

（三）有其他违背诚信原则的行为。

条文主旨

本条是关于缔约过失责任的规定。

立法背景

缔约过失责任指当事人在订立合同过程中，因违背诚信原则而给对方造成损失的赔偿责任。缔约过失责任是以诚信原则为基础的民事责任。诚信原则贯穿合同交易的各个环节，当事人在订立合同过程中进行协商、谈判也要遵循诚信原则，当事人负有相互协助、照顾、保护以及重要情况的告知义务等。在这个阶段，合同尚未成立，但一方对另一方在协商、谈判中实施的行为已经产生了合理信赖。如果当事人在这个阶段实施了违背诚信原则的行为，例如隐瞒了重要事实和情况等，使对方的信赖利益受损，缔约过失责任即成立。

条文解读

根据本条规定，有下列情况之一，给对方当事人造成损失的，应当承担缔约过失责任：

一是假借订立合同，恶意进行磋商。指根本没有与对方订立合同的目的，与对方进行谈判协商只是个借口，目的是损害对方或者第三人的利益。例如，甲知道乙有转让餐馆的意图，甲并不想购买该餐馆，但为了阻止乙将餐馆卖给竞争对手丙，却假意与乙进行了长时间的谈判。当丙买了另一家餐馆后，甲中断了谈判，导致乙只能以比丙出价更低的价格将餐馆予以转让。

二是故意隐瞒与订立合同有关的重要事实或者提供虚假情况。这也是合同订立过程中比较典型的违背诚信原则的行为。

根据诚信原则的要求，当事人在订立合同过程中，对有关的重要事实和情况负有告知义务。当事人故意隐瞒重要事实和情况，造成对方损失的，应当承担缔约过失责任。一些国家也有类似规定，例如《意大利民法典》第1338条规定："知道或者应当知道契约无效原因存在的一方没有将其通知另一方，则该方要为此就对方在契约有效期内基于依赖、没有过错而遭受的损失承担赔偿责任。"

三是其他违背诚信原则的行为。在合同订立过程中，当事人依照诚信原则进行谈判，有谈成的，有谈不成的，中途停止谈判也是正常的。但如果当事人违反了诚信原则要求的互相协助、照顾、保护、通知等义务，实施了违背诚信原则的行为，造成对方损失的，就要承担缔约过失责任。比如，甲向乙保证，如果乙努力取得经验并准备投资15万美元，则向乙授予专营许可。在此后的两年间，乙为订立该专营许可合同做了大量工作，且一直深信将会得到甲的专营许可。当订立合同的一切准备工作就绪时，甲通知乙必须投资更多的金钱。乙拒绝了这种要求，同时乙有权要求甲补偿其为准备订立合同所发生的费用。

在合同订立过程中，当事人基于对对方的信赖，为合同的成立作了一些前期准备工作，对方当事人违背诚信原则的行为损害了当事人的信赖利益，应当予以赔偿。缔约过失责任的赔偿范围以受损害的当事人的信赖利益的损失为限，包括直接利益的减少，如谈判中发生的费用，还包括受损害的当事人因此失去与第三人订立合同机会的损失。具体的损失额根据案件实际情况进行计算，但不得超过合同履行利益即合同成立并得到履行后所获得的利益。

第五百零一条 当事人在订立合同过程中知悉的商业秘密或者其他应当保密的信息，无论合同是否成立，不得泄露或者不正当地使用；泄露、不正当地使用该商业秘密或者信息，造成对方损失的，应当承担赔偿责任。

条文主旨

本条是关于合同订立过程中当事人保密义务的规定。

立法背景

当事人在合同订立过程中，可能会知悉对方的商业秘密或者其他应当保密的信息，对此当事人负有保密义务。当事人在订立合同过程中的保密义务是基于诚信原则。本条根据诚信原则，将当事人在订立合同过程中的保密义务明确予以法定化，将其作为当事人的一项法定义务。

条文解读

依照本条规定，无论合同是否成立，当事人均不得泄露或者不正当地使用应当保密的信息。按照《反不正当竞争法》第9条规定，商业秘密是指不为公众所知悉、具有商业价值并经权利人采取相应保密措施的技术信息、经营信息等商业信息。商业秘密中的技术信息涉及有关技术数据、技术知识，表现为产品配方、工艺流程、设计图纸等，可以给权利人带来很大的经济利益。商业秘密中的经营信息涵盖广泛，包括管理方法、销售策略、发展规划、客户名单等，对其经营活动意义重大，往往是其立足市场、保持竞争力的重要基础。当事人为达成协议，可能会将自身掌握的商业秘密告知对方，但一般也会提请对方不得泄露、使用。在这种情况下，对方当事人负有不予泄露的义务，也不能不正当使用。在有些情况下，虽然一方当事人没有明确告知对方当事人有关信息是商业秘密，但基于此种信息的特殊性质，按照一般的常识，对方当事人也不得泄露或者不正当地使用，否则有悖诚信原则。比如，乙与丙是两个主要的轿车生产商。甲有意与乙或者丙达成一项合资企业协议。在与乙的谈判过程中，甲收到了乙关于新型车设计方案的详细资料。尽管乙没有明确要求甲将该信息作为商业秘密予以保密，但因为这是一种新车的设计方案，甲负有不向丙披露的义务，也不能将该设计方案用于自己的生产程序。

此外，还有其他一些信息虽然不构成商业秘密，但也对当事人的经营活动具有重大意义，也属于应当保密的信息。根据诚信原则，当事人在订立合同过程中知悉这些信息的，无论合同是否成立，都不得泄露或者不正当地使用。当然有些情况下，当事人双方在合同谈判的过程中交换的信息可能很有用、也很有价值，但也不一定都属于应当保密的信息。比如当事人要购买一种机器，可以向很多生产或者出售这种机器的商家发出要约邀请，邀请他们发出要约，介绍所生产或者出售的机器的价格、性能、技术指标等基本信息。在这个过程中，当事人会了解到这些基本信息，这些基本信息对于更好地选择商家订立合同很有价值，但一些情况下也可能不属于应当保密的信息。

根据本条规定，当事人泄露、不正当地使用该商业秘密或者其他应当保密的信息，造成对方损失的，应当承担赔偿责任。违法泄露或者不正当地使用商业秘密的，不仅限于承担民事赔偿责任，还有可能承担行政责任甚至刑事责任。例如，《反不正当竞争法》第21条规定，经营者以及其他自然人、法人和非法人组织违反本法规定侵犯商业秘密的，由监督检查部门责令停止违法行为，没收违法所得，处十万元以上一百万元以下的罚款；情节严重的，处五十万元以上五百万元以下的罚款。《刑法》专门规定了侵犯商业秘密罪，对严重侵犯商业秘密的行为追究刑事责任。

第三章　合同的效力

本章是关于合同效力的规定，共七条。总则编第六章、第七章对民事法律行为和代理作了较为全面、系统的规定，这些规定也适用于合同领域，基于此，本章在合同法的基础上，删去了附生效条件和附生效期限的合同、效力待定合同、无效合同、可撤销合同、无权代理和表见代理等与总则编相重复的内容。本章分别对合同的生效时间、未办理影响合同生效的批准等手续的法律后果、无权代理的追认、超越权限所订立合同的法律效果、超越经营范围所订立合同的效力、免责条款、争议解决条款效力的独立性等作了规定。

第五百零二条　**依法成立的合同，自成立时生效，但是法律另有规定或者当事人另有约定的除外。**

依照法律、行政法规的规定，合同应当办理批准等手续的，依照其规定。未办理批准等手续影响合同生效的，不影响合同中履行报批等义务条款以及相关条款的效力。应当办理申请批准等手续的当事人未履行义务的，对方可以请求其承担违反该义务的责任。

依照法律、行政法规的规定，合同的变更、转让、解除等情形应当办理批准等手续的，适用前款规定。

条文主旨

本条是关于合同生效时间以及未办理影响合同生效的批准等手续的法律后果的规定。

立法背景

合同依法成立后，对内而言，在当事人之间产生法律约束力，非依法律规定或者经当事人同意，任何一方当事人均不得擅自变更或者解除合同；对外而言，其他任何组织和个人均不得非法干预合同，侵犯合同当事人的权益。合同生效也具有这样的对内与对外效果。合同生效与合同成立的区别在于，合同生效后，当事人才可以请求对方履行合同主要义务，而合同成立但未生效的，当事人不得请求对方履行合同主要义务。

条文解读

本条第 1 款对合同的生效时间作了规定。该规定是《民法典》第 136 条关于民事法律行为生效时间在合同领域的体现。《民法典》第 136 条第 1 款规定，民事法律行为自成立时生效，但是法律另有规定或者当事人另有约定的除外。本条第 1 款与《民法典》第 136 条第 1 款规定保持一致，包括两个层面的含义：

一是依法成立的合同，自成立时生效。也就是说，原则上，合同的生效时间与合同的成立时间是一致的，合同依法成立的同时即生效。合同编对合同的成立时间作了明确规定。《民法典》第 483 条规定："承诺生效时合同成立，但是法律另有规定或者当事人另有约定的除外。"《民法典》第 490 条对采用合同书形式订立合同的成立时间作了规定，第 491 条对采用信件、数据电文等形式所订立的合同、电子合同的成立时间作了规定。合同编还对实践性合同，包括定金合同、自然人之间的借款合同、保管合同的成立时间作了专门规定。原则上，这些合同的成立时间，也是合同的生效时间。

二是对合同生效时间，法律另有规定或者当事人另有约定的，依照法律规定或者当事人约定。例如，对于附生效条件和附生效期限的合同，在合同成立时并不立即生效，只有在条件成就时或者期限届至时才生效。再如，有些合同应当依照法律、行政法规的规定办理批准等手续。依照本条第 2 款规定，对于未办理批准等手续影响合同生效的情形，当事人如果未办理该批准等手续，合同虽然成立，但并不生效。

本条第 2 款对未办理批准等手续影响合同生效情形的法律效果作了规定。

一、关于未办理批准等手续影响合同生效的情形

法律、行政法规对合同规定了批准等手续的，当事人应当依法办理批准等手续。法律、行政法规对相当一些合同规定了批准等手续，但不是所有的批准等手续都能影响合同的生效。本条第 2 款专门对未办理批准等手续影响合同生效的情形作了规定。“未办理批准等手续影响合同生效”是指只有办理了批准等手续，合同才能生效；反之，未办理批准等手续，合同不生效。目前来看，规定合同应当办理批准等手续的法律、行政法规较多，但明确规定必须办理批准等手续合同才生效的，只有国务院于 1998 年颁布并于 2014 年修订的行政法规《探矿权采矿权转让管理办法》。《探矿权采矿权转让管理办法》第 10 条规定，审批管理机关批准当事人转让探矿权、采矿权的，转让合同自批准之日起生效。除该规定之外，其他的法律、行政法规仅是规定一些合同应当办理批准等手续，但没有明确未办理批准等手续影响合同生效。法律、行政法规要求某些合同应当办理批准等手续，是国家基于社会管理的需要，对特定的交易活动进行管理和控制的一种手段。当事人未办理批准等手续是否影响合同生效，涉及法律、行政法规设定有关批准等手续进行社会管理的性质、目的判断问题，需要结合具体情况，在设定批准等手续的社会管理政策与保障意思自治、鼓励交易之间作平衡性判断。

依照合同法的规定，除了批准手续外，有些登记手续的办理也会对合同生效产生影响。《合同法》第 44 条第 2 款规定，法律、行政法规规定应当办理批准、登记等手续生效的，依照其规定。本条第 2 款删去了合同法第 44 条规定中的“登记”。合同法颁布时，还存在须经登记才能生效的合同，例如依照 1995 年颁布实施的担保法规定，房地产等抵押合同自登记之日起才能生效。但此后，2007 年颁布实施的物权法将合同的生效与物权变动相区分，不再将物权登记作为合同的特殊生效要件。《物权法》第 15 条规定，当事人之间订立有关设立、变更、转让和消灭不动产物权的合同，除法律另有规定或者合同另有约定外，自合同成立时生效；未办理物权登记的，不影响合同效力。目前来看，现行法律、行政法规已经不存在关于合同须经登记才能生效的规定，因此本条第 2 款删去了合同法规定的“登记”，但在“批准”后保留了“等”字，规定“未办理批准等手续”，这样既尊重了当前的实际情况，又为将来的发展留下适用空间。

二、未办理批准等手续影响合同生效情形的法律效果

对于未办理批准等手续影响合同生效的情形，如果当事人未办理批准等手续，该合同不生效。但此类合同中往往存在履行报批等义务条款及相关条款，这些条款对报批等义务的履行甚至违反报批义务的责任等作了专门约定。这类报批条款的履行是整个合同生效的前提和基础，合同生效后，才能进入到合同的履行环节，当事人一方才能请求对方履行合同义务。据此，因本条规定的此类合同因未办理批准等手续整体来说不生效，当事人就无法请求相对方履行合同义务，当然也不能请求对方按照合同约定履行报批义务。这显然不符合当事人的真实意愿，也违背合同编鼓励交易的立法目的。本条在总结司法实践经验的基础上，明确将履行报批等义务条款以及相关条款作为一种特殊的条款予以独立对待，即使合同整体因未办理批准等手续不生效，也不影响合同中履行报批等义务条款以及相关条款的效力。也即合同中履行报批等义务条款以及相关条款的效力不受合同整体不生效的影响。

既然合同中履行报批等义务条款以及相关条款独立生效，负有报批义务的一方当事人未履行义务的，对方也就可以单独就违反报批义务要求其承担责任。基于此，第 2 款规定，应当办理申请批准等手续的当事人未履行义务的，对方可以请求其承担违反该义务的责任。从责任形式上来说，本条“违反该义务的责任”可以参照合同违约责任，可以包括继续履行、赔偿损失等责任形式。

一是就继续履行来说，应当办理申请批准等手续的当事人未履行义务的，对方仍然可以请求其继续办理申请批准等手续。

二是就赔偿损失来说，如果当事人对履行报批等义务专门约定了违约金的，该违约金条款也独立生效，当事人可以要求按照约定支付违约金。如果当事人对于履行报批等义务没有专门约定损害赔偿责任的，损害赔偿额如何确定呢？对此存在不同的观点。有的观点认为，当事人拒不履行报批等义务致使合同不生效，主观归责性明显，损害赔偿额可以参照违反合同的违约责任予以确定。也有的观点认为，虽然履行报批义务条款相对于合同的其他条款具有独立性，但报批义务对于已经成立但不生效的合同整体而言，只应属于先合同义务，应按照整体合同的缔约过失责任确定违反报批义务的损害赔偿额。还有的观点认为，违反报批义务的责任也可以视为整体合同的缔约过失责任与违反报批义务独立条款的违约责任的竞合，采用这两种方式的哪一种进行计算都可以，损害赔偿额应当是一致的。

总体来说，根据办理批准等手续才能生效的合同的具体情况不同，违反报批义务的损害赔偿额也会有所不同。在确定损害赔偿额时，要将报批义务放到交易整体中予以考虑，综合考量办理报批手续在整个交易中的重要性、报批后批准的难易度、报批义务履行后整个交易的完成度和成熟度等因素。如果办理报批手续是整个交易最关键的环节，并且报批后予以批准的可能性非常高，报批义务履行后当事人之间就完成了整个交易的绝大部分，整个交易就能达到很高的完成度和成熟度，那么违反报批义务的损害赔偿额就应当更高甚至可以很接近于整体合同的履行利益，但不能超过整体合同的履行利益。

相关规定

《探矿权采矿权转让管理办法》第 10 条

第五百零三条 无权代理人以被代理人的名义订立合同，被代理人已经开始履行合同义务或者接受相对人履行的，视为对合同的追认。

条文主旨

本条是关于被代理人以默示方式追认无权代理行为的规定。

立法背景

代理权的存在是代理法律关系产生的前提，行为人只有基于代理权才能以被代理人的名义从事代理行为。但实践中情况复杂，无权代理也并不少见。总则编对包括无权代理在内的代理制度作了较为全面、系统的规定，这些规定也当然适用于合同领域中的代理行为。本条在总结司法实践经验的基础上，在总则编所规定的代理制度的框架下，针对无权代理在合同领域中反映出来的问题，对被代理人以默示方式追认无权代理行为作出了具体规定。

条文解读

本条的适用前提是无权代理人以被代理人的名义订立合同。总则编第 171 条对无权代理的 3 种典型表现形式作了明确规定。总则编第 171 条第 1 款规定，行为人没有代理权、超越代理权或者代理权终止后，仍然实施代理行为，未经被代理人追认的，对被代理人不发生效力。合同编本条所规定的“无权代理人以被代理人的名义订立合同”即是指行为人没有代理权、超越代理权或者代理权终止后，仍然以被代理人的名义与他人订立合同的情形。所谓没有代理权是指行为人根本没有得到被代理人的授权，就以被代理人的名义与他人订立合同。比如，行为人伪造被代理人的公章、合同书或者授权委托书等，假冒被代理人的名义与他人签订合同。所谓超越代理权是指行为人与被代理人之间有代理关系存在，行为人有一定的代理权，但其实施的代理行为超出了代理范围的代理。所谓代理权终止后仍然实施代理是指行为人与被代理人之间原本有代理关系，由于代理期限届满、代理事务完成或者被代理人取消委托等法定情形的出现使得代理权终止，但是行为人仍然实施代理行为。

行为人无代理权却以被代理人的名义实施民事法律行为，不符合被代理人的意愿，法律效果不能直接及于被代理人，本应对被代理人不发生效力，但是考虑到行为人实施的民事法律行为并非都是对被代理人不利，有些对被代理人可能是有利的；而且，既然代理行为已经完成，如果被代理人事后愿意承认，从鼓励交易、维护交易秩序稳定以及更好地保护各方当事人利益的角度出发，也没有必要一概否定其效力。因此，总则编第 171 条对无权代理的法律效果作出规定，即行为人没有代理权、超越代理权或者代理权终止后，仍然实施代理行为，未经被代理人追认的，对被代理人不发生效力。该规定明确了无权代理人所实施的民事法律行为原则上不对被代理人发生效力，但是一旦经被代理人追认，就对被代理人发生效力，无权代理就变成了有权代理。

无权代理行为发生后，被代理人有追认和拒绝的权利。这里的“追认”，是指被代理人对无权代理行为事后予以承认的一种单方意思表示。总则编第 140 条第 1 款规定，行为人可以明示或者默示作出意思表示。所谓以明示作出意思表示，是指表意人采用口头、书面等明示方式使得相对人能够直接了解到意思表示的内容。以默示作出意思表示，是指行为人虽没有以口头、书面等明示方式等作出意思表示，但以行为的方式作出意思表示。除了以明示或者默示作出意思表示外，在现实生活中也会出现一种情形，即行为人作出意思表示既无语言等明示方式，也无行为等默示方式，在一定条件下仍可视为意思表示。这种情形就是以沉默的方式作出意思表示。总则编第 140 条第 2 款规定，沉默只有在有法律规定、当事人约定或者符合当事人之间的交易习惯时，才可以视为意思表示。以默示作出意思表示与以沉默的方式作出意思表示的区别在于：以默示作出意思表示，表意人仍然做出了一定的行为，通过所做出的行为可以推定出一定的意思表示；沉默是一种既无语言表示也无行为表示的纯粹的缄默，是一种完全的不作为，原则上纯粹的不作为不能视为当事人有意思表示，只有在特定情形下才可以视为意思表示。

无权代理人以被代理人的名义订立合同后，被代理人对该无权代理行为享有追认的权利。一般情况下，被代理人实际进行追认的，都是以口头或者书面等明示的方式作出追认的意思表示。但在一些情况下，被代理人没有以明示的方式作出追认或者拒绝的意思表示，但已经开始履行合同义务或者接受相对人履行。被代理人开始履行合同义务或者接受相对人履行的行为，是对无权代理行为的正面反馈，属于一种积极的作为，从意思表示的类型来说，不属于沉默。本条在总结司法实践经验的基础上，将被代理人开始履行合同义务或者接受相对人履行的行为，归属于以默示的方式对无权代理行为作出追认的意思表示，对此作出明确规定，即被代理人已经开始履行合同义务或者接受相对人履行的，视为对合同的追认。

第五百零四条　法人的法定代表人或者非法人组织的负责人超越权限订立的合同，除相对人知道或者应当知道其超越权限外，该代表行为有效，订立的合同对法人或者非法人组织发生效力。

条文主旨

本条是关于法定代表人或者负责人超越权限订立的合同法律效果的规定。

立法背景

在日常经济社会生活中，法人或者非法人组织的民事活动是经过其法定代表人、负责人进行的，法定代表人、负责人代表法人或者非法人组织进行谈判、签订合同等。法律对此也予以认可。总则编第61条规定，法人的法定代表人是指依照法律或者法人章程的规定，代表法人从事民事活动的负责人。但法人的法定代表人、非法人组织的负责人的权限不是无限制的。法人的法定代表人应当在法律规定或者法人的章程规定的权限范围内对外从事民事活动，法人的权力机构也可能会对法定代表人的权限作一些限制。非法人组织也可能会对其负责人的权限作一定限制。但是在现实经济社会生活中，却存在一些法定代表人、负责人超越权限订立合同的情形，如何对待此类合同的效力？法人的法定代表人或者其他组织的负责人是代表法人或者其他组织行使职权的，一般来说，法人的法定代表人或者其他组织的负责人本身就是法人或者其他组织的组成部分，法定代表人的行为或者其他组织负责人的行为就是法人或者其他组织的行为，因此，他们执行职务的行为所产生的法律后果都应当由法人或者其他组织承受。对此，总则编第61条第2款作了明确规定，法定代表人以法人名义从事的民事活动，其法律后果由法人承受。法人的法定代表人或者非法人组织的负责人以法人或者其他组织的名义与相对人订立合同的，相对人一般认为法定代表人或者其他组织的负责人就是代表法人或者其他组织，相对人往往并不知道也难以知道，一般也没有义务知道法定代表人或者其他组织负责人的权限到底有多大，法人或者其他组织的内部管理规定也不应对合同的相对人形成约束力。如果法人的法定代表人或者其他组织的负责人超越权限而订立合同的，代表行为无效，所订立的合同对法人或者非法人组织不发生效力，将会严重损害合同相对人的利益，不利于保护交易的安全，也会助长一些法人或者其他组织借此逃避责任，谋取不当利益。

条文解读

依照本条规定，法人的法定代表人或者其他组织的负责人超越权限订立合同的，一般情况下代表行为有效，所订立的合同对法人或者非法人组织发生效力。如果合同的相对人在订立合同时知道或者应当知道法人的法定代表人或者其他组织的负责人的行为是超越权限的，而仍与之订立合同，则具有恶意，此时没有对合同的相对人加以保护的必要。本条立足于维护交易安全，应当保护的是善意相对人的利益。因此，本条在规定法定代表人、负责人超越权限订立的合同一般对法人或者非法人组织发生效力的同时，排除了相对人知道或者应当知道其超越权限的情形。

本条是在《合同法》第 50 条基础上修改而来。《合同法》第 50 条规定，法人或者非法人组织的法定代表人、负责人超越权限订立的合同，除相对人知道或者应当知道其超越权限的以外，该代表行为有效。本条在《合同法》第 50 条规定的基础上增加“该合同对法人或者非法人组织发生效力”。对于法定代表人、负责人超越权限订立合同的，不仅要解决代表行为的效力问题，更应当进一步明确所订立的合同的法律效果归属问题，即合同权利和义务是否由法人、非法人组织承受。因此本条增加“该合同对法人或者非法人组织发生效力”，能够更贴切、明确地表达合同法律效果归属问题。

本条规定与总则编第 61 条第 3 款规定存在一定的关联。总则编第 61 条第 3 款规定，法人章程或者法人权力机构对法定代表人代表权的限制，不得对抗善意第三人。本条规定与总则编第 61 条第 3 款规定都是为了维护交易安全，保护善意相对人的利益，在立法精神上是一致的，在内在逻辑上是相互支撑和牵连的，在一定程度上可以说，总则编第 61 条第 3 款规定是本条规定的逻辑前提，本条是总则编第 61 条第 3 款规定的逻辑结果。但本条规定与总则编第 61 条第 3 款规定毕竟不能等同，不能互相取代。一是二者规范的角度不同。总则编第 61 条第 3 款规定是从对内管理的角度进行规范，本条是从对外从事民事法律行为的角度进行规范。二是严格来说，二者规范的范围也不一致。总则编第 61 条第 3 款规范是法人章程或者法人权力机构对法定代表人代表权所作的限制，而本条规定的法定代表人超越权限的范围更为广泛，不限于超越法人章程、法人权力机构对法定代表人职权的限制，还包括超越法律对法定代表人职权的限制。三是总则编第 61 条第 3 款仅针对法人的法定代表人代表权限制问题，而本条既规范法人的法定代表人超越权限问题，也规范非法人组织的负责人超越权限问题。

第五百零五条　当事人超越经营范围订立的合同的效力，应当依照本法第一编第六章第三节和本编的有关规定确定，不得仅以超越经营范围确认合同无效。

条文主旨

本条是关于超越经营范围订立的合同效力的规定。

立法背景

经营范围是市场主体从事经营活动的业务范围。我国在相当一段时间内对市场主体经营范围的管控还是比较严格的。1986年公布、1987年施行的《民法通则》第42条规定，企业法人应当在核准登记的经营范围内从事经营。第49条规定，企业法人超出登记机关核准登记的经营范围从事非法经营的，除法人承担责任外，对法定代表人可以给予行政处分、罚款，构成犯罪的，依法追究刑事责任。1993年颁布的《公司法》第11条第3款规定"公司应当在登记的经营范围内从事经营活动"，对经营范围的管理仍然比较严格。相应地，超越经营范围而订立的合同往往会被认定为无效合同。随着我国社会主义市场经济的快速发展，这种做法越来越不能适应实践需求，不利于保障交易安全，不利于促进市场交易和激发市场活力。1999年合同法颁布后，司法实践对超出经营范围订立的合同的效力作了进一步探索。最高人民法院1999年公布施行的《最高人民法院关于适用〈中华人民共和国合同法〉若干问题的解释（一）》第10条规定："当事人超越经营范围订立合同，人民法院不因此认定合同无效。但违反国家限制经营、特许经营以及法律、行政法规禁止经营规定的除外。"该规定原则上确立了当事人超越经营范围订立合同一般不影响合同效力。2005年全面修订后的《公司法》第12条第1款规定，公司的经营范围由公司章程规定，并依法登记。公司可以修改公司章程，改变经营范围，但是应当办理变更登记。至此，我国对于公司法人的经营范围已经基本放开。理论和实务中对于超越经营范围订立的合同的效力也取得了趋于一致的认识，即合同效力一般不因超越经营范围而受到影响。

条文解读

本条在总结司法实践经验的基础上，对当事人超越经营范围订立的合同的效力问题予以明确。本法总则编第六章第三节和本编对合同的效力问题作了全面、系统的规定。对当事人超越经营范围订立的合同效力的判断，应当依照这些规定确定，例如要看是否有违反法律、行政法规强制性规定的情形等，而不得仅以超越经营范围确认合同无效。

第五百零六条　合同中的下列免责条款无效：

（一）造成对方人身损害的；

（二）因故意或者重大过失造成对方财产损失的。

条文主旨

本条是关于免责条款效力的规定。

立法背景

合同中的免责条款是指合同中的双方当事人在合同中约定的免除或者限制一方或者双方当事人责任的条款。在现代合同发展中免责条款大量出现，免责条款一般具有以下特征：

一是免责条款具有约定性。免责条款是当事人双方协商同意的合同的组成部分。这是与法律规定的因不可抗力致使合同不能履行情形下免除责任是不同的。当事人可以依据意思自治的原则在合同中约定免责的内容或者范围，比如当事人可以约定“限制赔偿数额”“免除某种事故发生的责任”等。

二是免责条款的提出应当是以明示的方式作出，以默示的方式作出的免责通常是无效的。

三是合同中的免责条款具有免责性。免责条款的目的，就是排除或者限制当事人的民事责任。当然这种免责可以是部分免责（限制），也可以是全部免责（排除）。

各个国家或者地区的法律一般都规定，对于一方拟定的免责条款，应给予对方以充分注意的机会，比如免责条款印刷的方式和位置，要使对方充分注意到，或者给对方以充分的提示等。特别是在现代社会格式合同流行的情况下，对于格式合同中不合理、不公平的免责条款，出于保护弱者的考虑，法律一般都规定该条款无效。

对于免责条款的效力，各个国家或者地区的法律视不同情况采取了不同的态度。一般来说，当事人经过充分协商确定的免责条款，只要是完全建立在当事人自愿的基础上，免责条款又不违反社会公共利益，法律是承认免责条款的效力的。但是对于严重违反诚信原则和社会公共利益的免责条款，法律是禁止的，否则不但将造成免责条款的滥用，而且还会严重损害一方当事人的利益，也不利于保护正常的合同交易。

条文解读

本条规定了以下两种免责条款无效：

一是造成对方人身伤害的条款无效。对于人身的健康和生命安全，法律是给予特殊保护的。如果允许免除一方当事人对另一方当事人人身伤害的责任，那么就无异于纵容当事人利用合同形式对另一方当事人的生命健康进行摧残，这与保护公民的人身权利的宪法原则是相违背的。在实践当中，这种免责条款一般也都是与另一方当事人的真实意思相违背的。所以本条对于这类免责条款加以禁止。

二是因故意或者重大过失给对方造成财产损失的免责条款。之所以将免除因故意或者重大过失造成对方财产损失的条款确认无效，是因为这种条款严重违反了诚信原则，如果允许这类条款的存在，就意味着允许一方当事人利用这种条款不公平对待对方当事人，损害对方当事人的权益，这是与合同制度的设立目的相违背的。对于本项规定需要注意的有两点：（1）对于免除因一般过失而给对方当事人造成财产损失责任的条款，可以认定为有效。（2）必须是免除因故意或者重大过失给对方当事人造成财产损失的条款无效。也就是说，对于因故意或者重大过失造成的损失限于财产损失。如果是免除造成对方人身伤害的条款，不管当事人是否有故意或者重大过失，只要是免除对人身伤害责任的条款，都应当依据本条第1项的规定确认无效。

第五百零七条　合同不生效、无效、被撤销或者终止的，不影响合同中有关解决争议方法的条款的效力。

条文主旨

本条是关于解决争议方法条款效力独立性的规定。

立法背景

合同不生效、无效、被撤销或者终止，虽不能产生当事人所预期的法律效果，但并不是不产生任何法律后果。总则编第157条规定，民事法律行为无效、被撤销或者确定不发生效力后，行为人因该行为取得的财产，应当予以返还；不能返还或者没有必要返还的，应当折价补偿。有过错的一方应当赔偿对方由此所受到的损失；各方都有过错的，应当各自承担相应的责任。在合同终止的情况下，双方当事人之间也有民事责任的存在。对于如何解决双方之间的民事争议，双方当事人在合同中往往订有解决争议的条款，当事人希望用约定的解决争议的方法来解决双方之间的争议。这些条款的效力是独立于合同的效力的，合同的生效与否、有效与否或者终止与否都不影响解决争议条款的效力。

条文解读

“合同不生效”是相对于合同法新增加的，典型的情形包括两种：一是依照本法第502条规定须办理批准等手续生效的合同，当事人未办理批准等手续，虽然报批等义务条款以及相关条款独立生效，但合同整体不生效；二是附生效条件的合同，所附条件确定无法具备，合同确定不发生效力。合同不生效的情形也面临着确定责任承担、解决争议的问题。

还有一点可以注意一下，对于未办理批准等手续影响合同生效情形的法律效果，有的观点称之为“该合同未生效”。“合同未生效”通常是指合同虽已成立，但生效条件尚未具备而不能生效的情况。附生效期限的合同也会因期限未届至而未生效。“合同未生效”的概念侧重于“合同尚未生效”，需要等待条件具备后生效。而对于合同编第502条规定的须办理批准等手续才能生效的合同，当事人未办理批准等手续的，需要解决的是法律效果或者责任承担问题，而不单是等待继续报批使合同生效的问题，当事人可能会请求报批义务方继续办理报批手续，但也很可能直接要求赔偿损失，不再要求继续履行。相对于“合同未生效”，这种情况下使用“合同不生效”的概念能更准确地表达条旨。附生效条件的合同，如果所附条件确定无法具备，合同确定不发生效力，也是归为“合同不生效”更为合适。

本条所说的有关解决争议方法的条款包括以下几种形式：

1. 仲裁条款

仲裁条款是仲裁协议的一种表现形式，是当事人在合同中约定的用仲裁方式解决双方争议的条款。我国对合同争议采取或仲裁或诉讼的制度，仲裁条款有排除诉讼管辖的效力。如果当事人在合同中订有仲裁条款，则当事人在发生争议时，不能向人民法院提出诉讼。《仲裁法》第 19 条第 1 款规定，仲裁协议独立存在，合同的变更、解除、终止或者无效，不影响仲裁协议的效力。

2. 选择受诉法院的条款

我国《民事诉讼法》第 34 条规定，合同或者其他财产权益纠纷的当事人可以书面协议选择被告住所地、合同履行地、合同签订地、原告住所地、标的物所在地等与争议有实际联系的地点的人民法院管辖，但不得违反本法对级别管辖和专属管辖的规定。当事人选择受诉人民法院的条款，不受合同效力的影响。

3. 选择检验、鉴定机构的条款

当事人可以在合同中约定，若对标的物质量或技术的品种发生争议，在提交仲裁或者诉讼前，应当将标的物送交双方认可的机构或科研单位检验或鉴定，这种解决争议方法的约定出于双方自愿，不涉及合同的实体权利和义务，应当承认其效力。

4. 法律适用条款

依照我国《涉外民事关系法律适用法》第41条规定，对于具有涉外因素的合同争议，当事人可以协议选择合同适用的法律。当然，外国法律的适用将损害我国社会公共利益的，应当适用我国法律。当事人就法律适用条款所达成的协议的效力具有独立性，不受合同效力的影响。

第五百零八条　本编对合同的效力没有规定的，适用本法第一编第六章的有关规定。

条文主旨

本条是关于合同效力适用指引的规定。

立法背景

合同属于一种民事法律行为，合同的效力也适用总则编关于民事法律行为效力的规定。

条文解读

本法第一编总则第六章对民事法律行为的效力作了全面、系统的规定，包括民事法律行为的有效要件、无民事行为能力人和限制民事行为能力人实施的民事法律行为的效力、以虚假意思表示实施的民事法律行为的效力、基于重大误解实施的民事法律行为的效力、以欺诈手段实施的民事法律行为的效力、以胁迫手段实施的民事法律行为的效力、显失公平的民事法律行为的效力、撤销权除斥期间的规定、违反法律、行政法规的强制性规定及违背公序良俗的民事法律行为的效力、恶意串通的民事法律行为的效力、无效或者被撤销的民事法律行为自始无效、民事法律行为部分无效、民事法律行为无效、被撤销及确定不发生效力的后果，还包括附条件和附期限民事法律行为的生效与失效规定等。合同属于双方或者多方民事法律行为，本编即合同编没有规定的，自然应当适用总则编第六章的有关规定。

第四章　合同的履行

本章共二十六条，主要规定了合同履行原则、约定不明时合同内容的确定、电子合同的履行规则、利益第三人合同、由第三人履行的合同、同时履行抗辩权、后履行抗辩权、不安抗辩权、提前履行、部分履行、情势变更规则、对当事人利用合同实施危害国家利益、社会公共利益行为进行监督处理等内容，同时在合同法基础上增加了债法的一般性规则，包括选择之债、按份之债与连带之债、具有合法利益的第三人代为履行规则，使合同编通则能够发挥债法总则的作用。

第五百零九条　**当事人应当按照约定全面履行自己的义务。**

当事人应当遵循诚信原则，根据合同的性质、目的和交易习惯履行通知、协助、保密等义务。

当事人在履行合同过程中，应当避免浪费资源、污染环境和破坏生态。

条文主旨

本条是关于合同履行原则的规定。

立法背景

本条第1款是关于全面履行原则的规定。当事人在合同中都会对合同义务作出约定。不同的合同，合同义务也会有所不同。例如，买卖合同中，出卖人负有转移标的物所有权于买受人的义务，买受人负有支付价款的义务，当事人在合同内容中一般会就标的物名称、数量、质量、履行期限、履行地点和方式、价款及其结算方式等作出具体约定。又如，租赁合同中，出租人负有将租赁物交付承租人使用、收益的义务，承租人负有支付租金的义务，当事人在合同内容中一般会就租赁物的名称、数量、用途、租赁期限、租金及其支付期限和方式、租赁物维修等作出具体约定。当事人履行合同义务，应当以全面履行为原则。

本条第 2 款是关于诚信履行原则的规定。诚信原则被称为民法的“帝王条款”，是各个国家或者地区民法公认的基本原则。我国民法典也明确将诚信原则作为民法的基本原则。总则编第 7 条规定，民事主体从事民事活动，应当遵循诚信原则，秉持诚实，恪守承诺。

本条第 3 款是关于绿色原则的规定。总则编第 9 条规定了绿色原则。总则编第 9 条规定，民事主体从事民事活动，应当有利于节约资源、保护生态环境。绿色原则是落实党中央关于建设生态文明、实现可持续发展理念的要求，是贯彻宪法关于保护环境的要求。总则编将绿色原则上升至民法基本原则的地位，全面开启了环境资源保护的民法通道，有利于构建人与自然的新型关系。

条文解读

按照第 1 款关于全面履行原则的要求，当事人应当按照约定全面履行自己的义务。例如，买卖合同的出卖人应当按照约定的履行期限、履行地点和方式，将符合约定的数量、质量要求的标的物的所有权转移于买受人，买受人应当按照约定的价款金额、结算方式支付价款。租赁合同的出租人应当在约定的租赁期限内持续提供租赁物供承租人使用、收益，承租人应当按照约定的用途使用租赁物并按照约定的数额和支付方式支付租金。当事人应当履行的义务不限于合同的主要义务，对于当事人约定的其他义务，当事人也应当按照约定履行。例如，房产买卖合同中，出卖人不但要履行转移房产所有权于买受人这一合同主要义务，还要按照约定与买受人办理物业交割手续等。二手车买卖合同中，出卖人不但要履行转移车辆所有权于买受人这一主要义务，还要按照约定向买受人提供车辆行驶证等必要资料文件。合同编对违反合同义务的法律后果作了规定。不管是当事人不履行合同主要义务还是不履行合同其他义务，当事人都要承担违约责任。依照合同编第 577 条规定，当事人一方不履行合同义务或者履行合同义务不符合约定的，应当承担继续履行、采取补救措施或者赔偿损失等违约责任。依照合同编关于合同解除的有关规定，当事人违反合同义务，符合法定或者约定的合同解除条件的，还可以解除合同。

按照本条第 2 款规定，合同履行也应当遵循诚信原则，当事人应当按照诚信原则行使合同权利，履行合同义务。诚信履行原则，又导出履行的附随义务。当事人除应当按照合同约定履行自己的义务外，也要履行合同未作约定但依照诚信原则应当履行的通知、协助、保密等义务。本款就附随义务列举了通知、协助、保密这 3 项比较典型的义务，但附带义务的范围不局限于此。在某一合同的履行中，当事人应当履行哪些附随义务，应当依照诚信原则，根据该合同的性质、目的和交易习惯作具体判断。

1. 通知义务。在合同履行过程中，依照诚信原则，当事人一方有必要在某些情况下向对方告知、报告有关信息。至于在哪些情况下负有通知义务，通知义务的范围有多大，需要具体情况具体判断。对于有些通知义务，合同编作了明文规定。例如，第八章违约责任中，第590条规定，因不可抗力不能履行合同的，应当及时通知对方，以减轻可能给对方造成的损失，并应当在合理期限内提供证明。第十章供用电、水、气、热力合同中，第652条规定，供电人因供电设施计划检修、临时检修、依法限电或者用电人违法用电等原因，需要中断供电时，应当按照国家有关规定事先通知用电人。第654条规定，用电人逾期不支付电费，经催告，用电人在合理期限内仍不支付电费和违约金的，供电人可以按照国家规定的程序中止供电；供电人中止供电的，应当事先通知用电人。第十四章租赁合同中，第723条规定，第三人就租赁物主张权利的，承租人应当及时通知出租人。第十七章承揽合同中，第776条规定，承揽人发现定作人提供的图纸或者技术要求不合理的，应当及时通知定作人。第十九章运输合同，第820条规定，遇有不能正常运输的情形，承运人应当及时告知旅客。第二十一章保管合同中，第896条规定，第三人对保管人提起诉讼或者对保管物申请扣押的，保管人应当及时通知寄存人。以上只是法律明文规定的通知义务的不完全列举。需要注意的是，并不是所有的通知行为都是附随义务中的通知义务。比如，债权人转让债权应当通知债务人，当事人一方依法解除合同应当通知对方，这类通知行为是权利行使产生法律效力的法定要件，不属于附随义务的范畴。债权转让未通知债务人的，债权转让对债务人不发生效力；当事人要行使合同解除权，不通知对方就不能发生合同解除的法律效果。合同类型多种多样，交易情况也比较复杂，具体合同履行中的通知义务，还是要依照诚信原则，根据合同的性质、目的和交易习惯作具体判断。

2. 协助义务。在合同履行过程中，依照诚信原则，当事人一方有必要在某些情况下为对方行使权利、履行义务提供必要的协助。合同编对个别协助义务作了明文规定。例如，合同编第741条规定，出租人、出卖人、承租人可以约定，出卖人不履行买卖合同义务的，由承租人行使索赔的权利；承租人行使索赔权利的，出租人应当协助。附随义务中的协助义务不限于合同编明文规定，也要在具体合同中依照诚信原则具体判断。

3. 保密义务。依照诚信原则，当事人在合同履行中负有保密义务。一方当事人在合同履行中知悉的商业秘密或者其他应当保密的信息，不得泄露或者不正当使用。该保密义务，在商事活动中比较典型。在商事交易活动中，当事人会在合同履行中知悉对方的各种经营信息，即使合同中没有明确约定保密义务及其范围，根据诚信原则，当事人对于应当保密的信息都负有保密义务。一些单行法对相关领域内的保密义务，从管理的角度作了明确规定。例如，《律师法》第38条规定，律师应当保守在执业活动中知悉的国家秘密、商业秘密，不得泄露当事人的隐私。律师对在执业活动中知悉的委托人和其他人不愿泄露的有关情况和信息，应当予以保密。《执业医师法》第22条规定，医师在执业活动中应当保护患者的隐私。《商业银行法》第29条规定，商业银行办理个人储蓄存款业务，应当遵循存款自愿、取款自由、存款有息、为存款人保密的原则。对于这些法律作出强制性规定的保密义务，当事人在合同履行中也不得违反。

本条第3款规定是绿色原则在合同履行中的体现。依照本款规定，当事人在履行合同过程中，应当避免浪费资源，避免污染环境和破坏生态。

第五百一十条　合同生效后，当事人就质量、价款或者报酬、履行地点等内容没有约定或者约定不明确的，可以协议补充；不能达成补充协议的，按照合同相关条款或者交易习惯确定。

条文主旨

本条是关于约定不明时合同内容确定的有关规定。

立法背景

合同内容一般包括合同主体即当事人的姓名或者名称和住所、标的、数量、质量、价款或者报酬、履行期限、履行地点和方式等。一般来说，合同的标的、数量是合同的必备条款，需由当事人明确约定。当事人对合同的标的、数量没有约定或者约定不明确的，合同内容无法确定，合同不成立。但当事人就质量、价款或者报酬、履行期限、履行地点和方式等没有约定或者约定不明，一般并不影响合同成立，可以就这些内容进行补充。这也体现了合同法应当尽可能鼓励交易、促成交易达成的立法目的。

本条关于合同内容补充规定适用的前提是，合同已经依法成立并生效。如果合同尚未成立、生效，此时合同没有进入履行阶段，自然没有进行内容补充的必要。

条文解读

对本条规定，可以从以下两个方面予以理解：

一是当事人协议补充。按照民法自愿原则，当事人有权自主决定合同内容。在当事人就合同有关内容没有约定或者约定不明确时，由当事人通过协商的方式达成补充协议，是对民法自愿原则的体现和落实，也是最有效地补充合同内容、保障合同得以履行的方式。

二是按照合同有关条款或者交易习惯确定。如果当事人就有关内容不能达成补充协议，则按照合同有关条款或者交易习惯确定。合同各条款都是当事人协商一致的结果，体现了当事人的真实意愿。合同条款与条款之间在表达上往往存在着一定的关联，在合同欠缺有关内容或者对有关内容约定不明确时，可以结合相关条款探寻当事人真实的意图，进而补充所欠缺的内容或者将不明确的内容予以明确。交易习惯在一定范围内被普遍接受和采用，或者在特定当事人之间经常使用。在合同欠缺有关内容或者对有关内容约定不明确时，交易习惯也可以用来对合同内容进行补充。

第五百一十一条　当事人就有关合同内容约定不明确，依据前条规定仍不能确定的，适用下列规定：

（一）质量要求不明确的，按照强制性国家标准履行；没有强制性国家标准的，按照推荐性国家标准履行；没有推荐性国家标准的，按照行业标准履行；没有国家标准、行业标准的，按照通常标准或者符合合同目

的的特定标准履行。

（二）价款或者报酬不明确的，按照订立合同时履行地的市场价格履行；依法应当执行政府定价或者政府指导价的，依照规定履行。

（三）履行地点不明确，给付货币的，在接受货币一方所在地履行；交付不动产的，在不动产所在地履行；其他标的，在履行义务一方所在地履行。

（四）履行期限不明确的，债务人可以随时履行，债权人也可以随时请求履行，但是应当给对方必要的准备时间。

（五）履行方式不明确的，按照有利于实现合同目的的方式履行。

（六）履行费用的负担不明确的，由履行义务一方负担；因债权人原因增加的履行费用，由债权人负担。

条文主旨

本条是关于确定合同中质量、价款、履行地点等内容的规定。

立法背景

当事人在合同中对质量、价款或者报酬、履行地点、履行期限、履行方式、履行费用没有约定或者约定不明确，既不能通过协商达成补充协议，又不能按照合同的有关条款或者交易习惯确定的，适用本条规定确定合同相关内容。

条文解读

本条对六个方面合同内容的确定作了具体规定：

1. 质量要求不明确的。根据《标准化法》第 2 条的规定，标准是指农业、工业、服务业以及社会事业等领域需要统一的技术要求；标准包括国家标准、行业标准等；国家标准分为强制性国家标准和推荐性国家标准，行业标准属于推荐性标准；强制性国家标准必须执行，国家鼓励采用推荐性标准。根据《标准化法》第 10 条至第 12 条规定，对保障人身健康和生命财产安全、国家安全、生态环境安全以及满足经济社会管理基本需要的技术要求，应当制定强制性国家标准；对满足基础通用、与强制性国家标准配套、对各有关行业起引领作用等需要的技术要求，可以制定推荐性国家标准；对没有推荐性国家标准、需要在全国某个行业范围内统一的技术要求，可以制定行业标准。根据《标准化法》第 21 条的规定，推荐性国家标准、行业标准的技术要求不得低于强制性国家标准的相关技术要求。一般来说，推荐性国家标准、行业标准的技术要求都是高于强制性国家标准的。国家标准、行业标准均由相关部门根据严格的程序制定，具有标准要求明确、认知度高、权威性的特点。根据本条规定，在当事人对作为合同重要内容的质量要求不明确，通过合同相关条款或者交易习惯均不能确定的情况下，优先按照国家标准、行业标准履行。对于国家标准、行业标准，优先按照强制性国家标准履行；没有强制性国家标准的，按照推荐性国家标准履行；没有推荐性国家标准的，按照行业标准履行。没有国家标准、行业标准的，再按照同类产品或者服务的市场通常质量标准或者符合合同目的的特定标准履行。这里讲的通常标准，一般指的是同一价格的中等质量标准。

2. 价款或者报酬不明确的。除依法应当执行政府定价、政府指导价的以外，按照同类产品或者同类服务订立合同时履行地的市场价格履行。

3. 履行地点不明确的。如果是给付货币，在接受给付一方的所在地履行。交付不动产的，在不动产所在地履行。其他标的，在履行义务一方所在地履行。

4. 履行期限不明确的。债务人可以随时向债权人履行义务，债权人也可以随时请求债务人履行义务，但都要给对方必要的准备时间。

5. 履行方式不明确的。对于不同的合同，履行方式多种多样、差别较大，很难确定一般性的标准。合同目的是当事人双方订立合同所共同追求的，履行方式不明确的，就按照有利于实现合同目的的方式履行。

6. 履行费用的负担不明确的。合同法规定，履行费用的负担不明确的，由履行义务一方负担履行费用。为了平衡债权人与债务人之间的利益，合同编在确立由履行义务一方负担履行费用为原则的基础上，增加规定，因债权人原因增加的履行费用，由债权人负担。

相关规定

《中华人民共和国标准化法》第 2 条、第 10 条、第 12 条、第 21 条

第五百一十二条 通过互联网等信息网络订立的电子合同的标的为交付商品并采用快递物流方式交付的，

收货人的签收时间为交付时间。电子合同的标的为提供服务的，生成的电子凭证或者实物凭证中载明的时间为提供服务时间；前述凭证没有载明时间或者载明时间与实际提供服务时间不一致的，以实际提供服务的时间为准。

电子合同的标的物为采用在线传输方式交付的，合同标的物进入对方当事人指定的特定系统且能够检索识别的时间为交付时间。

电子合同当事人对交付商品或者提供服务的方式、时间另有约定的，按照其约定。

条文主旨

本条是关于电子合同交付商品或者提供服务的方式、时间的规定。

立法背景

电子合同成立并生效后，即进入了合同履行阶段。本条根据电子合同履行中的实践情况，吸收电子商务法的有关规定，区分电子合同的标的为交付商品或者提供服务分别作出规定，并有针对性地对采用在线传输方式交付标的物的情形作出专门规定。

条文解读

一是关于电子合同标的为交付商品的情形。商品的交付时间具有重要的法律意义。商品的交付时间是判断动产所有权是否转移的依据。物权编第224条规定，动产物权的设立和转让，自交付时发生效力，但是法律另有规定的除外。商品的交付时间也是判断标的物毁损、灭失的风险由哪一方当事人承担的依据。合同编第604条规定，标的物毁损、灭失的风险，在标的物交付之前由出卖人承担，交付之后由买受人承担，但是法律另有规定或者当事人另有约定的除外。

通过互联网等信息网络订立的电子合同生效后，当事人负有交付商品的义务。实践中，交付方式主要有两种：一是门店自取；二是采用快递物流方式交付。其中，采用快递物流方式更为常见。门店自取的方式交付商品，属于面对面交付，交付时间不会产生纠纷。采用快递物流方式交付商品的，如果电子合同商品销售方自备物流服务，以收货人签收时间作为交付时间也没有争议。但是，如果电子合同商品销售方将物品交给第三方快递物流公司，再由第三方快递物流公司将商品交给购买方，商品交付时间是以销售方将物品交给第三方快递物流公司的时间为准，还是以第三方快递物流公司将商品送到、收货人签收时间为准，存在着一定的争议。《电子商务法》第51条采用了收货人签收时间为交付时间的标准。本条吸收了电子商务法的规定，明确电子合同标的为交付商品并采用快递物流方式交付的，收货人的签收时间为交付时间。

二是关于电子合同标的为提供服务的情形。实践中，电子合同标的为提供服务的情况也比较常见，涉及教育培训、文化娱乐、交通出行等各个领域。对此，本条规定，电子合同的标的为提供服务的，原则上生成的电子凭证或者实物凭证中载明的时间为提供服务时间。但是，实践中有的生成的电子凭证或者实物凭证没有载明时间，也有的电子凭证或者实物凭证载明的时间与实际提供服务的时间不一致，这些情况下，以实际提供服务的时间为准。

三是关于采用在线传输方式交付标的物的情形。电子合同的有些标的物，例如一些数字产品，通常采用在线传输方式交付。采用在线传输方式交付标的物的交付时间在实践中容易产生争议，法律有必要对交付时间的判断标准予以明确。我国加入的《联合国国际合同使用电子通信公约》第10条规定，电子通信的收到时间是其能够由收件人在该收件人指定的电子地址检索的时间。电子商务法参考《联合国国际合同使用电子通信公约》，对采用在线传输方式交付标的物的情形，将合同标的物进入对方当事人指定的特定系统且能够检索识别的时间规定为交付时间。本条作出了与电子商务法一致的规定。总则编、电子签名法对数据电文的接收问题作了规定。数据电文的接收与采用在线传输方式交付数字产品等标的物具有高度相似性，在规则的设置上也应当基本一致。总则编将“数据电文进入相对人指定的特定系统的时间”作为采用数据电文形式的意思表示的到达时间，也即意思表示的生效时间。总则编第137条规定，以非对话方式作出的采用数据电文形式的意思表示，相对人指定特定系统接收数据电文的，该数据电文进入该特定系统时生效。《电子签名法》第11条第2款中规定，收件人指定特定系统接收数据电文的，数据电文进入该特定系统的时间，视为该数据电文的接收时间。从表述上看，本条关于交付时间的规定不但要求合同标的物“进入对方当事人指定的特定系统”，还要求“能够检索识别”，与总则编、电子签名法的规定相比，增加了“能够检索识别”，目的在于使交付时间的判断标准更明确具体，更有利于保护相对方利益，避免纠纷。如果进入相对方指定的特定系统的电子合同标的物本身不能够检索识别，例如当事人发送的是已经感染病毒的标的物，则不能直接将标的物进入相对方指定的特定系统的时间作为交付时间，应当由负有交付义务的当事人承担不利的法律后果。在电子合同交易中，相对方没有指定接收电子合同标的物的特定系统的情况较为少见，本条未作规定。但是如果确实出现了未指定特定系统的情况，如何确定交付时间呢？对此，可以参考总则编第137条规定，即相对人未指定特定系统的，相对人知道或者应当知道该数据电文进入其系统时生效。总则编第137条与我国加入的《联合国国际合同使用电子通信公约》的规定也是一致的。《联合国国际合同使用电子通信公约》第10条规定，电子通信在收件人的另一电子地址的收到时间是其能够由该收件人在该地址检索并且该收件人了解到该电子通信已发送到该地址的时间。对于采用在线传输方式交付标的物的，如果相对人没有指定特定系统，可以参考总则编第137条的规定，将相对人知道或者应当知道该标的物进入其系统且能够检索识别的时间作为交付时间。

民法典总则编明确将自愿原则作为民法的基本原则。本条第1款和第2款规定是对电子合同当事人交付商品、提供服务的方式与时间的一般规则，当事人可以对交付商品或者提供服务的方式、时间另行约定。如果当事人作出另外约定的，按照其约定。

相关规定

《中华人民共和国电子商务法》第51条

第五百一十三条 **执行政府定价或者政府指导价的，在合同约定的交付期限内政府价格调整时，按照交付时的价格计价。逾期交付标的物的，遇价格上涨时，**

按照原价格执行；价格下降时，按照新价格执行。逾期提取标的物或者逾期付款的，遇价格上涨时，按照新价格执行；价格下降时，按照原价格执行。

条文主旨

本条是关于执行政府定价、政府指导价的规定。

立法背景

价格是决定价金的重要因素，我国实行宏观经济调控下主要由市场形成价格的机制，价格分为市场调节价和政府指导价、政府定价。市场调节价，是指由经营者自主制定，通过市场竞争形成的价格。政府指导价，是指由政府价格主管部门或者其他有关部门按照定价权限和范围规定基准价及其浮动幅度，指导经营者定价的价格。政府定价，是指由政府价格主管部门或者其他有关部门按照定价权限和范围制定的价格。

条文解读

在合同交易中，价格通常按照市场调节价由当事人共同商定。国家对合同交易规定有政府指导价的，当事人应当在指导价的幅度内商定价格。国家对合同交易规定了政府定价的，当事人均应当遵守，一方违反价格管理规定的，另一方可以请求其退还多收的价金。

合同执行政府定价、政府指导价的，如果合同约定的履行期间政府定价、政府指导价调整，则按标的物交付时的价格计价。逾期交付的，遇价格上涨时，按原价格执行；价格下降时，按新价格执行。逾期提取标的物或者逾期付款的，遇价格上涨时，按新价格执行；价格下降时，按原价格执行。

第五百一十四条 以支付金钱为内容的债，除法律另有规定或者当事人另有约定外，债权人可以请求债务人以实际履行地的法定货币履行。

条文主旨

本条是关于以实际履行地的法定货币履行金钱债务的规定。

立法背景

法定货币依靠国家规定成为一定地域内合法流通的货币。《中国人民银行法》第16条规定，中华人民共和国的法定货币是人民币。我国香港、澳门特别行政区法定货币分别为港币、澳门币。美国法定货币为美元、英国法定货币为英镑等。

条文解读

在合同交易中，对于以支付金钱为内容的债务，当事人可以约定以哪一币种履行债务。如果法律没有特别规定，当事人也没有约定的，债权人可以请求债务人以实际履行地的法定货币履行。

第五百一十五条 标的有多项而债务人只需履行其中一项的，债务人享有选择权；但是，法律另有规定、当事人另有约定或者另有交易习惯的除外。

享有选择权的当事人在约定期限内或者履行期限届满未作选择，经催告后在合理期限内仍未选择的，选择权转移至对方。

条文主旨

本条是关于选择之债中选择权归属的规定。

立法背景

基于民法典不设债法总则，需要将债法的一般性规则纳入合同编，使合同编通则在一定程度上发挥债法总则的作用。各个国家或者地区的民法典普遍将选择之债作为债法总则的内容予以规定。合同编借鉴境外立法例，立足我国国情，对选择之债的基本内容作了规定，包括选择权归属主体、选择之债的标的确定等作了规定。选择之债的这些规定虽然是在合同编中予以规定，但其不仅仅适用于合同之债，可以作为债法的一般性规则。依照合同编第468条的规定，非因合同产生的债权债务，包括侵权之债、不当得利之债、无因管理之债等，首先适用有关该债权债务关系的法律规定；没有规定的，适用合同编通则的有关规定，但根据其性质不能适用的除外。

条文解读

本条第1款确立了选择权归属的一般原则。选择之债的标的有多项，而债务人只需履行其中一项，选择之债首先要解决的问题就是哪一方当事人享有选择权。从境外立法例来看，普遍规定，除非法律有特别规定或者当事人另有规定，选择权原则上归属于债务人。例如，《法国民法典》第1307条规定，称选择之债者，谓债务以数宗给付为标的，且其中一宗给付之履行即可消灭债务。第1307－1条第1款规定，在不同宗给付之间进行选择的权利归于债务人。《德国民法典》第262条规定，于数项给付中仅能选定履行其中一项的，在发生疑问时，选择权属于债务人。《日本民法典》第406条规定，债权的标的，得由数个给付中依选择确定时，其选择权属于债务人。《意大利民法典》第1286条第1款规定，在未给予债权人或者第三人选择权时，由债务人进行选择。《瑞士债务法》第72条规定，一债权有数种给付且只需要履行其中一种给付的，选择权归属债务人，但交易有不同要求的除外。我国台湾地区“民法”第208条规定，于数宗给付中，得选定其一者，其选择权属于债务人，但法律另有规定或契约另有订定者不在此限。

本条参考境外立法例，采用了一般原则加除外规定的方式，对选择权的归属主体作出规定。依照本条规定，标的有多项而债务人只需履行其中一项的，原则上选择权归属于债务人。将选择权赋予债务人，有利于债务人根据自身情况作出最适宜债务履行的选择，能够更大程度地确保交易实现。同时，本条规定了法律另有规定、当事人另有约定或者另有交易习惯三种例外。一是法律对选择权的归属主体另有规定的，应当按照该规定确定享有选择权的主体。二是民事活动应当遵循自愿原则，在当事人对选择权的归属主体作出特别约定的情况下，应当尊重当事人的选择，按照当事人的约定确定选择权的归属主体。三是交易习惯在某一地域、某一领域、某一行业等范围内被普遍接受和采用，或者在特定当事人之间经常使用。适用交易习惯确定选择权的归属主体符合当事人的预期，有利于公平、合理地平衡当事人之间的利益。对于选择之债中选择权的归属主体，在法律没有特别规定、当事人没有约定的情况下，如果有相关交易习惯存在，即适用该交易习惯确定选择权的归属主体。

本条第2款是关于选择权转移的规定。债的标的之确定，有赖于享有选择权的当事人行使选择权。享有选择权的当事人不行使选择权，债的标的就无法确定。具体来说，如果享有选择权的当事人是债权人，债权人不行使选择权，因债的标的不能确定，债务人也就无法履行债务；如果享有选择权的当事人是债务人，债务人不行使选择权，因债的标的不能确定，债权人主张权利也会受到妨碍。在享有选择权的当事人不行使选择权的情况下，法律有必要通过制度设计，使债的标的得以确定，债务的履行步入正常轨道，促进交易的完成。境外立法例也普遍对选择权转移作了规定。《德国民法典》根据享有选择权的当事人是债权人还是债务人对选择权转移作了区别性规定。德国民法典第 264 条第 1 款规定，在强制执行开始前，有选择权的债务人不作出选择的，债权人可以依其选择，就两项以上给付中的一项或另一项实施强制执行。但只要债权人尚未全部或部分地受领经选择的给付，债务人就可以因履行剩余给付中的一项给付而免除债务。第 2 款规定，有选择权的债权人迟延的，债务人可以在指定适当期间的情况下，催告其作出选择。债权人没有及时作出选择的，期间一旦届满，选择权即转移给债务人。有些国家或者地区的民法典不像德国民法典对有选择权的当事人作区分规定，而是直接规定，享有选择权的当事人在一定期间不行使选择权的，选择权即移转给对方。例如，《法国民法典》第 1307 - 1 条第 2 款规定，若未在约定的时间或合理的期限内进行选择，则对方当事人得于催告之后行使选择权或解除合同。《日本民法典》第 408 条规定，债权已届清偿期时，相对人规定相当之期间并催告，而有选择权之当事人于其期间内亦不选择时，其选择权移转至相对人。我国台湾地区“民法”第 210 条第 1 款规定，选择权定有行使期间者，如于该期间内不行使时，其选择权移属于他方当事人。第2款规定，选择权未定有行使期间者，债权至清偿期时，无选择权之当事人，得定相当期限催告他方当事人行使其选择权。如他方当事人不于所定期限内行使选择权者，其选择权移属于为催告之当事人。

本条第2款参考境外立法例，对选择权转移作了规定。依照第2款规定，享有选择权的当事人应当在约定期限内作出选择；当事人未对选择权行使约定期限的，应当在履行期限届满前作出选择。同时，考虑到选择权的行使直接关系到债的标的的确定，选择权转移对当事人影响重大，因此本条在行使选择权的约定期限和履行期限届满后，又设定了一个催告期间以作缓冲，使不及时行使选择权的一方予以充分注意。依照第2款规定，享有选择权的当事人在约定期限内或者履行期限届满未作选择的，相对方可以催告其在合理期限内作出选择。这就意味着，即使当事人对选择权的行使期限作了约定，在约定期限届满未作选择的，相对方都要先进行催告。只有当有选择权的当事人在催告后的合理期限内仍未选择的，选择权才转移至对方。

第五百一十六条 **当事人行使选择权应当及时通知对方，通知到达对方时，标的确定。标的确定后不得变更，但是经对方同意的除外。**

可选择的标的发生不能履行情形的，享有选择权的当事人不得选择不能履行的标的，但是该不能履行的情形是由对方造成的除外。

条文主旨

本条是关于选择权行使的规定。

立法背景

一是关于选择权的行使方式和法律效果。选择之债的选择权属于形成权的一种。选择权一旦经当事人行使，将直接导致民事权利义务关系的变动，债的标的得以确定，债务人应当按照确定后的标的履行义务，债权人有权按照确定后的标的请求债务人履行义务。境外民法典普遍对选择权的行使方式等予以规范。例如，《德国民法典》第263条规定，选择以对另一方的表示为之。《日本民法典》第407条规定，选择权依对相对人之意思表示而行使；该意思表示，非经相对人之承诺，不得撤回。我国台湾地区“民法”第209条规定，债权人或债务人有选择权者，应向他方当事人以意思表示为之。本条立足中国国情，参考境外立法例，对选择权的行使方式和法律效果作了规定。

二是关于标的不能履行。如果选择之债可选择的多项标的中有不能履行的情形，选择权是否受到影响，当事人如何选择标的，有必要通过立法予以明确。境外民法典也普遍对此作了规定。例如，《德国民法典》第265条规定，两项以上给付中的一项自始为不可能或后来成为不可能的，债务关系限于其余的给付。给付因无选择权的一方须对之负责任的情势成为不可能的，不发生该项限定。《法国民法典》第1307－3条规定，未进行选择的债务人，于其中一宗给付陷于履行不能的情形，得履行其余给付中之一宗。第1307－4条规定，未进行选择的债权人，若其中一宗给付由不可抗力而致履行不能，则应满足于其余给付中之一宗的清偿。《日本民法典》第 410 条规定，债权标的之给付中存在不能，而其不能乃因享有选择权之人过失所致时，债权就其残留部分存在。我国台湾地区“民法”第 211 条规定，数宗给付中，有自始不能或者嗣后不能给付者，债之关系仅存在于余存之给付。但其不能之事由，应由无选择权之当事人负责者，不在此限。意大利民法典对给付不能的情形作了比较细致的区分，既区分了选择权人是债务人还是债权人，还进一步考量了给付不能的发生原因，分别规定了不同的法律效果。《意大利民法典》第 1288 条规定，如果两种给付中的一种不能构成债务标的或者在因不可归责于双方中的任何一方的原因而变成给付不能时，则该选择之债视为简单之债。第 1289 条第 1 款规定，当选择权属于债务人时，如果由于可归责于他的原因致使两种给付之一种变成给付不能，则该选择之债变成简单之债。如果因债权人的过错致使两种给付之一种变成给付不能，则在债务人不希望履行另一种给付并要求赔偿损失时，债务人的债务被解除。第 2 款规定，当选择权属于债权人时，如果因债权人的故意致使两种给付之一种变成给付不能，则债务人被解除债务，但债权人要求履行另一给付并赔偿损失的不在此限。如果给付不能应当由债务人承担责任，则债权人得选择另一种给付或者要求赔偿损失。本条第 2 款参考境外立法例，对选择之债发生标的不能履行情形时如何行使选择权作出规定。

条文解读

依照第 1 款规定，有选择权的当事人行使选择权应当采用通知的方式，通知到达对方时，标的即确定，不需要经过相对方同意。标的一旦确定，对双方当事人均产生拘束力。除非经过相对方同意，享有选择权的当事人也不得再自行变更标的。

第 2 款从尽可能促成债务履行的角度出发，规定可选择的标的之中发生不能履行情形的，享有选择权的当事人不得选择不能履行的标的，即只能从剩余的标的中选择。同时为了公平、合理平衡当事人双方之间的利益，作了除外规定即“但是该不能履行的情形是由对方造成的除外”。意思就是，如果该不能履行的情形是由相对方即无选择权的当事人造成的，享有选择权的当事人既可以在剩余标的中选择，也可以选择该不能履行的标的进而主张相应的法律效果。例如，在一项合同交易中约定了多项可选择的标的，如果债权人享有选择权，标的不能履行是由债务人造成的，那么债权人也可以选择该不能履行的标的，进而依法主张解除合同或者要求债务人承担违约责任。

第五百一十七条　债权人为二人以上，标的可分，按照份额各自享有债权的，为按份债权；债务人为二人以上，标的可分，按照份额各自负担债务的，为按份债务。

按份债权人或者按份债务人的份额难以确定的，视为份额相同。

条文主旨

本条是关于按份债权和按份债务定义的规定。

立法背景

境外民法典普遍在债法总则中对按份之债和连带之债作了规定，这些规定不仅适用于合同之债，还适用于非因合同产生的债权债务，包括侵权之债、不当得利之债、无因管理之债等。我国民法典不设债法总则，为了使合同编通则在一定程度上发挥债法总则的作用以满足实践需求，合同编第 517 条至第 521 条共 5 个条文对按份之债和连带之债的基本规则作了规定。

按份之债是相对于连带之债而言的，按份之债和连带之债都属于复数主体债权债务，即债权人或者债务人为二人以上。按份债权和连带债权是债权人为二人以上，按份债务和连带债务是债务人为二人以上。境外立法例对复数主体的债权债务一般以给付可分、按份额享有权利与负担义务作为一般情形、连带之债作为特别情形进行制度设计。《德国民法典》第 420 条规定，二人以上负担一项可分给付，或二人以上可请求一项可分给付的，有疑义时，每一个债务人仅就一个等份负有义务，各债权人仅就一个等份享有权利。《法国民法典》第 1309 条规定，拘束数债权人或数债务人之债于其间系当然可分。如法律或合同未另有规定，当事人之间分担或分受的份额均等。每一债权人仅对共同债权之应得部分享有权利；每一债务人仅对共同债务之应分担部分负担义务。若系连带之债或系不可分之给付，则上述规则不适用于债权人与债务人间之关系。《意大利民法典》第 1314 条规定，如果可分别给付的债权人或者债务人是多个人且债务不具有连带性，则债权人的任何一人得仅就他自己的部分而要求实现债权，债务人中的任何一人仅就他的部分而承担债务给付。《日本民法典》第427条规定，有数个债权人或者债务人之情形，无另外之意思表示时，各债权人或者各债务人各自以同等比例享有权利或者负有义务。我国台湾地区“民法”第271条规定，数人负同一债务或有同一债权，而其给付可分者，除法律另有规定或契约另有订定外，应各平均分担或分受之。其给付本不可分而变为可分者亦同。

我国民法通则也对按份债权与按份债务作了规定。《民法通则》第86条规定，债权人为二人以上的，按照确定的份额分享权利。债权人为二人以上的，按照确定的份额分担义务。

条文解读

本条第1款参考境外立法例，在总结我国立法和司法实践经验的基础上，对按份债权和按份债务的定义作了界定。依照本条第1款规定，按份债权和按份债务的标的都是可分的，标的不可分不能成立按份债权或者按份债务。当然标的可分的债权并不都是按份债权，标的可分的债务并不都是按份债务，标的可分的债权或者债务也可依照法律规定或者当事人约定成立连带债权或者连带债务。依照第1款规定，按份债权的债权人为二人以上，按照份额各自享有债权，每个债权人只能就自己的份额向债务人主张债权，不得超过自己份额行使债权。按份债务的债务人为二人以上，按照份额各自负担债务，每个债务人只就自己应当承担的份额向债权人履行债务，对超过自己份额的债务有权拒绝。由此可以看出，第1款对按份债权和按份债务的定义所作的界定，同时包含了按份债权和按份债务的内外部效力，即各债权人之间对内按照份额分享权利，对外按照各自份额行使权利；各债务人之间对内按照份额分担债务，对外按照各自份额履行债务。

本条第 2 款还对份额难以确定的情形作了规定。按份债权人的份额或者按份债务人的份额，法律有规定或者当事人有约定的，依照法律规定或者当事人约定。如果法律没有规定，当事人也没有约定或者约定不明确，难以确定按份债权人或者按份债务人的份额的，视为份额相同，每个债权人平均分享债权，每个债务人平均分担债务。

第五百一十八条　债权人为二人以上，部分或者全部债权人均可以请求债务人履行债务的，为连带债权；债务人为二人以上，债权人可以请求部分或者全部债务人履行全部债务的，为连带债务。

连带债权或者连带债务，由法律规定或者当事人约定。

条文主旨

本条是关于连带债权和连带债务定义的规定。

立法背景

连带之债是相对于按份之债而言的，与按份之债同属于复数主体债权债务。但相对于按份之债，连带之债的内外部关系更为复杂，境外民法典也普遍对连带之债作了重点规定。连带之债具体又分为连带债权与连带债务。连带债务设立的目的是最大限度地保障债权人的利益，每一个债务人对全部债务均负有履行义务，实际上相当于以全体债务人的全部财产担保债务履行。就连带债权而言，每一个债权人均可以请求债务人履行全部债务，这就会存在某一债权人受领全部给付后并没有按照内部份额返还其他债权人的情况，其他债权人的利益有受到损害的风险。由此可见，连带债权对债权人而言并不有利。实践中，连带债务比连带债权更为常见。境外立法例普遍更着重对连带债务予以规范，对连带债权的规范较为简略，但也必不可少。日本民法典曾没有关于连带债权的规范，仅规定了连带债务，2017 年修改民法典债法内容专门增加了一个分节规定连带债权。

我国民法通则也对连带债权和连带债务的内容作了规定。《民法通则》第 87 条规定，债权人或者债务人一方人数为二人以上的，依照法律的规定或者当事人的约定，享有连带权利的每个债权人，都有权要求债务人履行义务；负有连带义务的每个债务人，都负有清偿全部债务的义务。

条文解读

本条第 1 款延续了民法通则的规定，对连带债权和连带债务的基本内涵作了界定。连带债权的债权人为二人以上，部分或者全部债权人均可以请求债务人履行债务。连带债务的债务人为二人以上，不管债务人之间的内部份额如何划分，债权人既可以请求全部债务人履行全部债务或者部分债务，也可以请求部分债务人履行全部债务或者部分债务。全部或者部分债务人履行一部分债务的，未履行的债务部分仍然是各债务人的连带债务，债权人有权请求全部债务人或者部分债务人履行。本条第 1 款对连带债权和连带债务基本内涵的规定，与境外大部分立法例的规定基本也是一致的。《德国民法典》第 421 条规定，二人以上的每一人都有义务履行全部给付，债权人只有权请求一次全部给付的，债权人可以随意向其中任何一个债务人请求全部给付或部分给付。在全部给付被履行之前，全体债务人仍负有义务。第 428 条规定，二人以上的每一人都有权请求全部给付，而债务人只有义务履行一次全部给付的，债务人可以随意向任何一个债权人履行给付。即使债权人之一已提起给付之诉，亦同。《法国民法典》第 1311 条规定，连带债权之每一债权人均得请求并受领全部债权之清偿。债务人向连带债权人中之一人为清偿，则对所有债权人免其责任，而该受领清偿之债权人须令他债权人分受之。债务人若未被数债权人中之一人诉追，则其可清偿连带债权人中之任一人。第 1313 条规定，连带债务人中之任一人均负有清偿全部债务的义务。该数债务人中之一人为清偿，则他债务人均亦对债权人免其责任。债权人得依其选择而向连带债务人中之一人为清偿的请求。债权人对连带债务人中之一人提起诉讼，并不妨碍其对他债务人提起同样的诉讼。《日本民法典》第 432 条规定，债权标的于其性质上可分之情形，依法令之规定或者当事人之意思表示，数人连带享有债权时，各债权人得为全体债权人请求全部或者部分履行，债务人得为全体债权人对各债权人作出履行。第 436 条规定，债务标的于其性质上可分之情形，依法令之规定或者当事人之意思表示，数人连带地负担债务时，债权人得对连带债务人之一人，或者同时或者按顺序对全体连带债务人，请求全部或部分之履行。我国台湾地区“民法”第 272 条规定，数人负同一债务，明示对于债权人各负全部给付之责任者，为连带债务。第 283 条规定，数人依法律或法律行为，有同一债权，而各得向债务人为全部给付之请求者，为连带债权。

本条第2款对连带之债的成立作了规定。连带债务的成立对债权人相当有利，但对各债务人影响重大，对其成立有必要作严格的限制。因此本条第2款规定，连带债务由法律规定或者当事人约定。既没有法律规定，也没有当事人约定，不可成立连带债务。连带债权的各债权人共享同一债权，但可以由某一债权人单独行使该债权，这种情况也要有法律的明确规定或者当事人之间的特别约定。本条第2款对连带债权和连带债务成立的规定，与境外大部分立法例的规定基本也是一致的。《法国民法典》第1310条规定，连带之债可为法定，亦可为约定，连带之债不得推定之。《瑞士债务法》第143条规定，数个债务人声明各债务人都负有对债权人承担全部债务的义务的，即为承担连带债务；除上述情形外，连带债务只能由法律明确规定。依照《日本民法典》第432条和第436条的规定，成立连带债权或者连带债务，要依法令之规定或者当事人之意思表示。我国台湾地区“民法”第272条规定，数人负同一债务，明示对于债权人各负全部给付之责任者，为连带债务。无前项之明示时，连带债务之成立，以法律有规定者为限。第283条规定，数人依法律或法律行为，有同一债权，而各得向债务人为全部给付之请求者，为连带债权。

第五百一十九条　连带债务人之间的份额难以确定的，视为份额相同。

实际承担债务超过自己份额的连带债务人，有权就超出部分在其他连带债务人未履行的份额范围内向其追偿，并相应地享有债权人的权利，但是不得损害债权人的利益。其他连带债务人对债权人的抗辩，可以向该债

务人主张。

被追偿的连带债务人不能履行其应分担份额的，其他连带债务人应当在相应范围内按比例分担。

条文主旨

本条是关于连带债务人之间份额确定以及追偿的规定。

立法背景

连带债务人之间的份额如何确定、实际承担债务的连带债务人如何向其他连带债务人追偿，都属于连带债务中的重要问题。境外民法典也普遍对此作了规定。本条立足中国国情，参考境外立法例，对此作了规定。

条文解读

本条共分3款，其中第1款是关于连带债务人之间的份额确定的规定，第2款和第3款是关于连带债务人追偿权的规定。

一、关于连带债务人之间的份额确定

本条第1款是关于连带债务人之间份额确定的规定。债权人有权要求任一连带债务人履行全部债务，这是就各连带债务人与债权人之间的关系而言的。至于在连带债务人内部关系中如何确定各自应当承担的债务份额，有法律规定或者当事人约定的，按照法律规定或者当事人约定；如果既没有法律规定，也没有当事人约定，难以确定各连带债务人的债务份额的，依照本条第1款规定，视为份额相同，即由各连带债务人平均分担债务。该规定与境外立法例总体上也是一致的。《德国民法典》第426条规定，连带债务人在相互关系中，除另有规定外，应平均分担债务。《意大利民法典》第1298条规定，在内

部关系中，连带之债由各个债务人或者各个债权人分担或分享，但是在仅为他们中的若干人的利益缔结协议的情况不在此限；如果没有不同情况，则每个人分担的部分被认为是均等的。《瑞士债务法》第148条规定，除非连带债务人另有约定，债务人应当平等承担对债权人的债务。我国台湾地区“民法”第280条规定，连带债务人相互间，除法律另有规定或契约另有订定外，应平均分担义务；但因债务人中之一人应单独负责之事由所致之损害及支付之费用，由该债务人负担。

二、关于连带债务人的追偿权

1. 追偿权的成立条件和范围

连带债务人的追偿权是指一个连带债务人因履行债务、抵销债务等使连带债务人对债权人的债务在一定范围内消灭的，该连带债务人享有向其他连带债务人追偿的权利。大陆法系国家和地区的民法典普遍规定了连带债务人的追偿权，但在连带债务人行使追偿权的条件设置方面，做法不一，其中差别比较大的就是连带债务人行使追偿权是否要以实际承担债务超过自己的债务份额为条件。主要有以下三种不同立法例：第一种立法例，规定连带债务人实际承担的债务须超过自己的债务份额，才能向其他连带债务人行使追偿权。例如，《法国民法典》第1317条规定，清偿超过自己分担部分的连带债务人得向其他连带债务人请求清偿其各自分担之部分。第二种立法例，连带债务人行使追偿权不需要以实际承担的债务超过自己的债务份额为条件，只要债务人以自己的财产使各连带债务人共同免责，不管数额多少，均可以向其他连带债务人追偿。日本民法典采用这种做法。2017年日本民法典修改之前，对此规定还不太明确。修改前的《日本民法典》第442条规定，连带债务人之一作出清偿，及以自己之财产而得共同免责时，该连带债务人对其他连带债务人，就各自负担部分享有求偿权。2017 年修改后的日本民法典对此作了非常明确的规定，第 442 条规定，连带债务人之一人作出清偿，及以自己之财产而得共同免责时，该连带债务人，不论所得免责之金额超过自己负担部分与否，对其他连带债务人于为得免责而支出之财产金额内，享有各自负担部分相应数额之求偿权。第三种立法例，规定连带债务人须清偿全部债务，才能向其他连带债务人行使追偿权。例如《意大利民法典》第 1299 条规定，给付全部债务的连带债务人得就共同债务人各自的部分向他们追偿。

我国《民法通则》第 87 条对连带债务人的追偿权作了规定，即负有连带义务的每个债务人，都负有清偿全部债务的义务，履行了义务的人，有权要求其他负有连带义务的人偿付他应当承担的份额。民法典总则编第 178 条连带责任人的追偿权作了规定，即实际承担责任超过自己责任份额的连带责任人，有权向其他连带责任人追偿。

本条参考境外立法例，在总结我国立法和司法实践经验的基础上，对连带债务人追偿权的成立条件采用了上述第一种做法，即连带债务人实际承担的债务须超过自己的债务份额，才能向其他连带债务人行使追偿权，并且行使追偿权的范围限于实际承担债务超过自己份额的部分。连带债务人向债权人履行债务后，债权相应消灭，连带债务人与债权人之间的外部关系转化为该连带债务人与其他连带债务人之间的内部关系。连带债务在外部关系上表现为各债务人对债权人均负有全部清偿的义务，但在内部关系上表现为各债务人按照各自的份额分担债务。基于此，本条规定，该连带债务人就超出部分在其他连带债务人未履行的份额范围内行使追偿权，即只能主张其他连带债务人各自应当承担的债务份额内未履行的部分，而不是就该超出部分要求其他债务人承担连带债务。例如债权人甲对连带债务人乙、丙、丁享有 150 万元的债权，乙、丙、丁约定平均分担该笔债务，即就内部关系而言每人的债务份额为 50 万元。现乙向甲清偿了全部债务，乙就超过自己份额的部分即 100 万元有权向丙、丁追偿，就这 100 万元丙、丁并不对乙承担连带债务，而是每人只承担各自份额50 万元，乙也无权要求丙或者丁各自承担超过 50 万元的债务部分。

2. 行使追偿权的连带债务人享有债权人的权利

一些国家或者地区的民法典在规定连带债务人追偿权的同时，还明确赋予该连带债务人在可向其他连带债务人追偿的范围内享有债权人对其他连带债务人的权利，以强化连带债务人追偿权的实现。例如《德国民法典》第 426 条规定，只要连带债务人中的一人已使债权人受清偿，并可以向其他债务人请求分担时，债权人对其他债务人的债权就转移给该债务人；主张该项转移不得使债权人受不利益。《瑞士债务法》第 149 条规定，享有追偿权的连带债务人，在其向债权人清偿的范围内，代为行使债权人的权利。我国台湾地区“民法”第 281 条规定，连带债务人作为求偿权人于求偿范围内，承受债权人之权利，但不得有害于债权人之利益。从民法典体例上说，有些立法例不是在连带债务制度中规定连带债务人享有债权人的权利，而是在统一的代位清偿制度中对连带债务人享有债权人的权利予以认可。例如，《意大利民法典》第 1203 条规定，为共同承担债务的人的利益而进行的给付，发生法律上的当然代位。《日本民法典》第 499 条规定，为债务人清偿之人，代位债权人。第501条进一步规定，代位债权人之人得行使作为债权之效力及担保而由其债权人享有之一切权利；该权利之行使限于代位债权人者基于自己之权利而得对债务人求偿之范围内。

本条参考境外立法例，赋予行使追偿权的连带债务人享有债权人的权利。依照第2款规定，连带债务人有权就超过部分在其他连带债务人未履行的份额范围内向其追偿，并相应地享有债权人的权利。连带债务人所享有的债权人的权利，比较典型的是债权所附的担保等从权利。连带债务人之一通过清偿债务使债权人对连带债务人的债权消灭的，由作出清偿的连带债务人在一定范围内取得原债权人的地位，取得原债权人所享有的担保权等权利。同时考虑到连带债务规则设立的目的主要是保护债权人，为了合理平衡债权人与享有追偿权的连带债务人之间的利益，本条还规定，实际承担债务的连带债务人享有债权人的权利，但是不得损害债权人的利益。举一例予以说明：某一债权人对连带债务人A、B、C享有100万元债权，连带债务人A、B、C内部约定了各自份额，A承担50万元、B承担30万元、C承担20万元，D还就自己的财产为债务人B就连带债务向债权人设定了抵押。现A向债权人清偿了70万元债务，B、C未向债权人清偿。依照本条规定，A不仅享有追偿权，还享有债权人的权利，即A就超过自己份额的部分即20万元有权向B、C追偿，同时还取得了债权人对D提供的抵押财产所享有的抵押权。但是，本案中债权人还有30万元未获清偿，依照本条规定，连带债务人享有债权人的权利不得损害债权人的利益，那么债权人就未获清偿的30万元债务对D提供的抵押财产所享有的抵押权，在顺位上要优先于A就抵押财产所取得的抵押权。

此外，为了合理平衡享有追偿权的连带债务人与其他连带债务人之间的利益，本条还规定，其他连带债务人对债权人的抗辩，可以向该债务人主张。比如，其他连带债务人对债权人的债权数额有异议的，本可以向债权人提出抗辩，现就可以向享有追偿权的连带债务人提出抗辩。又如，实际承担债务的连带债务人甲向其他连带债务人乙追偿，并行使债权人对连带债务人乙所享有的抵押权时，为债权人设定抵押的连带债务人乙认为抵押权未依法设立、已经变更或者消灭的，本可以向债权人提出抗辩，现就可以向进行追偿的连带债务人主张抗辩。

3. 特定情形下连带债务人之间的债务份额二次分担规则

实际承担债务超过自己份额的连带债务人在向其他连带债务人进行追偿时，只能要求其他连带债务人在各自未履行的份额范围内分担债务。如果其他连带债务人之一发生了破产等情形致使不能履行其应当分担的份额的，实际承担债务的连带债务人的追偿权就难以全部实现。对于这种情形，境外民法典普遍设立了连带债务人之间的债务份额二次分担规则。例如《法国民法典》第 1317 条规定，如连带债务人中之一人陷于无支付能力状态，则其分担额由其他有支付能力之连带债务人（包括已为清偿的债务人和享受连带债务免除的债务人）按照比例分担之。《意大利民法典》第 1299 条规定，给付全部债务的连带债务人得就共同债务人各自的部分向他们进行追偿。如果共同债务人中的一人无偿还能力，则由包括已经履行给付的人在内的其他共同债务人按照份额进行分担。《日本民法典》第 444 条规定，连带债务人中有无偿还资历者时，不能偿还部分，于求偿人及其他有资历者间，按各自负担部分分割负担。我国台湾地区“民法”第282条规定，连带债务人中之一人，不能偿还其分担额者，其不能偿还之部分，由求偿权人与他债务人按照比例分担之。

本条第3款参考境外立法例，基于公平考虑，规定被追偿的连带债务人不能履行其应分担份额的，其他连带债务人应当在相应范围内按比例分担。该规定中的“其他连带债务人”是指除不能履行其应分担份额的连带债务人之外的所有连带债务人，包括实际承担债务后行使追偿权的连带债务人。举例如下：连带债务人A、B、C、D对债权人E负200万元债务，连带债务人内部平均分担债务，即每个连带债务人的内部分担份额为50万元。A向E清偿了200万元债务，使连带债务人对债权人的债务全部消灭，A就自己实际承担的债务超出自己份额的部分即150万元享有向B、C、D的追偿权，B、C、D各自向A分担50万元。现B破产，A向B只追偿到20万元，B应分担的另外30万元份额已经不能履行。此时，依照本条规定，B不能履行的30万元份额，由A、C、D三个连带债务人按照比例（50∶50∶50）分担，每人分担10万元份额，即A就B不能履行的30万元债务，自己承担10万元，可以向C、D每人主张10万元。

第五百二十条　部分连带债务人履行、抵销债务或者提存标的物的，其他债务人对债权人的债务在相应范围内消灭；该债务人可以依据前条规定向其他债务人追偿。

部分连带债务人的债务被债权人免除的，在该连带债务人应当承担的份额范围内，其他债务人对债权人的

债务消灭。

部分连带债务人的债务与债权人的债权同归于一人的，在扣除该债务人应当承担的份额后，债权人对其他债务人的债权继续存在。

债权人对部分连带债务人的给付受领迟延的，对其他连带债务人发生效力。

条文主旨

本条是关于部分连带债务人与债权人之间发生的事项对其他连带债务人的效力的规定。

立法背景

一个连带债务人与债权人之间发生的事项是否对其他连带债务人发生效力是连带债务中的基本问题。在理论上，如果一个连带债务人与债权人之间发生的事项对其他连带债务人也发生效力，被称为连带债务的绝对效力；如果一个连带债务人与债权人之间发生的事项仅对该连带债务人发生效力，不对其他连带债务人发生效力，被称为连带债务的相对效力。关于一个连带债务人与债权人之间发生的哪些事项具有绝对效力、哪些事项具有相对效力，世界上各个国家或者地区的立法存在一定差异，但总体上都认为，各个连带债务人对债权人所承担的债务具有相对独立性，一个连带债务人与债权人之间发生的事项原则上仅具有相对效力，只有在例外情形下才具有绝对效力。

条文解读

本条参考境外立法例，立足中国国情和实际，对部分连带债务人与债权人之间可能发生的典型事项对其他债务人的效力问题作了规定。

一、关于履行、抵销债务或者提存

本条第1款是关于部分连带债务人履行、抵销债务或者提存标的物对其他连带债务人发生效力的规定。部分连带债务人向债权人履行债务，或者以债权人对自己所负债务与连带债务人对债权人所负债务相抵销，或者提存标的物，均可使债权人的债权全部或者部分得到满足，其他债务人对债权人的债务也就在相应范围内消灭。各个国家或者地区的民法典也普遍认可部分连带债务人履行、抵销债务或者提存具有绝对效力。例如，《德国民法典》第422条规定，连带债务人之一的履行，也为其他债务人的利益发生效力；代替履行的给付、提存和抵销，亦同。《法国民法典》第1313条规定，数连带债务人中之一人为清偿，则其他债务人均亦对债权人免其责任。《瑞士债务法》第147条规定，在其中一个债务人的给付或抵销的范围内，其他连带债务人被免除责任。《日本民法典》第439条规定，连带债务人之一人对债权人享有债权之情形，其连带债务人援用抵销时，债权为全体连带债务人之利益而消灭。依照我国台湾地区“民法”第274条规定，因连带债务人中之一人为清偿、代物清偿、提存、抵销而使债务消灭的，其他债务人亦同其免责。

二、关于免除债务

本条第2款是关于部分连带债务人的债务被债权人免除对其他债务人发生效力的规定。债权人向全体连带债务人表示免除连带债务的，自然发生连带债务消灭的效果，这种情形较为简单、明确，法律无需单独规定。但是，如果债权人仅免除部分连带债务人的债务，对其他债务人产生什么效力，法律有必要予以明确规定。从理论上，这种情形可能产生三种效力：一是相对效力，即债权人免除一个连带债务人的债务，仅产生债权人不向该连带债务人请求履行的效果，对其他债务人不生效力，债权人仍可向其他连带债务人请求履行全部债务。二是绝对效力，指债权人免除一个连带债务人的债务，其他债务人的债务也消灭。这种做法对其他债务人有利，但会违背债权人的意思，损害债权人利益。三是限制绝对效力，指债权人免除一个连带债务人的债务，只是在该连带债务人应当承担的内部份额范围内，其他债务人对债权人的债务消灭。限制绝对效力的做法兼顾了尊重债权人意愿与保护连带债务人利益两方面。境外立法例多是采用限制绝对效力的做法。例如，《意大利民法典》第1301条规定，有利于连带债务人之一人者的免除亦解除其他债务人的债务，但是债权人保留他对其他债务人权利的情况不在此限，在该情形下，如果未扣除其同意免除的债务人的部分，债权人不得向这些人主张债权。《瑞士债务法》第147条规定，一连带债务人被免除责任的，即使债权未完全受偿，在免除债务的性质和具体情况所确定的范围内，免除其他连带债务人的责任。我国台湾地区“民法”第276条规定，债权人向连带债务人之一人所进行的债务免除，只就该债务人负担部分，为其他债务人的利益亦发生效力。此外，一些国际示范法也以限制绝对效力为原则。《国际商事合同通则》第11.1.6条第1款规定，对一个连带债务人的债务免除，或与一个连带债务人达成和解，则解除所有其他债务人对该被免除或和解之债务人的债务份额，除非情况有相反的表示。《欧洲合同法原则》第10：108条第1款规定，债权人免除一个连带债务人的债务或与其达成清偿协议的，其他连带债务人相应减少该连带债务人所承担的份额。《欧洲民法典草案》第 3－4：109 条第 1 款规定，债权人免除某一连带债务人的债务或与某一连带债务人达成和解，其他债务人在该债务人的份额范围内免除责任。

本条参考境外立法例，对债权人免除部分连带债务人债务的法律效果采用了限制绝对效力的做法。根据本条规定，债权人免除其中一个或者部分连带债务人的债务的，债权人仍可向其他债务人请求履行，但是其他债务人承担的连带债务数额要扣除被免除的连带债务人应当承担的内部份额。例如，债权人对连带债务人甲、乙、丙享有 100 万元债权，就连带债务人内部而言，甲承担 20 万元、乙承担 30 万元、丙承担 50 万元。现债权人表示免除甲的债务。此时，债权人仍可向乙、丙主张债权，但是要扣除甲承担的份额 20 万元，即乙、丙对债权人只承担 80 万元连带债务。

三、关于混同

在发生混同时，即部分连带债务人的债务与债权人的债权同归于一人的，对其他债务人产生什么效力，在立法例上主要有三种做法：第一种是产生相对效力。德国民法典采用这种立法例。依照《德国民法典》第 425 条规定，混同仅产生相对效力，即一个连带债务人的债务与债权人的债权同归于一人的，混同后该连带债务人（债权人）仍可基于债权人的地位要求其他连带债务人履行全部连带债务。第二种是产生绝对效力。日本民法典、我国台湾地区“民法”采用这种立法例。《日本民法典》第 440 条规定，连带债务人之一人与债权人间存在混同时，其连带债务人视为已作出清偿。我国台湾地区“民法”第 274 条规定，因连带债务人之一混同而债务消灭者，他债务人亦同其免责。根据该立法例，混同发生后，连带债务消灭，其他连带债务人不再承担连带债务，发生混同的连带债务人可因清偿连带债务向其他连带债务人追偿。第三种是产生限制绝对效力。法国民法典采用这种立法例。《法国民法典》第1349－1条规定，当数个债务人之间有连带性，而混同仅涉及其中一人时，只于其一人应负担部分的范围内，解除其他连带人。依照该规定，混同后的债权人（连带债务人之一）仍可向其他连带债务人请求履行连带债务，但请求的范围要扣除发生混同的连带债务人的内部分担份额。此外，一些国际示范法也采取第三种做法。例如，《欧洲合同法原则》第10：107条第2款规定，一个连带债务人和债权人合并的，其他连带债务人仅仅减少该债务人所承担的份额。《欧洲示范民法典草案》第3－4：108条第2款规定，某连带债务人与债权人之间的债务发生混同的，在涉及该债务人的份额范围内，免除其他债务人的债务。

试举一例对以上3种立法例予以说明。债权人甲对连带债务人A、B、C享有债权300万元，A、B、C内部每人平均分担100万元债务，现A与甲发生混同。按照第一种立法例，混同对其他连带债务人产生相对效力，混同后甲（或者A）仍然可以债权人的地位向B、C请求履行连带债务300万元。假如B向甲（或者A）履行了300万元债务，那么B就可以再向A（或者甲）、C进行追偿，要求各承担100万元债务。这种立法例对发生混同的连带债务人（或者债权人）较为有利，但在处理程序上相对复杂，容易产生循环求偿的问题。按照第二种立法例，产生绝对效力，甲与A混同后，A、B、C对甲所负的连带债务300万元消灭。此时A（或者甲）再以使连带债务消灭的债务人的身份向B、C追偿，要求B、C各承担100万元债务。这种立法例对发生混同的债权人（或者连带债务人）较为不利，使其他债务人对债权人所负的连带债务变成了连带债务人之间进行追偿的按份债务，减弱了对债权实现的保障力度，降低了债权人的地位。按照第三种立法例，产生限制的绝对效力。甲与A混同后，扣除A所应当承担的内部份额100万元，B、C对甲（或者A）所负的连带债务数额变为200万元。这种立法例将问题作简化处理，避免了循环求偿问题，也有利于在债权人利益与连带债务人利益之间作合理平衡。

本条参考境外立法例，采取了限制绝对效力的做法。根据本款规定，部分连带债务人的债务与债权人的债权同归于一人的，混同后的债权人（或者发生混同的连带债务人）仍然可以以债权人的地位，向其他连带债务人请求承担连带债务，但是连带债务的数额要扣除发生混同的连带债务人应当承担的内部份额。

四、关于债权人迟延受领

债权人受领迟延指债权人无正当理由对于债务人的给付未及时受领。债权人迟延受领的，会产生一定的法律效果。例如，依照合同编第589条规定，债权人迟延受领的，债务人可以请求债权人赔偿增加的费用。在债权人受领迟延期间，债务人无须支付利息。依照合同编第605条规定，因买受人的原因致使标的物未按照约定的期限交付的，买受人应当自违反约定时起承担标的物毁损、灭失的风险。对于连带债务，债权人对部分连带债务人的给付受领迟延的，对其他债务人产生什么效力呢？境外立法例多规定这种情况下产生绝对效力，即债权人受领迟延对其他债务人也发生效力。例如，《德国民法典》第424条规定，债权人对连带债务人之一的迟延，也为其他债务人的利益发生效力。我国台湾地区“民法”第278条规定，债权人对于连带债务人中之一人有迟延时，为他债务人之利益，亦生效力。

本条第4款参考境外立法例，规定债权人对部分连带债务人的给付受领迟延的，对其他连带债务人发生效力。例如，对于债权人受领迟延期间的利息，做出给付行为的连带债务人有权拒绝，其他连带债务人根据本款规定也有权拒绝。

第五百二十一条　连带债权人之间的份额难以确定的，视为份额相同。

实际受领债权的连带债权人，应当按比例向其他连带债权人返还。

连带债权参照适用本章连带债务的有关规定。

条文主旨

本条是关于连带债权内外部关系的规定。

立法背景

连带债权人之间的份额如何确定，实际受领债权的连带债权人如何向其他连带债权人返还，部分连带债权人与债务人之间发生的事项对其他连带债权人产生什么样的效力等，都属于连带债权中的重要问题，本条立足中国国情，参考境外立法例，对此作了规定。

条文解读

本条第1款是关于连带债权人之间份额确定的规定。在连带债权内部关系中，如何确定各连带债权人的份额，有法律规定或者当事人约定的，按照法律规定或者当事人约定；如果既没有法律规定，也没有当事人约定，难以确定各连带债权人的份额的，依照本条第1款规定，视为份额相同，即由各连带债权人平均分享债权。境外一些立法例规定与此相似。比如，《德国民法典》第430条规定，以不另有规定为限，连带债权人在相互关系中按等份享有权利。我国台湾地区“民法”第271条规定，连带债权人相互间，除法律另有规定或契约另有订定外，应平均分受其利益。

本条第2款是关于实际接受给付的连带债权人向其他连带债权人进行返还的规定。依照本款规定，实际受领债权的连带债权人应当向其他连带债权人返还，返还的数额按照连带债权人的份额比例计算。在合同编制定过程中，本款规定经历了一个变化的过程。合同编草案一审稿至三审稿对此均规定，实际受领超过自己份额的连带债权人，应当按比例向其他连带债权人返还。对此，有的意见提出，连带债权人只有在实际受领超过自己份额时，才向其他连带债权人返还，对其他连带债权人是不公平的，例如连带债权人甲、乙、丙对债务人享有300万元连带债权，按照连带债权人甲、乙、丙内部份额比例5:2:3，甲的债权份额为150万元。如果债务人发生破产，作为连带债权人之一的甲对债务人主张债权，只取得了100万元债权，按照合同编草案一审稿至三审稿的规定，因为甲实际受领的债权额（100万元）没有超过自己的份额（150万元），则甲无须向同为连带债权人的乙、丙返还，而债务人已经破产，乙、丙已无法从债务人处取得债权，这样的结果对乙、丙是不公平的。经研究，为了合理平衡连带债权人之间的利益，合同编对此作了进一步修改，规定实际受领债权的连带债权人，不管受领债权的数额多少，不管实际受领是否超过自己的份额，都应当按照比例向其他连带债权人返还。还是上面的例子，按照合同编最终规定，实际受领 100 万元债权的甲，即使受领数额没有超过自己的份额 150 万元，也应当按照比例 5∶2∶3 向连带债权人乙、丙返还，即向乙返还 20 万元，向丙返还 30 万元。

本条第 3 款是关于连带债权参照适用连带债务的规定。本款的“参照适用”主要是就外部关系而言，就部分连带债权人与债务人之间发生的事项对其他连带债权人产生的效力，参照适用合同编第 520 条的规定。例如，就债务人向部分连带债权人履行、抵销债务或者提存标的物对其他连带债权人产生什么效力呢？对此，参照适用合同编第 520 条第 1 款规定，可以得出这样的法律效果，即债务人向部分连带债权人履行债务、债务人将自己对连带债权人所负债务与部分连带债权人对自己所负债务相抵销或者债务人依法提存标的物，均可使连带债权全部或者部分得到满足，其他连带债权人对债务人的债权在相应范围内消灭。各个国家或者地区的民法典普遍认可债务人向部分连带债权人履行、抵销、提存具有绝对效力，即对其他连带债权人也产生效力。例如，依照《德国民法典》第 429 条规定，连带债权准用第 422 条关于连带债务的履行产生绝对效力的规定。《日本民法典》第 434 条规定，债务人对连带债权人之一人享有债权之情形，其债务人援用抵销时，其抵销对其他连带债权人亦生其效力。依照我国台湾地区“民法”第 286 条规定，因连带债权人中之一人，已受领清偿、代物清偿、或经提存、抵销而债权消灭者，他债权人之权利，亦同消减。

第五百二十二条 当事人约定由债务人向第三人履行债务，债务人未向第三人履行债务或者履行债务不符合约定的，应当向债权人承担违约责任。

法律规定或者当事人约定第三人可以直接请求债务人向其履行债务，第三人未在合理期限内明确拒绝，债务人未向第三人履行债务或者履行债务不符合约定的，第三人可以请求债务人承担违约责任；债务人对债权人的抗辩，可以向第三人主张。

条文主旨

本条是关于利益第三人合同的规定。

立法背景

为了适应复杂的交易实践需求，现代民法对涉他合同予以认可。涉他合同，又称为涉及第三人的合同，包括利益第三人合同和由第三人履行的合同。本条规定的是利益第三人合同，本编第 523 条规定的是由第三人履行的合同。本条第 1 款是关于不真正利益第三人合同的规定，该规定延续了《合同法》第 64 条的规定，未作修改。依照该规定，当事人约定由债务人向第三人履行债务的，债务人未向第三人履行债务或者履行债务不符合约定的，债务人应当向债权人承担违约责任。但对于第三人是否对债务人享有履行请求权，理论上存在着一定的争议。一种观点认为，《合同法》第 64 条是将向第三人履行作为债务履行的一种方式，合同的效力仍然限制在合同当事人之间。另一种观点则从比较法和有利于实践适用的角度认为，《合同法》第 64 条肯定了第三人对债务人的履行请求权。

条文解读

实践中涉及第三人利益的合同不断增多，为了更好实现合同缔结方意愿，加强对第三人利益的保护，本条参考境外立法例，在保留《合同法》第 64 条作为本条第 1 款的基础上，增加规定了第 2 款，明确了第三人对债务人的履行请求权。这对于满足实践需求和消除理解分歧都具有重要意义。我们可以将本条第 1 款称为不真正利益第三人合同，将第 2 款称为真正的利益第三人合同。不真正的利益第三人合同与真正的利益第三人合同的重要区别就是，真正的利益第三人合同的第三人取得对债务人的履行请求权，而不真正的利益第三人合同的第三人仅可以接受债务人的履行，不享有对债务人的履行请求权。

一、不真正的利益第三人合同

本条第 1 款是关于不真正的利益第三人合同的规定。本款规定坚守了合同相对性原则。所谓合同相对性原则是指合同项下的权利与义务只由合同当事人享有或者承担，合同仅对当事人具有法律约束力，对合同当事人之外的第三人不具有法律约束力。合同相对性原则在整个合同制度中具有重要的基础地位，本编第 465 条第 2 款对合同相对性原则作了规定，即依法成立的合同，仅对当事人具有法律约束力，但是法律另有规定的除外。对于本款规定的不真正的利益第三人合同，由债务人向第三人履行债务，是债权人与债务人之间所作的约定，该约定不对第三人产生法律约束力。第三人不享有请求债务人履行的权利，履行请求权仍然属于作为合同当事人的债权人。债务人未向第三人履行债务或者履行债务不符合约定的，债务人应当向债权人承担违约责任，而不是向第三人承担违约责任。第三人没有享受到预期利益的，第三人可以依据其与债权人之间的约定等另作处理。

二、关于真正的利益第三人合同

本条第 2 款是关于真正的利益第三人合同的规定。境外立法例规定的利益第三人合同即是指真正的利益第三人合同，在该类合同中，第三人取得了对债务人的履行请求权。《德国民法典》第 328 条第 1 款规定，可以以合同约定向第三人履行给付，并具有使该第三人直接取得请求给付的权利的效力。《法国民法典》第 1205 条规定，可为他人利益而缔约；一方缔约人可使另一方缔约人（允诺人）承诺完成一项为第三人利益的给付。第 1206 条规定，自为他人利益的合同订立起，第三人对允诺人的给付享有直接的权利。《日本民法典》第 537 条规定，依合同约定一方当事人对第三人作出某种给付时，其第三人对债务人享有直接请求其给付之权利。我国台湾地区“民法”第 269 条规定，以契约订定向第三人为给付者，要约人得请求债务人向第三人为给付，其第三人对于债务人，亦有直接请求给付之权。一些国际示范法对此也作了规定，例如《欧洲合同法原则》第 6：110 条规定，第三人可以请求合同债务之履行，如果它如此行为之权利已在允诺人与受诺人之间明确地达成协议，或者如果此种协议能够从合同的目的或者案件的具体情势中推断出来。

境外各立法例虽然对真正的利益第三人合同要件的表述不同，但均要求第三人取得履行请求权要有合同当事人双方为第三人设定利益的约定。本条第 2 款参考境外立法例，对真正利益第三人合同的中第三人取得履行请求权的条件及相关法律效果作了规定。

1. 第三人取得履行请求权的条件

首先，第三人取得履行请求权要有法律规定或者当事人约定。依照本条规定，只有在法律规定或者当事人约定第三人可以直接请求债务人向其履行债务的，才构成真正的利益第三人合同，第三人才能取得履行请求权。根据合同相对性原则，合同项下的权利与义务只由合同当事人享有或者承担，履行请求权只归债权人享有。而真正的利益第三人合同赋予合同当事人之外的第三人履行请求权，这是对合同相对性原则的突破，自应当严格掌握，要以有法律规定或者当事人约定为前提。有的法律对特定的合同直接赋予第三人履行请求权，例如依据保险法的规定，对于投保人与保险人订立的保险合同，被保险人或者受益人即使不是投保人，在保险事故发生后，也享有向保险人请求赔偿或者给付保险金的权利。除了法律规定，更多情形下的真正的利益第三人合同是合同当事人双方以合意的形式赋予第三人履行请求权。本条规定以当事人约定的方式设立真正的利益第三人合同，赋予第三人履行请求权，体现了民法的自愿原则，是对当事人双方意愿的尊重。真正的利益第三人合同结构是基本合同加第三人约款。在第三人约款中，债权人与债务人特别约定，债务由债务人向第三人履行，第三人可以直接请求债务人向其履行。如果合同当事人仅是约定由债务人向第三人履行债务，没有赋予第三人履行请求权的，不属于本款规定的真正的利益第三人合同，可以按照本条第 1 款规定的不真正利益第三人合同处理。举例如下，发货人用货车将一批货物发送给第三人，发货人与运输公司订立的货运合同为基本合同，运输公司将货物运至第三人、第三人享有履行请求权为第三人约款。运输公司之所以将货物运至第三人，是因为发货人支付了运费。发货人使运输公司将货物运至第三人，多是因发货人与第三人有对价关系，例如发货人与第三人订立了买卖合同，发货人从第三人处取得了货物对价。

其次，利益第三人合同是为第三人的利益而设置，按照民法的自愿原则，即使是为他人赋予利益，他人也有权拒绝。因此，本条对利益第三人合同还规定了第三人的拒绝权，第三人在合理期限内可以拒绝，未在合理期限内明确拒绝的，第三人就取得了直接请求债务人履行的权利，可以直接请求债务人向其履行。

2. 真正利益第三人合同的法律效果

债务人未向第三人履行债务或者履行债务不符合约定的，第三人可以请求债务人承担继续履行、赔偿损失等违约责任。一般认为，第三人对债务人虽取得履行请求权，但由于其不是合同当事人，合同本身的权利，如解除权、撤销权等，第三人不得行使。

3. 债务人的抗辩

债务人基于债务人地位对债权人所享有的抗辩，不应因向第三人履行而受到影响。因此，本条规定，债务人对债权人的抗辩，可以向第三人主张。境外立法例对此也有相关规定。例如，《日本民法典》第539条规定，债务人得以基于债权人与债务人之间的基本合同之抗辩，对抗受其合同利益之第三人。我国台湾地区“民法”第270条规定，债务人得以由契约所生之一切抗辩，对抗受益之第三人。

第五百二十三条 **当事人约定由第三人向债权人履行债务，第三人不履行债务或者履行债务不符合约定的，债务人应当向债权人承担违约责任。**

条文主旨

本条是关于由第三人履行合同的规定。

立法背景

由第三人履行的合同，又称第三人负担的合同，指双方当事人约定债务由第三人履行的合同。例如，甲乙约定，甲欠乙的钱由丙偿付，即是由第三人履行的合同；再如，某一产品的经销商与买受人订立买卖合同，双方约定由该产品的生产商直接向买受人交付产品，也属于比较典型的由第三人履行的合同。实践中，第三人之所以向债权人履行债务，多是因为债务人与第三人之间存在着其他法律关系，例如第三人对债务人负有债务，第三人与债务人对此进行约定，第三人向债权人履行即可消灭第三人对债务人所负的债务等。由第三人履行的合同，往往具有减少交易环节，提高交易效率的功能。境外一些立法例也对由第三人履行的合同作了明文规定。例如，我国台湾地区“民法”第 268 条规定，契约当事人之一方，约定由第三人对于他方为给付者，于第三人不为给付时，应负损害赔偿责任。

条文解读

本条根据实践需求，参考相关立法例，对由第三人履行的合同作了规定。根据本条规定，由第三人履行的合同，具有以下几个特点：

一是合同是在债权人与债务人之间订立，以债权人、债务人为合同双方当事人，第三人不是合同当事人。第三人向债权人履行债务的原因，可能基于第三人与债务人之间存在的法律关系（例如，第三人与债务人存在交易、委托等合同关系），也可能基于非法律关系（例如，第三人基于与债务人之间的情谊，自愿向债权人履行债务）等。第三人向债权人履行债务是基于什么原因，不属于由第三人履行合同的问题，不影响由第三人履行合同的成立和生效。

二是合同标的是第三人向债权人的履行行为。由第三人履行的合同，不是由债务人直接向债权人履行债务，而是由第三人向债权人履行债务。根据合同相对性原则，合同仅对合同当事人产生法律约束力。对于由第三人履行的合同，虽然合同债权人与债务人约定由第三人向债权人履行债务，但是由于第三人不是合同当事人，合同对该第三人并没有法律约束力。第三人不向债权人履行债务的，可能会向债务人承担责任，但这是基于债务人与第三人的约定，而不是基于由第三人履行的合同。

三是第三人不履行债务的违约责任，由债务人承担，而不是由第三人承担。债务人是合同当事人，而不是第三人的代理人。第三人不履行债务或者履行债务不符合约定的，由债务人向债权人承担违约责任。

由第三人履行的合同与保证合同具有一定的相似性，都是基于他人不履行债务的行为而承担一定的责任。由第三人履行合同的债务人因第三人不履行债务的行为承担责任，保证合同的保证人可因主债务人不履行债务而承担责任。但二者存在着本质上的不同。保证合同是主债权债务的从合同，一般保证的保证人享有先诉抗辩权，在就债务人的财产依法强制执行仍不能履行债务前，有权拒绝承担保证责任；连带责任的保证人和债务人对债务承担连带责任。而由第三人履行的合同，是一种独立的合同，债务人对于第三人不向债权人履行债务的行为，独立向债权人承担违约责任；第三人不是债务人，其只实施履行行为，不对债权人承担违约责任。

此外，对于本条规定的由第三人履行的合同，还需要注意的是，由第三人履行的合同没有突破合同相对性，不解决债权人是否具有直接请求第三人履行的问题。债权人是否享有直接请求第三人履行的权利，属于真正利益第三人合同的范畴，要看债务人与第三人之间是否订有以债权人为受益人的真正利益第三人合同。例如，某一产品的经销商甲与买受人乙订立买卖合同，甲乙之间约定由该产品的生产商丙直接向买受人乙交付产品，甲乙之间的该约定属于由第三人（丙）履行的合同，乙不能依据由第三人履行的合同请求丙直接向其履行。但同时，经销商甲又与生产商丙订立了真正利益第三人合同，约定买受人乙可以直接请求丙向其履行的，乙取得了直接请求丙向其履行的权利，丙不履行或者履行不符合约定的，乙可以依法要求丙承担违约责任。

第五百二十四条　**债务人不履行债务，第三人对履行该债务具有合法利益的，第三人有权向债权人代为履行；但是，根据债务性质、按照当事人约定或者依照法律规定只能由债务人履行的除外。**

债权人接受第三人履行后，其对债务人的债权转让给第三人，但是债务人和第三人另有约定的除外。

条文主旨

本条是关于具有合法利益的第三人代为履行的规定。

立法背景

债具有相对性，债务本应由债务人履行，但实践中基于各种原因，第三人履行债务的情况也比较多见。第三人履行债务，有的出于债权人与债务人的事先约定，有的基于其他原因。境外民法典普遍对第三人履行债务及其法律效果作了专门规定。《法国民法典》第 1346 条规定，于法律有规定之情形，基于某一正当利益而进行清偿之人，自其清偿使得最终应当承担债务之人向其债权人的债务全部或部分消灭之时起，取得代位权。《德国民法典》第 267 条规定，债务人无须亲自给付的，第三人也可以履行给付，债务人的允许是不必要的。债务人提出异议的，债权人可以拒绝接受该项给付。第 268 条第 1 款规定，债权人对属于债务人的标的实施强制执行的，因强制执行而有失去该标的上的权利之危险的任何人，均有权使债权人受清偿。物的占有人因强制执行而有失去占有之危险的，享有同一权利。第 3 款规定，第三人使债权人受清偿的，债权转移给该第三人。不得使债权人受不利益而主张该项转移。《日本民法典》第 474 条第 1 款规定，债务之清偿，第三人亦得作出。第 2 款规定，非就清偿享有正当利益之第三人，不得违反债务人之意思作出清偿，但债权人不知违反债务人之意思时，不在此限。第 3 款规定，前款规定之第三人，不得违反债权人之意思而作出清偿，但该第三人受债务人之委托而作出清偿之情形，债权人已知此事时，不在此限。第 4 款规定，其债务性质不许第三人清偿时，或当事人作出禁止或者限制第三人清偿内容之意思表示时，不适用前三款规定。就第三人清偿的法律效果，《日本民法典》第 499 条规定，为债务人清偿之人，代位债权人。第 501 条规定，代位债权人之人得行使作为债权之效力及担保而由其债权人享有之一切权利。我国台湾地区“民法”第 311 条第 1 款规定，债之清偿，得由第三人为之。但当事人另有订定或依债之性质不得由第三人清偿者，不在此限。第 2 款规定，第三人之清偿，债务人有异议时，债权人得拒绝其清偿。但第三人就债之履行有利害关系者，债权人不得拒绝。第 312 条规定，就债之履行有利害关系之第三人为清偿者，于其清偿之限度内承受债权人之权利，但不得有害于债权人之利益。

第三人履行债务及其法律效果属于债法的一般性规则内容。从境外立法例来看，第三人履行债务大体上可以分为两种情况：就债务履行有合法利益的第三人（法国民法典、日本民法典称之为“有正当利益”、我国台湾地区“民法”称之为“有利害关系”）和非就债务履行有合法利益的第三人。总体上，非就债务履行有合法利益的第三人履行债务，不得违反债务人的意思和债权人的意思，这也是由债的相对性原则所决定的。在法律效果上，境外立法例一般都认可就债务履行有合法利益的第三人代为履行后，债权人的债权即移转至该第三人。

我国民法典不设债法总则，为了使合同编通则发挥债法总则的作用，有必要补充债法的一般性规则。本条参考境外立法例，就第三人对履行该债务具有合法利益而履行债务及其法律效果作了规定。

条文解读

为了保护就债务履行有合法利益的第三人，本条规定打破了债的相对性，赋予该第三人代为履行的权利。该第三人代为履行债务，不需要考虑是否违反债务人的意思，债权人也不得拒绝。何谓“对债务履行具有合法利益的第三人”，本条未作具体规定，需要根据实践情况的需要和发展进行判断并归纳总结。考虑到本条就对债务履行具有合法利益的第三人履行债务后的法律效果规定为法定的债权移转，对第三人的利益保护较强，在具体认定是否属于“对债务履行具有合法利益的第三人”时，也要注意考量各方利益的平衡问题。举例来说，本条规定可能适用于租赁合同的转租情形。合同编第719条的规定可以视为本条第三人代为履行制度的一个具体体现。承租人拖欠租金的，次承租人具有稳定租赁关系、继续占有和使用租赁物的需要，属于对支付租金具有合法利益的第三人，享有代承租人向出租人支付租金的权利，可以代承租人支付其欠付的租金和违约金。同时为了合理平衡出租人和次承租人的利益，第719条还作了但书规定，即如果转租合同对出租人不具有法律约束力，那么次承租人就不属于“对债务履行具有合法利益的第三人”，次承租人代为支付租金的，出租人有权拒绝。

当然，具有合法利益的第三人并不是在所有情况下都享有代为履行的权利，本条对此作了除外规定，即根据债务性质、按照当事人约定或者依照法律规定只能由债务人履行的，则第三人即使具有合法利益，也不能代为履行。何谓“根据债务性质”，要根据具体情况进行判断。例如，对于育儿保姆提供的劳务，一般来说就属于根据债务性质只能由债务人履行的情况，第三人不得代为履行。此外，自愿原则是民法的基本原则，如果债权人与债务人特别约定只能由债务人履行的，应当尊重该特别规定，排除第三人的履行。法律对此作出特别规定的，依照法律规定。

本条第 2 款对有合法利益的第三人代为履行的法律效果作了规定，将其作为一种法定的债权移转。有合法利益的第三人代为履行后，债权人的债权得以实现，债权人与债务人之间的债权债务关系终止。对于第三人与债务人之间的关系，根据本条规定，债权人接受第三人履行后，其对债务人的债权转让给第三人。

第五百二十五条　当事人互负债务，没有先后履行顺序的，应当同时履行。一方在对方履行之前有权拒绝其履行请求。一方在对方履行债务不符合约定时，有权拒绝其相应的履行请求。

条文主旨

本条是关于同时履行抗辩权的规定。

立法背景

同时履行抗辩权是指在没有先后履行顺序的双务合同中，一方当事人在对方当事人未为履行或者履行不符合约定的情况下，享有拒绝对待给付的权利。同时履行抗辩权针对的是当事人互负债务，但是没有先后履行顺序的情况。从公平角度考虑，在这种情况下当事人应当同时履行，当事人可以行使同时履行抗辩权对抗对方当事人的履行请求权。同时履行抗辩权制度并非追求双方当事人债务的同时履行，并不是非要促成当事人按照“一手交钱、一手交货”的简单交易方式履行债务。同时履行抗辩权是一种防御性权利，从制度设计上来说，“防御”不是目的，目的在于打破僵局，促使债务履行。

境外很多民法典规定了同时履行抗辩权制度。例如，《德国民法典》第320条规定，因双务合同而负有义务的人，在另一方当事人履行对待给付之前，可以拒绝履行自己的给付，但自己负有先行给付义务的除外；给付须向二人以上履行的，可以向各人拒绝履行其所应得的那部分给付，直到全部对待给付被履行时为止。《意大利民法典》第1460条规定，在附有对应给付的契约中，缔约的任何一方在他方不履行或者不同时履行自己义务的情况下，得拒绝履行其义务，但是当事人确定不同履行期间或者依契约性质有不同履行期间的情况除外，然而在拒绝履行将违背诚实信用原则的情况下不得拒绝履行。《日本民法典》第533条规定，双务合同当事人之一方，于相对人提供其债务履行（含代替债务履行之损害赔偿债务之履行）之前，得拒绝履行自己之债务，但相对人之债务未届清偿期时，不在此限。我国台湾地区“民法”第264条规定，因契约互负债务者，于他方当事人未为对待给付前，得拒绝自己之给付，但自己有先为给付之义务者，不在此限。他方当事人已为部分之给付时，依其情形，如拒绝自己之给付有违背诚实及信用方法者，不得拒绝自己之给付。

一些国际示范法也采用了这种制度设计。例如，《国际商事合同通则》第7.1.3条规定，当事人各方应同时履行合同义务的，任何一方当事人可在另一方当事人提供履行前拒绝履行。《欧洲合同法原则》第9：201条规定，与对方当事人同时或者在其后履行的一方当事人可以中止履行直到对方提出了履行或者已经履行。第一方当事人可以中止其全部的履行，也可以中止于具体情势中合乎情理的部分的履行。《欧洲示范民法典草案》第3－2：104条规定，对待债务的履行顺序不能依有关债务的规定进行确定的，在债务可以同时履行的情况下，当事人应当同时履行债务，但具体情况另有明确的除外。第3－3：401条规定，债权人应当在债务人履行之时或之后履行对待债务的，在债务人已经开始履行或已经履行完毕之前可以拒绝对待债务的履行请求。

条文解读

本条参考境外立法例，对同时履行抗辩权的成立要件和效力作了规定。

一、关于同时履行抗辩权的成立要件

根据本条规定，同时履行抗辩权的成立，要具备以下几个要件：

一是须基于同一双务合同互负债务，在履行上存在关联性。例如，买卖合同中，卖方负有交付货物的义务，买方负有交付货款的义务。租赁合同中，出租人负有提供租赁物的义务，承租人负有交付租金的义务。单务合同仅一方负有债务，另一方享有权利，自然不适用同时履行抗辩权。

二是当事人的债务没有先后履行顺序。如果当事人互负债务，但是依照当事人约定等能够确定先后履行顺序的，自无同时履行抗辩权的适用余地，可能会适用的是后履行抗辩权和不安抗辩权制度。

三是须双方所负的债务均已届履行期。如果一方当事人的债务尚未到期，在对方当事人请求履行时，该当事人可以主张债务履行期尚未届至的抗辩，无需适用同时履行抗辩权制度。

四是对方当事人未履行自己所负的债务或者履行债务不符合约定仍然提出履行请求。履行债务不符合约定的情况，包括部分履行、瑕疵履行等。例如，1 万吨大米的买卖合同，卖方交付了 8000 吨大米，尚缺 2000 吨，抑或卖方交付的 1 万吨大米的质量不符合约定，但卖方仍然要求买方支付全部货款。再如，房屋租赁合同的出租人提供的房屋，存在屋顶漏水等严重问题，仍然请求承租人支付全部租金。

二、关于同时履行抗辩权的效力

对于同时履行抗辩权的效力，本条规定，对于对方不履行债务的，当事人在对方履行之前有权拒绝其履行请求。对于对方履行债务不符合约定的，当事人有权拒绝其相应的履行请求。例如，前面举的例子，1 万吨大米的买卖合同，卖方交付了 8000 吨大米，尚缺 2000 吨，买方可以只支付 8000 吨大米的货款，有权拒绝支付尚缺的 2000 吨大米的货款。

同时履行抗辩权属延期的抗辩权，只是暂时阻止对方当事人请求权的行使，而非永久的抗辩权。对方当事人完全履行了合同义务，同时履行抗辩权消灭，当事人应当履行自己的义务。当事人行使同时履行抗辩权致使合同迟延履行的，该当事人不承担违约责任。

第五百二十六条　当事人互负债务，有先后履行顺序，应当先履行债务一方未履行的，后履行一方有权拒绝其履行请求。先履行一方履行债务不符合约定的，后履行一方有权拒绝其相应的履行请求。

条文主旨

本条是关于后履行抗辩权的规定。

立法背景

后履行抗辩权，是指在双务合同中应当先履行的一方当事人未履行或者履行债务不符合约定的，后履行的一方当事人享有拒绝对方履行请求或者拒绝对方相应履行请求的权利。合同法制定过程中，就对是否规定后履行抗辩权存在不同意见。有的意见认为应当规定后履行抗辩权，因我国司法实践中存在一方当事人因应该先履行的另一方当事人不履行而没有履行，被法院认为属于违约的情况。也有的意见认为，后履行抗辩权可以包括在同时履行抗辩权的制度范畴内。还有的意见认为，后履行抗辩权与同时履行抗辩权可以细分出来，可以有针对性地规定。合同法最终参考《国际商事合同通则》，在规定了同时履行抗辩权的同时，又规定了后履行抗辩权。《国际商事合同通则》第7.1.3条第1款规定："当事人各方应同时履行合同义务的，任何一方当事人可在另一方当事人提供履行前拒绝履行。"第2款规定："凡当事人各方应相继履行合同义务的，后履行的一方当事人可在应先行履行的一方当事人完成履行之前拒绝履行。"在民法典制定过程中，也有的意见认为，大陆法系传统民法有同时履行抗辩权和不安抗辩权，没有后履行抗辩权。后履行抗辩权制度没有单独规定的必要。也有的意见认为，同时履行抗辩权和后履行抗辩权二者合在一起，大致相当于德国等一些民法典的不履行合同抗辩权制度，但既然合同法选择了同时履行抗辩权和后履行抗辩权分开的模式，并且也已被司法实践广为接受，没有必要再作大的修改而删除后履行抗辩权制度。经研究，合同编对此未作改动，仍然保留后履行抗辩权制度。

条文解读

本条对后履行抗辩权的成立要件及效力作了规定。

一、关于后履行抗辩权的成立要件

依照本条规定，后履行抗辩权的成立，需具备以下要件：

一是需基于同一双务合同。双方当事人因同一合同互负债务，在履行上存在关联性。后履行抗辩权不适用于单务合同。

二是当事人的债务有先后履行顺序。当事人互负债务，并且能够确定先后履行顺序。这种履行顺序的确立，或依法律规定，或按当事人约定，或按交易习惯。一些法律对双务合同的履行顺序作了规定。当事人在双务合同中也可以约定履行顺序，谁先履行，谁后履行。在法律未有规定、合同未有约定的情况下，双务合同的履行顺序可依交易习惯确立。例如，在饭馆用餐，先吃饭后交钱。旅店住宿，先住宿后结账。乘飞机、火车，先购票，后乘坐。合同也可采用其他一些方法确立谁先履行。例如，在一项买卖合同中，谁也不愿先履行，卖方不愿先交货，怕买方收货不交钱。在这种情况下，当事人可以约定由银行协助双方履行，买方先将货款打入银行，由银行监管此款，卖方即行发货，买方验收后，银行将款项拨付给卖方。合同按此顺序履行。

三是应当先履行的当事人不履行债务或者履行债务不符合约定。例如，对于应先交付租赁物再付租金的租赁合同，出租方不按时交付租赁物或者交付的租赁物不符合约定。再如，对于先供货再付款的买卖合同，供货方不交付商品或者交付的商品不符合约定。

四是后履行一方当事人的债务已届履行期。如果后履行一方当事人的债务尚未到期，在对方当事人请求履行时，后履行一方当事人可以主张债务履行期尚未届至的抗辩，无需适用后履行抗辩权制度。

符合上述条件，后履行的一方当事人可以行使后履行抗辩权，对抗应先履行债务的对方当事人的履行请求。应先履行合同债务的当事人不能行使后履行抗辩权。

二、关于后履行抗辩权的效力

后履行抗辩权属延期的抗辩权，只是暂时阻止对方当事人请求权的行使，而非永久的抗辩权。对方当事人履行了合同义务，后履行抗辩权消灭，当事人应当履行自己的义务。后履行一方当事人行使后履行抗辩权致使合同迟延履行的，该当事人不承担违约责任，迟延履行的责任由对方承担。后履行一方当事人行使后履行抗辩权，不影响追究应当先履行一方当事人的违约责任。

第五百二十七条　应当先履行债务的当事人，有确切证据证明对方有下列情形之一的，可以中止履行：

（一）经营状况严重恶化；

（二）转移财产、抽逃资金，以逃避债务；

（三）丧失商业信誉；

（四）有丧失或者可能丧失履行债务能力的其他情形。

当事人没有确切证据中止履行的，应当承担违约责任。

条文主旨

本条是关于不安抗辩权的规定。

立法背景

不安抗辩权指双务合同成立后，应当先履行的当事人有确切证据证明对方不能履行义务，或者不履行合同义务的可能性较高时，在对方恢复履行能力或者提供担保之前，有权中止履行合同义务。双务合同中，在后履行债务一方丧失或者可能丧失债务履行能力的情况下，仍然要求应先履行债务一方先作出给付，有悖公平，因此法律设立不安抗辩权制度，赋予应先履行债务一方在这些情况下中止履行债务的权利。

不安抗辩权制度属于大陆法系民法中的制度，大陆法系国家或者地区的民法典普遍对不安抗辩权制度作了规定。例如，《德国民法典》第 321 条第 1 款规定，因双务合同而有义务先履行给付的当事人，可以拒绝履行其所应履行的给付，前提是在合同订立后，如下情形变得明显：其对待给付请求权因另一方欠缺给付能力而受到危害。对待给付已被履行，或已为之提供担保的，该项拒绝履行给付的权利消灭。《荷兰民法典》第6：263条规定，有义务先为履行的一方当事人在合同订立后所知悉的情势使其有合理理由担心另一方当事人将不履行其相应义务的，有权中止履行。《瑞士债务法》第 83 条规定，如在双务合同中，一方当事人的权利因另一方当事人无履行能力而受到影响，特别是在另一方当事人破产或者无可供扣押财产之情形，遭受影响的一方当事人可以拒绝履行，直至对方当事人为履行义务而提供了担保。我国台湾地区“民法”第265条规定，当事人之一方，应向他方先为给付者，如他方之财产，于订约后显形减少，有难为对待给付之虞时，如他方未为对待给付或提出担保前，得拒绝自己之给付。一些国际条约、国际示范法也有相关规定。《联合国国际货物销售合同公约》第71条第1款规定，如果订立合同后，另一方当事人由于下列原因显然将不履行其大部分重要义务，一方当事人可以中止履行义务：（1）他履行义务的能力或者他的信用有严重缺陷；或（2）他在准备履行合同或履行合同中的行为。《欧洲示范民法典草案》第3－3：401条第2款规定，债权人应当在债务人履行之前履行对待债务，但其合理地确信债务人在其债务履行期届至时将会不履行债务的，债权人在该确信存续期间可以拒绝对待债务的履行；但是，债务人为债务的履行提供了充分担保的，债权人丧失拒绝履行权。美国《统一商法典》也有与之相当的规定。美国《统一商法典》第2－609条第1款规定，买卖合同双方都有义务不破坏对方抱有的获得己方正常履约的期望。当任何一方有合理理由认为对方不能正常履约时，他可以用书面形式要求对方提供正常履约的适当保证，且在他收到此种保证之前，可以暂停履行与他未收到所需之履约保证相对应的那部分义务，只要这种暂停是商业上合理的。

条文解读

本条参考境外立法例，规定了不安抗辩权制度。依照本条规定，不安抗辩权的成立，要具备以下要件：

一是当事人需基于同一双务合同互负债务。这也是合同编规定的三大抗辩权，即同时履行抗辩权、后履行抗辩权和不安抗辩权共同的成立要件。三大抗辩权均不适用于单务合同。

二是当事人互负的债务有先后履行顺序。这也是不安抗辩权和后履行抗辩权共同的成立要件，只是不安抗辩权由应当先履行债务的一方当事人享有，后履行抗辩权由后履行债务的一方当事人享有。当事人互负的债务没有先后履行顺序的，属于同时履行抗辩权的成立要件。

三是后履行的当事人发生了丧失或者可能丧失债务履行能力的情形。这些情形包括经营状况严重恶化，转移财产、抽逃资金以逃避债务，丧失商业信誉和其他丧失或者可能丧失履行债务能力的情形。例如，某商业银行根据其与某企业之间的借款合同发放贷款前，由于市场骤然变化致使该企业产品难以销售，很可能导致无力还贷，商业银行有权行使不安抗辩权，中止发放贷款。又如，某娱乐文化公司邀请一明星歌手演唱，约定先付演出费若干，因歌手生病住院可能难以如期演唱，娱乐文化公司即可以行使不安抗辩权，不向歌手预付约定的演出费。

尤其需要注意的是，对于后履行的当事人发生了丧失或者可能丧失债务履行能力的情形，应当先履行债务的当事人必须要有确切的证据证明。如果有确切的证据证明，则属于正当行使不安抗辩权，可以中止履行顺序在先的债务；如果没有确切的证据证明而中止履行的，则属于违约行为，应当先履行债务的当事人要承担违约责任。由此可以看出，有无确切的证据证明是非常关键的因素，直接决定中止履行行为是正当行使不安抗辩权，还是属于违约行为。“有无确切的证据证明”，不是由先履行债务的当事人单方决定的。如果事后双方当事人对“有无确切的证据证明”产生争议，应当由应先履行债务的一方当事人承担举证责任，由仲裁机构或者法院作出最终裁断。因此，应当先履行债务的当事人要根据自己掌握的对方丧失或者可能丧失债务履行能力的证据情况谨慎为之，慎重行使不安抗辩权，不能凭空推测或凭借主观臆想而断定对方丧失或者可能丧失债务履行能力，没有确切证据证明而单方中止履行合同的，应当承担违约责任。

在合同编制定过程中，有的意见提出，本条第 1 项“经营状况严重恶化”和第 3 项“丧失商业信誉”属于典型的不安抗辩权的适用情形，而第 2 项“转移财产、抽逃资金，以逃避债务”则应归属于预期违约，建议删去第 2 项。经研究认为，不安抗辩权和预期违约具有不同的制度功能，不安抗辩权具有中止履行的效果，而预期违约的法律后果是解除合同、要求承担违约责任。如果发生后履行一方当事人“转移财产、抽逃资金，以逃避债务”的情形，是适用不安抗辩权还是预期违约，可以交由当事人选择对自己最有利的主张。如果应当先履行债务的当事人还想保留继续交易的机会，给对方当事人一个恢复履行能力或者提供担保的机会，就可以选择行使不安抗辩权，中止履行。另外，不安抗辩权和预期违约在适用条件上的落脚点毕竟不同，不安抗辩权落脚在“丧失或者可能丧失债务履行能力”，而预期违约，此处主要涉及的是默示预期违约，落脚在“以自己的行为表明不履行主要债务”。发生“转移财产、抽逃资金，以逃避债务”的情形，能否直接构成默示预期违约，也要视具体情况进行判断。基于此，本条保留了第 2 项的表述，未作删除或者修改。

第五百二十八条 当事人依据前条规定中止履行的，应当及时通知对方。对方提供适当担保的，应当恢复履行。中止履行后，对方在合理期限内未恢复履行能力且未提供适当担保的，视为以自己的行为表明不履行主要债务，中止履行的一方可以解除合同并可以请求对方承担违约责任。

条文主旨

本条是关于不安抗辩权效力的规定。

立法背景

不安抗辩权具有两个层次的效力。在第一层次上，符合不安抗辩权成立要件的，应当先履行债务的当事人可以中止履行。但不安抗辩权属延期抗辩权，中止履行只是一个暂时的状态。在第二层次上，当事人行使不安抗辩权中止履行后，从境外立法例来看，往往会给对方当事人一个“补救”机会，即要求对方当事人在一定期限内提供担保。对方未提供担保的，应当先履行债务一方可以解除合同；对方提供担保的，应当先履行债务一方恢复履行。例如，《德国民法典》第 320 条第 2 款规定，先给付义务人可以指定适当期间，要求对方当事人在此期间内选择同时履行对待给付或提供担保。该期间届满而无效果后，先给付义务人可以解除合同。《瑞士债务法》第 83 条第 2 款规定，经其请求在合理的期间内未提供担保的，该方有权解除契约。《国际货物销售合同公约》第 71 条第 3 款规定，中止履行义务的一方当事人不论是在货物发运前还是在发运后，都必须立即通知另一方当事人，如经另一方当事人对履行义务提供充分保证，则他必须继续履行义务。本条参考境外立法例，对不安抗辩权第二层次的效力予以规定。

条文解读

本条首先对当事人行使不安抗辩权的通知义务作了规定。不安抗辩权的行使，对对方当事人影响重大，应当让对方及时知晓，以便做出相应安排。从诚信原则出发，法律有必要规定应先履行债务一方的通知义务。依照本条规定，应先履行的一方当事人行使不安抗辩权，中止履行后，应当及时通知对方当事人。该规定与《国际货物销售合同公约》的规定是一致的。《国际货物销售合同公约》第 71 条第 3 款规定，中止履行义务的一方当事人不论是在货物发运前还是在发运后，都必须立即通知另一方当事人。欧洲民法典草案对此甚至规定了违反通知义务的损害赔偿责任。《欧洲民法典草案》第 3－3：401 条第 3 款规定，债权人中止履行的，应在合理可行的范围内尽快通知债务人，并对因此项通知义务的违反而给债务人造成的损失负责。

关于不安抗辩权的效力，本条根据对方是否提供担保规定了不同的法律效果：

一是应先履行一方行使不安抗辩权，中止履行并及时通知对方后，如果对方提供了适当担保的，消除了影响先履行债务一方当事人债权实现的情形，先履行债务一方自然应当恢复履行。何谓“适当担保”，只能在具体案件中作具体判断，法律无法划定统一的标准。

二是如果对方在合理期限内未恢复履行能力并且未提供适当担保的，发生什么法律效果？合同法参考其他立法例，规定的是“中止履行的一方可以解除合同”。在合同法颁布实施后，理论和实践中发现，不安抗辩权和预期违约制度的关系如何协调，合同法并没有规定清楚。不安抗辩权的第二层次的法律效力是“中止履行的一方可以解除合同”。《合同法》第94条（现合同编第563条）是关于法定解除制度的总括性规定。一些意见提出，不安抗辩权的第二层次的法律效力是“中止履行的一方可以解除合同”，该规定与法定解除制度的关系如何协调？《合同法》第94条第2项规定对默示预期违约情形下的合同解除作了规定，即“在履行期限届满之前，当事人一方以自己的行为表明不履行主要债务的”，当事人可以解除合同。不安抗辩权第二层次的效力是否可以通过与默示预期违约制度相衔接纳入法定解除制度中？此外，预期违约的法律效果，除解除合同外，还有要求违约方承担违约责任。《合同法》第108条（现合同编第578条）规定，当事人一方以自己的行为表明不履行合同义务的，对方可以在履行期限届满前请求其承担违约责任。不安抗辩权第二层次的效力，即发生对方在合理期限内未恢复履行能力并且未提供适当担保的情形，除解除合同外，是否可以要求对方承担违约责任？

在合同编制定过程中，对以上这些问题进行了认真研究。不安抗辩权是大陆法系民法中的制度，预期违约是英美法系中的制度。预期违约又分为两类，一类是明示的预期违约，即在履行期间届满前，当事人一方明确表示将不履行主要债务；另一类是默示的预期违约，即在履行期间届满前，当事人以自己的行为表明不履行主要债务。在制度适用上，与不安抗辩权存在一定联系的主要是默示的预期违约。合同法借鉴两大法系，同时对不安抗辩权和预期违约制度作了规定，这是合同法的一大创造。实践证明，这一创造是成功的，不安抗辩权和预期违约制度对保护当事人权益、稳定交易秩序都发挥了各自的作用。基于此，合同编仍然延续了合同法的做法，对不安抗辩权和预期违约制度分别作了规定。同时，为了协调不安抗辩权与法定解除制度、预期违约制度之间的关系，本条将不安抗辩权第二层次的效力与预期违约制度相衔接，将不安抗辩权中“对方在合理期限内未恢复履行能力并且未提供适当担保的行为”，视为默示预期违约行为，并可以主张默示预期违约的法律效果。依照本条规定，当事人行使不安抗辩权、中止履行后，对方在合理期限内未恢复履行能力并且未提供适当担保的，视为以自己的行为表明不履行主要债务。中止履行的一方，即行使不安抗辩权的一方不但可以解除合同，还可以请求对方承担赔偿损失等违约责任。需要注意的是，本条只是将不安抗辩权第二层次的效力与预期违约制度相衔接，在不安抗辩权的成立及中止履行的第一层次效力上，两个制度仍然独立适用，当事人根据具体情况选择适用不安抗辩权制度或者预期违约制度。

第五百二十九条　债权人分立、合并或者变更住所没有通知债务人，致使履行债务发生困难的，债务人可以中止履行或者将标的物提存。

条文主旨

本条是关于债权人变更住所等致使债务履行困难时中止履行的规定。

立法背景

法人分立包括存续分立和新设分立。存续分立指法人分出一部分财产设立新法人，原法人不因分出财产而终止。新设分立是指一个法人分成几个法人，原法人终止。法人合并包括新设合并和吸收合并。新设合并是指几个法人合为一个新法人，原法人终止。吸收合并是指一个法人将其财产移交给另一个法人，移交出财产的法人终止。债权人分立、合并或者变更住所，如果没有通知债务人，可能会给债务人履行债务造成困难。

条文解读

债权人分立、合并或者变更住所应当及时通知债务人，以便债务人履行债务。如果没有通知债务人，致使债务人履行债务发生困难的，此时债务人可以中止履行或者将标的物提存。在这种情形下债务人中止履行或者将标的物提存，不能算作是债务人违约。当然，如果债权人分立、合并或者变更住所没有通知债务人，但并不会使债务履行发生困难的，此时债务人不得以此为由中止履行或者将标的物提存，否则属于债务人违约。

第五百三十条　债权人可以拒绝债务人提前履行债务，但是提前履行不损害债权人利益的除外。

债务人提前履行债务给债权人增加的费用，由债务人负担。

条文主旨

本条是关于提前履行债务的规定。

立法背景

合同编将全面履行作为合同履行的原则。合同编第 509 条规定，当事人应当按照约定全面履行自己的义务。当事人全面履行自己的义务就包括按照约定的履行期限履行债务。履行期限是债权人和债务人双方根据自身经济活动的情况和需要而作出的约定，属于合同的重要内容。债务人提前履行债务，属于违反合同约定的行为，可能会给债权人带来不便，甚至会损害债权人利益。例如，甲订购了乙家具公司的沙发、桌椅用在新购住房使用，并约定了送货日，现乙家具公司要提前送货，而此时甲新购住房仍然在装修中，乙家具公司提前履行债务的行为就会损害债权人利益。《国际商事合同通则》对提前履行债务的规则作了规定。《国际商事合同通则》第 6. 1. 5 条第 1 款规定，债权人可拒绝提前履行，除非债权人这样做无合法利益。该规定确立了债权人有权拒绝提前履行的一般原则，并在注释中举例如下：A 同意在 10 月 15 日对 B 的办公楼里所有的电梯进行年检。A 的雇员在 10 月 14 日到达 B 处，而当天该办公楼正在举行有许多客人参加的重要会议。在这种情况下，B 有权拒绝 A 的提前履行，因为这会对 B 造成明显的不便。

条文解读

从贯彻合同全面履行的原则和保护债权人利益考虑，本条第 1 款规定，债权人可以拒绝债务人提前履行债务。提前履行债务，是相对于合同约定的履行期限而言的。例如，合同约定 6 月 6 日履行，债务人 6 月 5 日履行即为提前履行。但如果合同约定 6 月份履行，没有具体到 6 月份的哪一天履行，则债务人在6月份的任何一天履行都不算提前履行。

如果债务人提前履行不损害债权人的利益，基于诚信原则，债权人应当接受债务人提前履行债务。《国际商事合同通则》在对第6.1.5条的注释中也提出，在某些情况下，债权人对于按时履行的合法利益并不明显，并且债权人接受提前履行也不会对其造成任何明显的损害；如果请求提前履行的一方当事人能够证明存在这一点，则另一方当事人不能拒绝提前履行。

基于此，本条第1款在确立债权人可以拒绝债务人提前履行债务作为一般原则的同时，还作出了但书规定“但是提前履行不损害债权人利益的除外”。提前履行不损害债权人利益的举证责任应当由请求提前履行的债务人一方承担。

在双务合同情形下，债权人接受了债务人提前履行，债权人是否也应当提前履行自己的债务？对此，本条未作规定。依照《国际商事合同通则》第6.1.5条第2款规定，在双方的履行时间不相关联的情况下，一方当事人接受提前履行并不影响该当事人履行自己义务的时间。例如，甲与乙在合同中约定，由乙于3月15日交付货物，甲于4月15日支付货款，双方的履行时间都已经确定，互不影响。如果乙希望3月8日交付货物，甲接受乙提前履行，并不影响甲支付货款的时间，甲仍可于4月15日支付货款。但是如果双方的履行时间相互关联，一方当事人接受提前履行是否会影响其履行自己义务的时间？《国际商事合同通则》对此也未作规定，但在对第6.1.5条的注释中提出，双方的履行时间相互关联的情况本身可能就说明了债权人对于拒绝提前履行具有合法利益。如果因而拒绝提前履行，则债权人的履行时间不受影响。如果提前履行对债权人来说是可以接受的，他可能同时要决定是否接受对于自身义务的影响。这就意味着，债权人接受提前履行的同时，可以自主决定是否也提前履行自身债务。例如，甲与乙在合同中约定，乙于5月15日向甲交付货物，甲收到货物时应立即付款。如果乙于5月10日交付货物，则甲可以视情况以未做好付款准备为由拒绝接受该提前履行，也可以接受货物但坚持按原定的最后期限（即5月15日）支付货款，当然也可以接受货物并立即支付货款。《国际商事合同通则》第6.1.5条第2款的规定及注释，可以作为处理双务合同情形下，债权人接受提前履行是否会影响其履行自己义务的时间的参考。

债务人提前履行可能会给债权人增加额外的费用，例如仓储费用等。依照本条规定，债务人提前履行债务给债权人增加的费用，由债务人负担。例如，甲与乙约定，由乙于3月15日向甲交付货物，但乙于3月10日提前向甲交付货物，提前交付货物除了导致甲要支付额外的储存费用外并不会损害甲的利益，甲接受了乙3月10日交付货物，那么甲因乙提前交货而额外支付的5天储存费用，要由乙承担。

第五百三十一条　债权人可以拒绝债务人部分履行债务，但是部分履行不损害债权人利益的除外。

债务人部分履行债务给债权人增加的费用，由债务人负担。

条文主旨

本条是关于部分履行债务的规定。

立法背景

部分履行债务的规则在国际示范法中有所体现。《国际商事合同通则》第6.1.3条第1款规定，履行期限到来时，债权人可拒绝任何部分履行的请求，无论该请求是否附有对未履行部分的担保，除非债权人这样做无合法利益。该规定确立了债权人有权拒绝部分履行的一般原则，并作了例外规定“除非债权人这样做无合法利益”。

条文解读

本条立足诚信原则，参考《国际商事合同通则》的规定，对部分履行规则作了规定。

本条规定的部分履行债务不同于分期履行。分期履行是合同约定的，由债务人分期给付，每期的给付虽然也属于债务整体的一部分，但不属于本条所规定的部分履行。本条所规定的部分履行是指债务的履行期限届满时，债务人只履行其中一部分债务，既可以是就整个债务部分履行，也可以是就分期履行中的某一期部分履行。例如，甲与乙订立大豆买卖合同，约定由乙于9月15日向甲供应100吨大豆，乙请求9月15日先向甲供应50吨大豆，余下的50吨一个月后再供应给甲。乙向甲供应50吨大豆就属于本条规定的部分履行。再如，甲与乙订立借款合同，乙向甲借款100万元，并约定乙自4月1日起每月1日向甲还款10万元。9月1日还款日届至，乙请求先只向甲还款5万元，当期款项的其余5万元在9月15日前还清。乙于9月1日只还款5万元也属于本条规定的部分履行。

合同编将全面履行作为合同履行的原则。合同编第509条规定，当事人应当按照约定全面履行自己的义务。当事人全面履行自己的义务就包括按照约定履行全部债务。债务人履行部分债务，属于违反合同约定的行为，原则上属于违约行为，债权人当然可以拒绝并请求债务人承担违约责任。债权人也可以接受债务人部分履行的请求，并保留请求债务人承担违约责任的权利。当然，债权人也可以无保留的接受债务人部分履行的请求，此时债务人的部分履行不再被当作违约对待。例如，上面例子中，甲与乙的大豆买卖合同，乙请求 9 月 15 日先向甲供应 50 吨大豆，那么甲既可以完全拒绝，也可以先接受这 50 吨大豆并保留向乙追究违约责任的权利，当然也可以无保留的接受这 50 吨大豆，不将债务人的部分履行当作违约对待。

如果债务人部分履行不损害债权人的利益，基于诚信原则，债权人应当接受债务人部分履行债务，不得拒绝。《国际商事合同通则》在第 6. 1. 3 条的注释中所举的例子可以作为判断部分履行是否损害债权人利益的参考：一家航空公司承诺在某一确定日期一次性地将 10 辆汽车从意大利运往巴西。履行期限到来时，某些情况使得该航空公司很难（尽管不是不可能）在一次航班中找到足够的舱位。航空公司提议在一周内连续两次将这批汽车运走。有证据表明，航空公司这样做并不会对汽车购买人造成不方便，因为在下个月之前并不需要实际使用这些汽车。在这种情况下，债权人拒绝部分履行没有合法利益。

债权人接受债务人部分履行，可能会额外增加一些费用，这些费用由债务人负担。例如《国际商事合同通则》中所举的上述例子中，汽车购买人分两次到机场提货承担的额外费用，应当由航空公司承担。

第五百三十二条 **合同生效后，当事人不得因姓名、名称的变更或者法定代表人、负责人、承办人的变动而不履行合同义务。**

条文主旨

本条是关于当事人不得因姓名、名称变更等不履行合同义务的规定。

立法背景

合同生效后，当事人的姓名变更，法人或者非法人组织的名称变更，并没有在实质上改变合同主体。法人或者非法人组织的法定代表人、负责人、承办人，是代表法人或者非法人组织从事民事活动，合同的权利义务由法人或者非法人组织承受，合同一方当事人是法人或者非法人组织，而不是其法定代表人、负责人、承办人。

条文解读

本条明确规定，合同生效后，当事人不得因姓名、名称的变更或者法定代表人、负责人、承办人的变动而不履行合同义务。当事人以此为由不履行合同义务的，应当承担违约责任。

第五百三十三条 **合同成立后，合同的基础条件发生了当事人在订立合同时无法预见的、不属于商业风险的重大变化，继续履行合同对于当事人一方明显不公平的，受不利影响的当事人可以与对方重新协商；在合理期限内协商不成的，当事人可以请求人民法院或者仲裁**

机构变更或者解除合同。

人民法院或者仲裁机构应当结合案件的实际情况，根据公平原则变更或者解除合同。

条文主旨

本条是关于情势变更制度的规定。

立法背景

情势变更制度是指合同依法成立后，客观情况发生了无法预见的重大变化，致使原来订立合同的基础丧失或者动摇，如继续履行合同则对一方当事人明显不公平，因此允许变更或者解除合同以维持当事人之间的公平。

一、境外立法情况

在国际范围内，情势变更制度经历了一个从不受重视甚至抵触到逐步接受、普遍在法律上作出明文规定的过程。早期的民法典强调合同严守原则，大多数在制定之初都没有规定这一制度。进入20世纪后，情势变更制度开始受到重视。“一战”和“二战”期间，物价飞涨、货币贬值等导致合同履行显失公平问题大量出现，根据当时法律规定却无法解决，德国等国家通过判例和学说确立了情势变更制度，而制定较晚的意大利、葡萄牙等国民法典则明文规定了情势变更制度。为了更好应对实践需求，德国也最终在2002年债法改革中以“交易基础的障碍”为名将情势变更制度纳入德国民法典。《德国民法典》第313条规定，已成为合同基础的情势在合同订立后发生了重大变更，而假使双方当事人预见到这一变更就不会订立合同或会以不同的内容订立合同的，可以请求改订合同；合同的改订为不可能或对一方来说是不能合理地期待的，受不利益的一方可以解除合同。对情势变更制度立法态度的改变，比较典型的还有法国。在法国，长期以来一直担心情势变更制度会冲击合同严守原则，司法实践中更是严格解释《法国民法典》第 1134 条“依法成立的契约对于缔结契约的人，有相当于法律之效力”，对情势变更制度持排斥态度。1876 年法国最高法院在著名的克拉波尔运河案中认为：“民法典第 1134 条确立的规则是普遍性的、绝对性的，其规范着继续性合同，法院不可考虑时间、境况因素以修改当事人的合同，以及在当事人已经自由接受的合同条款中替代一些新的条款，无论法院的判决看起来多么公平。”这一裁判规则得以延续百年，在随后的判例中，最高法院一直是不承认合同领域适用情势变更制度的。但随着时间的推移和实践的发展，这一观念也发生了重大变化，理论和实践中都逐步认识到规定情势变更制度的必要性，2016 年法国通过债法改革最终在民法典中对情势变更制度作了明文规定。修改后的《法国民法典》第 1195 条规定，如果发生在合同订立时不可被预计的情势变化，导致一方当事人的履行成本过于巨大，并且该当事人并未接受此种风险，其可请求对方重新磋商合同。在重新磋商过程中，债务的履行并不得因此而中止。磋商被拒绝或者重新磋商失败的情况下，双方可以共同确定合同解除的条件及时间，也可以共同请求法官对合同进行调整。双方在合理期限内仍未达成协议的，法官在一方当事人的请求下，可以按照法官自己确定的条件以及时间变更或者终止合同。我国台湾地区“民法”也对情势变更制度作了规定。我国台湾地区“民法”第 227－2 条规定，契约成立后，情事变更，非当时所得预料，而依其原有效果显失公平者，当事人得申请法院增、减其给付或变更其他原有之效果。英美法系则发展出合同落空制度，以解决因客观原因造成的合同不能履行和履行显失公平的问题。此外，《国际商事合同通则》（PICC 第 6.2.2 条、第 6.2.3 条）、《欧洲合同法原则》（PECL 第 6：111 条）、《欧洲民法典草案》（DCFR 第 3－1：110 条）等国际示范法都规定了情势变更制度。

二、我国立法和司法实践情况

1999 年合同法未规定情势变更制度。在 1999 年合同法起草过程中，就是否规定情势变更制度一直有争论。支持规定情势变更制度的观点认为，合同订立后应当严格遵守，但出现异常情况，导致当事人订立合同的基础发生变化，这种变化是当事人订立合同时不能预见并不能避免的，由此产生当事人之间的利益重大失衡。在这种情况下，坚持严格信守合同是不公平、不合理的，应当允许当事人根据新情况重新就合同条款进行协商；协商不成的，可以请求法院变更或者解除合同。反对规定情势变更制度的观点认为，如何划分情势变更和正常商业风险的界限十分困难，规定情势变更制度可能成为有的当事人不履行合同的借口，在合同法中不宜规定情势变更制度。情势变更制度曾一度写进当时的合同法草案，但在合同法草案表决前夕因为争议较大，最终删去了情势变更制度。1999 年 3 月，合同法通过前夕，第九届全国人大法律委员会作出的《关于〈中华人民共和国合同法（草案）〉审议结果的报告》中提出："三、关于情势变更制度。这是一个很复杂的问题，在合同法起草过程中，就有不同意见。这次大会审议，不少代表提出，根据现有的经验，对情势变更难以作出科学的界定，而且和商业风险的界限也难以划清，执行时更难以操作，实际上只有在非常特殊的情况下才能适用情势变更制度，现在在合同法作出规定条件尚不成熟。法律委员会经过反复研究，建议对此不作规定。”

2008年源自美国次贷危机的国际金融危机席卷全球。为了解决受金融危机影响的合同纠纷，适应司法实践的发展需求，2009年最高人民法院颁布的《关于适用〈中华人民共和国合同法〉若干问题的解释（二)》规定了情势变更制度，以应对合同原有的利益平衡受经济激烈动荡的影响而出现的不公平问题。该司法解释第26条规定，合同成立以后客观情况发生了当事人在订立合同时无法预见的、非不可抗力造成的不属于商业风险的重大变化，继续履行合同对于一方当事人明显不公平或者不能实现合同目的，当事人请求人民法院变更或者解除合同的，人民法院应当根据公平原则，并结合案件的实际情况确定是否变更或者解除。

条文解读

在民法典合同编草案起草过程中，对是否规定情势变更制度也有一些争论，但总体来看，多数意见认为有必要规定情势变更制度。本条根据国际立法趋势，参考境外立法例，在总结我国司法实践经验的基础上，明确规定了情势变更制度，对情势变更制度的适用条件及法律效果作了规定。

一、情势变更制度的适用条件

依照本条规定，情势变更制度的适用需要满足以下基本条件：

一是合同成立后，合同的基础条件发生了重大变化。第一，这种重大变化是一种客观情况，要达到足以动摇合同基础的程度。哪些客观情况能称之为该“重大变化”，要根据客观情况本身及其对合同基础的影响等进行具体判断。第二，这种重大变化应发生在合同成立后至履行完毕前的期间内。如果这种重大变化发生在履行完毕后，合同权利义务因履行完毕而终止，自然没有调整合同权利义务的必要和可能。第三，这种重大变化应当是当事人在订立合同时无法预见的。如果当事人在订立合同时能够预见或者应当预见但没有预见到，或者虽然预见到但没有反映到合同权利义务关系的设定上，由此产生的不利后果均由该当事人自己承受，不能适用情势变更制度对合同关系进行调整。第四，这种重大变化不能属于商业风险。对于合同履行过程中的商业风险，按照独立决定、独立负责的原则，遭受不利的当事人应当自行承担不利后果。某一客观情况的变化是属于正常的商业风险，还是属于可引起情势变更制度适用的“重大变化”，法律无法划定统一的标准，只能在具体个案中综合各方面情况作具体判断，不能单纯以价格涨跌幅度大小、合同履行难易等作简单判断。

二是继续履行合同对于当事人一方明显不公平。意思自治是合同法的基石，当事人之间的合同是双方当事人意思自治的产物，应当得到双方当事人严格遵守。情势变更制度是为了实现合同正义，对当事人意思自治所作的调整，但这种调整必须限制在非常必要的情形内。合同严守是原则，情势变更制度只能是例外。只有在继续履行合同对于一方当事人明显不公平时，才可能适用情势变更制度，对当事人之间的权利义务关系进行干预和调整。

二、情势变更制度的法律效果

满足以上情势变更制度适用条件的，可以产生以下法律效果：一是受不利影响的当事人有权请求与对方重新协商。对于因情势变更造成的双方权利义务严重失衡的状态，受不利影响的当事人请求与对方协商的，对方应当积极回应，参与协商。双方当事人应依诚信，本着公平原则，重新调整权利义务关系，变更或者解除合同。

二是双方当事人在协商过程中，就合同的变更或者解除达不成一致意见，协商不成的，当事人可以请求法院或者仲裁机构作最终裁断。人民法院或者仲裁机构应当结合案件的实际情况，判断是否符合情势变更制度的适用条件，对此人民法院或者仲裁机构应当严格掌握，避免当事人以情势变更制度作为逃避履行合同的借口，损害合同的效力和权威，破坏正常的交易秩序。符合情势变更制度适用条件的，人民法院应当根据公平原则，就变更合同还是解除合同，如何变更合同、解除合同后的法律后果等作出裁断。尤其需要注意的是，适用情势变更制度变更或者解除合同，与当事人依照合同编第 563 条和第 564 条规定主张解除合同，存在实质不同。当事人依照合同编第 563 条和第 564 条规定分别享有的是法定解除权和约定解除权，是当事人本身所享有的民事实体权利。当事人行使合同解除权，可以直接通知对方解除，通知到达对方时，合同解除；当事人依法提起诉讼主张解除合同的，法院判决解除合同是对当事人本身所享有的合同解除权的确认，系确认之诉。而情势变更制度是对当事人权利义务显著失衡状态所作的必要调整，当事人本身并不享有实体法意义上的合同解除权或者变更权，当事人仅在程序上可以向法院或者仲裁机构提出请求，仅是对变更或者解除合同存有一种可能性，最终是否变更或者解除合同，是否有必要对当事人的权利义务进行调整，如何调整，由人民法院或者仲裁机构审酌判定。

三、情势变更制度和不可抗力制度的联系与区别

本条是关于情势变更制度的规定，合同编第590条是关于不可抗力制度的规定。合同编第590条规定："当事人一方因不可抗力不能履行合同的，根据不可抗力的影响，部分或者全部免除责任，但是法律另有规定的除外。因不可抗力不能履行合同的，应当及时通知对方，以减轻可能给对方造成的损失，并应当在合理期限内提供证明。当事人迟延履行后发生不可抗力的，不免除其违约责任。"在合同编制定过程中，对情势变更制度和不可抗力制度之间的关系进行了研究讨论。

合同编草案一审稿曾规定，情势变更制度中合同基础发生的重大变化应当是非不可抗力造成的。合同编草案一审稿第323条规定，合同成立后，订立合同的基础发生了当事人在订立合同时无法预见的、非不可抗力造成的不属于商业风险的重大变化，继续履行合同对于当事人一方明显不公平的，受不利影响的当事人可以请求与对方重新协商；在合理期限内协商不成的，当事人可以请求人民法院或者仲裁机构变更或者解除合同。合同编草案一审稿第380条同时在不可抗力制度中设置专门一款规定，当事人一方因不可抗力致使继续履行合同对其明显不公平的，可以请求人民法院或者仲裁机构变更或者解除合同。有的意见提出，草案一审稿对因不可抗力致使继续履行合同对一方明显不公平的情形与情势变更制度分别规定，从立法上作了明确切分，但在实践中二者的适用界限较难把握，并且在法律效果上相近，都是"可以请求人民法院或者仲裁机构变更或者解除合同"，从有利于实践适用的角度，建议将二者予以合并。经研究，合同编草案二审稿将因不可抗力致使继续履行合同对其明显不公平的情形从不可抗力制度中移出而并入情

势变更制度，删去了第380条中的“当事人一方因不可抗力致使继续履行合同对其明显不公平的，可以请求人民法院或者仲裁机构变更或者解除合同”的单独规定，并将一审稿第323条规定中的“订立合同的基础发生了当事人在订立合同时无法预见的、非不可抗力造成的不属于商业风险的重大变化”修改为“订立合同的基础条件发生了当事人在订立合同时无法预见的、不属于商业风险的重大变化”，删去了“非不可抗力造成的”。

本条是关于情势变更制度的规定，合同编第590条是关于不可抗力制度的规定。就合同编规定的情势变更制度和不可抗力制度之间的关系，可以从以下几个方面予以理解：

不可抗力制度和情势变更制度具有相同之处：一是两者均非商业风险，也都是当事人事先无法预见的情形；二是两者的发生及其影响均不可归责于当事人；三是两者均可能对合同的履行和责任承担造成影响，并产生相应法律后果；四是两者对于合同的影响均出现于合同订立之后履行完毕之前。但二者毕竟是两种不同的制度，具有很多不同之处：

一是制度价值不同。不可抗力制度，主要是一种免责事由，是因发生了双方当事人均不能预见、不能避免、不能克服的客观现象造成的损失，且双方均无过错，所以不承担责任。该制度体现的精神是法律不强人所难，不让无辜者承担意外之责，其在很多国家和地区的立法上均被作为一般免责事由。情势变更制度的法律效果是合同变更或者解除。之所以赋予这样的法律效果，是因为合同订立后、履行完毕前，订立合同的基础条件发生了异常变化，使双方当事人之间的权利义务严重失衡，不符合当事人订立合同时的预期，需要当事人再协商或者由司法、仲裁机构根据当事人的请求和公平原则对权利义务失衡状态再调整，它体现的精神是当事人之间的公平和合同权利义务的对等。

二是适用范围不同。不可抗力制度作为民事责任的一般免责事由，除法律作出的特殊规定外，适用于所有民事责任领域，特别是适用于侵权责任领域和合同领域。情势变更制度则仅为合同领域的一项特殊制度，不适用于其他民事领域。

三是对合同的影响方式和程度不同。不可抗力制度的适用前提是不可抗力造成当事人不能履行合同的后果。情势变更制度是合同基础条件与合同成立时相比出现了当事人无法预见且不可归责于当事人的重大变化，该重大变化对合同的履行也造成了重大影响，但是一般来说合同仍有继续履行的可能，只是继续履行合同对一方当事人明显不公平，例如履行成本显著上升、等价交换关系显著失衡。

四是法律效果不同。适用不可抗力制度体现为免责，对于因不可抗力造成的履行不能，免除全部或者部分责任。但是，其不直接导致变更合同内容，合同部分不能履行的，其他部分继续履行，合同一时不能履行的，影响消除后继续履行。适用情势变更制度则体现为合同的解除或者变更，不直接具有免责效果。在根据该制度调整权利义务前，当事人之间的权利义务关系不变，只有当根据该制度进行调整后，当事人的权利义务关系才按照调整后的内容继续履行。至于如何调整，是解除合同，还是变更合同，如何变更合同，需要法院或仲裁机构在个案中根据具体情况判断。

五是当事人权利行使方式和程序不同。当不可抗力导致不能履行合同时，受不可抗力影响的一方应当及时向对方发出受不可抗力影响不能履行合同的通知，并在合理期限内提供证明。未发出通知导致对方损失扩大的，对于扩大的损失不能免责，对于迟延履行后发生不可抗力的也不能主张免除责任。对于情势变更制度，因情势变化导致合同履行对一方明显不公平时，受不利影响的当事人首先可以通过与对方协商调整失衡的利益，在合理期限内协商不成的，当事人可以请求法院或仲裁机构变更或解除合同。

第五百三十四条　对当事人利用合同实施危害国家利益、社会公共利益行为的，市场监督管理和其他有关行政主管部门依照法律、行政法规的规定负责监督处理。

条文主旨

本条是关于对利用合同实施危害国家利益、社会公共利益行为进行监督处理的规定。

立法背景

民法典明确将自愿原则即意思自治原则作为民法的基本原则。总则编第 5 条规定，民事主体从事民事活动，应当遵循自愿原则，按照自己的意思设立、变更、终止民事法律关系。意思自治原则是合同法的基石，是发展社会主义市场经济的基本要求。民事主体有权自主决定民事法律关系的内容、自主决定民事法律关系的变动，其他任何组织和个人均不得任意干预，要保障当事人享有充分的合同自由。总则编第 130 条规定，民事主体按照自己的意愿依法行使民事权利，不受干涉。合同编第 465 条第 1 款也明确规定，依法成立的合同，受法律保护。

民事主体依照自己意愿订立合同、履行合同、变更和终止合同，行政机关均应当予以尊重，不得随意干预。但是，意思自治原则并不意味着对当事人一点限制都没有，法律基于正当理由是可以对当事人的意思自治予以限制的。例如，合同违反法律、行政法规强制性规定或者违背公序良俗的，应当确认无效；格式条款提供方不合理地免除或者减轻其责任、加重对方责任、限制对方主要权利，或者排除对方主要权利的，格式条款无效；合同中造成对方人身损害、因故意或者重大过失造成对方财产损失的免责条款无效。再如，依照合同编第 494 条的规定，国家根据疫情防控等需要下达指令性任务或者国家订货任务的，有关民事主体之间应当依照有关法律、行政法规规定的权利和义务订立合同。

对自愿原则即意思自治原则的限制，有的需要司法介入，例如对于合同效力的判断，而本条是从行政监督管理的角度对当事人利用合同实施危害国家利益、社会公共利益行为进行监督处理。

条文解读

依本条规定，市场监督管理部门和其他有关行政主管部门的监督处理，应当符合下列条件：第一，监督处理的对象是当事人利用合同实施危害国家利益、社会公共利益的违法行为，不得干涉当事人依法享有的合同权利。第二，应当依照法律、行政法规规定负责监督处理。法律、行政法规对需要监督处理事项作出明确的规定，同时也对有关部门实施监督处理的具体权限和程序作出规定。有关部门应当依法行政，不得超越法定权限，不得违反法定程序。

第五章　合同的保全

本章共八条，对债权人代位权和撤销权制度作了系统规定。保全，又称责任财产的保全，指债权人行使代位权和撤销权，防止债务人的责任财产不当减少，以确保无特别担保的一般债权得以清偿。从保全责任财产的角度，保全属于一般担保的手段。保全责任财产，最终使债权得以保障，从这个意义上来说，保全又为债权的保全。本章名为“合同”的保全，而不是“债权”的保全，主要是结构上的考虑，与其他各章在标题上保持连贯性，但实质内容是债权的保全，属于债法的一般性规则，而不局限于合同领域。

担保分为一般担保和特别担保，债务人以其财产承担债务责任为一般担保，作为一般担保的债务人的财产亦称为责任财产，责任财产的增减与一般债权能否实现关系密切。因为债权人不能支配债务人的财产，倘若债务人任意处分财产、减少责任财产，就会影响一般债权的实现，故法律赋予债权人干预债务人处分责任财产的权利。当债务人消极地怠于行使权利听任责任财产减少影响债权实现时，债权人可以行使代位权，维持责任财产。当债务人积极地减少责任财产影响债权实现时，债权人可以行使撤销权，恢复责任财产。债权人通过行使代位权和撤销权，可以有效防止责任财产的不当减少，使债权得以保全。

第五百三十五条 因债务人怠于行使其债权或者与该债权有关的从权利，影响债权人的到期债权实现的，债权人可以向人民法院请求以自己的名义代位行使债务人对相对人的权利，但是该权利专属于债务人自身的除外。

代位权的行使范围以债权人的到期债权为限。债权人行使代位权的必要费用，由债务人负担。

相对人对债务人的抗辩，可以向债权人主张。

条文主旨

本条是关于代位权行使要件的规定。

立法背景

代位权指债务人怠于行使权利，债权人为保全债权，以自己的名义代位行使债务人对相对人的权利。代位权虽有代位诉权、间接诉权之称，但其仍属债权人的实体权利。从大陆法系立法例来看，并不是所有国家或者地区的民法典都有代位权制度。德国民法典、瑞士民法典中没有代位权制度，这两个国家主要是通过强化对债务人责任财产（比如债务人的债权等）的执行手段，达到保障债权人的债权实现的功能。而法国、日本、意大利等国家的民法典，以及我国台湾地区“民法”都有代位权制度。《法国民法典》第 1341－1 条规定，如果债务人怠于行使自己具有财产性质的权利或者提起具有财产内容的诉讼，对其债权人的权利造成损害的，债权人可以以债务人的名义行使权利或提起诉讼，但该权利或诉讼与债务人人身相关的除外。《日本民法典》第 423 条第 1 款规定，债权人有为保全自己债权之必要时，得行使属于债务人之权利，但专属于债务人的权利及禁止扣押的权利除外。《意大利民法典》第2900条规定，为保障债权人的债权可以实现或者保持其权利，债权人得行使其债务人对第三人享有的权利和诉权，但是以这些权利和诉权包括财产内容并且不涉及根据权利的性质或法典的规定只能由权利人行使的权利或诉权为限。我国台湾地区“民法”第242条规定，债务人怠于行使其权利时，债权人因保全债权，可以自己之名义，行使其权利。但专属于债务人本身者，不在此限。

合同法立足中国实际需要，参考境外立法例规定了代位权制度。债权人可以通过提起代位权诉讼避免自己债权受到损害。当然，债权人也可以不行使代位权，直接向债务人提起诉讼再申请对债务人的债权进行执行。具体通过这两种途径的哪一种来保护自己的债权，给了当事人选择的自由，由债权人视具体情况而定。民法典合同编对代位权制度基本上延续了合同法的规定，同时根据实践发展作了一定修改。最主要的修改之处主要有两点：

一是，修改了代位权的客体。合同法将代位权的客体限定为“债务人的到期债权”，即债权人只能就债务人的到期债权行使代位权，不能就债务人所享有的其他权利行使代位权，比如债务人所享有的合同解除权、因意思表示瑕疵所产生的合同撤销权等，债权人均不能代位行使。如何确定代位权的客体，在民法典编纂过程中，也经历了一个变化过程。一些意见提出，一是将代位权的客体限定为“债务人的债权”，范围过于狭窄，不利于保护债权人的债权。例如，债务人怠于行使为其债权设定的担保权利（包括担保物权和保证），影响债权实现的，也应当纳入代位权适用范围。二是，从规定代位权制度的境外立法例来看，无论是法国、日本、意大利等国家的民法典，还是我国台湾地区“民法”，都没有将代位权的客体限定为“债务人的债权”，只要债务人怠于行使影响其责任财产的权利，一般都可以由债权人代位行使，建议扩大我国代位权客体的范围。民法典合同编草案一审稿和二审稿吸收了这些意见，将代位权的客体规定为“债务人的权利”，即将代位权行使要件之一规定为“债务人怠于行使其权利”。在对合同编草案二审稿征求意见的过程中，又有一些意见提出，将代位权的客体规定为“债务人的权利”，使债权人对债务人的经济活动干预过大。尤其是债务人享有合同解除权、因意思表示瑕疵所产生的合同撤销权等权利时，究竟是解除或者撤销合同对债务人的整体责任财产更为有利，还是不解除或者不撤销合同更为有利，情况比较复杂，债权人不宜直接取代债务人作出决定，建议限缩代位权的客体。当前，实践需求最为迫切的就是将为债务人的债权所设定的担保权利纳入代位权的客体，而对合同法规定的代位权客体“债务人的债权”是否包括作为债权从权利的担保权利，认识并不一致，民法典建议予以明确。经认真研究，综合考量，合同编本条最终将代位权的客体规定为“债权或者与该债权有关的从权利”，“与该债权有关的从权利”主要是指担保权利（包括担保物权和保证）。例如，债权人 A 对债务人 B 享有债权，债务人 B 对相对人 C 享有债权，D 为 B 对 C 的债权设定了抵押，也即债务人 B 对抵押人 D 享有抵押权。如果相对人 C 没有债务清偿能力，但债务人 B 怠于行使对抵押人 D 的抵押权，影响债权人 A 的债权实现的，A 依照本条规定可以代位行使 B 对 D 的抵押权。此外，还有一点需要注意，本条中的“代为行使债务人对相对人的权利”，用的是“相对人”而不是“次债务人”，主要也是与扩大代位权的客体范围有关。因为“次债务人”指的是债务人的债务人，而不能包括为债务人的债权提供担保的抵押人、质押人、保证人等担保人，而使用“相对人”的概念则涵盖范围可以更广。

二是，将代位权的行使要件“对债权人造成损害的”修改为“影响债权人的到期债权实现的”，除了将“造成损害”修改为“影响债权实现”使表述更为精准之外，更为实质的修改是明确了应当影响“到期债权”的实现。依照合同法规定，因债务人怠于行使其到期债权，对债权人造成损害的，债权人可以行使代位权。“对债权人造成损害”是否包括“未到期债权”的实现受到影响，理论和实践中存在一定争议。有的意见认为，一般情况下指的是影响到期债权实现，但在特定情况下也可以包括未到期债权的实现受到影响的情况，例如债权人的债权到期前，存在债务人的债权诉讼时效期间即将届满、债务人的相对人破产等情况，此时为了保护债权人利益，也应当允许债权人代位行使债务人的权利，作出中断诉讼时效、申报债权等必要的行为，该行为在理论上称之为“保存行为”。也有的意见认为，本条规定的是通过向法院提起诉讼行使代位权，而保存行为例如申报债权，并不是提起诉讼，为了中断诉讼时效也不一定要向法院提起诉讼，可以直接向债务人的相对人提出请求，因此将保存行为纳入本条并不合适。经认真研究，将债权人的债权未到期情形下的“保存行为”单列一条予以规定，即合同编第 536 条，而将本条的行使要件明确限定为影响债权人“到期债权”的实现，这两个条文合起来组成完整的代位权适用范围。

条文解读

依照本条规定，债权人行使代位权应当符合以下条件：

一是需债务人享有对外的债权。这是代位权存在的基础。倘若债务人没有对外的债权，就无所谓代位权。

二是需债务人怠于行使其债权或者与该债权有关的从权利。“怠于行使”是指债务人应当行使其权利，且能够行使而不行使。如果债务人已经行使了权利，不管行使权利的实际效果如何，债权人都不能行使代位权。代位权的客体，即债务人怠于行使的权利，不能是专属于债务人自身的权利。专属于债务人自身的权利，例如基于扶养关系所产生的抚养费、赡养费、扶养费请求权只能由债务人自己行使，债权人不能代位行使。

三是债务人怠于行使自己的权利，已影响债权人的到期债权实现。债务人怠于行使权利若不影响债权人的到期债权实现，则不发生代位权。例如，虽然债务人怠于行使某一债权，但债务人的其他资产充足，足以清偿对债权人所负的债务，在这种情况下，债权人不得代位行使债务人的债权。

四是需债务已陷于迟延履行。债务人的债务履行期限未届满的，债权人不能行使代位权。债务履行期限已届满，债务陷于迟延履行，债权人方可行使代位权。

具备上述条件，债权人即可代位行使债务人对相对人的债权或者与该债权有关的从权利。债权人行使代位权的范围，以债务人的债权额和债权人的债权额为限，超越此范围，债权人不能行使。例如，债权人对债务人的债权额为200万元，债务人对相对人的债权额为100万元，债权人只能请求债务人的相对人向债务人清偿100万元，而不能请求偿还200万元。又如，债权人对债务人的债权额为60万元，债务人对相对人的债权额为100万元，债权人行使代位权的请求数额只能是60万元，而不能请求偿还100万元。

债权人行使代位权，提起代位诉讼，法院的判决对债务人是否发生效力？如果债务人作为第三人参加诉讼，法院的判决自然对其发生效力。如果债务人未参加诉讼，法院判决的效力亦及于债务人，债务人不得就债权人行使代位权请求的数额另行起诉，否则违反一事不再理原则。但是，债务人对相对人的债权数额超出债权人行使代位权请求数额的，就超出部分，债务人仍然可以向有管辖权的法院另行起诉相对人。

债权人行使代位权，债务人的相对人的地位不应受到影响，债务人的相对人对债务人的抗辩（不限于抗辩权），如同时履行抗辩权、后履行抗辩、时效届满的抗辩、虚假表示可撤销的抗辩等，同样可以对抗债权人。对此，本条专门增加规定"相对人对债务人的抗辩，可以向债权人主张"。

债权人行使代位权会支出一定的费用，本条第3款规定，债权人行使代位权的必要费用，由债务人负担。

第五百三十六条　债权人的债权到期前，债务人的债权或者与该债权有关的从权利存在诉讼时效期间即将届满或者未及时申报破产债权等情形，影响债权人的债权实现的，债权人可以代位向债务人的相对人请求其向债务人履行、向破产管理人申报或者作出其他必要的行为。

条文主旨

本条是关于保存行为的规定。

立法背景

债权人的债权到期的，债务人怠于行使其权利，影响债权人的债权实现的，债权人可以直接向法院提起代位权诉讼。但是债权人的债权未到期的，债务人怠于行使权利的行为也可能会影响债权人的债权将来实现，例如债务人的债权诉讼时效期间即将届满而债务人仍不积极主张权利、债务人的相对人破产而债务人怠于申报破产债权等。为了保护债权人的利益，即使债权人的债权未到期，也应当允许债权人代位行使债务人的权利，作出中断诉讼时效、申报债权等必要的行为，该行为在理论上称之为"保存行为"。设立代位权制度的境外一些立法例也对保存行为作了规定。例如，《日本民法典》第 423 条第 2 款规定，债权人的债权期限未届至的，债权人不得行使被代位权利，但保存行为不在此限。我国台湾地区"民法"第 243 条规定，前条债权人之权利（代位权），非于债务人负迟延责任时，不得行使。但专为保存债务人权利之行为，不在此限。

条文解读

本条参考境外立法例，根据我国的实践需求，对保存行为作了规定。本条列举规定了保存行为的两种典型类型，一是债权人可以代位债务人作出中断诉讼时效的行为。针对的是债权人的债权到期前，债务人的债权或者与债权有关的从权利存在诉讼时效期间即将届满的情况。例如，债权人甲对债务人乙享有债权，债务人乙对丙享有债权，保证人丁为乙对丙的债权提供了保证担保，丙自身无财产，现债务人乙对保证人丁所享有的保证债权的诉讼时效期间即将届满仍不积极主张权利，影响甲对乙的债权将来实现的，甲可以依照本条规定，代位向丁主张保证债权，请求丁向乙履行保证债务。二是债权人可以代位向破产管理人申报破产债权。针对的是债务人的相对人破产，债务人不积极申报破产债权，影响债权人的债权将来实现的，债权人可以代位向债务人的相对人的破产管理人申报破产债权。保存行为不限于以上两种类型，本条在“未及时申报破产债权”后还有一个“等”字，并规定了“作出其他必要的行为”，以适应实践发展需求。

第五百三十七条　人民法院认定代位权成立的，由债务人的相对人向债权人履行义务，债权人接受履行后，债权人与债务人、债务人与相对人之间相应的权利义务终止。债务人对相对人的债权或者与该债权有关的从权利被采取保全、执行措施，或者债务人破产的，依照相关法律的规定处理。

条文主旨

本条是关于代位权行使效果的规定。

立法背景

债权人行使代位权，对债务人、债务人的相对人和债权人都会产生一定的法律效果。行使代位权的债权人可否优先于其他债权人受偿，在理论和实践中存在着一定争议。传统民法坚持“入库规则”，即从债的平等性原则出发，债权人行使代位权应当把代位权所取得的财产“入库”，即归属于债务人，然后所有债权人再从债务人处平等受偿。但“入库规则”在实践中也产生了打击债权人行使代位权的积极性，不利于发挥制度功能等问题，因此很多意见建议要改变传统的“入库规则”。

一、境外立法情况

设立代位权制度的传统民法典，比如法国民法典、2017年修改前的日本民法典、我国台湾地区“民法”都实行“入库规则”，突出代位权制度对债务人责任财产的保全功能，债权人不能就行使代位权所取得的财产利益直接受偿。但在这些国家和地区，“入库规则”也遭到了一些学者的质疑，尤其是实务界反对意见很大。在2016年法国债法改革和2017年日本债法改革中都对要不要改变“入库规则”进行了激烈的争论，但争论的结果却大不相同。尽管有反对意见，法国债法改革最终依然维持了传统的“入库规则”，债权人通过行使代位权所取得的财产利益要归入债务人的财产“库”中，债权人不能相对其他债权人先予受偿。但在法律有明确规定的情形下，债权人可以直接要求债务人的债务人对其进行清偿。修改后的《法国民法典》第1341－3条规定，在法律有明文规定的场合，债权人可以直接要求其债务人的债务人对其进行清偿。其典型的例子就是责任险中受害人对于侵权人的保险人所享有的直接请求清偿的权利。2017年日本债法改革对是否改变传统“入库规则”经历了一个较为波折的过程。日本民法典自仿效法国民法典设立代位权制度以来，一直秉持“入库规则”，债权人通过代位权诉讼要求债务人的相对人向债务人清偿债务，以保护自己的债权，为后续的强制执行作准备。但是日本的强制执行法并没有给行使代位权诉讼的债权人以特殊待遇，该债权人仍然要与其他债权人一起平等通过强制执行程序实现债权，这极大打击了债权人行使代位权的积极性。实践中，日本一些司法判例开始对传统的“入库规则”予以变通，允许债权人请求债务人的相对人向自己交付财产，债权人再以自己对债务人所负的财产返还义务与债务人对自己所负的债务抵销，从事实上达到债权人就行使代位权所得财产利益优先于其他债权人受偿的效果。在债法改革中，是否要将债权人事实上先予受偿的效果予以法律明文化，可以说是修改过程中争议很大的一个问题。2013 年 2 月公布的《中间试案》对此持否定态度，规定债权人有权要求债务人的相对人向自己交付金钱或其他权利，债务人的相对人交付后，债权人对债务人负有返还义务，但债权人无权以自己对债务人所负的财产返还义务与债务人对自己所负的债务抵销。理由是，仅通过抵销达到事实上优先于其他债权人受偿的效果，与具有相同功能的强制执行制度不协调。为了保护债务人和债务人的相对人的程序权利，债权人行使代位权受领债务人的相对人交付的财产后，仍然要通过强制执行程序实现债权。实务界强烈反对《中间试案》采取的这一方案，认为如果否定债权人通过抵销达到事实上优先于其他债权人受偿的效果，将在实务中产生很多弊端；可以在各个具体案件中用“抵销权滥用”这一法理来衡量是否应该承认债权人事实上优先于其他债权人受偿的效果，而不是在法条中直接否定。基于实务界的强烈反对，日本债法改革最终认可了债权人可以通过抵销达到事实上优先于其他债权人受偿的效果。修改后的《日本民法典》第 423 条第 3 项规定，债权人行使被代位权利之情形，被代位权利以支付金钱或交付动产为标的时，得对相对人请求向自己为其支付或者交付。于此情形，相对人对债权人作出其支付或交付时，被代位权利因此而消灭。按照日本民法典的规定，债权人接受债务人的相对人交付的财产后，仅是被代位权利消灭，债权人与债务人之间的权利义务关系并不自动消灭。债权人需要通过主张将自己对债务人的财产返还债务与债务人对自己所负的债务抵销，来解决债权人与债务人之间相应权利义务关系问题，最终达到债权人先于其他债权人受偿的效果。

二、我国立法和司法实践情况

在合同法起草时，就对代位权的行使效果进行过讨论。“入库规则”曾写进合同法草案中。合同法草案（征求意见稿）规定：行使代位权取得的财产，归债务人后再清偿债权。对此因存在争议，合同法最终删去了该规定。在合同法颁布实施后，最高人民法院于1999年12月19日颁布《关于适用〈中华人民共和国合同法〉若干问题的解释（一）》，对代位权制度的具体适用问题作了规定。该司法解释第20条规定，债权人向次债务人提起的诉讼经人民法院审理后认定代位权成立的，由次债务人向债权人履行清偿义务，债权人与债务人、债务人与次债务人之间相应的债权债务关系即予消灭。按照我国学界的说法，该规定对代位权的行使效果问题采取的是“直接受偿规则”，即省去先将代位权诉讼所取得财产归属于债务人的“入库”环节，可以由债务人的相对人直接向债权人履行债务。按照“直接受偿规则”，由债务人的相对人直接向债权人履行债务后，债权人与债务人、债务人与次债务人之间相应的债权债务关系都自动消灭。

在民法典编纂过程中，对于代位权的行使效果是采取“入库规则”，还是采取“直接受偿规则”，也产生了较大的争议。

支持“入库规则”的观点认为，债权人行使代位权只是代位行使债务人的权利，目的在于保全债务人的责任财产，充实债务人一般担保的实力，债务人的相对人偿还的财产为全体债权人的共同担保物，故行使代位权的债权人不能因此先受偿，而应当与其他债权人处于同等地位受偿。如果实行“直接受偿规则”，使行使代位权的债权人先于其他债权人接受清偿，有违债的平等性原则。

支持“直接受偿规则”的观点认为，一是债的平等性原则只是从抽象意义上来说的，并不排斥“先到先得”，就像执行程序，哪个债权人先取得执行名义并先申请执行，就可以先取得债务人的财产。代位权诉讼属于个案的普通诉讼，毕竟不是债务人清算程序或者破产程序，不需要集中一并处理所有债权人的债权问题，由提起代位权诉讼的债权人直接受偿，不违背债的平等性原则。二是债权人提起代位权诉讼，既需要证明债权人对债务人享有债权的事实，还需要证明债务人对相对人享有债权并怠于行使该权利，需要花费大量的金钱、时间和精力。如果实行“入库规则”，将代位权诉讼取得的财产利益归属于债务人，再由所有的债权人平等受偿，这样既不具有可操作性，也会使债权人丧失提起代位权诉讼的积极性，各债权人都希望他人提起代位权诉讼而自己“搭便车”，不利于代位权制度发挥其作用。三是如果坚持“入库规则”，代位权诉讼取得的财产先归属于债务人，债务人也可能仍然拒绝清偿对债权人所负的债务，此时债权人再以债务人为被告提起诉讼，徒增当事人的讼累，浪费司法资源，不符合诉讼经济原则，甚至还可能会产生人民法院对另行提起的诉讼和代位权诉讼作出不同判决的情形。

条文解读

通过参考境外立法情况并总结我国司法实践经验，经过认真研究，反复权衡，为了有利于调动债权人行使债权的积极性，强化对债权实现的保护力度，本条对于代位权的行使效果采纳了“直接受偿规则”，使代位权制度既具有防止债务人责任财产减少的保全功能，又能在一定程度上达到促成债权人的债权实现的效果。根据本条规定，债权人提起代位权诉讼，人民法院认定代位权成立的，由债务人的相对人向债权人履行义务，债权人接受履行后，债权人与债务人、债务人与相对人之间相应的权利义务终止。需要注意的是，本条规定的是“相应的”权利义务终止，即债权人与债务人、债务人与相对人之间权利义务只是就相对人向债权人履行债务的这一数额部分终止。试举一例予以说明。债权人甲对债务人乙享有 100 万元到期债权，债务人乙对相对人丙享有 80 万元债权，债务人乙怠于行使对丙的债权，影响债务人乙对债权人甲的债权实现。甲依法对丙提起代位权诉讼，法院认定代位权成立，由丙向甲履行 80 万元债务后，乙与丙之间的债权债务终止，但甲与乙之间的债权债务并没有全部终止，只是 80 万元部分的债权债务终止。在代位权诉讼后，甲仍可向乙另行提起诉讼，要求乙清偿剩余的 20 万元债务。

本条还对代位权之诉与债权（或与该债权有关的从权利）的保全、执行、债务人破产之间的关系作了规定。

实践中，在债务人有多个债权人的情形下，可能有的债权人提起代位权之诉，而有的债权人直接起诉债务人并申请对债务人的债权（或与该债权有关的从权利）采取了保全措施，或者也有的债权人直接起诉债务人并取得了生效判决，已经进入执行程序，债务人的债权已经被采取了查封等执行措施。关于如何处理代位权之诉与债权保全、债权执行之间的关系问题，存在着一些观点，认为我国代位权行使的法律效果既然采取了“直接受偿规则”，允许债务人的相对人直接向债权人履行债务，就实际上赋予了行使代位权的债权人优先受偿权的性质，因此即使债务人的相对人对债务人的债权被采取了保全、执行措施，行使代位权的债权人的债权仍然处于优先地位。

这种观点实际上是对代位权行使效果的误解。代位权行使的效果采取“直接受偿规则”，规定由债务人的相对人直接向债权人履行债务，只是产生了使行使代位权的债权人先于其他债权人受清偿的实际效果，目的并不是要赋予行使代位权的债权人一种类似担保物权、建设工程价款优先受偿权这样的优先权。债务人破产的，也存在着一些误解，认为提起代位权诉讼的债权人的债权可以排除适用企业破产法的有关规定。

为了避免这些误解，本条明确规定，债务人对相对人的债权或者与该债权有关的从权利被采取保全、执行措施，或者债务人破产的，依照相关法律的规定处理。

1. 关于债务人对相对人的债权（或者与该债权有关的从权利）被采取保全、执行措施。代位权行使的“直接受偿规则”秉持先到先得，谁先提起代位权诉讼，谁就可以直接接受相对人的履行，先实现债权，而担保物权、建设工程价款优先权不论行使权利的时间先后，都优先于其他债权受偿。再进一步讲，代位权行使的“直接受偿规则”使代位权制度不仅具有保全的功能，还具有了一定的债权实现功能，在这种意义上，代位权诉讼也可以理解为实现债权的一种途径。除了这种途径之外，一些债权人可能会选择走直接起诉债务人再申请强制执行债务人的债权的途径，在直接起诉债务人的同时，也可能会对债务人的债权申请采取保全措施。债权人提起代位权诉讼与直接起诉债务人，这两种途径并不存在优先顺位问题，不能认为提起代位权诉讼的债权人要优先于直接起诉债务人的债权人受偿。债权人提起代位权诉讼，不影响其他债权人直接起诉债务人。即使债权人已经提起代位权诉讼，其他债权人直接起诉债务人的，仍然可以按照民事诉讼法的规定，对债务人的债权采取保全措施；直接起诉债务人的债权人拿到生效判决的，可以执行债务人对相对人的债权。代位权诉讼胜诉，人民法院判决由债务人的相对人向债权人履行债务的，提起代位权诉讼的债权人也可以申请强制执行。提起代位权诉讼的债权人与直接起诉债务人的债权人，在执行程序中平等对待，按照有关强制执行的法律规定确定各债权人的债权受偿问题。试举一例予以说明：债权人甲和债权人乙分别对债务人丙享有 100 万元债权，债务人丙对丁享有 100 万元债权。债权人甲通过代位权诉讼取得了对丁的胜诉判决，判决丁向甲履行 100 万元债务，现已进入执行程序。债权人乙直接起诉债务人丙，也取得了胜诉判决，现也进入执行程序。在执行程序中，甲的债权不能因为胜诉判决是通过代位权诉讼取得的，就优先于乙的债权受清偿。甲、乙的债权在执行程序中平等对待，按照有关执行程序的法律规定处理。

2. 关于债务人破产。债务人破产情形的主要误解是，在人民法院受理破产申请前 6 个月内，债务人的相对人已经按照代位权诉讼判决向提起代位权诉讼的债权人履行债务的，排除适用《企业破产法》第 32 条规定，管理人不得请求撤销。《企业破产法》第 32 条规定："人民法院受理破产申请前六个月内，债务人有本法第二条第一款规定的情形，仍对个别债权人进行清偿的，管理人有权请求人民法院予以撤销。……”《企业破产法》第2条第1款规定，企业法人不能清偿到期债务，并且资产不足以清偿全部债务或者明显缺乏清偿能力的，依照本法规定清理债务。依照合同编本条规定，债权人提起代位权诉讼，债务人的相对人向债权人履行债务，债权人接受履行后，债权人的债权得到事实上的清偿，虽然并不是由债务人直接向债权人履行债务使债权得到清偿，但也不能排除《企业破产法》第32条的适用；符合《企业破产法》第32条规定情形的，管理人仍然可以请求人民法院撤销债务人的相对人对债权人的清偿。

第五百三十八条　债务人以放弃其债权、放弃债权担保、无偿转让财产等方式无偿处分财产权益，或者恶意延长其到期债权的履行期限，影响债权人的债权实现的，债权人可以请求人民法院撤销债务人的行为。

条文主旨

本条是关于撤销债务人无偿行为的规定。

立法背景

撤销权亦称废罢诉权，指债务人有积极减少责任财产，影响债权实现的行为，债权人享有撤销该行为的权利。债权人撤销权与代位权都具有保全债务人责任财产的功能，但又有所差异。债权人行使代位权是防止债务人消极行使权利而听任责任财产不当减少，债权人行使撤销权是通过撤销债务人积极减少责任财产的不当行为来达到债权保全的目的。本章将债务人积极减少责任财产的不当行为区分为两种类型，分别对债权人撤销权的成立要件予以规定。本条规定的是撤销权第一种类型，主要是针对债务人无偿处分财产的行为。另一种类型，主要是针对债务人有偿处分财产的行为，本编第539条对此予以规定。

条文解读

本条对债务人无偿处分财产情形下撤销权的成立要件及行使作了规定。

一、债务人无偿处分财产情形下撤销权的成立要件

根据本条规定，债务人无偿处分财产行为的，撤销权的成立要具备以下要件：

一是债务人要有无偿处分财产的行为。本条对几种比较典型的无偿处分财产的行为予以列举，包括债务人放弃其债权、放弃债权担保、无偿转让财产等。此处的“放弃其债权”“放弃其债权担保”与怠于行使债权或者怠于行使担保权不同。“放弃其债权”“放弃其债权担保”一般要通过民事法律行为的形式作出，并且该债务人的债权可能已届清偿期，也可能未届清偿期，债权人都可以通过撤销权制度予以撤销。对于怠于行使债权或者怠于行使担保权，既然称之为“怠于”，那么该债务人的债权应当已届清偿期，该担保权也具备了行使条件。如果债务人没有放弃债权、放弃债权担保的民事法律行为，仅是怠于行使债权或者担保权，债权人通过代位权制度保全债务人责任财产即可，无需提起撤销权诉讼。无偿转让财产的行为，既包括无偿转让动产或者不动产等有形财产的行为，也包括无偿转让股权、债权、知识产权、网络虚拟财产等财产权益的行为；既可以是双方民事法律行为，例如债务人通过赠与合同处分财产，也可以是单方民事法律行为。除了以上几种比较典型的无偿处分财产行为外，本条还用了一个“等”字用以涵盖其他各种无偿处分财产的行为。对于无偿处分财产的行为，不问债务人的主观动机如何，均可予以撤销。无偿处分财产的行为主要是民事法律行为，当然对于债务人作出的无效民事法律行为直接主张无效即可，无须撤销。对于事实行为，如债务人毁损责任财产，则无从撤销。对于债务人的身份行为，如结婚、离婚、收养等，也可能会影响到债务人的财产状况，但不能成为撤销权行使的对象，否则就构成了对债务人人身权利的不当限制。此外，本条还借鉴吸收司法实践经验，规定债权人也可以撤销债务人恶意延长其到期债权的履行期限的行为。“恶意”是指债务人知道其延长到期债权履行期限的行为会影响债权人的债权实现仍然实施。如果债务人的债权履行期限届满后，债务人的相对人暂无力履行债务而与债务人就履行期限问题重新协商，债务人付出适当代价以换取履行期限延长的，则不属于本条撤销权行使的对象。

二是债务人的行为要影响债权人债权的实现。债务人无偿处分财产等行为，要影响到债权人债权的实现，方有予以撤销的必要。本条并不要求债务人必须要有损害债权的主观过错，从强化对债权实现的保护力度出发，只要是债务人的行为在客观上影响到债权人债权的实现，就可以行使撤销权。一般来说，债务人的不当行为要发生在债权人的债权设立后；如果债务人的不当行为发生在先、债权成立在后的，一般很难说是债务人的不当行为与影响债权人债权实现之间存在联系。当然也不排除个别情况下，债务人知道债权即将设立，为了损害将来的债权提前故意作出不当行为。本条规定的是债务人的行为是无偿情形下撤销权的成立要件，也不要求利益受到影响的债务人的相对人主观上存在过错，不管债务人的相对人对于其与债务人之间的行为影响债权人的债权实现是否知情，都不影响撤销权的成立。这一点与债务人的行为是有偿情形下撤销权的成立有所不同。至于如何认定“影响债权人债权的实现”要结合债权人的债权情况、债务人的责任财产状况等在个案中予以具体判断，不可僵化理解，既要防止对债务人行为的不当、过分干预，也要防止设定过于严苛的条件损害撤销权的正常行使。撤销权与代位权同为保全债务人责任财产的手段，但在“债务人的行为影响债权人债权的实现”这个要件上有所不同。依照本编第535条的规定，代位权的成立，以债务人怠于行使权利的行为“影响债权人的到期债权实现”为条件，即债权人的债权未到期的，除了第536条规定的中断诉讼时效等保存行为外，债权人不得行使代位权。而对于撤销权，不管债务人的不当行为是影响债权人的到期债权实现还是影响债权人的未到期债权将来实现的，债权人均可以行使撤销权，对此不作限制，当然在具体认定标准的把握上可能会有所不同。

二、关于撤销权的行使

撤销权的行使主体是指因债务人的行为影响其债权实现的债权人。债权人有多个的，每个债权人都享有撤销权，但多个债权人都提起撤销权诉讼的，法院一般合并审理。债权人的撤销权不同于合同解除等普通的形成权。享有解除权的当事人可以通知的方式解除合同，通知一般自到达对方时解除。债权人的撤销权在学理上被称为“形成诉权”，即只能以提起诉讼的方式行使。本条要求只能以诉讼的方式行使撤销权，原因在于撤销权是对债务人行为自由的干预，打破了合同相对性原则，直接影响到第三人的利益，由法院对撤销权的行使予以审查，有利于防止撤销权的不当使用，并有利于使各方的法律关系及时得以明确，使被打破的秩序及时稳定下来。债权人行使撤销权也不能通过仲裁的方式行使。

第五百三十九条　债务人以明显不合理的低价转让财产、以明显不合理的高价受让他人财产或者为他人的债务提供担保，影响债权人的债权实现，债务人的相对人知道或者应当知道该情形的，债权人可以请求人民法院撤销债务人的行为。

条文主旨

本条是关于撤销债务人有偿行为的规定。

立法背景

若债务人的行为是有偿行为，债务人的相对人取得利益也付出了代价，与债务人的行为是无偿行为相比，在设计撤销权成立要件时，需要更重视对交易安全因素的考量，需要更加严格适用。

条文解读

根据本条规定，债务人的行为是有偿行为情形下撤销权的成立要件包括：

一是要有以明显不合理的低价转让财产、以明显不合理的高价受让他人财产或者为他人的债务提供担保的行为。债务人以明显不合理的低价转让财产、以明显不合理的高价受让他人财产的，虽然债务人的相对人也付出了一定代价，但因其明显不合理，实际上减少了债务人的责任财产，可以成为撤销权的行使对象。至于何谓“明显不合理的低价”“明显不合理的高价”，需要结合具体交易情况，在个案中作具体判断。“为他人的债务提供担保的行为”是在合同法基础上增加的。“为他人的债务提供担保的行为”，既包括为他人的债务担任保证人，也包括为他人的债务以自己的财产设定抵押、质押等，这些行为也会对债权人的债权实现造成重大影响，因此本条将其纳入撤销权的行使对象。

二是债务人的行为影响债权人的债权实现。债务人以明显不合理的低价转让财产、以明显不合理的高价受让他人财产或者为他人的债务提供担保的行为，要在客观上影响债权人债权的实现，方能撤销。至于如何认定“影响债权人债权的实现”，要结合债权人的债权情况、债务人的责任财产状况等在个案中予以具体判断。此外，不管债务人的行为是影响债权人的到期债权实现还是影响债权人的未到期债权将来实现的，债权人均可以行使撤销权。

三是债务人的相对人主观上存在恶意。这一要件与债务人的行为是无偿行为时行使撤销权有所不同。对于债务人以明显不合理的低价转让财产或者以明显不合理的高价受让他人财产，债务人的相对人毕竟付出了代价，如果仅以价格明显不合理为由撤销债务人的行为，将会严重损害交易安全。因此，本条将债务人的相对人主观上存在恶意作为该情形下撤销权的成立要件。对于债务人为他人的债务提供担保，他人债务的债权人即担保权人往往正是因为有该项担保，而与该“他人”从事某项交易。例如，债务人甲的责任财产已不够清偿现有债权，但甲仍然为他人（乙）的债务提供担保，以自己的财产为乙的债权人丙设定了抵押，担保乙对丙所负 100 万元借款债务的履行。这种情形下，从保护交易安全来说，要对债务人为他人的债务提供担保的行为（即所举例子中甲为乙的借款债务向丙提供担保的行为）行使撤销权，需要债务人的相对人，即该他人债务的债权人（丙）在主观上存在恶意。

债务人的相对人在主观上存在恶意，指债务人的相对人知道或者应当知道债务人的行为影响债权人的债权实现，该要件的举证责任由行使撤销权的债权人承担。如果债务人的相对人在主观上并不存在恶意，对债务人的有偿行为或者债务人提供担保的行为影响债权人的债权实现的情况并不知情，那么债权人也不得撤销债务人的行为。

第五百四十条　撤销权的行使范围以债权人的债权为限。债权人行使撤销权的必要费用，由债务人负担。

条文主旨

本条是关于撤销权行使范围的规定。

立法背景

债权人向人民法院提起诉讼，行使撤销权的目的在于恢复债务人的责任财产而保全债权，这在一定程度上限制了债务人自由处分财产的权利，突破了合同相对性原则，也会对债务人的相对人的利益产生一定影响。因此，债权人行使撤销权的范围不宜过宽。

条文解读

依照本条规定，债权人行使撤销权的范围应以自己的债权为限。例如，债权人对债务人享有50万元的金钱债权，债务人无偿或者低价处分财产的行为有多项，既将自己价值50万元的汽车赠与他人，又将房产以低于市价50万元的价格出售于他人，那么债权人应当在债务人减少责任财产50万元的额度范围内请求撤销债务人的行为，可以选择撤销债务人的汽车赠与行为或者低价出售房产的行为之一，但不得请求将汽车赠与行为和低价出售房产行为这两项行为一并撤销。当然，如果债务人的行为是无法分割的，即使债务人减少责任财产的数额超过了债权人的债权额，债权人也可以撤销。例如，债权人对债务人享有50万元的金钱债权，债务人将房产以低于市价100万元的价格出售于他人，此时债权人可以就整个低价处分房产的行为予以撤销，而不限制在只撤销低于市价50万元的部分。两个或者两个以上债权人同时提起撤销权诉讼，请求撤销债务人的行为的，人民法院可以合并审理，以各债权人为原告，债务人为被告，此时撤销权的行使范围以作为原告的各债权人的债权额总和为限。如果债权人人数众多，也可以通过代表人诉讼的形式行使撤销权。《民事诉讼法》第53条规定，当事人一方人数众多的共同诉讼，可以由当事人推选代表人进行诉讼；代表人的诉讼行为对其所代表的当事人发生效力，但代表人变更、放弃诉讼请求或者承认对方当事人的诉讼请求，进行和解，必须经被代表的当事人同意。依照《民事诉讼法》第53条的规定，多个债权人可以推选代表人进行诉讼，此时撤销权的行使范围以推选代表人的各个债权人的债权额总和为限。

债权人行使撤销权会支付一定的费用。依照本条规定，债权人行使撤销权的必要费用，由债务人负担。

第五百四十一条　撤销权自债权人知道或者应当知道撤销事由之日起一年内行使。自债务人的行为发生之日起五年内没有行使撤销权的，该撤销权消灭。

条文主旨

本条是关于撤销权行使期间的规定。

立法背景

债权人行使撤销权，是对债务人行为的限制，债务人影响债权人的债权实现的行为被撤销的，自始没有法律约束力。因此，债权人撤销权的行使足以改变既存秩序，也会对交易安全制度带来一定的挑战。为了保持社会秩序的相对稳定，应当对撤销权的行使期间作一定的限制。

就撤销权行使期间的性质，理论上有除斥期间和诉讼时效两种学说。除斥期间是法律为形成权设定的行使期间。所谓形成权，是指因单方民事行为即能引起民事法律关系产生、变更终止的权利。除斥期间届满，形成权消灭。除斥期间与诉讼时效，都可以督促当事人行使权利，但二者却有质的不同：

第一，诉讼时效适用于请求权，请求权是请求他人为一定行为或者不为一定行为的权利。除斥期间适用于形成权。

第二，诉讼时效的适用范围无须法律特别规定，只需符合法院受案范围的请求权，均可援用诉讼时效。除斥期间的适用需由法律明确规定。

第三，诉讼时效有中止、中断、延长的制度，除斥期间则是固定不变的，所以除斥期间又有不变期间之称。

第四，诉讼时效届满，消灭的是胜诉权，当事人的请求权依然存在，只不过义务人可以时效届满为由提出不履行义务的抗辩。除斥期间届满，消灭的是实体权利，当事人不能再行使该权利。

主张撤销权时效是诉讼时效的观点认为，撤销权是请求权，即请求撤销债务人行为的权利，不是形成权，债权人不可以自行撤销债务人行为，故撤销权的时效应为诉讼时效。主张撤销权是除斥期间的观点认为，撤销权属于形成权的一种，债权人未及时行使撤销权的，撤销权消灭，撤销权时效属于除斥期间。

条文解读

依照本条规定，撤销权的行使期间为除斥期间。撤销权原则上应在债权人知道或者应当知道撤销事由之日起 1 年内行使，但自债务人的行为发生之日起 5 年内没有行使的，撤销权消灭。将撤销权行使期间起算点规定为“债权人知道或者应当知道撤销事由之日起”有利于保护债权人的利益，防止其因不知撤销事由存在而错失撤销权的行使。同时规定“自债务人的行为发生之日起五年”的客观期间，有助于稳定民事法律关系，维护交易秩序。

第五百四十二条　**债务人影响债权人的债权实现的行为被撤销的，自始没有法律约束力。**

条文主旨

本条是关于债务人行为被撤销的法律效果的规定。

立法背景

合同法未对债务人影响债权人的债权实现的行为被撤销的法律效果作出规定，一些意见提出，法律有必要对此予以明确。

条文解读

依照本条规定，债权人的撤销权成立，债务人的行为被人民法院撤销的，债务人的行为自始没有法律约束力。债务人放弃其债权、放弃债权担保的行为被撤销后，债务人的相对人仍对债务人负有债务、担保人仍对债务人负有担保责任。债务人无偿或者低价转让财产的行为、高价受让财产的行为被撤销后，债务人尚未给付的，不得再向相对人给付，相对人也不再享有请求债务人给付的权利；债务人已经向相对人给付的或者已经互相给付的，债务人、债务人的相对人负有返还财产、恢复原状的义务，不能返还的应当折价补偿。债务人为他人的债务提供担保的行为被撤销后，债务人不再负有担保责任；债务人已经承担担保责任的，担保权人对债务人负有返还义务。

在合同编起草过程中，有的意见提出，如果对于行使撤销权后的法律效果仅是规定债务人的行为自始没有法律约束力，并不能解决因债务人的行为被撤销后债务人的相对人返还财产的问题，建议规定债权人在提起撤销权诉讼的同时可以一并提起代位权诉讼，允许债权人在债务人的行为被撤销的同时，直接以债权人的名义请求债务人的相对人返还财产，这样有利于减少债权人的权利实现成本，促进债权实现。民法典合同编草案一审稿和二审稿均在本条规定中设第 2 款，即“债权人请求人民法院撤销债务人行为的，可同时依法以自己的名义代位行使债务人在其行为被撤销后对相对人所享有的权利。”

对此，又有一些不同意见提出，债权人和债务人虽然都具有保全债权的功能，但二者的行使要件并不相同，行使撤销权要求债务人的相对人在主观上存在恶意，而行使代位权并不作此要求；代位权的行使要求债权人的债权已经到期，而对影响债权人未到期债权实现的行为也是可以行使撤销权的。债务人的行为被撤销后，如果债权人的债权仍然未到期，即使规定撤销权和代位权一并行使，此时因为不符合代位权的行使要件而无法一并行使。代位权的行使还要求债务人怠于行使权利，而债务人的行为被撤销后，债务人并不一定会怠于行使要求相对人返还财产的权利，而如果规定代位权和撤销权一并行使恰恰可能导致实践中虚化债务人怠于行使权利这一代位权的行使要件，过于干涉债务人支配、处分自己财产的自由。还有的意见进一步提出，如果允许撤销权和代位权一并行使，债务人的行为被撤销后，债权人可以直接行使代位权请求债务人的相对人返还财产，再加上合同编第 537 条对代位权的法律效果采取的是直接受偿规则，债权人可以直接接受债务人的相对人向自己返还财产，这就意味着债权人通过撤销权和代位权一并行使直接实现了自己的债权，对行使撤销权的债权人保护过度，而对其他债权人过于不公平。也有的意见提出，撤销权和代位权一并行使可能会导致物上请求权和债权请求权的混淆。在债务人将自己的动产或者不动产低价转让并实际交付给相对人，债权人行使撤销权撤销了债务人的行为后，该动产或者不动产的所有权自动回复至债务人，也即该债务人对相对人享有的应当是物权请求权，而不是债权请求权，债权人想要实现自己的债权，可以通过起诉直接债务人获得胜诉判决再强制执行债务人享有所有权的该动产或者不动产，而不是提起代位权诉讼，代位债务人向相对人主张债权请求权。也有的意见从程序法的角度提出，代位权之诉与撤销权之诉的当事人不同，代位权之诉以债务人的相对人为被告，而撤销权之诉往往以债务人为被告；两个诉的管辖法院也很可能不同；代位权和撤销权的成立要件不同，两个诉的审理对象也就不同。因此，代位权之诉与撤销权之诉一并提起进行合并审理，在诉讼程序上面临着诸多难题。也有的意见提出，撤销权之诉和代位权之诉是否可以一并提起，应当由法院结合案件的实际情况进行判断，如果分别符合撤销权和代位权的成立要件，并且适宜一并提起诉讼的，法院可以允许，但不宜在民法典中概括规定撤销权之诉和代位权之诉可以一并提起。经认真研究，反复权衡，合同编最终删除了合同编草案一审稿、二审稿关于代位权之诉和撤销权之诉可以一并提起的规定。

第六章　合同的变更和转让

本章共十四条，是关于合同的变更和转让的规定。本章主要对合同变更、债权转让、债务转移、债务加入、合同权利和义务的一并转让等作出了规定。在合同法规定的基础上，本章更为明确了债务加入的规则，完善了债权禁止转让特约、债务人在债权转让中的抵销权等规则。

第五百四十三条　当事人协商一致，可以变更合同。

条文主旨

本条是关于当事人协商一致变更合同的规定。

立法背景

自 1999 年《中华人民共和国合同法》颁布以来，理论和实践对该规则未有争议，本法予以沿袭。

条文解读

合同的变更是指合同成立后，当事人对合同的内容进行修改或者补充。本条规定的合同变更，不包括合同当事人或者合同主体的改变，债权人和债务人的改变，是通过本章债权转让、债务转移等制度调整的。

合同是当事人经协商一致达成的，合同成立后，就对当事人具有法律约束力，任何一方未经对方同意，都不得改变合同的内容。但是，当事人在订立合同时，有时无法对涉及合同的所有问题都作出明确的约定；合同订立后，也会出现一些新的情况变化，导致合同内容需要调整。因此，当事人可以本着协商的原则，依据合同成立的规定，确定是否就变更事项达成协议，本法第 5 条也明确规定，民事主体从事民事活动，应当遵循自愿原则，按照自己的意思设立、变更、终止民事法律关系。如果双方当事人就变更事项达成了一致意见，变更后的内容就取代了原合同的内容，当事人就应当按照变更后的内容履行合同。

合同变更，首先，要求存在已成立的有效合同关系，这是合同变更的前提，无效、被撤销、确定不发生效力的合同不能被变更。

其次，要求对合同的内容进行了变更。合同变更可能是数量的增加或者减少；既可能是履行地点的变更，例如由北京改为上海，也可能是履行方式的改变，例如由出卖人送货改为买受人自己提货；既可能是合同履行期的提前或者延期，也可能是违约责任的重新约定；当事人给付价款或者报酬的调整更是常发生的合同变更事项；合同担保条款以及解决争议方式的变化也会导致合同的变更。以增加新的合同条款方式补充合同，尽管原合同内容没有发生变化，但增加了新的合同条款，所以合同也同样发生变更。

再次，要求当事人就变更事项协商一致，根据本法第 136 条第 2 款，一方当事人非依法律规定或者未经对方当事人同意不得擅自变更合同的内容，否则，变更后的内容不仅对另一方没有约束力，而且这种擅自改变合同的做法也是一种违约行为，当事人应当承担违约责任。当事人的协商一致，可能是事先协商约定一定条件下的变更权，也可能是事后协商。但是，当事人对变更的协商一致，根据本法第133条，也属于通过意思表示变更民事法律关系的民事法律行为，因此应当符合本法第一编关于民事法律行为成立和效力的规定。例如，依据本法第140条，当事人变更合同的意思表示可以是明示或者默示作出，但变更的意思必须是明确的。如果一方当事人要求变更合同，对方虽然未反对，但也没有明确表示同意，或者没有以其行为表示同意的，则不能认定对方当事人同意该变更。例如，房屋租赁合同到期后，承租人支付下个年度的租金，出租人予以接受，此时，房屋租赁合同的合同期限已经发生变更。但是，在买卖合同中，债务人逾期交货，债权人要求继续交货，但对逾期交货的违约责任是否追究未作出明确的意思表示，这一般不宜被解释为具有变更合同履行期限的意思表示。如果对方当事人沉默，则依据本法第140条的规定，只有在法律规定、当事人约定或者符合当事人之间的交易习惯时，才可以被视为同意变更的意思表示。例如，本法第734条第1款规定，租赁期限届满，承租人继续使用租赁物，出租人没有提出异议的，原租赁合同继续有效，但是租赁期限为不定期。这也可以认为是租赁合同的合同期限发生了变更。

本条未对变更合同的形式作出限制，但是，对当事人来说，变更合同的，还是以书面形式为宜，这样有利于明确双方的权利和义务，方便在发生纠纷时找到解决争议的依据。最后，法律、行政法规规定合同的变更等情形需要办理批准等手续的，应当依照其规定。这在本法第502条第3款明确予以规定。同时，根据第502条第2款，如果未办理批准等手续影响当事人之间的改变原合同内容的合同生效的，不影响当事人履行报批等义务条款和相关条款的效力，应当办理申请批准等手续的当事人未履行该义务的，对方可以请求其承担违反该义务的责任。

如果双方当事人就变更事项达成了一致意见，变更后的内容就取代了原合同的内容，当事人就应当按照变更后的内容履行合同，合同没有发生变更的部分对当事人仍具有法律约束力。但是，除非当事人另有约定，合同变更原则上仅对合同未履行的部分具有约束力，如果当事人在合同变更前已经作出了履行，则除当事人另有明确约定外，合同的变更不具有溯及力，当事人所做出的履行仍然有效。当事人协商一致的合同变更原则上不影响当事人要求赔偿损失的权利，除非当事人有免除或者改变对方违约责任的明确意思。

同时，当事人之间的合同变更，未经第三人同意，不得对该第三人产生不利影响，否则对第三人不发生效力。例如，本法第 422 条规定："最高额抵押担保的债权确定前，抵押权人与抵押人可以通过协议变更债权确定的期间、债权范围以及最高债权额。但是，变更的内容不得对其他抵押权人产生不利影响。"第 695 条规定："债权人和债务人未经保证人书面同意，协商变更主债权债务合同内容，减轻债务的，保证人仍对变更后的债务承担保证责任；加重债务的，保证人对加重的部分不承担保证责任。债权人与债务人变更主债权债务合同的履行期限，未经保证人书面同意的，保证期间不受影响。"第 765 条规定："应收账款债务人接到应收账款转让通知后，应收账款债权人与债务人无正当理由协商变更或者终止基础交易合同，对保理人产生不利影响的，对保理人不发生效力。"

合同的变更不仅可以通过当事人协商一致的民事法律行为

实现，还可以通过人民法院的判决或者仲裁机构的仲裁裁决实现，例如，根据本法第 533 条第 1 款规定，构成情势变更的情况下，当事人可以请求人民法院或者仲裁机构变更合同。另外，当事人也可以在符合法律规定的前提下单方变更合同，例如，第 777 条规定的定作人单方变更、第 805 条的发包人变更、第 829 条规定的托运人变更和第 922 条规定的受托人情况紧急情形下的单方变更委托人指示。判决、仲裁裁决变更和当事人单方变更必须以符合法律的规定为前提。

应当注意的是，合同变更与合同更新不同。所谓合同更新，又被称为合同更改，是消灭旧的权利义务，设定新的权利义务。其与合同变更的区别在于，合同变更没有使得合同丧失同一性，合同更新则使得合同丧失了同一性。故在合同变更中，合同债权所附着的担保、抗辩等利益和瑕疵继续存在，而合同更新中，这些利益和瑕疵归于消灭。学说上一般认为，区分变更和更新的关键是当事人的意思表示和订立合同的目的，以及客观上是债的要素变更还是非要素变更，在当事人意思表示不明的情形下，标的物的重大变化和合同性质的重大改变等原则上被推定为合同更新，而标的物数量的少量增减、履行地点的改变、履行期限的顺延等原则上被推定为合同变更。合同更新仍然以当事人之间的协议为基础，法律并不禁止。

第五百四十四条　当事人对合同变更的内容约定不明确的，推定为未变更。

条文主旨

本条是关于合同变更的内容约定不明确的规定。

立法背景

自1999年《中华人民共和国合同法》颁布以来，理论和实践对该规则未有争议，本法予以沿袭。

条文解读

合同变更的过程，就是当事人协商一致的过程。因此，本法中关于要约、承诺的规定也适用于合同变更的情况。当事人在变更合同的过程中，可能出现对需要变更的内容达不成完全一致意见的情况。例如，甲方向乙方订购100台空调，交货期为5月30日。由于当年暑期提前到来，甲方提出要求交货期改为5月15日。但是乙方货源很紧张，经过双方反复协商，乙方仅答应根据当时的货源情况，尽量提前交货。由于双方当事人对具体的交货期没有明确作出变更的约定，事后又无法达成补充协议的，则在这种情况下推定为合同未变更。乙方未在5月15日交货，其行为不构成违约。合同变更会改变当事人之间的权利义务，直接关系到当事人的利益，为了减少在合同变更时可能发生的纠纷，本条规定，当事人对于合同变更的内容约定不明确的，推定为未变更。即使当事人对变更形成合意，但是，在对变更的内容约定不明确的情况下，推定为未变更，除非当事人可以举证推翻该推定。此时，当事人只需按照原有合同的规定履行即可，任何一方不得要求对方履行变更中约定不明确的内容。如果当事人在约定合同变更时，对部分条款的变更的约定是明确的，但另一部分条款的变更约定是不明确的，如果这两类条款在内容上可以分开，则约定明确的部分有效，而约定不明确的部分推定为未变更；但如果这两类条款在内容上是不可分割的，则应当认为，整个合同条款的变更约定不明确，推定为未变更。

第五百四十五条　债权人可以将债权的全部或者部分转让给第三人，但是有下列情形之一的除外：

（一）根据债权性质不得转让；

（二）按照当事人约定不得转让；

（三）依照法律规定不得转让。

当事人约定非金钱债权不得转让的，不得对抗善意第三人。当事人约定金钱债权不得转让的，不得对抗第三人。

条文主旨

本条是关于债权转让的规定。

立法背景

《日本民法典》第466条、我国台湾地区“民法”第294条等立法例对禁止转让的债权作出规定；《国际商事合同通则》第9.1.9条、《欧洲合同法原则》第11：301条、《国际保理公约》第6条第1款、《应收账款转让公约》第9条、《联合国国际贸易法委员会担保交易示范法》第13条对债权转让当事人间的约定与第三人关系予以规范。本条参酌各国立法例对上述问题予以规定，精解如下。

条文解读

债权转让是指不改变债权的内容，由债权人通过合同将债权转让给第三人。从鼓励交易、促进市场经济发展的目的看，法律应当允许债权人的转让行为，承认债权的经济价值，使得债权具有流通性，实现担保融资、托收、贴现、保理、资产证券化等多种交易模式的构建可能。因此，债权原则上具有可转让性，债权人可以转让其债权，无论该债权是现有的还是将有的债权，只要债权可以被特定化。此时，债权人作为让与人，与第三人作为受让人之间，必须经过协商一致达成债权转让合同，转让合同作为民事法律行为应当适用民事法律行为的一般性规定。同时依据本法第502条，如果按照法律、行政法规规定，债权转让应当办理批准等手续的，依照其规定；如未办理批准等手续影响债权转让合同生效的，不影响合同中履行报批等义务条款以及相关条款的效力；应当办理申请批准等手续的当事人未履行义务的，对方可以请求其承担违反该义务的责任。债权人既可以将债权全部转让，也可以将债权部分转让。债权全部转让的，第三人作为受让人取代原债权人即让与人的地位，成为新的债权人；债权部分转让的，第三人作为受让人，除受让人和让与人另有约定外，受让人与让与人按份享有债权。

依据让与人与受让人之间的债权转让合同，除非让与人和受让人之间另有约定，或者让与人在订立转让合同时知道或者应当知道，则让与人负有保证债权转让时确实存在、所有与该转让有关的文件或合同都是真实的并与其所声称的保持一致、其对该债权有处分权、其不会进行任何使得转让债权的价值落空或者减损的行为、债务人对转让债权没有抗辩和抵销权、第三人不得向受让人主张任何权利等瑕疵担保义务，否则应当对受让人承担。但是，除非另有明确的约定，让与人并不对受让人承诺债务人具有或者将具有履行能力。同时，受让人取得债权后，为了使得受让人债权便于实现，受让人享有请求让与人告知主张转让债权的必要信息和交付转让债权证明文件的请求权。

但是，为了维护社会公共利益或者特定主体的私人利益，法律又对债权的可转让性进行了一定限制。为此，一些国家和地区的民法典都对不得转让的权利作出了规定。例如，《日本民法典》第466条中规定，债权得让与之，但其性质不容许让与者，不在此限。我国台湾地区“民法”第294条规定，债权人得将债权让与第三人。但下列债权不在此限：（1）依债权之性质不得让与者；（2）依当事人之特约不得转让者；（3）债权禁止扣押者。在吸取有关国家和地区的立法经验和总结我国实践经验的基础上，本条明确有以下情形之一的，债权人不得转让其权利：

1. 根据债权性质不得转让的权利

根据债权性质不得转让的权利，主要包括以下类型：（1）当事人基于信任关系订立的委托合同、赠与合同等产生的债权。例如，赠与合同的赠与人明确表示将赠与的钱用于某贫困地区希望小学的建设，受赠人如果将受赠的权利转移给他人，用来建造别的项目，显然违反了赠与人订立合同的目的，损害了赠与人的合法权益。（2）债权人的变动必然导致债权内容的实质性变更，例如要求医院进行手术或者要求律师提供咨询的债权；不作为债权一般也不可被单独转让。（3）债权人的变动会危害债务人基于基础关系所享有的利益，实质性地增加了债务人的负担或风险，或实质性地损害了债务人的利益。例如承租人请求交付租赁物的债权；甲有权请求保安公司提供保安服务，防止保管木材的仓库失窃，但后来该仓库出售给了乙，乙计划以该仓库存放电子设备，由于存放电子设备的安全风险比存放木材高很多，这就导致债务人的风险实质性增加。

在债权的部分转让中，不可分的债权根据债权性质不得被部分转让。同时，债权部分转让如果实质性地增加了债务人的负担或者风险的，也不得被部分转让。金钱债权的部分转让不会实质性增加债务人的履行负担，故金钱债权可以部分转让。对于非金钱债权而言，只有对该债权的履行是可分的，并且部分转让不会实质性增加债务人的履行负担或者风险的，才可以被部分转让。

2. 按照当事人约定不得转让的权利

当事人可以对债权的转让作出特别约定，禁止债权人将权利转让给第三人，以使得债务人不会面对可能更为苛刻的新债权人、交易清算明晰、回避会计财务等事务手续的繁杂、避免因忽略转让通知而向让与人错误履行的风险、确保抵销利益、避免受让人住所地不利的法律和税收制度等利益。这种约定只要是有效的，债权人就应当遵守该约定，不得再将权利转让给他人，否则其行为构成违约，造成债务人利益损害的，债权人应当承担违约责任。

3. 依照法律规定不得转让的权利

我国一些法律中对某些权利的转让作出了禁止性规定。对于这些规定，当事人应当严格遵守，不得违反法律的规定，擅自转让法律禁止转让的权利。例如，我国文物购销一直实行国家统一管理、收购和经营的政策，禁止私自倒卖文物的行为。为了保护国家的历史文化遗产，严格控制文物的出境，禁止公民个人私自将文物卖给外国人。私人收藏的文物其所有权受国家的法律保护，其所有权的转移必须严格遵守国家法律的规定，转移的渠道要受法律的限制。因此，公民不得违反该规定将文物买卖合同中取得文物的债权转让给外国人。《信托法》第 11 条第 4 项规定，专以诉讼或者讨债为目的设立的信托无效。因此，不得专以诉讼或者讨债为目的设立信托而进行债权转让。

应当注意的是，债权不得转让的目的有可能是维护社会公共利益，也有可能是为了保护让与人、债务人或者特定第三人的私人利益，如果是后一种保护目的，则被保护主体的同意原则上可以使得债权具有可转让性。例如《保险法》第 34 条第 2 款规定，按照以死亡为给付保险金条件的合同所签发的保险单，未经被保险人书面同意，不得转让或者质押。保险单债权的禁止转让是为了保护被保险人，避免发生道德风险，此时，被保险人的书面同意可以使得保险单债权能够被转让。同时，还需要注意的是，本法第 761 条规定，可以将现有的或者将有的应收账款转让给保理人，这与第 440 条第 6 项所规定的将有的应收账款也可以被出质的精神是一致的，但是这些债权的转让不得违反法律、行政法规的强制性规定和违背公序良俗。

按照当事人约定不得转让的权利中，债权人违反约定未经债务人同意而转让债权的，应当依法对债务人承担违约责任。但是，受让人能否取得债权，对此存在不同观点和立法例。一种观点是受让人不能取得债权，还有观点认为债务人可以主张债权转让合同无效，也有观点认为善意受让人能够取得债权。立法过程中，有意见提出，应当对此予以明确，以统一实践。经研究，考虑到债务人利益保护和债权流通性之间的平衡，在通过民事法律行为转让该类债权时，如果被转让的债权是非金钱债权，区分受让人的善恶意予以不同处理。在受让人为善意时，受让人取得债权，债务人不能对受让人主张债权禁止转让的抗辩，以保护善意的受让人并保障债权的流通价值；在受让人为恶意时，受让人仍然取得债权，但债务人有权向受让人主张债权禁止转让的抗辩。如果被转让的债权是金钱债权，金钱债权的转让对债务人所造成的影响较小，而金钱债权的流通性价值在实践中却非常重要，其与融资之间的关系更为密切，实践中的债权转让也主要是金钱债权的转让。此时，受让人无论善意还是恶意，都能取得债权，债务人不能对受让人主张债权禁止转让的抗辩，债务人因此所遭受的损失，有权请求让与人承担违约损害赔偿责任。据此，本条增加了第2款："当事人约定非金钱债权不得转让的，不得对抗善意第三人。当事人约定金钱债权不得转让的，不得对抗第三人。"本条对金钱债权作出的特殊规定，与《国际商事合同通则》第9.1.9条、《欧洲合同法原则》第11：301条、《国际保理公约》第6条第1款、《应收账款转让公约》第9条、《联合国国际贸易法委员会担保交易示范法》第13条基本一致，体现了最新的立法趋势。

最后，需要注意的是，有关证券、债券、票据等权利的转让，存在证券法、票据法等特别法规定，依据本法第11条，应当适用这些特别规定。同时，在我国法律中，除了通过民事法律行为转让债权外，还存在一些法定的债权移转情形，债权转让的一些规则可以参照适用这些情形；在应收账款质押中，对应收账款债务人的效力也可以参照适用债权转让的规则。

相关规定

《中华人民共和国保险法》第34条；《最高人民法院关于

判决生效后当事人将判决确认的债权转让债权受让人对该判决不服提出再审申请人民法院是否受理问题的批复》;《最高人民法院关于审理涉及金融资产管理公司收购、管理、处置国有银行不良贷款形成的资产的案件适用法律若干问题的规定》第1–12条

第五百四十六条　债权人转让债权,未通知债务人的,该转让对债务人不发生效力。

债权转让的通知不得撤销,但是经受让人同意的除外。

条文主旨

本条是关于债权转让通知的规定。

立法背景

对于债权转让的构成要件各国家、地区有所区别,存在既不必经债务人同意也无须通知债务人,不必经债务人同意、但须通知债务人,必须经过债务人同意三种立法例。本条参酌各国立法例,在平衡债权流通性和债务人利益保护的基础上,对上述问题予以规定,精解如下。

条文解读

债权人转让债权有利于债权的流通性,发挥债权的经济价值。但是,债权人转让债权的行为会给债务人的利益造成一定的影响,因此,为了保护债务人的利益,本条规定了债权转让的通知。

关于债权人转让权利，不同国家的法律规定有所区别。有的国家法律规定，债权人转让债权不必经债务人的同意，也无须通知债务人。这种制度设立的目的在于鼓励交易，加速经济的流转，因而给债权人充分行使其权利的自由，但另一方面也忽略了对债务人利益的保护，在债务人不知道债权人权利转让的情况下，债务人可能无法获知当前的债权人，此时债务人就会面临重复履行和向错误的债权人履行的风险，给债务人的履行增加负担，引起不必要的纠纷。还有的国家法律规定，债权人转让其债权可以不经债务人同意，但是必须将债权转让的事实及时通知债务人。这种制度考虑到了对债务人利益的保护，保证债务人能及时了解到权利转让的情况，避免了债务人重复履行和向错误的债权人履行所可能造成的损失。同时，对债权人转让债权的行为没有实质性的制约，也不会影响交易的正常运转。除了以上两种规定外，还有一种规定是要求债权人转让权利应当取得债务人的同意，如果转让方未经债务人的同意转让权利的，其转让行为不发生法律效力。这种制度确立的出发点，侧重于保护债务人的利益，通过限制债权的转让，达到稳定交易秩序的目的。但另一方面将债权人转让权利的效力交由债务人来决定，限制了债权人转让债权的权利，达不到债权流通和发挥债权的经济价值的目的。考虑到债权流通性和债务人利益保护之间的平衡，本法在债权转让的问题上确立了债权转让只需通知债务人的原则。

《合同法》第 80 条第 1 款规定："债权人转让权利的，应当通知债务人。未经通知，该转让对债务人不发生效力。"立法过程中，有的意见认为，债权转让通知的效力并不清晰，债权转让通知是否是受让人取得债权的条件，应当予以明确。经研究认为，债权转让通知的目的是保护债务人，据此，是否通知债务人不影响受让人对转让债权的取得。因此，本条对合同法上述条文进行了修改，以更为明确，在让与人和受让人之间的关系上，受让人取得转让债权不以通知债务人为条件，债权转让合同效力不因未通知债务人而受影响。如果转让债权已经存在，则除非让与人和受让人另有约定，受让人在债权转让合同生效时即取得债权；如果被转让的权利是将来债权或者尚不具备可转让性的债权，则在债权转让合同生效之后，转让债权成为现存权利或者具备可转让性时，受让人才取得债权。但是，为保护债务人，债权转让未通知债务人，该转让对债务人不发生效力，即使受让人取得了债权，债务人也有权拒绝受让人的履行请求；债务人向让与人履行债务的，债权消灭。如果债权转让通知了债务人，则债权转让对债务人发生效力，此时债务人即对受让人负有履行义务，并且有权以此拒绝让与人的履行请求；如果债务人仍然向让与人履行，则不发生债权消灭的效力。这样规定一方面尊重了债权人对其权利的行使，有利于保障债权的流通性，另一方面也防止债务人的利益受到损害，同时债权转让通知作为保护债务人的客观时点，避免了考察债务人主观因素所可能导致的不确定性进而过分增加债务人的审查成本和难度。

债权转让通知的生效、解释、撤回等，参照适用本法关于意思表示的规定，除法律另有规定、让与人和债务人另有约定外，转让通知原则上为不要式。以下情形都可以被认为做出了有效的转让通知，包括：让与人在债权转让通知文件上签章并实际送达债务人的，例如将转让通知以邮寄形式向债务人法定注册地址或约定通信地址寄送且已实际送达的、将转让通知书向产生债权的基础合同中债务人指定的联系人邮寄且已实际送达的；让与人在所转让债权的对应发票上对转让主体与内容等相关事项予以明确标记，且债务人收到该发票的；受让人与让与人、债务人共同签订债权转让合同的；经公证证明债权转让通知已经送达债务人的，但有相反证据足以推翻公证的除外。转让通知的内容一般应当指明转让的事实，还要指明受让人的范围、被转让的权利，对于部分转让还要指明转让的范围。债务人对债权转让予以确认的，在大多数情形中，债务人的确认以让与人发出通知为前提，此时就可以认为已经存在让与人的通知，债务人确认就仅具有证据效力；如果让与人未发出转让通知而受让人发出，债务人对债权转让予以确认的，基于“禁反言”的价值考量，此时债务人的确认也发生与债权转让通知同等的效力。如果虽然没有向债务人发出转让通知，但受让人直接起诉或者申请仲裁后，法院或者仲裁机构经过审理确定了受让人已经取得债权，此时也可以判决或者裁决债务人应当向受让人履行。

债权转让通知债务人后，按照有效的债权转让合同，为保护受让人的利益，让与人对受让人负有不得撤销转让通知的义务。如果让与人在转让通知后有权随意单方撤销转让通知，则债务人有权拒绝受让人的履行请求，在债务人向让与人做出履行后，债务人的债务消灭，此时受让人仅能向让与人请求，会因此而遭受讼累、承受让与人的破产风险等不利益，不利于受让人地位的保障和债权的流通。因此，原债权人无权撤销转让权利的通知，只有在受让人同意的情况下，债权人才能撤销其转让权利的通知。同时，这也同样有助于保护债务人的利益，避免债权人单方撤销转让通知时债务人的审查困难。

第五百四十七条 债权人转让债权的，受让人取得与债权有关的从权利，但是该从权利专属于债权人自身的除外。

受让人取得从权利不因该从权利未办理转移登记手续或者未转移占有而受到影响。

条文主旨

本条是关于受让人取得转让债权的从权利的规定。

立法背景

各国家和地区的法律都确定了合同主权利转让从权利也一并转让的制度。比如，《德国民法典》第 401 条规定，让与债权时，该债权的抵押权、船舶抵押权或质权，以及由一项像上述权利提供担保所产生的权利，均随同移转于新债权人。《意大利民法典》第 1263 条规定，根据转让的效力，债权的转让要将先取特权、人的担保和物的担保以及其他从权利都转让给受让人。我国台湾地区“民法”第 295 条规定，让与债权时该债权之担保及其他从属之权利，随同移转于受让人。但与让与人有不可分离之关系者，不在此限。同样规定的还有《荷兰民法典》第 6：142 条、《应收账款转让公约》第 10 条第 1 款、《联合国国际贸易法委员会担保交易示范法》第 14 条、《国际商事合同通则》第 9.1.14 条等。本条参酌各立法例，对债权转让受让人取得债权的从权利予以规定，精解如下。

条文解读

从权利是指附随于主权利的权利。抵押权、质权、保证等担保权利以及附属于主债权的利息等孳息请求权，都属于主权利的从权利。由于从权利是从主权利派生出来的，从权利从属于主权利，这也包括转让上的从属性。

根据本条第1款规定，债权人转让主权利时应当将从权利一并转让，受让人在取得主权利的同时，也取得与债权有关的从权利。本法第407条也规定，债权转让的，担保该债权的抵押权一并转让，但是法律另有规定或者当事人另有约定的除外；第696条第1款也规定了债权人将全部或者部分债权转让给第三人，通知保证人后，保证人对受让人承担相应的保证责任。同时，主债权被分割或者部分转让的，各债权人可以就其享有的债权份额行使担保权。

考虑到有的从权利的设置是针对债权人自身的，与债权人有不可分离的关系，本条第1款在确立从权利随主权利转让原则的同时，规定专属于债权人自身的从权利不随主权利的转让而转让。在法律另有规定或者当事人另有约定时，受让人可能也会在取得主债权的同时未取得从权利。例如，本法第421条规定，最高额抵押担保的债权确定前，部分债权转让的，最高额抵押权不得转让，但是当事人另有约定的除外；第696条第2款也规定，保证人与债权人约定禁止债权转让，债权人未经保证人书面同意转让债权的，保证人对受让人不再承担保证责任。抵押权人在转让部分债权时，也可以与受让人约定，仅转让债权而不转让担保该部分债权的抵押权。

抵押权、质权等从权利随着主债权转让而转让，但受让人对这些从权利的取得是否以办理转移登记手续或者转移占有为前提？对此，存在不同观点，一种观点认为未办理转移登记手续或者转移占有，受让人就不能取得这些从权利，否则违反物权变动公示公信的原则；另一种观点认为无需办理转移登记手续或者转移占有，受让人即取得从权利。合同法对此未予明确规定，立法过程中，有意见提出，应当对此予以明确。经研究，本条在合同法的基础上增设第2款，并采取了后一种观点，债权受让人取得这些从权利是基于法律的规定，并非基于法律行为的物权变动，并且有利于保障主债权顺利实现。在债权转让前，这些从属性的担保权利已经进行了公示，公示公信的效果已经达成，因此没有进一步保护第三人进而维护交易安全的必要。这也与前述其他国家和地区的立法例基本保持了一致。此时，在物和权利担保的顺位上，仍是以设定担保的公示时间为依据而确定。

第五百四十八条　债务人接到债权转让通知后，债务人对让与人的抗辩，可以向受让人主张。

条文主旨

本条是关于债权转让中债务人抗辩的规定。

立法背景

本条自1999年《合同法》颁布以来理论与实践中的争议较小，本法予以沿袭。

条文解读

债权人转让债权，不需要经债务人同意，因此债务人的利益不应因债权人转让权利的行为而遭受损害，受让人所享有的权利也不应优于让与人曾经享有的权利，而是享有和让与人同样的权利；同时，受让人较之债务人也更有能力控制由此所产生的风险。为了保障债务人利益，德国、意大利、日本、我国台湾地区的法律以及很多国际性合同法文件都规定了债权人的变化不影响债务人所享有的抗辩和其他权利，以保证债务人不会因为债权转让致使其应当行使的抗辩和其他权利无法行使。

根据本条规定，债务人接到债权转让通知后，债务人对让与人的抗辩，可以向受让人主张。首先是债务人在接到债权转让通知后，可以向受让人主张债务人对让与人的抗辩。根据本法第 546 条第 1 款的规定，只有在债务人接到债权转让通知后，债权转让对债务人才发生效力；在债务人接到债权转让通知前，债权转让对债务人不发生效力，此时债务人只需向让与人提出抗辩即可。关于该抗辩产生的时间点，存在不同的立法例。有的将该抗辩限制在债务人接到转让通知时可以向让与人主张的抗辩；有的不限制抗辩产生的时点，只要是债务人可以对让与人主张的抗辩都可以对受让人主张。经研究认为，如果采取前一种观点，则可能会产生不合理的结果，例如，甲作为卖方与乙签订买卖合同，约定先交货乙再付钱，在交货期限届满之前，甲将对乙的价金债权转让给丙并通知了乙，在丙向乙主张债权时，乙可否对丙主张因甲未交货所产生的抗辩。如果严格采取第一种方式，则因为此抗辩的产生时间是在乙接到转让通知之后，所以不能向丙主张，这显然是不合理的。因此，这些立法例通常认为，并非抗辩在债务人接到债权转让通知后才发生，只要在此之前已经存在抗辩发生的法律基础或者依据即可。这与另一种立法例区别已经不大了，因此本条采取了第二种观点。但是，应当注意的是，在受让人取得债权后，债务人接到转让通知后因债务人和让与人之间的民事法律行为所产生的债务人对让与人的抗辩，未经受让人同意，一般对受让人不能发生效力。

其次是债务人可以向受让人主张其对让与人的抗辩。债务人接到债权转让通知后，可以行使抗辩来保护自己的利益，债务人的抗辩并不随债权的转让而消灭，所以，在债权转让的情况下，债务人可以向作为新债权人的受让人行使该抗辩。这些抗辩包括阻止或者排斥债权的成立、存续或者行使的所有事由所产生的一切实体抗辩以及程序抗辩，包括：诉讼时效完成的抗辩，债权不发生的抗辩，债权因清偿、提存、免除、抵销等而消灭的抗辩，基于双务合同产生的同时履行抗辩权、不安抗辩权和先履行抗辩权，先诉抗辩权以及程序上的抗辩等。债务人可以行使这些抗辩对抗新债权人的请求。债权让与后，债务人还可能因某项事实产生新的抗辩，比如，附解除条件的合同权利转让后，合同规定的解除条件成就时，债务人可以向受让人提出终止合同的抗辩。

应当指出的是，本条规定是为了保护债务人利益，从鼓励交易的角度出发，应当允许债务人放弃相关的抗辩，而不向受让人主张该抗辩。只要债务人放弃的意思表示明确且有效，适用本法总则编关于意思表示的一般规定，放弃的形式可以是多样的，例如可以是债务人与受让人的协议，债务人与让与人、受让人之间的三方协议或者债务人向受让人做出的单方放弃的意思表示等。债务人放弃抗辩的意思对债务人利益存在不利影响，因此在有疑义时，应作出对债务人更为有利的限制性解释。

第五百四十九条　有下列情形之一的，债务人可以向受让人主张抵销：

（一）债务人接到债权转让通知时，债务人对让与人享有债权，且债务人的债权先于转让的债权到期或者同时到期；

（二）债务人的债权与转让的债权是基于同一合同产生。

条文主旨

本条是关于债权转让中债务人抵销权的规定。

立法背景

一些国家和地区的法律对债务人行使的抵销权作出了规定，但构成的条件有所不同。《德国民法典》第 406 条规定，债务人也得对原债权人享有的债权向新债权人主张抵销。同时规定以下两种情况下债务人不得行使抵销权：一是债务人向原债权人取得债权的当时，已知债权让与的事由；二是债务人取得的债权在其知有让与后，而且取得的债权又在让与的债权之后才到期。《瑞士债务法》第 169 条第 2 款、我国台湾地区“民法”第 299 条第 2 项的规定与此类似。也有的立法例区分规定，如果反对债权和转让债权是基于同一交易产生的，无论债权人取得反对债权的时点是在债务人接到转让通知之前抑或之后，债务人可主张抵销；其他反对债权则必须是在债务人接到转让通知时债务人已经取得，或者是基于债务人接到转让通知前的法律原因取得。采取这种立法例的有《日本民法典》第 469 条、《荷兰民法典》第 6：130 条第 1 款、《应收账款转让公约》第 18 条、《欧洲合同法原则》第 11：307 条第 2 款、《美国统一商法典》第 9－404 条（a）、《联合国贸易法委员会担保交易示范法》第64条第1款等。经过研究，本法在合同法规定的基础上采纳了第二种方式，即区分两种情形分别予以规定，精解如下。

条文解读

债权人转让权利不需要经债务人同意，因此债务人的利益不应因债权人转让权利的行为而遭受损害。如果债务人对债权人也享有债权，那么，在这种情况下，债务人可以依照法律的规定向受让人行使抵销权。

抵销是债权债务终止的情形之一，根据本法第568条第1款规定，当事人互负债务，该债务的标的物种类、品质相同的，任何一方可以将自己的债务与对方的到期债务抵销；但是，根据债务性质、按照当事人约定或者依照法律规定不得抵销的除外。

根据本条第1项规定，债务人对受让人主张抵销权的条件如下。首先，债务人必须对让与人享有债权，且标的物种类、品质相同。其次，债务人对让与人享有债权的法律原因必须在债务人接到债权转让通知时已经存在。这是为了避免债务人在接到债权转让通知后才紧急从他人处低价取得对让与人的债权，进而损害受让人的利益，受让人此时也无法预防此种情形的出现。最后，债务人对让与人的债权先于转让的债权到期或者同时到期。例如，债务人于7月1日接到债权转让通知，债务人对让与人的债权是8月1日到期，而转让的债权是同年8月1日或者9月1日到期，此时债务人就可以向受让人主张抵销。

根据本条第2项规定，债务人对受让人主张抵销权的条件如下。首先，债务人必须对让与人享有债权，且标的物种类、品质相同。其次，债务人对让与人的债权与转让债权是基于同一合同产生的。由于这两个债权是基于同一合同产生的，因此具有密切的联系，受让人就应当认识到债务人对让与人可能基于该合同享有债权，因此受让人能够在订立债权转让合同时对这种抵销可能性进行预先安排。例如，甲作为卖方和乙签订货物买卖合同，甲在交完货之后将其对乙的支付价款的债权转让给丙，并通知了乙。丙向乙请求支付价款时，乙以甲交的货有质量瑕疵为由，主张以乙对甲享有的违约赔偿债权抵销该支付价款债权。此时，转让债权与乙对甲的违约赔偿债权都是基于该货物买卖合同产生的，乙可以向丙主张抵销。

应当注意的是，如果债务人在接到债权转让通知时，债务人的抵销权依照法律规定已经产生，其可以行使抵销权但尚未行使，即使在债权转让后，债务人原本可以主张抵销的利益此时也应加以保护，因此在债务人接到转让通知后，仍可以向受让人主张该抵销。例如，转让的债权于 8 月 1 日到期，债务人对让与人的债权于同年 9 月 1 日到期，而债务人于 9 月 15 日接到转让通知。债务人接到债权转让通知时，债务人已经依据本法第 568 条第 1 款的规定取得抵销权，在其接到债权转让通知后，仍然可以向受让人主张之前已经产生的抵销权。

债务人向受让人主张此种抵销的，应当依据本法第 568 条第 2 款的规定通知受让人，并且抵销不得附条件或者附期限。

第五百五十条　因债权转让增加的履行费用，由让与人负担。

条文主旨

本条是关于因债权转让增加的履行费用负担的规定。

立法背景

立法过程中，有意见提出，债权转让可能会增加债务人履行债务的费用，为了保护债务人利益，应当规定增加的履行费用由让与人最终负担。经研究，债权转让后，债务人履行债务的费用可能会有所增加，例如受让人有权要求债务人在其他地点履行、债权部分转让等情形中，基于对债务人利益保护的考虑，参考《欧洲合同法原则》第 11：103 条等立法例，本条明确规定了因债权转让增加的履行费用，由让与人负担。

条文解读

因债权转让而额外增加的债务人的履行费用，有约定的，按约定处理；无约定的，基于保护债务人利益的考虑，当然不应由债务人自行负担，债务人有权在受让人要求履行时相应地依法主张抵销或者行使履行抗辩权。债务人或者受让人先负担了增加的履行费用的，除另有约定外，可以要求让与人最终负担该增加的履行费用。这也与本法第 511 条第 6 项的规定保持一致，当事人就有关履行费用的负担约定不明确并且无法确定的，因债权人原因增加的履行费用，由债权人负担。

第五百五十一条 **债务人将债务的全部或者部分转移给第三人的，应当经债权人同意。**

债务人或者第三人可以催告债权人在合理期限内予以同意，债权人未作表示的，视为不同意。

条文主旨

本条是关于债务转移的规定。

立法背景

本条第1款自1999年《合同法》颁布以来，理论和实践中没有争议，本法予以沿袭。第2款参考了德国民法典第415条第2款、我国台湾地区“民法”第302条等立法例，在合同法基础上予以增加。

条文解读

债务转移是指不改变债务的内容，债务人将债务全部或者部分转移给第三人。正如债权人可以全部或者部分转让债权一样，债务人也可以依照法律规定将债务全部或者部分转移给第三人。债务转移分为以下情况：一种情况是债务的全部转移，在这种情况下，新的债务人完全取代了原债务人，新的债务人负责全面地履行债务；另一种情况是债务的部分转移，即原债务人和新债务人负有按份债务。

但是，尤其是在最为主要的合同债务中，债权人和债务人的合同关系产生在相互了解的基础上，在订立合同时，债权人一般要对债务人的资信情况和偿还能力进行了解，而对于取代债务人或者加入到债务人中的第三人的资信情况及履行债务的能力，债权人不可能完全清楚。所以，如果债务人不经债权人的同意就将债务转让给了第三人，那么，对于债权人来说显然是不公平的，不利于保障债权人合法利益的实现。不论债务人转移的是全部债务还是部分债务，都需要征得债权人同意。未经债权人同意，债务人转移债务的行为对债权人不发生效力。债权人有权拒绝第三人向其履行，同时有权要求债务人履行义务并承担不履行或者迟延履行债务的法律责任。转移债务要经过债权人的同意，这也是债务转移制度与债权转让制度最主要的区别。

应当指出的是，债务人转移义务有别于约定由第三人履行债务。本法第 523 条规定，当事人可以约定由第三人向债权人履行债务，第三人不履行债务或者履行债务不符合约定的，债务人应当向债权人承担违约责任。两者最大的区别在于，在债务人转移义务时，第三人作为新的债务人相应地取代债务人，因此第三人不履行债务或者履行债务不符合约定的，应当由第三人向债权人承担责任；但在由第三人履行债务的合同中，债务人和债权人的关系继续存在，第三人和债权人之间不存在直接的关系，因此第三人不履行债务或者履行债务不符合约定的，由债务人向债权人承担责任。

同时，债务转移也与第三人代为履行不同。本法第 524 条第 1 款规定，债务人不履行债务，第三人对履行该债务具有合法利益的，第三人有权向债权人代为履行；但是，根据债务性质、按照当事人约定或者依照法律规定只能由债务人履行的除外。两者的区别主要有以下几方面：（1）在债务人转移义务时，债务人应当征得债权人的同意。在第三人代为履行债务的情况下，符合法律规定时，第三人单方表示代替债务人清偿债务或者与债务人达成代替其清偿债务的协议，不必经债权人的同意；第三人对履行该债务具有合法利益的，债权人甚至无权拒绝。（2）在债务人转移义务的情况下，第三人作为新的债务人相应地取代债务人。第三人代为履行时，不涉及债务人的变化，第三人只是履行主体而不是债务人，债权人不能把第三人作为债务人要求第三人履行债务。（3）在债务人转移义务后，第三人相应地作为债务人，如果第三人未能履行债务，债权人可以直接请求第三人履行，而不能再要求原债务人履行。在第三人代为履行的情况下，第三人不履行或者不完全履行，债权人只能要求债务人承担责任，而不能要求第三人承担责任。

在债务转移中，首先，要求存在债务。债务原则上具有可转移性，但根据债务的性质、当事人的约定或者法律规定也存在不得被转移的情形。例如，著名画家作画的义务、演员演出的义务、保管义务、当事人约定不得转移的义务等。但是，债务转移需要债权人的同意，这些原则上不得被转移的债务，如果目的是保护债权人的利益，则债权人同意本身已经保护了债权人自己的利益，债权人同意债务转移本身就使得这些债务具有了可转移性。其次，要求有效的债务转移合同。最为常见的是债务人和第三人之间签订债务转移合同，该债务转移合同适用民事法律行为和合同的一般规定。如果法律、行政法规规定应当办理批准等手续生效的，应依法办理这些手续。最后，按照本条第1款的规定，该债务转移需要经过债权人的同意。如果债务人与第三人订立的债务转移合同未征得债权人同意，则此时可以认为是由第三人代为履行债务而非债务转移，债务人仍负有向债权人履行的义务，债权人仍有权向债务人请求履行债务，但不能请求第三人履行债务。在债务转移经过债权人同意后，第三人向债权人履行债务时，债权人不能拒绝受领。债务人、第三人可以和债权人三方共同签订债务转移合同。债权人的同意也可以事先作出，此时债务转移仅需要通知债权人即可对债权人发生效力。债权人的同意可以采取明示或默示的方式，例如债权人未明确表示同意，但他已经将第三人作为其债务人并请求其履行，可以认为债权人已经同意债务转移。同时，有意见提出，为了保护债权人的利益，对于债权人的单纯沉默应当作出特别规定。经研究，参考了《德国民法典》第415条第2款、我国台湾地区“民法”第302条等立法例，本条在合同法规定的基础上增加了第2款。基于保护债权人利益的考虑，本款规定债务人或者第三人可以催告债权人在合理期限内予以同意，债权人未作表示的，视为不同意。

应当注意的是，债务转移合同也有可能是债权人和第三人之间签订。此时，该合同一般情况下对债务人是有利的，但是，也有可能出现债务人对此不存在利益的情形，甚至债务人有合理的理由要求履行债务，例如债务人考虑到其被取代对声誉的影响，或者无法通过履行债务训练团队以吸引未来的业务，甚至可能已经和他人签订辅助性的合同以履行债务，此时可能要被迫解除这些合同。因此，该类债务转移合同至少应当通知债务人，债务人应当能够拒绝债权人和第三人之间签订的债务转移合同对其发生效力。这类似于本法第522条第2款规定的真正的利益第三人合同的构建方案。当然，债权人也可以通过将其对债务人的债权依法转让给第三人，实现同样的交易目的。

除另有约定外，全部债务被转移后，第三人作为新债务人完全取代原债务人的地位，成为新的债务人，债权人有权请求该第三人履行债务，并在第三人不履行债务或者不完全履行债务时请求第三人承担责任；债务被部分转移的，除另有约定外，第三人和债务人对债权人负有按份债务。除另有约定外，债务人对第三人的履行能力不负有担保义务。至于第三人履行债务后与债务人之间的关系，依据第三人与债务人之间的约定或者第三人履行后的后果处理。

第五百五十二条 **第三人与债务人约定加入债务并通知债权人，或者第三人向债权人表示愿意加入债务，债权人未在合理期限内明确拒绝的，债权人可以请求第三人在其愿意承担的债务范围内和债务人承担连带债务。**

条文主旨

本条是关于债务加入的规定。

立法背景

在立法过程中，关于是否应当规定债务加入存在不同意见。有的意见认为，关于债务转移尤其是债务部分转移的规定已经包含了债务加入，无需对此规定；有的意见认为，债务转移指的是免责的债务转移，与作为并存的债务转移的债务加入不同，应当对债务加入予以明确规定。经研究认为，债务加入与免责的债务转移存在构成要件、法律效果等多方面的不同，对债务加入予以明确规定，有利于明确两者的不同，有利于法律适用的清晰，有利于债权人权利的实现，也在一定程度上减轻了其他债务人的负担。

条文解读

债务加入，即第三人加入到债务中，作为新债务人和原债务人一起向债权人负有连带债务。债务加入与债务转移之间的区别在于，债务转移中，原则上原债务人不再作为债务人，而由第三人作为债务人，因此债务转移又被称为免责的债务转移；但债务加入中，第三人和原债务人一起对债权人负有连带债务，因此债务加入也被称为并存的债务转移。可以看出，较之债务转移，债务加入对债权人更为有利。在究竟是债务转移还是债务加入意思不清晰时，考虑到债权人对债务人资力和履行能力的信赖，基于保护债权人利益的价值，债务人不应轻易地从债务中摆脱，可以推定为债务加入。

同样应当区分的是债务加入和连带保证。两者均增加了担保债权实现的责任财产，但不同在于：第一，保证债务是债务人不履行债务时，保证人承担保证责任的从属性债务，而债务加入是第三人作为连带债务人，没有主从关系；第二，连带保证具有保证期间和诉讼时效的限制，而债务加入后产生的连带债务仅具有诉讼时效的限制；第三，连带保证人承担保证责任后，可以向债务人追偿，而债务加入人作为连带债务人履行债务后，是否对债务人有追偿权，取决于其与债务人之间的约定。

在债务加入中，同样首先要求存在债务，其次要求存在债务加入合同。该债务加入合同可以是第三人和债务人约定，也可以是第三人直接向债权人表示愿意加入。是否需要债权人的同意，不同立法例存在不同观点：有的规定同样需要债权人的同意；有的规定无需债权人的同意；有的规定无需债权人同意，但债权人有权拒绝。考虑到债务加入一般对债权人不会造成损失，但是，任何人均有权拒绝获利，且在例外情形中也可能对债权人增加不便，因此本条规定，债权人有权在合理期限内对此予以明确拒绝。债务人、第三人也可以和债权人三方共同签订债权转移合同，此时债权人已经表示了同意。当然，在第三人向债权人表示愿意加入债务，或者债权人和第三人之间签订债务加入合同，与债务转移合同中的情形相同，该类债务加入合同至少应当通知债务人，债务人应当能够拒绝债权人和第三人之间签订的债务加入合同对其发生效力，这同样类似于本法第522条第2款规定的真正的利益第三人合同的构建方案。

构成债务加入后，除另有约定外，第三人和债务人负有同一内容的债务，但债务人并不因此而免负债务，而是与第三人一起对债权人负有连带债务，当然，连带债务的范围应当限制在第三人愿意承担的债务范围内。此时，本法关于连带债务的规定应当在债务加入中被适用。同时，本法第553条和第554条关于新债务人抗辩、抵销权和承担有关从债务的规定，在债务加入中，也应当被适用。但需要注意的是，由于在债务加入中，债务人并未被取代而摆脱债务，仍然要对债权人负有债务，因此，为债务人提供的担保并不因第三人加入债务而受到影响，但该担保仍然仅对债务人发生担保效力，而对加入的第三人不发生担保效力。例如，本法第697条第2款就规定，第三人加入债务的，保证人的保证责任不受影响。

应当指出的是，当事人也可以通过约定做出不同于连带债务的其他选择，例如可以约定，债权人应当先对新债务人请求，但是如果新债务人不履行或者不完全履行债务的，原债务人的债务没有消灭，债权人仍有权请求原债务人履行，即将原债务人作为次级债务人，原债务人此时更类似于保证人的地位，虽然仍然存在是否受到保证期间限制等一些不同。

第五百五十三条　债务人转移债务的，新债务人可以主张原债务人对债权人的抗辩；原债务人对债权人享有债权的，新债务人不得向债权人主张抵销。

条文主旨

本条是关于债务转移中新债务人抗辩和抵销的规定。

立法背景

本条前半句源自《合同法》第 85 条，理论与实践中未产生争议，本法予以沿袭。后半句在立法过程中，有意见提出，在债务转移中，因债权人对原债务人承担的债务而产生的抵销权，新债务人不能行使，否则无异于承认新债务人可以处分债务人的权利，经研究作出如上规定，精解如下。

条文解读

债务人转移债务的，新的债务人取代了原债务人的地位，承担其履行义务的责任。这意味着新债务人和原债务人具有相同的法律地位，因此原债务人享有的对债权人的抗辩，不因债务的转移而消灭，新债务人可以继续向债权人主张。这与《德国民法典》第 417 条第 1 款、《日本民法典》第 472 条之二第 1 款、我国台湾地区“民法”第 303 条第 1 款、《国际商事合同通则》第 9. 2. 7 条等立法例相同。例如，甲将向乙支付价金的债务移转给丙，支付价金和交付标的物应当同时履行，而乙尚未交付标的物，甲应当对乙享有同时履行抗辩权，在甲将其支付价金的债务转移给丙后，丙也应当有权对乙主张同时履行抗辩权。再如，债务转移后，新的债务人已经完全履行了义务，但是债权人还是要求其履行，债务人就有权以履行完毕为由向债权人提出抗辩。

这些抗辩只要是基于债权人和原债务人之间的法律关系所产生的，阻止或者排斥债权的成立、存续或者行使的所有事由所产生的一切实体抗辩和程序抗辩，均可由新债务人向债权人主张，包括：诉讼时效完成的抗辩，债权不发生的抗辩，债权因履行、提存、免除、抵销等消灭的抗辩，债权因合同被撤销、解除等而不存在的抗辩，同时履行抗辩权、不安抗辩权和先履行抗辩权等履行抗辩权，以及程序上的抗辩。

在立法过程中，有意见提出，在债务转移中，因债权人对原债务人承担的债务而产生的抵销权，新债务人不能行使，否则无异于承认新债务人可以处分债务人的权利。例如，甲对乙负有支付价款的债务，甲将该债务转移给丙并取得了乙的同意，但此前甲因出借给乙钱款而对乙享有请求还款的债权，此时，丙自然不能以甲对乙的债权抵销乙对丙所享有的债权。经研究，在抵销这个问题上，债务转移和债权转让有所不同，故本条新增加规定了“原债务人对债权人享有债权的，新债务人不得向债权人主张抵销”，以凸显债权转让与债务转移之间在抵销问题上的不同。

第五百五十四条　债务人转移债务的，新债务人应当承担与主债务有关的从债务，但是该从债务专属于原债务人自身的除外。

条文主旨

本条是关于债务转移中新债务人承担从债务的规定。

立法背景

本条源自《合同法》第 86 条，自颁布以来理论与实践未见争议，本法予以沿袭。

条文解读

债务人转移主债务的，与主债务有关的从债务随着主债务的转移而转移，新债务人应当承担与主债务有关的从债务。所谓从债务，是指附随于主债务的债务。从债务与主债务密切联系在一起，不能与主债务相互分离而单独存在。所以当主债务发生转移以后，从债务也要发生转移，新债务人应当承担与主债务有关的从债务。如附随于主债务的未发生的利息债务等，因主债务转移将转移给新债务人，新债务人应当向债权人承担这些从债务。新债务人在承担债务时能够对该债务的状况进行调查或者审核，因此新债务人承担这些从债务也是公平的。但是，有的从债务是专属于债务人本身的，这些从债务不随主债务的转移而转移。例如，债务人应向债权人提供服务，以抵充利息的，因为该义务具有专属性，如果主债务已经转移给新债务人，则新债务人并不当然负有向债权人提供服务以抵充利息的义务。

应当注意的是，本条仅规定了新债务人应当承担与主债务有关的从债务，并未规定新债务人当然享有与主债务有关的从权利。例如，原债务人和其他第三人签订了协助债务人进行履行的合同，在债务转移后，新债务人并不当然能够请求该第三人协助履行，除非该第三人另有其他意思表示。同样，第三人为原债务人提供的担保，由于涉及原债务人和新债务人之间资力和履行能力的差异，因此除另有约定外，未经担保人同意，担保人不对债务承担担保责任。本法第 391 条据此规定，第三人提供担保，未经其书面同意，债权人允许债务人转移全部或者部分债务的，担保人不再承担相应的担保责任。本法第 697 条第 1 款也同样规定，债权人未经保证人书面同意，允许债务人转移全部或者部分债务，保证人对未经其同意转移的债务不再承担保证责任，但是债权人和保证人另有约定的除外。

第五百五十五条　当事人一方经对方同意，可以将自己在合同中的权利和义务一并转让给第三人。

条文主旨

本条是关于合同权利义务一并转让的规定。

立法背景

本条源自《合同法》第 88 条，自 1999 年颁布以来，争议较少，本法予以沿袭。

条文解读

合同权利义务的一并转让，又被称为概括转让或者合同地位转让，是指合同关系的一方当事人将其合同权利义务一并转移给第三人，由第三人全部承受这些权利义务。合同权利义务的一并转让不同于债权转让、债务转移的是，它是一方当事人对其当事人地位的转让，其转让的内容实际上包括但不限于债权转让和债务转移，并非债权转让和债务转移的简单组合，而是第三人成为新的当事人，与当事人地位联系在一起的撤销权、解除权等权利，也均转移给第三人。合同权利义务的一并转让主要发生于双务合同，只有双务合同中的当事人一方才可以转让此种权利和义务。在单务合同中，由于一方当事人可能仅享有权利或仅承担义务，因此不能出让全部的权利义务，故单务合同一般不发生合同权利义务的一并转让。比如，赠与合同中的被赠与人只享有权利而不承担义务，这些合同的当事人一般不可能出现将合同权利义务一并转让的情况。

在立法过程中，有观点认为本条规定不应限于合同权利义务，而应包括所有的债权债务，故应当将“合同中的权利和义务”修改为“债权和债务”。经研究，债权债务除了合同权利义务之外，确实还包括其他法定的债权债务，例如，无因管理中管理人和受益人相互之间就可能存在债权和债务。但是，合同权利义务通过约定一并转让，涉及与当事人地位联系在一起的撤销权、解除权等权利也随之转让，因此有必要作出特别规定。而法定的债权债务虽然也可能通过约定而被一并转让，但一般不会涉及撤销权、解除权等权利的随之转让，因此可以被认为是债权转让和债务转移的结合，并无像合同权利义务通过约定一并转让那样强的特殊性。因此，本条仍然保留了合同法的规定。

根据本法规定，债权人转让债权应当通知债务人；债务人转移债务必须经债权人的同意。合同权利义务的一并转让既包括了债权的转让，又包括了债务的转移，这可能会对对方当事人产生不利，因此，当事人一方将合同权利义务一并转让时，应当经过对方当事人的同意。如果当事人一方未经对方当事人同意，将自己的权利和义务一并转让的，对对方当事人不发生效力。

合同权利义务的一并转让，除当事人另有约定外，原则上转让的当事人一方退出合同关系，其当事人地位被第三人所取代，第三人成为新的当事人，享有当事人的所有权利，承担当事人的所有义务。这并未排除当事人的其他约定，例如当事人可以约定，转让方继续对债务承担连带债务和对债权享有连带债权，或者转让方对债务承担约定的担保责任。

应当注意的是，本条仅规定了通过约定所进行的合同权利义务的一并转让。除此之外，还有法定的债权和债务的一并转让，此时适用所涉的特别规定。最为典型的是，法人合并和分立情形中的一并转让。本法第 67 条规定："法人合并的，其权利和义务由合并后的法人享有和承担。""法人分立的，其权利和义务由分立后的法人享有连带债权，承担连带债务，但是债权人和债务人另有约定的除外"。《公司法》第 174 条规定："公司合并时，合并各方的债权、债务，应当由合并后存续的公司或者新设的公司承继。"第 176 条规定："公司分立前的债务由分立后的公司承担连带责任。但是，公司在分立前与债权人就债务清偿达成的书面协议另有约定的除外。"据此，法人的合并、分立不应当影响法人外部债权人的利益，合并、分立前法人的权利义务应当概括转移给合并、分立后的法人。另外，在被继承人死亡以后，被继承人的遗产（包括债权）转让给继承人继承的同时，继承人也应当概括继承被继承人的债务，当然，对被继承人的债务应当在被继承的遗产的范围内予以清偿。本法第 1161 条第 1 款规定："继承人以所得遗产实际价值为限清偿被继承人依法应当缴纳的税款和债务。超过遗产实际价值部分，继承人自愿偿还的不在此限。"依据该规定，继承人在继承遗产时，也应当承受被继承人的债务。由于被继承人的债权在性质上属于遗产的范畴，应当由继承人继承，因此，继承也可以产生债权和债务一并转让的效力。本法第725条规定："租赁物在承租人按照租赁合同占有期限内发生所有权变动的，不影响租赁合同的效力。"根据该规定，买受人在取得租赁物所有权的同时，还承受该租赁物上已经存在的租赁合同关系中出租人的当事人地位，也可认为是法定的债权和债务的一并转让。除此之外，《城市房地产管理法》第42条规定："房地产转让时，土地使用权出让合同载明的权利、义务随之转移。"这也会产生债权和债务一并转让的效力。

相关规定

《最高人民法院关于审理旅游纠纷案件适用法律若干问题的规定》第11条

第五百五十六条　合同的权利和义务一并转让的，适用债权转让、债务转移的有关规定。

条文主旨

本条是关于合同权利和义务一并转让应当适用有关条款的规定。

立法背景

承继于《合同法》第89条。

条文解读

合同权利和义务一并转让时，应当遵守本法有关债权转让和债务转移的其他规定。具体而言，在涉及债权转让的范围内，适用以下规定：

1. 不得转让的债权的规定。(第545条)

2. 债权受让人取得与债权有关的从权利的规定。(第547条)

3. 债务人对让与人的抗辩可以继续向受让人主张的规定。(第548条)

4. 债务人对受让人主张抵销的规定。(第549条)

5. 债权转让增加的履行费用的负担的规定。(第550条)

6. 债权转让批准的规定。(第502条第3款)

在涉及债务转移的范围内，适用以下规定：

1. 新债务人的抗辩和抵销的规定。(第553条)

2. 新债务人承担与主债务有关的从债务的规定。(第554条)

3. 债务转移批准的规定。(第502条第3款)

第七章　合同的权利义务终止

本章共二十条，是关于合同的权利义务终止的规定。合同是平等主体的自然人、法人、其他组织之间设立、变更、终止民事权利义务关系的协议。本章规定了债权债务和合同权利义务关系终止的一般事由和后果，清偿抵充，解除合同的条件、程序及解除合同后责任的承担，抵销的条件、程序，提存的条件、程序、后果，债务的免除，债权债务的混同等。当然，除解除规则外，其他规则也能适用于所有的债权债务，而非仅能适用于合同权利义务。在合同法的基础上，本章增加规定了债务清偿抵充规则，完善了合同解除、抵销、提存、免除等具体规则。

第五百五十七条　有下列情形之一的，债权债务终止：

（一）债务已经履行；

（二）债务相互抵销；

（三）债务人依法将标的物提存；

（四）债权人免除债务；

（五）债权债务同归于一人；

（六）法律规定或者当事人约定终止的其他情形。

合同解除的，该合同的权利义务关系终止。

条文主旨

本条是关于债权债务终止情形的规定。

立法背景

本条源自《合同法》第91条，自颁布以来即争议较大，经研究，将“合同解除”分列于第2款，精解如下。

条文解读

债的性质，决定了债是有期限的民事法律关系，不可能永恒存在，有着从设立到终止的过程。债权债务终止，是指有效的债权债务因具备法定情形和当事人约定的情形，使得债权、债务归于消灭，债权人不再享有债权，债务人也不必再履行债务。按照本条第1款规定，有下列情形之一的，债权债务终止。

一、债务已经履行

债务已经得到了全面的履行，一方面可使债权得到满足，另一方面也使得债务归于消灭，产生债权债务终止的后果。债务已经履行，是指债务人按照债的标的、质量、数量、价款或者报酬、履行期限、履行地点和方式正确地、适当地全面履行了债务。

以下情况也属于债务的全面履行：

（一）第三人按照债权人和债务人之间的约定或者依照法律规定履行

债权债务原则上不涉及债权债务关系之外的第三人，债务当然应当由债务人履行，但有时，为了实现当事人的特定目的，便捷交易，法律允许债务由债权人和债务人约定的第三人履行，第三人履行债务，也产生债务消灭的后果。例如，债务人乙和债权人甲约定，由第三人丙偿还乙欠甲的10万元人民币的债务，丙将10万元人民币偿还给甲后，该合同的权利义务即终止。本法第522条即对此作出了规定。

另外，第三人还可以依据法律的规定履行以消灭债务。例如，本法第524条第1款规定，债务人不履行债务，第三人对履行该债务具有合法利益的，第三人有权向债权人代为履行；但是，根据债务性质、按照当事人约定或者依照法律规定只能由债务人履行的除外。根据该条第2款，债权人接受第三人履行后，原则上并不会导致债权的消灭，而会产生债权的法定转移，即债权人享有的债权转移给第三人。但是，如果债务人和第三人约定在第三人向债权人履行后债权消灭，此时，第三人向债权人的履行也会导致债权债务终止。

（二）债务人按照约定或者依照法律规定向第三人履行

债务人应当向债权人履行债务，债权人受领后产生债务消灭的后果。但有时，当事人约定由债务人向第三人履行债务，债务人向第三人履行后，也产生债务消灭的后果。比如，债务人乙欠债权人甲1万元人民币，债权人甲又欠第三人丙的钱，债权人甲请求债务人乙直接将欠款付给丙，乙同意，并按照其欠甲款的数额将钱付给了丙，从而消灭了其对甲的债务。本法第523条对此作出了规定。

债务履行后，是否以债权人接受或者受领作为债权债务终止的条件？有三种情况：一是债务履行不适当，债权人提出了异议；二是债务已经全面履行，但债权人拒绝接受；三是债权人下落不明，或者死亡、丧失行为能力而未确定继承人、遗产管理人或监护人无法履行。第一种情况，表明对债的履行存在争议，在纠纷没有解决以前，债权债务不能终止。在第二种和第三种情况下，债务人有权依照法律的规定，将标的物提存，达到终止债权债务的目的。

除此之外，债务人依照法律规定向第三人履行的，也可能产生债权债务终止的法律效果。这里的第三人，包括被债权人授予受领权或者依法具有受领权的代理人、监护人、遗产管理人、破产管理人等。同时，依据本法第 537 条的规定，人民法院认定代位权成立的，由债务人的相对人向债权人履行义务，债权人接受履行后，债权人与债务人、债务人与相对人之间相应的权利义务终止。本法第 442 条也规定，汇票、本票、支票、债券、存款单、仓单、提单的兑现日期或者提货日期先于主债权到期的，质权人可以兑现或者提货，并与出质人协议将兑现的价款或者提取的货物提前清偿债务或者提存。

合同中约定数项债务时，某项债务按照约定适当履行，产生该项债务消灭的效果，但并非终止合同。在双务合同中，只有当事人双方都按照约定履行，合同才能终止。任何一方履行有欠缺，都不能达到终止合同的目的。

（三）债权人和债务人协商一致以他种给付代替原定给付

合同的种类不同，债务的内容也不同，比如，货物买卖合同，债务的内容是交付货物或支付价款；承揽合同，债务的内容是提供劳务或者支付报酬。债务人应当按照合同约定的内容履行，但有时，实际履行债务在法律上或者事实上不可能，比如，债务履行时，法律规定该履行须经审批，债务人无法得到批准许可，或者标的物已灭失，无法交付；或者实际履行费用过高，如交付货物的运输费用大大提高，甚至超过合同标的的价格，实际履行极不经济；或者不适于强制履行，如以债务人具有人身性质的特定行为作为标的的合同；或者债务人无力履行原定的给付。在这些情况下，经债权人和债务人协商一致，可以采用代物履行的办法，达到债务消灭的目的，在债务人履行了双方协商一致的他种给付之后，债务消灭。例如，债务人乙按照合同约定，应当向债权人甲交付100吨吉林产圆粒大米，由于乙收购遇到困难，不能交付，但乙有100吨天津圆粒大米，质量与合同约定的吉林大米基本相同，甲同意交付天津大米以代替吉林大米的交付，乙交付了天津大米之后，债务即消灭。

实践中，也经常会出现以房抵债的情形，债务人乙欠债权人甲借款，现乙在债务履行期届满后无力偿还，因此与甲协商一致，以价值相当的乙所有的房屋抵债，在乙将房屋交付并将房屋所有权转移给甲之后，债务消灭。甲和乙约定不明时，为保护债权人甲的利益，不宜认定为是合同的更新，而应认为是增加了一种给付，否则，原债消灭，在乙不履行之后的以物抵债协议时，债权人甲就无法请求债务人乙履行原债务。如果乙不履行之后的以物抵债协议，则债权人与债务人之间的旧债务并未消灭，旧债务和新债务处于衔接并存的状态；在新债务合法有效并得以履行完毕后，旧债务和新债务都归于消灭。有时代物履行可能会有差价，按照当事人的约定支付差价后，也产生债务消灭的后果。

二、债务相互抵销

债务相互抵销，指当事人互负债务、互享债权，以自己的到期债权充抵对方的债权，使自己的债务与对方的债务在等额内消灭。比如，乙在合同约定的还款日期，应支付给甲10万元人民币货款，与此同时甲也欠乙10万元人民币，并已到支付日期，此时，乙可以向甲表明，自己不偿还甲的10万元债务，甲也不必偿还欠乙的10万元债务。两相抵销，互不相欠。本法第568条、第569条规定了抵销的具体条件和后果。

抵销制度，一方面免除了当事人双方实际履行的行为，方便了当事人，节省了履行费用。另一方面当互负债务的当事人一方财产状况恶化，不能履行所负债务时，通过抵销，起到了债的担保的作用；特别是当一方当事人破产时，对方已作出的履行将作为破产财产，而未被清偿的债权却要与破产人的其他各债权人就破产财产平均受偿，显然不利于对方当事人，而通过抵销，可以使对方当事人的债权迅速获得满足。《企业破产法》第40条专门规定了破产抵销权："债权人在破产申请受理前对债务人负有债务的，可以向管理人主张抵销。但是，有下列情形之一的，不得抵销：（一）债务人的债务人在破产申请受理后取得他人对债务人的债权的；（二）债权人已知债务人有不能清偿到期债务或者破产申请的事实，对债务人负担债务的；但是，债权人因为法律规定或者有破产申请一年前所发生的原因而负担债务的除外；（三）债务人的债务人已知债务人有不能清偿到期债务或者破产申请的事实，对债务人取得债权的；但是，债务人的债务人因为法律规定或者有破产申请一年前所发生的原因而取得债权的除外。"

三、债务人依法将标的物提存

提存，是指由于法律规定的原因，债务人无法向债权人交付合同标的物时，债务人将该标的物交给提存部门而消灭债务的制度。比如，债务人乙在合同约定的履行期限，准备向债权人甲交付货物，但却无法找到债权人，乙根据法律有关规定，将该货物交给提存部门，货物被提存后，债务即消灭。

债务的履行往往需要债权人的协助，如果债权人无正当理由而拒绝受领或者不能受领，债权人虽应承担受领迟延的责任，但债务人的债务却不能消灭，债务人仍得随时准备履行，这显然有失公平。本法明确将提存作为债权债务终止的法定原因之一，在第 570 条至第 574 条规定了提存的条件、程序和法律效力。

四、债权人免除债务

债权人免除债务，指债权人放弃自己的债权。债权人可以免除债务的部分，也可以免除债务的全部。比如，债务人乙应当偿还债权人甲 2 万元人民币，甲表示乙可以少还或者不还，就是债权人免除债务。甲表示只需要偿还 1 万元，是债务的部分免除；表示 2 万元都不必偿还，是债务的全部免除。免除部分债务的，债权债务部分终止，免除全部债务的，债权债务全部终止。本法第 575 条对免除进行了具体规定。

五、债权债务同归于一人

债权和债务同归于一人，指由于某种事实的发生，使原本由一方当事人享有的债权，由另一方当事人负担的债务，统归于一方当事人，使得该当事人既是债权人，又是债务人。比如，甲公司与乙公司签订了房屋租赁合同，在乙公司尚未支付租金时，甲乙二公司合并成立了一个新的公司，甲公司的债权和乙公司的债务都归属于新公司，原甲公司和乙公司之间的债权债务自然终止。本法第 576 条具体规定了此种终止事由。

六、法律规定或者当事人约定终止的其他情形

除了前述债权债务终止的情形，出现了法律规定的终止的其他情形的，合同的权利义务也可以终止。比如，根据本法第 934 条规定，委托人死亡、终止或者受托人死亡、丧失民事行为能力、终止，构成了委托合同的特殊终止事由。本法第940条规定，建设单位依法与物业服务人订立的前期物业服务合同约定的服务期限届满前，业主委员会或者业主与新物业服务人订立的物业服务合同生效的，前期物业服务合同终止。本法第977条也规定，合伙人死亡、丧失民事行为能力或者终止，构成了合伙合同的特殊终止事由。

当事人也可以约定债权债务终止的情形。本法第158条、第160条所规定的民事法律行为的“失效”也可以使得合同权利义务终止。比如，当事人订立的附解除条件的合同，当解除条件成就时，债权债务关系消灭，合同的权利义务终止。当事人订立附终止期限的合同，期限届满时，合同的权利义务终止。再如，赠与人与受赠人约定，赠与人每月负担受赠人的生活费至其18周岁，受赠人18周岁前参加工作的，自参加工作之日起，赠与合同终止。如果受赠人17周岁参加工作，则赠与人与受赠人之间的合同的权利义务终止。

本条第2款规定合同解除导致该合同的权利义务关系终止。合同的解除，指合同成立对当事人具有法律约束力后，当具备法律规定的或者当事人约定的合同解除事由时，或者当事人协商一致时，因当事人一方或双方的意思表示而使整体的合同关系终止。解除导致合同整体权利义务关系的终止，而非合同关系中单个债权债务的终止，并且在合同权利义务终止后，还涉及解除后的各种权利义务关系。同时，解除仅能适用于合同的权利义务关系，而不能适用于其他法定的债权债务关系。据此，本条在合同法规定的基础上将解除单独作为一款。合同的解除适用于已经具有法律约束力的合同。合同只有在具有法律约束力以后，才会发生解除，不具有法律约束力的合同不发生解除。依法成立的合同，对当事人具有法律约束力，当事人不得随意解除合同，只有当出现当事人约定的或者法律规定的解除合同的事由时，或者当事人协商一致时，才可以解除合同。本法第562条至第566条对合同解除作出了具体的规定。

第五百五十八条　债权债务终止后，当事人应当遵循诚信等原则，根据交易习惯履行通知、协助、保密、旧物回收等义务。

条文主旨

本条是关于后合同义务的规定。

立法背景

本条源自《合同法》第92条，立法过程中，有意见提出，这些义务不仅在合同的权利义务终止后会发生，在其他法定之债的债权债务终止后，也应当存在这些义务。经研究，因无因管理等发生的法定之债中，在债权债务终止后，也同样可能发生协助、保密等义务，因此，将合同法中的“合同的权利义务”修改为“债权债务”。

条文解读

后合同义务，是指合同的权利义务终止后，当事人依照法律的规定，遵循诚信等原则，根据交易习惯履行的各项义务。后合同义务对于在交易中强化诚信观念、维护交易的正常秩序具有重要意义。因此，债权债务终止后，除了债权人应当将证明债权债务的负债字据返还、向债务人出具债务消灭的收据之外，双方当事人还负有后合同义务。

后合同义务具有以下特点：

1. 后合同义务是合同的权利义务终止后产生的义务，合同成立前，当事人承担的是先合同义务；合同的权利义务未终止，当事人履行的是合同义务。

2. 后合同义务主要是法律规定的义务。如果当事人在合同中约定履行某项义务，该义务为合同义务，不履行该义务，承担违反合同的责任。后合同义务主要是法定义务，违反后合同义务要承担损害赔偿责任。

3. 后合同义务是诚信等原则派生的义务。诚信原则要求民事活动的当事人具有诚实、守信、善意的心理状况，不损人利己，不规避法律，秉持诚实，恪守承诺，在民事活动中维持双方的利益平衡，以及当事人利益与社会利益的平衡。合同的权利义务终止后，当事人应当履行哪些义务，并没有一定之规，依诚信原则应履行的义务，均应为后合同义务的范围。当事人主观方面的要求也可以根据诚信等原则予以确定。

4. 后合同义务的内容根据交易习惯确定。合同的内容不同，后合同义务也不同，法律不可能针对个案确定后合同义务的内容，但按照交易习惯，某类合同终止后，当事人通常的行为准则，应作为后合同义务。所谓交易习惯，一方面指一般的民商事活动应遵循的习惯，另一方面指当事人双方长期交易关系中形成的习惯。

遵循诚信等原则，根据交易习惯，债权债务终止后的义务通常有以下几方面：

1. 通知的义务。合同权利义务终止后，一方当事人应当将有关情况及时通知另一方当事人。比如，在租赁合同终止后，出租人应及时通知承租人取回物品；房屋买卖合同履行完毕而终止后，出卖人应该将房屋的重大情况通知买受人。

2. 协助的义务。合同的权利义务终止后，当事人应当协助对方处理与原合同有关的事务。比如，合同解除后，需要恢复原状的，对于恢复原状给予必要的协助；合同的权利义务终止后，对于需要保管的标的物协助保管。

3. 保密的义务。保密指保守国家秘密、商业秘密和合同约定不得泄露的事项。国家秘密，是指关系国家的安全和利益，依照法定程序确定，在一定时间内只限于一定范围的人员知悉的事项。国家秘密事关国家安全和利益，合同的权利义务终止后，合法接触、掌握、使用国家秘密的合同当事人，对于保密期内的国家秘密，无权向第三者泄露。泄露了国家秘密，要承担民事责任、行政责任甚至刑事责任。商业秘密，指不为公众所知悉，能为权利人带来经济利益，具有实用性，并经权利人采取保密措施的技术信息和经营信息。商业秘密一旦进入公共领域，就会失去其商业价值，损害合同当事人的经济利益和竞争优势。因此，合同的权利义务终止后，当事人负有保守商业秘密的义务。泄露了商业秘密要承担民事责任。除了国家秘密和商业秘密，当事人在合同中约定保密的特定事项，合同的权利义务终止后，当事人也不得泄露。

4. 旧物回收的义务。在立法过程中，有意见认为，为促进生态文明建设，应当进一步扩充后合同义务的范围。本法第9条规定：“民事主体从事民事活动，应当有利于节约资源、保护生态环境。”经研究，为进一步落实该项原则的要求，当事人在债权债务终止后，还依法负有旧物回收的义务，本条予以增补，并根据本法第一编中第一章的有关民法原则的规定，将合同法中的“诚实信用原则”修改为“诚信等原则”。本法第

625 条也规定："依照法律、行政法规的规定或者按照当事人的约定，标的物在有效使用年限届满后应予回收的，出卖人负有自行或者委托第三人对标的物予以回收的义务。"旧物回收也可能会包括包装物的回收。

应当注意的是，后合同义务的具体范围需要根据具体个案予以细致和具体的判断，不宜以结果倒推后合同义务的范围，要考虑诚信原则所要求的不同价值之间的平衡，要考虑交易习惯的举证，结合当事人主观方面的要求，履行对价、成本和收益的对比，当事人约定的可能性等，在个案中具体判断后合同义务的具体范围、强度、地域、内容、期限等。

相关规定

《最高人民法院关于审理物业服务纠纷案件具体应用法律若干问题的解释》第 9 条、第 10 条；《最高人民法院关于适用〈中华人民共和国合同法〉若干问题的解释（二）》第 22 条

第五百五十九条　债权债务终止时，债权的从权利同时消灭，但是法律另有规定或者当事人另有约定的除外。

条文主旨

本条是关于从权利随主权利消灭而消灭的规定。

立法背景

本条是本次立法新增规定，是主权利和从权利相关理论进入立法的结果。

条文解读

从权利是指附随于主权利的权利。抵押权、质权、保证等权利都属于主权利的从权利。由于从权利是从主权利派生出来的，从权利从属于主权利，这也包括消灭上的从属性。当主债权债务终止时，从权利一般也就没有了存在的价值，同时随之消灭。据此，本法第393条第1项就规定，主债权消灭的，担保物权也消灭。第587条也规定，债务人履行债务的，定金应当抵作价款或者收回。

但是，法律可能作出不同的规定。例如，主债权部分消灭的，作为从权利之一的担保物权并不在相应范围内部分消灭，而是根据担保物权的不可分性，主债权部分消灭，担保物权仍然存在，担保财产仍然担保剩余的债权，直到债务人履行全部债务时为止。《企业破产法》第124条也规定："破产人的保证人和其他连带债务人，在破产程序终结后，对债权人依照破产清算程序未受清偿的债权，依法继续承担清偿责任。"同时，本条也允许当事人另有约定，如果当事人约定债权债务终止时，债权的从权利并不消灭而是独立存在，一般应当允许当事人的此种约定发生效力，但法律另有规定的除外。

相关规定

《中华人民共和国企业破产法》第124条

第五百六十条　**债务人对同一债权人负担的数项债务种类相同，债务人的给付不足以清偿全部债务的，除当事人另有约定外，由债务人在清偿时指定其履行的**

债务。

债务人未作指定的，应当优先履行已经到期的债务；数项债务均到期的，优先履行对债权人缺乏担保或者担保最少的债务；均无担保或者担保相等的，优先履行债务人负担较重的债务；负担相同的，按照债务到期的先后顺序履行；到期时间相同的，按照债务比例履行。

条文主旨

本条是关于数项债务的清偿抵充顺序的规定。

立法背景

本条在《最高人民法院关于适用〈中华人民共和国合同法〉若干问题的解释（二）》第20条的基础上，参酌《德国民法典》第366－367条、《日本民法典》第488－491条、《法国民法典》第1253－1256条、《意大利民法典》第1193－1194条、《瑞士债务法》第85－87条、我国台湾地区"民法"第321－323条、《国际商事合同通则》第6.1.12条等立法例对清偿抵充予以规定，精解如下。

条文解读

清偿抵充，指的是债务人对同一债权人负担的数项债务种类相同，债务人的给付不足以清偿全部债务时，确定该给付抵充这些债务中某项或者某几项债务；或者债务人在履行主债务外还应当支付利息和实现债权的有关费用，其给付不足以清偿全部债务的，确定该给付抵充该项债务中的某个或者某几个部分。立法过程中，有意见提出，应当增加规定关于清偿抵充的规则。经研究，清偿抵充的顺序对于当事人的利害关系非常重要，比较法上，《德国民法典》第366－367条、《日本民法典》第488－491条、《法国民法典》第1253－1256条、《意大利民法典》第1193－1194条、《瑞士债务法》第85－87条、我国台湾地区“民法”第321－323条、《国际商事合同通则》第6.1.12条等立法例均对此加以规定，这有利于解决当事人之间的争议。因此，本条和下条规定了清偿抵充顺序。应当注意的是，在抵销中，也涉及抵销抵充，此时也应参照本条和下条规定的清偿抵充顺序予以确定，《德国民法典》第396条、我国台湾地区“民法”第342条对此有明文规定。

本条规定了清偿抵充的第一种情形，即数项债务的清偿抵充。本条的适用，首先，要求债务人对同一债权人负担数项债务。如果多个债务人分别负担债务，则应当分别清偿，从而不发生抵充问题；如果是对不同的债权人负担债务，也应当分别做出履行，也不会发生抵充问题。在同一债务的分期履行中，也可参照适用本条规定。其次，要求债务人负担的数项债务的种类相同。如果数项债务给付的种类不同，应当以给付的种类确定该给付清偿的是何项债务，没必要发生抵充问题。最后，要求债务人的给付不足以清偿全部债务。如果债务人的给付可能清偿全部债务，也没有必要确立清偿的顺序，因为所有的债务都可以得到清偿。如果债务人的给付不足以清偿数项债务中的某一项，则可以将本条规定和下条规定结合适用，通过下条确定该项债务中费用、利息和主债务履行的顺序。

此时，确定清偿抵充顺序的基本原则是：有约定从约定，无约定从指定，无指定从法定。如果当事人就抵充的顺序协商一致，这是意思自治的表现，此时，该约定应当优先。例如，乙欠甲借款、货款各1万元，均已届期，乙向甲清偿8000元，双方约定该笔给付用于抵充借款，则从其约定。抵充既可以在清偿前或者清偿时约定；在清偿后约定抵充或者变更原抵充约定的，在当事人之间仍然发生效力，但不能影响担保人等有利害关系的第三人利益。

在当事人对抵充顺序没有约定时，则由债务人指定其履行的债务，但债务人的指定应在清偿时作出，其生效适用本法第137条的一般规则。债务人在清偿时未指定，清偿后不可指定，否则在有争议的时候，债务人可以立即指定，之后的法定抵充顺序就没有任何意义。

在当事人对抵充顺序没有约定且债务人在清偿时未指定的，则直接依据法定的顺序。在本条第1款已经承认了债务人指定权的情况下，法定的抵充顺序应更多地考量债权人的利益，采取债权人利益优先、兼顾债务人利益的原则确定顺序。依据本条第2款规定，依次依据下列方式确定抵充顺序：

1. 已到期债务。如果到期的债务和未到期的债务并存，应当先抵充已到期的债务，毕竟债务未到期，则债务人不负有履行义务。

2. 缺乏担保或者担保最少的债务。该规定旨在保护债权人的利益，使得债权人未清偿的债务尽量存在担保。如果某债务有担保，另一债务无担保或者缺乏担保，则优先履行缺乏担保的债务。在债务均存在担保的情形时，则优先履行担保最少的债务。应当注意的是，此处的“担保最少”并非担保的绝对数额最少，而是对债权人而言担保利益最少或者担保状况最低的，否则某些情况下容易导致和本规定目的相违背的情形。比如，50 万元的债务存在担保 50 万元，同时另外一个 100 万元的债务存在同样类型的担保 60 万元，债务人支付 50 万元，优先清偿哪一个债务？此时，后一项债务的担保比例较少，因此优先抵充后一项债务中的未担保债务，这对债权人最为有利。但如果将“担保最少”理解为担保的绝对数额最小，则应优先抵充前一项债权，这无法实现保护债权人合理利益的目的。同时，除了上述担保的比例之外，在判断担保的多少时，还可以考虑担保的类型、担保人的信用等因素予以综合判断。当然，在数项债务均未到期，提前履行不损害债权人利益，债务人根据本法第 530 条第 1 款可以提前履行债务的，这是债务人对自己期限利益的放弃，此时，也应当优先履行对债权人缺乏担保或者担保最少的债务。

3. 债务人负担较重的债务。该规定旨在保护债务人的利益，优先清偿负担较重的债务，使得债务人因清偿而获益最多。比如，无利息的债务对比有利息的债务，前者显然对债务人的负担较轻；在本金相同的情况下，低利息的债务对比高利息的债务，前者对债务人的负担较轻。在一些情形中同样也需要综合判断。

4. 先到期的债务。比如，8 月 1 日到期的债务，对比同年 9 月 1 日到期的债务，应当先抵充前一个债务。此时，并非抵充最先成立的债务，而是抵充最先到期的债务。

5. 债务比例。

第五百六十一条　债务人在履行主债务外还应当支付利息和实现债权的有关费用，其给付不足以清偿全部债务的，除当事人另有约定外，应当按照下列顺序

履行：

（一）实现债权的有关费用；

（二）利息；

（三）主债务。

条文主旨

本条是关于费用、利息和主债务的清偿抵充顺序的规定。

立法背景

本条源自《最高人民法院关于适用〈中华人民共和国合同法〉若干问题的解释（二）》第21条，争议较小，本法予以沿袭。

条文解读

本条的适用，首先，要求债务人在履行主债务外还应当支付利息和实现债权的有关费用。其次，要求债务人的给付不足以清偿主债务、利息和实现债权的有关费用。此时确定清偿抵充顺序的基本原则是：有约定按约定，无约定按法定。如果当事人就抵充的顺序协商一致，这是合同自由的表现，此时，该约定应当优先。例如，乙欠甲借款10万元，利息5000元，实现债权的费用3000元，乙向甲清偿3万元，双方约定该笔给付用于抵充主债务，则从其约定。

在当事人对抵充顺序没有约定时，各个立法例与本条的规定基本一致，采取有利于债权人的立场，依次按照下列顺序抵充：

1. 实现债权的有关费用。包括保管费用、诉讼费用、执行费用等。采取同样的精神，本法第412条规定，债务人不履行到期债务或者发生当事人约定的实现抵押权的情形，致使抵押财产被人民法院依法扣押的，自扣押之日起，抵押权人有权收取该抵押财产的天然孳息或者法定孳息，孳息应当先充抵收取孳息的费用。本法第430条也规定，质权人收取质押财产的孳息也应当先充抵收取孳息的费用。

2. 利息。利息是债权人预期应有的收益，是资金占有的成本，应当先于主债务或者本金而抵充。尤其是对于银行而言，其收取利息是其发放贷款的主要目的，如果利息不能得到保护，则与此种债权的目的不相一致。

3. 主债务。在上例中，3万元首先抵充实现债权的有关费用3000元，其次抵充利息5000元，最后抵充主债务2.2万元，因此未偿还的主债务还剩7.8万元。

应当注意的是，本条规定更为着重于债权人利益的保护，与前条规定不同，本条排除了债务人指定的权利，否则与本条的债权人利益保护立场相违背。因此，债务人不能指定先抵充主债务，再抵充利息，以避免给债权人带来损害。例如，《德国民法典》第367条第2款就规定，债务人有不同的抵充指定者，债权人得拒绝受领给付。同时，如果抵销涉及主债务、利息和实现债权的有关费用的，也应参照本条规定，《德国民法典》第396条、我国台湾地区“民法”第342条同样对此有明文规定。

第五百六十二条 **当事人协商一致，可以解除合同。**

当事人可以约定一方解除合同的事由。解除合同的事由发生时，解除权人可以解除合同。

条文主旨

本条是关于协商解除合同和约定解除权的规定。

立法背景

本条自 1999 年《合同法》颁布以来，争议较小，本法予以沿袭。

条文解读

合同解除是对当事人进行救济的方式之一。通过合同解除，能够使得当事人在其合同目的不能实现的情形中摆脱现有合同权利义务关系的约束，重新获得交易的自由。比如，甲作为卖方、乙作为买方签订买卖合同，乙到期未支付价款，如果甲已经先交货，则甲可以解除合同，要求返还货物，将货物重新出卖；如果甲未交货，则甲可以通过解除合同消灭自己交货的义务。相对比而言，履行抗辩权的效果是暂时性地对抗对方的请求，而违约责任的效果是弥补损失，因此，合同解除具有履行抗辩权和违约责任所不能取代的功能。合同解除包括当事人协商解除、行使约定解除权和行使法定解除权。本条规定了当事人协商解除合同和约定解除权。

需要注意的是，关于是否应当区分合同解除与合同终止，存在不同的观点。有些观点区分了是否具有溯及力，没有溯及力的称为终止，有溯及力的称为解除。本法采取了广义的终止的概念，“解除”仅是“终止”的原因之一，同时在解除的效果上区分有溯及力和没有溯及力的解除，其中没有溯及力的解除就相当于狭义的“终止”。

根据自愿原则，当事人在法律规定范围内享有自愿解除合同的权利。当事人约定解除合同包括两种情况：

1. 协商解除

协商解除，是指合同产生法律约束力后，当事人以解除合同为目的，经协商一致，订立一个解除原来合同的协议。比如，乙公司向甲公司订购了一批服装面料，准备生产时装，但由于乙公司的生产订单被取消，乙公司不再需要订购的面料，于是与甲公司协商一致解除合同。当事人可以根据自愿原则，决定协商解除的具体效力，比如可以在协议中明确放弃违约损害赔偿请求权。

协商解除是双方的民事法律行为，是通过订立一个新的合同而解除原来的合同，因此应当遵循民事法律行为和合同的一般规定，即双方当事人应当对解除合同意思表示一致，协议未达成之前，原合同仍然有效。如果协商解除违反了法律规定的法律行为有效的条件，如违背了公序良俗，解除合同的协议不能发生法律效力，原有的合同仍要履行。在协商解除中，最为重要的是当事人具有解除的明确意思表示，如果双方都明确同意解除，即使双方未就协商解除后的法律后果作出约定，只要双方解除合同的意思是明确形成一致的，一般也可以认为构成协商解除，除非协商解除的意思表示以对解除后果形成一致意见为前提。

2. 约定解除权

约定解除权，是指当事人约定，合同履行过程中出现某种情况，当事人一方或者双方有解除合同的权利。比如甲乙双方签订了房屋租赁合同，出租人甲与承租人乙约定，未经出租人同意，承租人允许第三人在该出租房屋居住的，出租人有权解除合同；也可以约定，出租房屋的设施出现问题，出租人不予以维修的，承租人有权解除合同。解除权可以在订立合同时约定，也可以在履行合同的过程中约定；可以约定一方享有解除合同的权利，也可以约定双方享有解除合同的权利。当约定解除合同的条件出现时，享有解除权的当事人可以行使解除权解除合同，而不必再与对方当事人协商。约定解除权的功能体现在对法定解除权的要件和行使效果进行修正、缓和和补充，并使当事人在观念上对此明确化。在合同解除纠纷中，应首先查明当事人是否享有约定解除权，如果不享有约定解除权，则依据本法第563条规定认定当事人是否可享有法定解除权，除非当事人明确排除了法定解除权的适用。

解除权的约定也是一种合同，行使约定的解除权应当以该合同为基础，因此对解除权的约定也应当遵循民事法律行为和合同的一般规定。约定解除权在实践中有多重形式，例如，双方可以约定解约定金，即定金交付后，交付定金的一方可以按照合同的约定以丧失定金为代价而解除主合同，收受定金的一方可以双倍返还定金为代价而解除主合同。

协商解除和约定解除权，虽然都是基于当事人双方的合意，但二者有区别，表现在：(1) 协商解除是当事人双方根据已经发生的情况，达成解除原合同的协议；而约定解除权是约定将来发生某种情况时，一方或双方享有解除权。(2) 协商解除不是约定解除权，而是解除现存的合同关系，并可以对解除合同后的责任分担、损失分配达成共识；而约定解除权本身不导致合同的解除，只有在约定的解除事由发生时，通过行使解除权方可使合同归于消灭。

同时，约定解除权和附解除条件的合同不同。本法第158条规定：“民事法律行为可以附条件，但是根据其性质不得附条件的除外。附生效条件的民事法律行为，自条件成就时生效。附解除条件的民事法律行为，自条件成就时失效。”两者有区别，表现在：附解除条件的合同，条件成就时合同自然失效，不需要当事人再有另外的意思表示；而在约定解除权的情况下，双方约定以一定的事由作为解除权的产生原因，约定的事由发生时仅产生了解除权，合同并不是自动解除，必须由解除权人主动行使解除权，才能导致合同解除。《合同法》第93条第2款规定“……解除合同的条件成就时，解除权人可以解除合同”，为了更清晰地显示出约定解除权和附解除条件的不同，本条将之修改为“解除合同的事由发生时，解除权人可以解除合同”。究竟是约定解除权抑或是附解除条件的合同，取决于当事人的意思表示，应结合该约定的内容、该约定与整个合同的关系、约定的目的等因素予以确定。

当事人行使约定解除权，应当通知对方，合同解除的时间根据本法第565条的规定处理，除非当事人另有约定。合同解除的效果首先根据当事人的约定予以确定，当事人没有约定或约定不明时，适用本法对于合同解除效果的规定。

第五百六十三条 **有下列情形之一的，当事人可以解除合同：**

（一）因不可抗力致使不能实现合同目的；

（二）在履行期限届满前，当事人一方明确表示或者以自己的行为表明不履行主要债务；

（三）当事人一方迟延履行主要债务，经催告后在合理期限内仍未履行；

（四）当事人一方迟延履行债务或者有其他违约行为致使不能实现合同目的；

（五）法律规定的其他情形。

以持续履行的债务为内容的不定期合同，当事人可以随时解除合同，但是应当在合理期限之前通知对方。

条文主旨

本条是关于法定解除事由的规定。

立法背景

本条第1款沿袭《合同法》第94条。在立法过程中，有意见提出，应当增加规定此类合同中当事人的任意解除权。经研究，考虑到当事人未约定合同的存续或者履行期限，而合同不得无限期地约束合同当事人，故许多立法例都规定了此种情形下当事人享有解除权。比如，《国际商事合同通则》第5.1.8条就规定，任何一方当事人均可通过预先在一段合理时间内发出通知，终止一个无固定期限的合同。《欧洲合同法原则》第6：109条、《欧洲私法共同参考框架》第3－1：109条第2款、《法国民法典》第1211条等也作出了类似的规定。本法在很多这类合同中也已经对此明确规定，可以予以统合。因此，本条在合同法的基础上增加第2款，对此予以明确规定。

条文解读

法定解除，是指合同具有法律约束力后，当事人在法律规定的解除事由出现时，行使解除权而使合同权利义务关系终止。法定解除权的产生事由与约定解除权的产生事由既有区别又有联系。其区别表现在，法定解除事由是法律直接规定的，而约定解除事由是双方通过合同约定的。其联系表现在：约定解除事由主要是对法定解除事由和解除效果进行修正、缓和和补充，比如，可以约定违反合同中的某项规定，不论程度如何，均可解除合同；也可以约定必须违反合同某项规定达到一个明确的程度，才可解除合同。在约定解除的事由没有涵盖全部法定解除事由的情况下，除非当事人明确排除适用法定解除的事由，在未涵盖的领域，法定解除权仍有其适用余地，这是法律行为调整模式和法定调整模式相互衔接配合的当然要求，是法定解除制度目的的表现。

法律规定解除的事由，也是对任意解除合同的限制，以鼓励交易，避免资源浪费，合理保护双方当事人的合法权益；同时，并不是说具备这些事由，当事人必须解除合同，是否行使解除的权利，应由当事人决定。合同解除的目的是使得当事人摆脱合同权利义务的约束，并非为了制裁，因此法定解除权的发生，不以当事人的过错为要件，但是为了避免当事人任意解除合同，重点考虑的是合同目的是否能够实现，这是判断是否产生法定解除权的重心。如果合同目的仍然能够实现，则一般不产生法定解除权。

本条第1款规定的解除合同的事由有：

一、因不可抗力致使不能实现合同的目的

所谓不可抗力，本法第180条第2款规定，不可抗力是不能预见、不能避免且不能克服的客观情况。不能预见，是指行为人主观上对于某一客观情况的发生无法预测。对于某一客观情况的发生可否预见，因人的认知能力不同，科学技术的发展水平各异，预见能力必然有差别。因此，不可预见，应以一般人的预见能力作为判断标准。某些事件的发生，在过去不可预见，但随着科学技术水平的发展，现在就可以预见。例如现在对天气预报的准确率已达到了90%以上，人们对狂风暴雨的规避能力已大大提高。不能避免并不能克服，表明某一事件的发生和事件所造成的后果具有必然性。不能避免，是指当事人尽了最大的努力和采取一切可以采取的措施，仍然不能避免某种事件的发生并不能克服事件所造成的后果。客观情况，是指独立于当事人行为之外的客观情况。

不能预见、不能避免并不能克服是对不可抗力范围的原则规定，至于哪些可作为影响合同履行的不可抗力事件，我国法律没有具体规定，各国法律规定不尽相同，一般说来，以下情况被认为属于不可抗力：（1）自然灾害。自然灾害包括因自然界的力量引发的灾害，例如地震、海啸、火山喷发、台风、冰雹等。自然灾害的发生，常常使合同的履行成为不必要或者不可能，需要解除合同。比如，地震摧毁了供货一方的工厂，使其无法生产订购的货物，其要求解除合同。需要注意的是，一般各国都承认自然灾害为不可抗力，但有的国家认为自然灾害不是不可抗力。因此，在处理涉外合同时，要特别注意各国法律的不同规定。（2）战争。战争的爆发可能影响到一国以至于更多国家的经济秩序，使合同履行成为不必要。（3）社会异常事件。主要指一些偶发的阻碍合同履行的事件。比如罢工、骚乱，一些国家认为属于不可抗力。（4）政府行为。主要指合同订立后，政府颁布新的政策、法律，采取行政措施导致合同不能履行，如禁运、交通封锁、人员隔离、进出境限制、停工停产等，有些国家认为属于不可抗力。

不可抗力事件的发生，对履行合同的影响可能有大有小，有时只是暂时影响到合同的履行，可以通过延期履行实现合同的目的，对此不能行使法定解除权。只有不可抗力致使合同目的不能实现时，当事人才可以解除合同。

应当注意的是，因不可抗力致使不能实现合同目的的，究竟是采取合同自动终止的方式，还是采取产生法定解除权的方式，不同的立法例并不相同。有的立法例认为，此时合同应当自动终止，因此给付和对待给付都消灭，例如《欧洲合同法原则》第9：303条第4款；但也有立法例认为，不可抗力不影响合同的解除权，例如《国际商事合同通则》第7.1.7条。经研究，本法采取了后一种方式，这有利于当事人之间互通情况和互相配合，并积极采取救济措施。根据此目的，应当认为此种情况下，双方当事人都有权解除合同。

同时，本法第533条规定了情势变更规则："合同成立后，合同的基础条件发生了当事人在订立合同时无法预见的、不属于商业风险的重大变化，继续履行合同对于当事人一方明显不公平的，受不利影响的当事人可以与对方重新协商；在合理期限内协商不成的，当事人可以请求人民法院或者仲裁机构变更或者解除合同。""人民法院或者仲裁机构应当结合案件的实际情况，根据公平原则变更或者解除合同"。在发生不可抗力事件时，根据对合同履行的影响，可以分别适用情势变更和法定解除。如果不可抗力事件致使继续履行合同对于一方当事人明显不公平的，可以适用本法第533条规定；不可抗力事件的发生，致使合同目的不能实现的，可以适用本条规定。

二、在履行期限届满之前，当事人一方明确表示或者以自己的行为表明不履行主要债务

在合同履行期限届满之前，当事人一方明确表示或者以自己的行为表明不履行主要债务的，对方当事人可以解除合同。当事人一方明确表示或者以自己的行为表明不履行主要债务，当然要求其不享有履行抗辩权等正当理由，并且不履行的是主要债务，因此是根本性的违约。预期违约分为明示违约和默示违约。所谓明示违约，是指合同履行期到来之前，一方当事人明确肯定地向另一方当事人表示他将不履行主要债务。所谓默示违约，是指合同履行期限到来前，一方当事人有确凿的证据证明另一方当事人在履行期限到来时，明显将不履行主要债务。预期违约，降低了另一方享有的合同权利的价值，如果在一方当事人预期违约的情况下，仍然要求另一方当事人在履行期间届满才能主张补救，将给另一方造成损失。允许受害人解除合同，受害人对于自己尚未履行的合同可以不必履行，有利于保护受害人的合法权益。

应当注意的是，该规定与不安抗辩权的相互衔接。本法第527条第1款规定，应当先履行债务的当事人，有确切证据证明对方有下列情形之一的，可以中止履行：（一）经营状况严重恶化；（二）转移财产、抽逃资金，以逃避债务；（三）丧失商业信誉；（四）有丧失或者可能丧失履行债务能力的其他情形。但是，此时，该方当事人可能会出现判断不准确，如果他认为对方可能丧失履行债务能力或者存在其他预期违约行为，而直接解除合同，但实际上对方仍然具有履行能力或者无其他预期违约行为，则他可能会因此承担违约责任。因此，为避免当事人因判断不准确而遭受上述风险，消除判断所可能出现的不确定性，同时考虑到上述行为对合同目的是否能够实现的影响程度的不同，本法第528条规定：“当事人依据前条规定中止履行的，应当及时通知对方。对方提供适当担保的，应当恢复履行。中止履行后，对方在合理期限内未恢复履行能力且未提供适当担保的，视为以自己的行为表明不履行主要债务，中止履行的一方可以解除合同并可以请求对方承担违约责任。”

三、当事人一方迟延履行主要债务，经催告后在合理期限内仍未履行

当事人一方迟延履行主要债务，经催告后在合理期限内仍未履行的，对方当事人可以解除合同。这有助于降低对方当事人证明迟延履行致使不能实现合同目的的难度。迟延履行，是指债务人无正当理由，在合同约定的履行期间届满，仍未履行合同债务；或者对于未约定履行期限的合同，应当根据本法第510条予以确定，如果仍然无法确定，根据本法第511条第4项，债权人提出履行请求并且给债务人必要的准备时间届满后，债务人仍未履行的，属于迟延履行债务。债务人迟延履行债务是违反合同约定的行为，但并非就可以因此解除合同。只有符合以下条件，才可以解除合同：

（一）迟延履行主要债务

所谓主要债务，应当依照合同的个案进行判断，一般说来，影响合同目的实现的债务，应为主要债务。如买卖合同，在履行期限内交付的标的物只占合同约定的很少一部分，不能满足债权人的要求，应认为迟延履行主要债务。有时，迟延履行的部分在合同中所占比例不大，但却至关重要，如购买机械设备，债务人交付了所有的设备，但迟迟不交付合同约定的有关设备的安装使用技术资料，使债权人不能利用该设备，也应认为是迟延履行主要债务。

（二）经催告后债务人仍然不履行债务

债务人迟延履行主要债务的，债权人一般应当催告债务人履行。合同的解除将导致合同权利义务关系的终止，一旦解除将会消灭一项交易，如果允许债权人在债务人任何迟延履行主要债务的情况下都可以直接解除合同，会造成财产的不必要的损失和浪费，因此，债权人一般应当进行催告，并且指定一个确定的合理期间。在该合理期间内，当事人可以请求违约责任的承担，但不得解除合同。该合理期间根据债务履行的难易程度和所需要时间的长短确定，超过该合理期间债务人仍不履行的，表明债务人没有履行合同的诚意，或者根本不可能再履行合同，在此情况下，如果仍要债权人等待履行，不仅对债权人不公平，也会给其造成更大的损失，因此，债权人可以依法解除合同。如果债权人通知指定的期间短于合理期间，则并不需要再次做出通知，债权人在通知后经过合理期间即可解除合同。

本法据此规定了许多具体的情形。例如，本法第 722 条规定，承租人无正当理由未支付或者迟延支付租金的，出租人可以请求承租人在合理期限内支付；承租人逾期不支付的，出租人可以解除合同。

四、迟延履行债务或者有其他违约行为致使不能实现合同目的

迟延履行债务致使不能实现合同目的，是指履行期限对于债权的实现至关重要，超过了合同约定的期限履行合同，合同目的就将落空。如果迟延履行致使合同目的不能实现，则不需要经过催告，而可以直接解除合同。通常以下情况可以认为构成根本违约的迟延履行：（1）当事人在合同中明确约定超过期限履行合同，债权人将不接受履行，而债务人履行迟延。（2）履行期限构成合同的必要因素，超过期限履行将严重影响订立合同所期望的经济利益。比如季节性、时效性较强的标的物，像中秋月饼，过了中秋节交付，就没有了销路。（3）继续履行不能得到合同利益。比如由于债务人迟延时间过长，市场行情发生重大变化，继续履行将使债权人蒙受重大损失，应允许解除合同。

致使不能实现合同目的的其他违约行为，主要指违反的义务对合同目的的实现十分重要，如一方不履行这种义务，将剥夺另一方当事人根据合同有权期待的利益。该种违约行为主要包括：（1）不能履行主要债务。在不能履行主要债务的场合下，如果不能履行是由不可抗力导致的，则通过本条第1款第1项解决；其他场合下的不能履行主要债务，债权人依据本项规定可以解除合同且无需催告。（2）拒绝履行。即债务人拒绝履行合同义务，包括债务人在履行期限届满前明示或者默示地拒绝履行非主要债务致使不能实现合同目的，或者履行期限届满后拒绝履行主要债务或拒绝履行其他合同义务致使不能实现合同目的。（3）履行质量与约定严重不符，无法通过修理、替换、降价的方法予以补救，致使不能实现合同目的。比如，约定交付的标的物是一级棉花，但交付的却是买方根本无法使用的等外品。（4）履行主要债务之外的其他合同义务不适当，致使不能实现合同目的。比如，本法第778条规定，承揽工作需要定作人协助的，定作人有协助的义务。定作人不履行协助义务致使承揽工作不能完成的，承揽人可以催告定作人在合理期限内履行义务，并可以顺延履行期限；定作人逾期不履行的，承揽人可以解除合同。

这些违约行为导致法定解除权产生的前提是，因为违约行为致使不能实现合同目的，理论上将这些违约称为“根本违约”。违反合同义务，致使合同目的不能实现的，为根本违约。

虽然违反合同义务，但并未致使合同目的不能实现的，为非根本违约。同样一个违约行为，可能导致根本违约，也可能是非根本违约。例如，顾客买二米五布料，商店仅裁了二米三，短二分米的布。如果消费者买布的目的是做一套西装，二米三布料不够置装用，商店构成根本违约，如果消费者买布的目的是做一条床单，虽短二分米，但不影响使用，商店则构成非根本违约。《国际货物销售合同公约》第25条将根本违约界定为："一方当事人违反合同的结果，如使另一方当事人蒙受损害，以至于实际上剥夺了他根据合同规定有权期待得到的东西，即为根本违反合同，除非违反合同一方未预见而且一个同等资格、通情达理的人处于相同情况中也没有理由预见会发生这种结果。"《国际商事合同通则》第7.3.1条、《欧洲合同法原则》第8：103条也作出了类似的规定。本条采取了这些规定的合理精神，规定只有在这些违约行为致使合同目的不能实现时，也即根本违约时，才产生法定解除权，此种情况下，债权人可以解除合同，不给予债务人采取合理的补救措施的权利。

判断合同目的是否不能实现，首先需要区分合同目的和合同动机，盈利一般仅仅是合同的动机而非目的，当事人不能仅以己方盈利目的落空或者不能实现为由，主张合同目的不能实现。其次可以考虑以下情况：第一，违约是否实质上剥夺了另一方当事人根据合同有权期待的利益，除非另一方当事人并未预见而且也不可能合理地预见到此结果。此时可以考虑违约部分的价值或者金额与整个合同价值或者金额之间的比例，例如，在履行不符合约定中，如果卖方交付的不符合约定的标的物的价值占全部合同金额的大部分，一般可以认为构成违约导致不能实现合同目的；还可以考虑违约部分对合同目标实现的影响程度，在某些案件中，尽管违约部分的价值并不高，但对合同的实现有着重大影响，例如，在成套设备中，某一部件或配件的瑕疵可能导致整套设备无法正常运转，此时，这一违约也可以认定为违约导致不能实现合同目的；还可以考虑违约的后果及损害能否得到修补，即使违约行为十分严重，但如果这种违约是可以修补的，也可以不认定产生法定解除权。此外，还可能结合合同履行状况和合同类型考量其他因素。例如，股权转让合同中，法律关系的稳定、对第三人利益的影响、债权人寻求其他救济的可能性（如债务人尚有资力，可通过继续履行满足债权人的期待利益）都是需考量的因素。第二，对被违反义务的严格遵守是否为合同的实质性约定。第三，违反义务是否导致不能信赖其将来的履行，如果一方当事人分期履行义务，并且在某一次先履行中出现的瑕疵很明显将要在整个履行中重复，尽管先期履行中的瑕疵本身并不构成解除合同的依据，另一方当事人仍然可以解除合同。如果违约是故意的，且使得另一方有充分的理由认为不能期待后续的履行，另一方有权解除全部合同关系；当然，如果违反义务即使是故意但却是微不足道的，仍然不能解除合同。第四，合同解除是否导致违反义务人因已经做出的准备或者履行而遭受不相称的损失。比如，甲和乙约定甲向乙交付专为其制造的软件，约定的交付时间是 12 月 31 日之前，但甲在次年 1 月 31 日才交付，此时乙仍然需要该软件，并且甲无法将该软件出售给其他客户，乙这时可以请求甲承担违约责任，但不能解除合同。

本法据此规定了许多具体的情形。例如，第 597 条规定，因出卖人未取得处分权致使标的物所有权不能转移的，买受人可以解除合同并请求出卖人承担违约责任。第 610 条规定，因标的物不符合质量要求，致使不能实现合同目的的，买受人可以拒绝接受标的物或者解除合同。第 711 条规定，承租人未按照约定的方法或者未根据租赁物的性质使用租赁物，致使租赁物受到损失的，出租人可以解除合同并请求赔偿损失。第 716 条第 2 款规定，承租人未经出租人同意转租的，出租人可以解除合同。第 724 条规定，有下列情形之一，非因承租人原因致使租赁物无法使用的，承租人可以解除合同：（一）租赁物被司法机关或者行政机关依法查封、扣押；（二）租赁物权属有争议；（三）租赁物具有违反法律、行政法规关于使用条件的强制性规定情形。第 731 条规定，租赁物危及承租人的安全或者健康的，即使承租人订立合同时明知该租赁物质量不合格，承租人仍然可以随时解除合同。

如果一方要履行的合同义务有多项，只有部分不履行或者履行不符合约定，导致合同目的部分不能实现，可以考虑仅就部分行使解除权；但如果部分不履行或者履行不符合约定，导致合同目的全部不能实现，可以就整个合同行使解除权。例如，本法第 632 条规定："标的物为数物，其中一物不符合约定的，买受人可以就该物解除。但是，该物与他物分离使标的物的价值显受损害的，买受人可以就数物解除合同。"第 633 条规定："出卖人分批交付标的物的，出卖人对其中一批标的物不交付或者交付不符合约定，致使该批标的物不能实现合同目的的，买受人可以就该批标的物解除。""出卖人不交付其中一批标的物或者交付不符合约定，致使之后其他各批标的物的交付不能实现合同目的的，买受人可以就该批以及之后其他各批标的物解除。""买受人如果就其中一批标的物解除，该批标的物与其他各批标的物相互依存的，可以就已经交付和未交付的各批标的物解除。”当然，如果将要解除的部分构成了合同的主要内容，或者该部分内容的解除将使合同的主要目的不能实现，或者部分解除将使当事人权利义务严重不对称，进而损害另一方当事人合法权益时，不能仅就部分内容行使解除权。因合同而产生的债务不可分时，债权人也只能解除全部合同关系。在不能合理期待债权人接受后续的给付时，债权人也能够解除全部合同关系。

五、法律规定的其他解除情形

除了上述4种情形外，本法还规定了其他产生法定解除权的情形。比如，因行使不安抗辩权而中止履行合同，对方在合理期限内未恢复履行能力，也未提供适当担保的，中止履行的一方可以请求解除合同。例如，本法第533条第1款规定，合同成立后，合同的基础条件发生了当事人在订立合同时无法预见的、不属于商业风险的重大变化，继续履行合同对于当事人一方明显不公平的，受不利影响的当事人可以与对方重新协商；在合理期限内协商不成的，当事人可以请求人民法院或者仲裁机构变更或者解除合同。本法第634条第1款规定，分期付款的买受人未支付到期价款的数额达到全部价款的五分之一，经催告后在合理期限内仍未支付到期价款的，出卖人可以请求买受人支付全部价款或者解除合同。第787条规定，定作人在承揽人完成工作前可以随时解除合同，造成承揽人损失的，应当赔偿损失。第933条规定，委托人或者受托人可以随时解除委托合同。第1022条第2款规定，当事人对肖像许可使用期限有明确约定，肖像权人有正当理由的，可以解除肖像许可使用合同，但是应当在合理期限之前通知对方。

除了本法外，其他法律也规定了一些合同的法定解除权事由。例如，《旅游法》第66条第1款规定，旅游者有下列情形之一的，旅行社可以解除合同：（一）患有传染病等疾病，可能危害其他旅游者健康和安全的；（二）携带危害公共安全的物品且不同意交有关部门处理的；（三）从事违法或者违反社会公德的活动的；（四）从事严重影响其他旅游者权益的活动，且不听劝阻、不能制止的；（五）法律规定的其他情形。《保险法》第52条规定，在合同有效期内，保险标的的危险程度显著增加的，被保险人应当按照合同约定及时通知保险人，保险人可以按照合同约定增加保险费或者解除合同。《保险法》第15条规定，除本法另有规定或者保险合同另有约定外，保险合同成立后，投保人可以解除合同，保险人不得解除合同。《劳动法》第25条规定，劳动者有下列情形之一的，用人单位可以解除劳动合同：（一）在试用期间被证明不符合录用条件的；（二）严重违反劳动纪律或者用人单位规章制度的；（三）严重失职，营私舞弊，对用人单位利益造成重大损害的；（四）被依法追究刑事责任的。《企业破产法》第18条规定，人民法院受理破产申请后，管理人对破产申请受理前成立而债务人和对方当事人均未履行完毕的合同有权决定解除或者继续履行，并通知对方当事人。管理人自破产申请受理之日起2个月内未通知对方当事人，或者自收到对方当事人催告之日起30日内未答复的，视为解除合同。管理人决定继续履行合同的，对方当事人应当履行；但是，对方当事人有权要求管理人提供担保。管理人不提供担保的，视为解除合同。

本条第2款规定了以持续履行的债务为内容的不定期合同中当事人的解除权。这首先要求合同必须是以持续履行的债务为内容的合同，例如租赁合同、保管合同、合伙合同等，而非一次履行就会使得债务消灭的合同，这类合同又被称为继续性合同。其次要求是不定期的合同。继续性合同通常会约定一个存续或者履行期间；如果没有约定期间或者约定不明确，根据本法第510条规定，当事人可以协议补充，不能达成补充协议的，可以按照合同相关条款或者交易习惯确定。既未约定期间或者约定不明确，也无法确定期间的，就是不定期的合同。例如本法第730条规定，当事人对租赁期限没有约定或者约定不明确，依据本法第510条的规定仍不能确定的，视为不定期租赁。第976条第1款规定，合伙人对合伙期限没有约定或者约定不明确，依据本法第510条的规定仍不能确定的，视为不定期合伙。同时，不定期的合同也可能是以下情形，合同的存续或者履行期间本来是明确的，但是该期间结束后，尽管当事人未明确约定继续该合同，但双方当事人均默示地继续该合同。例如，本法第734条第1款规定，租赁期限届满，承租人继续使用租赁物，出租人没有提出异议的，原租赁合同继续有效，但是租赁期限为不定期。第948条第1款规定，物业服务期限届满后，业主没有依法作出续聘或者另聘物业服务人的决定，物业服务人继续提供物业服务的，原物业服务合同继续有效，但是服务期限为不定期。第976条第2款规定，合伙期限届满，合伙人继续执行合伙事务，其他合伙人没有提出异议的，原合伙合同继续有效，但是合伙期限为不定期。合同约定存续或者履行期间是无限期的、永久的或者终生的，除法律另有规定外，也可将此类合同视为不定期合同。

根据本款规定，以持续履行的债务为内容的不定期合同，当事人在合理期限之前通知对方后可以解除。首先是双方当事人都有解除权，而非仅当事人一方享有解除权。其次应当在合理期限之前通知对方。这是为了给予对方必要的准备时间，合理期间的确定可以考虑当事人之间合作时间和合同关系已经持续时间的长短、另一方当事人为履行合同所付出的努力和投资、寻找新的合同对方所可能需要的时间、双方履行之间的时间间隔等。当事人没有在合理期限之前通知对方的，并非解除通知无效，而是不影响合同解除的效力，但要赔偿因未在合理期限前通知对方从而给对方造成的损失，或者解除通知延至合理期限之后才发生效力。

除本款的一般性规定之外，根据该一般规定，本法还特别在一些合同中明确规定了此种法定解除权。例如，第 730 条规定，在不定期租赁中，当事人可以随时解除合同，但是应当在合理期限之前通知对方。第 948 条第 2 款规定，当事人可以随时解除不定期物业服务合同，但是应当提前 60 日书面通知对方。第 976 条第 3 款规定，合伙人可以随时解除不定期合伙合同，但是应当在合理期限之前通知其他合伙人。第 1022 条第 1 款规定，当事人对肖像许可使用期限没有约定或者约定不明确的，任何一方当事人可以随时解除肖像许可使用合同，但是应当在合理期限之前通知对方。

相关规定

《中华人民共和国保险法》第 15 条、第 16 条、第 27 条、第 32 条、第 37 条、第 49－52 条、第 58 条；《中华人民共和国拍卖法》第 43 条；《中华人民共和国消费者权益保护法》第 24 条；《中华人民共和国旅游法》第 63 条、第 66 条、第 67 条；《中华人民共和国城市房地产管理法》第 16 条、第 17 条；《中华人民共和国农村土地承包法》第 35 条；《中华人民共和国企业破产法》第18条；《最高人民法院关于审理旅游纠纷案件适用法律若干问题的规定》第10条；《最高人民法院关于审理外商投资企业纠纷案件若干问题的规定（一）》第5-8条、第16条；《最高人民法院关于适用〈中华人民共和国保险法〉若干问题的解释（二）》第7条；《最高人民法院关于审理期货纠纷案件若干问题的规定》第44条

第五百六十四条　法律规定或者当事人约定解除权行使期限，期限届满当事人不行使的，该权利消灭。

法律没有规定或者当事人没有约定解除权行使期限，自解除权人知道或者应当知道解除事由之日起一年内不行使，或者经对方催告后在合理期限内不行使的，该权利消灭。

条文主旨

本条是关于解除权行使期限的规定。

立法背景

本条第1款源自《合同法》第95条，未作修改。立法过程中，有意见提出，为实现确定性，应由法律对一般除斥期间明确规定。经研究，考虑到其他形成权的一般除斥期间，本条明确规定，自解除权人知道或者应当知道解除事由之日起1年内不行使的，解除权消灭。

条文解读

无论是约定解除权，还是法定解除权，解除权的行使，是

法律赋予当事人保护自己合法权益的手段，但该权利的行使不能毫无限制。行使解除权会引起合同关系的重大变化，如果享有解除权的当事人长期不行使解除的权利，就会使合同关系处于不确定状态，影响当事人权利的享有和义务的履行。因此，解除权作为形成权，应当在一定期间内行使，以促使法律关系尽早确定为目标。该期间是解除权的行使期限、存续期间或者除斥期间。按照本条规定，行使解除权的期限分为三种情况：

1. 按照法律规定或者当事人约定的解除权的行使期限行使

法律规定或者当事人约定解除权行使期限的，期限届满当事人不行使的，该权利消灭。法律规定的行使期限，例如，《保险法》第16条第3款规定："前款规定的合同解除权，自保险人知道有解除事由之日起，超过三十日不行使而消灭。自合同成立之日起超过二年的，保险人不得解除合同；发生保险事故的，保险人应当承担赔偿或者给付保险金的责任。"基于自愿原则，当事人也可以约定解除权的行使期限。比如，如果当事人约定出现某种事由可以在1个月内行使解除权。那么在合同约定的事由发生1个月后，解除权消灭，当事人不能要求解除合同。此时，无须对方当事人进行催告，只要该约定期限经过，解除权即消灭。根据本法第199条规定，法律规定或者当事人约定的撤销权、解除权等权利的存续期间，除法律另有规定外，自权利人知道或者应当知道权利产生之日起计算。

2. 在对方当事人催告后的合理期限内行使

法律没有规定或者当事人没有约定解除权行使期限的，对方当事人为明确自己义务是否还需要履行，可以催告享有解除权的当事人行使解除权，享有解除权的当事人超过合理期限不行使解除权的，解除权消灭，合同关系仍然存在，当事人仍要按照合同约定履行义务。这有利于督促解除权的及时行使，使合同关系得到尽快确定和稳定。所谓催告后的合理期限，根据个案的不同情况确定，作为享有解除权的当事人应本着诚信原则，在收到催告后尽早通知对方是否解除合同。

3. 自解除权人知道或者应当知道解除事由之日起 1 年内不行使

法律没有规定或者当事人没有约定解除权行使期限的，另一方当事人未催告的，或者另一方当事人在很长时间之后才进行催告的，如果解除权长期存在，就可能在很长时间之后仍然行使解除权，这不利于合同关系的尽快确定和稳定。合同法对此未作规定，实践中做法不一。立法过程中，有意见提出，为实现确定性，应由法律对此明确规定。经研究，考虑到其他形成权的一般除斥期间，本条明确规定，自解除权人知道或者应当知道解除事由之日起 1 年内不行使的，解除权消灭。该期间的起算期间并非解除权发生之日，而是自解除权人知道或者应当知道解除事由之日起计算，这也与本法第 199 条规定的“自权利人知道或者应当知道权利产生之日起计算”保持了一致。但是，如果解除权人有权解除合同，选择请求对方当事人在合理期限内采取修理、重作、更换等补救措施，而对方当事人置之不理的，该期间应当从补救的合理期限届满时起算。

需要注意的是，根据本法第 199 条规定，该期间不适用有关诉讼时效中止、中断和延长的规定；并且该期间届满后，解除权消灭，因此与诉讼时效期间届满后的后果也不相同，诉讼时效期间届满的，根据本法第 192 条规定，义务人可以提出不履行义务的抗辩，但权利本身并不消灭。

另外，解除权消灭的事由除了行使期限届满，还包括当事人知道解除事由后明确表示或者以自己的行为表明放弃解除权。解除权人无论是明确表示还是通过行为表示对解除权的放弃，均属于对自己权利的处分，依据自愿原则，法律予以准许。如果有充分的证据证明，解除权人知道自己享有解除权，但仍然请求对方当事人继续履行合同的，或者接受承租人预付的下一年度租金的，可以视为是以自己行为表明放弃解除权。

第五百六十五条 当事人一方依法主张解除合同的，应当通知对方。合同自通知到达对方时解除；通知载明债务人在一定期限内不履行债务则合同自动解除，债务人在该期限内未履行债务的，合同自通知载明的期限届满时解除。对方对解除合同有异议的，任何一方当事人均可以请求人民法院或者仲裁机构确认解除行为的效力。

当事人一方未通知对方，直接以提起诉讼或者申请仲裁的方式依法主张解除合同，人民法院或者仲裁机构确认该主张的，合同自起诉状副本或者仲裁申请书副本送达对方时解除。

条文主旨

本条是关于解除权行使的规定。

立法背景

本条在《合同法》第 96 条的基础上，总结既有司法裁判经验和形成权理论予以修改，精解如下。

条文解读

当事人一方依照本法第 562 条第 2 款、第 563 条规定行使解除权而解除合同，应当遵守下列规定：

1. 必须享有解除权

本法第 562 条第 2 款和第 563 条对约定解除权和法定解除权作了规定，按照这两条规定，具备以下条件，才享有解除权，而不必经对方当事人同意，只需向对方作出解除合同的意思表示，就可以解除合同：（1）当事人约定的解除合同的事由发生；（2）因不可抗力不能实现合同目的的；（3）在履行期限届满之前，另一方当事人明确表示或者以其行为表明不履行主要债务的；（4）另一方当事人迟延履行主要债务，经催告后在合理期限内仍未履行的；（5）另一方当事人迟延履行债务或者有其他违约行为致使不能实现合同目的的；（6）法律规定的其他解除情形。不具备上述条件，当事人即不享有解除权，自然不能行使解除权而单方解除合同，即使解除通知到达对方，对方未提出异议，也不发生合同解除的效果。

2. 行使解除权应当通知对方当事人

当事人一方行使解除合同的权利，必然引起合同的权利义务的终止。但是，解除权产生之后，并不导致合同自动解除，为了防止一方当事人因不确定对方已行使合同解除权而仍为履行的行为，避免债权人的消极反应使得债务人误解债权人会接受其履行，从而对己方给付做出必要的安排以避免遭受损害，解除权人必须行使解除权才能使得合同解除。本条规定，当事人根据约定解除权和法定解除权主张解除合同的，应当通知对方。

解除权是一种形成权，其仅需要通知对方即可，而无需取得对方的同意。行使解除权也是一种民事法律行为，适用本法总则编关于民事法律行为和意思表示的一般规定。解除通知不限于书面形式，只要享有解除权的一方将解除合同的意思表示通知对方即可，并且解除通知中必须能够表明解除权人有解除合同的意思表示。为了避免争议，解除通知中最好写明解除原因并附有初步证据。

同时，自解除通知到达对方当事人时，合同解除。根据本法第 137 条第 2 款的规定："以非对话方式作出的意思表示，到达相对人时生效。以非对话方式作出的采用数据电文形式的意思表示，相对人指定特定系统接收数据电文的，该数据电文进入该特定系统时生效；未指定特定系统的，相对人知道或者应当知道该数据电文进入其系统时生效。当事人对采用数据电文形式的意思表示的生效时间另有约定的，按照其约定。"

在实践中，解除权产生后，解除权人为了给对方一个纠正自己违约的机会，可能会向对方发出催告，载明要求对方履行，并且在合理期限内对方仍不履行的话，合同就自动解除。这对对方当事人并不会产生任何不利，反而是对其有利，获得了纠正自己违约的机会。此时，如果对方在催告要求的合理期间内仍然未履行，合同就自动解除，无需解除权人在此之后另发一份解除通知。因此，本条第 1 款中在合同法规定的基础上增加规定，通知载明债务人在一定期限内不履行债务则合同自动解除，债务人在该期限内未履行债务的，合同自通知载明的期限届满时解除。

解除权的行使可以直接向对方发出解除通知，而无需一定要通过人民法院或者仲裁机构行使，以避免造成时间拖延和当事人在最终确定前的不确定状态，而产生一些不必要的损失。

但是，毕竟诉讼和仲裁能够最终确定当事人之间的关系，避免发生争议。因此，如果一方当事人向对方当事人发出了解除通知，对方对解除合同有异议，认为解除通知的发出人不享有解除权的，为防止随意解除合同导致对方利益受损，避免进一步争议的发生，对方自然可以请求人民法院或者仲裁机构确认解除合同的效力。解除通知发出人为了使得争议最终确定，也可以在向对方发出解除通知之后，再请求人民法院或者仲裁机构确认解除行为的效力，由人民法院或者仲裁机构判断发出人是否享有解除权，如果认为发出人享有解除权，则人民法院或者仲裁机构确认合同自解除通知到达对方时解除。在一方当事人向对方当事人发出解除通知之后，对方对解除表示了异议，认为解除通知的发出人不享有解除权的，但对方不向人民法院或者仲裁机构请求确认解除合同效力的，此时，为了使得当事人之间的法律关系确定，解除通知的发出人也可以在收到对方的异议后，请求人民法院或者仲裁机构确认解除行为的效力。本条第 1 款对此有明确规定。较之《合同法》第 96 条第 1 款的规定“……对方有异议的，可以请求人民法院或者仲裁机构确认解除合同的效力”，本条第 1 款更为明确。首先，双方都有请求人民法院或者仲裁机构确认解除行为效力的权利；其次，对方的异议与向人民法院或者仲裁机构请求确认解除行为的效力并不等同，对方提出异议不见得必须要以请求人民法院或者仲裁机构确认解除行为的效力这种方式提出，而可以更为简便地提出。这有助于对方异议方式的简便，同时也有利于双方的相互制约，以尽快确定双方之间的法律关系。

当然，解除权人也可以在解除权产生后，不向对方发出解除通知，而直接以提起诉讼或者申请仲裁的方式依法主张解除合同，否则，如果要求解除权人必须先行发出解除通知，就解除的法律后果再行起诉或者申请仲裁，将增大守约方的维权成本。如果人民法院或者仲裁机构确认解除权人享有解除权，则解除权人提起诉讼或者申请仲裁是解除权人意思表示的一种表达方式，只不过不是解除权人直接通知对方解除合同，而是通过法院或者仲裁机构向对方送达载明解除合同的意思表示的法律文书，均应产生合同解除的法律效果。因此，当事人一方未通知对方，而是直接以提起诉讼或者申请仲裁的方式依法主张解除合同，人民法院或者仲裁机构确认该主张的，合同自起诉状副本或者仲裁申请书副本送达对方时解除。

应当注意的是，在法律规定的特殊情况下，解除权行使可以采取推定的方式。比如，《企业破产法》第 18 条就规定："人民法院受理破产申请后，管理人对破产申请受理前成立而债务人和对方当事人均未履行完毕的合同有权决定解除或者继续履行，并通知对方当事人。管理人自破产申请受理之日起二个月内未通知对方当事人，或者自收到对方当事人催告之日起三十日内未答复的，视为解除合同。管理人决定继续履行合同的，对方当事人应当履行；但是，对方当事人有权要求管理人提供担保。管理人不提供担保的，视为解除合同。"

同时，在法律规定的特殊情况下，解除权必须通过人民法院或者仲裁机构行使。本法第 533 条第 1 款规定，合同成立后，合同的基础条件发生了当事人在订立合同时无法预见的、不属于商业风险的重大变化，继续履行合同对于当事人一方明显不公平的，受不利影响的当事人可以与对方重新协商；在合理期限内协商不成的，当事人可以请求人民法院或者仲裁机构变更或者解除合同。

第五百六十六条 合同解除后，尚未履行的，终止履行；已经履行的，根据履行情况和合同性质，当事人可以请求恢复原状或者采取其他补救措施，并有权请求赔偿损失。

合同因违约解除的，解除权人可以请求违约方承担违约责任，但是当事人另有约定的除外。

主合同解除后，担保人对债务人应当承担的民事责任仍应当承担担保责任，但是担保合同另有约定的除外。

条文主旨

本条是关于合同解除后法律后果的规定。

立法背景

合同解除后债权债务如何处理？我国法学界有不同认识。一种观点认为，合同解除具有溯及既往的效力。即合同解除后，合同溯及自始的消灭，与自始没有合同相同，已履行的部分恢复原状，未履行的部分不再履行。另一种观点认为，合同解除并未使合同关系消灭，而只是使得合同的作用受到阻止，因此，合同解除后，未履行的可以不再履行，已履行的部分，产生新的返还请求权。还有一种观点认为，合同解除一般溯及既往，但不能“一刀切”。如果不溯及既往，已经履行的部分只能基于不当得利之债提出返还请求权，而溯及既往可以基于所有权请求返还，所有权的效力优于债权，在违约方有数个债权人的情况下，基于所有权请求返还财产更能保护非违约方的利益；不仅如此，因不当得利返还，往往以受领人的现存利益为限，而基于所有权返还，即使受领人现有财产减少，也不能免除返还义务，对非违约方有利。但要求所有被解除的合同都溯及既往也不可能，某些合同从其性质和履行情况看，就不适于溯及既往。也有观点认为，解除不会使得合同不存在，而仅仅是使得约定的合同这种债的关系转变为法定的以清算为目的的债的关系。另有观点认为，合同解除后，尚未履行的债务自解除时消灭，对于已经履行的债务并不消灭，而是发生新的返还债务。

英美法系认为，合同因违约而解除，违约一方在解除前应付的款项仍须支付，已付的款项不得收回。无辜一方付给违约一方的款项，可按一般原则收回，并可收回已支付的订金。合同解除后，双方未来的义务不再履行。合同因意外受挫而解除，在意外发生前应支付的款项，假如未付不必付，假如已付则可收回。假如应收或已收款项的一方，在意外发生之前根据合同或者为了履行合同支付或欠下费用，法庭在考虑所有情况后认为公平的话，可允许他保留对方已付的部分款项，或者追收应支付的部分款项，最高额不得超过他实际所支付或者欠下的费用。

条文解读

本法第 1 款从实际出发，借鉴国外经验，遵循经济活动高效的原则，对合同解除的效力作了比较灵活的规定。首先是针对尚未履行的部分，由于解除终止了合同权利义务关系，因此本条第 1 款规定，尚未履行的，终止履行。

针对已经履行的部分，本条第 1 款规定，根据履行情况和合同性质，当事人可以要求恢复原状、采取其他补救措施，并有权要求赔偿损失。如果当事人互负恢复原状或者采取其他补救措施的义务，可以行使同时履行抗辩权。

所谓根据履行情况，是指根据履行部分对债权的影响。如果债权人的利益不是必须通过恢复原状才能得到保护，不一定采用恢复原状。当然如果债务人已经履行的部分，对债权人根本无意义，可以请求恢复原状。

所谓根据合同性质，是指根据合同标的的属性。根据合同的属性不可能或者不容易恢复原状的，不必恢复原状。这类情况主要包括：(1) 以持续履行的债务为内容的合同。比如，以使用标的为内容的连续供应合同，包括水、电、气的供应合同，对以往的供应不可能恢复原状；再如，租赁合同，一方在使用标的后，也无法就已使用的部分作出返还。此类合同中，已履行的合同期间内容基本都有其相应的合同对价，该对价可以被解释为当事人在此期间内的“部分合同目的”，在法律上足以平衡双方当事人权益，没有必要恢复。更何况此类合同已经履行的合同期间无法逆转，事实上也不可能恢复。还有一些合同目的主要体现在工作成果上的合同，比如，建设工程合同，此时，除非已完成的部分工作成果根本无法对应该期间内的合同目的，如建设工程合同中已施工部分完全不合格需要拆除重建，否则也不用恢复原状。(2) 涉及第三人利益或者交易秩序的合同。比如，合同标的物的所有权已经转让给他人，如果返还将损害第三人利益；解除委托合同，如果允许将已办理的委托事务恢复原状，就意味着委托人与第三人发生的法律关系失效，将使第三人的利益失去保障。

所谓恢复原状，是指恢复到订约前的状态。恢复原状时，因合同而取得的财产应当返还，财产不存在的，如果原物是种类物，可以用同一种类物返还。恢复原状还包括：(1) 返还财产所产生的利息和其他孳息；(2) 返还财产方在财产占有期间为保存或者维护该财产所花费的必要费用；(3) 因返还财产所支出的必要费用。

所谓采取其他补救措施，主要指的是财产因不可归责于债务人的原因而发生毁损、灭失、添附或者其他事由，导致不能恢复原状的，或者受领的标的为劳务或者物的使用而无法恢复原状的，或者虽然能够恢复原状但因为成本过高等原因而没有必要恢复原状的，应当折价补偿。

合同解除后还能否请求损害赔偿？对此存在不同的观点：一种意见认为，合同解除与违约损害赔偿不能并存。理由是，合同解除使合同关系恢复到订约前的状态，与未发生合同关系一样，因违约而承担损害赔偿责任没有存在的基础。但合同解除可以与信赖利益的损害赔偿并存，因为合同因解除而消灭，不再有因违约的损害赔偿责任，但非违约方却会遭受因相信合同存在而实际不存在所致的损害，对该种损害应当赔偿。另一种意见认为，合同解除与违约的损害赔偿可以并存。理由是，因违约而产生的损害赔偿责任在合同解除前就存在，不因合同解除而丧失。

我国法律承认合同解除与损害赔偿并存。本条第 1 款规定，合同解除后，有权要求赔偿损失。这样规定的理由是：(1) 合同解除不溯及既往的，如果只是使未履行的合同不再履行，不得请求赔偿损害，那么一方当事人因另一方当事人不履行合同或者履行不符合约定受到的损害就无法补救。(2) 合同解除溯及既往的，如果只是恢复原状，那么非违约方因为对方违约所遭受的损失就无法获得救济。(3) 在协议解除合同的情况下，一方当事人因解除合同受了损失，如果获利的一方不赔偿对方当事人因解除合同受到的损害，不符合公平原则。（4）在因第三人的原因致使合同不能履行而解除的情况下，债权人一般不能直接向第三人主张权利，如果债务人不承担解除合同的赔偿责任，他要么不向第三人主张权利以弥补债权人的损失，要么自己独享主张权利后而取得的利益，使债权人的利益得不到保障。因此，合同解除后，违约方仍然要承担赔偿责任。

解除合同后是否都承担损害赔偿责任，可以分为不同情况：（1）协议解除合同的，当事人在协议中明确免除了对方损害赔偿责任的，协议生效后，不得再请求赔偿。（2）因不可抗力解除合同，依据本法第590条，一般不承担损害赔偿责任。但在不可抗力发生后，应当采取补救措施减少损失扩大而没有采取的，应对扩大的损失承担赔偿责任。（3）一方当事人因对方根本违约或者经催告仍不履行义务而解除合同的，违约方应当赔偿另一方因违反合同受到的损失。

本条第2款在合同法规定的基础上进一步明确，合同因违约解除的，解除权人可以请求违约方承担违约责任，但是当事人另有约定的除外。本款适用的前提是合同因违约而被解除，如果合同是因为不可抗力而被解除，依据本法第590条，这里不存在违约责任。另外，除当事人另有约定外，解除权人可以请求违约方承担违约责任。这里的违约责任并不包括继续履行、修理、重作、更换，解除与这些违约责任形式是互斥的，如果非违约方认为继续履行、修理、重作、更换对其有利，比如他希望得到标的物，或者在对方交货不足的情况下希望对方交足，对方交付了瑕疵产品，希望对方修理、重作、更换，他就应选择继续履行、修理、重作、更换而不应解除合同；一旦非违约方选择了继续履行，就意味着他放弃了解除合同的权利。但是，合同因违约而解除后，解除权人可以请求违约方承担退货、减少价款或者报酬、赔偿损失等违约责任。

赔偿损失，包括法定的违约损失赔偿，也包括约定的违约损失赔偿。在没有约定的情况下，存在不同观点。一种观点认为，合同解除后合同关系溯及既往地归于消灭，当事人之间的利益状况应该恢复到合同订立之前，即合同关系本不存在时当事人所处的利益状态，也就是赔偿信赖利益。既然当事人选择了合同解除，就说明当事人不愿意继续履行合同，因此守约方也就不应该得到合同履行后才能获得的履行利益。另一种观点认为，合同解除和违约损害赔偿都是违约的救济措施，两者并行不悖，合同解除后，仍然可以请求违约损害赔偿，也即赔偿履行利益。经过研究，本款采取了第二种观点，合同解除情形中的损失赔偿请求权是因合同解除之前的违约行为而发生的，并非因合同解除才产生，损失赔偿的对象是因违约行为而产生的损失；合同解除与损失赔偿都是违约的救济措施，但两者目的和功能不同，可以同时采用。因此，在合同因违约解除后，损失赔偿额依据本法第 584 条确定，即“当事人一方不履行合同义务或者履行合同义务不符合约定，造成对方损失的，损失赔偿额应当相当于因违约所造成的损失，包括合同履行后可以获得的利益；但是，不得超过违约一方订立合同时预见到或者应当预见到的因违约可能造成的损失”。

在当事人约定了一定数额的违约金、因违约产生的损失赔偿额的计算方法、定金等这些违约责任条款时，合同解除后是否能够主张这些条款，也存在不同观点。一种观点认为，不能主张这些条款，理由是，合同解除的法律后果是使合同关系终止，因此这些条款也应终止。另一种观点认为，因违约解除合同的，合同中的这些违约责任条款仍继续有效，理由是，这些条款在性质上属于“合同中结算和清理条款”，因此在合同解除后，这些条款的效力不受影响。经研究，本款采取了第二种观点。在合同因违约而解除的情况下，合同解除后适用这些约定条款，不仅可以体现当事人意志，而且能够减轻当事人诉累，提高司法效率，节约诉讼成本。这也与国际上的立法和实践趋势相吻合。但是，约定的违约金过分高于因合同解除造成的损失的，应当适用本法第585条第2款的规定，即约定的违约金过分高于造成的损失的，人民法院或者仲裁机构可以根据当事人的请求予以适当减少。

应当注意的是，在未履行完毕的合同中，合同因违约而被守约方解除后，因为合同权利义务关系终止，所以守约方就不应当信赖合同在解除后仍然被履行，因此，在合同解除后，守约方也负有积极地通过替代措施的安排减少自己损失的义务。比如，租赁期限是5年，在第2年的时候因承租人未交租金经催告后仍未交，出租人解除了合同，在此之后，出租人可以将该租赁物租赁给他人以减少自己的损失。本法第591条第1款规定，当事人一方违约后，对方应当采取适当措施防止损失的扩大；没有采取适当措施致使损失扩大的，不得就扩大的损失请求赔偿。因此，对于原本可以通过替代安排避免的损失，不得请求损害赔偿，当然，当事人因防止损失扩大而支出的合理费用，由违约方负担。

同时，本条第2款在法律存在特别规定的情况下不适用，而应依据特别规定。例如，本法第933条规定：“委托人或者受托人可以随时解除委托合同。因解除合同造成对方损失的，除不可归责于该当事人的事由外，无偿委托合同的解除方应当赔偿因解除时间不当造成的直接损失，有偿委托合同的解除方应当赔偿对方的直接损失和合同履行后可以获得的利益。”

本条第3款在合同法规定的基础上明确规定，主合同解除后，担保人对债务人应当承担的民事责任仍应当承担担保责任，但是担保合同另有约定的除外。主合同解除后，债务人对于已经履行的债务应当恢复原状或者采取其他补救措施，对债权人利益的损失应当予以赔偿，此时债权人对债务人仍然享有请求权。担保本来就为保障主债务的履行而设立，合同因主债务未履行而被解除的，合同解除后所产生的债务人的责任也同样是因主债务未履行而导致的，因此担保人对债务人应当承担的民事责任仍应当承担担保责任，这也并不违反担保人的通常意思。担保合同中约定保证责任随主合同的解除而免除或者变更的，基于自愿原则，应承认此种约定的效力。

相关规定

《最高人民法院关于适用〈中华人民共和国保险法〉若干问题的解释（三）》第16条；《最高人民法院关于审理旅游纠纷案件适用法律若干问题的规定》第12条、第13条；《最高人民法院关于审理外商投资企业纠纷案件若干问题的规定（一）》第6条、第7条

第五百六十七条　合同的权利义务关系终止，不影响合同中结算和清理条款的效力。

条文主旨

本条是关于结算和清理条款不受合同终止影响的规定。

立法背景

本条源自《合同法》第 98 条，实践和理论中争议不大，未予修改。

条文解读

合同权利义务关系的终止，也就是合同权利义务条款的效力也终止，但是，如果当事人事先约定了有关合同终止后的结算和清理条款，因为这些条款本身就涉及对合同终止后事务的处理，故应当尊重当事人的此种约定。本条即规定，合同的权利义务关系终止，不影响合同中结算和清理条款的效力。

结算是经济活动中的货币给付行为，结算的方式主要有：(1) 银行汇票结算。银行汇票是汇款人将款项交存银行，由银行签发给汇款人持往异地办理转账结算或支取现金的票据。(2) 商业汇票结算。商业汇票是收款人或者付款人（或承兑申请人）签发，由承兑人承兑，并于到期日向收款人或被背书人支付款项的票据。(3) 银行本票结算。银行本票是申请人将款项交存银行，由银行签发给其凭以办理转账结算或支取现金的票据。(4) 支票结算。支票是银行的存款人签发给收款人办理结算或委托开户银行将款项支付给收款人的票据。(5) 汇兑。汇兑是汇款人委托银行将款项汇给外地收款人的结算方式。(6) 委托收款。委托收款是收款人委托银行向付款人收取款项的结算方式。如果当事人在合同中约定了结算方式，合同终止后，应当按照约定的方式结算。

清理指对债权债务进行清点、估价和处理。如果合同中约定了进行清理的主体——比如某会计师事务所、某财产评估机构，清理的范围——比如是固定资产、流动资金，还是库存产成品，以及清理的方法——比如按照政府定价还是市场价，应当按照合同约定进行清理。关于违约责任的违约金和定金的约定也可以被认为是结算和清理条款。

应当注意的是，与解决争议方法有关的仲裁、选择适用法律、选择管辖等条款，根据本法第507条，合同不生效、无效、被撤销或者终止的，不影响合同中有关解决争议方法的条款的效力。

第五百六十八条　当事人互负债务，该债务的标的物种类、品质相同的，任何一方可以将自己的债务与对方的到期债务抵销；但是，根据债务性质、按照当事人约定或者依照法律规定不得抵销的除外。

当事人主张抵销的，应当通知对方。通知自到达对方时生效。抵销不得附条件或者附期限。

条文主旨

本条是关于法定抵销的规定。

立法背景

本条第1款在《合同法》第99条的基础上予以修改。立法过程中，有意见提出，当事人约定不得抵销的，也应当不得抵销，司法实践中已对此明确承认。经研究，当事人之间特别约定不得抵销的，基于自愿原则，对此约定的效力应予以承认。第2款源自《合同法》第99条第2款，未予修改。

条文解读

抵销，是指当事人双方互负债务，各以其债权充抵债务的履行，双方各自的债权和对应债务在对等额内消灭。抵销因其产生的根据不同，可分为法定抵销和约定抵销。法定抵销，是指法律规定抵销的条件，具备条件时依当事人一方的意思表示即发生抵销的效力。抵销使得债权人无须诉讼、判决或者强制执行，即可实现债权；在未履行的情况下，当事人不必相互履行，节省双方互相履行所发生的费用，消灭债权债务；同时也具有担保的功能，如当事人一方只行使自己的债权，不履行自己的债务，那么，对方当事人就不能确保自己债权的实现，特别是在一方当事人财产状况恶化不能履行债务时，对方当事人行使抵销权就能够确保自己的债权相应实现。比如，某人在银行存款，又在同一银行借款，这两项债务都到期以后，如果该借款人信用不佳，则将有可能发生信用风险，此时，如果赋予银行抵销权，就可以担保其债权的实现，及时地化解风险。

法定抵销应当具备以下条件：

1. 当事人双方互负有效的债务、互享有效的债权

抵销发生的基础在于当事人双方既互负有效的债务，又互享有效的债权，只有债务而无债权或者只有债权而无债务，均不发生抵销。双方当事人互负的债权债务，可能会因同一个法律关系而发生，也可能基于两个或两个以上的法律关系发生。比如，甲欠乙建设工程款200万元，乙第一次向甲购货欠款150万元，第二次购货欠50万元。甲可以以乙两次共欠其的

200 万元货款债权，抵销其欠乙的 200 万元工程款。其中，提出抵销的一方所享有的债权，称为主动债权；被抵销的债权，称为被动债权。当事人应当对用以抵销的债权具有处分权，比如，提出抵销的一方用于抵销的债权上已经设立质权，未经质权人同意，不能发生抵销效力。同时，附有抗辩权的债权，也不得将之作为主动债权用以抵销，否则即为剥夺相对人的抗辩权。

2. 被抵销一方的债务已经到期

抵销具有相互清偿的作用，因此只有在提出抵销的一方所享有的主动债权的履行期限届至时，才可以主张抵销；否则，等于强制债务人提前履行债务，牺牲其期限利益。在符合其他条件的情况下，如果双方的债务均已经到期，则双方均可主张抵销，合同法第 99 条第 1 款即规定了“当事人互负到期债务”。在立法过程中，有意见提出，如果主动债权对应的债务履行期限届至，而被动债权对应的债务履行期限未届至，应当也允许主动债权人主张抵销。经研究，主动债权人此时应当也可以主张抵销，这实际上是其放弃了期限利益而提前履行，只要主动债权一方提前履行不损害另一方当事人的利益，这也是根据本法第 530 条得出的结论，依据本法第 530 条的规定，提前履行不损害债权人利益的，债务人可以提前履行，但给债权人增加的费用，由债务人负担。比如，甲对乙负有债务，该债务于 11 月 1 日到期，而乙对甲也负有同种类的债务，该债务于 12 月 1 日到期，在 11 月 15 日时，甲的债务已经到期，而乙的债务尚未到期，乙可以主张抵销，相当于乙提前履行债务；但是，甲不能主张抵销，否则相当于强制乙提前履行债务。为明确这一点，本条第 1 款对合同法第 99 条第 1 款的规定予以修改。

但在特殊情况下，未届履行期债权可以视为到期债权，依法抵销。比如，《企业破产法》第46条规定：“未到期的债权，在破产申请受理时视为到期。附利息的债权自破产申请受理时起停止计息。”

3. 债务的标的物种类、品质相同

种类相同，是指合同标的物本身的性质和特点一致。比如都是支付金钱，或者交付同样的种类物。品质相同，是指标的物的质量、规格、等级无差别，如都是一级天津大米。债务种类品质不相同，原则上不允许抵销，除非法律另有规定。债务的标的物种类品质相同还表明，用以抵销的债务的标的应当是物而非行为，因为行为具有特定的人身性质，不具有可比性，很难使双方债权在对等额内消灭。履行地点不属于种类和品质的范畴，因此履行地点不同的同种类同品质的债务，也可以抵销，但主张抵销的债务人应当赔偿相对人因抵销而遭受的损失。

当事人互负债务，该债务的标的物种类、品质相同的，任何一方可以将自己的债务与对方的到期债务抵销，但下列情况除外：

1. 根据债务性质不得抵销的

根据债务性质不得抵销的情形主要有：（1）必须履行的债务不得抵销。如应当支付给下岗工人的生活保障金，不得用以抵销工人欠企业的债务。（2）具有特定人身性质或者依赖特定技能完成的债务，以及相互提供劳务的债务，不得相互抵销。如根据教学合同，乙校的张老师应去甲校讲授数学课一个月，而甲校的李老师也负有在乙校讲授一个月数学课的义务，讲课报酬相同。虽然是同种类债务，时间、报酬都相同，但由于张、李二人的讲授方法不可能相同，因此，双方的讲课债务不能抵销。(3) 不作为债务不得相互抵销，此种债务不经过相互实际履行，就无法实现债权的目的。(4) 故意侵权所产生的债务，作为债务人的侵权人不得主张抵销，避免债权人任意侵犯债务人的人身和财产权利，如果允许抵销，有违公序良俗，且会诱发故意的侵权行为。(5) 约定应当向第三人履行的债务，债务人不得以自己对于对方当事人享有的债权而主张抵销。(6) 相互出资的义务不得抵销，即使仅存在两个出资人。

2. 按照当事人约定不得抵销的

合同法第 99 条第 1 款并未规定此种例外，立法过程中，有意见提出，当事人约定不得抵销的，也应当不得抵销，司法实践中已对此明确承认。经研究，当事人之间特别约定不得抵销的，基于自愿原则，应当承认此种约定的效力，当事人不得主张抵销，因此本条第 1 款明确增加规定了按照当事人约定不得抵销的例外。但是，如果当事人之一将其债权转让给第三人，此种不得抵销的特约就不得对抗善意的受让人，以保护债权善意受让人的利益。

3. 依照法律规定不得抵销的

法律规定不得抵销的债务，当事人不得主张抵销。比如，《民事诉讼法》第 243 条第 1 款规定："被执行人未按执行通知履行法律文书确定的义务，人民法院有权扣留、提取被执行人应当履行义务部分的收入。但应当保留被执行人及其所扶养家属的生活必需费用。"这一规定的目的是保护债务人（被执行人），因此对方当事人不得将债务人的生活必需费用债权用以抵销债务。《信托法》第 18 条规定："受托人管理运用、处分信托财产所产生的债权，不得与其固有财产产生的债务相抵销。受托人管理运用、处分不同委托人的信托财产所产生的债权债务，不得相互抵销。”《证券投资基金法》第6条规定：“基金财产的债权，不得与基金管理人、基金托管人固有财产的债务相抵销；不同基金财产的债权债务，不得相互抵销。”《企业破产法》第40条规定：“债权人在破产申请受理前对债务人负有债务的，可以向管理人主张抵销。但是，有下列情形之一的，不得抵销：（一）债务人的债务人在破产申请受理后取得他人对债务人的债权的；（二）债权人已知债务人有不能清偿到期债务或者破产申请的事实，对债务人负担债务的；但是，债权人因为法律规定或者有破产申请一年前所发生的原因而负担债务的除外；（三）债务人的债务人已知债务人有不能清偿到期债务或者破产申请的事实，对债务人取得债权的；但是，债务人的债务人因为法律规定或者有破产申请一年前所发生的原因而取得债权的除外。”

应当注意的是，本法还规定了抵销的一些特别情形。比如，第549条规定，有下列情形之一的，债务人可以向受让人主张抵销：（一）债务人接到债权转让通知时，债务人对让与人享有债权，且债务人的债权先于转让的债权到期或者同时到期；（二）债务人的债权与转让的债权是基于同一合同产生。本法第553条规定：“债务人转移债务的，新债务人可以主张原债务人对债权人的抗辩；原债务人对债权人享有债权的，新债务人不得向债权人主张抵销。”第719条规定：“承租人拖欠租金的，次承租人可以代承租人支付其欠付的租金和违约金，但是转租合同对出租人不具有法律约束力的除外。”“次承租人代为支付的租金和违约金，可以充抵次承租人应当向承租人支付的租金；超出其应付的租金数额的，可以向承租人追偿。”

当事人主张抵销的，必须以意思表示为之，以更好地体现自愿原则，同时使得债权债务关系更为明确。该意思表示无需对方当事人同意，也并未要求必须采取书面形式，适用意思表示的一般规则，非对话方式作出的意思表示自到达对方时生效。同时，抵销不得附条件或附期限。附生效条件的抵销只有在条件成就时才能发生抵销效力，而条件有可能不成就。附生效期限的抵销在期限尚未到来时也不能实现。附解除条件或者附终止期限也会使得抵销的效力无法确定。因此，抵销附条件和附期限，使得抵销不能产生确定的效力，不符合设立抵销制度的目的，并可能损害一方当事人的权利。因此，抵销附有条件或期限的，抵销的意思表示不发生效力。在担保中，债务人对债权享有抵销权但未主张的，担保人虽然不能行使债务人的抵销权，但可以在相应范围内拒绝承担担保责任。比如，本法第 702 条就据此规定，债务人对债权人享有抵销权或者撤销权的，保证人可以在相应范围内拒绝承担保证责任。

在当事人双方债权债务互为相等的情况下，抵销产生债权债务消灭的法律后果，但如果债务的数额大于抵销额，抵销不能全部消灭债务，而只是在抵销范围内使得债务部分消灭。比如，甲公司尚未偿还乙公司 20 万元人民币到期债务，乙公司向甲公司支付 20 万元货款的债务也已届清偿期，双方协商一致将债务互为抵销，双方的合同关系即归于消灭。如果乙公司应偿付甲公司 50 万元人民币货款，那么乙公司与甲公司的债权相互抵销后，乙公司仍负有 30 万元人民币的债务。同时，根据本法第 520 条第 1 款的规定，部分连带债务人履行、抵销债务或者提存标的物的，其他债务人对债权人的债务在相应范围内消灭；该债务人可以依据前条规定向其他债务人追偿。应当注意的是，主动债权数额较少，不足以抵销全部被动债权数额时，应当参照适用本法第 560 条、第 561 条的清偿抵充规则。

相关规定

《中华人民共和国证券投资基金法》第 6 条；《中华人民共和国合伙企业法》第 41 条；《中华人民共和国企业破产法》第 40 条；《中华人民共和国信托法》第 18 条；《最高人民法院关于人民法院办理执行异议和复议案件若干问题的规定》第 19 条；《最高人民法院关于适用〈中华人民共和国企业破产法〉若干问题的规定（二）》第 41－46 条

第五百六十九条　当事人互负债务，标的物种类、品质不相同的，经协商一致，也可以抵销。

条文主旨

本条是关于约定抵销的规定。

立法背景

本条源自《合同法》第 100 条，自颁布以来并无争议，本法予以沿袭。

条文解读

约定抵销，是指当事人双方协商一致，使自己的债务与对方的债务在对等额内消灭。

法定抵销与约定抵销都是将双方的债务在对等额内消灭。

但两者有不同，主要表现在：

1. 抵销的根据不同

法定抵销是基于法律规定，只要具备法定条件，任何一方可将自己的债务与对方的债务抵销，无需对方当事人的同意；约定抵销，双方必须协商一致，不能由单方决定抵销。

2. 对抵销的债务的要求不同

法定抵销要求标的物的种类、品质相同；约定抵销标的物的种类、品质可以不同。如可以约定以煤炭抵销运输费，以二级大米抵销一级大米。

3. 对抵销的债务的期限要求不同

法定抵销要求提出抵销的当事人一方所享有的债权也即对方的债务已经到期；约定抵销，双方互负的债务即使没有到期，只要双方当事人协商一致，愿意在履行期到来前将互负的债务抵销，也可以抵销。

4. 程序要求不同

法定抵销，当事人主张抵销的应当通知对方，通知未到达对方，抵销不生效；约定抵销，双方达成抵销协议时，除双方另有约定外，即发生抵销的法律效力，不必履行通知义务。

约定抵销使交易活动更加灵活，改变法定抵销的条件，可能对当事人也更为便利，也可能使得抵销更为困难，例如约定债权达到一定数额后才可主张抵销，基于自愿原则，应当承认该约定的效力。但当事人约定抵销必须坚持自愿、公平的原则，防止以欺诈、胁迫的手段或者显示公平，使对方在违背真实意思的情况下作出同意抵销的表示，于此适用民事法律行为的一般规则。

第五百七十条　有下列情形之一，难以履行债务的，债务人可以将标的物提存：

（一）债权人无正当理由拒绝受领；

（二）债权人下落不明；

（三）债权人死亡未确定继承人、遗产管理人，或者丧失民事行为能力未确定监护人；

（四）法律规定的其他情形。

标的物不适于提存或者提存费用过高的，债务人依法可以拍卖或者变卖标的物，提存所得的价款。

条文主旨

本条是关于提存条件的规定。

立法背景

本条源自《合同法》第 101 条，在实践与理论中争议较小，本法未予修改。

条文解读

提存，是指由于法律规定的原因导致债务人难以向债权人履行债务时，债务人将标的物交给提存部门而消灭债务的制度。除了此种以消灭债权债务为目的的清偿提存之外，还有以保管或者担保为目的的提存，后者在本法第 390 条、第 406 条、第 432 条、第 433 条、第 442－445 条有规定。本条至第 574 条的规定仅适用于清偿提存。

债务的履行往往需要债权人的协助，债务人已经按照约定履行债务，应当产生债务消灭的法律效力，但债权人拒绝受领或者不能受领的情形下，虽然因债权人受领迟延可以减轻债务人的责任，但债务不能消灭。让债务人无期限地等待履行，并且要随时准备履行，对物予以保管，同时为履行提供的担保也不能消灭，承担债权人不受领的后果，显失公平。为此，本法将提存作为一种履行的替代，构成债权债务终止的原因之一，对提存制度作了规定。

根据本条规定，有下列情形之一，难以履行债务的，债务人可以将标的物提存：

1. 债权人无正当理由拒绝受领

债权人无正当理由拒绝受领，是指在债务履行期届至后，债务的履行需要债权人受领时，债务人提出了履行债务的请求，债权人能够接受履行，却无正当理由地不予受领。构成拒绝受领的正当理由可以是：（1）债权人受到了不可抗力的影响。（2）债权人遇到了难以克服的意外情况，无法受领。如得了传染病入院治疗，又无可代为受领人。（3）债务人交付的标的物存在严重质量问题，甚至与合同约定根本不符。（4）债务人迟延交付致使不能实现合同目的。（5）合同被解除、被确认无效，等等。如果债权人拒绝受领提出了正当理由，则债务人不能将标的物提存。如果债务人没有提出履行请求，则不能构成债权人拒绝受领。债权人无正当理由拒绝受领，包括债权人无正当理由明确或者以自己的行为表明拒绝受领，也包括债权人无正当理由长期迟延受领。据此，本法也明确规定了一些具体情形。比如，本法第837条规定，收货人无正当理由拒绝受领货物的，承运人依法可以提存货物。第916条规定，储存期限届满，存货人或者仓单持有人不提取仓储物的，保管人可以催告其在合理期限内提取；逾期不提取的，保管人可以提存仓储物。第957条规定："行纪人按照约定买入委托物，委托人应当及时受领。经行纪人催告，委托人无正当理由拒绝受领的，行纪人依法可以提存委托物。""委托物不能卖出或者委托人撤回出卖，经行纪人催告，委托人不取回或者不处分该物的，行纪人依法可以提存委托物。"

2. 债权人下落不明

债权人下落不明，是指当事人离开自己的住所、不知去向，或因为债权人地址不详等原因无法查找。债权人下落不明，即使未被宣告失踪，债务人也无法履行，为消灭债权债务关系，债务人可以将标的物提存。债权人下落不明也包括债权人的代理人下落不明，如果债权人下落不明但其代理人确定，此时债务人可以向其代理人履行以清偿债务，不得将标的物提存。本法也明确规定了一些具体情形。比如，本法第529条规定，债权人分立、合并或者变更住所没有通知债务人，致使履行债务发生困难的，债务人可以中止履行或者将标的物提存。

3. 债权人死亡未确定继承人、遗产管理人或者丧失民事行为能力未确定监护人

债权人死亡或者丧失民事行为能力，并不必然导致债务人债务的消灭。当债权人死亡时，由于该债权人的继承人可以继承其债权，因此，债务人应当向债权人的继承人、遗产管理人履行债务。如果债权人死亡以后其继承人、遗产管理人未确定，造成债务人无法履行其债务的，债务人可以将标的物提存。如果债权人因为丧失民事行为能力导致其在法律上不能受领，应由其监护人代理。如果债权人的监护人未确定，造成债务人无法履行其债务的，债务人也可以将标的物提存。

4. 法律规定的其他情形

除了上述三种由于债权人的原因导致难以履行债务的事由之外，还存在法律规定的其他事由。这主要指债务人非因过失而无法确切地知道谁是债权人，也即债权人不明的其他情形。比如，债权人和债权人的受让人之间就债权转让发生争议，此时债务人无法确知谁是真正的债权人，债务人就可以提存。本法第529条也规定，债权人分立、合并或者变更住所没有通知债务人，致使履行债务发生困难的，债务人可以中止履行或者将标的物提存。第837条规定，收货人不明的，承运人依法可以提存标的物。债权人不在债务履行地又不能到履行地受领的，也可以作为提存原因之一。

具备提存的上述情形之一的，除法律另有规定外，必须是导致债务人难以履行债务的才可以提存。所谓难以履行，是指债权人不能受领给付的情形不是暂时的、无法解决的，而是不易克服的。以下情况不能认为是难以履行：(1) 债权人虽然迟延受领但迟延时间很短。(2) 下落不明的债权人有财产代管人可以代为接受履行。(3) 债权人的继承人、遗产管理人或者监护人很快可以确定。

提存的标的物主要是货币、有价证券、票据、提单、权利证书、贵重物品等适宜提存的标的物。标的物不适于提存或者提存费用过高的，债务人依法可以拍卖或者变卖标的物，提存所得的价款。所谓标的物不适于提存，是指标的物不适于长期保管或者长期保管将损害价值的，如易腐、易烂、易燃、易爆物品等。所谓标的物提存费用过高，一般指提存费与所提存的标的的价额不成比例，如需要特殊设备或者人工照顾的动物。标的物不适于提存或者提存费用过高有悖设立提存制度的目的，但不提存，债务人又达不到使得债务消灭的目的，为此，可以依照我国拍卖法等有关法律规定，拍卖或者变卖标的物，提存所得的价款。

当然，除了符合本条规定的情形可以提存之外，如果当事人在合同中约定以提存方式给付的，也可以提存。同时，还有一些法律规定的提存，最主要的是担保情形中的提存。这些提存不要求具备债务人难以履行债务的条件，一般是为了维护担保权人的利益。比如，本法第 390 条规定，担保期间，担保财产毁损、灭失或者被征收等，担保物权人可以就获得的保险金、赔偿金或者补偿金等优先受偿。被担保债权的履行期限未届满的，也可以提存该保险金、赔偿金或者补偿金等。第 406 条第 2 款规定，抵押权人能够证明抵押财产转让可能损害抵押权的，可以请求抵押人将转让所得的价款向抵押权人提前清偿债务或者提存。第 433 条规定，因不可归责于质权人的事由可能使质押财产毁损或者价值明显减少，足以危害质权人权利的，质权人有权请求出质人提供相应的担保；出质人不提供的，质权人可以拍卖、变卖质押财产，并与出质人协议将拍卖、变卖所得的价款提前清偿债务或者提存。第 442 条规定，汇票、本票、支票、债券、存款单、仓单、提单的兑现日期或者提货日期先于主债权到期的，质权人可以兑现或者提货，并与出质人协议将兑现的价款或者提取的货物提前清偿债务或者提存。第 443 条、第 444 条、第 445 条规定，权利质押中，出质人转让出质权利所得的价款，应当向质权人提前清偿债务或者提存。担保情形中的提存，也有为了维护担保人利益的情形。比如，本法第 432 条第 2 款规定，质权人的行为可能使质押财产毁损、灭失的，出质人可以请求质权人将质押财产提存，或者请求提前清偿债务并返还质押财产。

应当注意的是，第三人履行而债权人没有权利拒绝的，例如，本法第524条第1款规定，债务人不履行债务，第三人对履行该债务具有合法利益的，第三人有权向债权人代为履行；但是，根据债务性质、按照当事人约定或者依照法律规定只能由债务人履行的除外。此时，第三人也可以依据本条予以提存。

相关规定

《中华人民共和国公证法》第12条；《中华人民共和国企业破产法》第117－119条

第五百七十一条　债务人将标的物或者将标的物依法拍卖、变卖所得价款交付提存部门时，提存成立。

提存成立的，视为债务人在其提存范围内已经交付标的物。

条文主旨

本条是关于提存成立的规定。

立法背景

立法过程中，有观点提出，合同法并未对提存成立的时间和效力作出一般性规定，应当予以弥补。经研究，提存成立的时间和效力对确定风险转移和孳息归属的时间、债务人是否承担违约责任、债权人领取提存物权利的存续期间等都具有重要意义，故结合比较立法例和我国司法实践中的既有做法，本条对此予以明确规定。

条文解读

按照提存的一般程序，债务人应当填写申请书、提交法定的材料，提存部门在收到申请后作出受理或者不受理的决定。如果提存申请被受理的，经过法律规定的程序，例如依法制作谈话笔录、审查等，符合法律规定条件的，应当予以提存。债务人将标的物或者将标的物依法拍卖、变卖所得价款交付提存部门，提存部门应当依法验收提存标的物并登记存档。根据本条第1款规定，债务人将标的物或者将标的物依法拍卖、变卖所得价款交付提存部门时，提存就成立。这有助于确定提存的成立时间，同时也与本法第890条中“保管合同自保管物交付时成立”的规定保持一致。具体而言：（1）提存货币的，以现金、支票交付提存部门的日期或提存款划入提存部门提存账户的日期为提存成立的日期。（2）提存的物品需要验收的，以提存部门验收合格的日期为提存成立的日期。（3）提存的有价证券、提单、权利证书或无需验收的物品，以实际交付提存部门的日期为提存成立的日期。

提存成立的，则视为债务人在其提存范围内已经交付标的物，但并非必然、绝对地导致债务消灭。如果提存标的物确实是根据债务应当给付的标的物且不存在任何瑕疵，则提存成立时，构成了本法第557条第3项规定的“债务人依法将标的物提存”，债务消灭，债权人请求债务人履行债务时，债务人可以据此提出抗辩。同时，依据本法第520条第1款的规定，部分连带债务人提存标的物的，其他债务人对债权人的债务在相应范围内消灭。但是，如果提存的标的物存在瑕疵，或者提存标的物与债的标的不符，债权人因此原因拒绝受领提存标的物的，不能构成本法第557条第3项规定的“债务人依法将标的物提存”，债务并不消灭。

相关规定

《提存公证规则》第16条

第五百七十二条　标的物提存后，债务人应当及时通知债权人或者债权人的继承人、遗产管理人、监护人、财产代管人。

条文主旨

本条是关于提存通知的规定。

立法背景

本条在《合同法》第102条的基础上，增加应通知的对象，扩展至债权人或者债权人的继承人、遗产管理人、监护人、财产代管人。

条文解读

标的物提存成立后，视为债务人在其提存范围内已经交付标的物，但债权人还未现实地获得其债权利益。为了便于债权人领取提存物，债务人应当将提存的事实及时通知债权人或者债权人的继承人、遗产管理人、监护人、财产代管人。

通知应当告知提存的标的、提存的地点、领取提存物的时间和方法等有关提存的事项，并且应当及时通知。合同法将“债权人下落不明”作为免除债务人及时通知义务的事由。在立法过程中，有意见提出，在债权人下落不明从而无法向其通知时，债务人仍然应当申请提存部门作出公告通知债权人，故应当删除这一例外事由。经研究，在债权人下落不明时，如果债权人已经被宣告失踪并被确定财产代管人，则债务人可以向财产代管人履行，无需提存。如果没有确定财产代管人，债务人可以提存，在确定财产代管人之后通知财产代管人，在确定财产代管人之前债务人也可以申请提存部门采取公告等方式通知。因此，本条删除了“债权人下落不明”的例外事由。

提存通知的义务，是法律规定的义务，债务人必须履行，如怠于通知造成债权人损害，债务人应负有赔偿责任。但是，应当注意的是，通知本身不是提存成立的要件，通知与否不影响提存的成立。

第五百七十三条　标的物提存后，毁损、灭失的风险由债权人承担。提存期间，标的物的孳息归债权人所有。提存费用由债权人负担。

条文主旨

本条是关于提存期间风险、孳息和提存费用的规定。

立法背景

本条源自《合同法》第 103 条，争议较小，本法未予修改。

条文解读

标的物提存后，不论债权人是否领取都视为债务人在其提存范围内已经交付标的物。按照本法第 604 条的规定，标的物毁损、灭失的风险，在标的物交付之前由出卖人承担，交付之后由买受人承担，但是法律另有规定或者当事人另有约定的除外。标的物提存后，即视为债务人在其提存范围内已经交付标的物，因此，标的物毁损、灭失的风险就由债权人承担。本法第605条规定，因买受人的原因致使标的物未按照约定的期限交付的，买受人应当自违反约定时起承担标的物毁损、灭失的风险；第608条规定，出卖人按照约定或者依据本法第603条第2款第2项的规定将标的物置于交付地点，买受人违反约定没有收取的，标的物毁损、灭失的风险自违反约定时起由买受人承担。本条适用于上述两条规定情形之外的其他情形。标的物提存后，因不可抗力、标的物的自然变化、第三人的原因或者提存人保管不当，都可能引起标的物的毁坏、损失、甚至标的物不复存在。标的物毁损、灭失的风险由债权人承担，一方面由债权人承担因不可抗力、标的物自身性质而产生的毁损、灭失的后果。另一方面债权人有权对造成标的物毁损、灭失责任的第三人或者提存部门索赔，比如，提存期间，提存标的物因为提存部门未履行保管职责造成毁损、灭失的，提存部门负有赔偿责任，由债权人向提存部门索赔。

标的物的孳息，是指由标的物产生的收益，包括自然孳息和法定孳息。自然孳息，是指依物的用法所产生的作为独立物的收益。法定孳息，是指依法律关系产生的收益，比如金钱所产生的利息，有价证券产生的股息、红利。债权人对提存物享有收益的权利，提存期间，标的物的孳息归债权人所有。在提存期间，提存部门负责孳息的收取。具体而言，提存的存款单、有价证券、奖券需要领息、承兑、领奖的，提存部门应当代为承兑或领取，所获得的本金和孳息在不改变用途的前提下，按不损害提存受领人利益的原则处理；无法按原用途使用的，应以货币形式存入提存账户；定期存款到期的，原则上按原来期限将本金和利息一并转存；股息红利除用于支付有关的费用外，剩余部分应当存入提存专用账户；提存的不动产或其他物品的收益，除用于维护费用外剩余部分应当存入提存账户。

提存费用由债权人负担。提存费用并非债务人履行债务所必要的费用，故应由债权人负担，除非债权人和债务人另有约定。提存费用包括：提存公证费、公告费、邮电费、保管费、评估鉴定费、代管费、拍卖变卖费、保险费，以及为保管、处理、运输提存标的物所支出的其他费用。债权人应当支付提存费用，未支付提存费用前，提存人有权留置价值相当的提存标的物。但是，在债务人依据本法第574条第2款取回标的物时，提存费用由债务人负担。

第五百七十四条　债权人可以随时领取提存物。但是，债权人对债务人负有到期债务的，在债权人未履行债务或者提供担保之前，提存部门根据债务人的要求应当拒绝其领取提存物。

债权人领取提存物的权利，自提存之日起五年内不行使而消灭，提存物扣除提存费用后归国家所有。但是，债权人未履行对债务人的到期债务，或者债权人向提存部门书面表示放弃领取提存物权利的，债务人负担提存费用后有权取回提存物。

条文主旨

本条是关于债权人领取提存物的权利和债务人取回提存物的权利的规定。

立法背景

《合同法》第 104 条并未规定债务人取回提存物的权利。在立法过程中，有意见提出，为维护债权人和债务人利益的平衡，应规定债务人一定条件下的取回权。经研究，完全不承认债务人的取回权，则在对债权人利益并无损害却可能损害债务人利益的情形中，可能使得债务人无法摆脱提存关系的约束而取回提存物，不利于实现债权人和债务人利益的平衡，因此，本条第 2 款增加规定了债务人取回提存物的权利，同时明确规定了具体的条件，以避免损害债权人的利益。

条文解读

标的物提存后，视为债务人在其提存范围内已经交付标的物。但是，债权人基于债权有权取得该标的物，此时提存可以被认为是为债权人利益的保管，债权人有权随时领取提存物。债权人领取提存标的物时，应当提供身份证明、提存通知书或公告，以及有关债权的证明，并承担因提存所支出的费用。委托他人代领的，还应提供有效的授权委托书。由其继承人领取的，应当提交继承的有效法律文书。因债权的转让、抵销等原因需要由第三人领取提存标的物的，该第三人应当提供已取得提存之债债权的有效法律文书。

如果债权人对债务人也负有对待给付的义务，则当事人双方均需要履行各自的义务，债务人虽然依法将标的物提存，但与其互负到期债务的债权人并未履行对待给付的义务。为避免先行履行可能发生的风险，保证债务人债权的实现，债务人针对债权人所享有的债权可以行使的抗辩，也可以针对债权人领取提存物的权利行使。因此，债务人申办提存时，可以列明提存物给付的条件，对提存部门给付提存物的行为附条件，即只有在债权人履行了对债务人的对待债务，或者为履行提供相应的担保后，才能领取提存物。提存部门应根据债务人的要求，按提存人所附条件给付提存标的物。债权人未履行债务或者提供担保而不符合所附条件的，提存部门应当拒绝债权人领取提存物。如果提存部门未按列明的给付条件而直接向债权人给付提存标的物，造成当事人损失的，提存部门负有赔偿责任。比如，甲乙二公司订立了购买电视机的合同，甲公司负有交付电视机的义务，乙公司负有支付价款的义务。债务履行期届满，乙公司长期迟延受领，也未支付货款，甲公司依法将标的物提存。为保证收回货款，甲公司提存时声明，只有乙公司支付了电视机价款或者提供了付款担保后，才能允许乙公司领取电视机。如果在乙公司没有支付价款也没有提供担保的情况下，提存部门将提存物交付给了乙公司，一旦乙公司领取提存物后不能支付甲公司的价款，提存部门要承担赔偿责任。

但是，抗辩是否行使是债务人的权利，应由债务人决定，如果债务人不行使，提存部门不得自行决定拒绝债权人领取提存物的权利请求，本条第1款中的“根据债务人的要求”即体现了这一点。提存人提存时，应当向提存部门明确告知提存受领人所承担的对待给付义务的内容，以及对所提供的担保的要求，比如是人的保证，还是抵押或者质押担保。这样做的目的，一方面，可以便于提存部门交付提存物前进行审查；另一方面，也是判定提存部门责任的根据。符合法定或当事人约定的给付条件，提存部门拒绝给付的，债权人有权请求提存部门限期给付并承担赔偿责任。

关于哪个部门为提存部门，本法没有明确规定。在外国，一般都有专门的提存所，附属于法院。此外法院指定的银行、信托局、商会、仓库营业人也可以办理提存事务。我国1982年颁布、1993年修改的原《经济合同法》第19条第4款规定："定作方超过领取期限六个月不领取定作物的，承揽方有权将定作物变卖，所得价款在扣除报酬、保管费用以后，用定作方的名义存入银行。"此时可以认为银行能够作为金钱债务的提存部门。1995年司法部通过了提存公证规则，公证处可以作为提存部门。

债权人虽然可以随时领取提存物，但该权利长期不行使，不仅使权利长期处于不稳定状态，也会给提存部门增加负担，同时也不符合物的有效利用的原则。因此，本条第2款规定了领取提存物的权利的存续期间，即债权人领取提存物的权利，自提存之日起五年内不行使而消灭。依据本法第199条的规定，该期间不适用有关诉讼时效中止、中断和延长的规定，期间届满后领取提存物的权利消灭，而非发生义务人不履行义务的抗辩。债权人领取提存物的权利因五年内不行使消灭的，提存物扣除提存费用后归国家所有，债权人不能再对提存物主张权利。但是，即使债权人领取提存物的权利因期间届满已经消灭，但债务人依据本款规定行使取回权的，不适用该款前句规定。

根据本条第2款的规定，债务人行使取回提存物权利的前提是符合以下两种情形之一：（1）债权人未履行对债务人的到期债务，债务人取回提存物。此时，债务人的履行利益并未得到满足，其行使取回权实质上是不通过提存部门而自己行使履行抗辩权，且此时并无保护债权人利益的必要。如果债权人已经履行了对债务人的到期债务，债务人就没有取回权，避免造成对债权人利益的损害。(2) 债权人领取提存物的权利也可能因为债权人向提存部门书面放弃领取提存物权利而消灭，此时，债务人享有取回提存物的权利。符合上述条件，债务人行使取回提存物的权利，取回提存物的，视为未提存。因此产生的费用由债务人承担。“负担提存费用后有权取回提存物”这个表述表明，债务人未支付提存费用前，提存部门有权留置价值相当的提存标的。同时，提存物的孳息也归债务人所有。应当注意的是，虽然债权人尚未领取提存物，但债务和债权已经因另为履行、抵销、免除等其他原因而消灭，债权人已经不再享有债权，债权人自然也丧失了领取提存物的权利，此时，也应当允许债务人取回提存物。

第五百七十五条　债权人免除债务人部分或者全部债务的，债权债务部分或者全部终止，但是债务人在合理期限内拒绝的除外。

条文主旨

本条是关于免除债务的规定。

立法背景

本条源自《合同法》第 105 条，考虑到给予他人好处的，无需他人同意，但他人可以拒绝，遂增加了债务人在合理期间内可以拒绝的规定。

条文解读

免除，指债权人抛弃债权，从而全部或者部分消灭债权债务。关于免除的性质有不同的观点，一种观点认为，免除是合同。理由是：（1）债的关系是债权人与债务人之间特定的法律关系，不能仅依一方当事人的意思表示成立。（2）债权人免除债务人的债务是一种恩惠，而恩惠不能滥施于人。（3）债权人免除债务可能有其他动机和目的，为防止债权人滥用免除权损害债务人利益，免除应经债务人同意。另一种观点认为，免除是债权人抛弃债权的单方行为。理由是：（1）免除使债务人享受利益，因此没有必要征得同意。（2）如果免除一定要债务人同意，债务人不同意的，等于限制了债权人对权利的处分。立法过程中，有意见提出，免除也应当尊重债务人的意思。经过研究，免除多对债务人有利，债务人一般不会反对，如果认为免除必须双方当事人的明确同意才可以，这可能是不效率的；但是，基于自愿原则，债务人在合理期限内明确拒绝的，应当尊重债务人拒绝的意思，尤其是免除在一些情况下还会影响到债务人的利益。比如，债务人和投资人约定，如果债务人保持在一定的资产负债率的情况下，资产负债率不能太高也不能太低，投资人就给债务人投资，但是债权人的免除可能影响到债务人的资产负债率，进而影响到债务人获得投资的利益。因此，在合同法第105条的基础上，本条规定，债权人免除债务人债务的，无需债务人明确同意，即可发生免除效力，但增加了但书规定“但是债务人在合理期限内拒绝的除外”，即如果债务人在合理期限内拒绝的，免除效力自始不发生。这反映了一项最基本的考虑，即给予他人好处的，无需他人同意，但他人可以拒绝。本法第522条第2款所规定的真正的利益第三人合同、第552条规定的债务加入都体现了此种考虑。债权人和债务人当然也可以订立免除协议，免除债务人的义务。

免除也是意思表示，而且是有相对人的意思表示，因此应当适用意思表示的一般规定。债权人免除债务，不论是为了赠与、和解，还是别的什么原因，都不影响免除的效力。免除债务表明债权人放弃债权，不再要求债务人履行义务，因此，债务人不必为免除为相应的对价，免除是无偿的民事法律行为。免除发生债权消灭的后果，需要债权人具有处分权，且不得损害第三人的利益，否则对第三人不发生免除效力。比如，如果债权人已经将该债权出质，则不能对质权人发生免除的法律后果。免除债务不必有特定形式，口头、书面，明示、默示都无不可。如债权人以口头或者书面形式通知债务人不必再履行债务，是以明示方式免除债务。

免除可以附条件或者附期限。附生效条件的免除，如债权人表示只要债务人在合同履行期归还本金，可以免除利息。附解除条件的免除，如在赠与合同生效后，受赠人表示，如果赠与人经济状况恶化，赠与合同不再履行。附生效期限的免除，如出租人通知承租人下月 1 日开始不必再支付房租。附终止期限的合同，如出卖人通知买受人，其售予买受人商品的 8 折优惠月底终止。

债权人免除债务应当向债务人作出免除的意思表示，适用意思表示的一般规定。该意思表示以债务人作为相对人，免除应当通知债务人或者债务人的代理人，向第三人为免除的意思表示不发生法律效力。免除为放弃债权的行为，向债务人或者债务人的代理人表示后，即产生债务消灭的法律后果，因此，债权人作出免除的意思表示不得撤销，但可以撤回，根据本法第 141 条的规定，撤回免除意思表示的通知应当在意思表示到达相对人前或者与意思表示同时到达相对人。

免除使得债权债务消灭。债权人免除部分债务的，债权债务部分消灭；免除全部债务的，债权债务全部消灭。债权人免除部分债务，如债务人乙欠债权人甲 100 万元货款，甲通知乙只要偿还 80 万元，就免除 20 万元债务。债权人免除部分债务的，免除的部分不必再履行，但尚未免除的部分仍要履行。债权人免除全部债务，如服装加工部向服装定作人表明不收取服装加工费。免除全部债务的，全部债务不必再履行，债权债务因此终止。在债务被全部免除的情况下，有债权证书的，债务人可以请求返还。同时，根据本法第 559 条的规定，债权债务终止时，债权的从权利同时消灭，但是法律另有规定或者当事人另有约定的除外。因此，债权因免除消灭的，从属于债权的担保权利、利息权利、违约金请求权等也随之消灭。比如甲免除了乙的债务，为乙提供履行担保的丙的保证责任没有了存在基础，必然一同消灭。根据本法第 520 条第 2 款的规定，部分连带债务人的债务被债权人免除的，在该连带债务人应当承担的份额范围内，其他债务人对债权人的债务消灭。

第五百七十六条　债权和债务同归于一人的，债权债务终止，但是损害第三人利益的除外。

条文主旨

本条是关于债权债务混同的规定。

立法背景

本条源自《合同法》第 106 条，表述更加严谨。

条文解读

债权债务的混同，是指债权和债务同归于一人，致使债权债务终止。广义的混同，是指不能并立的两种法律关系同归于一人而使其权利义务归于消灭的现象。包括：（1）所有权与他物权同归于一人；（2）债权与债务同归于一人；（3）主债务与保证债务同归于一人。狭义的混同，也即债权债务的混同，仅指债权与债务同归于一人的情况。本条仅规定了债权债务的混同，混同是一种法律规定的事件，即因某些客观事实发生而产生的债权债务同归一人，不必由当事人为意思表示。

混同发生的原因主要有：

1. 概括承受

概括承受是发生混同的主要原因。主要有以下几个方面：（1）合并，合并前的两个组织之间的债权债务因同归于合并后的组织而消灭。（2）债权人继承债务人的债权债务，如父亲向儿子借钱后死亡，儿子继承父亲的债权和债务。（3）债务人继承债权人的债权债务，如儿子向父亲借钱后，父亲死亡，儿子继承了父亲的财产。（4）第三人继承债权人和债务人的债权债务，如儿子甲向父亲乙借钱后，因意外事件二人同时死亡，由甲的儿子丙继承他们二人的财产。

2. 特定承受

特定承受主要包括：（1）债务人受让债权人的债权，比如债权人甲与债务人乙签订合同后，甲将合同权利转让给乙。（2）债权人承受债务人的债务，比如甲乙二人签订合同后，债务人乙的债务转移给债权人甲。

债权债务的存在，必须有债权人和债务人，债权人和债务人双方混同，债权债务失去存在基础，自然应当终止。根据本法第559条的规定，债权债务终止时，债权的从权利同时消灭，但是法律另有规定或者当事人另有约定的除外。因此，债权因混同消灭的，从属于债权的担保权利、利息权利、违约金请求权等也随之消灭。同时，根据本法第520条第3款的规定，部分连带债务人的债务与债权人的债权同归于一人的，在扣除该债务人应当承担的份额后，债权人对其他债务人的债权继续存在。

但是，如果债权消灭损害第三人利益的，例如当债权是他人权利的标的时，为保护第三人的利益，债权不能因混同而消灭。比如，甲将其对乙的债权出质给丙，此后甲乙之间的债权债务即使混同，为了保护质权人丙的利益，作为权利质权标的的债权不消灭。再如，债权人甲请求法院扣押乙对丙的债权，此后乙丙之间的债权债务即使混同，为了保护甲的利益，被扣押的债权仍然不消灭，甲仍可请求法院强制执行该债权。

第八章　违约责任

本章共十八条，对承担违约责任的方式、预期违约、继续履行、采取补救措施、法定的赔偿损失、违约金、定金、受领迟延、违约责任的减责和免责事由以及特殊的合同请求权诉讼时效等内容作出了规定。在合同法规定的基础上，本章补充了定金规则，完善了继续履行规则，增加了受领迟延、非违约方有过错情形下的损害减轻规则等。

第五百七十七条　当事人一方不履行合同义务或者履行合同义务不符合约定的，应当承担继续履行、采取补救措施或者赔偿损失等违约责任。

条文主旨

本条是关于违约责任基本规则的规定。

立法背景

《德国民法典》最初以履行不能为中心，区分各种债务不履行的类型，具体区分为履行不能、履行迟延和不完全履行，分别规定损害赔偿和解除要件。这种区分债务不履行原因的规定方式，虽然更容易理解，也更容易查找具体的救济方式，但容易出现法律漏洞，也容易出现重复。因此，本条以不区分债务不履行的各种类型为起点，统一采取不履行合同义务或者履行合同义务不符合约定这种合同义务违反的救济进路予以规定，在本条之后的条文中，对合同义务违反的不同效果，如继续履行、采取补救措施或者赔偿损失，予以分别规定，而仅在具体规定中再区分债务不履行的上述各种类型。本条源自《合同法》第107条，实践与理论中争议较小，未予修改。

条文解读

一、违约责任是违反合同义务的民事责任

违约责任，即违反合同的民事责任，也就是合同当事人因违反合同义务所承担的责任。在英美法系中，违约责任被作为违约救济的具体方式之一；而在大陆法系，违约责任被作为债务不履行责任的具体形态。《联合国国际货物销售合同公约》《国际商事合同通则》和《欧洲合同法原则》都将违约责任作为债务不履行的救济措施之一，债务不履行的救济措施还包括履行抗辩权、解除等。本法将履行抗辩权规定在合同的履行之中，将解除规定在合同的权利义务终止之中，将违约责任单独作为一章予以规定，以体现违约责任作为民事责任的一种，较之债务不履行的其他救济措施所具有的特殊性。

违约责任首先是一种民事责任，因此与民事义务之一的合同义务不同。违约责任是当事人一方不履行合同义务或者履行合同义务不符合约定所应当承担的后果，违约责任以合同义务的存在为前提，违约责任是合同义务的转化和延伸，合同义务是第一性义务，而违约责任是第二性义务，两者具有同一性，无合同义务即无违约责任。但是，违约责任是国家凭借法律之力，强制债务人履行债务或者承担其他责任，与诉权联系在一

起，以确保合同权利的实现，包含了责任的国家强制性，是对债务人行为的否定性评价。两者不同，因此，有时虽然存在合同义务，但不产生违约责任，出现了债务人和责任的分离。违约责任是一种财产责任，并非人身责任，因此不能采取非法拘禁、扣押人身的责任方式，而只能是继续履行、采取补救措施或者赔偿损失等财产责任方式。

违约责任，首先要求合同义务的有效存在。不以合同义务的存在为前提所产生的民事责任不是违约责任，这使得违约责任与侵权责任、缔约过失责任区分开，后两者都不是以合同义务的存在为必要前提。其次要求债务人不履行合同义务或者履行合同义务不符合约定。这包括了履行不能、履行迟延和不完全履行等，还包括瑕疵担保、违反附随义务和债权人受领迟延等可能与合同不履行发生关联的制度。

合同义务的违反，可以从被违反的义务角度区分为违反主给付义务、从给付义务、附随义务和不真正义务。主给付义务，是指债的关系中所固有、必备，并以之决定债之类型的基本义务。从给付义务，指补助主给付义务以确保债权人利益能获得最大满足的义务。附随义务，指根据诚信原则产生的顾及对方当事人法益和利益的义务。不真正义务，指债权人的受领义务或者采取适当措施防止损害扩大的义务。例如，通过网络交易购买一台空调，卖方交付空调并转移空调所有权是主给付义务；卖方交付质保书、发票的义务是从给付义务；卖方不得将其所获知的买方的个人信息泄露是附随义务。买方在空调出现问题而漏水时尽量采取措施减少损失扩大是附随义务。

本条按照违约行为的具体形态，将违约行为区分为不履行合同义务和履行合同义务不符合约定。不履行合同义务，即债务人不为当为之事，包括履行不能和履行拒绝。履行不能是债务人在事实上、法律上和经济上不能履行，有永久不能和一时不能、自始不能和嗣后不能、主观不能和客观不能、全部不能和部分不能的区别。比如，以提供服务为标的的合同中，债务人丧失提供服务的能力；在以提供特定物为标的的合同中，特定物已经毁损、灭失；在以提供种类物为标的的合同中，种类物全部毁损、灭失。即使自始客观不能也并非合同无效的原因，而仅仅是违约的原因。履行拒绝，即债务人能够履行合同义务却无正当理由拒绝履行，拒绝可以是明示的，也可以是默示的。比如，债务人将应交付的特定标的物有效处分给第三人，可以认为是拒绝履行。

履行合同义务不符合约定，即债务人为不当为之事，也就是债务人虽然履行了债务，但其履行不符合约定，包括一般的瑕疵履行和加害履行。一般的瑕疵履行有数量不足、质量不符、履行方法不当、履行地点不当、履行时间不当等多种表现形式。当事人履行合同除有一般瑕疵外，还造成对方当事人的其他财产、人身损害的，为加害履行。加害履行的特征是往往造成违约与侵权行为竞合，例如，甲到乙饭店吃火锅，但乙提供的火锅因为不合格而爆炸，导致甲的人身损失，乙饭店的履行就是加害履行。加害履行也是一种瑕疵履行，故将与其对应的其他瑕疵履行称为一般瑕疵履行。

二、违约责任的归责原则

所谓归责，就是将责任归属于某人；所谓归责原则，就是将责任归属于某人的正当理由。如果将责任归属于某人的正当理由是该人具有过错，需要证明该人具有过错，这就是过错归责原则。如果将责任归属某人无需证明该人具有过错，但该人可以通过证明自己没有过错而免责，这就是过错推定。如果将责任归属于某人不以该人具有过错为前提，即使该人证明自己没有过错仍然要承担责任，除非其能够证明自己具有法定的免责事由，这就是无过错归责原则。可以看出，过错、过错推定和无过错，对于受害人越来越有利，对于行为人越来越不利。

在违约责任中，英美法系往往仅考虑是否存在违约事实，而大陆法系则以过错责任或者过错推定责任为出发点。但大陆法系在实践中会通过过错的范围和过错的标准扩展过错可能性，并对一些情形采取无过错归责，《德国民法典》即采取此种方案，其第 276 条第 1 款对于当事人明确表示对给付结果负担保责任的情形以及承担购置风险的情形采取无过错归责。而英美法系则以无过错责任为出发点，在债务人不应承担风险的情形下，实践中会限缩债务人的责任，使得无过错责任不等于绝对责任。因此，违约责任无论采取无过错归责还是过错归责，其最终目的都是对风险进行合理分配，两者的实践结果并不会像想象中那样差异那么大，归责原则的不同仅仅是论证出发点的不同，不会导致最终实践结果的重大差异。从国际性文件上来看，《联合国国际货物销售合同公约》第 45 条和第 61 条借鉴了英美法的经验，对违约责任采无过错责任原则，从其条文表述来看，并没有要求“过错”的要件，只是明确了不履行合同义务的要件。《国际商事合同通则》第 7.1.1 条关于不履行的一般规定中也没有以过错作为前提。《欧洲合同法原则》第 8：101 条也同样不以过错作为违约责任的构成要件。本条借鉴了国际上的这种发展趋势，在违约责任的一般构成中不考虑过错，非违约方只需要证明违约方的违约行为即可，不因为违约方的无过错而免除违约方的违约责任，这有利于减轻非违约方的举证负担，保护非违约方的利益，方便裁判，增强当事人的守约意识。

但是，为了妥当地平衡行为人的行为自由和受害人的法益保护这两个价值，避免由违约方绝对承担违约责任所导致的风险不合理分配，本法规定了一些相关的规则：

1. 违约责任的免除和减轻

本法第 590 条第 1 款规定，当事人一方因不可抗力不能履行合同的，根据不可抗力的影响，部分或者全部免除责任，但是法律另有规定的除外。第 591 条第 1 款规定，当事人一方违约后，对方应当采取适当措施防止损失的扩大；没有采取适当措施致使损失扩大的，不得就扩大的损失请求赔偿。第 592 条规定，当事人都违反合同的，应当各自承担相应的责任。当事人一方违约造成对方损失，对方对损失的发生有过错的，可以减少相应的损失赔偿额。同时，本法在具体的典型合同中也规定了免责或者减责事由。比如第 823 条第 1 款规定，承运人应当对运输过程中旅客的伤亡承担赔偿责任；但是，伤亡是旅客自身健康原因造成的或者承运人证明伤亡是旅客故意、重大过失造成的除外。第 832 条规定，承运人对运输过程中货物的毁损、灭失承担赔偿责任。但是，承运人证明货物的毁损、灭失是因不可抗力、货物本身的自然性质或者合理损耗以及托运人、收货人的过错造成的，不承担赔偿责任。第 893 条规定，寄存人交付的保管物有瑕疵或者根据保管物的性质需要采取特殊保管措施的，寄存人应当将有关情况告知保管人。寄存人未告知，致使保管物受损失的，保管人不承担赔偿责任；保管人因此受损失的，除保管人知道或者应当知道且未采取补救措施外，寄存人应当承担赔偿责任。

2. 具体合同类型中的特殊归责和免责事由

本法在具体的一些典型合同中规定了特殊的归责事由。比如，第 660 条第 2 款规定，依据前款规定应当交付的赠与财产因赠与人故意或者重大过失致使毁损、灭失的，赠与人应当承担赔偿责任。第 662 条第 2 款规定，赠与人故意不告知瑕疵或者保证无瑕疵，造成受赠人损失的，应当承担赔偿责任。第 824 条第 1 款规定，在运输过程中旅客随身携带物品毁损、灭失，承运人有过错的，应当承担赔偿责任。第 841 条规定，因托运人托运货物时的过错造成多式联运经营人损失的，即使托运人已经转让多式联运单据，托运人仍然应当承担赔偿责任。第 897 条规定，保管期内，因保管人保管不善造成保管物毁损、灭失的，保管人应当承担赔偿责任。但是，无偿保管人证明自己没有故意或者重大过失的，不承担赔偿责任。第 917 条规定，储存期内，因保管不善造成仓储物毁损、灭失的，保管人应当承担赔偿责任。因仓储物本身的自然性质、包装不符合约定或者超过有效储存期造成仓储物变质、损坏的，保管人不承担赔偿责任。第 929 条第 1 款规定，有偿的委托合同，因受托人的过错造成委托人损失的，委托人可以请求赔偿损失。无偿的委托合同，因受托人的故意或者重大过失造成委托人损失的，委托人可以请求赔偿损失。第 930 条规定，受托人处理委托事务时，因不可归责于自己的事由受到损失的，可以向委托人请求赔偿损失。

本法在具体的一些典型合同中也可能规定了特殊的免责事由。例如，第 823 条第 1 款规定，承运人应当对运输过程中旅客的伤亡承担赔偿责任；但是，伤亡是旅客自身健康原因造成的或者承运人证明伤亡是旅客故意、重大过失造成的除外。第

832 条规定，承运人对运输过程中货物的毁损、灭失承担赔偿责任。但是，承运人证明货物的毁损、灭失是因不可抗力、货物本身的自然性质或者合理损耗以及托运人、收货人的过错造成的，不承担赔偿责任。

3. 允许当事人约定免责或限制责任

根据自愿原则，本法承认当事人之间自愿协商一致的免责或者限责条款的效力，仅在特殊情况下限制这些条款的效力。比如，本法第 506 条规定，合同中的下列免责条款无效：（一）造成对方人身损害的；（二）因故意或者重大过失造成对方财产损失的。换言之，如果当事人事先约定免除非因故意或者重大过失造成对方财产损失的条款，除法律另有规定外，是有效的。本法第 618 条规定，当事人约定减轻或者免除出卖人对标的物瑕疵承担的责任，因出卖人故意或者重大过失不告知买受人标的物瑕疵的，出卖人无权主张减轻或者免除责任。

应当注意的是，虽然违约责任一般不以违约方的过错为前提，但是仍然需要以合同义务的违反为前提。比如，买卖合同中，卖方最为重要的合同义务就是保证买方能够取得买卖标的物的占有和所有权。但在医疗服务合同中，医院最为重要的合同义务是尽到医疗的职责，但不能保证一定能把病人治愈。所以，在不同类型的合同中，合同义务的具体内容是不同的，需要结合当事人的约定、合同的类型、合同的目的、诚信原则、交易习惯等因素判断合同义务的具体内容，在当事人之间合理分配交易的风险。

三、违约责任的形式

本条规定了违约责任的形式包括继续履行、采取补救措施或者赔偿损失等。具体而言，包括：（1）继续履行；（2）修理、重作、更换；（3）采取其他补救措施，包括退货、减少价款或者报酬等；（4）赔偿损失，包括法定的赔偿损失和违约金、定金等约定的赔偿损失。本章对此进行了详细的规定。本法第179条第2款、第3款规定："法律规定惩罚性赔偿的，依照其规定。""本条规定的承担民事责任的方式，可以单独适用，也可以合并适用。"

第五百七十八条　当事人一方明确表示或者以自己的行为表明不履行合同义务的，对方可以在履行期限届满前请求其承担违约责任。

条文主旨

本条是关于预期违约责任的规定。

立法背景

本条源自《合同法》第108条，争议较小，本法予以沿袭。

条文解读

按照违约行为发生的时间，可分为预期违约和届期违约。违约行为发生于合同履行期限届满之前的，为预期违约，又称为先期违约。在履行期限届满之前，当事人一方明确表示或者以自己的行为表明不履行合同债务，当然要求其不享有履行抗辩权等正当理由的，才构成预期违约。预期违约包括明示预期违约和默示预期违约。所谓明示预期违约，是指合同履行期限届满之前，一方当事人明确肯定地向另一方当事人表示他将不履行合同义务。所谓默示预期违约，是指合同履行期限届满之前，一方当事人以自己的行为表明不履行合同债务。应当注意的是，本条规定的预期违约的违约责任，不同于本法第563条第1款第2项所规定的预期违约的解除，在预期违约的解除中，当事人一方明确表示或者以自己行为表明其不履行的是主要债务，一般只有主要债务的不履行才会致使不能实现合同目的，此时当事人才有法定解除权。但是，本条规定的预期违约包括当事人一方明确表示或者以自己行为表明其不履行合同义务，无论该合同义务是否为主要义务，即使是从给付义务或者附随义务等，对方都有权请求其承担违约责任。

应当注意的是，该规定与不安抗辩权的相互衔接。本法第527条第1款规定，应当先履行债务的当事人，有确切证据证明对方有下列情形之一的，可以中止履行：（一）经营状况严重恶化；（二）转移财产、抽逃资金，以逃避债务；（三）丧失商业信誉；（四）有丧失或者可能丧失履行债务能力的其他情形。第528条规定："当事人依据前条规定中止履行的，应当及时通知对方。对方提供适当担保的，应当恢复履行。中止履行后，对方在合理期限内未恢复履行能力且未提供适当担保的，视为以自己的行为表明不履行主要债务，中止履行的一方可以解除合同并可以请求对方承担违约责任。"因此，第528条规定了以自己的行为表明不履行合同义务的一种特殊情形。

预期违约降低了另一方享有的合同权利的价值，构成对债权人权利的侵害和对合同关系的破坏，必将影响交易的正常进行。如果在一方当事人预期违约的情况下，仍然要求另一方当事人在履行期限届满后才能请求违约责任，将给另一方造成损失。因此，当事人一方明确表示或者以自己的行为表明不履行合同义务的，即使在履行期限届满前，对方也可以请求其承担违约责任，而无需等到履行期限届满后，这有利于保护守约方的合法权益。

第五百七十九条　当事人一方未支付价款、报酬、租金、利息，或者不履行其他金钱债务的，对方可以请求其支付。

条文主旨

本条是关于金钱债务继续履行的规定。

立法背景

本条在《合同法》第109条的基础上进一步抽象出“金钱债务”，并增列了租金、利息。

条文解读

所谓金钱债务，是指以债务人给付一定货币作为内容的债务，包括以支付价款、报酬、租金、利息，或者以履行其他金钱债务为内容的债务。当然，这里所说的报酬指的是金钱报酬，而不包括其他形式的报酬。本条在合同法规定的基础上进一步明确适用前提是金钱债务，以与下一条相对应。

当事人一方未按照合同约定履行金钱债务的，对方可以请求其履行。货币具有高度流通性和可替代性，一般不会出现法律上或者事实上不能履行，或者不适于强制履行、履行费用过高的情形，一般也不会出现因为不可抗力而完全不能继续履行的情形，因此违约方应当继续履行，对方可以请求其支付。本条要求金钱债务的继续履行，这有利于强化诚信观念，防止交易当事人以各种不正当理由拒绝继续履行金钱债务。

当事人一方迟延履行金钱债务的，除应当继续履行金钱债务外，还应当承担其他违约责任，如支付违约金、赔偿逾期利息等。

第五百八十条　当事人一方不履行非金钱债务或者履行非金钱债务不符合约定的，对方可以请求履行，但是有下列情形之一的除外：

（一）法律上或者事实上不能履行；

（二）债务的标的不适于强制履行或者履行费用过高；

（三）债权人在合理期限内未请求履行。

有前款规定的除外情形之一，致使不能实现合同目的的，人民法院或者仲裁机构可以根据当事人的请求终止合同权利义务关系，但是不影响违约责任的承担。

条文主旨

本条是关于非金钱债务继续履行的规定。

立法背景

本条第1款源自《合同法》第110条，因争议较小，未予修改。立法过程中，经研究认为，在无法请求继续履行且合同陷入僵局时，应当允许司法终止合同，遂增设第2款规定。

条文解读

所谓继续履行，也称为实际履行，就是按照合同的约定继续履行义务。当事人订立合同都是追求一定的目的，这一目的直接体现在对合同标的的履行上，义务人只有按照合同约定的标的履行，才能实现权利人订立合同的目的。所以，继续履行合同是当事人一方违反合同后应当承担的一项重要的民事责任。对合同一方当事人不能自觉履行合同的，另一方当事人有权请求违约方继续履行合同或者请求人民法院、仲裁机构强制违约当事人继续履行合同。例如，没有交付商品的，应当交付合同约定的商品。继续履行是违约责任的一种形式，具有国家强制性，不是单纯的合同义务的履行。继续履行能够使得债权人尽可能实现其利益，避免了赔偿损失计算的困难，强调了合同的法律约束力。

如果当事人一方不履行非金钱债务或者履行非金钱债务不符合约定，且非金钱债务能够继续履行，守约方可以请求违约方继续履行，除此之外，还可以请求违约方承担赔偿损失等其他民事责任。继续履行和其他责任形式之间的关系，在不同的立法例中是不同的，英美法系以赔偿损失为原则，继续履行为例外；大陆法系则以继续履行为原则，赔偿损失为例外。《联合国国际货物销售合同公约》第 46 条第 1 款规定了继续履行，但第 28 条规定，如果按照本公约的规定，一方当事人有权要求另一方当事人履行某一义务，法院没有义务做出判决，要求具体履行此一义务，除非法院依照其本身的法律对不属本公约范围的类似销售合同愿意这样做。这实际上赋予了法院对救济的自由裁量权，以协调英美法系的态度。但是，根据《国际商事合同通则》第 7.2.2 条，法院对救济没有自由裁量权，如果守约方请求继续履行，法院必须判决继续履行，除非存在不能继续履行的法定情形。本法未对继续履行进行严格限制，只要当事人一方违约，对方一般就可请求继续履行。因此，在当事人一方违约时，一般情况下，守约方可以选择请求继续履行，同时请求赔偿损失；也可以选择不请求继续履行，而仅请求赔偿损失。人民法院或者仲裁机构根据守约方的选择予以裁判或者裁决，除非存在本条规定的例外情形。

但是，应当注意的是，守约方请求违约方继续履行的同时请求违约方赔偿损失，与守约方不请求继续履行而仅请求赔偿损失，这两种情况下的损失赔偿的范围是不同的，后种情形中赔偿损失的范围显然更大、数额显然更高。同时，非金钱债务的继续履行往往存在困难，或者不能继续履行的情形在之后才逐渐显现，甚至会转变成不能继续履行的情形，因此即使债权人最初选择请求继续履行，但是在法律规定的期限内或者其他合理期限内，债权人未获得履行的，可以改变最初的选择，而请求债务人承担其他违约责任。

债权人请求继续履行，必须以非金钱债务能够继续履行为前提，如果非金钱债务不能继续履行，对方就不能请求继续履行，或者其提出继续履行的请求，债务人能够依据本条第 1 款提出抗辩。当然，即使债权人不能请求债务人继续履行，但其仍然有权依法请求债务人承担其他违约责任，尤其是赔偿损失。不能请求继续履行具体包括以下情形：

1. 法律上或者事实上不能履行

所谓法律上不能履行，指的是基于法律规定而不能履行，或者履行将违反法律的强制性规定。比如，甲将其房屋卖给乙，但未交付和办理移转登记，之后甲又将同一个房屋卖给丙，并将房屋交付给丙，并且办理了移转登记，此时由于甲已经丧失了所有权，因此在法律上无处分权，无法履行甲对乙所负有的移转房屋所有权的合同义务，这即属于法律上不能履行，乙此时不能请求甲继续履行，而只能请求甲赔偿损失。再如，如果一定合同的履行行为必须经过有关机关的批准，在未批准前，不得请求继续履行。所谓事实上不能履行，是指依据自然法则已经不能履行。比如，合同标的物是特定物，该特定物已经毁损、灭失。但是，如果仅仅是暂时不能履行，或者债务人作出一定的努力仍可以履行合同义务的，那么合同仍然可以继续履行。人民法院或者仲裁机构应当对是否存在法律上或者事实上不能履行的情形进行审查。

2. 债务的标的不适于强制履行或者履行费用过高

债务的标的不适于强制履行，指依据债务的性质不适合强制履行，或者执行费用过高。比如：（1）基于高度的人身依赖关系而产生的合同，如委托合同、合伙合同等，如果是因高度信任对方的特殊技能、业务水平、忠诚等所产生的，并且强制债务人履行义务会破坏此种高度的人身依赖关系，则不得请求继续履行。（2）对于许多提供服务、劳务或者不作为的合同来说，如果强制履行会危害到债务人的人身自由和人格尊严，或者完全属于人身性质，比如需要艺术性或者科学性的个人技能，或者涉及保密性和私人性的关系，则不得请求继续履行。

履行费用过高，指履行仍然可能，但确会导致履行方负担过重，产生不合理的过大的负担或者过高的费用。比如，一艘邮轮沉入海中，尽管将该邮轮打捞出来是可能的，但邮轮所有人因此支出的费用大大超过了所运石油的价值，托运人不能请求其继续履行。在判断履行费用是否过高时，需要对比履行的费用和债权人通过履行所可能获得的利益、履行的费用和采取其他补救措施的费用，还需要考量守约方从其他渠道获得履行进行替代交易的合理性和可能性。

如果债务的标的不适于强制履行或者履行费用过高，债权人请求继续履行的，债务人享有拒绝履行的抗辩权。

3. 债权人在合理期限内未请求履行

履行合同义务需要债务人进行特定的准备和努力，如果履行期限已过，并且债权人未在合理期限内请求债务人继续履行，债务人则可能会推定债权人不再坚持继续履行。债权人在很长时间之后才请求继续履行，如果支持债权人的继续履行请求，会使得债务人长期处于不确定状态之中，随时准备履行，且会诱使债权人的投机行为。因此，如果债权人在合理期限内未请求继续履行的，则不能再请求继续履行。

合理期限首先可以由当事人事先约定；如果没有约定或者约定不明确，当事人可以协议补充；也无法协议补充的，按照合同有关条款或者交易习惯确定，这需要在个案中结合合同种类、性质、目的和交易习惯等因素予以具体判断。如果债权人在合理期限内未请求继续履行，之后再请求债务人继续履行的，债务人享有拒绝履行的抗辩权。

同时，需要指出的是，请求继续履行和合同解除是互斥而且不能并存的。本法第566条第2款规定，合同因违约解除的，解除权人可以请求违约方承担违约责任，但是当事人另有约定的除外。该款中的违约责任不包括继续履行，如果合同被依法解除，债权人就不能请求债务人继续履行。

在债务人违约但符合本条第1款规定的情形之一，因此债权人不能请求继续履行的情况下，合同状况如何？例如，在特定物买卖中，特定物非因意外或者不可归责于双方的原因而毁损、灭失，债务人对债权人的履行义务和债权人对债务人的履行义务是否消灭？在一些继续性合同中，比如租赁合同，合同权利义务是否终止？立法过程中，有观点提出，在无法请求继续履行时，应当允许司法终止合同，以终止合同权利义务关系，使得无意义的合同无需存续。也有观点认为，此时债务人对债权人的履行义务消灭，基于双务合同履行义务之间的对待性，债权人对债务人的对待给付义务也随之消灭，合同自动终止，无需司法解除。在实践中也会出现一些疑难问题，尤其在债权人未履行自己对债务人的义务，而债务人已经部分履行的情况下，债权人可能会不行使解除权而坚持请求继续履行，如果合同不终止或者不部分终止，即使债务人愿意承担违约赔偿责任，但其是否能够在承担赔偿责任的前提下摆脱合同权利义务的约束，在非继续性合同中请求返还已作出的部分给付或者就已作出的部分给付要求债权人履行对债务人的义务？例如，甲从乙那里购买两个特定的古董花瓶，约定待两个花瓶都交付并转移所有权之后甲付款，乙交付了一个花瓶并转移其所有权后，因为自己的过错导致另一个花瓶破碎，甲不行使解除权而主张继续履行，但此时也符合本条第 1 款规定的事实上不能履行，此时如何处理？

经认真研究，反复斟酌，在债权人无法请求债务人继续履行主要债务，致使不能实现合同目的时，债权人拒绝解除合同而主张继续履行，由于债权人已经无法请求债务人继续履行，合同继续存在并无实质意义。当事人均可以申请人民法院或者仲裁机构终止合同，最终由人民法院或者仲裁机构结合案件的实际情况根据公平原则决定终止合同的权利义务关系，在保障债权人合理利益的前提下，有利于双方当事人重新获得交易的自由，提高整体的经济效率。从比较法上而言，《德国民法典》

第 275 条第 1 款和第 326 条第 1 款明确规定了，此时给付义务可以被排除且对待给付消灭；《法国民法典》第 1218 条第 2 款也规定了永久不能履行时合同自动终止。合同自动终止后，债务人可被免除原给付义务，无须进行原给付，债权人的对待给付也发生消灭。但是，这可能导致合同终止的时间并不确定，尤其在履行费用过高或者债权人在合理期限内未请求履行导致不能请求继续履行的情形中最为明显，也不利于双方互通情况。当然，如果对方当事人行使解除权，则合同终止时间会确定，但可能会出现对方当事人不行使解除权的情形。司法终止则能够避免上述两个问题。据此，本条第 2 款规定：“有前款规定的除外情形之一，致使不能实现合同目的的，人民法院或者仲裁机构可以根据当事人的请求终止合同权利义务关系，但是不影响违约责任的承担。”当然，本款规定不影响对方当事人依据法律规定或者约定所享有的法定解除权和约定解除权，对方当事人仍然可以行使解除权解除合同。如果对方当事人依法行使了解除权，则债务人之后依据本款规定请求人民法院或者仲裁机构司法终止合同的，人民法院或者仲裁机构可以依据本法第 565 条的规定确认合同解除以及解除的时间。本款适用的前提，首先是对方当事人不能请求违约方继续履行。其次是致使不能实现合同目的。这意味着如果不能请求继续履行的仅仅是非主要的债务，则不履行一般不会导致不能实现合同目的，则无论哪一方当事人都不能申请终止。守约方既不享有法定解除权，也不能依据本款请求人民法院或者仲裁机构申请终止；违约方本来就不享有解除权，同样也不能依据本款向人民法院或者仲裁机构申请终止。最后是当事人提出请求。双方当事人均有权请求人民法院或者仲裁机构终止合同。如果当事人未提出请求，人民法院或者仲裁机构不宜依职权主动终止合同。

本款适用的法律后果如下。第一，人民法院或者仲裁机构可以终止合同权利义务关系。应当注意的是，并非当事人提出请求后，人民法院或者仲裁机构就必须终止合同，在当事人提出终止合同的请求后，由人民法院或者仲裁机构依法判决是否终止合同。因此，当事人根据本款所享有的仅仅是申请司法终止合同的权利，而非终止合同的权利，本款并未规定当事人的终止权或者形成诉权，而是司法的终止权。人民法院或者仲裁机构有权结合案件的实际情况，根据诚信和公平原则决定是否终止合同。此时，可以考虑债务人是否已经进行了部分履行、债务人是否恶意违约、不能继续履行的原因、债务人是否因合同不终止而遭受了严重损失、债权人是否能够以成本较低的方式获得替代履行、债务人是否对他人有赔偿请求权、债权人拒绝解除合同是否为获得不相当的利益而违反诚信原则、合同不终止是否会导致双方的权利义务或者利益关系明显失衡等因素。例如，要考虑不能继续履行的原因，在甲乙双方的古董花瓶和名画的互易合同中，甲在交付古董花瓶前，因乙的过错行为而导致古董花瓶毁损，虽然此时也构成了不能请求继续履行的情形，但因为该不能继续履行的原因是乙的行为，此时不宜因乙的申请而终止合同，进而免除乙交付名画并移转名画所有权的义务。这类似于两个相互关联的合同情形中的部分终止、部分不终止。在人民法院或者仲裁机构终止合同后，法律后果可以依据本法第 566 条和第 567 条的规定予以确定。

第二，不影响违约方承担除继续履行之外的其他违约责任。合同被终止后，违约方自然无需继续履行，但其仍然要依法承担除继续履行之外的其他违约责任，尤其是赔偿损失的责任，以保障对方当事人的利益。因此，对方当事人有权依据本法第584条请求违约方承担违约责任；如果双方约定了违约金或者定金，对方当事人有权依据第585条以下条文请求违约方承担违约金责任或者定金责任。

第五百八十一条　当事人一方不履行债务或者履行债务不符合约定，根据债务的性质不得强制履行的，对方可以请求其负担由第三人替代履行的费用。

条文主旨

本条是关于替代履行费用的规定。

立法背景

本条是总结实践和理论共识的全新规定。

条文解读

本条适用的前提是，当事人一方不履行债务或者履行债务不符合约定，并且该债务根据债务的性质不得强制履行。此时，债权人可以请求债务人负担由第三人替代履行的费用。如果该债务是以作为为标的的债务，则债权人可以请求债务人负担由第三人替代履行的费用。比如，本法第713条第1款规定，承租人在租赁物需要维修时可以请求出租人在合理期限内维修。出租人未履行维修义务的，承租人可以自行维修，维修费用由出租人负担。如果该债务是以不作为为标的债务，且表现为有形状态的持续，则债权人同样可以请求债务人负担由第三人替代履行的费用，例如债务人负有不搭建建筑物的义务，债务人搭建后则负有拆除的义务，债务人不拆除的，则债权人也可请求债务人负担由第三人拆除该建筑物的费用。

该请求权是实体法上的请求权，且以根据债务的性质不得强制履行为前提，同时不以进入到执行程序为前提，因此，与民事诉讼法规定的执行措施不同。同时，也并非第三人先替代履行，之后才可以请求债务人负担费用，债权人可以直接请求债务人负担由第三人之后替代履行的费用。从债权人的角度而言，最终实现了自己的债权，类似于继续履行；从债务人的角度而言，类似于赔偿损失。同时，本条的规定不妨碍债权人就其他损失请求债务人赔偿。

应当注意的是，民事诉讼法规定了诸多执行措施。依据人民法院的判决、裁定、其他法律文书以及仲裁机构的仲裁裁决，债务人应当履行而不履行的，债权人可以依法请求强制执行。首先，一般涉及金钱债务或者以交付财产为标的的债务，民事诉讼法中有许多执行措施，理论上称为直接强制。比如，《民事诉讼法》第 242 条第 1 款规定，被执行人未按执行通知履行法律文书确定的义务，人民法院有权向有关单位查询被执行人的存款、债券、股票、基金份额等财产情况。人民法院有权根据不同情形扣押、冻结、划拨、变价被执行人的财产。人民法院查询、扣押、冻结、划拨、变价的财产不得超出被执行人应当履行义务的范围。第 243 条第 1 款规定，被执行人未按执行通知履行法律文书确定的义务，人民法院有权扣留、提取被执行人应当履行义务部分的收入。但应当保留被执行人及其所扶养家属的生活必需费用。第 244 条第 1 款规定，被执行人未按执行通知履行法律文书确定的义务，人民法院有权查封、扣押、冻结、拍卖、变卖被执行人应当履行义务部分的财产。

但应当保留被执行人及其所扶养家属的生活必需品。第 248 条第 1 款规定，被执行人不履行法律文书确定的义务，并隐匿财产的，人民法院有权发出搜查令，对被执行人及其住所或者财产隐匿地进行搜查。第 249 条规定，法律文书指定交付的财物或者票证，由执行员传唤双方当事人当面交付，或者由执行员转交，并由被交付人签收。有关单位持有该项财物或者票证的，应当根据人民法院的协助执行通知书转交，并由被交付人签收。有关公民持有该项财物或者票证的，人民法院通知其交出。拒不交出的，强制执行。第 250 条第 1 款规定，强制迁出房屋或者强制退出土地，由院长签发公告，责令被执行人在指定期间履行。被执行人逾期不履行的，由执行员强制执行。

另外，对以服务、劳务等行为为标的的债务，债务人不履行的，民事诉讼法规定了替代执行措施。《民事诉讼法》第 252 条规定，对判决、裁定和其他法律文书指定的行为，被执行人未按执行通知履行的，人民法院可以强制执行或者委托有关单位或者其他人完成，费用由被执行人承担。

同时，民事诉讼法还规定了一些间接强制的措施，以对债务人施加压力促使其继续履行债务，这适用于所有类型的债务。比如，《民事诉讼法》第 253 条规定，被执行人未按判决、裁定和其他法律文书指定的期间履行给付金钱义务的，应当加倍支付迟延履行期间的债务利息。被执行人未按判决、裁定和其他法律文书指定的期间履行其他义务的，应当支付迟延履行金。第 255 条规定，被执行人不履行法律文书确定的义务的，人民法院可以对其采取或者通知有关单位协助采取限制出境，在征信系统记录、通过媒体公布不履行义务信息以及法律规定的其他措施。同时，如果执行人不履行法律文书指定的行为，且该项行为只能由被执行人完成的，人民法院可以依照《民事诉讼法》第111条的规定处理，即拒不履行人民法院已经发生法律效力的判决、裁定的，人民法院可以根据情节轻重予以罚款、拘留；构成犯罪的，依法追究刑事责任。如果债务人是单位，人民法院可以对其主要负责人或者直接责任人员予以罚款、拘留；构成犯罪的，依法追究刑事责任。

相关规定

《中华人民共和国民事诉讼法》第242－244条、第248－250条、第252条、第253条、第255条

第五百八十二条 **履行不符合约定的，应当按照当事人的约定承担违约责任。对违约责任没有约定或者约定不明确，依据本法第五百一十条的规定仍不能确定的，受损害方根据标的的性质以及损失的大小，可以合理选择请求对方承担修理、重作、更换、退货、减少价款或者报酬等违约责任。**

条文主旨

本条是关于履行不符合约定的补救措施的规定。

立法背景

《合同法》第111条适用的前提是“质量不符合约定的”，但可能无法涵盖采取补救措施的所有情形，故本条将之扩展为“履行不符合约定的”。

条文解读

债务人履行合同义务不符合约定的，主要是品质、数量等不符合约定，可以考虑一些补救措施，主要包括修理、重作、更换以及退货、减少价款或者报酬。这有利于尽量维持当事人之间的合同关系。例如，本法第781条就据此规定，承揽人交付的工作成果不符合质量要求的，定作人可以合理选择请求承揽人承担修理、重作、减少报酬、赔偿损失等违约责任。甚至，债务人未按合同约定的期限履行合同义务的，债权人也可以要求采取补救措施，例如，本法第881条第2款规定，技术咨询合同的受托人未按期提出咨询报告或者提出的咨询报告不符合约定的，应当承担减收或者免收报酬等违约责任。

如果债务人和债权人事先对此有约定的，应当按照当事人的约定承担违约责任，该约定是民事法律行为，因此适用民事法律行为的一般规定。比如，双方约定的“三包”规定中，对不同瑕疵的后果进行了详细的约定，此时违约方就应当按照当事人之间的约定承担违约责任。

如果当事人对违约责任没有约定，或者虽有约定但约定不明确的，此时就当依据本法第510条的规定予以确定，即合同生效后，当事人就质量、价款或者报酬、履行地点等内容没有约定或者约定不明确的，可以协议补充；不能达成补充协议的，按照合同相关条款或者交易习惯确定。

如果当事人对此既无约定，也无法依据本法第510条的规定予以确定的，则受损害方根据标的的性质以及损失的大小，可以合理选择请求对方承担修理、重作、更换、退货、减少价款或者报酬等违约责任。这些方式有助于尽量维持当事人之间的合同关系。修理包括对产品、工作成果等标的物质量瑕疵的修补，也包括对服务质量瑕疵的改善，这是最为普遍的补救方式。例如，修建的房屋不符合要求，债务人应当无偿地进行修理。在存在严重的质量瑕疵，以致不能通过修理达到约定的或者法定的质量情形下，受损害方可以选择更换或者重作的补救方式。例如，加工制作的产品不符合约定，虽经修理也不能使用，债务人就应当重作。

本条规定，受损害方根据标的的性质以及损失的大小，可以合理选择请求修理、重作、更换、退货、减少价款或者报酬。修理、重作、更换同样也适用本法第580条第1款的规定，当这些方式事实上不能履行、履行费用过高以及债权人未在当事人约定期限或者合理期限内要求的，债权人不能再请求这些方式或者这些方式中的某一种，而只能请求履行方承担其他违约责任。履行瑕疵是细微和无关紧要的，而修理、重作或者更换的费用过高，则不能请求修理、重作或者更换。比如，买卖合同中，卖方交付的标的物不符合约定的原因是存在设计缺陷，导致更换并无意义，修理也无法消除此种缺陷，此时债权人就不能请求修理或者更换。也有可能由于债权人时间紧迫，无法等待修理、重作或者更换，而必须尽快寻找到适合的替代物，此时要求债权人必须先请求修理、重作或者更换就是不合理的。修理、重作、更换是不可能、不合理或者没有效果的，或者债务人拒绝或在合理期间内仍不履行的，债权人可以请求退货、减少价款或者报酬。如果债务人在履行不符合约定后，立即提出在合理期限内自己承担费用予以修理、重作或者更换，则债权人应当允许，除非该瑕疵履行已经致使合同目的不能实现，或者债权人有理由相信，债务人不可能在合理期限内并在不给债权人造成显著不便或者不给债权人的合法利益造成其他损害的前提下，实施有效的修理、重作或者更换。

同样，在修理、重作和更换这些方式的选择中，也要求选择的合理性。一般情况下，如果履行瑕疵仅仅是轻微的，而并未达到致使合同目的不能实现的程度，修理能够在合理时间内完成，并且修复程度很高，则受损害方请求重作或者更换就可能是不合理的。但是，如果履行瑕疵达到了致使合同目的不能实现的程度，则受损害方有权直接请求重作或者更换。如果标的物是种类物，且修理的费用超过了标的物本身的价值，则债务人也可以要求在合理期限内予以更换，受损害方不得请求修理。出售的商品已经停产，市场上也已经找不到了，债权人就不能请求更换。

债务人修理的，应当自行承担修理费用和因修理产生的运输费用等合理费用。如果债务人未按要求予以修理或者因情况紧急，债权人自行或者通过第三人修理标的物后，有权主张债务人负担因此发生的合理费用。在更换或者重作的情况下，债务人有权要求债权人退回标的物，但债务人应当负担取回的必要费用。比如，《消费者权益保护法》第 24 条第 2 款规定，依照前款规定进行退货、更换、修理的，经营者应当承担运输等必要费用。

修理、重作、更换是不可能、不合理或者没有效果的，或者债务人拒绝或在合理期间内仍不履行的，债权人可以请求退货、减少价款或者报酬。退货是债权人将已经获得的履行退还给债务人。退货是一种中间状态，依据具体情形，可能会导致更换或重作，也可能会导致合同解除。比如，《消费者权益保护法》第 24 条第 1 款规定，经营者提供的商品或者服务不符合质量要求的，消费者可以依照国家规定、当事人约定退货，或者要求经营者履行更换、修理等义务。没有国家规定和当事人约定的，消费者可以自收到商品之日起七日内退货；七日后符合法定解除合同条件的，消费者可以及时退货，不符合法定解除合同条件的，可以要求经营者履行更换、修理等义务。

减少价款或者报酬，可以简称为“减价”，即债权人接受了债务人的履行，但主张相应减少价款或者报酬，其目的在于通过调整价款或者报酬使得合同重新恢复到均衡的等价关系上。价款或者报酬未支付的，债权人可以主张减少其应支付的价款或者报酬；价款或者报酬已经支付的，债权人可以主张返还减价后多出部分的价款或者报酬。本法在一些典型合同中对此也予以明确，例如，第 800 条规定，勘察、设计的质量不符合要求或者未按照期限提交勘察、设计文件拖延工期，造成发包人损失的，勘察人、设计人应当继续完善勘察、设计，减收或者免收勘察、设计费并赔偿损失。第 821 条规定，承运人擅自降低服务标准的，应当根据旅客的请求退票或者减收票款；提高服务标准的，不得加收票款。第 881 条第 2 款规定，技术咨询合同的受托人未按期提出咨询报告或者提出的咨询报告不符合约定的，应当承担减收或者免收报酬等违约责任。

债权人主张减价，债务人对减价与否或者减价数额均认可的，按照当事人协商一致的意思表示处理；债务人对减价与否或者减价数额有异议的，可以由人民法院或者仲裁机构予以确定。当事人双方有不同意见时，减价的标准就非常重要。不同的立法例对此有不同的规定。例如《德国民法典》第 441 条第 3 款规定，应当按照缔约时标的物在无瑕疵状态所具有的价值与其实际价值可能存在的比例减价；《联合国国际货物销售合同公约》第 50 条、《欧洲合同法原则》第 9：401 条第 1 款规定，减价按实际交付的货物在交货时的价值与符合合同的货物在当时的价值两者之间的比例计算。同时，也有观点认为，不是按照比例予以确定，而是按照绝对的差额予以确定。比如，如果以有瑕疵物的实际价值与无瑕疵物的卖价之间的差额为标准的，无瑕疵标的物的价值为 1000 元，买卖合同约定的价格为 1200 元，标的物有瑕疵时的价值为 800 元，按此标准计算，减价的数额应为 200 元。如果按照比例计算，无瑕疵标的物的价值为 1000 元，买卖合同约定的价格为 1200 元，标的物有瑕疵时的价值为 800 元。有瑕疵的标的物的价格的计算公式应为：$800 \div 1000 \times 1200 = 960$ 元，即债权人可以主张的减价的数额为 $1200 - 960 = 240$ 元。第一种方式更为简便，第二种方式更为公平，各有道理；同时，在计算非标准化商品价值时，上述两种计算方式都较难适用。因此，本条对减价的标准未作明确规定，留给实践和司法予以发展。

应当注意的是，补救措施的方式除了本条所明确规定的修理、重作、更换、退货、减少价款或者报酬，还可能包括其他方式。比如，本法第 612 条规定，出卖人就交付的标的物，负有保证第三人对该标的物不享有任何权利的义务，但是法律另有规定的除外。在此情况下，买受人可以合理请求出卖人排除第三人对该标的物的权利。

第五百八十三条 **当事人一方不履行合同义务或者履行合同义务不符合约定的，在履行义务或者采取补救措施后，对方还有其他损失的，应当赔偿损失。**

条文主旨

本条是关于履行义务或者采取补救措施后赔偿损失的规定。

立法背景

本条源自《合同法》第 112 条，争议较小，本法予以沿袭。

条文解读

当事人一方不履行合同义务或者履行合同义务不符合约定，因此而承担继续履行或者采取补救措施的违约责任的，在其履行完毕前，债权人有权拒绝其相应的履行请求。债务人未能在约定期间或者合理期间内继续履行的，或者不能采取有效的补救措施的，债权人可以采取任何救济措施。尽管债务人在约定期间或者合理期间内已经继续履行或者采取了有效的补救措施，债权人还有其他损失的，债权人仍然可以请求债务人依法赔偿。这些损失主要包括：（1）债务人最初的不履行合同义务或者履行合同义务不符合约定给债权人造成的损失；（2）嗣后的不继续履行或者继续履行不符合约定给债权人造成的损失；（3）债务人继续履行或者采取补救措施完毕前期间的迟延履行给债权人造成的损失；（4）补救措施本身给债权人造成的损失；（5）补救措施仍然无法弥补的债权人的损失。

第五百八十四条　当事人一方不履行合同义务或者履行合同义务不符合约定，造成对方损失的，损失赔偿额应当相当于因违约所造成的损失，包括合同履行后可

以获得的利益；但是，不得超过违约一方订立合同时预见到或者应当预见到的因违约可能造成的损失。

条文主旨

本条是关于法定的违约赔偿损失的规定。

立法背景

本条源自《合同法》第113条第1款，解释论上的建构已比较成熟，争议较小，本法未予修改。

条文解读

一、一般原则

违约赔偿损失，是指行为人违反合同约定造成对方损失时，行为人向受害人支付一定数额的金钱以弥补其损失，是运用较为广泛的一种责任方式。赔偿的目的，最基本的是补偿损害，使受到损害的权利得到救济，使受害人能恢复到未受到损害前的状态。违约赔偿损失是合同债务的转化，与合同债务具有同一性，因此在对相应合同债权的担保等方面，在违约赔偿损失请求权上继续存在，除非当事人另有约定。同时，违约的赔偿损失包括法定的赔偿损失和约定的赔偿损失，本条规定的是法定的违约赔偿损失。

承担违约赔偿损失责任的构成要件包括：一是有违约行为，即当事人一方不履行合同义务或者履行合同义务不符合约定。二是违约行为造成了对方的损失。如果违约行为未给对方造成损失，则不能用赔偿损失的方式追究违约人的民事责任。三是违约行为与对方损失之间有因果关系，对方的损失是违约行为所导致的。四是无免责事由。

赔偿损失的方式，在不同立法例中有不同规定。有的立法例，例如《德国民法典》第 249 条、我国台湾地区“民法”第 213 条，以回复原状为主，金钱赔偿为辅，回复原状最能使受害人回复到未受损害时的应然状态，金钱赔偿只能在遭到金钱损失的时候才能使受害人回复原状。英美法则以金钱赔偿作为损害赔偿的方法。还有立法例采取法院的酌定方式，既可以是回复原状，又可以是金钱赔偿，究竟采取哪一种方式，则由法院根据违约方的过错程度以及其他具体情况来决定。本条所规定的赔偿损失，是指金钱赔偿，与恢复原状的责任方式是不同的。

违约赔偿损失的范围可由法律直接规定，或由双方约定。当事人可以事先约定免除责任和限制责任的条款，在不违反法律规定的前提下，该免责或者限制责任条款是有效的。在法律没有特别规定和当事人没有另行约定的情况下，应按完全赔偿原则，即因违约方的违约使受害人遭受的全部损失都应当由违约方承担赔偿责任。具体而言，即假定违约方按照约定履行了合同义务时非违约方所能获得的利益，扣除在违约情形下非违约方现在的利益，就得到了赔偿的数额。赔偿全部损失，是使当事人尽可能地处于如果债务得以适当履行时其所处的状态，这样才能督促当事人有效地履行合同，毕竟违约与否不应当实质性影响非违约方合同利益的实现，仅仅是债务人的债务由履行转化为金钱赔偿而已。

完全赔偿意味着：第一，在因违约造成受害人损失的情况下，应当以受害人的损失作为确定赔偿范围的标准。第二，赔偿不能超过受害人的损失，受害人不能因此而获利。例如，出租人将房屋出租给承租人 2 年，6 个月后因承租人未支付租金导致租赁合同解除，又过了6个月，出租人成功地将该房屋以每个月多1000元的租金出租了，这样，在原租赁合同剩余的1年租期内，出租人多获得了12000元的收益，该收益应当在承租人赔偿的数额中扣除。赔偿的范围包括受害人可以获得的利益，而为了获得这些利益必须付出缔约成本，因此赔偿了可以获得的利益的同时一般就不得请求缔约成本的赔偿，例如，签订房屋买卖合同应支付居间费用，请求的违约的赔偿包括可得利益的赔偿时就不应请求赔偿为缔约所支付的居间费用。同样，在订立亏本合同的情形下，交易失败的损失也必须由当事人自己承担，而不属于违约赔偿的范围。第三，在赔偿时，一般不应根据违约方的过错程度来确定责任的范围。

二、赔偿的种类

按照完全赔偿原则，违约损失赔偿额应当相当于因违约所造成的损失，包括对实际损失和可得利益的赔偿。实际损失，即所受损害，指因违约而导致现有利益的减少，是现实利益的损失，又被称为积极损失。例如，货物在运输过程中遭受了10000元的损害，该损失即是实际损失。可得利益，即所失利益，受害人在合同履行后本可以获得的，但因违约而无法获得的利益，是未来的、期待的利益的损失，又被称为消极损失。例如，汽车修理厂与出租车司机约定10日修理好损坏的出租车，汽车修理厂迟延3日交付，司机开出租车每日可获纯利润200元，3日的可得利益为600元，汽车修理厂违约，应赔偿600元的可得利益。建筑公司承建一商厦迟延10日交付，商厦10日的营业纯利润额即为可得利益。《联合国国际货物销售合同公约》第74条、《国际商事合同通则》第7.4.2条、《欧洲合同法原则》第9：502条都作出了类似的规定。实际损失和可得利益均应当赔偿，例如，歌手未按照其与演出举办者之间的合同参加专场演唱会的演出，导致演唱会临时取消，歌手不仅应当赔偿演出举办者为准备演唱会所支出的费用，而且还应当赔偿因取消演唱会所遭受的利润损失。

较之可得利益，实际损失一般比较容易确定。实际损失包括：(1) 信赖利益的损失，包括费用的支出、丧失其他交易机会的损失以及因对方违约导致自己对第三人承担违约赔偿的损失等。(2) 固有利益的损失，这体现在债务人违反保护义务的情形中，例如债务人交付了病鸡，导致债权人现有养鸡场的鸡也生病，此时，债务人不仅应当赔偿债权人费用的支出，还应当赔偿债权人现有的鸡生病造成的损失。在违约赔偿中，由于证明可得利益的困难性，债权人可以选择请求债务人赔偿信赖利益。但是，信赖利益的赔偿一般不得大于履行利益，因为，如果信赖利益大于可得利益，表明债权人订立的合同是亏本的，如果债务人按照约定履行了合同，反而会给债权人造成更大的损失，此时允许债权人请求赔偿大于可得利益的信赖利益，无异于债权人将自己的亏损转嫁给债务人。但是，对于固有利益的赔偿可以大于可得利益。

可得利益是合同履行后债权人所能获得的纯利润。可得利益也可能与信赖利益中的丧失其他交易机会的损失存在重合。根据交易的性质、合同的目的等因素，可得利益损失主要分为生产利润损失、经营利润损失和转售利润损失等类型。生产设备和原材料等买卖合同违约中，因出卖人违约而造成买受人的可得利益损失通常属于生产利润损失。承包经营、租赁经营合同以及提供服务或劳务的合同中，因一方违约造成的可得利益损失通常属于经营利润损失。先后系列买卖合同中，因原合同出卖方违约而造成其后的转售合同出售方的可得利益损失通常属于转售利润损失。在计算生产经营利润时，可以考虑以客观的、能够证明的守约方可以获得的上一年度或近几年平均净利润，或者同类、同区域、同行业的经营者所能够获得的净利润为标准进行计算。如果守约方主张其利润比按照客观方法计算的利润高，此时守约方应承担举证责任；如果违约方主张对方利润比按照客观方法计算所得出的利润低，此时违约方应承担举证责任。

可得利益必须是将来按照通常情形能够得到的利益，这要求在一些情形中，对可得利益的赔偿应当考量发生的概率程度。例如，甲将一份投标书委托快递公司递交，快递公司承诺在投标结束日前送到，但是实际上是在投标结束日之后才送到，因此甲的投标书被拒绝。此时，赔偿的数额将取决于甲的投标书被接受的概率。如果不能以充分确定性程度来确定赔偿的数额，赔偿数额的确定只能取决于人民法院或者仲裁机构的自由裁量。

三、违约赔偿数额的限制

按照本条规定，违约赔偿的数额不得超过违反合同一方订立合同时预见到或者应当预见到的因违反合同可能造成的损失，这不仅适用于对可得利益的限制，也适用于对实际损失的限制。《联合国国际货物销售合同公约》第 74 条、《国际商事合同通则》第 7.4.4 条、《欧洲合同法原则》第 9：503 条都有类似的规定。可预见性是对于赔偿数额的限制，即使未明确规定可预见性，也需要其他工具来限制赔偿数额，例如，德国法中，区分责任成立的因果关系和责任范围的因果关系，同时在两种因果关系中都要考虑因果关系的相当性，据此对赔偿数额予以限制。

对于债务人在订立合同时无法预见到的损失，其就不可能事先采取足够的预防措施，通过可预见性限制赔偿数额，有助于双方沟通信息，并以此为基础评估风险采取预防措施，避免损失的发生。例如，旅客因飞机误点使其耽误了一笔买卖，要求赔偿其因该买卖所获得的利益，但航空公司在售票时是无法预见到此损失的，故此损失不予赔偿。再如，一个清洁公司向制造商订购了一台最新的大型清洁机器，但该机器延迟交货半年。制造商应当赔偿因迟延交货给清洁公司造成的利益损失，因为制造者能够预见到清洁公司打算立即使用该机器。但是，如果机器按时交付，清洁公司本来能够和他人签订一个高额合同，制造者就该损失不予赔偿，因为制造者无法预见到该损失。本法在典型合同中据此规定了一些明确的规则，例如，本法第 898 条规定，寄存人寄存货币、有价证券或者其他贵重物品的，应当向保管人声明，由保管人验收或者封存；寄存人未声明的，该物品毁损、灭失后，保管人可以按照一般物品予以赔偿。

根据本条规定，可预见性规则的适用应当注意以下问题。第一，预见的主体是违约方，而不是非违约方。第二，预见的标准是客观的理性人标准，是一个正常勤勉的人处在违约方的位置所能合理预见到的。此时，可以考虑当事人的身份或者业务能力、预期利益的告知或知晓、合同主要内容、是否是超过社会一般期待的投资行为等因素。例如，守约方是生产企业，那么通常违约方应当预见到生产利润损失，而不应预见到转售利益损失。第三，预见的时点是订立合同之时，而不是违约之时。这是因为只有在订立合同时预见，债务人才有机会通过合同采取预防措施。但是，就债务人在订立合同后违约之前，预见到或者应当预见到的损失，债务人也应当对避免损失发生采取合理的措施，以避免债务人采取就该损失故意放任扩大的机会主义行为。第四，预见的内容是损失的类型或者种类，而无需预见到损失的具体范围。

应当注意的是，对违约赔偿数额的限制，除了可预见性规则之外，还包括其他规则。本法第 591 条第 1 款规定，当事人一方违约后，对方应当采取适当措施防止损失的扩大；没有采取适当措施致使损失扩大的，不得就扩大的损失请求赔偿。本法第 592 条第 2 款规定，当事人一方违约造成对方损失，对方对损失的发生有过错的，可以减少相应的损失赔偿额。同时，在实践中，还可以考虑损益相抵，即当守约方因损失发生的同一违约行为而获有利益时，应当从损失赔偿额中扣除该部分利益。可以扣除的利益包括：中间利息、因违约实际减少的受害人的某些税负、商业保险金、社会保险金、以新替旧中的差额、毁损物件的残余价值、原应支付却因损害事故而免予支付的费用、原本无法获得却因损害事故的发生而获得的利益等。因此，对于可得利益而言，可得利益的法定损失赔偿额 = 可得利益损失总额 - 不可预见的损失 - 扩大的损失 - 受害方自己过错造成的损失 - 受害方因违约获得的利益 - 必要的成本。

四、赔偿数额的计算

在不同立法例和理论中，赔偿数额计算有主观计算方法与客观计算方法两种方法。主观计算方法又称具体计算方法，它是指根据受害人具体遭受的损失、支出的费用来计算损害额；客观的计算方法又称抽象计算方法，指按照当时社会的一般情况来确定损害额，而不考虑受害人的特定情况。这两种计算方法的主要区别是是否将受害方的主观因素加以考虑，在计算方法上以客观方法为主，有助于计算的便利，也避免当事人因赔偿数额而对交易过分抑制，但也要适当考虑主观方法。

在客观计算时，首先，可以考虑替代交易。例如，债权人依法解除合同，并在合理期限内以合理的方式进行了替代交易的，有权请求赔偿合同价款与替代交易价款之间的差额以及其他损失。举例而言，为修理轮船签订船坞的租赁合同，租赁价格是50万元，但是，出租人不能按照合同提供船坞，轮船所有权人紧急和他人协商，经过较长时间的谈判后，签订了另一个船坞的租赁合同，但合同价格为70万元，此时，轮船所有权人有权请求出租人赔偿两个合同的价差20万元，并有权要求出租人赔偿其他各项支出的费用，以及因为该轮船在更长时间内无法使用的损失。其次，可以考虑市场价格。市场价格是指在合同应当履行的地点，对应当交付的货物或应当提供的服务在可比情况下通常所收取的价格，或者如果该地无时价，时价可合理参照另一地的时价。债权人依法解除合同，且没有进行替代交易，但存在履行市价的，债权人有权请求赔偿合同价款与解除后合理期间时的市场价款之间的差额以及其他损失。当然，对于计算的时点究竟是订立合同时、违约时、裁判时还是一审口头辩论终结时，由司法和实践进一步发展。再次，对于金钱债务的到期不履行，债权人有权要求支付自该笔债务到期时起至支付时止的利息，利率标准有约定的按约定，除非该约定违反法律规定；无约定或者约定不明确的，可以考虑参照通常利率或者逾期罚息利率确定。最后，还可以考虑债权人因债务人违反合同义务而导致的债权人对其他第三人所承担的违约赔偿数额。

在主观计算时，如果合同的标的物是具有人身意义的特定物，例如具有特殊意义的照片，该标的物在普通的市场价格之外，还有精神因素和感情色彩因素，计算赔偿数额时可以予以考虑。这也与本法第1183条第2款的规定精神相一致，该款规定，因故意或者重大过失侵害自然人具有人身意义的特定物造成严重精神损害的，被侵权人有权请求精神损害赔偿。对于以精神上的满足为目的的特殊类型的合同，例如与婚礼、葬礼、旅游等事务相关的合同，精神损害具有可预见性，计算违约赔偿数额时，也可以对这些合同的特性予以考虑。

应当注意的是，根据本法第11条，其他法律对违约赔偿有特别规定的，依照其规定。这首先是赔偿范围、赔偿计算方式、赔偿限额等方面的规定，例如海商法规定了赔偿责任限额的计算单位，可按此理赔。其次是特别规范中的惩罚性赔偿。《合同法》第113条第2款规定，经营者对消费者提供商品或者服务有欺诈行为的，依照《消费者权益保护法》的规定承担损害赔偿责任。但是，本法第11条已经统一规定，其他法律对民事关系有特别规定的，依照其规定。故本法将合同法的这一款删除，但是当然适用特别法的规定。例如，《消费者权益保护法》第55条规定："经营者提供商品或者服务有欺诈行为的，应当按照消费者的要求增加赔偿其受到的损失，增加赔偿的金额为消费者购买商品的价款或者接受服务的费用的三倍；增加赔偿的金额不足五百元的，为五百元。法律另有规定的，依照其规定。""经营者明知商品或者服务存在缺陷，仍然向消费者提供，造成消费者或者其他受害人死亡或者健康严重损害的，受害人有权要求经营者依照本法第四十九条、第五十一条等法律规定赔偿损失，并有权要求所受损失二倍以下的惩罚性赔偿。”《食品安全法》第148条第2款规定：“生产不符合食品安全标准的食品或者经营明知是不符合食品安全标准的食品，消费者除要求赔偿损失外，还可以向生产者或者经营者要求支付价款十倍或者损失三倍的赔偿金；增加赔偿的金额不足一千元的，为一千元。但是，食品的标签、说明书存在不影响食品安全且不会对消费者造成误导的瑕疵的除外。”

相关规定

《中华人民共和国消费者权益保护法》第55条；《中华人民共和国食品安全法》第148条；《中华人民共和国旅游法》第70条

第五百八十五条 **当事人可以约定一方违约时应当根据违约情况向对方支付一定数额的违约金，也可以约定因违约产生的损失赔偿额的计算方法。**

约定的违约金低于造成的损失的，人民法院或者仲裁机构可以根据当事人的请求予以增加；约定的违约金过分高于造成的损失的，人民法院或者仲裁机构可以根据当事人的请求予以适当减少。

当事人就迟延履行约定违约金的，违约方支付违约金后，还应当履行债务。

条文主旨

本条是关于约定违约金的规定。

立法背景

本条是关于约定违约金的规定。本条源自《合同法》第

114 条，本规定中的“人民法院或者仲裁机构可以根据当事人的请求予以增加”，对比合同法第 114 条中的“当事人可以请求人民法院或者仲裁机构予以增加”，更为明确了本规定确立的是司法酌增规则。本规定中的“人民法院或者仲裁机构可以根据当事人的请求予以适当减少”，对比合同法第 114 条中的“当事人可以请求人民法院或者仲裁机构予以适当减少”，更为明确了本规定确立的是司法酌减规则。

条文解读

一、一般界定

违约金是当事人在合同中约定的或者由法律直接规定的一方违反合同时应向对方支付一定数额的金钱，这是违反合同可以采用的承担民事责任的方式，只适用于当事人有违约金约定或者法律规定违反合同应支付违约金的情形。违约金的标的物通常是金钱，但是当事人也可以约定违约金标的物为金钱以外的其他财产。违约金依据产生的根据，可以分为法定违约金和约定违约金。法定违约金是由法律直接规定违约的情形和应当支付的违约金数额。只要当事人一方发生法律规定的违约情况，就应当按照法律规定的数额向对方支付违约金。中国人民银行关于逾期罚息的规定，可以认为是法定违约金。法定违约金作为立法者衡诸相关交易形态和各类情事所预设的违约救济方案，其合理性问题或者债务人负担过重问题应视为在立法时已有所考量，故不能适用本条第 2 款规定的司法酌减。如果违约金是由当事人约定的，为约定违约金。本条仅规定了约定的违约金。约定违约金主要适用于合同之债，但就法定之债也不妨约定违约金。

约定违约金可能表现为不同的形式，可以约定向对方支付一定数额的违约金，也可以约定因违约产生的损失赔偿额的计算方法。实践中，交易主体在诸如迟延履行等场合，大多会倾向于约定损失赔偿额的计算方法，例如约定未按期交付房屋或者办理房屋登记的，按照房屋价款的日万分之五计算。这种约定因违约产生的损失赔偿额的计算方法，也应当同样适用本条第2款规定的司法调整。在实践中，有可能还有其他的约定，也可以适用或者参照适用约定违约金规则处理，例如，当事人约定一方解除合同后可没收的“履约保证金”。

根据约定违约金的目的，违约金可以区分为赔偿性的违约金、惩罚性的违约金和责任限制性违约金。当事人约定违约金，一方面是为了事先确定违约后的赔偿数额，以降低法定损失的举证成本，另一方面也可能是为了向对方施加履约压力、督促对方守约而约定高额的违约金，还可能是为了避免责任过重而约定低额的违约金。当事人的这些意图可能兼而有之，因此，不同性质的违约金可能在功能上有交叉和重合。在赔偿性的违约金和惩罚性的违约金之间，首先是取决于当事人的目的，一般而言，如果约定了明显高额的违约金，或者违约金不排斥继续履行或者法定的赔偿损失，则可以认定为惩罚性的违约金，或者约定违约金至少部分具有惩罚性的功能。本条规定的违约金以赔偿性的违约金为原则，当事人无约定或者约定不明时，推定为赔偿性的违约金。

约定违约金是一种合同关系，有的称为违约金合同。实践中，也有超市或者商场张贴“假一罚十”的告示，对此，有的认定为单方允诺，也有的认定为约定，顾客进入购物就是承诺。无论如何，如果超过了《消费者权益保护法》第55条所规定的下限，商家的这种承诺就是有效力的。违约金可与主债务关系同时成立，也可在主债务关系成立后另行缔结。违约金约定也是一种民事法律行为，适用本法关于民事法律行为的一般规则。违约金约定是诺成合同，与定金合同不同，不以预先给付为要件。同时，约定违约金又可以被看成一种附条件约定，只有在违约行为发生的情况下，违约金约定才生效；违约行为不发生，违约金约定不生效。但是，在违约金约定生效之前，该约定也具有法律约束力，依据本法第 136 条第 2 款的规定，非依法律规定或者未经对方同意，不得擅自变更或者解除。违约金约定的前提是违反该约定所针对的合同义务，当该合同义务不存在，例如因合同无效、被撤销或者确定不发生效力而导致该合同义务不存在，则不可能产生违约金请求权。但是，在合同被解除后，根据本法第 566 条第 2 款的规定“合同因违约解除的，解除权人可以请求违约方承担违约责任，但是当事人另有约定的除外”，解除权人仍有权依据违约金约定请求违约方承担违约责任。

根据违约金约定产生违约金请求权，必须以存在该约定所针对的违约行为，且应当依法承担违约赔偿责任为前提。根据是否针对特定的违约行为，约定违约金则有概括性和具体性之分。概括性违约金约定，指当事人对违约行为不做具体区分，概括约定凡违约即支付违约金。具体性违约金约定，指当事人针对不同的违约行为所约定的违约金，如债务不履行违约金、债务部分履行违约金、债务迟延履行违约金等。例如，针对迟延履行约定的违约金，不适用于其他根本违约的情形。当事人对违约行为无特别约定时，是否构成违约依据法定的违约责任构成规则予以判断。也存在违反前义务而必然违反后义务的情形，例如，合同就房屋所有权初始登记义务和转移登记义务分别独立约定不同的违约金，所有权初始登记的义务未完成，必然导致转移登记的义务无法完成。此时，可以考虑的是，前义务履行完毕前的迟延期间，按照针对前义务的约定计算违约金；从前义务履行完毕后到后义务履行完毕前的迟延期间，按照针对后义务的约定计算违约金；两项相加即为违约金的总额。违约金约定在债务人违约后而产生的违约金请求权，是一个独立的债权，可以单独被转让。

二、约定违约金的调整

1. 司法酌增

本条第 2 款第一分句规定了“约定的违约金低于造成的损失的”。本规定中的“人民法院或者仲裁机构可以根据当事人的请求予以增加”，对比合同法第 114 条中的“当事人可以请求人民法院或者仲裁机构予以增加”，更为明确了本规定确立的是司法酌增规则。本法并未采取原经济合同法第 35 条将违约金作为违约赔偿最低额的预定，因此，如果违约金数额低于损失数额，则人民法院或者仲裁机构可以予以增加，而非允许当事人在违约金之外另行请求法定的赔偿损失，增加违约金之后，债权人无权请求对方赔偿损失。

司法酌增适用的前提是：（1）约定的违约金低于造成的损失。此处的损失应当按照前条规定的法定赔偿损失的范围和数额予以认定，包括实际损失和可得利益。同时此处并未如同下一分句中的司法酌减规则一样使用了“过分”一词，以体现对债权人或者守约方的更强保护，因此，至少酌增的标准不应比酌减的标准更为严苛。（2）债权人提出申请，并应当对违约金低于造成的损失予以举证。

此时，人民法院或者仲裁机构可以增加，但并非应当增加，一般而言，增加后的违约金数额不应超过对债权人造成的损失。人民法院或者仲裁机构在判断是否予以增加以及增加的幅度时，可以综合斟酌考虑一些因素，例如当事人是否具有明确的限制责任的意图、债权人是普通民事主体还是商事主体、当事人的过错程度、合同的履行情况、预期的利益等。

2. 司法酌减

本条第 2 款第二分句规定了“约定的违约金过分高于造成的损失的，人民法院或者仲裁机构可以根据当事人的请求予以适当减少”。本规定中的“人民法院或者仲裁机构可以根据当事人的请求予以适当减少”，对比合同法第 114 条中的“当事人可以请求人民法院或者仲裁机构予以适当减少”，更为明确了本规定确立的是司法酌减规则。根据自愿原则，当事人有权约定违约金，但是，如果任由当事人约定过高的违约金，在有些情况下，无异于鼓励当事人获得不公平的暴利，也可能促使一方为取得高额违约金而故意引诱对方违约。因此，本款规定了司法酌减规则，以在意思自治、形式自由的基础上协调实质正义、个案公平，平衡自愿原则和公平、诚信原则之间的关系。

司法酌减的前提是：（1）约定的违约金过分高于造成的损失的。此处的损失同样应当按照前条规定的法定赔偿损失的范围和数额予以认定，包括实际损失和可得利益。但是，约定的违约金必须“过分”高于造成的损失。这意味着，如果约定的违约金虽然高于造成的损失，但并未“过分”高于，就不应当适用司法酌减。（2）债务人提出申请，并就约定的违约金高于造成的损失予以举证。债务人提出请求的方式可以是另行提起反诉，也可以是针对债权人的请求予以抗辩。实践中，为避免讼累，人民法院通常也就当事人是否需要主张违约金过高问题进行释明。担保人承担的担保责任，无特别约定时涵盖了主债务人所应承担的违约金，因此担保人也可以提出申请，于此参照适用本法第701条的规定“保证人可以主张债务人对债权人的抗辩。债务人放弃抗辩的，保证人仍有权向债权人主张抗辩”。

此时，人民法院或者仲裁机构可以适当减少违约金数额，但并非应当适当减少。在判断约定违约金是否过高以及调低的幅度时，一般应当以对债权人造成的损失为基准。司法实践中对此掌握的标准一般是，当事人约定的违约金超过造成损失的30%的，一般认定为“过分高于造成的损失”，但对此不应当机械主义，避免导致实质上的不公平。此时，可以综合考虑辩论终结前出现的以下因素：

（1）合同履行情况。在合同履行瑕疵较为轻微时，例如违约时间很短，可以适当调整违约金的数额。如果部分履行对债权人意义甚微，则应审慎酌减违约金。

（2）当事人过错程度。债务人主观过错程度较小或者债权人也有过错时，可以适当调整违约金的数额。在违约方属于恶意违约的场合，例如双方当事人签订合同后，在履约的时候突然价格上涨，卖方违约将货物卖给别人而不卖给原已签订合同的买方，违约金的调整应当体现出对恶意违约的惩罚。在违约方违约但非违约方也有过失的场合，违约金的调整就不应过多体现惩罚色彩。

（3）预期利益。预期利益实现的可能性较大时，酌减违约金应当更为审慎。此时，应考虑债权人的一切合法利益，而不仅仅是财产上的利益。

（4）当事人的主体身份。如果债务人是商事主体，其对违约风险的预见和控制能力更强。《德国商法典》第 348 条就规定，商人在其营业中约定的违约金不得依《德国民法典》的规定减少，这可能过于绝对，但至少在此时，违约金酌减应当更为审慎。在经营者和消费者之间以格式合同为载体的交易关系之中，如果违约金债务人是消费者，当事人缔约地位强弱、是否适用格式合同也是可以斟酌考虑的。

（5）其他因素。例如，债务人给付约定违约金达到了可能严重影响债务人的生存的程度；债务人因违约而获利的，也可以予以考虑。在实际损失无法确定时，可以斟酌考虑合同标的总价款、一定倍数的租金或者承包金、通常利率的一定倍数、投资性质合同中的投资总额的一定比例等。借款合同的期内利息法定限额规则，基于禁止法律规避的考虑，也应延伸适用于针对迟延还款所约定的违约金。但是，除借款合同之外的双方合同，作为对价的价款或者报酬给付之债，并非借款合同项下的还款义务，不应当以受法律保护利率的上限作为判断违约金是否过高的标准。

人民法院或者仲裁机构应当根据公平原则和诚实信用原则，对上述因素予以综合权衡，避免简单地采用固定比例等“一刀切”的做法，防止机械司法可能造成的实质不公平。

应当注意的是，当事人关于定金的约定，适用定金罚则后也可能会出现过分高于造成的损失的情形，此时可以参照适用本款规定，从而人民法院或者仲裁机构可以根据当事人的请求予以适当减少。

三、迟延履行违约金和继续履行之间的关系

本条第 3 款规定，当事人就迟延履行约定违约金的，违约方支付违约金后，还应当履行债务。当事人可以就迟延履行这种特定的违约行为约定违约金。当事人双方对履行期限作出的变更，除非明确放弃或者变更迟延履行违约金，否则不影响当事人关于迟延履行违约金的约定，但该违约金的起算点应当随之变更。在逾期付款违约金中，合同约定逾期付款违约金，但对账单、还款协议等未涉及逾期付款责任，债权人根据对账单、还款协议等主张欠款时请求债务人依约支付逾期付款违约金的，仍应当予以支持，但对账单、还款协议等明确载有本金及逾期付款利息数额或者已经变更合同中关于本金、利息等约定内容的除外。

当事人专门就迟延履行约定违约金的，除另有约定外，该种违约金仅针对违约方对其迟延履行所承担的赔偿责任，违约方支付违约金后还应当继续履行义务。但请求继续履行应当是针对迟延后履行尚属可能且对债权人有意义的情形，如果继续履行因对债权人无意义而被拒绝，或者在履行迟延后陷于履行不能，债权人可转而要求替代给付的赔偿，该替代给付的赔偿数额一般大于迟延履行的赔偿数额，其作为继续履行的转化形态，可与迟延履行违约金并行主张。

本款规定，违约方支付迟延履行违约金后，还应当履行债务，对此不应反面解释认为，如果债权人先主张继续履行或先行受领了继续履行，即不得请求迟延履行违约金或者视为放弃迟延履行违约金。债权人受领了债务人迟延后的继续履行，仍可并行主张迟延履行违约金，此并行主张不以受领给付时作特别保留为必要。

应当注意的是，本款仅规定了迟延履行违约金和继续履行之间的关系，并未具体规定违约金和其他违约责任形式之间的关系，也未具体规定在其他违约类型中违约金和继续履行之间的关系。关于这些关系的处理，需要结合具体情形予以考量。首先要注意是否是同一违约行为导致违约金和其他违约责任形式；其次要注意当事人是否存在特别约定；再次要注意约定的违约金是否是替代给付的违约金，以及其与其他违约责任形式之间的目的衔接；最后还要注意，约定的违约金可以与其他违约责任形式并用时，则需要考量债权人损失的大小，而在不同情形中对违约金予以适当调整。例如，如果交付标的物质量有瑕疵，针对该瑕疵当事人约定了违约金，除当事人另有特别约定外，违约金可以与修理、重作、更换、退货和减价并用。质量瑕疵经过修理、重作或者更换等形式被补正的，可结合实际发生的迟延损害及固有利益损害调整违约金；瑕疵履行被接受但债权人未主张减价者，可结合实际发生的瑕疵部分的损害及固有利益损害调整违约金，如果已主张减价，则结合固有利益损害调整违约金；债权人主张退货的，可结合实际发生的整个履行利益损害及固有利益损害调整违约金。再如，如果债务人不仅迟延履行，迟延后还提供了瑕疵履行，则迟延履行违约金与瑕疵履行的法定效果可以并行不悖。

第五百八十六条　**当事人可以约定一方向对方给付定金作为债权的担保。定金合同自实际交付定金时成立。**

定金的数额由当事人约定；但是，不得超过主合同标的额的百分之二十，超过部分不产生定金的效力。实

际交付的定金数额多于或者少于约定数额的，视为变更约定的定金数额。

条文主旨

本条是关于违约定金的规定。

立法背景

本条源自《担保法》第89条至第91条，考虑到本法生效后，担保法被废止，因此本法吸收了担保法有关定金的规定。

条文解读

所谓定金，就是指当事人约定的，为保证债权的实现，由一方在履行前预先向对方给付的一定数量的货币或者其他代替物。定金是担保的一种，由于定金是预先交付的，定金惩罚的数额在事先也是明确的，因此通过定金罚则的运用可以督促双方自觉履行，起到担保作用。定金与预付款不同，定金具有担保作用，不履行债务或者履行债务不符合约定，致使不能实现合同目的的，适用定金罚则；但预付款仅仅是在标的物正常交付或者服务正常提供的情况下预付的款项，如有不足，交付预付款的一方再补交剩余的价款即可，在交付标的物或者提供服务的一方违约时，如果交付预付款的一方解除合同，有权请求返还预付款。定金与押金也不同，一般而言，押金的数额没有定金数额的限制，而且没有定金罚则的适用。押金类型非常多，无法统一确定，甚至有的押金需要清算，多退少补。履约保证金的类型也是多种多样。当事人交付留置金、担保金、保证金、订约金、押金或者订金等，但没有约定定金性质的，不能按照定金处理，但是，如果押金和保证金根据当事人的约定符合定金构成的，可以按照定金处理。

实践中定金的种类也非常多。最为常见的是违约定金，即在接受定金以后，一方当事人不履行债务或者履行债务不符合约定，致使不能实现合同目的的，应按照定金罚则予以处理。除了违约定金之外，常见的还有立约定金、成约定金、证约定金、解约定金。立约定金是当事人约定以交付定金作为订立主合同担保的，给付定金的一方拒绝订立主合同的，无权要求返还定金；收受定金的一方拒绝订立合同的，应当双倍返还定金。成约定金，即约定以交付定金作为主合同成立或者生效要件的，给付定金的一方虽然未支付定金，但主合同已经履行或者已经履行主要部分的，不影响主合同的成立或者生效。证约定金是以定金作为订立合同的证据。解约定金是定金交付后，交付定金的一方可以按照合同的约定以丧失定金为代价而解除主合同，收受定金的一方可以双倍返还定金为代价而解除主合同。成约定金可以被认为是附生效条件的合同；立约定金可以被认为是预约的违约定金；证约定金仅仅是证明合同成立的方式之一；解约定金可以被认为是一种约定解除权。本条仅规定了违约定金。

定金合同是民事法律行为的一种，适用民事法律行为的一般规则，可以在合同的主文中载明，也可以单独设立。但是，按照本条第 1 款的规定，定金合同是实践性合同，自实际交付定金时才成立，当然定金交付的时间由双方当事人约定。当事人订立定金合同后，不履行交付定金的约定，不承担违约责任。同时，定金合同是一种从合同，应参照本法第 682 条第 1 款的规定，主债权债务合同无效、被撤销或者确定不发生效力，定金合同也随之无效或者不发生效力。但是，在主合同因违约而被解除后，根据本法第566条第2款的规定“合同因违约解除的，解除权人可以请求违约方承担违约责任，但是当事人另有约定的除外”，解除权人仍有权依据定金罚则请求违约方承担责任。

按照本条第2款规定，定金的数额由当事人约定。但是，在能够确定主合同标的额的前提下，约定的数额不得超过主合同标的额的20%。如果超过，则超过的部分不产生定金的效力，应当予以返还或者按照约定抵作价款，但未超过的部分仍然产生定金效力。例如，甲向乙订购钢材1000吨，总价值1000万元，甲交付定金的最高限额是总价款的20%，即200万元。如果当事人约定的定金额少于200万元，则按照当事人的约定。如果当事人约定的定金数额为300万元，则只有其中的200万元能够发生定金效力，超过的100万元不能发生定金效力，甲方可以要求乙方返还或者按照约定抵作价款。同时，实际交付的定金数额多于或者少于约定的数额的，除了超过法定限额的部分之外，视为变更约定的定金数额，按照变更后的定金数额适用定金罚则。实际交付的定金数额少于约定数额的，收受定金一方提出异议并拒绝接受定金的，定金合同不成立；收受定金一方接受了定金但提出异议的，仍然在接受定金范围内发生定金效力。例如，甲向乙订购钢材1000吨，总价值1000万元，约定甲交付定金200万元，但之后甲仅交付了150万元，乙方接受的，接受的150万元定金仍然能够发生定金效力。

第五百八十七条　债务人履行债务的，定金应当抵作价款或者收回。给付定金的一方不履行债务或者履行

债务不符合约定，致使不能实现合同目的的，无权请求返还定金；收受定金的一方不履行债务或者履行债务不符合约定，致使不能实现合同目的的，应当双倍返还定金。

条文主旨

本条是关于违约定金效力的规定。

立法背景

本条源自《担保法》第89条和《合同法》第115条。在合同法的基础上增加“致使不能实现合同目的”条件，表述更加严谨，利于司法实践中准确把握。

条文解读

按照本条规定，债务人按照合同约定履行债务的，定金应当抵作价款或者收回。但如果债务人不履行债务或者履行债务不符合约定，致使不能实现合同目的的，违约定金最为重要的效力是定金罚则，即定金合同约定的条件成就时，进行双倍返还定金或者扣收。

适用定金罚则的前提条件是按照当事人的约定和法律的规定，当法律对定金有特别规定时，应当适用特别规定；当事人另有约定时，根据自愿原则，应尊重当事人的特别约定。在不存在法律另有规定或者当事人另有约定的情形中，适用定金罚则的前提条件是，当事人一方不履行债务或者履行债务不符合约定，并且该违约行为要达到致使合同目的不能实现，即根本违约的程度。例如，甲乙双方订立转让商店营业的合同，并约定定金条款且已交付定金，履行期限到来后虽然按期交付了商店，但该商店的营业执照因转让人甲方的违法经营被吊销，无法营业，此时甲方就构成了根本违约，可以适用定金罚则。虽然有违约行为但比较轻微，未达到不能实现合同目的的程度时，也就不能适用或者全部适用定金罚则。如果当事人一方不完全履行合同的，在能够区分比例的情况下，应当按照未履行部分所占合同约定内容的比例，适用定金罚则。例如，如果合同约定甲方向乙方供应钢材 1000 吨，约定乙方交付定金 50 万元，未超过主合同标的的 20%，且乙方已实际交付定金，履行期限到来后，甲方仅交货 500 吨，乙方接受但提出甲方违约。由于供货严重不足，乙方可以请求适用定金罚则，但由于甲方已经供货 500 吨，占约定供货量的一半，此时，50 万元的定金中只有 25 万元适用定金罚则。同时，违约方必须因违约行为承担违约责任的，才能适用定金罚则。如果违约方因不可抗力而免责，则也不能适用定金罚则。

适用定金罚则的效果是，给付定金的一方无权请求返还定金，收受定金的一方应当双倍返还定金。例如，在上面供应钢材的例子中，甲方是收受定金的一方，其中的 25 万元适用定金罚则，此时，甲方应当向乙方双倍返还定金即 50 万元。

第五百八十八条 **当事人既约定违约金，又约定定金的，一方违约时，对方可以选择适用违约金或者定金条款。**

定金不足以弥补一方违约造成的损失的，对方可以请求赔偿超过定金数额的损失。

条文主旨

本条是关于定金与违约金、法定赔偿损失之间适用关系的规定。

立法背景

本条第1款源自《合同法》第116条，因争议较小，未予修改。第2款是对定金与法定赔偿损失之间的适用关系予以规定。

条文解读

本条第1款规定了定金和违约金之间的适用关系，合同当事人既约定了违约金，又约定了定金，在当事人不存在明确的特别约定的情况下，如果一方违约，对方当事人可以选择适用违约金或者定金条款，即对方当事人享有选择权，可以选择适用违约金条款，也可以选择适用定金条款，但二者不能并用。当然，不能并用的前提是针对同一违约行为，如果违约金和定金是针对不同的违约行为，在这些违约行为都存在的前提下，仍然存在并用的可能性，但无论如何不应超过违约行为所造成的损失总额。

现实中，有些当事人在合同中针对同一违约行为，既约定违约金，也约定定金，在一方违约时，对方要求违约金与定金条款并用。一般说来，选择适用违约金条款或者定金条款，就可以达到弥补因违约受到损失的目的。违约金相当于一方因对方违约所造成的损失，而且根据本法585条第2款的规定，约定的违约金低于造成的损失的，人民法院或者仲裁机构可以根据当事人的请求予以增加；约定的违约金过分高于造成的损失的，人民法院或者仲裁机构可以根据当事人的请求予以适当减少。这样，守约方根据违约金条款，就可以补偿自己因对方违约所造成的损失。当然，在定金条款对守约方有利时，守约方也可以适用定金条款，按照定金罚则弥补自己的损失。赋予守约方适用选择权，能够起到保障其合同利益，补救其违约损失的作用。但如果允许守约方并用违约金和定金条款，其一是对补偿守约方遭受的损失并无必要，其二是违约金与定金并用，两者指向的是同一损失，其数额可能远远高于因违约所造成的损失，既加重了对违约方的惩罚，也可能使守约方获得的补偿高于其所受的损失，而使得守约方双重获益，这与合同的公平原则相悖。因此，本条规定合同当事人选择适用违约金条款或者定金条款，是必要的，也是合理的。

本条第 2 款规定了定金和法定赔偿损失之间的适用关系。与违约金不同，定金的数额不得超过主合同标的额的 20%，但是，违约行为造成的损失可能会超过适用定金罚则之后的数额；并且，对于违约金，本法 585 条第 2 款规定了司法酌增的规则，而对于定金并未明确规定类似规则。因此，本款规定，定金不足以弥补一方违约造成的损失的，对方可以请求赔偿超过定金数额的损失。据此，约定的定金不足以弥补一方违约造成的损失的，守约方既可以请求定金，同时也可以就超过定金数额的部分请求法定的赔偿损失，此时，定金和损失赔偿的数额总和不会高于因违约造成的损失。这既有助于对守约方利益的充分保护，又避免了守约方获得超过其损失的利益。

第五百八十九条 债务人按照约定履行债务，债权人无正当理由拒绝受领的，债务人可以请求债权人赔偿增加的费用。

在债权人受领迟延期间，债务人无须支付利息。

条文主旨

本条是关于债权人无正当理由拒绝受领的法律后果的规定。

立法背景

立法过程中，有意见提出，债权人无正当理由拒绝受领，会给债务人增加不利，应当对此作出明确规定。经研究，为了保护债务人利益，参考比较立法例，增加了本条规定。

条文解读

债权人无正当理由拒绝受领，是指债务人按照约定履行了债务或者提出了履行债务的请求，债权人无理由地不予受领或者协助。债权人无正当理由拒绝受领，构成的要件包括：（1）债务人按照约定现实履行了债务，或者提出了履行债务的请求，即债务人已经现实提出或者言辞提出。但是，如果债权人预先表示了拒绝受领的意思，或者给付也同时需要债权人的行为的，债务人可以以准备给付的情事通知债权人，代替提出。这里同样也包括第三人依法有权代债务人履行债务，且债权人无权拒绝的情形。（2）债务内容的实现以债权人的受领给付或者其他协助为必要。如果是不需要受领给付或者其他协助的债务，例如不作为债务，就不会产生拒绝受领的问题。（3）债权人拒绝受领，这里的拒绝受领是广义的，即不受领，包括了迟延受领或者明确以自己的行为表明拒绝受领等情形。例如，应在债务人一方所在地履行的债务，债务人按照约定把受领给付的时间和地点通知债权人，债权人没有在债务人所在地出现以受领给付；甲乙约定由甲到乙家里为其提供辅导，甲按时到达，但乙却外出旅游不归。（4）债权人无正当理由。债权人拒绝的正当理由，例如，债务人交付的标的物存在严重质量问题、迟延交付或者有其他违约行为，致使不能实现合同目的。但是，如果债务人履行的瑕疵仅仅是非常轻微的，这不构成债权人拒绝受领的正当理由。据此，本法也明确规定了一些具体情形。例如，第610条规定，因标的物不符合质量要求，致使不能实现合同目的的，买受人可以拒绝接受标的物或者解除合同。第629条规定，出卖人多交标的物的，买受人可以接收或者拒绝接收多交的部分。第740条第1款规定，出卖人违反向承租人交付标的物的义务，有下列情形之一的，承租人可以拒绝受领出卖人向其交付的标的物：（一）标的物严重不符合约定；（二）未按照约定交付标的物，经承租人或者出租人催告后在合理期限内仍未交付。

应当注意的是，本法第530条第1款规定，债权人可以拒绝债务人提前履行债务，但是提前履行不损害债权人利益的除外；第531条第1款规定，债权人可以拒绝债务人部分履行债务，但是部分履行不损害债权人利益的除外。对于提前履行和部分履行不损害债权人利益的，债权人无权拒绝受领，但是，债务人必须在合理期间前通知债权人，突然的、未提前通知债权人的提前履行或者部分履行，应被认为损害了债权人利益，债权人可以拒绝，就一时不能受领的情事，不构成拒绝受领。

同时，本法第511条第4项规定，履行期限不明确的，债务人可以随时履行，债权人也可以随时请求履行，但是应当给对方必要的准备时间。因此，对未约定履行期限也无法确定履行期限的债务，债务人应当提前合理的时间通知，在必要的准备时间届满后，债权人不受领的，才构成拒绝受领。债权人有正当理由拒绝受领的，也应当根据诚信原则，及时通知债务人。

债权人无正当理由拒绝受领，不影响债务人的给付义务，并不会使得债务人的给付义务消灭。但是，债权人受领债务人的履行，是受领人的权利，但其无正当理由不受领，会导致债务人的利益受损，因此其也是债权人的义务，但是该义务的违反一般不会导致债权人的违约责任，而一般导致减轻债务人的负担或者责任，或者使得债权人负担增加的费用等相应的不利后果，可被认为是不真正义务，除非法律另有规定或者当事人另有约定。本条第1款即规定，债权人无正当理由拒绝受领的，对于由此给债务人增加的费用，债务人可以请求债权人赔偿。所谓给债务人增加的费用，包括：（1）债务人提出给付的费用，例如，货物往返运送的费用、履行债务所支付的交通费用、通知费用等；（2）保管给付物的必要费用；（3）其他费用，例如对不宜保存的标的物的处理费用。同时，本条第2款规定，在债权人受领迟延期间，债务人无须支付利息。

应当指出的是，债权人无正当理由拒绝受领，除了本条规定的法律后果之外，还可能具有其他法律后果，包括：（1）债务人应当返还由标的物所产生的孳息或者偿还其价金的，在债权人受领迟延中，债务人仅以已收取的孳息为限负返还责任。（2）债务人责任减轻。债务人在债权人受领迟延期间，不能简单地抛弃给付物，而负有保管给付物的义务，这类似于无偿保管合同，参照适用本法第 897 条规定：“保管期内，因保管人保管不善造成保管物毁损、灭失的，保管人应当承担赔偿责任。但是，无偿保管人证明自己没有故意或者重大过失的，不承担赔偿责任。”据此，在债权人受领迟延期间，债务人仅就故意或者重大过失而承担责任。（3）债务人提存。债权人受领迟延，导致债务人难以履行债务的，债务人有权依据本法第 570 条的规定，将标的物提存。（4）对债权人的其他不利后果。例如，本法第 608 条规定，出卖人按照约定或者依据本法第 603 条第 2 款第 2 项的规定将标的物置于交付地点，买受人违反约定没有收取的，标的物毁损、灭失的风险自违反约定时起由买受人承担。

第五百九十条　当事人一方因不可抗力不能履行合同的，根据不可抗力的影响，部分或者全部免除责任，但是法律另有规定的除外。因不可抗力不能履行合同的，应当及时通知对方，以减轻可能给对方造成的损失，并应当在合理期限内提供证明。

当事人迟延履行后发生不可抗力的，不免除其违约责任。

条文主旨

本条是关于不可抗力后果的规定。

立法背景

本条整合自《合同法》第 117 条和第 118 条，表述更加简洁。

条文解读

不可抗力是独立于人的行为之外，不受当事人意志所支配的现象，是人力所不可抗拒的力量。行为人完全因为不可抗力不能履行合同，如果让行为人对自己无法控制的情形承担责任，对行为人来说是不公平的。因此，很多国家和地区、国际性合同文件都将不可抗力作为免除行为人违约责任的事由予以规定，如《联合国国际货物销售合同公约》第79条、《国际商事合同通则》第7.1.7条、《欧洲合同法原则》第8：108条。据此，本条第1款首先规定了当事人一方因不可抗力不能履行合同的，根据不可抗力的影响，部分或者全部免除责任，但是法律另有规定的除外。这与本法第180条第1款的规定是相同的，即“因不可抗力不能履行民事义务的，不承担民事责任。法律另有规定的，依照其规定”。本法在一些典型合同中也对此明确规定。比如，在货运合同中，本法第832条规定：“承运人对运输过程中货物的毁损、灭失承担赔偿责任。但是，承运人证明货物的毁损、灭失是因不可抗力、货物本身的自然性质或者合理损耗以及托运人、收货人的过错造成的，不承担赔偿责任。”

据此，存在以下要求：(1) 发生了不可抗力的事件。各国立法对不可抗力概念的规定不尽相同，理论界、实务界对不可抗力的理解也莫衷一是。概括起来有“客观说”“主观说”和“折中说”。“客观说”强调不能避免并不能抗拒的客观情况。“主观说”强调当事人虽尽最大努力仍不能预见的客观情况。“折中说”强调当事人尽最大谨慎也不能预见、不能防止的事件为不可抗力。本法第180条第2款规定，不可抗力是不能预见、不能避免且不能克服的客观情况。“不能预见”，应是根据现有的技术水平，一般对某事件的发生没有预知能力。人们对某事件的发生的预知能力取决于当代的科学技术水平。某些事件的发生，在过去不可预见，但随着科学技术水平的发展，现在就可以预见。例如，现在对天气预报的准确率已达到了百分之九十以上，人们对狂风暴雨的规避能力已大大提高。“不能避免且不能克服”，应是指当事人已经尽到最大努力和采取一切可以采取的措施，仍不能避免某种事件的发生并不能克服事件所造成的后果。“不能避免且不能克服”表明某个事件的发生和事件所造成的后果具有必然性。（2）债务人因不可抗力事件的发生不能履行合同。不可抗力事件的发生，对合同履行造成的影响是不同的，可能是对主体、履行期限的影响；可能是对合同标的物的影响，如租赁的房屋、场所无法经营；可能是对合同履行方式的影响；可能是导致全部不能履行或者部分不能履行；可能是导致一时不能履行或者永久不能履行。不可抗力事件的发生必须要导致债务人不能履行合同，不能履行合同义务并非狭义的履行不能情形，而是包括所有不履行合同义务或者履行合同义务不符合约定的情形。

在符合上述两个条件下，所产生的法律后果上，要根据不可抗力的影响，部分或者全部免除债务人的责任。首先要注意的是，应当根据不可抗力对合同履行的具体影响，判断免责的范围和程度。在有些情况下，不可抗力会导致债务根本无法履行；但有时，不可抗力仅仅会导致迟延履行。如果不可抗力仅仅是暂时的，因此仅会导致迟延履行，则只能在不可抗力存续期间以及可能的合理期间内发生免责效力；但是，如果迟延履行构成了根本违约的，则对债权人而言，可以依法解除合同。

例如，甲对乙负有铺设经过某地区的天然气管道的义务，但根据天气情况，从11月1日到3月31日通常无法开展工作，合同约定的完工时间是10月31日，甲本来能够按期完工，但该地区10月1日发生疫情采取停工的管制措施，直到11月30日管制措施才结束，在这期间甲无法工作，并只能到第二年4月1日才能复工，此时，不仅应当免除不可抗力存续期间甲的责任，也应当免除管制措施结束后至第二年3月31日期间甲的责任。另外，所能免除的是债务人的违约责任，但不妨碍当事人享有的解除权、履行抗辩权或者对应付款项支付利息的权利。同时，在买卖合同中，因不可抗力影响而免除债务人责任的，就债权人对债务人负有的对待给付义务，可以适用本法第604条以下的关于风险负担的条文解决。

最后，要注意法律的特别规定。通常情况下，因不可抗力不能履行民事合同的，根据不可抗力的影响，部分或者全部免除责任。但法律规定因不可抗力不能履行合同，也要承担责任的，则需要依法承担责任。故本条第1款规定了“但是法律另有规定的除外”。具体什么情况下应承担民事责任、承担责任的程度如何等要依照法律的规定确定。例如，根据《邮政法》第48条的规定，因不可抗力造成的给据邮件损失，邮政企业不承担赔偿责任，但因不可抗力造成的保价的给据邮件的损失除外。再如，《民用航空法》第124条规定，因发生在民用航空器上或者在旅客上、下民用航空器过程中的事件，造成旅客人身伤亡的，承运人应当承担责任；但是，旅客的人身伤亡完全是由于旅客本人的健康状况造成的，承运人不承担责任。该事件包括因承运人过错而发生的事故，也包含与承运人无关的不可抗力，只要造成了旅客人身伤亡，承运人即要承担违约的民事责任。

本条第1款第2句规定，因不可抗力不能履行合同的，应当及时通知对方，以减轻可能给对方造成的损失，并应当在合理期限内提供证明。这意味着，根据诚信原则，债务人有义务在合理的期间内就不可抗力的发生以及对债务履行的影响，通知债权人，以使得债权人能够采取措施减轻其可能遭受的损失。债务人应当在其可以合理地获知不可抗力对债务履行的影响后，及时地通知债权人；同时，债务人应当在合理期限内提供证明，毕竟不可抗力可能是区域性的，因此债权人可能无法合理获知不可抗力的发生，并且债权人也可能无法合理确定不可抗力对债务履行的影响。至于多长时间才是及时或者在合理期限内的，则由人民法院或者仲裁机构依据具体的情况予以判断。如果债务人违反了上述义务，就债权人未获知而遭受的额外损失，债务人不应当因不可抗力而免责，仍然应当对债权人负有赔偿损失的责任。

本条第2款规定，当事人迟延履行后发生不可抗力的，不免除其违约责任。如果债务人没有迟延履行，则不可抗力的发生就不会导致债务的不能履行进而发生损害，因此债务人的迟延履行与债权人的损害之间具有因果关系，债务人应当就不可抗力负责。但是，如果债务人能够证明，即使其不迟延履行，仍不免发生债务的不能履行进而发生损害的，则债务人应当能够免责，此时债务人的迟延履行和债务的不能履行进而发生损害之间不存在因果关系。

第五百九十一条　**当事人一方违约后，对方应当采取适当措施防止损失的扩大；没有采取适当措施致使损失扩大的，不得就扩大的损失请求赔偿。**

当事人因防止损失扩大而支出的合理费用，由违约方负担。

条文主旨

本条是关于债权人防止损失扩大的减损义务的规定。

立法背景

本条来自《合同法》第119条，理论与实践中争议较小，未予修改。

条文解读

债务人违约的，债权人不能无动于衷，任凭损失的扩大，而应当积极采取适当的措施，防止损失的扩大，这样有助于激励债权人采取措施减少损失，有助于增进整体效益。据此，本条第1款首先规定，当事人一方违约后，对方应当采取适当措施防止损失的扩大。但是，债权人负有的减损义务是一种强度较低的义务，学说上称之为不真正义务，债权人违反减损义务的，债务人不得请求债权人承担责任，而仅仅发生债权人利益的减损，即其不得就因违反减损义务而扩大的损失请求债务人赔偿。例如，甲将一个建设工程发包给乙，乙无正当理由停工，甲寻找另外一方完成工程建设，但却没有采取任何措施保护工地上还未建好的工程，使得该工程状况因恶劣天气而进一步恶化，甲不能就因工程进一步恶化而扩大的损失请求乙赔偿。

本条第1款进一步规定，没有采取适当措施致使损失扩大的，不得就扩大的损失请求赔偿。适用的前提包括：（1）债务人违反义务导致损失的发生；（2）债权人没有采取适当措施，以限制损失的程度加深或者避免损失的增加；（3）发生的损失扩大；（4）债权人未采取适当措施与损失的扩大具有因果关系。关键就是债权人是否采取了防止损失扩大的适当措施。措施是否适当，主要考虑债权人是否按照诚信原则的要求尽自己的努力采取措施避免损失扩大，如果采取的措施将严重损害债权人自身的利益，或者有悖于商业道德，或者所支付的代价过高，不应认为债权人未采取适当的措施。措施适当还要考虑采取措施的期限是否合理。债权人所采取的适当措施根据具体的情形可能有不同的措施。例如：（1）债权人停止进一步履行。（2）合理的替代交易。债权人能够在合理期限内以合理的方式进行替代交易的，应当采取此种替代交易避免损失扩大。债权人本可无需付出重大努力或花费高额费用即可进行合理的替代交易，而仍然坚持不合理的实际履行的，不得要求债务人赔偿因此而增加的损失。（3）接受债务人变更合同的合理要约，此时要注意斟酌考虑合同的性质、变更的程度以及要约的合理性等因素。

本条第2款规定，当事人因防止损失扩大而支出的合理费用，由违约方负担。需要注意的是，违约方负担该费用的前提是，该费用是债权人因为防止损失扩大而支出的，并且根据当时情况是合理的。

第五百九十二条　当事人都违反合同的，应当各自承担相应的责任。

当事人一方违约造成对方损失，对方对损失的发生有过错的，可以减少相应的损失赔偿额。

条文主旨

本条是关于双方违约和与有过错的规定。

立法背景

本条第1款源自《合同法》第120条，未予修改。第2款源自于《最高人民法院关于审理买卖合同纠纷案件适用法律问题的解释》第30条。

条文解读

本条第1款规定了双方违约。违约可以区分为单方违约和双方违约。仅当事人一方违约的，称为单方违约；双方当事人都违约的，称为双方违约。在双务合同中，有些合同义务是彼此独立的，不具有牵连性和对价性，因此，双方违反这些相互独立的合同义务是可能的，并且不成立双务合同的履行抗辩权。在双方各自违反了相互独立的合同义务时，实际上是两个独立的违约行为，因此各自都要向对方承担相应的违约责任。据此，本条第1款规定，当事人都违反合同的，应当各自承担相应的责任。

本条第2款规定了与有过错。与有过错，又称为过错相抵、混合过错，指受损害一方对于损害结果的发生存在过错的，在计算损失赔偿额时应当予以相应减少。例如，甲从乙那里购买了一辆汽车，之后甲驾驶汽车运载超重货物，由于钢圈破碎导致翻车。交通事故处理部分认定汽车质量不合格是导致事故的主要原因，但甲超重行驶也是造成事故的原因之一。此时，根据本款，就可以减少乙对甲的损失赔偿数额。

立法过程中有观点认为，我国合同法中违约责任采取无过错归责原则，规定与有过错将与无过错的归责原则相矛盾。经研究认为，违约责任采取无过错归责原则，仅仅是不依据违约方是否具有过错使得违约方承担违约责任，但与有过错解决的是对方的过错导致损失发生时，是否能够减少违约方的损失赔偿额，与无过错归责原则之间并不矛盾。一些同样对违约责任采取无过错归责的国际性文件也规定了与有过错。例如，《国际商事合同通则》第7.4.7条规定，如果损害部分归咎于受损害方的作为或不作为，或是由该方当事人承担风险的其他事件所导致，在考虑到各方当事人行为的情况下，损害赔偿金额应扣除因上述因素导致的损害部分。我国一些法律对与有过错也有规定。例如，《民用航空法》第127条中规定，在旅客、行李运输过程中，经承运人证明，损失是由索赔人的过错造成或者促成的，应当根据造成或者促成此种损失的过错程度，相应免除或者减轻承运人的责任；在货物运输中，经承运人证明，损失是由索赔人的过错造成或者促成的，应当根据造成或者促成此种损失的过错程度，相应免除或者减轻承运人的责任。本法中，采取无过错归责的一些侵权责任也明确规定与有过错的适用，虽然往往将受害人的过错限制在一定范围内。例如，第1245条规定，饲养的动物造成他人损害的，动物饲养人或者管理人应当承担侵权责任；但是，能够证明损害是因被侵权人故意或者重大过失造成的，可以不承担或者减轻责任。第1246条规定，违反管理规定，未对动物采取安全措施造成他人损害的，动物饲养人或者管理人应当承担侵权责任；但是，能够证明损害是因被侵权人故意造成的，可以减轻责任。同时，与有过错规则也已经在司法实践中适用，且实践效果较为理想，符合公平原则，避免债权人对因自己过错导致发生的损失的部分获得赔偿，有助于双方共同努力避免损失的发生。因此，本款明确规定了与有过错规则。

与有过错与双方违约不同，与有过错中，仅发生一个损害，只是对该损害的发生，债权人也有过错；而在双方违约的情形，双方都违反了相互独立的合同义务，故存在两个违约行为，由此发生两个损害。与有过错与本法第 591 条规定的减损义务也有不同。理论中，有的将减损义务作为与有过错的一种，有的将两者分开。本法分别规定了与有过错和减损义务，其区分是根据时间阶段，与有过错解决的是损失发生的阶段，而减损规则解决的是损失扩大的阶段，因此两者发挥作用的场合是不同的。

与有过错适用的前提是：（1）债权人因债务人违约遭受损失。（2）债务人的违约行为导致了损失的发生，但是，债权人的过错也是导致损失发生的原因。如果是完全因为债权人的原因导致债务人无法履行债务，则债权人不得主张债务人违约。例如，甲向乙购买古董花瓶，双方约定签订完合同之后过一段时间再交付，交付期限届至前，甲到乙那里欣赏花瓶，但甲失手打碎了该花瓶，此时甲不得主张乙构成违约。同样，在承揽合同中，如果完全是因为定作人提供材料或者指示导致最终的工作成果存在瑕疵，承揽人在发现后已经及时通知了定作人，但定作人无视，此时定作人也无权请求承揽人承担违约责任。（3）债权人具有过错。此处并非固有意义上的过错，而是属于“自己对自己的过错”，这可能是因债权人自身的行为部分导致了损害的发生。例如，债权人给了运输者一个错误的地址，或者债权人未能够给瑕疵机器的制造者给予所有必要的指导，这部分导致了债务人的违约进而导致损失的发生。也可能是因为由其承担风险的其他事件部分导致了损害的发生，这些事件包括债权人应对之负责的工作人员等第三人的作为和不作为。与有过错适用的法律后果是，扣减债务人相应的损失赔偿额。具体扣减的数额要综合考虑当事人的过错程度、原因力的强弱等因素。

应当注意的是，在有些情形中，即使债权人对损害的发生也有过错，但因造成损失的风险本身就在债务人所负义务的涵盖范围内时，一般不能以与有过错为由减少债务人的损失赔偿额。例如，某工厂为稳定工厂机器运行时的电压，避免过载导致损失，专门找承揽人设置了电压过载保护装置等，但由于机器过载且电压过载保护装置存在质量问题，导致损失发生，此时并不能扣减损失赔偿额。再如，出卖人卖给买受人一辆机动车，该车的安全气囊存在质量问题，买受人交通违章时，气囊无法打开，导致买受人损失，同样不能因为买受人的交通违章减少损失赔偿额。在这两种情形中，电压过载保护装置和安全气囊本来就是为了避免对方所遭受损失的发生，因此这相当于双方特别约定避免该类损失属于债务人所负有的特别担保义务范围，此时不应因债权人对损失的发生具有过错而减少损失赔偿数额。

另外，在一些情形中，法律还特别规定，受害人一定程度的过错构成免责事由。例如，本法第 823 条第 1 款规定，承运人应当对运输过程中旅客的伤亡承担赔偿责任；但是，伤亡是旅客自身健康原因造成的或者承运人证明伤亡是旅客故意、重大过失造成的除外。第 832 条规定，承运人对运输过程中货物的毁损、灭失承担赔偿责任，但是承运人证明货物的毁损、灭失是因不可抗力、货物本身的自然性质或者合理损耗以及托运人、收货人的过错造成的，不承担赔偿责任。

第五百九十三条 **当事人一方因第三人的原因造成违约的，应当依法向对方承担违约责任。当事人一方和第三人之间的纠纷，依照法律规定或者按照约定处理。**

条文主旨

本条是关于因第三人原因造成违约的规定。

立法背景

本条来自《合同法》第 121 条，因理论和实践中争议较小，仅在表述上添加“依法”二字，以强调依据本法第 577 条的规定，即当事人一方不履行合同义务或者履行合同义务不符合约定的，应当承担继续履行、采取补救措施或者赔偿损失等违约责任。

条文解读

因第三人原因造成的违约，如第三人迟延交货造成一方当事人迟延履行，基于合同的相对性，此时一般应当由债务人向债权人承担违约责任。其原因在于，随着社会分工的发展，市场分工越来越细致，合同的履行往往需要借助第三人协助，将履行工序分解，或者债务人从第三人那里筹措，以降低成本。但是，对于债权人而言，除了一些特殊的合同之外，其一般无法也无必要对此预计和控制，债权人的地位不应当因为债务人是否将履约委托给第三人或者债务人本应负责的筹措而受到影响，债务人必须承担所产生的后果。因此，债务人对因该第三人的原因造成的违约承担责任，排除债务人以违约是因第三人原因造成的作为免责事由的抗辩，这有助于保护债权人的合理期待，进而保障交易的安全。至于债务人和第三人之间的纠纷，依照法律规定或者债务人与第三人之间的约定处理。

但是，本法对违约责任实行无过错责任原则，如果当事人一方因第三人的原因造成违约的，不管第三人原因的具体情况如何，都应当向对方承担违约责任，则由于实践中当事人一方因第三人原因造成违约的情况较为复杂，一概要求当事人一方承担违约责任，可能对其过于严苛。例如，演员甲按照约定赶赴剧场演出途中，被第三人驾车撞成重伤而无法演出，经事故认定，该第三人负全责，此时让甲承担责任似乎是不妥当的。因此，在合同法规则的基础上，本法对因第三人原因造成违约所应承担的违约责任作了适当限缩，给司法实践留下空间，将《合同法》第 121 条中“应当向对方承担违约责任”修改为“应当依法向对方承担违约责任”。

所谓“依法”，是指依据本法第 577 条的规定，即当事人一方不履行合同义务或者履行合同义务不符合约定的，应当承担继续履行、采取补救措施或者赔偿损失等违约责任。据此，债务人因第三人的原因违约而向债权人承担违约责任的前提是，债务人因第三人的原因违反了合同义务而构成违约。在此，应当通过对合同义务的实质性确定来判断债务人是否违反了合同义务，即防止因第三人原因造成违约，是否以及在多大程度上属于债务人应当承担的合同义务范围。一般而言，因第三人的原因造成债务人违约而应当由债务人向债权人承担违约责任的，主要包括但并不限于以下第三人：

1. 履行辅助人

履行辅助人，即法定代理人和根据债务人的意思事实上从事债务履行的使用人。使用人包括委托代理人或者意定代理人，以及债务人为履行债务而与之订立合同的第三人，如运输人、协助支付货款的银行、完成承揽辅助工作的分包人，以及与旅游经营者存在合同关系、协助旅游经营者履行义务而实际提供交通、游览、住宿、餐饮、娱乐等旅游服务的人等。债务人的法定代表人并非履行辅助人，法定代表人的行为就是债务人自身的行为。《德国民法典》第 278 条、《瑞士债务法》第 101 条、我国台湾地区“民法”第 224 条、《联合国国际货物销售合同公约》第 79 条第 2 款对此作出了明确规定。《旅游法》第 111 条第 6 项也对此作出了规定，即履行辅助人，是指与旅行社存在合同关系，协助其履行包价旅游合同义务，实际提供相关服务的法人或者自然人。此时，债务人利用履行辅助人扩张自己的活动领域获得利益，也应当负担相应的风险；并且，较之债权人，债务人对履行辅助人造成违约的风险更具有预见可能性，且更容易采取保险等风险预防措施，事后的救济成本也更低，债权人不应当因债务人是否起用履行辅助人而受到影响。因此，防止因履行辅助人原因造成违约，属于债务人应当承担的合同义务范围。此时，只要因履行辅助人原因造成违约，债务人就应当向债权人承担违约责任，并且，由于一般适用无过错归责，此时无需考虑履行辅助人是否有过错，也无需考虑债务人是否具有选任或者监督的过错。

2. 与债务人有其他合同关系的第三人

该类第三人主要包括原材料供应人、配件供应人、产品制造人、产品上游供应商、次承租人等。对这类第三人，债务人比债权人具有更强的风险预知可能性、控制可能性和更低的救济成本，因此，因该类第三人原因造成违约的，债务人通常应当向债权人承担违约责任。

3. 债务人一方的上级机关

《民法通则》第116条规定，当事人一方由于上级机关的原因，不能履行合同义务的，应当按照合同约定向另一方赔偿损失或者采取其他补救措施，再由上级机关对它因此受到的损失负责处理。虽然民法通则随着本法的生效而被废止，但这一规则背后的考量也可以纳入到本条的适用之中。

据此，本法在一些典型合同中明确规定了一些具体情形。例如，第716条第1款规定："承租人经出租人同意，可以将租赁物转租给第三人。承租人转租的，承租人与出租人之间的租赁合同继续有效；第三人造成租赁物损失的，承租人应当赔偿损失。"第773条规定："承揽人可以将其承揽的辅助工作交由第三人完成。承揽人将其承揽的辅助工作交由第三人完成的，应当就该第三人完成的工作成果向定作人负责。"第894条第2款规定："保管人违反前款规定，将保管物转交第三人保管，造成保管物损失的，应当承担赔偿责任。"第941条第1款规定："物业服务人将物业服务区域内的部分专项服务事项委托给专业性服务组织或者其他第三人的，应当就该部分专项服务事项向业主负责。"第958条第2款规定："第三人不履行义务致使委托人受到损害的，行纪人应当承担赔偿责任，但是行纪人与委托人另有约定的除外。"其他法律对此也有明确的特别规定，例如《旅游法》第71条第1款规定："由于地接社、履行辅助人的原因导致违约的，由组团社承担责任；组团社承担责任后可以向地接社、履行辅助人追偿。"同时，这也意味着，在一些类型的案件中，并不能适用本条解决。例如，第三人复制银行卡或者存折，银行未尽到审核义务而付款。此时第三人与银行之间并无关系，故此类案例不能通过本条予以解决。

应当注意的是，如果第三人原因构成了本法第 180 条第 2 款规定的不可抗力，即不能预见、不能避免且不能克服的客观情况，这就不属于债务人应当承担的合同义务范围，则可以适用本法第 590 条第 1 款的规定，根据不可抗力的影响部分或者全部免除债务人的违约责任。同时，如果违约责任依据法律的特别规定采取过错归责的，可以将第三人原因纳入债务人是否具有过错中予以考量。

依据本条，债务人因第三人的原因造成违约时，债务人应当依法向债权人承担违约责任。这同时意味着，债务人应当对债权人承担违约责任的，原则上仅由债务人对债权人承担责任，但法律有特别规定第三人也应对债权人承担责任的，或者特别规定债务人不承担责任的，依照该特别规定。例如，本法第 791 条第 2 款规定："总承包人或者勘察、设计、施工承包人经发包人同意，可以将自己承包的部分工作交由第三人完成。第三人就其完成的工作成果与总承包人或者勘察、设计、施工承包人向发包人承担连带责任。……"第 834 条规定："两个以上承运人以同一运输方式联运的，与托运人订立合同的承运人应当对全程运输承担责任；损失发生在某一运输区段的，与托运人订立合同的承运人和该区段的承运人承担连带责任。"《旅游法》第 71 条第 2 款规定："由于地接社、履行辅助人的原因造成旅游者人身损害、财产损失的，旅游者可以要求地接社、履行辅助人承担赔偿责任，也可以要求组团社承担赔偿责任；组团社承担责任后可以向地接社、履行辅助人追偿。但是，由于公共交通经营者的原因造成旅游者人身损害、财产损失的，由公共交通经营者依法承担赔偿责任，旅行社应当协助旅游者向公共交通经营者索赔。”《消费者权益保护法》第40条第2款规定：“消费者或者其他受害人因商品缺陷造成人身、财产损害的，可以向销售者要求赔偿，也可以向生产者要求赔偿。属于生产者责任的，销售者赔偿后，有权向生产者追偿。属于销售者责任的，生产者赔偿后，有权向销售者追偿。”

还应当指出的是，本条与本法第1198条第2款关于安全保障义务的规定，在适用时应当予以协调。本法第1198条第2款规定：“因第三人的行为造成他人损害的，由第三人承担侵权责任；经营者、管理者或者组织者未尽到安全保障义务的，承担相应的补充责任。经营者、管理者或者组织者承担补充责任后，可以向第三人追偿。”依据本条规定，债务人承担违约责任，而依据第1198条第2款，安全保障义务人承担相应的补充责任，法律后果截然不同。一般而言，这两个规定中的“第三人”有所不同。本条规定的“第三人”主要如上述，而安全保障义务之中的第三人则主要指与安全保障义务人并无关系的第三人。例如，旅游经营者在旅游地委托独立的车队提供交通服务，但因为车队驾驶员的原因导致翻车，造成旅游者损害，此时就不能适用第1198条第2款，而应适用本条规定。但是，如果旅游者在随队旅游过程中，在景区门口因买食物发生口角，而被当地的小商贩打伤，旅游经营者是否以及如何承担责任，则应当依据安全保障义务的规则予以判断。如果不予区分不同情形中的第三人，过分扩大地理解本条规定中的“第三人”，将无限制扩大安全保障义务的范围，架空本法关于安全保障义务的规则。

第五百九十四条　因国际货物买卖合同和技术进出口合同争议提起诉讼或者申请仲裁的时效期间为四年。

条文主旨

本条是关于国际货物买卖合同和技术进出口合同争议的时效期间的规定。

条文解读

本法第188条第1款规定："向人民法院请求保护民事权利的诉讼时效期间为三年。法律另有规定的，依照其规定。"第198条规定："法律对仲裁时效有规定的，依照其规定；没有规定的，适用诉讼时效的规定。"本条规定的提起诉讼或者仲裁的4年时效期间，只适用于因国际货物买卖合同和技术进出口合同发生的争议。其他合同争议提起诉讼或者申请仲裁的期限，不适用本条规定，依照其他有关的规定；法律无其他特别规定的，适用本法第188条第1款的规定，时效期间为3年。

本条仅规定了特别的时效期间，关于时效期间的起算、届满后的效力、时效的中止、时效的中断等，在法律无其他特别规定的情况下，适用本法第188条以下关于诉讼时效的一般规定。

第二分编　典型合同

本分编共十九章，对十九种典型合同作了规定。

一、命名典型合同的考虑

本分编命名为“典型合同”，原为合同法中的分则，即规定具体的合同类型。将本分编称为“典型合同”，主要有三个考虑：一是“有名合同”的称谓并不十分精确。有名合同通常是指法律上对其类型、内容都作出了明确规定的合同，与其相对应的叫无名合同。无名合同是指法律上尚未确定其名称与规则的合同，但客观上其是有名称的。比如借用合同，虽然在我国的合同法中没有规定，但是其客观上是有名称的。二是“典型合同”的称谓更具合理性和包容性。在法律上作具体规定的合同为典型合同，未作规定的为非典型合同，这与人们的直觉相符；尽管与域外民法典规定的具体合同有别，但由于生活方式和交易模式的不同，典型合同的类型存在差异是在所难免的，不会给人们的认知带来麻烦。三是不同于域外通常将本部分称为“各种债务关系”“债法分则”或者“各种之债”，本分编并无规定无因管理和不当得利等法定之债的内容，纯粹规定具体的合同类型，另由第三分编“准合同”规定无因管理和不当得利的具体内容。

二、增加典型合同的理由

在本法的编纂过程中，不少意见要求增加规定典型合同的类型，主要有保证合同、保理合同、物业服务合同、合伙合同、旅游合同、保险合同、劳务合同、互联网合同、服务合同、特许经营合同、快递合同、信用卡合同等。经研究，相比较于合同法规定的典型合同类型，最终增加了4类合同，分别为保证合同、保理合同、物业服务合同和合伙合同，加上原有的15类合同，典型合同分编共规定了19类典型合同。之所以增加上述4类合同，主要基于4个理由：一是问题导向性；二是编纂衔接性；三是适用普遍性；四是规则的可抽象性。所谓问题导向性，是指问题突出紧迫、规则特殊复杂，没有办法被其他典型合同的规则所涵盖，急需法律作出规定，如增加的保理合同就是这种情况。所谓编纂衔接性，意指典型合同的增加必须与相关规定和法律相协调。比如，之所以加上保证合同和合伙合同，是因为民法典施行后担保法和民法通则将被废止，保证合同和个人合伙的相关问题若不作规定，将会处于无法可依的状态；而之所以不加旅游合同和保险合同，是因为旅游法和保险法对该两类合同已作出规定，没有必要重复立法。所谓适用普遍性，主要是指在人们的日常生活中普遍适用，具有相当的典型性，作出规定可以在相当大的范围内，既可提供行为规则又可提供裁判规则，物业服务合同就符合这个特征。所谓规则的可抽象性，是指在立法过程中能够概括出特殊的规则，不能够泛泛而谈，比如互联网合同，由于涉及各种类型的合同，在其中无法抽取出抽象的共同规则，无法作为一个具体合同作出规定。

三、编排典型合同的逻辑

在本法编纂过程中，对于典型合同的编排体例问题，有意见提出要求重新梳理。经研究，编纂民法典的主要指导思想是在没有充分理由的情况下，尽量不改变现行法的顺序和结构。因此，典型合同分编仍然按照合同法的逻辑未作变动。这样的编排逻辑主要考虑两个因素：一是依据特定交易关系的典型性和频繁性而展开。在市场经济条件下，市场为各种交易提供了平等的平台，但各类交易类型在数量上和频繁程度上并不能等量齐观，这也导致立法过程中在体例安排上有所侧重。例如，将买卖合同置于典型合同之首就是基于这种考虑。二是依据给付标的有逻辑性地加以展开。给付标的基本上可以分为两大类，即物的给付和劳务的提供，以此为内容可以将具体合同类型分为“财产权的移转”和“服务提供”两大类，并据此进行体例编排。另外，考虑到不同类型合同的规范连接和联系紧密度，我们将保证合同、保理合同、物业服务合同置于借款合同、融资租赁合同和委托合同之后规定，同时将合伙合同放在典型合同的最后规定，尽量不破坏合同法分则的逻辑顺序。

第九章　买 卖 合 同

本章共五十三条，系典型合同中条文最多的合同，对买卖合同标的物所有权的转移、标的物的交付和风险承担、买受人检验标的物的期限和效力、分期付款买卖、凭样品买卖、试用买卖等问题作了规定。

第五百九十五条　买卖合同是出卖人转移标的物的所有权于买受人，买受人支付价款的合同。

条文主旨

本条是关于买卖合同概念的规定。

立法背景

买卖合同的定义对买卖合同章的内容具有提纲挈领的作用，本条源自《合同法》第130条，未作修改。

条文解读

买卖合同是出卖人转移买卖标的的所有权于买受人，买受人支付价款的合同。买卖关系的主体是出卖人和买受人。转移买卖标的物的一方为出卖人，也就是卖方；受领买卖标的，支付价款的一方是买受人，也就是买方。买卖合同是最重要的合同之一，其重要之处在于：一是买卖合同为市场经济活动中市场主体经常运用的商品交换的基本和普遍的形式；二是买卖合同是典型的有偿合同，对其他有偿合同具有补充指导作用，当其他有偿合同没有法律规范时，规范买卖合同的法律规范可以参照适用。

1. 买卖合同的法律特征

（1）买卖合同是典型合同。买卖合同是合同法分则中明确规定的合同，因而属于典型合同，即通常所谓的有名合同。买卖合同是最基本的典型合同。

（2）买卖合同是卖方转移财产所有权，买方支付价款的合同。首先，买卖合同是卖方转移财产所有权的合同。卖方不仅要将标的物交付给买方，而且要将标的物的所有权转移给买方。转移所有权，这使买卖合同与一方也要交付标的物的其他合同，如租赁合同、借用合同、保管合同等区分开来。其次，买卖合同是买方应支付价款的合同，并且价款是取得标的物所有权的对价。这又使买卖合同与其他转移财产所有权的合同，如易货交易合同、赠与合同区别开来。

（3）买卖合同是双务合同。出卖人与买受人互为给付，双方都享有一定的权利，又都负有相应的义务。卖方负有交付标的物并转移其所有权于买方的义务，买方也同时负有向卖方支付价款的义务。一方的义务也正是对方的权利。因此，买卖合同是一种典型的双务合同。

（4）买卖合同是有偿合同。出卖人与买受人有对价关系，卖方取得价款是以转移标的物的所有权为代价的，买方取得标的物的所有权是以给付价款为代价的。买卖合同的任何一方从对方取得物质利益，都须向对方付出相应的物质利益。因此，买卖合同是典型的有偿合同。

（5）买卖合同多是诺成合同。一般当事人就买卖达成合意，买卖合同即成立，而不以标的物或者价款的现实交付为成立的要件。这在有的国家的法律中是明确规定的，如《法国民法典》第1583条规定，当事人就标的物及其价金相互同意时，即使标的物尚未交付、价金尚未支付，买卖亦可成立。但是，买卖合同当事人也可以在合同中作出这样的约定，标的物或者价款交付时，买卖合同始为成立。此时的买卖合同即为实践合同或者称要物合同。

（6）买卖合同为要式或者不要式合同，从法律对合同形式的要求区分，既可为要式合同，又可为不要式合同，如房屋买卖需采用书面形式，是要式合同；即时清结买卖为不要式合同，法律对合同的形式一般不作要求。

2. 买卖合同的构成要素

买卖的构成，需要有人、标的、行为三个要素。

人的要素指出卖人和买受人。从民事主体分类的角度而言，自然人、法人或者非法人组织均可以是出卖人或者买受人。

标的的要素指买卖标的物和价款。价款是与买卖标的物对价给付的金钱，价款的给付通常用支付一词。

行为的要素指移转买卖的标的物和支付价款。出卖人应将买卖标的物转移给买受人，买受人向出卖人支付价款。买受人支付价款只能是金钱，不能是货物和其他给付。给付金钱之外的物，为易货交易合同；以劳务为对待给付，为承揽、委托、物业服务等合同，而不是买卖。

3. 买卖合同的种类

买卖合同除可按合同一般标准分类外，依其特点，还可有多种分类。

（1）一般买卖和特种买卖

按照买卖有无特殊的方式，可分为一般买卖和特种买卖。试用买卖、分期付款买卖、凭样品买卖、买回买卖、拍卖、招标投标买卖等通过特殊方式的买卖为特种买卖，除此之外并非通过特殊方式的买卖为一般买卖。

（2）特定物买卖与种类物买卖

按照买卖标的物是特定物还是种类物，可分为特定物买卖和种类物买卖。买卖标的物是特定物的，为特定物买卖。买卖标的物是种类物的，为种类物买卖。特定物买卖有瑕疵的，无法更换；种类物买卖有瑕疵的，可以更换。

（3）批发买卖与零售买卖

按照销售的数量多少可分为批发买卖和零售买卖。批发买卖简称批发，指批量销售。批发可以是批发商将货物销售给另一批发商或者零售商，也可以是批发商或者零售商将货物批量销售给个人或者单位。零售买卖简称零售，指零散销售，是零售商将货物单个、少量销售给个人或者单位。

（4）即时买卖和非即时买卖

按照买卖能否即时清结，可分为即时买卖和非即时买卖。即时买卖指当事人在买卖合同生效时即将买卖标的物与价金对交，即时清结。非即时买卖指当事人在买卖合同生效时非即时清结，待日后履行。

非即时买卖又有预约买卖、赊欠买卖等多种划分。预约买卖指买卖成立时买受人先支付预付款，出卖人日后交付货物的买卖。这种买卖从出卖人角度称预售，从买受人角度称订购。预约买卖同买卖预约不同。预约买卖的买卖关系业已成立，而买卖预约仅是一种预约，买卖合同并未成立，买受人没有支付价金。赊欠买卖指买卖成立时出卖人先交付买卖标的物，买受人日后一次性支付价金的买卖。赊欠买卖从出卖人角度称赊售，从买受人角度称赊购。

（5）一时买卖与连续交易买卖

根据当事人双方的买卖是否以一次完结为标准，可分为一时买卖与连续交易买卖。一时买卖是指当事人双方仅进行一次交易即结束双方之间的买卖关系的买卖，即使双方之间有多次交易，每次交易也都是单独的，而无连续性。连续交易买卖是指当事人双方于一定的期限内，卖方定期或者不定期地供给买方某种物品，买方按照一定标准支付价款的买卖，双方之间的每次交易都是有关联的。

（6）自由买卖与竞价买卖

按照是否采用竞争的方法进行买卖，可分为自由买卖和竞价买卖。未采用竞争方法买卖的，为自由买卖。采用竞争方法买卖的，为竞价买卖，如拍卖。

（7）动产买卖与不动产买卖

根据买卖标的物是动产还是不动产，可以区分为动产买卖和不动产买卖。动产是可以移动或者移动不影响其价值的物；不动产是动产以外的其他实物财产。动产与不动产买卖的主要区别有二：一是所有权移转的方式不同，前者主要通过交付方式，后者通常以登记为移转要件；二是合同的形式要件不同，前者原则上无形式要求，后者依法应采用书面形式。

（8）国内货物买卖与国际货物买卖

根据买卖合同的当事人、标的物所有权是否在不同国家之间转移等的不同，可以区分为国内货物买卖和国际货物买卖。

随着我国“一带一路”倡议的不断深入和经济实力的增长，这种分类将更凸显其价值。两种买卖在是否具有涉外因素、适用的法律依据、时效等方面均存在明显差异。

4. 买卖合同的适用范围

买卖合同在各国债法或者合同法中都是作为一种最重要的合同加以规定的。但是，对于买卖合同所调整的范围，却有不同的立法态度。基本说来有以下两种情况：

一是以英美法系国家的买卖法为代表，把买卖合同的调整范围限于货物买卖。卖方的基本义务是向买方转移货物的所有权，买方的基本义务是支付相应的价款。如《美国统一商法典》买卖篇的第 2－102 条规定，该买卖篇原则上适用涉及货物的交易。第 2－105 条对“货物”的基本定义是，除作为支付价款之手段的金钱、投资证券和通过法律程序追索的金钱或者其他动产的权利以外的所有在特定于买卖合同项下时可以移动的物品（包括特别制造的货物）。《英国货物买卖法》的规定与《美国统一商法典》对货物的定义相似。由此可见，这些立法对于买卖标的物的界定甚至将不动产也排除出来。《联合国国际货物销售合同公约》第 2 条采用排除法，将个人消费品、拍卖、国家强制买卖、股票、投资证券、流通票据以及货币的买卖、船舶、气垫船、飞机买卖和电力买卖以外的动产买卖定义为“国际货物买卖”。由此，有的学者就将这些作为动产的货物买卖称为一般买卖，将一般买卖之外的诸如不动产买卖、无体物的买卖、权利买卖包括证券的买卖等归为特殊买卖。

二是以大陆法系的一些国家和地区为代表，将买卖的标的不只限于货物的所有权，还包括其他的财产权利。例如，《日本民法典》第555条规定，买卖，因当事人相约，一方移转某财产权于相对人，相对人对之支付价金，而发生效力。我国台湾地区“民法”第345条的规定，称买卖者，谓当事人约定一方移转财产权于他方，他方支付价金之契约。我国台湾地区的权威学者也在著述中表明，买卖以财产权转移为目的，包括物及权利。

关于财产权利和无体物等能否成为买卖合同的标的，我国法学界也存在不同的观点。狭义上的观点认为，我国民法理论对于买卖合同的标的物，一般不称财产而称物品，因此，以权利为标的物的合同（如专利权转让合同）和以无体物为标的物的合同（如供用电合同）不属于买卖合同的范围。广义上的观点认为，买卖合同的标的物应当既有属于财产的物，也有法律允许转让的权利，如知识产权。

在本法编纂过程中，有意见提出应当在买卖合同的定义中加上权利转让的内容。因此，在这里必须明确，民法典合同编在买卖合同这一章对这个问题采取的是什么态度。主张广义买卖合同观点的一个重要理由是在现代社会中，像不动产买卖以及大量的多种形式的权利买卖已经是社会商品交易的重要环节，积极发挥这些商品的巨大价值，对于促进经济的繁荣发展具有重大的意义。这样的认识无疑是正确的。然而，正是由于我国改革的不断深化，社会经济日新月异的发展，使得诸如股票、债券、专利权、商标专用权等这些特殊商品的转让或者说买卖，不但发展迅速，而且逐渐形成一系列特殊的规则。有关货物买卖或者说一般买卖的规定能够适用于各种各样的权利的转让或者买卖的，只能是一些较为原则的规定，具体地，则需要有针对性地专门制定一些更有可操作性的规则。

可以这样来看这个问题，关键的不是一定要明确权利交易、无体物的交易以及不动产的交易是否属于买卖，着眼点应当是我们要采取一个合理的立法方式，把这些应当通过法律调整的关系纳入到一个有效的法律体系之中，使应当发挥的价值得到充分的发挥，应当规范的法律关系得到合理的规范。关于知识产权，我国制定的商标法、专利法、著作权法等法律规定了注册商标、专利权的转让、著作权的许可使用等合同。这些法律对有关合同的规定都很具体，其内容没有必要在民法典合同编中再作规定，有关权利的转让问题可以由这些专门法去规定。其他领域如果经济生活中迫切需要，也可以考虑制定专门法律调整规范这类问题。国外市场经济发达的国家也都有很多针对这些专门领域的权利交易而制定的特别法。1999 年的合同法起草过程中，曾在征求意见稿的买卖合同一章中专门写了一节房屋买卖合同，经过论证认为，这里同样存在大量的专门的、技术性较强的问题，制定专门法律效果较好，因此，在合同法草案中就删去了这一节。但是，有一点必须指出，本法第 646 条规定："法律对其他有偿合同有规定的，依照其规定；没有规定的，参照适用买卖合同的有关规定。"即专门法律对有偿合同有规定的，适用其规定，没有规定的，可以适用合同编通则的规定，同时可以参照买卖合同的有关规定。因此，民法典合同编的买卖合同章无需在定义中直接写明包括权利的转让。

关于有指令性任务的货物买卖问题。本法编纂过程中有的意见提出，目前我国实行指令性计划管理的生产资料已减少到几种产品。并且，对于有指令性任务的货物，购销企业双方以及购销价格，有专门法律法规进行规定，故民法典合同编不应当涵盖这方面的内容。有的意见认为，国家指令性任务虽然不属于合同编调整的主要范围，但有关法人、非法人组织之间根据国家指令性任务就标的物质量、履行期限等订立的合同可以适用合同编，对于抢险救灾、疫情防控可以发挥独特作用，本法第 494 条也对此作了原则性规定。因此，我们倾向后一种意见。

第五百九十六条　买卖合同的内容一般包括标的物的名称、数量、质量、价款、履行期限、履行地点和方式、包装方式、检验标准和方法、结算方式、合同使用的文字及其效力等条款。

条文主旨

本条是关于买卖合同条款的规定。

立法背景

在本法编纂过程中，对于合同编中典型合同内容的规定，均进行了统一化处理，即进行具体化的列举规定，不仅有利于合同编相应条文的一致性，也有利于方便学习了解买卖合同的主要内容。

条文解读

本条规定的含义是，在买卖合同中，当事人可以根据具体合同的实际情况，约定标的物名称、数量、质量、价款、履行期限、履行地点和方式、包装方式、检验标准、检验方法、结算方式、合同使用的文字及其效力等条款。该条只是起到一种提示性的作用，不具有强制约束力，对于买卖合同的成立及效力，对于买卖合同当事人的具体权利义务等并无实质性的影响。

买卖合同当事人在订立买卖合同时，通常应包括以下条款内容：

1. 标的物的名称。标的物是买卖合同当事人权利义务指向的对象，作为对象的具体的不动产或者动产即为标的物的名称，是买卖合同不可或缺的内容。依据本法第 595 条的规定，买卖合同的标的物应限于有体物，即具有一定的物质形体且能够为人们所感知的物。在买卖合同中如果没有标的物，就无法确定合同当事人的权利义务关系。

2. 标的物的数量。数量是对买卖合同标的物的计量要求，包括计量单位和计量方法。标的物的数量是指当事人约定的买卖标的物的数目，如千克、吨、米等。数量需要由当事人事先作出约定，否则将无法确定交易的对象。

3. 标的物的质量。质量是对买卖合同标的物标准和技术方面的要求。标的物的质量也是买卖合同中的重要条款，为了准确表示，当事人应当就标的物的品种、规格、品质等级、型号、级别等作出明确约定。没有明确约定标的物质量的，应当适用本法第 510 条以及第 511 条第 1 项的规定。

4. 标的物的价款。标的物的价款又称价金，是指买卖合同中买受人为了得到标的物向出卖人支付的货币。关于价款，国家法律有强制性规定的，应当执行强制性的规定；没有强制性规定的，由当事人自己约定。

5. 履行期限。履行期限是指买卖合同的当事人所约定的履行合同义务的时间界限，包括交货时间和付款时间。

6. 履行地点和方式。履行地点是指买卖合同的当事人所约定的履行合同义务的具体地点，如合同的提货地点、付款地点等。履行方式是指买卖合同当事人履行合同义务的具体方式，如在交付标的物方式上是送货式、自提式还是代办托运式等。

7. 包装方式。标的物的包装，有两种含义：一种是指盛标的物的容器，通常称为包装用品或者包装物；另一种是指包装标的物的操作过程。因此，包装方式既可以指包装物的材料，又可以指包装的操作方式。包装又分为运输包装和销售包装两类。运输包装在我国一般有国家标准或者行业标准。

8. 检验标准和方法。标的物的检验是指买受人收到出卖人交付的标的物时，对其等级、质量、重量、包装、规格等情况的查验、测试或者鉴定。至于检验标准，如果当事人没有特殊要求的，可以依据国家标准或者行业标准进行检验；如果有特殊要求的，则应在合同中作出明确的约定，以防止出现纠纷。关于检验的方法，有国家标准或者行业标准的，应当执行该标准；没有标准或者特殊要求的，应当作出约定，以防止在合同履行过程中产生纠纷。

9. 结算方式。合同的结算是当事人之间因履行合同发生款项往来而进行的清算和了结。主要有两种方式：一是现金结算；二是转账结算。法人之间款项往来的结算，除依法可以使用现金结算的情形以外，原则上应通过银行转账结算。至于现金结算，无论是法人之间的现金结算，还是法人与个体工商户、农村承包经营户之间的现金结算，不能违反国家现金管理的有关额度的相应规定。随着我国社会主义市场经济的不断完善和经济体制改革的逐步深化，合同的结算方式将可本着合同当事人自愿的原则，根据实际情况加以选择。

10. 合同使用的文字及其效力。合同使用的文字及其效力条款主要涉及涉外合同。涉外合同常用中外文两种文字书写，且两种文本具有同样的效力。鉴于文字一字多义的情况普遍，且两种文本的表述方法也容易发生理解中的争议。若合同在中国履行，最好明确规定“两种文本在解释上有争议时，以中文文本为准”；在外国履行的合同可考虑接受以外文文本为准。这样既公平合理又可减少争议。

买卖合同约定的内容是否有必须包含的内容，即买卖合同的必备条款，缺少了必备条款，买卖合同将无法成立。对此问题，根据《最高人民法院关于适用〈中华人民共和国合同法〉若干问题的解释（二)》第 1 条第 1 款的规定：“当事人对合同是否成立存在争议，人民法院能够确定当事人名称或者姓名、标的和数量的，一般应当认定合同成立，但法律另有规定或者当事人另有约定的除外。”我们认为，该条对合同必备条款所作的一般规定，也适用于买卖合同，即当事人姓名或者名称、标的物及其数量是买卖合同必备条款。这是因为，除却这三方面的内容，其他方面的合同内容均可依据本法第 511 条的规定，经过法律拟制的方式得到确定。而买卖合同当事人姓名或者名称、标的物及其数量不能进行法律拟制，否则将从根本上违反合同自愿原则。

第五百九十七条　因出卖人未取得处分权致使标的物所有权不能转移的，买受人可以解除合同并请求出卖人承担违约责任。

法律、行政法规禁止或者限制转让的标的物，依照其规定。

条文主旨

本条是关于出卖人无权处分行为的法律后果以及标的物本身要求的规定。

立法背景

本条的内容，主要源自对《合同法》第 51 条、第 132 条第 1 款以及《最高人民法院关于审理买卖合同纠纷案件适用法律问题的解释》第 3 条的修改、综合、完善。首先，《合同法》第 51 条规定："无处分权的人处分他人财产，经权利人追认或者无处分权的人订立合同后取得处分权的，该合同有效。"该规定在理论和实践中就权利人未追认及出卖人未取得处分权时合同效力的状态产生了三种观点：合同无效、合同有效以及效力待定。基于这种争论，导致司法实践中极少依据该条规定进行裁判。其次，《合同法》第 132 条第 1 款规定，出卖的标的物，应当属于出卖人所有或者出卖人有权处分。该规定不符合市场中大量存在的未来产品的交易实践，故在实践中大多将该条作为倡导性规定来对待。最后，《物权法》第 15 条规定："当事人之间订立有关设立、变更、转让和消灭不动产物权的合同，除法律另有规定或者合同另有约定外，自合同成立时生效；未办理物权登记的，不影响合同效力。"该规定明确不动产物权效力的有无，不影响合同的效力。因此，针对上述规定，《最高人民法院关于审理买卖合同纠纷案件适用法律问题的解释》第 3 条规定："当事人一方以出卖人在缔约时对标的物没有所有权或者处分权为由主张合同无效的，人民法院不予支持；出卖人因未取得所有权或者处分权致使标的物所有权不能转移，买受人要求出卖人承担违约责任或者要求解除合同并主张损害赔偿的，人民法院应予支持。”这一规定在司法实践层面认可了当事人无处分权不影响合同效力。

在本法编纂过程中，不少意见建议吸收司法解释的上述规定，删除《合同法》第51条和第132条第1款的规定。我们经研究认为：第一，原规定的内容在理论和实践中产生了不少争议，在一定程度上导致了法律适用的不统一。第二，规定的内容与市场交易的实际情况不相吻合，尤其是就未来产品的交易方面。买卖标的可以是现实存在的物，也可以是将来产生的物，比如《美国统一商法典》第2－105条就规定，货物可以包括尚未出生的动物幼仔、生长中的农作物。第三，规定的内容与司法实践的处理不一致，且司法实践依据司法解释来处理的结果较为理想。第四，删除两个条款不会使善意取得制度无处衔接，善意取得制度仍按其独立的规范体系进行判断适用。第五，规定的内容与域外的通行规定不符，不利于对外贸易往来。最终采纳这一意见，删去《合同法》第51条和第132条第1款的规定，同时在本法第597条中增加1款新的规定：因出卖人未取得处分权致使标的物所有权不能转移的，买受人可以解除合同并请求出卖人承担违约责任。这样修改的结果既确保了物权人对标的物的所有权，也保护了善意买受人的权益，彰显了合同对当事人的约束力，有利于倡导诚信价值并维护交易安全。

条文解读

无权处分是指没有处分权而处分他人财产，无权处分行为是现代社会生活中的常见现象，在买卖交易关系中尤为普遍。

依据买卖合同的定义，出卖人负有交付买卖标的物并移转所有权的义务，因此，出卖人为保证买卖合同的履行，应当对买卖标的物具有处分权。当出卖人对买卖合同的标的物不具有处分权时，意味着买受人无法获得标的物的所有权，也就是不能实现合同的目的，根据本法第563条和第566条的规定，买受人可以解除其与出卖人之间订立的买卖合同并要求出卖人承担违约责任。

1. 处分他人之物所订立合同的效力。尽管在本条中没有明确出卖人处分他人之物所订立的合同是否为有效合同，实质上我们对此是持肯定态度的，主要理由：一是买卖当事人订立的合同只要不违反法律、行政法规的强制性规定以及不违背公序良俗，原则上均属有效，有利于交易的正常开展。二是为保护善意买受人的利益，也应当认定处分他人之物所订立的合同有效，从而有利于交易的安全。从善意的受让人角度而言，认定合同有效，其可以追究相对人的违约责任，若不认定有效，则只能主张缔约过失责任，不符合公平原则。三是司法实践中已普遍认为，处分他人之物所订立的合同原则上为有效，且行之有效，故立法不应当与实际情况相违背。四是本法第215条规定："当事人之间订立有关设立、变更、转让和消灭不动产物权的合同，除法律另有规定或者当事人另有约定外，自合同成立时生效；未办理物权登记的，不影响合同效力。"从侧面显示出卖人对标的物没有所有权或者处分权时所订立的合同，原则上从合同成立时生效。五是域外规定通常认为处分他人之物所订立的合同有效，《国际商事合同通则》第3.1.3条规定，合同订立时一方当事人无权处置与该合同相关联之财产的事实本身，并不影响合同的效力；《欧洲合同法原则》第4：102条规定，合同订立时不可能履行所承担之义务，或一方当事人无权处分与合同有关的财产的，不影响合同的效力。

2. 与善意取得制度的衔接。在本法编纂过程中，有意见提出，认可无处分权所订立合同的效力，可能引发不诚信或者导致犯罪行为得不到有力追究。经研究认为，首先，对于实践中可能出现的盗卖、骗卖和误卖等情形，构成犯罪的，应当通过刑事追赃处理，即善意取得的前提不得构成犯罪，若构成犯罪，则不能适用善意取得制度；其次，对于无权处分人的行为不构成犯罪的，依据本条第 1 款以及本法第 311 条善意取得制度的规定，就无权处分标的物的行为，即使合同有效，标的物原所有权人和善意买受人的权利仍然可以依法受到保护：（1）买受人善意取得标的物所有权的，原权利人有权请求无权处分人承担违约责任或者侵权责任；（2）买受人不能依据善意取得制度取得标的物所有权的，原权利人则依法取回标的物所有权，买受人可以根据实际情况，因履行不能无法达到合同目的，可以请求解除买卖合同，进而要求无权处分人承担违约责任，或者直接要求无权处分人承担违约责任。

3. 其他合同的参照适用。在本法编纂过程中，有意见提出将处分他人之物所订立的合同有效仅仅规定在买卖合同，将无法适用于处分他人债权或者赠与他人财产以及无权出资等情形的问题。解决思路是，依据本法第 646 条的规定："法律对其他有偿合同有规定的，依照其规定；没有规定的，参照适用买卖合同的有关规定。"因此，其他情形是可以参照本条进行适用的。

法律禁止流通的物不得作为买卖标的物，如淫秽书刊。法律限制流通的物，只能在限定的领域流通，如枪支的买卖。国家对枪支的买卖实行特别许可制度，未经许可，任何单位和个人不得买卖枪支。购买民用枪支，须持公安部门核发的民用枪支配购证件。出售民用枪支，应当核对配购证件，按照配购证件载明的品种、型号、数量配售。就禁止流通的标的物的法律规定，经梳理，主要规定如下：（1）治安管理处罚法规定不得出售淫秽书刊；（2）枪支管理法对枪支作出特别许可管理的买卖；（3）文物保护法对文物转让作出禁止和限制规定；（4）矿产资源法就探矿权、采矿权的转让作出限制性规定；（5）禁毒法禁止毒品交易；（6）人民银行法禁止伪造、变造的人民币交易；（7）城市房地产管理法禁止特定房地产的转让；（8）人体器官移植条例禁止人体器官买卖；（9）医疗废物管理条例禁止医疗废物买卖；（10）古生物化石保护条例禁止或者限制古生物化石买卖；（11）危险化学品安全管理条例限制剧毒化学品等的买卖。这些买卖合同由于违反了国家法律、行政法规的禁止性规定，原则上应当无效。

第五百九十八条　出卖人应当履行向买受人交付标的物或者交付提取标的物的单证，并转移标的物所有权的义务。

条文主旨

本条是关于出卖人基本义务的规定。

立法背景

买卖合同的买受人的目的就是取得标的物的所有权，所以交付标的物并转移标的物所有权是出卖人最基本的义务。这在各国或者地区的民法中都是一致的，如《德国民法典》第433条第1款规定："因买卖合同，物的出卖人有义务将该物交付给买受人并使买受人取得该物的所有权。出卖人必须使买受人取得没有物的瑕疵和权利瑕疵的物。"《美国统一商法典》第2-301条规定："卖方的义务是根据合同转让和交付货物，买方的义务是根据合同接受货物并支付价款。"我国台湾地区"民法"第348条规定："物之出卖人，负交付其物于买受人，并使其取得该物所有权之义务。权利之出卖人，负使买受人取得其权利之义务，如因其权利而得占有一定之物者，并负交付其物之义务。"《联合国国际货物销售合同公约》第30条也规定："卖方必须按照合同和本公约的规定，交付货物，移交一切与货物有关的单据并转移货物所有权。"

条文解读

交付是指标的物占有的转移。民法理论将标的物的交付分为现实的交付和拟制的交付。

现实的交付指出卖人将标的物的占有直接转移于买受人，使标的物处于买受人的实际控制之下。比如将出卖的商品直接交给买受人，将出卖房屋的钥匙交给买受人等，都是现实交付。拟制的交付是指出卖人将对标的物占有的权利转移于买受人，以替代现实的交付。本条规定的出卖人应当履行向买受人交付"提取标的物的单证"的义务，就是一种拟制交付。这种拟制交付可以称为指示交付，在本法第227条有具体规定，它是指在标的物由第三人占有时，出卖人将对于第三人的请求提取标的物的权利让与买受人，以代替标的物的实际交付。最常见的指示交付是将仓单、提单交给买受人。交付必须是依出卖人的意思而作出的，如未经出卖人的同意，买受人自行将标的物或者提取标的物单证从出卖人处取走，则不构成交付，而是非法侵占的行为。除指示交付外，拟制交付还有另外两种形式：简易交付和占有改定。所谓简易交付，是指出卖人在转让动产物权之前，买受人已经通过委托、租赁、使用借贷等方式而实际占有了该动产，则从移转标的物所有权的合同生效之时起，视为交付。《合同法》第 140 条规定的“标的物在订立合同之前已为买受人占有的，合同生效的时间为交付时间”，即为简易交付。由于该规定与本法第 226 条重复，因此删去。所谓占有改定，是指在动产物权转让时，如果出卖人希望继续占有该动产，买卖当事人可以订立合同，特别约定由出卖人继续占有该动产，而买受人因此取得对标的物的间接占有以代替标的物的实际交付。本法第 228 条就占有改定作了具体规定。

买卖合同中买受人的目的是取得标的物的所有权，不言而喻，将标的物的所有权转移给买受人，同样是出卖人的基本义务。标的物所有权的转移方法，依法律的规定而定。动产以占有为权利的公示方法，因此，除法律另有特别规定或者当事人另有约定以外，动产所有权依交付而转移。不动产以登记为权利公示的方法，因此，其所有权的转移须由所有权人办理转让登记。无论合同是否作出约定，出卖人都应当协助买受人办理所有权的转让登记手续，并将有关的产权证明文书交付买受人。前面提到的在买卖合同成立时出卖人尚未取得标的物所有权的情况下，出卖人就应当在合同订立后取得该标的物的所有权，以将其转移给买受人。

需要说明的是，在本法编纂过程中，删去了《合同法》第 133 条的规定：“标的物的所有权自标的物交付时起转移，但法律另有规定或者当事人另有约定的除外。”主要基于两点考虑：一是条文内容不是很精确，因为如果标的物是不动产的话，原则上应当在完成所有权转移登记时才称得上交付；二是本法第209条和第224条已经就标的物所有权转移问题作出规定，没有必要重复。

第五百九十九条　出卖人应当按照约定或者交易习惯向买受人交付提取标的物单证以外的有关单证和资料。

条文主旨

本条是关于出卖人交付有关单证和资料义务的规定。

立法背景

前条规定，出卖人应当交付标的物或者交付提取标的物单证。提取标的物的单证，主要是提单、仓单，是对标的物占有的权利的体现，可以由出卖人交付给买受人作为拟制的交付以代替实际的交付。这种拟制的交付不需要合同作出专门的约定。

除了标的物的仓单、提单这些用于提取标的物的单证外，现实生活中关于买卖的标的物，尤其是国际贸易中的货物，还有其他一些单证和资料，如商业发票、产品合格证、质量保证书、使用说明书、产品检疫书、产地证明、保修单、装箱单等。对于这些单证和资料，如果买卖合同中明确约定了出卖人交付的义务，或者按照交易的习惯出卖人应当交付，则出卖人就有义务在履行交付标的物的义务以外，向买受人交付这些单证和资料。例如《联合国国际货物销售合同公约》第34条规定："如果卖方有义务移交与货物有关的单据，他必须按照合同所规定的时间、地点和方式移交这些单据。"

条文解读

结合我国的实际情况，对于何为"提取标的物单证以外的有关单证和资料"，《最高人民法院关于审理买卖合同纠纷案件适用法律问题的解释》第 7 条对此作了明确，主要应当包括：保险单、保修单、普通发票、增值税专用发票、产品合格证、质量保证书、质量鉴定书、品质检验证书、产品进出口检疫书、原产地证明书、使用说明书、装箱单等，实践中应当据此理解执行。为便于理解，现作如下简要说明：（1）保险单是保险人与投保人订立保险合同的书面证明，应当完整记载保险合同当事人的权利义务及责任，记载的内容原则上是双方履行合同的依据。（2）保修单是生产者或者销售者提供的，承诺对其生产或者销售的标的物在一定期限内因质量问题而出现的故障提供免费维修及保养服务的凭证。（3）增值税专用发票是增值税纳税人销售货物或者提供应税劳务开具的发票，是购买方支付增值税额并可按照增值税有关规定据以抵扣增值税进项税额的凭证。（4）产品合格证是对产品按照该产品应具备的标准进行检验，检验结果符合该产品标准要求的一种标志或者证明。（5）质量保证书是产品生产者或者销售者，对其生产或者销售的产品质量符合法律规定或者约定标准所作出承诺的凭证。（6）质量鉴定书是鉴定组织对产品质量进行调查、分析和判定后，出具的鉴定结论或者证明。（7）使用说明书是对产品的结构、性能和各部位的类型、性能、标准以及使用注意事项等作出的介绍和说明。

从另一角度而言，出卖人向买受人交付提取标的物单证以外的有关单证和资料，有一个前提条件，即应该有合同的约定或者交易习惯的要求。也就是说，如果合同没有约定或者交易习惯没有要求，出卖人可以不履行这项义务。需要进一步说明的是，只要合同作了约定或者交易习惯有具体要求，出卖人就不能拒绝履行，否则就属于违约行为，应当承担违约责任。

至于出卖人向买受人交付提取标的物单证以外的有关单证和资料是不是具有普遍约束力的问题，如果仅是基于约定才需要交付的，则不具有普遍约束力。但如果是基于交易习惯，即通常是当事人之间因长期交易而形成的习惯做法，或者是被地区、行业公认的不言而喻的习惯做法，抑或是国际贸易中国际惯例，均是合同履行过程中诚信原则的要求，依据本法第 10 条以及第 509 条第 2 款的规定，则具有普遍约束力，出卖人不能抗辩为交易习惯而拒绝履行。

第六百条　出卖具有知识产权的标的物的，除法律另有规定或者当事人另有约定外，该标的物的知识产权不属于买受人。

条文主旨

本条是关于具有知识产权的标的物买卖中知识产权归属的规定。

立法背景

在本法的编纂过程中，有意见提出，《合同法》第 137 条（即本条的原条文）“出卖具有知识产权的计算机软件等标的物的，除法律另有规定或者当事人另有约定的以外，该标的物的知识产权不属于买受人”中的“计算机软件等”为多余表述，影响了条文本身的逻辑，建议删除。我们经研究认为，“计算机软件等”的表述本意为举例说明，随着我国计算机使用的大众化以及我国知识产权保护水平的不断提高，已经没有必要特别说明；同时，删去“计算机软件等”后的条文逻辑更加清晰明了。因此接受建议，删去了原条文的“计算机软件等”内容。

条文解读

在买卖合同中，有些标的物本身可能是知识产权的载体，如计算机软件等。本条规定的意旨在于说明作为知识产权的载体的买卖与知识产权转让的不同。知识产权的转让是权利买卖的一种。涉及权利主体转变的合同法律关系，在有关法律中一般称为权利的转让。如我国《专利法》第 10 条第 1 款规定：“专利申请权和专利权可以转让。”专利权的转让，是指专利权人作为转让方，将其发明创造专利的所有权或者持有权转移给受让方，受让方支付约定的价款。除了这种权利转让的合同，我国有关法律还规定了一种权利客体的许可使用合同。如《专利法》第 12 条规定了专利实施许可合同，它是指专利权人作为许可方许可被许可方在约定的范围内实施其所有或者持有的专利技术，被许可方按照约定支付使用费的合同。这种合同与专利权转让合同的区别在于，后者是以专利所有权的转移为目的的，而前者是以转让技术使用权为目的的，所以也可理解为专利技术使用权的转让合同，转让人并不因专利技术使用权的转让而丧失专利所有权。

在权利买卖中，当事人所追求的合同目的与一般的货物买卖是不同的。尽管从根本上说，一般货物买卖也是权利，即货物所有权的转移，但是，货物的所有权建立在现实的、可见的实物之上，其所有权是一个法律上的抽象概念，当事人所追求的是物的实用性。而权利的买卖或者转让则不同，当事人所追求的是权利本身所体现的利益。作为买卖对象的权利，尽管也有一定的载体，但买卖当事人看重的显然不是该载体本身，而是通过它表现的一定技术以及对这一技术享有支配的权利而能带来的利益。因此，如果一个买卖合同的标的物本身体现着一定的知识产权，除非当事人明确表明，或者法律有相关规定（如《著作权法》规定美术作品的展览权随作品原件转移），买卖可以影响知识产权，那么，该标的物所体现的知识产权就不转移于买受人。另举一例来说，某人购买了一台计算机，其中计算机内包括了各种软件，作为买受人来讲，只是对计算机这一物体享有了所有权，但是对于计算机内所包括的作为软件的知识产权不属于买受人，买受人只有使用权，没有权利处分该计算机中所包含的知识产权。

第六百零一条　出卖人应当按照约定的时间交付标的物。约定交付期限的，出卖人可以在该交付期限内的任何时间交付。

条文主旨

本条是关于买卖合同出卖人交付期限的规定。

立法背景

买卖标的物的交付时间，在买卖合同的履行过程中十分重要。本条的规定，借鉴了《联合国国际货物销售合同公约》第33条的规定，即“卖方必须按以下规定的日期交付货物：（a）如果合同规定有日期，或从合同可以确定日期，应在该日期交货；（b）如果合同规定有一段时间，或从合同可以确定一段时间，除非情况表明应由买方选定一个日期外，应在该段时间内任何时候交货；或者（c）在其他情况下，应在订立合同后一段合理时间内交货。”

条文解读

这里出卖人具体交付标的物的时间，可以区分两种情况：

1. 合同约定在某确定时间交付。除非对交付的时间有精确要求，一般落实到日即是合理的，出卖人应当按照约定的时间履行标的物交付义务。迟于此时间，即为迟延交付，属于违约；早于此时间，即为提前履行，严格意义上也是一种违约。按照本法的规定，买受人可以拒绝出卖人提前履行债务，但提前履行不损害买受人利益的除外。出卖人提前履行债务给债权人增加的费用，由出卖人承担。

2. 现实生活中大量的合同都约定了一个交付的期限。交付期限通常指的是一个时间段。具体的合同纷繁复杂，这一时间段是某几年、某几月或者某几天都有可能。这种情况下，依照本条规定，出卖人就可以在该交付期限内的任何时间交付，这也是符合当事人意图的。

需要补充说明的是，出卖人按照约定的期限交付标的物，是出卖人的一项义务，期限包括具体的日期和期间。约定有具体的交付日期的，应当按照约定的具体日期交付；没有约定具体日期而约定了交付期限的，出卖人可以在该交付期限内的任何时间交付。由于按照约定期限交付是出卖人的义务，不履行或者不正确履行这一义务须承担违约责任。不按照合同约定的期限履行义务包括两种情况：一是出卖人提前交付标的物，买受人接货后，仍可按合同约定的交货时间付款；合同约定自提的，买受人可以拒绝提货。二是出卖人逾期交付标的物，应在发货前与买受人协商，买受人仍需要的，出卖人应当照数补交，并负逾期交货责任；买受人不再需要的，应当依法办理解除合同手续。

第六百零二条　当事人没有约定标的物的交付期限或者约定不明确的，适用本法第五百一十条、第五百一十一条第四项的规定。

条文主旨

本条是关于买卖合同未约定标的物交付期限或者约定不明确如何处理的规定。

立法背景

标的物交付时间不确定时需要有处理规则。从条文本身的内容以及合同编的体例安排和立法技术上看，本法中的第510条和第511条是两个十分重要的条文，对于合同内容的确定和合同的履行具有重要的意义。典型合同各章中经常要引用总则的这两条以确定各有关合同的约定不明时解决的规则。依据第510条的规定，合同生效后，当事人就标的物的交付期限没有约定或者约定不明确时，当事人可以重新协商达成补充协议；不能达成补充协议的，按照合同相关条款或者交易习惯确定。

如果这样仍然不能确定，按照第511条第4项的规定，出卖人就可以随时履行，买受人也可以随时要求出卖人履行，但应当给出卖人必要的准备时间。为了使买受人有一个合理的准备接收标的物的时间，如准备仓库等，出卖人应当在交付之前通知买受人。即使法律对此不作规定，这也是出卖人按照诚信原则应当履行的义务，因为通知一下对出卖人来说并不是多大的负担，却可以使买受人免受可能的损害。至于这段准备时间应当多长，则应当根据具体的情况合理地确定，难以一概而论。需要特别说明的是，前条规定的交付期限，是从出卖人一方的角度而言的；本条所规定的未约定或者未明确交付期限时的确定规则，是从出卖人和买受人双方的角度来讲，两条不能按照一个逻辑来理解。

条文解读

如果买卖合同当事人没有约定交付时间，根据我国司法实践，通常可以依据下列情形进行判断，具有一定的参考价值：一是，如果约定由买受人自提货物的，以出卖人通知买受人提货时间为交付时间。但是，出卖人的通知一般应当采用书面形式，而且应当给买受人留有必要的准备时间。二是，如果合同约定由出卖人送货的，出卖人在交货地点将标的物交付买受人实际占有并点收完毕，即视为交付。但是，如果买受人对货物的质量或者数量等提出异议而拒绝接受的，则不能视为交付。三是，出卖人因买受人无正当理由拒绝接受而将标的物提存的，提存时间即为交付时间。四是，出卖人提前交付而买受人接受的，以买受人实际接受的时间为交付时间。五是，当事人约定由出卖人代办托运或者邮寄货物的，出卖人将货物交给第一承运人或者邮局的时间为交付时间。

第六百零三条 出卖人应当按照约定的地点交付标的物。

当事人没有约定交付地点或者约定不明确，依据本法第五百一十条的规定仍不能确定的，适用下列规定：

（一）标的物需要运输的，出卖人应当将标的物交付给第一承运人以运交给买受人；

（二）标的物不需要运输，出卖人和买受人订立合同时知道标的物在某一地点的，出卖人应当在该地点交付标的物；不知道标的物在某一地点的，应当在出卖人订立合同时的营业地交付标的物。

条文主旨

本条是关于出卖人交付标的物的地点的规定。

立法背景

买卖合同对标的物的交付地点有约定的，出卖人应当按照约定履行交付的义务。本条所要解决的问题主要是合同对交付地点没有约定或者约定不明确时法律应当确定怎样的规则。

条文解读

与交付期限没有约定或者约定不明确的情形一样，合同如果没有约定交付地点或者约定不明确的，首先仍然要适用本法第510条的规定，即合同生效后，当事人可以重新协商达成补充协议，不能达成补充协议的，按照合同相关条款或者交易习惯确定交付地点。

与确定交付期限不同的是，如果这样仍然不能确定交付地点，不是适用本法第511条的规定，即第511条第3项所规定的，履行地点不明确，给付货币的，在接受货币一方所在地履行；交付不动产的，在不动产所在地履行；其他标的，在履行义务一方所在地履行。本条的规定，提出了适用于买卖合同的特别规则。这些特别的规则与第511条第3项的规定是不同的，对于买卖合同，首先要适用本条的规则。但不是说本条与第511条第3项是根本上冲突的，如本条也有在债务人所在地履行的内容。并且，对于本条所未规定的情形，由于第511条第3项属于合同编通则的内容，所以仍要适用通则这项条款的规定，如“交付不动产的，在不动产所在地履行”这一规定也适用于买卖合同。也就是说，就买卖合同的交付地点没有约定或者约定不明确时，首先应当适用本条第2款的规定；在本条第2款无法适用或者没有规定时，才适用本法第511条第3项的规定。

本条规则的确立，在承继我国有关法律中较好的规定，如《民法通则》第88条的有关规定的同时，综合参考了大陆法系和英美法系的有关规定，特别是《联合国国际货物销售合同公约》的规定。该公约第31条规定：“如果卖方无须在任何其他特定地点交付货物，其交货义务包括：（a）在销售合同涉及货物运输时，卖方应把货物移交给第一承运人，以便其将货物运送给买方；（b）在不属上款调整时，如果合同指明了特定的货物，或指出货物还未特定化而且有待于从特定仓库中提取，或者尚待制造或生产，而双方当事人在订立合同时已知道这些货物存在于某一特定地点，或者将在某一特定地点制造或生产，卖方应在该地点把货物交给买方处置；（c）在其他情况下，卖方应在其签订合同时的营业地将货物交由买方处置。”本条的规定与《联合国国际货物销售合同公约》第 31 条规定的含义基本上是相同的。买卖合同一章中有相当一部分规定是通过借鉴《联合国国际货物销售合同公约》而来的，这主要是考虑到该公约的许多规定反映了市场经济条件下贸易活动的基本特点和要求，符合我国社会主义市场经济发展的客观需要。该公约虽然调整的是国际货物买卖关系，但从世界范围来看，实行市场经济的国家对于规范国内贸易的法律与规范国际贸易的法律基本上是一致的，只是针对国际贸易中特有的应区别对待的问题作出专门的规定。这也是符合我国有关合同法律规范的立法精神的。

我国过去的法学理论中，对买卖合同标的物交付地点的问题，存在这样的一种处理办法，即以当事人约定的交付方式来确定交付地点。这些交付方式主要是自提方式、送货方式、代办托运方式等。1999 年《合同法》起草过程中，考虑到当事人约定的这些交付方式，交付方式本身就已经说明了标的物交付的地点。因此摒弃了这种解决办法，并且认为此时合同对交付地点的约定是明确的，或者说依照本法第 510 条的规定，属于通过对合同其他条款的解释可以确定的情形。

本条所确定的规则可以从以下 3 个层次把握：

1. 如果买卖合同标的物需要运输，无论运输以及运输工具是出卖人安排联系的，还是买受人安排联系的，出卖人的交付义务就是将标的物交付给第一承运人。即使在一批货物需要经过两个以上的承运人才能运到买方，出卖人也只需把货物交给第一承运人。这时即认为出卖人已经履行了交付义务。因此，出卖人交付的地点应当是将标的物交付给第一承运人的地点。

这里需要注意的是，不管第一承运人是由出卖人还是买受人安排联系的，该承运人必须是独立于买卖双方的运输业经营者，而不应当是出卖人或者买受人自己的运输工具，否则将和本条第 2 款第 2 项规定的情形重复。《最高人民法院关于审理买卖合同纠纷案件适用法律问题的解释》第 11 条也对此作出了明确规定。

另外需要注意的是，在有的国际货物买卖中，合同虽然也涉及了货物的运输问题，但当事人采用了某种贸易术语，而该术语本身就涵盖了交货的地点，此时就不属于本条规定的情况。例如，当事人在合同中约定交货的条件是“FOB 上海”，即使货物需要从郑州用火车运到上海再由上海海运到西雅图，出卖人的义务也应当是把货物交付到上海的指定船舶上，而不是把货物交到郑州开往上海的火车上就算完成了交付。

2. 如果标的物不需要运输，即合同中没有涉及运输的事宜，这时如果出卖人和买受人订立合同时知道标的物在某一地点的，出卖人应当在该地点交付标的物。双方当事人知道标的物在某一地点，一般在以下情况中较为常见：买卖合同的标的物是特定物；标的物是从某批特定存货中提取的货物，例如指定从存放在某地的小麦仓库中提取若干吨小麦作为交付的货物；尚待加工生产或者制造的未经特定化的货物，如买卖的定货将在某地某家工厂加工制造。

3. 在不属于以上两种情况的其他情况下，出卖人的义务是在其订立合同时的营业地把标的物交付给买受人。出卖人应当采取一切必要的行动，让买受人能够取得标的物，如做好交付前的准备工作，将标的物适当包装，刷上必要的标志，并向买受人发出通知让其提货等。至于本条第 2 款第 2 项中的“营业地”该如何理解，实践中也并非没有争议，因为出卖人有多个

“营业地”也属正常。对此问题，《联合国国际货物销售合同公约》第10条就“营业地的认定”规定：“(a)如果一方当事人有一个以上的营业地，则应该将那个与合同、合同的履行具有最密切联系的营业地视为其营业地；在确定最密切联系营业地时，应考虑到双方当事人在订立合同前任何时候或订立合同时所知道或所考虑的情况；(b)如果一方当事人没有营业地，则以其惯常居住地为准。”我们经研究认为，该规定具有合理性，可以作为认定“营业地”的依据。

第六百零四条　标的物毁损、灭失的风险，在标的物交付之前由出卖人承担，交付之后由买受人承担，但是法律另有规定或者当事人另有约定的除外。

条文主旨

本条是关于买卖标的物毁损、灭失风险承担的基本规则的规定。

立法背景

本条也是买卖合同章最重要的条文之一。风险承担是指买卖的标的物在合同生效后因不可归责于当事人双方的事由，如地震、火灾、飓风等致使发生毁损、灭失时，该损失应当由哪方当事人承担。风险承担制度具有三个主要特点：一是风险承担发生在双务合同之中，单务合同没有对待给付问题，虽然可能存在标的物毁损灭失风险，但不存在价金风险的问题。二是风险承担是因为标的物的毁损、灭失而引起，不是因当事人的违约行为而引起。三是风险承担是因为不可归责于双方当事人的事由而产生的损失的分配制度，风险的发生具有极大的不可预测性。风险承担的关键是风险转移的问题，也就是说如何确定风险转移的时间。转移的时间确定了，风险由谁来承担也就清楚了。由于它涉及买卖双方当事人最根本的利益，所以从来都是各国、各地区有关买卖合同法律规范中要解决的一个重要问题。

条文解读

通常来讲，标的物风险转移的时间可以由双方当事人在合同中作出约定。当事人在这方面行使合同自愿的权利，法律是没有理由干预的。这在各国法律规定中都是一致的，即在风险承担的问题上尊重当事人的意思自治。例如《美国统一商法典》第2－303条规定："当本篇以'除非另有协议'为条件将风险或责任划归某一方时，当事方不仅可以通过协议将风险或责任转给另一方，还可以将风险或责任在当事方之间划分。"另外，如《联合国国际货物销售合同公约》第9条规定："(1) 双方当事人业已同意的任何惯例和业已确立的任何习惯做法，对双方均有约束力。(2) 除非双方当事人另有协议，否则，应视为他们已默示地同意将下列惯例适用于其合同或合同的订立，即他们已知道或理应知道惯例，而且在国际贸易中，此种惯例已为从事特定贸易的当事人在签订该类合同时所广泛知道并经常为他们所遵守。"据此，当事人可以在合同中使用某种国际贸易术语，如FOB、CIF等或者以其他办法来约定货物损失的风险从卖方转移到买方的时间及条件。在大宗贸易尤其在国际贸易中，当事人往往都会通过各种方式，很多通过采用国际贸易术语的方式在合同中确定风险转移的时间。如约定以FOB、

CFR 或者 CIF 条件成交时，货物的风险都是在装运港装船越过船舷时起，由卖方转移于买方。

然而，法律必须要确定一个规则，以解决合同当事人对此问题未作约定或者约定不明确时，标的物的风险从何时起转移。各个国家的法律一般对此都有具体规定，但各国的规定不尽一致，主要可以分为 3 种情况：

1. 风险自合同订立时转移

风险自合同订立时转移模式，是指非因买卖当事人的原因而导致标的物毁损灭失的不利后果，自合同订立时起移转于买受人，即所谓的“合同订立原则”。目前，采用该模式的主要有瑞士等国。《瑞士债务法》第 185 条第 1 款规定：“除有特别情况或契约另有约定外，买卖物的用益与危险，于契约订立时移转于买受人。”

2. 风险随所有权转移

风险随所有权转移模式，是指标的物风险转移的时间应当与所有权转移的时间一致，即所谓的“物主承担风险原则”或者“所有权原则”。这一模式最早为罗马法所采纳，目前的英国和法国就属于此类。《英国买卖法》第 20 条规定：“除另有约定者外，卖方应负责承担货物的风险直至财产权移转给买方时为止。但财产权一经移转给买方，则不论货物是否已经交付，其风险均由买方承担；但如由于买方或卖方的过失，使得货物交付延迟，则由于此项过失所引起的损失应由责任方承担。”《法国民法典》第 1196 条第 3 款规定：“物的风险随所有权移转而移转。但是，根据第 1344 - 2 条之规定，负有交付义务的债务人经催告后即由其承担物之风险，第 1351 - 1 条所规定的情形不在此限。”这种原则是说标的物的风险转移的时间应当与所有权的转移时间相一致，即所有权转移给买受人时，风险也随之移转给买受人。

3. 风险随交付转移

风险随交付转移的模式，是指把风险转移与所有权转移区分开来，以物的实际交付时间为标的物风险转移的确定标志，不论标的物所有权是否已经转移，均由标的物实际占有者承担风险。即所谓的“交付原则”，最早为《德国民法典》所采纳。目前，美国、德国以及《联合国国际货物销售合同公约》等都是采取这种模式。《美国统一商法典》第 2－509 条规定：“当合同要求或授权卖方通过承运人发运货物时，如果合同未规定卖方在特定目的地交付货物，卖方将货物适当地交付给承运人后风险即转移至买方，即使卖方保留了权利（第 2－505 条）；但是如果合同规定卖方在特定目的地交付货物，且在货物到达目的地但仍由承运人占有期间作出适当的提示交付，则只要卖方作出此种适当的提示交付，使买方能够取得交付，损失风险即于此时转移至买方。当货物由货物保管人掌握且不需移动即可交付时，损失风险在下列情况下转移至买方：买方收到代表货物的流通所有权凭证；或货物保管人确认买方拥有占有货物的权利；或买方按第 2－503 条第 4 款第 b 项所规定的方式收到不可流通所有权凭证或其他交货指示书。在本条第 1 款或第 2 款以外的任何情况下，如果卖方是商人，则风险在买方收到货物后转移至买方；否则，风险在提示交付时转移至买方。如果当事方的协议与本条相冲突，以协议为准。并且，本篇有关试用的条款（第 2－327 条）和违约时风险之承担的条款（第 2－510 条）的效力优于本条规定。”《德国民法典》第 446 条规定：“在买卖物交付时，意外灭失和意外毁损的风险移转给买受人。自交付时起，用益归属于买受人，并由买受人承担物的负担。买受人陷于受领迟延的，与交付相同。”《联合国国际货物销售合同公约》第四章也确立了以交付作为风险转移的基本模式。

1999 年合同法起草过程中参考比较了上述 3 种模式，最终确定采纳第 3 种模式作为我国处理这一问题的办法。理由是风险转移是一个很现实的问题，而所有权的转移则是抽象的，因而以所有权的转移来确定风险转移的做法不可取。标的物的交付是一个事实问题，易于判断，清楚明了，以它作为标准有利于明确风险的转移。因此，本条规定，标的物毁损、灭失的风险，交付前由出卖人承担，交付后由买受人承担。这里要注意一个问题，除法律另有规定或者当事人另有约定以外，本法第 224 条规定了“动产物权的设立和转让，自交付时发生效力”的内容，而本条又规定“标的物的风险自交付时起转移”，似乎区分风险承担的所有权原则与交付原则没有意义，这种看法是不对的。因为，第 224 条规定的所有权自交付时起转移是在法律没有另外规定或者当事人没有相关约定的情况下才发生效力的。比如，如果当事人约定自合同成立或者自标的物价款支付完毕时起所有权转移，那么所有权的转移就依当事人的约定；而对于标的物风险，如果当事人没有专门约定，则要自交付时起转移。对于法律规定须办理一定手续标的物所有权才能转移的情况，与此道理相同。

另外需要说明的是，本条确立的规则属于买卖合同风险承担的一般性规则，如果特别法或者本法另有特别的规定，则应当适用该特别规定。

第六百零五条 因买受人的原因致使标的物未按照约定的期限交付的，买受人应当自违反约定时起承担标的物毁损、灭失的风险。

条文主旨

本条是关于买卖标的物因买受人原因致使交付迟延的情况下风险转移的规定，也是买卖合同标的物以交付划分风险承责原则的例外规定。

立法背景

依据前条规定，标的物的风险自交付时起，由出卖人转移至买受人。在合同履行中发生交付迟延的情况下，就要考虑按此规则处理是否会导致对当事人各方的不公平。如果有，就需要作出相应的补充规定。在标的物迟延交付是由买受人原因造成的情况下，如果仍然坚持标的物的风险自交付时起转移，则显然对出卖人是不公平的。因为他已经为标的物的交付做好了准备，标的物已处于可交付的状态，而买受人则违反了及时接收标的物的合同义务。因此，本条规定因买受人的原因致使出卖人不能按约定时间交付，买卖标的物自买受人违反约定时起发生风险转移，是合情合理的，同域外的通行做法也是一致的。比如《联合国国际货物销售合同公约》第 69 条规定，在相关情况下，买方从货物交付给他处置但他不收取货物从而违反合同时起，承担货物的风险。《德国民法典》第 446 条“买受人陷于受领迟延的，与交付相同”的规定，也与本条的规定一致。

条文解读

对于因买受人原因致使出卖人不能交付标的物发生与交付一样的效果，即买受人承担标的物毁损、灭失的风险责任的条件，可以简单概括为4个方面：一是买受人须有原因。这里的原因，一般来讲是指买受人的过错，该过错应该包括故意和过失两种情况。二是须有出卖人不能按照约定的期限交付标的物的事实存在。如果没有这一事实的存在，也不会出现本条的情况。三是出卖人不能按照约定的期限交付标的物的事实是由于买受人引起的。也就是说，必须有因果关系。四是买受人承担风险的期限为自约定交付之日至实际交付之时。

第六百零六条　出卖人出卖交由承运人运输的在途标的物，除当事人另有约定外，毁损、灭失的风险自合同成立时起由买受人承担。

条文主旨

本条是关于路货买卖中的标的物风险转移的规定。

立法背景

路货买卖是指标的物已在运输途中，出卖人寻找买主，出卖在途中的标的物。它可以是出卖人先把标的物装上开往某个目的地的运输工具（一般是船舶）上，然后再寻找适当的买主订立买卖合同，也可以是一个买卖合同的买受人未实际收取标的物前，再把处于运输途中的标的物转卖给另一个买受人。实践中，路货买卖以后一种形式为多，往往是在CIF条件下买方取得卖方交付的有关提取货物的单证后转卖货物。事实上，本条规定的情形是第604条规定的特殊情况，而第604条规定的风险转移时间点为“交付时”，本条规定的风险转移时间点为“合同成立时”，这是因为路货买卖的双方当事人均无实际控制货物，只能根据双方当事人已经确定的合同关系来确定，即以“合同成立时”来确定最为合理。这里需要指出的是，本条规定的情形主要发生于国际货物买卖合同之中，因此《联合国国际货物销售合同公约》第68条也有具体规定，其中规定：“对于已处在运输途中销售的货物，风险自合同订立之时起移转至买方。但是，如果情况表明：风险应该自货物交付给签发包括运输合同在内的单据的承运人之时起转移至买方，风险便于该时起由买方承担。尽管如此，如果卖方在订立合同时已知道或理应知道货物已经损失或损坏，而他又不将这一事实告知买方，则这种遗失或损坏的风险应由卖方承担。”另外，美国以及德国等国的民法典也都就路货买卖的风险承担问题作出了类似公约的规定。

条文解读

出卖在运输途中的货物，一般在合同订立时，出卖人就应当将有关货物所有权的凭证或者提取货物的单证等交付买方，货物也就处在了买方的支配之下。根据上述分析，从订立合同时起转移货物的风险承担也是合理的。但实际问题是，以合同订立之时来划分路货买卖的风险承担有时是比较困难的。因为在订立买卖合同时，货物已经装在运输工具上处于运输的途中，在收集不到确切证据的情况下，买卖双方都难以搞清风险到底是发生在运输途中的哪一段，是在合同订立之前还是在之后。所以公约作出了这样的规定，即如果情况表明有此需要，从货物交付给签发载有运输合同单据的承运人时起，风险就由买方承担。这就把风险转移的时间提到了货物交付承运人之时，也就是说从货物交付运输之时起，货物风险就由买受人承担了。之所以这么处理是因为在路货买卖中一般出卖人要转移货物有关单证给买受人，而货物的保险单一般也是同时转让的，当货物发生风险时，买受人就可以凭保险单向保险公司索赔。这样就不会因此规定造成对买受人的不公平。所以，在适用“如果情况表明有此需要”的条件时，就要综合考虑上述的情况，即是否难以确定风险发生的时间，以及买受人是否享有保险利益等。从我国《保险法》第 49 条第 1 款“保险标的转让的，保险标的的受让人承继被保险人的权利和义务”和第 2 款“保险标的转让的，被保险人或者受让人应当及时通知保险人，但货物运输保险合同和另有约定的合同除外”的规定来看，如果买卖标的物在运输途中发生保险事故，作为买受人享有保险利益是没有问题的。

另外需要说明的是，本条的适用范围：一是出卖人出卖的标的物为“运输途中的标的物”，不是“运输途中的标的物”不适用本条的规定；二是当事人没有对运输途中的标的物毁损、灭失的风险作出特别的约定，如果有特别的约定，则应适用特别的约定，不能适用本条的规定。

还有一个问题，就路货买卖中的标的物，如果出卖人在订立合同时已经知道或者应当知道货物已经灭失或者损坏，而他又向买受人隐瞒这一事实，根据公平和诚信的原则，这种灭失或者损坏的责任应当由出卖人负担，这是很合理的。《最高人民法院关于审理买卖合同纠纷案件适用法律问题的解释》第 13 条就此情形规定：“出卖人出卖交由承运人运输的在途标的物，在合同成立时知道或者应当知道标的物已经毁损、灭失却未告知买受人，买受人主张出卖人负担标的物毁损、灭失的风险的，人民法院应予支持。”这样的处理方式应当予以肯定。

第六百零七条　出卖人按照约定将标的物运送至买受人指定地点并交付给承运人后，标的物毁损、灭失的风险由买受人承担。

当事人没有约定交付地点或者约定不明确，依据本法第六百零三条第二款第一项的规定标的物需要运输的，出卖人将标的物交付给第一承运人后，标的物毁损、灭失的风险由买受人承担。

条文主旨

本条是关于出卖人将标的物交付给承运人即为履行交付义务的情况下，标的物风险转移的规定。

立法背景

本条规定是要解决标的物在运输中的风险由谁承担的问题。

条文解读

本法第 604 条规定：“标的物毁损、灭失的风险，在标的物交付之前由出卖人承担，交付之后由买受人承担，但是法律另有规定或者当事人另有约定的除外。”这一规定只是一个原则性的规定，核心是交付确定风险承担。但是，实际情况中有些问题难以确定“交付”界限，本条就是典型例子。为预防和减少纠纷，本条针对经常出现的运输途中货物的风险承担划分问题作出了规定，确定了法定的交付界限。

本法第603条第2款第1项规定，当事人未约定交付地点或者约定不明确，依照本法第510条的规定又不能确定时，如果是标的物需要运输的，出卖人应当将标的物交付给第一承运人以运交给买受人。这项规定实际上确定了在这种情况下，出卖人将标的物交付给第一承运人就是履行了合同的交付义务。根据上述分析，本条规定在这种情况下出卖人将标的物交付给承运人后，标的物的风险由买受人承担是符合逻辑的。

大量的买卖合同，尤其是国际贸易都涉及货物的运输，而在运输过程中又容易发生各种风险导致标的物的毁损、灭失。所以确定货物运输中的风险由谁承担是一个非常重要并且十分现实的问题。规定其风险由买方承担的理由是买方所处的地位使他能在目的地及时检验货物，在发现货物受损时便于采取必要的措施，包括减轻损失，及时向有责任的承运人请求赔偿以及向保险人索赔等。一些国际贸易惯例也确定了这样的原则，如采取FOB、CIF和CFR条件订立买卖合同时，都是由买方承担货物在运输过程中的风险。

在本法编纂过程中，由于《合同法》第145条只规定了本条第2款的内容，并无第1款的内容。这样一来，当出现买卖合同双方约定出卖人应当将货物交付到买受人指定的地点再交由承运人运输的情形时，风险如何分担就会出现无法可依的情况。基于此，有意见提出，《最高人民法院关于审理买卖合同纠纷案件适用法律问题的解释》第12条“出卖人根据合同约定将标的物运送至买受人指定地点并交付给承运人后，标的物毁损、灭失的风险由买受人负担，但当事人另有约定的除外”的规定，正好可以弥补合同法的立法缺漏。我们经研究认为，该条司法解释规定公平合理，有助于解决实际中的问题，且与本条第 2 款在逻辑上衔接，故对该司法解释规定作适当文字修改后吸收为本条的第 1 款。

第六百零八条　出卖人按照约定或者依据本法第六百零三条第二款第二项的规定将标的物置于交付地点，买受人违反约定没有收取的，标的物毁损、灭失的风险自违反约定时起由买受人承担。

条文主旨

本条是关于买受人不履行接收标的物义务情况下，标的物毁损、灭失风险承担的规定。

立法背景

本条规定同上一条不一样，是要解决标的物在非运输途中的风险由谁承担的问题。同时，本条也是细化第 604 条规定，针对货物的风险承担划分问题作出具体规定，确定法定的交付界限。

条文解读

本法第 603 条第 2 款第 2 项规定，当事人未约定交付地点或者约定不明确，依照本法第 510 条的规定仍不能确定的，如果标的物不需要运输，出卖人和买受人订立合同时知道标的物在某一地点，那么出卖人应当在该地点交付标的物；不知道标的物在某一地点的，应当在出卖人订立合同时的营业地交付标的物。总之，这种情况就是出卖人有义务在某一地点将标的物交付给买受人。在合同约定的交付期限届至时，如果标的物已经特定于合同项下的特定地点而且出卖人已经完成了必要的交付准备工作，让买受人能够取得标的物，如将标的物适当包装，刷上必要的标志，并向买受人发出通知让其提货等，标的物就处在了可以交付买受人处置的状态，亦即出卖人已经完成了一部分的交付行为。如果这时买受人违反合同的约定没有接收标的物，那么按照本条的规定，买受人就从违反约定之日起承担标的物毁损、灭失的风险。

这里需要说明的一个问题是，第605条和本条规定的法律后果均是“买受人应当自违反约定时起承担标的物毁损、灭失的风险”，但是两者却存在4点不同之处，实践中需要正确把握：一是两者承担风险的适用原则不同。前者是交付转移风险原则的例外，而本条适用交付转移风险原则。二是买受人的主观原因不同。前者要求买受人存在故意或者过失的原因，而本条就不管买受人是否存在故意或者过失的原因。三是出卖人履行交付义务的状态不同。前者出卖人没有也无法履行交付义务，而本条的出卖人已经履行了部分交付行为。四是买受人开始承担风险责任的时间点不同。前者的时间点是出卖人交付标的物之前，本条的时间点是出卖人履行部分交付标的物的行为之后。

第六百零九条　出卖人按照约定未交付有关标的物的单证和资料的，不影响标的物毁损、灭失风险的转移。

条文主旨

本条是关于出卖人交付有关标的物的单证和资料的义务与标的物毁损、灭失风险承担的关系的规定。

立法背景

本条规定的内容，补充前 3 条在标的物转移前后风险承担的相关规定。

条文解读

本条的内容主要包括两个方面：一个方面的内容是，出卖人已经将标的物交付给买受人并由买受人占有，只是按照约定没有履行交付有关标的物的单证和资料的义务。另一个方面的内容是，没有交付有关单证和资料，不影响标的物毁损、灭失风险的转移，即此时的风险由买受人承担。需要说明的是，本条中所称的“有关标的物的单证和资料”，既可能是提取标的物的单证，也可能是提取标的物单证以外的有关单证和资料。

依据本法第 641 条的规定，当事人可以在买卖合同中约定出卖人交付标的物后保留标的物所有权的内容，该内容可以是买受人未履行支付价款或者其他义务的。在买卖标的物交付过程中，出卖人不向买受人移交有关标的物的单证或者资料，其性质可以由当事人在合同中约定，当事人可以约定这就是出卖人保留标的物所有权的表示。在合同对此没有约定时，各国解决的办法不尽一致。依据英国法律可能就认为这表明卖方保留了所有权，而依据《美国统一商法典》则认为这对卖方只是作为买方支付价款的担保，但并不影响标的物所有权的转移。然而，依据本法第 604 条的规定：“标的物毁损、灭失的风险，在标的物交付之前由出卖人承担，交付之后由买受人承担，但是法律另有规定或者当事人另有约定的除外。”表明本法确立的标的物风险转移的原则是以标的物的交付作为标准，而不与标的物的所有权相联系。为什么交付标的物就转移风险，这主要是因为占有人已经占有了标的物，有能力维护标的物的安全和防范标的物的风险。出卖人没有按照约定交付有关标的物的单证和资料，并没有影响到标的物的交付占有。

因此，无论出卖人不交付标的物的单证是否意味着所有权的保留，都不影响标的物的风险从交付时起由出卖人转移给买受人。这与《联合国国际货物销售合同公约》第 67 条规定的“卖方有权保留控制货物处置权的单据，并不影响风险的转移”相一致。

第六百一十条　因标的物不符合质量要求，致使不能实现合同目的的，买受人可以拒绝接受标的物或者解除合同。买受人拒绝接受标的物或者解除合同的，标的物毁损、灭失的风险由出卖人承担。

条文主旨

本条是关于出卖人根本违约的情况下，风险承担的规定。

立法背景

本条是参考《美国统一商法典》作出的规定，该法典第 2－510 条第 1 款规定：“当提示交付或交付的货物不符合合同，致使买方有权拒收时，在卖方作出补救或在买方接受货物前，风险仍由卖方承担。”第 2 款规定：“如果买方正当地撤销对货物的接受，他可以就自己有效保险之不足部分，视损失风险从开始即一直由卖方承担。”两款规定的内容明确了出卖人违约与买受人风险承担的关系。首先，如果出卖人所交付的货物不符合约定，足以使买受人有权拒收货物时，则在出卖人消除了货物的缺陷，或者在买受人接受货物以前，货物的风险仍由出卖人承担。这里的“接受”指的是买受人对货物的认可。其次，如果买受人有正当理由拒绝对货物的接受，则他可以在保险合同所不包括的限度内，认为出卖人自始就承担了货物的风险。

条文解读

具体到本条规定的具体内涵，对于买卖合同交付的标的物质量不合格而导致标的物毁损、灭失的风险由出卖人承担，应当具备以下三个条件。

1. 出卖人交付的标的物质量不符合要求。比如出卖人交付的产品不符合质量标准，或者不具备产品应当具备的使用性能等。如果当事人虽然就标的物质量发生了争议，但是并不能确定交付的产品不符合要求，则不适用本条规定。

2. 因标的物质量不合格致使不能实现合同目的。比如出卖人向买受人交付了 1000 公斤香蕉，其中有 10 公斤变质，此时的出卖人是已经构成违约，但这种违约程度是轻微的，并没有达到不能实现合同目的的程度，买受人不能因此主张解除合同。但是，如果交付的 1000 公斤香蕉中有 900 公斤发生变质而无法食用，那么就可以称之为不能实现合同目的，在这种情况下，买受人当然可以拒收或者在接收后依据本法第 563 条第 4 项的规定解除合同，由此导致风险的发生，才引发风险的分担问题。出卖人的履行不合格构成根本违约，表明出卖人的交付不构成真正的交付，由此产生的标的物毁损、灭失的风险应由出卖人承担。

3. 买受人拒绝接受标的物或者解除合同。尽管出卖人交付的标的物不符合质量要求且已经导致买受人无法实现合同目的，也不一定会产生标的物的风险负担问题。因为买受人可能会接受标的物而要求出卖人承担违约责任，此时标的物毁损、灭失的风险应当由买受人承担。但是，如果在出卖人交付的标的物质量不合格且导致买受人订立合同目的落空时，买受人拒绝接受标的物或者解除合同，则应当视为标的物没有交付，在此情况下所产生的标的物毁损、灭失的风险自然应当由出卖人承担。这里需要进一步说明的是，因出卖人交付的标的物质量无法实现合同目的，买受人拒绝接受，或者买受人接受后向出卖人发出解除合同的通知，这段时间标的物客观上由买受人临时代为照管，该期间的风险如何承担可能会产生争议。我们的意见是，由于代为保管并没有构成真正的交付，因而也不能发生风险的转移，出卖人仍然应当承担风险。

另外需要指出的是，本条关于风险负担的规则属于任意性规范，当事人可以通过协议加以改变；如果当事人之间没有特别约定的话，则应当适用本条的规定。

第六百一十一条　标的物毁损、灭失的风险由买受人承担的，不影响因出卖人履行义务不符合约定，买受人请求其承担违约责任的权利。

条文主旨

本条是关于买受人承担风险与出卖人违约责任关系的规定。

立法背景

本条是参考《联合国国际货物销售合同公约》作出的规定。该公约在第67条至第69条规定标的物交付后由买受人承担标的物风险的前提下，再在第70条规定："如果卖方的行为已经构成根本违约，第六十七条、第六十八条和第六十九条的规定并不影响买方基于此种违约行为而享有的各种补救办法。"据此表明，尽管买方在接受标的物交付后应当承担风险，但是买方依法可以向卖方主张违约责任或者采取各种补救办法。

条文解读

本条的规定表明，在出卖人违约的情况下，买受人虽然按照本法的规定承担了标的物风险，但并不影响因出卖人的违约行为，买受人请求其承担违约责任的权利，如请求损害赔偿。主要的理由在于：标的物毁损、灭失的风险由买受人承担的根据是买受人已经收到了出卖人交付的标的物，但并不表明买受人认可出卖人已经完全履行了债务，也不表明出卖人没有违约行为；如果出卖人存在违约行为，买受人自然可以要求出卖人承担违约责任。

需要特别说明的是，本条规定确实可能与前条的规定存在交叉。比如，在出卖人向买受人交付的标的物质量不符合质量要求，致使不能实现合同目的的情况下，买受人可以依据前条的规定主张权利。即买受人既可以通过拒收标的物或者解除合同而不承担标的物毁损、灭失风险，同时也可以进一步要求出卖人承担相应的违约责任。

第六百一十二条　出卖人就交付的标的物，负有保证第三人对该标的物不享有任何权利的义务，但是法律另有规定的除外。

条文主旨

本条是关于出卖人权利担保义务的规定。

立法背景

买卖合同中出卖人对标的物的权利担保义务指的是出卖人应当保证对标的物享有合法的权利，没有侵犯任何第三人的权利，并且任何第三人就该标的物不享有任何权利。买卖合同根本上就是标的物所有权的转让，因此，出卖人的这项义务也就是其一项最基本的义务。本条所规定的义务是买卖合同中出卖人的一项法定义务，即使合同中对其未作约定，出卖人也必须履行。各国或地区大多都对此作了明确规定，比如，《德国民法典》第435条规定："就物而言，第三人不能对买受人主张任何权利，或只能主张在买卖合同中被接受的权利的，该物无权利瑕疵。不存在的权利被登记于土地登记簿的，与权利瑕疵相同。"《美国统一商法典》第2－312条第1款规定："除本条第二款另有规定外，买卖合同中包含卖方的下列担保：所转让的所有权是完好的，并且转让的方式是适当的；并且所交付的货物上不存在任何买方在订立合同时所不了解的担保权益或其他留置权。"第2款规定："本条第一款所规定的担保，只有通过具体的语言，或只有在客观情况使买方有理由知道出售货物的一方并不保证他对货物拥有所有权，或有理由知道该方所拟出售的只是他自己或第三方所拥有的那部分所有权或权益时，才可以得到排除或修改。”第3款规定：“除非另有协议，如果卖方系惯常从事某种货物交易的商人，他即担保该种货物交付后，不受任何第三人以侵权或类似原因提出的有效指控。但如果买方向卖方提供货物的技术规格，买方即担保卖方不因遵从其提供的规格而受损害。”《英国货物买卖法》第12条第1款规定：“在买卖合同中，除下面第三款适用的一种合同外，货物交易时的卖方承担一项默示条款，卖方须拥有货物销售的权利，同样，在出售协定中，卖方在所有权转让时须拥有（出售货物）这项权利。”第2款规定：“在买卖合同中，除下面第三款适用的一种合同之外，还包含一项默示条款：（a）货物在直到所有权转移之前，不应设定且一直不应设定任何在订约前未向买方披露或买方不知情的担保或负担。（b）买方应能安稳地占有货物，除非受到所有人或其他已披露或已知的任何担保或负担权益妨碍。”第3款规定：“本款适用于从合同能够看出或根据合同的情况可以推断出——卖方会只转移他或第三人拥有的所有权这一意思的买卖合同。”第4款规定：“上述第三款所适用的合同中，有这样的一项默示条款，即所有人知晓的而不为买方所知的全部担保或负担在合同订立之前已经披露给了买方。”第5款规定：“上述第三款所适用的合同中，还有这样的一项默示条款，即无论卖方、在缔约当事人间同意卖方应予移转的只是某一第三者所享有的所有权时的第三者、任何向卖方或上述第三者提出不为买方所知的债务或纠纷时的其他人，都不会妨碍买方安稳地占有货物。”我国台湾地区“民法”第349条规定：“出卖人应担保第三人就买卖之标的物，对于买受人不得主张任何权利。”

条文解读

具体到本条的规定而言，出卖人的权利担保义务包括：(1) 出卖人对出卖的标的物享有合法的权利，他须对标的物具有所有权或者处分权。出卖人作为代理人替货主出售货物，即是出卖人具有处分权的情形。而出卖人将其合法占有或者非法占有的他人财产作为出卖的标的物，或者出卖自己只有部分权利的标的物，如与他人共有的财产等都是对本项义务的违反。(2) 出卖人应当保证标的物上不存在他人实际享有的权利，如抵押权、租赁权等。(3) 出卖人应当保证标的物没有侵犯他人的知识产权。确定出卖人的这项义务比较复杂，需要结合有关知识产权的法律作出判断。《联合国国际货物销售合同公约》对此内容在第42条第1款规定："如果第三方能够根据下列国家的法律以工业产权或其他知识产权为依据对卖方交付的货物提出任何权利或要求，则卖方必须交付不受任何此种权利或要求影响的货物，但以卖方在订立合同时已知道或不可能不知道此种权利或要求为限：(a) 如果双方当事人在订立合同时有意将货物在某一国境内转售或以其他方式在该国境内使用货物，则根据该转售或以其他方式使用地所在国的法律；或者 (b) 在任何其他情况下，根据买方营业地所在国家的法律。"第2款规定："卖方在上一款中的义务并不适用于下列情形：(a) 买方在订立合同时已知道或不可能不知道此项权利或要求；或者 (b) 此项权利或要求是由于卖方遵从了买方所提供的技术图样、设计、方案或其他规格而产生的。"可以作为适用本条规定的参考。

出卖人未能履行权利担保义务，使得合同订立后标的物上的权利缺陷没有去除，属于出卖人不履行债务的一种情况，出卖人应当承担相应的法律责任。首先，买受人可以依照合同编第八章违约责任的有关规定，请求出卖人承担违约责任。其次，在标的物的部分权利属于他人的情况下，也可以认为出卖人的行为构成根本违约，即严重影响了买受人订立合同的目的，买受人可以单方解除合同。如果买受人不想解除合同，则可以请求出卖人减少标的物的价款。

至于本条所规定的"但是法律另有规定的除外"，这里的法律另有规定，主要包括以下三个方面：（1）如果有关专门立法对有权利缺陷标的物的买卖作出特别规定，则首先要依照其规定。例如本法第431条规定："质权人在质权存续期间，未经出质人同意，擅自使用、处分质押财产，造成出质人损害的，应当承担赔偿责任。"因此，在这种情况下，即使有关质押物的买卖合同有效，作为出卖人的质权人也应当向出质人承担违约责任。（2）如果有关涉及知识产权的立法就出卖人的权利有特殊规定的，应当按该特殊规定处理。例如本法第600条规定："出卖具有知识产权的标的物的，除法律另有规定或者当事人另有约定外，该标的物的知识产权不属于买受人。"据此，买受人就不能主张享有标的物的知识产权。（3）如果买受人明知第三人对标的物享有权利的，应当受其约束。例如本法第613条规定："买受人订立合同时知道或者应当知道第三人对买卖的标的物享有权利的，出卖人不承担前条规定的义务。"

需要指出的是，本章规定权利担保义务的这些条文的目的只是明确在买卖合同中当事人的权利义务关系，而不解决买卖合同对货物所有权所产生的影响问题。因此，如果出卖人将其根本没有所有权或者处分权的财产拿来出售，而买方并不知情出钱购买之后，一旦财产的真正所有人向买方提出索回财产时，该善意（即不知情）的买受人能否在法律上得到保护，能否取得财产的所有权而不返还给原所有人，这个问题属于本法第 311 条规定的善意取得制度调整的范畴，具体请参考有关该条的规定及释义。

另外还需要说明的一个问题是，本条的权利担保义务的规定还涉及一物多卖问题，且实践中的问题比较突出，在本法编纂过程中，有不少意见提出，在《最高人民法院关于审理买卖合同纠纷案件适用法律问题的解释》等有关规定的基础上，要求在买卖合同章对一物多卖问题作出规定。一物多卖所签订的多份合同，如果不存在恶意串通损害第三人利益的，则各个合同都应当属于有效，但究竟应该根据哪一个合同来确定物权的归属，在实务中经常发生争议。目前，实践中通常分三类来处理。

1. 标的物为不动产的。司法解释没有作出明确规定，通常的处理模式为：(1) 先办理过户登记手续的，优先受到保护；(2) 办理预告登记的买受人，其次受到保护；(3) 既未办理过户登记也未预告登记的，先合法取得占有的买受人受到保护。

2. 标的物为一般动产的。《最高人民法院关于审理买卖合同纠纷案件适用法律问题的解释》第 9 条规定："出卖人就同一普通动产订立多重买卖合同，在买卖合同均有效的情况下，买受人均要求实际履行合同的，应当按照以下情形分别处理：(一) 先行受领交付的买受人请求确认所有权已经转移的，人民法院应予支持；(二) 均未受领交付，先行支付价款的买受人请求出卖人履行交付标的物等合同义务的，人民法院应予支持；（三）均未受领交付，也未支付价款，依法成立在先合同的买受人请求出卖人履行交付标的物等合同义务的，人民法院应予支持。”实践中均按此处理。

3. 标的物为船舶、航空器、机动车等特殊动产的。《最高人民法院关于审理买卖合同纠纷案件适用法律问题的解释》第10条规定：“出卖人就同一船舶、航空器、机动车等特殊动产订立多重买卖合同，在买卖合同均有效的情况下，买受人均要求实际履行合同的，应当按照以下情形分别处理：（一）先行受领交付的买受人请求出卖人履行办理所有权转移登记手续等合同义务的，人民法院应予支持；（二）均未受领交付，先行办理所有权转移登记手续的买受人请求出卖人履行交付标的物等合同义务的，人民法院应予支持；（三）均未受领交付，也未办理所有权转移登记手续，依法成立在先合同的买受人请求出卖人履行交付标的物和办理所有权转移登记手续等合同义务的，人民法院应予支持；（四）出卖人将标的物交付给买受人之一，又为其他买受人办理所有权转移登记，已受领交付的买受人请求将标的物所有权登记在自己名下的，人民法院应予支持。”实践中均按此处理。

我们经研究，最终没有在本法合同编的编纂过程中吸收上述内容，主要理由有二：一是买卖合同标的物所有权的最终归属问题，不属于合同编范畴，而是属于物权编范畴；二是学界对于《最高人民法院关于审理买卖合同纠纷案件适用法律问题的解释》第9条第3项和第10条第3项存在争议，认为有悖于债权平等原则，处理结果不够公平。因此留待司法实践和理论界进一步研究探索。

第六百一十三条　买受人订立合同时知道或者应当知道第三人对买卖的标的物享有权利的，出卖人不承担前条规定的义务。

条文主旨

本条是关于出卖人权利担保义务免除的规定。

立法背景

依照前条规定，买卖合同的出卖人对于买受人应当承担权利担保义务。但是，在订立合同时，如果买受人已知或者应知标的物在权利上存在缺陷，除合同没有约定相反的意思，就应当认为买受人抛弃了对出卖人的担保权。因为买受人在订立合同时明知这种情况就等于表示愿意购买有权利缺陷的标的物。这同买受人明知货物有质量上的瑕疵而仍愿意购买的道理是一样的。我国台湾地区“民法”第351条规定：“买受人于契约成立时，知有权利之瑕疵者，出卖人不负担保之责。但契约另有订定者，不在此限。”此处的契约另有订定，如果表现为在合同中约定出卖人负有在合同订立后除去权利缺陷的义务，则在这种情况下出卖人的权利担保义务就不得免除。《联合国国际货物销售合同公约》第41条也规定，卖方所交付的货物必须是第三方不能提出任何权利或者请求的货物，除非买方同意在受制于这种权利或者请求的条件下收取货物。《英国货物买卖法》第12条第3款至第5款的规定，也表明了这个意思。

条文解读

根据本条规定，出卖人不承担权利担保义务须具备两个条件：（1）买受人须了解情况。对于“买受人知道或者应当知道第三人对买卖的标的物享有权利”的规定，买受人需要了解三点：第一点是买受人知道或者应当知道。也就是说，买受人订立合同时知道或者应当知道存在权利瑕疵。第二点是第三人应当是买卖合同当事人以外的人。第三点是这里的权利包括所有权及与所有权有关的其他权利，比如抵押权、质权和租赁权等。（2）买受人了解情况应为订立合同时。买受人知道或者应当知道第三人对买卖的标的物享有权利，应当在订立合同时，包括订立合同过程中和合同签字之时。如果在合同订立后，则不属于本条所规定的情况。

另外需要注意的是：（1）如果就买受人是否知情发生争议，出卖人如果主张买受人在订立合同时明知标的物的权利缺陷，则对此举证的责任在出卖人，而非买受人。（2）出卖人不承担权利担保义务，意味着买受人无权就其不能取得完整的标的物所有权请求出卖人承担违约责任。（3）本条规定只是一个原则性的规定，并没有否定当事人以协议的方式排除这一规定。也就是说，买卖合同当事人如果在合同中约定应当由出卖人承担权利瑕疵担保责任的，出卖人就应当承担权利瑕疵担保责任。

第六百一十四条　买受人有确切证据证明第三人对标的物享有权利的，可以中止支付相应的价款，但是出卖人提供适当担保的除外。

条文主旨

本条是关于买受人就标的物的权利缺陷行使中止支付价款权的规定。

立法背景

本条规定的买受人可以中止支付相应价款的权利，是指暂时不支付还没有支付的价款，等到权利瑕疵不存在时再予以支付，如本条规定的“出卖人提供适当担保”时就可以支付。这种情况下，买受人的权利不会受到损害。由于中止支付相应价款是买受人的权利，所以规定，在出现本案情况时，“可以”中止支付相应价款。也就是说，这项权利属于买受人的一项选择权，当事人可以选择行使这项权利，也可以选择不行使这项权利。

条文解读

本条规定赋予买受人中止支付价款权，目的在于对买受人提供一种积极的保护。为什么要赋予买受人这一权利？这主要是考虑到，在买卖合同中，买受人支付价款的直接对价就是取得标的物的所有权，如果标的物存在第三人享有相应权利的瑕疵，则有可能使其不能取得所有权或者不能取得完整的所有权，此时买受人则不能取得支付价款的对价。这就需要以法律的形式即中止支付相应价款的权利来保护买受人的权利。

大陆法系的一些民法典也有类似的规定。比如《日本民法典》第576条规定：“有就买卖标的主张权利者，致买受人有丧失其买受权利之全部或一部之虞时，买受人可以按其危险程度，拒绝支付价金的全部或一部。但是，出卖人已提供相当担保时，不在此限。”我国台湾地区“民法”第368条规定：“买受人有正当理由恐第三人主张权利致失其因买卖契约所得权利之全部或一部者，得拒绝支付价金之全部或一部，但出卖人已提出相当担保者不在此限。”可以看出，在给买受人此项权利的同时，为了不过分损害出卖人的利益，这些法律和本条都规定，出卖人可以提出以提供担保的办法使买受人支付价款。这种担保应当与买受人有理由证明的可能损害相适应。

依据本条的规定，买受人中止支付相应价款必须符合如下条件：第一，买受人必须有确切证据，这就是说，买受人不能凭猜疑认为第三人对标的物享有权利，就中止支付价款。这里所言的证据包括买卖标的物的所有权凭证、他项权证、租赁合同书等。第二，买受人有丧失标的物部分权利的可能，这就是说，第三人所提供的证据或者买受人自己查到的证据，均表明第三人对标的物享有权利。《合同法》第152条规定：“买受人有确切证据证明第三人可能就标的物主张权利的，可以中止支付相应的价款，但出卖人提供适当担保的除外。”该条规定的第三人“可能主张权利”很可能就是恶作剧，即第三人可能不是真正的权利人，如此前提下就允许买受人中止支付相应价款，对出卖人明显不公，因此我们经研究对本条作了修改完善。第三，中止支付与受影响的标的物之间具有牵连性，这就是说，买受人中止支付的，应当是标的物的“相应”价款，并非一定是全部价款，具体要看证据所能反映的第三人就标的物享有的权利大小而定。第四，出卖人未提供适当担保，这就是说，如果出卖人提供了相应的担保，足以消除买受人的疑虑，那么买受人自然不能再中止价款的支付。实践操作中，在买受人要求提供担保之后，出卖人拒绝提供的，买受人方可中止支付价款。至于适当担保的程度判断，则要依据交易的具体情形而定。

第六百一十五条　出卖人应当按照约定的质量要求交付标的物。出卖人提供有关标的物质量说明的，交付的标的物应当符合该说明的质量要求。

条文主旨

本条是关于买卖标的物应当符合约定质量要求的规定。

立法背景

买卖标的物的质量瑕疵担保责任，对买受人而言具有极端重要性。本条来自《合同法》第153条的规定，未作修订。

条文解读

一、各国或地区对出卖人质量担保义务的规定

本条规定的是出卖人的质量担保义务。质量要求是买卖合同的重要条款，出卖人交付的标的物应当符合约定的质量要求；否则，买受人可以依法请求出卖人承担违约责任。各国或者地区对此大多都有明确规定。《欧洲示范民法典草案》第IV. A－2：302条规定："货物必须：（a）与合同订立时向卖方表明的任何特殊目的相符，除非客观情况表明买方并未依赖卖方的技能和判断，或者这种依赖是不合理的；（b）符合同类货物通常的使用目的；（c）具备卖方作为样品或模型向买方所展示的货物的质量；（d）以对同类货物通常使用的方式进行装运或包装，如果缺乏这样的标准，则以足够保全和保护货物的方式进行装运或包装；（e）配备买方可以合理预期的附件、安装说明或其他指示说明；（f）具有买方可以合理期待的其他质量和使用性能。"《联合国国际货物销售合同公约》第35条第1

款规定："卖方交付的货物必须与合同所规定的数量、质量和规格相符，并须按照合同所规定的方式装箱或包装。"《德国民法典》第434条第1款规定："物在风险转移时具有所约定的性质的，无物的瑕疵。以性质未被约定所限，物有下列情形时，无物的瑕疵：该物适合于合同所预定的使用的；在其他情形下该物适合于惯常的使用，且具有同种的物通常具有的、买受人能够按物的种类而期待的性质的。"《英国货物买卖法》第14条第2款规定："卖方在出售货物的交易过程中，应有一项默示要件，即该契约下的货物的品质是适合商销的，但有下列情况者除外：在缔约前已将货物的瑕疵特别提请买方注意者；或买方在缔约前已检查过货物，而该项瑕疵是在检查中应能发现者。"我国台湾地区"民法"第373条确立了标的物风险转移的交付模式，并就出卖人物之瑕疵担保责任在第354条第2款规定："出卖人并应担保其物于危险移转时，具有其所保证之质量。"

二、出卖人应当按照约定的质量要求交付标的物

按照约定的质量要求交付标的物，是出卖人的一项基本义务。需要说明的是，本条规定是一个原则性的规定，究竟何为按照要求履行了义务，还需要看当事人的具体约定。只有当事人具体而又明确约定，方能利于出卖人交付符合要求的标的物，利于买受人收到符合自己所需要的标的物。为减少纠纷及方便合同的履行，建议双方当事人在缔约过程中就标的物的质量要求作出约定。

三、交付的标的物应当符合标的物说明的质量要求

出卖人提供有关标的物质量说明的，交付的标的物应当符合该说明的质量要求。这一规定是按约定的质量要求交付标的的物的进一步规定，属于该义务的范畴。质量说明是对标的物质量的具体说明，包括规格、等级、所含主要成分的名称和含量、有效使用期等。这里需要强调说明的有两点：第一，要求交付质量说明的，当事人应当交付质量说明并符合要求。具体分为两种情形：一种情形是法律规定的商品必须有质量说明的，其标的物必须有标的物质量说明，交付标的物时也须有标的物质量说明；另一种情形是法律没有要求有质量说明，当事人约定需要有质量说明的，交付标的物时也需要有质量说明。对上述两种情形，当事人交付的标的物，应当符合质量说明；不符合质量说明的，属于违约行为。但是，需要指出的是，这一要求是在符合合同要求的基础上的一个附加的要求，不等于符合了质量说明的要求，就可以不符合合同的具体要求，其还必须符合合同的具体要求。第二，没有要求交付质量说明的，当事人可以不交付质量说明。这是指没有法律规定和没有约定的情形，在这种情形下，当事人可以不交付标的物质量说明。但是交付的标的物的质量，必须符合合同的具体要求。

另外，就标的物质量说明问题，《美国统一商法典》第2－313条的有关规定，很有参考作用，即明示担保可以通过三种方式表现，特作如下介绍：(1) 如果卖方对买方就有关货物在事实方面作出了确认或者许诺，并作为交易基础的组成部分，就构成一项明示担保，即保证他所出售的货物与他所作的确认或者许诺相符。这种对事实所作的确认或者许诺可以用货物的标签、商品说明及目录等方式表示，也可以记载在合同内。例如，如果卖方在出售服装的标签上写明“100%纯棉”，这就是一项对事实的确认，就是一项明示的担保。(2) 卖方对货物所作的任何说明，只要是作为交易基础的一部分，就构成一项明示担保，卖方所交的货物必须与该项说明相符。(3) 作为交易基础的组成部分的样品、模型，也是一种明示担保，卖方所交的货物应当与样品或者模型一致。本法为使凭样品买卖的合同中当事人的权利义务更加明确，在本章中单独设立一条样品买卖的条文。以上所介绍的美国法律的这些有关规定，可以帮助了解本条的意旨。

第六百一十六条　当事人对标的物的质量要求没有约定或者约定不明确，依据本法第五百一十条的规定仍不能确定的，适用本法第五百一十一条第一项的规定。

条文主旨

本条是关于买卖合同标的物法定质量担保义务的规定。

立法背景

本条解决的中心问题是买卖双方如果在合同中对标的物的质量要求问题没有约定或者约定不明确时怎么办。与合同的其他条款一样，首先要依照本法第 510 条的规定予以确定。确定不了的，接着适用本法第 511 条的有关一般性规定，即“质量要求不明确的，按照强制性国家标准履行；没有强制性国家标准的，按照推荐性国家标准履行；没有推荐性国家标准的，按照行业标准履行；没有国家标准、行业标准的，按照通常标准或者符合合同目的的特定标准履行”。

条文解读

质量要求问题是买卖合同中必须解决的问题，大陆法系有关的制度称为瑕疵担保制度，英美法系则称为默示担保制度。

大陆法系要求出卖人保证其所出售的标的物没有质量瑕疵。所谓质量瑕疵，是指标的物存在不符合规定或者通用质量规格的缺陷，或者影响使用效果等方面的情况。比如《德国民法典》和我国台湾地区“民法”都规定，物之出卖人对于买受人应担保其物之危险移转于买受人时无灭失或减少其价值之瑕疵，亦无灭失或减少其通常效用或契约预定效用之瑕疵，但减少之程度无关紧要者不得视为瑕疵。出卖人并应担保其物于危险移转时具有其所保证之品质。

英美法系默示担保制度以《美国统一商法典》的规定为典型。默示担保的含义在于，它不是由双方当事人在合同中规定的，而是法律认为应当包括在合同之内的，只要买卖合同双方在合同中没有作出相反的约定，则法律上所规定的默示担保就可以依法适用于他们之间的合同。

《联合国国际货物销售合同公约》对出卖人的质量担保义务也作了明确的规定，其内容与英美法上默示担保制度相似，《联合国国际货物销售合同公约》第 35 条规定，除双方当事人业已另有协议外，货物除非符合以下规定，否则即为与合同不符：（a）货物适用于同一规格货物通常使用的目的；（b）货物适用于订立合同时曾明示或默示地通知卖方的任何特定目的，除非情况表明买方并不依赖卖方的技能和判断力，或者这种依赖对他是不合理的；（c）货物的质量与卖方向买方提供的货物样品或样式相同；（d）货物按照同类货物通用的方式装箱或包装，如果没有此种通用方式，则按照足以保全和保护货物的方式装箱包装。以上 4 项义务，是在合同当事人没有其他约定的情况下，由公约加于卖方身上的义务。这些要求反映了买方在正常交易中对所购买的货物所抱有的合理期望。因此，只要双方当事人在合同中没有作出与此相反的约定，公约的这些规定就适用于他们之间的合同。

本条借鉴了以上两种制度的合理规定，主要是以英美法系的默示担保制度作为参考。大陆法系的瑕疵担保责任是不同于违约责任的一种法定责任，其理论认为，违约责任属于过错责任，当事人承担违约责任的前提是他对违约行为有过错。而瑕疵担保责任是无过错责任，只要出卖人不履行瑕疵担保义务，无论其是否有过错，该责任都要承担。而合同法关于违约责任的规定即是采取无过错原则，不考虑违约方的主观状态，只要有违约行为，就应当承担违约责任。因此，就没有必要在违约责任之外再设立瑕疵担保责任。但大陆法系有关出卖人瑕疵担保义务的一些规定还是合理的，可以借鉴。英美法系的默示担保制度与合同编买卖合同一章的思路则基本上是一致的。合同双方当事人明确约定的标的物质量要求，出卖人提供的标的物必须符合，否则构成违约。如果当事人没有约定的，由法律规定出卖人应当履行的义务，这些规定就视为当事人约定的义务，出卖人不履行该义务，同样是违约。这样既使问题简单化，便于实际操作，又与合同编通则部分的违约责任的规定相协调，在逻辑关系上是合理的。

本条规定的出卖人法定质量担保义务是，质量要求不明确的，按照强制性国家标准履行；没有强制性国家标准的，按照推荐性国家标准履行；没有推荐性国家标准的，按照行业标准履行；没有国家标准、行业标准的，按照通常标准或者符合合同目的的特定标准履行。应当讲，这是一种比较原则的表述。然而，由于实际生活中买卖合同的情况纷繁复杂，涉及的标的物以及合同标的额千差万别，试图在法律中作出具体明确的规定不仅很难做到，而且不利于调整具体的合同关系。对本条的理解，可以参考上述国际公约的有关规定，而它在实践中的适用则要结合所遇到的个案进行具体的分析，以确定“通常标准”或者“特定标准”的内容，即在具体问题的处理过程中体现出法律规定的原则和精神。比如，标的物属于《产品质量法》规范的产品的，产品的质量应当符合该法第26条规定的“（一）不存在危及人身、财产安全的不合理的危险，有保障人体健康和人身、财产安全的国家标准、行业标准的，应当符合该标准；（二）具备产品应当具备的使用性能，但是，对产品存在使用性能的瑕疵作出说明的除外；（三）符合在产品或者其包装上注明采用的产品标准，符合以产品说明、实物样品等方式表明的质量状况”的要求。同时应当符合该法第27条的规定：“产品或者其包装上的标识必须真实，并符合下列要求：（一）有产品质量检验合格证明；（二）有中文标明的产品名称、生产厂厂名和厂址；（三）根据产品的特点和使用要求，需要标明产品规格、等级、所含主要成份的名称和含量的，用中文相应予以标明；需要事先让消费者知晓的，应当在外包装上标明，或者预先向消费者提供有关资料；（四）限期使用的产品，应当在显著位置清晰地标明生产日期和安全使用期或者失效日期；（五）使用不当，容易造成产品本身损坏或者可能危及人身、财产安全的产品，应当有警示标志或者中文警示说明。裸装的食品和其他根据产品的特点难以附加标识的裸装产品，可以不附加产品标识。”

相关规定

《中华人民共和国产品质量法》第26条、第27条

第六百一十七条　出卖人交付的标的物不符合质量要求的，买受人可以依据本法第五百八十二条至第五百八十四条的规定请求承担违约责任。

条文主旨

本条是关于标的物质量不符合要求时，买受人权利的规定。

立法背景

在出卖人交付的标的物不符合质量要求时，买受人的权利救济规则显得尤为重要。本条在《合同法》第155条规定的基础上，作了适当修订完善。

条文解读

一、出卖人承担标的物质量不符合要求责任的构成要件

从理论上来讲，本条系出卖人交付标的物质量不符合要求应当承担违约责任的条款，其构成应当具备以下4个构成要件：一是交付的标的物有瑕疵。认定物的瑕疵通常原则为：合同关于标的物质量有约定的，从其约定；没有约定的，补充协商；协商不成的，依据本法第511条第1项的规定确定。有个例外是，如果当事人约定的质量要求低于法定的强制性标准的，其约定无效，应以法定要求为准。二是标的物瑕疵在标的物风险转移时存在。只要标的物在交付给买受人之时存在瑕疵，出卖人即应承担责任，因为买受人在受领标的物时才有检

查的可能，而出卖人在标的物交付之前有机会除去瑕疵。三是买受人为善意且无重大过失。如果买受人在与出卖人达成合意时主观明知瑕疵的存在或者当事人特定约定免除出卖人的瑕疵担保责任，则表明出卖人的履行行为是符合约定的，不属于不适当履行。同时，除出卖人故意隐瞒瑕疵外，如果买受人因为重大过失而忽略了对自己利益的保护，同样不受标的物瑕疵担保责任制度的保护。四是买受人须在异议期间内履行瑕疵的通知义务。买受人在合理期间或者法定期间未通知出卖人存在标的物瑕疵的，视为标的物不存在瑕疵。

二、买受人有权请求出卖人对交付的不符合质量要求的标的物承担违约责任

本条是为了保护买受人的合同权益而作出的规定，系买受人的一项权利。这里需要说明的是，买受人行使这一权利须注意以下 4 点：第一，前提是买卖合同为有效合同。依据本法的有关规定，依法成立并生效的合同，对当事人具有法律约束力，受法律保护，当事人方可要求违约方承担违约责任。如果合同为无效合同，则不存在违约责任的问题。第二，出卖人交付的标的物不符合质量要求。标的物不符合质量要求具体包括两种情况，一种情况是不符合第 615 条规定的情况，即出卖人交付的标的物不符合合同约定的质量要求；另一种情况是不符合第 616 条规定的情况，即在没有约定标的物质量要求的情况下，不符合标的物的法定质量要求，具体可表现为不符合国家强制性标准、行业强制性标准、通常标准或者合同目的的特定标准等。第三，买受人应当及时向出卖人提出。相应的具体法律依据有本法第 620 条和第 621 条规定的买受人及时通知义务，这就是说，买受人依据该两条规定没有及时向出卖人提出的，不能行使本条所规定的权利。即使行使，法律也不保护买受人的权利，这样的处理方式才相对实现了平等保护双方当事人合法权益的立法目的。第四，买受人没有处置或者使用该标的物。买受人收到标的物后，发现问题应依法及时提出质量异议，不能随意使用或者处置该标的物。如果随意使用该标的物或者处置该标的物，表明其对该标的物的认可，责任应由买受人自己负担。此种情况下，如果再追究出卖人的违约责任是不公平的。

三、出卖人承担违约责任的方式

《合同法》第 155 条规定："出卖人交付的标的物不符合质量要求的，买受人可以依照本法第一百一十一条的规定要求承担违约责任。"即赋予买受人的权利只有"可以合理选择请求修理、重作、更换、退货、减少价款或者报酬"，没有明确表明买受人可以请求赔偿损失。因此，在本法编纂过程中，有意见提出应当补充上买受人有权要求出卖人承担赔偿损失的责任，这样的规定才称得上完整。该意见合情合理也合法，因此我们采纳了该意见，即买受人可以依据本法第 582 条至第 584 条 3 个条文的规定要求出卖人承担违约责任，而不是之前的买受人只能依据 1 个条文要求出卖人承担违约责任。

依据本条目前的规定，出卖人交付的标的物不符合质量要求应承担本法第 582 条至第 584 条规定的违约责任。根据第 582 条的规定："履行不符合约定的，应当按照当事人的约定承担违约责任。对违约责任没有约定或者约定不明确，依据本法第五百一十条的规定仍不能确定的，受损害方根据标的的性质以及损失的大小，可以合理选择请求对方承担修理、重作、更换、退货、减少价款或者报酬等违约责任。"根据第 583 条的规定：“当事人一方不履行合同义务或者履行合同义务不符合约定的，在履行义务或者采取补救措施后，对方还有其他损失的，应当赔偿损失。”根据第584条的规定：“当事人一方不履行合同义务或者履行合同义务不符合约定，造成对方损失的，损失赔偿额应当相当于因违约所造成的损失，包括合同履行后可以获得的利益；但是，不得超过违约一方订立合同时预见到或者应当预见到的因违约可能造成的损失。”这就是说，出卖人交付的标的物不符合质量要求时，承担违约责任的方式有两种：一种是当事人约定的方式。当事人可以根据本合同情况和本法关于违约责任的规定，约定出具体的违约责任。另一种是法定方式。即没有约定或者重新约定不成功的情况下，按照法定的方式承担违约责任。也就是说，买受人依据规定可以要求出卖人承担以下一种或者几种违约责任：修理、重作、更换、退货、减少价款或者报酬、赔偿损失。需要说明的是，第584条并非承担违约责任的具体方式，它是“赔偿损失”责任的计算范围和方式，对于实践中确定违约责任的大小非常重要。

第六百一十八条　当事人约定减轻或者免除出卖人对标的物瑕疵承担的责任，因出卖人故意或者重大过失不告知买受人标的物瑕疵的，出卖人无权主张减轻或者免除责任。

条文主旨

本条是关于出卖人对标的物瑕疵担保责任减免特约效力的规定。

立法背景

在买卖合同订立及履行过程中，如果出卖人和买受人作出约定，减轻或者免除出卖人对标的物瑕疵的担保责任。按照本法第 5 条规定的自愿原则，应当尊重当事人的意思自治，即应当尊重出卖人和买受人作出的约定。但是出卖人因故意或重大过失未告知买受人标的物瑕疵时，属于隐瞒事实真相的欺诈行为，有悖诚信原则，所以不少国家或地区大多都倾向于保护买受人的利益，不支持出卖人根据免约特则减轻或者免除责任。至于出卖人是否有欺诈的目的，买受人是否因出卖人未告知标的物瑕疵而订立合同，在所不问。比如，我国台湾地区“民法”第 366 条规定，以特约免除或限制出卖人关于权利或物之瑕疵担保义务者，如出卖人故意不告知其瑕疵，其特约为无效。我国合同法对此并无规定，在本法编纂过程中，基于此规则的重要性，参照《最高人民法院关于审理买卖合同纠纷案件适用法律问题的解释》，特作出本条规定。

条文解读

一、特约可以减免瑕疵担保责任的原因分析

在买卖合同中，出卖人原则上具有对标的物瑕疵的担保义务，依据合同自愿原则，合同义务来自当事人之间的约定，瑕疵担保义务也不例外。无论是质量瑕疵担保义务还是权利瑕疵担保义务，其产生根源都在于买卖双方缔结了购买与出售标的物的合意，出卖人的合同目的是获得标的物的价款，买受人的合同目的是获得完整可用可处分的标的物，任何一方未能达到目的，都应视为对方违反合同义务。即使合同对此没有作出约

定，依据本法第610条的规定，因标的物不符合质量要求，致使不能实现合同目的的，买受人可以拒绝接受标的物或者解除合同。买受人拒绝接受标的物或者解除合同的，标的物毁损、灭失的风险由出卖人承担。据此表明出卖人具有质量瑕疵担保义务。依据本法第612条的规定，出卖人就交付的标的物，负有保证第三人对该标的物不享有任何权利的义务，但是法律另有规定的除外。据此表明出卖人有权利瑕疵担保义务。尽管如此，既然瑕疵担保是合同义务，那么便可以通过约定排除，否则将有悖于合同自愿原则，这是特约可以减免瑕疵担保责任的第一个原因。

同时，尽管买卖合同的双方当事人在订立合同时是平等的，但是双方的缔约能力可能存在差别。按照通常理解，出卖人在订立合同时对于合同标的物的权利归属以及质量状况应有充分了解，但是在某些特殊情况下，出卖人限于外界条件或者标的物自身的特殊性质，可能难以充分全面地认识到标的物的现状，如果买受人对此表示理解，并且买受人愿意承担标的物可能存在的瑕疵风险，那么便可依双方的约定处理。在意思自治的前提下，买卖双方基于各自的利益考量，通过特约免除标的物的瑕疵担保责任，对双方来讲，既符合公平原则，也符合诚信原则，因此相关的约定对双方均具有法律约束力。这是特约可以减免瑕疵担保责任的第二个原因。

二、出卖人过错导致的特约减免例外

在买卖合同的订立和履行过程中，买卖双方可以约定免除出卖人对标的物的瑕疵担保责任。但在一些特殊情况下，出卖人存在主观过错，导致买受人对标的物的瑕疵状况不了解，最终致使买受人收到的标的物存在瑕疵。在这种情况下，买卖合同双方订立合同的基础有失公平，损害了买受人的权利，依据诚信原则以及本法第 506 条第 2 项“因故意或者重大过失造成对方财产损失的”合同中的免责条款无效的规定，对出卖人主张减轻或者免除责任的请求，不应予以支持。

本条中的出卖人的过错包括故意或者重大过失两类。出卖人故意不告知买受人标的物存在瑕疵，意味着出卖人明知标的物存在瑕疵。例如，出卖人销售的是伪劣产品，但却告知买受人产品符合质量标准，显然构成故意隐瞒标的物质量瑕疵。再如，出卖人将标的物一物二卖，又不告知第二个买受人实际情况，显然构成故意隐瞒标的物权利瑕疵。在这种情形下，不免除出卖人的违约责任当无争议。而在特约免除瑕疵担保责任的出卖人重大过失场合，其并无故意致使买受人受损的目的，但客观上造成了买受人利益的损害，该约定是否无效确实存有争议。例如，出卖人委托拍卖公司拍卖一块土地，由于疏忽导致拍卖公告中载明的土地面积大于实际面积，同时约定该土地以现状拍卖，出卖人不担保标的物的实际状况及瑕疵。在买受人拍得土地后发现土地面积不对，因此就出卖人是否可以免除瑕疵担保责任发生争议。在这种情况下，如果允许出卖人免除瑕疵担保责任，将使得拍卖人无需调查了解拍卖物的任何情形，竞买人只能自行了解标的物，其结果不但破坏了市场的诚信，也大大增加了市场的交易成本，结合本法第 506 条第 2 项的规定，对于出卖人存在重大过失的免责约定的效力，应当持否定评价。

另外需要指出的是，在适用本条的过程中，主张出卖人存在故意或者重大过失的情形，应当由买受人承担举证责任。而对于特约免除瑕疵担保责任的形式，由于该约定对双方的权利义务都存在重大影响，因此无论采取什么形式约定，都应当以明示的方式作出，而不能以默示的方式作出。

第六百一十九条　出卖人应当按照约定的包装方式交付标的物。对包装方式没有约定或者约定不明确，依据本法第五百一十条的规定仍不能确定的，应当按照通用的方式包装；没有通用方式的，应当采取足以保护标的物且有利于节约资源、保护生态环境的包装方式。

条文主旨

本条是关于出卖人的标的物包装义务的规定。

立法背景

随着绿色发展理念的不断深入，对买卖标的物的包装要求务必坚持可持续的观念，故本条在《合同法》第 156 条规定的基础上，增加了民事活动应当坚持绿色原则的相关内容。

条文解读

一、包装方式的含义

标的物的包装方式包括包装材料的具体要求和包装的具体操作方式。包装材料和具体的操作方式，一般根据标的物的性质和运输的方式来确定。比如，就包装的具体操作方式来讲，包括运输包装方式和商品的销售包装方式。包装方式是否在合同中进行约定，应当根据买卖合同的具体情况来确定。需要约定包装方式的，当事人应以条款的形式对此作出下述具体明确的约定：包装的规格、包装的材料、包装费用、包装的标识、包装的具体方式等。

二、包装方式为买卖合同的条款之一

在买卖合同中，就一些易腐、易碎、易爆、易燃、易潮以及化学物品等标的物来讲，包装方式对于标的物品质的保护具有重要的意义。对有些标的物来说，质量标准的一部分可能就是通过包装本身来表现的。因此，本章特设一条对标的物的包装方式予以规定。规定的内容主要是借鉴《联合国国际货物销售合同公约》第 35 条的有关规定，即卖方交付的货物必须与合同所规定的数量、质量和规格相符，并须按照合同所规定的方式装箱或包装。除双方当事人业已另有协议外，货物除非符合以下规定，否则即为与合同不符：……货物按照同类货物通用的方式装箱或包装，如果没有此种通用方式，则按照足以保全和保护货物的方式装箱包装。

三、出卖人不按约定的包装方式交付标的物为违约

出卖人应当按照约定的包装方式交付标的物，这是本条规定的出卖人的义务，如果出卖人不履行或者不正确履行这一义务，则属于违约行为，应当依法承担违约责任。

四、包装方式没有约定或者约定不明确时的处理方式

对于包装方式，合同中没有约定或者约定不明确时如何履行义务？本条规定了两种解决方案：一是按照本法第 510 条的规定确定。即由当事人协商解决重新订立包装条款或者按照交易习惯确定包装方式，一经重新协商确定，则应照此执行。二是依据本法规定直接确定。依据本法第 510 条的规定不能确定的，本条直接规定了解决方案：应当采用通用的包装方式，没有通用的包装方式的，应当采取足以保护标的物且有利于节约资源、保护生态环境的包装方式。至于何为“通用的包装方式”，一般理解为，有国家强制性标准、推荐性国家标准、行业标准的，这些标准应当理解为“通用的包装方式”。至于何为“足以保护标的物的包装方式”，则需根据具体的买卖合同标的物作出判断。至于为何加上“节约资源、保护生态环境”的内容，主要是基于我国电子商务蓬勃发展的实际情况，有大量的包装物需要得到科学处理，为贯彻民法总则编的绿色原则，特地加上了该内容，以指引人们培养可持续发展的生活方式。

第六百二十条　买受人收到标的物时应当在约定的检验期限内检验。没有约定检验期限的，应当及时检验。

条文主旨

本条是关于买受人对标的物的检验义务的规定。

立法背景

买卖合同的履行过程中，在出卖人交付标的物后，接着的一个重要问题就是买受人对标的物的检验。检验的目的是查明出卖人交付的标的物是否与合同的约定相符，因此它密切关系着买受人的合同利益，各国法律都赋予买受人检验标的物的权利。例如，《联合国国际货物销售合同公约》第38条第1款规定：“买方必须在实际情况允许的最短时间内检验或委托他人检验货物。”另外，《美国统一商法典》对此规定得较为全面，该法典第2－513条规定，除当事人另有约定外，买方在支付货款和接受标的物以前，有权对货物进行检验。检验的时间、地点和方法按照合同约定办理。如合同未作约定，在卖方负责把货物运到目的地的情况下，应在目的地进行检验。在其他情况下，应当在合理的时间、地点，以合理的方式进行检验。如检验表明货物与合同约定相符合，检验的费用由买方承担，反之由卖方承担。如果合同约定采用交货付款或者交单付款等付款条件，则买方就得在检验之前付款。《英国货物买卖法》第 34 条第 1 款规定："当货物交付买方时，如他以前未曾对该货进行过检验，则除非等到他有一个合理的机会加以检验，以便确定其是否与契约规定者相符时，不能认为他已经接受了货物。"第 2 款规定："除另有约定者外，当卖方向买方提出交货时，根据买方的请求，卖方应向其提供一个检验货物的合理机会，以便能确定其是否符合契约的规定。"

条文解读

在国际贸易中，大都采用交单付款方式。买方通常都是在卖方移交提单时支付货款，等货物运达目的地后再进行检验。在这种情况下，买方虽已按合同约定支付了货款，但并不构成对货物的接受，也不影响买方检验的权利以及对卖方违约采取各种法律补救措施的权利。

同时，对标的物的及时检验，可以尽快地确定标的物的质量状况，明确责任，及时解决纠纷，有利于加速商品的流转。否则，就会使合同当事人之间的法律关系长期处于不稳定的状态，不利于维护健康正常的交易秩序。所以，本条要求买受人收到标的物后应当及时进行检验。此处的"及时"，通常应当理解为：有法定时间的依据法定时间进行检验；没有法定时间的应在收货时或者收货后合理时间内进行检验。

规定买受人的及时检验和异议通知义务，主要基于以下3点理由。第一，保护善意出卖人的利益。即使出卖人交货有瑕疵，但是和根本没有履行合同或者拒绝履行合同有相当区别。因为不符合约定的交货，也表明出卖人已经交货，只不过是交付货物不符而已，相比拒绝履行或迟延履行而言，违约程度相对较轻，多数情形甚至属于善意。尤其是现代社会货物交易频繁，有可能出卖人在交付货物时根本就没机会亲自或者委托他人检查其供应商所提供货物是否存在瑕疵，是否在数量、质量或者规格上存在和合同约定不符的情形。因此，立法在着重保护买受人利益的同时，也有必要适当给予出卖人相应保护。这一保护机制为，买受人应当对出卖人所交付的货物在约定期限或者合理期限内进行检验，并在发现货物不符约定时及时通知出卖人，否则丧失宣称货物不符合约定的权利。第二，便于出卖人及时采取补救措施。一旦出卖人交付货物不符合约定，如买受人及时通知出卖人，出卖人还可以及时采取修理、更换等补救措施。否则，在不少情况下，善意的出卖人根本无从知晓其交付的货物存在瑕疵而产生善意合理信赖，认为其已经按照合同约定和依照法律规定全面履行了义务，并据此实施后续行为，事后再突然被通知货物不符，将使得出卖人无法采取经济可行的补救措施。第三，便于双方当事人及时保存证据。因为在买卖合同中，出卖人仅需确保在风险转移时其交付的标的物符合合同规定，如标的物在风险转移时并无瑕疵，则出卖人无需负责。所以，买受人有必要在收到货物后从速检查其受领之物，确定货物是否存在瑕疵，并及时通知出卖人。如果出卖人对货物是否不符存在疑问，尚可对标的物进行检查。从而，及时通知可以有效避免合同当事人发生无谓的纠纷。

为使买受人能够正常地对标的物进行检验，出卖人有提供技术资料的义务。本法第 599 条规定：“出卖人应当按照约定或者交易习惯向买受人交付提取标的物单证以外的有关单证和资料。”其中的产品合格证、质量保证书、质量鉴定书、品质检验证书、产品进出口检疫书、原产地证明书、使用说明书等，是出卖人应当向买受人提交的主要技术资料。至于具体的检验方法，原则上应当在合同中作出具体的约定，没有约定的应当依据国家有关规定进行。一般来讲，产品数量的计量方法，按国家或者主管部门的计量方法执行；没有规定的，则由供需双方约定。对某些产品，必要时应当在合同中写明有关主管部门颁发的交货数量的正负尾差、合理磅差和在途自然减（增）量规定及计算方法。对机电设备，必要时应当在合同中明确规定随主机的辅机、附件、配套的产品、易损耗备品、配件和安装修理工具等。对成套供应的产品，应当明确成套供应的范围，并提出成套供应清单。凡原装、原封、原标记完好无异状，包装内的产品品种、型号、规格、花色，由生产企业或者封装单位负责；需要确定负责期限的，由当事人根据不同产品的不同情况商定。凡原装、原封、原标记完好无异状，在当事人商定的期限内，该产品的质量由生产企业或者封装单位负责。

第六百二十一条　当事人约定检验期限的，买受人应当在检验期限内将标的物的数量或者质量不符合约定的情形通知出卖人。买受人怠于通知的，视为标的物的数量或者质量符合约定。

当事人没有约定检验期限的，买受人应当在发现或者应当发现标的物的数量或者质量不符合约定的合理期限内通知出卖人。买受人在合理期限内未通知或者自收到标的物之日起二年内未通知出卖人的，视为标的物的数量或者质量符合约定；但是，对标的物有质量保证期的，适用质量保证期，不适用该二年的规定。

出卖人知道或者应当知道提供的标的物不符合约定的，买受人不受前两款规定的通知时间的限制。

条文主旨

本条是关于买受人检验标的物的异议通知的规定。

立法背景

第一，通知义务的立法目的。买受人通过对标的物进行检验，如果发现标的物的数量、品种、型号、规格、花色和质量不符合合同约定，应当一面对标的物妥为保管，一面向出卖人发出异议通知。设定买受人通知义务，主要目的有二：一是及时确立交易关系，促进商品的高速流转；二是确保出卖人的合法权益。

第二，检验通知的立法比较及基本考虑。关于提出异议的时间以及不在规定的时间提出异议的法律后果，1999 年起草合同法的过程中，参考借鉴了国际的有关规定，同时也对我国法律法规中一些有益的规定进行了合理的吸收修改。其中国际的主要是《联合国国际货物销售合同公约》第 39 条的规定，即“如果买方未能在发现或应该发现货物缺乏相符性以后的一段合理时间内通知卖方，说明缺乏相符性的性质，他就失去了援引此种缺乏相符性的权利。如果买方最晚没有在实际收到货物之日起两年内将货物缺乏相符性的情形通知卖方，他无论如何失去了援引此种缺乏相符性的权利，除非这一时限与合同规定的保证期限不符”。国内的比如《工矿产品购销合同条例》第15条的规定，即需方在向供方提出书面异议时，按以下规定办理：（1）产品的外观和品种、型号、规格、花色不符合同规定，属供方送货或代运的，需方应在货到后10天内（另有规定或当事人另行商定期限者除外）提出书面异议；需方自提的，应在提货时或者双方商定的期限内提出异议。（2）产品内在质量不符合同规定的，不论供方送货、代运或需方自提，需方应在合同规定由供方对质量负责的条件和期限内检验或试验，提出书面异议；某些产品，国家规定有检验或试验期限的，按国家规定办理。（3）对某些必须安装运转后才能发现内在质量缺陷的产品，除另有规定或当事人另外商定提出异议的期限外，一般从运转之日起6个月以内提出异议。（4）在书面异议中，应说明合同号、运单号、车（船）号，发货和到货日期；说明不符合同规定的产品名称、型号、规格、花色、标志、牌号、批号、合格证（或质量保证书）号、数量、包装、检验方法、检验情况和检验证明；提出不符合同规定的产品的处理意见，以及当事人双方商定的必须说明的事项。修改的过程中，开始也是考虑像条例那样区分质量不符合约定的各种情形以及不同种类的标的物来确定时间。最后研究认为，一方面，针对不同情况简单地规定出“10天”或者“6个月”这样的期限，以适用于实践中的具体合同不尽科学合理。另一方面，对概括出实际生活中各种各样的质量违约的情形也没有把握。因此，最后采取了本条的规定方式。

条文解读

1. 约定通知期限的通知义务。当事人如果约定检验期限，买受人就应当在检验期限内将标的物的数量或者质量不符合约定的情形通知出卖人。买受人怠于通知的，视为标的物的数量或者质量符合约定，即法律认可标的物的数量或者质量符合约定。这就是说，在“视为标的物的数量或者质量符合约定”的情况下，即使标的物实际上不符合合同约定，出卖人也不用承担违约责任，其不利后果由买受人承担。该结论的主要理由是：买受人没有履行通知义务，属于违约行为。

2. 没有约定通知期限的通知义务。对于没有约定检验期限的情况，法律并未对质量违约的情形进行分类并相应地规定出买受人提出异议的期限，而是规定了买受人收取标的物开始检验之后发现或者应当发现标的物的质量或者数量不符合约定之日起的合理期限。这个时间段，需要根据商业习惯和具体的标的物来确定，法律不可能也不应当具体地规定出来，而是要针对不同的买卖合同、不同的标的物、不同的质量违约情形进行个案的分析确定。买受人如果在发现或者应当发现标的物的质量或者数量不符合约定时起的合理期限内没有向出卖人发出异议通知，依照法律规定，就视为标的物的质量或者数量符合约定，即从法律上认为买受人认可了标的物。

3. 买受人的最长异议通知期限。本条规定了买受人的 2 年最长异议通知时间。前面所讲的是买受人在发现或者应当发现标的物的质量或者数量不符合约定时起的合理期限内通知，“买受人发现或者应当发现”可能是在收到标的物的当时，也可能是在之后的几天，甚至可能是之后的几年。而在市场经济条件下为便捷和加快商品的流转要求当事人之间的法律关系不应当长时间地处于不稳定的状态。正是从这种考虑出发，本条规定，买受人自标的物收到之日起 2 年内未通知出卖人的，视为标的物的质量或者数量符合约定。也就是说，在 2 年内，无论买受人是否发现或者应当发现标的物不符合约定，只要未向出卖人提出异议，就都视为他认可接受了标的物。2 年的时间基本上是可以适用于绝大多数的买卖合同的。如果合同对标的物的质量保证期作了约定，如某啤酒在标识中注明保质期 180 天，就应当认为，这构成了当事人对最长的异议通知时间的约定。这时就不适用本条“2 年”法定期限的规定。

4. 买受人的异议通知义务豁免。本条第 3 款规定，“出卖人知道或者应当知道提供的标的物不符合约定的，买受人不受前两款规定的通知时间的限制。”这主要是参考了《联合国国际货物销售合同公约》第 40 条规定的“如果货物缺乏相符性与卖方知道或不可能不知道的事实相关，而且卖方没有将这些事实告知买方，则卖方无权援引第三十八条和第三十九条的规定”的结果。本条规定的目的是促进和加速商品交易，但客观上是有利于买受人的。出卖人故意提供不符合约定的标的物属于一种欺诈的行为，对于从事欺诈的人，不应当让他享有这种法律规定的利益，实际上是对出卖人欺诈行为的一种惩罚，是民法的公平原则和诚信原则在买卖合同履行中的具体体现。

第六百二十二条　**当事人约定的检验期限过短，根据标的物的性质和交易习惯，买受人在检验期限内难以完成全面检验的，该期限仅视为买受人对标的物的外观瑕疵提出异议的期限。**

约定的检验期限或者质量保证期短于法律、行政法规规定期限的，应当以法律、行政法规规定的期限为准。

条文主旨

本条是关于约定的检验期限或者质量保证期过短情形的规定。

立法背景

前条规定的买受人通知义务，没有区分消费合同和商事合同，导致实践中，在买卖合同当事人一方为普通消费者时，经营者以格式条款方式约定了较短的检验期限，消费者无法在该期限内对商品质量是否合格作出判断。比如含有三聚氰胺奶粉等情形，消费者压根没有能力在短时间内对奶粉质量作出检查鉴定。在这种情况下，如果仍然适用前条的规定，以约定的检验期间或者合理期间已经过去为由，认定标的物质量符合约定，显然违背了公序良俗。因此本条规定的目的是弥补前条规定的不足。

条文解读

一、约定的过短检验期限视为外观瑕疵检验期限

瑕疵具体包括外观瑕疵和隐蔽瑕疵。外观瑕疵的检验相对容易，而隐蔽瑕疵的检验则需要借助于专业的知识和设备。据此逻辑，隐蔽瑕疵的检验期限会长于外观瑕疵。所以本条第1款规定，买受人根据标的物性质和交易习惯在约定检验期限内难以完成检验的，视为对外观瑕疵的异议期限，是符合交易常

态的实事求是的选择。在立法例上，各个国家和地区就瑕疵异议期限规定的差别，根据合同主体、标的物性质以及交易习惯的不同而有所区别。在采取民商分立立法体例的国家和地区，一般都区分商人间的买卖和非商人间的买卖，并对商人间的买卖规定了通知义务，如《德国商法典》的第 377 条和《日本商法典》的第 526 条，但是该两个国家的买卖标的物瑕疵的通知义务，仅限于商人性质的买受人，作为消费者的买受人并不承担这一义务。我国台湾地区采用的是民商合一的立法体例，其“民法”第 356 条规定：“买受人应按物之性质，依通常程序从速检查其所受领之物。如发见有应由出卖人负担保责任之瑕疵时，应即通知出卖人；买受人怠于为前项之通知者，除依通常之检查不能发见之瑕疵外，视为承认其所受领之物；不能即知之瑕疵，至日后发见者，应即通知出卖人，怠于为通知者，视为承认其所受领之物。”其中“除依通常之检查不能发见之瑕疵外”的内容，实质也表明根据标的物的性质，怠于通知的后果也是存在例外情形。另外，本条的规定也并不违背《联合国国际货物销售合同公约》第 39 条“如果买方未能在发现或应该发现货物缺乏相符性以后的一段合理时间内通知卖方，说明缺乏相符性的性质，他就失去了援引此种缺乏相符性的权利”的规定。

二、排除适用约定检验期限应当具备法定条件

判断当事人约定的检验期限是否过短，我们认为应主要从 3 个方面加以考虑：一是应当根据标的物的性质和交易习惯，在综合考虑的情况下，判断约定的检验期限对于隐蔽瑕疵的检验是否过短。二是买受人是否存在怠于通知的行为。如果买受人在约定检验期限发现隐蔽瑕疵却没有及时通知出卖人的，应当视为标的物质量符合约定。三是买受人对不能及时检验隐蔽瑕疵是否存在过失。买受人依法应当在收货后及时检验标的物，但是其没有采取适当的措施发现隐蔽瑕疵的存在的，则不能认定检验期限过短。

三、当事人约定的检验期限和质量保证期短于法定期限时的法律适用

在实践中，对于检验期限和质量保证期，除了当事人的约定之外，还可能存在法律、行政法规或者部门规章等对此作出规定。在当事人约定的检验期限或者质量保证期短于法律、行政法规规定期限时，究竟以哪种期限为准，合同法并无规定，导致实践中就应当采用约定期限还是法定期限产生争议。通俗来讲，质量检验期限所解决的是标的物在交付时是否存在质量瑕疵的问题，而质量保证期限所要解决的是标的物按照正常质量要求可以使用多长时间的问题。例如《建设工程质量管理条例》规定，在正常使用条件下，屋面防水工程、有防水要求的卫生间、房间和外墙面的防渗漏的最低保修期限为五年。因为涉及社会公共利益，行政法规对质量检验期限采取强制性的要求，一旦违反，必将承担相应的法律后果。据此，该法定要求应当予以遵守，不能通过约定进行降低。因此，当事人约定的检验期限或者质量保证期短于法律、行政法规规定的期限时，应当以法定期限为准。从另一角度看，如果约定的检验期限或者质量保证期长于法律、行政法规规定的期限，这是出卖人自愿加重义务，且不违反法律或者行政法规的规定，故应当尊重约定的期限。

另外，在当事人没有约定质量检验期限但有约定或者法定质量保证期时，我们认为可以将质量保证期作为约定检验期限来对待。而当约定的检验期限和质量保证期不一致时，应当以较长的期限来作为检验期限对待，更加符合公平和诚信原则。

第六百二十三条　当事人对检验期限未作约定，买受人签收的送货单、确认单等载明标的物数量、型号、规格的，推定买受人已经对数量和外观瑕疵进行检验，但是有相关证据足以推翻的除外。

条文主旨

本条是关于标的物数量和外观瑕疵检验的规定。

立法背景

本条规定以问题为导向，着重为交易过程中经常发生的纠纷提供解决方案。在实践中，因标的物数量引发的纠纷，主要包括消费者通过网购、邮购等方式进行的小额买卖，以及在中、小型建筑工程上零星采购钢材、水泥、砂石等建材这两种情况。在这两种情况下，如果当事人签收的送货单、确认单等单据上载明数量的，根据日常生活经验法则，应当认定买受人在签收时对数量进行了核点。对于合同当事人用肉眼观察等通常方法即可发现的标的物外观瑕疵，如标的物的数量、型号、规格等属于当事人尽到一般合理注意义务即可发现的瑕疵，如果当事人签收的送货单、确认单等单据上对此没有提出异议，应当认定买受人收到的标的物没有外观瑕疵。当然，如果买受人另外提供证据推翻送货单、确认单载明的内容的，则应当以证据证实的内容为准。

条文解读

一、当事人未约定检验期限的，签收载明数量、型号、规格的收货单据即推定对数量和外观瑕疵进行了检验

当事人虽未对检验期限进行约定，但这并非意味着买受人对收到的物品不履行验收义务。实践中，由于数量和外观瑕疵的检验无须借助物理、化学、生物等专门的学科知识，仅凭当事人的自身能力即可实现，且从日常生活经验出发，买受人在签收时一般都会对标的物的数量和外观进行核查。当前，现实生活中的买卖交易大多采用买方预付定金或者部分货款，货到后结清余款的方式进行，但买受人在收到货物后往往不能及时支付剩余款项。在出卖人请求支付时，买受人往往以质量存在瑕疵进行抗辩，迫使出卖人降低价款，或者在诉讼中对没有质量瑕疵或者轻微瑕疵以反诉的方式恶意拖延诉讼，以达到迟延支付价款的目的。在此种情况发生时，诉讼效率将会受到很大影响，且会形成恶意诉讼之风；但若简单地以诉讼效率为由拒绝受理反诉，可能导致诉讼资源的浪费且不能有效保护出卖人的合法权益。针对这一情况，本条规定签收即推定为检验合格的一般原则，可以避免实践中发生一些没有实际意义的抗辩或者反诉。

二、有相反证据足以证明当事人没有对数量和外观瑕疵进行检验的除外

电子商务在我国的迅猛发展，促进了物流业的更新换代和迅猛发展。新型物流在方便群众生活的同时，也出现了新的问题，其中电子商务中快递公司送货的“先签后验”还是“先验后签”之争最为典型。网络卖家要求消费者先拆开包装检验货物后再签收，而快递公司要求消费者必须先签收才能拆开包装验收，两者的要求相互冲突，进而导致消费者处于两难的境地。目前正在施行的《〈快递服务〉邮政行业标准》仍然没有解决好这个问题，因为该标准规定的可先验收后签字，是指查看包装是否完好，并非打开包装查看内件物品。作为民法典的立法，对于“先签后验”还是“先验后签”的问题，无法做到尽善尽美的方案，从原则上引导并认可“先验后签”，同时容许通过反证来否定。至于详细方案，留待以后的司法解释逐步完善。

另外，需要明确以下几点：一是为实现敦促买卖双方尽快结算的宗旨，买受人负有的异议和通知义务原则上不受交付数量和约定偏离程度的影响；二是出卖人明知或者应知实际交付的标的物数量与约定不符的，买受人则不负有异议和通知义务；三是买受人对出卖人的部分履行行为可以接受或者拒绝，但是并不影响买受人可以追究出卖人的违约责任的权利。

第六百二十四条　出卖人依照买受人的指示向第三人交付标的物，出卖人和买受人约定的检验标准与买受人和第三人约定的检验标准不一致的，以出卖人和买受人约定的检验标准为准。

条文主旨

本条是关于出卖人向第三人履行的情形下检验标准的规定。

立法背景

在市场交易实践过程中，行使检验义务的验货人并非限于买受人及其代理人，在出卖人直接向买卖合同当事人以外的第三人履行的场合，如果合同没有明确约定买受人是唯一的验货人，且买受人和第三人之间可能存在特殊约定，就会面临双重检验标准的问题，需要在立法上加以明确。对此，本条规定应当以出卖人和买受人之间约定的检验标准为准。

条文解读

债权贯彻相对性原则，具体到合同领域中的涉他合同，其中向第三人履行的合同，相对于普通合同而言，内容中附加了一项“第三人约款”。也就是说，在缔结向第三人履行的合同时，必然存在两个法律行为：一是基本行为（原因行为），二是第三人约款（向第三人给付之契约）。例如，当事人在买卖合同中约定将标的物交与买受人以外的第三人，或将价款付给出卖人以外的第三人时，买卖合同就是基本行为，而向第三人给付的约定，则为第三人约款。在学理上，根据第三人在合同中的地位，即第三人是否有权直接享有履行请求权的不同，向第三人履行的合同可以分为纯正的向第三人履行合同和不纯正的向第三人履行合同。前者是指在第三人约款中含有合同权利直接归属于第三人的合同，又称为向第三人给付之契约；后者是指合同当事人仅约定向第三人给付，而不使第三人对于债务人取得直接请求给付的权利，又称为经由所谓被指令人而为给付。

本法第 522 条第 1 款规定，当事人约定由债务人向第三人履行债务，债务人未向第三人履行债务或者履行债务不符合约定的，应当向债权人承担违约责任。第 2 款规定，法律规定或者当事人约定第三人可以直接请求债务人向其履行债务，第三人未在合理期限内明确拒绝，债务人未向第三人履行债务或者履行债务不符合约定的，第三人可以请求债务人承担违约责任；债务人对债权人的抗辩，可以向第三人主张。根据上述分析，第1款属于不纯正的向第三人履行合同，第2款属于纯正的向第三人履行合同，而第2款是本法编纂过程中新增加的内容，以适应实践发展的客观需要。

本条规定的内容，根据上述的分析，属于经由被指令人而为交付的情形，属于合同履行的一种常见的特殊形式，即买受人应出卖人的要求，将合同标的物向第三人交付。对于交付的标的物质量的判断标准，有主观标准和客观标准两种。主观标准是指标的物的质量应符合当事人双方约定的标准，如不符合则视为标的物具有瑕疵。客观标准是指标的物应符合该物所应具备的通常性质及客观上应有之特性，如不符合则视为标的物具有瑕疵。本法采用的判断标准，与各国民法典大致相同，即以主观标准为主，客观标准为辅的判断标准。以买卖合同当事人之间关于标的物质量的约定作为质量判断的首要标准，是出于对当事人意思自治的尊重。结合本法第510条、第511条、第615条以及第616条的具体规定，为当事人确立了6个层次的质量判断标准：一看当事人约定的标的物质量标准；二看样品或者有关质量说明；三看协商一致的标的物质量标准；四看有关条款或交易习惯所确定的标准；五看国家或者行业标准；六看通常标准或符合合同目的的特定质量标准。

结合合同履行的实际情况，需要指出的是，在经由被指令人而为交付的场合，特别是转手买卖或连环购销的情况下，由于存在两个合同，一是出卖人与买受人之间的买卖合同，二是买受人与第三人之间的买卖合同，如果因两份合同约定的检验标准不一致而引发争议，则会形成同一产品的质量纠纷，买受人和第三人会分别提起诉讼，可能发生不同的裁判结果。就此问题，本条规定给出了明确答案：一是严守合同相对性，如果两份合同约定的质量标准不一致，应根据主观标准优先的原则，以出卖人和买受人之间合同约定的质量标准为依据，判断质量标准；二是在合同就当事人约定的质量标准不明确时，应当借助于其他 5 个层次的判断标准，正确确定标的物是否存在质量问题。在此前提下，将能够确保审判尺度保持统一，对于当事人权利的保护和司法秩序的维护，都有着相当重要的意义。

第六百二十五条　依照法律、行政法规的规定或者按照当事人的约定，标的物在有效使用年限届满后应予回收的，出卖人负有自行或者委托第三人对标的物予以回收的义务。

条文主旨

本条是关于出卖人回收义务的规定。

立法背景

本法第 9 条规定了绿色原则。本条规定是该原则在买卖合同中的具体体现。

条文解读

出卖人对于买卖标的物在有效使用年限后的回收义务，需要基于法律、行政法规的规定和当事人的约定。本条的规定，首先，出于法律的引领作用，对普通民众的行为规范进行指引，以实践绿色的发展理念。其次，对于违反本条的回收义务，除当事人有明确约定外，法律、行政法规规定的回收义务，不能一概认为是民法上的义务，也有可能是公法上的义务。是否一律承担违约责任以及如何承担违约责任，都应基于法律的具体规定和当事人的具体约定而定，即具体情况具体分析。随着绿色发展理念的不断拓展和深入人心，此类规范当会越来越多，也会越来越具体明确。目前，有关回收义务的法律、行政法规，经梳理，主要有如下规定：

1. 《环境保护法》第37条规定："地方各级人民政府应当采取措施，组织对生活废弃物的分类处置、回收利用。"

2. 《固体废物污染环境防治法》第18条规定："建设项目的环境影响评价文件确定需要配套建设的固体废物污染环境防治设施，应当与主体工程同时设计、同时施工、同时投入使用。建设项目的初步设计，应当按照环境保护设计规范的要求，将固体废物污染环境防治内容纳入环境影响评价文件，落实防治固体废物污染环境和破坏生态的措施以及固体废物污染环境防治设施投资概算。建设单位应当依照有关法律法规的规定，对配套建设的固体废物污染环境防治设施进行验收，编制验收报告，并向社会公开。"

3. 《循环经济促进法》第15条规定："生产列入强制回收名录的产品或者包装物的企业，必须对废弃的产品或者包装物负责回收；对其中可以利用的，由各该生产企业负责利用；对因不具备技术经济条件而不适合利用的，由各该生产企业负责无害化处置。对前款规定的废弃产品或者包装物，生产者委托销售者或者其他组织进行回收的，或者委托废物利用或者处置企业进行利用或者处置的，受托方应当依照有关法律、行政法规的规定和合同的约定负责回收或者利用、处置。对列入强制回收名录的产品和包装物，消费者应当将废弃的产品或者包装物交给生产者或者其委托回收的销售者或者其他组织。强制回收的产品和包装物的名录及管理办法，由国务院循环经济发展综合管理部门规定。”

4.《水污染防治法》第 59 条规定：“船舶排放含油污水、生活污水，应当符合船舶污染物排放标准。从事海洋航运的船舶进入内河和港口的，应当遵守内河的船舶污染物排放标准。船舶的残油、废油应当回收，禁止排入水体。禁止向水体倾倒船舶垃圾。船舶装载运输油类或者有毒货物，应当采取防止溢流和渗漏的措施，防止货物落水造成水污染。进入中华人民共和国内河的国际航线船舶排放压载水的，应当采用压载水处理装置或者采取其他等效措施，对压载水进行灭活等处理。禁止排放不符合规定的船舶压载水。”

5.《大气污染防治法》第 47 条规定：“石油、化工以及其他生产和使用有机溶剂的企业，应当采取措施对管道、设备进行日常维护、维修，减少物料泄漏，对泄漏的物料应当及时收集处理。储油储气库、加油加气站、原油成品油码头、原油成品油运输船舶和油罐车、气罐车等，应当按照国家有关规定安装油气回收装置并保持正常使用。”第 49 条规定：“工业生产、垃圾填埋或者其他活动产生的可燃性气体应当回收利用，不具备回收利用条件的，应当进行污染防治处理。可燃性气体回收利用装置不能正常作业的，应当及时修复或者更新。在回收利用装置不能正常作业期间确需排放可燃性气体的，应当将排放的可燃性气体充分燃烧或者采取其他控制大气污染物排放的措施，并向当地生态环境主管部门报告，按照要求限期修复或者更新。”

6.《土壤污染防治法》第30条规定：“禁止生产、销售、使用国家明令禁止的农业投入品。农业投入品生产者、销售者和使用者应当及时回收农药、肥料等农业投入品的包装废弃物和农用薄膜，并将农药包装废弃物交由专门的机构或者组织进行无害化处理。具体办法由国务院农业农村主管部门会同国务院生态环境等主管部门制定。国家采取措施，鼓励、支持单位和个人回收农业投入品包装废弃物和农用薄膜。”

7.《废弃电器电子产品回收处理管理条例》第10条规定：“电器电子产品生产者、进口电器电子产品的收货人或者其代理人生产、进口的电器电子产品应当符合国家有关电器电子产品污染控制的规定，采用有利于资源综合利用和无害化处理的设计方案，使用无毒无害或者低毒低害以及便于回收利用的材料。电器电子产品上或者产品说明书中应当按照规定提供有关有毒有害物质含量、回收处理提示性说明等信息。”第11条规定：“国家鼓励电器电子产品生产者自行或者委托销售者、维修机构、售后服务机构、废弃电器电子产品回收经营者回收废弃电器电子产品。电器电子产品销售者、维修机构、售后服务机构应当在其营业场所显著位置标注废弃电器电子产品回收处理提示性信息。回收的废弃电器电子产品应当由有废弃电器电子产品处理资格的处理企业处理。”第12条规定：“废弃电器电子产品回收经营者应当采取多种方式为电器电子产品使用者提供方便、快捷的回收服务。废弃电器电子产品回收经营者对回收的废弃电器电子产品进行处理，应当依照本条例规定取得废弃电器电子产品处理资格；未取得处理资格的，应当将回收的废弃电器电子产品交有废弃电器电子产品处理资格的处理企业处理。回收的电器电子产品经过修复后销售的，必须符合保障人体健康和人身、财产安全等国家技术规范的强制性要求，并在显著位置标识为旧货。具体管理办法由国务院商务主管部门制定。”

相关规定

《中华人民共和国环境保护法》第37条；《中华人民共和国固体废物污染环境防治法》第68条；《中华人民共和国循环经济促进法》第15条；《中华人民共和国水污染防治法》第59条；《中华人民共和国大气污染防治法》第47条；《中华人民共和国土壤污染防治法》第30条；《废弃电器电子产品回收处理管理条例》第10条、第11条、第12条

第六百二十六条　买受人应当按照约定的数额和支付方式支付价款。对价款的数额和支付方式没有约定或者约定不明确的，适用本法第五百一十条、第五百一十一条第二项和第五项的规定。

条文主旨

本条是关于买受人支付价款及其支付方式的一般规定。

立法背景

《合同法》第159条只是对买卖标的物价款的数额作出规定，并未就价款的支付方式作出规定，在本法编纂过程中，对此进行了修改完善。

条文解读

1. 支付价款及其支付方式的含义。支付价款是买卖合同中买受人的最基本义务，是出卖人交付标的物并转移其所有权的代价条件。这在各国法律规定上都是一致的。买卖合同对标的物的价款作出约定的，买受人应当依照约定履行义务，这是没有疑问的。有时合同可能并未直接约定价款的数目，而是约定了一个如何计算价款的方法，如果该方法清晰明确，同样属于对价款有约定的情形。而支付方式，是指买受人完成履行价款支付义务的具体方法，与买卖双方的权益有密切关系。支付方式不符合约定的，亦需承担相应的违约责任。在实践中，尤其是国际贸易中，支付方式主要有付现（通常指买方需在卖方交货前若干天付清全部货款）、交货付款（通常指买方在卖方交货时付款）、交单付款（通常指买方在收到卖方交付合格的提取货物凭证时付款）3种方式，细分下来还有一次总付、分期支付；现金、转账、信用证、票据等方式。基于价金支付方式的重要性，现实中买卖双方通常会在合同中作出约定。

2. 未约定支付价款时的处理规则。买卖合同当事人未就价款作出约定或者约定不明确，并不导致合同不成立。但需要法律规定出解决的原则。合同中未约定价款的情况在实践中也是时有发生的。比如，买方以电报向卖方订购某种型号的机床若干台，要求立即装运，但没有提价格或计价方法。卖方收到电报后，即按其要求将机床装运给买方。像这样的情况如果认定合同未成立，对买卖双方来说就失去了一次交易的机会，扩展到整个市场交易行为，无疑阻碍了商品流转，同时也违背了交易主体的意愿。所以，就要让这样的合同成立，然后，就价款的问题协议补充。不能达成补充协议的，按照合同有关条款或者交易习惯确定。比如标的物的型号、质量等状况就是决定价格多少的重要参照。如果此时仍然不能确定价款怎么办？国外法律在处理上存在一定的差异。德国法律规定如果未约定价款则依市场价格确定，市场价格为清偿时清偿地的市场价格。英美等国的法律也规定未约定价款应当按照交货时的合理价格来确定。而《联合国国际货物销售合同公约》第55条则规定，如果合同已有效地订立，但没有明示或暗示地规定价格或规定如何确定价格，在没有任何相反表示的情况下，双方当事人应视为已默示地引用“订立合同时”此种货物在有关贸易的类似情况下销售的通常价格。本条规定是借鉴公约的规定作出的。由法律确定价款是为了弥补当事人在订立合同时考虑的不足，而依订立合同时的市场价格确定是合理地反映当事人心理状态的办法。

3. 未约定支付方式时的处理规则。买卖合同当事人未就价款的支付方式作出约定或者约定不明确，这在实践中是经常发生的，但是通常不会发生纠纷，因为当事人之间的补充协议或者交易惯例可以解决这类纠纷。如果交易惯例解决不了，则需要法律规定出解决的原则，以便维护交易的秩序和提高交易的效率。例如《美国统一商法典》第2-307条规定：“除非另有协议，买卖合同项下的所有货物必须一次全部提示交付，且只有卖方作此种提示交付，买方才有义务支付价款。但是，如果客观情况使卖方有权分批交货或使买方有权分批提货，则在价款可按比例分开计算时，卖方可以要求在每次交货后取得相应价款。”显然，它是以一次全部支付价款为原则的，也不排除在特定条件下的分期交货分期付款。这与本法第511条第5项

"履行方式不明确的，按照有利于实现合同目的的方式履行"的规定的内涵相一致，也与本法第 628 条的规定相协调。

第六百二十七条　买受人应当按照约定的地点支付价款。对支付地点没有约定或者约定不明确，依据本法第五百一十条的规定仍不能确定的，买受人应当在出卖人的营业地支付；但是，约定支付价款以交付标的物或者交付提取标的物单证为条件的，在交付标的物或者交付提取标的物单证的所在地支付。

条文主旨

本条是关于买受人支付标的物价款的地点的规定。

立法背景

买卖标的物价款的支付地点，就合同的正常履行来讲，属于必不可少的内容。本条来源于《合同法》第 160 条，未作修改。

条文解读

买受人应按约定的地点支付价款。按照约定地点支付价款，是买受人的一项具体义务，这义务是买受人支付价款义务中的一项内容，该内容在支付价款的义务中是必不可少的。支付地点一般分为约定的地点和约定地点以外的法律规定的地点。为避免发生纠纷，合同当事人应当对买受人的支付价款地点作出具体约定。

没有约定支付价款地点或者约定不明确时依本法原则确

定。尽管支付价款的地点很重要，需要合同当事人作出具体的约定，但由于种种原因，当事人没有作出具体约定或者虽有约定但约定不明确，这种情况实践中常有发生。为减少纠纷，确保买卖合同的正常履行，本条规定了两种为当事人可以操作的具体原则：第一种原则是依据本法第510条的规定确定。依据该规定，当事人重新订立补充条款或者买受人按照合同的有关条款、交易习惯自行确定。这一规定实际上是基于当事人的自愿原则，是自愿原则在支付价款义务中的具体体现。第二种原则是直接依据本条规定确定。在依据第510条规定不能确定支付地点的前提下，本条规定了两种情况：一是买受人应当在出卖人的营业地支付，这与本法第511条第3项规定的“给付货币的，在接受货币一方所在地履行”是一致的；二是如果约定支付价款以交付标的物或者交付提取标的物单证为条件，那么买受人应当在交付标的物或者交付提取标的物单证的所在地支付。

本条关于支付地点的规定与各区域规定相一致。本条的规定借鉴了《联合国国际货物销售合同公约》的有关规定。该公约第57条第1款规定，如果买方没有义务在任何其他特定地点支付价款，他必须在以下地点向卖方支付价款：（a）卖方的营业地；或者（b）如凭移交货物或单据支付价款，则为移交货物或单据的地点。买卖合同中支付价款的地点问题不容忽视，尤其是在国际货物买卖中更是如此，因为往往涉及外汇付款的问题。如果双方约定了支付价款的地点，买受人应当依约履行。如果未约定或者约定不明确，按照本条规定仍然是首先适用本法第510条；仍不能确定的，买受人应当在出卖人的营业地支付。除上述公约有此规定外，《日本民法典》第574条规定："应在买卖标的物交付的同时交付价金时，须在该交付的场所支付。"我国台湾地区"民法"第371条也规定："标的物与价金应同时交付者，其价金应于标的物之交付处所交付之。"需要指出的是，如果卖方的营业地在订立合同后发生了变动，《联合国国际货物销售合同公约》第57条第2款规定："卖方必须承担因其营业地在订立合同后发生变动而增加的支付方面的有关费用。"同样具有合理性而值得借鉴。

在国际货物买卖中，如采用CIF、CFR、FOB等条件成交时，通常都是凭卖方提交装运单据支付货款。无论采用信用证还是跟单托收的付款方式，都是以卖方提交装运单据作为买方付款的必要条件。所以，交单的地点就是付款的地点。按照国际贸易的通行做法，采用不同的货款支付方式，交单的地点也是不同的。例如，采用跟单托收的支付方式，卖方应当通过托收银行在买方的营业地点向买方交单并凭单收取货款。而采用信用证付款，则卖方是向设在出口地，一般为卖方营业地的议付银行提交有关的单据，并由议付银行凭单付款。

第六百二十八条　买受人应当按照约定的时间支付价款。对支付时间没有约定或者约定不明确，依据本法第五百一十条的规定仍不能确定的，买受人应当在收到标的物或者提取标的物单证的同时支付。

条文主旨

本条是关于买受人支付标的物价款的时间的规定。

立法背景

买卖标的物价款的支付时间，就合同的正常履行来讲，属于必不可少的内容。本条来源于《合同法》第161条，未作修改。

条文解读

买受人应当按照约定的时间支付价款。按照约定时间支付价款，是买受人的一项具体义务，这义务是买受人支付价款义务中的一项内容，该内容在支付价款的义务中是必不可少的。支付时间一般分为合同约定的时间和约定时间以外的法律规定的时间。为避免发生纠纷，合同当事人应当对买受人的支付价款时间作出具体约定。当然，如果买受人不按时支付价款的，属于违约行为，应当承担相应的违约责任。

没有约定支付价款时间或者约定不明确时依本法原则确定。尽管支付价款的时间很重要，需要合同当事人作出具体的约定，但由于种种原因，当事人没有作出具体约定或者虽有约定但约定不明确，这种情况实践中常有发生。为减少纠纷，确保买卖合同的正常履行，本条规定了两种为当事人可以操作的具体原则：第一种原则是依据本法第510条的规定确定。依据该规定，当事人重新订立补充条款或者买受人按照合同的有关条款、交易习惯自行确定。根据目前的规定，买受人可以随时支付价款；出卖人也可以随时请求买受人支付，但是应当给买受人一定的准备时间。第二种原则是直接依据本条规定确定。在依据第510条规定不能确定支付时间的前提下，本条规定了买受人应当在收到标的物或者提取标的物单证的同时支付，也就是平常所说的“一手交钱一手交货”。

本条关于支付时间的规定与各区域规定相一致。本条的规定借鉴了《联合国国际货物销售合同公约》的有关规定。该公约第 58 条规定：（1）如果买方没有义务在任何其他特定时间支付价款，他必须于卖方按照合同和本公约规定将货物或控制货物处置权的单据交给买方处置时支付价款。卖方可以支付价款作为移交货物或单据的条件。（2）如果合同涉及货物的运输，卖方可以在支付价款后方可把货物或控制货物处置权的单据移交给买方作为发运货物的条件。（3）买方在未有机会检验货物前，无义务支付价款，除非这种机会与双方当事人议定的交货或支付程序相抵触。当事人对付款时间没有约定，买受人应当在收取标的物同时付款，这也同我国民间“一手交钱，一手交货”的习惯相符合。此外，《日本民法典》第 573 条有相似的规定：“买卖标的物的交付定有期限时，推定价金的支付定有相同期限。”我国台湾地区“民法”第 369 条规定：“买卖标的物与其价金之交付，除法律另有规定或契约另有订定或另有习惯外，应同时为之。”第 370 条规定：“标的物交付定有期限者，其期限，推定其为价金交付之期限。”综合上述表明，关于买卖标的物价款支付时间的规定，各区域的规定大体一致。

第六百二十九条　出卖人多交标的物的，买受人可以接收或者拒绝接收多交的部分。买受人接收多交部分的，按照约定的价格支付价款；买受人拒绝接收多交部分的，应当及时通知出卖人。

条文主旨

本条是关于出卖人多交标的物如何处理的规定。

立法背景

本条内容借鉴了《联合国国际货物销售合同公约》第 52 条

的相关规定，该条第 2 款规定：“如果卖方交付货物的数量大于合同规定的数量，买方可以接受所有货物，也可以拒绝接受该多出部分的货物。如果买方接受了该多交部分的全部或一部分货物，他必须按合同价格付款。”另外，我国《工矿产品购销合同条例》第 10 条第 3 款第 1 项规定：“供方交付的产品多于合同规定的数量，需方不同意接收的，在托收承付期内，可以拒付多交部分的货款和运杂费。购销双方在同一地点（同城）的，需方可以拒收多交的部分；购销双方不在同一地点（异地）的，需方应把产品接收下来，并负责保管，将详细情况和处理意见在货到后十天内（另有规定或当事人另行商定期限者除外）通知供方处理。”第 35 条第 6 项规定：“提前交货的产品、多交的产品和品种、型号、规格、花色、质量不符合同规定的产品，需方在代保管期内实际支付的保管、保养等费用以及非因需方保管不善而发生的损失，应当由供方承担。”该条例是关于出卖人多交标的物情况的处理规定，如今看来仍具有相当的合理性，值得当事人参考并在合同中作出约定。

条文解读

出卖人多交标的物，在实际生活中并不鲜见。对于出卖人多交标的物的情况，在当事人有约定具体处理方法之外，本条规定了两种法定处理方法：一种方法是买受人接收多交的部分。出卖人多交，买受人接收，在一定程度而言系在原买卖合同的基础上，就产品的数量达成了事实的补充条款。也就是说，在执行原合同其他条款的基础上，可以收取多交的部分。由于买受人接收了多交的部分，又对多收部分价款没有提出异议，等于同意以原价格购买该部分标的物。另一种方法是拒绝接收。对于拒绝接收的，买受人应当履行通知和保管的义务，至于通知的具体方式，可以是书面的，也可以是非书面的，比如电话通知等。如果不通知则可能会产生买受人接收的假象。因此，为了避免发生纠纷，买受人负有通知的义务。

对于出卖人多交付标的物是否属于违约的问题，我们的看法是，按照约定数量交付标的物是出卖人的一项义务，出卖人应当严格履行。不履行这一义务，出卖人应当承担相应的违约责任。需要说明的是，这种情况是针对出卖人少交付标的物来讲的。至于出卖人多交付标的物是否属于违约，该承担什么责任，法律不作规定，由当事人协商来解决。现实中造成出卖人多交付标的物的原因复杂，需要具体问题具体分析。

第六百三十条　标的物在交付之前产生的孳息，归出卖人所有；交付之后产生的孳息，归买受人所有。但是，当事人另有约定的除外。

条文主旨

本条是关于买卖合同标的物孳息归属的规定。

立法背景

在买卖合同中，标的物孳息的归属是合同的一个很重要的问题，一般在法律上会有一个确定归属的原则。对此立法上有两种主张：一种主张认为，标的物所产生的孳息属于所有权人。即标的物所有权转移，其孳息就转移；标的物的所有权没有转移，其孳息也就没有转移。也就是说，孳息是和所有权联系在一起的。这种主张的理论基础是所有权理论。另一种主张认为，标的物所产生的孳息根据标的物交付占有来确定。即标的物转移或者交付给对方，其孳息就转移给对方；标的物没有转移或者交付给对方，其孳息也就没有转移给对方。也就是说，标的物的孳息属于占有方，所有权不是判断孳息归属的根据。这种主张的理论基础是和风险的归属联系在一起的，也就是风险和利益共担。

条文解读

孳息是“原物”的对称，是由物或者权利而产生的收益，分为“天然孳息”和“法定孳息”。天然孳息指物依自然规律产生的收益，如土地生长的稻麦、树木的果实、牲畜的幼畜、挤出的牛乳、剪下的羊毛等。法定孳息指依民事法律关系产生的收益，如有利息的借贷或租赁，出借人有权收取的利息，出租人有权收取的租金等。买卖合同中标的物涉及的孳息，一般为天然孳息。但如果买卖的不是一般的货物，则也有可能涉及法定孳息，如买卖正被出租的房屋即是。

本条规定采取的是风险和利益共担的原则。本条规定是和本法第 604 条“标的物毁损、灭失的风险，在标的物交付之前由出卖人承担，交付之后由买受人承担”的规定相联系的。第 604 条的规定是交付划分风险的原则，根据这一原则，本条也将孳息和风险联系在一起，因此规定“标的物在交付之前产生的孳息，归出卖人所有；交付之后产生的孳息，归买受人所有”。从另一个角度而言，孳息之产生与原物占有人的照料大有关系，故很多国家的买卖合同都规定孳息收益人的确定与标的物的交付相联系。如大陆法系的《日本民法典》第 575 条规定：“未交付的买卖标的物产生孳息时，孳息属于出卖人。”

《德国民法典》第446条规定：“自交付买卖标的物时起，物的收益归属于买受人。”本条亦采用此原则而规定。这里需要说明的是，本条规定的交付确定孳息归属是一个原则性的规定，如果当事人另有约定，根据民事权利可以依法自由处分的原则，应当按照约定执行。因此，在本法编纂过程中，根据有关方面的意见和建议，在《合同法》第163条规定的基础上，加上了“但是，当事人另有约定的除外”的内容，最终形成了本条现在的规定。

第六百三十一条　因标的物的主物不符合约定而解除合同的，解除合同的效力及于从物。因标的物的从物不符合约定被解除的，解除的效力不及于主物。

条文主旨

本条是关于作为标的物的主物与从物在解除合同时的效力的规定。

立法背景

本条规定的内容，主要借鉴的是我国台湾地区“民法”的有关规定。该“民法”第362条规定：“因主物有瑕疵而解除契约者，其效力及于从物。从物有瑕疵者，买受人仅得就从物之部分为解除。”

条文解读

1. 物。民法上的物是指人们可以支配和利用的物质财富，一般和物权联系在一起。本法第115条规定：“物包括不动产和动产。法律规定权利作为物权客体的，依照其规定。”本法第

114 条第 2 款规定：“物权是权利人依法对特定的物享有直接支配和排他的权利，包括所有权、用益物权和担保物权。”物根据其性质，有不同的分类标准：根据移动是否会影响其价值，可以分为不动产和动产；根据物的主从关系，可以分为主物和从物。

主物是“从物”的对称，是指独立存在，与同属于一人的他物合并使用而起主要经济效用的物。如汽车对于附带的必需的维修工具、自划游船对于船桨、保险箱对于钥匙都为主物。反之从物也是“主物”的对称，是指独立存在，与同属于一人的他物合并使用而起辅助经济效用的物。除有特别情况外，从物的归属依主物的归属而定，主物所有权转移，从物所有权也随其转移。也就是说，主物能够决定从物的命运，而从物一般不能决定主物的命运。

2. 主物和从物在解除合同时的效力的相互影响力。本条的规定分为两个方面：一方面规定，因标的物的主物不符合约定而解除合同的，解除合同的效力及于从物。也就是说，因主物不符合约定而解除的合同，涉及从物的合同，自然也就解除，当事人不必要在从物问题上再作明确的意思表示，除非当事人和法律另有约定或者规定。这就是主物决定从物理论的具体体现。另一方面规定，因标的物的从物不符合约定被解除的，解除的效力不及于主物。也就是说，当合同标的物中涉及从物的合同被解除时，并不影响到涉及主物的合同，涉及主物的合同仍然具有法律效力，当事人不能因为涉及从物不符合合同要求的合同解除，而提出涉及主物的合同解除。这就是从物不能决定主物理论的具体体现。

在本法的编纂过程中，有意见提出，从物不符合约定而被解除的，究竟是解除哪个合同？我们的看法是，主物和从物的买卖属于一个总的买卖合同，涉及从物买卖的部分，当属于主物买卖合同的组成部分，即使因从物不符合约定被解除，通常也不会达到不能实现合同目的的程度，因此涉及从物的解除应当只是买卖合同的部分解除。

第六百三十二条　标的物为数物，其中一物不符合约定的，买受人可以就该物解除。但是，该物与他物分离使标的物的价值显受损害的，买受人可以就数物解除合同。

条文主旨

本条是关于标的物为数物中的一物时买受人解除合同的规定。

立法背景

本条规定的内容，主要是参考了我国台湾地区“民法”的有关规定。该法第 363 条规定：“为买卖标的之数物中，一物有瑕疵者，买受人仅得就有瑕疵之物为解除。其以总价金将数物同时卖出者，买受人并得请求减少与瑕疵物相当之价额。前项情形，当事人之任何一方，如因有瑕疵之物，与他物分离而显受损害者，得解除全部契约。”

条文解读

1. 数物。本条所讲的“数物”，是指主、从物以外的其他相互独立存在的物。不同的标的物中的“数物”一般是独立存在的，和其他独立存在的物并不互相制约。一般来讲，一个物的不能使用，并不能影响其他物的使用。

2. 买受人的合同解除权。本条规定的买受人有权解除合同分为两种情形：一种情形是，买受人解除一物不影响数物的解除。在标的物为数物的买卖合同中，出卖人交付的标的物中的一物不符合约定不被买受人接受，而出卖人交付的作为标的物的其他“物”符合要求又被买受人所接受时，买受人可以仅仅就不符合约定的“物”解除合同，但不影响到符合要求的其他“物”的解除。例如，买受人向出卖人购买大米和面粉，买卖大米 50 袋，价款 500 元；面粉 50 袋，价款 500 元。如果买受人发现面粉质量不符合约定，可以就面粉部分解除合同，而只买受大米。如果大米与面粉是以总价款 1000 元购买的，买受人只能请求减少与面粉相当的价款，而不能解除全部合同。另一种情形是，买受人解除一物影响到数物的解除。买受人购买了数物，其中一物的质量不符合约定，而该物又不宜与数物中的其他物分离，否则将明显受到损害，那么买受人可以要求就数物解除合同，即解除合同的全部。例如，买卖标的物是古对联一副，其中一联不符合约定的标准，显然该副对联就失去了悬挂的价值。这种情况下，买受人有权就整副对联行使解除权。

3. 本条规定的解除权由买受人选择决定。本条作为买受人的一项权利，所以使用了“可以”二字，出现依法可以解除合同的情形时，完全是由买受人自己决定。关于《合同法》第 165 条“但该物与他物分离使标的物的价值显受损害的，当事人可以就数物解除合同”的规定，实践中，对于“当事人”是否包括违约方有争议。有的提出，赋予了出卖人对于合同全部的解除权，即赋予了违约方解除权，与本法第 563 条规定的只有守约方才享有合同解除权的规定不符。为了避免这种争议，在本法编纂的过程中，将“当事人”改为了“买受人”，这样才更加符合民法的公平原则。从另一角度而言，即使出现一物不符合约定影响数物价值的情形，拿上面的对联为例，如果买受人出于某种考虑不愿意解除整副对联的合同，那么出卖人也就无权解除合同。综合上述考虑，本条规定的合同解除权只能是由买受人选择决定。

第六百三十三条　出卖人分批交付标的物的，出卖人对其中一批标的物不交付或者交付不符合约定，致使该批标的物不能实现合同目的的，买受人可以就该批标的物解除。

出卖人不交付其中一批标的物或者交付不符合约定，致使之后其他各批标的物的交付不能实现合同目的的，买受人可以就该批以及之后其他各批标的物解除。

买受人如果就其中一批标的物解除，该批标的物与其他各批标的物相互依存的，可以就已经交付和未交付的各批标的物解除。

条文主旨

本条是对长期供货合同分批交付标的物的情况下解除合同的规定。

立法背景

本条规定的内容，主要是参考了《美国统一商法典》和《联合国国际货物销售合同公约》的有关规定。《美国统一商法典》第 2－612 条第 1 款规定："分批交货合同指要求或授权卖方分批交付货物、买方分批接受货物的合同，即使合同包括每次交货构成一项独立合同或类似条款，仍属于此种合同。"第 2

款规定："买方可以拒收不符合合同的任何一批货物，只要该种不符使该批货物的价值严重降低且无法补救，或该种不符系所要求的单据存在缺陷；但如果该种不符不在本条第三款范围之内，且卖方已作出进行补救的适当保证，买方必须接受该批货物。"第 3 款规定："一批或多批货物，如果因不符合合同或存在其他违约而使整个合同的价值严重降低，即构成违反整个合同。但如果受损方接受了不符合合同的一批货物且未能及时通知解除合同，或只对以前各批交货提起诉讼，或他仍要求交付尚未交付的其余各批货物，合同即保持有效。"《联合国国际货物销售合同公约》第 73 条第 1 款规定："在合同约定分批交付货物的情况下，如果一方当事人未履行其在任何一批次货物中的合同义务，他便对该批次货物已经构成了根本违约，另一方当事人可以针对该批货物的合同宣告无效。"第 2 款规定："如果一方当事人未履行其在任何一批次货物中的义务，另一方当事人因此有充分理由断定在未来各批次货物中他也将会根本违约，该另一方当事人可以在一段合理时间内宣告合同以后不再具有效力。"第 3 款规定："如果由于在各批次交付的货物之间存在相互依存关系，买方针对任何一批次货物宣告合同无效，可能导致已经交付的各批次的货物或未来将交付的各批次的货物不能用于双方当事人在订立合同时所设定的目的，那么，他可以同时针对已交付的或未来交付的各批货物宣告合同无效。"

条文解读

出卖人不适当履行长期供货合同的 3 个层次。对于长期供货合同分批交付标的物的情况，如果出现出卖人不适当履行的情况，买受人要求解除合同的，应当受本条规定调整，表现为以下 3 个层次：

第一，一般情况下，出卖人不适当履行某一批标的物的交付，买受人可以针对该批标的物不适当履行的情况，要求出卖人承担违约责任。如果出卖人对该批的不适当履行构成了根本违约，即达到了本条所规定的“出卖人对其中一批标的物不交付或者交付不符合约定，致使该批标的物不能实现合同目的的”，买受人有权以该批标的物的交付违约为由，解除长期供货合同的该部分内容。例如买受人为酿酒与出卖人约定了 10 年期的稻谷供应合同，在执行到第 5 个年头时，出卖人提供的稻谷由于某种原因不能达到酿酒的品质要求，导致无法达到买受人该年购买稻谷的合同目的，因此，买受人有权解除第 5 年的稻谷买卖合同。

第二，出卖人就某批标的物的交付构成根本违约，即交付的结果将导致该批以及之后其他各批标的物的交付不能实现合同目的的，买受人有权以该批标的物的交付违约为由，解除长期供货合同该部分及之后应当交付部分的内容。法律并未明确说明属于这类情形的具体情况，因为合同实践是复杂的，立法只能作出一个原则性的规定，具体适用的尺度把握应当具体问题具体分析。但是需要明确指出的是，某批标的物交付的根本违约，将致使今后各批的交付也构成根本违约的情况必须是十分明显的，才能适用这一规定。

第三，某批标的物的交付与整个长期供货合同的其他各批标的物的交付可能是相互依存的，或者说是不可分的，否则整个合同的履行将不可能或者没有意义，即某批标的物的不适当履行导致整个合同无法实现合同目的。在这种情况下，买受人如果依法可以对该批标的物解除，那么他就有权解除整个长期供货合同。例如买卖双方约定了成套机械设备买卖合同，分三批交付。在交付第二批设备后，买受人发现该批设备存在严重的质量问题，结果必将导致成套机械设备的买卖无法实现设定的合同目的。因此，买受人有权就包括已经交付和未交付的机械设备在内，全部要求解除合同。

第六百三十四条　分期付款的买受人未支付到期价款的数额达到全部价款的五分之一，经催告后在合理期限内仍未支付到期价款的，出卖人可以请求买受人支付全部价款或者解除合同。

出卖人解除合同的，可以向买受人请求支付该标的物的使用费。

条文主旨

本条是关于分期付款买卖的规定。

立法背景

分期付款买卖，是指由出卖人先向买受人交付标的物，买受人将应付的总价款，在一定期限内分次向出卖人支付的买卖合同。分期付款买卖也是一种特殊买卖，其根本特征在于买受人在接受标的物后不是一次性支付全部价款，而是将全部价款分成若干份，分不同日期支付。分期付款买卖在某种意义上也属于一种赊购，但买受人在接受标的物之后，不是在一定期限内一次性地支付价款，而是在一定期限内分批次地支付。分期付款买卖中，当事人双方可以自由约定付款的期限和次数，也可以约定买受人在接受标的物前先支付或者先分期支付若干价款，但在出卖人交付标的物后买受人原则上至少应当再分两次向出卖人支付价款，否则就不属于分期付款的买卖。分期付款买卖一般在买卖标的物价金较高，买受人一次性筹款支付有困难时适用。由于价金是陆续支付，会使买受人在心理上、履行上不感到有过重的负担，因此分期付款买卖能促进商品房、高档汽车等昂贵品的消费。

条文解读

一、法律对分期付款出卖人避免风险的特别约定的限制

分期付款买卖使买受人未支付全部价金即取得买卖标的物，出卖人未得到全部价金即需移转买卖标的物，出卖人存在不能取得全部价金的风险。因此，在分期付款买卖合同中出卖人为规避风险，往往提出一些有利于自己的合同条款。一般来说这也是合理的，是合同自愿原则的体现。然而，分期付款的买受人往往是弱者，其利益容易受到损害。因此，法律为了防止出卖人提出的这些条款过于苛刻，就应当作出一定的限制，以保证买卖当事人之间利益的平衡。

出卖人在分期付款买卖中采取的规避风险的各种措施中，最重要的就是解除合同或者请求支付全部价款的特约。

为保证及时收取价款，出卖人可以在合同中提出这样的条款，即买受人不按期支付价金，出卖人有权请求买受人一并支付未到期的价金。这种条款可以称为期限利益丧失条款。由于分期付款买卖中的期限利益属于买受人，为防止因特别约定致使买受人一有迟延付款的行为即丧失期限利益的不公平现象，一些国家或者地区的法律往往对因买受人迟延付款而丧失期限利益的特别约定加以限制，买受人如不按期付款达到一定程度

的违约时，出卖人才能请求其加速支付未到期价金。例如，我国台湾地区“民法”第389条规定：“分期付价之买卖，如约定买受人有迟延时，出卖人得即请求支付全部价金者，除买受人迟付之价额已达全部价金1/5外，出卖人仍不得请求支付全部价金。”本条借鉴这些有益的制度，规定分期付款的出卖人只有在买受人未支付到期价款的金额达到全部价款的五分之一，且经催告后买受人在合理期限内仍未支付到期价款的，出卖人才可以请求买受人支付到期以及未到期的全部价款或者解除合同。

法律对出卖人请求支付全部价款的特别约定的上述限制，属于法律强制性规定。当事人在合同中不得限制、排除或者违反这些限制，否则是无效的。但需指出的是，并非只要当事人的约定与上述规定不一致就导致无效。法律作出这样的规定，目的在于保护买受人的利益，如果当事人在合同中的约定对保护买受人的利益更加有利，则是不违反法律规定的。例如，当事人的特别约定是，出卖人只有在买受人连续3次未支付价款，并且未支付到期价款的金额达到全部价款的1/4的，才可以请求买受人支付到期以及未到期的全部价款或者解除合同，那么，这样的约定就是有效的。

除了上面讲的设立期限利益丧失的特别约定以外，出卖人在分期付款买卖中还可以提出设立一些其他的特别约定，以规避其风险。其中比较重要的就是剩余价款的抵押担保约定和所有权保留的特别约定。前者在本法第416条规定：“动产抵押担保的主债权是抵押物的价款，标的物交付后十日内办理抵押登记的，该抵押权人优先于抵押物买受人的其他担保物权人受偿，但是留置权人除外。”后者在本法第641条规定：“当事人可以在买卖合同中约定买受人未履行支付价款或者其他义务的，标的物的所有权属于出卖人。出卖人对标的物保留的所有权，未经登记，不得对抗善意第三人。”这些特别约定属于合同自愿范畴，各国法律对此一般少有限制。

二、有关分期付款买卖合同解除的特别规定

本编在通则部分规定了对于所有合同均适用的关于合同解除的制度。包括当事人可以在合同中约定解除合同的条件，解除合同的条件成就时，合同解除。当事人也可以事后经协商一致解除合同。当事人一方迟延履行主要债务，经催告后在合理期限内仍未履行的，对方可以解除合同。当事人一方迟延履行债务或者有其他违约行为致使不能实现合同目的的，对方可以不经催告解除合同。这些是合同解除的一般性规则，合同编典型合同部分如果针对具体合同规定了一些特殊性的规则，那么就应适用特殊优于一般的原则。本条有关分期付款买卖合同解除的规定就是对通则有关规定的具体化。

首先，合同当事人可以在合同订立前或者订立后，协商设立合同解除的条件。而根据本条的规定，上面讲到的对期限利益丧失特别约定的限制，同样适用于合同的协议解除，合同的有关约定不得低于法律规定的对保护买受人有利的标准。

其次，达到法定的条件时，合同一方当事人有权单方解除合同。通则规定的这些条件中，违约行为“致使不能实现合同目的”，乃是一个核心和关键。但通则这一规定只是一般性的原则表述，至于什么是不能实现合同目的，需要根据不同种类的合同以及具体的个案来判断。按照本条的规定，在分期付款买卖合同中，买受人未支付到期价款的金额已经达到全部价款的1/5，且经催告后在合理期限内仍未支付到期价款的，即法律规定的具体适用“致使不能实现合同目的”的标准。也就是说，只有达到了这样的条件，分期付款买卖的出卖人才有权行使合同的单方解除权。

三、分期付款买卖合同解除的法律后果

在合同解除后，买卖当事人应当将从对方取得的财产进行返还，违约的一方并应当赔偿对方因此而受到的损失。因此，有时出卖人也会考虑提出对解除合同后损害赔偿进行特别约定的方式来追求自己的最大利益。因为分期付款买卖的标的物是已经交付了买受人的，所以在因买受人原因而由出卖人解除合同时，买受人在占有标的物期间的利益也就是出卖人的损失。出卖人可能提出自己因买受人的违约而解除合同时有权抵扣已收取的价款，或者请求买受人支付一定金额的赔偿款。如果这种约定过于苛刻，就会对买受人不利。为了维持当事人之间利益的均衡，法律应当进行适当限制。除已有的违约金过高可以请求适当减少的规定外，本条第2款规定，出卖人解除合同的，可以向买受人请求支付该标的物的使用费。也就是说，一般情况下，出卖人因买受人的原因解除合同时，出卖人向买受人请求支付或者抵扣的金额，不得超过相当于该标的物的使用费的金额。如果标的物有毁损，那么出卖人当然还可以请求相应的赔偿。

需要特别指出的是，由于本条没有对合同解除后买受人已经交付的价款如何处理作出规定，买卖当事人以在合同中对此问题作出约定为宜，以防止发生不必要的纠纷。若没有约定的，原则上应当适用合同编通则关于合同解除后果的相关规定。

第六百三十五条 **凭样品买卖的当事人应当封存样品，并可以对样品质量予以说明。出卖人交付的标的物应当与样品及其说明的质量相同。**

条文主旨

本条是关于凭样品买卖中样品和交付的标的物要求的规定。

立法背景

凭样品买卖的情形客观存在，本条源自《合同法》第168条的规定，未作修改。

条文解读

一、凭样品买卖合同的含义

凭样品买卖合同，又称货样买卖，是指买卖双方根据货物样品而订立的由出卖人按照样品交付标的物的合同。凭样品买卖合同属于一种特殊的买卖合同，其特殊性主要表现在3个方面：一是合同标的物的质量、属性等是根据样品确定的，并且该样品应当是订立合同时存在的样品。二是当事人基于对样品的信赖而订约。三是交付的标的物以样品来衡量，即当事人在合同中明确规定以样品来确定标的物品质。需要特别说明的是，如果出卖人先向买受人提示样品，而后双方订立合同时未明确表明进行的是凭样品买卖，则双方不成立凭样品买卖。所以，按照商店中摆列商品购物不属于货样买卖。

二、凭样品买卖合同的样品要求

本条对样品的要求有两个：一个是凭样品买卖的当事人应当封存样品；另一个是可以对样品质量予以说明。

1. 封存样品要求。样品是凭样品买卖的核心问题。这对于双方当事人来讲均很重要，需要高度重视，否则容易引起不必要的纠纷。为此，本条规定“当事人应当封存样品”。这一规定包括3层意思：一是样品必须是订立合同时的样品；二是样品的封存必须为双方所认可，包括对封存地点、数量、时间以及保存人的认可等；三是双方当事人应当对封存的样品盖章或者签字。至于封存的具体方法，当事人可以根据自己的具体情况作出具体的约定。

2. 对样品质量予以说明的要求。这是为了进一步保证样品的质量、减少纠纷而作出的一项具体的规定，对双方当事人均具有约束力，双方当事人同样需要给予高度重视。这一规定同样包括3层意思：一是对样品的质量的说明应为双方当事人所认可；二是对质量的说明应当根据样品具体情况来确定，一般包括外观、型号、技术要求等；三是对样品质量国家有强制性规定的，须遵守强制性规定，不得违反，如国家有关安全卫生的强制性的要求就必须遵守。

3. 封存样品和对样品质量的说明对当事人均有益处。本条规定是一项保护双方当事人合法权益的义务性规定，双方当事人均应执行这一规定。现实中，由于双方当事人不注意这一问题，产生的纠纷很多，以致“有理说不清”。对双方当事人来讲，封存了样品，能对样品质量进行说明，如发生了纠纷，也容易分清责任，可以减少争执，有利于纠纷的解决，对保护双方当事人的合法权益均有益处。

三、出卖人应当以符合样品的质量交货

凭样品买卖合同的一个基本特点就是加强出卖人的责任，视为出卖人担保交付的买卖标的物与样品具有同一品质。因此，本条规定，“出卖人交付的标的物应当与样品及其说明的质量相同”。这是对出卖人的一项义务性的规定，出卖人必须履行这一义务。实践过程中，为了检验买卖标的物是否与货样品质相同，通常采取封存货样的办法，以待验证；同时由出卖人对样品质量予以说明。进而确保出卖人交付的标的物与样品及其说明的质量相同。如果出卖人未履行这项义务，会出现下列法律后果：一是出卖人应承担违约责任；二是因出卖人的交付行为不能使买受人实现合同目的，使得买受人有权解除合同。另外需要说明的是，根据第636条规定：“凭样品买卖的买受人不知道样品有隐蔽瑕疵的，即使交付的标的物与样品相同，出卖人交付的标的物的质量仍然应当符合同种物的通常标准。”据此可以看出，本条规定只适用于非隐蔽瑕疵即表面瑕疵的情况。

第六百三十六条　凭样品买卖的买受人不知道样品有隐蔽瑕疵的，即使交付的标的物与样品相同，出卖人交付的标的物的质量仍然应当符合同种物的通常标准。

条文主旨

本条是关于凭样品买卖的出卖人应对样品隐蔽瑕疵负责的规定。

立法背景

凭样品买卖难免存在隐蔽瑕疵，本条源自《合同法》第169条的规定，未作修改。

条文解读

一、瑕疵

瑕疵分为质量瑕疵和权利瑕疵。本条指的是质量瑕疵，即出卖人交付的标的物存在不符合规定或者通用质量要求的缺陷，或者影响使用效果等方面的情况。质量瑕疵又可再分为表面瑕疵和隐蔽瑕疵。表面瑕疵是指存在于标的物表面凭一般买受人的经验就可以发现的无须经过专门检验的质量缺陷。隐蔽瑕疵则是指存在于标的物内部凭一般买受人的经验难以发现的必须经过专门检验的质量缺陷。由于表面瑕疵凭一般买受人的经验就能发现，而隐蔽瑕疵凭一般买受人的经验难以发现，所以本条专门针对隐蔽瑕疵作出了特别规定。

二、样品存在隐蔽瑕疵属于质量要求不明确

出卖人交付的标的物质量存在隐蔽瑕疵，而隐蔽瑕疵不为当事人所知道，因此可以理解为当事人约定的质量要求不明确。依据本法第616条的规定："当事人对标的物的质量要求没有约定或者约定不明确，依据本法第五百一十条的规定仍不能确定的，适用本法第五百一十一条第一项的规定。"即首先应当重新协商或者依照合同的条款、交易习惯确定标的物的质量要求，仍不能确定的，则应当适用本法第511条第1项的规定："质量要求不明确的，按照强制性国家标准履行；没有强制性国家标准的，按照推荐性国家标准履行；没有推荐性国家标准的，按照行业标准履行；没有国家标准、行业标准的，按照通常标准或者符合合同目的的特定标准履行。"也就是说，在不能明确标的物质量要求的情况下，出卖人应当担保标的物没有质量瑕疵。

三、凭样品买卖的样品存在隐蔽瑕疵应负的责任属于加重责任

在凭样品买卖中，“出卖人交付的标的物应当与样品的质量相同”。那么是否在样品存在隐蔽瑕疵的情况下，也可以适用前条的这一规定呢？答案显然是否定的。因为在标的物存在隐蔽瑕疵情况下，出卖人存在违约行为，将可能影响到买受人无法享受购买该标的物应有的使用价值，若以出卖人交付的标的物与样品相符而可以免责，必将违背公平和诚信原则，因此本条就是为了保护买受人的利益，针对前条规定作出的特别规定，即加重出卖人对标的物的质量担保责任。这里需要特别指出两点：一是，为了减少纠纷，合同中应当将买受人了解样品的程序作出规定，特别是将对于买受人所了解到的样品存在的隐蔽瑕疵的情况规定清楚；如果合同中没有规定，则需要由出卖人提供证据证明买受人知道该情况。二是，本条所讲的“同种物的通常标准”，不同于本法第616条的规定，首先是省去了重新协商或者依照合同的条款、交易习惯确定标的物质量要求的程序；其次是“同种物的通常标准”应理解为同种物的强制性国家标准、推荐性国家标准、行业标准或者同种物的通常标准、符合合同目的的特定标准，若出现这几类标准竞合的情况，原则上应适用对标的物质量要求更高的标准。

另外需要说明的是，对于样品的隐蔽瑕疵，如果出卖人明知该瑕疵而故意隐瞒，则可认为对买受人的欺诈，买受人依法可以撤销合同。从另一角度来看，对于样品的隐蔽瑕疵，如果买受人知道样品存在瑕疵的，则买受人不享有本条规定的权利。

第六百三十七条 试用买卖的当事人可以约定标的物的试用期限。对试用期限没有约定或者约定不明确，依据本法第五百一十条的规定仍不能确定的，由出卖人确定。

条文主旨

本条是关于试用买卖合同中试用期限的规定。

立法背景

本条的规定参考了《美国统一商法典》和我国台湾地区“民法”的有关内容。《美国统一商法典》第2－326条第1款规定：“除非另有协议，如果已交付的货物在符合合同的情况下亦可由买方退回卖方，此种交易在货物主要供使用时，称为试用。”我国台湾地区“民法”第384条规定：“试验买卖，为以买受人之承认标的物为停止条件而订立契约。”

条文解读

所谓试用买卖合同，也称试验买卖合同，是指出卖人和买受人约定，由买受人对标的物进行试用，并由买受人决定是否购买标的物的一种特殊的买卖合同。在试用买卖中，买卖当事人双方约定由买受人使用或者试验标的物，以买受人经过一段时间后认可标的物为合同生效条件。因此，标的物的试用期限是试用买卖合同中的重要条款，基于合同的自愿原则，合同当事人可以就标的物的试用期限进行约定。所以，本条首先规定试用买卖的当事人可以约定标的物的试用期限。如果当事人在试用买卖合同中对试用期限没有约定或者约定不明确，自然应当依据本法第510条的规定，通过重新协商或者根据合同的条款、交易习惯来确定。也就是说，当事人双方可以协议补充；双方不能达成补充协议的，按照试用买卖合同中的有关条款进行确定；仍然无法确定的，按照交易习惯确定。如果此时还不能确定，则由出卖人来确定试用的期限，以避免试用期限一直处于不确定的状态。

试用买卖作为买卖的一种，故在试用买卖除法律另有规定外，应当适用一般买卖的有关规定。但是，试用买卖作为一种特殊的买卖，与一般买卖相比，其特点主要在于：

1. 试用买卖约定由买受人试用或者检验标的物。对于一般买卖，出卖人并无义务让买受人试用标的物。而在试用买卖合同中，出卖人有义务在买卖合同成立前将标的物交付给买受人试用或者检验，如将标的物交给买受人试用或者试穿等。出卖人许可买受人试用或者检验标的物，是成立试用买卖合同的一个基本条件，出卖人不按约定让买受人试用或者检验标的物的，买受人可以请求出卖人交付标的物由其试用或者检验，也可以解除合同。

2. 试用买卖是以买受人认可标的物为生效条件的买卖。试用买卖合同经当事人双方意思表示一致而成立。但该种合同对买卖权利义务关系的发生附有买受人认可标的物的生效条件，也就是说，买卖合同在买受人认可标的物时才生效。若买受人经试用或者检验对标的物不认可，则买卖合同不发生法律效力。可见，买受人认可标的物，为条件成就，买卖合同生效；买受人不认可标的物，则为条件不成就，买卖合同不生效。买受人的认可，完全取决于自己的意愿，而不受其他条件的限制。如果当事人在合同中约定标的物非经试用或者检验符合一定的标准或者要求，买卖合同不生效，那么这种合同就只是一般意义上的附条件买卖合同，而非本法所规定的试用买卖合同。

3. 买受人享有决定是否购买标的物的权利。在试用买卖中，买受人试用之后，即便其认可标的物，也可以选择不购买。在试用阶段，买受人可以随时退还标的物。从这个意义上说，试用买卖赋予了买受人决定是否购买标的物的选择权。这是试用买卖不同于一般买卖之处，买受人拒绝购买的，属于其行使合同约定的权利。

4. 标的物所有权在试用期限内并没有发生转移。在一般买卖中，适用交付移转所有权的规则，一旦交付，标的物所有权就发生转移。而在试用买卖中，标的物的交付只是使买受人享有占有和使用的权利，而不是所有权。在试用期限内，标的物的所有权仍然属于出卖人。一旦试用期届满，买受人同意购买，就发生简易交付，即从同意购买时起所有权发生移转。正是基于这一原因，如果当事人没有特别约定，买受人也不需要向出卖人支付试用期限内标的物的使用费。

这里需要指出的是，由于试用期限对买受人具有约束力，买受人在大多情况下实际占有着标的物，为结束不确定状态，应当尽快依约向出卖人作出是否同意购买的意思表示。对买受人而言，基本的要求是，买受人应当在约定的试用期间内作出是否同意购买标的物的意思表示。比如《德国民法典》第 455 条第 1 款规定："关于试验买卖或检验买卖，其标的物之承认，仅得于约定期间内表示之，其无约定期间者，仅得于出卖人对买受人所定之相当期间内为之。"

第六百三十八条 试用买卖的买受人在试用期内可以购买标的物，也可以拒绝购买。试用期限届满，买受人对是否购买标的物未作表示的，视为购买。

试用买卖的买受人在试用期内已经支付部分价款或者对标的物实施出卖、出租、设立担保物权等行为的，视为同意购买。

条文主旨

本条是关于试用买卖合同中买受人享有选择权以及认可标的物的规定。

立法背景

试用期内，对买受人就标的物所实施的行为性质需要给予正确认定。本条在合同法规定的基础上，增加了司法解释的相关内容，条文的内容因此更加周延。

条文解读

一、试用期内买受人对是否购买标的物享有选择权

本条规定试用买卖的买受人在试用期内可以同意购买标的物，也可以拒绝购买标的物，是为了明确试用买卖合同中买受人享有选择权。买受人对标的物的认可，完全取决于自己的意愿，而不受其他任何人意志的干预。这里需要说明的是，在试用买卖合同中，标的物的质量问题不完全是买受人作出决定的根据，买受人对于标的物符合合同要求的，只要是在合同约定的试用期限内也可以拒绝购买。在试用期限内，买受人是否决定购买，应当向出卖人作出意思表示，如果合同中对于意思表示

有要求的，则应按照要求办理；如果对于意思表示没有要求的，买受人可以以口头的形式作出，也可以以书面等形式作出。

二、超出试用期限买受人不作决定时，应当购买标的物

买受人对试用买卖合同的标的物是否认可，应当及时作出表示，以免当事人之间的法律关系过久地处于不稳定的状态。因此，本条规定，试用期限届满，买受人对是否购买标的物未作表示的，视为购买。该规定参考了《德国民法典》和我国台湾地区“民法”的相关规定。其中，《德国民法典》第 455 条第 2 款规定：“因试验或检验，已将其物交付于买受人者，买受人之沉默视为承认。”我国台湾地区“民法”第 387 条第 1 款规定：“标的物因试验已交付于买受人，而买受人不交还其物，或于约定期限或出卖人所定之相当期限内不为拒绝之表示者，视为承认。”具体到实际生活，例如，出卖人规定电视机试看 3 天，3 天后买受人既未通知出卖人接受标的物，也未通知拒绝认可标的物，并且未将电视机退还出卖人，则视为买受人认可标的物。

买受人试用标的物，可以是买受人在一定期限内一直占有标的物，也可以是在出卖人占有的情况下由买受人试用或者检验。对于出卖人未将标的物转移于买受人占有的情形，买受人经试用或者检验后未在约定的期限或者出卖人规定的期限内作出是否购买的表示时，是否也视为接受，存在不同的意见。一种意见认为，不论标的物是否交给买受人占有，只要买受人未在期限内作出意思表示，即视为决定购买。另一种意见认为，标的物未交给买受人占有情况下，买受人试用或者检验后未在期限内作出表示的，应当视为拒绝。其理由是，标的物未交给买受人占有情况下，买受人试用后拒绝认可标的物的，不发生返还标的物的问题。而决定购买标的物的，则发生出卖人应当交付标的物的问题。因此，这种情况下，在对买受人试用后未在期限内作出表示的情形进行法律推定时，如果视为买受人以沉默的方式拒绝购买标的物，是比较经济而适当的办法。

三、试用期内买受人的处分行为，应当视为同意购买标的物

试用买卖自买受人试用或者检验标的物后表示认可时，条件才成就，合同才发生法律效力，买受人才因此支付价款。但在实际生活中，时常发生买受人在试用或者检验后虽未表示认可或者拒绝，但却做出了一些类似认可的行为。比如买受人在试用期内支付了部分价款，按照日常生活经验法则，自然可以认为买受人以支付部分价款的形式来表示对标的物的认可。在另外一些情形下，买受人虽未支付价金，但对标的物实施了试用或者检验以外的一些行为。比如在试用期内对标的物实施出卖、出租、设立担保物权等行为。因为买受人在试用期间对标的物并无处置的权利，其实施试用以外的出卖、出租等行为，显然是将标的物视为自己之物，自然也可以视为其对标的物表示了认可。而且，我国台湾地区“民法”第 387 条第 2 款也规定：“买受人已支付价金之全部或一部，或就标的物为非试验所必要之行为者，视为承认。”因此，在本法编纂过程中，增加了本条第 2 款的规定：“试用买卖的买受人在试用期内已经支付部分价款或者对标的物实施出卖、出租、设立担保物权等行为的，视为同意购买。”既弥补了《合同法》第 171 条的缺漏，也利于实践中统一法律的适用尺度。

另外需要说明两个问题。一是标的物所有权转移问题。在试用买卖中，买卖合同成立后，出卖人虽然将标的物交付给买受人，但因交付标的物时合同尚未生效，出卖人交付标的物不发生转移所有权的效力，其意义仅在于转移占有及转移使用，标的物的所有权仍然归于出卖人。在买受人经试用认可标的物且表示同意购买后，合同才生效。至于标的物所有权的转移时间，应当区分不动产和动产分别考虑：对于不动产，依据本法第 209 条第 1 款规定："不动产物权的设立、变更、转让和消灭，经依法登记，发生效力；未经登记，不发生效力，但是法律另有规定的除外。"因此，不动产标的物所有权的转移时间为转让登记的具体时间。对于动产，依据本法第 226 条规定："动产物权设立和转让前，权利人已经占有该动产的，物权自民事法律行为生效时发生效力。"因此，动产标的物所有权的转移时间为试用买卖合同生效时，结合本条规定，试用买卖合同的生效时间当是指买受人同意购买或者推定同意购买的时间点，故动产标的物的所有权应该是在该时间点发生转移。二是标的物瑕疵担保责任的承担问题。一般买卖中，出卖人对标的物的瑕疵负有担保责任，试用买卖也不能例外。尽管买受人可以在试用期限内检查标的物是否具有瑕疵，但不能因此认为既然买受人已经作出了承认，就表明标的物没有瑕疵，或者虽有瑕疵但已被买受人所接受。无论是买受人自己明确表示同意购买标的物，还是法律推定买受人同意购买，出卖人均应承担标的物的瑕疵担保责任，包括标的物质量瑕疵担保责任和权利瑕疵担保责任。

第六百三十九条　试用买卖的当事人对标的物使用费没有约定或者约定不明确的，出卖人无权请求买受人支付。

条文主旨

本条是关于试用买卖使用费的规定。

立法背景

本条规定是在《最高人民法院关于审理买卖合同纠纷案件适用法律问题的解释》的基础上，参考《美国统一商法典》的规定作出的。《最高人民法院关于审理买卖合同纠纷案件适用法律问题的解释》第43条规定："试用买卖的当事人没有约定使用费或者约定不明确，出卖人主张买受人支付使用费的，人民法院不予支持。"《美国统一商法典》第2－327条规定："除非另有协议，在采用试用方式时，a. 即使货物已特定于合同项下，但在买方接受货物前，风险和所有权不转移至买方；并且b. 如果使用货物的方式符合试验目的，此种使用不构成接受。未能及时将退货要求告知卖方，则构成接受。如果货物符合合同，对部分货物的接受构成对全部货物的接受；并且c. 在发出适当的退货通知后，卖方承担退货的风险和费用；但买方如果为商人，他必须遵循卖方的合理指示。"

条文解读

本条的基本含义是，对于试用买卖标的物使用费的支付与否，如果买卖双方作出明确约定的，应当按照约定处理；如果买卖双方没有作出约定或者约定不明确的，出卖人无权要求买受人支付标的物的使用费。

试用买卖的买受人在试用期限内明确表示拒绝购买标的物的，双方之间不发生买卖合同的权利义务关系。但是，在买受人明确拒绝购买之前，买受人确实使用了标的物。使用了标的物却不必支付使用费，这其中的原因究竟为何，需要从试用买卖合同的法律关系的性质说起。

前面第637条的解读已经提到，试用买卖是以买受人认可标的物为生效条件的买卖，买受人认可标的物，为条件成就，买卖合同生效；买受人不认可标的物，则为条件不成就，买卖合同不生效。我们认为，试用买卖是附生效条件的合同，即学理上的附生效条件说。通常来讲，附生效条件的合同只有在条件成就之日起合同才生效，在此之前当事人之间不存在任何的权利义务关系。但是在试用买卖过程中，尽管只有待买受人决定购买标的物时合同才生效，而之前的试用过程，也可以称之为正式买卖合同的缔约过程中，出卖人基于其特定的经营目的考虑，自愿承担将标的物交付买受人试用或者检验的义务，同时同意买受人不承担支付相应使用费的责任，以便于促成双方之间正式买卖合同的订立。在此前提下，出卖人将标的物交付给买受人使用，是出卖人自愿承担的附加义务，对出卖人自身具有约束力，买受人使用标的物自然不必支付使用费。在买受人同意购买后，即试用买卖合同生效后，试用期间的法律关系被合同生效后的法律关系所取代或者吸收，不会发生争议，买卖双方按照合同的约定履行，便是双方的真实意思表示。

在此需要特别指出的是，即使出卖人无权要求买受人支付使用费，但是，如果买受人在试用期限内没有尽到一般注意义务，未能按照规定的用途或者标的物通常性能进行试用，导致标的物发生毁损、灭失的，由于试用买卖采用的是附生效条件理论，当事人在试用期间并不存在权利义务关系，因此，出卖人无法向买受人主张违约责任。但是，出卖人可以依据本法侵权责任编的相关规定，在买受人的行为符合侵权责任构成要件的前提下，要求买受人承担赔偿损失等侵权责任。

第六百四十条　标的物在试用期内毁损、灭失的风险由出卖人承担。

条文主旨

本条是关于试用期间由出卖人承担标的物风险的规定。

立法背景

本条规定是参考《美国统一商法典》的规定而作出的。依据《美国统一商法典》第 2－327 条的相关规定，在采用试用方式时，即使货物已特定于合同项下，但在买方接受货物前，风险和所有权不转移至买方。

条文解读

本条的基本含义是，对于试用买卖标的物的风险负担，在试用标的物期间，标的物发生不可归责于买卖双方当事人的原因的毁损、灭失时，应当由出卖人承担该风险，出卖人无权要求买受人承担赔偿责任。

在试用买卖合同履行过程中，试用期内的标的物是否实际交付给买受人，存在两种情况：一种情况是标的物不实际交付给买受人，但是由买受人进行试用。这种情形的标的物发生意外毁损、灭失时，由于标的物未经交付，该风险由出卖人负担是不言而喻的，实践中也不会引发争议。另一种情况是标的物已经实际交付给买受人试用，依据本条的规定，在试用过程中标的物发生意外毁损、灭失的，该风险也由出卖人负担，似乎与本法第 604 条规定的标的物风险负担适用交付主义原则不符，因此在实践中常常引发争议。例如，汽车销售公司甲与自然人乙签订了汽车试用买卖合同，在甲将一辆汽车交付乙试用期间，乙在开车上班过程中遇到下冰雹，结果导致车辆发生毁损，由于甲乙双方未对该毁损的承担进行约定，双方都认为车辆毁损的后果应该由对方承担，因此发生了很大的争议。

本条之所以规定试用买卖标的物在试用期内发生毁损、灭失的风险由出卖人负担，主要是出于以下 4 点考虑：一是由试用买卖合同的目的决定的。因为所谓的试用买卖，是出卖人基于其特定的经营目的考虑，自愿且主动地将标的物交付给买受人试用或者检验，同时买受人也无须承担标的物使用费，即出卖人是放弃自身的某些利益而为了达到订立买卖合同的最终目的。其中放弃要求由买受人承担试用期内的风险责任，当是试用买卖合同的应有之义。二是由试用买卖合同中买受人的优势地位决定的。结合市场实践，在采用试用买卖合同的场合，大多是买方市场，即卖方急着卖而买方不急于买。倘若试用买卖合同的试用期内由买方来承担标的物意外毁损灭失的风险，那么这个合同将很难达成。三是由出卖人所实施的“交付”性质所决定的。第 604 条规定的风险随交付转移，原则上是指当事人按照合同约定的义务而进行的交付，因而标的物的风险随交付转移。而本条中的交付，并非出卖人基于合同约定义务的交付，而是出卖人自愿承担的附加义务，对方无需支付相应对价。因此，试用买卖合同中的标的物交付不应适用本法第 604 条规定的风险负担的交付主义原则。另外，域外的立法经验，如上文提到的《美国统一商法典》里就试用买卖标的物风险负担的规则，也与本条规定类似。综合上述 4 方面因素，本条最终规定，标的物在试用期内毁损、灭失的风险由出卖人承担。

在此需要特别指出的是，本条的规定是原则性的规定，允许存在例外。如果买卖双方约定标的物在试用期内毁损、灭失的风险由出卖人和买受人共同承担，自然应当得到尊重。至于在本条规定的前提下，标的物的风险负担何时发生转移，我们的意见是，在买受人向出卖人作出同意购买标的物的意思表示时，标的物的风险才发生转移。

第六百四十一条　当事人可以在买卖合同中约定买受人未履行支付价款或者其他义务的，标的物的所有权属于出卖人。

出卖人对标的物保留的所有权，未经登记，不得对抗善意第三人。

条文主旨

本条是关于买卖合同中标的物所有权保留条款的规定。

立法背景

买卖合同中的所有权保留条款，是标的物所有权转移问题中的重要内容。各国法律都允许当事人通过约定这样的条款来明确标的物所有权转移的时间，而且在合同实务中，尤其是在国际贸易中，这种条款也是很常见的。所有权保留条款是有利于出卖人的条款。它的主要功能是可以使出卖人躲避不能取得标的物价款的风险。在买受人未履行支付价款的义务或者其他出卖人认为重要的义务以前，出卖人仍然享有标的物的所有权。这样就可以免去在出卖人已交付标的物而买受人不履行其主要义务时，因所有权已转移可能给自己造成的损害。

条文解读

一、买卖合同的标的物所有权可以保留

通常来讲，买卖合同标的物的所有权自标的物交付时起转移，但法律另有规定或者当事人另有约定的，则应当依照法律规定或者当事人的约定确定所有权转移的时间。本条的规定即体现了当事人另外约定的一种情形。因此，本条实际上是一个提示性的条款，当事人可以根据实际情况运用这样的约定确定相互的权利义务关系，而这种约定是当事人根据合同自愿原则确定合同内容的表现，是受法律保护的。

在英国，无论是特定物的买卖还是种类物的买卖，即使在货物已经特定化之后，卖方都可以保留对货物的处分权，主要是指所有权。在卖方所要求的条件得到满足以前，主要是货物的价款支付以前，货物的所有权仍不转移于买方。根据《英国货物买卖法》第 19 条的规定，可以在合同条款中作出保留对货物处分权的约定。例如，可以在合同中约定，在买方支付货款之前，所有权不转移于买方。在这种情况下，无论货物是交付了买方还是交给了货物承运人以便运交买方，货物的所有权都不随之而转移于买方，直至合同约定的付款条件得到满足为止。除了合同的这种明确约定以外，根据该条，在有些情况下，也可以根据当事人对货物提单的处理方式推定卖方保留了对货物的处分权。如卖方可以通过提单抬头的写法表示卖方保留对货物的处分权。如果货物已经装船，而提单的抬头载明该项货物须凭卖方或者卖方代理人的指示交货时，则在卖方将提单背书交给买方或者其代理人以前，应当认为卖方保留了对货

物的处分权。因为提单是货物所有权的凭证，只要卖方掌握着提单，他仍可以通过处分提单来处置该提单项下的货物。在国际贸易中，除非当事人另有约定，卖方通常都是在买方支付货款时，才把提单交给买方。而美国在关于提单的这个问题上的处理办法则有别于英国。按照《美国统一商法典》的规定，卖方保留货物所有权的凭证，一般只起到担保权益的作用，即以此作为买方支付货款的担保，但这并不影响货物所有权按照该法典的规定转移于买方。美国的规定也是有其道理的。因为，货物买卖合同订立以后，无论是卖方还是买方都应当受合同义务的约束，卖方交付货物的对价一般只是买方支付价款。所以在货物发运以后，即使卖方仍保留着货物所有权的凭证，如提单，他对货物的处分权也应当是有限的。比如，他不能毫无理由地指示承运人把货物转运给第三人。卖方保留提单只应当是作为买方支付货款的担保，只要买方支付了价款，卖方就有义务按照合同履行交付提单的义务。本条第 1 款的规定应当说只是确立了一个原则，像标的物所有权保留的有关具体问题，需要针对实际情况，并借鉴国外有益的规定进行处理。

二、登记的保留的所有权

所有权保留买卖制度是一项古老的担保制度，通过在所有权移转效力上附加生效条件（付清价款或者其他义务）的方式，实现担保标的物价款债权的效果。早期观点一般将保留的所有权当成真正的所有权看待，然而随着实践和理论的发展，人们逐步认识到被保留的所有权并非一个真正的所有权，在各个属性上与担保物权越来越接近。据此，在本法编纂过程中，增加了本条第 2 款的规定：“出卖人对标的物保留的所有权，未经登记，不得对抗善意第三人。”之所以作出这一修改，是由于整个民法典所期望实现的目标之一是消灭隐形担保。按照《合同法》第134条的规定，出卖人对买卖标的物虽然享有名义上的所有权，但是这个名义上的所有权并不对外公示，但却可以行使真正所有权人的权利，甚至在破产中享有取回权。这种做法使得这种没有公示的权利取得了一个最强大的效力，必然会给交易安全造成巨大的影响，尤其是在同一标的物上可能同时存在动产抵押、浮动抵押、融资租赁、所有权保留、动产质押等各种竞存的担保物权情形时。当发生以上权利冲突时，按照《合同法》第134条的规定，出卖人借助于未公示的所有权即可享有一个最强大最完整的权利，这样就会使得其他按照现有法律规范进行真正公示的权利的当事人反而得不到保障。上述做法有违现代担保交易的基本原理，同时也会给交易中的商人产生巨额的调查成本，对交易安全造成较大损害。

自2020年1月1日起施行的《优化营商环境条例》第47条第2款规定："国家推动建立统一的动产和权利担保登记公示系统，逐步实现市场主体在一个平台上办理动产和权利担保登记。纳入统一登记公示系统的动产和权利范围另行规定。"目前，已经由中国人民银行牵头在北京市和上海市开展动产担保统一登记试点。同时，为了配合本法和《优化营商环境条例》的颁布实施，中国人民银行也相应修改了《应收账款质押登记办法》，该办法第35条规定："权利人在登记公示系统办理其他动产和权利担保登记的，参照本办法的规定执行。本办法所称动产和权利担保包括当事人通过约定在动产和权利上设定的、为偿付债务或以其他方式履行债务提供的、具有担保性质的各类交易形式，包括但不限于融资租赁、保证金质押、存货和仓单质押等，法律法规另有规定的除外。"上述行政法规和部门规章的颁布实施为逐步建立全国统一的动产与权利担保登记系统奠定了基础。

所以，基于实现优化营商环境、消灭隐形担保的总目标，本条规定出卖人对标的物享有的所有权未经登记不得对抗善意第三人，明确了必须登记了才能取得对抗第三人的效力。除了上述总目标的实现以外，由于本法已经在所有权保留买卖制度中引入了登记，所以从功能上讲，保留的所有权实质上属于“可以登记的担保权”。基于此，所有权保留同样可以适用本法第414条的规定，即“同一财产向两个以上债权人抵押的，拍卖、变卖抵押财产所得的价款依照下列规定清偿：（一）抵押权已登记的，按照登记的时间先后确定清偿顺序；（二）抵押权已登记的先于未登记的受偿；（三）抵押权未登记的，按照债权比例清偿。其他可以登记的担保物权，清偿顺序参照适用前款规定”。

需要特别指出的是，结合《最高人民法院关于审理买卖合同纠纷案件适用法律问题的解释》第34条的规定，本条关于所有权保留的内容不适于不动产，这是因为：第一，是否允许不动产所有权保留很大程度上取决于不动产物权变动模式，本法物权编确立了债权形式主义的不动产物权变动模式，即不动产物权的变动除了需要买卖双方达成合意外，还需要进行转移所有权的变更登记，只有变更登记完成后所有权才发生转移。在这种模式下，原则上无不动产所有权保留之必要。第二，不动产所有权保留的制度功能可以被预告登记、不动产物权变更登记等制度所取代，没有必要多此一举。第三，从实践层面来看，不动产主要是指土地和房屋，我国土地所有权属于公有，私人间不存在土地所有权买卖，所以就土地所有权买卖设定所有权保留的空间较小；而房屋买卖中，通常采用的方式是买受人从银行按揭贷款，银行对房屋享有抵押权，这一制度运作顺畅，也没有必要创设房屋所有权保留的方式来保障银行利益。综上，我们认为《最高人民法院关于审理买卖合同纠纷案件适用法律问题的解释》的规定具有合理性，应当继续得到贯彻。

相关规定

《优化营商环境条例》第 47 条

第六百四十二条　当事人约定出卖人保留合同标的物的所有权，在标的物所有权转移前，买受人有下列情形之一，造成出卖人损害的，除当事人另有约定外，出卖人有权取回标的物：

（一）未按照约定支付价款，经催告后在合理期限内仍未支付；

（二）未按照约定完成特定条件；

（三）将标的物出卖、出质或者作出其他不当处分。

出卖人可以与买受人协商取回标的物；协商不成的，可以参照适用担保物权的实现程序。

条文主旨

本条是所有权保留出卖人取回权的有关规定。

立法背景

本条是参照《最高人民法院关于审理买卖合同纠纷案件适用法律问题的解释》作出的规定。所谓出卖人取回权，是指在所有权保留买卖合同中，当买受人出现违约的情形时，出卖人享有取回标的物的权利。例如，买受人甲和出卖人乙订立一辆大众汽车买卖合同，双方约定了所有权保留条款，但甲在取走汽车以后，一直不支付购车款，那么乙有权向甲取回该辆大众汽车。对于所有权保留买卖中出卖人的取回权，我国台湾地区的“动产担保交易法”对此有明确的规定。该“动产担保交易法”第28条规定：“标的物所有权移转于买受人前，买受人的下列情形之一，致妨害出卖人之权益者，出卖人得取回占有标的物：一、不依约定偿还价款者；二、不依约定完成特定条件者；三、将标的物出卖、出质或为其他处分者。出卖人取回占有前项标的物，其价格显有减少者，得向买受人请求损害赔偿。”依据本条第1款的规定，出卖人取回权的主要内涵为：在所有权保留买卖中，标的物进行实际交付以后，标的物所有权移转于买受人之前，因买受人未按照约定支付价款、未按照约定完成特定条件或者将标的物作出卖或者出质等不当处分的，出卖人有权取回标的物。据此表明，出卖人若取回标的物，除当事人另有约定外，必须符合本条规定的条件才可以行使。之所以明确出卖人的取回权，是因为在所有权保留买卖中，由于买受人占有、使用标的物，出卖人以保留的所有权来担保其价金债权的实现，这就造成了所有权人和标的物相分离，一旦买受人不依约支付价款，或者对标的物进行处分进而使得标的物的价值降低或状态改变，都将危害到出卖人的利益。在此前提下，当买受人未履行支付价金义务或未尽善良管理人应尽的注意义务时，出卖人应当享有一定的救济权利，取回标的物无疑是最好的手段。

条文解读

对于出卖人可以行使取回权的具体条件，现分述如下：

第一，买受人未按照约定支付价款。通常情况下，出卖人在买受人未支付价款达到何种程度可以取回标的物，应当由合同约定。如果合同没有约定，出卖人在买受人未支付价款达到何种程度可以取回？《瑞士附条件买卖法》第226条规定，只有在买受人连续拖欠两期付款，且欠款达到货款总额的1/10时，或者欠款达到货款总额1/4时，或者拖欠最后一期付款时，出卖人才有权行使取回权。《最高人民法院关于审理买卖合同纠纷案件适用法律问题的解释》第36条第1款规定："买受人已经支付标的物总价款的百分之七十五以上，出卖人主张取回标的物的，人民法院不予支持。"意味着如果买受人已经支付的价款达到总价款的75%时，出卖人无论如何不可以行使取回权。但是，该出卖人不能行使取回权所涉及的买受人已支付的法定价款比例的合理性，在买受人已经违反当事人约定的情况下，并不充分，也和本法第416条的规定不相吻合。因此在本法编纂过程中，我们没有采纳上述司法解释的内容，而是在买受人未按照约定支付价款的同时增加规定出卖人的催告程序，即出卖人在决定行使对标的物的取回权时，应当先向买受人催告，在催告期满后买受人仍不支付价款的，出卖人才可以行使取回权，以保障当事人之间的利益平衡。

第二，买受人未按照约定完成特定条件。如果汽车买卖当事人约定买受人应当在购买车辆1个月内更换刹车系统并购买车辆交强险及商业险，否则出卖人有权取回汽车。这个约定是公平合理的，因为涉及作为保留所有权的出卖人的权益，不完成该特定条件，可能使出卖人承担不利后果。所以，如果在车辆交付买受人后 2 个月内出卖人仍然没有完成上述事宜，那么出卖人便依法享有取回汽车的权利。

第三，买受人在占有标的物期间擅自处分标的物且标的物未被第三人善意取得。在买卖双方未就出卖人何时可以取回标的物作出约定时，买受人就标的物实施了转卖、出质等行为的，将严重侵害出卖人的所有权，故出卖人依法有权行使取回权。但是，如果第三人依据本法第 311 条的规定已经善意取得标的物所有权或者其他物权的，出卖人无权取回标的物，否则将严重损害交易的安全和交易的秩序。司法实践中，《最高人民法院关于审理买卖合同纠纷案件适用法律问题的解释》第 36 条第 2 款也规定，在第三人基于善意取得制度取得所有权的情况下，出卖人是无权行使取回权的，结果只能是由出卖人向买受人请求赔偿损失。

在符合上述出卖人可以行使取回权条件的前提下，出卖人应当以何种程序取回，将影响到出卖人取回标的物的效率。因此，本条第 2 款规定，出卖人可以与买受人协商取回标的物；协商不成的，可以参照适用担保物权的实现程序。表明取回的程序首先尊重当事人之间的协商结果，在协商不成的前提下，为提高出卖人行使取回权的效率，出卖人也不必必须循诉讼途径，而是可以参照《民事诉讼法》第十五章特别程序第七节“实现担保物权案件”的规定行使取回权，其中第 196 条规定：“申请实现担保物权，由担保物权人以及其他有权请求实现担保物权的人依照物权法等法律，向担保财产所在地或者担保物权登记地基层人民法院提出。”第 197 条规定：“人民法院受理申请后，经审查，符合法律规定的，裁定拍卖、变卖担保财产，当事人依据该裁定可以向人民法院申请执行；不符合法律规定的，裁定驳回申请，当事人可以向人民法院提起诉讼。”实践中照此操作，出卖人可以省去诉讼环节，直接向法院申请执行，达到降低交易成本提高效率的目的。

第六百四十三条　出卖人依据前条第一款的规定取回标的物后，买受人在双方约定或者出卖人指定的合理回赎期限内，消除出卖人取回标的物的事由的，可以请求回赎标的物。

买受人在回赎期限内没有回赎标的物，出卖人可以以合理价格将标的物出卖给第三人，出卖所得价款扣除买受人未支付的价款以及必要费用后仍有剩余的，应当返还买受人；不足部分由买受人清偿。

条文主旨

本条是关于买受人回赎权及出卖人再出卖权的规定。

立法背景

本条是参照《最高人民法院关于审理买卖合同纠纷案件适用法律问题的解释》作出的规定。

条文解读

所谓买受人回赎权，是指所有权保留买卖中出卖人对标的物行使取回权后，在一定期间内，买受人可以通过履行支付价金义务或者完成其他条件后享有的重新占有标的物的权利。一般来讲，出卖人行使取回权后，应当赋予买受人一定的回赎期限，而不能立即处分标的物。这是因为，出卖人取回标的物，只是导致买受人占有的丧失，并不是立即解除当事人之间的买卖合同，否则有违鼓励交易原则，也不利于保护买受人的合法权益。例如，出卖人甲公司在买受人乙公司没有按期支付价款时取回了之前交付的电缆设备，在双方约定的 2 个月回赎期内，乙公司筹集资金补交了欠付的货款，那么乙公司就自然回赎了该批电缆设备。依据我国台湾地区的“动产担保交易法”第 18 条的相关规定，出卖人行使取回权时，应于3 日前通知买受人，该通知应说明事由并应指定买受人回赎期限，如买受人到期仍不回赎，出卖人可以再次出卖，买受人不得请求回赎。如果出卖人未经通知直接行使取回权，买受人可以在出卖人取回标的物后 10 日内回赎标的物。依据本条第 1 款的规定，出卖人取回标的物后，在回赎期内，只要买受人消除了出卖人取回标的物的事由，就可以请求回赎标的物。其中“买受人消除了出卖人取回标的物的事由”，是指前一条所规定的出卖人可以取回标的物的三种情形已通过买受人的努力得以解决，即未按照约定支付价款、未按照约定完成特定条件以及不当处分标的物的情形已不复存在，那么买受人自然有权向出卖人行使回赎权。回赎制度的目的是尽力维护买受人的期待利益，使买受人有机会重新获得对标的物的占有，所以，买受人应根据自身的实际情况作出选择：不选择回赎，应当尽快向出卖人作出意思表示；选择回赎，同样应当在合理期限内向出卖人作出意思表示。然而，买受人的回赎权应当受到回赎期的限制，当然，这个回赎期必须是约定的或者是合理的，现就回赎期作如下特别说明。

回赎期是买受人可以行使回赎权的期间，一般包括法定期间和意定期间。法定期间由法律明确规定，上述提到的我国台湾地区“动产担保交易法”第 18 条所规定的“10 日”，即是法定的回赎期。意定期间是当事人确定的期间，包括买卖双方约定的期间和出卖人指定的期间，双方约定的期间属于当事人的自由意思表示，应当予以准许；而出卖人单方指定的期间，并未事先与买受人协商，若出卖人指定买受人应在几十分钟或者几个小时内完成回赎，通常情况下，显然有悖于公平和诚信原则，不能用来约束买受人。因此，本条规定出卖人单方指定的回赎期限必须是合理期限，即主要根据标的物性质来确定期限，应当具体情况具体分析。如果出卖人取回的标的物是即将发生腐败变质的物品，那么出卖人指定几十分钟的回赎期，也是具有合理性的。另外需要指出的是，本条第 1 款并未规定回赎的法定期间，我们的主要考虑是：第一，所有权保留制度是属于当事人可以自由选择的制度，具体到买受人回赎期，也应当尊重当事人的自由意思，在立法上应赋予当事人最大的自治空间。第二，买受人回赎期的长短问题，只是影响当事人的权益，一般不会涉及或者影响到第三人利益或者社会公共利益，因此法律不应主动干预。第三，从域外国家和地区的立法经验来看，在买受人回赎期这个问题上，大多将回赎期制度设定为当事人可以自由选择的制度。

如果买受人在双方约定的回赎期限内或者出卖人指定的回赎期间内没有履行相应义务而丧失回赎期的，出卖人就取得了对标的物的再出卖权，可以再次出卖标的物。至于出卖人如何行使再出卖权，我国台湾地区的“动产担保交易法”作出了比较具体的规定，在上述提到的第 18 条预先程序规定的前提下，该“动产担保交易法”第29条规定：“买受人得于出卖人取回占有标的物后十日内，以书面请求出卖人将标的物再行出卖。出卖人纵无买受人之请求，亦得于取回占有标的物后三十日内将标的物再行出卖。出卖人取回占有标的物，未受买受人前项再行出卖之请求，或于前项三十日之期间内未再出卖标的物者，出卖人无偿还买受人已付价金之义务，所订附条件买卖契约失其效力。”该“动产担保交易法”第19条规定：“抵押权人出卖占有抵押物，除前条第三项但书情形外，应于占有后三十日内，经五日以上之揭示公告，就地公开拍卖之，并应于拍卖十日前，以书面通知债务人或第三人。抵押物为可分割者，于拍卖得价足以清偿债务及费用时，应即停止，债权人本人或其家属亦得参加拍卖，买受抵押物。”第20条规定：“抵押物卖得价金，应先抵充费用，次充利息，再充原本，如有剩余，应返还债务人，如有不足，抵押权人，得继续追偿。”上述三条进一步就原买卖合同的效力，再出卖的形式、出卖后所得价款的处分作出了具体规定。

本条就出卖人的再出卖权规定，出卖人可以以合理价格出卖标的物，出卖所得价款扣除买受人未支付的价款以及必要费用后仍有剩余的，应当返还买受人；不足部分由买受人清偿。意味着出卖人可以再次出卖标的物，但必须以合理的价格卖出；卖出后所得价款在满足出卖人自身应得价款及所需费用后，剩余的部分应当返还买受人；出卖后所得价款无法满足出卖人自身应得价款及所需费用的，出卖人有权继续向买受人主张。然而，对于出卖人取回标的物后不进行再出卖如何处理、再出卖时如何平等保护买受人的权益等问题，为避免实践中发生争议，在此有必要作出相应说明。

第一，关于出卖人取回标的物后不进行再出卖该如何处理的问题。就此问题应当分为两种情形：一是买受人没有向出卖人支付标的物价款，那么出卖人取回标的物不进行再出卖并不会损害买受人的利益，相反，由于买受人存在违约行为，出卖人有权要求买受人承担相应的违约责任。二是买受人已经向出卖人支付了标的物的部分价款，有时甚至支付了比较高比例的价款，在该情形下，依据我国台湾地区“动产担保交易法”第29条第2款的相关规定，原买卖合同失去效力，出卖人没有偿还买受人已支付价款的义务，买受人也无需继续履行合同义务及承担赔偿责任。有意见认为，这种方案有利于简化交易过程，降低交易成本，同时也不会导致买卖当事人之间利益的失衡，应予借鉴。对此观点，举例说明：甲乙之间签订买卖1台价值1万元的电脑的合同，在乙1个月内支付完毕价款前，甲保留所有权，甲将电脑交付给乙之后，在乙已经支付7000元的情况下无力支付剩余价款，甲取回电脑。在这种情况下，按照台湾地区“动产担保交易法”的规定，甲方居然不必返还乙方的价款。按照日常生活经验法则，这显然有悖公平原则。对此问题，按照上条的分析，原买卖合同并未解除，更加不能称之为失去效力，在出卖人不实施再次出卖的情况下，可以参照本法第566条第1款“合同解除后，尚未履行的，终止履行；已经履行的，根据履行情况和合同性质，当事人可以请求恢复原状或者采取其他补救措施，并有权请求赔偿损失”的规定，结合买受人实际支付价款的多少和买受人的违约程度，具体情况具体承责。

第二，关于再出卖时如何平等保护买受人的权益问题，本条并未规定必须通过“拍卖”方式进行再出卖，而是要求出卖人在再出卖时必须以合理价格出卖。也就是说，本条的规定不是通过出卖方式的“前端”渠道解决，而是通过合理价格的“后端”渠道解决，这样不仅可以赋予出卖人更多的自由，而且可以降低交易成本。当出卖人不以合理价格出售时，买受人的合法权益可以通过侵权责任等方式主张。当然，因原买卖合同非正常履行必然发生的费用，比如取回费用、保管费用、再交易费用、利息和未清偿的价款，都应当在再出卖的价款中扣除，这样才能达到买卖双方的实质公平。

第六百四十四条　招标投标买卖的当事人的权利和义务以及招标投标程序等，依照有关法律、行政法规的规定。

条文主旨

本条是关于招标投标买卖的规定。

立法背景

招标投标买卖是买卖合同的特殊形式，在社会经济活动中发挥着重要作用。本条源自《合同法》第172条的规定，未作修改。

条文解读

一、招标投标买卖的概念和特征

招标投标买卖指招标人公布买卖标的物的出卖条件，投标人参加投标竞买，招标人选定中标人的买卖方式。作为招标投标买卖法律关系主体的出卖人，又可称为招标人和竞买人；作为招标投标买卖法律关系主体的买受人，又可称为投标人和中标人。招标投标除可作为一种特种买卖形式外，还适用于承揽、建设工程、运输、服务等合同的订立。依据我国现行的《招标投标法》，招标投标买卖相对于一般买卖而言，主要具有如下特点：第一，订约程序的特殊性。在我国，招投标一般分为招标、投标和中标 3 个阶段，凡是需要进行招投标的项目必须严格依此程序进行，违反该程序订立合同，需要承担相应的法律责任。第二，适用范围具有明确的限制。我国《招标投标法》第 3 条规定："在中华人民共和国境内进行下列工程建设项目包括项目的勘察、设计、施工、监理以及与工程建设有关的重要设备、材料等的采购，必须进行招标：（一）大型基础设施、公用事业等关系社会公共利益、公众安全的项目；（二）全部或者部分使用国有资金投资或者国家融资的项目；（三）使用国际组织或者外国政府贷款、援助资金的项目。前款所列项目的具体范围和规模标准，由国务院发展计划部门会同国务院有关部门制订，报国务院批准。法律或者国务院对必须进行招标的其他项目的范围有规定的，依照其规定。"因此，需要通过招标投标买卖的范围，应当遵循上述规定。当然，依法不需要采用招标投标方式订立的合同，当事人自愿采取此种方式的，依法应认可其效力。第三，交易方式的竞争性。在招标投标买卖中，采取数个投标人竞争性报价的方式，由招标人选择最适合的报价和条件，通常招标人选择的是最低价的投标人。第四，法律适用的特殊性。在涉及招投标的合同时，招标投标有具体规定的，首先适用该法的规定；该法没有规定的，才适用本法的相关规定。

二、招标投标买卖的程序

招标投标买卖的程序，一般经过招标、投标和中标三个阶段。第一阶段，招标。招标是以招标公告的方式邀请不特定的法人或者非法人组织投标，或者以投标邀请书的方式邀请特定的法人或者非法人组织投标。从比较法的角度看，两大法系均认为招标属于要约邀请而非要约，本法第 473 条规定的“招标公告”，自然也属于要约邀请的性质。第二阶段，投标。投标是指投标人根据招标人所公布的标准和条件向招标人发出以订立合同为目的的意思表示。在投标人投标以后，必须待招标人承诺后，即招标人发出中标通知书后，买卖合同才能成立，所以投标在性质上属于要约。第三阶段，中标。中标是指最终确定中标人。在投标人投标以后，应当进入评标程序。评标委员会会根据招标文件确定的评标标准和方法，对投标文件进行评审和比较，设有标底的，应当参考标底。评标委员会完成评标后，应当向招标人提出书面评标报告，并推荐合格的中标候选人。至于如何确定招标投标买卖合同成立的时间，存在两种不同的看法：第一种观点认为，招标投标活动中，招标人发出中标通知书到达投标人时，即宣告合同关系成立；第二种观点认为，投标人中标后，还应与招标人签订书面合同，签订书面合同之时才是合同成立之时。我们赞同第一种观点，这是因为，一旦投标人将投标书送达招标人处，该项要约便已实际生效，投标人无正当理由不得撤销其要约；而一旦招标人发出中标通知书并到达投标人，意味着承诺生效，招标投标合同即宣告成立。这符合我国《招标投标法》第 45 条的规定：“中标人确定后，招标人应当向中标人发出中标通知书，并同时将中标结果通知所有未中标的投标人。中标通知书对招标人和中标人具有法律效力。中标通知书发出后，招标人改变中标结果的，或者中标人放弃中标项目的，应当依法承担法律责任。”当然在中标通知书送达后，当事人还可以继续协商，签订正式的书面合同。

三、投标文件和正式书面合同的关系

我国《招标投标法》第46条第1款规定："招标人和中标人应当自中标通知书发出之日起三十日内，按照招标文件和中标人的投标文件订立书面合同。招标人和中标人不得再行订立背离合同实质性内容的其他协议。"这意味着，在投标人中标以后，并非投标书的内容都自然转化为合同条款。在协商签订正式合同的过程中，双方可能会进一步修改投标文件的内容，当然也可能完全保留投标书的内容，这就涉及投标文件和正式书面合同的关系问题。依照《招标投标法》第48条第1款规定："中标人应当按照合同约定履行义务，完成中标项目。中标人不得向他人转让中标项目，也不得将中标项目肢解后分别向他人转让。"因此，在投标文件和合同不一致的情况下，应当以合同为准。当然，当事人通过中标后协商签订合同可对投标文件进行适当修改，但不得实质性地改变招标投标文件的内容。另外，如果合同中明确规定有关价款等内容以投标文件为准的，则应当以投标文件确定价款。

第六百四十五条　拍卖的当事人的权利和义务以及拍卖程序等，依照有关法律、行政法规的规定。

条文主旨

本条是关于拍卖的规定。

立法背景

拍卖是买卖合同的特殊形式，在社会经济活动中发挥着重要作用。本条源自《合同法》第173条的规定，未作修改。

条文解读

一、拍卖的概念

拍卖是指以公开竞价的形式，将特定物品或者财产权利转让给最高应价者的买卖方式。拍卖的类别，按拍卖性质可分为强制拍卖和任意拍卖。强制拍卖是依据法律规定而必须发生的拍卖，是由国家机关通过强制执行程序所进行的拍卖；而任意拍卖则是根据委托人的意愿来决定，而不是通过强制执行程序进行的拍卖。按拍卖标的物出卖人是否有保留可分为有保留的拍卖和无保留的拍卖。有保留的拍卖是指标的物的出卖人就该物的拍卖设置保留价，在竞买人的最高应价未达到保留价时，该应价不发生效力，拍卖师应当停止拍卖；无保留的拍卖则是无论竞买人的最高出价为多少，出卖人都应当与最高应价的竞买人订立合同。相对于一般买卖而言，拍卖主要具有如下特点：第一，竞争性。拍卖的功能主要是通过竞争机制的引入而确保一个较为公正的市场价格，以避免出现因买卖双方信息不对称、不透明或者出卖人担心其代理人不尽职责而导致的价格疑虑。在通常的拍卖实践中，出卖人是与出价最高的竞买人订立合同，主要是通过两种方式实现：一是由各个竞买人竞相出价，如果没有更高价格的出现，最后出价的竞买人即为出价最高者；二是出卖人渐次落价，直到出现竞买人，在此种拍卖中，是由出卖人不断落价，而非如前种形式中的竞买人竞相提高出价。第二，公开性。拍卖通常称为公开买卖，区别于私下买卖。在拍卖过程中，应当公告拍卖的事项，展示拍卖标的物，公布拍卖的时间、地点。通过发出拍卖公告，可以使公众得知拍卖信息，使更多的潜在买受人参与竞买，也可以避免纠纷的发生。第三，多主体参与。在拍卖中，大多采用委托的方式。在拍卖开始前，应当由委托人委托拍卖人进行拍卖，拍卖人受托之后，参与拍卖的买受人成为竞买人，最后只有出价最高者才成为最终买受人，并与出卖人订立合同。据此表明，拍卖涉及委托人、拍卖人和竞买人等多个主体的参与。第四，法律适用的特殊性。在涉及拍卖时，拍卖法有具体规定的拍卖人资格、竞价及拍定等，首先适用该法的规定；该法没有规定的，才适用本法的相关规定。

二、拍卖合同的成立

通俗来讲，拍卖程序是指拍卖操作的整个过程，主要分为拍卖委托、拍卖公告、实施拍卖和交付拍卖标的物 4 个阶段。然而，从法律意义角度而言，拍卖合同作为一种特殊的买卖合同，其成立方式具有特殊性。根据我国拍卖法的相关规定，拍卖合同的成立应当经过如下三个阶段：第一个阶段，出卖人出价。在拍卖过程中，关于出卖人出价的性质，存在三种不同的观点：一是要约邀请说，认为出卖人的出价不是要约，而是要约邀请。二是要约说，认为出卖人出价已经构成要约，竞买人一旦接受，合同即成立。三是折中说，认为应当分情况而论，在一般情况下出卖人出价属于要约邀请，只是引起竞买人的竞买，没有其他约束力。而对有保留的拍卖而言，当竞买人最高出价未能达到保留价时，可以停止拍卖，撤回拍卖的标的物，表明出卖人出价具有约束力，体现出一定的要约性质。我们认为，通常情况下出卖人出价属于要约邀请，因为出卖人出价仅仅是为了引诱竞买人来发出要约，而我国《拍卖法》第 29 条中“委托人在拍卖开始前可以撤回拍卖标的”的规定，更加体现出拍卖开始前的出卖人出价行为属于要约邀请。但特殊的情况是，如果出卖人事先声明了保留价，而竞买人的最高出价未能达到保留价时，出卖人可以撤回拍卖，从而不受其出价的约束，该程序中出价性质存在进一步讨论的空间。第二个阶段，竞买人应价。竞买人应价是竞买人以报价方式向拍卖人所作的应买的意思表示。一般认为，竞买人的应价在性质上属于要约。当然，一旦出现更高的竞买价格，较低的应价便会丧失拘束力，更高的应价构成新一轮要约。因此，我国《拍卖法》第36条规定："竞买人一经应价，不得撤回，当其他竞买人有更高应价时，其应价即丧失约束力。"第三，拍定。拍定是指拍卖成交，即拍卖人以拍板、击槌或者其他惯用方式确定拍卖合同成立或者宣告竞争终结的一种行为，这种行为在性质上属于承诺。一旦拍定，即拍卖成交。需要指出的是，拍卖成交并不是在拍卖人与竞买人之间成立买卖合同，而是在出卖人和竞买人之间成立买卖合同关系。

三、拍卖的效力

一经拍定，竞买人和出卖人之间就成立买卖合同关系，出卖人负有交付标的物并转移标的物所有权的义务，竞买人负有向出卖人支付价款的义务。相对于一般买卖合同而言，拍卖合同的效力有三个特殊之处：一是出卖人对标的物的瑕疵担保责任具有特殊性。我国《拍卖法》第61条第2款规定："拍卖人、委托人在拍卖前声明不能保证拍卖标的的真伪或者品质的，不承担瑕疵担保责任。"据此表明，如果拍卖人或者出卖人在拍卖前声明不能保证拍卖标的物质量的，可以依法免除责任。但是，如果拍卖人、出卖人在拍卖前未作声明或者明知拍卖物是赝品而谎称不能保证真假的，此时免责将有悖于公平和诚信原则，应当依法承担瑕疵担保责任。二是出卖人对标的物风险的转移具有特殊性。本法第 604 条规定买卖标的物风险原则上随交付而转移，而具体到拍卖合同，标的物通常是由出卖人先交付给拍卖人，拍定之后再由拍卖人交付给买受人，即经历两次交付。根据拍卖实践，第一次交付并不发生风险承担责任的转移，第二次交付给买受人后才发生转移，所以有观点认为拍卖合同的风险转移是采取“所有权主义”，而非“交付主义”。三是买受人承担违约责任方式的特殊性。在买受人未依约向出卖人支付拍卖价款时，我国《拍卖法》第 39 条规定：“买受人应当按照约定支付拍卖标的的价款，未按照约定支付价款的，应当承担违约责任，或者由拍卖人征得委托人的同意，将拍卖标的再行拍卖。拍卖标的再行拍卖的，原买受人应当支付第一次拍卖中本人及委托人应当支付的佣金。再行拍卖的价款低于原拍卖价款的，原买受人应当补足差额。”据此反映出，拍卖合同的违约责任承担方式确实有其不同于一般买卖合同之处。

第六百四十六条　法律对其他有偿合同有规定的，依照其规定；没有规定的，参照适用买卖合同的有关规定。

条文主旨

本条是关于买卖合同准用于有偿合同的规定。

立法背景

立法对社会经济活动无法做到穷尽，采用准用的立法模式可以在一定程度上解决无法可依的情况。本条源自《合同法》

第 174 条的规定，未作修改。

条文解读

一、有偿合同的基本含义

以当事人享有合同权利是否需偿付代价为标准，可以把合同分为有偿合同和无偿合同。当事人享有合同权利时必须向对方支付一定代价的合同，称为有偿合同。大多数合同都是有偿合同。如买卖合同、租赁合同、承揽合同等。当事人享有合同权利而不必向对方偿付代价的合同，称为无偿合同。赠与合同是典型的无偿合同，在此合同中，受赠人取得赠与物无须向赠与人支付任何代价。有些合同，则既可以是有偿合同，又可以是无偿合同，有偿还是无偿全在于合同当事人之间是否有偿付代价的约定。如委托合同、保管合同、自然人之间的借贷合同等。

二、买卖合同外有偿合同的法律适用

依据本条的规定，买卖合同外其他有偿合同的法律适用，分为两种情况：第一种情况是，法律对其他有偿合同有规定的，依照其规定。本条所讲的法律，包括本法以及本法以外的法律。对于其他有偿合同，本法和其他法律有特别规定的，适用本法和其他法律的特别规定，而不适用买卖合同章的规定。这是特别法优先适用原则在法律适用中的具体体现。第二种情况是，法律对其他有偿合同没有规定的，参照适用买卖合同的有关规定。由于买卖合同属于最为典型的有偿合同，买卖合同的一些原则基本上能够适用其他有偿合同；同时，由于市场交易活动的纷繁复杂，各种类型的有偿合同无穷无尽，合同编的典型合同部分不可能都作出规定，也无法都作出规定。因此，

规定其他有偿合同参照适用买卖合同的规定，在立法技术上既是科学的也是可行的。合同编典型合同分编的买卖合同一章，条文结构最为完整详细，其中的一些规定属于有偿合同的共通性规则。为避免重复立法，有关条款就不再规定于其他各有偿合同的相关章节之中，而按照本条的规定，直接可以参照适用关于买卖合同的相应内容。所以本条规定，其他有偿合同“没有规定的，参照适用买卖合同的有关规定”。

另外需要说明的是，对于本条的具体法律适用，应当注意准确理解“参照”二字的具体含义。一是，参照适用并不是全部能够适用。这就是说，即使其他法律没有就有偿合同的具体规则作出明确规定，也不一定都可以适用买卖合同章的全部内容。具体比如，在股权转让合同纠纷中，受让方没有依约按期支付股权转让款达到全部款项的 1/5 时，为保证交易的安全和稳定，转让方不能依据本法第 634 条的规定解除合同。再如，有关权利的转让合同，显然不能适用本章有关标的物质量要求和风险承担的相关规定。二是，参照适用并不是直接能够适用。这就是说，买卖合同之外的其他有偿合同当事人，如果发生纠纷，人民法院不能直接适用买卖合同一章中的具体权利义务条文。依据《最高人民法院关于审理买卖合同纠纷案件适用法律问题的解释》的有关规定，正确的做法是：权利转让或者其他有偿合同参照适用买卖合同的有关规定的，人民法院应当首先引用本条的规定，再引用买卖合同的有关规定。

第六百四十七条　当事人约定易货交易，转移标的物的所有权的，参照适用买卖合同的有关规定。

条文主旨

本条是关于易货交易合同的法律适用的规定。

立法背景

易货交易合同是以物易物早期商品交换的合同形态，货币产生后，买卖合同渐居统治地位，易货交易合同越来越少。但是，即使在当今社会易货交易仍有存在空间，所以一般各国立法都给易货交易合同留有一席之地。由于易货交易合同与买卖合同最为相似，因此易货交易合同原则上参照适用买卖合同的有关规定。各国、地区对此都有明确的规定，例如，《德国民法典》第480条规定："关于买卖的规定，准用于互易。"《日本民法典》第586条规定："互易因当事人互相约定转移金钱所有权以外的财产权，而发生效力。一方当事人约定与其他权利同时转移金钱所有权的情形，对于该金钱准用买卖价金的相关规定。"我国台湾地区"民法"第398条规定："当事人双方约定互相移转金钱以外之财产权者，准用关于买卖之规定。"该"民法"第399条规定："当事人之一方，约定移转前条所定之财产权，并应交付金钱者，其金钱部分，准用关于买卖价金之规定。"

条文解读

一、易货交易合同的概念和种类

易货交易合同又称互易合同，一般是指当事人相互交换货币以外的标的物，转移标的物所有权的合同。《欧洲示范民法典草案》第IV. A－1：203条对易货交易合同作了明确规定："货物之易货交易合同，是指在合同订立之时或约定的将来某个时间，合同各方转让货物所有权，以获取其他货物所有权之转让的合同。”互易人包括自然人、法人或者非法人组织，互易人各自享有取得对方互易标的物的权利，负有将本人的标的物转移交付对方的义务。因此，互易是双务、有偿合同。易货交易合同的当事人可以是双方，也可以是三方以上的当事人，如三角互换。易货交易合同的当事人互为互易人。

根据当事人交换的财产是否等价，可以将易货交易合同分为单纯易货交易合同和混合易货交易合同。简单来说，单纯易货是甲乙双方以一物换一物，彼此无需再另外交付其他东西；而混合易货则是甲乙双方以一物换一物外，甲另需向乙支付一定金额的款项才算完成交易。据此表明，所谓单纯易货交易合同，是指当事人之间完全以物换取物且不附加支付金钱条件的合同；所谓混合易货交易合同，是指当事人之间在互相交付标的物的基础上，有一方还需要支付一定金钱的合同。因此，混合易货交易合同是一种单纯易货交易合同和买卖合同相结合的合同。

二、易货交易合同和买卖合同的区别

易货交易合同属于转让标的物所有权的合同，与买卖合同相似，具有买卖合同的一般特征，比如该合同属于诺成合同、双务合同、有偿合同。同时，易货交易合同和买卖合同又具有4点明显区别：（1）易货交易合同以给付物为对价，而买卖合同则是以给付金钱为对价。（2）互易交易合同是一方将自己的标的物给付对方并转移所有权，另一方也同时将自己的标的物给付对方并转移所有权；而买卖合同则是出卖人单方转移标的物的所有权给买受人。（3）易货交易合同交换的标的物不一定是完全的等价，交易过程中，当事人不仅仅考虑对方标的物的价格问题，还要考虑到自己的需要程度来最终确定是否达成交易；而买卖合同的买卖双方则需是等价交易，否则就无法订立合同。(4) 除混合易货交易合同外，其他易货交易合同的当事人负有相互对等的权利义务，且该权利义务性质相同；而买卖合同当事人的权利义务则相互对立，买方的权利为卖方的义务，买方的义务为卖方的权利。

第十章　供用电、水、气、热力合同

本章共九条，对供用电合同的概念、内容和履行地点、供用电双方的权利义务、违约责任以及供用水、气、热力合同参照适用等内容作出了规定。

第六百四十八条　供用电合同是供电人向用电人供电，用电人支付电费的合同。

向社会公众供电的供电人，不得拒绝用电人合理的订立合同要求。

条文主旨

本条是关于供用电合同概念以及供电人强制缔约义务的规定。

立法背景

在社会主义市场经济条件下，供用电双方签订供用电合同，明确双方的权利义务关系，按照合同的约定并根据市场规律供应与使用电力，是十分必要的。

条文解读

一、供用电合同的概念和种类

供用电合同是供电人与用电人订立的，由供电人供应电力、用电人使用该电力并支付电费的合同。供用电合同是一种常见的民事合同。合同的标的，是一种特殊的商品“电”，由于其具有客观物质性并能为人们所使用，因而属于民法上“物”的一种。供电人将自己所有的电力供应给用电人使用，用电人支付一定数额的价款，双方当事人之间的关系实际上是一种买卖关系，故供用电合同本质上属于一种特殊类型的买卖合同。基于这一原因，供用电合同的适用可以依据本法第 646 条的规定：“法律对其他有偿合同有规定的，依照其规定；没有规定的，参照适用买卖合同的有关规定。”但同时必须明确，供用电合同与买卖合同存在三点明显区别：一是供用电合同的标的物具有特殊性，即无形的电，而买卖合同的标的物是有体物；二是供用电合同具有一定的社会公益性，而买卖合同原则上不涉及社会公共利益；三是供用电合同是持续性的合同，而买卖合同大多并不如此。由于电力供应的连续性，合同的履行方式呈持续状态，供电人在发、供电系统正常的情况下，负有连续向用电人供电的义务；用电人在合同约定的时间内，享有连续用电的权利。因此，供用电合同作为特殊的合同类型，不能够直接适用有关买卖合同的内容，而必须优先适用关于供用电合同的规则。

供用电合同的种类很多，根据不同的标准可以分为不同的种类：（1）按照电的用途，可以将供用电合同分为工业用电合同、农业用电合同、生活用电合同等；（2）按照电压高低，可以将供用电合同分为高压供用电合同、低压供用电合同；（3）按照供用电合同的期限，可以将供用电合同分为长期供用电合同和临时供用电合同。

二、供用电合同的法律特征

通常来讲，供用电合同具有以下法律特征：

1. 合同的主体是供电人和用电人。供电人，是指供电企业，其他任何单位和个人都不得作为供电人。《电力法》第25条规定："供电企业在批准的供电营业区内向用户供电。""供电营业区的划分，应当考虑电网的结构和供电合理性等因素。一个供电营业区内只设立一个供电营业机构。""供电营业区的设立、变更，由供电企业提出申请，电力管理部门依据职责和管理权限，会同同级有关部门审查批准后，发给《电力业务许可证》。供电营业区设立、变更的具体办法，由国务院电力管理部门制定。"用电人的范围非常广泛，自然人、法人以及非法人组织等，都有资格成为供用电合同的用电人，订立供用电合同。

2. 合同的标的是一种无形物质——电力，虽然客观存在，却看不见，只有在连续使用的过程中才能表现出来。

3. 供用电合同属于持续供给合同。由于电力的供应与使用是连续的，因而合同的履行方式处于一种持续状态。供电人在发电、供电系统正常的情况下，应当连续向用电人供电，不得中断；用电人在合同约定的时间内，享有连续用电的权利。

4. 供用电合同一般按照格式条款订立。电力事业是具有社会公益性的公用事业，关系到整个社会的公共安全，电力这种特殊商品本身又具有网络性和天然垄断性，这就使供电企业对电力的供应及电网的管理具有一定的垄断性。供电企业为了与不特定的多个用电人订立合同而预先拟定格式条款，双方当事人按照格式条款订立合同。用电人对该格式条款仅有同意或不同意的权利，而不能更改其内容。对供用电方式有特殊要求的用电人，可采用非格式条款订立合同。

5. 电力的价格实行统一定价原则。《电力法》第35条第2款规定："电价实行统一政策，统一定价原则，分级管理。"第36条规定："制定电价，应当合理补偿成本，合理确定收益，依法计入税金，坚持公平负担，促进电力建设。"供电企业向用电人供应的电价，由电网经营企业提出方案，报国家有关物价行政主管部门核准。任何单位不得超越电价管理权限制定电价。供电企业应当按照国家核准的电价和用电计量装置的记录，向用电人收取电费。供电企业不得擅自变更电价。这样，就有效地避免了供电企业利用其对电力供应的垄断地位向用电人收取过高的电价，从而保护处于弱者地位的用电人的合法权益。

6. 供用电合同为诺成、双务、有偿合同。供用电合同自双方当事人达成协议时起成立并生效，而不以电力的实际供应为合同的生效要件，因而供用电合同为诺成合同。供用电双方都享有一定权利，负担一定义务，双方的权利义务具有对应性，因而供用电合同为双务合同。用电人使用电力须支付电费，供电人取得电费须供应电力，因而供用电合同为有偿合同。

三、供用电合同供电人的强制缔约义务

供用电合同涉及千家万户，关系到基本民生，供用电合同不仅关系到当事人的利益，而且关系到社会公共利益。如果作为供电人的供电企业拒绝向某个当事人提供供电服务，则用电人将很可能无法得到这些服务，进而影响到最基本的生产和生活，需要法律对此类合同作出特别规定，对供电人的自由进行适当限制。因此，法律上有必要规定强制缔约义务。

所谓强制缔约，是指只要一方提出订立合同的要求，负有强制缔约义务的人依法不得拒绝，必须与之订立合同。我国《电力法》第 26 条第 1 款规定：“供电营业区内的供电营业机构，对本营业区内的用户有按照国家规定供电的义务；不得违反国家规定对其营业区内申请用电的单位和个人拒绝供电。”这就是供电人的强制缔约义务。在民法典编纂过程中，考虑到用电的普遍性和对民众生活的必需性，经研究认为，有必要在电力法的基础上，进一步在民法典中对供用电合同当事人的强制缔约义务作出规定，以在更广范围内指引社会、经济生活。因此本条第 2 款规定：“向社会公众供电的供电人，不得拒绝用电人合理的订立合同要求。”

四、我国电力体制改革的发展进程及法制完善

电力事业是一项关系国计民生的公用事业，供用电合同作为一种民事合同，自改革开放以来，我国已有的法律对这种合同均作出了规定。1981 年颁布的经济合同法对供用电合同的主要条款、违约责任等内容作出规定，但由于当时我国电力事业发展水平不高，电力短缺、供不应求的现象严重，电力属于国家计划产品，供用电合同在某些方面体现了计划经济的特点。1995 年的电力法对供用电合同作了较为详尽的规定。1999 年的合同法进一步对供用电合同作了完善。2015 年，为进一步深化电力体制改革，解决制约电力行业科学发展的突出矛盾和深层次问题，促进电力行业又好又快发展，推动结构转型和产业升级，中共中央、国务院出台了《关于进一步深化电力体制改革的若干意见》（中发〔2015〕9 号），提出深化电力体制改革的指导思想和总体目标是：坚持社会主义市场经济改革方向，从我国国情出发，坚持清洁、高效、安全、可持续发展，全面实施国家能源战略，加快构建有效竞争的市场结构和市场体系，形成主要由市场决定能源价格的机制，转变政府对能源的监管方式，建立健全能源法制体系，为建立现代能源体系、保障国家能源安全营造良好的制度环境，充分考虑各方面诉求和电力工业发展规律，兼顾改到位和保稳定。通过改革，建立健全电力行业“有法可依、政企分开、主体规范、交易公平、价格合理、监管有效”的市场体制，努力降低电力成本、理顺价格形成机制，逐步打破垄断、有序放开竞争性业务，实现供应多元化，调整产业结构，提升技术水平、控制能源消费总量，提高能源利用效率、提高安全可靠性，促进公平竞争、促进能源环保。2015 年 4 月，电力法删去了“供电营业机构持《供电营业许可证》向工商行政管理部门申请领取营业执照，方可营业”的规定。2018 年，电力法进一步作了修正，将第 25 条第 3 款修改为：“供电营业区的设立、变更，由供电企业提出申请，电力管理部门依据职责和管理权限，会同同级有关部门审查批准后，发给《电力业务许可证》。供电营业区设立、变更的具体办法，由国务院电力管理部门制定。”

本章从现实出发，本着合同自愿订立的原则，把供用电双方作为平等的民事主体，着重从当事人合同关系的角度，对供用电合同的有关内容、供用电双方的权利义务及违约责任等作出规定，以适应社会主义市场经济体制发展和完善的需要。

第六百四十九条　供用电合同的内容一般包括供电的方式、质量、时间，用电容量、地址、性质，计量方式，电价、电费的结算方式，供用电设施的维护责任等条款。

条文主旨

本条是关于供用电合同内容的规定。

立法背景

当事人订立供用电合同应当约定哪些内容，是一个十分重要的问题。因为订立合同就是要设立、变更、终止民事权利义务关系，涉及各方当事人享有哪些权利，应当履行哪些义务这些与当事人切身利益相关的问题。只有对合同内容协商一致，合同才能成立。为指导当事人订立供用电合同，国家有关部门还制定了供用电合同示范文本，为当事人订立合同应当约定哪些内容，作了详细的规范。

条文解读

供用电合同是供电人与用电人就电力的供应与使用以及电费的支付订立的协议。至于供用电合同应当包括的具体内容，除本法第 470 条规定合同内容一般应当包括的条款外，本条根据供用电合同的特点，规定供用电合同还应当包括如下内容：

1. 供电的方式、质量和时间。供电方式，是指供电人以何种方式向用电人供电，包括主供电源、备用电源、保安电源的供电方式以及委托转供电等内容。供电企业对申请用电的用户提供的供电方式，应从供用电的安全、经济、合理和便于管理出发，依据国家的有关规定、电网的规划、用电需求以及当地供电条件等因素，进行技术经济比较，与用户协商确定。供电质量，是指供电频率、电压和供电可靠性三项指标。频率（周波），是以频率允许偏差来衡量；电压，是以电压的闪变、偏离额定值的幅度和电压正弦波畸变程度衡量；供电可靠性，是以供电企业对用户停电的时间及次数来衡量。供电时间，是指供电人供电的起止时间。双方应在合同中具体规定供电时间。

2. 用电容量、地址和性质。用电容量，是指供电人认定的用电人受电设备的总容量，以千瓦（千伏安）表示。用电地址，是指用电人使用电力的地址。用电性质包括用电人行业分类和用电分类。

3. 计量方式和电价、电费的结算方式。计量方式，是指供电人如何计算用电人使用的电量。供电企业应在用户每一个受电点内按不同电价类别，分别安装用电计量装置。用电计量装置是一种记录用户使用电力电量多少的专用度量衡器，它的记录作为向用电人计算电费的依据。用电计量方式采用高压侧计量或低压侧计量。电价即电网销售电价，是指供电企业向用电人供应电力的价格。电价实行国家统一定价，由电网经营企业提出方案，报国家有关物价部门核准。电费是电力资源实现商品交换的货币形式。供电企业应当按照国家核准的电价和用电计量装置的记录，向用电人计收电费；用户应当按照国家核准的电价和用电计量装置的记录，按时交纳电费。为防止电费的拖欠，双方当事人可以在合同中约定电价、电费的结算方式。双方可采取下列结算方式：(1) 收取电费保证金；(2) 采取预付电费制；(3) 有账务往来的，可商定价款互抵协议；(4) 提倡采用商业承兑汇票或银行承兑汇票的结算方式；(5) 由供、用、银行三方商签每月电费有期划拨协议；(6) 其他有效方式。

4. 供用电设施的维护责任。在供用电合同中，双方应当协商确认供电设施运行管理责任的分界点，分界点电源侧供电设施属于供电人，由供电人负责运行、维护、管理，分界点负荷侧供电设施属于用电人，由用电人负责运行、维护、管理。供电人、用电人分管的供电设施，除另有约定外，未经对方同意，不得操作或更动。

供用电合同是双方法律行为，除前四项合同应当具备的条款外，当事人还可以在协商一致的情况下在合同中约定其他认为需要约定的事项，如合同的有效期限、违约责任等条款。本法对于合同内容的要求是提倡性和指导性的，而不是强制性的。如果供用电合同没有完全具备法律规定的内容，不影响合同的效力。根据本法第510条的规定，供用电合同生效后，当事人就合同的某些内容没有约定或者约定不明确的，可以协议补充；不能达成补充协议的，按照合同有关条款或者交易习惯确定。如果仍不能确定，当事人应当按照本法第511条对没有约定或约定不明确的有关规定办理。

第六百五十条　供用电合同的履行地点，按照当事人约定；当事人没有约定或者约定不明确的，供电设施的产权分界处为履行地点。

条文主旨

本条是关于供用电合同履行地点的规定。

立法背景

合同的履行地点，是合同的主要条款之一，是指当事人双方行使其权利、履行其义务的地点。履行地点往往是确定验收地点的依据，是确定运输费用由谁负担、风险由谁承受的依据，也是确定标的物所有权是否转移的依据。

条文解读

本条中的“供用电合同的履行地点”，具体是指供电人将电力的所有权转移于用电人的转移点。根据合同自愿的原则，供用电双方可以在供用电合同中约定该履行地点，供用电合同约定了履行地点的，供电人应当按照该约定履行供电义务。

如果供用电双方对履行地点没有约定或者约定不明确，根据本法第510条的规定：“合同生效后，当事人就质量、价款或者报酬、履行地点等内容没有约定或者约定不明确的，可以协议补充；不能达成补充协议的，按照合同有关条款或者交易习惯确定。”如果仍不能确定履行地点的，应当适用本法第511条第3项的规定：“履行地点不明确，给付货币的，在接受货币一方所在地履行；交付不动产的，在不动产所在地履行；其他标的，在履行义务一方所在地履行。”但是，由于电力系统具有网络性，供电人与用电人由网络相连接，电力的生产、供应与使用同时完成，且具有连续性，这就使供用电合同的履行地点具有一定的特殊性，很难适用本法第511条的规定。基于电力市场的实际情况，在电力供应与使用过程中，由于用电人参与电力设施的投资建设，电力设施投资多元化已呈发展趋势，供用电双方根据这一特殊性，在实践中形成并确定了以供电设施的产权分界处作为合同的履行地点。据此，本条规定：“当事人没有约定或者约定不明确的，供电设施的产权分界处为履行地点。”供电设施的产权分界处是划分供电设施所有权归属的分界点，分界点电源侧供电设施归供电人所有，分界点负荷侧供电设施归用电人所有。在用电人为单位时，供电设施的产权分界处通常为该单位变电设备的第一个磁瓶或开关；在用电人为散用户时，供电设施的产权分界处通常为进户墙的第一个接收点。上述供电设施的产权分界处为供用电合同的履行地点。

以供电设施的产权分界处作为供用电合同的履行地点，对于履行供用电合同、确定供电设施的维护管理责任，具有重要的作用。供用电双方应当根据供电设施的产权归属，承担供电设施的安装、维护、检修和管理责任。

第六百五十一条　供电人应当按照国家规定的供电质量标准和约定安全供电。供电人未按照国家规定的供电质量标准和约定安全供电，造成用电人损失的，应当承担赔偿责任。

条文主旨

本条是关于供电人的安全供电义务及其违约责任的规定。

立法背景

除按照国家规定的标准外，供电人还应当按照合同的约定供电。合同是当事人的意思表示的合意，合同依法成立后，就在当事人之间产生一定的法律约束力，当事人应当按照合同的约定行使权利和履行义务，即合同必须遵守的原则。

条文解读

一、供电人按照国家规定的供电质量标准安全供电

本条强调供电人应当正确地履行供用电合同约定的义务，按照国家规定的供电质量标准和合同的约定安全供电。供电营业规则对供电质量标准作了规定：（1）在电力系统正常状况

下，供电频率的允许偏差为：电网装机容量在300万千瓦及以上的，为正负0.2赫兹；电网装机容量在300万千瓦以下的，为正负0.5赫兹。在电力系统非正常状况下，供电频率允许偏差不应超过正负1赫兹。（2）在电力系统正常状况下，供电企业供到用户受电端的供电电压允许偏差为：35千伏及以上电压供电的，电压正、负偏差的绝对值之和不超过额定值的10%；10千伏及以下三相供电的，为额定值的正负7%；220伏单相供电的，为额定值的正7%、负10%。在电力系统非正常状况下，用户受电端的电压最大允许偏差不应超过额定值的正负10%。用户用电功率因数达不到规定标准时，其受电端的电压偏差不受此限制。上述供电质量标准是衡量供电质量和安全的重要指标，供电人只有按照国家规定的供电质量标准供电，才能保证供电的安全，维护用电人的合法权益。这里的“安全供电”，是指按照国家有关安全供电的规章制度供应电力，电压要稳定，频率要达到标准，输电线路要安全畅通等。

二、供电人按照供用电合同的约定安全供电

本法第465条规定：“依法成立的合同，受法律保护。”“依法成立的合同，仅对当事人具有法律约束力。”当事人应当按照约定履行自己的义务，不得擅自变更或者解除合同。在供用电合同中，按照约定供电，具体是指按照供用电合同约定的数量、质量、时间和方式等要求供电。

三、供电人违反安全供电义务的违约责任

本条对供电人的违约责任作出了规定：供电人未按照国家规定的供电质量标准和约定安全供电，造成用电人损失的，应当承担损害赔偿责任。只要违反合同，就应承担责任，这一规定的精神和本编违约责任章的规定是一致的。本法第577条规定："当事人一方不履行合同义务或者履行合同义务不符合约定的，应当承担继续履行、采取补救措施或者赔偿损失等违约责任。"违约方承担违约责任，仅以其不履行合同或者履行合同不符合约定为要件。电力法也有类似的规定，该法第59条第1款规定："电力企业或者用户违反供用电合同，给对方造成损失的，应当依法承担赔偿责任。"据此，只要供电人没有按照国家规定的供电质量标准和约定安全供电，并造成用电人损失，就应当承担损害赔偿责任。

这里的"承担赔偿责任"，是指供电人就其违约行为赔偿给用电人所造成的损失，损失既包括直接损失，也包括合同履行后可以获得的利益，但不得超过供电人订立合同时预见到或者应当预见到的因违约可能造成的损失。

第六百五十二条　供电人因供电设施计划检修、临时检修、依法限电或者用电人违法用电等原因，需要中断供电时，应当按照国家有关规定事先通知用电人；未事先通知用电人中断供电，造成用电人损失的，应当承担赔偿责任。

条文主旨

本条是关于供电人因故中断供电时的通知义务的规定。

立法背景

供用电合同是一种持续供给合同，供电人在发电、供电系统正常的情况下，应当连续向用电人供电，不得中断，否则应当承担违约责任。

条文解读

供电人负有连续供电的义务，但是在某些法定情形下，供电人可以中断供电，根据本条和《电力法》第 29 条的规定，这些情形主要包括：

1. “供电设施检修”。为了保障安全、及时供电，供电人应当加强对供电设施的检修，从公平合理角度来讲，检修供电设施自然可以中断供电。本条对“供电设施检修”未加法定限制条件，因此，不管是计划检修还是临时检修，只要依照规定事先通知了用电人，供电人都可以根据需要中断供电。

2. “依法限电”。这是指供电人依照有关法律、行政法规对一个地区中的一部分地区、部分用户、用电大户的部分用电设施中断供电，使其用电总量减少的一种措施行为。既然是依法进行的限电，供电人根据需要中断供电是应有之义。

3. “用电人违法用电”。具体包括违章用电、窃电、超计划用电、不安全用电以及其他违反法律、行政法规用电的行为。《电力法》第 32 条第 1 款规定：“用户用电不得危害供电、用电安全和扰乱供电、用电秩序。”其中的“危害供电、用电安全”是指用户违反供用电安全的有关规定，故意采取不正当手段，威胁供用电安全，或由于管理、使用不当，引发电气设施损坏事故、火灾事故、人身伤亡事故、停电事故等情况。“扰乱供电、用电秩序”则主要包括违章用电行为、窃电行为、超计划用电行为、故意冲击供电企业、变电设施所在地行为等。供电人在上述情形下中断供电，不承担违约责任，但前提是应当按照国家有关规定事先通知用电人。

因供电设施计划检修停电，供电企业应当提前 7 天通知用户或者进行公告；因供电设施临时检修停电，供电企业应当提前24小时通知重要用户；因发电、供电系统发生故障需要停电、限电时，供电企业应当按照事先确定的限电序位进行停电或者限电。但限电序位应事前通知用户。引起停电或者限电的原因消除后，供电企业应当尽快恢复供电。但是，如果因供电设施检修、依法限电或者用户违法用电等原因中断供电，供电企业没有按照国家有关规定事先通知用户，比如遇到计划检修时，没有提前7天通知用户或者进行公告，依法限电时，没有按照事先确定的限电序位进行限电，给用电人造成损失的，应当承担损害赔偿责任。

第六百五十三条　因自然灾害等原因断电，供电人应当按照国家有关规定及时抢修；未及时抢修，造成用电人损失的，应当承担赔偿责任。

条文主旨

本条是关于因自然灾害等原因断电时供电人的抢修义务的规定。

立法背景

虽然不可抗力是合同的免责事由，但在不可抗力发生以后，当事人仍应以诚实善意的态度去努力克服，最大限度地减少因不可抗力所造成的损失，以符合合同履行的诚信原则。

条文解读

本条中的“自然灾害等原因”，主要是指不可抗力的原因。我国法律规定不可抗力为合同的免责事由。本法第180条第1

款规定："因不可抗力不能履行民事义务的，不承担民事责任。法律另有规定的，依照其规定。"本法第 590 条第 1 款规定："当事人一方因不可抗力不能履行合同的，根据不可抗力的影响，部分或者全部免除责任，但是法律另有规定的除外。因不可抗力不能履行合同的，应当及时通知对方，以减轻可能给对方造成的损失，并应当在合理期限内提供证明。"不可抗力，是指不能预见、不能避免且不能克服的客观情况。不可抗力独立于人的行为之外、不受当事人的意志所支配。不可抗力包括某些自然现象（如地震、台风、洪水）和某些社会现象（如战争）。本条所指的自然灾害等原因，主要包括：(1) 自然因素造成的事故损害，如风、雪、霜、雾、空气污染等造成的断电。(2) 一些不能预见，又不可避免的外力破坏，如鸟害。

根据诚信原则的要求，在因自然灾害等原因断电后，供电人应当按照国家有关规定及时抢修，尽早恢复供电，减少用电人因断电所造成的损失。如果供电人没有及时抢修，给用电人造成损失，供电人应当就没有及时抢修而给用电人造成的损失部分承担赔偿责任。

至于供电人是否尽到了及时抢修的义务，则应当结合实际情况，以国家的有关规定为标准进行认定。

第六百五十四条　用电人应当按照国家有关规定和当事人的约定及时支付电费。用电人逾期不支付电费的，应当按照约定支付违约金。经催告用电人在合理期限内仍不支付电费和违约金的，供电人可以按照国家规定的程序中止供电。

供电人依据前款规定中止供电的，应当事先通知用电人。

条文主旨

本条是关于用电人支付电费的义务和逾期支付电费的违约责任的规定。

立法背景

电力的价款即电费，是电力资源实现其商品价值的货币形式，是供电人出卖电力的对价，用电人只有按照国家有关规定和双方当事人的约定履行支付电费的义务，才能实现电力的商品价值，完成一次电力资源的买卖过程。

条文解读

供用电合同是供电人向用电人供给电力，用电人支付电费的合同。供用电合同实际上是一种特殊买卖合同，即用电人向供电人购买电力以供使用，同时向供电人支付该电力的价款，双方买卖的标的物是电力。在供用电合同中，支付价款是用电人的主要义务。

用电人按照国家有关规定支付电费，主要是按照有关电力供应与使用的法律法规的规定履行交费的义务。《电力法》第33条第3款规定，用户应当按照国家核准的电价和用电计量装置的记录，按时交纳电费；对供电企业查电人员和抄表收费人员依法履行职责，应当提供方便。《电力供应与使用条例》第27条第2款规定，用户应当按照国家批准的电价，并按照规定的期限、方式或者合同约定的办法，交付电费。用电人按照约定交付电费，主要是按照约定的电费结算方式、交付期限等履行交费的义务。

用电人在合同约定的期限内未支付电费，应当承担迟延支付的违约责任。如果供用电双方就迟延交付电费约定了违约金，则用电人应当按照约定支付违约金。违约金作为一种违约责任形式，是指当事人在合同中约定的、在一方违约时生效的独立于履行行为之外的金钱给付，约定违约金主要在于补偿一方当事人因对方违约所造成的损失。有关电力供应与使用的行政法规和规章对迟延支付的违约金作出了规定。《电力供应与使用条例》第39条规定，用户逾期未交付电费的，供电企业可以从逾期之日起，每日按照电费总额的千分之一至千分之三加收违约金，具体比例由供用电双方在供用电合同中约定。《供电营业规则》第98条规定，用户在供电企业规定的期限内未交清电费时，应承担电费滞纳的违约责任。电费违约金从逾期之日起计算至交纳日止。每日电费违约金按下列规定计算：

1. 居民用户每日按欠费总额的千分之一计算。

2. 其他用户：（1）当年欠费部分，每日按欠费总额的千分之二计算；（2）跨年度欠费部分，每日按欠费总额的千分之三计算。

通常情况下，供用电合同采用格式条款订立，供用电双方一般按照上述规定约定迟延支付的违约金。但是，如果供用电合同当事人没有预先约定违约金，在这种情况下，用电人逾期不交付电费的，应当承担逾期不交电费的违约责任，违约责任的大小应当根据本法第584条的规定确定，即违约责任的损失赔偿额应当相当于违约所造成的损失。

如果用电人没有依照国家有关规定和当事人的约定及时支付电费，逾期又不支付违约金，那么，供电人可以依据本条的规定催告用电人在合理的期限内支付电费和违约金。“合理期限”为多长时间，本条未作明确规定，供电人可以根据用电人的用电量、用电时间、用电方式、未支付电费的情形和影响，以及用电人支付电费需要的准备时间等予以确定。《电力供应与使用条例》第39条规定，自逾期之日起计算超过30日，经催交仍未交付电费的，供电企业可以按照国家规定的程序停止供电。因此，这个30日可以作为本条合理期限的参考。经催告后用电人仍不支付电费和违约金的，供电人按照国家规定的程序办理相关手续后，可以中止供电。这里的“国家规定的程序”，具体是指《供电营业规则》第66条和第67条的规定。该规则第66条规定，在发供电系统正常情况下，供电企业应连续向用户供应电力。存在拖欠电费经通知催交仍不交者或者拒不在限期内交付违约用电引起的费用者的情形，须经批准方可中止供电。第67条规定，供电企业需对用户停止供电时，应按下列程序办理停电手续：（1）应将停电的用户、原因、时间报本单位负责人批准。批准权限和程序由省电网经营企业制定；（2）在停电前3至7天内，将停电通知书送达用户，对重要用户的停电，应将停电通知书报送同级电力管理部门；（3）在停电前30分钟，将停电时间再通知用户一次，方可在通知规定时间实施停电。综上所述，本条规定的供电人中止供电应当符合下列四个条件：一是用电人未按照国家规定和当事人的约定支付电费；二是用电人逾期不按照约定支付违约金；三是经催告后用电人在合理期限内仍不支付电费和违约金；四是按照国家有关规定履行批准和通知用电人的程序。上述四个条件同时具备时，供电人才可以停止供电。用电人支付电费和违约金后，供电人应当及时恢复供电。

需要特别指出的是，在民法典编纂过程中，有意见提出现实生活中存在用电人未收到通知而被停电的现象，给用电人造成了损失。经研究，特意增加第 2 款规定："供电人依照前款规定中止供电的，应当事先通知用电人。"这是对中止供电前通知程序的强化规定，具体如何通知，应当按照上文所述的"国家规定的程序"来进行。

第六百五十五条　用电人应当按照国家有关规定和当事人的约定安全、节约和计划用电。用电人未按照国家有关规定和当事人的约定用电，造成供电人损失的，应当承担赔偿责任。

条文主旨

本条是关于用电人安全用电义务及其违约责任的规定。

立法背景

本条原来只是规定了用电人的安全用电义务。在民法典编纂过程中，有意见提出，由于供用电合同适用广影响大，建议把本法第 9 条规定的"民事主体从事民事活动，应当有利于节约资源、保护生态环境"，即绿色原则在供用电合同中展现出来。经研究，我们结合《电力法》第 24 条第 1 款"国家对电力供应和使用，实行安全用电、节约用电、计划用电的管理原则"的规定，以及第 34 条"供电企业和用户应当遵守国家有关规定，采取有效措施，做好安全用电、节约用电和计划用电工作"的规定，增加了用电人的节约用电义务和计划用电义务。

条文解读

供用电合同一经成立，就对当事人产生法律效力，用电人应当按照国家有关规定和合同的约定安全用电、节约用电、计划用电。这是因为，虽然供用电合同是供用电双方就电力的供应与使用订立的买卖合同，但它与一般买卖合同不同，一般买卖合同在标的物交付后，买受人取得该标的物的所有权，可以对其任意处分，出卖人无权干涉，国家也没有必要对该物的使用作出规定。电力的供应与使用则不同，由于电力系统具有网络性，电力的生产、供应和使用由网络连接，相互影响，并且同时完成，任何一个用户能否安全、合理地使用电力，都将关系到电力的运行安全，关系到千千万万用户的用电安全，关系到整个社会的公共安全，任何一种违章、违约用电行为，都可能造成人身和财产的重大损害。因此，不仅双方当事人有必要在供用电合同中对如何使用电力作出约定，而且应当按照国家的有关规定用电。

根据本条规定，用电人的安全用电、节约用电和计划用电主要表现在以下两个方面：

第一个方面，用电人应当依照国家有关规定用电。国家在这方面的规定主要是：(1) 用电人应当安装用电计量装置。用电人使用的电力电量，以计量检定机构依法认可的用电计量装置的记录为准。(2) 用电人应当按照国家核准的电价和用电计量装置的记录，按时交纳电费；对供电企业查电人员和抄表收费人员依法履行职责，应当提供方便。(3) 用电人受电装置的设计、施工安装和运行管理，应当符合国家标准或者电力行业标准。(4) 用电人应当安全用电、节约用电和计划用电。(5) 用电人用电不得危害供电、用电安全和扰乱供电、用电秩序。具体主要是指不得擅自改变用电类别，不得擅自超过合同约定的容量用电，不得擅自超过计划分配的用电指标，不得擅自使用已经在供电企业办理暂停使用手续或者已被查封的电力设备，不得擅自迁移、更动或者擅自操作供电企业的各类装置以及约定由供电企业调度的用户受电设备，不得擅自引入、供出电源或者将自备电源并网。(6) 用电人不得窃电等。

第二个方面，用电人应当按照供用电合同的约定用电。通常主要包括：(1) 用电人应当按照合同约定的用电容量、用电地址、用电时间、用电质量、用电方式、用电类别和用电指标等约定用电。(2) 用电人应当按照合同约定的用电计量方式和电价、电费结算方式交纳电费。(3) 用电人应当按照合同约定的用电人一方对供用电设施的维护责任做好对供用电设施的维护工作。

用电人违章用电，应当承担一定的法律责任，有关电力供应与使用的法律法规对违章用电的法律责任作出了规定。《电力法》第 65 条规定，危害供电、用电安全或者扰乱供电、用电秩序的，由电力管理部门责令改正，给予警告；情节严重或者拒绝改正的，可以中止供电，可以并处 5 万元以下的罚款。《电力供应与使用条例》第 40 条规定，违章用电的，供电企业可以根据违章事实和造成的后果追缴电费，并按照国务院电力管理部门的规定加收电费和国家规定的其他费用；情节严重的，可以按照国家规定的程序停止供电。以上规定，多是从行政管理的角度出发，给予行政处罚。从合同关系考虑，违反国家有关规定和当事人的有关约定用电，属于违约用电行为，对此，应当承担违约责任。故本条规定，用电人未依照国家有关规定和当事人的约定用电，造成供电人损失的，应当承担赔偿责任。具体而言，用电人承担哪种违约责任，承担多大的违约责任，均由当事人根据本编通则有关违约责任的规定加以确定。通常包括采取补救措施、支付违约金、供电人中止供电等，造成供电人损失的，应当给予赔偿。

第六百五十六条　供用水、供用气、供用热力合同，参照适用供用电合同的有关规定。

条文主旨

本条是关于供用水、气、热力合同参照适用供用电合同的规定。

立法背景

供用水、供用气、供用热力合同，与供用电合同一样，是持续供给合同，且都是一种常见的民事合同。这些合同的标的，即水、气、热力，既是国民经济中的重要能源，也是一种特殊的商品，其合同都是供应人向使用人供应水、气或者热力，使用人支付价款的合同，双方当事人的关系都是一种买卖关系。因此，供用水、供用气、供用热力合同在本质上都属于特殊类型的买卖合同。

条文解读

供用水、供用气、供用热力合同与供用电合同具有以下共同点：

1. 供应方是特殊主体，只能是依法取得特定营业资格的供应企业，该类企业一般为公用事业，其他任何组织或者个人都不得作为供应方。如供应水合同的供应方只能是自来水公司。

2. 属于持续供给合同。由于电、水、气、热力的供应与使用均是连续的，因此合同的履行方式都处于一种持续状态。供应方在正常情况下，应当连续向使用方供应，不得中断；使用方在合同约定的期限内，享有连续使用的权利。

3. 合同一般按照格式条款订立。供用电、水、气、热力都是具有社会公益性的公用事业，关系到千千万万个使用者的日常生活。供应方为了适应大量交易的需要，预先拟定格式条款，双方当事人按照格式条款订立合同，这样既有利于降低交易成本，又有利于供应方集中精力提高供应质量。但同时也存在如何限制供应方利用其垄断地位产生的不公平问题。对供用方式有特殊要求的使用方，也可以采用非格式条款订立合同。

4. 对用户的责任都有特殊要求。由于电、水、气、热力系统都具有网络性，其生产、供应与使用都由网络连接，相互影响，任何一个用户的使用，都可能关系到整个系统的运行，关系到其他用户的利益，如一个用户的暖气管道发生泄漏，可能影响相邻用户的正常供暖。因此，要求用户按照有关规定和约定安全、合理地使用供应的电、水、气、热力，并承担相应的法律责任。

鉴于供用水、气、热力合同与供用电合同有许多共同点，因此本条规定："供用水、供用气、供用热力合同，参照适用供用电合同的有关规定。"例如，供用水合同中供水方的责任，就可以参照本法第651条的规定，供水方应当按照国家规定的供水质量标准和约定供水。如果供应的水没有达到国家规定的质量标准，给用户的健康造成损害的，供水方应当承担赔偿责任。同时，供用水、供用气、供用热力合同，又各有其特性，与供用电合同并不完全相同。比如，供热与供水、供电、供气存在一个明显区别，即供热不达标或者报停仍需缴纳基础费用，而供水、供电和供气不存在这个问题。因此，本条规定的是“参照供用电合同的有关规定”，而不是完全适用。至于如何进一步体现供用水、气、热力合同的特殊性，还有待相关立法的不断细化和完善。

第十一章　赠与合同

本章共十条，对赠与合同的概念、赠与合同的成立、当事人的权利义务、瑕疵担保责任、赠与的任意撤销和法定撤销、违约责任等作了规定。

第六百五十七条　赠与合同是赠与人将自己的财产无偿给予受赠人，受赠人表示接受赠与的合同。

条文主旨

本条是关于赠与合同概念的规定。

立法背景

赠与合同虽然属于转移财产所有权的合同，但是其本身并不创造新的经济价值，只是将社会财产的一部分从一定的所有者手中转移到另外的人手中，故一般起不到直接促进社会经济发展的作用。不过，赠与具有相当的社会意义，有利于弘扬文明友善的社会主义核心价值观。其一，赠与人以一定财产无偿地添加到受赠人的财产之中，可以增强受赠人的经济实力，改善受赠人的现实经济环境，甚至可以使作为经营者的受赠人起死回生，不仅在一定程度上重新分配了财产的归属，甚至扩大了社会财富，增加了就业人数。其二，通过赠与合同，可沟通当事人之间的感情，满足各方的感情需要，进而起到融洽社会气氛，减少社会矛盾的作用。可以说，赠与的经济作用虽较少，然而赠与作为现代理智性社会生活关系的调剂，仍是必不可少的。因此各国或者地区都在立法上对赠与加以规定。

条文解读

赠与合同，是指赠与人将自己的财产无偿给予受赠人，受赠人愿意接受赠与的合同。我们可以从赠与合同的概念中看出如下内涵：

1. 赠与是一种合意，是双方的法律行为。赠与合同虽为单务、无偿合同，也需有当事人双方一致的意思表示才能成立。如果一方有赠与意愿，而另一方无意接受该赠与的，赠与合同不能成立。在现实生活中，也会出现一方出于某种考虑而不愿接受对方赠与的情形，如遇此种情形，赠与合同即不成立。

2. 赠与合同是转移财产所有权的合同。赠与合同是以赠与人将自己的财产给予受赠人为内容的合同，是赠与人转移财产所有权于受赠人的合同。这是赠与合同与借用合同的主要区别。

3. 赠与合同为无偿合同。所谓“无偿合同”，是指仅由当事人一方为给付，另一方不必向对方偿付相应代价的合同。在赠与合同中，仅由赠与人无偿地将自己的财产给予受赠人，而受赠人取得赠与的财产，不需向赠与人偿付相应的代价。这是赠与合同与买卖等有偿合同的主要区别。

4. 赠与合同是单务合同。所谓“单务合同”，是指仅由当事人一方负债务，另一方不负债务，或者另一方虽负有债务但无对价关系的合同。在一般情况下，赠与合同仅由赠与人负有将自己的财产给予受赠人的义务，而受赠人并不负有义务。在附义务的赠与中，赠与人负有将其财产给予受赠人的义务，受赠人按照合同约定负担某种义务，但受赠人所负担的义务并非赠与人所负义务的对价，受赠人的义务通常远远小于赠与人的义务，其间的义务并不是相互对应的，因此赠与合同为单务合同。

5. 赠与合同为诺成合同。赠与合同是实践合同还是诺成合同，与赠与合同自何时成立直接相关。赠与合同是否以交付标的物为成立要件，国外立法例上有不同规定，我国法学界也有不同认识。所谓“实践合同”，又称“要物合同”，是指除当事人间的意思表示一致外，还需交付标的物才能成立的合同。它以当事人的合意和交付标的物为成立要件。所谓“诺成合同”，又称“非要物合同”，是指当事人之间意思表示一致，即能成立的合同。它以当事人的合意为成立要件。

苏联和东欧一些国家将赠与合同作为实践合同；德国、日本及我国台湾地区则在其立法中将赠与合同规定为诺成合同。在我国法学界，有的学者主张赠与合同为实践合同；有的主张赠与合同为诺成合同。

在1999年合同法赠与合同一章的起草和修改过程中，对应当将赠与合同规定为实践合同还是诺成合同，赠与合同自何时成立也有不同的看法。有的意见认为赠与应为实践合同，自标的物交付时成立。否则当事人之间达成赠与之合意，如果赠与方不履行赠与义务即受到强制执行，则对赠与人实在不公平。同时也会使赠与人在表达赠与意愿时心存顾虑，从而打消赠与的念头，这反而使受赠方减少了更多的受赠机会。有的意见认为赠与应为诺成合同，自双方当事人意思表示一致时合同即告成立。如果赠与人在未交付赠与物之前可以不履行交付义务，赠与的意思表示对赠与人没有任何拘束力，则与合同法中的诚实信用原则背道而驰。而受赠人基于对赠与人的信赖，为接受赠与物所作出的物质上、经济上的准备，也不能得到补偿，这对受赠人也是极不公平的。还有的意见认为，可以将口头的赠与合同规定为自财产交付时合同生效；同时将书面的赠与合同规定为合同订立后即生效，因为当事人既已订立书面合同，表明其意思表示较慎重，当事人应当依约履行赠与义务。

1999 年合同法的规定表明赠与合同为诺成合同，当事人意思表示一致时合同即成立，而无论其是以口头形式还是书面形式订立的，也无论赠与的财产是否交付。同时考虑到赠与合同中，难免有赠与人因一时冲动而为之的情况，因此合同法还对赠与合同任意撤销的适用问题作了规定。合同法施行后的20 年间，赠与合同的诺成性得到了实践的检验，因此在民法典的编纂过程中，对此未作修改。

6. 赠与合同为不要式合同。赠与合同是要式合同还是不要式合同，与赠与合同是否成立也有关联。所谓“要式合同”，是指法律要求必须采用一定的形式的合同。所谓“不要式合同”，是指法律没有要求必须具备特定的形式的合同。不要式合同不排斥合同采用书面、公证等形式，只是合同的形式不影响合同的成立。依照本章的规定，赠与合同为不要式合同。赠与合同既可采用口头形式，又可采用书面形式或者在合同订立后办理公证证明。无论采用何种形式，也无论是否经过公证，都不影响赠与合同的成立。

在赠与合同是否为不要式合同，是否必须经过公证证明的问题上，不同国家的规定有所不一。如德国、法国和意大利要求赠与合同需经过公证程序方为有效。德国规定，为使以赠与的方式为给付的契约有效，其约定应有公证证书。欠缺前项规定的方式者，得以履行约定的给付，补充之。法国规定，一切生前赠与行为，应以通常契约的方式，在公证人前作成，并应将契约原本留存公证人处，否则赠与契约无效。意大利规定，赠与应当以公证的方式作出，否则无效。而日本及我国台湾地区允许赠与采用书面或者非书面形式，也未要求赠与合同必须经过公证证明。

第六百五十八条　赠与人在赠与财产的权利转移之前可以撤销赠与。

经过公证的赠与合同或者依法不得撤销的具有救灾、扶贫、助残等公益、道德义务性质的赠与合同，不适用前款规定。

条文主旨

本条是关于赠与的任意撤销及其限制的规定。

立法背景

法律规定赠与的任意撤销，源于赠与是无偿行为。即便赠与合同已经成立，也可以允许赠与人因自身的某种事由撤销赠与，这也是赠与合同与其他有偿合同的显著区别。只有在特殊情形下，赠与人才不可以撤销赠与，以维护公序良俗。

条文解读

一、赠与的任意撤销

赠与的任意撤销，是指赠与合同成立后，赠与财产的权利转移之前，赠与人可以根据自己的意思不再为赠与行为。尤其是有的赠与合同的订立，是因一时的情感因素而欠考虑，如果绝对不允许赠与人撤销，则对赠与人太过苛刻，也有失公允。因此本条第1款规定："赠与人在赠与财产的权利转移之前可以撤销赠与。"这里需要特别说明的是，该款用来表述赠与财产可撤销的时间点是"权利转移"而不是"交付"。这是因为，"交付"仅指实物的实际交付并归受赠人占有，赠与物的所有权并不一定随交付发生转移，即受赠人不一定享有对赠与物的处分权。而"权利转移"则是不管赠与物是否已实际交付，但其所有权已移转于受赠人，即受赠人已享有对赠与物的处分权。两相比较，受赠人显然享有的"权利转移"较之"交付"的涵盖性要宽，且更为确切，因此条文采用"权利转移"的表述。举个例子说明：赠与人甲计划将某一房屋赠给乙，且已将房屋交付给乙实际居住，但是并未办理房屋产权过户登记手续，甲在这个时候反悔，由于房屋的所有权没有发生转移，甲依照本款规定可以任意撤销房屋赠与合同。

二、任意撤销赠与的限制

尽管原则上允许赠与人任意撤销赠与，但如果对任意性不加限制，则等同于赠与合同无任何约束力，既对受赠人不公平，也违背诚信原则，对公序良俗也是一种冲击。因此，对赠与的任意撤销应有适当限制，故本条第2款对赠与的任意撤销作了如下限制：

1. 赠与合同订立后经公证证明的，赠与人不得任意撤销。换句话说，可以任意撤销的赠与合同原则上限于未经公证的赠与合同。而赠与合同订立后，当事人交由公证部门公证，表明其赠与意愿的表达已十分慎重，因此经过公证证明的赠与合同，赠与人不得任意撤销。

2. 具有公益、道德义务性质的赠与合同，不论当事人以何种形式订立，不论是否经过公证，也不问赠与的财产是否已转移其权利，赠与人均不得任意撤销。具有公益性质的赠与，主要是指为了救灾、扶贫、助残、助学等目的或为了资助公共设施建设、环境保护等公共事业所为的赠与。此类赠与的公益性和社会性，决定了赠与人不得任意撤销赠与，否则将与赠与的目的和宗旨相悖。履行道德义务的赠与，由于当事人之间有着道义上的因素，如果允许赠与人任意撤销，则与道义不符。因此，此类的赠与也不得由赠与人任意撤销。就此赠与情形，《德国民法典》第534条以及我国台湾地区“民法”第408条，均作出了类似的不得撤销赠与的规定。

3. 依法不得任意撤销的其他情形。我国《慈善法》第41条第1款规定：“捐赠人应当按照捐赠协议履行捐赠义务。捐赠人违反捐赠协议逾期未交付捐赠财产，有下列情形之一的，慈善组织或者其他接受捐赠的人可以要求交付；捐赠人拒不交付的，慈善组织和其他接受捐赠的人可以依法向人民法院申请支付令或者提起诉讼：（一）捐赠人通过广播、电视、报刊、互联网等媒体公开承诺捐赠的；（二）捐赠财产用于本法第三条第一项至第三项规定的慈善活动，并签订书面捐赠协议的。”该法第3条规定：“本法所称慈善活动，是指自然人、法人和其他组织以捐赠财产或者提供服务等方式，自愿开展的下列公益活动：（一）扶贫、济困；（二）扶老、救孤、恤病、助残、优抚；（三）救助自然灾害、事故灾难和公共卫生事件等突发事件造成的损害；（四）促进教育、科学、文化、卫生、体育等事业的发展；（五）防治污染和其他公害，保护和改善生态环境；（六）符合本法规定的其他公益活动。”慈善法规定的不得任意撤销赠与的情形，有别于前两项特殊之处在于，只要是“捐赠人通过广播、电视、报刊、互联网等媒体公开承诺捐赠的”，即通过媒体公开承诺捐赠的，不得任意撤销。对于此种赠与，在民法典编纂过程中，通过立法表述形式的改变，加以吸纳，即将本条第2款的表述由原来的“具有救灾、扶贫等社会公益、道德义务性质的赠与合同或者经过公证的赠与合同，不适用前款规定”修改为“经过公证的赠与合同或者依法不得撤销的具有救灾、扶贫、助残等公益、道德义务性质的赠与合同，不适用前款规定”，以包含目前以及将来立法发展的各种不同情况。

另外需要指出的是，如果赠与的财产的权利已被转移的，赠与人自然不得任意撤销赠与。如果赠与的财产一部分已交付并已转移其权利，任意撤销赠与仅限于未交付并未转移其权利的部分，以维护赠与合同当事人权利义务关系的稳定。

第六百五十九条　赠与的财产依法需要办理登记或者其他手续的，应当办理有关手续。

条文主旨

本条是关于赠与的财产需要办理有关法律手续的规定。

立法背景

合同当事人只有在办理完登记等有关手续后，受赠人的受赠财产才能受到法律的充分保护。因此本条规定，赠与的财产依法需要办理登记或者其他手续的，应当办理有关手续。

条文解读

赠与合同中，有的赠与财产的交付比较简单，如赠与金钱的将现金或者支票交付受赠人即可。但是，有的赠与财产的交付除直接交由受赠人占有外，还需依法办理登记等有关手续，如房屋、汽车、股权等作为赠与财产，需要到相应的部门办理有关手续。需要办理登记等手续的规定，主要是针对特殊的赠与财产，如房屋、汽车和股权等。

依照我国现有法律，赠与财产依法需要办理登记等手续的，主要情形分述如下：

一、房屋等不动产作为赠与财产需要办理登记等有关手续

不动产主要是指不能移动或者移动后会引起性质、形状改变，损失经济价值的物。房屋是作为不动产的典型例子。房屋赠与涉及所有权的转移，世界各国一般都要求进行登记，否则不产生效力，我国也不例外。本法物权编第 209 条规定："不动产物权的设立、变更、转让和消灭，经依法登记，发生效力；未经登记，不发生效力，但是法律另有规定的除外。"据此表明，房屋的赠与作为不动产转让的一种形式，原则上应当依法进行登记，否则不生效力。具体而言，《城市房地产管理法》第 61 条第 3 款规定："房地产转让或者变更时，应当向县级以上地方人民政府房产管理部门申请房产变更登记，并凭变更后的房屋所有权证书向同级人民政府土地管理部门申请土地使用权变更登记，经同级人民政府土地管理部门核实，由同级人民政府更换或者更改土地使用权证书。"所以，在赠与房屋时，应当据此办理登记手续。

二、汽车等动产作为赠与财产需要办理登记等有关手续

动产是不动产的对称，是指依其性质能够移动而不损失经济价值的物，包括不动产以外的各类物，如金钱、粮食、衣服、书籍等。赠与动产大多是不需要登记的，因为本法第224条规定："动产物权的设立和转让，自交付时发生效力，但是法律另有规定的除外。"即动产自交付时发生所有权的转移。但是，涉及特殊的动产，如汽车等，根据本法第225条的规定："船舶、航空器和机动车等的物权的设立、变更、转让和消灭，未经登记，不得对抗善意第三人。"尽管交付汽车时，汽车的所有权已经发生转移，但是，如果没有在车管所等车辆登记机构办理更名登记，那么就不得对抗善意第三人。因此，对于赠与汽车这种情况而言，办理更名登记手续，不仅具有进一步确认所有权变更的作用，更由于汽车在使用的过程中，涉及养路费的缴纳，保险费的承担以及年检等问题，通常需要由车辆所有人而不是车辆使用人来办理，通过登记，可以让相关问题的处理变得更加方便。从另一方面来讲，汽车作为赠与标的物而言标的额较大，不履行登记手续，一旦发生纠纷也不好解决，所以为避免发生纠纷，在赠与汽车时，也应当及时办理登记手续。

三、股权等权利作为赠与财产需要办理登记等有关手续

随着我国市场经济的不断发展完善，股权作为一种财产权利，不断成为人们财产权的重要表现形式。因此在日常生活中，赠与股权的情况也变得越来越多，越来越普遍。一般来讲，股权是股东基于其出资而对公司享有的资产收益、参与重大决策和选择管理者等权利。依据我国《公司法》第32条的规定："有限责任公司应当置备股东名册，记载下列事项：（一）股东

的姓名或者名称及住所；（二）股东的出资额；（三）出资证明书编号。”“记载于股东名册的股东，可以依股东名册主张行使股东权利。”“公司应当将股东的姓名或者名称向公司登记机关登记；登记事项发生变更的，应当办理变更登记。未经登记或者变更登记的，不得对抗第三人。”因此，接受股权赠与的受赠人，应当及时和赠与人一起到作为公司登记机关的市场监督管理部门，办理相应的股权变更登记手续，才能真正享有作为公司股东的权利。

第六百六十条　经过公证的赠与合同或者依法不得撤销的具有救灾、扶贫、助残等公益、道德义务性质的赠与合同，赠与人不交付赠与财产的，受赠人可以请求交付。

依据前款规定应当交付的赠与财产因赠与人故意或者重大过失致使毁损、灭失的，赠与人应当承担赔偿责任。

条文主旨

本条是关于法定不得撤销赠与的赠与人不交付赠与财产的责任的规定。

立法背景

结合日常生活，众所周知，在发生各种灾情之后，民政部会组织募捐活动，社会各界会通过各种形式捐赠款物，其中有通过电话口头认捐的，有通过捐赠活动现场口头确认捐赠的，也有以盖有公章的认捐书形式表示捐赠的。认捐后是否实际兑现，通常会成为争议的话题。实践中通常有两种观点，一种观点认为，捐赠属于赠与行为，赠与人可任意撤销，只有捐赠方将钱物交付后，该捐赠才有意义。在款物交付之前，认捐方反悔的，最多面对道德谴责，而不必承担法律责任。另一种观点认为，在公开场合认捐，对某些企业来说，是扩大其知名度的一种手段。在召开新闻发布会、举牌子、打字幕之前，认捐单位与受赠单位多订有捐赠协议或由认捐单位出具认捐函，其意思表示不可谓不慎重。捐赠方认捐后不兑现，有的是有能力履行却故意拖延；有的是其经营状况本来就不好，还欠着很多债，想借此宣传自己。对订有捐赠协议、出具了认捐书或者向社会公示表示捐赠的，如果不实际捐赠，既是对社会公众的欺骗，从法律上讲也违背了诚信原则。对此，1999 年制定的合同法就明确规定，具有救灾等公益、道德义务性质的赠与合同，赠与人不交付赠与财产的，受赠人可以要求交付。

条文解读

将赠与的财产按照赠与合同约定交付受赠人并转移其所有权，是赠与人的义务。赠与人不交付赠与财产是否构成违约行为，并承担违约责任，应当依照赠与合同的性质来区分。如果是任意撤销赠与，依据本法第 658 条第 1 款“赠与人在赠与财产的权利转移之前可以撤销赠与”的规定，那么赠与人不交付赠与财产不构成违约，因为赠与人在转移赠与财产的权利之前可以撤销赠与。所以，对这类赠与合同，赠与人不给付赠与财产的，受赠人也就不能请求赠与人给付赠与的财产，赠与人不承担违约责任。如果是法定不得撤销赠与，依据本法第 658 条第 2 款的规定：“经过公证的赠与合同或者依法不得撤销的具有救灾、扶贫、助残等公益、道德义务性质的赠与合同，不适用前款规定。”赠与人不交付赠与财产的，构成违约，如果受赠人要求这类赠与人交付赠与财产，赠与人就应当交付，否则依法应当承担违约责任。结合本条第1款的规定，经过公证的赠与合同或者依法不得撤销的具有救灾、扶贫、助残等公益、道德义务性质的赠与合同，法律规定赠与人不得任意撤销赠与，这是因为任意撤销有悖于诚信原则，也违背了公序良俗，更与社会主义核心价值观不符。在赠与人迟延履行或者不履行给付赠与财产的义务时，即为违约行为，应当承担违约责任。承担责任的具体方式是，受赠人要求赠与人给付赠与的财产，赠与人仍不给付的，受赠人可以向人民法院起诉要求其履行赠与义务，人民法院依法将支持受赠人的诉讼请求。

也有观点提出，赠与合同为单务合同，仅由赠与人单方承担义务，当赠与人不履行交付赠与财产的义务时，其责任也应当有所限制，而不应像双务合同那样，在履行给付义务时还应当支付迟延利息或者赔偿其他损失。本条规定的赠与人不交付赠与的财产的，受赠人可以请求交付，但是不包括迟延利息和其他损害赔偿，而仅限于赠与财产本身。这一规定也与其他一些国家和我国台湾地区的规定相吻合。如德国规定，赠与人不负支付迟延利息的义务。我国台湾地区规定，赠与人不履行道德义务的赠与时，受赠人得请求交付赠与物或其价金。但不得请求利息或者其他不履行之损害赔偿。应当说，这样的规定和操作，符合当事人之间的实质公平原则。

需要特别指出的是，在民法典编纂过程中，有意见提出在助残活动中时常出现虚假助残的现象，需要对此进行纠正和规范。经研究，助残活动具有公益性质，作出赠与承诺理当履行，因此在“救灾、扶贫”之后增加了“助残”类型，目的在于规范和引领赠与人的助残行为。另有意见提出，《合同法》第 189 条规定：“因赠与人故意或者重大过失致使赠与的财产毁损、灭失的，赠与人应当承担损害赔偿责任。”这和通常的赠与人在赠与物权利移转之前可以任意撤销的规定存在冲突，应当仅限于法定不得任意撤销的情形。经研究认为，《合同法》第 189 条的本意应当是适用于具有公益和道德义务性质的赠与合同，但是单独一条规定在立法本意上显得不清晰，故决定将《合同法》第 189 条作为本条的第 2 款，并修改为：“依照前款规定应当交付的赠与财产因赠与人故意或者重大过失致使毁损、灭失的，赠与人应当承担赔偿责任。”这意味着具有救灾、扶贫、助残等公益、道德义务性质的赠与合同，在赠与财产的权利移转给受赠人之前，由于赠与人的故意或者重大过失致使赠与财产发生毁损、灭失，无法实际交付赠与财产的，赠与人应当向受赠人赔偿因其故意或者重大过失所造成的损失。

第六百六十一条　赠与可以附义务。

赠与附义务的，受赠人应当按照约定履行义务。

条文主旨

本条是关于附义务赠与的规定。

立法背景

对于受赠人应依约履行赠与所负义务，一些国家和我国台湾地区均有规定。如《德国民法典》第 525 条第 1 款规定：“附负担而做出赠与的人在自己方面已履行给付的，可以请求执行负担。”第527条第1款规定：“负担不被执行的，赠与人可以依就在双务合同的情形下的解除权而规定的要件，依关于返还不当得利的规定，在所赠与的财产本来须用于执行负担的限度内，请求返还所赠与的财产。”再如我国台湾地区“民法”第412条第1款规定：“赠与附有负担者，如赠与人已为给付而受赠人不履行其负担时，赠与人得请求受赠人履行其负担，或撤销赠与。”

条文解读

一、附义务赠与的概念及其特征

附义务的赠与，也称附负担的赠与，是指以受赠人对赠与人或者第三人为一定给付为条件的赠与，也即使受赠人接受赠与后负担一定义务的赠与。例如，某企业家向某大学捐款，要求所捐款项用于修建图书馆和体育场馆。附义务的赠与不同于一般的赠与，而属一种特殊的赠与。其特殊性在于：

1. 一般的赠与，受赠人仅享有取得赠与财产的权利，不承担任何义务。而附义务的赠与，赠与人对其赠与附加一定的条件，使受赠人承担一定的义务。

2. 附义务的赠与，其所附义务不是赠与的对价，即所附义务不能大于或者等于受赠人所获得的利益，通常是低于赠与财产的价值。

3. 除当事人另有约定外，通常情况下，在赠与人履行了赠与义务后，才发生受赠人义务的履行问题。例如，某捐款人应当先将捐款实际交付某大学，该大学拿到捐款后才开始动工建造捐款人希望建造的图书馆和体育场馆。

4. 赠与所附义务，可以约定向赠与人履行，也可以约定向第三人履行，还可以约定向不特定的多数人履行。例如，甲出国前将其房屋赠给乙，要求乙帮忙妥善保管室内的物品，受益人是赠与人甲本人；如果甲要求乙照顾某孤寡老人，受益人则是第三人；如果甲要求乙将其赠给乙的房屋作为某中学的阅览室，受益人则是不特定的多数人。

5. 履行赠与所负的义务，依照当事人的约定，可以是作为，也可以是不作为。例如，甲将出租给丙的房屋赠给乙，但约定乙不得解除与丙的租赁合同，受赠人乙应履行的义务就是不作为义务。如果甲将自己的房屋在出国前赠给乙，要求乙在甲出国期间妥善保管该房屋内的物品，那么乙应履行的义务就是作为义务。

6. 赠与所附义务，是赠与合同的组成部分，而不是另外的独立合同。

7. 附义务的赠与，其义务不能违反法律或者违背公序良俗，如赠与人提出受赠人只能用赠款去还赌债，这个附义务的赠与就是不合法的，因为赌债是不合法的债务。

二、附义务赠与的效力

1. 受赠人应当按照合同约定履行义务。赠与人向受赠人给付赠与财产后，受赠人应依约履行其义务。受赠人不履行的，赠与人有权要求受赠人履行义务或者撤销赠与。赠与人撤销赠与的，受赠人应将取得的赠与财产返还赠与人。

2. 受赠人仅在赠与财产的价值限度内有履行其义务的责任。赠与本为无偿合同，其目的在于使受赠人获益。所附义务如果超出赠与财产的价值，则使受赠人蒙受不利，也与赠与的本旨不相符合。因而如果赠与的财产不足以抵偿其所附义务的，受赠人仅在赠与财产的价值限度内，有履行其义务的责任。换句话说，如果赠与所附义务超过赠与财产的价值，受赠人对超过赠与财产价值部分的义务没有履行的责任。

对于受赠人履行义务的限度，德国、我国台湾地区也有规定。《德国民法典》第526条规定：“因权利的瑕疵或赠与物的瑕疵，致赠与的价值明显不足抵充因履行负担所需的费用者，在因瑕疵而生的不足额获得补偿前，受赠人得拒绝履行负担。受赠人不知有瑕疵而履行负担者，以受赠人因履行负担而支出的费用超过有瑕疵的赠与物的价值为限，受赠人得向赠与人请求偿还其费用。”我国台湾地区“民法”第413条规定：“附有负担之赠与，其赠与不足偿其负担者，受赠人仅于赠与之价值限度内，有履行其负担之责任。”

3. 在附义务的赠与中，赠与的财产如有瑕疵，赠与人在赠与所附义务的限度内，应当承担与出卖人相同的瑕疵担保责任（详见下一条叙述）。

第六百六十二条　赠与的财产有瑕疵的，赠与人不承担责任。附义务的赠与，赠与的财产有瑕疵的，赠与人在附义务的限度内承担与出卖人相同的责任。

赠与人故意不告知瑕疵或者保证无瑕疵，造成受赠人损失的，应当承担赔偿责任。

条文主旨

本条是关于赠与人对赠与财产的瑕疵担保责任的规定。

立法背景

对赠与人的瑕疵担保责任，国外民法典及我国台湾地区

"民法"都有规定，但又有所差别。如《日本民法典》第551条规定："赠与人推定为已经约定将赠与标的物或标的权利，作为赠与标的，在特定时间的状态下进行交付或移转。""对于附负担的赠与，赠与人在该负担的限度内，负有与出卖人相同的担保责任。"该法第553条规定："关于附负担赠与，除本节规定外，只要不违反其性质，适用双务合同的规定。"依据《德国民法典》第523条和第524条的规定，赠与人故意隐瞒权利瑕疵或者赠与物的瑕疵，对受赠人因瑕疵所生损害负赔偿责任。我国台湾地区"民法"第411条规定："赠与之物或权利如有瑕疵，赠与人不负担保责任。但赠与人故意不告知其瑕疵，或保证其无瑕疵者，对于受赠人因瑕疵所生之损害，负赔偿之义务。"该法第414条规定："附有负担之赠与，其赠与之物或权利如有瑕疵，赠与人于受赠人负担之限度内，负与出卖人同一之担保责任。"由此可见，日本、德国和我国台湾地区对赠与人故意不告知赠与物之瑕疵，给受赠人带来损害的，都规定应承担赔偿责任。而对于赠与人保证无瑕疵，给受赠人造成损失的损害赔偿责任，我国台湾地区作了规定，日本和德国未作规定。

条文解读

由于赠与合同为无偿合同，赠与是为了受赠人的利益而为的行为，因而赠与人对赠与财产的瑕疵担保责任，与有偿合同有所不同。本条的内涵有三个方面：

第一个方面，赠与的财产有瑕疵的，赠与人原则上不承担责任。这是因为在赠与合同中，受赠人是纯获利益的，赠与人与受赠人双方当事人之间不是双务合同的对待给付关系，因而赠与人对赠与财产的瑕疵，原则上不承担赠与财产物的瑕疵和权利瑕疵的担保责任。例如，甲送给乙一台笔记本电脑，该电脑的键盘反应不是很灵敏，对此，甲对该笔记本电脑没有维修的义务，也不负担修理费等其他责任。

第二个方面，在附义务的赠与中，赠与的财产如有瑕疵，赠与人需在受赠人所附义务的限度内承担与出卖人相同的责任。就一般的赠与而言，赠与人原则上不承担瑕疵担保责任。对于附义务的赠与，受赠人虽受有利益，但又需履行约定的义务。如赠与的财产有瑕疵，必然导致受赠人所受利益有所减损，这便与赠与合同约定的权利与义务不相对应，使受赠人遭受损失。为保护受赠人的利益，并求公允，应由赠与人承担瑕疵担保责任。就受赠人履行的义务而言，有如买卖合同中买受人的地位，因此，赠与人应在受赠人所附义务的限度内，承担与买卖合同中的出卖人同一的瑕疵担保责任。至于出卖人在买卖合同中的瑕疵担保责任，具体请见本法第612条至第619条的相关规定。

第三个方面，赠与人故意不告知瑕疵或者保证无瑕疵，并且造成受赠人损失的，应当承担损害赔偿责任。赠与人故意不告知赠与的财产有瑕疵的，是有主观上的恶意，也有违诚信原则。因赠与财产的瑕疵给受赠人造成其他财产损失或者人身伤害的，应负赔偿责任。如果赠与人故意不告知瑕疵，但没有给受赠人造成损失，则不承担赔偿责任。赠与人保证赠与物无瑕疵，给受赠人造成损失的，也应承担赔偿责任。

第六百六十三条　受赠人有下列情形之一的，赠与人可以撤销赠与：

（一）严重侵害赠与人或者赠与人近亲属的合法权益；

（二）对赠与人有扶养义务而不履行；

（三）不履行赠与合同约定的义务。

赠与人的撤销权，自知道或者应当知道撤销事由之日起一年内行使。

条文主旨

本条是关于赠与人的法定撤销情形及撤销权行使期间的规定。

立法背景

赠与本是使受赠人取得利益的行为，如果受赠人对赠与人有加害行为或者其他忘恩负义行为的，法律应赋予赠与人撤销赠与的权利，这样才符合本法的公平和诚信原则，也有利于弘扬社会主义核心价值观。赠与合同的法定撤销情形，均为受赠人的违法行为或者违反赠与合同约定的行为。赠与人依法撤销赠与的权利，是法律对赠与人加以保护的重要内容。

条文解读

赠与合同的法定撤销，是指赠与合同成立后，在具备法律规定的情形时，撤销权人可以撤销赠与。赠与的法定撤销与任意撤销的不同之处在于：第一，撤销赠与须依法律规定的事由；第二，只要具备法定事由，不论赠与合同以何种形式订立以至于经过公证证明，不论赠与的财产是否已经交付或已发生权利转移，也不论赠与是否属于社会公益或者道德义务性质，享有撤销权的赠与人均可以撤销赠与。

依本条规定，赠与人撤销赠与应当是具有以下三种法定情形之一：

第一种情形，受赠人严重侵害赠与人或者赠与人的近亲属。其要点在于：一是受赠人实施的是严重侵害行为，而不是轻微的、一般的侵害行为。二是受赠人侵害的是赠与人本人或其近亲属，近亲属的范围应当适用本法第1045条第2款“配偶、父母、子女、兄弟姐妹、祖父母、外祖父母、孙子女、外孙子女为近亲属”的规定，如果侵害的是其他亲友则不在此列。

至于受赠人的侵害行为是否必须出于故意，是否须达到构成犯罪的程度，一些国家和我国台湾地区的规定则有所不同。如德国规定，受赠人对于赠与人或其亲近属有重大侵害行为或重大忘恩负义的行为时，赠与人得撤销其赠与。而我国台湾地区则规定，受赠人对于赠与人或其最近亲属，有故意侵害之行为，依“刑法”有处罚之明文者；以及对于赠与人有扶养义务而不履行者，赠与人得撤销其赠与。由此可见，对撤销赠与的法定事由，德国的撤销条件较为宽松，并未特别指出是故意行为，也没有强调达到犯罪的程度，赠与人即可撤销赠与。而我国台湾地区的条件则较为严格，既明确为故意行为，又须构成犯罪。而依据本条的规定，我们认为，只要受赠人严重侵害了赠与人或者赠与人的近亲属，赠与人即可撤销赠与，即主要考虑赠与人侵害行为的结果，而不是赠与人故意或者过失的主观状态。

第二种情形，受赠人对赠与人有扶养义务而不履行。其要点在于：一是受赠人对赠与人有扶养义务；二是受赠人对赠与人有扶养能力，而不履行对赠与人的扶养义务。如果受赠人没有扶养义务或者丧失了扶养能力的，则不产生赠与人撤销赠与的权利。需要特别指出的是，这里的“扶养”应当作广义解释，不应当仅仅理解为本法第 1059 条规定的“夫妻有相互扶养的义务”等同辈之间的照顾义务，也包括对长辈的“赡养”以及对晚辈的“抚养”等关系的照顾义务。

第三种情形，受赠人不履行赠与合同约定的义务。其要点在于：一是赠与合同约定了受赠人负有一定的义务。二是赠与人已将赠与的财产交付受赠人。三是受赠人不履行赠与合同约定的义务。在附义务的赠与中，受赠人应当依约定履行其所负义务。在赠与人向受赠人交付了赠与的财产后，受赠人如果不依约履行其义务，赠与人可以撤销赠与。

赠与人的法定撤销权属于形成权，撤销权一经赠与人行使即发生效力，双方当事人的赠与关系即归于消灭。为了维护社会关系的稳定，尽快确定赠与的法律关系，撤销权人应当依法及时行使撤销权。赠与人行使撤销权的期间为一年，自知道或者应当知道撤销原因之日起计算。这一期间属于除斥期间，即法律对某种权利所预定的行使期间，不存在中止、中断和延长的问题。撤销权人如在法律规定的期间内不行使撤销权的，其撤销权即归于消灭。当然，依据本法第 152 条第 2 款的规定：“当事人自民事法律行为发生之日起五年内没有行使撤销权的，撤销权消灭”，赠与人的法定撤销权应受该 5 年期间的限制。

另外需要说明的是，赠与人行使法定撤销权，应当将其撤销赠与的意思表示通知受赠人。撤销赠与的意思表示可以是明示的，也可以是默示的，例如，赠与人没有明确说明撤销赠与，而是向受赠人索要已经交付的赠与财产，即属于默示的意思表示。赠与人没有将其撤销赠与的意思表示通知受赠人的，不发生撤销赠与的法律效力。

第六百六十四条 **因受赠人的违法行为致使赠与人死亡或者丧失民事行为能力的，赠与人的继承人或者法定代理人可以撤销赠与。**

赠与人的继承人或者法定代理人的撤销权，自知道或者应当知道撤销事由之日起六个月内行使。

条文主旨

本条是关于赠与人的继承人或者法定代理人的法定撤销情形及撤销权行使期间的规定。

立法背景

对赠与人的继承人行使撤销权的事由，其他立法例的规定尽管有所不同，但主要内容还是基本一致的。《德国民法典》的规定是，赠与人的继承人仅在受赠人因故意和不法行为致赠与人死亡时，始有权撤销赠与。《意大利民法典》的规定是，如果受赠人因故意杀害赠与人而被判刑或者故意阻止赠与人撤销赠与，则赠与人的继承人可以提起撤销赠与之诉。我国台湾地区“民法”的规定是，受赠人因故意不法行为，致赠与人死亡或妨碍其为赠与之撤销者，赠与之继承人，得撤销其赠与。可以看出，德国在赠与人的继承人撤销赠与的情形中并无“受赠人妨碍、阻止赠与人撤销赠与”这一事由。

条文解读

赠与的撤销权本应属于赠与人，但因受赠人的违法行为致赠与人死亡或使其丧失民事行为能力时，赠与人的撤销权事实上已无法行使。而由赠与人的继承人或法定代理人行使撤销权，才能实现赠与人撤销赠与的权利与意愿。同时，也只有在赠与人不能行使其撤销权时，赠与人的继承人或法定代理人才有撤销赠与的权利。因而赠与人的继承人或法定代理人撤销赠与必须基于赠与人因受赠人的违法行为而致死亡或者丧失民事行为能力这一法定情形。

赠与人的继承人或法定代理人行使撤销权的期间为6个月，自知道或者应当知道撤销原因之日起计算。其主要目的，也是维护社会关系的稳定，相对于赠与人本人的撤销权而言，需要更快地确定赠与法律关系，故撤销权人应当依法及时行使撤销权。当然，依据本法第152条第2款的规定："当事人自民事法律行为发生之日起五年内没有行使撤销权的，撤销权消灭。"因此，赠与人的继承人或者法定代理人的法定撤销权应受该5年期间的限制。

第六百六十五条　撤销权人撤销赠与的，可以向受赠人请求返还赠与的财产。

条文主旨

本条是关于撤销权的行使效力的规定。

立法背景

本条的规定和德国以及我国台湾地区的有关规定是一致的，《德国民法典》第531条规定："赠与撤销后，得依关于返还不当得利的规定，请求返还赠与物。"我国台湾地区"民法"

第 419 条规定："赠与撤销后，赠与人得依关于不当得利之规定，请求返还赠与物。"

条文解读

赠与的法定撤销权应为形成权，一经撤销权人依据前两条的规定行使撤销权即发生效力，使赠与人与受赠人的赠与关系自始解除。赠与的法定撤销权的效力主要表现为以下几种情形：第一种情形，赠与的财产未交付受赠人，也未转移财产所有权之前撤销赠与的，赠与一经撤销即自始无效，赠与人不再负有赠与的义务。第二种情形，赠与的财产已经交付受赠人，但并未转移财产所有权时撤销赠与的。第三种情形，赠与的财产已经交付受赠人，并且已经转移财产所有权于受赠人时撤销赠与的。

本条所规定的是指后两种情形，赠与财产的所有权或者赠与财产的实物已经转移到受赠人，而赠与被撤销后，赠与合同自始没有法律效力，受赠人取得的赠与财产便失去合法依据。因此，本条规定，撤销权人撤销赠与的，可以向受赠人请求返还赠与的财产。这实质是依据本法第 122 条和本编第二十九章"不当得利"的法律规定，请求受赠人返还赠与人的财产。同时，本条的规定与本法第 157 条和第 566 条规定的逻辑结果是相同的。

第六百六十六条　赠与人的经济状况显著恶化，严重影响其生产经营或者家庭生活的，可以不再履行赠与义务。

条文主旨

本条是关于赠与人可以不再履行赠与义务的法定情形的规定。

立法背景

本条在理论上称为“穷困抗辩权”，其是指在赠与合同成立后，因赠与人的经济状况严重恶化，如果继续履行赠与合同将造成赠与人生产经营或家庭生活受到严重的影响，赠与人因此享有拒绝履行赠与义务的权利。本条的规定表明，在赠与合同订立后或者赠与人已经部分履行赠与义务后，赠与人的经济状况显著恶化，严重影响其生产经营或者家庭生活的，赠与人可以不再履行赠与合同约定的赠与义务或者不再履行赠与合同约定的但尚未履行的部分赠与义务。该规定与我国慈善法的有关内容相似，彼此规定之间相互衔接，《慈善法》第41条第2款规定：“捐赠人公开承诺捐赠或者签订书面捐赠协议后经济状况显著恶化，严重影响其生产经营或者家庭生活的，经向公开承诺捐赠地或者书面捐赠协议签订地的民政部门报告并向社会公开说明情况后，可以不再履行捐赠义务。”

条文解读

根据本条的规定，赠与人不再履行赠与义务，应当符合三个条件：一是赠与合同已经成立，但是赠与财产的权利尚未完全转移。赠与合同没有成立的，对赠与人没有约束力，自然无须履行任何赠与义务；本条规定的“可以不再履行赠与义务”，表明合同已经成立并已部分履行，只是没有全部履行。如果赠与人已经转移了赠与物的全部权利，则赠与行为已经完成，赠与人也就无法反悔自己的行为，否则会严重影响到受赠人的生产生活，也不利于社会财产关系的稳定。二是赠与人的经济状况显著恶化。所谓显著恶化，是指在赠与合同成立之后，赠与人的经济状况出现明显恶化的状态。状态恶化的时间应当是在赠与合同成立之后，而不是成立之前。如果自身的经济状况本已十分不好，仍向他人表示赠与意思，实际上其赠与的意思表示多无诚意，赠与合同也无履行基础。三是经济状况显著恶化达到严重影响其生产经营或者家庭生活的程度。比如，经济状况恶化致使严重影响赠与人企业的生产经营，若强制履行赠与义务，将无法继续正常经营；或者经济状况显著恶化使赠与人的家庭生活发生困难，不能维持自己的正常生计，不能履行扶养义务等。符合上述条件的，不论赠与合同以何种方式订立，不论赠与的目的性质如何，赠与人可以不再履行尚未履行的赠与义务。

与本条规定相关，现实生活中出现的突出问题是，在救灾、扶贫等社会公益活动中，某些企业在公开场合明确表示或以认捐书的形式认捐后，又以企业经营状况不好为由，拒绝兑现认捐的款物。对此，有关企业是否可以不再履行赠与义务？如果该企业在认捐之后其经济状况才发生显著恶化，并严重影响其生产经营的，可以不再履行赠与义务，否则应当继续履行其赠与义务。而对于那些本无经济能力捐赠，甚至濒临破产的企业，纯粹出于商业目的宣传自身形象，认捐后又称企业经济状况不好不能履行赠与义务的，我们认为，不能简单地适用"可以不再履行赠与义务"的规定，如果给受赠人造成损失，应当承担损害赔偿责任，赔偿给受赠方造成的损失。

在1999年合同法的起草过程中，就本条是否规定"赠与人可以请求受赠人适当返还赠与的财产”的问题，进行过研究讨论。对此问题，在其他立法例上也不尽相同，如《德国民法典》规定，赠与人因考虑其所负的其他义务，如不损害与自己身份相当的生计或法律规定负担的扶养义务，即无能力履行约定者，得拒绝履行以赠与方式给予的约定。还规定，以赠与人在履行赠与后不能维持与自己身份相当的生计，或者对其亲属、配偶或前配偶不能履行法定扶养义务为限，赠与人得依关于返还不当得利的规定，向受赠人请求返还赠与物。可见德国既允许赠与人拒绝履行赠与合同约定的义务，又赋予赠与人在履行赠与义务后向受赠人请求返还赠与物的权利。而我国台湾地区“民法”则规定，赠与人于赠与约定后，其经济状况显有变更，如因赠与致其生计有重大之影响或妨碍其扶养义务之履行者，得拒绝赠与之履行。可以看出其规定并无请求返还赠与物之内容。我国合同法最终没有规定“赠与人可以请求受赠人适当返还赠与的财产”，主要理由是：（1）财产赠出后，时过境迁，如赠与的财产已消耗，再行返还已属困难。尤其是出于救灾、扶贫、助学等公益目的的捐赠，如果款物已用于捐赠项目，比如救灾物资已经分发，助学的款物已用于修建“希望小学”，再行返还已不现实。（2）如果返还赠与物，将导致受赠人的生活、生产经营发生困难，对受赠人也是不公平的。（3）财产赠出后再请求返还，不利于当事人之间关系的稳定。上述研讨在民法典编纂过程中仍有相当意义，特作此介绍。

第十二章　借款合同

本章共十四条，主要调整金融机构与自然人、法人、非法人组织，以及法人、非法人、自然人相互之间的借款合同关系。对借款合同的概念、形式及内容、合同的担保、贷款人和借款人双方的权利义务以及当事人违反合同的责任等内容作出规定。

第六百六十七条　借款合同是借款人向贷款人借款，到期返还借款并支付利息的合同。

条文主旨

本条是关于借款合同定义的规定。

立法背景

借款合同的定义对借款合同章的内容具有提纲挈领的作用，本条源自《合同法》借款合同章第196条，未作修改。

条文解读

一、借款合同相关概念的定义及分类

借款合同，是指贷款人向借款人提供借款，借款人到期返还借款，并向贷款人支付利息的合同。

借款合同和传统民法借贷合同的概念有所区别。借贷合同是贷与人交付金钱或者其他种类物并转移其所有权供借用人消

耗使用，借用人向贷与人返还种类、质量、数量相同的种类物的合同，一般分为使用借贷和消费借贷。其中，使用借贷是指当事人约定，当事人一方将物品借给对方使用，对方无偿使用后将物品返还的合同，又称为借用合同。消费借贷是指当事人约定，当事人一方有偿地将金钱或者其他代替物的所有权转移给对方，对方以相同物品返还的合同。《德国民法典》《意大利民法典》《日本民法典》以及我国台湾地区“民法”均对使用借贷和消费借贷作出规定。本法并无对使用借贷作出规定，本章的借款合同，仅指消费借贷中的金钱借贷的内容。

为什么不对使用借贷作出规定，这是因为实际生活中的使用借贷（即借用合同）一般是当事人关系不错，相互之间较为信任而订立的合同，实践中多为口头合同，并且由于是无偿性的合同，问题不多，即使出现问题，本法合同编通则部分也足够能解决，故对使用借贷没有作出规定。至于为什么没有就消费借贷中的物品借贷作出规定，主要基于三点考虑：一是由于1981年颁布的经济合同法就只规定了借款合同，没有对物品借贷作出规定，多年的实践说明，只规定借款合同是可行的、够用的；二是借款之外的物品借贷在实践中很少产生问题，即使产生问题，也可以参照借款合同的有关规定予以解决；三是借款合同一词使用多年，已被广大群众普遍接受，目前没有充分的理由再引入“消费借贷”这个新的合同概念，也不宜于大家掌握使用。因此，在本章中以借款合同为名就金钱借贷作出规定。

二、借款合同的适用范围

本章借款合同适用的范围较之于合同法有所扩大。合同法中借款合同仅适用于金融借款合同和自然人之间的借款合同；

目前本章的借款合同适用于金融机构与自然人、法人、非法人组织之间的借款，也适用于自然人、法人、非法人组织相互之间的借款。因此，目前借款合同主要调整两部分内容：一部分是金融机构与自然人、法人和非法人组织的金融借款合同关系；另一部分是指自然人、法人、非法人组织相互之间的借款合同关系，以金融机构与自然人、法人和非法人组织之间的合同关系为主。

三、借款合同的法律特征

1. 借款合同的主体是贷款人和借款人。贷款人也称出借人，是指将金钱贷与借款人的人，借款人是指接受贷款人贷款的人。贷款人包括两类：第一类是在中国境内设立的经营贷款业务的金融机构，包括政策性银行、商业银行、农村信用合作银行和外资银行等，原则上必须经人民银行或者银监部门批准经营贷款业务，持《金融机构法人许可证》或《金融机构营业许可证》，并经市场监管部门核准登记；第二类是以自有资金出借但并非以出借款项为业的自然人、法人或者非法人组织。借款合同的借款人可以是自然人、法人或者非法人组织。

2. 借款合同的标的是货币，包括可流通的各种货币。由于货币是种类物，因此，借款人在合同到期后返还相同数额的货币并支付约定的利息即可。

3. 借款合同是转移标的物所有权的合同。货币一经借出，所有权即转移于借款人。借款合同订立的目的，在于以货币供对方消费，任何消费都意味着原物的不再存在。例如，借出的纸币，一经消费，原物便不可复得，也没有必要复得。所以借款合同的履行，必然会发生所有权转移的法律后果。

4. 借款合同可以是单务、无偿合同，也可以是双务、有偿合同。在借款合同中，如果当事人之间没有约定利息或者自然人之间约定的利息不清晰，那么就是没有利息，即借款人无须向贷款人支付利息，故此类借款合同是单务、无偿合同。如果借款合同当事人之间明确约定了支付利息，那么支付利息便是借款人向贷款人贷款的对价，双方当事人在合同中都享有一定的权利，又都负有相应的义务，故该类借款合同是双务、有偿合同。

5. 借款合同可以是诺成合同，也可以是实践合同。所谓诺成合同，是指当事人意思表示一致即成立的合同。所谓实践合同，是指除当事人之间的意思表示一致外，还需实际交付标的物才能成立的合同。根据本法第 679 条的规定，“自然人之间的借款合同，自贷款人提供借款时成立”，自然人之间成立借款合同，不仅要当事人意思表示一致，还必须由贷款人实际向借款人交付借款，因此自然人之间的借款合同是实践合同。此外，本章规定的其他当事人之间的借款合同，无须以借款的实际交付为成立要件，故为诺成合同。

6. 借款合同可以是要式合同，也可以是不要式合同。所谓要式合同，是指法律对合同订立的形式有一定的要求，法律规定符合特定方式才能成立的合同，为要式合同；无须以特定方式订立合同即可成立的，为不要式合同。本法第 668 条第 1 款规定：“借款合同应当采用书面形式，但是自然人之间借款另有约定的除外。”据此表明，采用书面形式的借款合同为要式合同，自然人之间的借款如果未采用书面形式的，为不要式合同。

在民法典编纂过程中，有意见提出将本章的借款合同分为金融借款合同和民间借贷合同，或者分为生活性借款合同和营利性借款合同。经研究认为，尽管金融借款合同和民间借贷合同在放贷主体、监管、利率等方面存在明显区别，但该区别主要还是存在于行政监管领域，而在民事权利义务的立法内容方面，两者之间不应当有明显区别，否则将有悖于平等原则；同时，民间借贷与政策联系紧密，政策变动性强，与民法典要求的稳定性不符。因此本章未区分金融借款合同和民间借贷合同。另外，因生活性借款和营利性借款在实践中很难区分，区分的意义也不是很明确，同样，本章未区分生活性借款和营利性借款。

第六百六十八条　借款合同应当采用书面形式，但是自然人之间借款另有约定的除外。

借款合同的内容一般包括借款种类、币种、用途、数额、利率、期限和还款方式等条款。

条文主旨

本条是关于借款合同形式和内容的规定。

立法背景

在民法典编纂过程中，对于合同编中典型合同内容的规定，均进行了统一化处理，即进行具体化的列举规定，不仅有利于合同编相应条文的一致性，也有利于学习了解借款合同的主要内容。

条文解读

一、借款合同的形式

合同的形式，是指合同当事人之间确定相互权利义务关系的表现方式。主要包括口头合同和书面合同两种形式。口头合同简便易行，但容易发生误解和遗忘，发生纠纷后难以取证。书面合同内容明确、责任清楚，有利于合同的履行，便于检查，发生纠纷后举证。在实践中，金融借款合同通常采用书面形式，既有利于合同的履行，避免当事人之间发生纠纷，也便于发生合同纠纷后举证，及时解决纠纷。而对于实践中时常出现自然人之间的小额短期借款，大多数当事人之间较为熟悉，没有必要强制采用书面形式订立合同。因此，本条第 1 款规定，借款合同应当采用书面形式，但是自然人之间借款另有约定的除外，系针对借款合同实际情况作出的实事求是的规定。

对于金融借款合同，我国《商业银行法》第 37 条规定："商业银行贷款，应当与借款人订立书面合同。合同应当约定贷款种类、借款用途、金额、利率、还款期限、还款方式、违约责任和双方认为需要约定的其他事项。"据此表明，订立借款合同已成为金融机构贷款业务的必经程序。其目的是明确金融机构与借款人的权利和义务，保障金融机构信贷资金的安全。对于自然人之间的借款合同，既可以采用书面形式也可以采用口头形式，当事人可以根据合同是否有偿等具体情况选择订立合同的形式。从立法的本意考虑，自然人之间的借款合同虽然可以采取口头形式，但是为了规范合同的订立，便于当事人履行合同，减少纠纷，故主要还是提倡当事人采用书面形式订立合同。

二、借款合同的内容

当事人订立借款合同应当约定哪些内容，是一个十分重要的问题。因为订立合同就是要设立、变更、终止民事权利义务关系，涉及各方当事人享有哪些权利、应当履行哪些义务等与当事人切身利益相关的问题。本法第470条第1款规定："合同的内容由当事人约定，一般包括下列条款：（一）当事人的姓名或者名称和住所；（二）标的；（三）数量；（四）质量；（五）价款或者报酬；（六）履行期限、地点和方式；（七）违约责任；（八）解决争议的方法。"这些内容当然是借款合同的主要内容，考虑到借款合同的特殊性质，其主要内容还应当包括以下几个方面：

1. 借款种类。主要是指金融机构作为贷款人的情况下，根据国家有关规定和资金市场的需求创设的货币商品种类。借款人可以根据自己的需要向贷款人申请某种特定形式的贷款。贷款根据不同的标准可分为不同的种类。根据贷款的性质不同可分为自营贷款、委托贷款和特定贷款。根据贷款的期限不同，可将贷款分为短期贷款、中期贷款和长期贷款。根据贷款的风险不同，可将贷款分为信用贷款、担保贷款和票据贴现贷款。根据资金的投向和用途不同可将贷款分为流动资金贷款、固定资金贷款和农业贷款。根据贷款的币种不同，可将贷款分为人民币贷款和外汇贷款。

2. 币种。这主要是指借款合同标的是哪一种货币，是人民币还是其他国家或地区的货币。

3. 用途。主要是指借款使用的目的和范围。为了落实国家产业政策，保证信贷资金的安全，国家和各金融机构根据不同种类的贷款，规定了不同的条件和监督措施，借款人可以根据不同的用途申请不同种类的贷款。贷款人根据贷款用途来确定贷与不贷，贷多贷少，并选定贷款期限和利率。我国《商业银行法》第35条规定："商业银行贷款，应当对借款人的借款用途、偿还能力、还款方式等情况进行严格审查。”“商业银行贷款，应当实行审贷分离、分级审批的制度。”据此表明，金融借款应当专款专用。在借款合同中明确借款用途，有利于国家产业政策的落实，有利于借款合同的履行，有利于金融机构信贷资金的安全，以保证借款在金融机构的监督下及时收回。

4. 数额。是指借款数量的多少。数量是借款合同的重要内容，是确定资金的拨付和计算利息的依据，是借贷双方当事人权利义务的重要标志。在订立借款合同时，没有数额或者数额不清，合同便不能成立。因此，当事人应当在合同中明确借款的总金额以及在分批支付借款时，每一次支付借款的金额，以便于合同的具体履行。

5. 利率。是指借款人和贷款人约定的应当收取的利息的数额与所借出资金的比率。利率的高低直接决定利息金额的大小。按照不同的标准，利率可以分为：年利率、月利率和日利率；法定利率和市场利率；短期利率和中长期利率；固定利率和浮动利率；名义利率和实际利率。在我国，国务院批准和授权中国人民银行制定的各种利率为法定利率，法定利率具有法定效力，其他任何单位和个人均无权制定和变动，法定利率的公布、实施由中国人民银行总行负责。中国人民银行是利率管理的主管机关，代表国家统一行使利率管理权，其他任何单位和个人不得干预中国人民银行的利率管理工作。

6. 期限。是指借款人在合同中约定使用借款的时间。当事人一般根据借款人的生产经营周期、还款能力和贷款人的资金供给能力等，约定借款期限。根据中国人民银行 1996 年颁布的贷款通则的规定，自营贷款期限最长一般不超过 10 年，超过 10 年的应当报中国人民银行备案。票据贴现期限最长不得超过

6个月，贴现期限为从贴现之日起到承兑票据到期日止。非金融借款合同的期限由当事人自行约定。

7. 还款方式。是指贷款人和借款人约定以什么结算方式偿还借款给贷款人。例如，是到期一次还本付息还是分期返还；是逐期先还息，到期一次还本，还是以其他方式还本付息等。

以上所列举的合同内容是具有借款合同明显特点的条款，除以上七项内容外，借款合同的当事人还可以对其他内容作出约定。在此需要特别说明的是，借款的担保也是合同的重要内容，《合同法》第198条规定："订立借款合同，贷款人可以要求借款人提供担保。担保依照《中华人民共和国担保法》的规定。"在民法典编纂过程中，由于担保法的内容全部纳入本法物权编和合同编的规定，该条内容已在相关条文中体现，比如本法第387条等，因此合同法的该条内容没有必要再作规定，故在编纂过程中删去。

第六百六十九条　订立借款合同，借款人应当按照贷款人的要求提供与借款有关的业务活动和财务状况的真实情况。

条文主旨

本条是关于借款人应当提供真实情况义务的规定。

立法背景

我国《商业银行法》第7条规定："商业银行开展信贷业务，应当严格审查借款人的资信，实行担保，保障按期收回贷款。"该法第35条规定："商业银行贷款，应当对借款人的借款用途、偿还能力、还款方式等情况进行严格审查。”“商业银行贷款，应当实行审贷分离、分级审批的制度。”《贷款通则》第19条第1项规定，借款人应当如实提供贷款人要求的资料（法律规定不能提供者除外），应当向贷款人如实提供所有开户行、账号及存贷款余额情况，配合贷款人的调查、审查和检查。这些规定要求，贷款人在决定是否贷款时，要按照有关规定了解借款人的资信情况，并对借款人是否符合特定种类的贷款进行审查。

条文解读

实践中借款人应当提供真实情况义务的习惯做法是：一是借款人提出借款申请；二是贷款人进行审查；三是双方协商拟定借款合同书；四是签订借款合同。借款人要求借款首先应当提出申请，这是合同订立中的要约行为，申请提出后，贷款人要对借款人的有关情况进行审查以决定是否贷款给借款人。这就需要借款人提供与借款有关的业务活动和财产状况的真实情况，以便审查。故本条规定：“订立借款合同，借款人应当按照贷款人的要求提供与借款有关的业务活动和财务状况的真实情况。”

依据本条规定，借款人在提出借款申请的同时，应当按照借款人的要求如实提供以下三方面资料：

一是与借款人资格有关的基本情况。比如，作为法人、非法人组织和个体工商户的借款人是否经工商行政管理机关核准登记；借款人是自然人的，是否具有完全民事行为能力等。对于贷款人所要求提供的用于贷款审查的有关情况，借款人应当全面提供，并且应当保证所提供资料的合法性、真实性和有效性。

二是与借款有关的业务活动的真实情况。比如金融机构作为贷款人时，借款人应当提供有关近期生产经营状况，生产经营的效益，产品的产、供、销情况，内部经营管理和生产条件的情况，以及与借款用途直接相关的经济效益的情况等。如果借款用于固定资产，应当提供固定资产投资项目建议书和可行性研究报告等。通过了解这些情况，以便于贷款人确定借款人生产的产品是否具有市场、生产经营是否有效益、能否做到不挪用所借资金等。

三是借款人财务状况的真实情况。借款人应当按照贷款人的要求，如实提供所有的开户行、账号及存贷款余额情况，使贷款人全面充分地了解借款人实际账面资金的运作情况，以便贷款人能判断借款人偿还借款的能力。借款人还应当提供财政部门或会计师事务所核准的上年度财务报告，使贷款人了解即期的生产经营情况和财务状况，从而在总体上把握借款人的经营和资信状况，保障借款的安全。

需要说明的是，对于非金融机构的法人、非法人组织和自然人之间的借款合同，借款人应当向贷款人提供哪些情况，由当事人协商确定，不一定必须提供本条所规定的“与借款有关的业务活动和财产状况的真实情况”。

第六百七十条　借款的利息不得预先在本金中扣除。利息预先在本金中扣除的，应当按照实际借款数额返还借款并计算利息。

条文主旨

本条是关于借款利息不得预先扣除的规定。

立法背景

贷款人预先扣除利息的做法，一方面使贷款人的利息提前收回，减少了借款的风险；另一方面却损害了借款人的合法利益，使借款人实际上得到的借款少于合同约定的借款数额，影响其资金的正常使用，加重了借款人的负担，也容易引起借款合同双方当事人的纠纷。为了解决借款实践中经常出现的问题，体现合同当事人的公平原则，防止贷款人利用优势地位确定不平等的合同内容，需要禁止贷款人在提供借款时预先将利息从本金中扣除。

条文解读

支付借款利息，是借款人获取、使用借款的对价，也是贷款人将钱款借给借款人的重要目的之一。因此，借款的数额和利息是借款合同需要规定的主要内容，当事人在订立借款合同时，一般要对借款数额和利息的多少及支付期限作出明确的约定。一般来说，借款利息是在借款期限届满时或者合同履行期间按照约定分批偿付给贷款人。但是，现实中有的贷款人为了确保利息的收回，在提供借款时就将利息从本金中扣除，造成借款人借到的本金实质上为扣除利息后的数额。比如，借款人向贷款人借款200万元，借期一年，年利率为5%，到期应当向贷款人支付的利息为10万元，贷款人在提供借款时就直接将利息扣除，仅向借款人支付190万元借款，这实际上是将200万元视为出借本金，并按年利率5%收取了利息。如果贷款人违反法律规定，仍在提供借款时将利息从本金中扣除的，那么，借款人只需按照实际借款数额返还借款并计算利息。比如，上面例子中的借款人实际只得到了190万元的借款，那么，其借款数额即为190万元，借款人只需在借款期限届满时，向贷款人返还本金190万元并支付按照年利率5%计算的利息，即贷款人应当向借款人返还本金190万元，支付利息190×5%＝9.5万元，合计190+9.5=199.5万元。

就本条规定，在司法实践中，贷款人持有的借款人向其出具的借据等证据，通常没有反映贷款人在出借款项时就已收取利息，使得在发生纠纷时，借款人通常处于不利境地。针对此情况，《最高人民法院关于审理民间借贷案件适用法律若干问题的规定》第27条规定："借据、收据、欠条等债权凭证载明的借款金额，一般认定为本金。预先在本金中扣除利息的，人民法院应当将实际出借的金额认定为本金。"据此，在借款人对贷款人在出借款项时即已收取利息的事实提出证据后，法院便不会以借据等证据载明的借款金额作为本金，而会以该本金减去贷款人已收取的利息后的数额作为本金。作为借款人，在这一类事情发生时，最需要切记，在向贷款人预先支付利息时，需要贷款人签名加日期的利息收条。

第六百七十一条　贷款人未按照约定的日期、数额提供借款，造成借款人损失的，应当赔偿损失。

借款人未按照约定的日期、数额收取借款的，应当按照约定的日期、数额支付利息。

条文主旨

本条是关于贷款人未按照约定提供借款及借款人未按照约定收取借款责任的规定。

立法背景

借贷双方订立借款合同，建立信贷关系的目的，是满足各自生产、经营的需要，实现各自的经济目标。因此，只有合同当事人按照约定履行义务，才能实现各自订立合同的目的。如果有一方当事人不履行或者不正确履行合同义务，就会影响另一方当事人正常的资金周转和生产经营活动，既不能实现当事人订立借款合同的目的，也给社会经济活动造成不利的影响。因此，借贷双方当事人在合同订立后，应当切实履行合同约定的义务。

条文解读

借款合同依法成立后，即对当事人具有法律约束力。贷款人和借款人都应当全面、正确、及时履行合同约定的义务，任何一方不得擅自变更或者解除合同。对于贷款人来说，自借款合同成立后，按照约定的日期、数额向借款人提供借款，是其主要的合同义务。但是，贷款人由于资金周转或者其他原因，可能不能按照约定的日期提供借款，或者不能按照约定的数额提供借款。贷款人的这种违约行为会造成两个方面的重大影响：

首先，贷款人逾期放贷会直接影响借款人对借款的使用，损害借款人的合法利益，给借款人造成损失。因为，贷款人按照约定的期限提供借款的，借款人就能将所得的资金按照计划投入正常的生产或者经营中，保证资金正常运转。贷款人不能在约定的期间内提供借款的，就会打乱借款人的资金使用计划，直接影响到借款人的生产或者其他经营活动，甚至会出现因借款人资金不到位而侵犯第三人的合法权益，引发三角债或者其他纠纷，从而影响整个资金的良性周转和循环。

其次，贷款人的逾期放贷行为也容易影响贷款人按期收回借款。由于借款人的借款期间往往就是其生产、经营活动对资金的正常需求时间，如果贷款人事先违约，使借款人在约定的日期得不到借款，那么，借款人就容易出现在得到借款后拖延还款的情况，这样贷款人在合同约定的借款期间届满后就收不回借款。因此，贷款人的这种不按照合同约定的期间提供借款的行为，不仅损害了借款人的利益，而且也增加了自己经营的风险。所以本条第1款规定，贷款人未按照约定的日期、数额提供借款，造成借款人损失的，贷款人应当赔偿借款人的损失。这是在总结借款合同实践经验的基础上，对贷款人不按照合同约定发放贷款的违约责任作出明确规定，以督促贷款人遵守约定，及时放贷。根据该规定，贷款人的违约责任，可以在借款合同中约定；如果没有约定，贷款人又违约逾期放款造成借款人损失的，那么贷款人应当赔偿损失，损失赔偿额应当相当于因其违约所造成的损失，包括合同履行后可以获得的利益，但不得超过违反合同一方订立合同时预见到或者应当预见到的因违反合同可能造成的损失。

对于借款人来说，自借款合同成立后，应当按照约定的日期和数额收取借款，也是其主要的合同义务。借款人在订立借款合同后，生产经营可能会发生一些变化，或者借款人从其他渠道得到了所需的资金，因而借款人在合同约定的收取借款的日期，出现不需要或者暂时不需要借款或者合同约定的借款数额的情况。这种情况的发生主要是因为借款人在贷款人处没有开立账户，如果开立了账户，借款合同生效后，贷款人就会自动按照借款合同的约定，将借款人所借资金划入其账户。但是，当借款人没有在贷款人处开立账户，贷款人为了履行合同约定的放贷义务，就要为借款人备足所借资金。那么，借款人不按合同约定的日期、数额收取借款，就会对贷款人的资金利用及资金使用的效率带来影响。因为贷款人主要是通过收取利息来盈利的，所以，贷款人对自己的资金使用状况都有统一的安排和完整的计划，借款人如果未按约定的日期、数额收取借款，必然会影响贷款人资金的安排、计划的执行以及资金的正常周转，损害贷款人的合法利益。基于贷款人所受到的损失主要就是利息的损失，因此，本条第2款明确规定，借款人未按照约定的日期、数额收取借款的，应当按照约定的日期、数额支付利息。这样一来，不论借款人是否按照约定的日期及数额收取借款，都必须按照合同约定向贷款人支付利息，有利于促使借款人按照约定收取借款，确保借款合同得到切实的履行。

需要特别指出的是，本条的规定，主要是针对金融机构作为贷款人的情况。由于自然人之间借款是在贷款人实际交付借款时，借款合同才成立，所以自然人之间借款的，不适用本条的规定。

第六百七十二条　贷款人按照约定可以检查、监督借款的使用情况。借款人应当按照约定向贷款人定期提供有关财务会计报表或者其他资料。

条文主旨

本条是关于贷款人对借款使用情况的监督权利以及借款人应当协助贷款人监督的规定。

立法背景

为了保证贷款资金的合理使用和按期收回，减少甚至防止贷款资金的风险，借款人向贷款人申请贷款时，应当向贷款人提供与借款有关的业务活动和财务状况的资料，以便贷款人了解借款人的基本情况特别是资信情况，以判断借款人是否具有偿还借款能力，决定是否向借款人贷款。

条文解读

本法第669条规定，订立借款合同，借款人应当按照贷款人的要求提供与借款有关的业务活动和财务状况的真实情况。但是，该规定是要求借款人订立合同时履行的义务，现实中，借款人的财务状况不可能总处于订立合同时的状态，其经营状况会随着市场供求、经济环境等因素不断变化，而这种变化又会直接影响到其财务状况的好坏。所以，为了保证贷款人按照合同约定收回借款，借款合同成立后，贷款人也需要对借款的使用情况行使一定的监督权。金融机构还需要对所提供的借款进行跟踪检查，以防止借款人出现违反合同的行为。因此，本条规定，贷款人和借款人可以在合同中约定，贷款人有权检查、监督贷款的使用情况。这样贷款人就能及时了解借款人的生产经营情况，确定其借款的使用是否盈利，偿还借款的能力是否受到影响，以保证借款的合理使用和良性循环。此外，贷款人还可以协助借款人发现借款使用中存在的问题，提高借款的使用效益。但是，贷款人对借款人贷款资金的使用情况进行监督、检查，应当严格在合同约定的范围内进行，不得干预借款人正常的生产经营活动，干涉借款人的内部经营管理等。

在贷款人按照合同约定主动对借款人进行检查、监督的同时，借款人应当按照约定向贷款人定期提供有关的财务会计报表等资料。在具体的实践过程中，借款人应当主动向贷款人提供的主要资料包括：资产负债表、损益表、财务状况变动表、现金流量表、附表及会计报表附注和财务状况说明书等。这些资料能真实地反映借款人现阶段的生产经营及财务资信状况，有助于贷款人正确、全面地了解贷出资金的使用情况，确定借款的使用是否盈利，借款人偿还借款的能力是否受到影响，借贷的资金是否安全等，以利于保护自己的合法权益。资产负债表是反映企业在某一特定日期财务状况的报表。损益表是反映借款人一定时期的经营成果及其分配情况的报表。财务状况变动表是反映借款人一定期间内营运资金来源和运用及增减变动情况的会计报表。现金流量表是反映借款人一定期间现金收入和支出情况的会计报表。会计报表附注是帮助理解会计报表而对报表有关项目等所作的解释，其内容主要包括：所采用的主要会计处理方法；会计处理方法的变更情况、变更原因以及对财务状况和经营成果的影响；非经营性项目的说明；会计报表中有关重要项目的明细资料；其他有助于理解和分析报表需要说明的事项。

第六百七十三条　借款人未按照约定的借款用途使用借款的，贷款人可以停止发放借款、提前收回借款或者解除合同。

条文主旨

本条是关于贷款人在借款人违约使用借款时享有相关权利的规定。

立法背景

我国法律、行政法规一直将借款用途作为金融机构借款合同的主要内容作出规定。《商业银行法》第 35 条规定，商业银行贷款，应当对借款人的借款用途、偿还能力、还款方式等情况进行严格审查。该法第 37 条规定，商业银行贷款，应当与借款人订立书面合同。合同应当约定贷款种类、借款用途、金额、利率、还款期限、还款方式、违约责任和双方认为需要约定的其他事项。《固定资产贷款管理暂行办法》第 9 条规定，贷款人受理的固定资产贷款申请应具备借款用途及还款来源明确、合法的条件。《个人贷款管理暂行办法》第 14 条规定，贷款调查包括借款用途。《流动资金贷款管理暂行办法》第 11 条规定，流动资金贷款申请应具备借款用途明确、合法的条件。《贷款通则》第 71 条规定，借款人不按借款合同规定用途使用贷款的，由贷款人对其部分或全部贷款加收利息；情节特别严重的，由贷款人停止支付借款人尚未使用的贷款，并提前收回部分或全部贷款。

条文解读

借款用途是借款人使用借款的目的。虽然从表面上看，贷款人借款的最终目的是收取利息和收回本金，借款人使用借款的用途似乎和贷款人的利益并无直接的关系，但是，借款用途一直作为借款合同当事人需要约定的重要内容，特别是金融机构作为贷款人的情况下，借款用途更是合同中不可缺少的条款。借款用途之所以是借款合同的主要内容，是因为借款用途与借款人能否按期偿还借款有很直接的关系。借款人擅自改变借款用途，就会使原先当事人共同预期的收益变得不确定，增加了贷款人的借款风险，最终导致借款难以收回。比如，借款人将取得的基本建设贷款用于炒股，严重改变了借款的用途，虽然也有获利的可能，但使得贷款人的贷款风险急剧加大，一旦发生股灾，很可能使贷款人蒙受重大损失。另外，金融机构作为贷款人的，有些借款还是依据国家的宏观经济政策、国家的信贷政策和产业政策发放的，其借款用途和国家的经济政策有着直接的关系。如果不按借款用途使用借款，还会造成资金的使用不符合国家政策的情况。因此，贷款人对借款除加强监督检查外，对于借款人违约使用借款的，应当采取相应的风险防范措施。

本条明确借款人应当按照约定的用途使用借款，同时规定，借款人违反合同约定的借款用途使用借款的，贷款人可以采取以下三种措施：

1. 停止发放借款。即贷款人对尚未发出的贷款暂停发放。这主要是针对分期提供贷款或者根据资金使用进度提供贷款而采取的措施。如果借款合同约定贷款是分期贷出，或者是根据贷款资金使用进度提供贷款，贷款人一旦发现借款人未将先期已经贷出的款项用于合同约定的用途，就可以停止发放尚未发出的借款，实际上也就是停止履行合同中约定的尚未履行完毕的义务。

2. 提前收回借款。这在贷款业务中称为“加速到期条款”，是金融机构的通行做法。即贷款人将款项贷出后，发现借款人没有按照合同约定的用途使用借款，危及自己的合法权益时，可以将已经贷出的借款提前收回，也就是说，贷款人不必等到借款合同约定的还款日期，就有权要求借款人提前履行还款的义务。在民法典编纂过程中，有意见提出，本条的“提前收回借款”措施是“解除合同”的应有之义，已经包含在“解除合同”之中，建议删去“提前收回借款”。经研究，我们的意见是，对于没有按照约定的用途使用借款的，不是任何时候都可以采取“解除合同”的措施，只有当违约情况严重致使借款合同不能实现合同目的时才可以采取。而“提前收回借款”的措施，只要存在没有按照约定用途使用借款的情况，不管程度如何，贷款人便可以采取。另外，单独保留“提前收回借款”的措施，可以增加贷款人选择的自由度，同时有利于合同的保持。因此，我们决定保留“提前收回借款”的规定。

3. 解除合同。借款人不按照合同约定的用途使用借款，构成违约；当违约情况严重，致使借款合同不能实现其目的时，则构成根本违约。本法第 563 条第 1 款第 4 项对根本违约的法律后果的规定是，当事人一方迟延履行债务或者有其他违约行为致使不能实现合同目的的，另一方当事人有权解除合同。因此，借款人不按照合同的约定使用借款，构成根本违约时，贷款人有权解除借款合同。本法第 566 条第 1 款规定：“合同解除后，尚未履行的，终止履行；已经履行的，根据履行情况和合同性质，当事人可以请求恢复原状或者采取其他补救措施，并有权请求赔偿损失。”该条第 2 款规定：“合同因违约解除的，解除权人可以请求违约方承担违约责任，但是当事人另有约定的除外。”据此，一旦解除借款合同，贷款人可以对尚未履行的贷款终止履行（即停止发放借款），对已经履行的贷款要求恢复原状（即收回已经贷出的借款），而且还可以要求借款人承担相应的违约责任。

另外，非金融借款合同的当事人，比如自然人之间借款，对借款用途作出约定的，借款人也应当按照约定的用途使用借款。因改变借款用途造成贷款人损失的，贷款人依法可以采取相应的措施来保护自己的权利。

第六百七十四条　**借款人应当按照约定的期限支付利息。对支付利息的期限没有约定或者约定不明确，依据本法第五百一十条的规定仍不能确定，借款期间不满一年的，应当在返还借款时一并支付；借款期间一年以上的，应当在每届满一年时支付，剩余期间不满一年的，应当在返还借款时一并支付。**

条文主旨

本条是关于借款人支付利息期限的规定。

立法背景

借款合同到期后，贷款人收回贷款并按照合同约定的利率收取利息是贷款人的主要权利，也是贷款人与借款人订立借款合同的主要目的之一。借款人支付的利息是贷款人取得贷款的效益及利益所在，因此，向贷款人支付利息是借款人的主要义务，借款人不仅应当按照约定的数额支付利息，而且还应当在约定的期限内向贷款人支付。支付利息期限的方式有多种，当事人既可以约定在借款期限届满时和本金一并支付，也可以约定在借款期间内分批向贷款人支付。为了避免就利息支付问题发生纠纷，最好在借款合同中就如何支付利息作出明确的约定。

条文解读

借款人应当按照约定向贷款人支付利息，这是借款合同的应有之义。但是，如果当事人对支付利息的期限没有约定，或者虽然有约定却约定得不明确，那么，借款人按照什么期限向贷款人支付利息呢？一些国家或者地区的民法典对此问题有所规定。比如，《德国民法典》第488条第2项规定：“以不另有规定为限，所约定的利息必须在每经过1年后予以支付，并且，如贷款须在经过1年前偿还，则必须在偿还时予以支付。”我国台湾地区“民法”第477条规定：“利息或其他报偿，应于契约所定期限支付之；未定期限者，应于借贷关系终止时支付之。但其借贷期限逾一年者，应于每年终支付之。”

本条的规定和德国民法典的规定类似，但和我国台湾地区“民法”的规定有所不同，根据本条的规定，在当事人对支付利息的期限没有约定或者约定不明确的，首先应当依据本法第510条的规定来确定，即当事人可以就支付利息的期限进行协议补充；不能达成协议的，则依据合同其他条款或者双方当事人之间的交易习惯来确定。

如果依据以上原则仍不能确定支付利息的期限，那么，借款人按照以下规定的期限向贷款人支付利息：（1）借款合同在一年以内的，在返还借款时一并支付，即利息在借款合同期限届满时和本金一并支付。比如，甲向乙借款100万元，借款期间为6个月，未约定支付利息的期限。那么，甲向乙支付利息的时间为合同期间届满时和本金一起支付。（2）借款在一年以上的，在每届满一年时支付，剩余期间不满一年的，在返还借款时一并支付。比如，甲向乙借款100万元，借款期间为两年半，未约定支付利息的期限。那么，甲应当分三批向乙支付利息，第一次支付利息的时间为借款期间一年届满时。第二次支付利息的时间为借款期间二年届满时。由于合同的履行期间剩下的时间不足一年，所以，第三次支付利息的时间为合同期间届满时和本金一起支付。

第六百七十五条 **借款人应当按照约定的期限返还借款。对借款期限没有约定或者约定不明确，依据本法第五百一十条的规定仍不能确定的，借款人可以随时返还；贷款人可以催告借款人在合理期限内返还。**

条文主旨

本条是关于还款期限的规定。

立法背景

在借款合同中，按照合同的约定期限返还借款是借款人的主要义务，也是借款合同最主要的内容。贷款人之所以能够与借款人订立借款合同并将钱借给借款人，其中很重要的原因是信任借款人能够到期返还借款并支付利息，否则贷款人在通常情况下是不会将钱借给没有偿还能力或者不守信誉的人的。为了防范借款人到期不能返还借款的事情发生，在订立借款合同时，借贷双方应当将还款期限、还款方式等在合同中作出明确规定。

条文解读

借款人应当按照借款合同约定的期限，按时向贷款人返还借款，这是借款人的基本义务。但是，在当事人对借款期限没有约定或者约定不明确的情况下，借款人何时返还借款，实践中容易发生纠纷。因此，在当事人未约定返还期限的情况下，如何确定他们的权利和义务成为一些国家法律着重解决的问题。德国、日本和我国台湾地区对此问题都作出了相应的规定，总的原则是借款人可以随时返还，同时又赋予贷款人一项权利，贷款人可以定一个相应的期限，催告借款人返还。比如，《德国民法典》第 488 条第 1 款规定：“因贷款合同，贷与人有义务以所约定的数额向借款人提供某一金额。借款人有义务支付所欠的利息，并在清偿期到来时偿还向其提供的贷款。”该条第 3 款规定：“某一时间未就贷款的偿还而被确定的，清偿期的到来取决于贷与人或借款人的通知终止。通知终止期间为 3 个月。利息未被欠下的，借款人不经通知终止也有权偿还。”《日本民法典》第 591 条第 1 项规定：“当事人未约定返还的期限时，出借人可以确定相当期间，催告返还。”该条第 2 项规定：“不论有无约定返还的期限，借用人可以随时返还。”我国台湾地区“民法”第 478 条规定：“借用人应于约定期限内，返还与借用物种类、品质、数量相同之物。未定返还期限者，借用人得随时返还，贷与人亦得定一个月以上相应期限返还，贷与人亦得定一个月之相应期限，催告返还。”

根据本条的规定，当事人未约定还款期限的，第一，应当依据本法第 510 条的规定来确定，即当事人可以就还款期限一事进行协商，达成补充协议，确定还款期限；第二，对于不能达成补充协议的，可以按照合同有关条款或者当事人之间的交易习惯来确定还款期限；第三，如果当事人既不能达成补充协议，也不能按照合同有关条款或者交易习惯确定还款期限，那么，依据本法第 511 条第 4 项的规定：“履行期限不明确的，债务人可以随时履行，债权人也可以随时请求履行，但是应当给对方必要的准备时间”，借款人可以随时返还借款，贷款人也有权向借款人发出催告，要求其在合理期限内返还借款。本条对贷款人催告借款人还款的“合理期限”未作出明确的规定，主要的考虑是：金融机构和其他民事主体作为贷款人时，对借款的返还期限的要求是不同的，规定统一的还款期限不能适应不同的情况。因此，该合理期限由贷款人根据具体情况来确定。在发生纠纷时，司法机关亦可以根据具体的情况来判定该期限是否合理。

第六百七十六条　借款人未按照约定的期限返还借款的，应当按照约定或者国家有关规定支付逾期利息。

条文主旨

本条是关于借款人未按照约定的期限返还借款责任的规定。

立法背景

明确逾期还款的借款人的法律责任，是各个国家或者地区在借款合同中着重解决的问题。一些国家及国际金融机构都在其借款合同中明确规定，逾期还款的，贷款人可以加收利息。就金融借款的逾期利息问题，我国《商业银行法》第42条第1款规定，借款人应当按期归还贷款的本金和利息。第2款规定，借款人到期不归还担保贷款的，商业银行依法享有要求保证人归还贷款本金和利息或者就该担保物优先受偿的权利。商业银行因行使抵押权、质权而取得的不动产或者股权，应当自取得之日起二年内予以处分。第3款规定，借款人到期不归还信用贷款的，应当按照合同约定承担责任。

条文解读

借款人的主要义务就是还款付息，未按期返还借款的，是一种严重违约行为，会给债权人的合法权益造成严重损害。特别是金融机构作为贷款人的情况下，其出借资金的主要来源是存款，金融机构就是通过收回借款的本息来保证资金的正常周转的。如果借款人不按期返还借款，就会使贷款人无法保证存款的按期支付，造成存贷收支不平衡的局面，引发“三角债”等多种纠纷，影响国家经济的良性循环。因此，借款人应当对其违约行为承担相应的法律责任。

2003 年 12 月 10 日中国人民银行下发的《关于人民币贷款利率有关问题的通知》第 3 条第 1 款规定：关于罚息利率问题。逾期贷款（借款人未按合同约定日期还款的借款）罚息利率由现行按日万分之二点一计收利息，改为在借款合同载明的贷款利率水平上加收 30% ~50%；借款人未按合同约定用途使用借款的罚息利率，由现行按日万分之五计收利息，改为在借款合同载明的贷款利率水平上加收 50% ~100%。第 2 款规定，对逾期或未按合同约定用途使用借款的贷款，从逾期或未按合同约定用途使用贷款之日起，按罚息利率计收利息，直至清偿本息为止。对不能按时支付的利息，按罚息利率计收复利。就民间借贷的逾期利息问题，最高人民法院于 2015 年 8 月 6 日颁布的《关于审理民间借贷案件适用法律若干问题的规定》第 29 条第 1 款规定，借贷双方对逾期利率有约定的，从其约定，但以不超过年利率 24% 为限。第 2 款规定，未约定逾期利率或者约定不明的，人民法院可以区分不同情况处理：（1）既未约定借期内的利率，也未约定逾期利率，出借人主张借款人自逾期还款之日起按照年利率 6% 支付资金占用期间利息的，人民法院应予支持；（2）约定了借期内的利率但未约定逾期利率，出借人主张借款人自逾期还款之日起按照借期内的利率支付资金占用期间利息的，人民法院应予支持。该司法解释第30条规定，出借人与借款人既约定了逾期利率，又约定了违约金或者其他费用，出借人可以选择主张逾期利息、违约金或者其他费用，也可以一并主张，但总计超过年利率24%的部分，人民法院不予支持。上述司法解释规定的民间借贷逾期利率标准因中国人民银行的最新规定可能会发生变化。中国人民银行在2019年8月17日发布公告，决定改革完善贷款市场报价利率（LPR）形成机制，从2019年8月20日起，中国人民银行授权全国银行间同业拆借中心于每月20日9时30分公布贷款市场报价利率；2019年10月28日，中国人民银行再次发布公告，要求自2020年1月1日起，各金融机构不得签订参考贷款基准利率定价的浮动利率贷款合同。据了解，为与此利率改革政策相协调，最高人民法院正在进行修订民间借贷司法解释的有关工作，有的意见提出，建议将司法解释中的24%和6%分别修订为“合同订立时一年期贷款市场报价利率的四倍（即4LPR）”和“合同订立时一年期贷款市场报价利率”。

考虑到实践中金融机构对逾期借款主要是通过加收利息的办法来追究借款人的违约责任，本条规定借款人逾期返还借款的，应当按照约定或者国家规定支付逾期利息。根据该规定，当事人可以在合同中对逾期利息的问题作出约定，这种约定既可以是自然人之间对是否收取逾期利息或者逾期利率为多少的约定，也可以是金融机构与借款人在国家规定的幅度内对逾期利率的确定。如果金融机构借款时，没有对逾期利率作出约定，那么，金融机构按照国家有关规定的利率向借款人收取逾期利息。

另外需要说明的是，借款人支付的逾期利息为何大于合同约定的借款期间的利息，就金融借款合同而言，主要是基于两方面原因：一是为了惩罚借款人的违约行为，维护金融秩序。二是贷款人为了摆脱借款人不能按期返还借款所造成的资金周转困难，通常需要进行同业拆借，以解决资金调度问题。而拆借市场上的拆息一般高于贷款利息，为此，贷款人要求借款人对逾期借款支付的逾期利息大于借款期间的利息，是弥补其拆息成本的措施之一，既可以减少资金风险，又可以减少自己的损失。

第六百七十七条　借款人提前返还借款的，除当事人另有约定外，应当按照实际借款的期间计算利息。

条文主旨

本条是关于借款人提前返还借款的规定。

立法背景

本条没有改变合同法的内容。1999 年合同法起草时，针对提前还款是否须经贷款人同意及利息如何计算这两个问题，出现了不同的意见：一种意见认为，我国当时借款人的还款能力较差，许多借款人到期不能返还借款，而借款的提前返还有利于将资金用于短缺的项目中，对于贷款人并无损害，也有利于国家的经济建设。同时，借款合同中的还款期限原本是为了借款人而设定的，借款人提前还款，实际上是借款人放弃了自己的期限利益，法律不能限制当事人放弃自己的利益，只要该放弃行为不损害公共利益和他人利益。所以，法律上应当作出鼓励借款人提前还款的规定，不应当再给提前还款的借款人增加过重的负担，提前还款可以不经贷款人的同意，利息按照实际借款的期间计算即可。另一种意见认为，提前还款实质上是一种不按照合同约定履行的违约行为。贷款人特别是金融机构对每一笔贷款的发放都有一定的安排，如果提前还款不需要经贷款人的同意并按照实际借款的期间计算利息，会打乱贷款人的资金安排计划，使本来应当收取的利息得不到收取，影响贷款人的经济效益和资金的流动。特别是在借款利率下调的情况下，会造成借款人利用提前还款的办法来逃避合同约定的利率，使贷款人合法利益受到损失。因此，提前还款应当经贷款人的同意，同时按原借款期限计算利息。还有意见认为，借款人提前还款，只要提前10天至20天通知贷款人，给贷款人一定的准备时间就可以，不必经贷款人的同意。

条文解读

在借款合同中，一般对返还借款的时间都有明确的规定，这一期限是贷款人与借款人根据借款人的生产周期、还款能力和贷款人的资金供给能力等情况，由借贷双方共同商议后确定的，借款人应当按照合同约定的期限返还借款。但是在有的情况下，因生产经营状况或者其他情况发生了变化，借款人在合同履行期间不需要所借的资金，出现借款人提前返还借款的情况。

对借款人提前返还借款需要考虑的问题主要是，如果借款人提前还款可以不经贷款人同意，并按实际借款期间支付利息，那么，会使贷款人无法收到预期该收的利息，进而损害贷款人的合法权益。另外，贷款人为了保障盈利，对贷款的收回和再发放都有时间上的安排。如果借款人可以不经贷款人同意就提前还款，让贷款人自己承担因资金闲置造成的损失，既损害了贷款人的利益，对贷款人也不公平。如果规定借款人提前还款可以不经贷款人同意，并按实际借款期间支付利息，还与本法第 530 条规定的基本精神相违背。该条规定，债权人可以拒绝债务人提前履行债务，但是提前履行不损害债权人利益的除外。该条规定的基本含义是：债务人应当按照合同约定的期限履行债务，债务人提前履行债务损害债权人利益的，债权人可以拒绝债务人的履行。债务人提前履行债务不损害债权人利益的，债权人应当接受债务人的履行，而不应当拒绝债务人的履行。债务人提前履行债务未损害债权人利益但被拒绝的，债务人依法可以采取提存等方式履行。从另一角度来讲，如果借款人提前还款一律按原合同约定的期间计算利息，让借款人承担其不应当承担的义务，对借款人既不公平，也会打击借款人提前还款的积极性。

对于提前还款问题，《日本民法典》第 591 条分三款规定："当事人没有约定返还期限的，出借人可以规定一定的期间，催告返还。""无论有无返还时间的规定，借用人都随时可以返还。""在当事人已规定返还时间的情况下，如出借人因借用人在该时间之前进行了返还而遭受了损害，则出借人可以要求借用人对此进行赔偿。"据此表明，在日本，出借人是无权拒绝借用人提前返还借款的，只是借用人应当赔偿出借人遭受的损害。我国台湾地区"民法"第 316 条规定："定有清偿期者，债权人不得于期前请求清偿，如无反对之意思表示时，债务人得于期前为清偿。"意味着清偿期原则上是债务人的利益，而非债权人的利益。我国《贷款通则》第 32 条第 5 款规定："借款人提前归还贷款，应当与贷款人协商。"但是并没有明确贷款人可否拒绝，以及如何计算利息等问题。

根据本条规定，对于提前还款应当按照以下原则确定双方的权利和义务：首先，当事人可以在借款合同中对提前还款问题作出约定，按照约定确定是否须经贷款人同意及利息如何计算等问题。实际履行中发生提前还款的，按照约定执行。其次，当事人在合同中对提前还款没有约定的，提前还款不损害贷款人利益的，可以不经贷款人同意，利息按照实际借款期间计算；提前还款损害贷款人利益的，贷款人有权拒绝借款人提前还款的要求。贷款人同意提前还款的，等于贷款人同意变更合同的履行期，因此，借款人应当按照变更后的期间向贷款人支付利息。在此前提下，需要特别指出两点：第一，借款人的提前还款行为不属于违约行为。这是因为还款期限原则上属于借款人的利益，提前还款是借款人放弃自己部分利益的行为，应当予以肯定。第二，如果提前还款损害了贷款人的利益，该利益不应当仅仅是指剩余借款期间的利息，而主要是指对贷款人经营秩序破坏超过利息损失的内容。剩余借款期间的利息损失可以由提前还款的借款人进行适当赔偿，而赔偿利息的多少，可以由人民法院或者仲裁机构根据具体情况按照公平原则确定。

第六百七十八条　借款人可以在还款期限届满前向贷款人申请展期；贷款人同意的，可以展期。

条文主旨

本条是关于借款展期的规定。

立法背景

在借款合同履行过程中，借款人的经营情况可能发生变化，导致不能按照合同约定的期限返还借款，这就产生了借款人是否可以延长借款期限，即本条所称的借款展期问题。借款展期实际上是对原合同的履行期限的变更，因此，借款展期应当遵循合同变更的有关规定。

条文解读

借款展期，是指借款人在合同约定的借款期限不能偿还借款，在征得贷款人同意的情况下，延长原借款的期限，使借款人能够继续使用借款，实质上属于合同变更的范畴。合同的变更，是指合同成立后，当事人在原合同的基础上对合同的内容进行修改和补充。合同的变更可能是合同标的的变更，也可能是合同标的的数量、履行方式、履行地点、履行期限、违约责任等的变更。无论变更合同的哪一项内容，都必须由合同当事人协商一致确定。这是因为，合同是当事人通过要约、承诺的方式，经协商一致达成的。合同成立后，当事人应当按照合同的约定履行。任何一方未经对方同意，不得改变合同的内容。但是，当事人在订立合同时，有时不可能对涉及合同的所有问题都作出明确的约定；合同订立后，当事人在履行前或者履行过程中会出现一些新的情况，需要对双方的权利义务重新进行调整和约定。因此，需要当事人对合同内容重新修改或补充。由于合同是当事人协商一致的产物，所以，当事人在变更合同内容时，也应当本着协商一致的原则进行。如果双方当事人就变更事项达成了一致的意见，变更后的内容就取代了原合同的内容，当事人就应当按照变更后的内容履行合同。一方当事人未经对方当事人同意任意改变合同的内容，变更后的内容不仅对另一方当事人没有约束力，而且这种擅自改变合同的做法也是一种违约行为，当事人应当承担违约责任。因此，借款人延长借款期限必须与贷款人协商，经贷款人同意，才能迟于原合同约定的期限返还借款。

本条中的申请展期，是指借款人在借款合同约定的还款期限内不能履行还款义务，向贷款人申请变更原合同约定的借款期限的行为。本条特别明确规定，借款人申请展期的，应当在还款期限届满之前向贷款人提出申请。因为贷款人尤其是金融机构作为贷款人，对每一笔贷款的发放都有一定的安排。如果借款人擅自延长还款期限，就会打乱贷款人的资金安排，影响资金流动和贷款人的效益。借款人在还款期限届满之前向贷款人申请展期，可以给贷款人作出是否同意展期决定留有充分准备和考虑的时间，以便贷款人根据申请，对借款人不能按期偿还借款的情况进行调查和了解，更改原有的资金安排。《贷款通则》第 12 条也规定，不能按期归还贷款的，借款人应当提前向贷款人申请贷款展期。由于延长借款期限直接涉及贷款人的利益，因此，本条没有强制规定贷款人必须同意展期申请，而是允许贷款人根据自己的情况，有权自行决定是否同意借款人延长借款期间。贷款人同意的，借款人才可以延期向贷款人返还借款。

在借款人有保证人提供担保的情况下，贷款人如果要求保证人继续承担保证责任，还应当征得保证人的同意。因为根据本法第 695 条第 2 款的规定，债权人和债务人对主债权债务合同履行期限作了变更，未经保证人书面同意的，保证期间不受影响。由于借款展期使原合同的履行期间延长，只有经保证人同意，保证人才对展期后的借款承担保证责任。贷款人如果为了减少借款的风险，要求保证人继续承担保证责任的，就应当取得保证人的同意；否则，保证人可能对延期后的债务不再承担保证责任。

根据中国人民银行的有关规定，商业银行借款中的展期应当按照以下规定办理：短期借款展期的期限累计不得超过原借款期限；中期借款展期的期限累计不得超过原借款期限的一半；长期借款展期的期限累计不得超过3年。国家另有规定的除外。借款人未申请展期或申请展期未得到批准，其贷款从到期日次日起，转入逾期贷款账户。金融机构借款时，应当按照以上规定确定展期后的合同期限。

第六百七十九条　自然人之间的借款合同，自贷款人提供借款时成立。

条文主旨

本条是关于自然人之间的借款合同成立的规定。

立法背景

在实践中，自然人之间借款的情况经常出现。比如，某人因家中出现困难向同事借钱；某人因为要筹办一个公司向亲戚朋友筹备资金等，都属于自然人借款的情形。由于该情形的普遍性，需要法律对此作出相应的规定。

条文解读

本条系将《合同法》第210条“自然人之间的借款合同，自贷款人提供借款时生效”中的“生效”修改为“成立”的结果。之所以作此修改，主要考虑为：一是避免产生自然人之间借款合同是实践合同还是诺成合同的争议。实践合同是指除当事人间的意思表示一致以外，还须交付标的物才能成立的合同，它以当事人的合意和交付标的物为成立要件。而诺成合同是指当事人之间意思表示一致即能成立的合同，无须标的物的实际交付，它以当事人的合意为成立要件。由于立法的本意是将自然人之间的借款合同确定为实践合同，而《合同法》第210条中“生效”的表述，又容易使人产生系诺成合同的误解，故作出修改完善。二是与本法中定金合同和无偿保管合同条文的表述保持一致，统一表述为自实际交付时“成立”。三是可以给司法实践提供正确指引，即使均为自然人的贷款人与借款人签订了借款合同，借款人也无权申请强制执行，更不能要求对方承担违约责任。

在此需要特别说明的是，自然人之间的借款合同与金融机构作为主体的借款合同有所区别，其中最主要的一点就是金融借款合同是诺成合同，而自然人之间的借款合同为实践合同，主要理由有：（1）自然人之间的借款合同往往数额有限，内容也简单，而且当事人之间往往具有亲戚、同事、朋友等特别的关系；（2）自然人之间的借款合同也不存在金融借款合同中所必需的复杂程序；（3）自然人通常不是专业机构的人士，确立自然人之间的借款合同为实践合同，可以给贷款人一定的思考时间，在实际提供借款之前，贷款人可以有反悔的机会；（4）自然人之间借款一般属于互助性质，无偿的情况也有不少，对合同的形式并不太注意，往往是一手交钱，一手写借条，应结合实际考虑当事人的真实意思表示，不宜让当事人负担更重的责任。所以，本条规定，自然人之间借款的，自贷款人交付借款时成立。这样有利于确定当事人之间的权利和义务，进而预防或减少纠纷的发生。

另外需要指出的是，本条规定的是自然人之间的借款，是指借贷双方均为自然人的情况，如果有一方当事人并非自然人的，则不适用本条的规定。

第六百八十条 **禁止高利放贷，借款的利率不得违反国家有关规定。**

借款合同对支付利息没有约定的，视为没有利息。

借款合同对支付利息约定不明确，当事人不能达成补充协议的，按照当地或者当事人的交易方式、交易习惯、市场利率等因素确定利息；自然人之间借款的，视为没有利息。

条文主旨

本条是关于借款利率和利息的规定。

立法背景

本条的规定，系在《合同法》第211条规定的基础上修改而来，该条原规定："自然人之间的借款合同对支付利息没有约定或者约定不明确的，视为不支付利息。""自然人之间的借款合同约定支付利息的，借款的利率不得违反国家有关限制借款利率的规定。"近年来，社会上出现大量非法金融、非法放贷、套路贷、校园贷等问题，严重扰乱社会经济秩序，严重损害人民群众合法权益和生活安宁。为解决民间借贷领域存在的突出问题，维护正常金融秩序，避免经济脱实向虚，本条第1款明确明确规定禁止高利放贷，借款的利率不得违反国家有关规定。

条文解读

一、禁止高利放贷，借款的利率不得违反国家有关规定

法律能承认、法院能保护的借贷利息必须从严控制，不得违反国家有关规定。中国人民银行在2002年1月31日下发并于同日开始施行的《关于取缔地下钱庄及打击高利贷行为的通知》第2条规定："严格规范民间借贷行为。民间个人借贷活动必须严格遵守国家法律、行政法规的有关规定，遵循自愿互助、诚实信用的原则。民间个人借贷中，出借人的资金必须是属于其合法收入的自有货币资金，禁止吸收他人资金转手放款。民间个人借贷利率由借贷双方协商确定，但双方协商的利率不得超过中国人民银行公布的金融机构同期、同档次贷款利率（不含浮动）的4倍。超过上述标准的，应界定为高利借贷行为。"

《合同法》第204条规定："办理贷款业务的金融机构贷款的利率，应当按照中国人民银行规定的贷款利率的上下限确定。"在1999年颁布施行合同法时，中国人民银行根据市场经济的发展及资金供求关系，一般在一定时期内对金融机构的贷款利率作出规定。根据中国人民银行的有关规定，国务院批准和国务院授权中国人民银行制定的各种利率为法定利率，其他任何单位和个人均无权变动。法定利率的公布、实施由中国人民银行总行负责。金融机构在中国人民银行总行规定的浮动幅度内，以法定利率为基础自行确定的利率为浮动利率。金融机构确定浮动利率后，须报辖区中国人民银行备案。金融机构可以对逾期贷款和被挤占挪用的贷款在原利率的基础上加收利息；对于加收利息的幅度、范围和条件，由中国人民银行总行

确定。但是，由于目前中国人民银行正在推进利率市场化改革，所谓贷款利率的上限和下限，已经不复存在，该条已经没有实际价值，故在民法典编纂过程中，删去了《合同法》第204条的规定。

就“借款利率的国家规定”，依据《中国人民银行法》第5条规定：“中国人民银行就年度货币供应量、利率、汇率和国务院规定的其他重要事项作出的决定，报国务院批准后执行。”因此，利率标准的制定，原则上是中国人民银行的职责。实践中，中国人民银行制定的有关利率标准，均是与金融借款有关的利率，而与金融机构无关的借贷活动，中国人民银行并无相关规定。这样一来，最高人民法院每年审理的大量民间借贷纠纷案件，无法从中国人民银行制定的相关利率规定中找到裁量利率纷争的依据。为解决办理案件的实际需要，最高人民法院在1991年发布了《关于人民法院审理借贷案件的若干意见》，该意见第6条规定，民间借贷的利率可以适当高于银行的利率，各地人民法院可根据本地区的实际情况具体掌握，但最高不得超过银行同类贷款利率的四倍（包含利率本数）。超出此限度的，超出部分的利息不予保护。此条规定的最高贷款利率司法保护标准，曾长期作为裁判民间借贷纠纷案件的依据。2015年最高人民法院发布了《关于审理民间借贷案件适用法律若干问题的规定》，其中第26条规定了民间借贷利率的“两线三区”标准，作为近年来的裁判依据：“借贷双方约定的利率未超过年利率24%，出借人请求借款人按照约定的利率支付利息的，人民法院应予支持。”“借贷双方约定的利率超过年利率36%，超过部分的利息约定无效。借款人请求出借人返还已支付的超过年利率36%部分的利息的，人民法院应予支持。”目前，有不少意见提出该标准过高，建议最高人民法院修订该标准。

因此就目前的实际情况而言，金融借款领域执行的是中国人民银行公布的贷款市场报价利率标准，民间借贷领域执行的是司法解释规定的标准。在民法典编纂过程中，有不少意见提出在本条第1款直接规定最高利率的具体标准，比如不超过年利率12%、16%等，由于民法典作为基本法需要保持稳定性和兼容性，不适宜规定具体的利率标准。从借贷领域的规范角度而言，鉴于利率问题的重要性，应当由国家有关主管部门对借款的利率作出明确的规定。

二、借款合同未约定利息的处理规则

本条第2款规定，借款合同对支付利息没有约定的，视为没有利息。相对于合同法的规定而言，有了较大突破。合同法只是规定自然人之间没有约定利息的，视为没有利息；而目前将没有约定支付利息的借贷情形，拓展到了所有借贷领域，即所有类型或者当事人之间订立的借贷合同，只要没有约定支付利息，就一律视为没有利息。之所以作出这样的规定，主要理由有：一是从日常生活经验来看，通常情况下利息的计付是借款合同的核心内容，当事人之间不会不对此进行协商，在此前提下，若合同没有约定支付利息，原则上可推理为当事人协商确定无须计付利息。二是从纠纷处理的角度来看，有的借款合同没有约定利息确实是当事人协商确定无须支付，有的借款合同没有约定利息可能真的未经协商，这两种情形下，不仅纠纷的事实难以完全查清，而且可以参照的利率标准也难以确定，很难作出相对统一的裁决。故法律拟制规定为没有利息，不仅有利于指引当事人的行为，也有利于统一裁决结果，最终有利于维护社会和经济秩序。

三、借款合同利息约定不明时的处理规则

在借款合同实践中，支付利息约定不明确的问题，确实常有发生。究其原因，一是当事人之间过于熟悉、亲密，因而对利息的支付约定草草了事；二是当事人专业素养的欠缺，以至于其对支付利息的相关内容不能作出精确的约定。因此，本条第 3 款规定，借款合同对支付利息约定不明确，当事人不能达成补充协议的，按照当地或者当事人的交易方式、交易习惯、市场利率等因素确定利息；自然人之间借款的，视为没有利息。

对于借款合同当事人就支付利息约定不明确时的处理规则，首先，应当允许当事人就支付利息问题进行重新协商，经重新协商能够达成补充协议的，应按补充协议的内容执行。其次，如果借款合同当事人就支付利息问题不能达成补充协议，依据本法第 142 条第 1 款以及第 510 条的规定，应当根据借款合同所使用的词句，结合合同的相关条款确定利息约定不明条款的含义，如果通过合同的文义解释和整体解释能够确定利息，可据此确定的利息标准执行。再次，如果通过上述两种方式均无法确定借款合同的利息标准，可以按照合同履行地或者当事人之间的交易方式、交易习惯补充确定利息。根据《最高人民法院关于适用〈中华人民共和国合同法〉若干问题的解释(二)》第 7 条的规定，下列情形，不违反法律、行政法规强制性规定的，人民法院可以认定为合同法所称“交易习惯”：(1) 在交易行为当地或者某一领域、某一行业通常采用并为交易对方订立合同时所知道或者应当知道的做法；(2) 当事人双方经常使用的习惯做法。对于交易习惯，由提出主张的一方当事人承担举证责任。广泛运用交易习惯确定当事人的真实意思表示，是

合同规范的一个重要特色，可以在客观上达到当事人之间权利义务平衡的目的。但是，利用交易方式、交易习惯确定利息标准，必须受四个方面限制：一是从客观条件来看，应为交易行为当地或者行业通常采用的做法；二是从主观条件来看，为交易对方知道或者应当知道，以加强对不了解当地习惯或者缺乏业内经验的相对人的保护；三是从交易习惯的时间节点来看，应为订立合同时知道或者应当知道的习惯做法；四是交易习惯本身不得违反法律、行政法规的强制性规定或者公序良俗，否则将影响借款合同本身的效力。最后，如果按照上述三种方法仍然无法确定利息标准，应当依据本法第 511 条第 2 项的规定，价款或者报酬不明确的，按照订立合同时履行地的市场价格履行；依法应当执行政府定价或者政府指导价的，依照规定履行。最终确定借款合同的利息计付标准。实践中，法院或者仲裁机构在当事人就利息问题约定不明时，可以以订立借款合同时合同履行地的商业银行同期同类贷款利率计算利息。

至于自然人之间的借款，是否支付利息原则上系由当事人自愿协商约定，加上自然人之间的借款数额通常不大，且大多属于临时性借用，故很少约定利息或者约定不明确；少数自然人之间进行大额借贷的，根据日常生活经验法则，原则上均会对支付利息作出明确约定。因此根据实践情况，在第 3 款中规定："自然人之间借款的，视为没有利息。"

第十三章　保证合同

本章共二十二条，主要是对保证合同的概念及性质、保证人、保证合同的内容、保证的方式、保证责任的范围、保证期间、保证债务的诉讼时效、保证债务的变更、共同保证、保证人的权利等问题作出了规定。

第一节　一般规定

第六百八十一条　**保证合同是为保障债权的实现，保证人和债权人约定，当债务人不履行到期债务或者发生当事人约定的情形时，保证人履行债务或者承担责任的合同。**

条文主旨

本条是关于保证合同概念的规定。

条文解读

第一，关于保证的界定。保证是指法人、非法人组织和公民以其信誉和不特定的财产为他们的债务提供担保，当债务人不履行其债务时，该第三人按照约定履行债务或者承担责任的担保方式。这里的第三人叫作保证人，保证人必须是主合同以外的第三人。债务人不得为自己的债务作保证，且保证人应当具有清偿债务的能力，必须具有足以承担保证责任的财产，具有代为清偿能力是保证人应当具备的条件。这里的债权人既是主合同等主债的债权人，又是保证合同中的债权人，“保证人履行债务或者承担合同”构成保证债务或保证责任。保证属于人的担保范畴，而不同于抵押、质押、留置等物的担保形式。保证不是用具体的财产提供担保，而是以保证人的信誉和不特定的财产为他人的债务提供担保。

第二，保证合同的概念分析。保证合同是单务合同、无偿合同、诺成合同、附从性合同。在保证合同中，只有保证人承担债务，债权人不负对待给付义务，故而保证合同为单务合同。在保证合同中，保证人对债权人承担保证债务，债权人对此不提供相应代价，所以保证合同为无偿合同。保证合同因保证人和债权人协商一致而成立，无须另交标的物，所以它为诺成合同。除涉外的不可撤销的保函等独立保证以外，主合同有效成立或将要成立，保证合同才发生效力。所以，主合同无效，不论什么原因使然，保证合同均为无效，从而表现出附从性。正因这种主从关系，保证合同无效，并不必然导致主合同无效，但当事人另有约定的，依其约定。

第三，保证合同的当事人。关于保证合同的当事人的界定主要有两种观点。一种观点认为，保证是保证人和债权人之间的合同关系。另一种观点则认为，保证是保证人、债权人和债务人之间的法律关系，是主合同、委托合同及保证合同三组关系的总和。此处采用通说观点，即第一种观点。理由在于，虽然保证一般是由主债务人委托保证人承保而产生的，但不能因此而改变保证关系的性质。主债务人和保证人之间的关系，一般属于委托合同关系，在个别情况下为无因管理关系，然而无论何者都不会是保证合同关系。主债务人和债权人是通过主合同相连接的，它们之间可能是买卖合同关系，也可能是借款合同关系等。主债务和保证债务之间的联系在于，主债务的不履行是保证债务履行的法律事实，但它们分属于不同的合同关系，属于不同的因果链条，不能依据这种联系就把主债务人视为保证合同的当事人。只不过债权人既是主合同的债权人，又是保证合同的债权人；主债务人既是主合同的债务人，又是委托合同的委托人，或是无因管理中的管理人。这种重叠和联系正反映了复杂的社会关系中人的角色的多重性，但多重性角色只能表明社会关系的复杂性，却证明不了几种合同关系变为一种合同关系，即证明不了主合同关系、委托合同关系变成保证合同关系。解决保证合同纠纷，应当适用保证合同规范，不应适用法律关于委托合同、无因管理等的规定。只有在处理保证人和主债务人之间的关系时，若有委托合同，才适用法律关于委托合同的规定；若无委托合同，则适用法律关于无因管理的规定，也可能适用本法侵权责任编的规定。

第六百八十二条 **保证合同是主债权债务合同的从合同。主债权债务合同无效的，保证合同无效，但是法律另有规定的除外。**

保证合同被确认无效后，债务人、保证人、债权人有过错的，应当根据其过错各自承担相应的民事责任。

条文主旨

本条是对保证合同的附从性以及保证合同被确认无效后的

民事责任分配的规定。

立法背景

在民法典编纂过程中存在是否彻底放开独立保证的争议，即是否所有的民事主体都有资格出具独立保证。立法过程中基于以下考虑作出了维持现状的选择：

第一，为了防止普通民事主体利用主债权债务合同无效但保证合同有效的法律空间来进行非法交易。实践中，主债权债务合同无效的原因往往是违反法律、行政法规的规定或违反公序良俗，如果彻底放开开具独立保证的主体资格，在主债权债务合同无效的情况下，保证合同仍然有效，则可能存在当事人可以通过独立保证的形式使得某些违法交易的利益固定化的风险。目前仅允许银行和非银行金融机构具有出具独立保证的资格，是考虑到金融行业具有比较严格的金融监管秩序，金融机构一般不会为违法交易背书，如果彻底放开则不得不考虑由此可能带来的风险。

第二，为了尽可能避免国际交易中因各国法律规定不同导致当事人权利受损的情形。例如，在国际贸易中他国法律所允许的情形，但在中国法律中可能被规定为违法行为，故为了避免出现因对他国法律的不够了解使得某种交易无效，从而导致当事人的权利得不到保障的风险，同时也为了避免因法律体系不同带来的风险，国际交易中有必要存在着大量的独立保证以保障当事人权利的实现。此外，独立保证内部仍然可能存在欺诈，国际贸易中一项重要的风险防范就是防止独立保证中的各种商业欺诈，如果放开国内贸易中独立保证的开具主体也会使得欺诈的风险大大增加，故这一问题仍然存在讨论空间。

基于以上原因，民法典最终选择了一个比较稳妥的方案，仍然没有彻底放开开具独立保证的主体资格，只在法律另有规定时除外。值得一提的是，此处的“法律”采广义理解，包含法律、行政法规、司法解释等，所以最高人民法院发布的《关于审理独立保函纠纷案件若干问题的规定》可以作为此处“法律另有规定除外”中“另有规定”的内容，从而保持我国现有的格局不变。对于是否有必要彻底放开独立保证主体资格的问题，可以根据未来形势的进一步变化再展开研究。

条文解读

一、保证合同的附从性

保证合同是主债权债务合同的从合同，保证合同具有附从性。保证债务以主合同的存在或将来可能存在为前提，随主合同的消灭而消灭。保证担保的范围不得超过主合同中的债务，不得与主合同债务分离而移转，具体表现在以下几个方面：

首先，成立上的附从性。保证合同以主合同的成立为前提，于其存续中附从于主合同。保证虽对于将来或者附条件的合同也可成立，但这并非附从性原则的例外。

其次，范围和强度上的附从性。由保证合同的目的决定，保证合同的范围和强度原则上与主合同债务相同，不得大于或强于主合同债务。保证债务与主合同债务分属于两个债务，范围和强度可以有差异，但保证债务的附从性决定其不得超过主合同债务的范围和强度，如有超过，应随着主合同债务额的降低而降低。

再次，移转上的附从性。在保证期间，债权人依法将主债权转让给第三人的，保证人在原担保的范围内继续承担保证责任。保证合同另有约定的，按照约定。在保证期间，债权人许可债务人转让部分债务，保证人书面同意的，应当对此承担保证责任；未经保证人书面同意的，保证人对未经其同意转让的部分债务，不再承担保证之责任。但保证人仍应对未转让部分的债务承担保证责任。

最后，变更、消灭上的附从性。在主合同债务消灭时，保证债务也随之消灭。例如，在主债务因主合同解除而消灭、因适当履行而消灭时，保证债务也随之消灭。在主合同变更时，保证债务一般随之变更，但不得增加其范围和强度。

二、独立保证的相关问题

“主债权债务合同无效，保证合同无效”规定了保证合同的效力的从属性，“但是法律另有规定的除外”的但书条款涉及是否应当承认独立保证的立法争议问题。独立保证常在国际贸易中运用，又被称为“见索即付的保函”“独立保函”等，其独立于主债关系，不因主债的不成立、无效、被撤销等而归于消灭，保证人不享有和无权行使债务人对债权人所拥有的抗辩权，债权人许可债务人转让债务，以及债权人和债务人修改主合同，不构成保证人不负保证责任的原因。

是否承认独立保证在学界和司法实践中争议较大。1998 年最高人民法院在“（1998）经终字第 184 号诉人湖南机械进出口（集团）公司、湖南国际租赁公司与被上诉人宁波东方投资有限公司代理进出口合同纠纷”一案中表明“担保合同中虽然有本担保函不因委托人的原因导致代理进口协议无效而失去担保责任的约定，但在国内民事活动中不应采取此种独立保函方式，因此该约定无效”，这意味着当时最高人民法院对独立保证的态度是：区分国内和国际两种情形，承认独立保证在对外担保和外国银行、机构对国内机构担保上的效力，认为独立保证在国际上是当事人意思自治的领域，对于国内企业、银行之间的独立保证采取否定的态度，不承认当事人对独立保证的约定的法律效力。但 2016 年最高人民法院发布的《关于审理独立保函纠纷案件若干问题的规定》改变了之前的规定，明确了在国内交易中也允许银行或非银行金融机构有资格开具独立保函。民法典在立法过程中作出了维持立法现状的决定。

三、保证合同无效后的民事责任分配

本条第 2 款是对保证合同无效后责任分配的规定。根据本款规定，保证合同被确认无效后，债务人、保证人、债权人有过错的，应当根据其过错各自承担相应的民事责任。关于各个主体应当承担责任的具体份额，可以参照《最高人民法院关于适用〈中华人民共和国担保法〉若干问题的解释》第 7 – 10 条的规定：主合同有效而担保合同无效，债权人、担保人有过错的，担保人承担民事责任的部分，不应超过债务人不能清偿部分的二分之一。主合同无效而导致担保合同无效，担保人无过错的，担保人不承担民事责任；担保人有过错的，担保人承担民事责任的部分，不应超过债务人不能清偿部分的三分之一。担保人因无效担保合同向债权人承担赔偿责任后，可以向债务人追偿，或者在承担赔偿责任的范围内，要求有过错的反担保人承担赔偿责任。担保人可以根据承担赔偿责任的事实对债务人或者反担保人另行提起诉讼。主合同解除后，担保人对债务人应当承担的民事责任仍应承担担保责任。但是，担保合同另有约定的除外。

第六百八十三条　机关法人不得为保证人，但是经国务院批准为使用外国政府或者国际经济组织贷款进行转贷的除外。

以公益为目的的非营利法人、非法人组织不得为保证人。

条文主旨

本条是保证人的资格的规定。

条文解读

总体而言，市场化主体才能成为保证人。机关法人等非以营利为目的的法人以及以公益为目的非营利法人并不是市场上的主体，不适合作为保证人，具体包括以下几点原因：

第一，国家机关主要从事国家活动（包括立法活动、行政活动、司法活动等），其财产和经费来源于国家财政和地方财政的拨款，并主要用于符合其设立宗旨的公务活动。虽然国家机关也进行一些民事活动，如购置办公用品、兴建或购买公务员住宅等，但仍以必要和可能为前提。因此，国家机关的财产和经费若用于清偿保证债务，则不仅与其活动宗旨不符，也会影响其职能的正常发挥。此外，国家机关对外代表国家从事管理活动，所欠债务由国家承担责任；以机关法人名义从事民事活动，以财政所拨预算经费为限，而预算经费为其担负的国家职能活动所必需，在经费紧张的今日，一般无剩余可言。故国家机关一般不具有代偿能力，由其作为保证人并不能保证债权的实现。

但第 1 款后段规定："但是经国务院批准为使用外国政府

或者国际经济组织贷款进行转贷的除外”。外国政府贷款和国际经济组织贷款一般由国家有关主管机关负责借入，然后按有关规定转贷给国内有关单位。在转贷时，一般要求国内借款单位提供还款担保，这种担保得由国家机关提供。如外国政府贷款的转贷，就要求借款单位提交省、直辖市、自治区或计划单列市的还款担保。故国家机关作保证人应当同时符合以下两个条件：首先，接受的贷款应当是由外国政府或者国际经济组织提供的。只有接受外国政府或者世界银行、亚洲银行、国际货币基金组织等国际经济组织贷款，在转贷过程中需要国家机关担保的，国家机关才能作保证人。对于商业银行对地方政府的贷款，包括外国银行的商业性贷款，国家机关仍然不得作保证人。其次，需经国务院批准。只有经国务院批准后，国家机关才可以在转贷过程中作保证人。法律规定需经国务院批准，主要是为了严格控制国家机关作保证人的情况，防止地方政府或者有关部门擅自作保证。

第二，以公益为目的的事业单位、社会团体也不得作保证人。公益乃不特定之多数人的利益，一般是非经济利益。如果仍允许上述机构为债权人提供担保，那么这极有可能减损其用于公益目的的财产，无疑有违公益法人的宗旨。因此，法律不允许它们作保证人。但应看到，在实践中，有些事业单位利用本单位所拥有的技术或知识，向社会提供有偿服务，取得了一定的报酬。这些单位除了国家或地方的财政拨款外，尚有自己的经济收入。有些事业单位实行了企业化管理，自负盈亏；还有些事业单位按照有关规定既从事国家核拨经费的工作，又从事经营活动。因而，对事业单位法人可否充任保证人，不可一概而论。对那些领取《企业法人营业执照》或国家政策允许从事经营活动的事业单位法人，应当认为其有从事保证活动的权利能力，可以充任保证人，如无其他导致保证合同无效的情况，所签订的保证合同应当认定为有效。

需注意的是，担保法中规定了企业法人的分支机构、职能部门不得作为保证人的情形，但民法典删除了这一规定，其目的主要是与本法相衔接。本法总则编第 74 条规定“法人可以依法设立分支机构。法律、行政法规规定分支机构应当登记的，依照其规定。分支机构以自己的名义从事民事活动，产生的民事责任由法人承担；也可以先以该分支机构管理的财产承担，不足以承担的，由法人承担”。该条确立了法人的分支机构可以以自己的名义从事民事活动的规则，故法人的分支机构也可以以自己的名义担任保证人。但由于分支机构不是独立的法人主体，故不能独立承担责任，分支机构的责任最终仍由法人来承担。所以，没有必要依担保法的规定使得法人的分支机构不能以自己的名义成为保证人。

第六百八十四条　保证合同的内容一般包括被保证的主债权的种类、数额，债务人履行债务的期限，保证的方式、范围和期间等条款。

条文主旨

本条是对保证合同中的一般内容的规定。

条文解读

保证合同的内容是指保证人承担的保证债务（保证责任）和享有的抗辩权、债权人享有的请求保证人承担保证债务的债权。因为这些权利义务主要通过保证合同的条款来体现和固定（未通过合同条款体现的权利义务由法律规范直接规定或由法官补充），所以保证合同的内容也可指保证合同的条款。保证合同的内容或条款包含以下几点。

1. 保证的主债权种类和数额。被保证的主债权种类，如借款合同中的还本付息债权、买卖合同中的请求交付标的物或支付价款的债权等均属此类。此处还有专属性的问题需要讨论。与被担保债权相对应者为被担保的债务，对于该债务是否有非专属性的限制需要讨论。在我国法律中，连带责任保证虽然包括保证人与债务人承担连带债务和保证人就主债务承担连带民事责任两种形式，但最终均可归结为承担连带民事责任的方式。由于连带民事责任不存在专属性问题，在连带责任保证中，主债务既可以是非专属性的债务，也可以是专属性的债务。在一般保证方式中，我国法律未明确指出被担保的债务不得为专属性的债务。从《最高人民法院关于适用〈中华人民共和国担保法〉若干问题的解释》第 13 条关于“保证合同中约定保证人代为履行非金钱债务的，如果保证人不能实际代为履行，对债权人因此造成的损失，保证人应当承担赔偿责任”的规定来看，允许被担保的债务为专属性的债务。因债务人不履行专属性的债务可转化为赔偿责任，故保证人可承担该责任。

自然债务是否得为保证的对象，应分两种情形而定：其一，在保证成立后主债务变为自然债务的，例如，在主债务因时效完成而变为自然债务时，保证虽不因之而失效，但保证人得主张主债务人的时效完成的抗辩，即使债务人抛弃该抗辩权，保证人也有权主张；其二，对时效已经完成的自然债务进行保证，其保证仍为有效，于此场合不得主张主债务的时效已经完成的抗辩（《最高人民法院关于适用〈中华人民共和国担保法〉若干问题的解释》第35条）。但学说认为，保证人不知时效完成的事实且无重大过失的，应有权抗辩。

被担保的债权，也可以是将来可能发生的债权。本法第690条规定“保证人与债权人可以协商订立最高额保证的合同，约定在最高债权额限度内就一定期间连续发生的债权提供保证”，这就是所谓“最高额保证”。

保证担保的数额，保证合同有约定时依其约定，无约定时，本法第691条的规定有适用的余地，另外可以结合个案案情予以确定。

2. 债务人履行债务的期限。债务人履行债务的期限是衡量债务人是否违约的标准之一，也是保证人是否实际承担保证责任的因素之一，因为债务人在合同规定的履行期限内不能履行债务时，保证人依据保证方式的不同承担保证责任，因而应该明确规定。它有两种情形：一为期日，二为期间。

3. 保证方式。保证方式是保证人如何承担保证责任的重要问题，包括一般保证方式和连带责任保证方式。不同的保证方式对当事人的利益有较大影响，应予明确规定。当事人对保证方式没有约定或者约定不明确的，保证人按照一般保证承担责任。

4. 保证担保的范围。保证担保的范围是指保证人对哪些债务承担保证责任。当事人可以在保证合同中约定确定，无约定或约定不明确时，应当按照本法第691条的规定处理，即包括主债权及其利息、违约金、损害赔偿金和实现债权的费用。

5. 保证期间。保证期间为保证人承担保证责任的期间，事关保证人和债权人之间的债权债务能否行使或履行，也是确定保证债务和诉讼时效关系的依据，保证合同应明确约定。无此约定或约定不明确的，应当按照本法第692条的规定处理，债权人与保证人约定的保证期间早于主债务履行期限或者与主债务履行期限同时届满的，视为没有约定；没有约定或者约定不明确的，保证期间为主债务履行期限届满之日起6个月。最高额保证合同对保证期间没有约定或约定不明的，如最高额保证合同约定有保证人清偿债务期限的，由主从关系决定，此类约定大多无法律拘束力，于是，保证期间应当确定为自主债务履行期限届满之日起6个月。没有约定债务清偿期的，保证期间为自最高额保证终止之日或自债权人收到保证人终止保证合同的书面通知之日起6个月。

6. 双方认为需要约定的其他事项。保证合同中除了可以对被保证的主债务种类、数额，债务人履行债务的期限以及保证的方式、范围、期间等内容作出规定外，保证人和债权人还可以就双方认为需要约定的其他事项，作出约定，主要指赔偿损失的范围及计算方法、是否设立反担保等。

在一个具体的保证合同中，没有完全具备上述条款的，尚可补正，不影响保证合同的效力。保证人和债权人在保证合同订立后，可以根据具体情况协议增加有关内容，对订立保证合同时没有规定的内容加以补充。

第六百八十五条 保证合同可以是单独订立的书面合同，也可以是主债权债务合同中的保证条款。

第三人单方以书面形式向债权人作出保证，债权人接收且未提出异议的，保证合同成立。

条文主旨

本条是对保证合同订立的具体方式的规定。

条文解读

保证合同为要式合同。此要式为书面形式，即保证合同既可以是单独订立的书面合同，也可以是书面订立的主债权债务合同中的保证条款。而保证合同的成立方式也可以有所变通，债权人和保证人可以协议约定保证合同的成立方式和时间。但当第三人单方以书面形式向债权人作出保证时，只要债权人接收第三人的保证书或主债权债务中的保证条款且未提出异议的，保证合同也可成立，此时法律推定债权人默示同意，因为此时债权人无附加义务而增加了权利，对债权人只会有利。

值得注意的是，本法物权编第388条对于“担保合同”的一般规定没有要求书面形式：“设立担保物权，应当依照本法和其他法律的规定订立担保合同。担保合同包括抵押合同、质押合同和其他具有担保功能的合同。”当然这并不代表着具有担保功能的合同都不要求书面形式。从物权编和合同编规定的各种担保物权以及具有担保功能的制度来看，抵押合同要求书面形式（第400条第1款），质押合同要求书面形式（第427条第1款），融资租赁合同要求书面形式（第736条第2款），法律明文规定的具有担保功能的制度中，只有所有权保留的买卖合同（第641条）没有强制要求书面形式。

第六百八十六条 保证的方式包括一般保证和连带责任保证。

当事人在保证合同中对保证方式没有约定或者约定不明确的，按照一般保证承担保证责任。

条文主旨

本条是对保证方式的规定。

立法背景

《担保法》第19条规定，保证合同中对保证方式没有约定或者约定不明确的，按照连带责任保证承担保证责任。民法典彻底修改了这一规定，主要原因如下：

第一，从比较法上来看，在承认一般保证和连带责任保证区分的立法例中，绝大部分国家均规定在没有约定或者约定不明确时，按照一般保证承担保证责任，即承认保证人有先诉抗辩权是常态，而优先选择连带责任保证的立法例较为少见。

第二，没有约定或者约定不明确的按照连带责任保证承担保证责任的方式在司法实践中已经引发一定程度的混乱。实践中，尤其是在民间借贷的案件中，很多当事人是出于人情关系为他人的借款提供保证，但因为债权人实现自己的债权时首先考虑的是债务人还是保证人的财产更有利于执行的问题，所以很可能出现主债务人下落不明或有财产但不便执行时，债权人往往直接请求保证人履行保证责任而非请求债务人履行债务的情况，这样导致保证人本来只是基于人情关系为他人提供保证，但最终主债务人的财产未被执行而保证人的财产先被执行，而相对于主债务人而言，保证人的财产往往更容易被执行或变现，这样使得保证人可能落入一个相当不利的境地。另外，当保证人承担保证责任之后，又需要保证人向主债务人追偿，很可能导致保证人与主债务人之间人情关系破裂。没有如此强的履行债务必要性的保证人履行了债务的主要部分，同时又恶化了保证人与主债务人之间的关系，引发了很多现实中的混乱。

第三，连带责任是一种加重责任，对于承担连带保证责任的当事人较为严厉，对于这种加重责任，原则上应当由当事人约定或者基于极为特殊的考虑，否则动辄让当事人承担连带保证责任也是不公平的。

第四，从现实情况看，推定为保证人承担连带责任，对于实体经济影响较大，实践中因推定连带责任保证，导致连环债、三角债较多，一家企业倒闭，多家企业倒闭的现象不断出现，对企业正常的生产经营和整体经济造成了较大负面影响。

基于上述原因，民法典最终选择回归民法传统，当事人之间没有特别约定或者约定不明时，以一般保证来处理。同时，本条是任意性规范，如果当事人选择加强对债权实现的保护时，可以特别约定保证人的保证方式为连带责任保证。连带责任保证需要特别约定相当于是否承担连带责任保证需要经过保证人同意，避免保证人因不懂法律而使自己落入一个相当不利的境地；而精通法律的商事主体没有这一问题，如有需求，自然会约定为连带责任保证。

条文解读

保证的方式被分为一般保证和连带责任保证。一般保证是指当事人在保证合同中约定，在债务人不能履行债务时，保证人承担保证责任的保证。连带责任保证是指当事人在保证合同中约定保证人与债务人对债务承担连带责任的保证。这两种保证之间最大的区别在于保证人是否享有先诉抗辩权。在一般保证的情况下，保证人享有先诉抗辩权，即一般保证的保证人在就债务人的财产依法强制执行仍不能履行债务前，对债权人可以拒绝承担保证责任。而在连带责任保证的情况下，保证人不享有先诉抗辩权，即连带责任保证的债务人在主合同规定的债务履行期届满没有履行债务的，债权人可以要求债务人履行债务，也可以要求保证人在其保证范围内承担保证责任。

上述情况表明，保证人在不同的保证方式中所处的地位不同，其利益受到法律保护的程度也有差异。一般而言，保证人在一般保证中的地位较为优越，往往并不实际承担任何责任，债务人是债务履行的第一顺序人，保证人则是债务履行的第二顺序人，保证人在债务人履行不能或者不能完全承担责任时，对债务承担补充责任。保证人在连带责任保证中的地位不太有利，只要连带责任保证的债务人在主合同规定的履行期届满没有履行债务的，债权人既可以要求债务人履行债务，也可以要求保证人在其保证范围内承担保证责任。于此情形，法律对保证人和债务人同等要求。既然如此，保证人承担何种方式的保证责任就显得十分重要，需认真对待，最好是在保证合同中明确约定。但当事人对保证方式没有约定或者约定不明确的，按照一般保证承担保证责任。

第六百八十七条　当事人在保证合同中约定，债务人不能履行债务时，由保证人承担保证责任的，为一般保证。

一般保证的保证人在主合同纠纷未经审判或者仲裁，并就债务人财产依法强制执行仍不能履行债务前，

有权拒绝向债权人承担保证责任，但是有下列情形之一的除外：

（一）债务人下落不明，且无财产可供执行；

（二）人民法院已经受理债务人破产案件；

（三）债权人有证据证明债务人的财产不足以履行全部债务或者丧失履行债务能力；

（四）保证人书面表示放弃本款规定的权利。

条文主旨

本条是对一般保证及先诉抗辩权的相关规定。

条文解读

一般保证是指当事人在保证合同中约定，在债务人不能履行债务时，保证人承担保证责任的保证。一般保证与连带责任保证之间最大的区别在于保证人是否享有先诉抗辩权。在一般保证的情况下，保证人享有先诉抗辩权，又称为检索抗辩权，是指一般保证的保证人在就债务人的财产依法强制执行仍不能履行债务前，对债权人可以拒绝承担保证责任的权利。如果保证人不行使先诉抗辩权，那么债权人可以对主债务人和保证人有效地行使两个请求权，并可以同时或先后请求其为全部履行或一部履行。当然，在任何一方为全部或一部清偿时，其债务（责任）因而消灭或缩减。

由于金钱债务没有不能履行，种类债务也大多不构成不能履行，所以在种类之债及金钱之债中，一般保证会名存实亡，先诉抗辩权变成无条件的、永不消失的权利，这违背立法目的，故此处的“不能履行”应当解释为“就债务人财产依法强制执行无效果前，对债权人可以拒绝承担保证责任”。所谓“依法强制执行无效果”，包括执行结果不能清偿债务或不足清偿债务诸情形。例如，拍卖主债务人的财产无人应买，或拍卖所得价款仅能清偿一部分债务，或主债务人虽有财产却不知其所在等。不能清偿应指对债务人的存款、现金、有价证券、成品、半成品、原材料、交通工具等可以执行的动产和其他方便执行的财产执行完毕后，债务仍未能得到清偿的状态。

先诉抗辩权既可以通过诉讼方式行使，也可以在诉讼外行使。但按照本条第 2 款的规定，在下列四种情况下不得行使：

第一，债务人下落不明，且无财产可供执行。债务人下落不明致债权人请求主债务人履行债务发生重大困难，而对于重大困难的判断，应综合诉讼及执行的难易程度、债务人的财产状况等客观情况进行。

第二，人民法院已经受理债务人破产案件。债权人和债务人的纠纷经人民法院审理或者仲裁机构仲裁后，依法进入了执行程序。在执行期间，由于债务人不能清偿到期债务的，债权人或者债务人向人民法院申请债务人破产。人民法院受理了债务人的破产案件后，应当依法中止执行程序，在这种情况下，债务人的财产实际上处于冻结状况，债权人在此期间不能从主债务人处实现其债权，并在将来也极有可能如此，只有保证人实际承担保证责任才会实现债权，故法律不允许保证人行使先诉抗辩权，如果破产的债务人有保证人提供保证的，债权人可以不向破产组织申报债权，而直接要求保证人承担保证责任。为了保护保证人的利益，保证人可以在债权人未向人民法院申报债权的情况下，向人民法院申报债权，直接参加破产财产的分配，预先行使追偿权。

第三，债权人有证据证明债务人的财产不足以履行全部债务或者丧失履行债务能力。此情况下，债权人在一定期间内无法从主债务人处实现债权，故只能要求保证人承担保证责任。

第四，保证人书面放弃本款规定的权利。既然保证人放弃权利，则法律务必要对其特别保护，故而不允许其再主张先诉抗辩权。先诉抗辩权的放弃应当以书面形式作出，主要是为了证明保证人确实放弃该权利，同时也可以防止债权人和保证人在先诉抗辩权是否放弃问题上发生争议。

第六百八十八条　当事人在保证合同中约定保证人和债务人对债务承担连带责任的，为连带责任保证。

连带责任保证的债务人不履行到期债务或者发生当事人约定的情形时，债权人可以请求债务人履行债务，也可以请求保证人在其保证范围内承担保证责任。

条文主旨

本条是对连带责任保证的规定。

条文解读

连带责任保证是指当事人在保证合同中约定保证人与债务人对债务承担连带责任的保证。债务履行期届满债务人没有履行债务的，债权人既可以要求债务人履行债务，也可以要求保证人在其保证范围内履行债务。故在连带责任保证中，保证责任已届承担期，债权人请求保证人实际承担保证责任的，保证人没有先诉抗辩权，但有主债务已适当履行或相应责任已经承担的抗辩权。连带责任保证一方面对于保证人来说承担了较重的责任，另一方面有利于保护债权人的权益。

值得注意的是，本条的连带责任保证（理论上简称为“连带保证”）要与本法第699条规定的共同保证中的多个保证人之间承担连带责任的情形（理论上简称为“保证连带”）进行区分。本条解决的是保证人和债务人之间的关系是否是连带责任的问题；第699条解决的是多个保证人之间是否是连带责任的问题。因此，实际上对于共同保证的情形，结合本条和第699条，可能会出现四种不同的责任形态的排列组合：按份共同一般保证、按份共同连带保证、连带共同一般保证、连带共同连带保证。共同保证时，民法典出台前的默认规则是连带共同连带保证，民法典出台后的默认规则是连带共同一般保证。

第六百八十九条　保证人可以要求债务人提供反担保。

条文主旨

本条是关于保证人与债务人之间反担保的规定。

条文解读

所谓反担保，是指在商品贸易、工程承包和资金借贷等经济往来中，为了换取担保人提供保证、抵押或质押等担保方式，由债务人或第三人向该担保人新设担保，以担保该担保人在承担了担保责任后易于实现其追偿权的制度。除了此条关于保证中的反担保规定外，本法第387条第2款对反担保亦有规定。

关于反担保提供者的范围，无论是本条还是物权编第387

条第 2 款，都仅仅规定债务人为反担保的提供者，忽视了债务人委托第三人向原担保人提供反担保的情形。从本条侧重保护原担保人的合法权益、换取原担保人立保的立法目的和基本思想衡量，法条文本涵盖的反担保提供者的范围过于狭窄，不足以贯彻其立法目的，构成法律漏洞。对该漏洞的弥补应采取目的性扩张解释方式，将第三人提供反担保的情形纳入本条的适用范围。《最高人民法院关于适用〈中华人民共和国担保法〉若干问题的解释》第 2 条第 1 款对反担保提供者作出了这样的规定："反担保人可以是债务人，也可以是债务人之外的其他人"，这一解释值得肯定。民法典实施后，对于反担保提供者的范围，是否沿用原来的解释有待进一步研究。

关于反担保的方式，并不是担保常见的五种方式均可作为反担保的方式。首先，留置权不能为反担保方式。按本条规定，反担保产生于约定，而留置权却发生于法定。留置权在现行法上一律以动产为客体，价值相对较小，在主债额和原担保额均为巨大的场合，把留置权作为反担保的方式实在不足以保护原担保人的合法权益。其次，定金虽然在理论上可以作为反担保的方式，但是因为支付定金会进一步削弱债务人向债权人支付价款或酬金的能力，加之往往形成原担保和反担保不成比例的局面，所以在实践中极少采用。在实践中运用较多的反担保形式是保证、抵押权，然后是质权。不过，在债务人亲自向原担保人提供反担保的场合，保证就不得作为反担保的方式。因为这会形成债务人既向原担保人负偿付因履行原担保而生之必要费用的义务，又向原担保人承担保证债务，债务人和保证人合二而一的局面，起不到反担保的作用。只有债务人以其特定财产设立抵押权、质权，作为反担保的方式，才会实际起到保护原担保人的合法权益的作用。但反担保的担保方式是抵押或质押的话，抵押人或者质押人一般是第三人，若主债务人自己为担保人提供抵押或质押，是否会遭到“既然债务人可以用自己的财产为担保人设定抵押或质押，为什么不直接就此向主债权人设定担保呢”这样的诘问？其实不会，因为被担保人认可的抵押或者质押未必就会被主债权人认可；还有，本担保设定时主债务人可能没有可供抵押的财产，而后取得了一些财产，自然只能在本担保设立后再向担保人设立反担保。

至于实际采用何种反担保的方式，取决于债务人和原担保人之间的约定。在第三人充任反担保人的场合，抵押权、质权、保证均可采用，究竟采取何者，取决于该第三人（反担保人）和原担保人之间的约定。

设立反担保的行为是法律行为，必须符合本法总则编关于民事法律行为有效条件的规定。而每种反担保的方式又各有其特定的成立条件，因此尚需符合本法物权编和合同编于相应条款规定的特定成立要件。此外，依反担保设立的目的要求，反担保的实行，应于原担保实行之后。

第六百九十条　保证人与债权人可以协商订立最高额保证的合同，约定在最高债权额限度内就一定期间连续发生的债权提供保证。

最高额保证除适用本章规定外，参照适用本法第二编最高额抵押权的有关规定。

条文主旨

本条是关于最高额保证的规定。

条文解读

最高额保证，是指保证人和债权人签订一个总的保证合同，为一定期限内连续发生的借款合同或同种类其他债权提供保证，只要债权人和债务人在保证合同约定的期限内以及债权额限度内进行交易，保证人则依法承担保证责任的保证行为。最高额保证基于保证人与债务人双方约定而产生，属于人的担保中保证的一种特殊形式，是在最高债权额限度内对一定期间连续发生的不特定同种类债权提供的保证，为现实经济活动中，特别是银行融资业务中一种较为常用的担保方式。

最高额保证的适用范围具有特定性，即可实行最高额保证担保的主债权较之普通保证具有一定的特殊性，这也是最高额保证区别于普通保证的重要特征之一。其特征具体体现为以下几个方面：

1. 不特定性。在普通保证中，被担保的主债务是现实存在的债务，且保证合同的成立，须以主债务的存在为前提。而对未来债权为保证可谓是最高额保证的基本特征之一，对于未来之债务，无须于保证债务发生时既已现实地发生，以于将来有发生之可能性为已足。即最高额保证所担保的是尚未特定化的债权，不仅在保证合同成立之时尚未发生，而且在将来能否发生也不确定。从保证合同生效时至被担保的债权确定时，该债权不断发生、消灭，因此具有变动性、代替性。因此，最高额保证担保的并非全部是尚未发生的债权，但至少有部分或全部是将来可能发生的债权，只要其所担保的债权在决算日前是不确定的即可。

2. 连续性。普通保证中，主债务的发生通常是基于一个合同，而最高额保证所担保的是连续发生的一系列债务。最高额保证所担保的主合同债权是由几个连续发生的合同债权组成，各个债权之间既具备内在的联系，又可以相互独立存在。

3. 期间性。根据债法基本原理，债务人承担债务的前提是债务的内容具有特定性。债务的内容由当事人协商确定，或者由法律规定。每一个具体的债务，都有具体和确定的标的及其质量、数量、履行期限等内容，使之特定化。由于最高额保证担保的主债务属于未来的、连续性债务，具有不确定性，基于保证债务的从属性，如果不限制主债务的发生期间，不仅无法使保证债务特定化，也使得保证人好比套上无期限的“法锁”，无法预知何时方能解脱，既不利于债权人获得清偿，也对保证人实为不利。因而最高额保证所担保的债权，须在规定期间内发生。

4. 同质性。最高额保证担保的债权系列并非多个任意债权的组合，它们必须是同种类债权，产生于同一性质的法律关系，在该法律关系中债务人对债权人承担同一性质的给付义务。

第二节　保证责任

第六百九十一条　**保证的范围包括主债权及其利息、违约金、损害赔偿金和实现债权的费用。当事人另有约定的，按照其约定。**

条文主旨

本条是关于保证责任范围的规定。

条文解读

保证责任范围是指保证人所担保的债权范围，也是保证人承担保证责任的范围。本条内容包括以下两层含义：

一、保证范围的一般界定（法定保证范围）

保证范围一般包括：主债权及其利息、违约金、损害赔偿金和实现债权的费用。

主债权即主合同所确立的债权，这是保证范围的主要部分，当事人设立保证合同，就是为了担保主债权的实现。一方面，主债权属于保证人担保责任的范围，因此，在主债务人不履行债务的情况下，保证人应当代主债务人履行债务。但这并不意味着，保证责任仅限于代主债务人履行债务，在债务人不履行债务的情况下，由保证人代主债务人赔偿债权人全部期待利益的损失，足以代替实际履行，也可以达到代主债务人履行债务的目的。另一方面，将保证人的责任仅限于代主债务人履行债务，可能会过分加重保证人的负担，也可能会增加各种履行费用和不必要的开支，也不利于法院的执行。因此，保证人的责任是担保主债权的实现，而主债权的实现方式可以是多样的，除一些必须履行是必要的情况外，不必强制要求保证人代主债务人实际履行债务。

利息即主债权所产生的利息，有法定利息和约定利息两种。法定利息是法律直接规定的利息，如迟延履行所生之利息，它由主债权所派生，当属保证范围之内；约定利息是当事人专门约定的利息，它也从属于主债权，并以主债权作为计息基础，当事人虽然可以自行约定利率，但是该利率必须符合法律规定，超过法律规定部分的利息无效，对于超出法定幅度的高利贷，法律不能予以保护，也不能成为保证的对象。

违约金是指由当事人通过协商预先确定的、在违约后一方向另一方支付一定数额的金钱。违约金具有从合同的性质，它以主合同的生效为前提条件，违约金是违反有效合同所产生的责任，在合同根本不存在的情况下，自然谈不上违约金的适用问题，也不应使保证人承担此种责任。通常而言，合同当事人都会对违约金作出约定，违约金纳入保证担保的范围之内，这也是普通保证人可以预见到的。所以，在没有约定违约金的情况下，也应当推定保证人要对违约金负责。但是，当事人亦可在保证合同中将其排除在保证责任的范围之外。

损害赔偿金是指一方违约时应当向另一方承担的损害赔偿责任。在担保关系中，担保的对象也包括损害赔偿金。因为损害赔偿金是在违约情况下对非违约方的重要补救方式，故而也应当将其纳入担保的范围。如果保证人是对侵权之债提供保证，则侵权损害赔偿金属于主债权的范畴，并不属于本条所规定的“损害赔偿金”。

实现债权的费用包括诉讼费用，申请扣押、执行等的费用。实现债权的费用与主债权之间存在密切联系，而且是实现主债权过程中通常会产生的必要支出，所以，要求保证人对该费用负责并不会对保证人造成过重的负担。

二、保证合同对保证范围另有约定者，从其约定

保证范围是保证合同的一项内容，保证人可以随意约定保证范围，约定范围既可大于上述法定范围，也可等于或小于上述法定范围。约定范围与法定范围不一致的，适用约定范围，也即约定范围优于法定范围。

第六百九十二条 保证期间是确定保证人承担保证责任的期间，不发生中止、中断和延长。

债权人与保证人可以约定保证期间，但是约定的保证期间早于主债务履行期限或者与主债务履行期限同时届满的，视为没有约定；没有约定或者约定不明确的，保证期间为主债务履行期限届满之日起六个月。

债权人与债务人对主债务履行期限没有约定或者约定不明确的，保证期间自债权人请求债务人履行债务的宽限期届满之日起计算。

条文主旨

本条是关于保证期间的规定。

立法背景

在民法典立法过程中，是否应当保留保证期间制度是一个争议问题。基于以下考虑，最终选择保留现有的保证期间制度：第一，保证期间可以限制保证人的责任。保证期间确定了保证人承担责任的期限，这不仅有利于明确保证人的责任范围，而且有助于合理限制保证人的责任，从而避免保证人无限期地承担责任；第二，督促主债权人行使权利。保证期间直接关系到保证责任的承担，即保证人只需在保证期间内负保证责任，而债权人也只能在保证期间内请求保证人承担保证责任。保证期间经过，则债权人无权向保证人提出请求，债权人没有在该期间主张权利，则保证人不再承担责任。

此外，《最高人民法院关于适用〈中华人民共和国担保法〉若干问题的解释》第32条规定："保证合同约定的保证期间早于或者等于主债务履行期限的，视为没有约定，保证期间为主债务履行期届满之日起六个月。保证合同约定保证人承担保证责任直至主债务本息还清时为止等类似内容的，视为约定不明，保证期间为主债务履行期届满之日起二年。”民法典修正了这一规定，对于约定的保证期间早于主债务履行期限或者与主债务履行期限同时届满的“视为没有约定”情形与“约定不明确”的情形做了统一处理，两种情况下保证期间均为主债务履行期限届满之日起6个月。

条文解读

保证期间为确定保证人承担保证责任的期间，事关保证人和债权人之间的债权债务能否行使或履行，也是确定保证债务和诉讼时效关系的依据。保证期间可以是法定期间，也可以是约定期间。如果债权人请求保证人承担保证责任超过该期间，则保证人无须再承担保证责任。如果当事人没有就保证期间作出特别约定，则可以适用法定期间。保证合同中之所以要规定保证期间，是因为保证期间可以起到督促债权人主张权利、限制保证人责任的作用。

保证期间具有如下特征：第一，保证期间是就保证责任的承担所设定的期间。从性质上说，保证期间是确定保证人承担保证责任的期间，它既非保证合同的有效期间，也非附期限合同中的期限，而仅仅是针对保证责任的承担所设定的期限。第二，保证期间由当事人约定或法律规定。保证期间可以由法律作出明确规定，也可以由当事人通过特别约定确定，在当事人没有约定或约定不明时，才适用法律规定的保证期间。保证期间设立的目的在于限制保证人的责任、保障保证人的利益，当事人可以就保证期间作出特别约定，按照私法自治的原则，此种约定应当有效。第三，保证期间是保证合同的组成部分。保证合同的当事人可以就保证期间作出约定，只要此种约定不违反法律的强制性规定，该约定就是有效的，其应当成为保证合同的重要组成部分。

本条第 3 款规定了主债务履行期限没有约定或约定不明确的情况下保证期间的起算问题，此时保证期间自债权人请求债务人履行债务的宽限期届满之日起计算。

第六百九十三条　一般保证的债权人未在保证期间对债务人提起诉讼或者申请仲裁的，保证人不再承担保证责任。

连带责任保证的债权人未在保证期间请求保证人承担保证责任的，保证人不再承担保证责任。

条文主旨

本条是关于保证期间届满的法律效果的规定。

条文解读

保证期间届满的法律效果是指在保证期间内，如果债权人没有向保证人或者主债务人主张权利，将导致保证责任消灭，债权人无权请求保证人承担保证责任。但保证期间届满要产生此种效果，其前提是债权人没有在该期间内请求保证人承担保证责任，在此需要区分一般保证和连带责任保证。

对于一般保证而言，由于保证人依法享有先诉抗辩权，因而法律将债权人在保证期间内要求债务人偿债（提起诉讼或者申请仲裁）作为要求保证人承担保证责任的法定方式。如果债权人在合同约定的保证期间内或没有约定及约定不明时在6个月内不向主债务人提起诉讼或者申请仲裁，则保证人的保证责任免除。

而对于连带责任保证而言，本条规定连带责任保证的债权人未在保证期间对保证人主张承担保证责任的，保证人不再承担保证责任。这是由于在连带责任保证中，在主债务履行期间届满后，债权人可以直接请求保证人承担保证责任，保证人也必须承担保证责任，因而在连带责任保证期间以内，债权人未对保证人提出请求，保证期间经过的，保证责任将发生消灭。

保证期间届满后，将导致保证责任消灭。在此情形下，尽管主债务依然存在，但债权人只能向主债务人请求清偿债务，而不能请求保证人承担保证责任。由此可见，保证期间和诉讼时效的区别在于，保证期间的届满会导致权利本身的消灭；而时效届满的后果仅仅是义务人可以据此提出抗辩。无论是一般保证或是连带责任保证，保证期间的经过都发生保证责任消灭的后果。

第六百九十四条　**一般保证的债权人在保证期间届满前对债务人提起诉讼或者申请仲裁的，从保证人拒绝承担保证责任的权利消灭之日起，开始计算保证债务的诉讼时效。**

连带责任保证的债权人在保证期间届满前请求保证人承担保证责任的，从债权人请求保证人承担保证责任之日起，开始计算保证债务的诉讼时效。

条文主旨

本条是关于保证债务诉讼时效的规定。

立法背景

《最高人民法院关于适用〈中华人民共和国担保法〉若干问题的解释》第 36 条规定："一般保证中，主债务诉讼时效中断，保证债务诉讼时效中断"，这一规定具有逻辑错误，在主债务诉讼时效中断的时候，保证债务的诉讼时效尚未计算，所以保证债务的诉讼时效中断一说无从谈起。故本条第 1 款对此作出修改。

条文解读

保证债务的诉讼时效是指当债权人请求保证人履行保证债务，经过法定的时效期间即丧失获得法院强制执行保证人承担保证责任的权利。该时效期间适用本法总则编关于诉讼时效的规定。在本条中确认保证债务的诉讼时效的意义在于：债权人在保证期间内向主债务人或保证人主张权利后，保证期间即失去意义，保证人不能主张保证期间的抗辩，但在此情况下，保证债务也不能一直存续，否则将使保证人承担过重的责任，因此，法律上确认保证债务可适用单独的诉讼时效。从法理上而言，保证期间是债权人选择是否要求保证人承担保证责任的期间，如果债权人要求保证人承担保证责任，则会导致保证之债的出现，保证之债与普通的债务无异，理应存在时效问题。

保证合同诉讼时效的设立，使保证人享有两种期限利益：一是保证期间利益；二是时效利益。如果债权人未在保证期间内向主债务人或保证人主张权利，保证人可以免责。如果债权人在保证期间内主张了权利，但在此后诉讼时效期间内未向保证人要求承担保证责任，则诉讼时效届满，保证人也可以行使保证合同时效抗辩权而无须承担责任。保证期间与保证合同诉讼时效虽然都是权利行使的期限，但两者之间存在以下区别：

第一，是否可以由当事人自由约定不同。保证期间既可以是约定的，也可以是法定的，如果当事人约定了保证期间，则该期间为约定期间，将优先于法定期间而适用；而诉讼时效是法定的，当事人不能另行约定。

第二，期限长短不同。诉讼时效期间一般是 3 年，而法定保证期间是6 个月，当事人也可以自由约定保证期间。因为保证期间过长，对保证人也是极为不利的。保证期间短于诉讼时效期间，可以督促债权人向保证人及时主张权利，一旦债权人怠于行使权利，则保证人将被免责，这显然对保证人是有利的。

第三，期限是否可以变更不同。诉讼时效可能因为法定事由的存在而出现中止、中断的情形，而保证期间不发生中止、中断和延长。

第四，起算点不同。一般保证的债权人在保证期间届满前对债务人提起诉讼或者申请仲裁的，从保证人拒绝承担保证责任的权利消灭之日起计算保证债务的诉讼时效。连带责任保证的债权人在保证期间届满前请求保证人承担保证责任的，从债权人请求保证人承担保证责任之日起计算保证债务的诉讼时效。与保证之债诉讼时效的起算与保证方式有关不同，法定保证期间自主债务履行期届满之日起计算，如果主债务履行期没有约定或约定不明的，保证期间自债权人请求债务人履行债务的宽限期届满之日起计算。

第五，期限届满的后果不同。保证期间届满，债权人未在该期间内主张权利，保证责任消灭；而诉讼时效届满，如果债权人向保证人提出承担保证责任的请求，保证人有权提出时效抗辩。

本条第 2 款是对连带责任保证的保证债务诉讼时效起算的规定。不同于一般保证，连带责任保证中债权人对债务人或保证人主张债权并无先后次序之分，债权人可以要求债务人履行主债务，也可以要求保证人履行其保证责任，保证人不能以债权人尚未对债务人主张债务而拒绝履行保证责任。所以在连带责任保证中，债权人在保证期间届满前要求保证人履行保证责任之时，才系保证责任的诉讼时效开始之日。但此处有两点值得注意：第一，债权人要求保证人履行保证责任的方式，并不仅限于诉讼与仲裁，还包括其他的非司法途径，比如口头催告、书面告知等，但实务中一般采用书面的方式请求保证人履行保证责任，因为书面的方式更加易于举证；第二，债权人需要向保证人要求履行保证责任，才构成保证债务诉讼时效的开始，而债权人向债务人要求履行债务，并不构成保证债务诉讼时效的开始。

第六百九十五条　债权人和债务人未经保证人书面同意，协商变更主债权债务合同内容，减轻债务的，保证人仍对变更后的债务承担保证责任；加重债务的，保证人对加重的部分不承担保证责任。

债权人和债务人变更主债权债务合同的履行期限，未经保证人书面同意的，保证期间不受影响。

条文主旨

本条是关于主债权债务合同变更对保证人保证责任影响的规定。

条文解读

合同变更，是债的变更的主要形式，它有广义和狭义两种含义。广义的合同变更是指合同的内容和主体发生变化。合同内容的变更，是指在合同的主体保持不变的情况下，合同的内容发生变更。具体来说，是指在合同成立以后，尚未履行或尚未完全履行之前，当事人就合同的内容达成修改和补充的协议，或者依据法律规定请求法院或者仲裁机构变更合同内容。本法所采纳的合同变更是狭义上的合同变更，即合同内容的变更。本法合同编第六章严格区分了合同的变更和转让，当事人的变更属于合同转让的范畴，而合同内容的变更属于合同的变更。

主债权债务合同变更后，原由保证人承担的保证范围可能发生变化，由此可能加大保证人的责任，这于保证人而言是十分不利的。因此，法律要求债权人与债务人协议变更主债权债务合同时需要取得保证人的书面同意。保证人书面同意，意味着他愿意为变更后的合同内容提供保证。否则，在未取得保证人书面同意的情况下，减轻债务的，保证人仍对变更后的债务承担保证责任，而加重债务的，保证人对加重的部分不承担保证责任。这改变了《担保法》第 24 条中关于协议变更主合同未经保证人书面同意的，保证人不再承担保证责任的规定，更加符合维护保证人利益的原则。

本条第 2 款规定，主债权债务合同履行期限变更未经保证人书面同意的，保证期间不受影响，该款亦是对于保证人利益的维护。根据本法第 692 条的规定，保证期间与主债务履行期限密切相关。保证期间可以由当事人自主约定，但约定的保证期间如早于主债务履行期限或者与主债务履行期限同时届满的，视为没有约定；没有约定或者约定不明确的，保证期间为主债务履行期限届满之日起 6 个月。如果债权人和债务人在未经保证人书面同意的情况下变更主债权债务合同的履行期限，可能会对保证人的保证期间利益带来不利影响，因此作出了上述规定。但需要特别指出的是，未经保证人书面同意的主债权债务合同履行期限变更未必一定给保证人带来保证期间上的不利影响，但本款规定未像第 1 款规定作出“有利变更则有效，不利变更则无效”的规定。

第六百九十六条　债权人转让全部或者部分债权，未通知保证人的，该转让对保证人不发生效力。

保证人与债权人约定禁止债权转让，债权人未经保证人书面同意转让债权的，保证人对受让人不再承担保证责任。

条文主旨

本条是关于债权转让对保证责任影响的规定。

条文解读

按照民法一般原理，合同当事人有权将合同的权利转让给第三人。合同的权利全部转让给第三人的，该第三人取代原当事人在合同中的法律地位。合同的权利部分转让给第三人的，该第三人相应取代原当事人在合同中的法律地位。

保证合同是主合同的从合同。保证人提供的保证是对主债权的担保。主合同当事人转让债权不因保证人提供保证而受影响。本法第 547 条第 1 款规定：“债权人转让债权的，受让人取得与债权有关的从权利，但是该从权利专属于债权人自身的除外。”本条第 1 款规定债权人将全部或者部分债权转让给第三人，通知保证人后，保证人对受让人承担相应的保证责任。保证人对受让人所承担的保证责任，应该是在原保证范围内，除非保证人与受让人有另外的约定。这表明，债权人依法转让主债权的法律行为不影响保证人保证责任的承担。这是因为保证的法律效果是担保主债权的实现，而并非保证人专为特定主债权人作担保。原来的主债权人将债权转让给了第三人，虽然由该第三人全部或者部分地承受了原主债权人的法律地位，但是保证人所担保实现的主债权并未发生改变，债权的转让并不影响主债务人履行原有的债务，同时，保证人的保证责任也并未因此而加重。

但债权转让不影响保证责任的承担也并非没有限制。首先，主债权人向第三人转让债权的行为必须是在保证期间届满前做出的，否则，保证期间已经届满，保证人的保证责任也就归于消灭。其次，债权转让后，保证人是在原保证范围内继续承担保证责任。主债权转让时对主债权及其从属权利所作的改变，应遵守本法合同编第 695 条的规定。最后，参照本法合同编第 546 条第 1 款规定，债权人转让债权的，应当通知债务人。未经通知，该转让对债务人不发生效力。债权人转让债权必须通知保证人，保证人接到转让通知后才能够向受让人承担保证责任。若未通知，保证人并不知道作为新的债权人的受让人的存在，对其当然不承担保证责任。

但本条规定并不排除保证合同当事人之间对此进行另外的约定，如本条的第 2 款即规定：保证人可以与债权人约定仅对特定的债权人承担保证责任或者禁止债权转让等。当保证人与债权人有这些约定时，债权人就要受到该意思自治的约束。“受意思自治的约束”并不意味着债权人不能转让主债权。债权人仍然可以将自己的债权转让给他人，只是这种行为违反了保证合同的约定，是对保证人的违约，若未能征得保证人的书面同意，其后果是保证人不再承担保证责任。本款同时也是本法第 547 条第 1 款“债权人转让债权的，受让人取得与债权有关的从权利，但是该从权利专属于债权人自身的除外”中但书部分的具体化情形。

第六百九十七条　债权人未经保证人书面同意，允许债务人转移全部或者部分债务，保证人对未经其同意转移的债务不再承担保证责任，但是债权人和保证人另有约定的除外。

第三人加入债务的，保证人的保证责任不受影响。

条文主旨

本条是关于债务承担对保证责任影响的规定。

条文解读

债务承担，是指在不改变债务内容的情况下移转债务，由第三人承担原债务人的债务。债务承担可以分为免责的债务承担和并存的债务承担。一是免责的债务承担，即第三人代替原债务人成为新债务人，原债务人的债务消灭。二是并存的债务承担，即第三人成为连带债务人，与原债务人共同承担债务。两种债务承担都会对保证人的责任产生影响，本条第 1 款规定免责的债务承担对保证责任的影响，第 2 款规定并存的债务承担对保证责任的影响。

此条源自《担保法》第 23 条：“保证期间，债权人许可债务人转让债务的，应当取得保证人书面同意，保证人对未经其同意转让的债务，不再承担保证责任。”第三人提供担保财产一般是基于其与债务人之间的特殊信任关系或者对债务人的资产、信誉有所了解。所以，在担保关系中，未经保证人同意，债务人擅自转移债务的，将给保证人带来较大风险，因为提供担保财产的第三人对新的债务人可能一无所知。设立担保物权虽主要是为保障债权的实现，但也要照顾到保证人的利益，特别是当保证人是债务人以外的第三人时，如何平衡保证人、担保物权人和债务人三者的利益就很重要。本条对债权人的权利行使进行了限制，明确规定，未经保证人书面同意，债权人允许债务人转移全部或者部分债务的，保证人对未经其同意转移的债务不再承担保证责任。这种限制不但是对保证人利益的保护，同时也是对债权人利益的保护。本规定较好地平衡了保证人、债务人和债权人的利益。

正确理解本条应当注意以下几点：一是债权人允许债务人转移债务必须提供保证人的书面同意。如果不是书面形式，而是其他形式，视为不存在担保人的同意。根据法律规定，书面形式是指合同书、信件和数据电文（包括电传、电报、传真、电子数据交换和电子邮件）等可以有形地表现所载内容的形式。二是本条规定的债务转移不但包括债务人将债务全部转移给他人，也包括将部分债务转移给他人。债权人许可债务人部分转移的，原债务人并不退出债务关系，只是其所应承担的债务额减少，新债务人与原债务人共同向债权人承担债务。部分转移债务的也必须经担保人同意，否则担保人对转移出去的部分债务不承担担保责任。三是未经担保人书面同意，债权人许可债务人转移全部债务的，可以免除担保人全部担保责任；债权人许可债务人转移部分债务的，可以免除担保人部分的担保责任，担保人不得要求免除全部担保责任。

不同于债权让与，对于债权让与法律只规定债务加重需要经过保证人书面同意，这是由于除了具有人身专属性的特别情形，对于保证人来说，对哪个债权人承担保证责任，其实是没有那么重要的，因为最终而言债务人无法履行债务才是最关键的事情。但是在免责的债务承担的情形下，债务转出的部分若要保证人继续承担保证责任则需要经过保证人的书面同意，因为债务承担会影响保证人的权益，债务转让导致更换相应部分债务人更换，而债务人的偿债能力会影响保证人的权益。债务人的责任承担能力，对于保证人是否会承担保证责任以及最后的追偿权能否实现，都是极其重要的。

本条第2款应结合本法第552条进行解释，该条规定：“第三人与债务人约定加入债务并通知债权人，或者第三人向债权人表示愿意加入债务，债权人未在合理期限内明确拒绝的，债权人可以请求第三人在其愿意承担的债务范围内和债务人承担连带责任。”第三人加入债务，债务人的整体责任承担能力只会增加而不会有所减损，对保证人的权益不会有影响，只会更有利于保证人，因此不需要保证人书面同意，保证人按照原来的约定继续承担保证责任。

第六百九十八条 一般保证的保证人在主债务履行期限届满后，向债权人提供债务人可供执行财产的真实情况，债权人放弃或者怠于行使权利致使该财产不能被执行的，保证人在其提供可供执行财产的价值范围内不再承担保证责任。

条文主旨

本条是关于保证人免责的相关规定。

条文解读

本条规定在保证人向债权人提供债务人可供执行财产的真实情况时，债权人放弃或怠于行使其债权，导致债务人财产无法执行时，保证人可以在相应范围内免责。此条是对保证人权利的重要保护，源自《最高人民法院关于适用〈中华人民共和国担保法〉若干问题的解释》第24条，该条规定："一般保证的保证人在主债权履行期间届满后，向债权人提供了债务人可供执行财产的真实情况的，债权人放弃或者怠于行使权利致使该财产不能被执行，保证人可以请求人民法院在其提供可供执行财产的实际价值范围内免除保证责任。"

此条适用于一般保证的情形。所谓一般保证，是指当事人在保证合同中约定，在债务人不能履行债务时，保证人承担保证责任的保证。区别于连带责任保证，一般保证情况下保证人享有先诉抗辩权，即"一般保证的保证人在主合同纠纷未经审判或者仲裁，并就债务人财产依法强制执行仍不能履行债务前，对债权人可以拒绝承担保证责任"。

一般保证情形下，债权人需要在对债务人财产执行不能之后，才能主张保证人承担保证责任，也就是说债务人财产执行不能时，保证人有承担责任的义务。本条规定如果是因债权人自己放弃或者怠于行使权利致使债务人相应财产执行不能，此时由于是债权人自己的原因导致对债务人财产执行不能，保证人可以在相应范围内免责。

连带责任保证是指当事人在保证合同中约定保证人与债务人对债务承担连带责任的保证。在连带责任保证中，由于债权人对债务人和保证人请求承担责任的主张没有先后顺序，债权人可自主决定请求债务人或是连带责任保证人承担全部或部分责任，因此本条规定不适用于连带责任保证的情形。

第六百九十九条　同一债务有两个以上保证人的，保证人应当按照保证合同约定的保证份额，承担保证责任；没有约定保证份额的，债权人可以请求任何一个保证人在其保证范围内承担保证责任。

条文主旨

本条是关于共同保证的规定。

条文解读

共同保证，是指两个或两个以上的保证人为同一债务而向债权人所提供的担保。共同保证是相对于一人保证而言的，它是指数人为一人担保。例如，甲、乙、丙三人共同为债务人丁的借款提供担保。由于在共同保证中，有多个保证人为主债权提供担保，因而能够为债权的实现提供更有力的保障。具体来说，其特点主要表现在：第一，数个保证人为主债务人提供担保。共同保证的主要特点是保证人为数人，共同为同一债务提供保证。第二，数个保证人必须为同一债务提供担保。一方面，共同保证所担保的债务必须具有同一性，如果数个保证人虽然为同一债务人作保，但保证的债务不同，则仍然属于分别的保证。另一方面，共同保证强调债务的同一性，就债务人而言，既可以是单个的债务人，也可以是数个债务人，但债务应当是同一债务。第三，共同保证人的责任可以是连带的，也可以是按份的。共同保证既可以是按份共同保证，也可以是连带共同保证。这两种保证的主要区别在于：在债务人不履行债务时，债权人的选择权是否受到限制。如果采取连带责任保证，则债权人既可以选择向债务人行使权利，也可以向各个保证人行使权利。

此条所规定的共同保证，不管是按份共同保证还是连带共同保证，和一般保证、连带责任保证是完全不同的概念。一般保证和连带责任保证定义的是保证人和主债务人之间的关系，而本条所涉及的共同保证是保证人之间的相互关系。一般保证的情形下，保证人享有先诉抗辩权，一般保证的保证人在主合同纠纷未经审判或者仲裁，并就债务人财产依法强制执行仍不能履行债务前，对债权人可以拒绝承担保证责任；连带责任保证情形下，保证人和主债务人是连带关系，债权人可以任意选择向主债务人或者保证人请求承担责任，保证人不享有先诉抗辩权。

此条所涉及的按份共同保证和连带共同保证定义的是多个保证人之间的关系，因此对于共同保证来说，多个保证人之间的关系有按份和连带两种可能。多个保证人之间的关系，结合保证人和主债务人之间的两种关系，首先会产生四种保证责任承担方式。

第一，连带共同连带保证。债务人和保证人之间的关系为连带责任保证，多个保证人之间也为连带共同保证，因此债务履行期限届满时，债权人既可以请求债务人承担全部或部分责任，也可以请求多个保证人中任何一个保证人承担全部或部分责任。

第二，连带共同一般保证。债务人和保证人之间为一般保证关系，保证人享有先诉抗辩权，因此债务履行期限届满时，债权人需要先请求债务人承担责任，在债务人财产执行不能时，可请求保证人承担责任，由于多个保证人之间的关系为连带共同保证，此时债权人可选择请求其中任意一个保证人承担全部或者部分责任。

第三，按份共同连带保证。债务人和保证人之间的关系为连带责任保证，多个保证人之间为按份共同保证，债务履行期限届满时，债权人可选择请求债务人或者保证人承担全部或者部分责任，但在请求多个保证人承担责任时，由于多个保证人之间为按份共同保证，债权人需要按照约定的份额请求保证人承担责任。

第四，按份共同一般保证。债务人和保证人之间为一般保证关系，保证人享有先诉抗辩权，多个保证人之间为按份共同保证。因此债务履行期限届满时，债权人需要先请求债务人承担责任，在债务人财产执行不能时，可请求保证人承担责任，且债权人需要按照约定的份额请求多个保证人按份额承担责任。

但是，连带共同保证的情形存在两种可能性：真正连带和不真正连带，两者区别在于多个保证人之间是否有相互追偿权，此处应和物权编关于混合共同担保相关规则作一体化解释。民法典立法过程中，关于混合共同担保人之间是否有追偿权存在争议，也即提供物的担保的第三人和保证人之间是否有相互追偿权。比如一个担保人以房屋提供物的担保，另一个担保人提供人保，债权人请求其中任何一个担保人承担全部责任之后，提供物的担保的第三人是否可以向保证人追偿，反之亦然。物权法制定的时候，原则上就确定了混合共同担保人之间没有相互追偿权的规则。此次民法典编纂中曾经尝试在混合共同担保的多个保证人之间引入追偿权，但最终综合考虑，仍然延续了混合共同担保人之间没有相互追偿权的规则。

那么在此条所涉的人的担保中，多个保证人之间有无相互追偿权应与混合共同担保作体系化解释，人保中的多个保证人之间也不应该有相互追偿权，除非当事人特别约定。如何界定当事人之间的特别约定，可以结合本法第 519 条关于多数人之债的规定，该条规定：“连带债务人之间的份额难以确定的，视为份额相同。实际承担债务超过自己份额的连带债务人，有权就超出部分在其他连带债务人未履行的份额范围内向其追偿，并相应地享有债权人的权利，但是不得损害债权人的利益。其他连带债务人对债权人的抗辩，可以向该债务人主张。”这样，在连带共同保证情形下，若多个保证人之间明确约定为连带共同保证，可以参照适用本法第 519 条关于连带债务的规则，保证人相互之间有追偿权；若当事人之间没有约定，则按照本法第 699 条的规定，“没有约定保证份额的，债权人可以请求任何一个保证人在其保证范围内承担保证责任”，此时为不真正连带，保证人之间不可相互追偿。也即若当事人之间明确约定为连带共同保证，才能适用关于连带债务追偿权的规则，若当事人之间未特别约定为连带共同保证，此时由于是不真正连带，保证人相互之间就没有追偿权。如此规定的原因在于：若多个保证人之间没有特别的意思联络，意味着他们之间偶然性共同为债权人提供担保，在相互之间没有特别意思联络的情况下，保证人之间相互追偿缺乏法律上的请求权基础。

故多个保证人之间的关系，实际上是三种情形：明确约定为按份共同保证；明确约定为连带共同保证，此时为真正连带；没有约定保证份额，但适用本法第699条所说“没有约定保证份额的，债权人可以请求任何一个保证人在其保证范围内承担保证责任”的不真正连带共同保证，债权人可以请求任何一个保证人承担全部保证责任，保证人承担保证责任之后可以向债务人追偿，但是多个保证人之间没有相互追偿权。

第七百条　保证人承担保证责任后，除当事人另有约定外，有权在其承担保证责任的范围内向债务人追偿，享有债权人对债务人的权利，但是不得损害债权人的利益。

条文主旨

本条是关于保证人对债务人追偿权及相关权利的规定。

条文解读

保证人的追偿权，又称保证人的求偿权，是指保证人在承担保证责任后，可以向主债务人请求偿还的权利。保证人承担保证责任，对债权人与保证人之间的关系而言，形式上属于清偿自己的债务，但对主债务人和保证人之间的关系而言，实质上仍然属于清偿他人（主债务人）的债务。于是，自然有保证人承担保证责任后向债务人追偿的必要。

保证人行使追偿权必须具备以下几项要件：

1. 必须是保证人已经对债权人承担了保证责任。此处所谓对债权人承担了保证责任，包括保证人代债务人向债权人为主债关系中的给付义务的清偿，或向债权人承担损害赔偿责任，保证人向债权人为代物清偿或以物抵债，或抵销，或提存。保证人的追偿，必须限于自己有所给付，致使有偿地消灭主债务人对于债权人的责任。假如自己毫无给付，仅因其尽力致使主债务消灭，如说服债权人，使债权人免除主债务人的债务，则不得向主债务人追偿。

2. 必须是主债务人对债权人因保证而免责。如果主债务人的免责不是由保证人承担保证责任的行为引起的，那么保证人就没有追偿权。再者，在保证人的给付额高于主债务人的免责额时，如以价值超过主债务数额之物抵债或者代物清偿，保证人只能就免责额追偿，在保证人的给付额低于主债务人的免责额时，保证人只能就给付额追偿。

3. 必须是保证人没有赠与的意思。这是保证人的追偿权的消极要件，保证人在行使追偿权时不必就此举证。

第七百零一条　保证人可以主张债务人对债权人的抗辩。债务人放弃抗辩的，保证人仍有权向债权人主张抗辩。

条文主旨

本条是关于保证人享有债务人对债权人抗辩权的规定。

条文解读

保证人享有主债务人所享有的抗辩权，是指在主债权人请求保证人承担保证责任时，保证人有权主张主债务人对债权人享有的各项抗辩权，这也是保证从属性的重要体现。

依据本条规定，凡是主债务人所享有的抗辩权，保证人都能主张，这些抗辩包括：主合同未生效的抗辩、主合同无效的抗辩、主合同已经终止的抗辩、主合同已过诉讼时效的抗辩、抵销抗辩，以及主债务人享有的各类抗辩权（包括同时履行抗辩权、不安抗辩权和先履行抗辩权）。例如，如果保证所担保的主合同的债权人与债务人之间符合法定的抵销条件，或者双方经过约定形成抵销的合意，则债务人对债权人享有抵销权。在发生抵销的情形，保证人有权向主债权人主张仅就剩余的债权承担保证责任。

应当指出的是，即使主债务人放弃这些抗辩权，保证人仍然可以主张。这是因为，这些抗辩权既是主债务人享有的抗辩权，也是法律赋予保证人的抗辩权，主债务人放弃此类抗辩权不应当对保证人的抗辩权产生影响。同时，保证人只有通过行使债务人的抗辩权，才能依法保护自己的权益。

第七百零二条　债务人对债权人享有抵销权或者撤销权的，保证人可以在相应范围内拒绝承担保证责任。

条文主旨

本条是关于保证人享有债务人对债权人的抵销权或撤销权的相关规定。

条文解读

债务人享有对债权人的抵销权或者撤销权，保证人也可以在相应范围内免责。这是保证人所享有的权利之一。本条应与本法第 701 条作体系解释，都是对保证人权利的具体规定。

保证合同是单务、无偿合同，保证人对债权人不享有请求给付的权利，所享有的是抗辩权或其他防御性权利，包括如下几种类型：

一、主张债务人权利的权利

保证具有附从性，因而主债务人对于债权人所有的抗辩或其他类似的权利，保证人均可主张。

1. 关于主债务人的抗辩权。该抗辩权主要有三类：第一，权利未发生的抗辩权。例如，主合同未成立，保证人对此不知情，于此场合，保证人可对债权人主张主债权未成立的抗辩。第二，权利已消灭的抗辩权。例如，主债权因适当履行而消灭。保证人可对债权人主张权利已消灭，拒绝债权人的履行请求。第三，拒绝履行的抗辩权。例如，时效完成的抗辩权、同时履行抗辩权、不安抗辩权、先履行抗辩权等。即使债务人放弃上述抗辩权，保证人也有权主张，因为保证人主张主债务人的抗辩权并非代为主张，而是基于保证人的地位而独立行使。

2. 关于主债务人的其他类似权利。这里的其他类似权利包括撤销权和抵销权，在撤销权方面，例如，在主债务人对其主合同有抵销权时，保证人对债权人可以拒绝履行，也就是保证人可以把主债务人的撤销权作为自己抗辩的事由。

二、基于保证人的地位而特有的抗辩权

基于保证人的地位而特有的抗辩权，在实体法上即先诉抗辩权，一般保证的保证人享有此权。在第687条部分对先诉抗辩权有详细阐释，此处不再赘述。

三、基于一般债务人的地位应有的权利

在保证关系中，保证人是债务人，因而一般债务人应有的权利，保证人也应享有。例如，在保证债务已经单独消灭时，保证人有权主张；在保证债务未届清偿期场合，保证人有权抗辩；在保证合同不成立、无效或被撤销致使保证债务不存在时，保证人有权拒绝履行保证债务；在保证债务罹于诉讼时效时，保证人亦可拒绝负责。

权威读本

中华人民共和国民法典
合同编
解读

（下册）

主编
黄　薇
（全国人大常委会法制工作委员会民法室主任）

中国法制出版社
CHINA LEGAL PUBLISHING HOUSE

目　　录

中华人民共和国民法典合同编

下　册

第十四章　租 赁 合 同

本章共三十二条，主要对租赁合同的概念、租赁合同的主要条款、租赁合同的期限、租赁合同的形式、出租人交付租赁物、对租赁物的维修以及对租赁物的质量和权利的瑕疵担保义务、承租人妥善保管租赁物、按时交纳租金的义务等问题作出了规定。

第七百零三条　租赁合同是出租人将租赁物交付承租人使用、收益，承租人支付租金的合同。

条文主旨

本条是关于租赁合同的概念的规定。

条文解读

本条规定，租赁合同是出租人将租赁物交付承租人使用、收益，承租人支付租金的合同。从这条规定中可以看出，租赁合同有以下特征：

一、租赁合同是转移财产使用权的合同

租赁合同是一方当事人（出租人）将租赁物有限期地交给另一方当事人（承租人）使用，承租人按照约定使用该租赁物并获得收益。在租赁的有效期内，承租人可以对租赁物占有、使用、收益，而不能任意处分租赁物。当租赁合同期满，承租人要将租赁物返还出租人。因此，租赁合同只是将租赁物的使用权转让给承租人，而租赁物的所有权或处分权仍属于出租人。租赁合同的这一特征区别于买卖合同和赠与合同。买卖合同是出卖人转移标的物的所有权于买受人的合同。赠与合同是赠与人将自己的财产给予受赠人。这两类合同都是以转移财产的所有权为基本特征的。

二、承租人取得租赁物的使用权是以支付租金为代价

承租人使用租赁物是为了满足自己的生产或生活需要，出租人出租租赁物是为了使租赁物的价值得以实现，取得一定的收益。承租人要取得使用权不是无偿的，是要向出租人支付租金的。支付租金是租赁合同的本质特征。这一特征区别于借用合同，借用合同中虽然借用人取得了借用物的使用权，但是借用是无偿的，无须付出任何代价。同时这一特征也区别于借款合同，虽然两者都是有偿的，但借款合同中支付的是利息。利息不同于租金，租金可以由双方当事人约定，利息在很多情况下是法定的，当事人是不能约定的，即使是自然人之间的借款利息也有一个上限要求，不能放高利贷；租金可以不按租期的时间长短来计算，利息往往是根据借款时间的长短来计算的。

三、租赁合同的标的物是有体物、非消耗物

租赁物必须是有形的财产，这是租赁合同的特征之一。租赁可以是动产，如汽车、机械设备、计算机等，也可以是不动产，如房屋。但无论是动产还是不动产，它们都是有形的，都是能以一定的物质形式表现出来的。无形的财产不能作为租赁的标的物。这是与租赁合同中承租人占有、使用租赁物的特征紧密联系的。非消耗物是指能够多次使用而不改变其形态和基本价值的物。一次性使用的物品或很快就消耗掉的物品不能作为租赁物，如洗涤用品、粮食等，因为这些物品一经使用，就已丧失其自身的价值，甚至物本身已经消失了，根本不可能再要求出租人返还。因此，消耗物不能作为租赁合同的标的物。

四、租赁合同是双务、有偿合同

在租赁合同中，出租人和承租人均享有权利和承担义务，出租人须将租赁物交付承租人，并保证租赁物符合约定的使用状态。承租人负有妥善保管租赁物并按约定按期向出租人支付租金。任何一方当事人在享有权利的同时都是以履行一定义务为代价的。因此，租赁合同是双务、有偿合同。它区别于赠与合同，赠与合同在通常情况下一般是单务合同，赠与人向受赠人赠与财物并不以对方承担一定义务为条件。

五、租赁合同具有临时性

租赁合同是出租人将其财产的使用、收益权在一定期限内转让给承租人，因为不是所有权的转移，因此，承租人不可能对租赁物永久地使用，物的使用价值也是有一定期限的。各国法律一般都对租赁期限的最长时间有所限制。我国合同法规定，租赁期限最长不能超过20年。租赁合同根据租赁物的性质不同可分为动产租赁和不动产租赁，不动产租赁在我国主要指房屋租赁。根据租赁合同是否约定期限可分为定期租赁和不定期租赁。定期租赁关系到租金的交付日期、租赁物返还的日期、合同终止的时间等问题。不定期租赁赋予合同当事人随时解除合同的权利。

租赁合同是在人们的经济生活和日常生活中经常使用的一种合同。它可以在自然人、法人之间调剂余缺，充分发挥物的使用功能，最大限度地使用其价值。通过租赁，承租人与出租人双方的利益可以同时得到满足，因此，租赁是现实经济生活中较为重要的一种经济形式。

企业的租赁经营合同与本章规定的租赁合同是不同的，表现在：一是企业租赁的当事人一方是企业的所有人或管理人，另一方则是本企业的职工，他们之间本来就有一个内部管理的关系；二是合同订立是以公开招标的形式进行的，有时还须由有关部门批准；三是租赁的标的是整个企业，而不是某一特定的财产，是人财物、产供销、资金、技术、经营等多种因素的综合体，承租人获得的不仅是对财产的使用权，更是一种经营权；四是承租人须以自己的财产向企业提供担保；五是按照合同的要求，合同终止时，企业的价值须大于租赁时的价值。从上述特征中可以看出，本章规定的租赁合同不适用于企业的租赁经营活动。

第七百零四条　租赁合同的内容一般包括租赁物的名称、数量、用途、租赁期限、租金及其支付期限和方式、租赁物维修等条款。

条文主旨

本条是关于租赁合同的主要内容的规定。

条文解读

租赁合同的内容是指在租赁合同中应当约定哪些条款。由于租赁合同的标的物不同或者租赁期限、租赁方式不同，合同的内容也可能不同，但一些主要条款都是应该具备的。本条的规定是一个指导性条款，指在一般情况下，租赁合同应当具备的主要条款，包括如下事项：

一、有关租赁物的条款

租赁物是租赁合同的标的物。租赁合同的当事人订立租赁合同的目的就是要使用租赁物或从他人使用租赁物中获取一定的利益，因此，租赁物是租赁合同的主要条款。有关租赁物的条款涉及这样几个方面：

1. 租赁物的名称。租赁物应以明确的语言加以确定，如汽车，是小轿车还是货车，要约定清楚。对租赁物本身的要求，租赁物应是有体物，非消耗物；应是流通物而不是禁止流通物，禁止流通物不能作为租赁物。如枪支是禁止制造、买卖、销售的，也是不能出租的。租赁物可以是种类物，也可以是特定物，对于种类物，一旦承租人对其选择完毕就已特定化。例如，承租人要租赁一辆汽车，他在出租人处指定了一辆车牌号为B93468的白色桑塔纳轿车，这时此辆轿车已特定化，出租人只能将该轿车向承租人交付。租赁物约定明确关系到租赁物的交付、合同期限届满承租人返还租赁物、第三人对租赁物主张权利等问题。

2. 租赁物的数量。明确数量，出租人才能准确地履行交付租赁物的义务，它也是租赁期限届满时，承租人返还租赁物时的依据。

3. 租赁物的用途。租赁物的用途关系到承租人如何使用该租赁物，因为承租人负有按照约定使用租赁物的义务，租赁物的用途就必须约定清楚，否则当租赁物损坏时，出租人就难以行使其请求权。租赁物的用途应当根据租赁物本身的性质、特征来确定。例如，用于载货的汽车不能用于载人，用于制造精密器件的车床不能用于制造一般的器件。约定租赁物的用途也可以明确承租人对租赁物使用过程中的消耗的责任归属问题。

二、有关租赁期限的条款

租赁期限关系到承租人使用租赁物的时间的长短、支付租金的时间、交还租赁物的时间等。如合同当事人对支付租金的期限没有约定时，可根据租赁期限来确定支付租金的期限。租赁期限的长短由当事人自行约定，但不能超过本章规定的最高期限。

租赁期限可以年、月、日、小时计算，要根据承租人的需要来确定。如果当事人对租赁期限没有约定或者约定不明确，可按照合同法的有关规定来确定。

三、有关租金的条款

出租人出租租赁物的目的就是收取租金，租金同租赁物一样是租赁合同中必不可少的条款，支付租金是承租人的主要义务，收取租金是出租人的主要权利。租金的多少、租金支付的方式；是以人民币支付还是以外汇支付；是现金支付还是支票支付；是直接支付还是邮寄支付；是按月支付还是按年支付；是一次支付，还是分次支付；是预先支付还是事后支付，这些问题都应当在订立合同时约定明确，以避免事后发生争议。同时，这些约定也是合同当事人履行义务和行使权利的依据。

四、有关租赁物维修的条款

承租人租赁的目的是使用、收益，这就要求租赁物的状态必须符合使用的目的，同时，在使用租赁物时必然会有正常的消耗，这就有一个对租赁物的维修问题。对租赁物的维修义务应当由出租人承担，这是出租人在租赁合同中的主要义务。但并不排除在有些租赁合同中承租人负有维修义务。一般有几种情况：一是对于有些租赁合同，法律规定承租人负有维修义务。例如，海商法规定，光船租赁由承租人负责维修、保养。有时为了能够对租赁物及时、更好地进行维护，保持其正常的使用功能，合同双方可以约定，维修义务由承租人负责。二是根据商业习惯，租赁物的维修义务由承租人负责。例如，在汽车租赁中，一般都是由承租人负责汽车的维修。三是根据民间习俗，如在我国西南地区的房屋租赁中就有“大修为主，小修为客”的说法和习惯。

除了上述条款外，当事人还可以根据需要订立某些条款，如违约责任、解决争议的方式以及解除合同的条件等都是合同中的重要条款。

第七百零五条　租赁期限不得超过二十年。超过二十年的，超过部分无效。

租赁期限届满，当事人可以续订租赁合同；但是，约定的租赁期限自续订之日起不得超过二十年。

条文主旨

本条是关于租赁期限的最高限制的规定。

条文解读

租赁期限是租赁合同的存续期间，在性质上属于民事法律行为所附的终期。租赁期限一旦届满，租赁合同将失去效力。因此，租赁期限直接关系到租赁物的使用和返还时间、租金的收取期限，对合同双方当事人意义重大。

租赁转让的是租赁物的使用权，承租人使用租赁物是为了满足自己生活或经营的需要。承租人一般来说并不想长期占用租赁物，因为这种使用权是以支付租金为代价的，当承租人达到使用收益的目的后，需要将租赁物返还出租人。这里就有个租赁期限的问题。租赁期限的长短由当事人根据其使用租赁物的目的和租赁物的性质自主决定。应当说租赁期限太长并不利于当事人权利的实现。因为客观情况总是在不断变化的，特别是不动产，其价格可能会因一个国家的经济形势变化而大起大落。但对此在民法典编纂过程中有不同观点认为，租赁期限的最高限制规定阻碍了商业实践的发展和长租交易的进行。但若对最长租赁期不加限制，可能会产生如下问题：其一，租赁时间太长，会阻碍对租赁物的改善，不利于资源的有效利用，也对公共利益产生不利影响；其二，超长期租赁容易对租赁物的返还状态问题产生争议，使租赁物使用价值完全丧失；其三，还可能产生租赁权的金融化问题。例如，在城市房地产领域，由于“买卖不破租赁”“抵押不破租赁”制度的存在，租赁权被赋予了物权化的效力。超长期租赁关系在某种程度上接近于买卖关系。通过这种超长期租赁可能会产生规避限购政策的行为，导致房源集中于大型中介企业，使得租赁市场金融化，不利于对普通承租人利益的保护。

很多国家的法律都对租赁合同的最长期限作出限制。例如，《日本民法典》规定，租赁契约的存续期间不得超过 20 年，如果所订租赁契约比这个期间长的，要缩短为 20 年。《意大利民法典》规定，租赁不得超过 30 年，如果约定期间超过 30 年或者永久的，则将被减至 30 年。《德国民法典》也规定最长租赁期为 30 年。我国台湾地区“民法”规定，租赁契约之期限不得逾 20 年，逾 20 年者，缩短为 20 年。我国大陆地区法律借鉴了这些规定，考虑到我国大陆地区经济发展很快，变化也很快，为了更有效地保护租赁合同双方当事人的权益，对租赁期限的最高期限有所限制是有必要的。因此，本法作出了租赁合同的期限最长不得超过20年的规定。

通常情况下，当事人在确定租赁期限长短时，总是要根据租赁物的性质和承租人的使用目的来确定的。在动产租赁中，租赁期限是比较短的，一般都是临时使用。例如，租赁汽车，按照国家有关规定，汽车的使用寿命是10年，双方当事人不可能约定一个租赁期为20年的租赁合同。租赁期限较长的是不动产租赁即房屋租赁。在房屋租赁中，用于承租人居住租赁和用于商业性租赁是不一样的。一般来讲，用于居住租赁的承租人希望租期长一些，使这种租赁关系相对稳定一些。商业租赁中，在订立合同时房屋的租价比较低的情况下，承租人就希望将租赁期限订得长一些，租金固定下来；在房屋的租价偏高的时候，出租人就希望租期订得长一些，这样就能保证其得到更多的租金。当双方当事人不能自己寻找一个公平的交点时，法律总是要在利益双方中找出平衡点的。这也是规定最高租赁期限的一个目的。

20年实际上并不是一个绝对的最高限，因为如果租赁合同双方当事人在20年期满时，仍然希望保持租赁关系，可以采取两个办法：一是并不终止原租赁合同，承租人仍然使用租赁物，出租人也不提出任何异议。这时法律规定视为原租赁合同继续有效，但租赁期限为不定期，即双方当事人又形成了一个不定期租赁的关系，如果一方当事人想解除合同随时都可以为之，这种情况被称为合同的“法定更新”。二是双方当事人根据原合同确定的内容再续签一个租赁合同，如果需要较长的租期，当事人仍然可以再订一个租期为20年的合同，这种情况被称为“约定更新”。

需要指出的是，本法物权编中土地经营权的出租期限不受本条最长期限的限制，而应受剩余承包期的影响。对土地经营权进行出租流转在性质上与本条中的租赁有所不同。出租的对象并非作为物的范畴内的土地，不是所有人对其所有物的处分行为，而是承包经营权人对其享有的部分权利的限期转让。由土地承包经营权人从集体所有的土地中获得土地的经营使用权，在此基础上出租行为的期限应当受到土地承包期限的约束。土地承包经营权的客体是耕地、林地、草地，其利用方式和特点决定了需要较长期限才能实现使用收益的目的。规模化经营也可以在更大程度上发挥土地资源的价值。本法第 332 条针对不同性质土地的承包经营权做了不同的最高期限限制，出租土地经营权的最长期限即应由该条规定的范围内剩余承包期来约束。若不加区别地按照20 年来限制，没有考虑土地性质与利用的特性，将限制土地经营权发挥经济效益，也违背制度设立的目的。此外，我国《农村土地承包法》直接规定农村土地承包经营权可以依法出租，出租的最长期限为承包期的剩余期限，该剩余期限完全可能长于20 年。依特别法优先于普通法的原则，农村土地承包经营权最长租赁期限也应受《农村土地承包法》的限制。

第七百零六条　当事人未依照法律、行政法规规定办理租赁合同登记备案手续的，不影响合同的效力。

条文主旨

本条是关于租赁合同登记对合同效力影响的规定。

条文解读

本条规定中的“法律、行政法规”是指全国人大及其常委会制定的法律和国务院制定的行政法规。对租赁合同进行登记的规定主要体现在房屋租赁关系中，即当事人订立、变更、终止房屋租赁合同，应当向房屋所在地直辖市、市、县人民政府建设（房地产）主管部门办理登记备案。房屋租赁登记的对象是租赁合同的内容及变动情况。

房屋租赁登记的效力影响如何在过去存在争议。《城市房地产管理法》中规定了房屋租赁需要进行登记备案的要求，但未明确登记的效力影响问题。《城市房屋租赁管理办法》曾将“房屋租赁证”作为租赁行为合法有效凭证。但该办法仅属于部门规章，且已随新法的出台而废止。《商品房屋租赁管理办法》进一步具体规定登记备案的时间、内容等具体要求及违反规定的相应责任，但仍未就登记对合同效力的影响问题作明确规定。租赁权因当事人意思表示而产生，承租人只有请求使用房屋的权利，没有支配的权利，因而具有债权的性质。然而租赁权也具有某些物权特性。买卖、抵押不破租赁制度，赋予租赁权一定的对抗力；承租人在一定条件下可处分租赁权；基于租赁权请求排除妨碍、损害赔偿及承租人享有的优先购买权等。尽管房屋租赁权被赋予物权化的效力，但关于其性质界定问题，自罗马法以来即被认为属于债权。登记主要为不动产物权变动的公示制度，在我国以登记要件主义为原则，登记对抗主义为例外，因此登记在物权变动中或为变动的生效要件，或仅对抗第三人的效力。而债权一般是不需要登记的，在租赁合同中要求进行登记备案，其法理依据、制度目的及必要性有进一步明确的空间。

房屋租赁合同的登记制度是为了保障租赁权的稳定性、保护承租人的利益、赋予国家有关部门对房屋租赁行为实施的一种行政管理职能。其设立之初的目的是便于行政机关履行行政许可、行政征收职能，随着社会发展，该制度的作用逐渐转变为进行社会管理的手段。除了满足对城市流动人口管理的需要，政府还可以通过租赁登记掌握租赁市场的状况。登记机关对合同的审查，主要是审查合同的主客体是否合法、合同内容是否合法、是否按规定缴纳税费等。因此登记备案是行政机关的事后审查行为，为了维护公共利益，行政权力采取宏观干预、参与、调控等基本手段以引导民事关系的发展方向是极为必要的，但若将其作为合同生效的要件，则会导致实践中大量租赁合同无效，严重影响交易安全及经济效率。只要租赁合同满足法律规定的合同生效要件，即可产生租赁权。本条规定否认了登记备案作为租赁合同生效要件的观点，确认未登记不影响合同效力。这不仅出于对合同当事人意思自治的尊重，同时也与租赁权的债权性质保持一致。

从比较法来看，多个国家和地区对不动产租赁作出相应登记的要求。《日本民法典》规定，不动产租赁一经登记，对之后就其不动产取得的物权者，亦发生效力。《瑞士债务法》中规定租赁经登记，亦具有对抗力，将登记作为赋予承租人租赁权对抗力的要件。《法国民法典》规定，租赁契约有公证书或者确定日期的证书的，原则上有对抗力。我国台湾地区“民法”也规定，订立、变更、中止，应由租赁契约之出租人会同承租人申请登记，同时也指出“此非效力发生之要件”，在“不动产登记条例”中规定租赁登记对其后物权取得者具有对抗力。我国最高人民法院相关司法解释中规定，法律、行政法规未规定合同登记后生效的，当事人未办理登记手续不影响合同效力。本条即是登记非要件观点在租赁合同范围的具体确认。但与比较法不同的是，我国没有将登记备案作为赋予租赁权对抗力的要件。虽然未经登记对买卖不破租赁是会产生一定影响的，但买受人明知或应当知道承租人的存在时，这一规则仍然适用。这主要是因为我国当前关于租赁合同登记备案制度还不完善，为了保障社会弱势群体的基本居住权利，避免因疏于登记导致相对处于弱势一方承租人的租赁权处于不稳定状态。而在商事领域，承租人租赁房屋的目的不是居住而是经营，不存在保护居住权的问题，该领域内的租赁合同以登记为赋予对抗力的要件更具合理性。尽管在地区的司法实践中，有对登记备案的影响作扩大化规定的趋势，但依据本条法律规定，租赁权物权化的对抗力应当不受未登记的影响。

然而规定登记备案不影响合同的效力也会造成一系列问题，造成制度实施困境，不利于制度设立目的实现。由于登记备案的行政许可作用消失，不合理的行政收费被取消，其行政监管目的本身已逐步淡化。加上不对合同效力有实质影响，实践中当事人缺乏积极登记的动力，除了需要开具发票报销的情况，个人出租房屋进行备案的很少。即使承租人出于抵扣税费的目的要求出租人进行登记，出租人也可能会将其多付出的税费和成本通过租金转嫁于承租人，因此双方进行利益衡量，税费抵扣对促进登记备案的作用有限，行政征税难以起到预期效果。租赁合同的登记备案制度的实施仍存在困境。

第七百零七条 租赁期限六个月以上的，应当采用书面形式。当事人未采用书面形式，无法确定租赁期限的，视为不定期租赁。

条文主旨

本条是关于租赁合同形式的规定。

条文解读

关于合同形式，本法合同编通则部分已作出规定，即当事人订立合同有书面形式、口头形式和其他形式。法律并不特别要求合同当事人采用何种形式订立合同是有效的，但是法律、行政法规规定采用书面形式的，应当采用书面形式。这里的法律不仅指有关的专门的法律，而且也包括合同编分则中规定的对特定合同的特定的书面要求。书面形式可以是合同书、信件等有形表现所载内容的形式，也可以是能随时调查取用的数据电文，如电报、传真、电子邮件等形式。不定期租赁合同最主要指的是在没有约定租赁期限或者租赁期限约定不明，而且在事后也不能够确定租赁期限的租赁合同。不定期租赁应是对双方意思表示不明情形下纠纷解决的一种法律拟制。但此处在租赁合同中的约定，并非必须存在期限不明的情况，而是根据租赁合同的特点，附条件地承认当事人约定的租赁期限。

本条所称的超过或低于 6 个月的租赁期限，应指当事人所约定的租赁期限。同一性质的租赁合同，出于当事人的不同目的和需求，订立的期限可能差异较大。若按照合同对象性质不同而进行划分，则一方面可能与当事人的意思相去甚远，造成过于刻板和僵化的判决；另一方面也无法穷尽各类租赁合同的具体情况。为了既便利交易又保证交易安全，本条对租赁合同的形式作了几个层次的规定：

第一，租赁期限不满6个月的租赁合同，可以采用口头形式也可以采用书面形式。这是因为租赁期限较短的合同一般来说租赁物价值不大（当然不排除大型的机械设备），租赁物使用后变化也不大，租金也较少，租赁关系结束得快，证据不易失散。一旦发生纠纷容易分清责任，因此，不必要求当事人以书面形式订立合同。但对于房屋租赁合同即使租赁期限不满6个月，因房屋的价值较高，租金多，按照我国城市房地产管理法规定，房屋租赁，出租人和承租人应当签订书面租赁合同，并向房产管理部门登记备案。此项规定可以在一定程度上弥补短期租赁涉及金额较大情况下形式要件对交易安全的保护缺位问题。

第二，租赁期限在6个月以上的应当采用书面形式。以租赁期限长短来划分是否应当采用书面形式，是考虑到租期长短与合同当事人双方的利益有直接关系，因为租期长的合同中往往租赁物价值较高，租金较多，对租赁物的使用消耗也多一些，如果以书面形式将双方的权利义务规定清楚，在将来发生争议时就有据可查，易于解决纠纷，保护当事人的合法权益。

第三，租赁期限6个月以上的，当事人没有采用书面形式，并非导致合同无效，而是产生对约定的期限不予承认的效果。一般规定形式要件的条款，是为了提醒当事人尽到审慎义务，重视合同的订立。因而在法律规定需要以书面形式订立的合同，未采用书面形式的，合同无效。但本条降低了书面形式作为生效要件的影响，无论合同成立后，双方是否履行了主要义务，都承认合同效力。但未采用书面形式的，双方可以随时解除合同。该条的立法的目的是解决长期租赁情形下对期限的争议问题，若否定非书面形式的长期租赁合同的效力，则违背立法初衷。以不定期租赁作为不采用书面形式的后果，促使欲保持交易的稳定性的当事人注重满足订立合同的形式要件。同时，对欲保持交易状态灵活性的当事人给予从合同中摆脱的可能性。

第七百零八条　出租人应当按照约定将租赁物交付承租人，并在租赁期限内保持租赁物符合约定的用途。

条文主旨

本条是关于出租人交付租赁物的义务和对租赁物的瑕疵担保责任。

条文解读

本条规定的是出租人的两项义务：一是交付义务，二是对租赁物的瑕疵担保责任。这两项义务是出租人的主要义务。其他义务如维修义务、出卖租赁物的通知义务等是由这两个义务派生而来的。

一、出租人的交付义务

本条规定，出租人应当按照约定将租赁物交付承租人。所谓交付是将租赁物转移占有至承租人。因为承租人要取得租赁物的使用权就必须对该租赁物占有，占有是能够使用的前提。因此，承租人有权要求出租人按照约定向其交付租赁物。所谓按照约定交付租赁物，包括按照约定的租赁物的名称、数量、交付方式、时间和地点向承租人交付租赁物。如果租赁物分主物和从物，在交付主物的同时应将从物一并交付承租人。例如，交付的租赁物为汽车时，在交付汽车的同时应将汽车钥匙一并交给承租人。交付的地点可以是承租人所在地，也可以是出租人所在地。这由合同的履行地点来决定，如一建筑企业租赁塔吊，出租人可将塔吊送到建筑工地，也可以由承租人到出租人处将塔吊拉走。出租人交付的租赁物必须符合合同约定的使用目的。

在交付方式上，根据动产与不动产而有所不同。动产的交付方式包括现实交付与观念交付，若当事人以指示交付或占有改定的方式进行交付，实际上在完成交付时承租人并未取得实际的占有。因此根据立法目的以及租赁合同的特性，即以使用收益为主要目的，此处应作限缩解释，认为若未对交付方式作特别约定，应将动产的占有实际转移视为完成交付义务。从法条的协调性来看，其后规定瑕疵担保的责任，也是强调在承租人直接占有后可能发生问题的情形，故而不应承认间接占有完成即完成交付义务。但当事人若特别约定，同意出租人以观念交付的任意一种形式完成交付，则应尊重意思自治下当事人的选择。而不动产的交付，如租赁房屋的情形下，考虑到租赁物的交付主要为满足承租人的使用、收益需要，因此应当是出租人为承租人能进行入住所应完成的相应义务。如腾房、交付钥匙等系列行为。

二、出租人对租赁物的瑕疵担保责任

瑕疵担保责任是买卖合同中的一个重要的法定责任，它是指出卖人就出卖的标的物的瑕疵应承担的责任，包括物的瑕疵担保和权利的瑕疵担保。租赁合同与买卖合同在性质上都属于有偿合同，其合同标的都是特定的物，存在一定的共性。依据本法646条，法律对其他有偿合同没有规定的，可参照买卖合同的有关规定，因此租赁合同可适用买卖合同的相关规定，出租人就租赁标的物负有权利瑕疵担保义务和物的瑕疵担保义务。由于租赁合同转移的是租赁物的使用权，而承租人租赁财产是为了使用和收益，因此，在租赁合同中的物的瑕疵担保责任主要是物的效用的瑕疵担保，同样也有租赁物存在权利瑕疵影响承租人权利的情形。且实务中将标的物受公法限制认定为物的瑕疵。如租赁房屋为办公之用，但其后得知该房只能用于居住需要，无法获得营业执照，即认为标的物存在瑕疵。

约定的用途，不仅包括租赁物本身的使用功能性用途，同时也应包含依据不同的合同具体目的，当事人所约定的租赁物功能性外的其他用途。首先，出租人应保证租赁物具备应有的使用价值。例如，电脑能够正常地设定程序、进行文字编辑和处理以及上网使用；电冰箱能够正常地制冷，起到储藏作用等。其次，若双方约定了租赁物在特殊使用目的下的用途，出租人也应尽到相应的瑕疵担保义务。如租赁房屋用于存放珍贵艺术品，若双方有相关约定，则出租人需要对房屋的储存条件如湿度等尽到维护义务。因此在标的物存在轻微瑕疵影响租赁物的使用功能时，可请求出租人进行维修、补救等，履行修缮义务。同时，由于标的物的用途与合同的订立目的紧密联系，租赁物无法满足约定用途，以至于无法实现合同目的的情形中，承租人可适用关于瑕疵担保责任的相关规定请求承担违约责任。一般来讲，承租人订立合同时，知道租赁物有瑕疵的，出租人不负瑕疵担保责任，承租人无权要求出租人进行维修，减少租金或解除合同。我国司法实践中亦承认出租人应对租赁标的在功能上的特别限制负有告知的义务。在特殊情况下，即使承租人知道租赁物有瑕疵，出租人也要负有瑕疵担保责任。即本法第731条的规定，租赁物危及承租人的安全或者健康的，即使承租人订立合同时明知该租赁物质量不合格，承租人仍然可以随时解除合同。

本条规定的出租人对租赁物的瑕疵担保责任在合同履行的两个阶段都有要求：一是在租赁物交付时保证交付的租赁物符合约定的用途，具有品质完整的使用价值，使承租人能够正常使用。二是在租赁期限内保持租赁物符合约定的用途。在租赁期限内如果租赁物本身出现问题，承租人请求出租人进行维修时，出租人应及时对其进行维修，以保证承租人的正常使用。出租人如不能及时予以维修，承租人可以自行维修，维修的费用应由出租人负担。因维修租赁物影响承租人使用时，承租人有权请求减少租金或延长租期。

第七百零九条　承租人应当按照约定的方法使用租赁物。对租赁物的使用方法没有约定或者约定不明确，依据本法第五百一十条的规定仍不能确定的，应当根据租赁物的性质使用。

条文主旨

本条是关于承租人对租赁物进行使用的义务性规定。

条文解读

承租人按约定使用租赁物是承租人的一项义务。承租人租赁并占有该物的主要目的就是使用、收益。使用租赁物是承租人在租赁合同中的一项基本权利，但由于承租人对租赁物只是获得使用权和收益权，而并没有所有权，最终还应当将租赁物返还出租人。因而承租人就有保证租赁物自始至终符合其本身的品质和效用的义务。即该条款在一定程度上限制了承租人对租赁物的过度和任意使用，降低了出租人转让使用权可能对物造成的风险。由于在物的用途和使用方法上，出租人可以通过与承租人进行事前商议加以约束，故而体现出所有权的处分效能和支配效能，虽然租赁合同会使所有权人暂时性转让其对所有物的部分权利，但其仍可以在事前就他人对其物利用的方式和程度加以限制，以保持所有物的功能效用，同时也体现对当事人的意思自治的尊重。然而租赁物经过使用会产生正常消耗，并且不断折旧，最后丧失其价值。且不同的物因其性质和使用方法的不同其折旧率也不同，因而需要规定承租人应当按照约定的方法或租赁物的性质合理使用租赁物的义务。

承租人履行此项义务的条件是：第一，租赁物已由出租人按约定交付承租人，承租人对租赁物已实际占有，因此取得了对该租赁物的使用权。即该项义务产生的前提是承租人已经对租赁物享有实际控制权。第二，出租人交付的租赁物符合约定中的质量、数量、用途的要求，不存在瑕疵。如出租人交付的租赁物本身质量就有问题，即使承租人按照约定使用也会损坏该租赁物，就不能要求承租人对此负责。第三，双方当事人能够约定租赁物的使用方法或者根据租赁物的性质可以确定其使用方法。如果难以确定其使用方法，很难要求承租人履行此项义务。根据租赁物的性质不同，其使用方法的明确性也有较大差异。若租赁物没有较为稳定一致的使用方法，且无法推知当事人是否就利用方式用途有所约定，则承租人该项义务的落实较为困难。

按约定的方法使用租赁物，首先，体现在如果约定了租赁物用途，必须按约定的用途使用租赁物。如合同约定租赁房屋为居住的，承租人就应自己和亲属居住，而不能将该房屋用于商业性使用，如开饭店、开商店。其次，约定使用方法还应包含对具体利用方式的约束。也就是在按照约定的用途进行使用情形下，当事人还可就具体的利用方式、利用手段等作出约定限制。

第七百一十条　承租人按照约定的方法或者根据租赁物的性质使用租赁物，致使租赁物受到损耗的，不承担赔偿责任。

条文主旨

本条是关于前条承租人义务的延伸规定。

条文解读

前条规定承租人应当按照约定的方法或者租赁物的性质使用租赁物，这就要求当事人在订立租赁合同时或者在合同成立后尽量将租赁物的使用方法明确下来，以规范承租人对租赁物的使用。如果承租人按照约定的方法或者租赁物的性质正常使用租赁物，租赁物因使用受到的损耗就是一种合理的情况，因为任何物品随着它的使用，其价值都会逐渐变小，只要使用就会有一定的磨损和损耗。例如，一台彩电的显像管的寿命是1万小时，就意味着只要一开电视，随着时间的运行，彩电的显像管的寿命就会逐渐缩短，直到全部丧失。出租人在出租他的物品时，应当知道其正常损耗的情况，在合同中订立了使用方法，就意味着出租人认可了这种正常的损耗，并且实际上，出租人已把这种折旧的价值计入了租金中，因此，只要承租人按照约定的方法使用租赁物，对租赁物的正常损耗、价值的减少是不承担责任的。

据此对租赁物的使用可能分两种不同的具体情况：其一，双方约定的使用方法符合租赁物性质或依据租赁物性质使用租赁物，据此该租赁物的损耗乃正常使用，不可避免，即该损耗不因承租人的不同而有所改变增减。这往往是租赁物本身功能性质所导致，即使是耐用品也会有使用寿命限制，因此造成的损耗不可归咎于承租人。其二，当事人约定的使用方法非依据租赁物性质的方法。由于尊重意思自治，则双方可以约定不依据租赁物的性质使用租赁物。尽管此种情况为少数例外，但允许根据当事人意思多样化利用租赁物乃是其物所有人的自由处分权，也是合同的应有之义。在该种情况下，可能会造成租赁物非按照通常方式使用的额外损耗。但依据本条，因此种损耗依然是按照约定的方法进行所必然产生的，则出租人已经允许以该种方式进行，就需要承担额外损耗的后果。

第七百一十一条　承租人未按照约定的方法或者未根据租赁物的性质使用租赁物，致使租赁物受到损失的，出租人可以解除合同并请求赔偿损失。

条文主旨

本条是关于承租人没有履行按约定方法使用租赁物的义务的法律后果的规定。

条文解读

本条是与前条相反的规定，前条是承租人按照约定或者租赁物的性质使用租赁物致使租赁物受到正常损耗的，承租人不承担责任。本条所要解决的问题是，承租人违反约定的方法使用租赁物，使租赁物受到损失时承租人的责任。

未按照约定的方法，既包括合同有约定情形下，未按照租赁合同约定的用途使用租赁物、未按照双方约定的具体使用方式使用租赁物；也包括合同未约定，或约定不明的情形下，未按照依据本法第 510 条确定的使用方法使用租赁物，及无法确定情形下未依据租赁物本身性质使用租赁物的情况。具备其中的情形，即认为承租人对租赁物的损失具有过错，对造成的损失负有赔偿损失的责任。

承租人没有按照约定或者租赁物的性质使用租赁物，使租赁物减少价值，是一种损失，而不是损耗。损耗是合法的、正常的；损失是非正常的，是由于违约行为造成的。承租人不按约定的方法使用租赁物，是一种根本违约的行为。按约定或依据租赁物性质进行使用是承租人的一项基本义务，同时对租赁物的使用又是承租人的一项基本权利，权利与义务是相对应的，当事人享受权利的同时就相应承担一定的义务。承租人不仅对于自己的违约行为应当承担违约责任，而且对其允许的同居人和第三人的原因造成的租赁物的损失亦应当承担赔偿责任。因为在承租人未按照约定或依据性质使用租赁物的情形下，具备了承担责任的过错，第三人造成损害的情况下，承租人对损害的发生具有可归责的理由。此处的“致使”损失发生，指的是未按约定或依据性质使用租赁物的行为对损失的产生具有因果关系。损失并非必须是由承租人的直接行为导致的。如当事人约定不可转租，但承租人违反该关于使用方法的约定，转租给第三人，第三人造成了房屋的损失，则承租人对此承担损害赔偿责任。

本条还规定了出租人对承租人违约行为的救济手段，即可以解除合同并请求赔偿损失。若承租人未履行善用义务，导致损害发生，根据造成损失的时间点不同，可采取不同的救济方式。在租赁期限尚未届满时，出租人有权解除合同并要求承租人赔偿损失；在租赁期限届满时，出租人无须解除合同，可直接要求承租人赔偿损失。这里规定的是出租人可以行使解除权，赋予了出租人自主决定的权利。如果出租人还愿意使该租赁合同继续下去，并且承租人的违约行为对租赁物造成的损失并不大，可以采取措施予以挽回，那么出租人可以先阻止承租人的违约行为，承租人予以及时改正的，又对损失进行了及时补救的，出租人也可以不解除合同。但已经造成的损失，承租人应当赔偿。承租人经出租人劝阻仍不加改正的，出租人可以单方解除合同，对于承租人给出租人造成的损失，出租人可以请求其进行损害赔偿。

第七百一十二条　出租人应当履行租赁物的维修义务，但是当事人另有约定的除外。

条文主旨

本条是关于出租人的维修义务的规定。

条文解读

出租人的维修义务是从出租人对物的瑕疵担保责任中派生

的义务。维修义务是指在租赁物出现不符合约定的使用状态时，出租人须对该租赁物进行修理和维护，以保证承租人能够正常使用该租赁物的义务。维修义务也包括对租赁物的正常保养。从性质来看，维修义务既有义务属性也有权利属性。出租人作为租赁物的所有人，尽管租赁期内并未直接占有租赁物，对其所有物进行维修以保持其良好状态是应有的一项义务。同时，出租人负有按约定交付租赁物、维持租赁物用途的主给付义务。维修则是其派生的附随义务。但由于其并非主给付义务，所以产生该义务不必然意味着违约责任的产生。之所以原则上由出租人承担维修义务，主要是因为出租人负有使租赁物在租赁期限内保持其约定用途的主给付义务。当租赁物产生需要维修的情形时，承租人也可能主张损害赔偿或解除合同来寻求救济。

承租人使用租赁物就是要使租赁物发挥其效用，以满足自己的需要，这就要求租赁物本身应保持一个良好的状态，具备它本身的性能，发挥它本身的效能，当该租赁物出现妨碍使用的情况时，就要对其进行维修。法律将维修的义务加诸出租人是从租赁合同的特点出发的，一是租赁物的所有人在绝大多数情况下是出租人，出租人要对自己的财产负责，延长租赁物的使用期，对租赁物进行正常的养护和维修，维护的是自己的利益；二是出租人出租租赁物是为了收取租金，承租人支付租金是为了使用租赁物，如果租赁物不能使用了，承租人订立合同的目的就不能实现，再让他支付租金是不公平的。因此，各国法律都把对租赁物的维修义务归于出租人一方。出租人的维修义务并不是绝对的、无限的，应当满足如下要件：

其一，有维修的正当理由，即限于租赁物本身的缺陷造成，对承租人增添于租赁物的缺陷无维修的义务。出租人的维修义务一般是在承租人按约定正常使用租赁物的情况下出现的租赁物的损耗或者是由租赁物的性质所要求的对租赁物的正常的维护，如果是因为承租人的保管、使用不善，造成租赁物损坏时，出租人不负有维修的义务。

其二，须租赁物有维修的必要。有维修的必要是指租赁物已出现影响正常使用、发挥效用的情况，不进行维修就不能使用，出租人应对租赁物进行及时的维修，以保证其正常使用。

其三，须租赁物有维修的可能。有维修的可能是指租赁物损坏后能够将其修好以恢复或达到损坏前的状态。维修不能，包括事实不能与经济不能。前者是指维修在技术上或物理上不可能，如承租人承租的房屋倒塌；后者是指维修在事实上虽然可能，但在经济上则耗费过大，致使维修几乎等同于重建或者无法期待出租人维修。经济不能最直观的表现就是，维修所获效果显然不足以弥补修缮费用。无论是事实不能还是经济不能，出租人皆无维修义务。此时出租人的维修义务就转化为承担一定的民事责任的义务，如减少租金等。

其四，当事人无相反的约定。基于租赁合同债权相对性，尊重当事人意思自治，允许当事人对维修义务的分配作出约定，即另有约定时也存在承租人承担维修义务的情况。

出租人的维修义务是需要承租人的协助来履行的。由于租赁期内，租赁物往往由承租人实际占有，其对租赁物的状况最为了解。当需要维修的情形出现，承租人需要将相关情形通知出租人。若承租人未进行通知，则出租人的维修义务难以实施。

法律虽然规定了在一般情况下出租人负有维修义务。但并非在所有情况下的维修义务都由出租人承担。排除出租人维修义务的情况有以下几种：其一，法律、行政法规规定，由承租人承担维修义务的。如我国海商法规定，在光船租赁中，由承租人负责维修保养。有的国家的法律规定，在房屋租赁中，有些小的维修义务由承租人承担，如《法国民法典》就规定在房屋租赁中，承租人应当负担的修缮义务有：房间内的一部分破碎地砖的修补、窗户玻璃的修补、门锁的修缮等。《意大利民法典》规定，由房客负担的小修缮是属于因使用所引起的损坏。其二，双方约定维修义务由承租人负担。其三，依当地习惯或商业习惯。如在汽车租赁中对汽车的维修义务一般都由承租人负担。再如前面曾提到的在我国西南地区民间实行的房屋租赁“大修为主，小修为客”的习俗。

第七百一十三条　承租人在租赁物需要维修时可以请求出租人在合理期限内维修。出租人未履行维修义务的，承租人可以自行维修，维修费用由出租人负担。因维修租赁物影响承租人使用的，应当相应减少租金或者延长租期。

因承租人的过错致使租赁物需要维修的，出租人不承担前款规定的维修义务。

条文主旨

本条是关于出租人维修义务的补充规定。

条文解读

出租人负有保持租赁物适于使用、收益状态的义务，在租赁物存在瑕疵或被毁损的情况下，出租人应当承担维修义务，但是当事人另有约定的除外。出租人履行维修义务，可以由出租人主动作出，也可以由承租人提出。承租人请求出租人履行维修义务的，以租赁物有维修的必要及维修的可能为要件。租赁物有维修的必要是指租赁物发生毁损等情事，如不维修将致使承租人对租赁物不能为使用、收益或不能圆满地为使用、收益，如出租的房屋因时日长久，遇雨渗漏，承租人无法居住等情形。并非一切与交付时不一致的状态都有维修的必要，租赁物虽有瑕疵，但不妨碍使用、收益的，则无维修的必要。租赁物是否具有维修的可能，不仅应以物理上或技术上是否可能作为判断标准，还应以社会一般观念或经济上的意义加以决定。因此，事实上不能维修；虽能维修，但维修已不能使租赁物恢复至适用于合同约定的使用、收益状态；虽能维修，但维修本身耗费过巨，而效果显然不足以弥补维修费用；维修无异于新造或重大改造等情形，均可视为维修不能。租赁物有维修的必要及可能时，承租人可以向出租人发出维修的请求，催告出租人在合理的期限内对租赁物进行维修。该合理期限应当根据租赁物的损坏程度、承租人需要维修的紧迫程度以及出租人的维修能力等具体情况确定。出租人应当在承租人提出的合理期限内履行对租赁物的维修义务，以满足承租人使用租赁物的需求。

出租人无正当理由在催告确定的合理期限内没有对租赁物进行维修的，构成不履行维修义务，承租人可以自行修理。由于维修租赁物是出租人的义务，出租人未尽其义务，由承租人代为履行的，由此支出的费用应当由出租人负担，承租人已经垫付的，有权要求出租人偿还，或要求抵扣租金。同时，出租人不履行维修义务，任凭租赁物部分或全部毁损、灭失，致使承租人无法实现合同目的，构成根本违约，承租人可依据本法的有关规定，解除合同并请求出租人承担违约责任。

对于租赁物毁损的原因是否影响出租人的维修义务，法学理论界存在不同的看法。肯定说认为，承租人因违反保管义务或侵权行为对租赁物造成损害时，应当承担赔偿责任，但金钱赔偿不同于维修，故出租人仍负有维修义务，而承租人仅负有损害赔偿义务。否定说则指出，承租人正当使用租赁物发生毁损时，维修义务理应由出租人承担；但在承租人故意或过失毁损租赁物的情形下，如果仍由出租人负担维修义务，那么在出租人为维修以前，承租人可以拒绝支付租金，这有悖于诚信原则，因此维修义务应由承租人承担。上述两种学说的根本差异在于，如何理解维修义务与维修费用以及损害赔偿义务之间的关系。否定说将维修义务的承担和维修费用的负担捆绑在一起考虑，而肯定说视维修义务为单纯的消除租赁物瑕疵的义务，至于维修费用，则由造成租赁物毁损的过错一方承担。由此，只要租赁物出现瑕疵，就应由出租人加以消除。目前中国海峡两岸的学者多持否定说，认为在非因承租人的过错所致的情形下，出租人才负有维修租赁物的义务，因承租人的过错致使租赁物需要维修的，则由承租人承担维修义务，本条规定采用这一观点。承租人拒不履行维修义务，造成租赁物毁损、灭失的，应当按照本法的有关规定，承担损害赔偿责任。

第七百一十四条　承租人应当妥善保管租赁物，因保管不善造成租赁物毁损、灭失的，应当承担赔偿责任。

条文主旨

本条是关于承租人妥善保管租赁物的义务的规定。

条文解读

妥善保管租赁物也是承租人的主要义务之一。保管的义务源自承租人对租赁物享有的占有和使用权，租赁物的所有权并不归属于承租人，出租人的财产在承租人的占有、使用之下，产生了承租人的保管义务。一方面，妥善保管租赁物有利于承租人在租赁期限对租赁物的充分使用；另一方面，承租人在使用完毕后要将租赁物返还出租人，返还时的租赁物应当符合租赁物在使用前的状态或者性能。所谓“妥善保管”，在比较法上叫作“尽善良管理人之注意”，《意大利民法典》叫作“奉行善良家父般的勤谨注意”。通俗地说，就是要把该租赁物当成自己的财产加以保管。承租人的保管义务应包括以下几个方面内容：

1. 按照约定的方式或者租赁物的性质所要求的方法保管租赁物，如租赁物是机器设备，就应将其放置在厂房里，而不应露天摆放。租赁物是电脑的，在使用后应关掉电源开关等。

2. 按照租赁物的使用状况进行正常的维护。很多租赁物需要经常进行保养维护，如果不进行经常的维护，就难以保证正常的运转。例如，汽车应当经常加机油，经常进行保养，才能保证正常使用。对于租赁物正常维护的费用有两类：一是为维护物的使用、收益能力所支付的费用，如机器设备上的润滑油，汽车使用的汽油、机油等，这部分费用一般应由承租人负担；二是为了维持租赁物的使用、收益状态所支出的费用，如房屋的维修费用、汽车换胎的费用、机器设备更换零部件的费用等，应当由出租人负担。

3. 通知和协助。租赁期限内，租赁物有瑕疵并影响承租人正常使用时，承租人应及时通知出租人，并采取积极措施防止损坏的扩大。有时租赁物发生故障来不及要求出租人维修，如果承租人有能力，也有可能先行对其进行维修，承租人应当先行维修，维修的费用由承租人先垫付，之后可向出租人追偿或者在租金里扣除。承租人绝不能因维修义务应由出租人负担就对租赁物坐视不管，这样就没有尽到善良管理人的义务。

承租人如果没有对租赁物尽到上述妥善保管的义务，造成租赁物毁损、灭失的，应当承担损害赔偿责任。

第七百一十五条 **承租人经出租人同意，可以对租赁物进行改善或者增设他物。**

承租人未经出租人同意，对租赁物进行改善或者增设他物的，出租人可以请求承租人恢复原状或者赔偿损失。

条文主旨

本条是关于承租人对租赁物进行改善或增设他物的规定。

条文解读

所谓改善是指对租赁物并不改变其外观形状，而是对其性能进行改良。如租用的汽车由原来的化油器改装为电喷的，使汽车的性能更符合环保的要求。所谓增设他物，也叫添附，是指在原有的租赁物上又添加另外的物，如在汽车上安装音响设备、在房屋里安装空调等就是添附。

有时，承租人为了使租赁物充分有效地发挥作用，需要对租赁物进行改善或者添附，但承租人对租赁物只是享有占有、使用的权利，而不具有处分权，因此，他不能擅自在租赁物上进行拆改或者添附。承租人需要对租赁物进行改善或者添附时，须先同出租人协商，在征得出租人的同意后方能对租赁物进行改善或添附。如对租赁的房屋进行装修、为租用的汽车安装防盗器等。

承租人未经出租人同意对租赁物进行改善、增设他物的，承租人不但不能要求出租人返还所支付的费用，反过来出租人可以要求承租人恢复原状或者赔偿损失。

第七百一十六条　承租人经出租人同意，可以将租赁物转租给第三人。承租人转租的，承租人与出租人之间的租赁合同继续有效；第三人造成租赁物损失的，承租人应当赔偿损失。

承租人未经出租人同意转租的，出租人可以解除合同。

条文主旨

本条是关于承租人对租赁物的转租的规定。

立法背景

承租人是否有对租赁物的转租的权利，各国规定不尽一致，大致有三种类型：第一种类型是未经出租人同意不得将租赁物转租给第三人。如《日本民法典》规定，租用人未经出租人同意，不得将其权利出让或将其租用物转租。采取这种规定的理由是，租赁物的所有权不属于承租人，承租人无权处分租赁物，如果他要处分须经有处分权的人同意，这是交易的最基本的条件，也是为了保护交易安全。因为无处分权的民事行为是一种效力待定的行为，它的效力是不确定的，一旦有处分权人予以否认，该行为立即归于无效，因此，允许承租人随意转租，既不利于保护出租人的利益，也不利于保护第三人的利益。第二种类型是承租人能否转租，因区分动产租赁和不动产租赁而不同，动产租赁的转租须经出租人同意，不动产租赁则另有规定。如《意大利民法典》规定，除有相反的约定，承租人有将租赁物让渡他人的转租权，但是未经出租人同意不得转卖契约。涉及动产物时，转租应当由出租人授权或者与惯例相符。第三种类型是规定当事人有转租的权利，但租赁契约有禁止的约定者，不在此限。采用这种规定的理由是，租赁合同并不以转移标的物所有权为内容，也并不以出租人对租赁物有所有权为必要。所以承租人可以将租赁物转租他人，除非当事人事先约定不准转租。

本法采用的是第一种类型，这是因为在我国实践中，尤其是在房屋租赁市场，有人为了牟取暴利，将租来的房屋层层转租，致使住房的租金过高，侵害了房屋所有人的利益，也不符合习近平总书记在党的十九大报告中所强调的“房子是用来住的”这一定位。为了规范上述现象，本条规定，承租人将租赁物转租他人的，必须经出租人同意。

条文解读

转租，是指承租人将租赁物转让给第三人使用、收益，承租人与第三人形成新的租赁合同关系，而承租人与出租人的租赁关系继续合法有效的一种交易形式。

转租包括经出租人同意和未经出租人同意两种情况：

一、经出租人同意的转租

经出租人同意的转租包括两种情形：一是在租赁合同订立时明确约定承租人有权出租租赁物；二是在租赁期限内承租人征得出租人同意将租赁物转租。根据本法第718条的规定，承租人事前未经出租人同意，事后出租人知道或者应当知道，但是在6个月内未提出异议的，也可以视为经出租人同意的转租。

经出租人同意的转租是有效的，但由于在同一租赁物上出现了三个当事人、两个合同关系，即出租人、承租人、第三人也可称为次承租人，这三人之间的法律关系必须明确。按照本条的规定经过转租的租赁合同当事人的关系应为：第一，出租人与承租人之间的关系不因转租而受影响，继续有效，承租人仍然应向出租人承担支付租金、在租赁期限届满时返还租赁物的义务。因次承租人的行为造成租赁物损失的，承租人仍然要对出租人负责。第二，虽然次承租人与出租人之间没有合同关系，次承租人可以直接向出租人支付租金，出租人不得拒绝。第三，在租赁合同终止或者被解除时，承租人与次承租人之间的租赁关系也随之终止。因为这个次承租合同的订立是以前一个租赁合同为基础的。

二、未经出租人同意的转租

本条规定，未经出租人同意转租的，出租人可以解除合同。因为承租人未经出租人同意擅自将租赁物转租他人，直接破坏了出租人对承租人的信任，也直接损害了出租人对租赁物的所有权或处分权，同时造成多层次的对租赁物的占有关系，增加了出租人要求返还租赁物的困难或使出租物的毁损程度加重，所以出租人有权解除合同。

第七百一十七条　承租人经出租人同意将租赁物转租给第三人，转租期限超过承租人剩余租赁期限的，超过部分的约定对出租人不具有法律约束力，但是出租人与承租人另有约定的除外。

条文主旨

本条是关于转租期限的规定。

条文解读

承租人经出租人同意将租赁物转租给第三人后，出租人与承租人的原租赁合同仍然有效，承租人同样需要承担原租赁合同中约定的权利义务；转租人（承租人）与次承租人之间按照新租赁合同中的约定行使自己的权利义务。原则上，根据“一方不能把自己不享有的权利转给第三方”的法理，转租合同中对次承租人权利的约定不能超过原租赁合同中的承租人所享有的权利。

转租合同中，对于超过原租赁合同权利的部分是否有效，学界大致存在两种观点：绝对无效说和相对无效说。绝对无效说认为超过承租人所享有的权利进行违法转租的合同无效或部分无效，认为违法转租行为违背了出租人的利益，客观上加大了出租人的监督成本，因此在法律上规定违法转租的合同无效有利于实现对承租人的震慑和对出租人利益的保护。相对无效说以日本学者我妻荣的观点为代表，他认为租赁权本身的构成具有两面性：债权债务的契约和用益租赁物的租赁权，转租必须以此为基础进行思考。认为转租合同可以有效成立，但次承租人对出租人是否能有效取得权利，则根据出租人的承诺的有无而定。也有学者从民法自治和合同效果方面来论述，主张违法转租行为有效对于次承租人能给予更好的保护，因为次承租人可以根据该合同向承租人主张违约责任。违法转租是承租人的权利瑕疵担保问题，不应由无过错的次承租人承担责任。

本条规定采用相对无效说，规定转租合同中约定的转租期限超过承租人剩余租赁期限的，该约定只要不存在本法规定的无效事由即为有效，次承租人也因此取得相应权利，但该权利仅对出租人不产生法律约束力。原租赁合同期限届满后，出租人可以要求次承租人限期返还租赁物，次承租人则可依据转租合同的约定向承租人主张违约责任。

第七百一十八条　出租人知道或者应当知道承租人转租，但是在六个月内未提出异议的，视为出租人同意转租。

条文主旨

本条是关于出租人同意转租的规定。

条文解读

出租人同意承租人转租后，将对出租人、承租人和次承租人都产生一定的法律后果，因此出租人将该同意的意思表示于外的行为，属于意思表示。根据本法第140条的规定，行为人可以明示或者默示作出意思表示。沉默只有在有法律规定、当事人约定或者符合当事人之间的交易习惯时，才可以视为意思表示。所谓明示的意思表示，就是行为人以作为的方式使得相对人能够直接了解到意思表示的内容。以明示方式作出的意思表示具有直接、明确、不易产生纠纷等特征。所以实践中，明示的意思表示是运用得最为广泛的一种形式。比较典型的是表意人采用口头、书面方式直接向相对人作出的意思表示。所谓默示的意思表示，是指行为人虽没有以语言或文字等明示方式作出意思表示，但以行为的方式作出了意思表示。这种方式虽不如明示方式那么直接地表达出意思表示的内容，但通过其行为可以推定出其作出一定的意思表示。例如，某人向自动售货机投入货币的行为即可推断其作出了购买物品的意思表示。又比如某人乘坐无人售票的公交车时，其投币行为就可以视为其具有缔结运输合同的意思表示。意思表示原则上都需要以明示或者默示的方式作出。但是在现实生活中也会出现一种特殊情形，即行为人作出意思表示时既无语言等明示方式，也无行为等默示方式，但在一定条件下仍可视为意思表示。这种情形就是以沉默的方式作出的意思表示。沉默是一种既无语言表示也无行为表示的纯粹的缄默，是一种完全的不作为，从法学理论和比较法来看，原则上纯粹的不作为不能视为当事人有意思表示，只有在有法律规定、当事人约定或者符合当事人之间的交易习惯时，才可以视为意思表示。本条规定的出租人明知承租人转租，但在6个月内不提出任何异议的不作为，就是一项法律关于沉默的意思表示的特殊规定。

房屋租赁关系的基础是出租人对承租人的了解和信任。如果承租人擅自转租，不仅会破坏出租人对承租人的信任，而且还将减弱出租人对租赁物的控制，增加租赁物被毁损以及不能收取租金的风险，因此本法规定承租人转租应当经过出租人的同意或追认。但是，如果出租人明知承租人转租的事实，却不明确表示追认或提出异议，将使承租人和次承租人的利益长期陷入不稳定状态，不利于社会的和谐、稳定和发展。同时也要考虑到，租赁物在租赁期限内完全处于承租人的实际控制下，出租人往往难以及时发现租赁物被违法转租的事实。对于价值较高的租赁物，出租人往往还需要考察次承租人的资质、能力和背景等方能作出是否同意转租的决定。基于此，本条规定赋予了出租人一定的期限，即自知道或应当知道承租人转租的事实之日起6个月。在6个月内未提出异议的，视为出租人同意转租。

第七百一十九条　承租人拖欠租金的，次承租人可以代承租人支付其欠付的租金和违约金，但是转租合同对出租人不具有法律约束力的除外。

次承租人代为支付的租金和违约金，可以充抵次承租人应当向承租人支付的租金；超出其应付的租金数额的，可以向承租人追偿。

条文主旨

本条是关于次承租人的代为清偿权的规定。

条文解读

承租人经出租人同意转租的，承租人与次承租人之间形成新的租赁关系，而出租人与承租人之间的原租赁关系不受影响，继续合法有效。根据严格的合同的相对性原则，承租人向出租人承担支付租金的义务，次承租人向承租人承担支付租金的义务。次承租人与出租人之间不存在合同关系，故而次承租人本不应向出租人支付租金。但是，本法第524条第1款规定："债务人不履行债务，第三人对履行该债务具有合法利益的，第三人有权向债权人代为履行；但是，根据债务性质、按照当事人约定或者法律规定只能由债务人履行的除外。"也就是说，第三人对债之履行有利害关系时，无须债务人或债权人的同意即可代为履行债务，债权人不得拒绝。这一规定是由债权的财产性决定的，债权人要满足其债权，没有必要必须限于债务人本人作出履行，只要给付可以满足债权的财产价值即可。

在承租人无正当理由未支付或者延迟支付租金时，出租人享有法定解除合同的权利，因此次承租人对租赁物的占有、使用和收益的权利是否能够得到保障完全取决于承租人对出租人义务的履行，此时次承租人承担着过大的风险。承租人是否向出租人履行支付租金的义务，直接关系着次承租人对租赁物的占有、使用和收益，出租人因承租人未支付租金而解除与承租人订立的租赁合同后，要求收回租赁房屋，这对次承租人于占有物的继续使用造成了障碍，也妨碍了合同目的的实现。出租人解除合同后收回租赁房屋对次承租人有权占有并使用该租赁房屋形成了利害关系，即次承租人对该债务的履行具有"合法利益"，应解释于第三人清偿范围内。并且租金属于金钱之债，不具有只能由承租人履行的性质，因此次承租人有权向出租人代为履行，出租人不得拒绝。因此，次承租人代为支付承租人拖欠的租金和违约金的行为，属于第三人清偿之债的具体类型。

实际上，法定解除权的设置主要在于维护出租人在租赁合同中的重大利益，即保障出租人能够如约收取租金，因而本条规定由完全具备支付能力的次承租人代为支付，不仅可以增加次承租人权利的稳定性，增强对出租人收取租金的权利的保障，还可以防止出租人和承租人恶意串通损害次承租人的利益。

根据本法第 524 条第 2 款的规定，债权人接受第三人履行后，其对债务人的债权转让给第三人，但是债务人和第三人另有约定的除外。次承租人代向出租人支付承租人拖欠租金和违约金后，依据债权转让规则，出租人对承租人的租金债权转让给次承租人，次承租人应当通知承租人，次承租人可以要求承租人减少租金、在承租人的剩余租赁期限内延长租期或要求承租人偿还该租金和违约金。

当然，未经出租人同意转租的，在租赁合同未解除的情况下，转租合同对出租人不具有法律约束力。第三人对租赁物的占有属于无权占有，作为所有权人的出租人有权随时要求该第三人返还租赁物，故该第三人对租赁物并不具有合法权利，对该租金债务的履行不具有“合法利益”，出租人有权拒绝其代为履行的请求。

第七百二十条　在租赁期限内因占有、使用租赁物获得的收益，归承租人所有，但是当事人另有约定的除外。

条文主旨

本条是关于租赁物的收益归属的规定。

条文解读

本条中的收益是指承租人因占有、使用租赁物而获得的效益。收益包括两类：一类是因为占有租赁物而产生的收益；另一类是使用租赁物而产生的收益，如承租人从房屋租赁的转租中收取的超额租金，承租人租用汽车经营货物运输获得的收益等。除当事人在合同中另有约定外，租赁期限内承租人占有使用租赁物获得的收益归承租人所有。这样规定是由租赁合同的性质决定的。租赁合同是出租人将租赁物交付承租人使用、收益，承租人支付租金的合同，承租人不仅享有租赁物的使用权，还包括收益权。在有些情况下，承租人重视的是租赁物的使用价值，租赁本身并不产生收益，如承租人为居住而租赁房屋、家具等；但在有些情况下，承租人租赁的直接目的就在于收益，如为生产经营租赁机器设备、租赁房屋等。在《意大利民法典》中专门规定了一类叫作产生孳息的物品租赁，即以动产或不动产生孳息的物品为租赁的标的物。承租人对租赁物的使用是以支付租金为代价的，所以就其租赁物的占有、使用而获得的收益，应当享有所有权。

第七百二十一条 **承租人应当按照约定的期限支付租金。对支付租金的期限没有约定或者约定不明确，依据本法第五百一十条的规定仍不能确定，租赁期限不满一年的，应当在租赁期限届满时支付；租赁期限一年以上的，应当在每届满一年时支付，剩余期限不满一年的，应当在租赁期限届满时支付。**

条文主旨

本条是关于租金支付期限的规定。

条文解读

支付租金是承租人的主要义务。租金支付期限是出租人能够及时收取租金的依据。为避免合同履行中发生纠纷，一般租赁合同中应明确约定租金支付期限。租金的支付期限是合同的主要条款，关系到租金支付的时间，当事人在合同中应当尽量约定明确。租金的支付期限可以按年、月、日计算，也可以按小时计算。租金的支付可以是一次支付，也可以是分期支付；一次支付可以是事前支付，也可以在租赁期限届满之后一次支付，这些都由双方当事人在合同中约定。当事人应当严格按照合同约定的期限支付租金。

在实际生活中，一些当事人在订立合同时由于种种原因，未约定租金支付期限或约定得不明确，给合同的履行带来了一定的困难，这就需要当事人进行进一步的协商，如果能够达成补充协议，承租人应当按照补充协议中约定的支付期限支付租金。如果不能达成补充协议，且依据合同的有关条款和交易习惯也不能确定的，按照本条的规定可依据下述方法确定支付期限：

1. 租赁期限不满 1 年的，租金应当在租赁期限届满时支付。如当事人在租赁合同中约定租期为 6 个月，则承租人应当在 6 个月届满时支付全部租金。

2. 租赁期限 1 年以上的，应当在每届满 1 年时支付，剩余期限不满 1 年的，应当在租赁期限届满时支付。如当事人在 2005 年 5 月订立了一个房屋租赁合同，租期为 4 年 6 个月，承租人就应在今后 4 年的每年 5 月向出租人支付租金，到 2009 年 5 月即满 4 年时，租期还有 6 个月，最后一次租金的支付时间应为 2009 年 11 月。

第七百二十二条 **承租人无正当理由未支付或者迟延支付租金的，出租人可以请求承租人在合理期限内支付；承租人逾期不支付的，出租人可以解除合同。**

条文主旨

本条是关于承租人违反支付租金义务的法律后果的规定。

条文解读

承租人应当按照合同约定的时间、金额、方式向出租人支付租金，这是因为承租人取得租赁物的使用权是以支付租金为代价的。出租人出租租赁物的目的就是收取租金，承租人能按时足额支付租金，出租人通过让渡财产使用权而获得租金收入的合法权利才能得到保障。

本条规定，承租人在租赁期限内无正当理由不得拒付和迟延支付租金。所谓正当理由包括以下几种情况：一是因不可抗力或意外事件，使租赁物部分或者全部毁损、灭失的，承租人已无法对租赁物使用、收益，承租人可以请求不支付租金。二是因出租人没有履行义务，如交付的租赁物不符合约定的使用要求；在租赁期限内租赁物出现质量问题，出租人不尽维修义务的。三是因承租人本身发生一些意外事件致使其暂时无力支付租金。例如，用于居住的房屋租赁的承租人因生重病住院，经济上出现暂时困难，无力支付到期租金。在这种情况下，可以请求出租人适当延缓交付。

承租人无正当理由未支付或迟延支付租金是一种违约行为，当然要承担一定的违约责任。承租人不支付租金虽然是一种根本违约行为，但出租人并不一定要马上解除合同，为了保持合同的稳定性，可以给承租人对违约的补救机会。因此，本条规定，出租人可以通知承租人，要求其在合理的期限内支付。该合理期限应当根据到期租金的数额、承租人的支付能力以及出租人的经济状况等因素来确定。承租人经催告后在合理的期限内仍不支付租金的，出租人可以解除合同。迟延交付租金的，各国法律一般都对出租人规定一个催告时间，在经催告后承租人仍不交付的，出租人可以解除合同。

租赁合同被解除后，租赁期限尚未届满的，合同终止履行，承租人应返还租赁物，承租人欠付的租金以及对出租人造成的损害，应当进行清算。

第七百二十三条　因第三人主张权利，致使承租人不能对租赁物使用、收益的，承租人可以请求减少租金或者不支付租金。

第三人主张权利的，承租人应当及时通知出租人。

条文主旨

本条是关于出租人的权利瑕疵担保责任的规定。

条文解读

所谓出租人的权利瑕疵担保，是指出租人担保第三人不能就租赁物主张任何权利。权利瑕疵担保责任是指当第三人对租赁物主张权利时，出租人所应承担的责任。权利瑕疵担保责任的构成要件为：第一，权利瑕疵在合同成立时已存在；第二，相对人不知有权利瑕疵的存在，如果在订立合同时相对人明知行为人对该物无处分权而与之订立合同，相对人不能作为善意相对人而享受对对方的权利的瑕疵担保的要求；第三，权利瑕疵在合同成立后仍未能排除，如果在合同成立时，虽有权利瑕疵，但在合同成立后，行为人取得了该物的处分权，则应视为权利瑕疵已经除去。

出租人承担权利瑕疵担保责任的条件为：

1. 因第三人向承租人主张权利。第三人主张权利可以是第三人作为租赁物的所有人主张出租人对租赁物无处分权，该租赁合同无效；也可以是第三人作为租赁物的抵押权人，在义务人不履行义务时，要求实现其抵押权。在这种情况下，势必影响承租人对租赁物的使用、收益。

2. 第三人主张权利，妨碍承租人对租赁物的使用和收益。如第三人主张抵押权的实现时，因其涉及对租赁物实体的处置，则会妨碍承租人对租赁物的使用。

3. 承租人在订立合同时不知有权利瑕疵，如承租人在订立合同时明知出租人对该租赁物没有处分权，而自愿承担第三人主张权利的风险，出租人不负瑕疵担保责任。

在第三人主张权利时，除出租人已经知道第三人主张权利外，承租人应当及时通知出租人，如承租人怠于通知致使出租人能够救济而未能及时救济的，则出租人对承租人的损失不负赔偿责任。承租人及时通知出租人，出租人对第三人主张权利不能排除的，承租人事实上对租赁物已无法使用、收益，这时，承租人有权请求减少租金或不支付租金。

第七百二十四条　有下列情形之一，非因承租人原因致使租赁物无法使用的，承租人可以解除合同：

（一）租赁物被司法机关或者行政机关依法查封、

扣押；

（二）租赁物权属有争议；

（三）租赁物具有违反法律、行政法规关于使用条件的强制性规定情形。

条文主旨

本条是关于非因承租人原因致使租赁物无法使用时承租人的法定解除权的规定。

条文解读

根据解除权行使主体不同分为承租人享有法定解除权和出租人享有法定解除权的情形，本条规定的是承租人享有法定解除权的情形。综合本法的相关规定，承租人享有法定解除的情形如下：一是因不可抗力致使不能实现合同目的的；二是出租人未按约定交付租赁物，经承租人催告在合理期限内仍拒不交付租赁物的；三是因不可归责于承租人的事由致使租赁物部分或全部毁损、灭失，致使合同目的不能实现的；四是不定期租赁，承租人有权随时解除合同；五是租赁物危及承租人安全或健康的，即使承租人订立合同时明知该租赁物质量不合格，承租人仍有权随时解除合同；六是司法机关或者行政机关依法查封租赁房屋导致承租人不能使用的；七是租赁物权属有争议导致承租人不能使用的；八是不符合建筑法、消防法等法律关于房屋使用条件的强制性规定并导致承租人不能使用的；九是一物数租之有效合同不能实际履行的。

在出现租赁房屋被司法机关或者行政机关依法查封、权属有争议，或者具有违反法律、行政法规（主要包括违反建筑法、消防法等）关于房屋使用条件强制性规定情况任何一种情形时，承租人的合同解除权并非任意的，还须具备一个必要前提，即该情形的出现导致“租赁房屋无法使用”。所谓“无法使用”是指无法按照租赁房屋的约定用途使用，或者无法按照租赁房屋的性质使用。

当租赁物是房屋时，司法机关对房屋的查封，实务中有“活封”和“死封”之分，其中“死封”是指房屋被查封后不仅其处分权受到限制，而且丧失了使用、管理权，权利人只有妥善保管的义务；而“活封”则相反，房屋被查封后，权利人仍享有对房屋的使用、管理和收益权，仅处分权受限。实践中，租赁房屋被查封，如果是由于出租人的原因，承租人在要求解除合同的同时也可要求出租人赔偿损失；如果是由于承租人的原因，出租人因此遭受损失的，出租人除了可以提起反诉要求承租人赔偿损失以外，也可另行起诉要求承租人赔偿损失。当租赁物是动产时，查封、扣押动产的，人民法院可以直接控制该项财产。人民法院将查封、扣押的动产交付其他人控制的，应当在该动产上加贴封条或者采取其他足以公示查封、扣押的适当方式。

当租赁物的权属存在争议时，意味着出租人可能不是租赁物的所有权人，即使租赁合同可以拘束名义上的出租人，但是无法拘束真正的所有权人。尽管也存在出租人是真正的所有权人的可能，但是也许承租人不想冒这个险，因此法律上应允许其合理规避风险，解除合同。

第七百二十五条 **租赁物在承租人按照租赁合同占有期限内发生所有权变动的，不影响租赁合同的效力。**

条文主旨

本条是关于买卖不破租赁的规定。

立法背景

我国《合同法》第229条中对买卖不破租赁也作出规定："租赁物在租赁期间发生所有权变动的，不影响租赁合同的效力。"但该条规定存在一个重大问题，即租赁合同的真实签订时间难以确定，司法实践中出现了大量的倒签租赁合同去损害房屋买受人（所有权人）利益的情形，所以以租赁合同签订的时间点来确认承租人和所有权人的权利何者优先会存在极大的道德风险，引发司法实践中的诸多问题。

所以为了避免这一问题的发生，民法典对这一规定进行了修改，修改的核心在于使买卖不破租赁规则中租赁的时间点显形化，必须是一个有对外公示可能性的时间点。但在处理这一问题时引发了争议，争议点在于租赁合同对外公示的时间点到底以何种规则确定，立法过程中存在两种观点：第一种方案是以承租人占有使用租赁物的时间点作为租赁合同对外公示的起算点；第二种方案是以我国正在推行中的房屋租赁备案登记为起算点。这两种方法都能解决前述问题，第二种方案相比第一种方案来说登记的时点更易于确认。但假如采用第二种方案会使得我国司法实践面临难题，即现阶段我国绝大部分房屋租赁都未进行备案登记。如果在民法典中直接采用第二种方案将会导致我国现阶段绝大部分承租人不再受"买卖不破租赁"规则的保护，如此则担心引发社会问题。虽然民法典为了优化营商环境，在融资租赁、所有权保留等环节中都引入了登记，但那些环节中要求进行登记的主体都是商人，如果在“买卖不破租赁”规则中也引入登记，可能会对普通百姓造成过重的负担。经过平衡取舍后，选择了相对折中的方案，即前述第一种方案。

这一改动实际上也间接对房屋买受人提出了一个新的要求，即在签订买卖合同之前实地调查房屋的实际占有使用状况，否则其权利就有可能被在先占有适用的租赁期所限制。这一选择固然增加了买受人的调查成本，但从另一方面表现出房屋更强的住宅属性，而非金融属性，这和“房子是用来住的，不是用来炒的”的定位也是相符的。

条文解读

本条的规定体现了租赁权的物权化。所谓物权化，是指在承租人依据租赁合同占有租赁物期限内，承租人对租赁物的占有使用可以对抗第三人，即使是该租赁物所有权人或享有其他物权的人也不例外。

本条主要规定的是租赁物的所有权发生变动时，租赁合同的效力问题。在租赁合同中有一个基本的制度叫“买卖不破租赁”。买卖不破租赁，是指当出租人在租赁合同有效期内将租赁物的所有权转让给第三人时，租赁合同对新所有权人有效。关于这个原则，各国家和地区的民法都有所体现，但不尽相同，有的规定，只有对不动产租赁或经过登记的动产租赁才适用该项原则。如《意大利民法典》规定，如果在租赁物转让前已有明确的租赁契约，则租赁契约得对抗第三买受人。在买受人善意取得占有的情况下，前款规定不适用于不在公共登记处登记的动产。有的国家规定，买卖不破租赁只适用于不动产。如《法国民法典》规定，如出租人出卖租赁物时，买受人不得辞退经公证作成或有确定日期的租赁契约的房屋或土地承租人。《日本民法典》也规定，不动产的租赁契约进行登记时，而后对于其不动产取得物权者，也生效。还有的规定，不论是动产租赁还是不动产租赁，都适用买卖不破租赁的原则。如我国台湾地区“民法”规定，出租人于租赁物交付后，纵将其所有权让与第三人，其租赁契约，对于受让人仍继续存在。

买卖不破租赁并不限于出租人出售租赁物的行为，还应包括赠与以及遗赠、互易甚至将租赁物作为合伙投资等情况，上述情况都会涉及租赁物的所有权变动问题。本条规定中“不影响租赁合同的效力”是指承租人依据租赁合同占有租赁物期限内发生所有权变动后，其设定在该租赁物上的租赁权仍然存在，承租人与受让人之间无须另行订立租赁合同，受让人在受让该租赁物的所有权时就与承租人产生了租赁合同关系，成为一个新的出租人，继承原出租人的权利和义务，受让人要受该租赁合同的约束。如果出租人没有将所有权变动的事项通知承租人，承租人向原出租人支付的租金效力及于受让人。

特别需要指出的是，本条规定与本法物权编第 405 条“抵押不破租赁”规则形成呼应，两者按同一思路修改。

第七百二十六条　出租人出卖租赁房屋的，应当在出卖之前的合理期限内通知承租人，承租人享有以同等条件优先购买的权利；但是，房屋按份共有人行使优先购买权或者出租人将房屋出卖给近亲属的除外。

出租人履行通知义务后，承租人在十五日内未明确表示购买的，视为承租人放弃优先购买权。

条文主旨

本条是关于房屋租赁的承租人对租赁的房屋行使优先购买权的规定。

条文解读

优先购买权，是指民事主体在特定买卖的同等条件下，依法享有优先于他人购买财产的权利。实践中，优先购买权主要包括以下几种类型：共有人的优先购买权、专利委托人及合作人的优先购买权、公司股东的优先购买权以及房屋承租人的优先购买权等。由此可见，房屋承租人优先购买权是优先购买权中的一种。承租人的优先购买权则是指承租人在出租人出卖租赁物时，在同等条件下优先购买该租赁物的权利。根据本条规定，明确表明了房屋承租人优先购买权的权利主体是特定的人，即租赁了房屋的承租人，权利客体是承租人所租赁的房屋，行使权利的时间是在承租人知道出租人向外出售其所租赁的房屋之时。

承租人优先购买权的适用条件包括以下几个方面：

1. 存在合法有效的房屋租赁合同关系。也即两者之间的房屋租赁合同依法成立并生效。根据本法对合同成立的相关规定，房屋租赁合同依法成立并生效一般需要满足以下几个条件：其一，房屋租赁合同签订时，房屋出租人与承租人均属于完全民事行为能力人；其二，房屋出租人有权出租该房屋，且该房屋不属于未经政府建设行政相关部门批准或未按照其批准范围所建设的临时建筑，不属于未取得建设工程规划许可证或未按照该许可证规划而建立的房屋，如果房屋出租人在法院一审庭审辩论之前能够补正上述批准、获得或者变更建设许可证，则仍然将该房屋视为可出租房屋；其三，房屋租赁合同的内容系房屋出租人及承租人真实的意思表示，且合同内容不属于民法典规定的无效情形。在审查房屋租赁合同是否成立并有效时，除了对房屋租赁合同进行外观形式审查之外，还需要对双方当事人之间是否存在房屋租赁意思表示进行审查，若双方当事人之间并不存在真实的房屋租赁意思表示，则双方之间不存在房屋租赁关系，此种情形下房屋租赁合同中的承租人并不当然享有在同等条件下对该租赁房屋的优先购买权。此外，实践中存在房屋出租人与多个承租人签订房屋租赁合同的“一房数签”情况。在此种情况下，只要不存在合同无效的情形，房屋出租人与承租人之间的房屋租赁合同均有效。但并非所有承租人均享有出租人出售房屋时以同等条件优先购买的权利，承租人优先购买权应由实际房屋承租人享有，而不能取得租赁房屋的承租人只能要求房屋出租人按照租赁合同约定承担违约损害赔偿责任，而不得主张优先购买权。

2. 在同等条件下行使。所谓同等条件，是指承租人与其他购买人在买卖条件上等同，要综合考虑价格的多少、付款期限的长短、一次付清还是分期付款、有无担保等因素。在非同等条件下，承租人不能享有优先购买权。房屋承租人优先购买权制度的初衷是在不损害房屋出租人实质利益的情况下，维护承租人居住或生产经营的稳定。

3. 必须在一定期限内行使。如果出租人通知承租人将要出卖租赁的房屋，并提出了一定的期限，而承租人在合理期限内没有购买的意思表示，则优先购买权丧失。这说明承租人并不想购买该房屋，也就没有保护的必要了。对承租人优先购买权的行使期限加以限制是基于促进经济正常运转、交易安全的同时，保护出租人和承租人双方各自利益的考虑。

同时，本条也规定了房屋承租人优先购买权行使的限制情形：

1. 共有人的优先购买权与承租人优先购买权行使的竞合。共有分为按份共有和共同共有，在共同共有关系中，房屋出租人未经全体共有人同意不得出售该共有房屋，共同共有人无行使优先购买权的必要。而在按份共有关系中，若房屋出租人所占份额超过三分之二，则其有权决定出售该共有房屋，此时必然会对其他按份共有人的利益造成一定影响。同时，本法物权编第305条规定，按份共有人在同等条件下也享有优先购买权。从表面上看，似乎有可能出现同一标的物上承租人的优先购买权和按份共有人的优先购买权的冲突。但是仔细分析会发现，两种优先购买权针对的标的物是不同的。按份共有人的优先购买权针对的是其他共有人的共有份额；而承租人的优先购买权针对的是租赁标的物本身。所以实际上，二者并不会真正发生冲突。当涉及按份共有人的优先购买权时，此时讨论的是份额买卖问题，根本就不会触发承租人的优先购买权。当然，仅从结果上看，确实是按份共有人的优先购买权可以优先行使。本条将按份共有人行使优先购买权作为承租人行使优先购买权的例外，直接在条文文字层面点明此点，从而避免实践中引发不必要的争议。

2. 近亲属之间的房屋买卖具有浓厚的人身色彩，与纯粹的买卖关系有很大区别。我国是亲情和人情关系极为浓厚的熟人社会，在社会主义市场经济往来中，人们既注重经济效益，也注重人与人之间的情感关系，出租人将租赁房屋出售给近亲属时同样也会夹杂这种情感关系，其与纯粹意义上的买卖关系之间存在区别，主要体现在低于正常价格出售房屋、延长交易付款期限等，其无法作为承租人优先购买权行使的同等条件。故本条确认出租人将租赁房屋出卖给近亲属的，承租人不得主张优先购买权。

承租人享有优先购买权就要求出租人在出卖租赁房屋时应当在出卖之前的合理期限内通知承租人，给承租人考虑是否购买该房屋的时间。承租人在接到通知后应及时答复，若承租人接到通知后15日内未明确表示购买的，则自动丧失优先购买权，这是基于不动产交易秩序和交易安全所做的考虑。

第七百二十七条　出租人委托拍卖人拍卖租赁房屋的，应当在拍卖五日前通知承租人。承租人未参加拍卖的，视为放弃优先购买权。

条文主旨

本条是关于承租人优先购买权程序性保障的规定。

条文解读

拍卖的特质导致其与承租人的优先购买权存在一定冲突，由于优先购买权，有一定的优先效力，在拍卖程序亦不例外。《最高人民法院关于人民法院民事执行中拍卖、变卖财产的规定》第16条规定："拍卖过程中，有最高应价时，优先购买权人可以表示以该最高价买受，如无更高应价，则拍归优先购买权人；如有更高应价，而优先购买权人不作表示的，则拍归该应价最高的竞买人。"此所谓"跟价法"。

在拍卖负担有优先购买权的租赁房屋时一般遵循如下程序：

1. 拍卖通知，出租人在拍卖5日前以书面或者其他能够确认收悉的适当方式，通知优先购买权人于拍卖日到场。

2. 优先购买权人应按照拍卖通知或拍卖公告的要求，与其他竞买人一样进行竞买登记、缴纳竞买保证金，在拍卖日到场参加竞拍。

3. 举牌应价，若优先购买权人在出现最高应价时表示以该最高价买受，如无更高应价，则拍归优先购买权人；若优先购买权人未作出以该价格购买的意思表示，则拍卖房屋由最高应价人购买。

本条规定对承租人优先购买权进行程序性保障，保障其在房屋拍卖的情况下正常行使优先购买权，同时又通过对承租人优先购买权的限制以避免因承租人怠于行使优先购买权而降低房屋交易的效率，同时能够减少或避免房价波动给出租人造成的损失。

第七百二十八条　出租人未通知承租人或者有其他妨害承租人行使优先购买权情形的，承租人可以请求出租人承担赔偿责任。但是，出租人与第三人订立的房屋买卖合同的效力不受影响。

条文主旨

本条是关于出租人妨害承租人行使优先购买权的法律后果的规定。

条文解读

关于优先购买权性质的认定，本法采纳了请求权说的观点，理由在于：第一，承租人所享有的对抗第三人的效力是有限的，因为其毕竟不是物权，不能直接产生对抗第三人的效力。尤其是在第三人是善意的情况下，采形成权说对于第三人的保护极为不利。第二，如果认可其为形成权，则实际上给出卖人强加了一种就合同的内容必须作出承诺的义务，这和强制缔约没有本质差异。此种观点显然给出租人施加了不合理的义务，且与出租人所享有的所有权存在冲突，如此甚至将导致优先购买权具有优于所有权的效力。第三，从我国司法实践经验来看，并没有承认其为形成权，侵害优先购买权的后果只是赔偿损失，而不是直接在出租人和承租人之间形成合同关系。所以，优先购买权的实质就是法律赋予承租人享有的、在出租人出卖房屋时优先于其他人定约的请求权。第四，承租人已经享有本法第 725 条赋予的“买卖不破租赁”的权利以及第 734 条规定的优先承租权，此时若再设立一个物权性的优先购买权会导致出租人和承租人之间保护的失衡。

而在侵害优先购买权的情况下，究竟应当产生何种效力，理论上也存在两种不同的观点：一是无效说，此种观点认为，承租人可以请求确认转让合同无效，要求将已经转让出去的应有份额归于自己。根据《最高人民法院关于贯彻执行〈中华人民共和国民法通则〉若干问题的意见（试行）》第 118 条（已失效）后段规定：“出租人未按此规定出卖房屋的，承租人可以请求人民法院宣告该房屋买卖无效。”显然，该意见采纳无效说。二是损害赔偿说，此种观点认为，在优先购买权受到侵害的情况下，不应当确定转让合同无效，而应当由优先购买权人请求出租人承担损害赔偿责任。但关于优先购买权人请求赔偿的依据和范围，存在不同的看法。有人认为，应基于缔约过失责任，赔偿优先购买权人的费用损失。也有人认为，应当基于违约责任，赔偿优先购买权人的利润损失。

本条规定采纳了损害赔偿说，理由主要在于：一方面，无效说增加了交易成本。房屋所有人已经与第三人就房屋买卖达成了协议，并支出了交易成本，如果宣告合同无效，可能导致财富的浪费。另一方面，无效说不符合鼓励交易原则。如果认定买卖合同无效，就导致恢复原状等后果，不符合效率原则，也与合同法鼓励交易的宗旨不符。从房屋买卖市场看，只要承租人可以证明损失存在，通过赔偿其损失，就足以保障其权益，而不必使其获得特定的房屋。不过，如果承租人确有足够证据证明买受人与出租人恶意串通，则可以按照合同无效的相关规定主张合同无效。另外，此处所说的赔偿的范围是实际损失，即优先购买权人要获得类似房屋所多支出的价款损失，以及在购买房屋过程中支出的费用损失。这些损失都是因为出租人侵害承租人优先购买权而造成的，所以出租人应当赔偿。

第七百二十九条　因不可归责于承租人的事由，致使租赁物部分或者全部毁损、灭失的，承租人可以请求减少租金或者不支付租金；因租赁物部分或者全部毁损、灭失，致使不能实现合同目的的，承租人可以解除合同。

条文主旨

本条是关于租赁物发生毁损、灭失时承租人的请求权的规定。

条文解读

本条规定的是在承租人已尽了善良管理人的义务的情况下，由于其他原因，造成租赁物的毁损、灭失的，承租人享有何种权利。不可归责于承租人的事由有下列几种情况：

1. 因不可抗力的原因造成租赁物毁损、灭失的。不可抗力的条件是不能预见、不能避免，并且不能克服。如承租人租赁房屋的，由于发生洪水，大水冲进房屋，使屋内的墙皮脱落，这种损坏是承租人难以克服的。按照本法的规定，不可抗力是免责的事由，因此，在出现不可抗力时，租赁物毁损、灭失了，承租人不承担责任。

2. 因意外事件造成租赁物毁损灭失的。例如，承租人租用汽车在路上正常行驶，被一辆违反交通规则的汽车撞坏，经过认定承租人本人无过错，汽车的损害是由于第三人违反交通规则的行为造成的。

3. 因出租人不履行义务造成租赁物毁损灭失的。例如，承租人租赁的房屋，由于雨季下雨太多出现屋顶漏雨，承租人要求出租人进行维修，但出租人迟迟不予维修，最后导致房屋倒塌。倒塌的原因就是出租人没有对房屋进行及时的维修。

上述前两种情况，不可抗力和意外事件都是租赁合同双方当事人均无过错，既不可归责于承租人，也不可归责于出租人，而出现了租赁物毁损、灭失的情况。在这种情况下，应当维护哪一方当事人的利益，是法律所要解决的问题。按照民法上的一般原则，对物的风险责任是以谁享有所有权为标准的，即所有权人承担对物的毁损、灭失的风险。本法在买卖合同中规定了买卖合同标的物的风险责任交付后转移至买受人的一般原则。在租赁合同中，多数情况下，出租人是租赁物的所有权人，至少是可以支配租赁物的人，当发生不可归责于双方当事人的事由的情况，租赁物毁损、灭失的风险责任应当由出租人来承担。

在第三种情况下，由于出租人有过错，造成租赁物的毁损、灭失，当然应当由其承担损失的责任。

在上述三种情况下，由于承租人对租赁物已不能使用或使用的效能受到了影响，本条规定承租人可行使以下权利：

1. 要求减少租金或不支付租金。减少租金一般适用于租赁物部分毁损，但还能够使用，或者是承租人已经支付了部分租金，租赁物全部毁损、灭失了，已支付的租金不再返还，未支付的租金不再支付。不支付租金一般是指租赁物虽然部分毁损，但已失去其效用或者租赁物全部毁损、灭失，承租人已不能使用该租赁物，当然可以要求不支付租金。不支付租金的法律后果实际上是合同已不可能履行，当承租人不支付租金时，如果出租人同意，合同实际上是协议解除，合同终止。

2. 解除合同。解除合同的条件是不能实现合同目的。这里规定的解除条件比本法第563条规定的“因不可抗力致使不能实现合同目的”的范围要宽。即使不是不可抗力，只要承租人没有过错，租赁物毁损、灭失了，实际上已经不可能再履行合同了，这时承租人可以行使解除权。这种解除权不同于上面所说的协议解除，它是法定解除，也不是请求权，而是一种形成权，即承租人主张解除合同的，只要通知到达出租人，合同即行解除，如果出租人对此有异议，提请诉讼或仲裁，人民法院或者仲裁机构也只是对承租人行使解除权的效力进行确认。

第七百三十条 当事人对租赁期限没有约定或者约定不明确，依据本法第五百一十条的规定仍不能确定的，视为不定期租赁；当事人可以随时解除合同，但是应当在合理期限之前通知对方。

条文主旨

本条是关于租赁期限没有约定或者约定不明确时的法律后果的规定。

条文解读

租赁合同是出租人与承租人之间定期或者不定期地转移租赁物的占有权、使用权的合同。从是否约定了租赁期限来看，租赁合同分为定期租赁合同和不定期租赁合同两种。定期租赁合同的当事人在合同中约定了租赁期限，合同于约定的租赁期限届满时终止。一般租赁合同都要明确约定租赁期限，以便确定租赁价值的回收、租金构成等问题。

租赁合同当事人也可以不约定期限，这就是不定期租赁合同。与约定有期限的租赁合同相比，未约定期限或者约定期限不明确的合同在履行时有一定困难，容易酿成纠纷。根据本条规定，当事人对租赁期限没有约定或者约定不明确时，应首先依照本法第510条的规定进行协议补充，即由出租人和承租人就租赁期限进行再磋商，如果能够达成协议，合同即按照补充协议的期限履行。仍不能达成补充协议的，则依照合同有关条款或者交易习惯加以确定。如果合同双方当事人既不能就租赁期限达成补充协议，又不能根据合同条款或者交易习惯加以确定，只要出租人没有收回租赁物的意思，同时也没有收回行为并且继续收取租金的，就表明租赁关系仍然存在，但这时的租赁视为不定期租赁，双方当事人可以随时解除合同。如果承租人在使用租赁物后已达到了其预期目的，同时履行了其义务，可以提出终止合同的履行；如果出租人对租赁物有客观原因需要利用，而非出于其他恶意，可以在保障承租人利益不受损害的情况下，收回租赁物。但出租人解除合同时，应依诚信原则，在一个合理期限之前通知承租人。

第七百三十一条　租赁物危及承租人的安全或者健康的，即使承租人订立合同时明知该租赁物质量不合格，承租人仍然可以随时解除合同。

条文主旨

本条是关于租赁物质量不合格时承租人的解除权的规定。

条文解读

租赁合同为有偿合同，在各国法上一般都规定，对于租赁合同准用买卖合同的有关规定，租赁合同的出租人如同买卖合同的出卖人一样，对租赁物负有瑕疵担保责任。出租人的瑕疵担保责任包括物的瑕疵担保责任（也称质量瑕疵担保责任）和权利瑕疵担保责任。出租人的权利瑕疵担保，是指出租人应担保不因第三人对租赁物主张权利而使承租人不能为使用、收益。出租人的物的瑕疵担保是指出租人应担保所交付的租赁物能够为承租人依约正常使用、收益。构成出租人的物的瑕疵担保责任的条件有两个：

1. 租赁物有瑕疵。亦即标的物的品质或者数量不符合约定的标准，或者不符合标的物的通常使用状态。无论租赁物是在交付前还是在交付后发生瑕疵的，出租人均负有瑕疵担保责任。

2. 承租人于合同订立时不知租赁物有瑕疵，也不存在可以免除出租人责任的情形。但是，为保证承租人一方的人身安全或者健康，许多国家和地区的法律规定该第二项条件不适用于房屋租赁。如《德国民法典》第544条规定："住房或者其他房屋处于其使用显然有害于健康的状况时，即使承租人在订立合同时已知有此种有害状况，或者已放弃行使因此种有害状况而享有的权利，仍可以不遵守预告解约通知期限而通知终止租赁关系。"我国台湾地区"民法"第424条规定："租赁物为房屋或其他供居住之处所者，如有瑕疵，危及承租人或其同居人之安全或健康时，承租人虽于订约时已知其瑕疵，或虽已抛弃其终止契约之权利，仍得终止契约。"之所以这样规定，是因为房屋为重要的不动产，各国和地区的立法对不动产租赁都有特别规定。同时，由于房屋是一种非常特殊的商品，尤其是住房，它用于满足公民"住"这一基本生活需要。对于住房租赁予以特别的法律调整，有利于稳定社会秩序和安定人民生活。因此，在住房租赁中，出租人对于房屋的质量应负严格的产品责任，也就是说，只要房屋的质量不合格，危及承租人的人身安全或者健康时，无论承租人在订立合同时知道与否，承租人均有权随时解除合同。我国在制定合同法时，扩大了这一原则的适用范围。该原则不仅适用于房屋租赁，还适用于所有租赁物。根据本条规定，租赁物危及承租人的安全或者健康的，即使承租人订立合同时明知该租赁物质量不合格，承租人仍然可以随时解除合同。

第七百三十二条 承租人在房屋租赁期限内死亡的，与其生前共同居住的人或者共同经营人可以按照原租赁合同租赁该房屋。

条文主旨

本条是关于房屋承租人死亡时的法律后果的规定。

条文解读

房屋租赁合同是以房屋为租赁物的租赁合同，是指出租人和承租人之间关于出租人将房屋交付承租人使用，承租人支付租金并于合同终止时将租用的房屋返还出租人的协议。

房屋为重要的不动产，它既可以作为生产资料，又可以作为生活资料。作为生活资料，房屋是满足公民“住”这一基本生活需要的物质条件，从而住房租赁也就成为解决公民居住条件的重要法律手段。“住”一般是以户为单位的，所以，虽然承租人为一人，也会有其他共同居住人的利益。因此在调整租赁关系时，不能不考虑承租人死亡后其他共同居住人的居住利益。在住房租赁中，承租人取得的只是房屋使用权，原则上其承租权不得继承。承租人死亡后，生前未与其共同生活的亲属或者法定继承人，如果确需继续租用住房的，享有优先承租权，可以与出租人另行签订房屋租赁合同。但是，在租赁期限内，与承租人共同居住的人有在租赁的房屋内居住的权利，出租人不得干涉。承租人死亡后，生前与承租人共同居住的人可以继续租赁原住房，但应与出租人办理续租手续，变更承租人。承租人死亡后无共同居住之人的，租赁关系终止。原共同居住之人另有住房的，也可以终止租赁关系。

第七百三十三条 **租赁期限届满，承租人应当返还租赁物。返还的租赁物应当符合按照约定或者根据租赁物的性质使用后的状态。**

条文主旨

本条是关于租赁期限届满承租人返还租赁物的规定。

条文解读

租赁期限届满，承租人应向出租人返还租赁物，这是租赁合同中承租人的一项主要义务，它主要包括以下三方面的内容：

1. 承租人应于租赁关系终止时向出租人返还租赁物。租赁关系终止的原因多种多样。一般情况下，租赁期限届满，租赁关系即终止。但也可因当事人一方行使解除或者终止合同的权利，或者因其他原因而终止。在租赁关系终止时，只要租赁物还存在，承租人就应当返还原租赁物；只有当租赁物不存在时，承租人才不负返还义务。例如，在租赁物灭失的情况下，租赁关系也当然终止，但承租人无返还租赁物的义务。租赁物系因承租人的原因而灭失的，承租人应负损害赔偿责任；租赁物非因承租人的原因灭失的，承租人不负责任。

2. 承租人返还的租赁物应当符合按照约定或者租赁物的性质使用后的状态。由于租赁合同是转让财产使用权的合同，标的物所有权并不发生转移，承租人于租赁期限届满时须返还原租赁物，从本质上讲，承租人应在不消费租赁物的条件下达到使用目的，所以租赁物应当是有体物、非消费物。所谓有体物，一般是指有一定形状，能够为人们视觉、感觉所认知的物，而且应是不易腐烂、变质、消化、消灭其价值的非消费物。只有这样，才能体现其作为租赁物的价值，否则，看不见、摸不着或者一经使用就消失殆尽的物，将无以体现财产租赁合同的使用权转让属性。但在特殊情况下，消费物也可以成为租赁物，但以承租人以非消费方式使用租赁物为限，如租赁食品供展览之用。因此，原则上讲，只要承租人返还的租赁物符合合同约定状态，或者符合承租人正常使用收益后合理损耗的状态，其返还义务的履行就是适当的。承租人未经出租人同意对租赁物改建、改装或者增加附着物的，于返还租赁物时应当恢复原状；如果承租人的行为是经出租人同意的，承租人可以不恢复原状，并可以在现有增加价值的范围内向出租人请求偿还费用。

3. 租赁期限届满，承租人应当及时向出租人返还租赁物。合同期限届满，双方当事人的权利义务关系即告终止，承租人即无权再继续使用租赁物，故应及时返还租赁物。承租人不及时返还租赁物，应负违约责任，出租人既可以基于租赁关系要求承租人返还，也可以基于所有权要求承租人返还，因为租赁关系终止后，承租人已没有占有租赁物的合法依据。承租人不仅应当支付逾期返还租赁物的租金，偿还违约金或赔偿损失，还应承担租赁物逾期返还期间意外灭失的风险。

第七百三十四条　租赁期限届满，承租人继续使用租赁物，出租人没有提出异议的，原租赁合同继续有效，但是租赁期限为不定期。

租赁期限届满，房屋承租人享有以同等条件优先承租的权利。

条文主旨

本条是关于租赁期限届满承租人继续使用租赁物以及优先承租权的相关规定。

条文解读

从是否约定了租赁期限看，租赁可分为定期租赁和不定期租赁。在不定期租赁中，当事人在合同中未约定租赁期限，因此任何一方当事人均可以随时解除合同。定期租赁合同的当事人在合同中约定了租赁期限，合同于租赁期限届满时即告终止。但是当事人于合同约定的期限届满时也可以续订合同。续订合同又称为期限更新，它不同于一般合同中履行期限的变更。前者是两个合同关系，后者只是一个合同关系。租赁合同期限更新只能发生于租赁期限（约定或者法定的期限）届满之时。

租赁合同双方当事人更新期限续订合同有两种方式：约定更新和法定更新。约定更新，又称明示更新，是指合同当事人于租赁期限届满后另订一合同，约定延长租赁期限。法定更新又称默示更新，是指租赁期限届满后，合同当事人的行为表明其租赁关系继续存在。本条即是对法定更新的规定。根据该规定，租赁期限届满，承租人仍继续对租赁物为使用、收益，出租人亦不反对；承租人继续支付租金，而出租人也接受了。当事人有此行为即可以推定双方有继续租赁关系的意向，租赁期限视为更新。但在这种情况下，当事人之间的定期租赁更改为不定期租赁，任何一方当事人均可以随时解除合同。

本条第 2 款是关于承租人的优先承租权的规定。优先承租权是指承租人依法或者依约享有的，在租赁期届满后的同等条件下优先承租原租赁物的权利。对于优先承租权的性质，理论界观点主要有两种：一部分学者持“法定权利说”，认为法律应当直接规定承租人享有优先承租权，而不以当事人的约定为存在前提；而另一部分学者坚持“立法留白说”，认为优先承租权并非承租人的法定权利，承租人对优先承租权的享有及其行使，取决于出租人与承租人之间的约定，立法无须进行干涉。本条的优先承租权应该理解为一种形成权，是在保护弱势群体的理念之上对于承租人优先承租权利的强化，一般是指在租赁期届满之后，出租人未与承租人续租，却与第三人签订了租赁合同，那么在相同的条件下，承租人可以直接与出租人成立一个相同的租赁合同，要求出租人直接将房子继续出租给自己。优先承租权的确立，对承租人的权益进行了一定程度的保护，防止出租人随意变更租赁关系从而影响承租人的生活、经营，有效防范纠纷的产生。长远来看，优先承租权制度对于社会市场秩序的稳定发展具有一定积极意义。

第十五章　融资租赁合同

本章是关于融资租赁合同的规定，共二十六条。主要内容包括融资租赁合同的定义、融资租赁合同的内容、融资租赁合同中出租人的主要权利和义务、承租人的主要权利和义务、融资租赁交易中融资租赁合同与买卖合同的关系、融资租赁合同中租金的构成、租赁期限届满租赁物的归属等。

第七百三十五条　融资租赁合同是出租人根据承租人对出卖人、租赁物的选择，向出卖人购买租赁物，提供给承租人使用，承租人支付租金的合同。

条文主旨

本条是关于融资租赁合同概念的规定。

条文解读

融资租赁这一名称是从英文 finance lease 翻译过来的。finance 一词意为财政、金融，也可译为筹集资金、提供资金。因此，finance lease 通常译为融资租赁，也有的译为金融租赁。融资租赁是一种新兴的租赁形式，自 20 世纪 50 年代首先在美国出现，至今已有 70 余年的发展历史。20 世纪 80 年代初，融资租赁在我国的经济生活中开始出现。1981 年，我国成立了第一批专业租赁公司，包括中国东方租赁有限公司和中国租赁有限公司等。

融资租赁是一种贸易与信贷相结合，融资与融物为一体的综合性交易。鉴于其复杂的法律关系，不同国家和地区对融资租赁有着不同的理解和定义。一般来说，融资租赁要有三方当事人（出租人、承租人和出卖人）参与，通常由两个合同（融资租赁合同、买卖合同）或者两个以上的合同构成，其内容是融资，表现形式是融物。我国在借鉴《国际融资租赁公约》和其他国家对融资租赁的定义的基础上，结合我国融资租赁界对融资租赁比较一致的看法，对融资租赁作出规定。典型的融资租赁合同具有以下三方面的含义：

第一，出租人须根据承租人对出卖人和租赁物的选择出资购买租赁物。这是融资租赁合同不同于租赁合同的一个重要特点。租赁合同的出租人是以自己现有的财物出租，或者根据自己的意愿购买财物用于出租。而融资租赁合同是出租人按照承租人的要求，主要是对出卖人和租赁物的选择，出资购买出租的财物，使承租人不必付出租赁物的价值，即可取得租赁物的使用收益，从而达到融资的效果。正是从这一意义上，这种合同被冠以“融资”的称号。

第二，出租人须将购买的租赁物交付承租人使用、收益。在融资租赁合同中，出租人虽然须向第三人购买标的物，但其购买的直接目的是交付承租人使用、收益，而不是自己使用、收益。这是融资租赁合同中出租人的买卖行为不同于买卖合同之处。

第三，承租人须向出租人支付租金。融资租赁合同的承租人对出租人购买的租赁物为使用、收益，并须支付租金。也正是在这种意义上，该种合同的名称中含有“租赁”一词。

比较法上的新趋势是将融资租赁视为保留所有权交易的一种，从而纳入动产担保体系之中。融资租赁交易在法律结构上虽与传统的所有权担保方式存在一些差异，但其经济作用与传统的所有权担保方式并无差别，属于所有权担保方式的现代形式，融资租赁中的标的物在相当程度上承担的是担保的功能。

第七百三十六条　融资租赁合同的内容一般包括租赁物的名称、数量、规格、技术性能、检验方法，租赁期限，租金构成及其支付期限和方式、币种，租赁期限届满租赁物的归属等条款。

融资租赁合同应当采用书面形式。

条文主旨

本条是关于融资租赁合同内容的规定。

条文解读

典型的融资租赁交易涉及三方当事人（出租人、承租人、出卖人）和两个合同（融资租赁合同和买卖合同）。在签订合同时，通行的做法是：当某个企业需要某种设备又缺少所需资金时，可以向租赁公司提出，要求租赁公司出资购买并租给其使用，双方达成一个租赁意向。租赁公司根据承租人对设备和出卖人的要求，与出卖人签订一个买卖合同，由出卖人将设备直接送交承租人，由承租人验收。出租人凭承租人的验收合格通知书向出卖人支付货款。出租人付款前，与承租人正式签订一份融资租赁合同。由此可以看出，融资租赁交易行为所包含的融资租赁合同和买卖合同是相互联系、相互影响的，各自虽具有独立性，但又并不完全独立，而是在一定意义上以对方的存在为条件。

在实践中，由于租赁方式的不同，融资租赁合同的内容往往也不同，本条是对典型的融资租赁合同内容的规定，主要包括以下几方面内容：

一、有关租赁物的条款

融资租赁合同的标的物是承租人要求出租人购买的设备，是合同当事人双方权利和义务指向的对象，因此，融资租赁合同首先应就租赁物作出明确约定。此条款应写明租赁物的名称、质量、数量、规格、型号、技术性能、检验方法等。由于关于租赁物的说明多涉及工程技术内容，专业性很强，而且繁杂具体，所以，一般只在合同正文中作简明规定，另附表详细说明，该附表为合同不可缺少的附件。

二、有关租金的条款

租金是合同的主要内容之一。合同对租金的规定包括租金总额、租金构成、租金支付方式、支付地点和次数、租金支付期限、每期租金额、租金计算方法、租金币种等。

三、有关租赁期限的条款

租赁期限一般根据租赁物的经济寿命、使用及利用设备所产生的效益，由双方当事人商定。此条款应当明确租赁起止日期。租赁期限对于明确租赁双方权利义务的存续期间具有非常重要的法律意义，由于融资租赁合同的一个很重要的特性就是合同的不可中途解约性，因此，此条款应当明确规定，在合同有效期内，当事人双方无正当、充分的理由，不得单方要求解约或退租。

四、有关租赁期限届满租赁物的归属的条款

租赁期限届满，租赁物的所有权归出租人享有。租赁期限届满，承租人一般有三种选择权，即留购、续租或退租。在留购情况下，承租人取得租赁物的所有权。在续租和退租情况下，租赁物仍归出租人所有。

除上述条款外，融资租赁合同一般还应包括租赁物的交付、使用、保养、维修和保险、担保、违约责任、合同发生争议时的解决方法、合同签订日期和地点等条款。

第七百三十七条　当事人以虚构租赁物方式订立的融资租赁合同无效。

条文主旨

本条是关于融资租赁通谋虚伪表示的规定。

条文解读

该条款是总则编通谋虚伪表示规定的具体化，根据本法总则编第 146 条，行为人与相对人以虚假的意思表示实施的民事法律行为无效。以虚假的意思表示隐藏的民事法律行为的效力，依照有关法律规定处理。在交易实践中，当事人可能会为了逃脱金融监管，比如某些不符合金融放贷资质的金融机构以融资租赁的名义来进行金融放贷，或者贷款的利息违反了利率管制的要求，从而选择以虚构租赁物的形式进行贷款，所以这是以虚假的意思表示实施的民事法律行为。正确认识虚构租赁物之“融资租赁合同”，应从法律关系定性、法律效力、担保效力、当事人权利义务关系四个角度进行分析。

第一，法律关系定性是指法院通过查明合同主要条款、履行情况、交易背景等案件事实，依法归纳案涉法律关系性质的司法裁判方法。虚构租赁物，不构成融资租赁法律关系，应定性为借款合同，因此融资租赁合同无效。

第二，法律关系定性与法律效力相互独立，定性不会影响效力。“名为融资租赁实为借贷”如无特别情形，不违反法律、行政法规强制性规定，一般属于有效的民事法律关系，涉及借贷等问题按照相应的法律法规处理。

第三，法律关系定性不会影响被担保债务的同一性。如有人为融资租赁的债权提供保证时，若无特别约定，保证人不能仅以法律关系另行定性为由，要求免除己方之保证责任。保证人缔约时不知道案涉法律关系性质的，除“融资租赁合同”当事人串通骗保、债务人欺诈、胁迫保证人且债权人明知该事实以及债权人欺诈、胁迫保证人外，保证人不能因此免除其责任。

第四，“名为融资租赁实为借贷”不能产生融资租赁的法律效果，法院应适用借款合同的相关法律规定，依法认定借款本金与利率。“名为融资租赁实为借贷”中约定收取保证金、首付款等的，如该款项不构成法定金钱质押，应当在借款本金中扣除。在“名为融资租赁实为借贷”中，当事人对借款总额以及还款总额达成了一致的意思表示，法院应根据相关合同条款和法律规定，参考租赁利率或内部收益率等标准，结合案件的具体情况，判定借款利率。关于借款期限，应当平衡出借人的可得利益与借款人的期限利益，结合当事人的过错，综合予以认定。

第七百三十八条 依照法律、行政法规的规定，对于租赁物的经营使用应当取得行政许可的，出租人未取得行政许可不影响融资租赁合同的效力。

条文主旨

本条是关于融资租赁承租人取得行政许可的规定。

条文解读

本条规定体现了融资租赁合同的融资性特点。融资租赁具有融资功能，在设立融资租赁时，出租人（通常是专业的融资租赁公司或者金融公司）支付了标的物的全额价款，应承租人的要求购买标的物。实际上，这相当于是出租人贷款给承租人，用以购买后者所需要的租赁物，出租人拥有租赁物的所有权事实上形成了一种担保。

在传统租赁中，对租赁物的经营使用需要取得行政许可的，应由出租人取得行政许可，即法律、法规要求租赁物的所有权人即出租人取得行政许可，方可进行相关经营使用行为。而在融资租赁中，租赁物的所有权和使用权几乎是永久性地分离，出租人表面上是租赁物的所有权人，实质上只是满足承租人融资的需要，仅享有观念上的所有权，对租赁物的支配色彩已经非常淡化，而承租人是租赁物的占有、使用、收益人，租赁物主要发挥的是担保功能。出租人实质上是为承租人购买租赁物提供资金，真正的经营使用者是承租人，因此，法律法规限制租赁物的经营使用活动的主体应该是承租人，承租人对于租赁物的经营使用应当依法获得行政许可。对于出租人来说，租赁物的经营使用与其没有直接关系，出租人只需要具备相应的融资租赁资质即可。只要承租人依法取得行政许可，就可以达到监管租赁物经营使用的目的。因此，出租人未取得行政许可不影响融资租赁合同的效力。

第七百三十九条　出租人根据承租人对出卖人、租赁物的选择订立的买卖合同，出卖人应当按照约定向承租人交付标的物，承租人享有与受领标的物有关的买受人的权利。

条文主旨

本条是关于融资租赁标的物交付的规定。

条文解读

出卖人按照约定向承租人交付标的物，承租人享有与受领标的物有关的买受人的权利，是融资租赁与传统租赁的一个重要区别。在传统租赁中，出租人是将自己现有的物或者根据自己的意愿购买的物出租给承租人，承租人与出卖人之间不存在任何法律关系，出租人对租赁物负有瑕疵担保责任。而在融资租赁中，融资租赁合同的租赁物即是买卖合同的标的物。融资租赁合同最重要的法律特征就是融资与融物相结合，融资为融物服务。买卖合同是出租人根据承租人对出卖人和租赁物的选择订立的，作为买受人的出租人只负支付货款的义务，而承租人是租赁物的占有、使用、收益人，且了解租赁物。出租人实质上是为承租人购买租赁物提供资金，真正的买卖双方是承租人和出卖人，因此，出卖人应直接向承租人交付标的物。

出卖人不仅应向承租人直接交付标的物，而且应承担租赁物的瑕疵担保责任。之所以会有租赁物的质量问题，根本原因是出卖人没有按照合同约定的内容履行交付符合国家规定或者当事人约定的质量标准的标的物的义务。因此，在融资租赁合同中，出租人一般不负瑕疵担保责任，也不负迟延履行的责任。

承租人应当按照合同约定的时间、地点、验收方法接收标的物。接收标的物，既是承租人的权利，也是承租人的义务。作为义务，承租人无正当理由不接收的，构成受领迟延；作为权利，承租人有权接收标的物，出卖人不得拒绝将标的物交付承租人。

第七百四十条　出卖人违反向承租人交付标的物的义务，有下列情形之一的，承租人可以拒绝受领出卖人向其交付的标的物：

（一）标的物严重不符合约定；

（二）未按照约定交付标的物，经承租人或者出租人催告后在合理期限内仍未交付。

承租人拒绝受领标的物的，应当及时通知出租人。

条文主旨

本条是关于承租人的拒绝受领权的规定。

条文解读

承租人对于租赁物存在瑕疵或租赁物的交付存在瑕疵时拥有拒绝受领权。在融资租赁中，存在两个合同和三方当事人，即出卖人与出租人之间的买卖合同、出租人与承租人之间的融资租赁合同。在融资租赁合同中，承租人与出卖人之间并没有直接的法律关系。当租赁物出现严重不符合约定的情况或者租赁物未按约定交付的时候，依照合同相对性原则，由于出卖人与承租人之间并没有直接的合同关系，承租人只能按照合同请求出租人向出卖人行使拒绝受领的权利，而无权直接向出卖人拒绝受领租赁物。但由于融资租赁合同的特殊性，在买卖合同中，作为买受人的出租人的主要义务就是支付价款，而租赁物是由承租人指定购买的，对其性能和生产要求等，出租人往往缺乏了解，很难对出卖人提供的租赁物做检验和判断，同时，租赁物的用益权也属于承租人，为了保证租赁物符合要求，便于解决租赁物的使用中出现的问题，在实践中，出租人往往将选择由谁来提供何种品质、规格的租赁物的决定权赋予承租人，由承租人与出卖人之间就租赁物直接进行交流，由承租人负责收货、验收。出租人往往关心的是如何以租金的形式收回全部投资并获得相应利润，并不想参与承租人与出卖人之间就租赁物产生的纠纷。因此，对由于租赁物的质量瑕疵或交付瑕疵，如因租赁物质量不合格或者迟延供货的原因，需要对租赁物行使拒绝受领权的，由承租人行使更为合适。

因此，本条规定赋予承租人直接向出卖人拒绝受领瑕疵给付或者迟延给付的权利，使出卖人与承租人之间建立法律上的关系，故而本条规定突破了合同相对性的约束，属于本法第465条第2款所述的法律另有规定的情形。

承租人依照本条规定拒绝受领租赁物的，应当及时通知出租人。承租人迟延通知或无正当理由拒绝受领租赁物造成出租人损失的，出租人有权请求承租人承担损害赔偿责任。

第七百四十一条 **出租人、出卖人、承租人可以约定，出卖人不履行买卖合同义务的，由承租人行使索赔的权利。承租人行使索赔权利的，出租人应当协助。**

条文主旨

本条是关于行使索赔权的规定。

条文解读

所谓索赔权，是指当义务人不履行义务而给权利人造成损失时，权利人依法享有向义务人索赔因此而造成的损失的权利。

法律作出此种规定的主要原因在于：第一，承租人受领标的物，并对标的物进行验收，因此，承租人对于标的物是否符合合同约定的情况最为了解，应当由承租人行使索赔的权利。第二，因承租人对标的物进行实际使用，如果标的物存在瑕疵或功能上的缺陷，承租人持有第一手资料，只有其才能够提出不合格的证据，而出租人一般是融资租赁公司，对于标的物的具体性能、使用方法、操作规范等情况并不了解，因此出租人应当协助承租人行使索赔的权利。第三，有利于简化索赔权的行使程序。因为按照合同相对性规则，此种索赔的权利应当由出租人行使，如果不移转索赔权，则需要形成两个诉讼，即首先由承租人向出租人主张权利，然后再由出租人起诉出卖人。而如果法律直接允许承租人起诉出卖人，则极大地简化了索赔权的行使程序，节约了权利行使的成本。因此，出租人、出卖人、承租人三方可以在买卖合同和融资租赁合同中明确约定，出卖人不履行买卖合同义务的，由承租人行使索赔的权利，直接向出卖人索赔。承租人行使索赔权的，出租人应协助承租人索赔。

承租人直接向出卖人行使索赔权的内容主要有以下两种：

1. 出卖人交付的标的物质量不符合约定时，承租人可以要求：

（1）减少价金。如果出卖人交付的标的物虽不符合合同约定，但不影响使用，而承租人也愿意继续使用的，可以按质论价，要求出卖人减少价金。

（2）修理、调换。当出卖人交付的标的物不能利用时，根据标的物的具体情况，承租人可以请求出卖人负责修理或者另行交付无瑕疵的标的物，并承担因修理、调换而支付的实际费用。

（3）支付违约金。在出卖人交付的标的物不符合质量要求时，承租人可以请求出卖人支付约定或者法定的违约金。在违约金不足以抵偿损失时，承租人还可以要求出卖人支付损害赔偿金。

（4）解除合同并赔偿损失。当出卖人交付的标的物由于质量问题无法使用时，承租人不仅可以要求解除合同，而且可以要求赔偿损失。

2. 出卖人未交付或者迟延交付标的物的，承租人可以请求出卖人继续履行交付义务，并主张因迟延履行导致的损害赔偿，构成本法第563条第1款的情形之一的，可以解除合同并请求替代履行的损害赔偿。

第七百四十二条　承租人对出卖人行使索赔权利，不影响其履行支付租金的义务。但是，承租人依赖出租

人的技能确定租赁物或者出租人干预选择租赁物的，承租人可以请求减免相应租金。

条文主旨

本条是关于承租人行使索赔权利时租金支付义务的规定。

条文解读

根据本法第741条的规定，出租人、出卖人、承租人可以约定，出卖人不履行买卖合同义务的，由承租人行使索赔的权利。承租人依据合同的约定对出卖人行使索赔权，不影响承租人向出租人承担支付租金的义务。这是因为，与一般的租赁不同，在融资租赁中，租金并非融物的对价而是融资的对价。在实践中，融资租赁的出租人对于出卖人和租赁物一般没有选择权，而是依赖于承租人自行选择，出租人主要承担提供资金的功能，因此不负租赁物的瑕疵担保义务，在承租人占有租赁物期限内，租赁物的毁损或者灭失的风险由承租人负担。既然风险应当由承租人负担，出租人有权要求承租人继续履行合同义务。也就是说，在租赁物存在瑕疵时，承租人可以依照约定向出卖人请求其承担瑕疵担保责任，但即使因租赁物有瑕疵致使承租人不能为使用、收益，也不影响承租人向出租人承担支付租金的义务，承租人仍应按照约定支付租金。因此，承租人对出卖人行使索赔权，并不影响其履行融资租赁合同项下支付租金的义务。

但是，在例外情形下，即承租人依赖出租人的技能确定租赁物或者出租人干预选择租赁物时，承租人有权主张减轻或者免除相应的租金支付义务。具体来说，在出租人存在以下情形时，承租人可以请求减免相应租金：

1. 在承租人选择出卖人、租赁物时，出租人利用自己的专业技能、经验判断对承租人提供帮助，并对租赁物的选定起决定作用的。

2. 出租人直接干预或要求承租人按照出租人意愿选择出卖人或者租赁物的。

3. 出租人擅自变更承租人已经选定的出卖人或者租赁物的。

在承租人依赖出租人的技能确定租赁物或出租人干预选择租赁物的情况下，租赁物不符合约定或不符合使用目的的，出租人承担瑕疵担保责任，因此承租人得请求减免相应租金。出租人根据承租人的要求，提供与供应商、租赁物有关的信息，但未对相关信息进行筛选或未给承租人选定供应商、租赁物提供意见，承租人无权要求减免相应租金。

对于承租人依赖出租人的技能确定租赁物或出租人干预选择租赁物的事实，由承租人负举证责任。

第七百四十三条　出租人有下列情形之一，致使承租人对出卖人行使索赔权利失败的，承租人有权请求出租人承担相应的责任：

（一）明知租赁物有质量瑕疵而不告知承租人；

（二）承租人行使索赔权利时，未及时提供必要协助。

出租人怠于行使只能由其对出卖人行使的索赔权利，造成承租人损失的，承租人有权请求出租人承担赔偿责任。

条文主旨

本条是关于出租人影响承租人行使索赔权时承担相应责任的规定。

条文解读

出租人有以下情形之一，致使承租人对出卖人行使索赔权利失败的，承租人有权请求出租人承担相应的责任：

一、明知租赁物有质量瑕疵而不告知出租人

在融资租赁关系存续期间，承租人的权利的行使都有赖于出租人的协助，这实际上是基于诚信原则所产生的附随义务。依据本法第 747 条的规定，出租人原则上不承担租赁物的瑕疵担保责任，但是，如果出租人明知租赁物有质量瑕疵，而没有告知承租人，则违反了附随义务，因此致使承租人对出卖人行使索赔权利失败的，承租人有权请求出租人承担相应的责任。

二、承租人行使索赔权时，未及时提供必要协助

在融资租赁关系存续期间，如果承租人按照约定向出卖人行使索赔权，出租人应当协助，如出租人提供买卖合同的文本、提供出卖人的地址和联系方式等。

本法第 741 条规定，出租人、出卖人、承租人可以约定，出卖人不履行买卖合同义务的，由承租人行使索赔的权利。承租人行使索赔权利的，出租人应当协助。依据这一规定，当事人之间可以通过约定的方式确定由承租人行使索赔的权利。为了保证承租人能够行使该项权利，承租人行使索赔权利的，出租人应当协助。此处的“协助”主要包括以下几个方面内容：

一是帮助寻找出卖人。在一些融资租赁中，出卖人是承租人指定的，承租人很容易找到；而在另一些融资租赁中，承租人只是确定了租赁物，而没有确定出卖人，由出租人具体确定出卖人，在发生争议后，出租人就应当帮助承租人寻找出卖人。二是帮助提供证据。在买卖合同的签约过程中，主要是出租人和出卖人之间磋商谈判，所以，出租人应当提供合同文本、订约资料等证据材料。三是诉讼过程中的协助义务，例如，出租人应出庭作证等。

承租人行使索赔权时，出租人未及时提供必要的协助，导致承租人损失的，承租人有权请求出租人承担相应的责任。

三、怠于行使融资租赁合同或买卖合同中约定的只能由出租人行使对出卖人的索赔权的

依据本法第741条的规定，对出卖人的索赔权可由承租人行使，但如果当事人未作出由承租人行使索赔权的约定，或约定相关的索赔权只能由出租人行使而出租人怠于行使的，则按照合同相对性原则，出卖人可以拒绝承租人的索赔，承租人因而无法直接向出卖人行使索赔权。在合同中约定出租人怠于行使只能由其行使的索赔权时应承担赔偿责任，可以促使出租人积极配合承租人行使基于租赁物的索赔权利，同时赋予承租人对出租人怠于行使索赔权利造成损害的求偿权。因此，本条规定，出租人怠于行使只能由其对出卖人行使的索赔权利，造成承租人损失的，承租人有权请求出租人承担赔偿责任。

第七百四十四条　出租人根据承租人对出卖人、租赁物的选择订立的买卖合同，未经承租人同意，出租人不得变更与承租人有关的合同内容。

条文主旨

本条是关于出租人不得擅自变更买卖合同内容的规定。

条文解读

融资租赁本身是由融资租赁合同与买卖合同两部分构成的，因此，为融资租赁而订立的融资租赁合同和买卖合同，均不同于传统的租赁合同与买卖合同。此处的融资租赁合同与买卖合同是融资租赁交易中相互联系、相互影响的两部分，各自具有独立性，但又不完全独立，而是在一定意义上以对方的存在为条件的。就租赁与买卖的关系而言，租赁合同自当事人双方签订合同之日起成立，但合同自承租人收到出卖人交付的标的物时起生效。因此，若买卖合同不成立、无效或者解除，则融资租赁合同也就因标的物的履行不能而解除。同时，买卖合同虽由出租人与出卖人订立，但关于买卖的条件却是由承租人指定的，买卖的标的物是出租人用于租赁的物，因此，买卖合同在标的物交付前，若租赁合同不成立、无效或者解除，买卖合同可以解除，但在当事人协议变更、解除买卖合同时，除合同另有约定外，须出租人、承租人及出卖人三方当事人同意。

在融资租赁交易中，先签订的买卖合同是租赁物的依据，后签订的融资租赁合同是买卖合同成立的前提。两者缺一不可，构成联立联动关系。出租人与承租人和出卖人均形成正式合同关系，出卖人与承租人之间形成准合同关系。买卖合同虽是由出租人与出卖人订立的，在买卖合同未履行或者未完全履行前，出租人与出卖人只要协商一致，就可以对合同进行修改、补充。但由于买卖合同与融资租赁合同关系密切，出租人订立买卖合同是为了承租人，而且买卖合同的条款往往是经承租人确认的，出租人和出卖人在变更买卖合同时，不得损害承租人的利益。未经承租人同意，出租人不得擅自变更与承租人有关的买卖合同的内容。

与承租人有关的买卖合同的内容的变更主要涉及以下几个方面：

1. 主体的变更。买卖合同的主体是出租人与出卖人。由于出卖人是由承租人预先选择的，是承租人在融资租赁合同中指定的，因此，未经承租人同意，出租人不得擅自变更买卖合同的另一方当事人。

2. 标的物的变更。由于买卖合同的标的物是融资租赁合同的租赁物，两者是一致的，它也是由承租人预先选择并在融资租赁合同中约定的，它必须合于承租人指定的条件，因此，未经承租人同意，出租人不得擅自变更买卖合同的标的物。

3. 标的物的交付。由于买卖合同的标的物是由出卖人直接交付承租人的，如果出租人与出卖人协商变更标的物的交付时间、地点和方式的，应当征得承租人的同意。如果因此而增加承租人的费用的，应由出租人和出卖人协商分担。

出租人按照承租人要求与出卖人订立的买卖合同，未经承租人同意擅自变更与承租人有关的合同内容的，即构成对承租人的违约，承租人首先可以要求出租人支付违约金。其次承租人还可以拒收租赁物，并通知出租人解除合同。如果因此给承租人造成损失的，承租人还有权要求出租人赔偿损失。

第七百四十五条　出租人对租赁物享有的所有权，未经登记，不得对抗善意第三人。

条文主旨

本条是关于出租人对租赁物所有权的规定。

立法背景

本条规定是融资租赁合同一章在本法编纂过程中修订的重点条文。《合同法》第 242 条规定："出租人享有租赁物的所有权。承租人破产的，租赁物不属于破产财产。"之所以对出租人对租赁物所有权的规定作出这一修改，是由于整个民法典所期望实现的目标之一是消灭隐形担保。融资租赁合同表面上是一个有关租赁的合同，但实际上承担着担保的功能。按照《合同法》第 242 条，出租人对租赁物虽然享有名义上的所有权，但是这个名义上的所有权却产生了一个真正所有权的效果，使得出租人在承租人破产的时候可以行使取回权。这种设计构造所引发一个最大的问题是，出租人对租赁物享有的所有权并不对外公示，但却可以行使真正所有权人的权利，甚至在破产中享有取回权。这种做法使得这种没有公示的权利取得了一个最强大的效力，必然会给交易安全造成巨大的影响，尤其是在同一标的物上可能同时存在动产抵押、浮动抵押、融资租赁、所有权保留、动产质押等各种竞存的担保物权情形时。当发生以上权利冲突时，按照《合同法》第 242 条的规定，出租人借助于未公示的所有权即可享有一个最强大最完整的权利，这样就会使得其他按照现有法律规范进行真正公示的权利的当事人反而得不到保障。上述做法有违现代担保交易的基本原理，同时也会给交易中的商人产生巨额的调查成本。所以，对于《合同法》第 242 条的规定，民法典在立法过程中决定进行修正。

条文解读

自2020年1月1日起施行的《优化营商环境条例》第47条第2款规定："国家推动建立统一的动产和权利担保登记公示系统，逐步实现市场主体在一个平台上办理动产和权利担保登记。纳入统一登记公示系统的动产和权利范围另行规定。"目前，已经由中国人民银行牵头在北京市和上海市开展动产担保统一登记试点。同时，为了配合民法典和优化营商环境条例的颁布实施，中国人民银行也相应修改了《应收账款质押登记办法》，该办法第35条规定："权利人在登记公示系统办理其他动产和权利担保登记的，参照本办法的规定执行。本办法所称的动产和权利担保包括当事人通过约定在动产和权利上设定的、为偿付债务或以其他方式履行债务提供的、具有担保性质的各类交易形式，包括但不限于融资租赁、保证金质押、存货和仓单质押等，法律法规另有规定的除外。"上述行政法规和部门规章的颁布实施为逐步建立全国统一的动产与权利担保登记系统奠定了基础。

所以，基于实现优化营商环境、消灭隐形担保的总目标，本条规定出租人对租赁物享有的所有权未经登记不得对抗善意第三人，明确必须登记了才能取得对抗第三人的效力。除了上述总目标的实现以外，由于民法典已经确立了融资租赁中出租人的所有权本质上起到了担保的作用，事实上是担保的具体形式之一，所以，对于融资租赁同样也要适用本法物权编第414条的规定："同一财产向两个以上债权人抵押的，拍卖、变卖抵押财产所得的价款依照下列规定清偿：（一）抵押权已经登记的，按照登记的时间先后确定清偿顺序；（二）抵押权已经登记的先于未登记的受偿；（三）抵押权未登记的，按照债权比例清偿。其他可以登记的担保物权，清偿顺序参照适用前款规定。”故对于融资租赁而言，不论是同一标的物上存在多个融资租赁，或者出现融资租赁与抵押权的竞存，这些情形都要适用本法物权编第414条第2款之规定处理清偿顺序问题。

第七百四十六条　融资租赁合同的租金，除当事人另有约定外，应当根据购买租赁物的大部分或者全部成本以及出租人的合理利润确定。

条文主旨

本条是关于融资租赁合同租金构成的规定。

条文解读

租金是融资租赁合同中一项非常重要的内容。由于租赁双方均以营利为目的，而租金又直接影响到利润，所以租金的确定是融资租赁交易中至关重要的问题。

在融资租赁交易中，承租人负有支付租金的义务。但因其为“融资”租赁，所以承租人支付的代价并非租赁物为使用收益的代价，而是融资的代价，因此，融资租赁合同中租金标准的确定，与租赁合同中租金的确定标准是不同的，它高于传统租赁中的租金。

与商品价格概念相对应，租金以出租人消耗在租赁物上的价值为基础，同时依据租赁物的供求关系而波动。通常情况下，出租人消耗在租赁物上的价值包括三部分，即租赁物的成本、为购买租赁物向银行贷款而支付的利息、为租赁业务而支付的营业费用。

1. 租赁物的成本。租赁物成本是构成租金的主要部分。出租人购买租赁物所支付的资金，将在租赁业务成交后，从租金中得以补偿。同时，在购置过程中，出租人所支付的运输费、保险费、调试安装费等也要计入租赁物成本中，一起从租金中分期收回。所以，租赁物成本包括租赁物购买价金及其运输费、保险费等，也称租赁物总成本。

2. 利息。出租人为购买租赁物向银行贷款而支付的利息，是租金构成的又一重要因素。利息按租赁业务成交时的银行贷款利率计算且一般以复利率来计算。

3. 营业费用。营业费用是指出租人经营租赁过程中所支出的费用，包括业务人员工资、办公费、差旅费和必要的盈利。

通常情况下，融资租赁合同的租金应根据购买租赁物的大部分或者全部成本以及出租人的合理利润来确定，但目前国际和国内融资租赁领域，除保留传统的固定租金方式外，已越来越多地采用灵活的、多形式的、非固定的租金支付方式，以适应日趋复杂的融资租赁关系和双方当事人的需要。在融资租赁交易中，当事人经常根据承租人对租赁物的使用或者通过使用租赁物所获得的收益来确定支付租金的大小和方式，也可以按承租人现金收益的情况确定一个计算公式来确定租金，或由当事人约定并在融资租赁合同中规定以其他方式来确定租金。

第七百四十七条　租赁物不符合约定或者不符合使用目的的，出租人不承担责任。但是，承租人依赖出租人的技能确定租赁物或者出租人干预选择租赁物的除外。

条文主旨

本条是关于租赁物质量瑕疵担保责任的规定。

条文解读

租赁物瑕疵分为物的瑕疵（也称质量瑕疵）和权利瑕疵两种。对于租赁物质量瑕疵，确定其担保责任的承担主体是至关重要的，因为它直接关系到融资租赁交易本质特征能否体现，关系到融资租赁与传统租赁能否明确区分。在传统租赁中，出租人与买卖合同中的出卖人一样负有质量瑕疵担保责任，须使租赁物合于合同约定的使用收益的状态。而在融资租赁合同中，一般都明确约定，出卖人迟延交付租赁物或者租赁物的规格、式样、性能等不符合合同约定或者不符合使用目的的，出租人不承担责任，由承租人直接向出卖人索赔，并承担索赔不成时的损害后果。此即所谓出租人瑕疵担保的免责特约。这种约定既符合融资租赁交易的理论和实践，同时也不违背现行法律的规定。其理由如下：

1. 虽然根据传统的民法理论，所有权人应对其货物承担质量瑕疵担保责任，但民法对瑕疵担保责任的规定为任意性规范，允许合同双方当事人以特约予以变更。因此，出租人与承租人在合同中约定免除出租人的质量瑕疵担保责任是有效的。

2. 融资租赁的经济意义在于出租人以融物的方式向承租人提供融资，具有金融的性质。出租人的主要义务就是支付购买租赁物的货款，其权利是收取租金从而收回投资，并取得利润。除此之外，几乎所有关于购买租赁物的权利义务均应由承租人承受，出租人只拥有名义上的所有权，不承担包括质量瑕疵担保责任在内的任何实体义务和责任。

3. 在融资租赁合同中，通常情况下，承租人完全基于自己的知识和经验选定租赁物的制造商、租赁物的种类、数量、规格等，由出租人按照承租人的指定出资购买租赁物。承租人作为买卖合同标的物的选择权人，自然应对行使选择权的不利后果承担责任。

4. 作为出租人的租赁公司，其机能仅在于向承租人提供融资购买租赁物，不可能对所有承租人选定的租赁物都有充分的了解。如果由出租人承担风险，必然导致出租人聘请专家检验，这就意味着增加费用。而所增加的费用最后必然通过租金的形式由承租人负担。而作为租赁物的最终用户，承租人对租赁物具有专门的知识。为避免增加成本，减少承租人的负担，应由承租人承担质量瑕疵责任。

5. 融资租赁合同一般在规定出租人瑕疵担保免责的同时，订有索赔权转让条款，即在租赁物实际使用中，如发生质量问题，承租人可以向出卖人提出赔偿请求。这就保证了出租人和承租人之间权利义务的平衡。也只有这样，融资租赁交易才是公平的。

当然，并不是在任何情况下，出租人都能免除其质量瑕疵担保责任。当承租人完全依赖出租人的技能和判断选择租赁物，或者出租人干预选择租赁物时，如出租人为承租人确定租赁物或者擅自变更承租人已选定的租赁物的，出租人应承担全部或者部分租赁物的质量瑕疵担保责任。此外，在以下几种特殊情况下，租赁物的质量瑕疵担保责任也应由出租人负担：（1）出租人明知租赁物有瑕疵而未告知或者因重大过失不知有瑕疵的；（2）出租人与出卖人有密切关系的；（3）承租人无法或者不能直接向出卖人索赔的。

第七百四十八条　出租人应当保证承租人对租赁物的占有和使用。

出租人有下列情形之一的，承租人有权请求其赔偿损失：

（一）无正当理由收回租赁物；

（二）无正当理由妨碍、干扰承租人对租赁物的占有和使用；

（三）因出租人的原因致使第三人对租赁物主张权利；

（四）不当影响承租人对租赁物占有和使用的其他情形。

条文主旨

本条是关于出租人保证承租人占有和使用租赁物的规定。

条文解读

出租人负有保证承租人对租赁物的占有和使用的义务，此项义务也被称为保证承租人和平占有的义务。也就是说，在出卖人将租赁物交付承租人后，出租人应当保障承租人能够持续、和平地占有和使用租赁物。具体而言，应当包括以下几个方面：

1. 出租人不得妨碍承租人依照融资租赁合同所拥有的承租权，也不得擅自变更原承租条件。

2. 承租人在租赁期限内，对租赁物拥有独占使用权。在融资租赁合同中，虽然承租人是通过租赁公司融通资金的，但承租人订立融资租赁合同的根本目的要取得租赁物的使用权。所以承租人在接受出卖人交付的标的物后，在租赁期限内，承租人对租赁物享有独占使用权，对使用租赁物所取得的收益可以独立处分。从买卖的角度看，出租人为买受人，出卖人虽将标的物直接交付承租人，但标的物的所有权属于出租人，承租人则取得标的物的占有权、使用权和收益权。

3. 出租人应保证承租人在租赁期限内对租赁物的占有和使用，不受第三人的干扰。例如，出租人转让租赁物所有权的，融资租赁合同对新的所有权人继续有效，新所有权人不得解除合同，取回租赁物。此即所谓“买卖不破租赁”原则。出租人将租赁物设定抵押时，出租人的抵押行为不得影响承租人的使用收益权。承租人的使用收益权可以对抗抵押权人的抵押权。

当然，如果在融资租赁合同期间出现本条第 2 款列举的因出租人原因不当影响承租人对租赁物占有和使用的情形，承租人有权请求出租人赔偿损失。

第七百四十九条　承租人占有租赁物期间，租赁物造成第三人人身损害或者财产损失的，出租人不承担责任。

条文主旨

本条是关于出租人不负租赁物使用对第三人侵权责任的规定。

条文解读

依据本条规定，承租人应当承担租赁物造成第三人损害的赔偿责任。其构成要件包括以下几个方面：

第一，租赁物造成了第三人的损害。这种损害既包括人身损害，也包括财产损害。严格地说，租赁物造成的损害包括两类情况：一是租赁物在正常使用过程中对第三人造成了损害，例如，承租人租赁汽车，因为交通事故造成他人损害，在此种情况下应当由承租人承担责任。二是租赁物自身固有的缺陷造成了第三人的损害，在此种情况下，如果租赁物的缺陷是制造者造成的，那么承租人在承担责任后还可以向制造者追偿。对租赁物属于高度危险作业设备而导致第三人损害的情形，出租人不负损害赔偿责任。无论是何种情形，都属于本条中所说的租赁物造成第三人损害。

第二，租赁物造成损害发生于承租人占有租赁物期间。通常来说，它是指租赁物自交付承租人之日起至租赁期限届满，租赁物被返还出租人之日止。承租人的占有既包括直接占有，也包括间接占有。

第三，租赁物造成第三人损害，此种损害包括人身或财产损害两种类型，但如果租赁物是因为第三人原因造成损害（如有人擅自将承租人的汽车开走撞伤他人），则应由第三人负责。

第七百五十条　**承租人应当妥善保管、使用租赁物。承租人应当履行占有租赁物期间的维修义务。**

条文主旨

本条是关于承租人对租赁物所负保管、维修义务的规定。

条文解读

本条第1款是关于承租人妥善保管和使用义务的规定。作出此种规定的原因是：承租人不享有标的物的所有权，而只是享有占有和使用租赁物的权利，在租赁期届满以后，其原则上应当返还租赁物。所以，承租人应当妥善保管和合理使用标的物，避免因保管不善而损害承租人的权益。所谓“妥善”保管，是指应当根据善良管理人的标准来进行保管，它要求比处理自己的事务更为谨慎。例如，承租人没有按照惯例将其租赁的船舶停靠在港口进行必要的维护，就是没有尽到其妥善保管的义务。所谓合理使用，是指承租人应当按照租赁物的性质和通常方法进行使用。例如，租赁他人的载人小轿车，不能用于货物运输。如果标的物在租赁期限内毁损、灭失，应当由承租人承担损失，且不能免除其支付租金的义务。

本条第2款是关于承租人维修义务的规定。在一般的租赁合同中，出租人负有维修的义务，应当负有保证承租人对租赁物使用的义务。但是，在融资租赁合同之中，出租人并不负有维修义务，而应当由承租人承担该义务。法律上作出此种规定的原因在于：一方面，融资租赁中承租人享有实质意义上的所有人权益，与此相适应，其也应当负有维修租赁物的义务。另一方面，承租人对标的物和出卖人进行了选择，而且具有专业技术，因此承租人才最有能力对标的物进行维修。此外，由承租人负担此种义务，有利于促使其妥善保管和使用标的物，从而更能达到融资租赁合同的缔约目的。依据上述规定，承租人的维修义务限于占有租赁物期间，这就意味着，只有在占有租赁物期间，承租人才负有此种义务，而在租赁物交付之前以及租赁物返还出租人之后，承租人就不再负有此种义务。而且，如果在租赁期限内，租赁物被出租人取回或因其他原因而丧失占有，承租人也不再负有维修义务。

第七百五十一条　承租人占有租赁物期间，租赁物毁损、灭失的，出租人有权请求承租人继续支付租金，但是法律另有规定或者当事人另有约定的除外。

条文主旨

本条是关于融资租赁中的风险负担规则的规定。

条文解读

所谓融资租赁中的风险负担，是指租赁物意外毁损、灭失的风险应当由何人承担的问题。对这一问题，首先应当考虑当事人是否通过合同作出约定，如果作出了约定，就应当尊重当事人的约定。在当事人没有约定，而在租赁期限内发生租赁物意外毁损、灭失的情况下，承租人仍然负有继续支付租金的义务。

法律作出此种考虑的主要理由在于：

第一，出租人享有的所有权主要具有担保功能，不能因此要求其承受标的物毁损、灭失的风险。融资租赁合同具有融资的功能，出租人所享有的所有权主要具有担保功能，因此，不能简单地认为，出租人享有所有权，其就应当负担标的物毁损、灭失的风险。在这一点上，融资租赁合同与租赁合同是不同的，不能类推适用租赁合同的一般规则。

第二，承租人占有标的物，并对其进行了实际控制。在融资租赁关系存续期间，标的物置于承租人的占有、控制和管领之下，承租人更容易知悉标的物所面临的风险，以及如何消除此种危险。由承租人负担风险规则，从效率的角度来看，有利于减少事故预防的成本，例如，承租人可以通过投保防范风险。此外，由承租人负担标的物毁损、灭失的风险，也有利于避免和防范承租人的道德风险。如果承租人占有、使用标的物，却又不必负担标的物毁损、灭失的风险，则极易引发承租人恶意导致标的物毁损、灭失的道德风险。

第三，虽然从原则上说，物的风险由所有权人负担，但是在融资租赁的情形，承租人实际上享有了相当于所有权人的权益，仅仅是缺少名义上的所有权。因此，要求承租人承担风险，符合权利义务对等的原则。

第四，从比较法的经验来看，有关国际公约和示范法对此也作出了规定。例如，《国际统一私法协会租赁示范法（草案)》第 11 条第 1 款规定："融资租赁中，（租赁物）灭失风险由承租人承担。如果没有约定风险移转时间，则自租赁合同签订之时，灭失风险则移转由承租人承担。"同条第 2 款规定："融资租赁之外的其他租赁，灭失风险仍由出租人承担，并不移转于承租人。"

既然风险应当由承租人负担，那么，在承租人占有租赁物期间，租赁物毁损或者灭失，出租人有权要求承租人继续履行合同义务。也就是说，在租赁期限内，租赁物毁损或者灭失的风险应由承租人承担。租赁物毁损或者灭失的，不影响承租人按照融资租赁合同承担应承担的义务，即其仍然应当继续支付租金。

第七百五十二条 承租人应当按照约定支付租金。承租人经催告后在合理期限内仍不支付租金的，出租人可以请求支付全部租金；也可以解除合同，收回租赁物。

条文主旨

本条是关于承租人支付租金义务的规定。

条文解读

在租赁期限内，承租人应当按照合同约定向出租人支付租金，这是承租人的基本义务。由于融资租赁合同中的租金并非租赁物的对价，而是融资的对价，所以当租赁物存在瑕疵时，承租人不得以此为理由拒付租金。

承租人未按照约定支付租金时，出租人可以规定一个合理期限，要求承租人支付。经出租人催告，承租人在规定的期限内仍不支付租金的，即构成违约，出租人可以采取以下两种救济措施：

1. 要求承租人支付全部租金。所谓全部租金，是指融资租赁合同中所规定的全部已到期而承租人未支付的租金，以及其他依约定未到期的租金。在融资租赁合同规定的每期租金支付期限到期之前，出租人无权请求承租人支付。但在融资租赁合同中往往约定，承租人不支付租金或者有其他违约行为时，出租人有权要求承租人付清全部租金。此即所谓期限利益丧失约款。出租人之所以要在合同中约定期限利益丧失约款，是因为在融资租赁合同中，租赁物是为了承租人的特殊需要，由承租人选定，出租人出资购买的，此类租赁物专用性较强，在承租人不支付租金时，出租人即使收回租赁物，也难以通过重新转让或出租收回所投资金。同时，在融资租赁交易中，出租人与承租人互负的义务并非同时履行的，而是有先后层次的，出租人支付租赁物价款的义务履行在先，承租人支付租金的义务履行在后，出租人的利益缺乏一种相互制衡或者保障。由于一般情况下，承租人在迟延支付一期租金时，很有可能也无力支付剩余未到期的租金，所以此时出租人如果不能一次性主张全部租金或者不能收回租赁物，将使自己处于默视损失扩大却无能为力的被动局面。因此，在承租人违约不支付租金时，出租人有权要求承租人支付全部租金，这有利于保护出租人的利益，同时，承租人丧失了期限利益，也是对承租人违约行为的一种惩罚，有利于促使承租人更好地履行自己的义务。

2. 解除合同，收回租赁物，并请求赔偿损失。出租人不选择要求承租人支付全部租金的，可以解除合同，收回租赁物。因为出租人对租赁物享有所有权，这一所有权具有担保其租金债权的功能，所以当承租人违约，出租人解除合同时，出租人可以收回租赁物。

第七百五十三条　承租人未经出租人同意，将租赁物转让、抵押、质押、投资入股或者以其他方式处分的，出租人可以解除融资租赁合同。

条文主旨

本条是关于承租人违约出租人可以解除融资租赁合同的规定。

条文解读

本条规定出租人一方可以解除融资租赁合同的情形，以承租人违约作为解约的前提条件，针对承租人擅自处分租赁物的行为，这类行为对出租人的租赁物所有权和租金债权的实现均构成严重威胁，属于承租人的严重违约。

出租人对租赁物名义上享有所有权，而本质上这种所有权起到的是担保作用。在出租人与承租人的内部关系上，中途不可解约性是融资租赁合同的一个重要特征。由于租赁物系承租人选定或为承租人定制，如果允许承租人中途解约，即使将租赁物返还出租人，一般也难以再次转让并弥补出租人的损失；而租赁物一般价值较大，系承租人长期使用的资产，如允许出租人任意解约，也将给承租人的生产经营带来不利影响，因此，各国一般均规定融资租赁合同不得中途解约。同时，由于融资租赁合同这一特殊性，在合同条款中通常也会明确约定在合同有效期内，当事人双方无正当、充分的理由，不得单方要求解约或退租；而融资租赁的交易形式又使得承租人通常具有权利外观，因此承租人无权处分租赁物的风险始终存在。融资租赁合同租赁期限届满之前租赁物由承租人占有、使用，并且实践中为了便于承租人进行账务处理或获得一定的税收优惠，出租人购买租赁物时往往让出卖人出具以承租人为购买人的税务发票，或将一些融资租赁资产登记在承租人名下。在此情况下，承租人可能凭借其对租赁物的实际控制和相关证明材料，在未经出租人同意的情况下，将租赁物转让、转租、抵押、质押、投资入股或者以其他方式处分。由于融资租赁合同租赁期限届满之前，租赁物归出租人所有，承租人的上述行为显然构成无权处分。

承租人未经出租人同意，将租赁物转让、抵押、质押、投资入股或者以其他方式处分的，侵犯了出租人对租赁物的所有权，符合本法第563条第1款第4项后段“有其他违约行为致使不能实现合同目的”当事人可以解除合同的规定，出租人有权解除合同。

而在对外关系上，为了消灭隐形担保物权，优化营商环境。依照本法第745条，出租人对租赁物享有的所有权，未经登记，不得对抗善意第三人。即在融资租赁合同下，承租人无权处分租赁物的应当依照本法第414条关于担保领域权利竞合的清偿顺序的规定依次实现权利：首先，租赁物上已登记的所有权及其他担保物权，按照登记的时间先后确定清偿顺序；其次，租赁物上已登记的所有权及其他担保物权优先于未登记的受偿；最后，租赁物上的所有权及其他担保物权未登记的，按照债权比例清偿。

第七百五十四条 有下列情形之一的，出租人或者承租人可以解除融资租赁合同：

（一）出租人与出卖人订立的买卖合同解除、被确认无效或者被撤销，且未能重新订立买卖合同；

（二）租赁物因不可归责于当事人的原因毁损、灭失，且不能修复或者确定替代物；

（三）因出卖人的原因致使融资租赁合同的目的不能实现。

条文主旨

本条是关于出租人和承租人均可解除融资租赁合同的情形的规定。

条文解读

本法第562条和第563条分别规定了合同约定解除和合同法定解除的一般情形，本条是基于第563条法定解除的情形针对融资租赁合同作出的特别规定。

与一般租赁合同一样，融资租赁合同也得基于特定的原因解除。但基于交易模式的特殊性，融资租赁合同的一个很重要的特性就是合同的不可中途解约性，因此，合同条款通常约定当事人双方无正当、充分的理由，不得单方要求解约或退租。作为合同双方均可解约的情形，本条规定并未考虑出租人或承租人是否存在违约行为或主观上的过错，而是以融资租赁合同客观上的履行不能作为解除的前提。第一、二两项情形均以承租人无法继续占有、使用租赁物作为合同解除的条件，至于合同解除后的返还及赔偿责任则可以依双方的过错由人民法院作出裁决。第三项是将出卖人的原因纳入双方均可解约的情形，理由有两个：一是融资租赁的合同目的无法实现，客观履行不能；二是在因出卖人的原因导致融资租赁合同无法继续履行时，给承租人以解除融资租赁合同的方式进行救济的权利，避免因出租人不解除买卖合同，导致承租人非因自身过错仍要持续负担融资租赁合同义务的情形。以上三种情形具体分析如下：

一、出租人与出卖人订立的买卖合同解除、被确认无效或者被撤销，且未能重新订立买卖合同

一般来说，融资租赁要有三方当事人（出租人、承租人和出卖人）参与，通常由两个合同（融资租赁合同、买卖合同）或者两个以上的合同构成，由此产生了融资租赁交易中因买卖合同中产生的诉争及损失是否可以通过融资租赁合同予以救济以及如何救济的问题。融资租赁合同和买卖合同是相互联系、相互影响的，各自虽具有独立性，但又并不完全独立，而是在一定意义上以对方的存在为条件。在典型的融资租赁交易中，买卖合同系为融资租赁合同而订立，融资租赁合同是买卖合同订立的前提，因此，买卖合同与融资租赁合同的效力、履行与解除必然互相影响。一方面，融资租赁交易中涉及买卖合同的诉争应当依据本法买卖合同章及买卖合同司法解释的规定予以解决。另一方面，若出租人与出卖人订立的买卖合同被解除、被确认无效或者被撤销，承租人与出租人间的融资租赁合同可能即因此丧失履行的基础和意义，因此，出租人与承租人均可解除融资租赁合同。

二、租赁物因不可归责于当事人的原因毁损、灭失，且不能修复或者确定替代物

在融资租赁中，融资租赁合同的租赁物即是买卖合同的标的物。融资租赁合同最重要的法律特征就是融资与融物相结合，目的为融资，形式为融物，融资为融物服务。因此，当租赁物毁损、灭失，且不能修复或者确定替代物时，融资租赁合同不再具有履行的可能性及意义；在上述毁损、灭失不可归责于当事人时，承租人及出租人均可解除融资租赁合同。

不可归责于当事人的事由有下列几种情况：第一，因不可抗力的原因造成租赁物毁损、灭失的。不可抗力的条件是不能预见、不能避免，并且不能克服。如承租人租赁生产设备的，由于发生洪水，大水冲进设备致使设备损坏，这种损坏是当事人双方难以克服的。第二，因意外事件造成租赁物毁损、灭失的。如承租人租赁飞机正常航行，被一飞鸟撞毁，经过认定承租人本人无过错，飞机的损害是由飞鸟撞击的意外事件造成的。

三、因出卖人的原因致使融资租赁合同的目的不能实现

因出卖人的原因致使融资租赁合同的目的不能实现，与不可归责于融资租赁合同当事人的不可抗力、意外事件致使不能实现合同目的的合同解除事由系依照相似事务相同处理的原则进行规定。一方面，出卖人因其过失或其他原因导致提供的租赁物不符合融资租赁合同的要求或者无法实现融资租赁合同目的，而融资租赁合同最重要的法律特征就是融资与融物相结合，目的为融资，形式为融物，融资为融物服务；另一方面，对于融资租赁合同而言，出卖人的原因属于不能归责于融资租赁合同双方当事人的事由。因此出租人和承租人均可解除融资租赁合同。

第七百五十五条　**融资租赁合同因买卖合同解除、被确认无效或者被撤销而解除，出卖人、租赁物系由承租人选择的，出租人有权请求承租人赔偿相应损失；但是，因出租人原因致使买卖合同解除、被确认无效或者被撤销的除外。**

出租人的损失已经在买卖合同解除、被确认无效或者被撤销时获得赔偿的，承租人不再承担相应的赔偿责任。

条文主旨

本条是对融资租赁合同因买卖合同解除、被确认无效或者被撤销而解除后的损失赔偿问题的规定。

条文解读

融资租赁合同因买卖合同解除、被确认无效或者被撤销而解除的，属于因融资租赁合同当事人以外的原因导致合同解除，承租人虽无违约行为，但如果买卖合同的出卖人、租赁物系由承租人选择，承租人亦应当对选择的后果负责，即对由此而给出租人造成的损失承担赔偿责任。需要注意的是，买卖合同如因出租人的过错而被解除、被撤销或被确认无效的，承租人对融资租赁合同的解除不承担损失赔偿责任，出租人应自担其责。

由于融资租赁合同解除对出租人造成的损失与买卖合同被解除、被撤销或被确认无效对出租人造成的损失往往存在一定的交叉和重合，为保护承租人的合法权益，避免出租人通过在不同法律关系中分别求偿而获得双重利益，本条规定出租人在买卖合同中已经获得赔偿的，应在融资租赁合同的索赔中相应予以扣减。

本条在适用过程中应当注意以下问题：第一，出租人求偿的适用条件。出租人主张损失赔偿的前提是其对买卖合同的无效、被撤销或被解除均不具有可归责事由，否则，如出租人因其行为或过错导致买卖合同存在瑕疵并进而导致融资租赁合同被解除，其不享有求偿权。实践当中，出租人存在可归责事由的情形包括：出租人不履行价款支付义务，导致买卖合同被解除的；因出租人单独或与出卖人的共同过错，导致买卖合同无效或被撤销的；出租人干预选择出卖人、租赁物，或承租人依赖出租人的技能确定租赁物，等等。上述情形下，出租人或者对买卖合同的缔结施加了影响，或者对买卖合同的无效、被撤销、被解除存在过错，自然应承担由此产生的不利后果，而不应再转嫁风险，向承租人主张赔偿。第二，出租人赔偿损失的抵扣。出租人作为买卖合同的买受人，如其因买卖合同导致的损失已经通过买卖合同的救济得到补偿，则此部分受偿金额应当在其以此为由再向承租人主张时予以抵减，以免出租人因同一损失而获得双重赔偿。

第七百五十六条　融资租赁合同因租赁物交付承租人后意外毁损、灭失等不可归责于当事人的原因解除的，出租人可以请求承租人按照租赁物折旧情况给予补偿。

条文主旨

本条规定了因租赁物意外毁损、灭失导致融资租赁合同解除时的法律后果。

条文解读

本法第751条规定了租赁物意外毁损、灭失时的风险负担规则，同时又在第754条规定了租赁物意外毁损、灭失时的合同解除权，从体例上看，这延续了我国合同法时期关于风险负担规则和合同解除的二元立法体例，因此，同样会产生风险负担与合同解除竞合的问题。当二者竞合时，是依据风险负担规则进行处理，由承租人继续向出租人支付租金，还是根据合同解除制度对合同关系进行处理？

租赁物意外毁损、灭失，当事人均不具有可归责性，不存在违约损失赔偿问题，故风险负担规则与合同解除相竞合时，需要平衡和协调的关键问题是租赁物的所有者——出租人可以获得多大范围的利益补偿：按风险负担的一般原则，融资租赁合同中的风险由承租人负担，出租人可以主张全部租金利益（包括租赁物本身的价值和利润）；但若解除合同，则只能根据本法第566条的规定，对合同解除的后果进行清理。因融资租赁合同为持续性合同，合同解除不具有溯及力，故当事人已经履行的不再返还和恢复原状，但尚未履行的可以终止履行。对出租人而言，尚未支付的租金可以不再支付，相应地，承租人对租赁物也无权继续占有，应返还出租人。因租赁物已经毁损、灭失，造成了客观上的返还不能，所以承租人应承担代物返还义务，将租赁物折价后的价值金额返还出租人，即此时出租人能够获得的仅为租赁物自身的价值。由此可见，适用风险负担规则还是合同解除制度，主要差异在于对出租人的利润损失是否予以补偿。

对于出租人的利益补偿标准的差异，法律应如何取舍始终存在两种理论意见：第一种观点认为融资租赁合同中的风险即为租金风险，既然风险由承租人负担，则承租人应对出租人的全部损失予以补偿，包括租金在内的可得利益损失均属补偿范围，这是风险负担原则的应有之义。这种观点实际上是主张二者竞合时应适用风险负担制度。第二种观点认为，承租人对租赁物损毁、灭失并无过错，让承租人承担出租人的全部租金损失，相当于使承租人负担了与严重违约而解除合同时相同的损失赔偿法律后果，这样既不利于公平分配双方损失，也不利于引导当事人诚信守约。因此，二者竞合时应按照合同解除的后果进行处理，承租人仅需补偿出租人的实际损失即可。

经权衡研究，本法最终采纳了第二种意见，根据利益平衡原则，对规范竞合时的法律适用和出租人利益如何补偿问题作出了规定，以统一司法尺度。作出此种选择的主要考虑是：(1) 风险负担和合同解除竞合时，如何选择和适用规则，涉及价值衡量问题，需要考量在融资租赁这种特殊的交易形式下，适用哪一项制度更有利于保障和实现公平。从规则设立的初衷考察，风险负担规则和合同解除制度无疑都体现了公平的价值，都具有制度上的合理性，但在具体适用于融资租赁交易时，二者确实存在程度上的差异。风险负担规则体现的是风险与利益相一致原则，但在出租人和承租人双方均无可归责事由的情况下，如无特殊约定，让承租人承担全部租金风险，则其不但要承受租赁物自身的损失，还要负担出租人的利润损失，而出租人却不承担租赁物意外损毁、灭失的任何不利后果，这对承租人不免过于严苛，负担过重。如果适用合同解除制度，承租人承担的是返还原物义务，因返还不能而代之以折价补偿，利润损失则由出租人合理分担，兼顾平衡了双方的利益，避免了风险负担规则下对出租人完全保护、让承租人完全负担损失的极端处理方式。因此，二者相比，适用合同解除制度更能体现公平原则。(2) 租赁物意外毁损、灭失而导致合同目的落空时，如果采用风险负担规则，由承租人承担租金损失，实际上是支持了出租人的全部可得利益，这与承租人违约而解除合同时，承租人应承担的可得利益损失赔偿范围完全一致，即无论承租人是否违约、是否具有可归责事由，其承担的损失后果却是完全相同的，这显然不利于引导人们诚实守信，因而不合理、不公平。故对于融资租赁合同而言，二者竞合时，按照合同解除制度进行处理更具有合理性。

综上，通盘考虑本法相关规定可知，当租赁物意外毁损、灭失，融资租赁合同可以解除时，法律赋予当事人可以自由选择的两种处理方式：如果当事人不行使解除权，则按风险负担规则处理，承租人应当继续支付租金，实际上是承担了租金的风险，但却可以避免合同解除后一次性补偿出租人的资金压力，从而获得分期支付的期限利益；如果当事人行使解除权，则风险负担规则不再适用，而代之以合同解除制度的登场，承租人应承担返还租赁物的义务，并承担返还不能时的代物清偿义务，即按租赁物的价值对出租人给予补偿。

合同解除时，承租人补偿出租人的租赁物价值中包含了剩余租赁期限内租赁物的价值和租赁期届满后租赁物的残值两部分，如果融资租赁合同事先约定租赁期满后租赁物的残值属于承租人所有，则承租人可以在支付的补偿金额中扣除应属于自己的残值部分。

第七百五十七条　出租人和承租人可以约定租赁期限届满租赁物的归属；对租赁物的归属没有约定或者约定不明确，依据本法第五百一十条的规定仍不能确定的，租赁物的所有权归出租人。

条文主旨

本条是关于租赁期限届满租赁物归属的一般规定。

条文解读

在传统租赁中，承租人的一项主要义务就是于租赁期限届满时，将租赁物返还出租人。而在融资租赁中，租赁期限届满，承租人一般可以有三种选择权：留购、续租或退租。留购是指租期届满，承租人支付给出租人一笔双方商定的设备残值（名义货价），取得租赁物的所有权。续租是指租期届满，承租人与出租人更新合同，继续承租租赁物，承租人按新合同支付租金；或者承租人未退回租赁物，出租人同意合同继续有效至承租人退回租赁物或者留购租赁物，承租人按原合同支付租金，直至合同终止。退租是指租期届满，承租人负责将处于良好工作状态的租赁物按出租人要求的运输方式运至出租人指定的地点。由此而产生的一切支出，如包装、运输、途中保险等费用均由承租人承担。在这三种租赁物的处理方式中，出租人更愿意选择留购这一处理方式。实践中，出租人关心的是如何收回其投入以及盈利，而对租赁物的使用价值没有多大兴趣，大多数融资租赁交易均把承租人留购租赁物作为交易的必要条件。如果选择另外两种方式处理租赁物，仍面临着租赁物的最终处理问题，出租人并不希望保留租赁设备。

如果当事人双方对于租赁物的归属没有约定或者约定不明确时，可以依照本法第510条的规定协议补充；不能达成补充协议时，应依照合同有关条款或者交易习惯加以确定。如果合同双方当事人既不能就租赁物的归属达成补充协议，又不能根据合同有关条款或者交易习惯确定时，租赁物的所有权归出租人享有。这是因为，融资租赁与传统租赁一样，在租赁期限内，租赁物的所有权归出租人。租赁期限届满时，如果承租人未支付名义货价，即使名义货价只值一分钱，承租人也不能取得租赁物的所有权，租赁物的所有权仍归出租人享有。

第七百五十八条　当事人约定租赁期限届满租赁物归承租人所有，承租人已经支付大部分租金，但是无力支付剩余租金，出租人因此解除合同收回租赁物，收回的租赁物的价值超过承租人欠付的租金以及其他费用的，承租人可以请求相应返还。

当事人约定租赁期限届满租赁物归出租人所有，因租赁物毁损、灭失或者附合、混合于他物致使承租人不能返还的，出租人有权请求承租人给予合理补偿。

条文主旨

本条是关于承租人请求部分返还租赁物价值的规定。

条文解读

根据本法第752条的规定，承租人不支付租金时，出租人有权解除合同，收回租赁物，这是由出租人享有的租赁物所有权所决定的。但是出租人的所有权是一项受其租金债权严格制约的权利，在融资租赁交易中，与租赁物所有权有关的风险与收益实质上都转移给承租人了，出租人的所有权仅具担保的意义。因此，当承租人违约时，出租人有权解除合同，收回租赁物，并要求承租人赔偿损失。即在融资租赁实践中与担保相同，融资租赁中租金的本质为还本付息，进而赎回租赁物实现担保物权，因此禁止流质流押情形的发生。但鉴于出租人对租赁物享有的权利实质为担保物权，仅在形式上表现为所有权，出租人于承租人不能支付租金的情形下，解除融资租赁合同收回租赁物无需经过人民法院同意，但应当进行强制清算。租赁物的价值超过剩余欠款的，出租人应当予以返还。

因为在融资租赁实践中，损害赔偿金是以相当于残存租金额或者以残存租金额减去中间利息计算的。这样出租人不仅收回了租赁物，而且可以获得一笔相当于残存租金额的损害赔偿金。而在融资租赁合同完全履行时，出租人仅可取得全部租金及期满后取得租赁物的残余价值。由此可以看出，如果不进行强制清算，出租人中途解约取得的利益，比合同全部履行本应得到的利益还要多。这不仅不公平，而且由于利益驱动，会使出租人尽量使用解除合同的办法，不利于融资租赁合同关系的稳定。

为了解决上述问题，本条规定，当事人约定租赁期限届满租赁物归承租人所有，承租人已经支付大部分租金，但无力支付剩余租金，出租人因此解除合同收回租赁物的，收回的租赁物的价值超过承租人欠付的租金以及其他费用的，承租人可以请求部分返还。也就是说，出租人因收回租赁物而取得的价值，无论按所评估的公允价值，还是按公开拍卖的实际所得，都不直接归出租人所有。这一所得必须与出租人这时的租金债权，即承租人尚未付清的租金及其他费用作比较。只有出租人收回租赁物的所得等于出租人的租金债权的部分时，才归出租人所有，超出租金债权的部分，是出租人多得的利益，应返还承租人，或者充作承租人支付的损害赔偿金，不足部分仍应由承租人清偿。

当事人约定了租期届满租赁物归属于出租人的，租赁物在承租人处因毁损、灭失或者附合、混合于他物致使承租人不能返还时，因为风险应该由承租人负担，所以承租人应该向出租人补偿租赁物的残值。

第七百五十九条　当事人约定租赁期限届满，承租人仅需向出租人支付象征性价款的，视为约定的租金义务履行完毕后租赁物的所有权归承租人。

条文主旨

本条是关于支付象征性价款时租赁物归属的规定。

条文解读

在传统租赁中，承租人的一项主要义务就是于租赁期限届满时，将租赁物返还出租人。而在融资租赁中，鉴于租赁物对于出租人和承租人的意义不同，合同双方通常会约定租赁期限届满租赁物的归属。合同双方未约定的，承租人一般可以有三种选择权：留购、续租或退租。其中留购即指租期届满，承租人支付给出租人象征性价款，于租赁义务履行完毕后取得租赁物的所有权。一方面，在上述三种租赁物的处理方式中，出租人更愿意选择留购这一处理方式，以此达到收回其投入以及赢利的目的，大多数融资租赁交易均把承租人留购租赁物作为交易的必要条件。另一方面，融资租赁的域外实践中，通常采取约定支付象征性价款的方式确定租赁期限届满租赁物归属的方式。在我国融资租赁业务发展的初期对此有所借鉴，也因此保留、发展成为实践中融资租赁合同的通常条款。所以，这种租赁期限届满，承租人仅需向出租人支付象征性价款的约定，实际上使得在租赁物归属约定不明的情形下，在依照本法第757条规定判断顺序之前，承租人即可通过支付象征性价款的方式于租金义务履行完毕后取得租赁物的所有权。因此，本条兼顾法律逻辑与融资租赁实际业态作出明确规定。

第七百六十条 **融资租赁合同无效，当事人就该情形下租赁物的归属有约定的，按照其约定；没有约定或者约定不明确的，租赁物应当返还出租人。但是，因承租人原因致使合同无效，出租人不请求返还或者返还后会显著降低租赁物效用的，租赁物的所有权归承租人，由承租人给予出租人合理补偿。**

条文主旨

本条是关于融资租赁合同无效时租赁物归属的规定。

条文解读

合同法规范在本质上属于任意性、补充性的规范，合同法也更多地体现出了约定优先的指导思想。商人是自身利益的最好判断者，融资租赁合同是平等市场主体之间签订的合同，合同条款的约定本身就包含了出租人和承租人双方对履约成本、履约收益和履约风险的判断。因此，鼓励融资租赁双方当事人以市场化的方式对合同的履行和解除、租赁物的风险负担、租赁物清算等问题作出约定，以减少诉讼风险和损失的不确定性。融资租赁合同无效的，应当依照当事人间就租赁物归属的约定履行。当事人没有约定或约定不明的，出租人作为租赁物的所有权人应当收回租赁物。但是实践中，租赁物通常为承租人所选，且为承租人生产经营所需，租赁物在出租人手中不能发挥其效用，不利于租赁物价值的实现和承租人、出租人利益的最大化。因此，在融资租赁合同无效的事由系因承租人导致的情形下，可以由承租人取得租赁物的所有权，并由承租人根据合同履行情况和租金支付情况就租赁物向出租人作出经济补偿。

第十六章　保 理 合 同

保理合同是应收账款的债权人将应收账款转让给保理人，保理人提供资金支持以及应收账款管理、催收、付款担保等服务的合同。在立法过程中，有的意见认为，保理业务可以为实体企业提供综合性金融服务，特别是可以为中小型企业拓宽融资渠道。当前我国保理业务发展迅猛、体量庞大，保理合同纠纷在司法实践中亦处于增长态势，但是也存在一些问题，亟须立法加以规范。有的意见则认为，保理业务虽然重要，但民法典应当从法理逻辑和法典体系出发，不应仅仅着眼于具体问题的解决。保理业务在交易实践和司法实践中，最为急需的规则不是保理合同的特殊规则，而是债权转让的一般规则，而保理所涉及的资金融通、应收账款管理和催收、付款担保等服务均有对应的或者类似的合同类型。因此，无需增设保理合同作为典型合同，而应解决债权转让的一般规则。

经研究，保理业务作为企业融资的一种手段，在权利义务设置、对外效力等方面具有典型性。本法对保理合同作出明确规定，提供清晰的交易规则和司法裁判规则，一方面针对保理合同的特殊问题予以规定，另一方面补充债权转让的一般性规则。这有利于促进保理业务的发展，缓解中小企业融资难、融资贵的问题，也有利于对保理业务进行规范，规制保理业务当前出现的一些问题，使得保理业务能够健康地、有序地发展，进而促进我国实体经济发展。在具体规定中，规定的重点是债权转让一般规则的补充。保理所涉及的资金融通、应收账款管理和催收、付款担保等均有对应的或者类似的合同类型，足供保理合同参照适用，国际统一私法协会的国际保理公约及俄罗斯、我国澳门等民商法典保理合同章均未涉及此方面法律规范。

本章共九条，对保理合同的概念、内容和形式、虚构应收账款的保理、保理人发出转让通知、保理后变更或者终止基础交易合同、有追索权保理、无追索权保理和多重保理等作出了规定。

第七百六十一条　保理合同是应收账款债权人将现有的或者将有的应收账款转让给保理人，保理人提供资金融通、应收账款管理或者催收、应收账款债务人付款担保等服务的合同。

条文主旨

本条是关于保理合同概念的规定。

立法背景

为了明确保理合同的典型特征，本条参考中国银行业监督管理委员会《商业银行保理业务管理暂行办法》（中国银行业监督管理委员会令 2014 年第 5 号）第 6 条、中国银行业协会《中国银行业保理业务规范》（银协发〔2016〕127 号）第 4 条的规定，对保理合同的概念予以规定。

条文解读

保理合同是以债权人转让其应收账款为前提，集资金融通、应收账款催收或者管理、付款担保等服务于一体的综合性金融服务合同。保理目前在我国区分为银行业保理和商业保理，这涉及设立主体、行业准入和监管要求上的差异，但在交易结构上并无不同，所涉及的保理合同是相同的。

保理法律关系，涉及保理商与债权人、保理商与债务人之间不同的法律关系，债权人与债务人之间的基础交易合同是成立保理的前提，而债权人与保理商之间的应收账款债权转让则是保理关系的核心。这与单纯的借款合同有显著区别，故不应将保理合同简单视为借款合同。实践中确实有部分保理商与交易相对人虚构基础合同，以保理之名行借贷之实。对此，应查明事实，从是否存在基础合同、保理商是否明知虚构基础合同、双方当事人之间实际的权利义务关系等方面审查和确定合同性质。如果确实是名为保理、实为借贷的，仍可以按照借款合同确定当事人之间的权利义务。

按照本条规定，保理合同必须具备的要素是应收账款债权的转让，没有应收账款的转让就不能构成保理合同。所谓应收账款，是指权利人因提供一定的货物、服务或设施而获得的要求债务人付款的权利以及依法享有的其他付款请求权，包括现有的和未来的金钱债权，但不包括因票据或其他有价证券而产生的付款请求权，以及法律、行政法规禁止转让的付款请求权。应收账款主要包括下列权利：（1）销售、出租产生的债权，包括销售货物，供应水、电、气、暖，知识产权的许可使用，出租动产或不动产等；（2）提供医疗、教育、旅游等服务或劳务产生的债权；（3）能源、交通运输、水利、环境保护、市政工程等基础设施和公用事业项目收益权；（4）提供贷款或其他信用活动产生的债权；（5）其他以合同为基础的具有金钱给付内容的债权。这些应收账款的转让可以是单独转让，也可以是批量集合转让，取决于当事人之间的约定。应收账款的转让，应当适用本法关于债权转让的一般规则。

现有的应收账款比较容易理解，需要注意的是将有的应收账款。在理论中，将有的应收债权包括两类。一类是已经存在基础法律关系的将有应收账款，如基于附生效条件或生效期限的合同、继续性合同所产生的将有应收账款，债权人自身的给付行为尚未完成但一旦完成即可产生的债权等；另一类是没有基础法律关系的纯粹的将有应收账款，如尚未订立合同的买卖、租赁等所产生的债权，即“纯粹的未来债权”。本法第440条第6项规定，现有的以及将有的应收账款都可以被出质。基于同样的考量，本条也承认将有应收账款的保理。依据本法第467条，没有明文规定的合同，可以参照适用最相类似合同的规定，故该规定可扩展适用于所有的债权转让，即将有的债权也可被转让。许多国家和地区的法律、国际性公约或者文件明确规定了将有债权的可转让性，例如《日本民法典》第466条之六、《法国民法典》第1323条第3款、《国际保理公约》第5条第2款、《应收账款转让公约》第8条第1款、《国际商事合同通则》第9.1.5条、《欧洲合同法原则》第11：101条、《美国统一商法典》第9－204条（a）等。当然，转让的将有债权应当可以被特定化，此种特定化并非在债权转让合同或者保理合同签订时已经被特定化，而是在将有债权实际产生时能够被识别为被之前订立的债权转让合同或者保理合同所涉及。但需要注意的是，如果自然人转让其全部的将来债权，如自然人转让其全部将来劳动报酬债权，可能产生剥夺债权人生计收入或生存来源的危险，对此可以认为，自然人因转让全部将来债权导致实质上丧失经济自由的，该转让行为因违背公序良俗，依据本法第153条第2款，应属无效。

除了必须具备的应收账款转让之外，保理合同还需要保理人提供资金融通、应收账款管理或者催收、应收账款债务人付款担保等服务。这同样在国际保理公约、国际保理通则以及保理示范法中都有规定，在我国目前的一些规范中，如中国银行业保理业务规范、商业银行保理业务暂行管理办法，也都有规定。资金融通，是指保理人应债权人的申请，在债权人将应收账款转让给保理人后，为债权人提供的资金融通，包括贷款和应收账款转让预付款。应收账款催收，是指保理人根据应收账款账期，主动或应债权人要求，采取电话、函件、上门等方式直至运用法律手段等对债务人进行催收。应收账款管理，又称为销售分户账管理，是指保理人根据债权人的要求，定期或不定期向其提供关于应收账款的回收情况、逾期账款情况、对账单等财务和统计报表，协助其进行应收账款管理。付款担保，是指保理人与债权人签订保理合同后，为债务人核定信用额度，并在核准额度内，对债权人无商业纠纷的应收账款，提供约定的付款担保。除了这些服务之外，保理合同中，保理人提供的服务通常还包括资信调查与评估、信用风险控制等其他可认定为保理性质的金融服务。这些服务均有对应的或者类似的合同类型供参照适用，例如，如果保理人提供应收账款债权的管理和催收服务，则保理人负有相当于一般委托合同受托人或者信托合同受托人的义务，在管理和催收债权时应当尽到注意义务，如应当及时催收诉讼时效期间即将届满的债权；就付款担保而言，提供担保的保理人居于担保人的地位，可参照担保的一般规则处理。

保理合同必备的要素是应收账款转让，除此之外，构成保理合同，还要保理人提供资金融通、应收账款管理或者催收、应收账款债务人付款担保等服务，但是保理人并非必须提供上述所有项的服务。在这些服务中，《国际保理公约》第1条第2款第2项要求保理人对其列举的四项服务至少要提供两项，《国际保理通则》第1条仅要求提供一项即可，我国的《商业银行保理业务管理暂行办法》第6条、《中国银行业保理业务规范》第4条以及其他一些司法文件也仅要求提供一项即可。无论如何，无应收账款转让的，不构成保理合同；但是，仅仅只是应收账款转让的，也同样不构成保理合同。保理人提供哪些服务，取决于保理人和应收账款债权人之间的约定。

相关规定

中国银行业监督管理委员会《商业银行保理业务管理暂行办法》第6条；中国银行业协会《中国银行业保理业务规范》第4条；《天津市高级人民法院关于审理保理合同纠纷案件若干问题的审判委员会纪要（一）》第2条；《深圳前海合作区人民法院关于审理前海蛇口自贸区内保理合同纠纷案件的裁判指引（试行）》第2条；中国人民银行《应收账款质押登记办法》第2条

第七百六十二条 保理合同的内容一般包括业务类型、服务范围、服务期限、基础交易合同情况、应收账

款信息、保理融资款或者服务报酬及其支付方式等条款。

保理合同应当采用书面形式。

条文主旨

本条是关于保理合同内容和形式的规定。

立法背景

本条第 1 款结合实践情况，参考中国银行业监督管理委员会《商业银行保理业务管理暂行办法》第 10 条的规定，对保理合同中一般应包含的内容进行倡导性的规定。由于保理合同较为复杂，出于保护交易安全、避免纠纷的需要，本条第 2 款明确规定保理合同应当采用书面形式。

条文解读

本条第 1 款规定了保理合同中所一般包含的内容。保理合同的内容一般包括业务类型、服务范围、服务期限、基础交易合同情况、应收账款信息、保理融资款或者服务报酬及其支付方式等条款。保理合同的具体内容由保理人和应收账款债权人具体约定，本款仅仅是倡导性的规定，仅是对保理合同通常所包含内容的总结。

需要具体说明的是其中的业务类型。保理业务按照不同的标准可以被区分为不同的类型。按照保理人在债务人破产、无理拖欠或无法偿付应收账款时，是否可以向债权人反转让应收账款或者要求债权人回购应收账款、归还融资，可以区分为有追索权保理和无追索权保理。有追索权保理，是指保理人不承担为债务人核定信用额度和提供坏账担保的义务，仅提供包括融资在内的其他金融服务，在应收账款到期无法从债务人处收回时，保理人可以向债权人反转让应收账款，或者要求债权人回购应收账款、归还融资，又称为回购型保理。无追索权保理，指保理人根据债权人提供的债务人核准信用额度，在信用额度内承购债权人对债务人的应收账款并提供坏账担保责任，债务人因发生信用风险未按基础合同约定按时足额支付应收账款时，保理人不能向债权人追索，又称为买断型保理。该分类是保理业务的基础性分类，本法第 766 条和第 767 条分别规定了有追索权保理和无追索权保理。

按照是否将应收账款转让的事实通知债务人，可分为公开型保理和隐蔽型保理。公开型保理，是指将应收账款转让的事实通知债务人，通知方式包括但不限于向债务人提交规定格式的通知书、在发票上加注规定格式的转让条款，又称明保理。隐蔽型保理，是指保理合同签订后的一定时期内，都未将应收账款转让事实通知债务人，仅在约定期限届满或者约定事由出现后，保理人可将应收账款转让事实通知债务人，又称暗保理。在暗保理的情形中，即使保理人已预付融资款，正常情况仍由债权人或以债权人名义继续收取债权，融资款项仅在债权人与保理商之间清算，由债权人将相关付款转付保理人，另以保理人控制收款账户等方式确保保理人对应收账款收益的控制，以对债权人设定违约责任等方式阻遏债权人另行收取债权。暗保理固然存在债务人另行向债权人给付的风险，但同时具有便于应收账款管理与催收、利于维系债权人与债务人的合作关系等优势，故在实践中常有应用。本法第 546 条第 1 款并未规定债权转让必须通知债务人，而仅规定了转让通知对债务人的效力，即未通知债务人的，债权转让对债务人不发生效力，该规定不妨碍暗保理的开展。

按照基础交易的性质和债权人、债务人所在地，保理可分为国际保理和国内保理。债权人和债务人均在境内的，称为国内保理；债权人和债务人中至少有一方在境外的，称为国际保理。国际保理涉及准据法的选择，但如果当事人选择中国法作为准据法，相关实体法应无区别。另外还有反向保理，即保理人与规模较大、资信较好的买方达成协议，对于为其供货、位于其供应链上的中小企业提供保理业务。反向保理不是一种具体产品或者合同名称，而是一种保理营销策略，在大幅度减少保理商风险的同时，有效缓解了中小企业的融资困难，提高了中小企业的市场开拓能力。具体操作中，保理人首先与资信较好的买方协商，确定由保理人为向买方供货的中小企业提供保理融资，然后保理人与供货的中小企业，或者与供货的中小企业和买方共同签订保理合同。供货的中小企业履行基础交易合同中的供货义务后，向保理人提示买方承兑的票据，保理人立即提供融资，并进行应收账款管理、账款催收等综合性金融服务。票据到期时，买方直接向保理商支付款项。因此，其仅仅在交易流程上具有特色，但在实体法上与通常的保理相比并无特殊之处。按照保理人的数量，保理可分为单保理、双保理以及共同保理或者联合保理。双保理涉及两个保理合同，共同保理涉及本法第 517 条以下条文规定的多数人之债。按照保理人所提供服务内容的不同，保理分为融资保理和非融资保理。融资保理，是指保理商提供应收账款融资的保理业务，又基于保理商融资款的支付期限分为到期保理和预付保理；非融资保理，是指保理商不向债权人提供应收账款融资，仅提供应收账款管理或者催收、付款保证等服务。这涉及当事人无约定时参照适用何种典型合同的规则。根据债务人是否直接向保理人支付应收账款，保理分为直接回款保理和间接回款保理，前者是指债务人直接向保理人支付应收账款的保理业务，后者是指不要求债务人直接向保理人支付应收账款的保理业务。由于保理人风险的不同，这涉及对保理回款专户的监管。但是，上述分类均不涉及特殊的规则，可以通过现有规则予以解决，因此并非本章立法的重心。

另外还需要说明的是基础交易合同。基础交易合同，是应收账款债权人与债务人签订的据以产生应收账款的有关销售货物、提供服务或出租资产等的交易合同及其全部补充或者修改文件。基础交易合同的存在是保理合同订立的前提，虽然两者有关权利义务关系的约定存有牵连，但两者并非主从合同关系，而是相对独立的两个合同。据此，首先，基础交易合同的效力不影响保理合同的效力。其次，保理人以保理合同为依据向基础交易合同债务人主张债权的，如果保理合同中对债权内容也即债务人债务的约定与基础交易合同中的约定不同，除债务人同意或者法律另有规定外，保理合同中关于债务人债务的约定并不能约束债务人。这也是债权转让的一般规则在保理合同中的具体应用。

本条第 2 款明确规定了保理合同应当采用书面形式。由于口头形式没有凭证，容易发生争议，发生争议后，难以取证，不易分清责任，而保理合同较为复杂，出于保护交易安全、避免纠纷的需要，保理合同应当采用书面形式。按照本法第 469 条第 2 款和第 3 款的规定，书面形式是合同书、信件、电报、电传、传真等可以有形地表现所载内容的形式。以电子数据交换、电子邮件等方式能够有形地表现所载内容，并可以随时调取查用的数据电文，视为书面形式。本法第 490 条第 2 款同时规定，法律、行政法规规定或者当事人约定合同应当采用书面形式订立，当事人未采用书面形式但是一方已经履行主要义务，对方接受时，该合同成立。

相关规定

中国银行业监督管理委员会《商业银行保理业务管理暂行办法》第 10 条；《天津市高级人民法院关于审理保理合同纠纷案件若干问题的审判委员会纪要（一）》第 11 条

第七百六十三条　应收账款债权人与债务人虚构应收账款作为转让标的，与保理人订立保理合同的，应收账款债务人不得以应收账款不存在为由对抗保理人，但是保理人明知虚构的除外。

条文主旨

本条是关于保理中虚构应收账款的规定。

立法背景

应收账款虚假，是保理实践中的突出问题。典型的场景是，在尽职调查过程中，保理人通常会向债务人核实应收账款的真实性，债务人在征询函或其他文书上确认该应收账款真实存在，保理人因而与债权人签订保理合同，事后保理人向债务人主张权利时，债务人以基础交易合同不实或应收账款虚假为由抗辩。此时，债权转让合同或者保理合同并非因此当然无效，但保理人有权依法以欺诈为由请求撤销其与债权人之间的合同，同时依据本法第157条的规定，有权请求债权人承担撤销后的返还财产、赔偿损失责任。依据债权人和保理人之间的合同，债权人负有保证所转让债权真实的义务，保理人也有权解除合同并请求债权人承担违约赔偿责任。但是，债务人是否以及如何向保理人承担责任，在实践中争议较大，因此本条对此予以明确规定。当然，这个问题不仅在保理中存在，在其他债权转让中也同样存在，在其他债权转让中如果出现类似的问题，可以参照适用本条予以处理。

条文解读

针对保理中虚构应收账款的情形，其他国家和地区的法律存在不同的规定方式。一种方式是统一规定通谋虚伪表示不得对抗善意第三人，这当然也适用于本条所针对的情形，例如《奥地利普通民法典》第916条第2款、《日本民法典》第94条第2款、我国台湾地区“民法”第87条第1项等。另一种方式是对本条所针对的情形予以特别规定，例如《德国民法典》第405条规定：“债务人出具关于债务之文书者，如于文书提出时而为债权让与，债务人不得对新债权人主张债之关系之成立或者承认系出于虚伪，或者与原债权人曾有债权不得让与之约定。但新债权人于债权让与时明知或者可得而知其情事者，不在此限。”《瑞士债务法》第18条第2款也采取了类似的方式。还有一种方式是受让人有权请求债务人承担侵权的损失赔偿责任。无论采取哪一种立法方式，共识是此种情形中，债务人应当向受让人（保理人）承担责任，区别在于所承担的责任是债务人不得以债权不存在为由对受让人提出抗辩，而必须履行本不存在的债权所对应的债务，还是对受让人承担侵权赔偿责任，但是最终的结果并无实质区别。经研究，对此种情形明确予以规定，并采取债务人不得以债权不存在为由对受让人提出抗辩的方式，有助于实践中债务人承担责任的数额的确定，能够对受让人（保理人）的利益予以充分保护。

本条适用的前提，首先是，作为转让标的的应收账款不存在。所谓应收账款不存在，包括应收账款全部不存在，也包括应收账款存在但与真实债权数额不符，即部分不存在。

其次是，应收账款不存在是因为应收账款债权人与债务人虚构。虚构的方式是多样的，可能是：（1）应收账款债权人与债务人通谋以虚假的意思表示制造了虚假应收账款的外观。这属于本法第 146 条第 1 款所规定的通谋虚假行为，即行为人与相对人以虚假的意思表示实施的民事法律行为无效。但是，该无效仅是在应收账款债权人和债务人之间无效，不得对抗据此产生信赖的保理人。（2）债务人向保理人确认应收账款的真实性，制造了虚假应收账款的外观。虽然债权一般不具有权利外观，原则上不适用善意取得，但是，在本条所针对的情形中，债权在例外情况下具有一定的权利外观，对据此产生信赖的债权受让人（保理人）应当予以保护。

最后是，保理人因此对应收账款存在产生了合理的信赖，从而签订了保理合同。保理人必须因应收账款债权人与债务人的虚构对应收账款存在产生了合理的信赖，在受让人未对此有所信赖的情形，受让人并未因信赖而蒙受不利益，如在将来虚构某笔债权的情形，受让人当初受让将来债权，并非基于对该债权的信赖而给付对价，就不适用本条。同时，保理人的信赖必须是合理的。本条中的应收账款不包括因票据或其他有价证券而产生的付款请求权，而仅仅是普通的债权。普通债权与票据等证券化债权不同，保理人本来就没有充分理由仅依据债权存在的外观而信赖债权的真实存在，而负有必要的调查核实的义务。保理人调查核实债权真实性有时成本较高，如在债权打包转让的情形中，涉及大量债权，保理人单独对涉及这些债权的发票或者合同逐一核实，审查难度较大。因此，在实践中，保理人通常会向债务人调查核实。如果债务人确认了债权的真实性，虽然不应因此而完全免除保理人的调查核实义务，但此时，保理人一般能够相信债务人不存在债权真实性的抗辩，这会使得保理人对债权真实性的审核义务降低，保理人的合理信赖更容易构成。因此，本条规定了在保理人明知债权不存在的情形下，保理人就不存在合理信赖，不能适用本条予以保护。这一方面考虑到了，在债务人确认的情形中，受让人对债权真实性的审核义务较低，仅限于保理人“明知”债权不存在的情形中才不适用本条规定，这有助于避免过分增加受让人的审核义务。另一方面，保理人也不能因为债务人的确认而完全不对债权进行任何的调查核实，在保理人完全可以通过成本较低的审核措施就能够发现债权不存在的情形中，就有理由认为保理人对债权不存在是明知的。

本条适用的法律后果是，应收账款债务人不得以应收账款不存在为由对抗保理人。这意味着，在债务人虚构或者确认债权的范围内，保理人仍有权请求债务人履行如同债权存在时相对应的债务，债务人不得以应收账款实际上不存在为由对保理人提出抗辩。

相关规定

《天津市高级人民法院关于审理保理合同纠纷案件若干问

题的审判委员会纪要（二）》第3条；《深圳前海合作区人民法院关于审理前海蛇口自贸区内保理合同纠纷案件的裁判指引（试行）》第13条、第14条

第七百六十四条　保理人向应收账款债务人发出应收账款转让通知的，应当表明保理人身份并附有必要凭证。

条文主旨

本条是关于保理人发出转让通知的规定。

立法背景

依据本法第546条第1款，在一般的债权转让中，发出转让通知的主体原则上应当仅限于让与人。但在保理合同实践中，为了避免债务人在转让发生后仍向债权人履行债务，保理人更有动力主动发出通知。为了避免增加债务人审核负担，本条结合具体实践，规定保理人向应收账款债务人发出应收账款转让通知的，应当表明保理人身份并附有必要凭证。

条文解读

保理合同的核心是应收账款债权转让，在此应当适用本法关于债权转让的一般规则，为保护债务人利益，依据本法第546条第1款，债权人转让债权，未通知债务人的，该转让对债务人不发生效力。因此，应收账款债权转让未通知债务人的，该转让对债务人不发生效力，即使保理人取得了债权，债务人也有权拒绝保理人的履行请求；债务人向债权人履行债务的，债权消灭。如果应收账款债权转让通知了债务人，则债权

转让对债务人发生效力，此时债务人即对保理人负有履行义务，并且有权以此拒绝债权人的履行请求；如果债务人仍然向债权人履行，则不发生债权消灭的效力。因此，只有通知了债务人，才可以最大限度地保护保理人的利益。

但是，问题是保理人是否有权单独向债务人发出转让通知。在一般的债权转让中，对转让通知的发出主体，不同的立法例有不同的规定。有的规定仅限于让与人，例如《日本民法典》第467条第1款。有的规定让与人或者受让人均可发出转让通知，例如《瑞士债务法》第167条、我国台湾地区“民法”第297条第1项。有的规定让与人当然可以发出转让通知，受让人发出转让通知的必须附有必要凭证，受让人未提出必要凭证的，转让通知不发生效力，债务人可以向让与人履行债务，债务人也有权要求受让人在合理期间内提供必要凭证，并在受让人提供之前有权拒绝履行，例如《联合国应收账款转让公约》第13条第1款和第17条第7款、《国际商事合同通则》第9.1.10条第1款和第9.1.12条、《联合国国际贸易法委员会担保交易示范法》第58条和第63条第8款、《欧洲合同法原则》第11：303条第1－2款、《美国统一商法典》第9－406条（a）和（c）。经研究，不同立法例存在的共识是，让与人可以发出转让通知，因为此时债务人无需对债权是否转让予以审核，不会增加债务人的负担；而受让人发出转让通知的，债务人并无充分理由予以相信。因此，允许受让人发出转让通知的观点和立法例，往往同时认为此时应当提出受让人已经取得债权的必要凭证。但真正的问题在于何为必要凭证以及债务人对这些凭证的审核义务程度。如果债务人承担过高的审核义务，则其就会处于两难境地而遭受不利益，要么向受让人履行，但如果受让人并未取得债权，此时债务人仍需向让与人再次履行，并且增加了债务人依据不当得利要求让与人返还所可能承担的让与人资力不足的风险；要么拒绝受让人的履行请求，但如果受让人确实取得债权，此时债务人可能就会陷入违约。如果债务人承担过低的审核义务，则又会不利于受让人利益的保障。只要允许受让人发出通知，此种价值权衡上的进退维谷无法避免。因此，在一般的债权转让中，发出转让通知的主体原则上应当仅限于让与人。

在保理合同中，实践中的大多数情形都是保理人发出通知，因为其对此具有重大利益，以避免债务人在转让发生后仍向债权人履行债务，故保理人更有动力主动发出通知。因此，本条规定，保理人向应收账款债务人发出应收账款转让通知的，应当表明保理人身份并附有必要凭证。基于前述避免增加债务人审核负担的考虑，此时最为重要的是对必要凭证的认定，对此应当采取较为严格的认定方式。如果保理人提交了书面的债权转让合同或者保理合同，或者债权人签字、盖章的书面转让通知，考虑到我国当前的信用环境，这些凭证的伪造可能性较高，且对于债务人来说，其收到债权转让通知后可能审查的时间并不充足，因此其仍有可能无法判断合同或者转让通知的真实性，故并不必然构成充分的必要凭证，需要结合其他具体情况予以具体判断。但是，如果保理人提交了经过公证的债权转让合同、保理合同或者转让通知等，由于公证书的证明力较强，此时债务人无需审核，因此保理人向债务人发出转让通知的，如果表明了保理人的身份并且附有经过公证的债权转让合同、保理合同或者转让通知等必要凭证，可以认为具有同债权人发出转让通知同等的效力。这也可以被认为是债权转让的一般规则，因此，在其他债权转让中，也可以参照适用本条，允许受让人单独对债务人发出转让通知，但应当提出经过公证的债权转让合同或者转让通知等必要凭证；受让人单独通知但未提出充分的必要凭证的，转让通知不发生效力，债务人可以向让与人履行债务，债务人也有权要求受让人在合理期间内提供充分的必要凭证，并在受让人提供之前有权拒绝履行。

相关规定

《天津市高级人民法院关于审理保理合同纠纷案件若干问题的审判委员会纪要（二）》第2条；《深圳前海合作区人民法院关于审理前海蛇口自贸区内保理合同纠纷案件的裁判指引（试行）》第19条、第20条、第21条、第22条、第23条

第七百六十五条　应收账款债务人接到应收账款转让通知后，应收账款债权人与债务人无正当理由协商变更或者终止基础交易合同，对保理人产生不利影响的，对保理人不发生效力。

条文主旨

本条是关于基础交易合同协商变更或者终止对保理人的效力的规定。

立法背景

依据保理合同，为保障保理人地位，应收账款债权人负有不减损该应收账款债权价值的义务，因此，债权人不能通过与债务人协商，作出任何使得转让的应收账款债权价值落空或者

减损的行为，债权人违反该义务时，保理人有权依法解除保理合同并请求债权人承担违约责任。但问题是，这些行为是否对保理人发生效力。为保护保理人的利益，借鉴《德国民法典》第407条第1款、《联合国应收账款转让公约》第20条、《欧洲合同法原则》第11：308条、《联合国国际贸易法委员会担保交易示范法》第66条、《美国统一商法典》第9－405条（a）（b）等立法例，本条对此作出明确规定。

条文解读

本条适用的前提是，首先，应收账款债权人和债务人协商作出了有关转让债权的民事法律行为。该民事法律行为必须是关于转让债权的，如果不涉及转让债权，不会对保理人发生影响，就不适用本条。而且，必须是债权人和债务人协商一致作出了法律行为，这里既包括协商变更或者终止基础交易合同的情形，例如延期、和解、协议抵销、协议解除等，也包括债权人免除债务人的债务而债务人未在合理期限内拒绝的情形；但是，不应当包括基于法律规定以及债务人单方行使基于法律规定享有的法定解除权等使得基础交易合同发生变更或者终止的情形。

其次，该民事法律行为对保理人产生不利影响。这里意味着债权人和债务人通过协商使得应收账款债权的价值落空或者减损，而对保理人产生不利影响，例如债权人和债务人协商一致变更基础交易合同而减少了债权数额，或者协商一致解除基础交易合同而对保理人产生了不利影响。如果债权人和债务人的行为对保理人是有利的，自然无需保理人同意即可对保理人发生有利的效力。

再次，该民事法律行为发生在债务人接到债权转让通知后。债务人接到债权转让通知前，由于债权转让对债务人不发生效力，债务人有权主张债权人仍然对债权有处分权，此时债权人和债务人协商一致做出的民事法律行为，即使导致保理人利益受损，该行为仍然对保理人发生效力，保理人所取得的债权发生相应变动，保理人仅能依法解除保理合同并请求债权人承担违约责任。

最后，对保理人产生不利影响的民事法律行为无正当理由。这里所谓的正当理由，首先是指经过了保理人的同意。如果经过了保理人的同意，自然能够对保理人发生效力。其次是指该民事法律行为符合诚信原则且保理人并无合理理由反对的情形，具体可能包括：（1）基础交易合同已约定可变更或者终止的情形。毕竟债务人原本依据基础交易合同享有与让与人协商变更、消灭其债之关系的自由，此种自由不应因债权人转让其债权而丧失，并且保理人能够通过尽职调查知道该约定的存在进而采取其他风险预防措施。（2）政府合同和复杂的合同安排中，尤其对于数额尚未最终确定的债权。例如，建筑商将对业主的付款请求权转让给保理人并且通知之后，建筑商和业主变更约定业主向建筑商预付款项，以使得建筑商有能力支付工资、购买原料等，从而继续进行建筑工程，如果此种预付是必要的，否则建筑商可能会因资金链断裂而被更换，交易无法进行，而业主也会拒绝付款，对转让债权的实现最终也会发生不利影响，则应当允许如此变更；如果涉及无法合理预料的工程量增减，也同样应当允许变更。对保理人而言，保理人也能够预知该等债权即使被转让，但在正常的业务过程中也可能会有合理的变动，因此同样能够采取风险的预防措施，例如可以有效地约定业主的任何变更都构成违约。当然，即使该等行为对保理人发生效力，也不影响债权人依照法律规定或者按照约定对保理人承担违约责任。

本条的法律后果是，该民事法律行为对保理人不发生效力。这意味着，保理人仍然可以根据该民事法律行为成立之前的债权状况请求债务人履行支付应收账款的债务。该规定的目的是保护保理人利益，保理人自然可以放弃此种保护，而选择依法解除保理合同并请求债权人承担违约责任。债权人与债务人恶意串通变更或者终止基础合同，损害保理人利益的，保理人也有权选择依据本法第1168条的规定主张债权人与债务人构成共同侵权，请求他们对造成的损失承担连带责任。

应当注意的是，本条仅适用于保理合同，但是在其他债权转让中也同样会发生类似情形，如果在其他债权转让中出现类似的问题，可以参照适用本条予以处理。

相关规定

《天津市高级人民法院关于审理保理合同纠纷案件若干问题的审判委员会纪要（二）》第5条；《深圳前海合作区人民法院关于审理前海蛇口自贸区内保理合同纠纷案件的裁判指引（试行）》第29条、第30条

第七百六十六条　当事人约定有追索权保理的，保理人可以向应收账款债权人主张返还保理融资款本息或者回购应收账款债权，也可以向应收账款债务人主张应收账款债权。保理人向应收账款债务人主张应收账款债权，在扣除保理融资款本息和相关费用后有剩余的，剩余部分应当返还给应收账款债权人。

条文主旨

本条是关于有追索权保理的规定。

立法背景

有追索权保理和无追索权保理是保理业务的基础分类。各国立法例中，有的以有追索权保理为原型，即规定保理人有追索权，但合同另有约定除外；有的以无追索权保理为原型，即规定保理人无追索权，但合同另有约定除外；还有的同时规定有追索权保理和无追索权保理，由当事人自己选择。经研究，基于我国当前的保理实践，当事人一般都会在保理合同中就有无追索权作出约定，因此本法同时规定有追索权保理和无追索权保理，以供当事人自己选择。本条关于有追索权保理的规定，在性质上属于任意性规范，适用于当事人无另有约定的情形，如果当事人另有约定，应当按照当事人的约定处理。

条文解读

按照保理人在债务人破产、无理拖欠或无法偿付应收账款时，是否可以向债权人反转让应收账款，或者要求债权人回购应收账款或归还融资，可以区分为有追索权保理和无追索权保理。有追索权保理，是指保理人不承担为债务人核定信用额度和提供坏账担保的义务，仅提供包括融资在内的其他金融服务，在应收账款到期无法从债务人处收回时，保理人可以向债权人反转让应收账款，或要求债权人回购应收账款或归还融资，又称为回购型保理。无追索权保理，是指保理人根据债权人提供的债务人核准信用额度，在信用额度内承购债权人对债务人的应收账款并提供坏账担保责任，债务人因发生信用风险未按基础合同约定按时足额支付应收账款时，保理人不能向债权人追索，又称为买断型保理。

我国目前的保理交易实践中，就有追索权的保理，当事人通常会明确约定，保理人有权而非有义务同时要求应收账款债务人和债权人清偿各自所负债务，保理人并有权自主决定将已受让的应收账款转让给其他第三人，或者明确约定，债权人负有融资款到期后无条件足额偿还的义务。此时，保理人不负有先行请求应收账款债务人履行或以其他方式将应收账款变价的义务，债权人更无权请求保理人先行变价或以保理商未先行变价为由抗辩。同时，在保理人和债权人没有约定或者约定不明确时，由于在为担保的给付中，保理人仅有变价的权利而无变价的义务，对保理人的负担较轻，而无论是何种性质对债权人的最终利益均没有太大影响。因此，基于保理业务的通常实践，避免当事人通过约定排除法定规则的交易成本，以及对保理人负担越大者越需要保理人的明确同意这种解释原则，同时基于基础交易合同关系和保理合同关系的关联性，便于查明事实，减轻当事人诉累，提高审判效率，在保理人和债权人无特别约定或者约定不明确时，本条规定，保理人可以向应收账款债权人主张返还保理融资款本息或者回购应收账款债权，也可以向应收账款债务人主张应收账款债权。

按照本条规定，在有追索权保理中，在当事人无特别约定或者约定不明确时，保理人有权选择向应收账款债权人主张返还保理融资款本息或者回购应收账款债权，或者向应收账款债务人主张应收账款债权。

同时，在有追索权保理中，保理人向应收账款债务人主张应收账款债权的，在获得债务人的履行后，首先应当扣除保理融资款本息和相关费用，具体包括：保理融资款本息、保理商未受清偿的应收账款融资额度承诺费、保理手续费、保理首付款使用费，以及其他债权人到期未付款等。在扣除后仍有剩余的这部分保理余款应当返还给应收账款债权人。

相关规定

中国银行业监督管理委员会《商业银行保理业务管理暂行办法》第10条；《天津市高级人民法院关于审理保理合同纠纷案件若干问题的审判委员会纪要（一）》第11条

第七百六十七条　当事人约定无追索权保理的，保理人应当向应收账款债务人主张应收账款债权，保理人取得超过保理融资款本息和相关费用的部分，无需向应收账款债权人返还。

条文主旨

本条是关于无追索权保理的规定。

立法背景

本条关于无追索权保理的规定，在性质上属于任意性规范，适用于当事人无另有约定的情形，如果当事人另有约定，应当按照当事人的约定处理。

条文解读

无追索权保理，指保理人根据债权人提供的债务人核准信用额度，在信用额度内承购债权人对债务人的应收账款并提供坏账担保责任，债务人因发生信用风险未按基础合同约定按时足额支付应收账款时，保理人不能向债权人追索，又称为买断型保理。无追索权保理在性质上属于应收账款债权买卖，保理人受让债权并享有债权的全部清偿利益、负担债权不能受偿的风险，作为债权转让对价的融资款实际上是通过买卖取得债权的价款。

按照本条规定，当事人约定无追索权保理的，保理人应当向应收账款债务人主张应收账款债权，而不能向应收账款债权人主张返还保理融资款本息或者回购应收账款债权。这适用于债务人发生了信用风险的情形，即债务人未按照基础交易合同约定履行债务或者履行债务不符合约定，包括债务人破产、无正当理由不按照约定履行债务等。《国际保理通则》第 16 条、我国的《商业银行保理业务管理暂行办法》第 10 条都有类似规定。实际上这涉及债权人依据保理合同对保理人负有的瑕疵担保义务的范围。依据保理合同，除非债权人和保理人之间另有约定或者保理人在订立保理合同时知道或者应当知道，则债权人负有保证债权转让时确实存在、所有与该转让有关的文件或合同都是真实的并与其所声称的保持一致、其对该债权有处分权、其不会进行任何使得转让债权的价值落空或者减损的行为、债务人对转让债权没有抗辩权和抵销权、第三人不得向保理人主张任何权利等义务，否则应当对保理人承担去除权利瑕疵的继续履行、违约损害赔偿等违约责任，保理人也有权行使履行抗辩权和依法解除转让合同的权利。但是，除非债权人和保理人另有约定，债权人并不承诺债务人具有或者将具有履行能力。这一点不仅适用于保理合同，在所有的债权转让合同中都是如此，即除非当事人另有约定，让与人不对债务人的履行能力负有担保责任，这在《瑞士债务法》第 171 条、《意大利民法典》第1267条、《俄罗斯联邦民法典》第1964条第2款、我国台湾地区“民法”第352条、我国的《澳门民法典》第581条第2款、《联合国应收账款转让公约》第12条第2款、《联合国国际贸易法委员会担保交易示范法》第57条第2款都有明确规定。

也就是说，无追索权保理并非意味着在任何情形下保理人对债权人均无追索权，一旦发生债务人未及时全额付款，保理人需要根据债务人违约的具体原因来判断追索对象，保理人不再追索应收账款债权人是具有一定前提的，即债务人未及时全额付款系源于其自身信用风险，而非其他原因。如果债务人因不可抗力而无法支付，或者债务人依法主张基础交易合同所产生的抗辩、抵销权或者依法解除基础交易合同而拒绝付款，则保理人仍有权对债权人追索，向应收账款债权人主张返还保理融资款本息或者回购应收账款债权。例如，债权人和债务人签订了货物买卖合同，债权人就其对债务人的应收账款债权与保理人签订了保理合同，在保理人向债务人主张应收账款债权时，债务人因债权人出卖的货物有严重的质量瑕疵而依法解除货物买卖合同，并拒绝保理人的履行请求，此时，由于这并非债务人的信用风险，因此，保理人仍然有权按照约定向应收账款债权人主张返还保理融资款本息或者回购应收账款债权。在实践中，针对非债务人信用风险的情形，保理人和债权人可以约定特定情形下的反转让权。这种约定与无追索权保理作为债权买卖并不冲突，其性质可以认为是卖回权，是债权买卖中特别约定的条款，这种条款在其他买卖中也可以约定。这种特别约定正是无追索权保理有别于一般债权买卖之处，也是保理交易的特色。

同时，在无追索权保理中，保理人向应收账款债务人主张应收账款债权，在获得债务人的履行后，对保理人的超过保理融资款本息和相关费用的这部分保理余款的归属，首先由保理人和债权人在保理合同中约定，因此保理人和债权人可以在保理合同中约定，保理人应当负有清算义务，就超过的部分，保理人负有向应收账款债权人返还这部分保理余款的义务。保理合同对此无约定或者约定不明确时，基于无追索权保理在性质上属于应收账款债权买卖，因此与有追索权保理不同，本条规定了另外的默认规则，即这部分保理余款应当归属于保理人，无需向应收账款债权人返还。该默认规则符合无追索权保理的特性，且在无追索权保理中，较之有追索权保理，保理人的风险更高，因此将这部分保理余款归属于保理人，也符合风险与收益相一致的基本原理。

相关规定

中国银行业监督管理委员会《商业银行保理业务管理暂行办法》第 10 条；《天津市高级人民法院关于审理保理合同纠纷案件若干问题的审判委员会纪要（一）》第 11 条

第七百六十八条　应收账款债权人就同一应收账款订立多个保理合同，致使多个保理人主张权利的，已经登记的先于未登记的取得应收账款；均已经登记的，按照登记时间的先后顺序取得应收账款；均未登记的，由最先到达应收账款债务人的转让通知中载明的保理人取得应收账款；既未登记也未通知的，按照保理融资款或者服务报酬的比例取得应收账款。

条文主旨

本条是关于保理中应收账款债权重复转让的规定。

立法背景

在实践中，经常会出现应收账款债权人就同一应收账款订立多个保理合同，致使多个保理人主张应收账款债权的情形。就多个作为债权受让人的保理人之间优先顺位的确定，不同的立法例存在不同的观点。有的采取转让合同成立在先的规则，例如《德国民法典》和我国台湾地区“民法”；有的采取通知在先的规则，例如《意大利民法典》第1265条、《埃塞俄比亚民法典》第1967条、《希腊民法典》第460条、《日本民法典》第467条第2款、我国的《澳门民法典》第578条、《欧洲合同法原则》第11：401条；有的采取登记在先的规则，例如《美国统一商法典》第9－322条（a）、《联合国国际贸易法委员会担保交易示范法》第18条、《欧洲复兴开发银行动产担保交易示范法》第17条。实践中的争议也较大。经研究，本条首先采取了登记在先的方式确定多个保理人之间的优先顺位，其次采取了通知在先的顺位确定方式，既未登记也未通知的，按照保理融资款或者服务报酬的比例取得应收账款。

条文解读

以何种方式确定多个保理人之间的优先顺位，取决于哪种方式能够使得债权交易的公示成本、事先的调查成本、事中的监督防范成本、事后的债权实现的执行成本等各种成本更低，对第三人和社会整体的外部成本也更低。在转让合同成立在先、通知在先和登记在先三种方式中，采取登记在先的方式，保理人调查成本、监督防范成本、实现债权的执行成本都是最低的，并且有助于防止债权人和其他人串通损害保理人的道德风险，提高债权的流通和担保价值，最终降低债权人的融资成本。建立在电子化的通知登记程序系统上的债权转让登记，由于电子化登记簿、自助登记和登记机构的审核程度低，因此登记成本非常低，并且其他第三人对登记的查询成本也较低，是最为便捷、安全、高效、可靠的公示方法，采取登记在先的方式，使得整体的社会成本最低，对受让人的地位保障最为充分，有利于保护交易安全，提升营商环境，同时便利企业的融资实践。关于登记机构的问题，《优化营商环境条例》第 47 条第 2 款已经规定："国家推动建立统一的动产和权利担保登记公示系统，逐步实现市场主体在一个平台上办理动产和权利担保登记。纳入统一登记公示系统的动产和权利范围另行规定。"修订后的《应收账款质押登记办法》第 34 条也规定，权利人在登记公示系统办理以融资为目的的应收账款转让登记，参照本办法的规定。同时，同一债权向多个保理人多重转让的情形，在利益衡量上类似于同一财产向两个以上债权人抵押的情形，对后一种情形，本法第 414 条第 1 款第 1 项、第 2 项规定，抵押权已经登记的，按照登记的时间先后确定清偿顺序，抵押权已经登记的先于未登记的受偿，同时在第 2 款中规定，其他可以登记的担保物权，清偿顺序参照适用前款规定。因此，为了提升营商环境，保护交易安全，便利融资，在利益结构相似的情形中保持规则的一致，提高裁判的统一性，本条首先采取了登记在先的方式确定多个保理人之间的优先顺位，即应收账款债权人就同一应收账款订立多个保理合同，致使多个保理人主张权利的，已经登记的先于未登记的取得应收账款；均已经登记的，按照登记时间的先后顺序取得应收账款。

对于保理人都未进行债权转让登记的情形，考虑到通知在先虽然较之登记在先社会成本要高，但较之合同成立时间仍然成本要低，因此，此时采取通知在先的顺位确定方式，最先到达债务人的转让通知中载明的受让人顺位在先。

对于保理人既未登记也未通知债务人的情形，有些立法例采取了以合同成立时间的先后确定优先顺位的做法，本条则规定，既未登记也未通知的，按照保理融资款或者服务报酬的比例取得应收账款。这与本法第 414 条第 2 款第 3 项在最后采取的按照所担保的债权比例清偿的方式一致，同时区分了担保性的保理和非担保性的其他服务性保理。在担保性的保理中，涉及保理融资款，此时按照保理融资款的比例取得应收账款；而在服务性的保理中，并不涉及保理融资款，此时按照服务报酬的比例取得应收账款。

应当注意的是，首先，本条仅明确规定了应收账款债权人就同一应收账款订立多个保理合同致使多个保理人主张权利，也即应收账款债权重复保理的情形，明确了多个保理人之间的优先顺位，但是并未明确规定应收账款多重处分的其他情形。在实践中，有可能是应收账款的保理人和应收账款的质权人之间发生利益的冲突；也有可能是应收账款的保理人和应收账款的其他受让人之间发生利益的冲突，例如，甲公司将其应收账款转让给乙工厂用于抵债，后又将该应收账款重复转让给保理商丙银行，因甲乙之间的交易并非保理合同且不以融资为目的，无须登记也无法登记，此时就会出现丙银行和乙工厂之间的利益冲突。同样，此种利益冲突也可能发生于并非保理的其他类型的债权多重处分中。此时，为保护交易的安全，在债权多重处分的其他情形中，有些立法例也按照本条所规定的顺位确定不同主体之间的顺位。其次，本条仅明确规定了应收账款的多重保理人之间的关系，但是，在应收账款保理和一般的债权转让或者其他处分中，所涉及的第三人，除了转让债权的重复受让人之外，还包括该债权上的其他担保权人、让与人的其他债权人，而让与人的其他债权人又包括让与人的一般债权人、让与人的扣押和执行债权人、让与人的破产管理人等。受让人和这些第三人的关系，在有些立法例中，如《美国统一商法典》《联合国国际贸易法委员会担保交易示范法》，为了保护交易安全，受让人和让与人的其他扣押债权人、破产管理人之间的顺位，统一取决于登记与扣押、受理破产案件的时间先后，如果债权转让未登记或者登记时间在后的，受让人不能对抗这些第三人；如果债权转让先登记，则受让人能够对抗这些第三人取得优先顺位。

相关规定

中国人民银行《应收账款质押登记办法》第 6 条；《深圳前海合作区人民法院关于审理前海蛇口自贸区内保理合同纠纷案件的裁判指引（试行）》第 35 条

第七百六十九条　本章没有规定的，适用本编第六章债权转让的有关规定。

条文主旨

本条是关于保理适用债权转让规则的规定。

立法背景

本章对保理合同作出明确规定，提供清晰的交易规则和司法裁判规则，一方面针对保理合同的特殊问题予以规定，另一方面补充债权转让的一般性规则。但保理的核心是应收账款债权的转让，因此本条规定，本章没有规定的，应当适用债权转让的一般性规则。

条文解读

保理必须具备的要素是应收账款债权的转让，没有应收账款的转让就不能构成保理合同，而应收账款是债权的一种，应收账款债权转让属于债权转让，应收账款债权人就是债权转让中的让与人，保理人就是债权转让中的受让人，应收账款债务人就是债权转让中的债务人。因此，在本章没有特别规定的情形中，应当适用本法合同编第六章关于债权转让的一般规定，具体而言，在涉及债权转让的范围内，适用以下规定：

1. 不得转让的债权的规定。(第 545 条)

2. 关于债权转让通知的效力和撤销的规定。(第 546 条)

3. 债权受让人取得与债权有关的从权利的规定。(第 547 条)

4. 债务人对让与人的抗辩可以继续向受让人主张的规定。(第 548 条)

5. 债务人对受让人主张抵销权的规定。(第 549 条)

6. 债权转让增加的履行费用的负担的规定。(第 550 条)

当然，本编第六章债权转让中未规定，而在本法其他地方对债权转让有规定的，也要在保理中予以适用，例如，本法第 502 条第 3 款中关于债权转让批准的规定。

应当注意的是，在非因保理合同发生的债权转让的情形中，按照本法第467条，本法或者其他法律没有明文规定的合同，适用本编通则的规定，并可以参照适用本编或者其他法律最相类似合同的规定。因此，对于非因保理合同发生的债权转让，首先，适用本法或者其他法律中明确的特别规定；其次，适用本法合同编通则第六章关于债权转让的一般规定，同时参照适用最相类似的合同。因此，在对这些债权转让没有明确规定时，本章涉及保理中的应收账款债权转让的规则，可以参照适用于非因保理合同发生的债权转让。所涉及的本章规则主要包括：

1. 允许将有债权转让的规定。(第761条)

2. 虚构转让债权的法律后果的规定。(第763条)

3. 受让人发出转让通知的限制性条件的规定。(第764条)

4. 让与人和债务人协商一致实施影响转让债权价值的行为对受让人效力的规定。(第765条)

5. 债权多重转让时优先顺位的规定。(第768条)

第十七章　承揽合同

本章共十八条，对承揽合同的方式、材料的提供、履行期限、支付报酬、保管责任、留置权等承揽人与定作人之间的权利义务等作了规定。

第七百七十条　**承揽合同是承揽人按照定作人的要求完成工作，交付工作成果，定作人支付报酬的合同。**

承揽包括加工、定作、修理、复制、测试、检验等工作。

条文主旨

本条规定了承揽合同的定义和承揽合同的主要种类。

立法背景

承揽合同是承揽人按照定作人的要求完成一定的工作，并将工作成果交付给定作人，定作人接受该工作成果并按照约定向承揽人支付报酬的合同。承揽合同的主体是承揽人和定作人。承揽人就是按照定作人指示完成特定工作并向定作人交付该工作成果的人；定作人是要求承揽人完成承揽工作并接受承揽工作成果、支付报酬的人。承揽人和定作人可以是法人或者非法人组织，也可以是自然人。承揽合同的客体是完成特定的工作。承揽合同的对象为承揽标的，承揽标的是有体物的，合同的标的物又可以称为承揽物或者定作物。承揽工作具有特定性，如修理汽车、裁剪制作衣服等。承揽人完成的承揽工作需有承揽工作成果，该工作成果可以是有形的，如加工的零部件、印刷的图书、录制的磁带、检验的结论，也可以是无形的，如测试仪器的运行。

世界上不少国家和地区民法规定了承揽合同。《德国民法典》第631条规定，(1) 因承揽合同，承揽人负有完成约定的工作的义务，定作人负有支付约定的报酬的义务。(2) 承揽合同的标的，既可以是某物的制作或变更，也可以是其他由劳动或劳务给付所引起的结果。《法国民法典》第1787条规定，在约定为他人完成某一工程时，可以约定仅提供劳动或技艺，或者同时提供材料。《意大利民法典》第1655条规定，承揽是指一方以必要的方式进行经营管理并承担其经营风险，交付成果或者提供服务从而获得金钱对价的契约。《瑞士债务法》第363条规定，加工承揽合同是承揽人完成并提交一定的工作成果，定作人支付报酬的合同。《俄罗斯联邦民法典》第702条规定，1. 依照承揽合同，一方（承揽人）应当按照他方（定作人）的指定任务完成一定的工作，并将工作成果交付定作人，而定作人应受领工作成果并给付价款。2. 本节的规定适用于某些类型的承揽合同（日常生活承揽、工程建筑承揽、完成设计与勘测工作承揽、对国家所需工作的承揽），但本法典对合同的这些类型有其他规定的除外。《欧洲民法典草案》对于承揽合同的规定是，本章适用于一方当事人（加工人）为他方当事人（顾客）就既有动产、无体财产或不可移动的建筑物提供服务的合同，但不适用于在既有房屋或其他不可移动的建筑物上的建造工作；尤其适用于加工人为既有动产、无体财产或不可移动的建筑物进行修理、维护或清洁的合同。

条文解读

本条规定的承揽合同具有下列特征：第一，承揽合同以完成一定工作为目的。承揽合同中的承揽人必须按照定作人的要求完成一定的工作，定作人订立合同的目的是取得承揽人完成的一定工作成果。在承揽合同中，定作人所需要的不是承揽人的单纯劳务，而是其物化的劳务成果。也就是说，承揽人完成工作的劳务只有体现在其完成的工作成果上，只有与工作成果相结合，才能满足定作人的需要。第二，承揽合同的标的具有特定性。承揽合同的标的是定作人所要求的，由承揽人所完成的工作成果。该工作成果既可以是体力劳动成果，也可以是脑力劳动成果；可以是物，也可以是其他财产。但其必须具有特定性，是按照定作人特定要求，只能由承揽人为满足定作人特殊需求通过自己与众不同的劳动技能而完成的。第三，承揽合同的承揽人应以自己的风险独立完成工作。承揽合同的定作人需要的是具有特定性的标的物。这种特定的标的物只能通过承揽人完成的工作来取得。因此，定作人是根据承揽人的条件认定承揽人能够完成工作来选择承揽人的，定作人注重的是特定承揽人的工作条件和技能，承揽人应当以自己的劳力、设备和技术，独立完成承揽工作；经定作人同意将承揽工作的一部分转由第三人完成的，承揽人对第三人的工作向定作人承担责任。承揽人应承担取得工作成果的风险，对工作成果的完成负全部责任。承揽人不能完成工作而取得定作人所指定的工作成果，就不能向定作人要求报酬。

承揽合同是一大类合同的总称，传统民法中承揽合同包括加工承揽合同和建设工程合同两大类。由于建设工程合同在发展中形成了许多独特的行业特点，经济合同法将建设工程合同独立于加工承揽合同加以规定，因此本章的承揽合同主要是指加工承揽合同而不包括建设工程合同。根据本条第 2 款的规定，承揽合同的形式包括加工、定作、修理、复制、测试、检验等多种形式。1. 加工。所谓加工就是指承揽人以自己的技能、设备和劳力，按照定作人的要求，将定作人提供的原材料加工为成品，定作人接受该成品并支付报酬的合同。加工合同是实践中大量存在的合同，它既有生产性，比如一个企业将另一个企业提供的材料加工成特定的设备；也有生活性，如服装店用顾客提供的布料为其裁缝衣服；还可能具有一些艺术性，如画廊为他人装裱图画等。在国际经济活动中，来料加工是一种重要的外贸形式。2. 定作。定作就是承揽人根据定作人的要求，以自己的技能、设备和劳力，用自己的材料为定作人制作成品，定作人接受该特别制作的成品并支付报酬的合同。定作合同在日常生活中也很常见，如家具厂为顾客定作家具，服装厂为某学校定作校服等。定作与加工的区别在于定作中承揽人需自备材料，而不是由定作人提供材料。3. 修理。修理既包括承揽人为定作人修复损坏的动产，如修理汽车、修理手表、修理电器、修理自行车、修理鞋等；也包括对不动产的修缮，如检修房屋屋顶的防水层。4. 复制。复制是指承揽人按照定作人的要求，根据定作人提供的样品，重新制作类似的成品，定作人接受复制品并支付报酬的合同。复制既包括复印文稿，也包括复制其他物品，如文物部门要求承揽人复制一文物用以展览。5. 测试。测试是指承揽人根据定作人的要求，利用自己的技术和设备为定作人完成某一项目的性能测试，定作人接受测试成果并支付报酬的合同。6. 检验。检验是指承揽人以自己的技术和仪器、设备等为定作人提供的特定事物的性能、问题、质量等进行检查化验，定作人接受检验成果，并支付报酬的合同。

需要说明的是，承揽合同作为一种广义上的劳务合同，其范围并不限于本条第 2 款所列举的几类，任何符合本条第 1 款所定义的合同行为，如印刷、洗染、打字、翻译、拍照、冲卷扩印、广告制作、测绘、鉴定等都属于本章所调整的承揽。

第七百七十一条　承揽合同的内容一般包括承揽的标的、数量、质量、报酬，承揽方式，材料的提供，履行期限，验收标准和方法等条款。

条文主旨

本条规定了承揽合同一般包含的主要条款。

立法背景

本条规定的是承揽合同中一般所包含的条款，也就是说，承揽合同不是一定要具备这些条款，当事人可以根据合同性质和双方的需要对上述规定的条款进行增减。这些内容包括承揽标的、数量、质量、报酬、承揽方式、材料提供、履行期限、验收标准和方法等。

条文解读

所谓承揽的标的，是指承揽合同权利义务所指向的对象，也就是承揽人按照定作人要求所应进行的承揽工作。如甲与乙服装厂签约定作一套礼服，合同的标的就是制作完成甲所要求的礼服。承揽合同双方当事人必须在合同中明确标的的名称，以使标的特定化，明确双方当事人权利义务的对象。承揽合同的标的是合同的必要条款，合同不规定标的，就会失去目的，因此，双方当事人未约定承揽标的或者约定不明确，承揽合同不成立。

数量与质量是确定合同标的的具体条件，是该合同标的区别于同类另一标的的具体特征。当事人应当明确规定标的的数量，选择好双方共同接受的计算单位，确定双方认可的计算方法，还可以规定合理的磅差或者尾差。数量是承揽合同的必备条件之一，当事人未明确标的数量的，承揽合同不成立。标的质量需订得详细具体，如标的的技术指标、质量要求、规格、型号等都要明确。一般来说标的质量包括五个方面：一是标的的物理和化学成分。如定作服装需明确面料的种类，制作家具需明确材料的质地等。二是标的的规格，通常是用度、量、衡来确定标的物的质量，如定作书桌时应当明确书桌的高度、长度、宽度等规格。这种规格就反映了标的质量。三是标的的性能，如强度、硬度、弹性、延度、抗蚀性、耐水性、耐热性、传导性、牢固性等。四是标的的款式，主要是指标的的色泽、图案、式样、时尚等特性。五是标的感觉要素，主要指标的的味道、触感、音质、新鲜度等。当事人在签订合同时，应当详尽写明质量要求，其可以以样货标准确定，可以以标准市货确定，可以约定特定标准，可以以货物平均品质为根据确定，可以以说明书的标准确定。

报酬主要是指定作人应当支付承揽人进行承揽工作所付出的技能、劳务的酬金。报酬是承揽合同中的主要条款，当事人在订立合同时应当明确报酬。当事人可以约定报酬的具体数额，也可以约定报酬的计算方法。如果在合同生效后，当事人就报酬没有约定或者约定不明确的，当事人可以协议补充；不能达成补充协议的，按照合同有关条款、合同性质、合同目的或者交易习惯确定；仍不能确定的，按照订立合同时履行地的市场价格履行；依法应当执行政府定价或者政府指导价的，依照规定履行。除报酬外，承揽人提供材料的，定作人应当根据承揽人提供的发票向承揽人支付材料费，没有发票的，按订立合同时的市场价格确定。当事人可以约定材料费支付的时间，未约定或者约定不明确的，应当在支付报酬的同时支付。

材料是指完成承揽工作所需的原料。当事人应当约定由哪一方提供材料，并且应当明确提供材料的时间、地点、材料的数量和质量等。如果当事人未约定由哪一方提供材料或者约定不明的，当事人可以补充协议；不能达成补充协议的，按照合同有关条款、合同性质、合同目的或者交易习惯确定，仍不能确定的，一般由承揽人提供，承揽人根据定作人对工作的要求和合同性质，合理地按质按量选用材料，定作人应当支付材料费。在确定材料提供方的基础上，如果未明确材料提供的时间，由承揽人提供材料的，承揽人根据履行期限合理地准备材料；由定作人提供材料的，承揽人可以根据履行期限，要求定作人及时提供。交付材料地点不明确的，一般在承揽人工作地点交付。材料数量不明确的，由当事人根据承揽工作的要求合理提供。材料质量不明确的，由当事人根据承揽工作的性质确定。

承揽合同中的履行期限主要是指双方当事人履行义务的时间，对承揽人而言，是指承揽人完成工作，交付工作成果的时间；对定作人而言，是指定作人支付报酬或者其他价款的时间。如果当事人在合同生效后未约定工作成果交付时间或者约定不明确的，当事人可以协议补充，不能达成补充协议的，应当按照合同有关条款、合同性质、合同目的或者交易习惯确定承揽人交付工作成果的时间。根据承揽工作的性质，不需要特别交付的，如粉刷墙壁，以完成工作成果的时间为交付时间。如果当事人在合同生效后未约定定作人支付报酬的时间或者约定不明确的，当事人可以补充协议；达不成协议的，应当按照合同有关条款、合同性质、合同目的或者交易习惯确定；根据合同有关条款、合同性质、合同目的或者交易习惯仍不能确定支付期限的，承揽人交付工作成果的时间为定作人支付报酬的时间。由定作人支付材料费或者其他费用的期限，当事人未约定或者约定不明确的，以支付报酬的时间为支付材料费或者其他费用的时间。

当事人在承揽合同中可以约定验收标准和方法。验收的标准是指检验材料、承揽工作质量的标准。验收标准未约定或者约定不明确的，当事人可以协议补充确定。不能达成补充协议的，可以按照合同有关条款、合同性质、合同目的或者交易习惯确定。既不能通过协商达成补充协议，又不能按照合同有关条款、合同性质、合同目的或者交易习惯确定的，按照同类产品或者同类服务的市场通常质量标准验收。

第七百七十二条 承揽人应当以自己的设备、技术和劳力，完成主要工作，但是当事人另有约定的除外。

承揽人将其承揽的主要工作交由第三人完成的，应当就该第三人完成的工作成果向定作人负责；未经定作人同意的，定作人也可以解除合同。

条文主旨

本条是关于承揽人独立完成主要工作的规定。

立法背景

承揽合同的标的是定作人所要求的、由承揽人所完成的工作成果。该工作成果既可以是体力劳动成果，也可以是脑力劳动成果；可以是物，也可以是其他财产。但其必须具有特定性，是按照定作人的特定要求，只能由承揽人为满足定作人特殊需求通过自己与众不同的劳动技能而完成的。如果定作人所需的标的能够从市场上任意买到，定作人就不必通过订立承揽合同要求承揽人来完成。因此，承揽合同的本质特点决定了该合同是建立在对承揽人的工作能力信任的基础上的，承揽人应当以自己的设备、技术和劳力完成承揽的主要工作。原《经济合同法》第 19 条规定，除合同另有规定的以外，承揽方必须以自己的设备、技术和劳力，完成加工、定作、修缮任务的主要部分，不经定作方同意，不得把接受的任务转让给第三方。本条坚持了经济合同法的规定，并确立了一个原则，承揽人应当完成承揽工作的主要部分，不仅仅只是加工、定作，其他承揽工作都应当遵循这个原则。有的国家的立法对此也作了规定。比如，《瑞士债务法》第 364 条规定，1. 承揽人一般负有与劳务关系中受雇人相同的注意义务。2. 承揽人应当自己完成工作或者在其亲自监督下完成工作，但依工作的性质不需要承揽人自己完成的例外。3. 在合同或习惯无其他要求时，承揽人应当自担费用和提供必要的材料、工具和设备完成工作。《俄罗斯联邦民法典》第 704 条规定，如果承揽合同无另行约定，完成工作的费用由承揽人负担，即以承揽人的材料、人力和资金完成工作。

条文解读

承揽人设备、技术和劳力是决定其工作能力的重要因素，也是定作人选择该承揽人完成工作的决定性因素。所谓的设备是指承揽人进行工作所使用的工具。所谓的技术是承揽人进行工作所需的技能，包括专业知识、经验等。所谓的劳力指承揽人完成工作所付出的劳动力。这里的“主要工作”，一般是指对工作成果的质量起决定性作用的工作，也可以说是技术要求高的那部分工作，如订制服装，量体裁剪和整体裁制是其主要工作。主要工作的质量、数量将决定工作成果是否符合定作人的要求，因此，承揽人作为定作人选择的对象，应当以自己的设备、技术和劳力完成主要工作，否则会影响定作人订立合同的目的。

从尊重当事人意思自治原则出发，当事人如果约定，承揽人必须完成所有的承揽工作的，承揽人不仅应当亲自完成主要工作，其他工作也要由承揽人本人完成。如果当事人约定或经定作人同意，承揽人可以将工作的主要部分交由第三人完成的，承揽人可以将所承揽的工作交由第三人完成，但承揽人应当对第三人的工作对定作人负责。如甲向船舶工业公司定作一艘万吨油轮，船舶工业公司作为专业的外贸公司，本身不从事造船工作，因此可以在合同中约定该型号的油轮由船舶工业公司选择造船厂制造，船舶工业公司对该油轮的质量负责。

承揽合同是基于定作人对承揽人有特别的人身信任，如果该承揽人不亲自履行合同，就无法实现定作人订约的目的，承揽人应当以自己的设备、技术和劳力完成主要的承揽工作。合同中约定，承揽人必须亲自完成工作的，承揽人未经定作人同意，不得将承揽人工作的主要部分交由第三人完成。承揽人擅自将工作交由第三人完成的，将构成根本违约，此时，定作人可以选择两种方式要求承揽人承担合同责任。一种是定作人要求承揽人对第三人完成的工作成果向定作人负责。比如，定作人对承揽人的设备、技术和劳力无特别要求，只要求工作成果按时按量完成的情况下，承揽人擅自将承揽工作交由第三人完成，定作人认为工作成果的质量、数量、交付时间等能够接受，可以不解除合同。定作人不解除合同的，第三人完成工作的，由承揽人对第三人的工作向定作人负责。工作成果质量不符合合同约定的质量要求的，定作人有权要求承揽人承担重作、修理、更换和赔偿损失等违约责任。工作成果数量不符合约定的，定作人有权要求承揽人在合理的期限内补齐，造成定作人损失的，承揽人承担损害赔偿责任。工作成果交付迟延的，承揽人应当承担迟延交付的违约责任，并赔偿定作人的损失。另一种是通知承揽人解除合同。因解除合同给定作人造成损失的，定作人可以要求承揽人承担损害赔偿责任。如甲到著名的乙服装公司定作一批西装，乙服装公司将该批服装交由其他服装公司制作，虽然服装质量与乙服装公司的产品无太大差别，但名气无法与乙服装公司相比，在这种情况下，甲就可以解除合同。

第七百七十三条　承揽人可以将其承揽的辅助工作交由第三人完成。承揽人将其承揽的辅助工作交由第三人完成的，应当就该第三人完成的工作成果向定作人负责。

条文主旨

本条是关于承揽人对辅助工作的责任。

立法背景

根据本法第772条的规定，承揽合同中，承揽人应当以自己的设备、技术和劳力完成承揽工作的主要部分，如果将主要工作交由第三人完成的，必须经过定作人的同意，否则，承揽人应当承担违约责任。根据本条规定，与承揽的主要工作不同，承揽人可以将承揽的辅助工作交由第三人完成，并且可以不经定作人同意。但是，如果承揽人将承揽的辅助工作交由第三人完成，那么必须就第三人完成的工作成果向定作人负责。有的国家和地区的立法对此作了规定。比如，《俄罗斯联邦民法典》第706条规定，1. 如果法律或者承揽合同未约定承揽人必须亲自完成合同中指定的工作时，承揽人有权吸收他人（分承揽人）履行义务。此时，承揽人为总承揽人。2. 违反本条第1款规定或者合同的规定，吸收分承揽人履行承揽合同的承揽人，对因分承揽人参与合同之履行所造成的损失向定作人负责。

条文解读

本条中的“辅助工作”，是指承揽工作中主要工作之外的部分，是相对于“主要工作”而言的。“主要工作”一般是指对工作成果的质量起决定性作用的工作，也可以说是技术要求高的那部分工作。主要工作之外的工作就可以理解为辅助性工作。如订制服装合同，量体裁剪和整体缝制是承揽人的主要工作，缝扣子、熨烫是其辅助工作。对于辅助工作，承揽人可以交由第三人完成而不必经过定作人的同意，承揽人的这种行为实际上是将其部分工作义务转由第三人完成，根据合同编通则关于合同的变更和转让的规定，债务人转移债务的，原则上应当经债权人同意。但在承揽工作中，考虑到辅助工作对工作成果的整体质量没有太大的影响，因此承揽人将辅助工作交由第三人完成的，可以不经定作人同意，这样规定符合承揽工作的交易习惯，也有助于提升承揽工作的效率。同时，尽管承揽人可以根据工作需要，自行决定将辅助工作交由第三人完成，但是承揽人应当根据诚实信用原则，认真考察第三人的工作能力，合理地选择第三人。确定第三人后，如果第三人同意完成该部分工作的，承揽人应当将定作人对工作的要求或者是合同中的质量、数量、交付期限的约定如实告知第三人，第三人应当根据承揽人提供的情况，按质按量，按时完成工作。承揽人应当保证三人完成的工作成果符合定作人的要求。

根据承揽合同的性质，承揽人应当在约定的期限内提供符合定作人要求的工作成果，也就是说，承揽人对工作的完成承担全部的责任，即使承揽人根据本条规定将辅助性工作交由第三人完成，也要对整个工作负责，如果第三人完成的工作不符合定作人的要求，承揽人应当向定作人承担违约责任。这一点，也是承揽人与定作人之间承揽合同相对性的要求。实践中，第三人的工作不符合要求主要表现为未及时完成承揽人交给的辅助工作、完成的质量和数量不符合定作人的要求或者合同的约定。第三人未及时完成工作致使工作成果迟延交付的，承揽人应当承担迟延交付的违约责任；第三人完成的工作质量不符合要求的，承揽人应当负责重作、修理、退换，并赔偿因此给定作人造成的损失；第三人完成的工作数量不足的，由承揽人负责补齐，并赔偿因此给定作人造成的损失；由于第三人的工作给定作人造成其他损失的，由承揽人承担损害赔偿责任。

从尊重当事人的意思自治出发，合同编允许承揽合同的当事人对辅助工作的完成作出与本条不同的约定。具体来说，关于辅助工作的责任，当事人的约定一般有三种情况：一是如果当事人有约定，承揽工作必须全部由承揽人独自完成的，承揽人不得将工作转由第三人完成，即使辅助工作也不例外，承揽人违反约定将辅助工作交由第三人完成的，承揽人应当承担违约责任，赔偿定作人损失。二是如果承揽合同中约定，承揽人将辅助工作交由第三人完成的，承揽人仅对其完成的主要工作负责，第三人对其完成的辅助工作负责。在此情况下，如果承揽人将辅助工作交由第三人完成的，应当通知定作人并取得定作人同意。第三人工作不符合约定的，定作人只能要求第三人承担责任，承揽人根据约定对此不承担责任。三是承揽合同中约定，承揽人将辅助工作交由第三人完成的，承揽人与第三人对由第三人完成的辅助工作向定作人承担连带责任。承揽人将辅助工作交由第三人完成的，应当与第三人约定，就该辅助工作向定作人承担连带责任。承揽人与第三人未作此约定的，仍由承揽人对第三人的工作向定作人承担责任。

第七百七十四条　承揽人提供材料的，应当按照约定选用材料，并接受定作人检验。

条文主旨

本条规定了承揽人提供材料时的主要义务。

立法背景

承揽合同的本质在于承揽人根据定作人要求提供工作成果，定作人支付报酬。在双方关系中，定作人通过支付报酬，取得让自己满意的工作成果；承揽人则按照定作人对工作成果的要求，最终提供出这一成果，从而获得报酬。因此，承揽人的劳务自始至终都应符合定作人的要求，在承揽人提供材料的情形下，必须按照合同的事先约定或者双方事后达成的补充协议提供材料，定作人对于提供的材料是否符合要求，则拥有检验的权利。一些国家的法律对此也都作了规定。比如，《瑞士债务法》第 365 条第 1 款规定，承揽人有责任提供材料的，应当就材料的质量对定作人承担责任，且承揽人承担同于出卖人的瑕疵担保责任。《俄罗斯联邦民法典》第 704 条规定，1. 如果承揽合同无另行约定，完成工作的费用由承揽人负担，即以承揽人的材料、人力和资金完成工作。2. 承揽人就其提供的不合质量的材料和设备，以及就其所提供的设有第三人权利负担的材料和设备承担责任。

条文解读

根据本条，如果当事人在承揽合同中约定由承揽人提供材料，并约定了提供材料的时间、材料的数量和质量的，承揽人应当按照约定准备材料。如果合同中未明确由哪一方提供材料的，但根据合同条款或者通过补充协议、交易习惯等方式确定应当由承揽人提供材料的，合同中如果约定了材料提供的时间、数量和质量的，承揽人应当按照约定提供材料。承揽人准备材料时，还应当备齐有关的资料，如发票、质量说明书等说明文件。

如果明确由承揽人提供材料，但是合同中未约定材料提供的时间、数量和质量的，事后又未就此达成补充协议的，承揽人应当根据承揽工作的性质和定作人对交付工作成果的要求，及时准备材料。数量不明确的，承揽人应当根据通常情况下完成该类工作成果所需的工作量，合理地确定材料的数量。质量不明确的，承揽人应当根据定作人对工作成果的质量要求，合理选用适合该工作成果的材料。定作人对工作成果的质量未有特别要求的，承揽人应当根据价款数额的大小以及工作性质，合理确定质量标准，合理选用材料。根据以上条件仍不能确定材料质量的，承揽人应当按照通常标准准备材料。

承揽人准备好材料后，应当及时通知定作人检验，并如实提供发票以及数量和质量的说明文件。定作人接到通知后，应当及时检验该材料，认真察看承揽人提供的材料以及有关文件。定作人认为承揽人选用的材料符合约定的，应当告知承揽人，或者根据承揽人的要求以书面形式确认。经检验，定作人发现材料数量缺少的，应当及时通知承揽人补齐；数量超出的，应当及时通知承揽人超出的数额。定作人发现材料质量不符合约定的，应当及时通知承揽人更换，由此发生的费用，由承揽人承担。如果合同中未约定材料数量、质量的，如果定作人检验后，表示认可的，应当告知承揽人，或者根据承揽人的要求以书面形式确认。如果定作人认为材料不适合的，应当通知承揽人，并且还应当通知承揽人其对材料数量、质量的要求。承揽人接到通知后，应当及时选用符合定作人要求的材料。

经定作人检验后，承揽人应当以定作人确认后的材料完成工作。承揽人以次充好或者故意隐瞒材料瑕疵而造成工作成果质量不符合约定的，定作人有权要求重作、修理、减少价款或者解除合同。定作人未及时检验的，应当顺延工期，并赔偿承揽人因此受到的损失。定作人在接到检验通知后，在合理期限内未作检验的，视为承揽人提供的材料符合要求，定作人不得再对该材料提出质量异议。

第七百七十五条　定作人提供材料的，应当按照约定提供材料。承揽人对定作人提供的材料应当及时检验，发现不符合约定时，应当及时通知定作人更换、补齐或者采取其他补救措施。

承揽人不得擅自更换定作人提供的材料，不得更换不需要修理的零部件。

条文主旨

本条规定了由定作人提供材料时双方当事人的义务。

立法背景

承揽合同中，根据承揽工作性质或者交易习惯，双方当事人可以约定由定作人提供材料，并且应当约定提供材料的时间、数量和质量。定作人应当在合同约定的时间内向承揽人提供符合约定数量和质量的材料。该材料主要指承揽工作所必需的原材料，如制作家具的木材，制作衣服的面料等。承揽工作的对象（亦称为工作基底），如修理电视合同中的电视，印刷合同中的原稿等，也属于材料范围。一些国家的法律对于承揽合同中定作人提供材料时双方的权利义务均作了规定。比如，《瑞士债务法》第365条规定，（2）定作人提供材料的，承揽人应当以适当的注意处理材料，说明材料的使用方法，并将未使用的剩余材料返还于定作人。(3) 在工作过程中，定作人提供的材料或者其指定的建筑用地有瑕疵，或者出现其他情况可能影响到按期或者及时执行工作的，承揽人应当立即通知定作人，怠于通知的，应当承担任何不利后果。《俄罗斯联邦民法典》第716条规定，1. 发现以下情况时，承揽人应当立即通知定作人并在接到定作人指示前中止工作：定作人提供的材料、设备、技术文件书或者为改制（加工）移转的物不适用或不符合质量要求；依定作人指明的方式完成工作可能对其造成不利后果；其他的非依承揽人的意志为转移的对工作成果的适用性和牢固性有威胁或者使工作不能如期完成的情况。3. 如果定作人对承揽人就本条第1款所指明的各种情况的及时且有根据的警告置之不理，在合理期限内不更换不适宜的或者不合质量要求的材料、设备、技术文件或为改制（加工）移转的物，不变更完成工作的指示，或者对威胁工作适用性的情况不采取其他的必要消除措施，承揽人有权解除合同并要求赔偿因合同的终止给他造成的损失。

条文解读

根据本条规定，当定作人按约定提供原材料后，承揽人应当立即检验原材料。检验的内容主要包括原材料的数量是否符合合同约定，原材料的质量是否达到合同约定的质量要求。如果经承揽人检验，定作人提供的原材料符合约定，承揽人应当确认并通知定作人；如果经检验，定作人提供的原材料不足的，承揽人应当通知定作人补齐；定作人提供的原材料质量不符合约定的，承揽人应当及时通知定作人更换以达到合同要求。因承揽人原因，未及时通知定作人原材料不符合约定，进而影响完成工作时间的，承揽人应当承担违约责任。承揽人发现定作人提供的原材料不符合约定而未通知定作人的，视为原材料符合约定，因该原材料数量、质量原因造成承揽工作不符合约定的，由承揽人承担违约责任，定作人有权要求承揽人修理、更换、减少报酬或者解除合同，造成定作人损失的，承揽人应当赔偿损失。这里需要特别强调的是，承揽人所负的检验及通知义务必须及时履行，这样可以最大限度地提高承揽合同的履行效率，节约履约成本，符合合同双方当事人的利益。

承揽人经对定作人提供的材料检验之后，如果发现材料不符合约定，应当及时通知定作人。定作人在接到原材料不符合约定的通知后，应当及时采取措施，补齐或者更换原材料使其达到合同约定的要求。因定作人迟延补齐、更换的，工期顺延；定作人未采取措施补齐、更换的，承揽人有权解除合同，因此造成承揽人损失的，由定作人承担损害赔偿责任。如果经承揽人检验，定作人提供的原材料符合约定的，承揽人应当妥善保管该原材料，因承揽人保管不善，造成原材料损失的，由承揽人承担赔偿责任。

根据本条第 2 款规定，定作人提供的原材料符合约定的，承揽人在工作中应当以该原材料完成工作，不得擅自更换原材料。如因承揽人擅自更换材料致使工作成果不符合约定质量的，定作人有权要求承揽人修理、更换、减少报酬或者解除合同；造成定作人损失的，承揽人承担赔偿责任。承揽人使用定作人提供的原材料应当符合合同中约定的或者合理的损耗量，由于承揽人的原因造成材料浪费的，承揽人应当进行赔偿；造成材料短缺的，由承揽人负责补齐。如果完成承揽工作后，定作人提供的材料有剩余的，承揽人应当返还给定作人。此外，对于由定作人提供工作基底的，承揽人应当妥善保管。在修理合同中，承揽人应当按照约定修理物品损坏的部分，并保持其他部分的完整性，不得更换不需要修理部分的零部件。如定作人将损坏的进口照相机交承揽人修理，承揽人经检查后，发现是一个齿轮磨损的，承揽人应当更换该磨损的齿轮而不得以次充好，更换其余的齿轮。承揽人更换应修理以外的零部件，承揽人应当恢复原状并承担赔偿责任。

第七百七十六条　承揽人发现定作人提供的图纸或者技术要求不合理的，应当及时通知定作人。因定作人怠于答复等原因造成承揽人损失的，应当赔偿损失。

条文主旨

本条规定了定作人要求不合理时双方当事人的义务。

立法背景

承揽工作的性质就是承揽人按照定作人的要求进行工作，定作人一般通过提供图纸或者技术要求的方式对承揽人的工作提出要求。承揽人应当严格按照定作人的要求进行工作。如果承揽人在工作之前或者工作之中发现定作人提供的图纸或者技术要求不合理，即按此图纸或者技术要求难以产生符合合同约定的工作成果，在此情况下，承揽人应当及时将该情况通知定作人。承揽人未及时通知定作人的，怠于通知期间的误工损失由承揽人自己承担，造成工期拖延、给定作人造成损失的，承揽人应当赔偿定作人损失。如果承揽人发现定作人提供的图纸或者技术要求不合理而未通知定作人，仍然按照原图纸或者技术要求进行工作致使工作成果不符合合同约定的，由承揽人承担违约责任，定作人有权要求承揽人修理、更换、减少价款或者解除合同。造成定作人损失的，承揽人应当赔偿损失。

条文解读

根据本条规定，定作人在接到承揽人关于图纸或者技术要求不合理的通知后，应当立即采取措施，修改图纸和技术要求。修改完成后，定作人应当及时答复承揽人，并提出修改意见。在承揽人发出通知至收到定作人答复期间，承揽人可以停止工作，工期顺延，定作人还应当赔偿承揽人在此期间的误工以及其他损失。如果定作人在接到通知后，未能及时答复承揽人并提出修改意见的，承揽人有权要求定作人赔偿其误工等损失。定作人怠于答复的，承揽人可以催告定作人在合理期限内予以答复并提出修改意见，在合理期限内承揽人仍未收到定作人答复的，承揽人有权解除合同，并通知定作人，因此造成的损失，由定作人赔偿。

理解本条，需要注意以下几点：一是，本条中“定作人提供的图纸或者技术要求不合理”，既包括按照所提交图纸或者技术要求根本无法实现承揽目的的情形，也包括图纸或者技术要求本身明显不合理，不符合一般意义上同类工作的标准或要求。由于承揽人是具体实施所承揽工作的一方，其对于所承揽的工作应当具有相当程度的专业性。因此，这里对于图纸或者技术要求不合理的“发现”，并非是强加于承揽人之上的苛刻要求，而是本着节约高效实现承揽目的的出发点，对承揽人所作的一般要求。二是，承揽人发现图纸或者技术要求不合理的，应当及时通知定作人。不同类型的承揽工作有着不同的要求，但此处对于承揽人的通知义务要求及时进行。实际上，这也是最大限度节约双方资源的一种要求。三是，承揽人通知定作人后，定作人也应及时答复承揽人，对图纸或者技术要求进行修正，否则因怠于答复造成的损失由定作人承担。这里的“怠于”没有具体明确的期限规定。但如果承揽人及时通知了定作人，定作人在合理期限未作回复的，可以视为“怠于”回复，并应因此赔偿承揽人所产生的损失。

第七百七十七条　定作人中途变更承揽工作的要求，造成承揽人损失的，应当赔偿损失。

条文主旨

本条规定了定作人中途变更工作要求的法律责任。

立法背景

承揽工作的性质是承揽人按照定作人的要求进行工作，提供符合定作人特殊需要的工作成果。定作人对承揽工作的要求通过提供图纸、技术要求或者通过对承揽工作数量、质量的特别约定，在合同中体现自己对承揽工作的要求。承揽人只有严格按照合同约定的工作要求完成工作，才能满足定作人订立合同的目的。如果定作人在承揽人工作期间认为按照原先的要求不能满足自己的需要，可以中途变更承揽工作的要求。这也是由承揽工作的性质决定的，承揽工作的目的就是满足定作人的特殊需要，如果承揽工作的成果不能满足定作人的需要，承揽合同就不会实现定作人订立合同时所期望的利益，因此，定作人可以根据自己的需要，随时变更对合同的要求。这里的变更与一般合同的变更不同，一般情况下，合同的变更需经当事人双方协商一致，一方提出变更要求，如果对方不同意，则不发生变更，当事人仍然按照原合同履行。在承揽合同中，承揽人应当按照定作人的要求进行工作，如果定作人中途变更对承揽工作的要求的，如修改设计图纸，提出新的质量要求等，承揽人应当按照定作人的新要求工作。承揽人认为定作人提出的新要求不合理的，应当及时通知定作人，定作人接到通知后，应当及时答复承揽人并提出修改意见。定作人不予修改的，承揽人不应当按照原要求履行，否则会导致损失的扩大，在此情况下，承揽人可以解除合同。

条文解读

根据本条规定，定作人可以中途变更承揽工作的要求，但根据公平原则，定作人中途变更对承揽工作的要求，造成承揽人损失的，应当赔偿承揽人的损失。承揽人按照原要求完成部分工作的，定作人应当支付该部分工作的报酬。由承揽人提供材料的，定作人应当支付完成该部分工作所耗费的材料的价款和保管费。按照新要求，需增加材料的，由定作人负担费用。新要求使原承揽工作质量、难度提高的，定作人应当相应增加报酬。因定作人中途变更合同，使工期顺延，因此造成承揽人误工损失的，由定作人赔偿损失。

理解本条，还需要注意以下两点：一是，承揽合同的特点决定了定作人可以在合同履行过程中变更承揽工作要求，但从鼓励资源节约、物尽其用的角度，我们不鼓励随意、无意义的变更。如果定作人之前提出的合同要求能够满足定作人的需要，并进而实现其目的，仍应以原合同要求为宜。二是，定作人提出变更合同的要求应在承揽人履行合同过程中提出，如果承揽人的承揽工作已经完成，只是尚未交付，原则上定作人不能再提出针对承揽工作的变更要求。

第七百七十八条　承揽工作需要定作人协助的，定作人有协助的义务。定作人不履行协助义务致使承揽工作不能完成的，承揽人可以催告定作人在合理期限内履行义务，并可以顺延履行期限；定作人逾期不履行的，承揽人可以解除合同。

条文主旨

本条是关于定作人协助义务的规定。

立法背景

根据本条规定，依据承揽工作的性质、交易习惯或者诚实信用原则，定作人有协助义务的，定作人应当协助承揽人完成工作。例如，应当由定作人提供工作场所的，定作人应当及时提供适于工作的工作场所；应当由定作人提供承揽人完成工作所需生活条件和工作环境的，定作人应当及时提供符合完成工作所要求的生活条件和工作环境。定作人的协助，是承揽合同适当履行的保障。在有的情形之下，定作人不协助承揽人进行工作，承揽合同将不能顺利履行，甚至无法履行，双方当事人订立合同的目的难以实现。因此，如果承揽合同需要定作人协助的，即使合同未明确规定定作人协助的，定作人也应当履行协助义务。一些国家和地区的法律对于定作人的协助义务作了规定。比如，《俄罗斯联邦民法典》第718条规定，1. 定作人应在承揽合同约定的情况下，按承揽合同约定的范围和方式对承揽人完成工作给予协助。定作人不履行该项义务时，承揽人有权要求赔偿造成的损失，包括因停工而引起的额外费用，或者有权要求变更完成工作的期限，或者要求增加合同中约定的工作价款。2. 因定作人的行为或者过失致使已不可能按照承揽合同完成工作时，承揽人对已完成的工作部分仍有权请求按合同约定的价款给付报酬。《欧洲民法典草案》对此的规定是，协作的义务尤其要求顾客：（1）移交被加工物或转移其支配给加工人，或在被合理地认为是使加工人能够履行加工义务所必要的范围内提供进入履行地点的机会和途径；以及（2）在必须由其提供的范围内及时提供部件、材料及工具，使加工人能够履行加工义务。我国台湾地区"民法"第507条规定，工作需定作人之行为始能完成者，而定作人不为其行为时，承揽人得定相当期限，催告定作人为之。定作人不于前项期限内为其行为者，承揽人得解除契约，并得请求赔偿因契约解除而生之损害。

条文解读

根据本条规定，如果定作人的协助义务是完成承揽合同的前提条件，定作人不履行的，承揽人应当催告定作人在合理期限内履行，并可以顺延完成工作的期限。如果在合理期限内定作人仍未履行协助义务，将构成本条所称的逾期不履行，定作人的逾期不履行将导致合同不能继续履行，承揽工作无法按约完成，合同目的无法实现，此时，承揽人可以解除合同。承揽人解除合同的，应当通知定作人，通知到达定作人时，解除生效。解除合同能恢复原状的，双方当事人应当恢复原状。当然，合同的解除并不能免除定作人不履行协助义务的责任，由此给承揽人造成损失的，定作人应当赔偿损失。

理解本条，有两点需要注意：一是定作人不履行协助义务，无论有无过错，只要是经催告仍未在合理期限内履行的，客观上致使承揽工作无法完成的，承揽人就可以解除合同。承揽人未经催告的，不能解除合同。当然，这里的前提一定是承揽人需要定作人协助才能完成工作的情况。如果承揽人自己可以独立完成工作，就不存在本条规制的内容。二是如果定作人不履行协助义务并不能导致工作不能完成，即定作人的不协助并不导致无法实现合同目的时，承揽人不能解除合同，而只能要求定作人赔偿损失；如果因此导致工作成果交付的期限拖延的，定作人应当承担迟延履行的责任。

第七百七十九条　承揽人在工作期间，应当接受定作人必要的监督检验。定作人不得因监督检验妨碍承揽人的正常工作。

条文主旨

本条是关于定作人监督检验承揽工作的规定。

立法背景

根据承揽工作的性质，承揽人是按照定作人的特定要求完成一定工作的，因此，定作人有权在工作期间对承揽的工作进行必要的监督检验，这也是保证工作质量，预防工作成果瑕疵的必要措施。监督检验主要针对进度、材料的使用、技术要求等方面是否符合合同约定和定作人的要求进行。不少国家和地区关于承揽合同的法律规定中均涉及定作人监督检验的权利。《意大利民法典》第1662条规定，定作人有权监督工作进展的情况并由自己负担费用检查工作完成的情况。在工作过程中，当查明不是根据契约确定的条件和技术标准实施其行为时，定作人得确定一个适当的期限，在该期限内承揽人应当按照确定的条件完成工作；当确定的期限无益地流逝时，则契约得被解除。《俄罗斯联邦民法典》第715条规定，1. 定作人在不干预承揽人活动的前提下，有权在任何时间对承揽人完成工作的进程和工作质量进行检查。2. 如果承揽人未及时着手履行承揽合同或者工作进行十分缓慢，致使工作显然不可能如期完成，则定作人有权解除合同并要求赔偿损失。3. 如果在工作进行期间已清楚表明该工作将不能以应有的方式完成，定作人有权给承揽人指定合理的期限消除瑕疵，而承揽人在指定期限不履行该项要求，定作人有权解除承揽合同或者委托他人承担修复工作，该修复费由承揽人负担，同时定作人有权要求赔偿损失。《欧洲民法典草案》对此的规定是，1. 加工服务在顾客提供的地点进行的，顾客得以合理的方式并在合理的时间就使用的工具和材料、服务的履行以及被加工物为检查或监督，但顾客并无检查及监督义务。2. 没有或者不充分的检查或监督不能全部或部分地免除或减轻加工人的责任。即使顾客就加工过程有受领、检查或监督的合同义务的，前句规定亦得适用。

条文解读

根据本条规定，定作人在承揽人工作期间享有监督检验权，但定作人行使这一权利需符合以下两个条件：一是，定作人的监督检验必须是必要的。这里“必要”的含义是指如果合同中已经约定定作人监督检验的范围的，定作人应当按照约定的内容按时进行检验；如果合同中未约定监督检验范围的，定作人应当根据承揽工作的性质，对承揽工作质量进行检验，如承揽人是否使用符合约定的材料、承揽人是否按照定作人提供的图纸或者技术要求工作等。如果定作人发现承揽人的工作不符合约定，可以要求承揽人返工、修理或者更换。二是，定作人的监督检验行为不得妨碍承揽人的正常工作。定作人有权对承揽工作进行监督检验，但根据公平原则，定作人的监督检验行为不得给承揽人带来不合理的负担，不得影响承揽人正常的工作秩序。具体而言，承揽合同中约定监督检验时间的，定作人应当按照约定的时间进行检验；合同中未约定监督检验的，定作人在监督检验承揽工作前应当与承揽人协商确定监督检验的方式、时间和内容；未达成协议的，定作人在检验前，应当通知承揽人监督检验的时间和内容，以便于承揽人对自身工作作出适当的安排。定作人的监督检验行为妨碍承揽人正常工作的，承揽人可以拒绝定作人的监督检验；定作人的监督检验行为给承揽人造成损失的，应当承担损害赔偿责任。

考虑到承揽合同独特的合同性质与特点，本条专门规定了承揽人接受定作人监督检验的法定义务。承揽人不得以合同对此未作约定而予以拒绝。承揽人应当为定作人的监督检验提供方便和条件，并应当如实地向定作人反映工作情况，不得故意隐瞒工作中存在的问题。对于定作人在监督检验过程中提出的合理建议和指示，承揽人应当及时采纳，以改进自己的工作，更好实现合同目的。

第七百八十条　承揽人完成工作的，应当向定作人交付工作成果，并提交必要的技术资料和有关质量证明。定作人应当验收该工作成果。

条文主旨

本条是关于工作成果交付的规定。

立法背景

完成承揽工作并交付工作成果，是承揽人的一项义务；定作人在承揽人交付时，应当验收该工作成果，这既是定作人的权利也是定作人的义务。在承揽合同中，承揽人一般有两个主要义务，即按照定作人的要求完成一定工作，并且在工作完成时将工作成果交付给定作人。工作成果的所有权属于定作人，而事实上往往在工作完成时，承揽人实际占有工作成果，只有将工作成果转移于定作人占有，才能保证定作人对工作成果行使所有权，实现定作人订立承揽合同的经济目的。此时，定作人应当对工作成果进行验收。

世界上许多国家和地区的立法对于承揽工作成果的交付与验收作了规定。《德国民法典》第 640 条规定，定作人有义务验收以合于合同的方式完成的工作，但根据工作的性质不能验收的除外。不得因不重要的瑕疵而拒绝验收。定作人虽有义务在承揽人向其指定的适当期间内验收，而不在该期间内验收的，视为验收。第 642 条规定，工作完成时，定作人有必要实施某一行为，且定作人因怠于实施该行为而陷于验收迟延的，承揽人可以请求适当的赔偿。《意大利民法典》第 1665 条规定，在接受交付前，定作人有权对完成的工作成果进行检查。

承揽人一旦完成工作成果，定作人即应当进行检查。尽管承揽人要求进行检查，如果定作人没有正当理由忽略了检查，或者未在短期内将检查结果通知承揽人，则视为工作成果被接受。如果定作人无保留地接受成果的交付，则即使没有检查也被视为接受。除有不同的约款或者惯例外，在定作人接受工作成果时，承揽人有权要求对价的支付。《俄罗斯联邦民法典》第720条规定，1. 定作人应按承揽合同约定的期限和方式并在有承揽人参加的情形下检查和验收所完成的工作（工作成果），当发现有违反合同使工作成果质量降低的情况或者工作中的其他瑕疵，应立即将该情况向承揽人申明。……6. 如果承揽合同无另行约定，当定作人拒绝受领所完成的工作时，承揽人从按合同约定将该工作成果应交付定作人之日起满1个月并随之又两次通知定作人后，有权将该工作成果出售，出售所得的价款，在扣除一切应给付承揽人的数额后，依照本法典第327条规定的程序以定作人的名义提存。7. 如果定作人拒不受领所完成的工作而引起工作交付迟延时，制作（改制或加工）物意外灭失的风险从物应交付时起转移于定作人。我国《澳门民法典》第1144条规定，一、定作人在接受工作物前，应检验工作物是否符合约定条件及无瑕疵。二、检验应于惯常期间内作出，无惯常期间时，应在承揽人作好可供定作人检验之一切准备后之一段合理期间内为之。三、任一方当事人有权要求由专家进行检验，而费用由其负担。四、检验结果应通知承揽人。五、不对工作物进行检验或不将检验结果通知承揽人视为对工作物之接受。

条文解读

根据本条规定，承揽人交付工作成果包括两方面内容：一是将工作成果交给定作人；二是向定作人提交必要的技术资料和有关质量证明。承揽人按照合同约定的时间完成工作后，应当按照合同约定的时间、地点和方式将工作成果交给定作人占有。合同约定由定作人自提的，承揽人应当在工作完成后，通知定作人提货，在工作完成的地点或者定作人指定的地点，将工作成果交给定作人占有，承揽人完成工作的地点或者定作人指定的地点为交付地点，承揽人通知定作人提货的日期为交付日期，但承揽人在发出提取工作成果的通知中，应当给定作人留下必要的准备时间和在途时间；合同约定由承揽人送交的，承揽人在工作完成后，自备运输工具，将工作成果送到定作人指定的地点并通知定作人验收。定作人指定的地点为交付地点，定作人实际接受的日期为交付日期；约定由运输部门或者邮政部门代为运送的，承揽人应当在工作完成后，将工作成果交到运输部门或者邮政部门，办理运输手续。运输部门或者邮政部门收货的地点为交付地点，运输部门或者邮政部门接受工作成果的日期为交付日期。如果合同中未约定交付的时间、地点和方式的，承揽人可以与定作人协议补充；不能达成补充协议的，承揽人按照合同有关条款、合同性质、合同目的或者交易习惯交付。按照合同有关条款、合同性质、合同目的或者交易习惯仍不能确定交付时间、地点、方式的，承揽人应当在工作完成时，通知定作人取货。承揽人通知取货的地点为交付地点，承揽人确定的合理取货时间为交付时间。根据承揽合同性质，承揽工作无须特别交付的，例如粉刷一面墙，承揽人完成工作即为交付，完成工作的时间为交付时间。如果承揽人履行交付义务时，定作人迟延验收的、定作人下落不明的或者定作人死亡或者丧失行为能力而未确定继承人或者监护人时，承揽人可以依法将工作成果提存，定作人未支付报酬、材料费等费用的，承揽人可以留置该工作成果。工作成果附有所有权凭证的，承揽人应当在交付工作成果时，一同交付所有权凭证。

根据本条规定，为了便于定作人的验收和检验，承揽人在交付工作成果的同时，还应当提交必要的技术资料和有关质量证明。技术资料主要包括使用说明书、结构图纸、有关技术数据。质量证明包括有关部门出具的质量合格证书以及其他能够证明工作成果质量的数据、鉴定证明等。承揽人在交付工作成果、必要的技术资料和质量证明外，还应当交付工作成果的附从物，如工作成果必备的备件、配件、特殊的维护工具等。如果定作人提供的材料尚有剩余，承揽人也应当退还定作人。

承揽人交付工作成果的，定作人应当积极配合，由承揽人运送工作成果的，定作人应为承揽人的交付创造条件，提供方便。需要定作人自提的，定作人应当按照合同的约定和承揽人的通知，及时提取工作成果。根据工作性质无须承揽人实际交付的，定作人应当对承揽人完成的工作作出承认。定作人无正当理由拒绝接收工作成果的，承揽人可以催告定作人接收工作成果并进行验收。定作人超过合理期限受领工作成果的，承揽人可以按照本法的规定提存或者留置工作成果，并有权要求定作人支付未付的报酬、材料费以及保管费等费用，并可以要求其承担违约责任。定作人拒绝受领后，应当承担工作成果毁损、灭失的风险。

根据本条，定作人在接收承揽人交付，也就是在定作人实际收到工作成果时，应当对工作成果及时进行验收。验收的目的主要是检验工作成果的质量、数量是否符合合同约定或者定作人的要求。验收往往是双方当事人进行结算、定作人支付报酬等费用的前提条件，因此，根据公平和诚实信用原则，定作人在接到工作成果时，应当及时进行验收。验收一般包括三个步骤：一是确认交付时间和地点；二是查点工作成果的数量；三是查验工作成果的质量以及有关技术资料和质量证明。经验收，定作人认为承揽人交付的工作成果合格的，定作人应当接受工作成果，并按照合同的约定或者交易习惯支付报酬以及其他应付费用。如果经检验，工作成果有质量问题或者数量短缺的，定作人应当取得有关部门出具的证明。经检验，工作成果有严重的质量缺陷的，定作人可以拒收并通知承揽人。定作人在检验中发现定作物的数量或者质量不符合要求的，应当在合同约定的期限内通知承揽人，没有约定或者约定不明确的，定作人在发现数量或者质量不符合要求时，应当在合理期限内通知承揽人。验收时，如果双方当事人对工作成果的质量或者数量等发生争议，可由国家法定的检验机构进行鉴定。定作人未及时检验，或者在检验发现问题后怠于通知，或者在收到工作成果之日起两年内未通知承揽人的，视为工作成果的数量或者质量符合要求。

第七百八十一条 **承揽人交付的工作成果不符合质量要求的，定作人可以合理选择请求承揽人承担修理、重作、减少报酬、赔偿损失等违约责任。**

条文主旨

本条是关于承揽人因工作成果质量不符合要求所承担违约责任的规定。

立法背景

承揽合同中，承揽人的主要义务之一就是遵守合同约定和定作人的要求，按质按量地完成工作成果。也就是说，承揽人应当保证其完成的工作成果符合合同约定，在质量上要达到合同约定的标准。承揽人所交付的工作成果不符合质量标准的，承揽人应当对工作成果负瑕疵担保责任，定作人有权要求承揽人承担相应的违约责任。一些国家在法律中规定了承揽人的瑕疵担保责任。比如，《德国民法典》第634条规定，工作有瑕疵，且具备下列规定的要件的，除另有规定外，定作人可以：（1）依照第635条请求事后补充履行；（2）依照第637条自行除去瑕疵，并请求偿还必要费用；（3）依照第636条、第323条和第326条第5款解除合同，或依照第638条减少报酬，以及依照第636条、第280条、第281条、第283条和第311条a请求损害赔偿，或依照第284条请求偿还徒然支出的费用。《俄罗斯联邦民法典》第723条规定，1. 在承揽人违反承揽合同完成工作致使工作成果质量降低，或者出现其他不符合合同规定的使用瑕疵，或者在合同中没有关于不宜通常使用的相应条款时，如果法律无另行规定或合同无另行约定，定作人有权根据自己的选择要求承揽人：在合理期限内无偿消除瑕疵；相应减少约定的工作价款；但承揽合同规定定作人有权消除工作瑕疵时，定作人有权要求赔偿其消除瑕疵而支出的费用。

条文解读

根据本条规定以及本章的有关规定，承揽人承担瑕疵担保责任，应具备两个条件：

一是承揽人交付的工作成果不符合质量要求。承揽合同中当事人约定了质量标准和要求的，承揽人交付的工作成果质量不符合该约定的，即可认定工作成果不符合质量要求。如果当事人未约定质量标准或者约定不明确的，则工作成果应当符合根据合同有关条款、合同性质、合同目的或者交易习惯所确定的质量标准；不符合的，则可认定工作成果不符合质量要求。如果根据合同有关条款、合同性质、合同目的或者交易习惯难以确定质量标准的，工作成果应当具备通常使用的效用；如果不具备，则可认定工作成果不符合质量要求。导致工作成果不符合质量要求的原因可以来自多个方面，如可能是承揽人偷工减料，以次充好，不按照合同约定的图纸、技术要求或者技术条件进行工作，或者违反国家法律规定的技术工作规程进行工作等；也可能是材料瑕疵的原因，比如在承揽人提供材料的情况下，承揽人故意隐瞒瑕疵；也可能是定作人提供的材料不符合约定时，承揽人未检验或者检验后未通知定作人调换；还可能是定作人提供的图纸、技术要求不合理，承揽人发现后未通知定作人更改等。无论出于何种原因，由于承揽合同中按照约定完成工作并交付工作成果是承揽人的法定义务，承揽人有义务为工作成果的品质负责，保证工作成果的质量符合要求，否则承揽人就应当承担违约责任。

二是定作人在合理的期限内提出质量异议。承揽人交付工作成果后，定作人应当及时进行验收，检验工作成果是否符合质量要求。如经验收发现工作成果不符合约定，定作人应当在约定的期限内通知承揽人；当事人未约定异议期限的，定作人应当在收到工作成果后的合理期间内将工作成果不符合质量要求的情况及时通知承揽人。定作人未及时检验，或者在检验发现问题后怠于通知，或者在收到工作成果之日起两年内未通知承揽人的，视为工作成果的数量或者质量符合要求，即使事实上工作成果不符合质量要求，定作人也无权向承揽人主张违约责任。

承揽人提供的工作成果不符合质量要求，定作人在合理期限内提出质量异议的，定作人可以请求承揽人承担违约责任。违约责任的类型主要包括：（1）修理。工作成果有轻微瑕疵的，定作人可以要求承揽人进行修整、修补，使工作成果符合质量标准。因修理造成工作成果迟延交付的，承揽人仍应承担逾期交付的违约责任。（2）重作。工作成果有严重瑕疵的，定作人可以拒收，要求承揽人返工重新制作或者调换。因重作造成工作成果迟延交付的，承揽人仍应承担逾期交付的违约责任。（3）减少报酬。工作成果有瑕疵，而定作人同意利用的，可以按质论价，相应地减少所应付的报酬。（4）赔偿损失。由于工作成果不符合质量标准，给定作人造成人身伤害或者财产损失的，定作人有权要求承揽人赔偿因此造成的损失。除上述四种类型的违约责任外，定作人可以根据合同约定要求承揽人承担其他类型的违约责任。如合同中约定违约金的，承揽人应当向定作人支付违约金；承揽人按约定向定作人支付定金的，工作成果不符合质量标准的，定作人有权不返还定金；定作人向承揽人支付定金的，工作成果不符合质量标准的，定作人有权要求承揽人双倍返还所付的定金等。

第七百八十二条　定作人应当按照约定的期限支付报酬。对支付报酬的期限没有约定或者约定不明确，依据本法第五百一十条的规定仍不能确定的，定作人应当

在承揽人交付工作成果时支付；工作成果部分交付的，定作人应当相应支付。

条文主旨

本条是关于定作人支付报酬期限的规定。

立法背景

这里的“报酬”是指定作人通过承揽合同获得承揽人技术、劳务所应当支付的对价，一般指金钱。向承揽人支付报酬是定作人最基本的义务。定作人支付报酬的前提是承揽人交付的工作成果符合合同约定的质量和数量，不符合质量、数量要求的，定作人可以不支付报酬或者相应减少报酬。定作人应当按照合同约定的期限，以合同约定的币种、数额，向承揽人支付报酬。关于定作人支付报酬的规定，世界上其他国家和地区的立法例均作了规定。《德国民法典》第 632 条 a 第 1 款规定，承揽人可以向定作人请求为已提供的合于合同的给付进行部分地支付，其数额为定作人因该项给付而获得的价值增额。不得因不显著的瑕疵拒绝为部分支付。准用第 641 条第 3 款。各项给付应当以开列清单的方式予以证明，该清单应使人能够迅速、可靠地判断各项给付。第 1 句至第 4 句也适用于特地制造或交付的必要材料或建筑构件。仅在工作的部分的所有权、材料或建筑构件的所有权已经转让给定作人，或已为之提供担保时，该项请求权才存在。《意大利民法典》第 1666 条规定，如果被完成的工作成果是分段的，缔约的任何一方得要求对各分段进行检查。在该情形下，承揽人得要求就完成的部分给付价款。给付价款行为被推定为接受已完成的成果部分；但单纯的预付款给付不产生接受工作成果的效力。我国台湾地区“民法”第505条规定，报酬应于工作交付时给付之，无须交付者，应于工作完成时给付之。工作系分部交付，而报酬系就各部分定之者，应于每部分交付时，给付该部分之报酬。我国《澳门民法典》第1137条规定，一、第八百七十三条之规定，经作出必要配合后，适用于报酬之确定。二、如无相反之条款或习惯，报酬应于作出接受工作物之行为时支付。《欧洲民法典草案》对于价款支付的规定是，1. 加工人根据本分编第4：105条（加工物的返还）的规定转移加工物或其支配给顾客的，或顾客没有权利而拒绝受领加工物的返还的，顾客应支付价款。2. 但在以上转移或拒绝发生后，根据合同仍需继续对物为加工的，顾客在加工完成前得中止支付合理的部分价款。3. 根据合同加工物或其支配无须转移给顾客的，当加工人完成加工并通知顾客时，顾客应支付价款。

条文解读

根据本条规定，如果承揽合同对支付报酬的期限没有约定或者约定不明确的，依照本法第510条的规定，当事人可以协议补充约定报酬支付期限，定作人按照补充约定的期限向承揽人支付报酬。当事人不能达成补充协议的，定作人按照合同有关条款、合同性质、合同目的或者交易习惯确定的支付期限，向承揽人支付报酬。如果合同对报酬支付期限未作约定，根据本法第510条仍不能确定的，定作人应当在承揽人交付工作成果的同时支付，也就是承揽人将其完成的工作成果交给定作人占有的时间，为定作人支付报酬的时间。合同约定由定作人自提的，承揽人应当在工作完成后，通知定作人提货，在工作完成的地点或者定作人指定的地点，将工作成果交给定作人占有，承揽人通知定作人提货的日期为交付日期，定作人应当在该日期支付报酬。合同约定由承揽人送交的，承揽人在工作完成后，自备运输工具，将工作成果送到定作人指定的地点并通知定作人验收。定作人实际接受的日期为交付日期，定作人在接受工作成果时支付报酬。约定由运输部门或者邮政部门代为运送的，承揽人应当在工作完成后，将工作成果交到运输部门或者邮政部门，办理运输手续。运输部门或者邮政部门接受工作成果的日期为交付日期。承揽人将运输部门或者邮政部门收运的日期通知定作人，定作人在收到该通知时，支付报酬。

如果合同中未约定交付内容，承揽人可以与定作人协议补充；不能达成补充协议的，承揽人按照合同有关条款、合同性质、合同目的或者交易习惯交付。按照合同有关条款、合同性质、合同目的或者交易习惯仍不能确定交付时间的，承揽人应当在工作完成时，通知定作人取货。承揽人确定的合理取货时间为交付时间，定作人应当在收到取货通知时支付报酬。根据承揽合同性质，承揽工作无须特别交付的，例如粉刷一面墙，承揽人完成工作即为交付，完成工作的时间为交付时间，定作人在承揽人完成工作时，支付报酬。

根据本条规定，如果工作成果部分交付的，定作人验收该部分工作成果，并根据已交付部分的工作，向承揽人支付报酬。如甲与乙约定，由乙为甲制作三套沙发，总价 900 元。乙每完成一套沙发，就交付一套。甲每验收一套，则应当向承揽人支付 300 元。此外，如果承揽人提供材料的，定作人应当向承揽人支付材料费。定作人支付材料费，也适用本条的规定。定作人支付报酬以及材料费等费用时，承揽人下落不明、承揽人死亡或者丧失行为能力而未确定继承人或者监护人的，定作人可以将报酬等价款提存。

第七百八十三条　定作人未向承揽人支付报酬或者材料费等价款的，承揽人对完成的工作成果享有留置权或者有权拒绝交付，但是当事人另有约定的除外。

条文主旨

本条是关于承揽人留置权及同时履行抗辩权的规定。

立法背景

定作人应当按照约定支付报酬，这是承揽合同中定作人的一项基本义务。如果由承揽人提供材料完成工作成果的，定作人还应当向承揽人支付材料费。在报酬及材料费之外，承揽人为完成工作而垫付的其他费用，定作人同样应当偿还。如果定作人无正当理由不履行支付报酬、材料费等价款义务的，承揽人对完成的工作成果享有留置权或者有权拒绝交付。一些国家的法律对于承揽人的类似权利也作了规定。《德国民法典》第647 条规定，承揽人所制作或修缮的定作人的动产，在制作时被承揽人占有，或以修缮为目的而被承揽人占有的，承揽人就其基于合同而发生的债权，享有该动产上的质权。《俄罗斯联邦民法典》第 720 条第 6 款规定，如果承揽合同无另行约定，当定作人拒绝受领所完成的工作时，承揽人从按合同约定将该工作成果应交付定作人之日起满 1 个月并随之又两次通知定作人后，有权将该工作成果出售，出售所得的价款，在扣除一切应给付承揽人的数额后，依照本法典第 327 条规定的程序以定作人的名义提存。

条文解读

根据本条规定，定作人未向承揽人支付报酬或者材料费等价款的，承揽人首先可以对工作成果享有留置权。所谓留置权，根据本法第447条第1款的规定，是指债务人不履行到期债务时，债权人可以留置已经合法占有的债务人的动产，并就该动产优先受偿的权利。留置权具有以下几个特征：第一，留置权以担保债权实现为目的；第二，留置权人有权从留置的债务人的财产的价值中优先受偿；第三，留置权是一种法定担保方式，它依法律规定而发生，非依当事人之间的协议成立。付款期限届满时，定作人未向承揽人支付报酬或者材料等价款的，承揽人有权留置工作成果，并通知定作人在不少于两个月的期限内支付报酬以及其他应付价款，定作人逾期仍不履行的，承揽人可以与债务人协议将留置的工作成果折价，也可以依法拍卖、变卖该工作成果，以所得价款优先受偿。受偿的范围包括定作人未付的报酬及利息、承揽人提供材料的费用、工作成果的保管费、合同中约定的违约金以及承揽人的其他损失，等等。工作成果折价或者拍卖、变卖后，其价款超过定作人应付款项数额的，归定作人所有，不足部分由定作人清偿。

根据本条以及本法关于留置权的规定，承揽人行使留置权应当符合以下两个前提条件：第一，定作人无正当理由不履行支付报酬、材料费等费用。支付报酬是定作人的基本义务。由承揽人提供材料的，定作人在支付报酬外还应当向承揽人支付材料费。虽然承揽人享有工作成果的留置权，但只有在支付期限届满时，定作人仍未支付报酬、材料费等费用的，承揽人才能留置工作成果。承揽合同约定支付期限的，定作人应当在合同约定的期限内向承揽人支付报酬以及材料费等其他费用。合同未约定支付期限的，如果承揽合同对支付报酬的期限没有约定或者约定不明确的，当事人可以协议补充约定报酬支付期限，定作人按照补充约定的期限向承揽人支付报酬。当事人不能达成补充协议的，定作人按照合同有关条款、合同性质、合同目的或者交易习惯确定的支付期限，向承揽人支付报酬。如果合同对报酬支付期限未约定，按照合同有关条款、合同性质、合同目的或者交易习惯仍不能确定的，定作人应当在承揽人交付工作成果的同时支付，也就是承揽人将其完成的工作成果交给定作人占有的时间，为定作人支付报酬的时间。根据承揽合同性质，承揽工作无须特别交付的，例如粉刷一面墙，承揽人完成工作即为交付，完成工作的时间为交付时间，定作人在承揽人完成工作时，支付报酬。在上述期限内，定作人未履行支付报酬、材料费等费用的，承揽人可以留置该工作成果。第二，承揽人合法占有本承揽合同的工作成果。根据本法关于留置权的规定，留置的财产是债权人合法占有的债务人的动产。因此，承揽人留置的工作成果应当是根据本承揽合同而合法占有的定作人的动产。如果承揽人已经将工作成果交付给定作人，也就是说，该工作成果已由定作人占有，承揽人就无法实现留置权；如果工作成果不是动产，承揽人也无法实现留置权；如果定作人同承揽人订有数个承揽合同，定作人未支付其中一个合同的报酬的，承揽人只能留置定作人未付报酬的那个合同的工作成果。如甲与乙服装店约定，由乙服装店为甲制作一套西装，之后甲又与乙服装店约定，由乙服装店再为甲制作一件风衣。如果甲支付了制作风衣的报酬而未支付制作西装的报酬的，乙服装店只能留置该西装而不能留置风衣。如果乙服装店已经将西装交付给甲的，乙服装店只能要求甲支付报酬而不能留置风衣。如果承揽人占有定作人的其他财产，当定作人无正当理由不支付报酬、材料费等费用时，承揽人不能留置该其他财产。如甲配件厂租用乙公司的汽车，乙公司和甲配件厂约定，由甲配件厂为乙公司加工一批汽车配件。如果乙公司未按照约定支付甲配件厂加工配件的报酬，甲配件厂只能留置汽车配件而不能留置汽车。此外，根据当事人的意思自治原则，如果当事人约定承揽人不能留置工作成果的，承揽人不得留置工作成果，工作完成后，承揽人应当按照约定向定作人交付工作成果。如果定作人未能按照约定支付报酬或者材料费的，承揽人只能要求定作人支付报酬或者材料费以及承担约定的违约责任。

需要说明的是，本条与合同法的规定相比，增加了承揽人对完成的工作成果“有权拒绝交付”的规定。之所以增加这一规定，主要基于两点考虑：一是，在承揽人提供所有工作材料完成工作成果的情况下，由于工作材料及在此基础上完成的工作成果在交付前很难作为“定作人的动产”由承揽人占有，因此在这种情况下，严格来说并不符合行使留置权的条件。此时，为保证承揽人的合法权益，本条增加规定了定作人未支付报酬或者材料费等价款的，承揽人可以拒绝交付工作成果。二是，增加这一规定，意味着承揽人在定作人到期未支付报酬或者材料费等价款时，享有同时履行抗辩权。根据本法第 525 条规定，当事人互负债务，没有先后履行顺序的，应当同时履行。一方在对方履行之前有权拒绝其履行请求。定作人未依约履行支付报酬或者材料费等价款时，承揽人享有拒绝交付工作成果的权利，这是同时履行抗辩权在承揽合同中的体现。

第七百八十四条　承揽人应当妥善保管定作人提供的材料以及完成的工作成果，因保管不善造成毁损、灭失的，应当承担赔偿责任。

条文主旨

本条是关于承揽人对材料和工作成果保管责任的规定。

立法背景

承揽合同约定由定作人提供材料的，定作人应当按照约定的质量和数量提供。定作人按照约定提供材料后，该材料处在承揽人的占有之下，因此承揽人有义务妥善保管定作人提供的材料，保持材料的质量状态，防止材料非正常损耗，从而保证工作成果的质量。其他国家的立法对此也有类似规定。比如，《俄罗斯联邦民法典》第714条规定，承揽人对定作人所提供的材料、设备、为改制（加工）移交的物或其他与履行承揽合同有关而由承揽人占有的财产，负有妥善保管的责任。《欧洲民法典》对此亦规定，加工人应当采取合理的预防措施防止加工物遭受任何损害。

条文解读

本条所谓的“妥善保管”，是指承揽人在没有特别约定的情况下，须按照本行业的一般要求，根据物品的性质选择合理的场地、采用适当的保管方式加以保管，防止物品毁损和灭失。在具体的保管方式上，承揽人可以自己保管材料，也可以将材料交由第三人保管。承揽人将材料交由第三人保管的，不得给定作人增加不合理的费用。由于承揽人未尽妥善保管义务，致使材料毁损、灭失的，承揽人应当承担赔偿责任，自负费用补齐、更换与定作人提供材料同质同量的材料，因此造成定作人损失的，应当赔偿损失；造成迟延交付的，应当承担违约责任。如果材料属于不可替代物，由于承揽人的原因致使材料毁损、灭失的，承揽人应当赔偿定作人材料损失，并承担违约责任；材料交给第三人保管的，承揽人对第三人的保管行为向定作人负责；材料因自身性质产生自然损耗的，承揽人如果已尽妥善保管责任的，不承担损害赔偿责任。定作人隐瞒材料瑕疵的，承揽人在尽妥善保管义务的前提下，对材料的毁损、灭失以及因材料产生的工作成果的瑕疵不承担责任；材料因为不可抗力而发生毁损、灭失的，承揽人已尽妥善保管责任的，承揽人不承担损害赔偿责任。

根据本条规定，承揽人妥善保管的对象除定作人提供的材料外，还包括已经完成的工作成果。在承揽合同中，承揽人的主要义务是完成并交付工作成果。在交付前，工作成果处于承揽人的占有之下，承揽人应当妥善保管工作成果，保证工作成果如期交付。工作成果须实际交付的，交付前，承揽人应当妥善保管工作成果。如果承揽人未尽妥善保管义务，造成工作成果毁损、灭失的，承揽人应当自负费用准备材料，重新完成工作并交付工作成果；因重作而迟延交付的，承揽人应当承担迟延履行的违约责任并赔偿因此给定作人造成的损失。如果工作完成后，承揽人按照约定交付工作成果而定作人迟延受领的，定作人承担迟延受领期间工作成果毁损、灭失的风险，即在承揽人交付至定作人实际受领期间，工作成果发生毁损、灭失的，定作人仍有义务按照约定向承揽人支付报酬及其他费用。

需要强调的是，本条规范的是承揽人对于定作人提供材料以及所完成工作成果的妥善保管义务。这主要是考虑到定作人向承揽人交付材料以及承揽人根据材料完成工作成果后，承揽人实际占有控制材料及工作成果，处于保管财产的最佳地位。无论从合同的诚信原则还是从节约资源、避免浪费的角度出发，承揽人都应对材料及工作成果妥善保管。如果没有尽到妥善保管义务，即承揽人在保管过程中未以善良管理人的标准要求自己，造成了材料及工作成果的毁损、灭失的，承揽人需要承担相应的赔偿责任。反之，如果承揽人已经尽了妥善保管材料及工作成果的义务，就不能根据本条要求承揽人承担责任。此时，如果导致材料及工作成果毁损、灭失的结果系由于意外或者不可抗力所致，则应根据本编有关合同风险负担的规则予以处理，这不属于本条的调整范围，承揽人也不构成违约。

第七百八十五条　**承揽人应当按照定作人的要求保守秘密，未经定作人许可，不得留存复制品或者技术资料。**

条文主旨

本条是关于承揽人保密的规定。

立法背景

根据本条的规定，承揽人有保密的义务。承揽人的保密义务体现在不同方面，比如，承揽人在订立合同过程中知悉的定作人的商业秘密，定作人要求保密的，承揽人应当保密，不得泄露或者不正当地使用。这一点本法已经作了规定。本法第501条规定，当事人在订立合同过程中知悉的商业秘密或者其他应当保密的信息，无论合同是否成立，不得泄露或者不正当地使用。泄露、不正当地使用该商业秘密或者信息，造成对方损失的，应当承担赔偿责任。再如，承揽合同成立后，定作人要求承揽人对承揽工作保密的，承揽人应当在进行承揽工作中保守秘密；在工作完成后，应当将涉密的图纸、技术资料等一并返还定作人。未经定作人的许可，承揽人不得留存复制品或者技术资料。关于缔约过程中的保密义务，本法第501条已经作了规定，本条的规定主要侧重于在承揽合同成立后，承揽人在工作中以及工作完成后的保密义务。关于这一点，国外有的国家法律也作了规定。比如，《俄罗斯联邦民法典》第727条规定，如果一方因履行合同义务从对方获得关于新的决策和技术知识的信息，其中也包括不受法律保护的决策和知识，以及可视为商业秘密的情报，获得该信息的一方，未经对方同意无权将该信息告知第三人。对该信息的利用的方式和条件由双方协议确定。

条文解读

承揽合同成立后，承揽人的主要义务就是按照定作人的要求完成工作。定作人可以要求承揽人对承揽的工作保密。定作人保密的要求可以通过合同约定，也可以在合同履行期间要求承揽人保守秘密。定作人应当明确承揽人保密的内容、期限。保密的内容包括技术秘密也包括商业秘密，如具有创造性的图纸、技术数据，或者是专利技术的工作成果，也包括其他定作人不愿他人知晓的信息，如定作人的名称、工作成果的名称等。保密的期限不限于承揽合同履行期间，在承揽合同终止后的一段期间内，承揽人仍应当保守有关秘密。

承揽人在工作中，应当妥善保管有关图纸、技术资料及其他应保密的信息，不得将秘密泄露给他人，也不得不正当地利用保密信息，如承揽人在履行合同中知悉技术秘密的，不得擅自将该技术秘密以自己的名义申请专利。在定作人提供图纸、技术资料、样品的情况下，承揽人未经定作人许可不得擅自复制工作成果。如定作人与承揽人订立加工承揽合同，要求承揽人根据图纸加工出一台定作人设计的新型汽车发动机的样机，承揽人不得根据图纸多加工几台以便研究或者投放市场。此外，未经定作人许可，承揽人不得保留技术资料和复制品。承揽工作完成后，承揽人在交付工作成果的同时，也应当把定作人提供的图纸、技术资料返还定作人。如果承揽人根据定作人的要求，在工作中自己制作出的图纸、技术资料、模具等，是否可以留存，有约定，按照约定；无约定，则视情况而定。如定作人要求承揽人生产某一型号车床，该车床型号公开的，并且属于承揽人产品系列，这种情况下，承揽合同类似于买卖，承揽人可以留存该车床的生产技术资料而不必承担保密义务。如果定作人要求承揽人生产一特大车床，该车床以前没有生产过，承揽人根据定作人提出的要求设计、生产，其费用由定作人负责的，承揽人就应当在完成工作后，将图纸及有关技术资料交给定作人，并不得留存复制品。

承揽人未尽保密义务，泄露秘密，给定作人造成损失的，承揽人承担损害赔偿责任。如果定作人已经公开秘密，承揽人可以不再承担保密义务，但不能不正当地利用已公开的秘密。如定作人将其工作成果申请专利的，承揽人不得未经定作人许可，擅自生产与工作成果同样的产品。

第七百八十六条 共同承揽人对定作人承担连带责任，但是当事人另有约定的除外。

条文主旨

本条是关于共同承揽人连带责任的规定。

立法背景

共同承揽是指由两个或者两个以上的人共同完成承揽工作的合同。共同完成承揽工作的人称共同承揽人。共同承揽可以由共同承揽人与定作人共同订立承揽合同，也可以根据承揽人的约定由其中一个承揽人代表所有共同承揽人与定作人订立承揽合同。

条文解读

根据共同承揽的性质，本条规定共同承揽人对定作人承担连带责任。共同承揽人应当按照约定完成工作，将工作成果交付给定作人。每一个共同承揽人都应当对承揽的全部工作向定作人负责。如果交付的工作成果不符合要求，定作人可以要求共同承揽中的任何一个承揽人承担违约责任，任何一个共同承揽人都应当无条件承担违约责任。承担责任的共同承揽人，可以向其他共同承揽人追偿超出其实际应承担的责任份额，也就是说，任何一个共同承揽人向定作人承担责任后，共同承揽人再根据约定或者过错大小承担相应责任。例如，甲乙二人共同与丙订立一个大型船舶建造合同，约定由甲、乙共同完成，两年后交货，并约定迟延交付的，每天向定作人交纳违约金1000美元。如果由于甲的工作迟延致使交付比约定晚了30天，丙可以要求甲或乙承担迟延交付的违约责任，如果丙要求乙支付

3 万美元违约金的，乙应当向丙如数支付，支付后再向甲追偿。关于共同承揽人的连带责任，有的国家也在立法中作了明确规定。《俄罗斯联邦民法典》第 707 条规定，1. 如果承揽人同时为两人或者两个以上的人，在债的标的物为不可分物时，则多数承揽人为定作人的连带债务人，与此相应，他们也为定作人的连带债权人。2. 当债的标的为可分物时，以及在法律、其他文件规定或者合同约定的其他情况下，本条第 1 款所指之人中的每个人都以自己的份额为限对定作人享有权利并负担义务。

根据权利义务相对等的原则，共同承揽人对定作人承担连带责任，也意味着共同承揽人对定作人也享有连带权利，任何一个共同承揽人都可以根据法律规定或者合同约定向定作人主张权利，再根据约定或者工作比例分享。例如甲与乙共同承揽制作一部大型车床，如果定作人未按照约定支付报酬和材料费，甲或乙都有权留置该车床，以折价或者变卖、拍卖获取价款，取得价款后，再根据约定或者各自工作份额优先受偿。

本条从尊重当事人意思自治出发，规定了当事人可以约定共同承揽的责任承担。如定作人与共同承揽人约定，共同承揽人各自承担责任；也可以约定，指定其中一个承揽人承担合同责任。有当事人约定，共同承揽人根据约定向定作人承担责任。无约定或者约定不明确的，共同承揽人承担连带责任。

准确理解和适用本条，还需要注意以下两点：一是，共同承揽与转承揽不同。转承揽是承揽人将自己承揽的部分工作交由第三人完成。虽然共同承揽与转承揽都是由多个人完成工作，但共同承揽人都是承揽合同的当事人，就是说参与工作的都是承揽人，都是合同当事人；而转承揽中的第三人虽然参与完成工作，但不是承揽合同的当事人，只是转承揽合同中的当事人。共同承揽人对定作人承担连带责任，即每一个共同承揽人都对全部工作向定作人负责，定作人可以要求任何一个参与工作的人承担合同责任。转承揽中，参与完成工作的第三人向承揽人负责，承揽人向定作人承担全部工作责任。当工作成果不符合约定时，即使是第三人工作造成的，承揽人也要向定作人承担违约责任，这是合同相对性的体现。二是，本条规定共同承揽人对定作人承担连带责任，这属于法定责任，但是当事人可以通过约定排除。根据本法总则编第178条的规定，连带责任应当由法律规定或者当事人约定。本条有关连带责任须法定的规定与总则编的规定保持了一致。当然，从尊重当事人意思自治的角度出发，定作人可以约定不对共同承揽人主张连带责任，这属于定作人自己对其权利的处分，应当得到认可。

第七百八十七条　定作人在承揽人完成工作前可以随时解除合同，造成承揽人损失的，应当赔偿损失。

条文主旨

本条是关于定作人任意解除权的规定。

条文解读

根据本条规定，定作人在承揽人完成工作前可以随时解除合同。解除合同是指在合同成立后，因当事人一方或者双方的意思表示而使合同关系消灭的行为。根据本法合同编的有关规定，双方当事人可以协商解除合同；当事人一方解除合同的，只限于两种情况：一是因发生不可抗力致使合同目的无法实现；二是对方当事人严重违约，包括在履行期限届满之前，当事人一方明确表示或者以自己的行为表明不履行其主要债务；当事人一方迟延履行主要债务，经催告后在合理期限内仍未履行的；对方当事人迟延履行债务或者有其他违约行为致使不能实现合同目的等。除这些法定解除权外，当事人擅自解除合同的，应当承担违约责任。但在承揽合同中，定作人除了享有合同编所规定的合同解除权外，还享有可以在承揽人完成工作前随时解除合同的权利，这是承揽合同的一大特点，也是由承揽合同的性质所决定的。承揽合同是定作人为了满足其特殊需求而订立的，承揽人根据定作人的指示进行工作，如果定作人于合同成立后由于各种原因不再需要承揽人完成工作，则应当允许定作人解除合同。不少国家和地区的法律对于定作人的任意解除权都作了规定。《德国民法典》第 649 条规定，到工作完成时止，定作人可以随时通知终止合同。定作人通知终止合同的，承揽人有权请求约定的报酬；但承揽人必须容许将其因合同的废止而节省的开支或因将其劳动力用于他处而取得的或恶意怠于取得的利益扣除。《日本民法典》第 641 条规定，于承揽人未完成工作期间，定作人可以随时赔偿损害而解除契约。《俄罗斯联邦民法典》第 729 条规定，定作人根据法律规定或者合同约定的理由，于承揽人所完成的工作成果验收前终止承揽合同时，定作人有权请求向其交付未完成的工作成果并向其补偿所消耗的费用。《瑞士债务法》第 377 条规定，在工作完成之前，定作人就承揽人已经完成的工作支付报酬并全额补偿承揽人后，可以随时解除合同。我国《澳门民法典》第 1155 条规定，即使已开始执行工作，定作人仍得随时废弃承揽；但须就承揽人所作之支出、开展之工作及承揽人可从工作物上取得之利益给予承揽人损害赔偿。我国台湾地区“民法”第 511

条规定，工作未完成前，定作人得随时终止契约。但应赔偿承揽人因契约终止而生之损害。

根据本条，定作人解除合同的前提是赔偿承揽人的损失。这样处理，既可以避免给定作人造成更大的浪费，也不会给承揽人造成不利。定作人依据本条行使随时解除权的，应当符合以下要求：第一，定作人应当在承揽人完成工作前提出解除合同。与合同法的规定相比，本条对于定作人的任意解除权增加了“在承揽人完成工作前”的限制。即虽然本条规定的是定作人的任意解除权，定作人可以随时解除合同，但“随时”实际是指合同成立生效后，承揽人完成工作前的任何时间。之所以增加这一规定，主要是考虑到承揽合同往往具有较强的专属性，承揽人工作的展开及成果的交付都需要按照定作人的要求进行。如果允许定作人在承揽人完成工作以后仍然可以解除合同，则很可能由于定作成果的专属性而造成浪费，承揽人很难再将原本为定作人完成的工作成果进行处置，这与民法典所倡导的绿色原则、充分发挥物的效用的理念都不相符。因此，通过将定作人解除合同的时点限制在“承揽人完成工作前”，可以在定作人的任意解除权与避免资源浪费、践行绿色原则之间取得平衡，是较为妥当的做法。第二，定作人根据本条解除合同的，应当通知承揽人。解除通知到达承揽人时，解除生效，合同终止，承揽人可以不再进行承揽工作。这也与本法第 565 条有关合同解除须通知的规定保持一致。第三，定作人根据本条解除承揽合同造成承揽人损失的，应当赔偿损失。这些损失主要包括承揽人已完成的工作部分所应当获得的报酬、承揽人为完成这部分工作所支出的材料费以及承揽人因合同解除而受到的其他损失。

合同解除后，承揽人应当将已完成的部分工作交付定作人。定作人提供材料的，如有剩余，也应当返还定作人。定作人预先支付报酬的，在扣除已完成部分的报酬外，承揽人也应当将剩余价款返还定作人。

第十八章　建设工程合同

本章共二十一条，对建设工程合同的定义、订立、禁止违法分包与转包、建设工程合同的内容、竣工验收、支付价款以及发包人与承包人的其他权利义务作了规定。

第七百八十八条　建设工程合同是承包人进行工程建设，发包人支付价款的合同。

建设工程合同包括工程勘察、设计、施工合同。

条文主旨

本条是关于建设工程合同定义和种类的规定。

立法背景

建设工程通常具有资金投入量大、工程复杂、技术含量高、专业性强的特点，建设工程的质量不仅涉及发包人的利益，还关系到社会上不特定第三人的人身和财产安全，甚至关系到国计民生和社会稳定，因而，在建设工程合同领域具有一定的国家干预特征。基于建设工程合同的特殊性，本条对建设工程合同的定义与种类作出规定。

条文解读

建设工程合同是指承包人进行工程建设，发包人支付价款的合同。建设工程合同的客体是工程。这里的工程是指土木建筑工程和建筑业范围内的线路、管道、设备安装工程的新建、扩建、改建及大型的建筑装修装饰活动，主要包括房屋、铁路、公路、机场、港口、桥梁、矿井、水库、电站、通信线路等。建设工程的主体是发包人和承包人。发包人，一般为建设工程的建设单位，即投资建设该项工程的单位，通常也称作“业主”。建设工程实行总承包的，总承包单位经发包人同意，在法律规定的范围内对部分工程项目进行分包的，工程总承包单位即成为分包工程的发包人。建设工程的承包人，即实施建设工程的勘察、设计、施工等业务的单位，包括对建设工程实行总承包的单位、勘察承包单位、设计承包单位、施工承包单位和承包分包工程的单位。

本条第1款规定的建设工程合同的定义，体现了合同双方当事人即发包人和承包人的基本义务。承包人的基本义务就是按质按期地进行工程建设，包括工程勘察、设计和施工。发包人的基本义务就是按照约定支付价款。

本条第2款规定了建设工程合同的类别。一项工程一般包括勘察、设计和施工等一系列过程，因此建设工程合同通常包括工程勘察、设计、施工合同。

勘察合同，是指发包人与勘察人就完成建设工程地理、地质状况的调查研究工作而达成的协议。建设工程勘察，通常需要根据建设工程的要求，查明、分析、评价建设场地的地质地理环境特征和岩土工程条件，并编制建设工程勘察文件。勘察合同就是反映并调整发包人与受托地质工程单位之间权利义务关系的依据。

设计合同，是指发包人与设计人就完成建设工程设计工作而达成的协议。建设工程设计，通常需要根据建设工程的要求，对建设工程所需的技术、经济、资源、环境等条件进行综合分析、论证，并编制建设工程设计文件。建设工程设计一般涉及方案设计、初步设计以及施工图设计，它们之间还具有一定的关联性。按照国务院《建设工程勘察设计管理条例》第26条的规定，编制的方案设计文件，应当满足编制初步设计文件和控制概算的需要。编制的初步设计文件，应当满足编制施工招标文件、主要设备材料订货和编制施工图设计文件的需要。编制的施工图设计文件，应当满足设备材料采购、非标准设备制作和施工的需要，并注明建设工程合理使用年限。

施工合同，是指发包人与施工单位就完成建设工程的一定施工活动而达成的协议。施工合同主要包括建筑和安装两方面内容，这里的建筑是指对工程进行营造的行为，安装主要是指与工程有关的线路、管道、设备等设施的装配。建设工程施工合同是工程建设质量控制、进度控制、投资控制的主要依据。

相关规定

《中华人民共和国建筑法》第2条；《建设工程质量管理条例》第2条；《建设工程勘察设计管理条例》第2条、第26条

第七百八十九条　建设工程合同应当采用书面形式。

条文主旨

本条是关于建设工程合同形式的规定。

立法背景

合同按照其订立方式可分为口头合同、书面合同以及采用

其他方式订立的合同。凡当事人的意思表示采用口头形式而订立的合同，称为口头合同；凡当事人的意思表示采用书面形式而订立的合同，称为书面合同。书面形式的合同对当事人之间约定的权利义务有明确的文字记载，能够提示当事人适时地正确地履行合同义务，当发生合同纠纷时，也便于分清责任，正确、及时地解决纠纷。建设工程合同一般具有合同标的额大，合同内容复杂、履行期较长等特点，为慎重起见，更应当采用书面形式。此外，建设工程的质量涉及社会上不特定第三人的人身和财产安全，采用书面形式，也便于建设工程相关监督管理工作的开展。为此本条明确规定建设工程合同应当采用书面形式。

条文解读

依据本条的规定，建设工程合同除双方当事人意思表示达成一致外，还应当采用书面形式明确双方的权利义务。依照本法规定，书面形式是合同书、信件等可以有形地表现所载内容的形式。在实践中，较大的工程建设一般采用合同书的形式订立合同。通过合同书，当事人写明各自的名称、地址，工程的名称和工程范围，明确规定履行的内容、方式、期限，违约责任以及解决争议的方法等。工程承包合同，还应当明确承包的内容以及承包方式。勘察、设计合同，还应当明确提交勘察或者设计基础资料、设计文件（包括概预算）的期限，设计的质量要求、勘察或者设计费用以及其他协作条件等内容。施工合同，还应当明确工程范围、建设工期、中间交工工程的开工和竣工时间、工程质量、工程造价、技术资料交付时间、材料和设备供应责任、拨款和结算、交工验收、质量保证期、双方互相协作等内容。当事人也可以选择有关的合同示范文本作为参照订立建设工程合同。

相关规定

《中华人民共和国建筑法》第 15 条

第七百九十条　建设工程的招标投标活动，应当依照有关法律的规定公开、公平、公正进行。

条文主旨

本条是关于工程招标投标要求的规定。

立法背景

招标投标是市场经济条件下进行大宗货物买卖或者建设工程发包与承包时通常采用的竞争交易方式。

采用招标投标方式进行建设工程的发包与承包，其最显著的特征是将竞争机制引入建设工程的发包与承包活动之中，与采用“一对一”谈判的办法进行的建设工程的发包与承包相比，具有明显的优越性，这主要表现在以下两点：第一，招标方通过对各投标竞争者的报价和其他条件进行综合比较，从中选择报价低、技术力量强、质量保障体系可靠、具有良好信誉的承包人作为中标者，与之签订建设工程合同，这显然有利于保证工程质量、缩短工期、降低工程造价、提高投资效益。第二，招标投标活动要求依照法定程序公开进行，有利于堵住建设工程发包与承包活动中行贿受贿等腐败和不正当竞争行为的“黑洞”。正因为招标投标具有明显的优越性，符合市场竞争的要求，也就成为我国建设工程发包与承包活动中大力推广的主要方式，尤其是对于使用国有资金建设的工程项目。本条对建设工程的招标投标作出了规定。

条文解读

所谓建设工程招标投标活动，是指建设工程的发包人作为招标方采用适当的方式，发布拟建工程的有关信息，如工程的内容和主要的技术条件，对承包人的资质要求等，但不标明工程的造价，通过这些行为表明发包人将选择符合条件的承包人并与之订立建设工程合同的意向，由各有意承包该工程项目的承包人作为投标方向招标方提出自己的工程报价和其他承包条件，参加投标竞争，经招标方对各投标方的报价和其他条件进行审查比较后，从中择优选定中标者，并与之签订建设工程合同的活动。

我国建筑法规定建筑工程应当依法实行招标发包，对不适于招标发包的才可以直接发包。因而，依据建筑法和其他法律、行政法规的规定，工程建设需要采取招标投标的方式订立合同的，当事人必须采用招标投标方式订立合同。法律没有规定的，发包人可以采取招标投标方式进行发包，也可以直接发包。依据我国招标投标法的规定，需要进行招标的项目主要包括：（1）大型基础设施、公用事业等关系社会公共利益、公众安全的项目；（2）全部或者部分使用国有资金投资或者国家融资的项目；（3）使用国际组织或者外国政府贷款、援助资金的项目；（4）法律或者国务院规定的其他必须招标的项目。招标投标法及其实施条例还对可以不进行招标的特殊情形进行了规定。必须进行招标的工程建设项目的勘察、设计、施工、监理以及与工程建设有关的重要设备、材料等的采购等都必须进行招标。招标分为公开招标和邀请招标。公开招标，是指招标人以招标公告的方式邀请不特定的法人或者非法人组织投标。邀请招标，是指招标人以投标邀请书的方式邀请特定的法人或者非法人组织投标。法律、行政法规规定必须进行公开招标的项目还必须进行公开招标。

依据本条的规定，建设工程的招标投标应当按照公开、公平和公正的原则进行。所谓的公开，是指进行招标投标活动的有关信息要公开，招标方应当通过在新闻媒体上刊发广告或者以其他适当形式，发布建设工程招标信息，并在公开提供的招标文件中，载明招标工程的主要技术要求以及投标人的资格要求等内容，使所有符合条件的承包商都能有机会参与投标竞争。同时，招标投标的程序要公开，包括领取招标文件的时间、地点，投标的截止日期，开标的时间、地点以及评标与定标的标准、方法等，都应当公开透明，以便各方面监督，不允许进行“暗箱操作”。所谓的公平，是指招标方要平等地对待每一份投标，投标方也要以正当手段进行竞争，不得有向投标方及其工作人员行贿、提供回扣等不正当竞争行为，以保证竞争的平等。所谓的公正，是指招标方在招标过程中要严格按照公开的招标文件和程序办事，严格按照既定的评标标准评标和定标，公平地对待每一个投标者，不得厚此薄彼。

相关规定

《中华人民共和国招标投标法》第 3 - 5 条；《中华人民共和国建筑法》第 16 条、第 19 - 22 条

第七百九十一条　**发包人可以与总承包人订立建设工程合同，也可以分别与勘察人、设计人、施工人订立**

勘察、设计、施工承包合同。发包人不得将应当由一个承包人完成的建设工程支解成若干部分发包给数个承包人。

总承包人或者勘察、设计、施工承包人经发包人同意，可以将自己承包的部分工作交由第三人完成。第三人就其完成的工作成果与总承包人或者勘察、设计、施工承包人向发包人承担连带责任。承包人不得将其承包的全部建设工程转包给第三人或者将其承包的全部建设工程支解以后以分包的名义分别转包给第三人。

禁止承包人将工程分包给不具备相应资质条件的单位。禁止分包单位将其承包的工程再分包。建设工程主体结构的施工必须由承包人自行完成。

条文主旨

本条是关于建设工程合同发包、承包和分包的规定。

立法背景

目前，我国建筑市场中存在支解发包的乱象。一些发包单位往往将按其性质和技术联系应当由一个承包单位整体承包的工程，支解成若干部分，分别发包给几个承包单位，使得整个工程建设在管理和技术上缺乏应有的统筹协调，造成施工现场秩序混乱、责任不清，严重影响工程建设质量，出了问题也很难找到责任者。从实际情况看，支解发包往往还与发包单位的工作人员徇私舞弊、利用支解发包多拿回扣等违法行为有关。因此，为了杜绝支解发包乱象，本条第 1 款中明确规定："发包人不得将应当由一个承包人完成的建设工程支解成若干部分发包给数个承包人。”

在我国建筑市场上还存在转包行为，转包行为存在着较大的质量风险隐患和纠纷隐患，因为：（1）在实践中，一些单位为了牟取不正当利益，会将其承包的工程压价转包给他人，形成“层层转包、层层扒皮”的现象，最后实际用于工程建设的费用大为减少，导致严重偷工减料；一些建设工程转包后落入不具备相应资质条件的包工队中，留下严重的工程质量隐患，甚至造成重大质量事故。（2）承包人擅自将其承包的工程项目转包，还破坏了合同关系应有的稳定性和严肃性。在建设工程合同订立过程中，发包人往往是经过慎重选择，才确定与其所信任并具有相应资质条件的承包人订立合同，承包人将其所承包的工程转包给他人，违背了发包人的意志，损害发包人的利益。因此，本条明确规定承包人不得将其承包的全部建设工程转包给第三人或者将其承包的全部建设工程支解以后以分包的名义分别转包给第三人。禁止建设工程的转包，建筑法也有相应的规定，在国际上也是通例，不少国家都对建设工程的转包作了禁止性规定。如日本和韩国都规定，除经发包人书面同意外，建筑业从业者不得以任何形式将其承包的建筑工程一并转包给他人。因此，本条关于禁止转包的规定，既符合我国的实际情况，也与国际通行做法相一致。

为了保证工程的质量，本条第 3 款规定，禁止承包人将工程分包给不具备相应资质条件的单位。为避免因层层分包造成责任不清以及因中间环节过多造成实际用于工程的费用减少的问题，本条第 3 款还规定，分包人不得将其承包的工程再分包，建设工程的主体结构必须由承包人自行完成。

条文解读

建设工程合同发包承包根据订约双方的不同，可以分为直接承包和分包两大类。直接承包是指发包人直接将工程承包给承包人，包括工程总承包和单项工程承包两种方式。分包是指总承包人、勘察、设计、施工承包人经发包人同意，可以将自己承包的部分工作交由第三人完成。

建设工程的总承包，又称为“交钥匙承包”，是指建设工程任务的总承包，即发包人将建设工程的勘察、设计、施工等工程建设的全部任务一并发包给一个具备相应的总承包资质条件的承包人，由该承包人负责工程的全部建设工作，直至工程竣工，向发包人交付经验收合格符合发包人要求的建设工程的发包承包方式。工程总承包是国内外建设活动中多有使用的发包承包方式，它有利于充分发挥那些在工程建设方面具有较强的技术力量、丰富的经验和组织管理能力的大承包商的专业优势，综合协调工程建设中的各种关系，强化对工程建设的统一指挥和组织管理，保证工程质量和进度，提高投资效益。在建设工程的发包承包中采用总承包方式，对那些缺乏工程建设方面的专门技术力量，难以对建设项目实施具体的组织管理的建设单位来说，更具有明显的优越性，也符合社会化大生产专业分工的要求。为此应当提倡对建设工程实行总承包，发包人可以将全部工程发包给一个总承包人完成，由该承包人就工程建设的全过程向发包人负责。与总承包方式相对应的是单项任务的承包，即发包人将建设工程中的勘察、设计、施工等不同工作任务，分别发包给勘察人、设计人、施工人，与其签订相应的承包合同。这种发包方式有利于吸引较多的承包商参与各项工程建设业务的投标竞争，使发包人有更大的选择余地；也有利于发包人对建设工程的各环节、各阶段实施直接的监督管理，这对于那些具有建设活动方面专业技术的人才，对工程建设有较强的组织管理能力的单位来说是有利的。

建设工程的发包承包是采取总承包方式还是单项工程承包方式，可以由发包人根据实际情况自行确定。但是不论发包人采取何种方式与承包人签订合同，都应当遵守本条的规定，不得将建设工程支解发包，即不得将应当由一个承包人完成的建设工程支解成若干部分发包给几个承包人。至于如何确定是否属于应当由一个承包人完成的建设工程，需要由国务院有关主管部门根据实际情况作出具体规定。如对一幢房屋的供水管线，发包人就不应将其分成若干部分发包给几个承包单位；而对一幢房屋中的供水管线和空调设备的安装，尽管都属于同一建筑的设备安装，但因各有较强的专业性，发包人可以将其分别发包给不同的承包人。

所谓建设工程的分包，是指工程总承包人、勘察承包人、设计承包人、施工承包人承包建设工程后，将其承包的某一部分工程或某几部分工程，再发包给其他承包人，与其签订承包合同项下的分包合同的发包承包方式。总承包人或者勘察、设计、施工承包人在分包合同中即成为分包合同的发包人。总承包人或者勘察、设计、施工承包人分包建设工程的，应当符合以下条件：（1）总承包人或者勘察、设计、施工承包人只能将部分工程分包给具有相应资质条件的分包人；（2）为防止总承包人或者勘察、设计、施工承包人擅自将应当由自己完成的工程分包出去或者将工程分包给发包人所不信任的第三人，分包工程必须经过发包人的同意。

在承包与分包相结合的承包形式中，存在承包合同与分包合同两个不同的合同关系。承包合同是发包人与总承包人或者勘察人、设计人、施工人之间订立的合同，总承包人或者勘察、设计、施工承包人应当就承包合同的履行向发包人承担全部的责任，即使总承包人或者勘察、设计、施工承包人根据合同约定或者经发包人的同意将承包合同范围内的部分建设项目分包给他人，总承包人或者勘察、设计、施工承包人也得对分包的工程向发包人负责。分包合同是承包合同中的总承包人或者勘察、设计、施工承包人与分包人之间订立的合同，通常来说，分包人仅就分包合同的履行向总承包人或者勘察、设计、施工承包人负责，并不直接向发包人承担责任，但为了维护发包人的利益，保证工程的质量，本条适当地加重了分包人的责任，即第三人（分包人）就其完成的工作成果与总承包人或者勘察、设计、施工承包人向发包人承担连带责任。因分包的工程出现问题，发包人既可以要求总承包人或者勘察、设计、施工承包人承担责任，也可以直接要求分包人承担责任。

所谓转包，是指建设工程的承包人将其承包的建设工程倒手转让给第三人，使该第三人实际上成为该建设工程新的承包人的行为。转包与分包的根本区别在于：转包行为中，原承包人将其工程全部倒手转给他人，自己并不实际履行合同约定的义务；而在分包行为中，承包人只是将其承包工程的某一部分或几部分再分包给其他承包人，承包人仍然要就承包合同约定的全部义务的履行向发包人负责。依照本法和其他法律规定，承包人经发包人同意将其部分工程分包给他人的行为是允许的，但承包人的转包行为是禁止的。本条明确规定承包人不得将其承包的全部建设工程转包给第三人或者将其承包的全部建设工程支解以后以分包的名义分别转包给第三人。

为了保证工程的质量，本条第3款规定，禁止承包人将工程分包给不具备相应资质条件的单位。禁止分包单位将其承包的工程再分包。依据本款规定，工程的分包人必须具备相应的资质条件。依照我国有关法律的规定，从事建设活动的勘察人、设计人和施工人必须具备以下资质条件：（1）有符合国家规定的注册资本；（2）有与其从事的建设活动相适应的具有法定执业资格的专业技术人员；（3）有从事相关建设活动所应有的技术装备；（4）法律、行政法规规定的其他条件。从事工程建设活动的勘察人、设计人和施工人，按照其拥有的注册资本、专业技术人员、技术装备和已完成的建设工程业绩等资质条件，划分为不同的资质等级，经资质审查合格，取得相应等级的资质证书后，方可在其资质等级许可的范围内从事建设活动。承包人在将工程分包时，应当审查分包人是否具备承包该部分工程建设的资质条件。承包人将工程分包给不具备相应资质条件的分包人的，该分包合同无效。为避免因层层分包造成责任不清以及因中间环节过多造成实际用于工程的费用减少的问题，依据本款的规定，分包人不得将其承包的工程再分包，即对工程建设项目只能实行一次分包。实行施工承包的，建设工程的主体结构必须由承包人自行完成，不得分包，即承包人承包工程全部施工任务的，该工程的主体结构必须由承包人自行完成，即使经发包人同意，也不得将主体工程的施工再分包给第三人，承包人违反本款规定，将工程主体部分的施工任务分包给第三人的，该分包合同无效。

相关规定

《中华人民共和国建筑法》第 13 条、第 26 条、第 28 条、第 29 条；《建设工程勘察设计管理条例》第 8 条、第 17 条、第 20 条、第 21 条

第七百九十二条　国家重大建设工程合同，应当按照国家规定的程序和国家批准的投资计划、可行性研究报告等文件订立。

条文主旨

本条是关于国家重大建设工程合同订立程序的规定。

立法背景

为了规范国家重大工程的建设，保证国家投资计划得以实现，保证质量，避免资源浪费，保证投资效益，减少投资风险，本条对国家重大建设工程合同的订立提出了更严格的依据，即国家重大建设工程合同，应当按照国家规定的程序和国家批准的投资计划、可行性研究报告等文件订立。

条文解读

依据本条规定，国家重大建设工程合同，应当按照国家规定的程序和国家批准的投资计划、可行性研究报告等文件订立。一般在实践中，国家重大建设工程事先应当进行可行性研究，对工程的投资规模、建设效益进行论证分析，并编制可行性研究报告，然后再申请立项。立项批准后，再根据立项制定投资计划并报国家有关主管部门批准，投资计划批准后，有关

建设单位根据工程的可行性研究报告和国家批准的投资计划，遵照国家规定的程序进行发包，与承包人订立建设工程合同。这里的国家规定的程序是指建筑法等有关法律、法规规定的重大工程建设项目订立的程序。国家重大建设工程合同必须实行公开招标发包的，发包人应当按照法定的程序和方式，发布招标公告，提供载有招标工程的主要技术要求、主要合同条款、评标的标准和方法以及开标、评标、定标的程序等内容的招标文件。开标应当在招标文件规定的时间、地点公开进行。开标后应当按照招标文件规定的评标标准和程序对标书进行评价、比较，确定中标候选名单，中标候选单位必须具备能够建设该重大工程项目的相应资质。发包人在具有相同资质条件的投标者中，择优选择中标者。发包人应当同中标者订立建设工程承包合同。国家重大工程建设项目一般都属于国家强制监理的建设工程，因此发包人应当委托具有相应资质条件的工程监理单位对工程建设进行监理。发包人应当与其委托的工程监理单位订立书面的委托监理合同。

哪些建设工程属于国家重大建设工程，法律并没有具体规定，在实践中，并不是政府投资的项目都属于国家重大建设工程，一般列入国家重点投资计划而且投资额巨大，建设周期特别长，由中央政府全部投资或者参与投资的工程，往往属于国家重大建设工程，如三峡工程。有些虽然未列入国家重点投资计划，投资额不算巨大，但影响很大的工程项目，也属于国家重大建设工程项目，如国家大剧院工程。也有些工程，虽然属于地方政府投资，但投资额巨大、影响广泛，也属于国家重大建设工程项目。例如，亚运工程建设项目虽然是主要由北京市政府投资的工程项目，但是其投资计划是经过国家批准的，也属于国家重大建设工程项目。

第七百九十三条 **建设工程施工合同无效，但是建设工程经验收合格的，可以参照合同关于工程价款的约定折价补偿承包人。**

建设工程施工合同无效，且建设工程经验收不合格的，按照以下情形处理：

（一）修复后的建设工程经验收合格的，发包人可以请求承包人承担修复费用；

（二）修复后的建设工程经验收不合格的，承包人无权请求参照合同关于工程价款的约定折价补偿。

发包人对因建设工程不合格造成的损失有过错的，应当承担相应的责任。

条文主旨

本条是关于建设工程施工合同无效时对承包人进行补偿的相关规定。

立法背景

建设工程施工合同具有投资数额大、建设周期长、建设完工后不宜轻易恢复原状等特点，特定情形下还涉及农民工等弱势群体利益保护。因而，有必要结合建设工程施工合同的特点，在一般合同无效的处理规则之外，对建设工程施工合同无效时的特殊处理规则进行细化规定。基于此，本条明确了相关规定。

条文解读

本法第157条规定，民事法律行为无效、被撤销或者确定不发生效力后，行为人因该行为取得的财产，应当予以返还；不能返还或者没有必要返还的，应当折价补偿。有过错的一方应当赔偿对方由此所受到的损失；各方都有过错的，应当各自承担相应的责任。法律另有规定的，依照其规定。依据该规定，合同无效后，对于因该行为取得的财产应当返还或折价补偿，因自己的过错给对方造成损失的，应当赔偿由此给对方所造成的损失。这是合同无效时的一般处理规则，在建设工程施工合同领域也应当适用。但是，建设工程施工合同的履行过程就是承包人将劳务及建筑材料物化到建设工程的过程，建设工程施工过程完成会有建筑物等不动产的产生。基于这一特殊性，合同无效时，发包人既无法向承包人返还建设工程，也无法向承包人返还已经付出的劳务和使用的建筑材料，因此，只能折价补偿。

折价补偿的前提是建设工程本身具有价值。本法第799条第2款规定，建设工程竣工经验收合格后，方可交付使用；未经验收或者验收不合格的，不得交付使用。《建筑法》第61条也有类似规定。建设工程质量是建设工程的生命。建设工程质量不合格便无使用价值，甚至会危害人民群众生命安全。对发包人来说建设工程质量不合格不仅没有价值，甚至可能还有危害，需要拆除重建，给发包人带来损失。因此，建设工程施工合同无效后，对承包人进行折价补偿的前提是建设工程经验收合格。对于经验收不合格，但是具有修复可能的建设工程，基于节约社会资源原则和当事人之间的公平，应当在确保工程质量安全的前提下，充分科学评估建设工程在技术上和经济上是否具有修复可能或者修复必要。如果可以通过修复使建设工程重新达到验收合格的，应当提倡进行修复，并由承包人承担修复费用，不宜一概要求恢复原状推倒重建，造成社会资源的浪费。如果从技术和经济上判断确属没有可能修复或修复成本明显过高，进行修复显著不经济、不合理的，则没有必要要求必须进行修复，徒增不合理的负担和成本。因此，本条第2款规定，建设工程施工合同无效，且建设工程经验收不合格，修复后经验收合格的，发包人可以请求承包人承担修复费用。修复后仍不能验收合格的，则无需对承包人进行折价补偿。本条内容来自我国司法实践经验的积累，在以往司法实践中各种观点和做法很不统一。一种观点认为，按照合同法、建筑法的规定，建设工程必须经竣工验收合格方能交付使用，否则便不能使用，因此，合同无效，建设工程经竣工验收不合格或者未经竣工验收，承包人要求支付工程款的，人民法院应依据合同法等法律关于建设工程必须经竣工验收合格方能交付使用的规定，驳回承包人的请求。另一种观点认为，按照合同法规定的合同无效处理的一般规则，合同无效，无论工程是否竣工，是否经验收合格，建设工程都要归发包人，因此，发包人应对承包人予以折价补偿。对于第一种观点，反对的意见认为，如按第一种观点处理，将会导致发包人不用支付对价即可接受建设工程，如果建设工程具有利用价值，发包人将依据无效合同取得利益，而承包人则不能依据其投入得到相应报酬，双方利益不平衡，不符合民法公平原则，案件审理的社会效果不好。对于第二种观点，反对的意见认为，无论建设工程是否经验收合格，均要求建设工程归发包人，并要求发包人就接受的建设工程支付承包人工程款，如果建设工程确属无法修复，没有实际使用价值，则会导致合同无效时建设工程不合格的风险和损失完全由发包人承担，这不符合公平原则。因此，最高人民法院结合我国建筑市场实际，从统一司法裁判标准和提高案件处理社会效果出发，最终在《最高人民法院关于审理建设工程施工合同纠纷案件适用法律问题的解释》（法释〔2004〕14号）中规定以经竣工验收合格作为承包人请求折价补偿的前提条件，经修复后验收合格的，承包人可以请求折价补偿工程款，但发包人可以请求承担修复费用，否则，承包人请求折价补偿工程款的，人民法院不予支付。这一规定在司法实践中已经适用十余年，具有一定的实践基础，基于确保建设工程质量安全、合同当事人之间公平和节约社会资源等价值考量，本条规定吸收了司法实践的成果。

关于折价的标准。在我国以往的司法实践中存在不同的意见。第一种意见认为，建设工程施工合同无效，建设工程经竣工验收合格的，发包人应当向承包人返还建设工程的造价成本。造价成本与合同价款的差额为损失，按照过错责任原则承担责任。第二种意见认为，建设工程施工合同无效，建设工程经竣工验收合格，承包人可以请求参照合同约定支付工程款。对于发包人应当向承包人返还建设工程的造价成本的观点，司法实践认为，该观点存在造价成本计算的难题。对造价成本的计算也有不同的观点。一种观点认为，造价成本应按照建筑行政主管部门颁布的当年适用的工程定额标准由鉴定机构计算；一种观点认为，建筑行政主管部门颁布的工程定额标准跟不上市场价格变化，造价成本应按照建筑行政主管部门发布的市场价格信息计算；还有一种观点认为，造价成本为合同约定的工程款中的直接费与间接费，不包含利润与税金。对于以上三种关于造价成本计算的观点，司法实践认为，在我国建筑市场属于发包人市场的背景下，发包人在签订合同时往往会把工程款压得很低，常常低于当年适用的工程定额标准和政府公布的市场价格信息标准，如果合同无效时按照当年适用的工程定额标准和政府公布的市场价格信息计算可能会出现最终计算出的折价数额超出合同约定的价款的不合理结果，使承包人不合理地获得超出合同有效时应得的利益，给承包人带来负面激励。同时，采用当年适用的工程定额标准和政府公布的市场价格信息标准，还需要进行鉴定，会增加鉴定成本，导致诉讼时间和费用成本增加，因此，不宜采用这两种计算造价成本的方式进行计算。对于按照合同约定的直接费和间接费计算造价成本的观点，司法实践认为，承包人将不能主张利润与税金，该计算方式在最终结果上也可能会出现从整个建设过程和最终清算结果来看发包人获得了不当利益的现象，这也不符合当事人不应从无效合同中获得不当利益的精神。因而，司法实践结合建筑市场的实际情况，总结司法实践经验，采用了第二种意见，即建设工程施工合同无效，建设工程经竣工验收合格的，承包人可以请求参照合同约定支付工程款。司法实践认为，第二种意见有利于保证工程质量，符合当事人真实意思，平衡了当事人双方之间的利益，且可以适当简化程序，减少当事人诉累，便于法院掌握施行，从实践经验来看取得了良好的社会效果。建设工程施工具有一定的周期性和复杂性，当事人双方在合同中的约定一定程度上代表了当事人双方对于合同签订和履行的合理预期以及对于相关合同风险的预先安排，在建设工程施工合同无效，没有更加科学、合理、简便有效的折价补偿标准的情况下，参照建设工程合同关于工程价款的约定折价补偿承包人具有一定的合理性。此种确定折价补偿的方式可以在保证建设工程质量的前提下，确保双方当事人均不能从无效合同中获得超出合同有效时的利益，符合当事人预期和我国建筑市场实际，且有助于提升案件的社会效果。结合各方面意见以及我国建筑市场的实际情况，考虑到建设工程施工合同无效时，折价补偿问题的复杂性，本条规定吸收了司法实践的成果。但是，同时需要指出的是，本条规定的建设工程施工合同无效，建设工程经验收合格的，可以参照建设工程合同关于工程价款的约定折价补偿承包人的规定，只是规定了一种相对易于掌握和施行的折价补偿参照标准，即参照合同关于工程价款的约定折价补偿。对于工程建设中大规模改变设计，施工合同的约定却未进行相应变更等无法参照建设工程合同关于工程价款的约定进行折价补偿的情况，仍需要法院根据实际情况来认定。此外，需要强调的是，建设工程施工合同无效，虽然依据本条规定可以对承包人参照建设工程合同关于工程价款的约定折价补偿，但是折价补偿并不影响承包人承担违反法律的行政法律责任和其他法律责任。

法律行为无效后，对于因该行为取得的财产应当返还或折价补偿，因自己的过错给对方造成损失的，应当赔偿由此给对方所造成的损失。建设工程施工合同无效时，当事人有过错的也应赔偿因此给对方造成的损失。建设工程施工合同无效，建设工程经验收不合格，修复后，建设工程经验收仍不合格的，承包人不能请求参照合同关于工程价款的约定补偿，但是，发包人对因建设工程不合格造成的损失也有过错的，也应根据其过错承担相应的责任。例如发包人提供有瑕疵的设计、提供不合格的材料等，在具体案件中人民法院应当根据发包人的过错程度判定其责任承担。

第七百九十四条　勘察、设计合同的内容一般包括提交有关基础资料和概预算等文件的期限、质量要求、费用以及其他协作条件等条款。

条文主旨

本条是关于勘察、设计合同主要内容的规定。

立法背景

勘察、设计合同是指勘察人、设计人完成工程勘察、设计任务，发包人支付勘察、设计费的协议。勘察、设计合同明确了发包人与勘察人、设计人之间的权利义务关系。为了规范勘察、设计合同，本条规定了勘察、设计合同的主要内容。

条文解读

提交有关勘察或者设计的基础资料和文件是发包人的义务，勘察或者设计的基础资料是指勘察人、设计人进行勘察、设计工作所依据的基础文件和情况。勘察的基础资料包括可行性报告，工程需要勘察的地点、内容，勘察技术要求及附图等。设计的基础资料包括工程的选址报告等勘察资料以及原料（或者经过批准的资源报告），燃料、水、电、运输等方面的协议文件，需要经过科研取得的技术资料等。为了保证勘察、设计工作的顺利进行，合同中应当明确提交有关基础资料的期限。

提交勘察、设计文件（包括概预算）是勘察、设计人的基本义务。勘察文件一般包括对工程选址的测量数据、地质数据和水文数据等。勘察文件往往是进行工程设计的基础资料，勘察文件的交付进度能够影响设计工作的进度，因此，当事人应当在勘察合同中明确勘察文件的交付期限。设计文件的期限是指设计人完成设计工作，交付设计文件的期限。设计文件主要包括建设设计图纸及说明，材料设备清单和工程的概预算等。设计文件是工程建设的依据，工程必须按照设计文件进行施工，因此，设计文件的交付期限会直接影响工程建设的期限。当事人在设计合同中应当明确设计文件的交付期限。

这里的质量要求主要是指发包人对勘察、设计工作提出的标准。勘察人和设计人应当按照确定的质量要求进行勘察、设计，按时提交符合质量要求的勘察、设计文件。勘察、设计质量要求条款明确了勘察、设计成果的质量，也是确定勘察人、设计人工作责任的重要依据。

这里的费用是指勘察人、设计人完成勘察、设计工作的报酬。支付勘察、设计费是发包人在勘察、设计合同中的主要义务，因此，在勘察、设计费用条款中应当明确勘察、设计费用的数额或者计算方法，勘察、设计费用的支付方式、地点、期限等内容。

其他协作条件是指双方当事人为了保证勘察、设计工作顺利完成所应当履行的相互协助的义务。发包人的主要协作义务是在勘察、设计人员入场工作时，为勘察、设计人员提供必要的工作条件和生活条件，以保证其正常开展工作。勘察、设计人的主要协作义务是配合工程建设的施工，进行设计交底，解决施工中的有关设计问题，负责设计变更和修改预算，参加试车考核和工程验收等。对于大中型工业项目和复杂的民用工程应当派人现场设计，并参加隐蔽工程的验收等。

当然，勘察、设计合同不只是包括这些条款，当事人的名称或者姓名和住所、履行地点和方式、勘察或设计工作的范围与进度、违约责任、解决争议的方法等条款，也是勘察、设计合同所应当具备的条款。此外，根据合同的性质和具体情况，当事人还可以协商确定其他必要的条款。本条规定的内容是建议性的，本条规定只是根据勘察、设计合同的性质作出的一般性规定，当事人签订的勘察、设计合同中不具备上述内容的，并不因本条规定导致该合同无效。

第七百九十五条　施工合同的内容一般包括工程范围、建设工期、中间交工工程的开工和竣工时间、工程质量、工程造价、技术资料交付时间、材料和设备供应责任、拨款和结算、竣工验收、质量保修范围和质量保证期、相互协作等条款。

条文主旨

本条是关于施工合同主要内容的规定。

立法背景

施工主要是指工程的建筑与安装。施工合同主要是指施工人完成工程的建筑、安装工作，发包人验收后，接受该工程并支付价款的合同。本条为了规范施工合同，根据工程施工的一般特点，规定了施工合同中一些主要内容，即工程范围、建设工期、中间交工工程的开工和竣工时间、工程质量、工程造价、技术资料交付时间、材料和设备供应责任、拨款和结算、竣工验收、质量保修范围和质量保证期、相互协作等条款。

条文解读

工程范围是指施工的界区，是施工人进行施工的工作范围。工程范围是施工合同的必备条款。

建设工期是指施工人完成施工任务的期限。每个工程根据性质的不同，所需要的建设工期也各不相同。建设工期能否合理确定往往会影响到工程质量的好坏。实践中，有的发包人由于种种原因，常常要求缩短工期，施工人为了赶进度，只好偷工减料，仓促施工，结果导致出现严重的工程质量问题。为了保证工程质量，双方当事人应当在施工合同中确定合理的建设工期。

中间交工工程是指施工过程中的阶段性工程。为了保证工程各阶段的交接，顺利完成工程建设，当事人应当明确中间交工工程的开工和竣工时间。

工程质量是指工程的等级要求，是施工合同中的核心内容。工程质量往往通过设计图纸和施工说明书、施工技术标准加以确定。工程质量条款是明确对施工人的施工要求，确定施工人责任的依据，是施工合同的必备条款。工程质量必须符合国家有关建设工程安全标准的要求，发包人不得以任何理由，要求施工人在施工中违反法律、行政法规以及建设工程质量、安全的标准，降低工程质量。

工程造价是指施工建设该工程所需的费用，包括材料费、施工成本等费用。当事人应根据工程质量要求，根据工程的概预算，合理地确定工程造价。实践中，有的发包人为了获得更多的利益，往往会压低工程造价，施工人为了盈利，则不得不偷工减料，以次充好，结果导致出现工程质量不合格的现象，甚至导致严重的工程质量事故的发生。因此，为了保证工程质量，双方当事人应当合理地确定工程造价。

技术资料主要是指勘察、设计文件以及其他施工人据以施工所必需的基础资料。技术资料的交付是否及时往往会影响到施工的进度，因此，当事人应当在施工合同中明确技术资料的交付时间。

材料和设备供应责任是指由哪一方当事人提供工程建设所必需的原材料以及设备。材料一般包括水泥、砖瓦石料、钢筋、木料、玻璃等建筑材料和构配件。设备一般包括供水、供电管线和设备、消防设施、空调设备等。在实践中，材料和设备有的由发包人负责提供，有的则由施工人负责采购。材料和设备的供应责任由双方当事人在合同中作出明确约定。合同中如果约定由承包人（施工人）负责采购建筑材料、构配件和设备，则施工人履行采购任务，既是施工人应当履行的义务，也是施工人应当享有的权利。发包人有权对施工人提供的材料和设备进行检验，发现材料或设备不合格的，有权要求施工人调换或者补齐。但是，发包人不得利用自己有利的合同地位，指定施工人购入的建筑材料、构配件或设备，包括不得要求施工人必须向其指定的生产厂家或供应商购买建筑材料、构配件或设备。因为，由发包人指定供应厂商，容易导致发包人与供应厂商之间出现腐败行为，此外，在建设工程造价固定的情况下，发包人如指定施工人购买高价的建筑材料、构配件或设备，也会损害到施工人的利益。

拨款是指工程款的拨付。结算是指工程交工后，计算工程的实际造价以及其与已拨付工程款之间的差额。拨款和结算条款是施工人请求发包人支付工程款和报酬的依据。一般来说，除“交钥匙工程”外，施工人只负责建筑、安装等施工工作，由发包人提供工程进度所需款项，保证施工顺利进行。现实中，发包人往往利用自己在合同中的有利地位，要求施工人垫款施工。施工人垫款完成施工任务后，发包人却常常不及时进行结算，拖延支付工程款以及施工人所垫付的款项，这是实践中欠付工程款中常见的现象，因此，当事人在合同中应明确相应的拨款和结算条件，并避免在合同中约定垫款施工。

竣工验收是工程交付使用前的必经程序，也是发包人支付价款的前提。竣工验收条款一般包括验收的范围和内容、验收的标准和依据、验收人员的组成、验收方式和日期等内容。建设工程竣工后，发包人应当根据施工图纸及说明书、国家颁布的施工验收规范和质量检验标准及时进行验收。

建设工程的保修范围通常包括地基基础工程、主体结构工程、屋面防水工程和其他工程，以及电气管线、上下水管线的安装工程，供热、供冷工程等项目。质量保证期是指工程各部分正常使用的期限，在实践中也称质量保修期。质量保证期应当与工程的性质相适应。当事人应当按照保证工程在合理寿命年限内的正常使用、维护使用者合法权益的原则确定质量保证期，但是，当事人确定的质量保证期不得低于国家规定的最低保证期限。

双方相互协作条款一般包括双方当事人在施工前以及施工过程中应当相互提供的必要协助。双方当事人的协作是施工过程的重要组成部分，是工程顺利施工的重要保证。

第七百九十六条　建设工程实行监理的，发包人应当与监理人采用书面形式订立委托监理合同。发包人与

监理人的权利和义务以及法律责任，应当依照本编委托合同以及其他有关法律、行政法规的规定。

条文主旨

本条是关于建设工程监理的规定。

立法背景

建设工程的发包人为了能够取得良好的投资效益，保证工程质量，合理控制工期，需要对承包人的工程建设活动实施必要的监督。但是，多数发包人并不擅长工程建设的组织管理和技术监督。因而，由具有工程建设方面的专业知识和实践经验的人员组成专业化的工程监理单位，接受发包人的委托，代表发包人对工程的质量、工期和投资使用情况等进行监督，对于维护发包人的利益，协调发包人与承包人之间的关系，保证工程质量，规范建设市场秩序，具有很大的优越性。建设工程的监理制度在国际上已有较长的发展历史，西方发达国家已经形成了一套完整的工程监理制度，可以说，建设工程监理已成为建设领域的一项国际惯例，随着改革开放进程的发展，我国在工程建设中也推行了监理制度。因此，本条对监理作出了规定。

条文解读

本条所称的建设工程监理，是指由具有法定资质条件的工程监理单位，根据发包人的委托，依照法律、行政法规以及有关的建设工程技术标准、设计文件和建设工程合同，代表发包人对工程建设过程实施监督的专门活动。工程监理单位通常需要代表发包人对承包人在施工质量、建设工期和建设资金使用等方面进行监督。

建设工程监理是建设项目的发包人为了保证工程质量、控制工程造价和工期，维护自身利益而采取的监督措施，因此，对建设工程是否实行监理，原则上应由发包人自行决定。但是，为了加强对项目建设的监督，保证投资效益，维护国家利益和公共利益，国家对于特定的项目规定了强制监理，明确了强制监理的范围。例如，按照国务院2000年颁布的《建设工程质量管理条例》第12条的规定，国家重点建设工程，大中型公用事业工程，成片开发建设的住宅小区工程，利用外国政府或者国际组织贷款、援助资金的工程以及其他国家规定必须实行监理的工程必须实行监理。对于实行强制监理的工程，发包人必须依法委托工程监理单位实行监理，对于其他建设工程，发包人则可自行决定是否实行工程监理。对需要实行工程监理的，发包人应当委托具有相应资质条件的工程监理单位进行监理，也可以委托具有工程监理相应资质等级并与被监理工程的施工承包单位没有隶属关系或者其他利害关系的该工程的设计单位进行监理。受委托的监理单位应在其资质等级许可的监理范围内，承担工程监理业务。发包人与其委托的工程监理人应当订立书面委托监理合同。监理合同是工程监理人对工程建设实施监督的依据。发包人与工程监理人之间的关系在性质上是平等主体之间的委托合同关系，工程监理人是代表发包人，在发包人授予的监理权限范围内行使监理职责，因此，发包人与监理人的权利和义务关系以及法律责任，应当依照委托合同以及建筑法等其他法律、行政法规的有关规定确定。

实施工程监理的，在进行工程监理前，发包人应当将委托的监理人的名称、资质等级、监理人员、监理内容及监理权限，书面通知被监理的建设工程的承包人。建设工程监理人应当依照法律、行政法规及有关的技术标准、设计文件和建设工程合同，对承包人在工程建设质量、建设工期和建设资金使用等方面，代表发包人对工程建设进行监督。工程监理人员发现工程设计不符合建设工程质量标准或者合同约定的质量要求的，应当报告发包人要求设计人改正；工程监理人员认为工程施工不符合工程设计要求、施工技术标准和合同约定的，有权要求施工人改正。工程监理单位应当选派具备相应资格的总监理工程师和监理工程师进驻施工现场。未经监理工程师签字，建筑材料、建筑构配件和设备不得在工程上使用或者安装，施工单位不得进行下一道工序的施工。未经总监理工程师签字，建设单位不拨付工程款，不进行竣工验收。监理工程师应当按照工程监理规范的要求，采取旁站、巡视和平行检验等方式，对建设工程实施监理。工程监理人在监理过程中，应当遵守客观、公正的执业准则，不得与承包人串通，为承包人谋取非法利益。工程监理单位与被监理工程的承包单位或与建筑材料、建筑构配件和设备的供应单位不得有隶属关系或者其他利害关系。

工程监理人不按照委托监理合同的约定履行监理义务，对应当监督检查的项目不检查或者不按照法律、行政法规和有关技术标准、设计文件和建设工程合同规定的要求和检查方法进行检查，给发包人造成损失的，应当承担相应的赔偿责任。工程建设质量不合格，通常既与承包人不按照要求施工有关，也与监理人不按照合同约定履行监理义务有关，在这种情况下，如造成发包人损失的，承包人与监理人都应当承担各自的赔偿责任。至于如何确定监理人相应的赔偿责任，应当由人民法院或者仲裁机构根据案件具体情况予以确定。工程监理人与承包人串通，为承包人谋取非法利益，给发包人造成损失的，应当与承包人承担连带赔偿责任。

相关规定

《中华人民共和国建筑法》第 31 – 35 条；《建设工程质量管理条例》第 12 条

第七百九十七条　发包人在不妨碍承包人正常作业的情况下，可以随时对作业进度、质量进行检查。

条文主旨

本条是关于发包人检查权的规定。

立法背景

为了提高工程的建设水平，保证施工进度和质量，充分发挥投资效益，保障建设工程承包合同的履行，保护发包人的利益，本条规定了发包人可以随时对工程作业的进度和质量进行检查。

条文解读

发包人对工程作业的检查一般通过两种方式。一种是委派具体管理人员作为工地代表。另一种是发包人委托监理人实施对工程建设过程的检查。国家规定强制监理的工程，发包人应当委托监理人对工程实施监理。除此之外，发包人也可以自愿委托监理人对工程进行监理。

依据本条的规定，发包人可以随时对工程作业的进度和质量进行检查。工地代表、监理人在检查过程中发现工程设计不符合建设工程质量要求的，应当报告发包人要求设计人改正。如果发现工程的施工不符合工程设计要求、施工技术标准和合同约定的，工地代表和监理人有权要求承包人改正。承包人应当接受发包人的检查，为工地代表和监理人的工作提供方便和协助，并应发包人的要求，及时向发包人提供月份作业计划、月份施工统计报表、施工进度报告表、工程事故报告等文件。如果承包人的勘察、设计、施工等工作不符合工程质量的要求，发包人或工地代表、监理人提出改正要求时，承包人应当立即改正，不得拒绝。

一方面，发包人有权对承包人的工程作业进行检查；但是另一方面，发包人的检查行为要合理，不能因此妨碍承包人的正常作业。因此，本条规定了“发包人在不妨碍承包人正常作业的情况下”这个前提。如果，因为发包人或者工地代表、监理人的不当行为致使承包人无法进行正常作业的，承包人有权要求顺延工期，造成承包人停工、返工、窝工等损失的，承包人还有权要求发包人承担损害赔偿责任。

第七百九十八条　隐蔽工程在隐蔽以前，承包人应当通知发包人检查。发包人没有及时检查的，承包人可以顺延工程日期，并有权请求赔偿停工、窝工等损失。

条文主旨

本条是关于隐蔽工程的规定。

立法背景

由于隐蔽工程在隐蔽后，如果发生质量问题，还得重新覆盖和掩盖，会造成返工等非常大的损失，为了避免资源的浪费和当事人双方的损失，保证工程的质量和工程顺利完成，本条规定了承包人在隐蔽工程隐蔽以前，应当通知发包人检查，发包人检查合格的，方可进行隐蔽工程。

条文解读

为了保证工程质量，本条规定承包人在隐蔽工程隐蔽以前，应当通知发包人检查。实践中，当工程具备覆盖、掩盖条件时，承包人应当先进行自检，自检合格后，在隐蔽工程进行隐蔽前及时通知发包人或发包人派驻的工地代表对隐蔽工程的条件进行检查并参加隐蔽工程的作业。通知包括承包人的自检记录、隐蔽的内容、检查时间和地点。发包人或其派驻的工地代表接到通知后，应当在要求的时间内到达隐蔽现场，对隐蔽工程的条件进行检查，检查合格的，发包人或者其派驻的工地代表在检查记录上签字，经检查合格后，承包人方可进行隐蔽施工。发包人检查发现隐蔽工程条件不合格的，有权要求承包人在一定期限内完善工程条件。隐蔽工程条件符合规范要求，发包人检查合格后，发包人或者其派驻工地代表拒绝在检查记录上签字的，在实践中可视为发包人已经批准，承包人可以进行隐蔽工程施工。

发包人不进行检查，承包人就无法进行隐蔽施工，因此，工程具备覆盖、掩盖条件，承包人通知发包人检查，而发包人未能及时进行检查的，承包人有权暂停施工。承包人可以顺延工期，并要求发包人赔偿因此造成的停工、窝工、材料和构件积压等损失。

如果承包人未通知发包人检查而自行隐蔽工程的，事后，发包人有权要求对已隐蔽的工程进行检查，承包人应当按照要求进行剥露，并在检查后重新隐蔽，需要修复的，在修复后重新隐蔽。如果经检查隐蔽工程不符合要求的，承包人应当返工，并于返工经验收合格后重新进行隐蔽。在这种情况下，检查隐蔽工程所发生的费用，如检查费用、返工费用、材料费用等费用应由承包人负担，承包人还应承担因此出现的工期延误的违约责任。

相关规定

《建设工程质量管理条例》第 30 条

第七百九十九条　建设工程竣工后，发包人应当根据施工图纸及说明书、国家颁发的施工验收规范和质量检验标准及时进行验收。验收合格的，发包人应当按照约定支付价款，并接收该建设工程。

建设工程竣工经验收合格后，方可交付使用；未经验收或者验收不合格的，不得交付使用。

条文主旨

本条是关于竣工验收的规定。

立法背景

建设工程质量不仅是关系发包人和承包人双方利益的事情，还关系到不特定第三人的利益和安全，建设工程的竣工验收是工程建设全过程的最后一道程序，是对工程质量实行控制的最后一个重要环节。因而，本条对建设工程竣工验收作出了规定。

条文解读

建设工程的竣工验收是指建设工程已按照设计要求完成全部工作任务，准备交付给发包人投入使用前，由发包人或者有关主管部门依照国家关于建设工程竣工验收制度的规定，对该项工程是否合乎设计要求和工程质量标准所进行的检查、考核工作。

实践中，建设工程竣工后，承包人应当按照国家工程竣工验收有关规定，向发包人提供完整的竣工资料和竣工验收报告，并按照合同约定的日期和份数向发包人提交竣工图。

发包人接到竣工验收报告后，应当根据施工图纸及说明书、国家颁发的施工验收规范和质量检验标准及时组织有关部门对工程进行验收。验收的内容主要是：第一，工程是否符合规定的建设工程质量标准。建设工程的质量标准包括依照法律、行政法规的有关规定制定的保证建设工程质量和安全的强制性国家标准和行业标准以及国家颁发的施工验收规范，建设工程合同中约定的对该项建设工程特殊的质量要求，以及为体现法律、行政法规规定的质量标准和建设工程合同约定的质量要求而在工程设计文件、施工图纸和说明书中提出的有关工程质量的具体指标和技术要求。按照国务院 2000 年颁布的《建设工程质量管理条例》第 16 条的规定，质量验收合格的，还应当有勘察、设计、施工、工程监理等单位分别签署的质量合格文件。第二，承包人是否提供了完整的工程技术经济资料。这里的工程技术经济资料，一般应包括建设工程合同、建设用地的批准文件、工程的设计图纸及其他有关设计文件、工程所用主要建设材料、建筑构配件和设备的进场试验报告，申请竣工验收的报告书及有关工程建设的技术档案，完整的施工管理资料等。第三，承包人是否有建设工程质量检验书等凭证。工程竣工交付使用后，承包人应当对其施工的建设工程质量在一定期限内承担保修责任，以维护使用者的合法权益。为此，承包人应当按规定提供建设工程质量保修证书，作为其向用户承诺承担质量保修责任的书面凭证。第四，工程是否具备国家规定的其他竣工条件。例如，按照国务院建设行政主管部门的规定，城市住宅小区竣工综合验收，还应做到住宅及公共配套设施、市政公用基础设施等单项工程全部验收合格，验收资料齐全；各类建筑物的平面位置、立面造型、装饰色调等符合批准的规划设计要求；施工工具、暂设工程、建筑残土、剩余构件全部拆除运走，达到场清地平；有绿化要求的已按绿化设计全部完成，达到树活草青等。

发包人应在验收后及时批准或者提出修改意见。承包人应当按照发包人提出的修改意见进行相应修理或者改建，并承担因自身原因增加的修理、改建费用。为防止发包人为了拖延支付工程款而迟延进行验收，在实践中，如发包人在收到承包人送交的竣工验收报告后，无正当理由不组织验收，或者在验收后的合理期间内既不批准又不提出修改意见的，应视为发包人已批准竣工验收报告，承包人可以要求发包人办理结算手续，支付工程款。这只是为了防止发包人为了拖延支付工程款而迟延进行验收，虽然承包人在这种情况下可以要求发包人办理结算手续，但是，这并不能免除工程质量存在问题时承包人应当承担的责任。发包人未能按照合同约定的期限对工程进行验收的，应从合同约定的期限的最后一天的次日起承担保管费用。

竣工验收合格后，发包人应当按照约定支付价款。在工程建设实践中，竣工报告批准后，承包人应当按照国家有关规定或合同约定的时间、方式向发包人提出结算报告，办理竣工结算。发包人在收到结算报告后，应当及时给予批准或者提出修改意见，在合同约定的时间内将拨款通知送经办银行，由经办银行支付工程款，并将副本送承包人。承包人在收到工程款后将竣工的工程交付发包人，发包人接收该工程。现实中有的发包人为了拖延支付工程款，在验收后迟迟不进行工程结算。发包人无正当理由在收到结算报告后迟延办理结算的，应当承担相应的违约责任。

建设工程必须竣工经验收合格后，方可交付使用；没有经过竣工验收或者经过竣工验收确定为不合格的建设工程的，不得交付使用。建设工程质量不仅是关系发包人和承包人双方利益的事情，还关系到不特定第三人的利益和安全，因而，建设工程必须竣工经验收合格后，方可交付使用。建设工程施工质量原则上应由承包人负责，但是，如果发包人在竣工验收前，擅自使用工程，发生质量问题的，发包人也应承担相应的责任。此外，除了民事责任，按照国务院 2000 年颁布的《建设工程质量管理条例》第 58 条的规定，未组织竣工验收，擅自交付使用的；验收不合格，擅自交付使用的；对不合格的建设工程按照合格工程验收的，建设单位还会受到相应的行政处罚。

相关规定

《中华人民共和国建筑法》第 61 条；《建设工程质量管理条例》第 16 条、第 58 条

第八百条　勘察、设计的质量不符合要求或者未按照期限提交勘察、设计文件拖延工期，造成发包人损失的，勘察人、设计人应当继续完善勘察、设计，减收或者免收勘察、设计费并赔偿损失。

条文主旨

本条是关于勘察人、设计人对勘察、设计质量责任的规定。

条文解读

建设工程的勘察，担负着为工程建设提供地质资料的任务，建设工程的勘察人应当按照现行的标准、规范、规程和技术条例，开展工程测量、勘测工程地质和水文地质等工作，并按照合同约定的进度及时提交符合质量要求的勘察成果。建设工程的设计，是直接为工程施工提供据以遵循的技术依据的工作。建设工程的设计人应当根据设计技术经济协议文件、设计标准、技术规范、规程、定额等提出勘察技术要求和进行设计，并按照合同约定的进度及时提交符合质量要求的设计文件（包括概预算文件、材料设备清单）。

勘察、设计的质量是整个建设工程质量的基础，如果勘察、设计的质量存在问题，整个建设工程质量也就没有保障，因此，工程的勘察、设计必须符合质量要求。依据本法及其他有关法律的规定，建设工程的勘察人、设计人必须对其勘察、设计的质量负责，其所提交的建设工程的勘察、设计文件应当符合以下要求：

1. 符合有关法律、行政法规的规定。这里讲的符合法律、行政法规的规定，既包括要符合本法的规定，也包括要符合建筑法、城市规划法、土地管理法、环境保护法以及其他相关的法律、行政法规的规定。

2. 符合建设工程质量、安全标准。这里的建设工程质量、安全标准是指依照标准化法及有关行政法规的规定制定的保证建设工程质量和安全的技术标准。按照标准化法的规定，对保障人身健康和生命财产安全、国家安全、生态环境安全以及满足经济社会管理基本需要的技术要求，应当制定强制性国家标准。强制性国家标准必须执行。建设工程涉及保障人身和财产安全、生态环境安全，勘察人、设计人的勘察、设计必须符合国家有关建设工程安全标准的要求，保证其勘察、设计的质量。国务院2000年颁布的《建设工程质量管理条例》第19条第1款规定："勘察、设计单位必须按照工程建设强制性标准进行勘察、设计，并对其勘察、设计的质量负责。"第22条第1款规定："设计单位在设计文件中选用的建筑材料、建筑构配件和设备，应当注明规格、型号、性能等技术指标，其质量要求必须符合国家规定的标准。"

3. 符合建设工程勘察、设计的技术规范。建设工程勘察、设计的技术规范，通常是以标准的形式制定、发布的。对有关建设工程勘察、设计规范的强制性标准，勘察、设计人必须遵照执行。建设工程的勘察文件应当反映工程的地质、地形地貌、水文地质状况，符合规范、规程，做到勘察方案合理、评价准确、数据可靠。建设工程设计文件的深度应当满足相应设计阶段的技术要求，施工图应当配套，细节点应当交代清楚，标注说明应当清晰、完整。

4. 符合合同的约定。勘察、设计文件在符合法律、行政法规的规定和有关质量、安全标准的前提下，还应当符合勘察、设计合同约定的特殊质量要求。

勘察人、设计人提交的勘察、设计文件不符合上述要求的，根据本条的规定，发包人可以请求勘察人、设计人承担以下违约责任：继续完善勘察、设计，减收或者免收勘察、设计费，赔偿损失。需要指出的是，如果勘察、设计质量只有轻微的质量瑕疵，则发包人可以请求勘察人、设计人继续完善勘察、设计。如果勘察人、设计人不具备完成符合要求的勘察、设计工作的能力或者提交的勘察、设计质量严重不符合约定的，则发包人可以解除合同，重新委托其他勘察人、设计人完成勘察、设计工作。如果勘察、设计不符合约定导致出现工程质量问题或者给发包人造成其他损失的，勘察人、设计人还应当承担相应的赔偿责任。

勘察人、设计人未按照合同约定的期限提交勘察、设计文件的，发包人可以催告勘察人、设计人尽快提交勘察、设计文件。如果勘察、设计文件的迟延致使工期拖延给发包人造成了损失，发包人可以请求勘察人、设计人赔偿损失。如果勘察人、设计人在催告后的合理期限内仍未能提交勘察、设计文件，严重影响工程进度的，发包人可以解除合同，并委托其他勘察人、设计人完成勘察、设计工作。

本条是关于勘察人、设计人责任的规定。主要是规定因勘察人、设计人的原因导致勘察、设计的质量不符合要求或者未按照期限提交勘察、设计文件导致工期延误产生的责任。当然，勘察、设计合同的履行也离不开建设单位相应的协助和配合，如果是因为建设单位未及时提供与建设工程相关的原始资料或其他相应应提供的协作条件而影响勘察、设计工作的进行，勘察、设计人可以相应顺延期限，并要求发包人承担相应责任。本法第805条对发包人的相关责任进行了规定。

相关规定

《中华人民共和国建筑法》第56条；《建设工程质量管理条例》第19条

第八百零一条　因施工人的原因致使建设工程质量不符合约定的，发包人有权请求施工人在合理期限内无偿修理或者返工、改建。经过修理或者返工、改建后，造成逾期交付的，施工人应当承担违约责任。

条文主旨

本条是关于施工人建设工程质量责任的规定。

立法背景

建设工程的施工是指根据工程的设计文件和施工图纸的要求，通过施工作业最终形成建设工程实体的建设活动。在建设勘察、设计的质量没有问题的情况下，整个建设工程的质量状况最终取决于施工质量。在现实中，不少建设工程的质量问题都与建设工程的施工有关。小的施工问题，如屋面漏水、墙面开裂、管道阻塞，会给用户带来很大的生活不便；大的质量问题，还可能会导致恶性事故的发生，造成人身伤亡和重大财产损失。建设工程的施工人必须以对国家和人民人身、财产安全高度负责的态度，严格按照工程设计文件和技术标准进行施工，严把质量关，做好工程施工的各项质量控制与管理工作。

因此，本条对施工人的责任作出了规定。

条文解读

这里所说的施工质量既包括各类工程中土建工程的质量，也包括与其配套的线路、管道和设备安装工程的质量。依据本条规定，建设工程的施工人对工程的施工质量负责。

建设工程的施工人为保证工程的施工质量，必须做到严格按照工程设计图纸和施工技术标准施工，不得偷工减料。工程设计图纸是建设设计单位根据工程的功能、质量等方面的要求所完成的设计工作的最终成果，其中的施工图是对建设工程的建筑物、设备、管线等工程对象的尺寸、布置、选用材料、构造、相互关系、施工及安装质量要求的详细图纸和说明，是指导施工的直接依据。进行建设工程的各项施工活动，包括土建工程的施工、给排水系统的施工、供热、供暖系统的施工等，都必须按照相应的施工图纸的要求进行。工程设计的修改应由原设计单位负责，建筑施工企业不得擅自修改工程设计。施工单位在施工过程中发现设计文件和图纸有差错的，应当及时提出意见和建议。建设工程施工人除必须严格按照工程设计图纸施工外，还必须按照建设工程施工的技术标准的要求进行施工。施工技术标准是施工作业人员进行每一项施工操作的技术依据，包括对各项施工准备、施工操作工艺流程和应达到的质量要求的规定。按照我国相关法律规定，建筑施工企业还必须按照工程设计要求、施工技术标准和合同的约定，对建筑材料、建筑构配件和设备进行检验，不合格的不得使用。建设单位不得明示或者暗示施工单位使用不合格的建筑材料、建筑构配件和设备。对于建设单位提出的违反法律、行政法规和建筑工程质量、安全标准，降低工程质量的要求，建设工程施工企业应当予以拒绝。

凡是因施工原因造成的工程质量问题，都要由施工人承担责任。这些责任包括由建设施工人对存在质量问题的工程进行修理、返工或改建并承担赔偿损失责任等民事责任；由有关行政机关对违法施工人依法给予行政处罚的行政法律责任；以及对造成重大质量事故、构成犯罪的，由司法机关依照刑法的规定追究刑事责任。本条则是规定了施工人因施工质量不符合约定所应承担的民事责任。如果因施工人的原因导致工程质量不符合约定的，发包人可以请求施工人在合理期限内无偿对工程进行修理或者返工、改建以使工程达到约定的质量要求。如果经过修理或者返工、改建，工程迟延交付的，施工人应当承担逾期交付的违约责任。这里的违约责任包括发包人可以要求承包人赔偿因逾期交付所受到的损失，要求按照约定支付违约金，要求减少价款或要求执行定金罚则等。发包人可以根据施工人的违约程度和自己的损失大小，按照合同约定及法律规定合理选择请求施工人承担相应的违约责任。

相关规定

《中华人民共和国建筑法》第 58 – 60 条；《建设工程质量管理条例》第 26 – 32 条

第八百零二条　因承包人的原因致使建设工程在合理使用期限内造成人身损害和财产损失的，承包人应当承担赔偿责任。

条文主旨

本条是关于承包人在建设工程合理使用期限内承担质量保

证责任的规定。

立法背景

根据本章的规定，承包人对整个工程质量负责，当然也应当对建设工程在合理使用期限内的质量安全承担责任。本条对承包人在建设工程合理使用期限内的质量保证责任作出了规定。

条文解读

根据本条的规定，承包人承担损害赔偿责任应当具备以下条件：

1. 因承包人的原因引起的建设工程对他人人身、财产的损害。建设工程的承包人应当按照法律的规定认真履行工程质量保证义务。建设工程的勘察人应当为建设工程提供准确的有关工程地质资料；建设工程的设计人应当按照有关保证工程质量安全的法律、法规和设计规范的规定进行设计，保证建设工程的设计安全可靠；建设工程的施工人必须严格按照工程设计和施工技术标准进行施工，不得使用不合格的建筑材料，不得有任何偷工减料的行为。不履行法定质量保证义务，造成工程质量安全问题的，承包人应当承担法律责任。如果不属于是承包人的原因，例如，是因用户使用不当等原因造成人身、财产损害的，承包人不承担责任。现实中，有的发包人违法发包，如非法压价、接收回扣选择不具备相应资质的承包人，因此引发质量事故，造成他人人身、财产损害的，发包人也应当承担相应的责任。

2. 人身、财产损害发生在建设工程合理使用期限内。建设工程一旦建成，一般都将长期使用，这就要求在建设工程合理使用期限内，不能有危及使用安全的质量问题，否则，将会对使用人等的人身和财产安全构成威胁，在合理使用期限内造成人身和财产损害的，承包人应当承担损害赔偿责任。为此，首先需要确定“合理使用期限”即建设工程的承包人对其建设产品承担质量责任的责任期限。该合理期限一般自交付发包人时起算。但与一般产品的生产者对其产品的质量缺陷承担损害赔偿责任的责任期限通常最长不超过自产品交付使用最初用户起10年不同，建设工程的承包人应当在该建设工程合理使用期限内对整个工程质量安全承担责任。关于合理使用期限是多长，本法未作具体规定。这需要根据各类建设工程的不同情况，如建筑物结构、使用功能、所处的自然环境等因素，由有关技术部门作出判断，按照国务院有关主管部门制定的标准进行认定。如果该建设工程已过合理使用期限，原则上不允许继续使用，用户继续使用后，因该建设工程造成人身、财产损害的，承包人不承担损害赔偿责任。

3. 造成了人身和财产损害。这里的受损害方不仅仅指建设工程合同的对方当事人即发包人，也包括建设工程的最终用户以及因该建设工程而受到损害的其他人。

依据本条规定，在合理使用期限内，因承包人原因发生建设工程质量事故，造成人身、财产损害的，承包人应当承担赔偿责任。如果是造成发包人的人身或者财产损害的，发包人可以选择请求承包人承担违约责任或者侵权责任。

相关规定

《中华人民共和国建筑法》第60条、第80条；《建设工程质量管理条例》第40－42条

第八百零三条　发包人未按照约定的时间和要求提供原材料、设备、场地、资金、技术资料的，承包人可以顺延工程日期，并有权请求赔偿停工、窝工等损失。

条文主旨

本条是关于发包人未按约定的时间和要求提供原材料、设备、场地、资金、技术资料的违约责任的规定。

立法背景

基于建设工程合同的特殊性，承包人工作的正常进行往往依赖于发包人的配合和一定条件的提供，发包人不提供相应工作条件或者配合，承包人便无法正常开展工作，为了确保工程建设的顺利进行，本条对发包人未提供相关工作条件的违约责任进行了规定。

条文解读

如果工程承包合同中约定由发包人提供原材料、设备的，发包人应当按照约定的原材料、设备的种类、规格、数量、单价、质量等级和提供的时间、地点的清单，向承包人提供建设所需的原材料、设备及其产品合格证明。承包人与发包人一起对原材料、设备进行检验、验收后，由承包人妥善保管，发包人支付相应的保管费用。对于必须经过试验才能使用的材料，承包人应当按照约定进行测燃等测试。不具备测试条件的，可以委托专业机构进行测试，费用由发包人承担。如果经检验发包人提供的原材料、设备的种类、规格、型号、质量等级与约定不符，承包人有权拒绝接收，并可以要求发包人运出施工现场并予以更换。如果发包人未按照约定时间提供原材料、设备的，承包人可以中止施工并顺延工期，因此造成承包人停工、窝工损失的，由发包人承担赔偿责任。

由发包人提供场地的，发包人应当按照合同约定向承包人提供承包人施工、操作、运输、堆放材料设备的场地以及建设工作涉及的周围场地（包括一切通道）。具体工作包括：（1）发包人应当在承包人工作前及时办理有关批件、证件和临时用地等的申报手续，包括工程地址和临时设施范围内的土地征用、租用，申请施工许可证和占道、爆破及临时铁道专用岔线许可证。（2）确定建设工程及有关道路、线路、上下水道的定位标桩、水准点和坐标控制点。（3）发包人在提供场地前，应当清除施工现场内一切影响承包人施工的障碍，并向承包人提供施工所需水、电、热力、电信等管道线路，保证承包人施工期间的需要。发包人未能提供符合约定、适合工作的场地致使承包人无法开展工作的，承包人有权要求发包人排除障碍、顺延工期，并可以暂停工作，因此造成承包人停工、窝工损失的，承包人可以要求发包人承担赔偿责任。

由发包人提供工程建设所需资金的，发包人应当按照约定的时间和数额向承包人支付。这里的资金一般是指工程款。在现实中，由发包人提供的工程款包括预付工程款和按工程进度支付的工程款两种，具体可由双方当事人在建设工程合同中约定。如果建设工程合同约定由发包人预付工程款的，发包人应当按照约定的时间和数额向承包人预付工程款，开工后按合同约定的时间和比例逐次扣回。发包人未按照合同约定预付工程款的，承包人可以向发包人发出预付工程款的通知，发包人在收到通知后仍不按照约定预付工程款的，承包人可以停止工作并顺延工期，发包人应当从应付之日起向承包人支付应付款的利息，并赔偿因此给承包人造成的停工、窝工损失。如果建设工程合同约定发包人按工程进度付款的，发包人应当按照合同约定的进度支付工程款。实践中，完成约定的工程部分后，由发包人确认工程量，以构成合同价款相应项目的单价和取费标准计算出工程价款，经发包人签字后支付。发包人在计算结果签字后的合理期限内不按照约定支付工程款的，承包人可以向发包人发出支付工程款的通知，发包人在收到通知后仍不按照约定支付工程款的，承包人可以停止工作并顺延工期，发包人应当从应付之日起向承包人支付应付价款的利息，并赔偿因此给承包人造成的停工、窝工损失。

由发包人提供有关工程建设的技术资料的，发包人应当按照合同约定的时间和份数向承包人提供符合约定要求的技术资料。这里的技术资料主要包括勘察数据、设计文件、施工图纸以及说明书等。因为根据法律、行政法规的规定，承包人必须按照国家规定的质量标准、技术规程和设计图纸、施工图纸等技术资料进行施工，如果发包人未能按照约定提供技术资料，承包人就不能正常进行工作，在这种情况下，承包人可以要求发包人在合理期限内提供建设工作所必需的技术资料并有权暂停工作并顺延工期，因此给承包人造成损失的，承包人还有权要求发包人赔偿因停工、窝工所造成的损失。

第八百零四条　因发包人的原因致使工程中途停建、缓建的，发包人应当采取措施弥补或者减少损失，赔偿承包人因此造成的停工、窝工、倒运、机械设备调迁、材料和构件积压等损失和实际费用。

条文主旨

本条是关于因发包人原因造成工程停建、缓建所应承担的责任的规定。

立法背景

实践中，建设工程可能因各种原因中途停建、缓建，如果是因为承包人原因造成的，承包人应当承担违约责任。但是，如果是因为发包人原因造成的，也可能因停建、缓建给承包人造成损失，因此，本条对因发包人原因造成工程停建、缓建时，发包人的义务和违约责任作出了规定。

条文解读

这里的“因为发包人的原因”在实践中一般指下列情况：(1) 发包人变更工程量；(2) 发包人提供的设计文件等技术资料有错误或者因发包人原因变更设计文件；(3) 发包人未能按照约定及时提供建设材料、设备或者工程进度款；(4) 发包人未能及时进行中间工程和隐蔽工程条件的验收并办理有关交工手续；(5) 发包人不能按照合同的约定保障建设工作所需的工作条件致使建设工作无法正常进行，等等。在发生上述原因，致使工程建设无法正常进行的情况下，承包人可以停建、缓建、顺延工期，并及时通知发包人。承包人在停建、缓建期间应当采取合理措施减少和避免损失，妥善保护好已完成工程和做好已购材料、设备的保护和移交工作，将自有机械和人员撤出施工现场，发包人应当为承包人的撤出提供必要的条件。承包人应当就停建、缓建过程中发生的经济支出和实际发生的其他费用向发包人提出报告。

发包人因自身原因致使工程停建、缓建的，发包人应当承担违约责任。首先，发包人应当采取必要措施，弥补或者减少损失，同时应当排除障碍，使承包人尽快恢复建设工作。如承包人在施工中发现设计有错误和不合理之处，应当及时通知发包人，发包人在接到通知后，应当及时同设计人等有关单位研究确定修改意见或者变更设计，并及时将修订后的设计文件送交承包人。其次，发包人还应当赔偿因停建、缓建给承包人造成的损失，包括停工、窝工、倒运、机械设备调迁、材料和构件积压所造成的损失和实际发生的费用。

第八百零五条　因发包人变更计划，提供的资料不准确，或者未按照期限提供必需的勘察、设计工作条件而造成勘察、设计的返工、停工或者修改设计，发包人应当按照勘察人、设计人实际消耗的工作量增付费用。

条文主旨

本条是关于因发包人原因造成勘察、设计的返工、停工或者修改设计的责任的规定。

立法背景

发包人的要求是开展勘察、设计工作的重要依据，发包人提供必要的资料和工作条件是勘察人、设计人正常开展工作的前提，发包人变更计划或者不按照合同目的提供资料、条件必然影响勘察人、设计人的正常工作，因此，本条对发包人变更计划或不按照合同目的提供资料和条件时应当承担的增付费用责任作出了规定。

条文解读

在工程勘察、设计合同中，发包人应当按照合同约定向勘察人、设计人提供开展勘察、设计工作所需要的基础资料、技术要求并对提供的时间、进度和资料的可靠性负责。

委托勘察的，在勘察工作开展前，发包人应当向勘察人明确技术要求和勘察阶段，按时提供勘察工作所需要的勘察基础资料和附图并满足勘察人编写纲要和编制工程预算的基本要求。在勘察前，发包人应当根据勘察人提出的用料计划，按时准备好各种材料，并承担费用。发包人应当为勘察人开展工作提供必要的条件，包括派员协助勘察人与有关部门的工作联系。及时为勘察人创造勘察现场所需的条件并排除存在的障碍，如征购土地、拆除障碍物、平整施工现场、修好通行道路、接通电源、水源等，并承担其费用。按照合同为勘察人员准备好食宿、办公等生活工作条件等。

委托设计的，发包人应当按照合同的约定向设计人提供设计的基础资料、设计的技术要求。在初步设计前，发包人应当向设计人提供经过批准的可行性研究报告、选址报告以及原料（或经过批准的资源报告）、燃料、水、电、运输等方面的协议文件和能满足初步设计要求的勘察资料、需要经过科研取得的技术资料等；在施工设计前，发包人应当提供经过批准的初步设计文件和能满足施工图设计要求的勘察资料、施工条件以及有关设备的技术资料等。同时，发包人在设计人员入场工作时，还应当为其提供必要的工作条件和生活条件，以保证其正常开展工作。

发包人向勘察人、设计人提供有关技术资料的，发包人应当对该技术资料的质量和准确性负责。

发包人变更勘察、设计项目、规模、条件需要重新进行勘察、设计的，应当及时通知勘察人、设计人，勘察人、设计人在接到通知后，应当返工或者修改设计，并有权顺延工期。发包人应当按照勘察人、设计人返工或修改设计后实际消耗的工作量增加支付勘察费、设计费。

勘察人、设计人在工作中发现发包人提供的技术资料不准确的，勘察人、设计人应当通知发包人修改技术资料，在合理期限内提供准确的技术资料。如果该技术资料有严重错误致使勘察、设计工作无法正常进行的，在发包人重新提供技术资料前，勘察人、设计人有权停工、顺延工期，停工的损失应当由发包人承担。发包人重新提供的技术资料有重大修改，需要勘察人、设计人返工、修改设计的，勘察人、设计人应当按照新的技术资料进行勘察、设计工作，发包人应当按照勘察人、设计人实际消耗的工作量相应增加支付勘察费、设计费。

发包人未能按照合同约定提供勘察、设计工作所需的工作条件的，勘察人、设计人应当通知发包人在合理期限内提供，如果发包人未提供必要的工作条件致使勘察、设计工作无法正常进行，勘察人、设计人有权停工、顺延工期，并要求发包人承担勘察人、设计人停工期间的损失。

第八百零六条 **承包人将建设工程转包、违法分包的，发包人可以解除合同。**

发包人提供的主要建筑材料、建筑构配件和设备不符合强制性标准或者不履行协助义务，致使承包人无法施工，经催告后在合理期限内仍未履行相应义务的，承

包人可以解除合同。

合同解除后，已经完成的建设工程质量合格的，发包人应当按照约定支付相应的工程价款；已经完成的建设工程质量不合格的，参照本法第七百九十三条的规定处理。

条文主旨

本条是关于建设工程合同法定解除的规定。

立法背景

合同是当事人之间的交易安排，代表了当事人的交易预期。一项交易的非履行终止，往往会打乱当事人之间已经作出的交易安排，违背当事人的预期，并需要当事人重新进行替代性交易安排。这不仅会增加当事人的时间成本、经济成本等各种交易成本，还会打乱当事人的原定计划，甚至会波及上下游的合作方，对其他交易的稳定性也造成影响。因此，如无特别事由，一般应当维持合同的效力，使合同得到履行，使交易进程得以顺畅流转，使交易链条的完整性得到保护。只有在当事人协商一致、出现当事人约定的解除事由或者出现法定解除事由时，才允许当事人解除合同。建设工程合同一般具有标的额大、交易安排复杂、权利义务关系复杂等特点，甚至还会涉及建筑工人等弱势群体权利的保护，维护交易的稳定性显得更为重要。因此，本条对特定情况下建设工程合同的法定解除进行了细化规定，以期在给予建设工程合同守约方当事人必要救济，赋予当事人必要的合同解除权的同时，尽力维护建设工程合同法律关系的稳定性。

条文解读

本法第791条第2款规定，承包人不得将其承包的全部建设工程转包给第三人或者将其承包的全部建设工程支解以后以分包的名义分别转包给第三人。第3款规定，禁止承包人将工程分包给不具备相应资质条件的单位。禁止分包单位将其承包的工程再分包。建设工程主体结构的施工必须由承包人自行完成。建筑法也禁止承包人将建设工程转包、违法分包。建设工程转包、违法分包不仅违反了法律的禁止性规定，影响承包人与接受转包方和接受违法分包方的利益，也违反了发包人与承包人之间的合同，损害发包人利益，承包人对发包人构成重大违约。发包人将建设工程发包给承包人，一般是基于对承包人技术和能力的信赖，承包人应当自行履行建设工程合同约定的义务。承包人转包和违法分包，不仅使当事人之间的信赖丧失，而且，还有可能会影响建设工程的质量，使建设工程合同的目的落空。因此，承包人转包、违法分包的，有必要赋予发包人法定解除权，允许发包人解除合同。本法第772条规定，承揽人应当以自己的设备、技术和劳力，完成主要工作，但是当事人另有约定的除外。承揽人将其承揽的主要工作交由第三人完成的，应当就该第三人完成的工作成果向定作人负责；未经定作人同意的，定作人也可以解除合同。本条第1款的规定，也类似于本法第772条中规定的承揽合同的定作人解除权。

根据我国建筑法的规定，建筑施工企业对工程的施工质量负责。建设单位不得以任何理由，要求建筑设计单位或者建筑施工企业在工程设计或者施工作业中，违反法律、行政法规和建筑工程质量、安全标准，降低工程质量。建筑设计单位和建筑施工企业对建设单位违反前款规定提出的降低工程质量的要求，应当予以拒绝。建筑施工企业必须按照工程设计要求、施工技术标准和合同的约定，对建筑材料、建筑构配件和设备进行检验，不合格的不得使用。如果合同约定由发包人提供建设工程所需的建筑材料、建筑构配件和设备，而发包人提供的主要建筑材料、建筑构配件和设备不符合强制性标准的，承包人将无法使用，影响工程施工的正常进行。在建设工程施工合同中，根据合同约定及建设工程施工本身的需要，施工人进行施工有时需要发包人进行协助，例如，需要发包人办理临时停水、停电、爆破作业、临时占用规划批准范围以外的场地等的审批手续，需要发包人提供所需的相关资料、图纸等，发包人不履行协助义务，将影响承包人施工的正常开展。如果发包人提供的主要建筑材料、建筑构配件和设备不符合强制性标准或者不履行协助义务，致使承包人无法施工，经承包人催告，在合理期限内发包人仍未履行相应义务，无法施工的状态将一直持续。虽然，此时承包人可以要求顺延工期，主张因此造成的停工、窝工损失，但是，在已经给予发包人合理宽限期后，继续强制要求承包人维持履行无望的合同关系，不能从已无履行可能的合同中解脱出来，对承包人也过于苛刻，因此，本条规定赋予了承包人在此情形下的合同解除权。本法第778条规定，承揽工作需要定作人协助的，定作人有协助的义务。定作人不履行协助义务致使承揽工作不能完成的，承揽人可以催告定作人在合理期限内履行义务，并可以顺延履行期限；定作人逾期不履行的，承揽人可以解除合同。本条第2款赋予承包人解除权，也与承揽合同中在定作人不履行协助义务时，赋予承揽人合同解除权的规定精神相类似。

根据本法第566条规定，合同解除后，尚未履行的，终止履行；已经履行的，根据履行情况和合同性质，当事人可以请求恢复原状或者采取其他补救措施，并有权请求赔偿损失。合同因违约解除的，解除权人可以请求违约方承担违约责任，但是当事人另有约定的除外。建设工程施工合同解除后，尚未履行的，双方终止履行。对于已经履行的，前面第793条已经述及，建设工程由于其特殊性，在有使用价值的情况下，一概要求恢复原状，一方面将导致已经完成的建设工程被推倒重建，造成巨大的人力、物力、财力等社会资源的浪费；另一方面还会带来各种复杂的责任认定和赔偿计算问题，因此，基于建设工程施工合同的特殊性以及物尽其用、节约社会资源的原则和价值导向，本条第3款特别作出规定，合同解除后，已经完成的建设工程质量合格的，发包人应当按照约定支付相应的工程价款；已经完成的建设工程质量不合格的，包括经修复后可以达到质量合格以及经修复后仍不能达到质量合格两种情况，相应地参照本法第793条的规定处理。这是法律基于建设工程施工合同的特殊性，就建设工程合同解除时建设工程的处理作出的特殊规定。除本条第3款明确规定的特殊情况外，对于建设工程合同解除的法律后果没有规定的，仍应根据其性质适用一般合同解除的相关规定。

相关规定

《最高人民法院关于审理建设工程施工合同纠纷案件适用法律问题的解释》第8条、第9条、第10条

第八百零七条 发包人未按照约定支付价款的，承包人可以催告发包人在合理期限内支付价款。发包人逾期不支付的，除根据建设工程的性质不宜折价、拍卖外，承包人可以与发包人协议将该工程折价，也可以请求人民法院将该工程依法拍卖。建设工程的价款就该工程折价或者拍卖的价款优先受偿。

条文主旨

本条是关于发包人未支付工程价款的责任的规定。

立法背景

从20世纪90年代初到现在，随着固定资产投资规模的增长，拖欠工程款的现象一直存在，并成为广受关注的社会问题。不少地区的工程款拖欠数额庞大，有的工程拖欠付款期限很长，问题相当突出，不仅严重地影响建设企业的生产经营，制约建设企业的发展，也影响工程建设进度，制约投资效益的提高。为了切实解决拖欠工程款的问题，保障承包人价款债权的实现，本条规定了发包人未按照约定支付价款的，承包人可以催告发包人在合理期限内支付价款。发包人逾期不支付的，除根据建设工程的性质不宜折价、拍卖外，承包人可以与发包人协议将该工程折价，也可以请求人民法院将该工程依法拍卖。建设工程的价款就该工程折价或者拍卖的价款优先受偿。

条文解读

发包人在工程建设完成后，对竣工验收合格的工程应当按照合同约定的方式和期限进行工程决算，支付价款，在向承包人支付价款后接收工程。发包人未按照约定支付价款的，承包人可以催告发包人在合理期限内支付价款并承担逾期付款的违约责任。经催告后，发包人在合理期限内仍不支付的，除根据建设工程的性质不宜折价、拍卖外，承包人可以与发包人协议将该工程折价，也可以请求人民法院将该工程依法拍卖。建设工程的价款就该工程折价或者拍卖的价款优先受偿。承包人按照本条规定行使优先受偿权，应当注意以下几点：

1. 应当达到付款条件。本条适用的前提是，按照合同约定已经达到付款条件。如果是出现了建设工程质量不合格或者其他承包人违约的情形，发包人依法主张抗辩不进行付款或者有其他未达到合同约定的付款条件的情况的，则发包人本身即无立即付款的义务，更不可能有优先受偿权的存在空间。

2. 发包人不支付价款的，承包人不能立即将该工程折价、拍卖，而是应当催告发包人在合理期限内支付价款。如果在该期限内，发包人已经支付了价款，则承包人只能要求发包人承担支付约定的违约金或者支付逾期的利息、赔偿其他损失等违约责任。如果在催告后的合理期限内，发包人仍不支付价款的，承包人才能与发包人协商将该工程折价或者请求人民法院将该建设工程拍卖以优先受偿。

3. 承包人对工程依法折价或者拍卖的，应当遵循一定的程序。承包人对工程折价的，应当与发包人达成协议，参照市场价格确定一定的价款把该工程的所有权由发包人转移给承包人，从而使承包人的价款债权得以实现。承包人因与发包人达不成折价协议而采取拍卖方式的，应当请求人民法院依法将该工程予以拍卖。承包人不得委托拍卖公司或者自行将建设工程予以拍卖。

4. 建设工程折价或者拍卖后所得的价款如果超出发包人应付的价款数额的，该超过的部分应当归发包人所有；如果折价或者拍卖所得的价款还不足以清偿承包人的价款债权的，承包人可以请求发包人支付不足部分。在确定优先受偿时，应注意区分建设工程处置的价款与建设用地使用权处置的价款。虽然按照我国法律规定，建设用地使用权应当与建筑物一并处置，但是在处置后建设工程价款和建设用地使用权处置价款仍应区分开来。承包人有权就折价、拍卖的建设工程处置价款优先受偿，但却不应及于建设用地使用权一并处置的价款部分。否则，将损及发包人的其他债权人的利益。

5. 根据本条规定，按照工程的性质不宜折价、拍卖的，承包人不能将该工程折价或者拍卖。如国家重点工程、具有特定用途的工程等不宜折价或者拍卖。应当拆除的违章建筑，无法折价或者拍卖。建设工程价款的优先受偿权本质上是一种变价的优先受偿权，所以，建设工程折价、拍卖的前提是按照法律规定和建设工程性质，其本身可以转让。

我国建筑市场具有特殊性，建设工程合同纠纷涉及复杂的利益关系，建设工程具有不宜恢复原状的特点，建设工程合同纠纷处理中还存在着价款计算等一系列具体操作难题，这些因素交织在一起导致建设工程合同领域的许多问题仍存在较大争议。基于慎重考虑，此次立法未对相关争议问题作出简单规定。相关问题还需要理论的继续深入研究和司法实践经验的积累。目前争议较多的问题主要有：

1. 建设工程价款优先受偿权的性质。一种观点认为，建设工程价款的优先受偿权为留置权。该观点认为，承包人为工程建设投入了人力、物力、财力，在发包人未按照约定支付工程款时，建设工程承包人通常会拒绝交付工程，并实际控制建筑物，这与承揽合同中承揽人对工作成果的留置权类似，因此，建设工程价款的优先受偿权为类似留置权的权利。建设工程合同在传统民法上属于承揽合同，在我国法律的规定中建设工程合同虽然从承揽合同中分离出来，但在建设工程价款的优先受偿上，其优先受偿权的性质与承揽人的留置权性质仍类似。该观点因不符合留置权不适用于不动产的法律制度精神而受到批评。一种观点认为，建设工程价款的优先受偿权是一种法定抵押权。该观点认为，德国、日本、我国台湾地区的法律制度或司法实践均倾向于认定建设工程价款优先受偿权是一种法定抵押权。发包人未按照约定支付价款的，承包人可以与发包人协议将该工程折价，也可以请求人民法院将该工程依法拍卖。建设工程的价款就该工程折价或者拍卖的价款优先受偿。这符合不动产抵押权的特性，因而，建设工程价款的优先受偿权是一种法定抵押权。反对的观点认为，在我国物权制度中只存在当事人按照约定设立的抵押权，不存在法定抵押权这一抵押权类型，不动产物权需要以登记为公示要件，建设工程价款的优先受偿权并未进行公示，不符合抵押权这一权利特征。日本、我国台湾地区建设工程价款的优先受偿均强调应进行登记，在本法制订过程中，也曾研究过对建设工程价款优先受偿权的登记进行规定，但因未能达成共识，而未作出规定。一种观点认为，建设工程价款的优先受偿权是一种法定优先权。该观点认为，建设工程价款的优先受偿权类似于船舶优先权、航空器优先权，是特殊主体基于法定原因在建设工程上的优先权，是法律规定的一种优先权，可以不经登记公示，优先于其他担保物权和债权受偿。反对的观点认为，与船舶优先权、航空器优先权等在实践中已经获得广泛认可不同，许多人并不认可其是一种与船舶优先权、航空器优先权类似的在建筑工程上的优先权，这只是一种理论上的类比。

2. 建设工程价款优先受偿权的主体。监理合同属于委托合同，不属于建设工程合同，因此，监理人对其报酬无优先受偿权没有疑问。建设工程的承包人包括建设工程勘察人、设计人、施工人。施工人又分为总承包人、分包人。在建设工程违法分包、转包时，还可能存在实际从事工程建设，却与发包人不存在合同关系的实际施工人。对于哪些主体可以主张优先受偿权，实践中仍存在分歧。就勘察人、设计人而言，一种观点认为，在有些情况下建设工程的价款往往包括勘察、设计费用，尤其是在工程总承包中，合同约定的设计费等已包含在工程款中，与一般意义的施工工程款同时结算、同时支付，在出现纠纷时强行分离计算既不符合市场逻辑，也存在分离计算的难题，既不合理，又不经济，因此，勘察费、设计费也应当可以优先受偿。另一种观点认为，勘察、设计的成果是勘察文件、设计文件，勘察、设计只产生文件、报告，不产生建设工程，只有施工才产生建设工程，因而，勘察人、设计人不能通过主张其报酬属于建设工程价款而享有优先受偿的权利。同时，勘察、设计通常发生在建设工程施工之前，至少是发生在建设工程完工之前，其与建设工程施工款相比数额较小，而且勘察人、设计人完全可以以不交付工作成果的方式对抗发包人，其并不是需要法律进行倾斜保护的弱势群体，无需特殊保护。就施工人而言，通常认为基于合同的相对性原理，只有与建设工程发包人直接签署合同的承包人才能享有建设工程价款的优先受偿权。违法分包人、转包后实际从事工程建设的实际施工人等主体因与建设工程发包人无合同关系，不能依据建设工程合同向发包人直接主张建设工程价款，因而，他们不应当享有建设工程价款的优先受偿权。反对的观点认为，严格固守合同相对性原理，可能对建筑工人等弱势群体的利益保护不周。

3. 优先受偿的范围。首先，关于建设工程价款的优先受偿权是仅及于价款还是也及于利息、违约金、损害赔偿金以及实现建设工程价款优先受偿权的费用存在不同的观点。赞成的观点认为，担保物权的担保范围包括主债权及其利息、违约金、损害赔偿金、保管担保财产和实现担保物权的费用，建设工程价款的优先受偿权是一种法定抵押权，因此，优先受偿的范围应当及于利息、违约金、损害赔偿金和实现建设工程价款优先受偿权的费用。反对的观点认为，建设工程价款的优先受偿权，不是抵押权，而是法律规定的特殊倾斜保护，法律为了保护建筑工人等弱势群体的特殊利益已经对建设工程价款进行了优先保护，已经属于倾斜保护，不宜再使其优先保护的范围过分扩大，否则，对发包人的其他债权人将不够公平。其次，对于建设工程价款的哪些部分可以优先受偿也存在不同观点。有观点认为，建设工程价款的优先受偿权保护的是建筑工人的利益，优先受偿的范围应限于工人的劳务成本，而建设工程价款中的利润等与其他债权相比并无特殊性，没有特殊保护的必要。也有观点认为，承认建设工程价款的优先受偿权，是因为承包人的投入已经不可逆转地形成了建设工程，这一建设工程是因承包人的建设才产生，因此，承包人应当获得优先保护，除了劳务成本，原材料也应当予以优先保护。不优先保护原材料费用、机械使用费等成本，会危及建筑企业的生存，进而最终危及建筑工人的利益。也有观点认为，建设工程价款的优先受偿权保护的应当是扣除利润之后的建设工程价款，价款中除利润之外都是承包人在工程建设中需要投入的成本。还有观点认为，建设工程价款优先受偿权是对建筑工人的间接保护，通过保护建设工程价款来保护建筑工人利益，建筑行业属于薄利行业，建筑行业吸纳了大量城乡剩余劳动力，对于促进社会稳定和发展发挥了重要作用，而且，在实践中从工程价款中扣除利润也存在计算上的困难，因此，认为建设工程价款的优先受偿权范围应当是包括利润的整个价款。再次，对于垫资款是否应当优先受偿也存在不同观点。有观点认为，垫资是我国建筑市场客观存在的特殊现象，承包人在工程承包中处于弱势地位，不垫资可能就无法承揽到工程，垫资与其他成本一样，也投入到了工程建设中，不对垫资进行优先受偿保护对承包人不公平，而且，不优先保护垫资款可能会导致承包人资金链断裂，危害建筑行业发展，因此，应当对垫资款进行优先受偿保护。反对的观点认为，垫资建设曾被我国行政主管部门明令禁止，不宜鼓励此类行为，以避免形成不良社会导向，因此，不宜对垫资款进行优先受偿保护。最后，建设工程价款的优先受偿的范围是否应当以登记为准。有观点认为，虽然农民工等建筑工人的利益应当予以优先保护，但是，建设工程价款在已经获得优先受偿顺位的前提下却不进行登记，对于发包人的其他债权人来说存在不确定性风险，不利于发包人融资，不利于发包人和其债权人事先进行交易安排以降低交易风险，也不利于交易的安全和其他债权人的保护，因此，应当对建设工程价款优先受偿的数额进行登记。在其他国家或地区也存在对建设工程价款优先受偿的数额进行登记的立法例，例如，《日本民法典》第338条规定，为保存不动产工程先取特权之效力，应于工程开始前登记其费用之预算额。于此情形，工程费用超过预算额时，就其超过额，先取特权不存在。我国台湾地区“民法”规定，“承揽之工作为建筑物或其他土地上之工作物，或为此等工作物之重大修缮者，承揽人得就承揽关系报酬额，对于其工作所附之定作人之不动产，请求定作人为抵押权之登记；或对于将来完成之定作人之不动产，请求预为抵押权之登记。”“前项请求，承揽人于开始工作前亦得为之。”“前二项之抵押权登记，如承揽契约已经公证者，承揽人得单独申请之。”“第一项及第二项就修缮报酬所登记之抵押权，于工作物因修缮所增加之价值限度内，优先于成立在先之抵押权。”反对的观点认为，虽然登记对第三人的预期和交易安全保护较为有利，但是登记之后建设工程因实际情况发生变化当事人未进行变更登记或者出现在登记前发包人的其他抵押权人实现抵押权等情形时，承包人的工程价款优先受偿权将会落空，不符合优先保护建筑工人利益的目的，因而并不可行。此外，也有观点明确提出，应当对建设工程价款优先受偿的范围进行进一步严格限制，不应使优先受偿的范围过宽，以平衡保护建筑工人和发包人的其他债权人的利益。

4. 未竣工工程价款的优先受偿权。工程竣工经验收合格后，发包人未按照约定支付工程价款，承包人享有工程价款优先受偿权，没有疑问。司法实践中有疑问的是，未经竣工验收的工程的工程价款是否应当享有优先受偿的权利。赞同的观点认为，未完工的工程在许多情形下已经具备一定的价值，甚至有些已经可以作为在建工程进行抵押，建设工程的价值已经显现，承包人的投入应当获得承认。工程未竣工的原因复杂，既可能为承包人的原因，也有可能为发包人的原因，如发包人因资金链断裂导致工程“烂尾”，在这类情形中，如因为工程未经竣工验收便否认承包人的建设工程价款优先受偿权，对承包人不公平且不符合保护建筑工人利益的初衷。因此，即便工程未经竣工验收，也应当承认承包人的工程价款优先受偿权。此观点中，根据承包人对未竣工验收是否有过错又分为两种观点。一种观点认为，因承包人过错导致工程未竣工验收的，承包人不享有建设工程价款优先受偿的权利。另一种观点认为，无论承包人对工程未竣工验收是否存在过错，只要未竣工验收工程的质量合格承包人就可享有建设工程价款优先受偿权。在赞同的观点中，关于何时承包人可以主张建设工程价款的优先受偿权，也没有一致的意见，有的观点认为，只有待后续建设的单位在实现建设工程价款优先受偿权时，原承包人才能就其建设的部分主张优先受偿权，有些观点则认为，只有待工程建设完工后，原承包人才能就其建设的建设工程部分主张建设工程价款优先受偿权，也有观点认为，只要承包人与发包人之间关于该工程建设的合作终局性终止，承包人即可主张建设工程价款的优先受偿权。反对未经竣工验收情形下承包人的建设工程价款优先受偿权的观点认为，只有在建设工程竣工经验收合格后，工程质量才真正符合要求，发包人的发包目的才能实现，承包人才完成合同义务，发包人才有支付工程价款的义务，承包人才能享有建设工程价款优先受偿的权利。在工程未竣工验收时，工程是否符合要求处于不确定状态，承包人并未交付合格的工作成果，承包人不应享有建设工程价款的优先受偿权利。同时，在工程未完工情况下主张建设工程价款优先受偿权还存在主张权利的时点不好确定等问题，笼统规定并无可操作性。

5. 优先受偿的权利顺位。建设工程价款的优先受偿权在实现时，可能会影响到其他权利主体的权利，如何合理地平衡各类主体之间的权利保护涉及权利的顺位问题。有的观点认为，建设工程价款具有优先受偿的特性，当事人之间设定的抵押权也具有优先受偿的特性，应当明确二者之间的权利顺位。建筑工人、商品房买受人、拆迁安置户等均属于需要特殊保护的主体，也有必要明确各自的权利顺位。最高人民法院 2002 年 6 月出台的《最高人民法院关于建设工程价款优先受偿权问题的批复》（法释〔2002〕16 号）中规定，“人民法院在审理房地产纠纷案件和办理执行案件中，应当依照《中华人民共和国合同法》第二百八十六条的规定，认定建筑工程的承包人的优先受偿权优于抵押权和其他债权。”“消费者交付购买商品房的全部或者大部分款项后，承包人就该商品房享有的工程价款优先受偿权不得对抗买受人。”关于建设工程价款优先受偿的权利优先于抵押权，批评的观点认为，未登记的建设工程价款优先受偿权优先于抵押权和其他债权受偿，会损害交易安全和第三人的交易预期，应当以登记作为权利顺位的确定原则。关于建设工程价款的优先受偿权不得对抗房屋买受人，批评的观点认为，购房人的权利虽然应当得到保护，但是，可能其他弱势债权人也值得保护，如要保护，不应单独保护购房人，购房人的权利是一种债权，优先于顺位在属于物权的抵押权之前的建设工程价款受偿，存在债权优先于物权性权利的问题，没有依据。如优先保护，应当对购房人的权利也进行预告登记，以登记为准确定顺位。对于以登记确定权利顺位问题，有观点也提出，建设工程价款的数额确定时间具有不确定性，在确定建设工程价款数额后进行登记，可能存在建设工程价款登记晚于抵押权等登记的问题，使其优先保护落空，进行预定数额的预先登记，又存在实际数额超出预定数额时不能得到保护的问题，也有一定的问题，对以登记作为权利保护顺位的确定依据问题应当进一步研究。

6. 优先受偿权的预先放弃或限制。法律规定了建设工程价款的优先受偿权，实践中出现了当事人通过约定预先放弃建设工程价款优先受偿权或者限制建设工程价款优先受偿权的现象。对于建设工程价款优先受偿权是否可以预先放弃或者限制存在不同的观点。主张可以放弃或限制的观点认为，建设工程价款的优先受偿权是一种民事权利，而且是一种财产权，应当允许当事人自由处分，只有如此，才符合其财产性权利的特征。同时，只有允许对其预先放弃或者限制，当事人双方才能够按照自己的真实意愿去进行协商，作出真正符合市场状况的选择。反对的观点认为，在建筑市场上，承包人通常处于弱势地位，承包人有可能为了承包到工程被迫放弃优先受偿权，发包方可能通过在格式合同中约定相关放弃或者限制建设工程价款优先受偿权的条款的方式或者以将放弃或者限制建设工程价款优先受偿权作为谈判条件的方式迫使承包人就范，最终使承包人的建设工程价款优先受偿权形同虚设。这是一种形式上的自由处分，实质上的不对等谈判。因而，在双方市场地位严重不对等的情况下，不应由当事人双方对法律规定的优先受偿权进行处分。同时，建设工程价款的优先受偿权，一定程度上是为了保护建筑工人等弱势群体的利益而设，在既没有对建筑工人的利益提供有效的保护措施也不是由建筑工人自己作出放弃决定的情况下，由承包方做出放弃或限制的选择，也不符合建设工程价款优先受偿权制度的设立初衷。因而，不应当允许发包人与承包人对建设工程价款优先受偿权进行处分。

7. 优先受偿权的行使期限。实践中，有观点认为，建设工程价款的优先受偿权涉及抵押权人等第三人利益，而且无需以登记等方式进行公示，权利人长期不行使权利将使抵押权人以及其他权利人的权利受到影响，使大量社会关系处于长期不确定状态，危害第三人利益及交易安全，因此，应当对其权利存续规定固定的期限，例如 6 个月或者 1 年，在该期限内权利人不行使权利，则权利灭失。反对的观点认为，优先受偿权是法律对弱势群体利益的倾斜保护，建设工程价款的优先受偿权又是对建筑工人利益的间接保护、反射保护，建筑工人自己无法积极行使，需要依赖于承包人去行使权利，设定特定的权利行使期限，将会出现建设工程价款优先受偿权动辄落空的现象，对建筑工人的利益可能保护不周。此外，规定建设工程价款优先受偿权的行使期限，必然会涉及权利行使的起算点问题，此问题在实践中一向复杂，在相关实践经验成熟前，不宜在立法上一刀切地简单作出规定。

8. 建设工程价款优先受偿权存在的必要性。在立法过程中，多数观点对建设工程价款优先受偿权持支持的态度，并提出了相应的完善建议。但是，也有观点主张，应当删除关于建设工程价款优先受偿权的规定。该观点认为，建设工程价款优先受偿权对建筑工人利益的保护是一种间接保护、反射保护，其保护作用并不直接，完全可以通过加强行政监管、设立建筑工人工资专用账户等更为直接有效的方式实现对建筑工人利益的保护。建设工程价款优先受偿权是一种对弱势群体利益的倾斜保护，但是，其间接保护的特征，又使其在实践中为了实现倾斜保护的目的在优先保护的范围上有被不断扩大适用的倾向，可能会带来过分不当地限制抵押权人和发包人的其他债权人的权利的问题。此外，该制度还因没有公示不利于交易安全、在具体适用上存在各种复杂问题等受到诟病，该制度的保护作用小于带来的问题。因而，如果能够通过其他方式实现对建筑工人利益的直接保护，则应删除关于建设工程价款优先受偿权的规定。

相关规定

《最高人民法院关于审理建设工程施工合同纠纷案件适用法律问题的解释（二）》第 17 条

第八百零八条　本章没有规定的，适用承揽合同的有关规定。

条文主旨

本条是关于适用承揽合同的规定。

立法背景

建设工程合同在性质上属于完成工作的合同。完成工作的合同是在传统民法的承揽合同的基础上发展起来的一大类合同，一般包括承揽合同、技术服务和技术开发合同。传统的承揽合同一般包括承揽和建设工程合同，一些国家的民法典中都专章规定了承揽，并把建设工程纳入规范。我国原《经济合同法》第 18 条和第 19 条分别规定了建设工程承包合同、加工承揽合同。在合同法起草时，考虑到经济合同法、涉外经济合同法和技术合同法三法合一，经济合同法中规定的有名合同应当保留并专章予以规定，我国原经济合同法已将建设工程合同作为不同于承揽合同的一类新的合同。同时又考虑到建设工程不同于其他工作的完成，具有与一般承揽合同不同的一些特点。因此，在合同法第十五章规定了承揽合同，在第十六章规定了建设工程合同。在本法起草时，继续保留了合同法的这种区分，第十七章规定了承揽合同，第十八章规定了建设工程合同。按照本法的规定，承揽合同是承揽人按照定作人的要求完成工作，交付工作成果，定作人支付报酬的合同。承揽包括加工、定作、修理、复制、测试、检验等工作。建设工程合同是承包人进行工程建设，发包人支付价款的合同。建设工程合同的主体是发包人和承包人。建设工程合同的客体是建设工程，包括建设房屋、公路、铁路、桥梁、隧洞、水库等工程。建设工程合同原为承揽合同中的一种，属于承揽完成不动产工程项目的合同，也具有一些与一般承揽合同相同的特征：如都是诺成合同、双务合同、有偿合同，都以完成一定工作为目的，标的都具有特定性。因此，本条规定，本章没有规定而承揽合同一章有规定的，可以根据建设工程合同的性质适用承揽合同中的有关规定。

条文解读

本条规定在适用时，首先，应当注意只有在本章无规定时才可适用承揽合同的有关规定，其次，还应注意只有在根据建设工程合同的性质可以适用承揽合同的相关规定时，才可适用承揽合同的相关规定。本法第 796 条规定，建设工程实行监理的，发包人应当与监理人采用书面形式订立委托监理合同。发包人与监理人的权利和义务以及法律责任，应当依照本编委托合同以及其他有关法律、行政法规的规定。第 796 条是关于监理合同的特殊规定，其已经明确规定发包人与监理人的权利和义务以及法律责任，应当依照本编委托合同以及其他有关法律、行政法规的规定，便不能依据本条规定援引适用承揽合同的相关规定。对于其他本章没有规定的内容，在适用承揽合同的有关规定时，也应当注意根据建设工程合同的性质特征确定能否直接适用承揽合同的有关规定。如果其他法律对建设工程合同作出的强制性规定使得对其直接适用承揽合同的相关规定不适当时，便不能直接适用承揽合同的相关规定，而应结合建设工程合同的规定、合同的一般规定以及其他法律的强制性规定确定当事人之间的权利义务。

第十九章　运输合同

本章共四节三十四条。在综合各专门运输法的规定和借鉴国际公约、各国运输合同立法中的有益经验的基础上，规定了本章的运输合同。本章分为四节：第一节一般规定，主要规定了运输合同的一般规则；第二节客运合同，主要规定了客运合同的主要内容；第三节货运合同，主要规定了货运合同的主要内容；第四节多式联运合同，主要规定了多式联运合同的特殊内容。

第一节　一般规定

第八百零九条　**运输合同是承运人将旅客或者货物从起运地点运输到约定地点，旅客、托运人或者收货人支付票款或者运输费用的合同。**

条文主旨

本条是关于运输合同定义的规定。

立法背景

运输合同又称运送合同，本条规定是对运输合同所作的定义。在合同法之前，有些特别法对于运输或者运输合同作了规定，如《海商法》第 41 条、《铁路法》第 11 条。国外也有对运输合同作了明确定义的，如《意大利民法典》第 1678 条规定，运送契约是指获得对价的承运人负有将人或者货物从一地运至另一地的义务协议。参考这些立法例，《合同法》对运输合同作了明确定义，其第 288 条规定："运输合同是承运人将旅客或者货物从起运地点运输到约定地点，旅客、托运人或者收货人支付票款或者运输费用的合同。"本条规定沿袭了《合同法》的这一规定。

条文解读

根据本条规定，运输合同的定义包含了以下几方面的内容：

1. 运输合同的主体是承运人和旅客、托运人。运输合同主体是运输合同权利义务的承担者，即运输合同的当事人。根据运输合同是双务合同的特性，当事人一方是享受收取运费或者票款权利承担运送义务的承运人，另一方是享受运送权利并支付运费的旅客和托运人，双方当事人的数目视具体合同关系而定。在运输合同中，承运人作为一方当事人，可以是一人或者数人，如在相继运输中承运人可分为缔约承运人和实际承运人，在多式联运合同中有多式联运经营人和各区段承运人。承运人多为法人或者组织，但也可以是个人。托运人是指与承运人订立货物运输合同的一方当事人。在旅客运输合同中，旅客具有双重身份，其既是运输合同的一方当事人，又是运输合同权利义务所指向的对象。

2. 运输合同中的托运人有时就是收货人，但在多数情况下，另有收货人，此时，收货人不是运输合同的一方当事人。

外国法和国际公约一般都规定，货物送达目的地后，承运人有通知收货人的义务，经收货人请求交付后，取得托运人因运输合同所产生的权利。在存在收货人的情况下，托运人与承运人订立运输合同是为了收货人的利益，承运人应当依照运输合同向收货人交付，但收货人的权利产生于请求交付之时，而非运输合同订立时，收货人是运输合同的第三人，也是运输合同中重要的关系人。

3. 运输合同的内容是承运人将旅客或者货物运输到约定地点。由此可见，运输合同的客体是承运人的运送行为，不是货物和旅客。

4. 在运输合同中，承运人的义务是将旅客或者货物运输到约定地点，权利是收取票款或者运费；而旅客、托运人的权利和义务与其对应，权利是要求承运人将其运输到约定地点，义务是向承运人支付票款或者运费。这里的票款是指在旅客运输合同中，旅客向承运人支付的报酬；这里的运费是指在货物运输合同中，托运人向承运人支付的报酬。

相关规定

《中华人民共和国海商法》第 41 条；《中华人民共和国铁路法》第 11 条

第八百一十条　从事公共运输的承运人不得拒绝旅客、托运人通常、合理的运输要求。

条文主旨

本条是关于从事公共运输的承运人强制缔约义务的规定。

立法背景

公共运输，是指面向社会公众的，由取得营运资格的营运人所从事的商业运输的行为，主要包括班轮、班机和班车运输，还包括其他以对外公布的固定路线、固定时间、固定价格进行商业性运输的运输行为。公共运输一般具有以下特征：

1. 公共运输的服务对象具有不特定性。公共运输的服务对象并不是特定的某些人，而是社会公众。因此，公共运输直接关系到人民的日常工作和生活，具有公益性的一面。

2. 公共运输的承运人要有专门的运输许可。根据相关法律规定，我国对从事公共运输的经营人要求取得特许资格，否则，不得从事公共运输业务。

3. 从事公共运输的承运人一般都制定了固定的路线、固定的时间、固定的价格，这是公共运输最为显著的特征。从法律的意义上讲，从事公共运输的承运人与旅客或者托运人之间的合同的内容确定化了。这种合同的基本内容不是由具体合同当事人双方协商确定的，而是由公共运输的承运人单方制定的，当然公共运输的承运人对外公布的固定的价格不是随便制定的，而是在遵守有关法律如价格法、铁路法、民用航空法等的前提下，考虑到我国的实际收入状况而制定的，并且还要经过有关主管部门的同意。

4. 从事公共运输的承运人与旅客或者托运人之间的运输合同的形式一般都是格式化的。公共运输合同的格式化产生的原因是公共运输的承运人一般都具有垄断性质，以及运输事务的频繁发生。这就决定了具体合同双方协商在事实上的不可能。但是只有公平合理的，并且依照法律的具体规定而产生的格式化合同才更符合旅客或者托运人的利益。为了防止公共运输合同内容的不平等，保护和促进运输经济的发展，公共运输合同一般都要经过国家运输主管部门的审查批准。所以一般来说对于从事公共运输的承运人，我国的国务院或者行政主管部门都制定了行政法规或者行政规章等加以规范，如我国的政府部门制定的《公路货物运输合同实施细则》《航空货物运输合同实施细则》等都对公共运输行为作了一定的规范。

条文解读

合同自由是合同法上的基本原则，本来不允许强制缔约，但是，由于公共运输的特殊性，本条规定明确了从事公共运输的承运人的强制缔约义务，即从事公共运输的承运人不得拒绝旅客、托运人通常、合理的运输要求。本条强调的是不得拒绝旅客或者托运人“通常、合理”的运输要求，对这里的“通常、合理”要有一个正确的理解，首先，在不同情况下，其内涵是不同的，如在海上旅客运输中，旅客坐的是头等舱，旅客要求提供空调服务就是“通常、合理”；而对散舱的旅客来说，要求提供空调就不是“通常、合理”的。其次，判断是否为“通常、合理”，不是依单个旅客或者托运人的判断，而是依一般旅客或者托运人的判断。最后，这里的“通常、合理”意味着从事公共运输的承运人不得对旅客或者托运人实行差别待遇，如同为乘坐普通舱位的旅客，承运人就不能对其中的一些旅客提供免费餐，而对另一些旅客不提供。

如果旅客、托运人的运输要求不是“通常、合理”的，则承运人有权拒绝。如果从事公共运输的承运人有正当理由的，也可以免除其强制缔约义务，比如，在运输工具已满载的情况下，从事公共运输的承运人可以拒绝旅客的乘坐要求；又如，由于不可抗力导致不能正常运输的情况下，从事公共运输的承运人也可以拒绝旅客或者托运人要求按时到达目的地的要求。

第八百一十一条　承运人应当在约定期限或者合理期限内将旅客、货物安全运输到约定地点。

条文主旨

本条是关于承运人及时安全送达义务的规定。

立法背景

按照约定时间进行安全运输是承运人的一项主要义务。运输合同是承运人与旅客或者托运人就运输事宜所作的一致的意思表示，一般都会对运输时间、到达地点和运输的安全等作出约定，承运人据此进行运输，否则就要承担违约责任。

条文解读

本条所规定的承运人及时安全送达义务主要包含了以下三层意思：

1. 承运人应当在约定的期限内或者合理的期限内进行运输。如果合同对运输期限有明确规定的，应当在合同约定的期限内进行运输；如果合同没有规定明确期限，则应当在合理期限内进行运输。承运人应当在约定期限或者合理期限内，将旅客或者托运人托运的货物运到目的地。如果由于承运人的原因造成旅客或者货物不能按时到达目的地的，承运人就要承担运输迟延的违约责任。

2. 承运人在运输过程中，应当保证旅客或者货物的安全。

运输行为是一项带有危险性的活动，特别是航空运输更是高风险的行业，它直接关系到人民的生命和财产的安全，因此强调运输活动的安全性是运输行业的一项基本原则，也是运输合同立法的基本原则。安全运输就是承运人要确保被运输的旅客和货物以及所使用的运输设备完好无损。有关法律对此也都有专门规定，如《铁路法》第10条等。

3. 承运人应当将旅客或者货物运到约定的地点。正如前面所述，运输合同实质上是旅客或者货物从一个地点到另一个地点的位移，旅客或者托运人与承运人订立合同的目的就是希望承运人把旅客或者货物运到约定地点。如果承运人不按合同约定的地点运输，将旅客或者货物错运到另一个地点，如运输合同中约定承运人应当将旅客或者货物运到上海，承运人却将旅客或者货物运到了南京，承运人就应当承担违约责任。

相关规定

《中华人民共和国铁路法》第10条

第八百一十二条　承运人应当按照约定的或者通常的运输路线将旅客、货物运输到约定地点。

条文主旨

本条是关于承运人按照约定或者通常运输路线运输的义务的规定。

立法背景

运输是从起运地点到目的地的位移，所以承运人运输时都要按照约定的或者通常的运输路线进行运输，这也是承运人的一项义务。其他特别法对此也有类似规定，比如《海商法》第49条第1款规定，承运人应当按照约定的或者习惯的或者地理上的航线将货物运往卸货港。

条文解读

根据本条规定，在运输中，承运人首先应当按照合同约定的运输路线进行运输。约定的运输路线，是指运输合同当事人在合同中明确约定的运输路线。只要是双方约定好的路线，即使是舍近求远的路线，承运人也应当按照这一路线进行运输，否则就要承担违约责任。如果当事人没有约定运输路线的，承运人应当按通常的运输路线进行运输，不得无故绕行。通常的运输路线，是指一般的、惯常运输的路线。之所以要规定承运人要按照通常的运输路线进行运输，主要是为了规避一些危险。我们知道通常的运输路线一般都是经过多次运输行为的检验，并被证明是很安全的，如果不按通常的运输路线进行运输，就有可能给运输活动带来危险，对旅客或者货物带来危害。例如，在民用航空运输中，航空运输路线一般都是经过精心测航的，选择的路线一般都是比较安全的（如少风暴、强气流等恶劣天气出现），在国际民用航空运输中，通常的运输一般还要经过航线所经国家的特别准许，如果民用航空运输承运人不按通常的运输路线运输，就有可能对旅客的生命安全造成危害。

在有的情况下，承运人不按通常的运输路线运输，进行合理的绕行也是准许的，一般不按违约处理。这主要包括以下几种情况：一是由于运输合同中列明的一些具体的事由出现而发生的绕行。例如合同中明确约定，在出现风暴的情况下，航空承运人可以绕行。二是法律规定的情形下，承运人也可以绕行。例如《海商法》第49条第2款规定，船舶在海上为救助或者企图救助人命或者财产而发生的绕航或者其他合理绕航，不属于违反前款的规定的行为。三是在运输中遇到危险，为了运输工具、旅客或者货物的安全，承运人也可不按通常的运输路线进行运输，可以进行绕行。即使这种危险是运输前承运人没有做到谨慎处理使运输工具处于适运的状态所致，承运人运输必须绕行，这种绕行也是合理的。四是因不可抗力的原因致使承运人不能按照通常的运输路线进行运输的，承运人也可以合理绕行。

承运人如果不按照本条规定履行其义务，应当依法承担违约责任。本法第813条就明确规定："承运人未按照约定路线或者通常路线运输增加票款或者运输费用的，旅客、托运人或者收货人可以拒绝支付增加部分的票款或者运输费用。"

相关规定

《中华人民共和国海商法》第49条

第八百一十三条　旅客、托运人或者收货人应当支付票款或者运输费用。承运人未按照约定路线或者通常路线运输增加票款或者运输费用的，旅客、托运人或者收货人可以拒绝支付增加部分的票款或者运输费用。

条文主旨

本条是关于旅客、托运人或者收货人支付票款或者运输费用的义务的规定。

立法背景

支付票款或者运费是旅客、托运人或者收货人的主要义务。承运人履行完成运输行为的义务，相应地，旅客、托运人或者收货人应当完成相应的支付票款或者运输费用的义务。

条文解读

在客运合同中，旅客支付票款的义务一般是在购买旅客运输票证时履行，旅客没有支付票款一般是不能取得运输票证的。在货运合同中，一般由托运人支付运输费用，如果是由收货人支付运费的，则应当在运输单证上载明，比如，《海商法》第69条就明确规定："托运人应当按照约定向承运人支付运费。托运人与承运人可以约定运费由收货人支付；但是，此项约定应当在运输单证中载明。"如果在运输单证中没有载明应由收货人支付运费，收货人一般可以拒绝支付运费。

在货运合同中，按运费的支付时间可以分为"运费预付"和"运费到付"两种。"运费预付"是指承运人在签发单据之前就已经收到运费。这种支付方式是受承运人欢迎的，因为他们无需承担运费的风险，但不可抗力灭失的除外。"运费到付"就是在货物到达目的地后，承运人才能收到运费。这种支付方式对于承运人来讲，承担的风险比较大，但是这种支付方式在运输中时常出现，例如海上的国际货物运输中，在FOB价格条件下，买方才是真正的托运人，所以就有可能采用运费到付的方式，但此时应当在运输单证中注明运费由收货人支付。

本条规定旅客、托运人或者收货人有向承运人支付票款或者运费的义务，同时也规定，承运人未按照约定路线或者合理路线运输而增加票款或者运费的，旅客、托运人或者收货人可以拒绝支付增加部分的票款或者运费。本法第812条明确规定："承运人应当按照约定的或者通常的运输路线将旅客、货物运输到约定地点。"但在日常的生活和经济活动中，常常出现这样一些情况，承运人不按照运输合同中约定的运输路线或者合理的运输路线进行运输，向旅客要求增加票款，向货物的托运人或者收货人要求增加运费。承运人没有正当理由不按照约定的路线或者合理的路线进行运输，是其自己的过错，旅客、托运人或者收货人没有任何过错，因此在此种情况下，旅客、托运人或者收货人可以拒绝支付增加部分的票款或者运费。

相关规定

《中华人民共和国海商法》第69条

第二节　客运合同

第八百一十四条　**客运合同自承运人向旅客出具客票时成立，但是当事人另有约定或者另有交易习惯的除外。**

条文主旨

本条是关于客运合同成立时间的规定。

立法背景

客运合同是指将旅客送达目的地，旅客支付票款的合同。

客运合同和货运合同是运输合同最主要的分类，两者之间的区别主要在于运输对象的不同。在客运合同中，承运人运输的通常是旅客本身。而在货运合同中，承运人运输的对象则是托运人所交付的货物。由于客运合同运输对象的特殊性，涉及旅客生命健康安全，所以在具体规则适用上与货运合同存在很大的不同。比如本法第822条明确规定："承运人在运输过程中，应当尽力救助患有急病、分娩、遇险的旅客。"而货运合同对于承运人就没有这样的要求。

条文解读

客运合同的成立时间和地点，涉及合同当事人受合同约束的开始时间和案件管辖问题，而国际客运合同的成立往往还涉及法律适用问题。客运合同的成立时间与普通民事合同不同，本条明确规定："客运合同自承运人向旅客出具客票时成立，但是当事人另有约定或者另有交易习惯的除外。"在普通情况下，客票是客运合同成立的凭据，也就是说，承运人向旅客签发的客票证明承运人和旅客之间订立了合同。所以客运合同的成立时间一般是旅客客票的取得时间，即承运人向旅客交付客票时合同成立。《合同法》第293条就是这样规定的。但随着互联网技术的发展，传统的购票方式发生了很大变化，客票的无纸化成为普遍趋势。旅客在客运合同订立过程中，可以通过网上购票的方式与承运人达成出行日期、票价等事项的合意，一旦意思表示一致，承运人出具电子票据合同即宣告成立，有时甚至旅客都不需要接收电子票据，出示身份证件即可乘坐。因此，本条将合同法规定的"交付客票时成立"修改为"出具客票时成立"。

但是，在运输合同的当事人另有约定的情况下，旅客运输合同的成立时间可以不是在承运人出具客票时成立，例如，在航空运输中，旅客与承运人约定航空运输合同从旅客登上飞机时成立，则该航空运输合同的成立时间即为旅客登上飞机那一刻。本条还规定，在另有交易习惯的情况下，客运合同的成立时间也可以不在出具客票时成立，例如在出租车运输中，客票的交付时间一般在运输行为完成后，按出租车运输的交易习惯，该运输合同在旅客登上出租车时就成立。

第八百一十五条　旅客应当按照有效客票记载的时间、班次和座位号乘坐。旅客无票乘坐、超程乘坐、越级乘坐或者持不符合减价条件的优惠客票乘坐的，应当补交票款，承运人可以按照规定加收票款；旅客不支付票款的，承运人可以拒绝运输。

实名制客运合同的旅客丢失客票的，可以请求承运人挂失补办，承运人不得再次收取票款和其他不合理费用。

条文主旨

本条是关于旅客按有效客票记载内容乘坐义务的规定。

立法背景

客票是客运合同的证明，旅客持有的客票一般也就意味着其与承运人之间有运输关系的存在，旅客凭客票就可以要求承运人履行运输的义务，但是由于客票具有流通性和一次性的特点，如铁路运输中的火车票，所以旅客也必须履行持有效的客票进行乘坐的义务。因此，《合同法》第294条曾对此作了明确规定："旅客应当持有效客票乘运。"近年来，客运合同领域出现不少新问题，旅客"霸座"事件频频在各种媒体上曝光，引发社会各界广泛关注。针对这一问题，本条第1款专门规定："旅客应当按照有效客票记载的时间、班次和座位号乘坐。"

在旅客运输中还常常出现旅客无票进行乘坐、越级乘坐、超程乘坐或者持不符合减价条件的优惠客票进行乘坐的现象。所谓越级乘坐就是指旅客自行乘坐超过客票指定的等级席位，如在海上旅客运输合同中，旅客买的是四等舱的客票，但他在船上自行占了三等舱的席位。所谓超程乘坐就是旅客自行乘坐的到达地超过了客票指定的目的地，例如在铁路运输中，旅客购买的客票上的目的地是长沙，而该旅客却持该客票坐到了广州。持不符合减价条件的优惠客票乘坐是指旅客不符合国家规定或者承运人确定的可以以优惠价格购买客票的减价条件，仍持该客票乘坐。比如旅客已经不是学生，仍借用别人的学生证或者持已过期的学生证购买学生票。

条文解读

对于旅客无票乘坐、超程乘坐、越级乘坐或者持不符合减价条件的优惠客票乘坐的行为，应当如何处理？《铁路法》第14条规定，旅客乘车应当持有效车票。对无票乘车或者持失效车票乘车的，应当补收票款，并按照规定加收票款；拒不交付的，铁路运输企业可以责令下车。《海商法》第112条规定，旅客无票乘船、越级乘船或者超程乘船，应当按照规定补足票款，承运人可以按照规定加收票款；拒不交付的，船长有权在适当地点令其离船，承运人有权向其追偿。参考这些立法例和实际情况，本条第 1 款规定，承运人对旅客这种行为的处理可以分为两个层次。首先，旅客无票乘坐、超程乘坐、越级乘坐或者持不符合减价条件的优惠客票乘坐的，应当向承运人补交票款。同时根据本条的规定承运人或者有关主管部门有权颁布规定，旅客无票乘坐、超程乘坐、越级乘坐或者持不符合减价条件的优惠客票乘坐的，承运人可以按规定加收票款。补足票款是乘客的义务，所以本条用了“应当”，至于是否按规定向乘客加收票款，则由承运人自己酌情处理，所以用了“可以”二字。其次，旅客不支付票款的，承运人可以拒绝运输。这里的拒绝运输是指承运人有权在适当的地点令其离开运输工具。当然在旅客拒不支付票款，承运人在适当地点令其离开运输工具后，承运人仍有权向旅客追偿。

这次民法典编纂过程中，有一些意见还提出，实践中客运合同很多已经实行了实名制，这些购买了实名制客票的旅客由于一些原因丢失客票的，申请挂失补办客票时，有的承运人却再次收取票款或者要求缴纳高额手续费等不合理费用，建议民法典对此作出明确规定，维护旅客合法权益。基于此，本条第 2 款新增规定：“实名制客运合同的旅客丢失客票的，可以请求承运人挂失补办，承运人不得再次收取票款和其他不合理费用。”根据这一规定，客运合同如果是实名制的，旅客丢失客票时，凭自己的有关身份证件可以向承运人申请挂失补办，承运人在确认旅客的真实身份后，也应当为其办理挂失补办手续，在办理这些手续时，不得乘机再次收取票款或者高额手续费等不合理费用。

相关规定

《中华人民共和国铁路法》第 14 条；《中华人民共和国海商法》第 112 条

第八百一十六条　旅客因自己的原因不能按照客票记载的时间乘坐的，应当在约定的期限内办理退票或者变更手续；逾期办理的，承运人可以不退票款，并不再承担运输义务。

条文主旨

本条是关于旅客办理退票或者变更乘运手续的规定。

立法背景

客票是旅客运输合同的凭证，在客票上通常载明了班次、运输开始的时间、客位的等级和座位号、票价等内容。承运人应当按照客票记载的时间进行乘运，并且要保证旅客在载明的时间内到达目的地。但是旅客自己也应当在客票载明的时间内乘坐。如果旅客因自己的原因不能按照客票记载的时间进行乘坐的，一般允许旅客在一定的时间内退票或者变更客票。本条就是对旅客办理退票或者变更乘运手续的规定。

条文解读

根据本条规定，客运合同成立后，旅客可以办理退票或者变更手续。所谓退票，是指旅客解除客运合同；所谓变更，是指旅客变更合同的内容，如由坐席改为卧铺，由公务舱改为经济舱，或者由上午九点的票改为下午三点的票等。在客票载明的乘坐时间前，承运人或者有关部门规定一般都给予了旅客单方解除运输合同或者单方变更运输合同的权利。但要注意的是，本条规定的旅客可以办理退票或者变更手续的适用是有条件的：第一，必须是旅客因自己的原因不能按照客票记载的时间乘坐。“因自己的原因”是指旅客因自身的健康状况、计划变动等原因造成的不能按照约定时间乘坐，是旅客自己主动终止或者变更运输合同。如果旅客不能按照客票的时间乘坐的原因是承运人造成的，则应当适用本法第 820 条的规定，即承运人应当及时告知和提醒旅客，采取必要的安置措施，并根据旅客的要求安排改乘其他班次或者退票；由此造成旅客损失的，承运人应当承担赔偿责任，但是不可归责于承运人的除外。第二，必须在约定的时间内办理。旅客办理退票或者变更手续的这种权利是有时间限制的，如果旅客在约定的时间内不办理退票或者变更手续，则超过该时间后，承运人可以不退票款，并且也不再承担运输旅客的义务。实践中，一般在客运合同中对于办理退票或者变更手续的时间都有明确规定，而且，在不同的时间办理退票或者变更手续所需要支付的手续费等也是不一样的。

第八百一十七条　旅客随身携带行李应当符合约定的限量和品类要求；超过限量或者违反品类要求携带行李的，应当办理托运手续。

条文主旨

本条是关于旅客携带行李的规定。

立法背景

旅客运输合同中，承运人的主要义务是将旅客从起运地运到目的地，而不是为了专门运输行李。但一般情况下，旅客有权携带必备的行李。为了旅客乘运途中的方便，承运人或者有关部门一般也允许旅客随身携带一定品种、数量、质量和重量的行李。至于旅客在乘运过程中可以随身携带多少数量以及多少重量、何种品类的行李，旅客与承运人一般在运输合同中都有约定。如果旅客所携带的行李超过合同约定的，则会加重承运人的运输负担，对承运人履行运输合同造成一定的不便。因此对旅客随身携带的行李进行限制，并不违背客运合同的目的。

条文解读

本条明确规定，旅客随身携带行李应当符合约定的限量和品类要求。例如，在航空旅客运输中，航空承运人一般规定每位旅客随身携带的行李数量不得超过几件、重量不得超过多少公斤等。不同的运输方式、不同的承运人，乃至不同等级的客票，所能携带的行李要求都可能不一样。对于旅客超过限量或者违反品类要求携带行李怎么处理，本条明确规定应当办理托运手续。如果旅客拒不办理托运手续，一定要随身携带的，承运人可以拒绝运输。

要注意的是，对于旅客随身携带的行李和托运的行李，承运人所应承担的责任是有所区别的，本法第 824 条对此有明确规定："在运输过程中旅客随身携带物品毁损、灭失，承运人有过错的，应当承担赔偿责任。旅客托运的行李毁损、灭失的，适用货物运输的有关规定。"

第八百一十八条 旅客不得随身携带或者在行李中夹带易燃、易爆、有毒、有腐蚀性、有放射性以及可能危及运输工具上人身和财产安全的危险物品或者违禁物品。

旅客违反前款规定的，承运人可以将危险物品或者违禁物品卸下、销毁或者送交有关部门。旅客坚持携带或者夹带危险物品或者违禁物品的，承运人应当拒绝运输。

条文主旨

本条是关于旅客不得携带危险物品或者违禁物品的规定。

立法背景

安全对于旅客运输有着特别重要的意义。在旅客运送过程中，承运人对于旅客的生命财产安全负有义务；同时，旅客在旅行过程中自身亦负有安全注意义务，最典型的就是本条规定的不得携带危险物品或者违禁物品的义务。

条文解读

在旅客运输活动中，因为旅客随身携带或者在行李中夹带违禁物品或者易燃、易爆、有毒、有腐蚀性、有放射性等危险物品而导致出现严重后果的例子并不少见。特别在铁路运输中，由于旅客随身携带危险物品而造成人身伤害和财产损害的事件屡屡出现。这里所指的危险物品是指危及人身安全和财产安全的物品，具体所指就是本条提到的易燃、易爆、有毒等物品，如烟花爆竹、炸药等。这里所指的违禁物品就是指有可能对国家利益和整个社会的利益造成影响的物品，如枪支、毒品等。承运人所进行的客运多具有公共运输的性质，旅客携带危险物品或者违禁物品不仅会对旅客自身的生命健康安全造成威胁，还会对承运人的运输安全以及其他旅客的生命健康安全造成威胁。因此，本条规定所设立的这一义务是对旅客规定的强制性义务，是旅客不得违反的法定义务。其他特别法对此也有明确规定，比如，《铁路法》第 28 条、《民用航空法》第 100 条第 3 款等。

在旅客运输中，旅客在登上运输工具之前，承运人一般都要对旅客进行安全检查，以防止旅客把危险物品或者违禁物品带上运输工具。但是在有的情况下，还是有旅客违反本条第 1 款的规定把危险物品或者违禁物品带上了运输工具，对于此种情况应当如何处理？根据本条第 2 款的规定，旅客违反前款规定的，承运人可以将危险物品或者违禁物品卸下、销毁或者送交有关部门。例如在海上旅客运输中，旅客随身携带烟花爆竹上船，在航行途中被承运人发现，为了航行的安全，承运人有权将烟花爆竹抛弃投入海中。在承运人将危险物品或者违禁物品卸下、销毁或者送交有关部门的情况下，承运人可以不负赔偿责任。同时如果旅客由于违反本条第 1 款的规定对其他旅客的人身、财产或者对承运人的财产造成损害的，旅客还应当负赔偿责任。本条第 2 款还规定，如果旅客坚持要携带或者夹带危险物品或者违禁物品的，承运人应当拒绝运输。这里用的是“应当”二字，与本章第 828 条的货物运输安全的规定不一样，这主要是由于在旅客运输中，对人身安全的保护要采取更为严格的措施。

相关规定

《中华人民共和国铁路法》第 28 条；《中华人民共和国民用航空法》第 100 条、第 101 条；《中华人民共和国海商法》第 113 条

第八百一十九条　承运人应当严格履行安全运输义务，及时告知旅客安全运输应当注意的事项。旅客对承运人为安全运输所作的合理安排应当积极协助和配合。

条文主旨

本条是关于承运人告知义务和旅客协助配合义务的规定。

立法背景

承运人在运输过程中，应当保证旅客的安全。运输行为是一项带有危险性的活动，特别是航空运输更是高风险的行业，它直接关系到人民的生命和财产的安全，因此强调运输活动的安全性是运输行业的一项基本原则，也是运输合同立法的基本原则。在客运合同中，安全运输就是承运人要确保被运输的旅客完好无损，本条再次强调承运人应当严格履行安全运输义务。为更好地履行安全运输义务，承运人在运输过程中很重要的一项义务就是告知义务，即及时告知旅客安全运输应当注意的事项。

条文解读

正如前所述运输活动是一项比较危险的活动，保证运输的安全是承运人最大的义务。旅客作为一个个体，对于运输当中

的安全乘运知识可能了解不多，为了让旅客安全乘坐，安全到达目的地，作为具有这方面专业知识的承运人就应当向旅客及时告知安全运输应当注意的事项。例如在民用航空运输中，航空承运人就应当在起飞前向乘客告知系上安全带、如何保持正确的乘姿、在发生紧急情况下如何使用氧气袋和安全舷梯等知识。如果由于承运人的过错没有告知旅客安全运输应当注意的事项，造成旅客的人身或者财产损害的，承运人应当负赔偿责任。

还需要注意的是，承运人应当“及时”告知旅客安全运输应当注意的事项。这里的“及时”是一个弹性要求，应当视具体情况来判断承运人的告知是否及时，如在前面所举的民用航空运输中，航空承运人在起飞前告知乘客有关安全运输应当注意的情况就为及时，如果在起飞后才告知这些情况就为不及时。

近年来，客运合同领域出现不少新问题，不时发生一些强抢方向盘、不配合承运人采取安全运输措施等严重干扰运输秩序和危害运输安全的恶劣行为，不少意见建议对此作出有针对性的规定。这次编纂民法典，特意在本条明确了旅客的协助配合义务，即“旅客对承运人为安全运输所作的合理安排应当积极协助和配合”。承运人为了安全运输会根据有关规定和实际情况作出一些合理安排，旅客对于这些合理安排应当积极协助和配合，否则要依照有关法律规定予以处理，直至对其予以行政处罚乃至追究其刑事责任。

第八百二十条 承运人应当按照有效客票记载的时间、班次和座位号运输旅客。承运人迟延运输或者有其

他不能正常运输情形的，应当及时告知和提醒旅客，采取必要的安置措施，并根据旅客的要求安排改乘其他班次或者退票；由此造成旅客损失的，承运人应当承担赔偿责任，但是不可归责于承运人的除外。

条文主旨

本条是关于承运人迟延运输或者有其他不能正常运输情形的规定。

立法背景

客票是承运人与旅客之间订立运输合同的凭证，同时客票上也对合同的很多内容作了记载，如运输时间、运输的班次等，旅客购买了客票后，旅客运输合同也就成立。承运人按照有效客票记载的时间、班次和座位号对旅客进行运输是其义务，否则就是对运输合同的违反。比如，《铁路法》第 12 条规定，铁路运输企业应当保证旅客按车票载明的日期、车次乘车，并到达目的站。因铁路运输企业的责任造成旅客不能按车票载明的日期、车次乘车的，铁路运输企业应当按照旅客的要求，退还全部票款或者安排改乘到达相同目的站的其他列车。

条文解读

迟延运输或者出现不能正常运输的情形是旅客运输中的一个较为普遍的现象。在旅客运输中，常常会出现一些异常情况导致运输行为不能正常进行，如发生不可抗力致使承运人不能将旅客按时运到目的地；又如在运输途中，运输工具突然发生故障，致使运输行为不能进行等。在这些造成迟延运输或者不能正常运输的重要事由中，有的是承运人的过错造成的，有的则不是承运人的过错造成的，而是由于不可抗力、意外事件或者第三人的原因造成的。不可抗力等原因虽然不是承运人造成的，但考虑到旅客在突然降临的自然灾害等原因面前被迫停止乘运，虽然不是承运人造成的，承运人也应履行一定的责任。对于这种现象应当如何处理？本条明确规定，承运人迟延运输或者有其他不能正常运输情形的，应当及时告知和提醒旅客，采取必要的安置措施，并根据旅客的要求安排改乘其他班次或者退票；由此造成旅客损失的，承运人应当承担赔偿责任，但是不可归责于承运人的除外。根据这一规定，承运人应当履行以下义务：

一是履行告知和提醒义务。一旦迟延运输或者有其他不能正常运输的情形发生，承运人首先应当向旅客告知有关具体事宜，提醒旅客作出出行准备或者修改出行方案等。

二是采取必要的安置措施。比如，由于天气、突发事件、空中交通管制、安检以及旅客等原因，造成航班延误或者取消的，承运人应当采取各种必要的安置措施，包括协助旅客安排餐食和住宿，等等。

三是根据旅客的要求安排改乘其他班次或者退票。在承运人迟延运输的情况下，如何处理的选择权在旅客手中。旅客可以要求退票，同时，如果旅客还要求继续乘坐运输工具的，承运人应当根据旅客的要求安排旅客改乘其他班次以到达目的地。

四是由此造成旅客损失的，承运人应当承担赔偿责任，但是不可归责于承运人的除外。如果由于承运人迟延运输，造成旅客损失的，承运人应当依法承担相应的赔偿责任。当然，如果造成迟延运输的原因不能归责于承运人的，比如由于地震等不可抗力造成的，那么承运人可以不承担赔偿责任。

相关规定

《中华人民共和国铁路法》第 12 条

第八百二十一条　承运人擅自降低服务标准的，应当根据旅客的请求退票或者减收票款；提高服务标准的，不得加收票款。

条文主旨

本条是关于承运人变更服务标准的规定。

立法背景

在旅客运输中，承运人应当按照客运合同中约定的服务标准来提供服务。实践中最典型的就是擅自变更运输工具进行运输。比如，在汽车运输中，承运人在运输合同中承诺用豪华公共汽车运输旅客，但是在实际运输中却用一般公共汽车进行运输；又如，承运人将旅客运到中途，却要求旅客换乘到另一辆公共汽车上。承运人这种擅自降低服务标准的行为，没有经过旅客的同意，违背了旅客的意志，是对运输合同的违反，有时会对旅客的利益造成损害。

条文解读

承运人擅自降低服务标准的行为实质上是对旅客要求按合同的约定获得相应服务权利的侵害，所以在这种情况下，应当尊重旅客的选择权，旅客要求退票的，承运人应当退还旅客的全部票款；旅客要求减收票款的，承运人应当按照旅客的要求减收票款。但是在有的情况下，承运人反倒提高了对旅客的服务标准，例如在汽车运输中，承运人在合同中承诺用一般的公共汽车进行运输，但在实际运输中却用豪华客车进行了运输，这无疑提高了对旅客的服务标准。在这种情况下，承运人是否可以加收票款？虽然承运人提高了旅客的服务标准，但是没有经过旅客的同意，所以即使提高了服务标准，承运人也不应当加收旅客的票款。

第八百二十二条　*承运人在运输过程中，应当尽力救助患有急病、分娩、遇险的旅客。*

条文主旨

本条是关于承运人尽力救助义务的规定。

立法背景

在承运人与旅客的运输合同中，运送为承运人的主要义务，承运人应当将旅客安全运输到约定地点。在此之外，承运人还负有衍生于诚信原则的一些附随义务，本条规定的尽力救助的义务就是其中之一。

条文解读

根据本条规定，在运输过程中，对于患有急病、分娩、遇险的旅客，承运人应当尽力救助。对于急病、分娩、遇险的旅客，其生命健康受到威胁，迫切需要得到救助，作为承运人，很多情况下具有提供必要救助服务的条件，如果其有能力对旅客的急病、分娩、遇险等情况进行救助，而对旅客的安危采取不闻不问的态度，这是有悖于一般的善良道德风俗的，也是与合同的基本原则——诚信原则是相违背的。所以本条规定，承运人在运输过程中，应当对患有急病、分娩、遇险的旅客尽力采取措施救助。这是承运人在运输过程所应承担的道德义务，也是法律规定的法定义务。如果未尽此义务，就要承担相应责任。

当然，承运人需要负担的是“尽力”救助的义务，所谓“尽力”，是指承运人尽到自己最大的努力，采取各种合理措施，以帮助照顾旅客或者对旅客进行救援等。承运人的救助义务并不是无限的，而是在自己的最大能力范围内救助旅客，超出承运人的能力范围，承运人可以免责。

第八百二十三条　承运人应当对运输过程中旅客的伤亡承担赔偿责任；但是，伤亡是旅客自身健康原因造成的或者承运人证明伤亡是旅客故意、重大过失造成的除外。

前款规定适用于按照规定免票、持优待票或者经承运人许可搭乘的无票旅客。

条文主旨

本条是关于承运人对旅客伤亡的赔偿责任的规定。

立法背景

运输行为的需求在于高速和安全，当代运输虽然安全程度越来越高，但社会经济发展要求的速度越来越快，在速度和安全之间，存在对立统一的关系。现代任何一种运输生产活动都存在与其他社会经济活动不同的风险，保障旅客在运输途中的安全也就成了旅客运输承运人最大的义务。承运人未尽到对旅客的安全运输义务造成旅客伤亡的，就应当承担相应的赔偿责任。本条就是关于承运人对旅客伤亡的赔偿责任的规定。

条文解读

理解本条规定，要注意以下三方面的内容：

一、归责原则

在客运合同中，造成旅客人身伤亡的，对承运人的赔偿责任应当采取什么样的归责原则，有一定的争议。有人认为应当实行过错责任制度，即承运人只有在具有过错造成旅客人身伤亡的情况下，才承担损害赔偿责任。但根据本条规定，在旅客运输活动中实行无过错责任制度，即承运人即使在没有过错的情况下，也应当承担损害赔偿责任。这是基于以下几点原因：

1. 在整个旅客运输活动中，旅客所受到的大多数损害，一般都与承运人的运输行为有关，或者由承运人的作为或不作为造成，或者由承运人未尽管理职责而间接造成。在有些情况下，并不是承运人违约或者侵权造成旅客伤害，如旅客乘火车旅行途中被车外人掷石头击伤。此时承运人仍应当承担赔偿责任，这是法律为保护旅客的人身安全利益而赋予承运人的一项责任或义务。

2. 在旅客运输中，应当强调对旅客人身生命的特别保护，而对承运人实行无过错责任制度，可以有效地促使承运人采取各种措施以保护旅客的安全。

3. 在现代运输业中，运输活动的公用性和独占特点以及国家的全面干预，要求承运人实行无过错责任制度。同时由于运输保险业的发展，运输风险大为分散，这就为承运人实行无过错责任制度奠定了基础。

4. 各国运输法对承运人责任制度的规定各不相同，但在现代经济条件下，无过错责任制度已成为旅客运输合同中的基本取向。究其原因，仍在于前面所述的国家对旅客运输行为的严格管理，承运人的独占性和公用性以及由此产生的国家对旅客的严加保护。就是我国的运输立法也在向无过错责任制度靠拢。如从原交通部颁布的《汽车旅客运输规则》来看，在公路运输中，实行的是无过错责任。铁路法虽没有明确规定是无过错责任制度，但从铁路法规定的免责条件来看，铁路运输中，也是实行的无过错责任制度。我国的《民用航空法》第 124 条规定，因发生在民用航空器上或者在旅客上、下民用航空器过程中的事件，造成旅客人身伤亡的，承运人应当承担责任；但是，旅客的人身伤亡完全是由于旅客本人的健康状况造成的，承运人不承担责任。可见航空旅客运输中也是实行无过错责任原则。

二、免责事由

法律在对旅客实行严格保护的同时，也明确规定了承运人的免责事由。根据本条规定，在两种情况下承运人可以免除责任：

1. 旅客自身健康原因造成的伤亡。如旅客在运输途中突发重病而死亡的。

2. 承运人证明伤亡是旅客故意、重大过失造成的。如旅客自己寻短见从火车上跳车自杀的，承运人就不承担赔偿责任。但是这里需要注意的是，只有旅客有重大过失的情况下，承运人才可以免责。如果旅客对伤亡的造成只有一般过失，承运人仍应当负赔偿责任。

在上述两种情形下，承运人对于旅客的伤亡不承担赔偿责任。

三、本条规定的适用范围

持有有效客票的旅客在运输过程中伤亡的，承运人当然须依法承担赔偿责任，但实践中还存在一些特殊情况，为了避免争议，本条第 2 款明确规定："前款规定适用于按照规定免票、持优待票或者经承运人许可搭乘的无票旅客。"即这三类旅客享有与普通旅客相同的权利，其在运输过程中伤亡的，承运人同样要承担赔偿责任。

要特别注意的是，由于运输方式的不同，风险的程度也不一样，所以各专门法对旅客运输中承运人的免责事由的规定有所不同。根据特别法优于普通法的原则，特别法有不同的规定时，应当适用特别法的规定。例如，《民用航空法》第 124 条规定的免责事由只有旅客的健康原因。同样，各专门运输法对承运人的赔偿数额基本上都作了限制性规定，如《海商法》第 117 条规定了旅客人身伤亡的，除法定情形外，每名旅客的赔偿责任限额不超过 46666 计算单位，承运人和旅客可以书面约定高于这一赔偿责任限额。《民用航空法》第 129 条规定，国际航空运输承运人对每名旅客的赔偿责任限额为 16600 计算单位；但是，旅客可以同承运人书面约定高于这一赔偿责任限额。所以各专门法对赔偿限额有特别规定的，应当依照其规定。

相关规定

《中华人民共和国民用航空法》第 124 条、第 129 条；《中华人民共和国海商法》第 117 条

第八百二十四条 **在运输过程中旅客随身携带物品毁损、灭失，承运人有过错的，应当承担赔偿责任。**

旅客托运的行李毁损、灭失的，适用货物运输的有关规定。

条文主旨

本条是关于承运人对旅客随身携带物品和托运的行李毁损、灭失的赔偿责任的规定。

立法背景

在旅客运输中，旅客一般都会有行李，分为随身携带物品和托运行李两类。对于这些行李，承运人都负有妥善保管、注意其安全的义务，行李毁损、灭失的，承运人依法负有赔偿责任。根据本条规定，这种赔偿责任因为携带物品和托运行李的不同而有所区别。

条文解读

根据本条第 1 款规定，对于旅客随身携带物品，如果其毁损、灭失承运人有过错的，应当承担赔偿责任。这对承运人实行的是过错责任原则，也就是说，在发生旅客自带物品毁损、灭失的情况下，承运人对自带物品的毁损、灭失有过错时，才承担赔偿责任。这主要是因为旅客随身携带物品处于旅客的直接控制之下，而不是处于承运人的保管之下，旅客也应对其随身携带的物品负有一定的保管责任，其也应当尽足够的注意保护这些物品，因而承运人对旅客随身携带物品负有相对较轻的注意保管义务。

根据本条第2款规定，对于旅客托运的行李，其毁损、灭失的，适用货物运输的有关规定。主要是适用本法第832条的规定："承运人对运输过程中货物的毁损、灭失承担赔偿责任。但是，承运人证明货物的毁损、灭失是因不可抗力、货物本身的自然性质或者合理损耗以及托运人、收货人的过错造成的，不承担赔偿责任。"这对承运人实行的是无过错责任原则。这是因为托运的行李不是旅客随身携带的，其从实质上讲是货物运输合同，所以应当适用货物运输的有关规定，对承运人的要求要高于旅客随身携带物品。

第三节　货运合同

第八百二十五条　**托运人办理货物运输，应当向承运人准确表明收货人的姓名、名称或者凭指示的收货人，货物的名称、性质、重量、数量，收货地点等有关货物运输的必要情况。**

因托运人申报不实或者遗漏重要情况，造成承运人损失的，托运人应当承担赔偿责任。

条文主旨

本条是关于托运人如实申报情况义务的规定。

立法背景

货运合同是指将特定的货物运送至约定地点，由托运人或者收货人支付费用的合同。货运合同与客运合同的最大区别在于运输对象的不同，其效力与客运合同有很大差异。

在承运人托运货物之前，往往需要托运人在办理货物运输之时向承运人准确地表明一些运输当中必要的情况，以便于承运人准确、安全地进行运输。在货物运输业务中，一般都是采用由托运人填写运单的方式（如在海上货物运输中一般是提单，在民用航空货物运输中一般是航空货运单，在铁路货物运输中一般是货运单）来进行申报的，而承运人也一般是凭借托运人填写的内容来了解货物的情况，并且采取相应的措施对货物进行运输中的保护；同时承运人也是根据运单上填写的收货人的名称或者地址，向收货人交货。如果托运人不向承运人准确、全面地表明这些运输必要的情况，就有可能造成承运人无法正确地进行运输，甚至有可能对承运人造成损失。为了避免这种情况的出现，本条强调了托运人在办理货物运输时，应当准确地向承运人表明有关货物运输的必要情况。在专门法中，对托运人的这项义务也作了规定，如《民用航空法》第117条规定，托运人应当对航空货运单上所填关于货物的说明和声明的正确性负责。因航空货运单上所填的说明和声明不符合规定、不正确或者不完全，给承运人或者承运人对之负责的其他人造成损失的，托运人应当承担赔偿责任。《铁路法》第19条规定，托运人应当如实填报托运单，铁路运输企业有权对填报的货物和包裹的品名、重量、数量进行检查。经检查，申报与实际不符的，检查费用由托运人承担；申报与实际相符的，检查费用由铁路运输企业承担，因检查对货物和包裹中的物品造成的损坏由铁路运输企业赔偿。托运人因申报不实而少交的运费和其他费用应当补交，铁路运输企业按照国务院铁路主管部门的规定加收运费和其他费用。《海商法》第66条规定，托运人托运货物，应当妥善包装，并向承运人保证，货物装船时所提供的货物的品名、标志、包装或者件数、重量或者体积的正确性；由于包装不良或者上述资料不正确，对承运人造成损失的，托运人应当负赔偿责任。

条文解读

根据本条第1款的规定，托运人办理货物运输，一般应当向承运人准确表明以下内容：

1. 收货人的名称或者姓名或者凭指示的收货人。这在货物运输合同中是很重要的，因为在运输合同中签订合同的一方托运人很多时候不是货物的接收方，接收方往往是与承运人并不相识的第三方，为了便于承运人及时交货，就需要托运人在运输开始之前向承运人在运单上或者以其他方式表明收货人的名称或者姓名。本条还规定，托运人在有的情况下还应当向承运人表明“凭指示的收货人”。这主要是针对在海上货物运输的情况下，托运人在交付货物进行运输时，还没有确定货物给谁时，就在提单上写明“凭指示交付”的字样，也就是承运人凭托运人的指示交付或者提单持有人的指示交付货物。

2. 货物的名称、性质、重量、数量等内容。这些因素都涉及货物本身的情况。一方面，托运人必须向承运人告知货物的具体情况，才能使承运人采取适当的措施确保货物在运输过程中不发生意外；另一方面，承运人收取运费、装卸货物的方式等都依赖于托运人所表明的货物的具体情况。

3. 收货地点。这对承运人的正确运输也是非常重要的，如果承运人不知道收货人的收货地点，也就无法在某个确定的地点进行货物交付，也就无法完成运输任务。

4. 有关货物运输的其他必要情况。除了上面列举的几种情况外，托运人还应当向承运人准确提供货物运输必要的其他情况，如货物的表面情况、包装情况等。

托运人应当向承运人准确表明以上内容，如果托运人申报不实即托运人所提供的情况与实际情况不符合，或者托运人遗漏重要的情况，即托运人应当向承运人提供一些有关运输的重要情况却没有提供，往往会造成两种结果：

一是因为托运人申报不实或者遗漏重要情况，致使承运人按照托运人申报的情况进行运输，结果给托运人造成损失。对于这种情况，应当如何处理？向承运人准确、全面地表明运输必要的情况是托运人的义务，如果因为托运人不履行这项义务或者履行这项义务不符合合同的约定给自己造成损失的，证明托运人对损失的产生是有过错的，所以理应由托运人自己承担损失，承运人可以不负任何责任。

二是因为托运人的申报不实或者遗漏重要情况给承运人造成损失的，对于这种情况，应当如何处理？本条第 2 款明确规定，因托运人申报不实或者遗漏重要情况，造成承运人损失的，托运人应当承担损害赔偿责任。比如，托运人把五吨重的货物误报为三吨，承运人的起重机负荷仅为三吨，造成机毁货损，损及承运人船舶，对此，托运人应当承担损害赔偿责任。

相关规定

《中华人民共和国民用航空法》第 117 条；《中华人民共和国铁路法》第 19 条；《中华人民共和国海商法》第 66 条

第八百二十六条　货物运输需要办理审批、检验等手续的，托运人应当将办理完有关手续的文件提交承运人。

条文主旨

本条是关于托运人办理审批、检验等手续的义务的规定。

立法背景

货物的运输往往会涉及各种手续，如国际货物运输合同，就必须向海关办理出口货物的报关，同时还必须为出口的货物办妥检疫、检验等手续；有些货物的运输还必须经过有关政府主管部门审批和同意。货物运输中所涉及的各种手续是运输所必需的，如果没有这些手续，承运人不能进行正常运输。所以在运输前，承运人一般都要求托运人办理这些手续，并且应当将办理完这些手续的文件提交给承运人，以便于承运人运输。我国的各专门法基本上都强调了托运人的这项义务，《民用航空法》第123条规定，托运人应当提供必要的资料和文件，以便在货物交付收货人前完成法律、行政法规规定的有关手续；因没有此种资料、文件，或者此种资料、文件不充足或者不符合规定造成的损失，除由于承运人或者其受雇人、代理人的过错造成的外，托运人应当对承运人承担责任。《海商法》第67条规定，托运人应当及时向港口、海关、检疫、检验和其他主管机关办理货物运输所需的各项手续，并将已办理各项手续的单证送交承运人；因办理各项手续的有关单证送交不及时、不完备或者不正确，使承运人的利益受到损害的，托运人应当负赔偿责任。

条文解读

本条对托运人应当办理的手续列举了审批、检验两种，但是托运人在货物运输前应当办理的手续不限于这两种，一般还包括检疫、港口准入等，在运输危险品时还包括危险品运输的许可手续。托运人一般应当在承运人进行货物运输前向承运人及时提供这些手续，如果不及时向承运人提供这些手续，就有可能造成运输的迟延，或者对承运人造成损失。对于托运人没有向承运人提供这些手续或者提供的手续不完备或者没有及时提供这些手续，给承运人造成损失的，托运人应当赔偿损失。

相关规定

《中华人民共和国民用航空法》第 123 条；《中华人民共和国海商法》第 67 条

第八百二十七条　托运人应当按照约定的方式包装货物。对包装方式没有约定或者约定不明确的，适用本法第六百一十九条的规定。

托运人违反前款规定的，承运人可以拒绝运输。

条文主旨

本条是关于托运人包装货物义务的规定。

立法背景

在货物运输中，对货物进行包装是很重要的，我们知道，货物的运输实际上就是货物在两地之间的位移，其一般都要经过长时间的移动，而移动的过程中可能遇到各种地形、气候以及运输工具本身的影响，而这种影响可能对货物的安全构成威胁，所以对货物进行妥善包装就涉及运输过程中运输货物的安全。例如，对于易腐烂变质的货物，如不对其进行包装，有可能在运输过程中就腐烂变质了。当然，并不是说任何货物的运输都必须进行包装，货物是否需要包装要根据货物本身的特性、运输路程的情况以及所使用的运输工具来决定。例如运输的货物是硬货，并且运输的路程很短，不包装对货物的安全不构成任何问题，此时不包装也是可以的。提出货物包装要求的一般是承运人或者主管运输的部门，运输合同的当事人一般在运输合同中对包装的方式也会作出约定。

条文解读

运输合同的当事人对货物的包装标准可以进行约定，但是当事人对包装的约定不得违反国家对包装标准的强制性规定，在当事人对包装约定的标准不违反国家规定的强制性标准的情况下，托运人应当按照约定的包装标准对货物进行包装。但是在有的情况下，托运人与承运人对包装的方式并没有进行约定或者虽有约定，但约定得不清楚，在这种情况下，本条第 1 款规定，对包装方式没有约定或者约定不明确的，适用本法第 619 条的规定。本法第 619 条规定：“出卖人应当按照约定的包装方式交付标的物。对包装方式没有约定或者约定不明确，依据本法第五百一十条的规定仍不能确定的，应当按照通用的方式包装；没有通用方式的，应当采取足以保护标的物且有利于节约资源、保护生态环境的包装方式。”该条中的足以保护标的物的包装方式，在运输合同中是指托运人根据货物的性质、重量、运输方式、运输距离、气候条件及运输工具的装载条件，使用符合运输要求，便于装卸和保证货物安全的包装。

按照本条第2款的规定，如果按照规定货物需要包装，而托运人违反本条第1款的规定没有进行包装或者包装不符合约定或者运输安全需要的，承运人可以拒绝运输。这是因为包装托运货物是托运人的义务，如果其不愿包装或者包装不符合约定，就是托运人不愿履行自己的义务，承运人当然有拒绝履行运输义务的权利。对于因此给托运人造成的损失，承运人不负赔偿责任；对于因此给承运人造成损失的，托运人应当向承运人赔偿损失。

第八百二十八条 **托运人托运易燃、易爆、有毒、有腐蚀性、有放射性等危险物品的，应当按照国家有关危险物品运输的规定对危险物品妥善包装，做出危险物品标志和标签，并将有关危险物品的名称、性质和防范措施的书面材料提交承运人。**

托运人违反前款规定的，承运人可以拒绝运输，也可以采取相应措施以避免损失的发生，因此产生的费用由托运人负担。

条文主旨

本条是关于托运人托运危险物品应履行义务的规定。

立法背景

在货物运输中，托运人往往会托运一些易燃、易爆、有毒、有腐蚀性、有放射性的危险物品。在运输这些危险物品时往往会涉及安全问题，如果在运输过程中对这些危险物品不进行妥善处理，就有可能对货物、运输工具等财产或者人身安全造成极大的威胁，所以对危险物品的安全运输作出强制性规定就显得极为重要。也正因为这样，各专门运输法对危险物品的运输基本上都作了特别规定，《海商法》第 68 条第 1 款规定，托运人托运危险货物，应当依照有关海上危险货物运输的规定，妥善包装，作出危险品标志和标签，并将其正式名称和性质以及应当采取的预防危害措施书面通知承运人；托运人未通知或者通知有误的，承运人可以在任何时间、任何地点根据情况需要将货物卸下、销毁或者使之不能为害，而不负赔偿责任。托运人对承运人因运输此类货物所受到的损害，应当负赔偿责任。《铁路法》第 28 条规定，托运、承运货物、包裹、行李，必须遵守国家关于禁止或者限制运输物品的规定。《民用航空法》第 101 条规定，公共航空运输企业运输危险品，应当遵守国家有关规定。禁止以非危险品品名托运危险品……危险品品名由国务院民用航空主管部门规定并公布。

条文解读

本条是在借鉴各专门运输法规定的基础上对危险货物的运输作出的规定，本条第 1 款对托运人规定了三项义务：

1. 对危险物品进行妥善包装。这里的妥善包装应当按照有关危险物品运输的规定进行，这些规定在国务院的行政法规或者运输主管部门的规章中基本上都有规定，例如国务院制定的《铁路货物运输合同实施细则》《水路货物运输合同实施细则》等。海上危险货物运输的包装则应符合联合国国际海事组织所颁布的危险品运输规则的有关规定。

2. 托运人应当在危险物品上作出标志和标签。例如在易爆的物品上标上“危险物品，请注意”的标签；在易燃的物品上贴上“火”的标志。在危险物品上作出标志和标签的目的是便于人们识别、提请人们注意，也是使承运人进行安全运输。

3. 托运人还应当将有关危险物品的名称、性质和防范措施的书面材料提交承运人。要求托运人提供这些材料的目的是使承运人采取措施进行安全运输，同时也是让承运人了解危险物品后，决定是否进行运输。托运人不得将危险物品报成非危险物品的名称，否则就要承担责任。

根据本条第 2 款规定，如果托运人没有对危险物品妥善进行包装，或者没有对危险物品作出标志和标签，或者没有将有关危险物品的名称、性质和防范措施的书面材料及时提交承运人的，承运人可以拒绝运输；如果是在运输过程中发现了托运人托运的是危险物品的，承运人也可以采取各种措施避免损失的发生，这些措施包括承运人可以在任何地点、任何时间根据情况将货物卸下、销毁或者使之不能为害。如果因为承运人采取的措施对托运人造成损失的，承运人可以不负赔偿责任。但如果因此而给承运人造成损失的，托运人应当向承运人负赔偿责任，同时承运人因为采取措施而产生的各种费用也应当由托运人承担。这里需要强调的是，即使托运人没有违反本条第 1 款规定的义务，承运人也知道危险物品的性质并且同意运输，但在运输过程中该危险货物对于运输工具、人员的安全和其他货物造成危险时，承运人仍可以采取各种相应的措施以避免损失的发生。在这种情况下，即使给托运人造成损失，承运人也可以不承担损害赔偿责任。

相关规定

《中华人民共和国民用航空法》第 101 条；《中华人民共和国海商法》第 68 条；《中华人民共和国铁路法》第 28 条

第八百二十九条　在承运人将货物交付收货人之前，托运人可以要求承运人中止运输、返还货物、变更到达地或者将货物交给其他收货人，但是应当赔偿承运人因此受到的损失。

条文主旨

本条是关于托运人变更或者解除运输合同权利的规定。

立法背景

所谓托运人的变更或者解除权，就是货物运输合同成立后，托运人有权变更或者解除合同，这种变更或者解除可以不经过承运人同意，承运人也无权过问相对方变更和解除合同的原因，只要托运人提出变更或者解除合同，均应予以变更或者解除。其他专门法对此也有明确规定。我国《海商法》第 89 条规定，船舶在装货港开航前，托运人可以要求解除合同。此处虽然是用的“可以要求”字样，但实质上，托运人的解除要求，承运人必须同意，因此仍为单方任意解除。《民用航空法》第 119 条第 1 款规定，托运人在履行航空货物运输合同规定的义务的条件下，有权在出发地机场或者目的地机场将货物提回，或者在途中经停时中止运输，或者在目的地或者途中要求将货物交给非航空货运单上指定的收货人，或者要求将货物运回出发地机场。

条文解读

根据本条规定，在承运人将货物交付收货人之前，托运人享有如下权利：一是中止运输、返还货物。中止运输，是指托运人要求承运人立即停止运输托运的货物；返还货物，是指托运人要求承运人将已经办理托运手续的货物返还给托运人或者提货凭证持有人。这实际上就是解除货运合同。二是变更到达地。变更到达地，是指托运人在货物交付给收货人之前，改变原来约定的到达地。对此承运人不得拒绝变更。三是将货物交给其他收货人。这实际上就是变更收货人。在承运人将货物交付收货人之前，托运人享有以上权利，承运人不得拒绝变更后的运输义务，应当按照托运人的要求中止运输、返还货物，或者按照托运人变更后的要求将货物安全、及时地运送至新的到达地或者交给新的收货人。当然，如果因为托运人单方变更或者解除合同给承运人造成损失的，应当赔偿其损失，包括承担因变更或者解除合同而产生的各种费用等。

但是这里需要注意的是，在提单运输中（主要在海上货物运输中），由于提单具有物权凭证、可以转让的性质，托运人的权利义务等全部内容一并转移给了提单持有人。所以在提单运输中，在货物已经起运后，托运人如果已经转让了提单，托运人就没有权利单方变更或者解除合同。但是在这种情况下，提单持有者可以单方变更或者解除合同。

理解本条还需要注意以下几点：(1) 如果托运人或者提单持有人的指示不能执行的，承运人应当立即通知托运人或者提单持有人。(2) 托运人或者提单持有人的这种单方变更或者解除权只能在货物交付收货人之前行使，如果货物已经交付给收货人，则托运人或者提单持有人的这种变更或者解除合同的权利即告终止。但是收货人拒绝接收货物的，或者承运人无法同收货人联系的，托运人或者提单持有人可以恢复行使这种权利。(3）本条的单方变更或者解除权只能由托运人或者提单持有人享有，承运人在运输合同成立后，不得单方变更或者解除合同，除非对方严重违约或者发生不可抗力。

相关规定

《中华人民共和国海商法》第 89 条；《中华人民共和国民用航空法》第 119 条

第八百三十条　货物运输到达后，承运人知道收货人的，应当及时通知收货人，收货人应当及时提货。收货人逾期提货的，应当向承运人支付保管费等费用。

条文主旨

本条是关于提货的规定。

立法背景

承运人将货物安全运到目的地后，并没有完成所有的运输义务，其还应当按照约定将货物交付于收货人。这是承运人的一项主要义务。

条文解读

承运人将货物安全运到目的地后，如果知道收货人的，应当及时通知收货人，以便于收货人及时提货，因为收货人对于货物何时到达目的地一般是不知道的。但是在有的情况下，货物到达目的地后，承运人并不知道收货人是谁，而托运人又没有及时告知承运人，在此时，承运人就没有及时通知收货人的义务。例如在海上货物运输中，托运人并没有告诉承运人收货人是谁，而只是在单证上写明“凭提示交付货物”，则承运人将货物运到目的地后，就可能不知道收货人是谁。所以本条才强调“承运人知道收货人的，应当及时通知收货人”。在货物到达目的地后，如果承运人不知道收货人是谁时，承运人应当通知托运人在合理期限内就运输的货物的处分作出指示。

一旦收货人接到承运人的通知，应当及时提货。这是收货人的主要义务。如果收货人在收到承运人的提货通知后的规定时间内或者没有规定时间而在合理时间内没有提取货物，造成逾期提货的，应当向承运人支付逾期的保管费用，如果因为逾期提货给承运人造成损失的，收货人应当承担损失。如果在逾期期间，货物因发生不可抗力而毁损灭失的，承运人不负赔偿责任。收货人提货时，应当将提单或者其他提货凭证交还给承运人，承运人一般也只有在收货人出示了提货凭证后，才能向收货人交付货物。如果按照运输合同的规定或者提货凭证的规定，应当由收货人交付全部或者部分运费的，收货人还应当向承运人履行交付运费的义务后，才有权利提取货物。

第八百三十一条　收货人提货时应当按照约定的期限检验货物。对检验货物的期限没有约定或者约定不明确，依据本法第五百一十条的规定仍不能确定的，应当在合理期限内检验货物。收货人在约定的期限或者合理

期限内对货物的数量、毁损等未提出异议的，视为承运人已经按照运输单证的记载交付的初步证据。

条文主旨

本条是关于收货人检验货物的规定。

立法背景

在货物运输合同中，承运人交付货物，收货人提货时，一个重要的问题就是收货人对货物的检验。货物经过运输后，其质量和数量很有可能发生变化，检验的目的是查明承运人交付的货物是否完好，是否与合同的约定相符合，因此对货物进行检验密切关系着收货人的利益。同时，对货物进行检验，可以尽快确定货物的质量状况和数量情况，明确责任，及时解决纠纷、有利于加速商品的流转。否则，当事人的法律关系长期处于不稳定的状态，不利于维护健康正常的合同秩序。所以本条强调收货人在提货时应当及时对货物进行检验。这是收货人的权利也是其义务。

条文解读

对于收货人的检验时间，如果运输合同对检验时间有约定的，根据本条的规定，收货人应当在约定的期限内对货物进行检验。如果对检验货物的时间没有约定或者约定不明确的，应当依据本法第 510 条的规定来确定，即："合同生效后，当事人就质量、价款或者报酬、履行地点等内容没有约定或者约定不明确的，可以协议补充；不能达成补充协议的，按照合同相关条款或者交易习惯确定。"如果依据第 510 条的规定仍不能确定的，则应当在合理期限内检验货物。这里的"合理期限"

是一个弹性的规定，应当视实际情况确定具体的时间。对于货物的数量、较易发现的货物的毁损，收货人应当在较短的时间内进行检验。例如，如果货物是易腐烂变质的东西，则收货人就应当在极短的时间内对货物进行检验。如果货物的毁损不是立即就能发现的，则收货人对货物进行检验的时间就会长一些。

如果收货人未在约定的期限内或者未在合理的期限内对货物的数量、毁损等提出异议，其法律后果为何，制定合同法时曾有两种不同的意见：一种意见认为，收货人未在约定的期限内或未在合理的期限内对货物的数量、毁损等提出异议的，应当视为承运人交付的货物与运输单证上记载的完全一样，承运人就不承担责任了。另一种意见认为，收货人未在约定的期限内或者合理的期限内对货物的毁损、数量等提出异议的，只能视为承运人已经按照运输单证的记载交付的初步证据。最终合同法基本上采纳了第二种意见，民法典继续维持这一规定未变。其他专门法对此也有类似规定，比如《民用航空法》第134条第1款规定，旅客或者收货人收受托运行李或者货物而未提出异议，为托运行李或者货物已经完好交付并与运输凭证相符的初步证据。《海商法》第81条第1款规定，收货人未将货物灭失或者损坏的情况书面通知承运人的，此项交付视为承运人已经按照运输单证的记载交付以及货物状况良好的初步证据。根据这一规定，收货人即使未在约定或者合理的期间内提出异议，但以后他仍可以提出据以异议和索赔的相反的证据，一旦有证据证明货物的毁损、灭失是发生在运输期间的，承运人仍应当赔偿。

相关规定

《中华人民共和国民用航空法》第134条；《中华人民共和国海商法》第81条

第八百三十二条　承运人对运输过程中货物的毁损、灭失承担赔偿责任。但是，承运人证明货物的毁损、灭失是因不可抗力、货物本身的自然性质或者合理损耗以及托运人、收货人的过错造成的，不承担赔偿责任。

条文主旨

本条是关于承运人对于货损的赔偿责任的规定。

立法背景

在货物运输中，承运人应当将货物安全运输到目的地，因此，承运人应当对自接收货物时起至交付货物时止所发生的货物的毁损、灭失承担损害赔偿责任。这里的“毁损”是指搬运的货物因损坏而价值减少；“灭失”是指承运人无法将货物交付给收货人，既包括货物物质上的灭失，也包括占有的更新丧失及法律上不能回复占有的各种情形。本条明确规定，承运人对运输过程中货物的毁损、灭失承担赔偿责任。根据这一规定，承运人应当对运输过程中货物的毁损、灭失承担无过错的赔偿责任，即该赔偿责任的成立，不以承运人在运输过程中存在过错为前提条件。

运输行为是风险作业，在运输过程中损害的发生原因是极其复杂的，法律在强调对托运人或者收货人的利益进行保护的同时，也必须对承运人的利益作适当的保护，以体现公平原则。法律对承运人的保护就体现在免责事由上。《铁路法》第18条规定，由于下列原因造成的货物、包裹、行李损失的，铁路运输企业不承担赔偿责任：（1）不可抗力。（2）货物或者包裹、行李中的物品本身的自然属性，或者合理损耗。（3）托运人、收货人或者旅客的过错。《海商法》第51条也规定了承运人在12种情况下，可以免除赔偿责任。原《经济合同法》第36条第1款第5项也规定，在符合法律和合同规定条件下的运输，由于下列原因造成货物灭失、短少、变质、污染、损坏的，承运方不承担违约责任：（1）不可抗力；（2）货物本身的自然性质；（3）货物的合理损耗；（4）托运方或收货方本身的过错。合同法对运输合同中承运人的免责事由的规定借鉴了专门运输法的规定和原经济合同法的规定，民法典维持这一规定不变。

条文解读

根据本条规定，承运人可以免除赔偿责任的三种情况是：

1. 不可抗力。根据本法第180条的规定，不可抗力是指当事人不能预见、不能避免且不能克服的客观情况，包括地震、台风、洪水等自然灾害，也包括战争等社会现象。如果货物的毁损、灭失是因不可抗力造成的，承运人不承担赔偿责任。

2. 货物本身的自然性质或者合理损耗。货物本身的自然性质，主要是指货物的物理属性和化学属性，例如运输的货物是气体，而气体的自然属性就是易挥发。如果是由于挥发造成的损失，承运人就不承担责任。货物的合理损耗，主要是指一些货物在长时间的运输过程中，必然会有一部分损失，对于这一部分损失，承运人也不负赔偿责任。

3. 托运人、收货人的过错。这主要是指由于托运人或者收货人自身的原因造成的货物损失。根据本章的规定，包括以下几种情况：（1）托运人对货物的包装存在缺陷，而承运人在验收货物时无从发现；（2）托运人自己装上运输工具的货物，加固材料不符合规定的条件或者违反装载规定，交付货物时，承运人无法从外部发现的；（3）托运人应当采取而未采取保证货物安全措施的；（4）收货人负责卸货造成的损失；（5）托运人应当如实申报而没有如实申报，导致承运人没有采取相应的保护措施造成的损失；等等。

承运人要求免除赔偿责任的，应当负举证责任。如果承运人自己不能证明有不可抗力、货物本身的自然性质或者合理损耗以及托运人、收货人的过错的情形存在，其就要承担损害赔偿责任。

相关规定

《中华人民共和国铁路法》第 18 条；《中华人民共和国海商法》第 51 条

第八百三十三条 货物的毁损、灭失的赔偿额，当事人有约定的，按照其约定；没有约定或者约定不明确，依据本法第五百一十条的规定仍不能确定的，按照交付或者应当交付时货物到达地的市场价格计算。法律、行政法规对赔偿额的计算方法和赔偿限额另有规定的，依照其规定。

条文主旨

本条是关于确定货物赔偿额的规定。

立法背景

在货物发生毁损、灭失的情况下，对于如何确定货物的赔偿额，本条作了明确规定。

条文解读

具体说来，应当根据以下规则来确定货物的损害赔偿额：

1. 当事人对货物毁损、灭失的赔偿额有约定的，应当按约定数额进行赔偿。当事人在合同中可能规定了一个总的赔偿数额，也有可能规定了一个赔偿额的计算方法。有的情况下，当事人办理了保价运输，这实际上也是对赔偿额的一种约定。但是，要注意在保价运输的情况下货物受损的赔偿。所谓保价运输就是承运人处理托运人、收货人提出赔偿要求的一种方式，即托运人在办理托运货物的手续时或者与承运人签订合同时，向承运人要求进行保价运输，声明货物的价格，并支付保价费。这实际上是当事人之间对货物损害赔偿额的一种约定。一般情况下，保价额相当于货物的价值。托运人办理保价运输的，承运人应当按照实际损失进行赔偿，但最高不得超过保价额。实际损失低于保价额的，按照实际损失进行赔偿。比如，《铁路法》第 17 条中对货物的保价运输进行了规定，该条规定，铁路运输企业应当对承运的货物、包裹、行李自接受承运时起到交付时止发生的灭失、短少、变质、污染或者损坏，承担赔偿责任：(1) 托运人或者旅客根据自愿申请办理保价运输的，按照实际损失赔偿，但最高不超过保价额……

2. 当事人对赔偿额没有约定或者约定不明确的，承运人赔偿的数额应当依照本法第510条的规定进行确定。本法第510条规定："合同生效后，当事人就质量、价款或者报酬、履行地点等内容没有约定或者约定不明确的，可以协议补充；不能达成补充协议的，按照合同相关条款或者交易习惯确定。"

3. 如果依照本法第510条的规定仍不能确定的，则按照交付或者应当交付时货物到达地的市场价格计算。本条之所以要规定此时以交付时或者应当交付时货物到达地的市场价格来计算货物的赔偿额，目的在于使托运人或者收货人获得假如货物安全及时到达并按合同交付时所应获得的利益，有利于保护托运人或者收货人的利益。这里的"交付时"是指货物按时到达了目的地，但是货物有毁损的情况下，计算市场价格的起算时间；"应当交付时"是指货物没有按时到达，而货物有毁损或者灭失的情况下，市场价格的起算时间。

4. 法律、行政法规对赔偿额的计算方法和赔偿限额另有规定的，应当依照其规定进行赔偿。我国各专门法对承运人的赔偿责任范围基本上都作了规定，如《铁路法》第17条第1款第2项规定，未按保价运输承运的，按照实际损失赔偿，但最高不超过国务院铁路主管部门规定的赔偿限额。《民用航空法》第128条第1款规定，国内航空运输承运人的赔偿责任限额由国务院民用航空主管部门制定，报国务院批准后公布执行。第129条第2项规定，对托运行李或者货物的赔偿责任限额，每公斤为17计算单位。《海商法》第56条第1款规定，承运人对货物的灭失或者损坏的赔偿限额，按照货物件数或者其他货运单位数计算，每件或者每个其他货运单位为666.67计算单位，或者按照货物毛重计算，每公斤为2计算单位，以二者中赔偿限额较高的为准。对于法律、行政法规的这些规定，应当在计算承运人的赔偿额时予以遵守。

对于本条需要注意的是，如果托运人在托运货物时自愿办理了货物运输保险的，在发生货物的毁损、灭失等保险事故时，得根据保险合同向保险人索赔。但保险人给付保险赔偿金后取得对承运人的赔偿金的代位求偿权。

相关规定

《中华人民共和国民用航空法》第128条、第129条；《中华人民共和国铁路法》第17条；《中华人民共和国海商法》第56条

第八百三十四条　两个以上承运人以同一运输方式联运的，与托运人订立合同的承运人应当对全程运输承担责任；损失发生在某一运输区段的，与托运人订立合同的承运人和该区段的承运人承担连带责任。

条文主旨

本条是关于相继运输责任承担的规定。

立法背景

所谓相继运输，又称“连续运输”，就是多个承运人以同一种运输方式共同完成货物运输的一种运输方式。在相继运输中，托运人只与数个承运人中的某一个承运人签订运输合同，在实践中，主要是与第一承运人签订运输合同。相继运输中，一方面，同一运输方式的运输路线分为不同的运输区段，而完

成这一运输过程必须经过若干运输区段、由不同运输区段的承运人完成；另一方面，运输关系要求特定的货物运输从起点到终点具有连续性、不能中断、不可分割的特性。在运输活动中，普遍存在的转车、转机、转船就是典型的相继运输，其主要特征就是“一票到底”，利用人只要与第一承运人签订运输合同，就可以享受全程所有区段的运输。

相继运输所发生的特殊的运输合同关系，我国的海商法和民用航空法都作了详细规定。比如，《民用航空法》第 136 条规定，由几个航空承运人办理的连续运输，接受旅客、行李或者货物的每一个承运人应当受本法规定的约束，并就其根据合同办理的运输区段作为运输合同的订约一方。对前款规定的连续运输，除合同明文约定第一承运人应当对全程运输承担责任外，旅客或者其继承人只能对发生事故或者延误的运输区段的承运人提起诉讼。托运行李或者货物的毁灭、遗失、损坏或者延误，旅客或者托运人有权对第一承运人提起诉讼，旅客或者收货人有权对最后承运人提起诉讼，旅客、托运人和收货人均可以对发生毁灭、遗失、损坏或者延误的运输区段的承运人提起诉讼。上述承运人应当对旅客、托运人或者收货人承担连带责任。

条文解读

相继运输中，承运人的责任制度是立法中的一个难点，也是一个重点。有人认为，应当规定在相继运输中，各承运人应当承担连带责任。有人认为，应当规定由签订运输合同的第一承运人对运输的全程负责。我们认为，在签订合同时，除非承运人明确与托运人约定，各承运人是一个合伙关系，否则托运人无从知道各承运人之间的关系，一旦发生责任，托运人一般也只找与之签订运输合同的承运人，由签订运输合同的承运人承担责任，有运输合同作为依据，可以便于索赔。从这个角度来讲，规定由与托运人签订合同的承运人应当对全程运输承担责任是比较合理的。签订合同的承运人对托运人承担责任后，其可以向其他承运人追偿。据此，本条明确规定："两个以上承运人以同一运输方式联运的，与托运人订立合同的承运人应当对全程运输承担责任；损失发生在某一运输区段的，与托运人订立合同的承运人和该区段的承运人承担连带责任。"本条规定包括两方面的内容：

一是在单式联运中，与托运人订立合同的承运人应当对全程运输承担责任。这就是说，订约的第一承运人应当对货物安全及时送达目的地负责，如果货物因为其他承运人的原因而未能安全及时送达目的地，订约的第一次承运人应当就此对托运人或者收货人负责。

二是损失发生在某一运输区段的，与托运人订立合同的承运人和该区段的承运人承担连带责任。也就是说，如果查明货物的毁损、灭失是发生在某一具体运输区段的，由该区段的承运人和订约的第一承运人承担连带责任。这有利于保障托运人的利益，使其可以对所受损失进行直接追偿。

相关规定

《中华人民共和国民用航空法》第136条

第八百三十五条 货物在运输过程中因不可抗力灭失，未收取运费的，承运人不得请求支付运费；已经收

取运费的，托运人可以请求返还。法律另有规定的，依照其规定。

条文主旨

本条是关于货物因不可抗力而灭失时运费处理的规定。

立法背景

在运输活动中，常常出现这样一种情况，即托运的货物在运输过程中因不可抗力灭失了，货物的这种灭失不是因为承运人的原因造成的，也不是因为托运人、收货人的过错造成的。在这种情况下，对于货物灭失的风险根据本章第832条的规定，承运人不承担货物的损害赔偿责任，但是对于运费的支付风险应当如何处理呢？对此，我国《海商法》第90条规定，船舶在装货港开航前，因不可抗力或者其他不能归责于承运人和托运人的原因致使合同不能履行的，双方均可以解除合同，并互相不负赔偿责任。除合同另有约定外，运费已经支付的，承运人应当将运费退还给托运人；货物已经装船的，托运人应当承担装卸费用。我国台湾地区“民法”第645条规定，运送物于运送途中因不可抗力而丧失者，运送人不得请求运费。其因运送而已受领之数额，应返还之。本条的规定是在参考海商法的规定和借鉴我国台湾地区“民法”规定的基础上作出的。

条文解读

根据本条规定，运费的风险应当由承运人负担。即货物在运输过程中因不可抗力灭失，未收取运费的，承运人不得请求支付运费；已收取运费的，托运人可以请求返还。在立法过程中，对此曾有一定争议，有的认为，已经收取运费的，由于承运人已经运输了一段时间，所以承运人可以不返还运费。我们认为，托运人已经因货物的灭失而遭受了极大的损失，如果其还要负担运费，就意味着要承担双重损失，从公平和诚实信用的角度来讲，法律应当允许托运人请求承运人返还已支付的运费，使风险得以合理分担。所以本条规定，已收取的运费，托运人可以请求返还。当然，如果其他法律对于运费的处理另有特别规定的，依照其规定处理。

相关规定

《中华人民共和国海商法》第 90 条

第八百三十六条　托运人或者收货人不支付运费、保管费或者其他费用的，承运人对相应的运输货物享有留置权，但是当事人另有约定的除外。

条文主旨

本条是关于承运人留置权的规定。

立法背景

收取运费、保管费以及其他运输费用（如承运人为托运人或者收货人垫付的报关费等）是承运人的主要权利。但是在托运人或者收货人不交付运费、保管费以及其他运输费用时，承运人可以采取什么措施保护自己的权利呢？对此本条明确规定，托运人或者收货人不支付运费、保管费或者其他费用的，承运人对相应的运输货物享有留置权。

条文解读

承运人在行使留置权时，应当注意下列事项：

1. 除法律另有规定外，承运人可以自行留置货物，不必通过法定程序留置货物。

2. 本条所指的对“相应的运输货物”行使留置权包括两层含义：一是对于可分的货物，承运人留置的货物应当合理和适当，其价值应包括未支付的运费、保管费以及其他费用，加上可能因诉讼产生的费用，而不能留置过多的货物。当然如果承运人根本就没有获得任何费用，其也可以对全部货物行使留置权。二是对于不可分的货物，承运人可以对全部货物进行留置，即使承运人已取得了大部分运费、保管费以及其他费用。

3. 本条还规定“但是当事人另有约定的除外”，此句包含了两层意思：第一是指当事人如果在合同中约定即使在运费、保管费或者其他费用没有付清的情况下，承运人也不能留置货物的，承运人就不能留置货物。第二是指如果托运人或者收货人提供了适当的担保，则承运人也不能留置货物。

第八百三十七条　收货人不明或者收货人无正当理由拒绝受领货物的，承运人依法可以提存货物。

条文主旨

本条是关于货物提存的规定。

立法背景

在实际运输业务中，常因贸易合同纠纷或者其他原因，造成承运人将货物运输到目的地后无法向收货人交货的情况，这时应当如何处理？其他专门法对此有规定，比如《铁路法》第22条第1款规定，自铁路运输企业发出领取货物通知之日起满30日仍无人领取的货物，或者收货人书面通知铁路运输企业拒绝领取的货物，铁路运输企业应当通知托运人，托运人自接到通知之日起满30日未作答复的，由铁路运输企业变卖；所得价款在扣除保管等费用后尚有余款的，应当退还托运人，无法退还、自变卖之日起180日内托运人又未领回的，上缴国库。铁路法是把此货物当作无主物来处理的。《海商法》第86条规定，在卸货港无人提取货物或者收货人迟延、拒绝提取货物的，船长可以将货物卸在仓库或者其他适当场所，由此产生的费用和风险由收货人承担。本条规定即参考了这些立法例。

条文解读

本条中的"收货人不明"既包括收货人下落不明，还包括在货物运输终止时，托运人并没有向承运人指明收货人是谁，承运人向托运人通知请求其作出指示而托运人逾期没有作出指示的情况，例如在海上货物运输中，托运人有时在提单上注明"凭指示交付"的字样，而没有具体写明收货人是谁。

对于本条应当注意以下几点：(1) 如果运输的货物不适于提存或者提存费用过高的，承运人应当可以依法拍卖或者变卖货物，然后提存所得的价款。如货物是易于腐烂的食品，承运人就不能直接提存该食品。(2) 在货物被提存后，承运人应当及时通知托运人，在收货人明确的情况下，应当及时通知收货人。(3) 如果货物在提存后毁损、灭失的，则承运人不承担该货物毁损、灭失的风险。(4) 如果承运人应得的运费、保管费以及其他费用加上提存的费用没有付清的，承运人可以依照规定留置该货物，以该货物拍卖或者折价，从中扣除运费和其他各种费用后，再提存剩余的价款或者没有被留置的相应货物。

相关规定

《中华人民共和国铁路法》第 22 条；《中华人民共和国海商法》第 86 条

第四节　多式联运合同

随着国际贸易中越来越多地使用集装箱运送货物，出现了一种新的运输方式——货物的多式联运。多式联运是以至少两种不同的运输方式将货物从接管的地点运至指定地点交付。与传统的单一运输方式相比，多式联运，特别是在成组运输的情况下，大大简化和加速了货物的装卸、搬运程序，运输服务从过去的港到港一直延伸到了门至门，减少了货损货差，降低了成本和费用，为贸易提供了一个更为理想、畅通、安全、经济、便利的运输方式。

以多式联运方式进行货物的运输在我国的贸易实践中已经大量出现，并且随着社会主义市场的发展，以多式联运的方式进行运输的行为会越来越普遍。这就需要有关多式联运合同方面的法律来对多式联运行为进行规范，《海商法》第四章第八节对多式联运合同虽然作了规定，但其在第 102 条明确规定，该法有关多式联运合同的规定只针对其中一种必须是海上运输方式的多式联运合同，对其他不涉及海上运输方式的多式联运合同并不适用。同时，多式联运合同与其他一般运输合同相比有着许多特殊之处。为了适应运输贸易发展的需要和规范多式联运合同关系，本法在运输合同一章专门设置了本节——多式联运合同。

第八百三十八条　多式联运经营人负责履行或者组织履行多式联运合同，对全程运输享有承运人的权利，承担承运人的义务。

条文主旨

本条是关于多式联运经营人应当负责履行或者组织履行合同的规定。

立法背景

本法所称的多式联运合同，是指多式联运经营人以两种以上的不同运输方式，负责将货物从接收地运至目的地交付收货人，并收取全程运费的合同。可见以两种以上的不同运输方式进行运输是多式联运合同区别于传统运输合同的最大特征。

条文解读

在多式联运合同中，多式联运经营人处于一个比较特殊的位置。本条所指的多式联运经营人，是指本人或者委托他人以本人名义与托运人订立多式联运合同的人。他是事主，而不是托运人的代理人或者代表人，也不是参加多式联运的各承运人的代理人或者代表人。从本条的规定可知，多式联运经营人要根据多式联运合同履行运输义务或者组织承运人履行运输义务。多式联运经营人可分为两种类型：第一种是多式联运经营人自己拥有运输工具，并且直接参加了运输合同的履行。第二种是多式联运经营人自己不拥有运输工具或者不经营运输工具，也不直接从事运输活动，而是在签订多式联运合同后，通过双边合同与各运输方式承运人又单独签订各区段运输合同，组织其他承运人进行运输。但是不管多式联运经营人是属于哪一种情形，根据本条的规定，多式联运经营人都要对与之签订合同的托运人或者收货人承担全程运输的义务，同时根据本章的规定，多式联运经营人要承担全程运输所发生的责任和风险。当然他也享有作为全程运输承运人的权利，例如有向托运人或者收货人要求运输费用的权利等。

第八百三十九条　多式联运经营人可以与参加多式联运的各区段承运人就多式联运合同的各区段运输约定相互之间的责任；但是，该约定不影响多式联运经营人对全程运输承担的义务。

条文主旨

本条是关于多式联运经营人责任承担的规定。

立法背景

对多式联运应当规定什么样的责任制度？一种意见认为，在多式联运中，应当实行分散责任制度，也就是说，多式联运经营人无须对全程运输负责，有关责任由发生责任的区段上的实际承运人负责并适用该区段的相应法律。另一种意见认为，多式联运运输中应当实行统一责任制度，即多式联运经营人对全程运输负责，多式联运经营人与实际承运人之间可另以合同约定相互之间的责任。分散责任制度不利于保护托运人或者收货人的利益，不利于托运人或者收货人索赔。同时托运人只与多式联运经营人签订合同，其一般不知道也不须知道货物的运输会由其他承运人来进行，从承担责任的依据上讲，在多式联运运输中实行统一责任制度更合理。

条文解读

《海商法》第 104 条第 2 款规定，多式联运经营人与参加多式联运的各区段承运人，可以就多式联运合同的各区段运输，另以合同约定相互之间的责任。但是，此项合同不得影响多式联运经营人对全程运输所承担的责任。《联合国国际货物多式联运公约》第 14 条规定，本公约所规定的多式联运经营人对于货物的责任期间，自其接管货物之时起到交付货物时为止。参考以上立法例，本条规定，多式联运经营人可以与参加多式联运的各区段承运人就多式联运合同的各区段运输约定相互之间的责任；但是，该约定不影响多式联运经营人对全程运输承担的义务。也就是说，多式联运经营人对全程运输中所发生的责任对托运人或者收货人负全责，但是多式联运经营人可以与参加多式联运的各区段运输约定相互之间的责任，例如在一个海陆空的多式联运合同中，多式联运经营人与海上运输区段的承运人、陆路运输区段的承运人、航空运输区段的承运人分别对每一段的运输责任约定，在多式联运经营人对托运人或者收货人负全程的运输责任后，可以依据其与每一区段的运输承运人签订的合同，向其他承运人追偿。

相关规定

《中华人民共和国海商法》第 104 条

第八百四十条 多式联运经营人收到托运人交付的货物时，应当签发多式联运单据。按照托运人的要求，多式联运单据可以是可转让单据，也可以是不可转让单据。

条文主旨

本条是关于多式联运单据的规定。

立法背景

在多式联运中，当多式联运经营人收到托运人交付的货物时，应当向托运人签发多式联运单据。所谓多式联运单据就是证明多式联运合同存在及多式联运经营人接管货物并按合同条款提交货物的证据。多式联运单据应当由多式联运经营人或者经他授权的人签字，这种签字可以是手签、盖章、符号或者用任何其他机械或者电子仪器打出。

条文解读

多式联运单据一般包括以下14项内容：（1）货物品类、标志、危险特征的声明、包数或者件数、重量；（2）货物的外表状况；（3）多式联运经营人的名称与主要营业地；（4）托运人名称；（5）收货人名称；（6）多式联运经营人接管货物的时间、地点；（7）交货地点；（8）交货日期或者期间；（9）多式联运单据可转让或者不可转让的声明；（10）多式联运单据签发的时间、地点；（11）多式联运经营人或其授权人的签字；（12）每种运输方式的运费、用于支付的货币、运费由收货人支付的声明等；（13）航线、运输方式和转运地点；（14）双方商定的其他事项。但是以上一项或者多项内容的缺乏，不影响单据作为多式联运单据的性质。如果多式联运经营人知道或者有合理的根据怀疑多式联运单据所列的货物品类、标志、包数或者数量、重量等没有准确地表明实际接管货物的状况，或者无适当方法进行核对的，多式联运经营人应在多式联运单据上作出保留，注明不符合之处及怀疑根据或无适当核对方法。如果不加批注，则应视为已在多式联运单据上注明货物外表状况的良好。

根据本条的规定，多式联运单据依托运人的要求，可以是可转让的单据，也可以是不可转让的单据。在实践中，只有单据的签发人（即多式联运经营人）承担全程责任时，多式联运单据才有可能作成可转让的单据。此时，多式联运单据具有物权凭证的性质和作用。在作成可转让的多式联运单据时，应当列明按指示或者向持票人交付。如果是凭指示交付货物的单据，则该单据经背书才可转让。如果是向持票人交付货物的单据，则该单据无须背书即可以转让。当签发一份以上可转让多式联运单据正本时，应当注明正本份数，收货人只有提交可转让多式联运单据时才能提取货物，多式联运经营人按其中一份正本交货后，即履行了交货人的义务；如果签发副本，则应当注明“不可转让副本”字样。如果多式联运经营人按托运人的要求签发了不可转让多式联运单据，则应当指明记名的收货人，多式联运承运人将货物交给不可转让单据所指明的记名收货人才算履行了交货的义务。

第八百四十一条　因托运人托运货物时的过错造成多式联运经营人损失的，即使托运人已经转让多式联运单据，托运人仍然应当承担赔偿责任。

条文主旨

本条是关于托运人应当向承运人承担过错责任的规定。

立法背景

在多式联运中，托运人一般应当承担以下三方面的责任：

1. 保证责任，即在多式联运经营人接管货物时，托运人应视为已经向多式联运经营人保证其在多式联运单据中所提供的货物品类、标志、件数、重量、数量及危险特性的陈述准确无误，并应对违反这项保证造成的损失负赔偿责任。

2. 对凡是因为托运人或者其受雇人或者代理人在受雇范围内行事时的过失或者大意而给多式联运经营人造成损失的，托运人应当向多式联运经营人赔偿责任。

3. 运送危险物品的特殊责任。托运人将危险物品交给多式联运经营人时，应当告知多式联运经营人危险物品的危险特性，必要时告知应采取的预防措施。否则其要对多式联运经营人因运送这类货物所遭受的损失负赔偿责任。

条文解读

在多式联运中，即使托运人已经转让多式联运单据，但如果因自己的过错给多式联运经营人造成损失的，托运人仍然应当承担损害赔偿责任。也就是说，托运人赔偿多式联运经营人的损失不受多式联运单据是否转让的影响，只要因托运人的过错给多式联运经营人造成损失，不管多式联运单据在谁手中，多式联运经营人都可向托运人要求赔偿，而不能向持票人或者收货人要求赔偿。

第八百四十二条 货物的毁损、灭失发生于多式联运的某一运输区段的，多式联运经营人的赔偿责任和责任限额，适用调整该区段运输方式的有关法律规定；货物毁损、灭失发生的运输区段不能确定的，依照本章规定承担赔偿责任。

条文主旨

本条是关于多式联运经营人承担赔偿责任所适用法律的规定。

立法背景

在传统的单一运输方式中，对于承运人的赔偿问题基本上都有专门的运输法或者行政法规进行规定。但在多式联运中，由于其最大的特点就是用不同的运输方式进行运输，而我国的各专门运输法或者行政法规对不同的运输方式中的赔偿责任和赔偿限额的规定是不相同的，所以就存在一个问题，即一旦货物发生毁损、灭失，多式联运经营人根据什么法律或者行政法规承担赔偿责任和赔偿限额。

条文解读

本条规定就此确立了两个规则：

1. 如果货物发生毁损灭失的区段是确定的，多式联运经营人的赔偿责任和责任限额，适用调整该区段运输方式的有关法律的规定。该原则体现了目前国际通行的多式联运经营人的“网状责任制”。例如托运人与多式联运经营人签订了一份从北京至纽约的多式联运合同。全程运输分为三个区段，首先是从北京至天津的公路运输，其次是从天津到旧金山的国际海运，最后是从旧金山到纽约的铁路运输。如果货物的毁损、灭失能够确定发生在中国公路运输区段，则多式联运经营人的赔偿责任和责任限额就按中国公路运输方面的法律或者行政法规进行确定；如果发生在国际海运区段，则按我国海商法的有关规定进行确定；如果发生在美国的铁路运输区段，就应按照美国铁路法的规定进行确定。本条规定的网状制度主要缺点是责任制度不确定，随发生损失的区段而定，事先难以把握。优点是多式联运经营人承担的赔偿责任与发生损坏区段承运人所负责任相同，使组织多式联运的经营人不承担不同责任的风险，便利了多式联运的组织工作和多式联运的发展。这也是国际上通行此项责任制度的主要原因。

2. 对于货物发生毁损、灭失的运输区段不能确定的，多式联运经营人应当依照本章的规定承担损害赔偿责任。在多式联运中，货损发生的运输区段有时不易查清，网状责任制通常用“隐蔽损害一般原则”规定多式联运经营人的责任，即对这一类货损采用某项统一规定的办法确定经营人的责任。本条规定，对于隐蔽货损，即货损发生区段不能确定时，多式联运经营人应当按照本章关于承运人赔偿责任和责任限额的规定负赔偿责任。

本条没有涉及多式联运经营人如何向各区段承运人追偿此项赔偿金额的问题。在货损区段能够确定时，多式联运经营人可以向其承运人追偿。如果是隐蔽货损，除合同另有约定外，多式联运经营人是无法向任何人追偿的。因此，如果多式联运经营人要摆脱这种损失，唯一的办法就是通过与参加多式联运的各区段承运人之间订立的运输合同获得适当解决。对此本节第 839 条作了规定，即多式联运经营人可以与参加多式联运的各区段承运人约定相互之间的责任。

第二十章 技术合同

本章分为四节，共四十五条。主要规定了技术合同的概念，订立技术合同应当遵循的基本原则和目的，技术合同的内容，技术合同的价款、报酬和使用费支付方式，职务技术成果及职务技术成果财产权归属，非职务技术成果财产权归属，技术成果人身权，技术合同的无效，技术开发合同、技术转让合同、技术许可合同、技术咨询合同和技术服务合同的概念，合同当事人的权利义务，合同的履行，违约责任等内容。

第一节 一般规定

第八百四十三条　技术合同是当事人就技术开发、转让、许可、咨询或者服务订立的确立相互之间权利和义务的合同。

条文主旨

本条是关于技术合同定义的规定。

立法背景

在民法典编纂征求意见时，许多意见提出，现实生活中，对技术的使用不仅仅是开发、转让、咨询或者提供技术服务，更多的是许可他人使用技术。《合同法》第 322 条对技术合同的定义中没有规定技术许可合同，导致实践中当事人就技术许可订立合同没有法律依据，产生的纠纷不好解决，建议补充这一内容。持这一意见的人还提出，现行许多法律特别是涉及知识产权的法律已明确规定当事人对自己拥有的技术或者享有的知识产权的智力成果可以许可他人使用。例如，《促进科技成果转化法》第 16 条中规定，科技成果持有者可以采取许可他人使用该科技成果的方式进行科技成果转化。第 18 条规定，国家设立的研究开发机构、高等院校对其持有的科技成果，可以自主决定转让、许可或者作价投资，但应当通过协议定价、在技术交易市场挂牌交易、拍卖等方式确定价格。通过协议定价的，应当在本单位公示科技成果名称和拟交易价格。再如，《专利法》第 12 条规定，任何单位或者个人实施他人专利的，应当与专利权人订立实施许可合同，向专利权人支付专利使用费。被许可人无权允许合同规定以外的任何单位或者个人实施该专利。还有，《著作权法》第 24 条规定，使用他人作品应当同著作权人订立许可使用合同，本法规定可以不经许可的除外。许可使用合同包括下列主要内容：（一）许可使用的权利种类；（二）许可使用的权利是专有使用权或者非专有使用权；（三）许可使用的地域范围、期间；（四）付酬标准和办法；（五）违约责任；（六）双方认为需要约定的其他内容。《商标法》第 43 条规定，商标注册人可以通过签订商标使用许可合同，许可他人使用其注册商标。许可人应当监督被许可人使用其注册商标的商品质量。被许可人应当保证使用该注册商标的商品质量。经许可使用他人注册商标的，必须在使用该注册商标的商品上标明被许可人的名称和商品产地。许可他人使用其注册商标的，许可人应当将其商标使用许可报商标局备案，由商标局公告。商标使用许可未经备案不得对抗善意第三人。考虑到技术许可与技术转让具有不同的法律含义，立法部门决定将技术许可的内容在技术合同一章单独作出规定，对此，本条也在保留《合同法》第322条内容的基础上，增加技术合同包括当事人就技术许可确立相互之间权利和义务的合同这一内容。

条文解读

根据本条规定，技术合同是当事人就技术开发、转让、许可、咨询或者服务订立确立相互之间权利和义务的合同。根据本条规定，技术合同具有以下特征：

1. 技术合同属于民法典规定的一种有名合同，具有合同的一般特征。有名合同又称为典型合同，是指在法律上已设有规范并赋予名称的合同。例如我国合同法所规定的买卖合同、租赁合同、赠与合同、借款合同、运输合同等十五种合同，均为有名合同。民法典为适应现实需要，在现行合同法规定的十五种有名合同的基础上，增加了保证合同、保理合同、物业服务合同、合伙合同这四种新的有名合同，使有名合同的种类增至十九种。无名合同又称非典型合同，是指在法律上尚未确立一定的名称和规则的合同。根据合同自由原则，在不违反强行法及社会公共利益和社会公德的前提下，允许当事人订立任何内容的合同，此即合同类型自由。有名合同与无名合同两者的区别主要在适用法律规则上的不同。对于有名合同，应当直接适用合同法的规定，例如当事人订立、履行技术合同时，基本依照本章技术合同的规定即可。在确定无名合同的法律适用时，首先，应当考虑适用合同法的一般规则；其次，若无名合同涉及某些有名合同的内容，应当比照类似的有名合同规则，参照合同的经济目的及当事人的意思等予以处理。

2. 技术合同的主体是平等的自然人、法人、非法人组织。技术合同是上述主体之间设立、变更、终止民事权利义务关系的合同。

3. 技术合同的标的是技术开发、技术转让、技术许可、技术咨询、技术服务。技术合同的标的是凝聚着人类智慧的创造性的劳动成果，或者是利用劳动成果为社会提供的服务。技术合同的标的既可以是物，也可以是行为。

4. 技术合同的内容是当事人就技术开发、技术转让、技术许可、技术咨询、技术服务所确立的相互之间权利和义务关系。这种权利义务关系，有自己的特殊性，比如，技术合同履行过程中常常出现相关权利（发明权、专利权、非专利权使用权等）的归属问题；又如，技术合同的标的多数是无形的，特别是技术转让合同的一方当事人允许他方使用的技术多数是无形的；还有，使用技术合同标的的主体可以是一个主体，也可以是多个主体；而在我们实际生活中，合同的标的多为有形物，标的为多个主体同时占有使用的也很少。另外，由于技术是一种知识性的商品，该产品的价款没有统一的、现成的标准，技术商品如何计价就凸显其复杂性。

5. 技术合同是双务、有偿合同。在技术合同中，当事人双方都各自享有一定的权利并承担相应的义务，一方当事人权利的取得，需要以履行自己的义务为代价。

6. 技术合同是技术商品生产和消费之间的一个媒介。技术成果不被运用难以体现其自身的价值，技术成果的持有者只有与需求方联合才可以将技术成果转化为现实的生产力，而这种联合往往是通过技术合同这种形式实现的。

第八百四十四条　订立技术合同，应当有利于知识产权的保护和科学技术的进步，促进科学技术成果的研发、转化、应用和推广。

条文主旨

本条是关于订立技术合同应当遵循的原则的规定。

立法背景

科学技术是第一生产力，是经济和社会发展的首要推动力量，是国家强盛的决定性因素。当今世界蓬勃发展的新科技革命，使科学技术空前广泛地渗透到人类社会的各个领域，不仅促进了社会生产力的巨大飞跃，而且引起了世界格局的深刻变化。各国经济和社会的发展对科技进步的依赖程度越来越高。基础研究、应用研究与技术开发之间出现了叠合和交叉，技术成果转化为商品生产的周期不断缩短，科技、教育和生产之间的联系更加密切。由于科学技术具有上述巨大作用，我们必须充分利用科学技术，而科学技术利用的媒介之一就是订立技术合同，为此本条规定了订立技术合同应当遵循的原则。

条文解读

订立技术合同，应当遵循以下原则：

一、有利于知识产权保护的原则

知识产权是指人们就其智力劳动成果所依法享有的专有权

利，通常国家赋予创造者对其智力成果在一定时期内享有专有权或独占的权利。知识产权制度是国家以法定程序和条件授予智力成果完成人在一定期间内拥有一定的独占权，并以法律手段保障这一权利不受侵犯的法律制度。知识产权制度通过对智力成果完成人民事权利的保护，体现国家发展科技、鼓励创新、促进产业发展，保持国家竞争力的政策意志和战略目标。随着当代科学技术日新月异，高新技术及其产业迅猛发展，世界范围内的经济竞争呈现信息化、知识化趋势，知识产权保护在国家经济、社会发展和科技进步中的战略地位进一步增强，成为国家技术创新体系的重要组成部分，故本次编纂民法典对订立技术合同应当有利于保护知识产权作出明确规定，以适应加强知识产权保护的需要。

二、有利于科学技术的进步，促进科学技术成果的研发、转化、应用和推广的原则

技术合同是技术成果商品化的法律形式，实行技术合同的目的，是将技术成果推向市场，创造更大的经济效益和社会效益。因此，当事人在订立技术合同时，应当从推动科学技术进步、促进科技与经济发展的角度出发，确定权利义务，努力研究开发新技术、新产品、新工艺、新材料、新品种及其系统，促进先进适用的科技成果在生产实践中获得应用，使科学技术更好地为社会主义现代化建设服务。民法典规定这一原则的目的，在于鼓励和引导当事人正确运用技术合同这一有效的法律形式，在科研和生产之间架起一座桥梁，促使技术成果尽快向生产领域转移，形成新的生产力。

依据促进科技成果转化法的规定，科技成果是指通过科学研究与技术开发所产生的具有实用价值的成果。这个科技成果应当是具有实用价值的，能够转化为现实生产力。具体来说，科技成果包括取得的发明专利权、计算机软件著作权、集成电路布图设计专有权、植物新品种权等，既包括已取得知识产权保护的科技成果，也包括未取得知识产权保护的科技成果。这些成果，经过开发应用等过程，可以在生产领域形成社会需要的技术、产品等。科技成果转化，是指为提高生产力水平而对科技成果所进行的后续试验、开发、应用、推广直至形成新技术、新工艺、新材料、新产品、新品种，发展新产业等活动。所谓后续试验，是相对于前期试验而言的，在科技成果的研发活动中，也会有试验，科技成果形成后，为了能生产出新产品或形成可推广的新技术，还需要进一步的技术加工、完善，使其最终能够形成一项较为稳定的技术、工艺或产品，在实际中使用，科技成果推广，是为了使该技术成果能够在生产领域普遍使用，产生效益。科技成果是使科技成果能够适用实际需要，以供大家使用。研发即研究开发、研究发展，是指各种研究机构或个人为获得科学技术（不包括人文、社会科学）新知识，创造性地运用科学技术新知识，或实质性改进技术、产品和服务而持续进行的具有明确目标的系统活动，包括系统及设备的测试、安装、维护、维修等一系列的活动。科技成果转化活动是个复杂的过程，不同的科技成果会有很大不同，法律只规定了其中的几个主要环节，如本条提到的研发、转化、应用和推广，其最终目的是形成新技术、新工艺、新材料、新产品、新品种，发展新产业，也就是说，要形成现实的生产力，只有这样，科技成果才有实际意义。在民法典征求意见时，许多意见反映，订立技术合同最主要的目的是促进科学技术成果的研发，实践中有大量这类合同，立法部门采纳了这一建议，在本条中作出了规定。

第八百四十五条 技术合同的内容一般包括项目的名称，标的的内容、范围和要求，履行的计划、地点和方式，技术信息和资料的保密，技术成果的归属和收益的分配办法，验收标准和方法，名词和术语的解释等条款。

与履行合同有关的技术背景资料、可行性论证和技术评价报告、项目任务书和计划书、技术标准、技术规范、原始设计和工艺文件，以及其他技术文档，按照当事人的约定可以作为合同的组成部分。

技术合同涉及专利的，应当注明发明创造的名称、专利申请人和专利权人、申请日期、申请号、专利号以及专利权的有效期限。

条文主旨

本条是关于技术合同条款的内容的规定。

立法背景

订立技术合同的当事人应当在平等、自愿的基础上，协商确定合同内容。技术合同的内容即合同条款是当事人权利和义务的体现，也是当事人履行合同、判明违约责任的主要依据。技术合同条款一般由合同双方当事人协商约定，不需要由法律作出具体规定。但是，考虑到我国法律知识尚不普及，技术合同的内容比较复杂，有必要在法律中作一些规定，以指导当事人订立技术合同。

本条源自《合同法》第324条的规定。在民法典编纂过程中，多数意见提出，与其他有名合同相比，技术合同一章内容过多过细，建议删减；而本条规定的当事人订立合同应当包括的内容在合同编一般规定中已经有规定，没有必要再重复这些内容，建议只对订立技术合同应当特别强调的内容作出规定即可。立法部门采纳了这一建议，在《合同法》第324条的基础上进行修改作出了本条的规定。与《合同法》第324条相比，删除了第1款中"技术合同的内容由当事人约定""一般包括以下条款""履行的进度、期限、地域""风险责任的承担""价款、报酬或者使用费及其支付方式""违约金或者损失赔偿的计算方法""解决争议的方法"等内容。作这些修改并不是说，技术合同的内容不包括合同履行的进度、期限、地域，风险责任的承担，价款、报酬或者使用费及其支付方式，违约金或者损失赔偿的计算方法，解决争议的方法等，当事人订立技术合同时还应当约定这些内容，且约定得越详细越好，以便合同的顺利履行。

条文解读

通常来说，技术合同一般包括以下内容：

1. 项目名称。一般指技术合同标的涉及项目的名称，当事人应当准确约定。

2. 标的的内容、范围和要求。合同标的，是合同法律关系的客体，是合同当事人双方权利和义务共同指向的对象。不同的技术合同标的，有着不同的技术范围和技术指标要求。因此，当事人在订立技术合同时，不仅要明确技术合同标的，而且还要根据不同标的的要求，明确该标的的技术范围和技术指标要求。

3. 履行的计划、进度、期限、地点、地域和方式。履行的地点是指合同的履行地。履行地域是指履行技术合同所涉及的区域范围，如利用受让的技术生产商品销售的范围。履行方式是指当事人采用什么样的方式和手段履行合同规定的义务。履行方式根据合同的内容不同而有所不同，对履行方式的具体要求应当在合同中明确规定。

4. 技术情报和资料的保密。有些技术合同的内容涉及国家安全或者当事人的重大利益，需要对技术情报和资料加以保密，对此，双方当事人应当在合同中对保密事项、保密范围、保密期限以及违反保密责任等加以规定。

5. 风险责任的承担。技术合同中约定的内容可能得不到完全实现，甚至完全不能实现，这就是风险。特别是技术开发合同作为一种探索未知的创造性活动，既有成功的可能，也存在失败的风险。因此，技术合同应当约定风险条款，明确当事人所应承担的风险责任。

6. 技术成果的归属和收益的分成办法。技术合同履行的结果可能创造出一项或几项技术成果，当事人应当在合同中约定其所有权和使用权的归属、分享以及由此产生的利益分成办法。

7. 验收标准和方法。技术合同的履行是否符合合同的约定，需要验收后才能确定。因此，当事人应当在合同中约定技术合同的验收项目、验收标准及验收办法。

8. 价款、报酬或者使用费及其支付方式。技术合同的价款、报酬和使用费，由当事人根据技术成果的经济效益和社会效益、研究开发技术的成本、技术成果的工业化开发程度、当事人享有的权益和承担的责任，协商议定。价款、报酬和使用费的支付方式由当事人约定，可以采取一次总付、分期支付，或者提成支付等方式。

9. 违约金或者损失赔偿的计算方法。违约金是合同一方当事人违反合同约定，向另一方当事人支付的金钱。技术合同的当事人有可能违反合同的约定，给另一方当事人造成损失。因此，当事人应当在合同中约定违约金、违反合同的损害赔偿的计算办法以及违约金与损害赔偿的关系。

10. 解决争议的方法。当事人双方应当约定合同发生争议时的解决方式，如采取仲裁方式解决，就需要在合同中订明仲裁条款或者签订仲裁协议。

11. 名词和术语的解释。技术合同的内容具有很强的专业性，在合同文本中要使用一些专业名词术语和简化符号，为防止因理解不同而发生争议，对关键性术语和简化符号，需经双方协商作出明确无疑义的解释。

上述技术合同的内容是指导性条款，不要求订立技术合同的当事人必须采用，也不限制当事人在合同中约定其他权利义务，如当事人可以约定对技术合同的担保等。与履行合同有关的技术背景资料、可行性论证和技术评价报告、项目任务书和计划书、技术标准、技术规范、原始设计和工艺文件，以及其他技术文档，按照当事人的约定可以作为合同的组成部分。这里的技术文档，是指与履行技术合同相关的自然语言或者形式化语言所编写的文字资料和图表、照片，用来描述程序的内容、组成、设计、功能规格、开发情况、测试结果及使用方法，如程序设计说明书、流程图、用户手册等。

技术合同涉及专利的，还应当遵守专利法的有关规定，在合同中注明发明创造的名称、专利申请人和专利权人、申请日期、申请号、专利号以及专利权的有效期限。本条第3款的规定是一个义务性规定，对双方当事人均有一定的约束力，如果当事人订立技术合同时，合同标的涉及专利的，就应当按照本款的规定执行。

第八百四十六条　技术合同价款、报酬或者使用费的支付方式由当事人约定，可以采取一次总算、一次总付或者一次总算、分期支付，也可以采取提成支付或者提成支付附加预付入门费的方式。

约定提成支付的，可以按照产品价格、实施专利和使用技术秘密后新增的产值、利润或者产品销售额的一定比例提成，也可以按照约定的其他方式计算。提成支付的比例可以采取固定比例、逐年递增比例或者逐年递减比例。

约定提成支付的，当事人可以约定查阅有关会计账目的办法。

条文主旨

本条是关于技术合同价款、报酬和使用费支付方式的规定。

立法背景

价款、报酬和使用费是技术作为技术合同标的的价金，也是一方当事人获取、使用技术所应支付的代价。通常这种代价，在技术转让合同中被称为价款，在技术开发合同、技术服务合同中为被称为报酬，在技术转让合同（如专利技术转让合同）中被称为使用费。价款、报酬和使用费是技术作为知识形态的商品价值的货币表现形式，也是技术作为商品进行等价交换的结果。

由于技术在形成过程中所耗费的人类劳动、使用的资金、运用的科技知识、信息、经验、技能和研究方法的不同，以及技术产生的经济效益和社会效益的不同，技术没有统一的市场价格，也不能由国家根据经济理论和价格政策确定，所以技术合同的价款、报酬和使用费由当事人协商确定。当事人应当根据技术成果的经济效益和社会效益、研究开发技术的成本、技术成果的工业化开发程度、当事人享有的权益和承担的责任等，在订立合同时协商议定。当事人除在合同中约定技术合同价款、报酬或者使用费外还应当约定技术合同价款、报酬或者使用费的支付方式。

条文解读

一、技术合同价款、报酬和使用费的支付方式

1. 一次总算、一次总付。这种方式是技术合同的一方当事人在合同成立后，将合同约定的全部价款、报酬或者使用费向另一方当事人一次付清。

2. 一次总算、分期支付。这种方式是技术合同的当事人将技术合同的价款、报酬、使用费在合同中一次算清，一方当事人在合同成立后，分几次付清合同约定的价款、报酬或者使用费。

3. 提成支付。这种方式是技术合同的一方当事人在接受技术成果或者其他智力劳动成果后，从付诸实施的技术成果或者

技术服务后所获得的收益中，按照约定的比例提取部分收入交付另一方当事人作为技术合同的价款、报酬或者使用费。这种方式确定的价款、报酬、使用费取决于实施方实际取得的收益，较为科学，在实践中的适用比较普遍。

4. 提成支付附加预付入门费。这种方式是指接受技术的技术合同的一方当事人在合同成立后或者在取得技术成果后先向另一方当事人支付部分价款、报酬或者使用费（称为入门费或初付费），其余部分按照合同约定的比例提成，并按照合同约定的时间支付。这笔入门费将来抵作技术合同的价款、报酬或者使用费的一部分。实践中这笔入门费通常占技术合同的价款、报酬或者使用费的 10% ~20% 。

《最高人民法院关于审理技术合同纠纷案件适用法律若干问题的解释》第 14 条规定，对技术合同的价款、报酬和使用费，当事人没有约定或者约定不明确的，人民法院可以按照以下原则处理：（一）对于技术开发合同和技术转让合同，根据有关技术成果的研究开发成本、先进性、实施转化和应用的程度，当事人享有的权益和承担的责任，以及技术成果的经济效益等合理确定；（二）对于技术咨询合同和技术服务合同，根据有关咨询服务工作的技术含量、质量和数量，以及已经产生和预期产生的经济效益等合理确定。技术合同价款、报酬、使用费中包含非技术性款项的，应当分项计算。

二、提成支付的计算方式

本条第 2 款规定，当事人约定提成支付的，可以按照产品价格、实施专利和使用技术秘密后新增的产值、利润或者产品销售额的一定比例提成，也可以按照约定的其他方式计算。具体如下：

1. 按照产品价格提成，是指按照已经利用的技术成果或者技术服务生产的产品的售价的一定比例作为技术合同的价款、报酬或者使用费。

2. 按照新增产值提成，是指按照已经利用的技术成果或者技术服务后新增加的产值的一定比例作为技术合同的价款、报酬或者使用费。

3. 按照新增利润提成，是指按照已经利用的技术成果或者技术服务后新增加的利润的一定比例作为技术合同的价款、报酬或者使用费。

4. 按照产品销售额提成，是指按照已经利用的技术成果或者技术服务后产生的销售额的一定比例作为技术合同的价款、报酬或者使用费。

5. 按照其他方式提成，例如，最低提成费，即支付方每年支付的提成不得低于某一个固定的金额。

提成支付的比例可以采取固定比例，也可采取逐年递增比例或者逐年递减比例确定。

三、提成支付时，接受价款、报酬或者使用费的一方当事人有权查阅账目

当事人约定提成支付的，由于这种支付方式存在计算、监督、检查复杂等问题，因此，本条第 3 款规定，约定提成支付的，当事人可以约定查阅有关会计账目的办法。这一规定是为了保护提成支付方式中接受价款、报酬或者使用费一方当事人的合法权益。这一规定对于接受价款、报酬或者使用费一方当事人是一项权利，对于支付价款、报酬或者使用费一方当事人是一项义务。

第八百四十七条 **职务技术成果的使用权、转让权属于法人或者非法人组织的，法人或者非法人组织可以就该项职务技术成果订立技术合同。法人或者非法人组织订立技术合同转让职务技术成果时，职务技术成果的完成人享有以同等条件优先受让的权利。**

职务技术成果是执行法人或者非法人组织的工作任务，或者主要是利用法人或者非法人组织的物质技术条件所完成的技术成果。

条文主旨

本条是关于职务技术成果及职务技术成果财产权归属的规定。

立法背景

技术成果，是指利用科学技术知识、信息和经验作出的产品、工艺、材料及其改进等技术方案，包括专利、专利申请、技术秘密、计算机软件、集成电路布图设计、植物新品种等。因技术成果所产生的权益属于知识产权。知识产权包括人身权和财产权。人身权，是指与人身相联系或者密不可分的没有直接财产内容的权利。财产权是人身权的对称，是指具有经济利益的权利。

技术成果的财产权，即使用和转让技术成果的权利。技术成果财产权的归属要根据技术成果是职务技术成果还是非职务技术成果来决定。

条文解读

一项技术成果，根据完成技术成果个人的研究开发活动与岗位职责及法人或者非法人组织的物质技术投入的关系，可以划分为职务技术成果和非职务技术成果。

职务技术成果是执行法人或者非法人组织的工作任务或者主要利用法人或者非法人组织的物质技术条件所完成的技术成果。依据这一规定，确认职务技术成果的标准有两条：一是执行法人或者非法人组织的工作任务；二是主要利用法人或者非法人组织的物质技术条件。

执行法人或者非法人组织的任务，主要是指承担法人或者非法人组织的科学研究和技术开发课题或者履行本岗位的职责。利用法人或者非法人组织的物质技术条件，是指法人或非法人组织提供的资金、设备、器材、未公开的技术情报和资料。但是利用法人或者非法人组织提供的物质技术条件，按照事先约定，返还资金或交纳使用费的不在此限。调动工作的人员既执行了原法人或者非法人组织的任务，又利用了所在法人或者非法人组织的物质技术条件所完成的技术成果，由其原法人或者非法人组织和所在法人或者非法人组织合理分享。确认技术成果是否是职务技术成果，并不要求同时具备上述两个条件，只要具备一个条件就可以认定是职务技术成果。《最高人民法院关于审理技术合同纠纷案件适用法律若干问题的解释》第2条规定，“执行法人或者其他组织的工作任务”包括：（一）履行法人或者其他组织的岗位职责或者承担其交付的其他技术开发任务；（二）离职后一年内继续从事与其原所在法人或者其他组织的岗位职责或者交付的任务有关的技术开发工作，但法律、行政法规另有规定的除外。法人或者其他组织与其职工就职工在职期间或者离职以后所完成的技术成果的权益有约定的，人民法院应当依约定确认。第3条规定，“物质技术条件”

包括：资金、设备、器材、原材料、未公开的技术信息和资料等。第4条规定，“主要利用法人或者其他组织的物质技术条件”包括：职工在技术成果的研究开发过程中，全部或者大部分利用了法人或者其他组织的资金、设备、器材或者原材料等物质条件，并且这些物质条件对形成该技术成果具有实质性的影响；还包括该技术成果实质性内容是在法人或者其他组织尚未公开的技术成果、阶段性技术成果基础上完成的情形。但下列情况除外：（一）对利用法人或者其他组织提供的物质技术条件，约定返还资金或者交纳使用费的；（二）在技术成果完成后利用法人或者其他组织的物质技术条件对技术方案进行验证、测试的。

职务技术成果的使用权、转让权属于法人或者非法人组织，法人或者非法人组织可以就该项职务技术成果订立技术合同。个人未经法人或者非法人组织同意，擅自以生产经营为目的使用、转让法人或者非法人组织的职务技术成果，是侵犯法人或者非法人组织技术权益的行为。

第八百四十八条　非职务技术成果的使用权、转让权属于完成技术成果的个人，完成技术成果的个人可以就该项非职务技术成果订立技术合同。

条文主旨

本条是关于非职务技术成果财产权归属的规定。

立法背景

未执行法人或者非法人组织的工作任务，也未利用法人或非法人组织的物质技术条件所完成的技术成果，是非职务技术成果。本条对其财产权归属作了明确规定。

条文解读

非职务技术成果的财产权即非职务技术成果的使用权、转让权属于完成技术成果的个人。完成技术成果的个人有权就该项非职务技术订立技术合同，转让或者许可他人使用非职务技术成果，有权获得因使用或者转让该项技术成果所取得的收益。本条规定对非职务技术成果的完成人通过与他人订立合同来使用、转让技术成果的权利给予充分的法律保护，对于调动人们从事科学技术的研发、转化、运用和推广的积极性，促进科学技术的进步，具有重要意义。非职务技术成果如何使用或者如何转让完全由完成该项非职务技术成果的个人依法自行支配，法人或者非法人组织不得干涉。

法人或者非法人组织擅自以生产经营目的使用或者转让属于个人的非职务技术成果，是侵犯个人合法权益的行为。

第八百四十九条　完成技术成果的个人享有在有关技术成果文件上写明自己是技术成果完成者的权利和取得荣誉证书、奖励的权利。

条文主旨

本条是关于技术成果人身权的规定。

立法背景

技术成果财产权的归属要根据技术成果是职务技术成果还是非职务技术成果来决定，前两条对此作了明确规定。本条是关于技术成果人身权的规定，不区分是职务技术成果还是非职务技术成果。

条文解读

技术成果的人身权，即在有关技术成果文件上署名以及取得国家荣誉证书、奖章和其他奖励的权利。这一权利与完成技术成果的完成者人身紧密相连，因此，这一权利应当属于对完成技术成果作出创造性贡献的个人。因技术成果产生的人身权利专属于完成该项技术成果的个人，其他任何人都无权分享。故本条规定完成技术成果的个人享有在有关技术成果文件上写明自己是技术成果完成者的权利和取得荣誉证书、奖励的权利。例如，《专利法》第 17 条规定，发明人或者设计人有在专利文件中写明自己是发明人或者设计人的权利。专利权人有权在其专利产品或者该产品的包装上标明专利标识。

本条中所称的完成技术成果的个人，是指对技术成果单独作出或者共同作出创造性贡献的人。不包括仅提供资金、设备、材料、试验条件的人员，进行组织管理的人员，协助绘制图纸、整理资料、翻译文献等辅助服务人员。

本条中所称的技术成果文件，是指专利申请书、科学技术奖励申报书、科技成果登记书等确认技术成果完成者身份和授予荣誉的证书和文件。

第八百五十条　非法垄断技术或者侵害他人技术成果的技术合同无效。

条文主旨

本条是关于技术合同无效情形的规定。

立法背景

合同的无效，是指合同虽然已经成立，但因其违反法律、行政法规或社会公共利益而被确认为不具有法律效力。订立合同是当事人实施的一种民事法律行为。民法典在总则第六章民事法律行为第三节对民事法律行为的效力和合同编第三章对合同的效力都作了详细规定，当事人在订立技术合同时当然也应当遵守这些规定，以避免所签订的技术合同无效。除此之外，本条根据技术合同的特点明确了技术合同无效的两种情形，即非法垄断技术或者侵害他人技术成果的技术合同无效。

条文解读

非法垄断技术，是指合同的一方当事人通过合同条款限制另一方当事人在合同标的技术的基础上进行新的研究开发，限制另一方当事人从其他渠道吸收技术，或者阻碍另一方根据市场的需求，按照合理的方式充分实施专利和使用技术秘密。非法垄断技术条款与正常的合同中约定限制对方当事人不得为某些行为的条款不同，在符合法律规定的情况下，当事人可以约定技术情报资料的保密义务，约定实施专利或者使用非专利技术的范围，也可以采取限定的几种许可形式实施技术。常见的非法垄断技术条款主要有以下几种表现形式：一是限制另一方在合同标的基础上进行新的研究开发。例如，在合同中约定一方在所取得的技术基础上进行新的研究开发，或者要求另一方进行新的研究活动要得到其许可等。二是限制另一方从其他渠道获取技术。例如，在合同中约定一方当事人在取得技术成果或者接受技术服务后，不得采用合同外第三方新的有竞争优势的技术。三是阻碍另一方根据市场需求，以合理的方式实施技术。合同的双方当事人可以自由约定实施专利和使用非专利技术的期限、地区、方式等，但是除此以外不得限制另一方当事人的生产规模、产品规模、原料来源、销售渠道等。四是阻碍国家推广、使用技术。根据专利法的有关规定，国家对专利实行强制许可制度，对重要的发明创造实行计划许可。如果当事人受让专利权目的不是实施这一技术，而是防止他人使用这一新技术后冲击其控制的市场，那么这个技术合同则是为了规避专利法的规定，是徒具形式而当事人并不想使其发生法律后果的合同，应当被认定为无效。

侵害他人技术成果，指侵害另一方或者第三方的专利权、专利申请权、专利实施权、技术秘密使用权和转让权或者发明权、发现权以及其他科技成果权的行为。主要是未经拥有者或者持有技术成果的个人或者法人、非法人组织的许可，而与他人订立自己无权处分技术成果的技术合同，或者订立侵害技术成果完成人身份权、荣誉权的技术合同。《技术合同认定规则》第18条规定，申请认定登记的技术合同，其合同条款含有下列非法垄断技术等不合理限制条款的，不予登记：（一）一方限制另一方在合同标的技术的基础上进行新的研究开发的；（二）一方强制性要求另一方在合同标的基础上研究开发所取得的科技成果及其知识产权独占回授的；（三）一方限制另一方从其他渠道吸收竞争技术的；（四）一方限制另一方根据市场需求实施专利和使用技术秘密的。

第二节　技术开发合同

第八百五十一条　技术开发合同是当事人之间就新技术、新产品、新工艺、新品种或者新材料及其系统的研究开发所订立的合同。

技术开发合同包括委托开发合同和合作开发合同。

技术开发合同应当采用书面形式。

当事人之间就具有实用价值的科技成果实施转化订立的合同，参照适用技术开发合同的有关规定。

条文主旨

本条是关于技术开发合同定义和种类的规定。

立法背景

本条内容源自《合同法》第 330 条，这次编纂民法典对这一规定主要有两处修改：一是增加“新品种”为技术开发合同的标的，目的是鼓励推出技术新品种，研究开发新品种。二是在第 4 款将具有“产业应用”价值的科技成果修改为具有“实用”价值的科技成果，目的是扩大科技成果实施转化的适用范围，适应实践需要。

条文解读

一、技术开发合同的概念和特点

技术开发合同是当事人之间就新技术、新产品、新工艺、新品种或者新材料及其系统的研究开发所订立的合同。技术开发合同具有以下特点：

1. 技术开发合同通常是双务合同、有偿合同。在技术开发合同中双方当事人均有义务，同时一方当事人在取得权利时必须向另一方支付一定的费用，付出相应的义务。

2. 技术开发合同是一种要式合同，与其他合同相比，技术开发合同的内容较多，如研究开发经费及利用研究开发经费购置的财产及权属、技术成果的归属等；技术开发合同是一项探索性活动，履行期长，涉及风险责任的承担；技术开发合同标的比较复杂，涉及研究开发行为及研究开发行为的对象，因此，本条第 3 款规定当事人订立技术开发合同应当采用书面形式，便于将多且复杂的合同内容固定下来，有利于合同当事人认真遵循，履行好合同。

3. 技术开发合同的标的（新技术、新产品、新工艺、新品种或者新材料及其系统）应有相对新的特点。本条中所讲的新技术、新产品、新工艺、新材料及其系统，依据《最高人民法院关于审理技术合同纠纷案件适用法律若干问题的解释》第 17 条的规定，包括当事人在订立技术合同时尚未掌握的产品、工艺、材料及其系统等技术方案，但对技术上没有创新的现有产品的改型、工艺变更、材料配方调整以及对技术成果的验证、测试和使用除外。这次编纂民法典为鼓励推出技术新品种，研究开发新品种，增加“新品种”为技术开发合同的标的。根据上述司法解释的规定，新品种应当是指当事人在订立技术合同时尚未掌握的品种及其系统等技术方案，但是在技术上没有创新的现有产品的品种更新的除外。《技术合同认定规则》第 24 条规定，下列合同不属于技术开发合同：（一）合同标的为当事人已经掌握的技术方案，包括已完成产业化开发的产品、工艺、材料及其系统；（二）合同标的为通过简单改变尺寸、参数、排列，或者通过类似技术手段的变换实现的产品改型、工艺变更以及材料配方调整；（三）合同标的为一般检验、测试、鉴定、仿制和应用。

4. 技术开发合同风险性较大。由于技术开发是一项探索未知的活动，受各方面条件的限制，可能双方尽了很大的努力，也难以达到订立合同的目的，因此订立技术开发合同必须依据本法的有关规定，明确合同各方的责任和所承担的风险。订立技术开发合同，应当有必要的研究开发经费、基础设施、技术情报资料等条件。当事人在订立合同前应当进行必要的、全面细致的可行性论证，广泛收集有关的技术信息，选择适当的研究开发方案，尽量避免重复研究和开发。就列入国家计划的科技项目订立技术开发合同，必须符合计划和项目任务书的要求；就其他项目订立的技术开发合同，应当符合有关技术政策的规定。

二、技术开发合同的种类

根据本条第2款的规定，技术开发合同包括委托开发合同和合作开发合同。

委托开发合同，是指当事人一方委托另一方进行研究开发所订立的合同，即委托人向研究开发人提供研究开发经费和报酬，研究开发人完成研究开发工作并向委托人交付研究成果。委托开发合同的特征是研究开发人以自己的名义、技术和劳务独立完成研究开发工作，委托人不得非法干涉。

合作开发合同，是指当事人各方就共同进行研究开发所订立的合同，即当事人各方共同投资、共同参与研究开发活动、共同承担研究开发风险、共享研究开发成果。合作开发合同的各方以共同参加研究开发中的工作为前提，可以共同进行全部研究开发工作，也可以约定分工，分别承担相应的部分。当事人一方仅提供资金、设备、材料等物质条件或者承担辅助协作事项，由另一方进行研究开发工作的合同，是委托开发合同。

在民法典起草过程中，有的部门及有关同志认为，随着信息时代的到来，计算机软件在各个方面起着非常重要的作用，在实践中对计算机软件的开发及使用产生的纠纷也十分突出，草案对计算机软件的开发使用没有明确规定，不适应实际工作的需要。用技术开发合同规范大型行业通用计算机软件的开发，是实践中的通行做法，建议法律把对计算机软件的开发列入技术开发合同中。对此，立法部门进行了广泛的调查研究，充分讨论论证，考虑到计算机软件的开发属于创作作品，对开发的计算机软件的使用，属于对作品的使用，宜由著作权法调整，不宜放在技术合同中作出规定。

三、技术开发合同的内容

技术开发合同的内容由双方当事人在平等、自愿的基础上协商确定。合同的内容一般应当具备下列条款：（1）项目名称；（2）标的技术的内容、形式和要求；（3）研究开发计划；（4）研究开发经费或者项目投资的数额及其支付、结算方式；（5）利用研究开发经费购置的设备、器材、资料等财产的归属；（6）履行的期限、地点和方式；（7）风险责任的承担；（8）技术成果的归属和分享；（9）验收的标准和方法；（10）报酬的计算和支付方式；（11）违约金或者损失赔偿额的计算方法；（12）技术协作和技术指导的内容；（13）争议的解决办法；(14) 名词和术语的解释。就列入国家计划的科技项目订立的合同，应当附具计划书、任务书以及主管机关的批准文件。与其他合同相比，技术开发合同的内容较多，如研究开发经费及利用研究开发经费购置的财产及权属、技术成果的归属等。技术开发合同是一项探索性活动，履行期长，涉及风险责任的承担。技术开发合同标的比较复杂，涉及研究开发行为及研究开发行为的对象。因此，本条第 3 款规定当事人订立技术开发合同应当采用书面形式。

四、科技成果实施转化合同参照适用技术开发合同

当事人之间就具有实用价值的科技成果实施转化订立的合同，是指当事人之间就具有实用价值但尚未实现工业化应用的科技成果（包括阶段性技术成果），以实现该科技成果工业化应用为目标，约定后续试验、开发和应用等内容的合同。实践中，当事人就科技成果实施转化订立的合同逐渐增多，为适应技术创新和科技产业化的需要，本条第 4 款规定这些合同参照适用技术开发合同的规定。

第八百五十二条　委托开发合同的委托人应当按照约定支付研究开发经费和报酬，提供技术资料，提出研究开发要求，完成协作事项，接受研究开发成果。

条文主旨

本条是关于委托开发合同的委托人主要义务的规定。

立法背景

委托开发合同为双务合同，作为当事人一方的委托人需承担的主要义务为支付研究开发经费和报酬、提出研究开发要求、接受研究开发成果等，而提供技术资料、完成协作事项等是委托人应尽的附随义务，本条对此作了明确规定。

条文解读

根据本条规定，委托开发合同的委托人的主要义务有：

一、支付研究开发经费和报酬

研究开发经费，是指完成研究开发工作所需要的成本。除合同另有约定外，委托人应当提供全部研究开发工作所需要的经费，包括购买研究必需的设备仪器、研究资料、试验材料、能源、试制、安装以及情报资料等费用。研究开发经费是委托开发合同履行所必需的费用，一般应当在合同成立后、研究工作开始前支付，也可以根据研究的进度分期支付，但不得影响研究开发工作的正常进行。当事人应当在合同中约定研究开发经费的结算办法。合同约定按照实际支付的，研究开发经费不足时，委托人应当补充支付；研究开发经费剩余时，研究开发人应当如数返还。如果合同中约定研究开发经费包干使用，那么结余经费应当归研究开发人所有，不足的经费由研究开发人自行解决。如果合同中没有约定研究开发经费结算方式，可以按照包干使用的方式，处理使用研究开发经费。

委托人向研究开发人支付的报酬，是指研究开发成果的使用费和研究开发人员的科研补贴。与研究开发经费不同，它是研究开发人获得的劳动收入。合同中约定研究开发经费的一定比例作为使用费和科研补贴的，可以不单列报酬。

二、提供技术资料

委托开发工作是研究开发人根据委托人的要求进行的，只有委托人提供完备的技术资料以及研究开发人所要求的必要的技术背景资料，研究开发人的研究开发才能更好地满足其要求，研究开发工作才能顺利地进行。因此，合同成立后，委托人负有按照合同约定提供研究开发工作必要的技术资料的义务。在研究开发过程中，委托人还应当及时按照研究开发人的要求，补充必要的背景资料，但应以研究开发人为履行合同所需要的范围为限。

三、提出研究开发要求

委托开发合同，是委托人有研发新技术、新产品、新工艺、新品种、新材料的要求，委托给开发人进行研究开发。开发人必须按照委托人的要求，开展研究开发工作，只有这样完成的开发工作成果才能符合委托人的预期。因此，委托开发合同的委托人应当明确具体地提出研究开发要求，提出对研究开发的具体愿望是什么，目标是什么，希望研究开发工作成果达到什么标准，符合什么条件等，技术要求、时间要求、质量要求是什么等。委托人提出的研究开发要求要有可操作性。

四、完成协作事项

委托开发合同是研究开发方按照委托人的要求进行研究开发工作的，为了保证研究开发工作的顺利进行，取得预期的成果，委托方除按照合同的约定支付研究开发经费和报酬、提供技术资料外，还必须配合委托方的研究开发工作，做好必要的协助工作，即委托人负有完成委托开发合同的协作义务。但是，委托人完成的协作事项只是为研究开发工作提供的辅助性劳动，不能因此认为是参加了开发研究，将委托开发合同变为合作开发合同。研究开发人需要委托人提供哪些协作、辅助事项，最好在委托开发合同中作出明确的约定，一旦约定，委托人就必须履行。

五、接受研究开发成果

委托开发合同履行后，委托人享有接受该项研究开发成果的权利。需要注意的是，这也是委托人的义务，委托人应当按期接受研究开发成果。当事人可以在合同中约定委托人接受研究开发成果的方式、时间或者期限，便于合同及时履行。

技术开发成果通常体现在一定的载体上，《技术合同认定规则》第 19 条规定，申请认定登记的技术合同，当事人约定提交有关技术成果的载体，不得超出合理的数量范围。技术成果载体数量的合理范围，按以下原则认定：（一）技术文件（包括技术方案、产品和工艺设计、工程设计图纸、试验报告及其他文字性技术资料），以通常掌握该技术和必要存档所需份数为限；（二）磁盘、光盘等软件性技术载体、动植物（包括转基因动植物）新品种、微生物菌种，以及样品、样机等产品技术和硬件性技术载体，以当事人进行必要试验和掌握、使用该技术所需数量为限；（三）成套技术设备和试验装置一般限于 1－2 套。

第八百五十三条　委托开发合同的研究开发人应当按照约定制定和实施研究开发计划，合理使用研究开发经费，按期完成研究开发工作，交付研究开发成果，提供有关的技术资料和必要的技术指导，帮助委托人掌握研究开发成果。

条文主旨

本条是关于委托开发合同的研究开发人的主要义务的规定。

立法背景

委托开发合同为双务合同，作为当事人一方的研究开发人负有与合同性质相应的义务，本条对此作了明确规定。

条文解读

根据本条规定，委托开发合同的研究开发人的主要义务有：

一、制订和实施研究开发计划

委托开发合同是委托人委托研究开发人进行研究开发的一种合同。为保证研究开发成果符合委托人的要求，研究开发人应当按照委托人的要求、合同的约定制订和实施研究开发计划。研究开发计划是委托开发合同的研究开发人就合同标的的研究开发而事先拟定的需要经过委托人同意的研究开发工作的具体步骤、具体内容、具体程序等，是指导研究开发工作的基本文件，是完成开发工作的前提，对保证研究开发工作的顺利完成具有根本性的作用。研究开发计划一般包括研究开发的基本目标、研究开发的方法与方案、研究开发的速度、研究开发的试验方法等。为保证研究开发成果符合委托人的要求，研究开发人应当进行必要的可行性论证，在此前提下，双方当事人应当对研究开发计划的内容根据委托开发合同的情况进行具体的约定，并根据合同的要求，选择适当的研究开发方案，制订切实可行的计划，并积极组织实施。当事人还应当约定提交研究开发计划的期限、接受对实施研究开发计划的监督等内容。研究开发计划制订后，研究开发方应当积极组织实施，接受委托人的监督。在研究开发过程中，如有变化，应当及时与委托人研究协商变更研究开发计划。

二、合理使用研究开发经费

研究开发经费是委托人支付给研究开发人专为研究开发工作使用的、用于研究开发合同标的所需的费用。该费用通常是在委托开发合同中约定使用范围的。因此，研究开发人应当按照合同的约定，本着专款专用的原则，根据开发项目的实际需要，合理有效地使用委托人支付的研究开发经费，不应浪费，不得擅自挪作他用。委托人有权检查研究开发经费的使用情况，但不能妨碍研究开发人的正常工作。当事人可以在合同中约定研究开发经费使用、检查等有关事项。

三、按期完成研究开发工作，交付研究开发成果

交付研究开发成果，是订立委托开发合同的根本目的，也是研究开发人最基本的义务。因此，研究开发人应当按照合同的约定，按期完成研究开发工作，并及时将研究开发成果交付委托人。研究开发人可以采用下列一种或者几种方式提交研究开发成果，但其数量不能超过合理的范围：（1）产品设计、工艺规程、材料配方和其他图纸、论文、报告等技术文件；（2）磁带、磁盘、计算机软件；（3）动物或者植物的新品种、微生物菌种；（4）样品、样机；（5）成套技术设备。

四、提供有关的技术资料和必要的技术指导，帮助委托人掌握研究开发成果

研究开发人按照合同约定，完成研究开发工作并交付工作成果时，还应当向委托人提供有关的技术资料，并给予必要的技术指导，帮助委托人掌握该技术成果，使之尽快在生产实践中应用。为了减少纠纷，当事人双方应当在合同中约定技术资料和技术指导的范围。如果合同中没有约定或者约定不明确，则应当按照同行业一般专业技术人员能够掌握研究开发成果所

需要的技术资料和技术服务履行。

研究开发人就同一合同标的不得再与其他人订立技术合同，也不得在向委托人交付研究开发成果前，将研究开发成果转让给第三人。

第八百五十四条　委托开发合同的当事人违反约定造成研究开发工作停滞、延误或者失败的，应当承担违约责任。

条文主旨

本条是关于委托开发合同的当事人违约责任的规定。

立法背景

本条源自《合同法》第333条、第334条的规定。合同法用两个法律条文，分别规定了委托人、研究开发人违反委托开发合同的约定应当承担的违约责任。第333条规定："委托人违反约定造成研究开发工作停滞、延误或者失败的，应当承担违约责任。"第334条规定："研究开发人违反约定造成研究开发工作停滞、延误或者失败的，应当承担违约责任。"此次编纂民法典将这两条规定合并为一条，统一规定委托开发合同的当事人违反委托开发合同应当承担违约责任。

条文解读

一、委托人违反委托开发合同的违约责任

委托人违反约定造成研究开发工作停滞、延误或者失败的，应当承担违约责任。这是对委托人违反约定应当承担责任的一般规定。本法第852条规定，委托开发合同的委托人应当

按照约定支付研究开发经费和报酬，提供技术资料，提出研究开发要求，完成协作事项，接受研究开发成果。依据该条规定，委托开发合同中委托人的违约责任，主要是：

委托人迟延支付研究开发经费，造成研究开发工作停滞、延误的，应当承担责任。委托人逾期不支付研究开发经费或者报酬的，研究开发人有权解除合同，返还技术资料；委托人应当补交应付的报酬，赔偿因此给研究开发人造成的损失。

委托人按照合同约定提供技术资料和协作事项或者所提供的技术资料和协作事项有重大缺陷，导致研究开发工作停滞、延误、失败的，应当承担责任。委托人逾期不提供技术资料和协作事项的，研究开发人有权解除合同，委托人应当赔偿因此给研究开发人造成的损失。

委托人逾期不接受研究开发成果的，研究开发人有权处分研究开发成果，所获得的收益在扣除约定的报酬、违约金和保管费后，退还委托人；所得收益不足以抵偿有关报酬、违约金和保管费的，有权请求委托人赔偿损失。

二、研究开发人违反委托开发合同的违约责任

研究开发人违反约定，造成研究开发工作停滞、延误或者失败的，应当承担违约责任。这是对研究开发人违反委托开发合同应当承担责任的一般规定。本法第 853 条规定，委托开发合同的研究开发人应当按照约定制订和实施研究开发计划，合理使用研究开发经费，按期完成研究开发工作，交付研究开发成果，提供有关的技术资料和必要的技术指导，帮助委托人掌握研究开发成果。依据该条规定，委托开发合同中研究开发人的违约责任，主要是：

研究开发人未按计划实施研究开发工作的，委托人有权要求其实施研究开发计划并采取补救措施。研究开发人逾期不实施研究开发计划的，委托人有权解除合同，研究开发人应当返还研究开发经费，赔偿因此给委托人造成的损失。

研究开发人将研究开发经费用于履行合同以外的目的的，委托人有权制止并要求其退还相应的经费用于研究开发工作。因此造成研究开发工作停滞、延误或者失败的，研究开发人应当支付违约金或者赔偿损失。经委托人催告后，研究开发人逾期未退还经费用于研究开发工作的，委托人有权解除合同，研究开发人应当返还研究开发经费，赔偿因此给委托人造成的损失。

由于研究开发人的过错，造成研究开发成果不符合合同约定条件的，研究开发人应当支付违约金或者赔偿损失；造成研究开发工作失败的，研究开发人应当返还部分或者全部研究开发经费，支付违约金或者赔偿损失。

第八百五十五条　合作开发合同的当事人应当按照约定进行投资，包括以技术进行投资，分工参与研究开发工作，协作配合研究开发工作。

条文主旨

本条是关于合作开发合同当事人主要义务的规定。

立法背景

合作开发合同为双务合同。合作开发技术需要各方当事人的投资、参与及协作配合，本条对各方当事人的义务作了明确规定。

条文解读

根据本条规定，在合作开发合同中，当事人各方的主要义务是：

一、进行投资，包括以技术进行投资

共同投资是合作开发合同的重要特征，也是合作开发合同各方当事人的主要义务。合同当事人各方应当依照合同的约定投资。这里的投资，是指合作开发合同当事人以资金、设备、材料、场地、试验条件、技术情报资料、专利权、技术秘密成果等方式对研究开发项目所作的投入。采取资金以外的形式进行投资的，应当折算成相应的金额，明确当事人在投资中所占的比例。双方当事人应当在合同中约定投资的具体形式，并将投资比例约定清楚。

二、分工参与研究开发工作

合作开发合同的各方当事人不仅都要出钱进行投资，还必须出人直接参与研究开发工作。所以按照合同约定的分工参与研究开发工作是合作开发合同的特征。参与研究开发工作，包括按照约定的计划和分工共同进行或者分别承担设计、工艺、试验、试制等研究开发工作。双方当事人如何分工参与研究开发工作应当在合同中约定清楚。需要说明的是，当事人一方提供资金、设备、材料等物质条件，承担辅助协作事项，另一方进行研究开发工作的合同，不属于合作开发合同，应当按委托开发合同处理。《最高人民法院关于审理技术合同纠纷案件适用法律若干问题的解释》第19条规定，“分工参与研究开发工作”，包括当事人按照约定的计划和分工，共同或者分别承担设计、工艺、试验、试制等工作。技术开发合同当事人一方仅提供资金、设备、材料等物质条件或者承担辅助协作事项，另一方进行研究开发工作的，属于委托开发合同。

三、协作配合研究开发工作

合作开发是以双方的共同投资和共同劳动为基础的，各方在合作研究中的配合是取得研究开发成果的关键。因此，合作各方可以在合同中约定成立由双方代表组成的指导机构，对研究开发工作中的重大问题进行决策、协调和组织研究开发活动，保证研究开发工作的顺利进行。

这里需要注意，合作开发合同与委托开发合同的标的是一致的，但是二者有一定的区别，主要表现为以下三点：

一是合作开发合同中当事人承担的义务相类似，又都有权要求对方履行自己的义务；而在委托开发合同中委托人的主要义务是研究开发人的权利，研究开发人的主要义务则是委托人的主要权利。

二是合作开发合同中双方当事人的目标基本一致，权利义务关系相同；而在委托开发合同中研究开发人的目的是取得报酬，委托开发人的目的是取得科技成果。

三是合作开发合同是当事人共同投资，并共同进行研究开发工作；而委托开发合同则只是一方负责投资，另一方负责研究开发工作。

第八百五十六条　合作开发合同的当事人违反约定造成研究开发工作停滞、延误或者失败的，应当承担违约责任。

条文主旨

本条是关于合作开发合同当事人违约责任的规定。

立法背景

合作开发合同各方当事人互负合同义务，违反合同约定时就要承担违约责任，本条对此作了明确规定。

条文解读

一、违反约定的情形

本条中所讲“合作开发合同的当事人违反约定”的情形，主要是指违反本法第855条所约定的情形，即不按照约定进行投资，包括不以技术进行投资；不按照约定分工参与研究开发工作；不按照约定协作配合研究开发工作。除此之外，还包括当事人违反合作开发合同中约定的其他情形，例如：当事人在合同中约定，合作开发合同的委托方应当按照合同确定的时间和要求，提供符合国家要求的技术开发成果的验收标准，而委托方未按照合同约定提供验收标准，致使技术开发合同不能继续进行下去。

二、承担违反约定责任的前提条件

依据本条的规定，合作开发合同的当事人违反约定承担违约责任的条件有二：一是合作开发合同的当事人存在违约行为；二是由于违约行为造成研究开发工作停滞、延误或者失败。研究开发工作停滞，主要是指当事人的违约行为使研究开发工作受到阻碍，不能顺利地进行或继续下去。研究开发工作延误，是指当事人的违约行为使研究开发工作缓慢前行或行动，不能按照预料的进度、时间进行，或使预料的工作停下有可能不能完成。研究开发工作失败，是指当事人的违约行为使研究开发工作根本不能继续开展下去，研究开发工作没有达到预期的目的。

三、承担违约责任的方式

本条规定，合作开发合同的当事人违反约定造成研究开发工作停滞、延误或者失败的，应当承担违约责任。而违约方承担什么样的违约责任，承担几种违约责任，本条没有明确的规定。通常当事人应当在订立合同时约定违约责任及其承担方式，本法也有相关规定。

第八百五十七条　作为技术开发合同标的的技术已经由他人公开，致使技术开发合同的履行没有意义的，当事人可以解除合同。

条文主旨

本条是关于解除技术开发合同条件的规定。

立法背景

在起草民法典时，许多科研部门及有关同志提出，技术开发合同的标的虽然已经公开，但合同订立后，技术研究开发人已经有所投入并付出了一定的劳动，在这种情况下，合同可以解除，但应当明确规定赔偿技术研究开发人已经付出的有关费用。还有的同志建议，从实际情况出发，对合同订立后，技术开发合同的标的已经由他人公开的两种不同情况分别规定赔偿责任。第一，合同订立后立即发现技术开发合同的标的已经公开。对此，合同的另一方当事人可以不赔或者少赔研究开发人的损失。第二，技术开发人在实施技术开发工作的过程中，技术开发合同的标的被公开。对此，合同的另一方当事人应当根据研究开发人的实际损失进行赔偿。考虑到合同解除后产生的不仅是赔偿问题，还有解除权的行使等问题，本法合同编对合同解除后产生的问题已有明确规定，故对此不再在技术合同一章中重复规定。

条文解读

合同的解除，是指合同有效成立后，当具备合同解除条件时，因当事人一方或者双方的意思表示而使合同关系消灭的一种行为。合同的解除分为约定解除和法定解除。本法合同编第七章合同的权利义务终止中对合同解除作了较为详细具体的规定。根据技术开发合同的特点，本条又规定了技术开发合同可以解除的另一种情形，即作为技术开发合同标的的技术已经由他人公开，致使履行技术开发合同没有意义，当事人可以解除合同。

第八百五十八条　技术开发合同履行过程中，因出现无法克服的技术困难，致使研究开发失败或者部分失败的，该风险由当事人约定；没有约定或者约定不明确，依据本法第五百一十条的规定仍不能确定的，风险由当事人合理分担。

当事人一方发现前款规定的可能致使研究开发失败或者部分失败的情形时，应当及时通知另一方并采取适当措施减少损失；没有及时通知并采取适当措施，致使损失扩大的，应当就扩大的损失承担责任。

条文主旨

本条是关于技术开发合同风险责任的规定。

立法背景

技术开发是一项探索性活动，蕴藏着开发不出来的风险。在技术研究开发过程中，如果当事人一方或者双方已尽了最大努力，但仍然由于现有的科技知识、知识水平、技术水平或者试验条件等客观因素的限制，出现无法克服的技术困难，导致研究开发全部或者部分失败，未能实现合同的预期目的，即为技术开发合同的风险。

认定一项技术开发的失败或者部分失败属于风险，应当具备以下各项条件：(1）课题本身在国际和国内现有技术水平下具有足够的难度；(2）研究开发方尽了主观努力；(3）该领域专家认为研究开发失败属于合理的失败。

条文解读

由于技术开发存在风险，风险一旦出现，将使技术开发合同无法履行，给当事人造成损失。因此，当事人应当在订立合同时明确约定风险责任的承担。合同标的的质量、价款或者报酬、履行地点、风险责任的分担等通常是合同的主要内容，当事人在订立合同时应当对这些内容作出明确的约定。但是有的时候，当事人在订立合同时没有对合同中的主要内容进行约定或者约定不明确，风险承担不明，责任不清，导致合同的履行发生困难。如果当事人在订立合同时对风险责任的承担等合同的主要内容没有约定或者约定不明确，那么在合同生效后甚至在合同履行开始后可以依据本法第510条的规定，确定风险责任。本法第510条规定，当事人应当先在原有合同约定的基础上进行协商，作出补充规定，也可以废除原有合同的约定重新作出约定。当事人在合同生效后或者在合同履行开始后达成的补充协议，与原合同条款具有同等的效力，当事人应当遵守履行。如果在合同生效后或者在合同履行开始后通过协商仍不能达成补充协议，那么依据本法第 510 条的规定，可以按照合同有关条款或者交易习惯确定风险责任。所谓合同有关条款，也就是与合同中未约定的或者约定不明确的主要条款有密切关联的条款。因为这些条款之间具有可以互相证明的作用，所以依照这些条款来确定合同未作约定或者约定不明确的内容如风险责任的承担是可行的。正是由于如此，在选择适用条款时，应当以与确定的合同内容有密切联系的条款为限，不得随意扩大。另外，当事人还可以按照交易习惯补充确定合同的风险承担责任。交易习惯对双方当事人确定合同的内容有一定的参考作用，以此来确定风险责任对双方当事人来说是公平合理的，只要当事人没有特别的约定，就可以用商业习惯确定风险责任。需要注意的是，按照交易习惯来确定风险责任，也应当由双方当事人一致协商同意才能进行确定。如果当事人不能达成一致意见，也不能由此确定风险责任。

为避免技术开发风险出现后损失的扩大，本条第 2 款规定了防止损失扩大的义务，即当事人一方发现可能导致研究开发失败或者部分失败的情况时，应当及时通知另一方并采取适当措施减少损失。有的国家将这一义务称为减轻损失的义务。这一款的规定确定了技术开发合同当事人的义务有二：一是通知的义务，即一方当事人发现有可能导致研究开发失败或者部分失败的情况时，应当立即通知对方，通知可以是口头形式的，也可以是书面形式的，为减少纠纷宜以书面形式通知为佳。二是采取适当措施减少损失的义务。具体是什么措施，如果当事人在合同中已经有约定，就按照合同中约定的措施实施，例如当事人在合同中约定，如果出现本条第 2 款规定的风险情形，可以立即停止试验。如果合同中没有事先约定减少风险损失的措施，则由当事人一方视具体情况决定采取减少损失的措施。如果一方当事人未能及时通知对方当事人，也未能及时采取措施，制止损失的扩大或者减少损失，那么应当就扩大的损失承担责任。这里需要注意的是，当事人采取减少损失的措施应当是适当的和合理的，不能采取耗费过高费用和过多时间的措施。如果采取的措施所耗费的费用超过了可以减轻的损失，则此种措施就是无益的、不可取的。规定本款的目的是，防止技术合同的一方当事人发现有可能致使研究开发失败或者部分失败的情形时，消极等待，而不去采取积极措施，以避免或减少本来可以避免或者减少的损失。本条规定符合当事人根据合同的性质、目的和交易习惯履行通知、协助、保密等义务的履行原则，符合诚实信用原则的要求，有利于保护当事人的利益。从整个社会来说，可以避免社会财产的无谓损失和浪费，有利于市场经济的发展。

第八百五十九条　委托开发完成的发明创造，除法律另有规定或者当事人另有约定外，申请专利的权利属于研究开发人。研究开发人取得专利权的，委托人可以依法实施该专利。

研究开发人转让专利申请权的，委托人享有以同等条件优先受让的权利。

条文主旨

本条是关于履行委托开发合同完成的发明创造的归属和分享的规定。

立法背景

依据专利法的规定，发明创造是指发明、实用新型和外观设计。发明，是指对产品、方法或者其改进所提出的新的技术方案。实用新型，是指对产品的形状、构造或者其结合所提出的适于实用的新的技术方案。外观设计，是指对产品的形状、图案或者其结合以及色彩与形状、图案的结合所作出的富有美感并适于工业应用的新设计。本条对委托开发完成的发明创造的技术成果的归属与分享作了明确规定。

条文解读

1. 法律没有规定或者当事人没有约定时，发明创造的专利申请权属于研究开发人。本条所讲的属于研究开发人，是指在没有法律另有规定或者当事人另外约定的情况下，委托开发完成的发明创造只有研究开发人才有申请专利的权利。这一规定与专利法的规定也是一致的。《专利法》第 8 条规定，两个以上单位或者个人合作完成的发明创造、一个单位或者个人接受其他单位或者个人委托所完成的发明创造，除另有协议的以外，申请专利的权利属于完成或者共同完成的单位或者个人。在这种情况下，根据公平原则，研究开发人取得专利权后应当对委托人实行以下两项优惠：一项是研究开发人取得专利权的，委托人可以依法实施该专利；另一项是研究开发人转让专利申请权的，委托人享有以同等条件优先受让的权利。据此，本条在第 2 款中规定，研究开发人可以转让专利申请权。转让后，受让人成为新的专利申请权人，继受取得原专利申请权人的全部权利和义务。这里需要说明的是，后一项优惠有一个前提条件，即同等条件，如果条件不同即低于其他人的条件，委托人则没有优先受让的权利。

2. 另有约定时，委托开发完成的发明创造的专利申请权依照约定履行。也就是说，双方当事人可以约定专利申请权不属于研究开发人，比如，可以约定专利申请权属于委托人或者委托人与研究开发人共有。

3. 法律另有规定的，专利申请权依照法律规定履行。比如，《专利法》第 6 条第 3 款规定，利用本单位的物质技术条件所完成的发明创造，单位与发明人或者设计人订有合同，对申请专利的权利和专利权的归属作出约定的，从其约定。

第八百六十条　合作开发完成的发明创造，申请专利的权利属于合作开发的当事人共有；当事人一方转让其共有的专利申请权的，其他各方享有以同等条件优先受让的权利。但是，当事人另有约定的除外。

合作开发的当事人一方声明放弃其共有的专利申请权的，除当事人另有约定外，可以由另一方单独申请或者由其他各方共同申请。申请人取得专利权的，放弃专利申请权的一方可以免费实施该专利。

合作开发的当事人一方不同意申请专利的，另一方或者其他各方不得申请专利。

条文主旨

本条是关于履行合作开发合同完成的发明创造专利申请权

的归属和分享的规定。

立法背景

合作开发合同当事人共同投资、共享成果、共担风险，因此其权利归属和分享不同于委托开发合同，本条对此作了明确规定。

条文解读

一、合作开发完成的发明创造专利申请权原则上属于合作开发合同的各方当事人共有

在技术开发过程中，技术成果的取得是合作各方当事人共同进行研究开发的结果，合作各方都为技术的完成付出了自己的努力，因此，本条规定合作开发完成的发明创造，除当事人另有约定外，申请专利的权利属于合作开发的当事人共有。

二、对共有的申请专利权的处分原则

根据公平原则，本条在规定合作开发完成的发明创造申请专利的权利属于合作开发的当事人共有的情况下，还规定了三项处分原则：

一是当事人一方转让其共有的专利申请权的，其他各方享有以同等条件优先受让的权利。通常情况下，当事人一方转让其共有的专利申请权的，无须得到其他共有人的同意，但是该转让不得损害其他共有人的利益。当事人一方转让其共有的专利申请权的，其他各方享有以同等条件优先受让的权利。

二是合作开发的当事人一方声明放弃其共有的专利申请权的，可以由另一方单独申请或者由其他各方共同申请。申请人取得专利权的，放弃专利申请权的一方可以免费实施该专利。

三是合作开发的当事人一方不同意申请专利的，另一方或者其他各方不得申请专利。

三、当事人可以约定合作开发完成的发明创造的专利申请权的归属与享有

也就是说，合作开发的双方当事人可以在合同中约定合作开发完成的发明创造的专利申请权不属于当事人共有，只属于合同的一方当事人所有。如果当事人在合同中明确约定完成发明创造的专利申请权只归一方所有，那么当事人就要按照约定履行，不能再援用本条关于共有的规定。如果当事人在合同中没有约定或者约定不明确，那么合作开发完成的发明创造的专利申请权属于合作开发的当事人共有。本条第 2 款还规定，合作开发的当事人可以约定放弃其共有的专利申请权。

第八百六十一条　委托开发或者合作开发完成的技术秘密成果的使用权、转让权以及收益的分配办法，由当事人约定；没有约定或者约定不明确，依据本法第五百一十条的规定仍不能确定的，在没有相同技术方案被授予专利权前，当事人均有使用和转让的权利。但是，委托开发的研究开发人不得在向委托人交付研究开发成果之前，将研究开发成果转让给第三人。

条文主旨

本条是关于技术秘密成果的使用权、转让权以及利益分配办法的规定。

立法背景

本条规定适用于“委托开发”和“合作开发”所完成的技

术秘密。这里的技术秘密，是指当事人不愿意公开的不为公众所知悉、能为权利人带来经济利益、具有实用性并经权利人采取保密措施的技术信息。

条文解读

关于技术秘密成果的使用权、转让权以及利益的分配办法，本条规定了以下三种：

1. 当事人自行约定解决。委托开发合同的当事人或者合作开发合同的当事人自行协商，在合同中明确约定技术秘密成果的使用权、转让权以及利益的分配办法。这是最基本、最行之有效、矛盾最少的分配方法。当事人自行确定技术秘密成果的使用权、转让权以及利益的分配办法，避免以后产生不必要的纠纷。

2. 依据本法第 510 条的规定解决。这种解决办法的适用前提是当事人对技术秘密成果的使用权、转让权以及利益的分配办法没有约定或者约定不明确，即本条所规定的，没有确定或者约定不明确，依据本法第五百一十条的规定确定。本法第 510 条规定，当事人首先应当在原有合同约定的基础上进行协商，作出补充规定，也可以废除原有合同的约定重新作出约定。当事人在合同生效后或者在合同履行开始后达成的补充协议，与原合同条款具有同等的效力，当事人应当遵守履行。如果在合同生效后或者在合同履行开始后通过协商仍不能达成补充协议，那么依据本法第 510 条的规定，可以按照合同有关条款或者交易习惯确定技术秘密成果的使用权、转让权以及利益的分配办法。所谓合同有关条款，也就是与合同中未约定的或者约定不明确的主要的条款有密切关联的条款。因为这些条款之间具有可以互相证明的作用，所以依照这些条款来确定合同未作约定或者约定不明确的内容，如技术秘密成果的使用权、转让权以及利益的分配办法是可行的。正是由于如此，在选择适用条款时，应当以与确定的合同内容有密切联系条款的为限，不得随意扩大。另外，当事人还可以按照交易习惯补充确定技术秘密成果的使用权、转让权以及利益的分配办法。交易习惯对双方当事人确定合同的内容有一定的参考作用，以此来确定技术秘密成果的使用权、转让权以及利益的分配办法对双方当事人来说是公平合理的。只要当事人没有特别的约定，就可以用商业习惯确定技术秘密成果的使用权、转让权以及利益的分配办法。需要注意的是，按照交易习惯来确定技术秘密成果的使用权、转让权以及利益的分配办法，也应当由双方当事人一致协商同意才能进行确定。如果当事人不能达成一致意见，也不能由此确定风险责任。

3. 依据本条确定的原则解决。这种解决办法的前提是，当事人对技术秘密成果的使用权、转让权以及利益的分配办法没有约定或者约定不明确，依据本法第510条的规定仍不能确定，即本条规定的，在没有相同技术方案被授予专利前当事人均有使用和转让技术秘密成果的权利，包括当事人均有不经对方同意而自己使用或者以普通使用许可的方式许可他人使用技术秘密，并独占由此所获利益的权利。当事人一方将技术秘密成果的转让权让与他人，或者以独占或排他使用许可的方式许可他人使用技术秘密，未经对方当事人同意或者追认的，应当认定该让与或者许可行为无效。

在委托开发中，由于技术秘密的成果是由委托人出资委托研究开发人开发的，所以本条规定，委托开发的研究开发人不得在向委托人交付研究开发成果之前，将研究开发成果转让给第三人。也就是说，研究开发人如果转让委托人委托开发的技术秘密成果，必须是在向委托人交付该项成果之后进行。

第三节　技术转让合同和技术许可合同

第八百六十二条　技术转让合同是合法拥有技术的权利人，将现有特定的专利、专利申请、技术秘密的相关权利让与他人所订立的合同。

技术许可合同是合法拥有技术的权利人，将现有特定的专利、技术秘密的相关权利许可他人实施、使用所订立的合同。

技术转让合同和技术许可合同中关于提供实施技术的专用设备、原材料或者提供有关的技术咨询、技术服务的约定，属于合同的组成部分。

条文主旨

本条是关于技术转让合同和技术许可合同定义的规定。

立法背景

本条是这次编纂民法典时新增加的条文。

在编纂民法典征求意见时，许多意见反映，合同法技术合同一章中对有名的技术合同很多都有定义性的条款规定，例如第330条第1款对技术开发合同的定义："技术开发合同是指当事人之间就新技术、新产品、新工艺或者新材料及其系统的研究开发所订立的合同。"第356条第2款对技术服务合同的定义："技术服务合同是指当事人一方以技术知识为另一方解决特定技术问题所订立的合同，不包括建设工程合同和承揽合同。"而对于什么是技术转让合同，合同法没有明确的定义性规定，导致司法实践中判断标准不一。为解决这一问题，《最高人民法院关于审理技术合同纠纷案件适用法律若干问题的解释》（以下简称《司法解释》）第22条规定，合同法第三百四十二条规定的"技术转让合同"，是指合法拥有技术的权利人，包括其他有权对外转让技术的人，将现有特定的专利、专利申请、技术秘密的相关权利让与他人，或者许可他人实施、使用所订立的合同。但就尚待研究开发的技术成果或者不涉及专利、专利申请或者技术秘密的知识、技术、经验和信息所订立的合同除外。技术转让合同中关于让与人向受让人提供实施技术的专用设备、原材料或者提供有关的技术咨询、技术服务的约定，属于技术转让合同的组成部分。因此发生的纠纷，按照技术转让合同处理。当事人以技术入股方式订立联营合同，但技术入股人不参与联营体的经营管理，并且以保底条款形式约定联营体或者联营对方支付其技术价款或者使用费的，视为技术转让合同。对此，许多意见认为司法解释代替不了立法，建议民法典应当明确规定技术转让合同的定义、判决标准，以解决现实需要。立法部门采纳了这一建议，在本条第1款规定了什么是技术转让合同，即技术转让合同是合法拥有技术的权利人，将现有特定的专利、专利申请、技术秘密的相关权利让与他人所订立的合同。

在编纂民法典征求意见时，有的部门提出，技术转让和技术许可具有不同的法律含义，建议区分技术转让合同和技术许可合同。宪法和法律委员会经研究，将草案第十九章第三节的名称修改为技术转让合同和技术许可合同，并在本条第2款中增加了技术许可合同定义的规定，即技术许可合同，是合法拥有技术的权利人，将现有特定的专利、技术秘密的相关权利许可他人实施、使用所订立的合同。

条文解读

技术转让合同和技术许可合同具有以下特点：

1. 标的的特点。一是必须是特定的完整的技术内容。该内容构成一项产品、工艺、材料及其系统的技术方案，该方案须有特定的名称、技术指标、功能和适用范围。如果标的仅为一般的商业秘密和数据，不构成一项完整的技术方案，或者标的为依靠个人技能和经验掌握的技术诀窍，无法认定其内容的，不属于技术合同转让和许可的标的。二是转让和许可的标的应当是当事人已经掌握的、特定的、现有的技术成果，包括专利权、专利申请权、技术秘密使用权和转让权，不包括尚待研究开发的技术成果或者不涉及专利或者技术秘密的知识、技术、经验和信息。

2. 当事人应当对转让和许可标的拥有权属。技术的转让和许可是技术权利的转让和许可，转让人和许可人应当保证自己是所提供的技术的合法拥有者，否则该技术不属于技术转让合同和许可合同可以转让的标的。例如，当事人享有的专利权已经终止，则不能转让了。

3. 技术商品不同于一般的商品，可以多次转让和许可。编纂民法典应当遵循的指导思想和基本原则有，既要坚持问题导向，着力解决社会生活中纷繁复杂的问题，又要遵循立法规律，讲法理、讲体系。既要尊重民事立法的历史延续性，又要适应当前经济发展的客观要求。在分编编纂过程中，要深入分析现行民事法律的实施情况，系统梳理、科学整理现行民事法律规范，对实践证明正确、可行的民事规范，能保留的尽量保留，可适用的继续适用。本着这一立法指导思想，本条第 3 款将《司法解释》第 22 条第 3 款的内容上升为法律，规定“技术转让合同和技术许可合同中关于提供实施技术的专用设备、原材料或者提供有关的技术咨询、技术服务的约定，属于合同的组成部分”。

第八百六十三条　技术转让合同包括专利权转让、专利申请权转让、技术秘密转让等合同。

技术许可合同包括专利实施许可、技术秘密使用许可等合同。

技术转让合同和技术许可合同应当采用书面形式。

条文主旨

本条是关于技术转让合同与技术许可合同种类及合同要件的规定。

立法背景

这次编纂民法典，将合同法原有的技术转让区分为技术转让合同与技术许可合同两种，本条在此基础上分别列举了技术转让合同与技术许可合同的几种类型。

条文解读

一、技术转让合同的种类

本条第 1 款规定，技术转让合同包括专利权转让、专利申请权转让、技术秘密转让等合同。

1. 专利权转让合同。专利权是依法批准的发明人或其权利受让人对其发明成果在一定年限内享有的独占权或专用权。专利权转让合同，是指专利权人作为让与人将其发明创造专利的所有权或者持有权移交给受让人，受让人支付约定价款所订立的合同。

2. 专利申请权转让合同。专利申请权是发明人或者设计人对其专利技术享有的一定专属权利，这种专属权利像专利权一样，可以转让。发明人或设计人在就其发明创造成果申请专利前，可以通过订立专利申请权转让合同，将其申请专利的权利转让给受让人并收取一定的价金。专利申请权转让合同，是指让与人将其特定的发明创造申请专利的权利移交给受让人，受让人支付约定价款所订立的合同。

3. 技术秘密转让合同。技术秘密，是指不为公众所知悉的技术，即专利技术以外的技术，包括未申请专利的技术、未授予专利权的技术以及不受专利法保护的技术。技术秘密转让合同，是指让与人将拥有的技术秘密成果提供给受让人，明确相互之间技术秘密成果使用权、转让权，受让人支付约定使用费所订立的合同。技术秘密的使用权，是指以生产经营为目的使用技术秘密的权利。转让权，是指通过合同向他人提供和转让技术秘密的权利。

二、技术许可合同的种类

本条第 2 款规定，技术许可合同包括专利实施许可、技术秘密使用许可等合同。

1. 专利实施许可合同。专利实施许可合同，是指专利权人或者其授权的人作为让与人许可受让人在约定的范围内实施专利，受让人支付约定使用费所订立的合同。《专利法》第 12 条规定，任何单位或者个人实施他人专利，除国家法律明确规定有关单位或者个人可以强制实施的以外，都必须与专利权人订立书面实施许可合同，向专利权人支付专利使用费。被许可人无权允许合同规定以外的任何单位或者个人实施该专利。专利实施许可合同转让的是专利使用权，转让后，受让人有权在约定的范围内使用专利。《最高人民法院关于审理技术合同纠纷案件适用法律若干问题的解释》第25条第1款和第2款规定，专利实施许可包括以下方式：（一）独占实施许可，是指让与人在约定许可实施专利的范围内，将该专利仅许可一个受让人实施，让与人依约定不得实施该专利。（二）排他实施许可，是指让与人在约定许可实施专利的范围内，将该专利仅许可一个受让人实施，但让与人依约定可以自行实施该专利。（三）普通实施许可，是指让与人在约定许可实施专利的范围内许可他人实施该专利，并且可以自行实施该专利。当事人对专利实施许可方式没有约定或者约定不明确的，认定为普通实施许可。专利实施许可合同约定受让人可以再许可他人实施专利的，认定该再许可为普通实施许可，但当事人另有约定的除外。第26条规定，专利实施许可合同让与人负有在合同有效期内维持专利权有效的义务，包括依法缴纳专利年费和积极应对他人提出宣告专利权无效的请求，但当事人另有约定的除外。第27条规定，排他实施许可合同让与人不具备独立实施其专利的条件，以一个普通许可的方式许可他人实施专利的，人民法院可以认定为让与人自己实施专利，但当事人另有约定的除外。

2. 技术秘密使用许可合同。技术秘密使用许可合同，是指让与人将拥有的技术秘密成果提供给受让人，明确相互之间技术秘密成果使用权、转让权，受让人支付约定使用费所订立的合同。技术秘密的使用权，是指以生产经营为目的使用技术秘密的权利。转让权，是指通过合同向他人提供和转让技术秘密的权利。《最高人民法院关于审理技术合同纠纷案件适用法律若干问题的解释》第25条第3款规定，技术秘密的许可使用方式，参照本条第一、二款的规定确定，即（一）独占实施许可，是指让与人在约定许可实施专利的范围内，将该专利仅许可一个受让人实施，让与人依约定不得实施该专利。（二）排他实施许可，是指让与人在约定许可实施专利的范围内，将该专利仅许可一个受让人实施，但让与人依约定可以自行实施该专利。（三）普通实施许可，是指让与人在约定许可实施专利的范围内许可他人实施该专利，并且可以自行实施该专利。当事人对专利实施许可方式没有约定或者约定不明确的，认定为普通实施许可。专利实施许可合同约定受让人可以再许可他人实施专利的，认定该再许可为普通实施许可，但当事人另有约定的除外。

三、技术转让合同与技术许可合同的形式要件

技术转让合同、技术许可合同的内容复杂，涉及转让技术、许可技术的范围，转让、许可的对象，受让人与许可使用人使用转让、许可技术的范围和方式，技术的保密，使用费、转让费的支付，以及对使用技术产生的新的技术成果的归属等，技术转让合同、技术许可合同涉及专利的，还要明确专利申请日、申请号、专利号和专利权的有效期限。因此，本条第3款规定，技术转让合同和技术许可合同应当采用书面形式。据此当事人订立技术转让合同、技术许可合同必须采用书面形式。

第八百六十四条　技术转让合同和技术许可合同可以约定实施专利或者使用技术秘密的范围，但是不得限制技术竞争和技术发展。

条文主旨

本条是关于技术转让合同和技术许可合同限制性条款的规定。

立法背景

在社会主义市场经济条件下，技术是商品，任何自然人、法人、非法人组织都可以不受地区、部门、经济形式等的限制转让技术。一切有助于开发新产品、提高产品质量、降低产品成本、改善经营管理、提高经济效益的技术，出让方与接受方都可以按自愿互利、协商一致的原则转让。也就是说，一切技术，只要能够促进经济建设和社会发展，都可以依法转让。但属于国家机密的技术，其转让应当经主管部门批准；涉及国家安全和社会公共利益的，由有关部门指定单位实施的技术、国家实行许可证制度的技术，其转让应当符合主管部门的规定；违反法律和社会公共利益的技术，不得转让。这是我国关于技术转让的基本政策。这一政策对于进一步调动广大职工，特别是科学技术人员的积极性、主动性、创造性，使科学技术成果、专门技能、专业知识迅速地应用于实际生产、生活，有效地贯彻经济建设依靠科学技术、科学技术面向经济建设的方针，具有重要的意义。因此，在本条中特别规定当事人订立的技术转让合同和技术许可合同不得限制技术竞争和技术发展。

条文解读

依据本条的规定，技术转让合同和技术许可合同可以约定让与人和受让人实施专利或者使用技术秘密的范围。实施专利或者使用技术秘密的范围，是指实施专利的期限、实施专利或者技术秘密的地区和方式。《最高人民法院关于审理技术合同纠纷案件适用法律若干问题的解释》第28条规定，实施专利或者使用技术秘密的范围，包括实施专利或者使用技术秘密的期限、地域、方式以及接触技术秘密的人员等。当事人对实施专利或者使用技术秘密的期限没有约定或者约定不明确的，受让人实施专利或者使用技术秘密不受期限限制。

在允许当事人约定实施专利或者使用技术秘密范围的同时，本条还对这种约定作了限制规定，即技术转让合同的当事人不得以合同条款限制技术竞争和技术发展，主要包括：(1) 不得通过合同条款限制另一方在合同标的技术的基础上进行新的研究开发；(2) 不得通过合同条款限制另一方从其他渠道吸收技术，或者阻碍另一方根据市场的需求，按照合同的方式充分实施专利和使用技术秘密。这一规定是强制性规定，当事人订立技术转让合同时必须遵守这一规定，如不遵守这一规定，在合同中约定了这些内容，也属于无效条款，不发生法律效力。同样技术许可合同也应当遵循这一规定，不得在合同中约定限制技术竞争和技术发展的条款。

第八百六十五条　专利实施许可合同仅在该专利权的存续期限内有效。专利权有效期限届满或者专利权被宣告无效的，专利权人不得就该专利与他人订立专利实施许可合同。

条文主旨

本条是关于专利实施许可合同有效期限的规定。

立法背景

专利权是指依法取得的在法律规定的有效期限内享有的独占利益的权利。专利权的有效期间是指法律规定的保护该专利权的期间。专利权只有在法定的期间内才能获得法律的保护。

条文解读

专利权超过法定期间，或者因法定情形失去专利权后，法律就不予保护，专利权人就失去了法律所保护的独占利益的权利。该技术也就成为公开的、任何人均可以免费使用的技术。专利实施许可合同也只在该项专利权的存续期间内有效。根据专利法的规定，发明专利权的期限为二十年，实用新型专利权和外观设计专利权的期限为十年，均自申请之日起计算。在专利权有效期限终止或者专利权宣布无效后，专利权人不得就该项专利与他人订立专利实施许可合同。

由于专利实施许可合同的标的是专利，该标的有效，由此订立的合同自然受到法律的保护；该标的无效，由此订立的合同自然也会失去效力，不能受到法律的保护。专利权有效期届满或者专利权被宣告无效时，专利权就不受法律保护了，因此本条规定：专利权人不得就该专利与他人订立专利实施许可合同。这一规定属于强制性规定，订立专利实施许可合同的当事人必须执行。如果专利权人违反这一规定，给他人造成损失的，应当承担相应的法律责任。

专利实施许可合同的让与人应当在合同有效期内维持专利的有效性。在合同有效期内，专利权被终止的，合同同时终止，让与人应当支付违约金或者赔偿损失。专利权被宣布无效的，让与人应当赔偿由此给受让人造成的损失。

第八百六十六条　专利实施许可合同的许可人应当按照约定许可被许可人实施专利，交付实施专利有关的技术资料，提供必要的技术指导。

条文主旨

本条是关于专利实施许可合同许可人主要义务的规定。

立法背景

专利实施许可合同的许可人应当允许被许可人根据合同约定的期限、地域、条件和方式实施专利技术，许可人必须遵守合同的约定，不得干涉被许可人使用该专利，不得侵害被许可人的专利实施权。因此，专利实施许可合同的许可人需要承担一些约定和法定的义务。

条文解读

根据本条和有关规定，专利实施许可合同者许可人需要承担的义务有：

第一，保证自己是所提供的专利技术的合法拥有者，并且保证所提供的专利技术完整、无误、有效，能够达到合同约定的目的。

第二，按照合同的约定，许可被许可人实施专利，交付实施专利有关的技术资料，提供必要的技术指导，使被许可人的专业人员能够掌握、实施该专利技术。

第三，排他实施许可合同的许可人不得在已经许可被许可人实施专利的范围内，就同一专利与第三人订立专利实施许可合同。独占实施许可合同的许可人不得在已经许可被许可人实施专利的范围内实施该专利。独占实施许可，即许可人将在一定地域或期限内实施专利技术的权利授予被许可人后，自己不再享有在该范围、该期限内实施专利技术的权利，不再享有向第三人发放实施许可该项专利技术的权利。排他实施许可，即许可人在授予被许可人实施专利技术的范围、期限内，同时保留自己实施该项专利技术的权利。

第四，依法缴纳专利年费和应对他人提出宣告专利权无效的请求。《最高人民法院关于审理技术合同纠纷案件适用法律若干问题的解释》第 26 条规定，专利实施许可合同让与人负有在合同有效期内维持专利权有效的义务，包括依法缴纳专利年费和积极应对他人提出宣告专利权无效的请求，但当事人另有约定的除外。

第八百六十七条　专利实施许可合同的被许可人应当按照约定实施专利，不得许可约定以外的第三人实施该专利，并按照约定支付使用费。

条文主旨

本条是关于专利实施许可合同被许可人主要义务的规定。

立法背景

专利实施许可合同的被许可人得到专利许可后，需要按照合同约定承担一些义务，本条对此作了明确规定。

条文解读

根据本条和有关规定，专利实施许可合同被许可人的主要义务有：

第一，按照约定实施专利，即专利实施许可合同的被许可人应当按照约定的范围、方式、期限等实施专利技术，并按照约定支付使用费。

第二，按照合同的约定，不得许可合同约定以外的第三人实施该项专利技术。这里所讲的"不得许可合同约定以外的第三人实施该项专利技术"是指被许可人无权允许合同以外的第三人实施该专利技术，例如，如果合同没有约定被许可人的子公司可以实施该项专利技术，被许可人则无权将该专利技术交给自己的子公司实施使用。如果被许可人需要将该项专利技术交给合同以外的第三人实施，则必须经过专利实施许可合同的许可人同意，未经许可人同意，要承担违约责任。

第三，按照合同的约定，支付使用费，即被许可人按照合同约定的数额、期限、支付方式、支付地点等支付实施专利的使用费。

第四，承担合同约定的其他义务以及本法合同编规定的法律义务。如本法第509条规定，当事人应当按照约定全面履行自己的义务。当事人应当遵循诚信原则，根据合同的性质、目的和交易习惯履行通知、协助、保密等义务。当事人在履行合同过程中，应当避免浪费资源、污染环境和破坏生态。

第八百六十八条　技术秘密转让合同的让与人和技术秘密使用许可合同的许可人应当按照约定提供技术资料，进行技术指导，保证技术的实用性、可靠性，承担保密义务。

前款规定的保密义务，不限制许可人申请专利，但是当事人另有约定的除外。

条文主旨

本条是关于技术秘密让与人和许可人主要义务的规定。

立法背景

本条源自《合同法》第 347 条的规定，修改之处有二：一是增加了技术秘密使用许可合同许可人的主要义务的规定；二是增加了第 2 款的规定。

条文解读

根据本条的规定，技术秘密转让合同的让与人和技术秘密使用许可合同的许可人的主要义务是：

第一，保证自己是所提供技术的合法拥有者，并且保证所提供的技术完整、无误、有效，能够达到合同约定的目标；第二，按照合同的约定，提供技术资料，进行技术指导，保证技术的实用性、可靠性；第三，承担保密义务；第四，承担受让人按照约定使用技术秘密侵害他人合法权益的责任；第五，使用技术秘密不得超出约定的范围；第六，不得擅自许可第三人使用该项技术秘密。

《最高人民法院关于审理技术合同纠纷案件适用法律若干问题的解释》第 29 条规定，技术秘密转让合同让与人承担的“保密义务”，不限制其申请专利，但当事人约定让与人不得申请专利的除外。当事人之间就申请专利的技术成果所订立的许可使用合同，专利申请公开以前，适用技术秘密转让合同的有关规定；发明专利申请公开以后、授权以前，参照适用专利实施许可合同的有关规定；授权以后，原合同即为专利实施许可合同，适用专利实施许可合同的有关规定。人民法院不以当事人就已经申请专利但尚未授权的技术订立专利实施许可合同为由，认定合同无效。为了鼓励技术秘密转让合同的让与人和技术秘密使用许可合同的许可人申请专利，本条借鉴司法解释的规定，在第2款明确规定，前款规定的保密义务，不限制许可人申请专利，但是当事人另有约定的除外。

第八百六十九条　技术秘密转让合同的受让人和技术秘密使用许可合同的被许可人应当按照约定使用技术，支付转让费、使用费，承担保密义务。

条文主旨

本条是关于技术秘密转让合同受让人和技术秘密使用许可合同的被许可人主要义务的规定。

立法背景

本条源自《合同法》第348条的规定，主要修改之处是增加了技术秘密使用许可合同的被许可人主要义务的规定。

条文解读

根据本条的规定，技术秘密转让合同受让人的主要义务是：第一，按照合同的约定使用技术，即按照合同约定的期限、时间、方式、方法、条件等实施、使用技术秘密。第二，按照合同的约定支付使用费，即按照合同约定的期限、时间、支付方式、币种、支付次数等支付技术秘密的使用费。第三，承担保密义务。保密是指不得将技术秘密中的技术资料、数据、样品、相关文件等泄露给第三人。第四，使用技术秘密不得超越合同约定的范围。第五，未经让与人同意，不得擅自许可第三人使用该项技术秘密。

技术秘密使用许可合同的被许可人的主要义务是：第一，按照合同的约定使用技术，即按照合同约定的期限、时间、方式、方法、条件等实施、使用技术秘密。第二，按照合同的约定支付使用费，即按照合同约定的期限、时间、支付方式、币种、支付次数等支付技术秘密的使用费。第三，承担保密义务。保密是指不得将技术秘密中的技术资料、数据、样品、相关文件等泄露给第三人。第四，使用技术秘密不得超越合同约定的范围。第五，未经让与人同意，不得擅自许可第三人使用该项技术秘密。

第八百七十条　技术转让合同的让与人和技术许可合同的许可人应当保证自己是所提供的技术的合法拥有者，并保证所提供的技术完整、无误、有效，能够达到约定的目标。

条文主旨

本条是关于技术转让合同让与人和技术许可合同的许可人保证义务的规定。

立法背景

民法典草案在征求意见时，有意见反映，技术许可合同的许可人也应当承担保证义务。考虑到技术许可合同许可人的保证义务与技术转让合同让与人的保证义务是一致的，故本条在

《合同法》第349条规定的基础上增加了技术许可合同许可人保证义务的规定。

条文解读

根据本条的规定，技术转让合同的让与人的保证义务主要是：

一、保证自己是所提供的技术的合法拥有者

技术转让合同的基本特征之一是，技术转让合同让与人通过订立技术转让合同转让技术，收取报酬。向受让人转让技术是技术转让合同让与人的基本义务。这种转让导致技术权属在让与人和被让与人之间的变动，而这种变动必须以让与人对技术合法拥有为前提，也就是说，只有技术合法的所有人或者持有人才有权转让技术，因此，让与人转让的技术必须是自己合法拥有的，或者保证自己有权转让或者有权许可、使用、实施该项技术，否则为非法转让，属于无效行为。由此订立的合同也是无效合同，为保证受让人得到合法的技术，本条规定技术转让合同的让与人应当保证自己是所提供的技术的合法拥有者。还需要注意的是，让与人转让的技术也不能是剽窃、冒充、仿造的。

二、保证所提供的技术完整、无误、有效

订立技术转让合同的目的就是受让人能够得到可应用的技术，为此，本条规定，技术转让合同的让与人应当保证所提供的技术完整、无误、有效，能够达到约定的目标。技术完整，是指一个产品、工艺、材料及其系统或者改进技术的一整套方案或者一整套文件资料。技术无误，是指转让给受让方一个产品、工艺、材料及其系统或者改进的技术应当准确，没有误差。技术有效，是指转让给受让方一个产品、工艺、材料及其系统或者改进的技术不存在争议，受让方可以依据合同进行操作，能够解决受让方的技术问题，达到订立合同预期的目标。

受让人使用让与人转让或者许可的技术生产或者销售产品，如果被第三人指控侵权，应当由受让人承担责任。

第八百七十一条　技术转让合同的受让人和技术许可合同的被许可人应当按照约定的范围和期限，对让与人、许可人提供的技术中尚未公开的秘密部分，承担保密义务。

条文主旨

本条是关于技术转让合同的受让人和技术许可合同的被许可人负有保密义务的规定。

立法背景

民法典草案在征求意见时，有意见反映，技术许可合同的被许可人也应当承担保密义务。考虑到技术许可合同的被许可人的保密义务与技术转让合同的让与人的保密义务是一致的，故本条在《合同法》第350条规定的基础上增加了技术许可合同被许可人保密义务的规定。

条文解读

技术转让合同的让与人对受让人转让的技术，有的处于保密状态，有的虽已公开，但是相关的背景材料、技术参数等未曾公开，这些技术及相关材料有可能涉及国家利益或者让与人的重大经济利益。因此，受让人对让与人提供或者传授的技术和有关技术资料，应当按照合同约定的范围和期限承担保密义务。对超过合同约定范围和期限仍需保密的技术，受让人应当遵循诚实信用的原则，履行合同保密的附随义务。

第八百七十二条　许可人未按照约定许可技术的，应当返还部分或者全部使用费，并应当承担违约责任；实施专利或者使用技术秘密超越约定的范围的，违反约定擅自许可第三人实施该项专利或者使用该项技术秘密的，应当停止违约行为，承担违约责任；违反约定的保密义务的，应当承担违约责任。

让与人承担违约责任，参照适用前款规定。

条文主旨

本条是关于技术许可合同的许可人与技术转让合同的让与人违约责任的规定。

立法背景

技术许可合同的许可人与技术让与合同的让与人违反合同约定，应当承担违约责任，本条对此作了明确规定。

条文解读

根据本条规定，技术许可合同中许可人的违约责任主要是：

1. 违反专利权许可合同的责任。许可人不履行合同义务，迟延办理专利权移交手续，未提供有关的技术资料，许可的专利不是许可人合法拥有的专利或者违反保密义务的，应当返还部分或者全部使用费，并且应当承担违约责任。

2. 违反专利申请权许可合同的责任。许可人不履行合同，迟延提供技术情报和资料的，或者所提供的技术情报和资料没有达到使该领域一般专业技术人员能够实施发明创造的程度的，应当承担违约责任；违反保密义务的，应当承担违约责任。

3. 违反专利实施许可合同的责任。许可人未按照约定许可实施专利技术，应当返还部分或者全部使用费，并且承担违约责任；使用专利技术超越约定的范围，违反约定擅自许可第三人使用该项专利技术，应当停止违约行为，承担违约责任；违反保密义务的，承担违约责任；承担被许可人按照约定使用专利技术侵害他人合法权益的责任。

4. 违反技术秘密许可合同的责任。许可人未按照合同约定许可他人使用技术秘密的，应当返还部分或者全部使用费，并且承担违约责任；使用技术秘密超越合同约定的范围，违反约定擅自许可第三人使用该项技术秘密，应当停止违约行为，承担违约责任；技术秘密成果达不到合同约定的技术指标，承担违约责任；违反保密义务，泄露技术秘密，使被许可人遭受损失的，承担违约责任；承担被许可人按照约定使用技术秘密侵害他人合法权益的责任。

技术让与合同让与人的违约责任，参照适用本条第 1 款技术许可合同许可人违约责任的规定。

第八百七十三条　被许可人未按照约定支付使用费的，应当补交使用费并按照约定支付违约金；不补交使用费或者支付违约金的，应当停止实施专利或者使用技术秘密，交还技术资料，承担违约责任；实施专利或者

使用技术秘密超越约定的范围的，未经许可人同意擅自许可第三人实施该专利或者使用该技术秘密的，应当停止违约行为，承担违约责任；违反约定的保密义务的，应当承担违约责任。

受让人承担违约责任，参照适用前款规定。

条文主旨

本条是关于技术许可合同的被许可人和技术转让合同的受让人违约责任的规定。

立法背景

技术许可合同的被许可人和技术转让合同的受让人违反合同约定，应当承担违约责任，本条对此作了明确规定。

条文解读

根据本条规定，技术许可合同被许可人违约责任主要是：

1. 违反专利权许可合同的责任。被许可人未按照约定支付价款，应当补交并按照约定支付违约金，不补交价款或者支付违约金的，应当停止实施专利，交还技术资料，承担违约责任；违反保密义务的，承担违约责任。

2. 违反专利申请权许可合同的责任。被许可人不履行合同，迟延支付价款的，承担违约责任：未按照约定支付价款，应当补交并承担违约责任；不补交价款或者不支付违约金的，应当返还专利申请权，交还技术资料，并承担违约责任：违反保密义务的，承担违约责任。

3. 违反专利实施许可合同的责任。被许可人未按照约定支付使用费，应当补交使用费并按照约定支付违约金；不补交使用费或者支付违约金的，应当停止使用专利技术，交还技术资料，承担违约责任；使用专利技术超出约定的范围，未经许可人同意擅自许可第三人使用该专利技术的，应当停止违约行为，承担违约责任；违反保密义务的，应当承担违约责任。

4. 违反技术秘密许可合同的责任。被许可人不按照合同约定支付使用费的，应当补交使用费并按照约定支付违约金；不补交使用费或者支付违约金的，应当停止使用技术秘密，交还技术资料，承担违约责任；使用技术秘密超出约定的范围，未经许可人同意擅自许可第三人实施使用该技术秘密的，应当停止违约行为，承担违约责任；违反保密义务，泄露技术秘密，给许可人造成损失的，应当承担违约责任。

技术转让合同中受让人的违约责任，参照适用本条第 1 款技术许可合同中被许可人违约责任的规定。

第八百七十四条　受让人或者被许可人按照约定实施专利、使用技术秘密侵害他人合法权益的，由让与人或者许可人承担责任，但是当事人另有约定的除外。

条文主旨

本条是关于实施专利、使用技术秘密侵害他人合法权益责任承担的规定。

立法背景

让与人或者许可人作为专利权人或者技术秘密的权利人，负有担保其专利、技术秘密没有权利瑕疵的义务，即担保不侵害第三人权利、担保第三人不就专利权或者技术秘密主张权利的义务，否则要承担相应法律后果，本条对此作了明确规定。

条文解读

技术转让合同的实质是科学技术知识、信息和生产实践经验在不同法律关系主体之间的传递和扩展。这种传递和扩展同时也是技术权益的转移，即采用合同形式把专利权、专利申请权、专利使用权和技术秘密的使用权转移给受让人或者许可给被许可人。让与人转让的或者许可人许可的是某一项技术成果，不是利用公知的技术知识为对方提供咨询服务，因此，转让人或者许可人有义务保证受让人或者被许可人按照合同约定实施专利、使用技术秘密不会侵害他人的合法权益。如果受让人或者被许可人按照合同约定实施专利、使用技术秘密引起侵害他人合法权益的，该侵权责任则应当由让与人或者许可人承担，但是合同当事人另有约定的除外。本条之所以规定由让与人或者许可人承担侵权责任，是因为侵权行为的发生是让与人让与或者许可人许可受让人或者被许可人使用的专利、技术秘密具有不合法性，而受让人、被许可人并不了解此情况，根据一般的知识及通常掌握的技能也不能判断其所接受的专利、技术秘密具有不合法性，他们属于善意受让人、善意被许可人。此时由让与人或者许可人承担侵权责任是合情、合法、合理的。需要说明的是，根据本条的规定，如果当事人作出了由受让人、被许可人承担责任或者由受让人与让与人、被许可人与许可人人共同承担责任的约定，那么在受让人或者被许可人按照约定实施专利、使用技术秘密侵害他人合法权益的情况下，侵权责任则要按照当事人的约定承担，即当事人的约定优先于法律规定。

第八百七十五条　当事人可以按照互利的原则，在合同中约定实施专利、使用技术秘密后续改进的技术成果的分享办法；没有约定或者约定不明确，依据本法第五百一十条的规定仍不能确定的，一方后续改进的技术成果，其他各方无权分享。

条文主旨

本条是关于技术转让合同、技术许可合同中后续改进技术成果分享办法的规定。

立法背景

技术转让合同、技术许可合同所让与、许可实施或者使用的技术，双方均有可能进行新的改进和发展。法律有必要为此类后续改进的技术成果的权利归属作出规定，以避免引发纠纷。

条文解读

一、技术成果的后续改进

本条中所讲的后续改进，是指在技术转让合同、技术许可合同的有效期内，一方或双方对作为合同标的的专利技术或者技术秘密成果所作的革新和改良。技术转让合同或者技术许可合同的订立和履行，不仅实现了现有技术的转移、推广和应用，而且也是当事人进行改良、革新和进行新的研究开发的基础。合同订立后，当事人一方或者双方在技术转让合同标的技术或者技术许可合同标的技术基础上作出创新和改良是常见的现象。这种创新和改良推动了科学技术的迅速发展。

二、后续改进的技术成果的分享原则

后续改进的技术成果的分享原则为互利原则，这一原则表明当事人可以在合同中约定实施专利、使用技术秘密后续改进的技术成果的分享办法及其归属，但是这一约定应当对双方当事人是有利的，一方利益的取得不得以损害对方利益为代价，双方当事人在约定中必须注意这一原则。例如，可以约定彼此免费有偿提供后续改进的技术成果的情报、资料和信息，按优惠条件或者最优惠的价格许可或者转让给另一方实施或者使用等。

三、后续改进的技术成果的分享方式

1. 在合同中约定。依据本条的规定，技术转让合同的当事人或者技术许可合同的当事人双方可以按照互利的原则，在合同中约定实施专利、使用技术秘密后续改进的技术成果的分享办法。可以约定双方当事人共同享有所有权，也可以约定由合同的一方当事人享有所有权。

2. 协商研究、补充确定。如果技术转让合同的当事人或者技术许可合同的当事人没有在合同中约定实施专利、使用技术秘密后续改进的技术成果的分享办法，那么依据本条的规定，可以按照本法第 510 条的规定确定后续改进的技术成果的权属与分享办法。依据第 510 条的规定，首先由双方当事人协商，补充确定当初订立合同时没有约定的后续改进的技术成果的权属与分享办法。如果通过双方当事人的协商，仍不能确定的，那么要按照合同的有关条款或者交易习惯确定后续改进的技术成果的归属与分享办法。

3. 法律明确规定权属。如果当事人没有按照互利的原则，在合同中约定实施专利、使用技术秘密后续改进的技术成果的权属与分享办法，或者约定不明的，在合同生效或者合同履行后，依据本法第510条的规定通过协商，或依据合同有关条款、交易习惯确定仍不能确定的，对此本条则明确规定，实施专利、使用技术秘密后续改进的技术成果，归完成该项后续改进技术成果的一方，其他各方无权分享。

第八百七十六条　集成电路布图设计专有权、植物新品种权、计算机软件著作权等其他知识产权的转让和许可，参照适用本节的有关规定。

条文主旨

本条是关于其他知识产权的转让和许可的规定。

立法背景

本条是这次编纂民法典新增加的条文，专门对集成电路布图设计专有权、植物新品种权、计算机软件著作权等其他知识产权的转让和许可的法律适用作了明确规定。

条文解读

技术合同是当事人就技术开发、转让、许可、咨询或者服务订立的确立相互之间权利和义务的合同。当事人订立技术合同的目的是促进科学技术成果的研发、转化、应用和推广，促进科学技术的进步。技术成果是一种无形财产，是技术合同的重要标的，在现代社会中发挥着越来越重要的作用。正是由于这种财产内容的技术性和特殊性，我国曾以专门的技术合同法予以调整和规范。1996年全国人民代表大会第二次会议通过的合同法也将技术合同作为一种独立的合同类型设专章予以规范。民法典继承了这一做法，仍设专章规定技术合同。

何为技术成果？《最高人民法院关于审理技术合同纠纷案件适用法律若干问题的解释》第1条规定，技术成果，是指利用科学技术知识、信息和经验作出的涉及产品、工艺、材料及其改进等的技术方案，包括专利、专利申请、技术秘密、计算机软件、集成电路布图设计、植物新品种等。

民法典技术合同一章对技术成果中的专利、专利申请、技术秘密的转让与许可作了专节规定，但对计算机软件、集成电路布图设计、植物新品种的转让与许可没有作出规定。对此，在民法典编纂草案征求意见中，社会公众、一些部门提出意见认为，2017年公布实施的《民法总则》第123条规定，民事主体依法享有知识产权。知识产权是权利人依法就下列客体享有的专有的权利：（一）作品；（二）发明、实用新型、外观设计；（三）商标；（四）地理标志；（五）商业秘密；（六）集成电路布图设计；（七）植物新品种；（八）法律规定的其他客体。民法总则已经明确规定了民事主体对一些新出现的知识产权，如集成电路布图设计、植物新品种等享有知识产权。专利、专利申请、技术秘密是知识产权，技术合同一章对专利、专利申请、技术秘密的转让与许可作了规范，计算机软件、集成电路布图设计、植物新品种也是知识产权，随着科学技术的发展，这些新类型的知识产权会越来越多，技术合同一章也应当对计算机软件、集成电路布图设计、植物新品种等的转让与许可作出规定，以促进科学技术成果的研发、转化、应用和推广，促进科学技术的进步，保护知识产权。司法实践部门的同志也反映，在实际生活中，签订计算机软件、集成电路布图设计、植物新品种的转让与许可的合同日益增多，由此引发的纠纷也明显增多，对此情形若不作文明规定，不利于人民法院或者仲裁机构审理裁判这类纠纷，也不利于知识产权的保护，建议在技术合同一章对计算机软件、集成电路布图设计、植物新品种等的转让与许可作出规定，或者在法律中作原则指引性规定，以对人民法院、仲裁机构适用法律提供明确的指导。立法部门经过深入的调查研究，广泛听取了各方面的意见，在本条中规定，集成电路布图设计专有权、植物新品种权、计算机软件著作权等其他知识产权的转让和许可，参照适用本节的有关规定。

第八百七十七条　法律、行政法规对技术进出口合同或者专利、专利申请合同另有规定的，依照其规定。

条文主旨

本条是关于技术进出口合同或者专利、专利申请合同的特殊规定。

立法背景

有的单行法或者行政法规对一些特殊的合同作了特殊规定，根据特别法优先于一般法的原则，应优先适用特别法的规定。

条文解读

一、技术进出口合同

我国境内的自然人、法人或者非法人组织从国外引进或者向国外输出技术，由此与技术输出国或者技术引进国的当事人订立的合同，称为技术进出口合同。

近几年，随着我国对外科学技术交流的发展，我国的自然人、法人或者非法人组织不仅从国外引进技术，也向国外输出技术，其所借助的法律形式是订立技术进出口合同。因此，在法律起草中，有人提出，随着改革开放的不断深入，技术进出口越来越多，为了适应这一形势的需要，国家有关部门制定了技术引进合同管理条例等规定，这次编纂民法典合同编应当把技术进出口合同作为技术转让合同的内容加以规定。对此，草案曾将技术进出口合同的内容作出规定，在对草案广泛征求意见后，许多部门和同志认为，技术进出口的情况比较复杂。订立技术进出口合同，虽然是市场主体的自主行为，但对涉及产业发展或者国计民生的重大技术进出口合同，还要经有关主管部门审批。须由国家有关部门制定相关的法律法规对此加以规范。技术进出口实质上是技术转让，当事人在订立技术进出口合同时，对涉及技术转让的问题，可以依据本法合同编中的技术转让合同的有关规定办理，对涉及技术进出口的管理问题，依据其他法律或者行政法规的规定。因此，本条规定法律、行政法规对技术进出口合同另有规定的，依照其规定。

二、专利、专利申请合同

专利权转让、专利申请权转让涉及专利问题，因此，当事人订立专利权转让合同或者专利申请权转让合同，不仅要遵守本章的有关规定，还要遵守专利法等其他法律、法规的规定。例如，《专利法》第10条规定，专利申请权和专利权可以转让。中国单位或者个人向外国人、外国企业或者外国其他组织转让专利申请权或者专利权的，应当依照有关法律、行政法规的规定办理手续。转让专利申请权或者专利权的，当事人应当订立书面合同，并向国务院专利行政部门登记，由国务院专利行政部门予以公告。专利申请权或者专利权的转让自登记之日起生效。因此，本条规定法律、行政法规对专利、专利申请合同另有规定的，依照其规定。

第四节　技术咨询合同和技术服务合同

第八百七十八条　技术咨询合同是当事人一方以技术知识为对方就特定技术项目提供可行性论证、技术预测、专题技术调查、分析评价报告等所订立的合同。

技术服务合同是当事人一方以技术知识为对方解决特定技术问题所订立的合同，不包括承揽合同和建设工程合同。

条文主旨

本条是关于技术咨询合同和技术服务合同定义的规定。

立法背景

技术咨询合同和技术服务合同是比较常见的两种合同类型，特设专章规定。

条文解读

一、技术咨询合同

技术咨询合同，是指一方当事人通常是科技人员作为受托人运用自己的技术知识，对委托人提出的特定技术项目进行可行性论证、技术预测、专题技术调查、分析评价等所订立的合同。技术咨询合同的基本特点有：

1. 技术咨询合同的受托人必须拥有一定的技术知识。受托人要具有一定的技术知识是这次民法典编纂时新增加的内容，目的是强调提供技术咨询的一方应当有一定资质。

2. 技术咨询合同的标的是对技术项目的咨询。这里所讲的咨询，是指对技术项目的可行性论证、技术预测、专题技术调查、分析评价报告。可行性论证，是指对特定技术项目的经济效果、技术效果和社会效果所进行的综合分析和研究的工作。技术预测，是指对特定技术项目实施后的发展前景及其生命力所进行的判断。专题技术调查，包括技术难题、技术障碍和技术事故的咨询，是指根据委托人的要求所进行的资料、数据的考察收集工作。分析评价报告，包括工程技术项目的可行性论证，科学技术规划的可行性论证和知识产权战略实施的可行性论证，是指通过对特定技术项目的分析、比较得出的书面报告。

3. 技术咨询的范围是与技术有关的项目。这里的项目较为广泛，主要分为三类：

（1）有关科学技术与经济、社会协调发展的软科学研究项目。例如：科技发展战略研究，科技发展规划研究，技术政策与技术选择的研究。

（2）促进科技进步和管理现代化，提高经济效益和社会效益的技术项目。例如：重大工程项目、研究开发项目、技术改造和成果推广等的可行性分析；技术成果、重大工程和特定技术系统的技术评估；特定技术领域、行业、专业和技术转移的技术预测；就专项技术进行的技术调查。需要说明的是，上述项目中与技术开发、技术转让、技术许可有关，可以作为技术开发合同、技术转让合同或者技术许可合同的一部分内容在合同中进行约定。

（3）其他专业性技术项目。例如，对技术产品和工艺的分析，技术方案的比较，专用设施、设备的安全对策。又如，标的为大、中型建设工程项目前期的分析论证。再如，标的为引进先进理化测试仪器，就其技术性能进行可行性分析等。前述这些项目中与技术开发、技术转让、技术许可有关，也可以作为技术开发合同、技术转让合同或者技术许可合同的一部分内容在合同中进行约定。

4. 技术咨询合同履行的结果是由提供咨询的一方（受托方）向委托方提供尚待实践检验的报告或者意见。这一报告或者意见不是其他技术合同所要求的某一技术成果。需要注意的是，当事人一方委托另一方就解决特定技术问题提出实施方案、进行实施指导所订立的合同，是技术服务合同，不适用有关技术咨询合同的规定。

5. 技术咨询合同风险责任的承担有其特殊性。对这种合同，除当事人另有约定外，因委托人实施咨询报告或者意见而造成的风险，受托方不承担风险。这与技术开发、技术转让合同的风险责任承担有所不同。

二、技术服务合同

技术服务合同，是指当事人一方以技术知识为另一方解决特定技术问题所订立的合同，不包括建设工程合同和承揽合同。这里所讲的特定技术问题，是指需要运用科学技术知识解决专业技术工作中有关改进产品结构、改良工艺流程、提高产品质量、降低产品成本、节约资源能耗、保护资源环境、实现安全操作、提高经济效益和社会效益等问题。

符合下列条件的，可以认定是技术服务合同：（1）合同的标的是运用专业技术知识、经济和信息解决特定技术问题的项目；（2）服务内容是改进产品结构、改良工艺流程、提高产品质量、降低产品成本、节约资源能耗、保护资源环境、实现安全操作、提高经济效益和社会效益等专业技术工作；（3）工作成果有具体质量和数量指标；（4）技术知识的传递不涉及专利和技术秘密成果的权属。《最高人民法院关于审理技术合同纠纷案件适用法律若干问题的解释》第 34 条规定，当事人一方以技术转让的名义提供已进入公有领域的技术，或者在技术转让合同履行过程中合同标的技术进入公有领域，但是技术提供方进行技术指导、传授技术知识，为对方解决特定技术问题符合约定条件的，按照技术服务合同处理，约定的技术转让费可以视为提供技术服务的报酬和费用，但是法律、行政法规另有规定的除外。依照前款规定，技术转让费视为提供技术服务的报酬和费用明显不合理的，人民法院可以根据当事人的请求合理确定。

本条规定技术服务合同不包括承揽合同和建设工程合同。也就是说，建设工程的勘察、设计、施工合同和以常规手段或者为生产经营目的进行一般加工、定作、修理、修缮、广告、印刷、测绘、标准化测试等订立的加工承揽合同，不属于技术服务合同。但是以非常规技术手段解决复杂、特殊技术问题而单独订立的合同除外。本法之所以将承揽合同和建设工程合同排除在技术服务合同之外，是为了划清它们的界限，避免法律适用上的冲突。

第八百七十九条　技术咨询合同的委托人应当按照约定阐明咨询的问题，提供技术背景材料及有关技术资料，接受受托人的工作成果，支付报酬。

条文主旨

本条是关于技术咨询合同的委托人主要义务的规定。

立法背景

技术咨询合同的委托人应当全面履行合同约定的义务，本条对此作了明确规定。

条文解读

技术咨询合同的委托人应当全面履行合同约定的各项义务：

一、阐明咨询问题

这项义务是保证受托人完成咨询任务的条件之一。本条所讲的阐明咨询问题，是指委托人按照合同的约定向受托人讲清所要咨询的技术问题的基本要求、基本要点等。

二、提供技术背景材料及有关技术资料

这项义务也是保证受托人完成咨询任务必不可少的条件。本条所讲的提供技术背景材料及有关技术资料，是指受托人完成咨询任务所需要的合同中约定的有关技术背景、技术材料、技术资料等，还包括应受托人的要求在咨询过程中及时补充的有关材料、资料等。

三、接受受托人的工作成果

取得工作成果是委托人的权利，接受工作成果是委托人的义务。本条中所讲的工作成果，是指受托人根据委托人的要求完成的咨询报告或者意见。

四、支付报酬

这是为顺利完成咨询合同，委托人必须履行的最基本的义务，也是受托人完成咨询合同的主要目的。本条中所讲的支付报酬，是指委托人按照合同约定的报酬的计算方法、支付方式、支付期间、支付地点、支付币种等给付受托人履行完咨询合同的劳动对价。

第八百八十条　技术咨询合同的受托人应当按照约定的期限完成咨询报告或者解答问题，提出的咨询报告应当达到约定的要求。

条文主旨

本条是关于技术咨询合同的受托人主要义务的规定。

立法背景

技术咨询合同的受托人应当全面履行合同约定的义务，本条对此作了明确规定。

条文解读

技术咨询合同的受托人应当全面履行合同约定的义务，主要有以下几项：

一、按照约定的期限完成咨询报告或者解答问题

受托人订立技术咨询合同后，应当利用自己的技术知识、技术手段和人才优势，按照合同的约定完成咨询报告或者解答问题。按照约定的期限完成委托任务，这是技术咨询合同中受托人应当履行好的最基本的、最主要的义务。这里所讲的完成，实际上是一个交付义务，即受托人利用自己的专业知识、技术技能、技术手段、人才优势等按照合同约定的时间完成咨询报告或者提供咨询意见或者解答问题等，并交给委托人。

二、提出的咨询报告应当达到约定的要求

这一义务的核心是咨询报告要达到要求，即保证咨询报告和意见符合合同约定的要求。这里所讲的要求，实际上是质量要求。该质量要求应当是属于合同所约定的并被受托人所接受的、先进的、具有可操作性、具有极大参考价值的咨询报告或者对问题的解答。需要说明的是：

1. 为减少纠纷，双方当事人必须对这一要求作出可操作性约定，例如，可以约定咨询报告的验收办法和标准。验收办法可以以组织召开评估会或者鉴定会的形式进行，如果在这种验收方式下，受托人完成的咨询报告或者对问题解答的学术水平和参考价值得到多数与会专家、同行的肯定和认定，就属于符合要求。

2. 这一要求仅仅是一个咨询报告或者对问题的解答，委托人是否采纳要由委托人自己决定。如果合同中要求受托人必须对提出的咨询报告或者对问题解答的实施结果负责，这就不是技术咨询合同的所要解决的问题，而是技术服务合同中所要解决的问题。对此，原技术合同法实施条例规定，当事人一方委托另一方就解决特定技术问题提出实施方案，进行实施指导所订立的合同，是技术服务合同，不适用有关技术咨询合同的有关规定。

第八百八十一条 技术咨询合同的委托人未按照约定提供必要的资料，影响工作进度和质量，不接受或者逾期接受工作成果的，支付的报酬不得追回，未支付的报酬应当支付。

技术咨询合同的受托人未按期提出咨询报告或者提出的咨询报告不符合约定的，应当承担减收或者免收报酬等违约责任。

技术咨询合同的委托人按照受托人符合约定要求的咨询报告和意见作出决策所造成的损失，由委托人承担，但是当事人另有约定的除外。

条文主旨

本条是关于技术咨询合同当事人违约责任和涉及决策风险责任的规定。

立法背景

技术咨询合同的当事人违反合同约定，应当依照合同约定的违约条款以及本法合同编有关违约责任的规定，承担违约责任。本条对此作了明确规定。

条文解读

一、技术咨询合同当事人的违约责任

（一）委托人违反技术咨询合同

1. 委托人违反技术咨询合同的违约行为

本条规定了委托人的两种违约行为：

（1）未按照合同约定提供必要的资料。这一违约行为包括

以下几种情况：一是委托人根本没有提供必要的资料；二是委托人迟延提供必要的资料；三是委托人提供的必要资料不足；四是委托人提供的必要资料有严重缺陷等。委托人未按照合同约定提供必要的资料，应当导致影响了受托人的技术咨询以及工作进度和质量的结果。

（2）不接受或者逾期接受工作成果。不接受工作成果，是指受托人按照合同的约定提出咨询报告、咨询意见或者对问题进行了解答，对此，委托人在没有符合法律规定的理由下拒绝接受；逾期接受工作成果，是指委托人超过合同约定的时间接受受托人交付的咨询报告、咨询意见或者对问题作出的解答。

2. 委托人违反技术咨询合同的违约责任

委托人未按期支付报酬的，应当补交报酬，并承担违约责任；未按照约定提供必要的资料，或者所提供的资料有严重缺陷，影响工作进度和质量的，已支付的报酬不得追回，未支付的报酬应当支付，给受托人造成损失的，应当承担违约责任；委托人逾期不提供或者不补充有关技术资料和工作条件，导致受托人无法开展工作的，受托人有权解除合同，委托人承担违约责任，但合同另有约定的除外。委托人不接受或者逾期不接受工作成果的，向受托人支付的报酬不得追回，未支付的报酬应当支付，并且还应当支付受托人因保管工作成果所支出的费用。

（二）受托人违反技术咨询合同

1. 受托人违反技术咨询合同的违约行为

根据本条规定，受托人违反技术咨询合同的违约行为有两种：

（1）未按照合同约定的期限提出咨询报告。受托人订立技术咨询合同后，应当利用自己的技术知识、技术手段和人才优势，按照合同约定的期限完成咨询报告或者解答问题。按照期限完成委托任务，这是技术咨询合同中受托人应当履行好的最基本的、最主要的义务。

（2）提出的咨询报告不符合合同约定。受托人提出的咨询报告、咨询意见或者对问题的解答应当符合合同的约定。这是受托人在技术咨询合同中必须承担的核心义务，是对受托人最基本的要求。如果受托人提出的咨询报告和意见不符合合同约定的要求，则为典型的违约行为。

2. 受托人违反技术咨询合同的违约责任

受托人迟延提交咨询报告和意见的，应当减收或者免收报酬，并承担违约责任；提供的咨询报告和意见不符合合同约定条件的，应当减收或者免收报酬，并承担违约责任；不提交咨询报告和意见，或者所提交的咨询报告和意见水平低劣，无参考价值的，应当免收报酬，并承担违约责任；受托人在接到委托人提交的技术资料和数据后，不进行调查论证，委托人有权解除合同，受托人应当返还委托人已付的报酬，并承担违约责任，但是合同另有约定的除外。

二、技术咨询合同涉及的决策风险责任

当事人可以在技术咨询合同中约定对咨询报告和意见的验收或者评价办法。合同没有约定的，按照合乎实际的一般要求组织鉴定。咨询报告和意见经验收合格后，合同即告终止。委托人是否采纳以及如何采纳受托人作出的咨询报告或者意见，由委托人自行决策。受托人对委托人实施咨询报告或意见所受到的损失，不负赔偿责任，除非合同另有约定。这就是技术咨询合同涉及的决策风险责任。这是因为：

（1）技术咨询合同的受托人为委托人完成的咨询建议、设计方案、分析调查结论以及可行性报告等，是受托人根据自己

掌握的技术知识、信息和经验对技术项目进行的分析、论证和预测，只供委托人决策时选择参考，不是直接可以付诸实践的技术研究成果。

（2）技术咨询合同的履行具有滞后性，委托人是在受托人提交咨询报告或意见后，经过鉴别和取舍后才实施的。而社会客观情况是复杂多变的，此时的咨询报告或意见是否还能适应实际情况，起到指导实践的作用，尚有待于实践的检验。

（3）正确的咨询报告或意见付诸实施后，还要根据实际情况采取相应的措施，有时要作必要的修改和补充，而技术咨询合同的受托人一般不参加委托人对技术项目的决策和实施，因此，受托人对委托人按照咨询报告和意见作出决策并付诸实施所发生的损失不承担责任。但是，合同另有约定除外。

本条关于技术咨询合同涉及的决策责任的规定，目的是鼓励受托人积极向委托人提供咨询意见，但是受托人不能因此对委托人委托的技术项目不作调查研究，对咨询报告和意见不负责。如果受托人提供的咨询报告和意见没有科学依据，或者有明显的缺陷甚至错误，应当承担违约责任。

第八百八十二条　技术服务合同的委托人应当按照约定提供工作条件，完成配合事项，接受工作成果并支付报酬。

条文主旨

本条是关于技术服务合同的委托人主要义务的规定。

立法背景

技术服务合同的委托人应当全面履行合同约定的义务，本条对此作了明确规定。

条文解读

技术服务合同的委托人应当履行的义务主要有：

一、按照合同的约定提供工作条件，完成配合事项

本条之所以规定技术服务合同的委托人应当按照约定提供工作条件，完成配合事项，是因为技术服务合同的受托人解决的是委托人要求的特定的技术问题，而这一特定的技术问题是由委托人根据自己的特定情况提出的，委托人本身了解一些情况，因此需要委托人根据其所了解的情况，为受托人提供工作条件，只有双方互相配合，才能保证合同的顺利完成。本条所讲的提供工作条件，不仅仅是通常、大众所理解的物质条件，还应当包括提供下述具体条件或者具体事项：相关数据、图纸、资料、样品、场地等，以及技术进展或者已经完成的情况，这些条件都应当根据需要在合同中约定清楚。合同一经约定，委托人就应当积极配合受托人完成。

二、接受工作成果

受托人完成的工作成果是根据委托人的要求作出的，因此，在合同履行过程中，受托人当然有义务接受受托方已经完成的部分工作成果，在合同全部履行完毕后，接受全部的工作成果。如果委托人不接受工作成果，在一定程度上会加重受托人的保管义务。故本条特别规定了委托人接受工作成果这一义务。

三、支付报酬

受托人接受委托人委托的主要目的之一，是通过自己的劳动获得相应的报酬。这是市场经济条件下商品交换的基本规律，是从事市场经济活动的基本准则。为此本条规定，委托人应当按照约定支付报酬。本条中所讲的支付报酬，是指委托人按照合同约定的报酬的计算方法、支付方式、支付期间、支付地点、支付币种等，给付受托人履行完合同的劳动对价。

第八百八十三条　技术服务合同的受托人应当按照约定完成服务项目，解决技术问题，保证工作质量，并传授解决技术问题的知识。

条文主旨

本条是关于技术服务合同的受托人主要义务的规定。

立法背景

技术服务合同的受托人应当全面履行合同约定的义务，本条对此作了明确规定。

条文解读

技术服务合同的受托人应当履行的义务主要有：

一、按照约定完成服务项目，解决技术问题，保证工作质量

本义务的核心是，受托人应当向委托人提供真正解决问题的技术。什么是真正解决问题的技术，这就需要双方当事人在合同中作出明确的约定。合同一经约定，受托人就应当按照约定的时间、数量、质量等要求完成委托人交付的工作，使委托人的技术问题得以解决。

二、传授解决技术问题的知识

本义务的核心是受托人的传授。委托人订立合同的目的是要得到技术，而这一技术是运用科学技术知识完成的特定的技术工作，这一工作的成果，有的表现为数据、图纸、软件、光盘等可以体现在一定载体上的信息，有的则表现为一种特殊的技能，需要口传心授，如果没有受托人的传授，委托人难以掌握、应用。因此，本条规定受托人应当按照约定完成服务项目，并传授解决技术问题的知识。为避免不必要的纠纷，也便于合同的履行，当事人应当在合同中对什么是传授、如何传授作出具体、详细的约定。

第八百八十四条　技术服务合同的委托人不履行合同义务或者履行合同义务不符合约定，影响工作进度和质量，不接受或者逾期接受工作成果的，支付的报酬不得追回，未支付的报酬应当支付。

技术服务合同的受托人未按照约定完成服务工作的，应当承担免收报酬等违约责任。

条文主旨

本条是关于技术服务合同的当事人违约责任的规定。

立法背景

技术服务合同的当事人违反合同约定，应当依照合同约定的违约条款以及本法合同编有关违约责任的规定，承担违约责任。本条对此作了明确规定。

条文解读

一、委托人的违约责任

委托人不履行合同义务或者履行合同义务不符合约定，影响工作进度和质量，不接受或者逾期接受工作成果的，支付的报酬不得追回，未支付的报酬应当支付。具体来说，有以下几个方面：

委托人未按照合同约定提供有关技术资料、数据、样品和工作条件，影响工作质量和进度的，应当如实支付报酬。委托人逾期不提供约定的物质技术条件的，受托人有权解除合同，委托人应当支付违约金或者赔偿由此给受托人造成的损失。

委托人逾期不支付报酬或者违约金的，应当交还工作成果，补交报酬，支付违约金或者赔偿损失。

委托人迟延接受工作成果的，应当支付违约金和保管费。委托人逾期不领取工作成果的，受托人有权处分工作成果，从所获得的收益中扣除报酬、违约金和保管费后剩余部分返还委托人，所获得的收益不足以抵偿报酬、违约金和保管费的，有权请求委托人赔偿损失。

此外，委托人还应当承担在接到受托人关于提供的技术资料、数据、样品、材料或者工作条件不符合合同约定的通知后，未能在约定的期限内补充、修改、更换或者不按期作出答复的责任；承担在履行合同期间，接到受托人因发现继续工作将对材料、样品或者设备等造成损坏或者有造成损坏的风险而中止工作或者处理建议的通知后，未在约定的期限内作出答复的责任；承担违反保密义务，泄露受托人完成的需要保密的工作成果的责任。

二、受托人的违约责任

技术服务合同的受托人未按照合同约定完成服务工作的，应当承担免收报酬等违约责任。具体来说，有以下几个方面：

受托人迟延交付工作成果的，应当支付违约金。受托人逾期不交付工作成果的，委托人有权解除合同，受托人应当交还技术资料和样品，返还委托人已付的报酬，支付违约金或者赔偿损失。

受托人的工作成果、服务质量有缺陷，委托人同意利用的，受托人应当减收报酬并采取适当补救措施；工作成果、服务质量有严重缺陷，没有解决合同约定的技术问题的，受托人应当免收报酬，支付违约金或者赔偿损失。

受托人对委托人交付的样品、技术资料保管不善，造成灭失、缺少、变质、污染或者损坏的，应当支付违约金或者赔偿损失。

此外，受托人还应当承担发现委托人提供的技术资料、数据、样品、材料或者工作条件不符合合同约定，未能及时通知委托人的相应责任；承担在履行合同期间，发现继续工作会对材料、样品或者设备等造成损坏或者有造成损坏的风险而中止工作后，不及时通知委托人也并未采取适当措施的相应责任；承担违反保密义务，泄露委托人提供的需要保密的技术资料、数据、样品的相应责任。

在实际生活中，有些技术服务合同的工作成果、服务质量，在短期内难以发现缺陷，需要经过较长时间的实践检验，对此，技术服务合同的当事人可以在合同中约定保证期。在保证期内发现服务质量缺陷的，受托人应当负责返工或者采取补救措施。但因委托人使用、保管不当引起的问题除外。

第八百八十五条　技术咨询合同、技术服务合同履行过程中，受托人利用委托人提供的技术资料和工作条件完成的新的技术成果，属于受托人。委托人利用受托人的工作成果完成的新的技术成果，属于委托人。当事人另有约定的，按照其约定。

条文主旨

本条是关于技术咨询、技术服务合同履行过程中产生的技术成果的归属和分享的规定。

立法背景

技术咨询合同履行过程中，受托人在对委托人提供的数据、资料和背景材料进行研究分析、论证时，可能会产生新的技术成果；委托人根据受托人提供的咨询报告，在分析、论证的基础上，也可能会开发出新的技术成果。同样，技术服务合同的受托人有时会基于委托人提供的有关背景材料、技术资料、数据、样品和工作条件等派生出新的技术成果。委托人也可能在取得受托人的技术服务成果后，进行后续研究开发，利用所掌握的知识，创造出新的技术成果。

新的技术成果，是指技术咨询合同或者技术服务合同的当事人在履行合同义务之外派生完成的或者后续发展的技术成果。新的技术成果中不仅包含受托人的技术知识，技术技能，智慧智力、劳动心血等，也包含委托人提供的一些数据、资料、样品、背景材料、支付的费用，有的还可能提供了一些场地、建议、观点等，由此产生的新的技术成果，可以说双方当事人都有贡献，为此，如果对新的技术成果没有约定或者约定不明确，就会产生权属纠纷。为了减少纠纷，本条对技术咨询、技术服务合同履行过程中产生的技术成果的归属和分享作了明确的规定。

条文解读

根据本条规定，处理这类技术成果的归属和分享的基本原则是：第一，谁完成谁拥有；第二，允许当事人作特别约定。

故本条规定，技术咨询合同、技术服务合同履行过程中，受托人利用委托人提供的技术资料和工作条件完成的新的技术成果，属于受托人。委托人利用受托人的工作成果完成的新的技术成果，属于委托人。当事人另有约定的，按照其约定。

依据这一规定，当事人可以在技术咨询合同或者技术服务中约定这种可能产生的技术成果的归属和分享办法。当事人对履行技术咨询合同、技术服务合同所产生的新的技术成果的归属和分享办法的特别约定，优于法律的一般原则规定。如果当事人在合同中对新产生的技术成果的归属和分享办法没有约定，或者约定不明确，那么，受托人利用委托人提供的技术资料和工作条件完成的新的技术成果，属于受托人。委托人利用受托人的工作成果完成的新的技术成果，属于委托人。另一方无权参与分享新的技术成果。

第八百八十六条　技术咨询合同和技术服务合同对受托人正常开展工作所需费用的负担没有约定或者约定不明确的，由受托人负担。

条文主旨

本条是对技术咨询合同和技术服务合同中受托人履行合同费用负担的规定。

立法背景

技术咨询合同和技术服务合同的受托人在履行合同的过程中会产生费用，这些费用由谁负担，在实践中有一定争议，本条对此作了明确规定。

条文解读

民法典对当事人订立技术合同特别是技术咨询合同和技术服务合同，需要在合同中约定的事项已经作出了明确的规定和指引。在民法典合同编草案征求意见中，许多意见特别是司法实务部门的意见反映，在实际生活中，当事人在签订技术咨询合同或者技术服务合同时，往往遗漏约定受托人开展正常工作所需要的费用由谁负担的问题，这类纠纷还有很多。为解决这一问题，对人民法院适用法律提供明确的指导，《最高人民法院关于审理技术合同纠纷案件适用法律若干问题的解释》第 31 条第 1 款规定，当事人对技术咨询合同受托人进行调查研究、分析论证、试验测定等所需费用的负担没有约定或者约定不明确的，由受托人承担。第 35 条第 1 款规定，当事人对技术服务合同受托人提供服务所需费用的负担没有约定或者约定不明确的，由受托人承担。建议立法部门将最高人民法院的这一司法解释规定，上升为法律。立法部门采纳了这一建议，在本条规定，技术咨询合同和技术服务合同对受托人正常开展工作所需费用的负担没有约定或者约定不明确的，由受托人负担。

第八百八十七条　法律、行政法规对技术中介合同、技术培训合同另有规定的，依照其规定。

条文主旨

本条是关于技术中介合同和技术培训合同法律适用的规定。

立法背景

技术中介合同和技术培训合同具有一定的特殊性，本条对其法律适用作了规定。

条文解读

技术中介合同，是指当事人一方以知识、技术、经验和信息为另一方与第三方订立技术合同进行联系、介绍、组织工业化开发并对履行合同提供服务所订立的合同。技术培训合同，是指当事人一方委托另一方对指定的专业技术人员进行特定项目的技术指导和专业训练所订立的合同，不包括职业培训、文化学习和按照行业、单位的计划进行的职工业余教育。

在民法典编撰过程中，有人提出，技术中介合同和技术培训合同是技术服务合同中两类重要的合同，实践中也大量存在。随着技术的发展，技术培训合同侧重的是技术培训，例如，对农民养殖技术的培训，特别是随着知识经济的发展和再就业工程的启动，技术培训将越来越重要。技术中介合同则是加速技术成果转化的重要环节。实践中技术培训和技术中介情况复杂，纠纷较多，建议对技术培训合同、技术中介合同作出规定。考虑到技术培训合同、技术中介合同与技术服务合同的内容大体相似，对技术培训合同与技术中介合同的特殊性问题还需进一步研究，故本条规定，法律、行政法规对技术中介合同、技术培训合同另有规定的，依照其规定。这一规定包括两层含义：一是本法之外的法律、行政法规对技术中介合同、技术培训合同另外有规定的，应当优先适应该规定。二是本法之外的其他法律、行政法规对技术中介合同、技术培训合同没有作出规定的，适用本章的有关规定。

第二十一章　保管合同

本章共十六条，对保管合同的定义，视为保管的情形，保管合同的成立、有偿与无偿，保管凭证，保管人的权利义务，寄存人的权利义务、贵重物品的寄存以及消费保管等作了规定。

第八百八十八条　保管合同是保管人保管寄存人交付的保管物，并返还该物的合同。

寄存人到保管人处从事购物、就餐、住宿等活动，将物品存放在指定场所的，视为保管，但是当事人另有约定或者另有交易习惯的除外。

条文主旨

本条是关于保管合同定义的规定。

立法背景

保管合同是一种重要的典型合同，在比较法上，大多数国家的民法典中都规定了保管合同。保管合同始于罗马法，在罗马法上被称为寄托。罗马法把寄托分为通常寄托与变例寄托。通常寄托，是指受寄人应于合同期满后将受托保管的原物返还寄托人，而变例寄托是指受寄人得返还同种类、品质、数量之物，包括金钱寄托、讼争物寄托及危难寄托。前苏联民法不称寄托而称保管，其第 422 条规定：“依照保管合同，一方应当保管另一方交给他的财产，并完好地返还该财产。”

条文解读

保管合同又称寄托合同或者寄存合同，是指双方当事人约定一方将物交付他方保管，尔后他方返还保管物的合同。保管物品的一方称为保管人，或者称为受寄人，其所保管的物品称为保管物，或者称为寄托物，交付物品保管的一方称为寄存人，或者称为寄托人。

保管合同的标的物，即保管合同所指向的对象。保管物是否限于动产，总体上来说世界上有以下几种立法例：第一，以德国、意大利等为代表的，在民法典中明确规定寄托物以动产为限。如《德国民法典》第 688 条规定：“因寄托合同，受寄人有义务保管由寄托人交付给自己的动产。”《意大利民法典》第 1760 条对寄托下的定义为：“寄托是一方接受他方的某个动产，负责保管并返还的契约。”《瑞士债务法》第 472 条、《比利时民法典》第 1918 条也有类似规定。《欧洲合同法原则》（PECL）也规定，保管合同的标的物是动产或者有体物；无形财产如果没有载体，则不能采用保管合同；对有价证券采用特殊规则。第二，以日本和我国台湾地区等为代表的，在对寄托下的定义中，不明确寄托物为动产或为不动产。如《日本民法典》第 657 条规定：“寄托，因当事人一方约定为相对人保管而受取某物，而发生效力。”郭明瑞、王轶在《合同法新论·分则》一书中认为：“日本民法一般寄托中的标的物即包括动产也包括不动产，这是日本法的一个特点。”又例如我国台湾地区“民法”第 589 条规定：“称寄托者，谓当事人一方以物交付他方，他方允为保管之契约。”我国台湾地区刘发鋆著的《民法债编分则实用》中对寄托标的物所作的解释是：“寄托标的物以物为限，无论为动产或不动产，为代替物或不代替物，均无不可。”可见我国台湾地区“民法”与日本民法对此规定是一脉相承的。第三，以我国澳门特区为代表的，在法律对寄托的定义中明确寄托物包括动产和不动产。我国《澳门民法典》第1111条规定：“寄托系指一方将动产或不动产交付他方保管，而他方于被要求返还时将之返还之合同。”需要特别说明的是，《法国民法典》和《西班牙民法典》对不同种类的寄托合同之标的物作出了不同规定，将本义上的寄托（普通寄托）的标的物限于动产，讼争物寄托的标的物则包括不动产。《法国民法典》第1916条规定：“寄托有两种，一为本义上的寄托，二为讼争物寄托。”第1918条规定：“本义上的寄托的标的物仅以动产为限。”而讼争物寄托又可以分为约定的讼争物寄托和裁判的讼争物寄托，《法国民法典》第1959条和第1961条分别规定了这两种讼争物寄托的标的物均可以包括动产和不动产。因寄托多指本义上的寄托，故学界多将法国归入第一种立法例中。

我国《合同法》第365条对保管合同所作的定义中，也没有规定保管物以动产为限，本法第888条关于保管合同定义沿用了合同法的规定。现实中保管不动产的例子是很多的，房屋、果园、池塘等都可以成为保管的对象。随着城镇化的不断发展，现在农村的很多年轻人都到城镇发展，自己在农村的房屋很多都空置着，为了防止自己的房屋遭到破坏，并得到必要的修缮维护，很多人都将房屋等交给自己的亲戚朋友进行保管。因此，法律有必要调整因委托他人保管不动产而形成的权利义务关系。

在理论上和实践中，对在购物中心、饭店、宾馆存放的车辆等物品的法律性质以及这些物品丢失的赔偿责任，有不同的看法，分歧的焦点集中在购物中心、饭店、宾馆对消费者存放的车辆是否有管护义务，以及这种管护义务的性质是什么。主要有以下几种看法：

第一种意见认为，消费者存放物品就与购物中心、饭店和宾馆成立了保管合同关系，双方为合同的当事人。如果支付费用就是有偿保管，没有支付费用就是无偿保管。对于发生的争议，应当按照合同的约定处理；没有明确约定的，则应当按照本法合同编中关于保管合同的规定处理。

第二种意见认为，该管护义务为消费服务合同的义务。有的认为该管护义务本身就是购物、就餐、住店的消费服务合同的具体内容，属于从给付义务的范畴，为合同条款的重要组成部分；也有的认为是基于该消费服务合同而产生的附随义务。存放的物品丢失，属于购物中心、饭店、宾馆一方未尽合同义务，构成违约，应当承担违约责任。

第三种意见认为，该管护义务属于依照《消费者权益保护法》产生的法定管护义务。依照这种法定义务，购物中心、饭店、宾馆有责任为客人管护寄存物品，如果发生丢失，即为违反法定义务，构成侵权，应当按照侵权责任予以损害赔偿。

第四种意见认为，应当根据具体情况来确定购物中心、饭店、宾馆对车辆等物品的管护是有义务或者无义务，若有义务则是什么样的义务，是否应当赔偿以及怎样赔偿。例如，如果客人的车辆停放在购物中心、饭店、宾馆的内部停车场，而且支付了一定的费用，就是成立了单独的保管合同，应当按照保管合同处理。不属于内部停车场、没有交纳费用的，不产生保管责任，不应当予以赔偿。

在比较法上，有的国家法律对旅客到旅馆住宿时物品的寄存作出专门规定。《德国民法典》第 701 条规定，营利性地接待他人住宿的旅店主人，必须赔偿因在从事这一营业中所接待的客人的携入物丧失、毁坏或者损害而发生的损害。《法国民法典》第 1952 条规定，旅馆或者饭店经营者对在其旅馆或者饭店留住的旅客带进旅馆或者饭店机构内的衣服、行李与其他物品，负受寄托人之责任。此种物品的寄托视为紧迫寄托。第 1953 条规定，如此种物品被偷盗或者有损失，无论是由旅馆或者饭店的佣人或者职员所为，还是由出入旅馆或者饭店的其他人所为，旅馆或者饭店经营者均应承担责任。旅馆和饭店经营者的责任，仅限于旅客在旅馆或者饭店住宿，而不包括顾客仅仅是到旅馆或者饭店就餐的情况。法国的司法实践认为该条中的“物品”包括车辆，但是仅限于住店旅客停放在旅馆围栏或者其附属范围之内的车辆。如果旅客将车辆停放在公共道路上而受到损坏，旅馆或者饭店经营者不承担责任。意大利则对旅客是否将其物交付给旅店经营者保管的责任进行了区分。《意大利民法典》第 1783 条规定，旅店主，对于旅客为保管而向其交付的物，负作为受寄人的义务。第 1784 条第 1 款规定，旅店主，由旅客携入旅店之物，于未向其交付之物发生被盗、丢失或者毁损场合，最高以二十万里拉为限负其责任。这些国家的立法和实践对我国来说具有一定的借鉴意义。

相对于合同法而言，对此问题本条增加了第 2 款规定：“寄存人到保管人处从事购物、就餐、住宿等活动，将物品存放在指定场所的，视为保管，但是当事人另有约定或者另有交易习惯的除外。”相比于德国和法国的上述规定，我国民法典将这种保管义务扩大到以购物、就餐和住宿等活动为业的经营者。在现实生活中，保管合同主要是社会成员之间相互提供帮助，或者服务部门、公共场所向社会提供服务的一种方式，比如商场、车站、饭店、宾馆等场所，都设置了供人们寄存物品的特定场所，现在已经非常普遍。在这些场合，当事人之间往往没有达成书面的甚至是口头的合同，如果没有当事人特别约定或者存在交易习惯，一般认为当事人之间订立了保管合同。

此处规定的视为保管的情形需要具备两个条件：一是需要到购物中心、饭店、宾馆等场所从事购物、就餐、住宿等活动。二是需要将物品存放在指定的场所。购物中心、饭店、宾馆等，对于存放车辆或者其他物品，往往都设置了专门的停车场、寄存柜等设施，只有将车停放在其指定的停车场，或者将物品寄存在其指定的寄存柜中，才能构成保管合同。如果擅自存放在其他区域，例如，饭店有内部停车场供就餐人员停车，亦要求前来就餐的人员将车辆停放在该停车场，并且该停车场仍有停车位供客户使用时，客人未将车辆停放在该停车场内，而是为图方便停在饭店门口，此种情形下，双方之间不成立保管合同，即使车辆丢失，车辆所有人不能以双方存在保管合同为由要求饭店承担赔偿责任。

需要注意的是，若视为保管，则属于有偿保管，还是无偿保管？有的意见认为，这应当依据寄存人是否为保管支付了报酬而定。如果寄存人向对方支付了报酬，例如，消费者将其车辆停放在购物中心的停车场，并支付了停车费，就应当属于有偿保管。如果寄存人并未支付相应的报酬，对方为消费者免费提供寄存服务，则应当属于无偿保管。

此外，随着互联网的不断发展，产生了很多新型法律关系，这些关系是否可以适用保管合同法律关系的有关规定，已经成为学界争议的焦点。例如，支付宝已经成为装机必备软件，人们日常生活都离不开它。支付宝余额资金池中的资金数额巨大，如何认定其性质，对于支付宝（公司）和用户来说具有重大意义。对于用户在支付宝中的余额的性质，目前主要观点有借款合同说和保管合同说。借款合同说认为，支付宝与用户之间应当属于借款合同关系，用户将资金以无息贷款的方式出借给支付宝，并可以随时请求返还借款。基于该观点，支付宝可以不经用户同意而使用资金池中的资金。而且，该资金产生的孳息归属于支付宝公司。更多的学者则持保管合同说，认为两者之间应当属于保管合同关系，而且属于一般保管而不是消费保管，支付宝只是为用户保管资金，用户可以随时要求返还保管资金。支付宝无权使用用户交付其保管的资金，而且该资金产生的孳息也应当归用户所有。实践中，支付宝将资金池中的巨额资金以专门的账户存于银行中，每年产生的利息数目也是巨大的。在法律性质尚未明确的情况下，此类公司不能擅自使用用户的资金以及该资金产生的孳息。此外，用户与支付宝之间还存在委托合同关系，支付宝接受用户的委托进行付款或者转账，当用户向支付宝作出付款或者转账的指示时，支付宝应当按照指示向用户指定的第三人进行付款或者转账。

保管合同的主要法律特征有：

1. 保管合同为有偿合同或者无偿合同。根据本法第889条的规定，保管合同可以是有偿合同，也可以是无偿合同，由保管人和寄存人自行约定。当寄存人和保管人没有就是否支付报酬作出约定，或者约定不明确的，双方可以协议补充；不能达成补充协议的，按照合同相关条款或者交易习惯确定。

2. 保管合同为单务合同或者双务合同。关于保管合同究竟是单务合同还是双务合同，过去存在一定争议。有人认为应是单务合同，保管合同原则上为无偿合同，保管人负有保管义务，而寄存人不承担对应的义务。有人认为保管合同是双务合同，寄存人和保管人的权利义务是对应的，即使是无偿的保管合同，寄存人也有支付必要费用的义务。还有人认为，无偿的保管合同为单务合同，有偿的保管合同为双务合同。因为双务合同是指双方当事人互负具有对价意义的义务的合同，即双方当事人均负有一定义务，且是对待给付义务。无偿的保管合同中，寄存人向保管人支付保管所支出的必要费用，并非向保管人支付报酬，不构成对待给付，故应为单务合同。

3. 保管合同为要物合同。本法第 890 条规定："保管合同自保管物交付时成立，但当事人另有约定的除外。"根据该规定，保管合同原则上为要物合同。

4. 保管合同为不要式合同。本章并未对保管合同的订立形式作出规定，并不要求当事人必须以何种形式订立合同。订立保管合同可以是口头形式，也可以是书面形式，为不要式合同。

5. 保管合同为继续性合同。继续性合同，是指合同的内容，并非一次性给付可以完结，而是继续地实现。在保管合同中，保管人要持续地履行其保管义务，并不是一次履行即告完结，具有继续性的特点。作为继续性合同，保管合同解除的效果不同于非继续性合同，其解除仅向将来发生效力。

第八百八十九条 寄存人应当按照约定向保管人支付保管费。

当事人对保管费没有约定或者约定不明确，依据本法第五百一十条的规定仍不能确定的，视为无偿保管。

条文主旨

本条是关于保管合同的报酬的规定。

立法背景

保管合同可以是有偿合同，也可以是无偿合同。寄存人和保管人可以约定保管是有偿的，也可以约定保管是无偿的。如果约定保管是有偿的，寄存人应当按照约定的数额、期限、地点向保管人支付报酬，否则承担违约责任。在有偿保管合同中，保管费是保管人所提供的保管服务的对价，支付保管费是寄存人的主要义务。在无偿保管合同中，寄存人不负有支付保管费的义务。

条文解读

寄存人应当按照保管合同的约定向保管人支付保管费。寄存人和保管人没有就是否支付报酬作出约定，或者约定不明确的，双方可以协议补充；不能达成补充协议的，按照合同相关条款或者交易习惯确定。所谓没有约定，是指在合同中完全没有提及保管费事宜。所谓约定不明确，是指虽然在保管合同中对保管费的问题有所涉及，但是并没有确定费用的具体数额或者计算方法等内容，导致无法确定具体的费用。所谓按照合同相关条款或者交易习惯确定，要考虑的问题主要有以下几点：一是当事人之间是否存在交易习惯或者惯例。例如，甲每个月需要出差一次，担心出差期间心爱的摩托车被盗，都会将其摩托车托付给邻居乙保管，乙表示需要收取一定的报酬。一年中，1 月至 11 月双方都口头约定由甲向乙支付 100 元报酬并实际按此约定执行，而 12 月双方并未作出支付保管费的约定，甲又将其摩托车交给乙保管，此时可以依据双方之间的交易习惯推定甲应向乙支付保管费，乙可以根据以往的交易习惯向其主张 100 元的报酬。二是保管人是否从事保管这个职业。如果双方没有约定报酬或者约定不明确，但是能够确定保管人就是从事保管这个职业的，如保管人是小件寄存的业主，依此应当推定该合同是有偿合同。三是依其他情形应当推定保管是有偿的。如就保管物的性质、保管的时间、地点和方式而言，一般人的判断都是有偿的，则应推定保管是有偿的。如果推定保管是有偿的，则寄存人应当向保管人支付报酬。

当事人可以在合同中明确约定保管是无偿的。除此之外，在当事人未约定保管费的情况下，依照本法第 510 条的规定仍不能确定是有偿的，则保管是无偿的，即当事人未约定保管是有偿的或者是无偿的，按照合同相关条款或者交易习惯不能确定保管是有偿的情况下，就应推定是无偿的。确定保管合同的有偿与无偿，是保管合同的重要问题。我国民法典处理这个问题的基本原则就是依双方当事人意思自治，即双方当事人可以在合同中明确约定保管是有偿的或者是无偿的，在没有约定保管是否支付报酬的情况下，允许双方当事人协议补充，这也是当事人意思自治原则的体现。在不能达成补充协议的情况下，即双方当事人在履行合同时就此问题发生纠纷，人民法院或者仲裁机构可以依据合同中的相关条款或者交易习惯确定。确定的结果有两个：一是有偿的，二是无偿的。例如，甲在火车站将行李寄存在乙经营的小件寄存处，双方就是否支付保管费发生争议，按乙是以此为业这个情形，甲应当向乙支付报酬。再例如：甲到某超市购物，进入超市前将随身携带的挎包存放在超市的寄存处。甲购物后去提取挎包时，寄存处管理人员要求甲支付保管费，甲拒绝支付。在此案中，法院应当支持甲的主张，因为按照一般交易习惯，超市的寄存处是不应当收费的。有的保管合同中也可以约定有条件地收取保管费。例如，有的停车场规定，车辆在该停车场停放的前十分钟是无偿的，超过十分钟开始收费。如果车辆只是临时停放，没有超过十分钟即开走，那么寄存人无需支付保管费；如果停放时间超过了十分钟，则寄存人需要按照约定支付保管费。

从传统上看，罗马法将保管合同规定为无偿合同。罗马法认为，受寄人如收取报酬，可以理解为受雇人收取报酬而为他人提供保管的劳务，将成为劳务租赁合同。在近现代西方国家的民事立法上一般也规定保管合同以无偿为原则，以有偿为补充。例如《法国民法典》第 1917 条规定：“本义上的寄托本质上是一种无偿契约。”《日本民法典》第 1917 条亦规定：“通常寄存，本质上为无偿契约。”除西方国家外，我国台湾地区“民法”第 589 条第 2 款也规定：“受寄人除契约另有订定，或依情形，非受报酬……”这样规定的理由是：保管合同主要是社会成员之间相互提供帮助或服务部门向社会提供服务的一种方式，在现实生活中多是无偿的。我国强调的是保管合同是否有偿由当事人约定，在没有约定的情况下，依合同有关条款或者交易习惯不能确定是有偿的，则推定保管合同是无偿的。

第八百九十条　保管合同自保管物交付时成立，但是当事人另有约定的除外。

条文主旨

本条是关于保管合同何时成立的规定。

立法背景

根据合同的成立是否以交付标的物为要件，合同可以分为诺成合同与实践合同。诺成合同，是指当事人一方的意思表示一旦经对方同意就能产生法律上约束力的合同。其特点在于，双方当事人意思表示一致，合同即告成立。实践合同又称为要物合同，是指除当事人意思表示一致外，还需交付标的物才能成立的合同。其特点是，仅凭双方当事人的意思表示一致，合同还不能成立，还必须有一方当事人实际交付标的物给另一方，合同才能成立。

条文解读

本条将保管合同规定为实践合同。保管合同的成立，不仅要有当事人双方意思表示一致，寄存人还要将保管物交付给保管人，即寄存人交付保管物是保管合同成立的要件。因此，保管合同是实践合同而非诺成合同。关于保管合同为实践合同还是诺成合同，各个国家和地区立法规定不一，大陆法系多将保管合同规定为实践合同。法国、德国、意大利、日本以及我国台湾地区的民法中，对保管合同下的定义都强调当事人一方接受他方的物品，保管合同始发生效力。例如《法国民法典》第1919条规定："本义上的寄托仅以寄托物之现实交付或者虚拟交付而发生效力。"《日本民法典》第657条规定："寄托，因当事人一方约定为相对人保管而受取某物，而发生效力。"我国台湾地区"民法"第589条规定："称寄托者，谓当事人一方以物交付他方，他方允为保管之契约。”通过日本和我国台湾地区的规定来看，保管合同的成立以寄存人交付所需保管的物为前提，即使有双方合意一致，但是没有物的交付，保管合同也不发生效力。

从我国《合同法》第367条的规定来看，我国保管合同的成立以保管物的交付为要件，即保管合同自保管物交付时成立。保管合同与仓储合同的性质基本上是一样的，但二者也有许多重要的区别，其中之一就是保管合同为实践合同，而仓储合同为诺成合同。因为仓储合同是专门从事保管业务的保管人（仓库）与存货人订立的合同，双方为实现各自的经济利益，基于诚实信用的原则，要求双方订立的合同为诺成合同，即从双方意思表示一致时起，合同成立，双方即受合同约束。而保管合同多为无偿，多数国家更以保管合同以无偿为原则在立法中予以体现，从符合社会传统和社会习惯的要求来看，应当规定保管合同为实践合同。例如甲和乙系邻居，甲和乙口头订立一份合同，甲将一辆自行车委托乙代为保管，在甲未交付自行车给乙保管前，合同也不成立。假如在这个阶段，甲决定不再把自行车交给乙保管，乙也不能追究甲的违约责任，反之，如果乙拒绝为甲保管自行车，也无须承担违约责任。

诺成合同与实践合同的分类是一种古老的分类。诺成合同和实践合同都起源于罗马法。有学者认为，实践合同是“罗马法传统的一项遗产”，其仅适用于使用借贷、消费借贷、寄托等合同。近几十年来，对在法律上是否应当规定实践合同，一直存在争议。一些学者认为，实践合同是法制史上的残留物，不具有实质意义，且要物性的要求不利于鼓励交易，因此，现代合同法不应当规定实践合同。另外，对实践合同而言，一方当事人在作出意思表示后却要待履行后才能发生效力，因此，在双方达成合意后至履行前一方毁约的，因为合同尚未生效，并不能追究其违约责任，只能通过缔约过失责任加以补救，这既不利于对善意一方当事人的保护，也不利于促使当事人履行诺言。正是因为这些原因，瑞士民法上甚至不承认实践合同。也有学者认为，现代合同法上的实践合同和古代法上的实践合同功能并不完全一致，在特种类型的交易中，将标的物的交付作为合同的成立要件或者生效要件，有利于激励当事人在合同成立或者生效前慎重订约。

保管合同原则上是实践合同，其成立既要有双方为保管的要约和承诺，还要求寄存人有实际交付保管物的行为。在罗马法中，实践合同也被称为要物合同。将保管作为实践合同是与其所具有的无偿性联系在一起的。在 19 世纪和 20 世纪的立法中，这种制度仍然被保留，在这一时期，保管合同仍然被称为“物的合同”。例如，在奥地利，保管合同就被称为要物合同，在交付标的物之后，合同才能生效。在意大利，根据其民法典第 1766 条，保管也属于要物合同，要求必须将标的物转移到保管地。不过从合同法的发展趋势来看，为了强化当事人允诺的效力，保管合同的要物性逐渐减弱，因为要物合同既不符合诚信原则的要求，也不符合商业惯例。《欧洲示范民法典草案》将双方当事人的合意作为合同订立的方式。

我国《合同法》第 367 条规定：“保管合同自保管物交付时成立，但当事人另有约定的除外。”本法延续了合同法的规定，根据本条规定，保管合同原则上属于要物合同，除当事人意思表示一致外，还必须交付标的物，才能使保管合同成立。具体来说，第一，双方当事人达成合意，但还没有交付保管物，此时，仍处于缔约阶段。所以，在形成合意之后，如果一方当事人反悔，并不承担违约责任，仅可能承担缔约过失责任。第二，寄存人将保管物交付给保管人。此处说的交付应当限于现实交付，而且，应当交付给保管人。保管物的交付属于合同成立的要件，如果没有交付，应当认定合同不成立。第三，如果当事人有特别约定，自双方当事人达成合意时合同成立并生效，则该合同可以成为诺成合同。此时，保管物的交付就成为合同规定的义务。

保管合同尽管以保管物的交付为成立要件，但当事人另有约定的除外。例如当事人在合同中明确约定“自双方在合同上签名时合同成立”“自合同签名之日起即生效力”，如果有这样的约定，则双方当事人自合同签名之日起即受合同约束，双方应当按照合同的约定履行自己的义务，不得擅自变更或者解除合同，否则应承担违约责任。双方当事人在合同中作这样的约定，多是由于保管是有偿的，特别是保管人为了实现获得保管费的目的而订立的。当寄存人不交付保管物时，保管人就可以依法追究寄存人的违约责任。

第八百九十一条　寄存人向保管人交付保管物的，保管人应当出具保管凭证，但是另有交易习惯的除外。

条文主旨

本条是关于保管人向寄存人出具保管凭证的义务的规定。

立法背景

现实生活中，人们为了互相协助而发生的保管行为，多是无须出具保管凭证的，因为这是基于寄存人与保管人之间的互相信任。但是出具保管凭证在现实社会生活和经济生活中具有重要意义。保管合同为不要式合同，多数情况下只有口头形式，因此保管凭证对确定保管人与寄存人、保管物的性质和数量、保管的时间和地点等具有重要作用。因此，一旦双方发生纠纷，保管凭证将是最重要的证据。

条文解读

本条规定了保管人应当向寄存人出具保管凭证，以证明保管合同的存在和寄存人已经交付保管物。寄存人向保管人交付保管物后，保管合同成立。保管人应当向寄存人出具保管凭证。出具保管凭证不是保管合同成立的形式要件，如果当事人另有约定或者依交易习惯无须出具保管凭证的，也可以不出具，不影响保管合同的成立。

关于保管凭证与保管合同的关系，有的学者主张，在有保管凭证的保管中，保管人出具保管凭证后，保管合同始为成立。在无保管凭证的保管中，保管合同自寄存人交付保管物时起成立。这种观点的前提还是承认保管合同是实践合同，只是在有保管凭证的保管合同成立的时间上提出了不同的主张。但这种观点没有解决在有保管凭证的保管合同中，在寄存人交付保管物后，一旦保管人应当出具而未出具保管凭证，合同是否成立的问题。所以不能把出具保管凭证作为合同成立的形式要件，而是以寄存人交付保管物作为合同成立的形式要件，只要寄存人交付了保管物，即使保管人应当出具保管凭证而未出具，也应当认定保管合同成立，否则极不利于保护寄存人的利益。

从原则上讲，寄存人向保管人交付保管物后，保管人就应当出具保管凭证，但当事人另有约定或者依交易习惯无须出具的除外。例如，在车站、码头等设立的小件寄存处，一般的交易习惯是出具保管凭证。而在某些商场外的停车场，按照交易习惯就不出具保管凭证，只要有车位就可以停车，只是出来时需付款，保管人出具付款凭证。

第八百九十二条　保管人应当妥善保管保管物。

当事人可以约定保管场所或者方法。除紧急情况或者为维护寄存人利益外，不得擅自改变保管场所或者方法。

条文主旨

本条是关于保管人对保管物应尽妥善保管义务的规定。

立法背景

保管人负有返还保管物的义务，即保管合同只是转移物的占有而不转移物的所有权。保管合同的目的是为寄存人保管保管物，即维持保管物的现状并予以返还。

条文解读

保管人为返还保管物并实现合同目的，应当妥善保管保管物，这是保管人应负的主要义务之一。所谓“妥善保管”，是指保管人应当按照法律规定和当事人约定，并根据保管物的性质，提供适当的保管场所，采取适当的保管方法，使保管物处于完好状态。具体来说，“妥善保管”应当包括以下几个方面的内容：一是提供适当的保管场所。这就是说，保管人所提供的场地，应当符合当事人的约定。如果合同没有约定，保管人应当根据保管物的性质，提供适于保管该物品的场所。如果保管物具有特殊的性质，保管人应当提供相应的保管条件。例如，保管人保管冰冻的海鲜产品，应当提供能够达到冷冻所要求的低温冷库，用于存放该海鲜产品。二是采取适当的保管方法。在保管过程中，保管人要根据保管物的性质、特点等，采取适当的保管方法。而且，保管人应当掌握相关的保管技术，从而实现妥善保管。例如，寄存人所寄存的是鲜活的鱼虾等海鲜，那么保管人不仅需要提供相应的场所，还需要掌握相关技术，采取适当方法，使鱼虾等得以存活，实现保管之目的。三是除紧急情况或者为了维护寄存人利益外，不得擅自改变保管场所或者方法。在保管合同中，当事人为了实现保管的目的通常会就保管场所或者方法进行约定，除了出现紧急情况，或者为了维护寄存人的利益之外，保管人不得擅自变更合同约定的保管场所或者方法。而且，即使是在紧急情况下或者为了维护寄存人之利益而改变保管场所或者方法的，也应当及时通知寄存人。例如，因地震导致仓库即将坍塌的，保管人可以将保管物转移至安全地带。四是保管人应当采取合理的预防措施，防止保管物的毁损、灭失。保管人要按合同约定的要求、保管物的性质等，采取积极妥当的措施，维护保管物的良好状态。因保管不善导致保管物毁损、灭失的，保管人应承担赔偿责任。例如，寄存的保管物为烟花爆竹等易燃易爆物品的，应当避免高温、明火环境，还应当设置明显标识，提示该保管物为易燃易爆物品，并严禁烟火，以防止发生爆炸。五是当出现不利于保管物之保管的情事，可能导致合同目的不能实现时，应当采取必要合理之措施，避免保管物受到损害，或者将损害降低到最低限度。例如，当保管人发现存放保管物的仓库着火时，应当第一时间予以扑灭；当发现存放易燃易爆物品的仓库中有人吸烟时，应当立即进行制止。

需要注意的是，有些国家和地区对保管人的妥善保管这一义务区分无偿与有偿分别作出规定，从而相对应地对法律责任作出有区别的规定。例如《德国民法典》第 690 条规定，无偿寄托的受寄人只需对其在自己的事务中通常所尽的注意负责任。《法国民法典》第 1927 条和第 1928 条规定，受寄人，应以与保管自己的物品同样的注意保管寄存物；如受寄人为保管寄存物领取报酬者，应更加严格地执行。《日本民法典》第 659 条规定，无报酬的保管人，负以对自己财产的相同注意保管寄存物的义务。我国台湾地区“民法”第 590 条规定，受寄人保管寄托物，应于处理自己事务为同一之注意。其受有报酬者，应以善良管理人之注意为之。从这些国家和地区的规定来看，如果保管是无偿的，保管人保管他人的财物应像保管自己的财物一样，给予同样的注意；如果保管是有偿的，保管人保管他人财物应比保管自己的财物给予更多的注意，即尽到善良管理人的责任。这些国家和地区区分保管为有偿和无偿，从而对保管人提出了不同的要求。因为无偿保管主要是社会成员之间相互协助，而有偿保管则是商业行为，从商业道德的特殊要求出发，对有偿保管的保管人的要求应当更高，其承担的责任应当更重。受寄是无偿的，受寄人对于重大过失承担赔偿责任，对于一般轻微过失造成保管物毁损、灭失的，则可免除责任。受寄是有偿的，受寄人除能够证明自己对保管物的毁损、灭失没有过失以外，一律承担赔偿责任。

依据本条第 2 款的规定，当事人可以约定保管场所或者保管方法。当事人已经约定的，应当从其约定；当事人无约定的，保管人应当依保管物的性质、合同目的以及诚实信用原则，妥善保管保管物。当事人约定了保管场所或者保管方法的，除紧急情况或者为了维护寄存人利益的以外，不得擅自改变保管场所或者方法。所谓紧急情况，如保管物因第三人的原因或者自然原因，可能具有毁损、灭失的危险时，保管人除应当及时通知寄存人外，为了维护寄存人的利益，可以改变原来约定的保管场所或者保管方法。其他国家或者地区也有类似的规定，如《意大利民法典》第 1770 条第 2 款规定："如果紧急情况需要，受寄人得以不同于合意的方式进行保管，同时在可能的情况下，应立即通知寄存人。"

寄存人寄存金钱、有价证券、珠宝或者其他贵重物品的，保管人应当按照贵重物品保管要求保管寄存的贵重物品。例如，将寄存的贵重物品存放到保险箱中，以防止丢失或者被盗。

第八百九十三条　寄存人交付的保管物有瑕疵或者根据保管物的性质需要采取特殊保管措施的，寄存人应当将有关情况告知保管人。寄存人未告知，致使保管物受损失的，保管人不承担赔偿责任；保管人因此受损失的，除保管人知道或者应当知道且未采取补救措施外，寄存人应当承担赔偿责任。

条文主旨

本条是关于寄存人的告知义务的规定。

立法背景

如果需要对保管物采取特殊的保管措施，寄存人应当在交付前或者交付时告知保管人，这样保管人才能够采取相应的措施对保管物进行妥善保管。如果未采取相应措施的，可能导致保管物毁损、灭失，使寄存人和保管人受到损失。

条文解读

寄存人对保管人负有告知的义务，包括以下两种情况：

一是如果保管物有瑕疵的，应当将真实情况如实告知保管人。此处所说的瑕疵，不同于买卖合同中的瑕疵，主要是指保管物自身存在的、可能造成保管物自身或者其他物品毁损、灭失的缺陷。由于保管物自身存在的缺陷，需要采取必要措施，否则既可能导致保管物自身的损害，也可能导致其他的损害。例如，寄存人发现存放的食用油等液体包装有瑕疵，可能导致泄漏，造成保管物损失及其他物品污损的，应当及时告知保管人，采取重新包装或者改善包装等必要措施，以免造成保管物或者其他物品的损害。

二是按照保管物的性质需要采取特殊保管措施的，寄存人应当告知保管人。所谓“保管物的性质”，如保管物属于易燃、易爆、有毒、有腐蚀性、有放射性等危险物品或者易变质物品。例如，存放某种容易腐坏变质的食物，如果不及时采取冷藏或者冷冻等措施，不仅可能导致该食物自身腐坏变质，而且还可能损害其他物品。之所以要对这类物品进行特殊保管，一方面，是因为这些保管物的性质决定了必须对其进行特殊的保管，否则将会造成这些保管物自身受损甚至灭失。例如，对于需要保持干燥的物品，就必须进行防潮防湿处理，保存在干燥的环境中。另一方面，对于这些物品的特殊保管，也是为了避免这些物品因保管不善造成其他物品的损害。例如，对于烟花、爆竹等易燃易爆物品的保管，必须避免高温和明火。对于此类危险物品的保管，如果因为寄存人没有事先告知使得保管人未采取适当的保管方式，不仅可能导致保管物或者其他物品的损害，甚至可能导致保管人的生命安全或者健康受到损害。

寄存人违反前两项义务，使保管物本身遭受损失的，保管人不承担赔偿责任，即寄存人未履行相应的告知义务的，将使保管人免责。此处所说的免责，仅指因为寄存人未履行告知义务而造成保管财产自身损毁、灭失的，保管人对此免于承担赔偿责任。例如，对于易挥发的物品，由于寄存人未告知其特性，保管人未将该物品密封保存，导致保管物挥发殆尽，则保管人在没有其他过错的情况下，对此损失不承担赔偿责任。

寄存人违反前两项义务，使保管人的人身、财产遭受损失的，寄存人应当承担赔偿责任。例如，寄存人寄存易燃易爆危险物品未告知保管人，导致该保管物在保管过程中发生爆炸，造成保管人人身及财产损失的，寄存人应当对保管人承担相应的赔偿责任。但保管人知道或者应当知道并且未采取补救措施的，寄存人不承担赔偿责任。所谓“知道或者应当知道”，是指对保管物存在瑕疵或者需要采取特殊保管措施的情况，寄存人已事先明确告知，或者寄存人虽未明确告知，但在保管物上以明显的警示标识等显著方式提示保管人，又或者保管人根据双方的交易惯例以及以往的经验来看应当知道，等等。例如，寄存人寄存物品为玻璃酒杯，虽未明确告知保管人，但是在包装盒上已标注所装物品为玻璃酒杯，且在包装盒上设置了“易碎物品，轻拿轻放”的明显标识，则可推定保管人应当知道保管物为易碎物品的情况。所谓“保管人知道或者应当知道并且不采取补救措施”，是指保管人在接受寄存人交付的保管物时或者在保管期间，尽管寄存人违反了告知义务而没有告知，但保管人已经发现了保管物存在瑕疵、不合理的危险或者易变质等情况，没有将发现的情况及时通知寄存人并要求寄存人取回，或者主动采取一些特殊的保管措施，以避免损失的发生或扩大。法律规定在这种情况下保管人无权要求寄存人承担赔偿责任。例如在上述案例中，如果寄存人寄存易燃易爆物品，且已事先将该情况告知保管人，但是保管人没有采取适当的保管措施，如将该危险物品存放于高温场所，或者发现危险后未及时采取必要措施，如发现其工作人员在该危险物品存放的仓库抽烟未及时制止，导致危险物品发生爆炸，造成保管人人身、财产损失的，保管人不得请求寄存人承担赔偿责任。

第八百九十四条　保管人不得将保管物转交第三人保管，但是当事人另有约定的除外。

保管人违反前款规定，将保管物转交第三人保管，造成保管物损失的，应当承担赔偿责任。

条文主旨

本条是关于保管人负有亲自保管保管物的义务的规定。

立法背景

在合同没有特别约定的情况下，保管人都应当亲自保管保管物。在保管合同的履行过程中，按照诚实信用的原则和本法第551条的规定，保管人在未征得寄存人同意的前提下，不得将保管物转交第三人保管，即应当亲自保管保管物。当事人另有约定的，不在此限。例如，双方当事人约定，当保管人因患病而不能亲自保管时，可以不经寄存人同意将保管物转交第三人保管。

条文解读

法律要求保管人亲自保管，对社会生活及交易的安全、稳定具有重要意义。对于为什么应当由保管人亲自保管，学界一般认为有以下几个原因：第一，在自然人之间因为相互协助而订立的保管合同，基本上是基于彼此之间相互信任的关系而订立的。正是基于此种信任，寄存人才将保管物交给保管人进行保管。保管人如果擅自将保管物交给第三人保管，就破坏了这种信任关系。或者说，保管合同是基于双方当事人之间的信赖关系成立的，这就决定了其具有一定的人身属性。例如，甲委托乙保管一个存折，主要是基于甲对乙的信任。甲如果对乙不信任，不会轻易将存折交给乙保管。正是由于甲对乙的信任，确信其存折由乙保管既安全、可靠，又能如期归还，所以才将存折交给乙保管。如果乙擅自将存折转交第三人保管，就辜负了甲对他的信任，并且可能给甲带来损失。第二，保管人常常可能有特殊的条件，具有可以妥善保管特定物品的技术或者设施等，从而能够实现保管合同的目的。这也是寄存人选择保管人的重要原因。如果保管物被转交给第三人，可能因为缺乏相应的技术、设施等，无法妥善保管标的物。例如，寄存人需要寄存的物品是需要冷冻保存的食物，那么其必然要选取具备相应冷冻条件的保管人来订立保管合同。如果保管人擅自将该保管物交给第三人保管，则寄存人无法确定该第三人是否具备相应的保管条件，由第三人保管可能会损害该保管物，给寄存人带来损失。第三，寄存人可能需要知道保管物实际上是由谁来保管。例如，在即时供货中，寄存人需要迅速将保管物取回，从而实现即时销售货物的目的。如果保管人未经寄存人同意，将保管物交给第三人保管，寄存人可能无法知道其货物的实际保管人，以至于无法及时提取货物并进行销售。此外，寄存人的保险费之中可能并不包括转保管。所以，从维护寄存人利益的角度考虑，保管人应当负有亲自保管的义务。

亲自保管义务包括两个方面的内容：一方面，保管人应当按照合同的约定，为实现合同目的而亲自保管保管物。亲自保管不仅包括保管人自己保管，也包括保管人使用辅助人进行保管。当然，保管人要对其选择的辅助人向寄存人负责，即如果因辅助人的行为导致没有实现保管的目的，保管人亦应当对此负责。

另一方面，未经寄存人的同意，保管人不得将保管物交给第三人保管。保管人将保管物交由第三人保管，在学说上一般称为“转保管”，该第三人可称为“次保管人”。在比较法上，许多国家的法律都禁止转保管。例如，《德国民法典》第691条规定，受寄人无权将寄托物寄托于第三人处。但是，如果绝对禁止转保管，有时也可能实现不了保管合同的目的，损害寄存人的利益。因此，一些国家和地区在立法上也允许在例外、特殊情况下，保管人可以进行转保管。例如，在奥地利，其判例认为，只有在得到寄存人同意的情况下，且处于紧急情况，出于保存货物的需要，才可以转保管。根据法国法的规定，一般情况下不能转保管，除非是转给具备相应保管条件的职业保管人的情况下才能允许。在德国，只有在获得寄存人同意的情况下，才可以转保管。英国法也规定转保管应当得到寄存人的同意。我国台湾地区“民法”第592条规定：“受寄人应自己保管寄托物，但经寄托人之同意或另有习惯或有不得已之事由者，得使第三人代为保管。”而本条规定，“保管人不得将保管物转交第三人保管，但是当事人另有约定的除外”。从字面意思理解，只有经过寄存人同意，保管人才能转保管。对此，有的学者提出，应当作出例外规定。因为在紧急情况下，为了寄存人的利益需要转保管，但又无法与寄存人取得联系的，应当允许保管人将保管物交给第三人保管。例如，保管人发现货物腐烂、变质，其并不具备必要的保管条件，此时又无法及时与寄存人取得联系的，应当允许保管人转保管。此观点不无道理。根据保管合同双方当事人之间的信任关系，原则上确实不允许保管人擅自进行转保管，主要是考虑擅自转保管可能损害寄存人的利益，如果保管人随意转保管，自己从中获利，那么次保管人所获得之报酬自然低于寄存人支付保管人之报酬，可能降低保管的条件，使其不能妥善保管该保管物，导致保管物的毁损、灭失，造成寄存人的损失。但是，在理解本条规定时，还应当结合其他条款以及保管合同之性质、目的来理解。本法第892条规定，保管人应当妥善保管保管物。当事人可以约定保管场所或者方法。除紧急情况或者为维护寄存人利益外，不得擅自改变保管场所或者方法。根据该规定，保管人有妥善保管的义务，保管人有义务尽其能力促成保管合同目的之实现。在紧急情况下，如不转保管将导致保管物毁损、灭失，又无法及时联系寄存人征得其同意的，此时，为了维护寄存人之利益，实现保管合同之目的，保管人将保管物交给具有相应保管能力和条件的次保管人代为保管，不仅是履行其妥善保管义务的要求，符合合同目的，亦符合诚信原则和公平原则之要求，因此应当允许其转保管。

保管人违反该义务，擅自将保管物转交第三人保管，使保管物因此受到损害，保管人应当承担赔偿责任。对保管物造成的损害强调的是基于保管人转保管的过错造成的损害，即如果保管人不将保管物转交第三人保管，而是自己亲自保管，就不会发生这种损害。在没有征得寄存人同意的情况下，第三人也即次保管人只是与保管人之间形成了合同关系，如果因次保管人的过错造成了保管物毁损、灭失，次保管人应当对保管人负责，而保管人应当对寄存人负责。责任的根据主要是违约，即没有取得寄存人的同意而进行转保管，应当由保管人承担违约责任。本条规定并未要求保管人或者次保管人在承担责任时必须具有过错。不论保管人是否经寄存人同意而进行转保管，亦不论保管人或者次保管人是否具有过错，只要没有实现合同之目的而出现违约，保管人都要承担相应的赔偿责任。

第八百九十五条　保管人不得使用或者许可第三人使用保管物，但是当事人另有约定的除外。

条文主旨

本条是关于保管人不得使用或者许可第三人使用保管物义务的规定。

立法背景

保管合同，寄存人只转移保管物的占有给保管人，而不转移使用权和收益权，更不转移处分权，即保管人只有权占有保管物，而不能利用保管过程中占有之便，擅自使用保管物。这是保管合同的一般原则。特殊保管合同，即消费保管则另当别论（消费保管是保管人保管货币或者其他可替代物，保管人在接受货币或者其他可替代物后，依双方的约定，该货币或者其他可替代物的所有权移转给保管人，保管人当然享有对该物的使用权、收益权和处分权，而只需以同种类、品质、数量的物返还即可。消费保管是一种特殊的保管，与普通保管具有诸多区别，普通保管的某些规则对消费保管来说不一定适用。对消费保管将在本法第901条中详细论述）。

从比较法上来看，大多数国家都规定，保管人在未经寄存人同意的情况下，不得使用保管物。例如，《法国民法典》第1930条、《西班牙民法典》第1767条等。这是由保管合同的性质和目的所决定的，保管合同的目的是保持保管物之原状，然后返还给寄存人。如果保管人经寄存人同意而使用保管物，则在性质上不再是保管合同，而是借用合同。有的国家则允许在例外的情况下，为了保存货物的需要或者寄存人的利益，保管人可以未经寄存人同意使用保管物。

条文解读

本条规定，保管人不得使用或者许可第三人使用保管物，但是当事人另有约定的除外。保管人不得使用或者许可他人使用保管物的规定，为任意性规定，当事人可以通过约定排除其适用。此规定有利于保护寄存人的利益。保管合同的目的是为寄存人保管保管物，一般要求是维持保管物的现状，保管人虽然没有使保管物升值的义务，但负有尽量避免减损其价值的义务。如果允许保管人随意使用保管物，则容易造成保管物的折旧甚至毁损、灭失，从而损害寄存人的利益。因此，法律规定禁止保管人使用或者许可第三人使用保管物。当事人另有约定的不在此限。例如，甲、乙系邻居，甲要出国很长时间，于是委托乙保管电视机。双方约定，为避免电视机长期闲置而造成损坏，乙可以对电视机适当使用。以上事例还是出于保管的目的。如果甲、乙双方约定，乙可以任意使用，也无须向甲支付报酬，这实际和借用合同无异，而不再是保管合同。因为保管合同的目的还是使保管物保持原状并予以返还。在某些特殊情况下，如果保管人是为寄存人的利益或者妥善保管保管物的需要，未来得及征得寄存人同意，或者因为特殊原因不能及时与寄存人取得联系的，可以不经寄存人同意而使用保管物。例如在上述案例中，甲委托乙保管电视机，未约定乙可以使用，但是甲出国时间很长，如果长期不使用，电视机将会受到损坏。而甲到了国外后与乙失去联系，在这种情况下，为了避免该电视机因长期不使用而受损坏，乙可以偶尔打开电视机进行使用。这种情况下保管人未经委托人同意而使用保管物，不仅是为了寄存人的利益，也是保管人履行妥善保管保管物的义务的体现。

当事人没有在合同中预先约定保管人可以使用保管物，或者保管人未经寄存人同意而擅自使用或者许可第三人使用保管物，造成保管物损坏的，保管人应当承担赔偿责任。有些国家还规定，即使没有造成保管物损坏的，也应当按照保管物的使用之价值，对寄存人给付相当之报酬补偿。

第八百九十六条 第三人对保管物主张权利的，除依法对保管物采取保全或者执行措施外，保管人应当履

行向寄存人返还保管物的义务。

第三人对保管人提起诉讼或者对保管物申请扣押的，保管人应当及时通知寄存人。

条文主旨

本条是关于保管人返还保管物的义务及危险通知义务的规定。

立法背景

保管人返还保管物是保管人的一项基本义务。无论当事人是否约定保管期间，寄存人均享有随时领取保管物的权利，保管人得应寄存人的请求随时负有返还保管物的义务。保管人保管货币的，应当返还相同种类、数量的货币。保管其他可替代物的，应当按照约定返还相同种类、品质、数量的物品。在有第三人对保管物主张权利的情况下，只要保管物没有被采取保全或者执行措施，就应当向寄存人返还。

条文解读

保管人负有返还保管物的义务，但由于第三人的原因使履行返还义务发生危险时，保管人应当及时通知寄存人。按照本条第 2 款之规定，第三人对保管物主张权利而对保管人提起诉讼或者对保管物申请扣押的，保管人应当及时通知寄存人。这是法律规定在此种情形之下保管人的通知义务，有的学者将其称为保管人的危险通知义务。通知的目的在于使寄存人及时参加诉讼，以维护自己的合法权益。保管人可以请求法院更换寄存人为被告，因为保管人根本不是所有权人，这是第三人与寄存人之间的争议。如果第三人向法院申请对保管物采取财产保全措施，例如第三人在诉讼前向法院申请财产保全，请求扣押保管物，法院在扣押保管物后，保管人应当及时通知寄存人，以便寄存人及时向法院交涉，或者提供担保以解除保全措施。从比较法上看，不少国家和地区都认可保管人的危险通知义务。例如，《瑞士债务法》第479条规定，第三人对寄托的财产主张所有权的，保管人仍应当返还给寄存人，但是司法扣押或者第三人对其提起返还财产诉讼的除外。保管人应当及时将上述情况通知寄托人。我国台湾地区“民法”也有类似规定。

法律之所以规定保管人的危险通知义务，主要是因为：一方面，保管人的危险通知义务是与其返还义务相关的，因为危险的发生可能会导致保管人不能返还保管物。另一方面，要求保管人进行危险通知，也有利于维护寄存人的利益。在第三人对保管物提起诉讼或者对保管物申请扣押时，寄存人并不实际占有该保管物，其可能不知晓或者无法知晓该情况，如果保管人及时通知寄存人，则可以使寄存人及时采取相应的措施来维护自身的合法利益，以免受损害。如果保管人没有及时通知寄存人，造成寄存人损失的，应当承担相应的责任。

第三人对保管物主张权利，除保管物已经被法院采取财产保全措施或者已经被法院强制执行而不能返还的以外，保管人仍应当履行向寄存人返还保管物的义务。这一规定明确了在第三人对保管物主张权利时，保管人应当将保管物返还给寄存人而不是第三人。这主要是因为：一方面，保管人因保管合同的约定而占有保管物，因此返还保管物是其所负担的合同义务。保管人只对寄存人负有返还保管物的义务，不对第三人负有义务。如果保管人将保管物交付给第三人而不是返还给寄存人的，应当向寄存人承担相应的违约责任。另一方面，返还保管物有利于寄存人处理与第三人的纠纷，并维护寄存人的利益。当然，如果第三人依法对保管物采取保全或者执行措施，致使保管人无法返还保管物的，自然不应再负担将保管物返还给寄存人的义务。

“第三人对保管物主张权利”，是指第三人主张保管物并非属于寄存人所有等可能引发保管物的权属争议的情形，包括第三人认为该保管物是属于自己所有而被他人非法占有时，向人民法院起诉，请求法院依法强令不法占有人返还原物。财产保全，是指人民法院在案件受理前或者诉讼过程中，为保证将来生效判决的顺利执行，对当事人的财产或者争议的标的物采取的强制措施。我国《民事诉讼法》第 100 条和第 101 条对诉讼财产保全和诉前财产保全规定了应当具备的条件。财产保全限于给付之诉，目的是防止因当事人一方的不当行为（如出卖、转移、隐匿、毁损争议标的物等）使判决不能执行或者难以执行。财产保全的措施有查封、扣押、冻结或法律规定的其他方法。执行，是指人民法院的执行组织依照法律规定的程序，对发生法律效力的法律文书确定的给付内容，运用国家的强制力依法采取执行措施，强制义务人履行义务的行为。执行的措施就保管合同的保管物而言，主要是强令交付，即强令保管人将保管物交付所有权人，或者先由法院采取扣押的措施，再转交给所有权人。例如甲非法占有乙的财物，乙起诉到法院要求甲返还，法院判决甲向乙返还原物。但甲为对抗法院的判决，将该财物存放在丙处，由丙保管。这时法院即可对由丙保管的财物采取执行措施，强令丙将财物返还给乙。此后丙当然不再负有向甲返还保管物的义务。

第八百九十七条 保管期内，因保管人保管不善造成保管物毁损、灭失的，保管人应当承担赔偿责任。但是，无偿保管人证明自己没有故意或者重大过失的，不承担赔偿责任。

条文主旨

本条是关于保管物在毁损、灭失的情况下，保管人责任的规定。

立法背景

保管人应当对保管物尽到妥善保管的义务。保管期间，因保管人保管不善造成保管物毁损、灭失的，原则上保管人都应当承担赔偿责任。保管人责任的大小（或者轻重）在有偿保管和无偿保管中应有所区别。比较法上，多数国家和地区的民法都对保管人在有偿保管和无偿保管场合的注意义务以及责任进行了区分。例如《德国民法典》第690条规定，无偿寄托的受寄人只需对其在自己的事务中通常所尽的注意负责任。《法国民法典》第1927条和第1928条规定，受寄人，应以与保管自己的物品同样的注意保管寄存物；如受寄人为保管寄存物领取报酬者，应更加严格地执行。《意大利民法典》第1767条规定，受寄人对于其保管，要用良家父的注意。寄托为无偿场合，因过失而发生的责任，应从宽评价，不宜过严。《日本民法典》第659条规定，无报酬的保管人，负以对自己财产的相同注意保管寄存物的义务。我国台湾地区“民法”第590条规定，受寄人保管寄托物，应与处理自己事务为同一之注意。其受有报酬者，应以善良管理人之注意为之。从这些国家和地区的规定来看，如果保管是无偿的，保管人的注意义务较低，仅要求保管人尽到与保管自己的财产相同的一般注意义务；如果保管是有偿的，保管人保管他人财物应比保管自己的财物负有更高的注意义务，即尽到善良管理人的义务。这些国家和地区的法律区分保管为有偿和无偿，进而对保管人提出了不同的要求。因为无偿保管主要是社会成员之间的相互协助，保管人仅负担义务而不享有权利，要求其承担过重的责任对其过于苛刻。而有偿保管则是商业行为，保管人一般都是专门从事保管业务的商事主体，从商业道德的特殊要求出发，对有偿保管的保管人的要求应当更高，其应承担的责任应当更重。保管是无偿的，保管人对于故意或者重大过失造成保管物毁损、灭失承担赔偿责任，对于一般轻过失造成保管物毁损、灭失的，则可免除责任。保管是有偿的，保管人除证明自己对保管物的毁损、灭失没有过失的以外，一律承担赔偿责任。

条文解读

通过区分有偿和无偿的保管合同，分别确定保管人不同的注意义务是合理的，符合权利义务对等的原则，也符合一般的生活常识。据此，本条规定亦区分了无偿保管和有偿保管中保管人的责任承担。

根据本条规定，保管是有偿的，保管人应当对保管期间保管物的毁损、灭失承担赔偿责任，但是保管人能够证明自己没有过错的除外。所谓“保管人能够证明自己没有过错”，是指保管人能够证明已经尽到了妥善保管义务。此外，保管物的毁损、灭失是由于保管物自身的性质或者包装不符合约定造成的，保管人也不承担责任。例如，因寄存人的过错，对保管物包装不良，致使寄存的汽油挥发的，保管人不承担赔偿责任。

保管是无偿的，保管人仅对其故意或者重大过失造成保管物毁损、灭失的情形承担赔偿责任。保管人故意造成保管物毁损、灭失的，尽管保管是无偿的，让保管人承担赔偿责任也是理所应当的。此外，在保管是无偿的情况下，保管人对因重大过失造成保管物毁损、灭失的后果也应当承担赔偿责任。所谓“重大过失”，是指保管人对保管物明知可能造成毁损、灭失而轻率地作为或者不作为。没有故意或者重大过失的举证责任在于保管人一方，如其能证明自己无故意或者重大过失的，即可认为已尽到妥善保管之义务，对保管物之损失可以免责。

总的来说，无偿保管与有偿保管的区别是：在有偿的情况下，无论保管人是故意还是过失，保管人都应对保管物的毁损、灭失负责；在无偿的情况下，保管人只对故意或者重大过失造成保管物毁损、灭失的后果负责，一般轻微过失无需负责。二者的相同点是：凡是因不可归责于保管人的事由造成保管物毁损、灭失的，保管人都不承担赔偿责任。

第八百九十八条　寄存人寄存货币、有价证券或者其他贵重物品的，应当向保管人声明，由保管人验收或者封存；寄存人未声明的，该物品毁损、灭失后，保管人可以按照一般物品予以赔偿。

条文主旨

本条是关于寄存人寄存贵重物品的声明义务的规定。

立法背景

寄存人对货币等贵重物品的寄存应当负有声明义务。实践中，人们寄存的物品品类各异、价值不一，一般而言，寄存人不必将其寄存的物品一一向保管人告知，否则不仅费时费事，而且保管人可能也并不关心寄存物品的具体内容。然而，当寄存人寄存的是贵重物品时，寄存人负有向保管人声明的义务。

条文解读

寄存人单就货币、有价证券或者珠宝等贵重物品进行寄存的，应当向保管人声明，声明的内容是保管物的性质及数量，保管人在验收后进行保管，或者以封存的方式进行保管。这主要是因为：第一，对寄存贵重物品收取的保管费可能不同。对不同物品的寄存，保管人可能会收取不同的保管费。如果寄存的是贵重物品，保管人将承担更高的风险，不仅要采取更加严密的保管措施，而且还需要更加谨慎的态度，承担更高的注意义务，因此也理应获得更高的收益。如果寄存人不声明保管物是贵重物品，则保管人对此并不知情，可能仅按照一般保管物来收取保管费。第二，保管人对其承担的风险和责任有合理预期。保管的贵重物品一旦遗失或者受损，保管人需要承担巨额的赔偿责任。如果寄存人不声明贵重保管物品的性质，则保管人对于保管物品的保管风险以及赔偿责任等，难以产生相应的预期，而此时让其承担高额的赔偿责任显然是不公平的。第三，妥当保管贵重物品的需要。寄存人声明了保管财产的性质之后，对于贵重物品，保管人要进行验收或者封存，并且采取合适的方式进行保管。保管人会对贵重物品这类特殊的保管物尽到特别的注意，以更好地履行保管义务。如果寄存人没有声明，则保管人不知情而只能按一般保管物进行保管，采用的保管方式可能不妥当。例如，如果寄存人声明所寄存的物品为贵重的珠宝首饰，则保管人可能需要使用保险柜来进行保管。

对声明的方式，通常要以明示的方式作出。一般来说，寄存人在寄存时就应当事先声明，而不能在保管合同成立之后才进行声明。在声明之后，保管人应当对贵重物品进行验收或者封存。所谓“验收”，就是指保管人对寄存人所交付的贵重物品进行清点，在确定实际交付的物品品质、数量与寄存人声明的内容相符时予以接受。所谓“封存”，是指将贵重物品予以特定化，例如，将货币包装成捆，将珠宝进行装袋，做好特殊的标记，如进行编号等，避免贵重物品与其他同种类的物品混合。

本条规定的保管需要明确两个问题：第一，本条规定的寄存货币不属于消费保管，而是要求保管人返还原物的合同。如客人将金钱交由旅店保管，旅店之主人验收后予以封存，并负返还原物的义务。第二，寄存货币、有价证券、珠宝等贵重物品形成的保管合同与商业银行的保管箱业务或者饭店提供的保险箱服务不同。

如果寄存人履行了这种声明义务，寄存的贵重物品损毁、灭失的，保管人应当承担全部赔偿责任；如果寄存人违反了寄存贵重物品的声明义务，保管人可以只按照一般物品予以赔偿。寄存人将货币、有价证券或者其他贵重物品夹杂于其他物品之中，按一般物品寄存，且在寄存时未声明其中有贵重物品并经保管人验收或者封存的，如果货币、有价证券或者其他贵重物品与一般物品一并毁损、灭失，保管人不承担货币、有价证券或者其他贵重物品毁损、灭失的赔偿责任，只按照一般物品予以赔偿。此处所说的“一般物品”，应当结合具体案情进行考虑，如考虑当事人的实际情况、保管的场所等因素。

第八百九十九条　寄存人可以随时领取保管物。

当事人对保管期限没有约定或者约定不明确的，保管人可以随时请求寄存人领取保管物；约定保管期限的，保管人无特别事由，不得请求寄存人提前领取保管物。

条文主旨

本条是关于寄存人领取保管物的规定。

立法背景

保管合同未约定保管期限的，寄存人可以随时领取保管物；保管合同约定了保管期限的，寄存人也可以随时领取保管物。这是寄存人的权利，同时又是保管人的义务，即保管人得应寄存人的请求，随时返还保管物。

条文解读

作出本条规定的理由是：保管的目的是为寄存人保管财物，当寄存人认为保管的目的已经实现时，尽管约定的保管期间还未届满，寄存人也可以提前领取保管物。而且寄存人随时领取保管物，也不问保管为有偿或无偿。保管是无偿的，寄存人提前领取保管物，可以提早解除保管人的义务，对保管人实为有利；保管是有偿的，只要寄存人认为已实现保管目的而要求提前领取的，保管人也无阻碍之理由。

在这一点上，保管合同与仓储合同不同。在仓储合同中，只有在对仓储期限没有约定或者约定不明确的情况下，寄存人才能随时提取。对于保管合同而言，则不存在这种限制。但这并不意味着期限的规定毫无意义。期限的主要意义在于：一方面，保管期限对保管人具有约束力，在保管期限届满前，保管人无特别事由，不得违反期限的约定，要求寄存人提前领取保管物。但是如果保管合同对保管期间没有约定或者约定不明确的，保管人可以随时要求寄存人提取保管物。另一方面，超过约定的保管期限后，保管人有权要求寄存人提取保管物。如果没有规定期限，保管人可以随时要求寄存人提取保管物。如果寄存人不及时领取，需要支付额外的费用。此外，在保管合同规定了保管期间的情况下，如果寄存人提前领取保管物的，则应当支付相应的费用，这种费用的计算要考虑到保管人需要付出的人力、物力等成本。

有偿保管的寄存人在保管期间届满前领取保管物的，是否应当支付全部的保管费？有的学者主张，寄存人应当支付原来约定的保管费，但是可以考虑因缩短保管期间而减少的成本，适当减少保管费。如果提前领取确实节省了费用，则应当适当扣减费用。对此，《德国民法典》第699条第2款规定："在所定保管期间届满前，保管终止的，以关于报酬的约定不另有规定为限，受寄人可以请求支付与其到那时为止的给付相当的报酬。"在比较法上，还有一些国家规定寄存人应当补偿提前领取标的物对保管人造成的损失。保管合同为继续性合同，寄存人在约定的保管期间届满前领取保管物的，合同终止，如果没有特别约定，寄存人应当支付保管人实际保管期间的报酬，对于寄存人和保管人来说是比较公平的。此外，如果寄存人提前领取保管物给保管人造成损失的，还应当赔偿保管人相应的损失。但是，其支付的保险费和损失赔偿额的总数，不应高于寄存人在约定的保管期间届满时应当支付的保管费。

另外，如果寄存人提前领取保管物，是否应给予保管人必要的准备时间？在比较法上，有些国家的法律明确规定应给予保管人以准备时间，例如《德国商法典》第473条规定，在仓储保管中，在没有规定期限时，应当提前一个月通知保管人，以便保管人有合理的时间准备返还。有的观点认为，如果考虑保管物的性质等因素，需要给予准备时间的，应当给保管人预留必要的准备时间。

当事人未约定保管期限的，根据本法第511条的规定，当事人不能达成补充协议，且按照合同相关条款或者交易习惯仍不能确定的，保管合同自然可以随时终止。不但寄存人可以随时领取保管物而终止合同，保管人也可以随时请求寄存人领取保管物而终止合同，但是保管人应当给予寄存人必要的准备时间。

当事人约定保管期限的，保管人在保管期间届满后，应当按时返还保管物。寄存人如未及时领取保管物的，保管人应当通知寄存人领取。领取时间依合同约定，领取地点一般为保管物所在地。保管期限主要是为了寄存人的利益而设立的，而且有偿保管的保管人收取了与保管期限相应的保管费，即便是无偿保管的保管人，基于诚信原则，如果没有特别事由，亦不得请求寄存人提前领取保管物。所谓"特别事由"，主要是指因不可抗力，或者保管人自己的原因，使其难以继续履行保管义务，如因地震导致保管库房部分坍塌，不再具备相应的保管条件，或者保管人患病、丧失行为能力等。

第九百条　保管期限届满或者寄存人提前领取保管物的，保管人应当将原物及其孳息归还寄存人。

条文主旨

本条是关于保管人返还保管物及其孳息的规定。

立法背景

保管期间届满保管人返还保管物，或者应寄存人的要求随时返还保管物，是保管人的一项基本义务。在一般的保管合同中，保管人并不取得保管物的所有权，因此，在保管期限届满或者寄存人提前领取保管物时，保管人应当将保管物予以返还。从比较法上来看，各国都规定了保管人返还保管物的义务，例如《法国民法典》第1932条第1款规定："受寄托人应当原封不动地返还其收受寄托的原物。"这显然是由保管的性质和目的所决定的。保管人返还保管物的原则是使保管物维持其交付时的状态，另外在返还原物的同时要返还孳息。

在比较法上，有的国家也规定了保管期间保管物产生的孳息归属。例如，《法国民法典》第1936条规定："寄托物产生孳息并且受寄托人已经受领时，受寄托人应当返还其收取的孳息；受寄托人对寄托的金钱不负担任何利息，但如其已受到催告返还而延迟返还时，不在此限。"也就是说，除了保管物为金钱以外，保管物产生的孳息属于寄存人所有，保管人在返还保管物时应当将孳息一并返还。

条文解读

就保管人返还原物的义务而言，主要针对的是一般保管合同。在一般保管合同中，保管物具有特定性，保管人返还的应当是寄存人所交付的原物，而不是相同种类、数量、品质的物。而在特殊保管合同即消费保管中，则不要求保管人必须返还原物。但是保管人还应当将保管物的孳息一并返还寄存人。孳息是指原物产生的额外利益，包括天然孳息和法定孳息。天然孳息是原物根据自然规律产生的物，如幼畜。法定孳息是原物根据法律规定产生的物，如存款利息、股利、租金等。根据物权的一般原则，除法律或合同另有约定外，孳息归原物所有人所有。在保管合同中，保管物仅是转移了占有，保管人并不享有保管物的所有权，所有权仍归寄存人享有，保管期间保管物所生孳息的所有权亦归属于寄存人。因此，保管人除返还保管物外，如果保管物有孳息的，还应一并返还孳息。例如，甲为乙保管一头母牛，如果在保管期间母牛产出小牛的，保管人甲应当将母牛及其幼畜一并返还寄存人乙。当然，本条规定是任意性规定，如果当事人对保管期间保管物孳息的归属另有约定的，应当按照其约定。例如在上述案例中，甲乙约定小牛作为保管的报酬归甲所有，这样保管人甲就不再承担返还孳息的义务。

第九百零一条　保管人保管货币的，可以返还相同种类、数量的货币；保管其他可替代物的，可以按照约定返还相同种类、品质、数量的物品。

条文主旨

本条是关于消费保管的规定。

立法背景

消费保管也称为不规则保管，是指保管物为可替代物时，如约定将保管物的所有权移转于保管人，保管期间届满由保管人以同种类、品质、数量的物返还的保管。消费保管是一种特殊的保管，《德国民法典》和我国台湾地区“民法”等都对消费保管作出了规定。

条文解读

消费保管合同与一般保管合同有以下几点不同：

第一，消费保管合同的保管物必须为可替代物，即种类物。种类物是相对于特定物而言的，是指以品种、质量、规格或度量衡确定，不需具体指定的转让物，如标号相同的水泥，相同品牌、规格的电视机等。货币是一种特殊的种类物。消费保管合同的保管物只能是种类物，而不能是特定物。特定物是指具有独立特征或被权利人指定，不能以他物替代的转让物，包括独一无二的物和从一类物中指定而特定化的物，如齐白石的画、从一批解放牌汽车中挑选出来的某一辆车。寄存人就特定物寄存，保管人只能返还原物。

第二，并不是所有种类物的寄存都属于消费保管合同。例如本法第898条规定的寄存货币的情形，就属于需返还原货币的一般保管合同，而不属于消费保管合同。消费保管合同必须是当事人约定将保管物的所有权移转于保管人，保管人在接受保管物后享有占有、使用、收益和处分的权利。不过，在保管物为货币的情况下，则不需要特别约定将货币所有权转移给保管人，因为货币作为特殊种类物，具有高度可替代性，一般适用“占有即所有”的原则。寄存人将货币交付给保管人，货币的所有权也就自然转移给保管人。而一般的保管合同，保管人只是在保管期间占有保管物，原则上不转移保管物所有权，保管人也不能使用保管物，这是消费保管与一般保管的重要区别之一。对于种类物的寄存，寄存人与保管人可以选择一般保管或者消费保管。如果寄存人和保管人特别约定转移保管物的所有权，则属于消费保管，保管人取得保管物所有权，返还相同种类、品质、数量的物品即可。寄存人也可能并不希望保管人进行使用、收益，而且寄存的种类物价格也在不断变化，保管人能否按期如数返还，也难以确定。所以寄存人可能不会订立消费保管合同而选择一般保管。在没有特别约定的情况下，应当认为货币的保管为消费保管，其他可替代物的保管则是普通保管。我国台湾地区“民法”第603条规定：“寄托物为金钱时，推定其为消费寄托。”

第三，既然保管物的所有权转移至保管人，因此从寄存人交付时起，保管人就享有该物的利益，并承担该物的风险。在一般保管中，保管物的所有权不发生转移，该物的利益如孳息由寄存人享有，风险由寄存人承担，即保管物在保管期间因意外发生毁损、灭失的风险由寄存人承担。

第四，消费保管的保管人仅需以同种类、品质、数量的物返还即可。而一般保管的保管人须返还原保管物。当保管人不履行返还义务时，一般保管的寄存人可以行使返还原物请求权，而消费保管的寄存人则只能请求保管人承担违约责任。

寄存货币的消费保管合同与储蓄合同非常相似。这两种合同的标的物都是货币这种种类物，无论是消费保管还是借款合同，在标的物交付之后，都发生所有权的转移。因此有些学者认为储蓄合同就是消费保管合同。但是二者是不同的。寄存货币的消费保管合同的目的侧重于为寄存人保管货币，一般不向寄存人支付利息。而储蓄合同中的存款人的目的除保管货币外，还有获取利息。在我国，储蓄合同实际上是一种借款合同，借款合同是独立的有名合同，因此将储蓄合同归入消费保管合同实无必要，而且不利于保护存款人的利益和金融业务的需要。

寄存货币的消费保管合同与民间借贷有着本质上的区别。民间借贷合同从借款人借款的角度来规定双方的权利义务关系，而寄存货币的消费保管主要从寄存人寄存货币的角度来规定双方的权利义务关系。当事人订立民间借贷合同的目的是借贷，当事人之间形成债权债务关系，贷款人享有的是金钱债权，借款人的义务主要是按期偿还所借款项和利息，在合同期限届满时，不仅要返还所借贷的本金，还要支付约定的利息。而当事人订立货币的消费保管合同的目的是对保管物进行保管，当事人之间形成保管合同关系，寄存人享有请求返还相同种类、数量的货币的权利，保管人只需返还相同种类、数量的货币即可，不用返还孳息或者支付利息。而且保管合同的寄存人可以随时领取保管物，在民间借贷等借款合同中，借款人应按约定的期限返还，即便是对借款期限没有约定或者约定不明确，依据本法第 510 条的规定仍不能确定的，贷款人也只能催告借款人在合理期限内返还，借款合同的贷款人不能随时要求借款人返还借款。所以，二者有许多不同之处，不能用同一种法律规范来调整。

但是，基于消费保管和借款合同、物的消费借贷合同十分相似，有的国家规定，保管物为可替代物，且所有权转移给保管人或者许可保管人消费保管物时，适用借款合同或者物的消费借贷合同的规定。例如，《德国民法典》第 700 条第 1 款规定："代替物以这样的方式寄托，即所有权应转移给受寄人，且受寄人应有义务将种类、品质和数量相同的物予以返还的，在金钱的情形下，适用关于贷款合同的规定，在其他物的情形下，适用关于物的消费借贷合同的规定。寄托人许可受寄人消费所寄托的代替物的，自受寄人领有物时起，在金钱的情形下，适用贷款合同的规定；在其他物的情形下，适用关于物的消费借贷合同的规定。但在这两种情形下，有疑义时，依关于寄托合同的规定确定返还时间和地点。”

第九百零二条　有偿的保管合同，寄存人应当按照约定的期限向保管人支付保管费。

当事人对支付期限没有约定或者约定不明确，依据本法第五百一十条的规定仍不能确定的，应当在领取保管物的同时支付。

条文主旨

本条是关于保管费支付期限的规定。

立法背景

在有偿的保管合同中，支付保管费是寄存人的基本义务，寄存人应当按照约定的期限向保管人支付保管费。有关保管费的支付标准、支付时间、支付地点等都应当遵守合同的约定。合同约定了保管费的具体数额，寄存人就应当按照合同约定进行支付。合同约定一次性支付，就不能分期支付。

例如仓储合同中可以约定，存货人在提取仓储物后 5 日内支付仓储费。但是在一般的保管合同中，寄存人一般应于保管关系终止时支付保管费。无论寄存人是在保管期间届满领取保管物，还是提前领取保管物而终止保管合同，寄存人都应当在领取保管物的同时支付保管费。

条文解读

当事人订立的分期保管的保管合同，寄存人应当按照约定的期限向保管人支付保管费。例如，甲与其住宅区的存车处签订了为期一年的存放自行车的合同，即属于分期保管的合同。分期保管合同，就是约定了明确的保管期间，在此期间内，寄存人可以多次提取和存放保管物。而一次性的保管合同，在寄存人提取保管物后，即可终止。这是分期保管合同与一般保管合同的根本区别。甲在与存车处的合同中约定，保管费每月 5 元，于每月 1 日至4 日到存车处交付。甲即需按照合同约定的期限按时交付存车费。

仓储合同或者分期保管合同中对支付期限没有约定或者约定不明确的，当事人可以协议补充，不能达成补充协议的，按照合同相关条款或者交易习惯确定。例如甲与存车处的合同中没有约定保管费的支付期限，但是按照存车处与其他寄存人的合同约定的支付期限都是每月的1 日至4 日，这就是交易习惯，甲也应在每月的1 日至4 日期间交费。

如果依据本法第 510 条的规定仍然无法确定保管费支付的期限，则应当在领取保管物的同时支付。因为在一般情况下，都是保管人先提供服务，寄存人后支付保管费。在这点上，保管和买卖存在区别。从比较法上来看，大多数国家和地区认为应当在保管到期时，支付保管费。当然，当事人可以就保管费用支付的时间作出特别约定。例如，《德国民法典》第 699 条第 1 款规定："寄托人必须在保管终止时支付所约定的报酬。报酬系按期计算的，必须在各期届满后支付。"

第九百零三条 寄存人未按照约定支付保管费或者其他费用的，保管人对保管物享有留置权，但是当事人另有约定的除外。

条文主旨

本条是关于保管人留置权的规定。

立法背景

当事人可以在合同中约定寄存人向保管人给付报酬，以及给付报酬的数额、方式、地点等。当事人有此约定的，寄存人应当按照约定向保管人支付报酬，即保管费。

条文解读

本条规定的“其他费用”，是指保管人为保管保管物而实际支出的必要费用。必要费用，是保管人为了实现物的保管目的维持保管物之原状而支出的费用。必要费用不同于保管费，保管费是指寄存人应当支付给保管人的报酬，只存在于有偿保管中；而必要费用则指保管人为实现保管合同的目的，在保管过程中所支付的必要的花销，如保管人支付的电费、场地费用、交通运输费用等。这些费用即便是在无偿保管的过程中也会产生。

在比较法上，许多国家的法律都对保管合同中必要费用的负担作出了规定。例如，《德国民法典》第693条规定：“对于保管人为保管存放物而支出的，根据情况认为是必要的支出费用的，存放人负有偿还的义务。”《瑞士债务法》第473条规定：“寄托人应当赔偿保管人履行合同支出的全部必要费用。”

法律没有明确规定必要费用的负担者，首先应当尊重当事人的意思自治，有约定的从其约定。具体来说，对必要费用的处理应当区分有偿保管和无偿保管，主要有以下几种情况：第一，当事人约定是有偿保管，保管人为保管保管物而实际支出的费用往往已经包含在报酬（保管费）之内，当然当事人也可以约定在支付保管费之外，另行支付必要费用；第二，当事人约定是无偿保管，但可以约定寄存人应当支付为保管而支出的实际费用。如有此约定，寄存人应依约定行事。即使无此约定，按照公平原则，寄存人也应当支付为保管而支出的实际费用。在此情形下，当寄存人不支付必要费用时，无偿保管的保管人亦可以请求寄存人承担违约责任。

寄存人违反约定不支付保管费或者其他费用的，保管人对保管物享有留置权，即以该财产折价或者以拍卖、变卖该财产的价款优先受偿的权利。但需要注意的是，依照民法典物权编第十九章留置权中的规定，保管人在留置保管物后，应当与债务人约定留置财产后债务履行期限，没有约定或者约定不明确的，应当给予寄存人不少于两个月的期限履行债务，鲜活易腐等不易保管的动产除外。如果寄存人逾期仍不履行债务，保管人才可以处理留置的财产。而且在这段时间内，保管人仍负有妥善保管留置物的义务，如果保管不善致使留置物毁损、灭失的，保管人应当承担相应的民事责任。当事人另有约定的，也可以不行使留置权。因保管合同发生的债权，债权人享有的留置权虽然是法定的留置权，但是当事人可以约定不行使留置权。本法第449条规定：“法律规定或者当事人约定不得留置的动产，不得留置。”例如寄存人寄存的手表是寄存人祖传的，对寄存人具有特殊意义，可以与保管人在合同中约定，即使寄存人未按照约定支付保管费，保管人也不得对该手表进行留置。

依据本条规定，在寄存人没有按期支付保管费和其他费用的情况下，保管人对保管物享有留置权，以此作为因保管产生的保管费和其他费用的担保。从比较法上来看，一些国家的法律规定在寄存人没有支付费用的情况下，保管人有权留置寄存财产。例如，《法国民法典》第1948条规定，受寄托人得留置寄托物，直至寄托人因寄托而产生的债务全部清偿。还有《比利时民法典》第1948条、《荷兰民法典》第6：262条、《西班牙民法典》第1780条等。保管人享有留置权必须符合如下要件：第一，寄存人到期未支付保管费及其他费用。根据本法第902条的规定，寄存人应当按照约定的期限支付保管费，没有约定或者约定不明确，依据本法第510条的规定仍不能确定保管费支付期限的，应当在领取保管物的同时支付。如果在这些期限届满时，寄存人未支付保管费，则保管人有权留置保管物。第二，保管人占有保管物。留置权的发生要求权利人合法占有留置物，因此，在保管合同中，如果保管人将保管物交付寄存人，则无法取得对保管物的留置权。第三，寄存人与保管人没有事先约定不得留置保管物。保管人的留置权虽然是法定的担保物权，但是当事人仍然可以通过合同约定排除可以留置的财产。本法第449条亦规定："法律规定或者当事人约定不得留置的动产，不得留置。"本条关于保管人留置权的规定属于任意性规定，当事人可以通过约定排除其适用。保管人对保管物的留置权，亦适用本法第二编物权编第十九章关于留置权的规定。

第二十二章　仓储合同

本章共十五条，对仓储合同的定义、成立，危险物品的储存，仓储物的验收，仓单的性质和作用以及存货人和保管人的权利义务等作了规定。

第九百零四条　仓储合同是保管人储存存货人交付的仓储物，存货人支付仓储费的合同。

条文主旨

本条是关于仓储合同定义的规定。

立法背景

仓储合同，是指当事人双方约定由保管人（又称仓管人或仓库营业人）为存货人保管储存的货物，存货人支付仓储费的合同。

仓储业是随着商品经济的发展，从保管业中发展、壮大起来的特殊营业。近代以来，仓储业日渐发达，原因就是随着国际及地区贸易的扩大，仓储业能为大批量货物提供便利、安全、价格合理的保管服务。仓储合同与保管合同的本质是一样的，即都是为他人保管财物。有些学者认为，仓储合同就是特殊的保管合同。但是仓储合同与一般的保管合同相比又具有很多特殊性，难以通过保管合同的规则来进行规范。因此仓储合同不再作为一般的保管合同来对待，而是作为一种独立的有名合同在合同法中加以规定。许多民商分立的国家将仓储合同规定在商法中，认为仓储合同是商事合同的一种，仓储人是以仓储为业的特殊商人。我国具有民商合一的立法传统，因此将仓储合同规定在民法典中。

条文解读

仓储合同具有以下特征：

1. 保管人必须是具有仓库营业资质的人，即具有仓储设施、仓储设备，专事仓储保管业务的人。这是仓储合同主体上的重要特征。之所以如此规定，主要是考虑到仓储往往涉及特种标的物的保管，例如，易燃易爆、具有腐蚀性或者放射性的、需要进行冷藏或者冷冻保存的物等，都对保管人的资质具有特殊的要求，一般的民事主体不能完成这种仓储工作。而保管合同的主体可以为一般民事主体，因此法律对保管合同的保管人没有资质上的特别要求。

2. 仓储合同的对象仅为动产，不动产不可能成为仓储合同的对象。因为保管人主要是利用自己的仓库为存货人储存货物，不动产无法储存到仓库中。保管合同的标的物包括动产和不动产。与保管合同相比，存货人储存的仓储物一般为大宗商品，储存量比较大，而保管物则可大可小。

3. 仓储合同为诺成合同。仓储合同自保管人和存货人意思表示一致时成立。保管合同是实践合同，也称为要物合同。保管合同除双方当事人达成合意外，寄存人还应当交付保管物，合同从保管物交付时起成立。这是仓储合同与保管合同的重要区别之一。

4. 仓储合同为不要式合同，可以是书面形式，也可以是口头形式。保管合同对合同订立的形式也没有特别要求，同样是不要式合同。

5. 仓储合同为双务、有偿合同。保管人提供储存、保管的义务，存货人承担支付仓储费的义务。保管合同可以为双务、有偿合同，也可以是单务、无偿合同。

6. 仓单是仓储合同的重要特征。

仓储合同的定义确定了保管人和存货人的主要义务。保管人的主要义务是储存存货人交付的仓储物，而存货人的主要义务是支付仓储费。

储存存货人交付的仓储物是保管人的主要义务，换言之，就是要妥善保管仓储物。这种义务主要包括以下几个方面的内容：第一，保管人应当具备储存仓储物的相应资质，并能提供符合约定的保管条件。本法第906条第3款规定："保管人储存易燃、易爆、有毒、有腐蚀性、有放射性等危险物品的，应当具备相应的保管条件。"第二，保管人应当亲自保管，不得擅自转交他人保管。存货人之所以选择特定的保管人进行保管，是基于对保管人的设备、技能和专业经验的信赖，如果保管人将仓储物交由他人保管，也会使存货人的这种信赖落空，从而有损存货人的利益。仓储合同的保管人资质可能有特别的要求，如果允许保管人委托他人保管，受托人可能不具备相应的保管资质。将仓储物交由第三人保管，可能会加大仓储物毁损、灭失的风险，同时也可能导致保险公司拒绝赔付，这就不利于维护存货人的利益。第三，保管人应当尽到善良管理人的义务。保管人对仓储物有妥善保管的义务，保管人应当按照有关规定和保管合同中约定的保管条件和保管要求妥善进行保管。仓储合同的保管人应当采取一定的措施，防止仓储物的毁损、灭失或者贬值。对于危险物品和易变质物品等，必须按照有关规定和合同约定进行保管。保管人应当经常对储存设施和储存设备进行维修和保养。还应当经常对仓储物进行巡视和检查，注意防火防盗。此外，为了存货人的利益，保管人在符合约定的保管条件和保管要求的情况下，发现仓储物变质、损坏，或者有变质、损坏的危险时，及时通知存货人或者仓单持有人，这其中包括对临近失效期的仓储物，如果仓储物的变质或者损坏可能危及其他仓储物的安全和正常保管，还应当及时通知存货人或者仓单持有人作出必要处置。在仓储物遭受损害之后，无论损害是由保管人还是第三人造成的，保管人都应当尽量避免损害的扩大，采取合理措施避免和减少不必要的损失。

支付仓储费是存货人的主要义务。本章虽然没有对仓储费的支付时间进行明确规定，根据本法第 918 条的规定，可以适用前一章“保管合同”的有关规定，即本法第 902 条的规定。也就是说，存货人应当按照约定的期限向保管人支付仓储费。当事人对支付期限没有约定或者约定不明确，依据本法第 510 条的规定仍不能确定的，应当在提取仓储物的同时支付。如果存货人拒绝支付仓储费，则保管人有权留置仓储物。本法第 903 条规定：“寄存人未按照约定支付保管费或者其他费用的，保管人对保管物享有留置权，但是当事人另有约定的除外。”该规定也适用于仓储合同，故当存货人未按时支付仓储费时，保管人亦有权留置存货人的仓储物。

第九百零五条　仓储合同自保管人和存货人意思表示一致时成立。

条文主旨

本条是关于仓储合同何时成立的规定。

立法背景

我国《合同法》第382条规定："仓储合同自成立时生效。"该条规定了仓储合同生效的时间，至于仓储合同何时成立，没有作出明确规定。

学界对仓储合同是实践合同还是诺成合同一直存在争议。有的学者主张仓储合同为实践合同。这种主张不利于交易的安全和稳定。因为仓储合同是双务有偿合同。无论是存货人还是保管人都有商业营利的需要，特别是保管人就是以替他人储存、保管货物为业的。保管人接受仓储物予以储存，存货人支付仓储费，双方就是一种交易行为，如果规定仓储合同为实践合同，则不利于这种交易的安全和稳定。多数学者则认为仓储合同是诺成合同。

条文解读

本条规定明确了仓储合同是诺成合同。诺成合同，又称为不要物合同，即双方当事人意思表示一致就可成立、生效的合同。而保管合同是实践合同，或称为要物合同。保管合同除双方当事人达成合意外，寄存人还应当交付保管物，合同从保管物交付时起成立。这是仓储合同与保管合同的重要区别之一。

仓储合同为诺成合同，有利于保护保管人的利益。因为在仓储合同订立后，存货人交付仓储物前，保管人往往要做很多准备工作，例如采购相应的设施设备，准备可供储存相应仓储物的仓库，收集仓储物相关资料，招聘特定的保管人员以及对保管人员进行技术培训等，需要付出大量的人力、物力、财力。如果仓储合同订立后，存货人在交付仓储物前反悔，保管人无法就前期准备工作的费用向存货人主张，可能遭受较大的损失。这种损失不仅包括前期准备工作的费用，还包括因为与存货人订立仓储合同而放弃或者丧失与其他人订立合同的机会。如果存货人在订立仓储合同后交付仓储物前可以随时反悔致使合同不成立，对于保管人显然是不公平的，也不符合诚信原则的要求。而仓储合同为诺成合同，也有利于保护存货人的利益。在仓储合同中，存货人存放的一般都是大宗商品。在交付时，如果保管人反悔，或者不能提供足够的储存场所，可能使存货人的货物因无处存放而毁损、灭失，给存货人造成巨大损失。如果仓储合同为实践合同，则存货人交付货物前合同尚未成立，只有在保管人实际接收了货物以后，仓储合同才成立，保管人才要对存货人负责，对于其反悔或者不能提供足够储存场所，导致货物因不能入库而发生毁损、灭失，造成存货人损失的，保管人无须承担责任，这对于存货人来说显然也是不公平的。如果仓储合同为诺成合同，一方面，保管人在仓储合同签订后，可以安心地为履约开展各种准备工作，以保证能够提供足够的储存场所，提供相应的保管条件，无需担心存货人届时不交付货物。如果保管人已经做好充分准备，而存货人却不交付货物，即构成违约，保管人可以就其损失向存货人主张赔偿。另一方面，存货人也无需担心在合同签订后、交付货物前，保管人是否开始做好充分准备，以在交付时能够提供足够的储存场所和相应的保管条件，是否有能力对其货物进行妥善保管。如果交付货物时保管人不能提供必要的储存场所，或者提供的场所等条件不符合约定，给存货人造成损失，存货人可以请求保管人承担违约责任。可见，仓储合同为诺成合同，不仅有利于保护存货人和保管人的合法权益，也有利于维护交易安全和稳定。在民法典编纂过程中，有的意见提出，应当明确规定仓储合同为诺成合同。立法部门经认真研究，采纳了这一建议。因此本条规定："仓储合同自保管人和存货人意思表示一致时成立。"仓储合同只需要双方当事人意思表示一致即可成立，不以存货人交付货物为要件。

仓储合同为不要式合同，既可以采用书面形式，又可以采用口头形式。民法典中对仓储合同的形式没有提出特别的要求。无论采用何种形式，只要符合民法典中关于合同成立的要求，合同即告成立，而无须以交付仓储物为合同成立的要件。这就意味着，双方当事人意思表示一致即受合同约束，任何一方不按合同约定履行义务，都要承担违约责任。

关于仓储合同的主要条款，除可参照本法第 470 条规定的合同一般包括的条款外，双方当事人还可以对仓储合同特殊要求的一些条款进行约定。仓储保管合同的主要条款一般有：(1) 货物的品名或品类；(2) 货物的数量、质量、包装；(3) 货物验收的内容、标准、方法、时间；(4) 货物保管条件和保管要求；(5) 货物进出库手续、时间、地点、运输方式；(6) 货物损耗标准和损耗的处理；(7) 计费项目、标准和结算方式、银行、账号、时间；(8) 责任划分和违约处理；(9) 合同的有效期限；(10) 变更和解除合同的期限。

第九百零六条 储存易燃、易爆、有毒、有腐蚀性、有放射性等危险物品或者易变质物品的，存货人应当说明该物品的性质，提供有关资料。

存货人违反前款规定的，保管人可以拒收仓储物，也可以采取相应措施以避免损失的发生，因此产生的费用由存货人负担。

保管人储存易燃、易爆、有毒、有腐蚀性、有放射性等危险物品的，应当具备相应的保管条件。

条文主旨

本条是关于储存危险物品和易变质物品的规定。

立法背景

仓储物如果是易燃易爆等危险物品或者易变质物品，如果不采取特殊的保管措施，提供相应的保管条件，不仅会造成仓储物本身的损害，而且其具有的巨大危险性可能还会导致人身伤亡或者重大财产损害等严重的后果。因此在比较法上，大多数国家都规定如果仓储物是危险物品或者易变质物品的，存货人负有向保管人说明仓储物的特殊性质等义务。

条文解读

存货人储存易燃、易爆、有毒、有腐蚀性、有放射性等危险物品或者易变质物品，负有向保管人说明的义务，即应当向保管人说明该物的性质。所谓“说明”，应当是在合同订立时予以说明，并在合同中注明。这是诚实信用原则的必然要求。如果存货人在订立合同后或者在交付仓储物时才予以说明，那么保管人根据自身的保管条件和技术能力，如果不能保管的，则可以拒收仓储物或者解除合同。无论当事人是否在合同中约定，存货人都负有这种说明义务。

存货人除应当对需要储存的危险物品及易变质物品的性质作出说明外，还应当提供有关资料，以便保管人进一步了解该危险物品的性质，为储存该危险物品作必要的准备。提供的资料主要是关于仓储物本身的性质特点，以及保管该仓储物的注意事项。

存货人没有说明所储存的货物是危险物品或易变质物品，也没有提供有关资料，保管人在入库验收时，发现是危险物品或易变质物品的，可以拒收仓储物。保管人在接收仓储物后发现是危险物品或易变质物品的，除及时通知存货人外，也可以采取相应措施，以避免损害的发生，因此产生的费用由存货人承担。例如，将危险物品搬出仓库转移至安全地带。如果存货人没有对仓储物的性质作出说明并提供有关资料，导致仓储物毁损、灭失的，保管人不承担赔偿责任。而如果存货人没有对危险物品的性质作出说明并提供有关资料，给保管人的财产或者其他存货人的货物造成损害的，还应当承担赔偿责任。例如，存货人未向保管人说明其交付的仓储物是易燃易爆物品并提供相关材料，导致仓储物发生爆炸，造成保管人仓库及其他仓储物受到损害的，存货人应当承担赔偿责任。

保管人储存易燃、易爆、有毒、有腐蚀性、有放射性等危险物品的，应当具备相应的保管条件。如果保管人不具备相应的保管条件，就对上述危险物品予以储存，对自身造成的损害，存货人不负赔偿责任。

第九百零七条 **保管人应当按照约定对入库仓储物进行验收。保管人验收时发现入库仓储物与约定不符合的，应当及时通知存货人。保管人验收后，发生仓储物的品种、数量、质量不符合约定的，保管人应当承担赔偿责任。**

条文主旨

本条是关于仓储物验收的规定。

立法背景

验收就是指保管人对仓储物的数量、规格、品质等进行检验，以确定是否属于合同约定的仓储物。保管人验收仓储物有利于其妥善保管仓储物，还具有保存证据的作用。验收是接收的前提，只有在验收之后，保管人才能决定是否接收仓储物。保管人验收之后，同意接收货物的，就应当开始对仓储物进行妥善保管。

条文解读

本条确立了保管人入库验收的义务。保管人和存货人应当在合同中对入库货物的验收问题作出约定。验收的主要内容有三项：一是验收项目；二是验收方法；三是验收期限。

1. 保管人的正常验收项目为：货物的品名、规格、数量、外包装状况，以及无须开箱拆捆直观可见可辨的质量情况。包装内的货物品名、规格、数量，以外包装或货物上的标记为准；外包装或货物上无标记的，以供货方提供的验收资料为准。散装货物按国家有关规定或合同规定验收。

2. 验收方法为：全部验收和按比例验收。

3. 验收期限：验收期限自货物和验收资料全部送达保管人之日起，至验收报告送出之日止。

保管人应当按照合同约定的验收项目、验收方法和验收期限进行验收。保管人验收时发现入库的仓储物与约定不符的，如发现入库的仓储物的品名、规格、数量、外包装状况与合同中的约定不一致的，应当及时通知存货人。由存货人作出解释，或者修改合同，或者将不符合约定的货物予以退回。

保管人验收后发生仓储物的品种、数量、质量不符合约定的，应当承担赔偿责任。验收之后，保管人接收货物，已经实际占有仓储物，开始承担保管义务。如果发生仓储物的品种、数量、质量不符合约定的情况，则可以推定保管人未尽到妥善保管义务，由其承担相应的赔偿责任。在理解本条保管人的赔偿责任时，品种、数量不符合约定，应当承担赔偿责任较为明确。质量问题的赔偿责任，要注意以下两点：（1）这里讲的是质量不符合约定。对不同条件、不同性质的仓储物的质量，可以按照交易习惯和当事人的特别约定来确定。（2）如果约定不明确，发生质量问题是否由保管人承担赔偿责任，依照本法第917 条的规定，因仓储物的性质、包装不符合约定等造成灭失、损坏的，保管人不负赔偿责任。

第九百零八条　存货人交付仓储物的，保管人应当出具仓单、入库单等凭证。

条文主旨

本条是关于保管人出具仓单、入库单等凭证的义务的规定。

立法背景

仓单或者入库单是保管人收到仓储物后给存货人开具的表示其收到仓储物的凭证，也是存货人提取仓储物的凭证。保管人在验收完毕之后，应当及时向存货人出具仓单或者入库单等凭证。保管人向存货人出具仓单或者入库单等凭证，就表明其已经接收了货物。如果保管人在检验货物时发现与合同约定不符合的，应当及时通知存货人。

条文解读

仓单、入库单等凭证的作用表现在以下几点：

1. 仓单、入库单等凭证可以证明保管人已收到仓储物，以及保管人和存货人之间仓储关系的存在。

2. 仓单、入库单等是提取仓储物的凭证。存货人或者仓单持有人应当凭仓单、入库单等凭证提取仓储物。

此外，仓单还是有价证券的一种，其性质为记名的物权证券。物权证券是以物权为证券权利内容的证券。仓单是提取仓储物的凭证，也是存货人对仓储物享有所有权的凭证。仓单发生转移，仓储物的所有权也发生转移。存货人在仓单上背书并经保管人签名或者盖章，可以转让提取仓储物的权利。仓单作为一种有价证券、权利凭证，根据本法第440条的规定，可以出质。仓单持有人既可以通过背书转让仓单项下货物的所有权，也可以将仓单出质。而入库单没有背书转让或者出质的功能。这是仓单和入库单等其他凭证的重要区别。

仓单与仓储合同的关系：仓单不能代替仓储合同。无论当事人采用书面形式还是采用口头形式，当事人订立合同后即受合同约束。存货人交付仓储物是履行合同，而保管人出具仓单也是履行合同。尽管仓单中记载了仓储合同中的主要内容，但仓单不是仓储合同，只是作为仓储合同的凭证。仓单与仓储合同的关系如同提单与海上货物运输合同的关系一样，依据我国《海商法》第44条的规定，提单是作为海上货物运输合同的凭证。

仓单作为一种有价证券，有的国家的立法采两券主义，即保管人在收到仓储物后应同时填发两张仓单：一为提取仓单，作为提取仓储物和通过背书转让仓储物之用；另一为出质仓单，以供仓储物出质之用。本法合同编采一券主义，即保管人只填发一张仓单，该仓单除作为已收取仓储物的凭证和提取仓储物的凭证外，既可以通过背书转让仓单项下货物的所有权，也可以用于出质。本法第910条规定，仓单是提取仓储物的凭证。存货人或者仓单持有人在仓单上背书并经保管人签名或者盖章的，可以转让提取仓储物的权利。本法第440条明确规定，仓单可以出质。本法第441条规定，以仓单出质的，质权自仓单交付质权人时设立。

第九百零九条 **保管人应当在仓单上签名或者盖章。仓单包括下列事项：**

（一）存货人的姓名或者名称和住所；

（二）仓储物的品种、数量、质量、包装及其件数和标记；

（三）仓储物的损耗标准；

（四）储存场所；

（五）储存期限；

（六）仓储费；

（七）仓储物已经办理保险的，其保险金额、期间以及保险人的名称；

（八）填发人、填发地和填发日期。

条文主旨

本条是关于仓单应记载事项的规定。

立法背景

仓单是收取仓储物和提取仓储物的凭证，还可以通过背书转让或出质，因此仓单应当具备一定的形式。

条文解读

无论仓单是转让还是出质，受让人和质权人并不了解存货人和保管人之间的合同的具体内容，因此法律规定了仓单应当记载的事项，以便受让人或质权人明确自己的权利范围并行使自己的权利。

1. 仓单上必须有保管人的签名或者盖章，否则不具有仓单应有之效力。保管人的签名或者盖章，是仓单发生效力的必备条件，其签名和盖章才能表明保管人认可存货人已经交付了仓储物的事实，也表明其已经验收并接收了符合约定的仓储物。这有利于保证仓单的真实性，保护保管人的合法权益。

2. 仓单是记名证券，因此仓单上应当记载存货人的名称或者姓名及住所，否则不符合记名证券的本质特征。

3. 仓单可经背书而产生物权转移的效力，因此对仓储物详细情况的记载是必须的，仓单上应明确记载仓储物的品种、数量、质量、包装、件数和标记。

4. 仓单上应记载仓储物的损耗标准。仓储物可能在储存的过程中发生自然损耗，确定自然损耗的标准可以区分于因保管人保管不善所导致的仓储物的损失。这对提取仓储物和转让仓储物是至关重要的，可以避免很多纠纷的发生。

5. 仓单上应记载储存场所，如果仓单经背书转让，则仓单持有人就可以明确仓储物的储存场所。储存场所不仅是保管人实际储存仓储物的地点，也是存货人或者仓单持有人提取仓储物的地点，对于确定合同履行地具有重要意义。

6. 仓单上应记载储存期间。储存期间届满时，存货人或者仓单持有人应当提取仓储物。如果仓单经背书转让，则仓单持有人就可以明确应在多长时间内提取仓储物。当事人对储存期间没有约定或者约定不明确，并不会影响仓储合同和仓单的效力，只是存货人或者仓单持有人可以随时提取仓储物，保管人也可以随时请求存货人或者仓单持有人提取仓储物。

7. 仓单上应记载仓储费。支付仓储费是存货人的主要义务。如果当事人约定提取仓储物时支付仓储费，仓单经背书而转让，则仓单持有人在提取仓储物时应支付仓储费。

8. 仓储物已经办理保险的，其保险金额、期间以及保险公司的名称应在仓单上注明。仓储物已经办理保险的，如果存货人转让仓储物，则保险费可以计入成本。转让以后，受让人享受保险利益，一旦发生保险合同中约定的保险事故，受让人可以向保险公司索赔。因此仓单上记载上述事项是非常必要的。

9. 仓单上应记载填发人、填发地和填发日期。这是任何物权证券的基本要求，提单也是如此。

第九百一十条　仓单是提取仓储物的凭证。存货人或者仓单持有人在仓单上背书并经保管人签名或者盖章的，可以转让提取仓储物的权利。

条文主旨

本条是关于仓单转让和出质的规定。

立法背景

我国民法典对仓单采一券主义，仓单既可以依法转让，也可以依法出质。仓单作为有价证券，可以流通。流通的形式有两种：一是转让仓单，即转让仓单项下仓储物的所有权；二是以仓单出质，质权人享有提取仓单项下仓储物的权利。仓单转让的，仓单持有人即成为所有权人，可以依法提取仓储物。以仓单出质的，适用本法物权编中关于质权的规定。依据本法第442条规定，仓单上载明提货日期的，如果提货日期先于债务履行期到期的，质权人可以在债务履行期届满前提货，并与出质人协议将提取的货物用于提前清偿所担保的债权或者向与出质人约定的第三人提存。

条文解读

无论是仓单转让还是仓单出质，都应当满足法定的形式才能生效。仓单的转让或者出质，必须由存货人或者仓单持有人在仓单上背书。所谓“背书”，是指存货人在仓单的背面或者粘单上记载被背书人（受让人）的名称或姓名、住所等有关事项的行为。因为仓单是有价证券，其转让应当符合有价证券转让的一般要求，即需要进行背书。而且，多次转让仓单的，背书还要有连续性。背书的连续性主要是为了保证每个背书人都是有权转让仓单项下权利的人。有权利提取仓储物的人是最后一个被背书人，即最终的受让人或者质权人。

存货人转让仓单不仅需要在仓单上背书，还要经保管人签名或者盖章始生效力。如果只在仓单上背书但未经保管人签名或者盖章，即使交付了仓单，转让行为也不发生效力。为什么要经保管人签名或者盖章呢？因为保管人是仓储物的合法占有人，而仓储物的所有权仍归存货人，为保护存货人的所有权，防止其他人以不法途径获得仓单，损害存货人的利益，也使保管人自己免于承担不应有的责任，因此存货人转让仓单的，除存货人应当在仓单上背书外，还应当由保管人在仓单上签名或者盖章，仓单转让的行为才发生效力。

存货人以仓单出质的，应当与质权人签订质押合同，在仓单上背书并经保管人签名或者盖章，并将仓单交付质权人，质权才能设立。因为一旦债务人不能在债务履行期间届满前履行债务，质权人就享有提取仓储物的权利。因此，如果没有存货人（出质人）在仓单上背书和保管人在仓单上签名或者盖章，质权人就不能提取仓储物，同样，也只有存货人（出质人）在仓单上背书和保管人的签名或者盖章，才有助于保护存货人的所有权和保管人的合法占有。

在编纂民法典的过程中，有的观点提出，仓单的转让或者出质由存货人或者仓单持有人在仓单上背书即可，无须保管人签名或者盖章，这样可以促进仓单的自由流通，提高交易效率。但是，如果仓单转让和出质不经保管人签名或者盖章，保管人就无法知道谁是真正的权利人，尤其是仓单几易其主之后，或者仓单被伪造、涂改等，可能引发一些不必要的纠纷，不利于保护存货人的权利，保管人也将面临更多的不确定性。

也就是说，不经保管人签名盖章，交易效率的提高可能需要以交易安全和秩序受到损害为代价。

第九百一十一条　保管人根据存货人或者仓单持有人的要求，应当同意其检查仓储物或者提取样品。

条文主旨

本条是关于存货人或者仓单持有人有权检查仓储物或者提取样品的规定。

立法背景

存货人或者仓单持有人有权了解仓储物的储存状况，因此享有对仓储物进行检查的权利，保管人应当配合。存货人或者仓单持有人可以实地检查，也可以抽取样品进行检查。

条文解读

存货人将货物存置于仓库，存货人为了了解仓库堆藏及保管的安全程度与保管行为，保管人因存货人的请求，应允许其进入仓库检查仓储物或者提取样品。存货人或者仓单持有人提出检查仓储物或者提取样品的要求，应当在必要的限度和适当的时间内进行，不能不当地增加保管人的管理成本。

由于仓单是物权证券，存货人可以转让仓单项下仓储物的所有权，也可以对仓单项下的仓储物设定担保物权，即出质。仓单经背书并经保管人签名或者盖章而转让或出质的，仓单受让人或质权人即成为仓单持有人。无论是转让仓单还是出质仓单，仓单持有人与存货人一样，都有检查仓储物或者提取样品的权利。

第九百一十二条　保管人发现入库仓储物有变质或者其他损坏的，应当及时通知存货人或者仓单持有人。

条文主旨

本条是关于保管人在仓储物变质或者其他损坏情况下的通知义务的规定。

立法背景

保管人对仓储物有妥善保管的义务，应当按照保管合同中约定的保管条件和保管要求妥善进行保管。保管人因保管不善造成仓储物变质或者其他损坏的，应当承担赔偿责任。例如，保管条件已不符合原来的约定，如合同约定用冷藏库储存水果，但冷藏库的制冷设施发生故障，保管人不采取及时修理等补救措施，致使水果腐烂变质的，应承担赔偿责任。

条文解读

保管人在符合合同约定的保管条件和保管要求进行保管的情况下，因仓储物的性质、包装不符合约定或者超过有效储存期，造成仓储物变质、损坏的，尽管保管人不承担责任，但其应当及时将此种情况通知存货人或者仓单持有人。即使仓储物没有变质或其他损坏，但有发生变质或其他损坏的危险时，存货人也应当及时通知存货人或者仓单持有人。这是对保管人的更进一步要求。

本法第509条第1款和第2款规定："当事人应当按照约定全面履行自己的义务。当事人应当遵循诚实信用原则，根据合同的性质、目的和交易习惯履行通知、协助、保密等义务。"也就是说，当事人除按合同约定履行自己的义务以外，还应当按照诚实信用原则及合同的性质、目的和交易习惯履行合同中没有约定的通知、协助、保密等义务。本条的规定就是本法第509条规定的精神的具体化。保管人应当按照诚实信用原则，根据仓储合同的性质、目的及交易习惯，在仓储物有变质、损坏或者有变质、损坏的危险时，及时通知存货人或者仓单持有人。

保管人在储存仓储物的过程中，发现仓储物有变质或者其他损坏，或者有发生变质、损坏的危险时，应当及时通知存货人或者仓单持有人，以使其尽快采取相应措施，避免发生更大的损失。如果仓储物的变质、损坏或者可能导致仓储物变质、损坏的危险是由于保管人未尽到妥善保管之义务，则其不仅要承担相应的赔偿责任，还应当及时采取必要合理的补救措施防止损失的扩大。即便仓储物的变质、损坏或者可能导致仓储物变质、损坏的危险并非由于可归责于保管人的原因，例如是由于仓储物的性质、包装不符合约定，保管人发现仓储物的变质、损坏或者可能导致仓储物变质、损坏的危险时，基于善良管理人之义务，亦应当及时通知存货人或者仓单持有人，并采取必要措施以防止损失的扩大。

此种通知义务，主要适用于保管人发现仓储物有变质或者其他损坏时，亦可以包括发现仓储物有变质或者其他损坏的危险时，如保管人发现货物包装破损可能造成仓储物的变质或者其他损坏。

此外，当出现第三人对仓储物主张权利，例如对仓储物申请扣押，可能影响存货人的权利时，保管人也应当及时通知存货人或者仓单持有人。对此本法虽然没有明确规定，但是依据本法第918条的规定，对于仓储合同一章没有规定的，适用保管合同的有关规定。本法合同编第二十一章“保管合同”中的第 896 条规定：“第三人对保管物主张权利的，除依法对保管物采取保全或者执行措施外，保管人应当履行向寄存人返还保管物的义务。第三人对保管人提起诉讼或者对保管物申请扣押的，保管人应当及时通知寄存人。”该条规定也可以适用于仓储合同，即当第三人对仓储合同的保管人提起诉讼或者对仓储物申请扣押的，保管人也应当及时通知存货人或者仓单持有人。

第九百一十三条　保管人发现入库仓储物有变质或者其他损坏，危及其他仓储物的安全和正常保管的，应当催告存货人或者仓单持有人作出必要的处置。因情况紧急，保管人可以作出必要的处置；但是，事后应当将该情况及时通知存货人或者仓单持有人。

条文主旨

本条是关于保管人的危险催告义务和紧急处置权的规定。

立法背景

依据本法第 912 条的规定，保管人对入库仓储物发现有变质或者其他损坏，不论是否可归责于保管人，保管人均应当及时通知存货人或者仓单持有人。而仓储物的变质或者其他损坏，又可能进一步危及其他仓储物的安全和正常保管，此时就需要催告存货人、仓单持有人进行处置，或者由保管人作出必要处置。

条文解读

保管人发现入库仓储物有变质或者其他损坏，这种变质或损坏是非可归责于保管人的原因造成的，例如因仓储物的性质、包装不符合约定造成仓储物本身的变质或损坏，保管人除及时通知存货人或者仓单持有人外，如果该仓储物已经危及其他仓储物的安全和正常保管的，那就不只是通知的问题了，还应当催告存货人或者仓单持有人作出必要的处置。因情况紧急，保管人可以作出必要的处置，但事后应当将该情况及时通知存货人或者仓单持有人。保管人承担催告义务的条件，一是保管人发现入库仓储物有变质或者其他损坏；二是仓储物的变质或者其他损坏已经危及其他仓储物的安全和正常保管。如果只是轻微的变质或者损坏，保管人可以自行处理，也就无须通知存货人或者仓单持有人。如果仓储物的变质或者损坏比较严重，可能危及其他仓储物的安全和正常保管时，就必须及时催告存货人或者仓单持有人作出必要处置，以避免给其他仓储物或者保管人造成损失。催告必须针对存货人或者仓单持有人，催告的内容是要求存货人或者仓单持有人对仓储物作出必要的处置。

存货人或者仓单持有人在接到保管人的通知或催告后，应当及时对变质的仓储物进行处置，这是其应尽的义务。因为变质或损坏的仓储物已经危及其他仓储物的安全和正常保管。如果存货人或仓单持有人不尽此义务，给其他仓储物或者保管人的财产造成损害的，应当承担赔偿责任。

保管人发现入库仓储物有变质或者其他损坏，危及其他仓储物的安全和正常保管的，一般都应当先催告存货人或者仓单持有人作出必要的处置。但是如果情况紧急，保管人来不及催告存货人或者仓单持有人进行处置的，保管人可以作出必要的处置，事后还是应当将该情况及时通知存货人或者仓单持有人。所谓情况紧急，一般是指保管人无法通知存货人或者仓单持有人，或者保管人必须立即采取措施，以避免其他仓储物受到损害。例如，由于包装不符合约定，储存的食用油包装出现破损导致泄漏，如果不立即进行处置，泄漏的食用油将污染仓库的其他仓储物，此时保管人如果催告存货人或者仓单持有人作出必要处置，存货人或者仓单持有人实际作出处置还需要一定的时间，为避免其他仓储物受到污染，保管人可以立即采取相应措施，如将发生泄漏的部分食用油转移，对仓库进行清理以防污染其他仓储物等。事后再将该情况通知存货人或者仓单持有人，考虑是否需要进一步处理，例如存货人或者仓单持有人对其储存的食用油重新检查包装是否完好，以防再次发生类似问题。

保管人对变质货物的这种紧急处置权，类似于对危险货物的紧急处置权。存货人储存危险货物没有向保管人说明并提供有关资料，保管人在接收后发现的，可以对该仓储物进行紧急处置，由此产生的费用由存货人承担。因此，保管人紧急处置变质或者其他损坏的仓储物，由此产生的费用也应该由存货人承担。无论是危险货物还是变质货物，都是在危及其他仓储物的安全和正常保管，保管人在已经来不及通知存货人或者仓单持有人进行处置的情况下，或者存货人对保管人的通知置之不理的情况下，才可以对该仓储物进行紧急处置，并且在事后应当将该情况及时通知存货人或者仓单持有人。因此保管人的紧急处置权不是随意行使的，只有为了其他仓储物的安全和正常的保管秩序，在不得已的情况下才能行使。

第九百一十四条　当事人对储存期限没有约定或者约定不明确的，存货人或者仓单持有人可以随时提取仓储物，保管人也可以随时请求存货人或者仓单持有人提取仓储物，但是应当给予必要的准备时间。

条文主旨

本条是关于储存期间不明确时如何提取仓储物的规定。

立法背景

一般来说，当事人应当在仓储合同中对储存期限作出明确约定。但是，实践中可能出现当事人对储存期限没有约定或者约定不明确的情况，此时应当如何处理，法律应当给予明确指引。

条文解读

当事人对储存期限没约定或者约定不明确的，存货人或者仓单持有人可以随时提取仓储物。在这种情况下，存货人或者仓单持有人可以根据自己的意愿确定提取仓储物的时间。保管人根据自己的储存能力和业务需要，也可以随时要求存货人或者仓单持有人提取仓储物，但应当给予必要的准备时间。所谓“给予必要的准备时间”，是指保管人预先通知提货，然后确定一个合理的期限，以给存货人或者仓单持有人留出必要的准备时间，在期限届至前提货即可，并不是在通知的当时就必须提取仓储物。因为仓储物往往为大宗货物，存货人或者仓单持有人提取后需要相应的场所来进行存放，或者找买家将仓储物进行处分，这都需要一定的时间。例如，保管人甲和存货人乙没有约定储存期间，但约定每天收取仓储费100元。在这种情况下，乙可以随时提取仓储物，仓储费按实际的储存日期确定。甲也可以随时请求乙提取仓储物，但应当给乙必要的准备时间，仓储费也是按实际的储存日期计算。

第九百一十五条　储存期限届满，存货人或者仓单持有人应当凭仓单、入库单等提取仓储物。存货人或者仓单持有人逾期提取的，应当加收仓储费；提前提取的，不减收仓储费。

条文主旨

本条是关于储存期限有明确约定时如何提取仓储物，以及逾期提取仓储物或者提前提取仓储物时如何收取仓储费的规定。

立法背景

如前所述，仓单、入库单等的主要特征或重要职能之一就是作为提取仓储物的凭证。因此存货人或者仓单持有人应当凭仓单或者入库单等凭证提取仓储物。存货人或者仓单持有人可能会逾期提取仓储物，也可能会提前提取仓储物，因此应当规定在逾期或者提前提取的情况下，仓储费如何收取。

条文解读

当事人在合同中约定储存期间的，存货人或者仓单持有人应当在储存期间届满时凭仓单、入库单等凭证提取仓储物，并按约定支付仓储费；存货人或者仓单持有人也可以提前提取仓储物，但是不减收仓储费；存货人或者仓单持有人逾期提取仓储物的，应当加收仓储费。当事人约定储存期间的，在储存期间内，如果存货人或者仓单持有人要求提前提取仓储物，一般不会造成保管人的损失，可以允许其提前提取。但是保管人已经做好了约定的储存期间的准备，提前提取不仅不符合当事人之间的约定，还有可能打乱保管人的经营计划，还可能因此丧失其他交易机会，因此存货人或者仓单持有人提前提取仓储物的，不减收仓储费。如果存货人或者仓单持有人逾期不提取，将会增加保管人的保管成本，甚至因为该仓储物挤占保管人的仓储空间，打乱保管人正常的经营计划，所以保管人对于逾期不提取仓储物的存货人或者仓单持有人，有权加收仓储费。

当事人在仓储合同中明确约定储存期间的，在储存期间届满前，保管人不得要求存货人或者仓单持有人提取仓储物，法律另有规定或者当事人另有约定的除外。例如，依据本法第 906 条的规定，存货人存放危险品而未将危险品的性质如实告知保管人并提供有关材料的，保管人可以拒收仓储物，也可以在储存期间届满前要求存货人提取仓储物，而终止合同。

第九百一十六条　储存期限届满，存货人或者仓单持有人不提取仓储物的，保管人可以催告其在合理期限内提取；逾期不提取的，保管人可以提存仓储物。

条文主旨

本条是关于存货人或者仓单持有人不提取仓储物时如何处理的规定。

立法背景

当事人应当在仓储合同中对储存期限作出约定。储存期限届满，存货人或者仓单持有人提取仓储物，既是存货人或者仓单持有人的权利，也是存货人或者仓单持有人的义务。

条文解读

如果在储存期间届满时，存货人或者仓单持有人不能或者拒绝提取仓储物，保管人可以确定一个合理的期限，催告存货人或者仓单持有人在此期限内提取。如果逾期仍不提取的，保管人可以依照本法第 570 条的规定将仓储物提存。保管人将仓储物提存后，如果存货人或者仓单持有人未支付仓储费的，依照本法第 577 条的规定，可以请求其支付仓储费。存货人或者仓单持有人迟延给付的，还可以按照约定要求存货人或者仓单持有人给付违约金。没有约定违约金的，可以要求支付迟延给付的逾期利息。

在存货人或者仓单持有人逾期未提取仓储物的情况下，保管人有权提存仓储物，终止仓储合同，这有利于督促存货人或者仓单持有人及时提取仓储物。保管人将仓储物提存应当具备较为严格的条件。一是储存期间届满。只有在储存期间届满后，存货人才负有提取仓储物的义务。储存期间届满前，保管人不得要求存货人提取仓储物，更不能提存仓储物。二是在储存期间届满时存货人或者仓单持有人不提取仓储物。三是保管人催告存货人或者仓单持有人在一定期限内提取。一般来说，保管人在提存仓储物前都要催告存货人，再给予一定的准备时间，因为存货人或者仓单持有人不及时提取可能出于某种原因，例如，由于不可抗力或者只是疏忽忘记提取。四是在催告的期限届满后存货人或者仓单持有人仍不提取仓储物。如果保管人催告的期限届满，存货人或者仓单持有人还是不提取仓储物，此时保管人就可以将仓储物提存。

第九百一十七条　储存期内，因保管不善造成仓储物毁损、灭失的，保管人应当承担赔偿责任。因仓储物本身的自然性质、包装不符合约定或者超过有效储存期造成仓储物变质、损坏的，保管人不承担赔偿责任。

条文主旨

本条是关于保管人赔偿责任的规定。

立法背景

储存期限内，保管人负有妥善保管仓储物的义务。所谓“妥善保管”，主要应当是按照仓储合同中约定的保管条件和保管要求进行保管。保管条件和保管要求是双方约定的，大多数情况下是存货人根据货物的性质、状况提出保管的条件和要求。只要是双方约定的，保管人就应当按照约定的保管条件和保管要求进行保管。保管人没有按照约定的保管条件和保管要求进行保管，造成仓储物毁损、灭失的，应当承担赔偿责任。一些法律法规还对危险物品等特殊仓储物的保管作出了规定，保管人也应当遵守法律法规的相关规定。例如，在防火防盗方面，保管人必须依据相关法律法规的规定，配备有关的设备设施。

条文解读

保管人对仓储物有妥善保管的义务，应当按照有关规定和保管合同中约定的保管条件和保管要求进行妥善保管。保管人因保管不善造成仓储物变质或者其他损坏的，应当承担赔偿责任。例如，保管条件已不符合原来的约定，如合同约定用冷藏库储存水果，但冷藏库的制冷设施发生故障，保管人不采取及时修理等补救措施，致使水果腐烂变质的，保管人应承担赔偿责任。

保管人除应当按照约定的保管条件和保管要求进行保管外，还应当尽到善良管理人的义务。在一般保管合同中，区分有偿保管和无偿保管的注意义务，对于有偿保管，保管人应当尽到善良管理人的注意义务。仓储合同是特殊的有偿保管合同，其保管人亦应当尽善良管理人的义务。甚至有的观点认为，仓储合同中的保管人所从事的保管活动具有专业性、营利性，仓储合同的存货人要支付仓储费，且仓储费的标准往往高于一般保管的保管费，因此仓储合同的保管人应尽的注意义务应当高于有偿保管合同中保管人的注意义务。

仓储合同的保管人应当采取一定的措施，防止仓储物的毁损、灭失或者贬值。对于危险物品和易变质物品等，必须按照有关规定和合同约定进行保管。保管人应当经常对储存设施和储存设备进行维修和保养，还应当经常对仓储物进行巡视和检查，注意防火防盗。此外，为了存货人的利益，保管人在符合约定的保管条件和保管要求的情况下，发现仓储物变质、损坏，或者有变质、损坏的危险时，及时通知存货人或者仓单持有人，这其中包括对临近失效期的仓储物，也应当及时通知存货人或者仓单持有人作出处置。在仓储物遭受损害之后，无论损害是由保管人还是第三人造成的，保管人都应当尽量避免损害的扩大，采取合理措施避免和减少不必要的损失，如果保管人未采取必要措施防止损害扩大的，应当对扩大的损失承担赔偿责任。这是诚实信用原则的要求。

仓储物在毁损、灭失的情况下，如果是保管人保管不善的原因，保管人就应当承担赔偿责任。所谓“保管不善”，是指保管人没有尽到上述妥善保管义务，没有按照有关规定和当事人约定，提供相应的保管条件和设备，没有采取相应的保管措施，没有尽到善良管理人的义务。保管人保管不善的行为导致了仓储物的毁损、灭失，二者之间需要存在因果关系，保管人才应承担赔偿责任。如果保管人能够证明仓储物的毁损、灭失是仓储物本身性质、包装不符合约定、仓储物超过有效储存期等原因造成的，则其不承担赔偿责任。也就是说，对于非可归责于保管人的原因导致仓储物毁损、灭失的，可以免责。另外，保管人还可以基于法定的免责事由或者合同约定的其他免责事由而免除责任。如因地震、台风等不可抗力造成仓储物毁损、灭失，或者因存货人的行为导致仓储物的毁损、灭失，等等。

保管人在符合合同约定的保管条件和保管要求进行保管的情况下，因仓储物的性质、包装不符合约定或者超过有效储存期，造成仓储物变质、损坏的，尽管保管人不承担责任，但是根据本法第 912 条的规定，保管人应当及时将此种情况通知存货人或者仓单持有人。即使仓储物没有变质或其他损坏，但有发生变质或其他损坏的危险时，存货人也应当及时通知存货人或者仓单持有人。

第九百一十八条　本章没有规定的，适用保管合同的有关规定。

条文主旨

本条是关于适用保管合同的规定。

立法背景

尽管仓储合同与保管合同有几项重要区别，如保管合同是实践合同，而仓储合同为诺成合同；保管合同是否有偿由当事人约定，而仓储合同均为有偿契约等。但仓储合同与保管合同的本质是一样的，即都是为他人保管财物。有些学者认为，仓储合同就是特殊的保管合同。

条文解读

在本章中对仓储合同没有规定的，适用保管合同的有关规定。

例如，仓储合同的保管人负有亲自保管的义务。在一般的保管合同中，要求保管人应当亲自保管，不得擅自将保管物交给第三人。仓储合同同样要求保管人亲自保管。因为一方面，将仓储物交由第三人保管，可能会加大仓储物毁损、灭失的风险，同时也可能导致保险公司拒绝赔付，这就不利于维护存货人的利益。另一方面，仓储合同的保管人资质可能有特别的要求，如果允许保管人委托他人保管，受托人可能不具备相应的保管资质。此外，存货人之所以选择特定的保管人进行保管，是基于对保管人的设备、技能和专业经验的信赖，如果保管人将仓储物交由他人保管，也会使存货人的这种信赖落空，从而有损存货人的利益。因此，未经存货人的同意，保管人不得将仓储物转交他人保管。

再如，保管人不得将仓储物转交第三人保管、保管人不得使用或者许可第三人使用仓储物、第三人申请对仓储物进行扣押时保管人的通知义务、仓储费的支付时间、保管人对仓储物的留置权，等等。

第二十三章　委托合同

本章共十八条，主要内容包括：委托合同的概念，特别委托与概括委托，受托人的报告义务，受托人亲自处理事务的义务，受托人的报酬请求权，委托人支付报酬的义务，请求赔偿的权利，贸易代理、委托合同解除的规定等。

第九百一十九条　委托合同是委托人和受托人约定，由受托人处理委托人事务的合同。

条文主旨

本条是关于委托合同概念的规定。

立法背景

委托合同又称委任合同，是指当事人双方约定一方委托他人处理事务，他人同意为其处理事务的协议。在委托合同关系中，委托他人为自己处理事务的人称委托人，接受委托的人称受托人。

委托合同是一种历史悠久的合同类型，早在古巴比伦的《汉谟拉比法典》中，就对委托合同作了专门的规定。以后法国、德国、日本及我国台湾地区对委托合同也都作了规定。委托合同有广泛的适用范围，它可产生于任何一种民事主体之间，它可以在自然人之间、法人之间、非法人组织之间或者自然人、法人与非法人组织之间缔结；可以为概括的委托，也可以为特别的委托。委托合同的目的是有利于生产经营，方便人们日常生活，加强国际经济贸易的联系。但是，具有人身属性的法律行为或事实行为，一般不适用委托合同，如收养关系的建立或终止、婚姻关系的产生和消灭、立遗嘱、结婚、收养子女等。

新中国成立以后，很长一段时间内法律未对委托合同作出规定，1981 年通过的《经济合同法》第 10 条规定的“代订经济合同，必须事先取得委托人的委托证明，并根据授权范围以委托人的名义签订，才对委托人直接产生权利和义务”，属于委托代理，并不是对委托合同的专门规定。1999 年制定的合同法设专章规定了委托合同，将委托合同作为有名合同之一进行了专门规定，具有重要的现实意义。在现代社会，人们越来越忙碌，可能没有足够的时间、精力处理自己的各种事务，而且由于社会分工的发展，人们从事的工作越来越专、越来越精，有些专业领域的事项只能由专业人士来处理，或者交给他们处理能大大提高质量和效率。因此，委托既是人们从事社会交往不可缺少的手段，也是人们从事商业活动的重要工具。委托的类型很多，适用范围也十分广泛。例如，委托他人代为购物、委托律师谈判或者处理案件、委托他人从事交易活动等。委托的广泛运用既避免了直接交易的麻烦，又解决了交易者因社会分工、能力限制而产生的从事交易的困难，为交易提供了更广阔的天地。术业有专攻，人不可能亲自处理一切事务，必然要假手他人，才能取长补短、合作共赢。通过委托可以弥补人们在时间、空间和专业技能上的不足，满足人们的各种社会生活、经济交往的需要，鼓励交易，促进经济发展。

条文解读

一、委托合同的特征

（一）委托合同的标的是劳务

委托人和受托人订立委托合同的目的，在于通过受托人办理委托事务来实现委托人追求的结果，因此，该合同的客体是受托人处理委托事务的行为。委托事务的范围十分广泛，凡是与人们生活有关的事务，除依法不得委托的外，都可以委托他人处理。

（二）委托合同是诺成、非要式合同

委托人与受托人在订立委托合同时不仅要有委托人的委托意思表示，而且还要有受托人接受委托的承诺，即承诺与否决定着委托合同是否成立。委托合同自承诺之时起成立，无须以履行合同的行为或者物的交付作为委托合同成立的条件。换言之，委托合同自当事人意思表示一致时成立。

委托合同是非要式合同，法律并未对委托合同的形式提出特别要求，即口头、书面等形式都可以。

（三）委托合同可以是有偿的，也可以是无偿的

委托合同建立在双方当事人彼此信任的基础上。委托人之所以选择特定的受托人处理其事务，是基于对受托人的能力、资格、品行等方面的信任。在罗马法中，委托是无偿的。法国民法和德国民法沿袭了罗马法中委托为无偿的原则。《法国民法典》第 1986 条规定："委任在无相反的约定时，为无偿的。"（该规定并不排斥当事人约定有偿）《德国民法典》第 662 条规定："受任人负有为委任人无偿处理委托事务的义务。"

在民商分立的国家，有偿委托一般规定在商法中。但是，也有的立法例规定委托应当以有偿为原则，例如《意大利民法典》第 1709 条规定："委托推定为有偿，其报酬额未由当事人约定场合，基于职业的费率或者习惯决定。没有费率或者习惯场合，由裁判官决定。"委托合同是否有偿，应当尊重当事人的意愿，由当事人双方根据委托事务的性质与难易程度协商决定，因此本法对此不作强制规定，即委托合同可以是有偿的，也可以是无偿的。

（四）委托合同可以是双务合同，也可以是单务合同

委托合同经要约承诺后成立，无论合同是否有偿，委托人与受托人都要承担相应的义务。一方面，对受托人来说，负有向委托人报告委托事务、亲自处理委托事务、转交委托事务所取得财产等义务。另一方面，对委托人来说，如果是无偿委托，则无需支付受托人报酬，甚至可能并不涉及向受托人支付处理委托事务的费用（委托事务不产生相关费用），这种情况下的无偿委托合同自然属于单务合同。例如，甲委托乙向丙赠与一些生活用品。即便委托人有向受托人支付处理委托事务费用的义务，但是委托人的这种义务与受托人的义务并不构成对待给付义务。所以在无偿委托合同中，委托人可能要向受托人支付处理委托事务的相关费用，但是一般仍属于单务合同。例如，甲委托乙到楼下便利店帮其购买一包香烟，类似例子在生活中极为常见，尽管甲要向乙支付香烟的费用，但是一般情况下乙接受其委托是无偿的，甲与乙之间的委托合同就属于单务合同。而当委托合同为有偿合同时，委托人还负有支付受托人报酬的义务，受托人有请求获得报酬的权利。委托人支付报酬的义务与受托人处理委托事务等义务构成对待给付，属于双务

合同。因此，委托合同可以是双务合同，也可以是单务合同。

二、关于委托事务的范围

委托合同的目的在于受托人处理委托人的事务。关于“事务”的解释，直接关系到委托合同的适用范围，对此，《日本民法典》第643条规定，仅限于法律行为，始得为委任合同之标的。根据《日本民法典》第656条的规定，就委托法律行为以外的事务所成立的合同，称为“准”委任合同，准用委任合同的规定。《意大利民法典》对于委托的定义，也将委托事务限于法律行为，其第1703条规定，委托，是根据委托，由当事人的一方为他方负担应为一个或者数个法律行为的义务的契约。而《法国民法典》与《德国民法典》等则没有明确规定委托事务的范围。

本条虽然未对受托人办理事务的内容作具体解释，但只要能够产生民事权利义务关系的任何事务，委托人均可请受托人办理，既包括实体法规定的买卖、租赁等事项，也包括程序法规定的办理登记、批准等事项，还包括代理诉讼等活动。但委托人所委托的事务不得违反法律的有关规定，如委托他人代为销售、运输毒品、淫秽物品等，或者按照事务的性质不能委托他人代理的事务，如与人身密切联系的婚姻登记、立遗嘱、收养子女等。

委托事务的范围是否包括事实行为，还存在一定争议。有的观点认为，委托处理的事务也可以是事实行为。事实行为是指不以意思表示为内容，不产生当事人预期的法律效果的行为。例如，让他人帮忙看管财物，代取快递、邮件等。一般认为，只要不违反法律规定，不违背公序良俗，事实行为也可以作为委托事务。

原则上所委托的事务应当是委托人自己的事务，仅在特殊情况下，例如符合转委托条件，才能对他人的事务进行委托。就委托事务的具体内容来说，委托人可以特别委托受托人处理一项或者数项事务，也可以概括委托受托人处理一切事务。

三、受托人以谁的名义处理委托事务

在合同法起草过程中，对于委托合同是否要以委托人的名义处理委托事务，有不同的看法。一种观点认为，委托合同应当规定受托人以委托人而非自己的名义进行活动，这样也能够划清和行纪合同的关系。另一种观点认为，原因是委托合同不应规定受托人以谁的名义处理委托事务。委托只涉及委托人与受托人之间的法律关系，不涉及第三人，而代理则涉及代理人、被代理人及第三人三方的法律关系。委托是产生一切委托事务的基础，如代理、行纪、居间等均由委托而产生。委托合同是一种基础合同，法律应予专门规定。合同法基本采纳了后一种观点，侧重解决委托人和受托人之间的权利义务问题。在民法典的编纂过程中，各方对这一问题没有争议，故本条没有作出修改。依据本法第 925 条和第 926 条的规定可知，受托人也可以以自己的名义处理委托事务。

四、处理委托事务是受托人的主要合同义务

根据委托合同的定义，受托人要按照约定处理委托事务，这是受托人的主要义务。委托人和受托人应当在合同中明确约定委托事项，委托人还应当就委托事务中需要注意的问题向受托人告知说明。受托人在处理委托事务的过程中，也有很多需要尽到的义务。例如，受托人应当按照合同约定和委托人的指示处理委托事务，需要变更委托人指示的，应当经委托人同意。受托人应当亲自处理委托事务，须经委托人同意才可以进行转委托，不得擅自将委托事务转委托给第三人。受托人应当按照委托人的要求报告委托事务的处理情况，在委托合同终止时向委托人报告委托事务的结果。受托人处理委托事务取得的财产，应当转交给委托人。受托人处理委托事务不得超越权限，超越权限造成委托人损失的应当进行赔偿。受托人在处理委托事务过程中，还应当尽到一定的注意义务，例如在需要变更委托人指示，又因情况紧急难以和委托人取得联系的，应当妥善处理委托事务，事后再将该情况及时向委托人报告。

第九百二十条　委托人可以特别委托受托人处理一项或者数项事务，也可以概括委托受托人处理一切事务。

条文主旨

本条是关于委托权限的规定。

立法背景

受托人在处理委托事务时，应以委托人指示的委托事务范围为准。以受托人处理委托事务的范围为标准把委托划分为两大类，即特别委托和概括委托，前者是指仅将一项或者数项事务委托给受托人，后者则指将所有事务一并委托给受托人来处理。

区分特别委托与概括委托的意义在于，使受托人能够明确自己可以从事哪些活动，也使第三人知道受托人的身份和权限，使之有目的、有选择地订立民事合同，以防止因委托权限不明确而引起不必要的纠纷。如果发生了纠纷，也便于根据委托权限确定当事人之间的责任。委托人可以根据自己的需要选择特别委托还是概括委托。委托人选择特别委托来委托他人处理一项或者数项事务，更有针对性，也可以防止受托人权限过大而损害自己的利益。委托人也可以选择概括委托他人处理其一切事务。

条文解读

本条规定委托包括特别委托和概括委托。

特别委托是指双方当事人约定受托人为委托人处理一项或者数项事务的委托。特别委托一般有以下几种情况：（1）不动产出售、出租或者就不动产设定抵押权。（2）赠与。由于赠与属于无偿行为，所以需要有委托人的特别授权。（3）和解。在发生纠纷后，有关人员在处理问题时需要双方当事人彼此作出一定的妥协与让步，以终止争执或者防止争执的扩大，它包括民法上的和解或者诉讼法上的和解，还有破产法上的和解。（4）诉讼。当事人就有关事宜向法院提起诉讼，请求法院依照法定程序进行审判的行为。（5）仲裁。仲裁是指当事人发生争执时，不诉请法院判决，而是提请仲裁机构裁判，其效力同法院的判决一样。受托人接受特别委托时，对于委托事务的处理，可以采取一切为维护委托人的合法权益而必要的合法行为。

概括委托是指双方当事人约定受托人为委托人处理某个方面或者范围内的一切事务的合同。例如，委托人委托受托人处理其买卖业务或租赁业务的所有事宜，即概括委托。

第九百二十一条 委托人应当预付处理委托事务的费用。受托人为处理委托事务垫付的必要费用，委托人应当偿还该费用并支付利息。

条文主旨

本条是关于委托人应当预付费用及偿还费用、支付利息的规定。

立法背景

受托人在处理事务的过程中往往需要花费一定的费用，如交通费、通讯费等，无论委托合同是否有偿，委托人都有义务事先提供处理委托事务的费用和补偿受托人为处理委托事务所垫付的必要费用。

条文解读

委托人要么先预付处理委托事务的费用，要么在受托人垫付有关费用后再予以偿还费用及利息，也就是说，如果没有特别约定，委托人负有支付处理委托事务之费用的义务。而且，不论委托事务是否完成，因处理委托事务而支出的费用，委托人都应当支付。各国立法都规定了委托人负有承担委托有关费用的义务。

1. 委托人预付费用的义务。由于委托合同的特点是受托人用委托人的费用处理委托事务，因此，受托人对于费用没有垫付的义务，预付费用可以说是委托人的义务。受托人处理委托事务，如委托律师向法院提起诉讼，就应当先预付诉讼费。因为费用是为了委托人的利益而需要支出的，它与合同约定的报酬不是一个概念。如果委托人未预付处理委托事务的费用，受托人要先垫付相关费用，当委托人无力偿还这些费用时，受托人的利益可能难以得到保障。比较法上，一些国家和地区也规定了委托人负有预付有关费用的义务，但是一般规定委托人的预付基于受托人的请求。例如，《德国民法典》第669条规定："就对于执行委托为必要的费用，委托人必须根据请求向受委托人给予预付款。"《日本民法典》第649条规定："处理委任事务需要费用时，委托人须根据受任人的请求，预先支付。"我国台湾地区"民法"第545条也规定："委任人因受任人之请求，应预付处理委任事务之必要费用。"

对于委托人支付的预付款，如果委托事务处理完毕，尚有剩余，受托人应当返还给委托人。当然，如果委托人预付的费用不足以用于处理委托事务时，应当向受托人补足，受托人有权向委托人主张不足的费用。

2. 委托人偿还受托人支出必要费用的义务。由于受托人处理委托事务应当由委托人事先预付费用，受托人就没有垫付费用的义务，当然受托人可以自愿为委托人垫付相关费用，或者在委托人预付的费用不足以处理委托事务时先垫付不足的部分。如果受托人垫付了，则有请求偿还的权利，即受托人为处理委托事务所垫付的费用，委托人应当偿还。在实践中，还应当把委托人支付报酬与偿还处理委托事务所应负担的费用相区别。偿还处理委托事务的费用不是对价关系，与受托人履行处理委托事务的义务不构成对待给付。所谓必要费用，是指完成委托事务必须支付的费用，如差旅费用以及有关财产的运输费、仓储费、交通费、邮费等。受托人处理事务所支出的费用，不仅会有金钱支出，有时也会有物的消耗。至于判断费用的支出是否必要，应当依据所委托事务的性质及处理时的具体情况来定。何为“必要”，其标准是什么，我们认为应从以下三个方面考虑：其一，直接性原则。受托人支出的费用应与所处理的事务有直接联系。其二，有益性原则。受托人支出的必要费用应有利于委托人，目的是让委托人受益。其三，经济性原则。受托人在直接支出费用时，应尽善良管理人的义务，采用尽量节约、适当的方法处理事务。也就是说，必须是客观上确有必要，才可以请求偿还，以防其滥用。不能以受托人主观上是否认为支出为必要为标准，而应以受托人实施行为时的客观状态作为标准。

对于委托人偿还受托人垫付费用的义务，比较法上也多有规定。例如，《法国民法典》第1999条规定，委托人应当偿还受委托人（代理人）为履行委托而垫付的款项和支出的费用。《德国民法典》第670条规定，受委托人以执行委托为目的而支出其得依情势认为必要的费用的，委托人负有偿还的义务。

3. 委托人偿还利息的义务。偿还费用还应包括自受托人暂付费用之日起的利息。如果双方当事人在订立合同时对利率有约定的，事后就应按其约定，如果对利率没有约定或者约定的不明确时，就应当依照法定利率计算。例如，甲因出国数年将自己的房屋委托乙看管并出租。数年后甲回国，乙应将房屋及其历年的房屋出租费交付给甲，但甲应当将乙为管理该房屋支出的维修等必要费用，连同自乙支付时起的利息，偿还给乙。对于委托人偿还利息的理论基础，学界主要有两种观点：一种是借款说，认为受托人垫付的必要费用相当于委托人向受托人的借款，因此委托人应当返还借款的本金及利息。另一种是不当得利说，认为受托人垫付的费用对于委托人来说属于不当得利，委托人不仅需要返还受托人垫付的费用，还需要返还相应的利息。不论基于何种理论，委托人偿还的范围，应当包括相应的利息。因为该费用本应由委托人预付，而受托人为委托人的利益先行垫付，受托人为此将损失垫付费用可以产生的利息，对此委托人应当予以补偿。委托人应偿还受托人垫付费用之利息，得到世界各国和地区的普遍认可，很多立法例都作出了相同规定，如《法国民法典》第2001条、《日本民法典》第650条、《意大利民法典》第1720条、《西班牙民法典》第1728条以及我国台湾地区“民法”第546条等。

第九百二十二条　受托人应当按照委托人的指示处理委托事务。需要变更委托人指示的，应当经委托人同意；因情况紧急，难以和委托人取得联系的，受托人应当妥善处理委托事务，但是事后应当将该情况及时报告委托人。

条文主旨

本条是关于受托人应当按照委托人的指示处理委托事务的规定。

立法背景

受托人按照委托人的指示处理委托事务，这是受托人首要的义务。委托合同是受托人接受委托人的委托而订立的，因此，受托人应当一丝不苟地按照委托人的指示，在委托人授权的范围内认真维护委托人的合法权益，想方设法完成委托事务。

条文解读

委托人的指示主要是委托人就委托事务的处理方式方法或者欲达到的效果等提出的具体要求。委托合同订立的目的是实现委托人的利益，委托人选择受托人是基于对受托人的信任。在委托事务的处理过程中，具体应当如何处理，取得何种结果才最符合委托人的利益，委托人有权决定，自然也有权对受托人发出相关指示。例如委托人委托受托人销售家电，有权指示受托人以特定的价格出售家电。受托人原则上不得变更委托人的指示，如果受托人在处理委托事务的过程中，因客观情况发生变化，为了维护委托人的利益而需要变更委托人的指示时，法律规定应当经委托人同意。这样可以防止受托人得到授权后任意行事，损害委托人的利益。如委托人指示受托人以特定价格出售家电的，受托人不得擅自改变商品价格。如果该类家电的市场价格出现上涨或者下跌，受托人不能擅自做主进行涨价或降价出售，需经委托人的同意才可以为之。即使受托人认为委托人的指示明显不符合委托人之利益，原则上亦不得未经委托人同意而擅自变更委托人的指示。例如甲委托乙销售电视机，指示乙以每台800元的价格出售某型号电视机，乙在销售过程中发现该电视机进价为900元，市场价格在1000元以上，也就是委托人销售该电视机将出现亏损。此时乙不得擅自提高该型号电视机的价格，应当向委托人报告并经委托人同意方可涨价销售。因为委托人决定以低于市场价甚至低于进价的价格销售该型号电视机，可能有别的考虑，例如做促销活动以招揽更多顾客，清理库存，或者该型号的电视机即将被新的型号淘汰而进行降价处理等，受托人不能随意变更委托人所指示的价格进行销售。

受托人只有在具备以下条件的情况下才可以不按这些指示行事：(1) 因情况紧急，需要立即采取新的措施；(2) 由于客观上的原因，难以和委托人取得联系；(3) 依据情况这样做是为了委托人的利益所必需。例如，甲委托乙为其出售股票，明确指示了某日以后再抛出，但突然股票价格骤跌，如果等到甲指示的某日再出售，股票价格将低落不堪，而甲又外出办事，短时间难以取得联系。在这种情况下，乙推定如果甲知道此情况，也会变更其指示，则乙就有变更指示的权利，应当机立断地进行妥善处理。如果受托人在不应该变更指示的时候变更了，就应当负赔偿责任。再如，甲在市场售卖鲜活鱼虾，因临时有事委托旁边摊位卖菜的商户乙进行售卖，并指示乙以特定价格出售。乙发现很多鱼虾已奄奄一息，若不降价促销，将导致大量鱼虾死亡，给甲造成重大损失，而此时又难以和甲取得联系，乙如果推定这种情况下甲会采取降价的方式进行促销，则可以立即采取降价方式将鱼虾出售，以将委托人甲的损失降到最低限度，事后应当将该情况及时向甲报告。受托人乙在紧急情况下，为了委托人甲的利益采取了降价措施出售鱼虾，无须承担变更委托人指示的责任。在紧急情况下，受托人难以和委托人取得联系，为了委托人的利益，立即采取妥善处理委托事务的相应措施的，事后也应当及时向委托人报告相关情况。

其他国家和地区对此也有规定，在特殊情况之下，受托人可以视情况变更委托人的指示。如《德国民法典》第665条规定："受托人受委托人的指示处理委托事务时，依情形认为委托人如知其情事亦能允许变更其指示者，得违反委托人的指示。如果延缓不会引起危险，则受托人必须在变更指示前通知委托人，并等待委托人的决定。”我国台湾地区“民法”第536条亦规定：“受任人非有急迫之情事，并可推定委任人若知有此情事亦允许变更其指示者，不得变更委任人之指示。”

如果委托人对于如何执行委托事务没有指示，受托人又当如何处理？一般认为，受托人应当尽到谨慎处理的义务，或者尽到善良管理人的义务，根据具体情况进行判断，如委托事务的性质，委托为有偿或者无偿，受托人是否为专门处理委托事务之营业者等。对此，其他国家和地区的立法可资借鉴，如《意大利民法典》第1719条规定，委托人无指示的，受托人应依事情的性质如同自己的事务谨慎行为。

第九百二十三条　受托人应当亲自处理委托事务。经委托人同意，受托人可以转委托。转委托经同意或者追认的，委托人可以就委托事务直接指示转委托的第三人，受托人仅就第三人的选任及其对第三人的指示承担责任。转委托未经同意或者追认的，受托人应当对转委托的第三人的行为承担责任；但是，在紧急情况下受托人为了维护委托人的利益需要转委托第三人的除外。

条文主旨

本条是关于受托人有义务亲自处理委托事务的规定。

立法背景

委托合同的订立和履行是以当事人双方之间的相互信任为基础，委托人选择受托人是以对其能力（业务能力、专门知识等）和信誉的信赖为前提，该合同的订立，既体现了委托人对于受托人的办事能力和信誉的信任，也表明受托人了解委托人和愿意为其办理委托事务的意志。这种彼此信任是委托合同赖以订立和存续的基础。

条文解读

受托人往往具有处理委托事务所需要的能力，或者有一定的资质要求，尤其是受托人为从事某方面事务的专业人士时，更需要受托人亲自处理委托事务。若受托人擅自转委托给第三人，第三人可能并不具有处理委托事务的相应资质或者能力，从而导致委托事务不能完成或者影响委托事务的完成质量、效果，损害委托人的利益。例如，当事人甲了解到律师乙是婚姻家庭法方面的博士，具有扎实的婚姻家庭法知识，且从事了二十年的离婚诉讼案件代理工作，具有丰富的实践经验，于是委托乙作为其离婚诉讼的代理人，并支付了高额的律师费，这种情况下乙不能擅自将该案件转委托给刚拿到律师执业证入所的年轻律师丙，否则将可能损害委托人甲的利益。因此，委托合同强调当事人的人身属性。这就要求受托人应当亲自办理委托事务，不得擅自将自己受托的事务转托他人处理。

但是在特殊情况下受托人还是可以进行转委托的，如受托人经过委托人的同意转委托，或者在紧急情况下，为了维护委托人的利益而进行转委托。实践中，受托人可能由于各种情况的变化，或者发现自己缺乏处理委托事务的能力，不能完成委托事务，此时，为了保护委托人的利益，经过委托人的同意，将委托事务转委托给合适的第三人来处理，也不失为一个好的选择。例如，当事人甲委托律师乙代理某一个案件，而乙因为家中老父亲病逝，要回老家，不能继续代理该案件，遂和甲商议将该案件转委托给在这方面案件具有丰富经验的律师丙，甲同意后，由丙继续接手处理该案件，如此便可以较好地维护甲的利益。

比较法上，各国法律一般也要求受托人亲自处理委托事务，只有经过委托人允许或者在特定情况下，受托人才能将委托事务转委托给他人处理。例如《日本民法典》第 644 条之 2 第 1 款规定，受任人非经委托人许可或者非有不得已的事由，不得选任复受任人。《德国民法典》第 644 条也规定了受托人仅得在委托人允许时可以转委托。

本法对于转委托的情况作了如下规定：第一，转委托须事先取得委托人的同意。法律上之所以不允许任意转委托，是为了防止损害委托人的利益。但如果委托人同意转委托，则法律就没有禁止的必要，因为合同是以双方当事人自愿为原则，当事人意思表示一致，受托人才可以再委托第三人代为处理委托事务。委托人同意转委托，是基于其认为转委托是符合其利益才作出的决定，对于委托事务的处理自然是有利的。委托人对于转委托的同意也包括追认，追认具有与事先同意一样的法律效果。第二，在紧急情况下受托人为了维护委托人的利益，也可以进行转委托。例如，受托人临时患急病，不能前去处理，又不能及时与委托人取得联系，由于情况紧急，如果不立即转委托第三人代为处理，就会使委托人受到很大的损失。

受托人将委托事务转委托是否经过委托人的同意或者追认，其法律效果以及受托人所负担的义务和承担的责任是不一样的。转委托经委托人同意或者追认的，委托人可以就委托事务直接指示转委托的第三人，受托人只要就第三人的选任及其对第三人的指示承担责任。也就是说，委托人可以越过受托人，直接对接受转委托的第三人（学理上又称为“次受托人”）下达指示。受托人如果在选任接受转委托的第三人上没有过错，选择了具有处理委托事务相应能力的第三人，且对第三人的指示也都是恰当合适的，那么受托人对第三人的行为造成委托人的损失，不承担赔偿责任。例如，甲委托乙购买一台滚筒洗衣机，乙经过甲同意转委托给丙，如果乙向丙指示购买一台涡轮洗衣机，则需要就该不当指示向甲承担责任；如果乙向丙指示购买一台滚筒洗衣机，而丙未听从乙的指示购买了一台涡轮洗衣机，则乙对于丙不听从其指示的行为不承担责任。

转委托未经委托人同意或者追认的，受托人应当对转委托的第三人的行为承担责任。也就是说，如果转委托未经同意或者追认，尽管受托人就转委托的第三人之选任，以及对第三人下达的指示，都是合理恰当的，也要对第三人的所有行为负责。例如上述案例中，若乙未经甲同意或者追认，将委托事务转委托给丙，那么不论乙对丙作出何种指示，只要因丙的行为未完成委托事务，如丙购买了涡轮洗衣机，乙都要对丙的行为向甲承担责任，赔偿甲的损失。但是有一种例外情况，即在紧急情况下，受托人为了委托人的利益而进行的转委托。需要注意的是，这种情况下，受托人可以不经委托人同意而转委托，但是仍然要对转委托的第三人之选任，以及对第三人的指示向委托人负责，如果因选任或者指示不当造成委托人损失的，依然要承担相应的责任。

第九百二十四条 **受托人应当按照委托人的要求，报告委托事务的处理情况。委托合同终止时，受托人应当报告委托事务的结果。**

条文主旨

本条是关于受托人负有报告义务的规定。

立法背景

委托合同是委托人委托受托人处理委托事务的合同，受托人处理委托事务是为了委托人的利益，因此委托人有权了解委托事务的处理情况，而受托人则负有向委托人报告有关事项的义务。

条文解读

受托人在办理委托事务的过程中，应当根据委托人的要求，向委托人报告事务处理的进展情况、存在的问题和应对措施等，以使委托人及时了解事务的状况。如果委托合同约定了报告的时间，则受托人应按时进行报告。受托人在办理委托事务的过程中向委托人报告处理情况，委托人才能了解委托事务的具体情况，并根据最新的具体情况调整原来的指示，作出新的指示。

委托合同终止，不论委托事务是否完成，委托合同的目的是否实现，委托人都有权全面了解有关委托合同的所有情况，不论委托人是否提出受托人进行报告的要求，受托人都负有报告的义务。委托合同终止时，受托人应向委托人全面报告办理委托事务的经过和结果，如处理委托事务的始末、各种账目、收支计算等，并要提交必要的书面材料和证明文件。

对此问题，各国的规定各有不同。《法国民法典》第 1993 条规定，“受托人应将处理的事务向委托人报告”。《瑞士债务法》第 400 条和《日本民法典》第 645 条规定，只在委托人请求报告时，受托人才有报告的义务。《德国民法典》第666条规定，除在委托人请求报告时受托人有报告义务外，在受托人自己认为有必要报告及在合同终止时，均有报告的义务。

第九百二十五条　受托人以自己的名义，在委托人的授权范围内与第三人订立的合同，第三人在订立合同时知道受托人与委托人之间的代理关系的，该合同直接约束委托人和第三人；但是，有确切证据证明该合同只约束受托人和第三人的除外。

条文主旨

本条是关于受托人以自己的名义和第三人订立合同，第三人知道代理关系的，该合同直接约束委托人与第三人的规定。

立法背景

代理，是指代理人在代理权限内，以被代理人的名义实施民事法律行为的行为，代理人的代理行为直接对被代理人发生效力。代理与委托合同关系十分密切，主要表现在：一方面，代理包括委托代理和法定代理。委托代理人按照被代理人的委托行使代理权，法定代理人依照法律的规定行使代理权。在委托代理中，被代理人常常通过委托合同授予代理人以代理权。通过委托合同，当事人之间可以形成代理关系、行纪关系等，实现民事主体假手他人以从事民事活动。也就是说，委托合同是基础合同，委托合同可以产生代理关系。本法第173条规定，被代理人取消代理或者代理人辞去委托，则委托代理关系终止。委托合同还可以产生行纪关系。属于大陆法系的有的国家或者地区，一般在民法的债编中对行纪合同作出规定，行纪人接受委托后以自己的名义从事活动，活动的直接后果由行纪人承担，并按照行纪合同解决行纪人与委托人之间的权利义务问题。另一方面，在代理中，代理人在代理权限范围内，以被代理人的名义从事行为，由此产生的法律效果，直接由被代理人承担。而在委托合同中，受托人根据委托人的授权，与第三人进行的民事活动，其后果最终也是由委托人承担。从这个角度上看，代理人和受托人都只是扮演了中间人的角色。根据本条规定，如果受托人以自己的名义，在委托人的授权范围内与第三人订立合同，第三人在订立合同时知道受托人与委托人的代理关系的，则该委托合同直接约束委托人和第三人。根据本法第926条的规定，受托人以自己的名义与第三人订立合同，第三人不知道受托人与委托人之间的代理关系，受托人因第三人的原因不履行义务的，委托人可以行使介入权，即行使受托人对第三人的权利；或者受托人因委托人的原因不履行义务，第三人可以选择委托人作为相对人，直接向委托人主张其权利。受托人以自己名义处理委托事务，在这些情况下，和直接代理产生的效果是一样的。

虽然委托合同和代理关系密切，但是两者之间还是存在一定的区别。在区分代理和委托的国家，如大陆法系的一些国家，有关代理的规定一般是在民法总则中作出的，而委托合同则往往规定在民法债编或者商法中。本法总则编中的第七章是关于代理的规定，包括委托代理和法定代理，该章仅规定了学说上的直接代理即显名代理。有的观点认为，本条和本法第926条的规定设立了间接代理。代理和委托合同的区别主要体现在以下几个方面：第一，委托只涉及委托人与受托人之间的法律关系，不涉及第三人；代理则涉及代理人、被代理人及第三人三方的法律关系。委托是产生一切委托事务的基础，如代理、行纪、居间等均由委托而产生。委托合同是代理关系发生的一种基础合同，但是并不等同于代理关系。第二，代理包括委托代理和法定代理。代理权的产生可以基于当事人约定，也可以基于法律的规定。委托合同是一基础合同，委托合同可以产生代理关系。但是代理关系的产生，除了基于委托合同外，还可以基于劳动合同、合伙合同、身份关系等。简单地说，委托合同并不必然产生代理关系，代理关系的产生也不一定基于委托合同。第三，在代理关系中，代理人须以被代理人的名义处理代理事务，否则不构成直接代理。而委托合同的受托人，既可以以委托人的名义，也可以以自己的名义处理委托事务。受托人无论是以委托人还是自己的名义处理委托事务，均不影响委托合同的性质。另外，有的学者认为，代理和委托合同还有一个区别在于代理事务和委托事务的范围不同。根据本法第161条的规定，代理的范围限于民事法律行为，即民事主体通过意思表示设立、变更、终止民事法律关系的行为。而委托合同中的委托人委托受托人处理的事务，既可以是民事法律行为，也可以是事实行为。

行纪合同的有关规定可以适用经济贸易中的特殊情况，但不能适用受托人以自己的名义从事活动的所有情况。英美法系有关间接代理的规定，以及大陆法系有关商事代理的规定，都允许在一定的条件下，受托人以自己的名义从事的活动，其活动后果直接由委托人承担。我国在对外开放过程中，因外贸经营权以及其他原因，也出现受托人以自己的名义从事贸易代理活动的情况。根据代理制度的原理，适应经济贸易中有关代理的不同要求，兼顾委托人、受托人以及第三人的合法权益，我国合同法借鉴国际货物销售代理公约等有关规定，对间接代理以及委托人的介入权、第三人的选择权作出了规定。民法典沿袭了合同法的规定。

条文解读

依照本条的规定，在下列条件下，受托人以自己的名义与第三人订立的合同，该合同不是直接约束受托人和第三人，而是直接约束委托人和第三人：第一，委托人和受托人之间应当存在代理关系，这是前提。从代理的角度看，受托人是委托人的代理人，则受托人基于代理权与第三人订立的合同，法律效果直接由委托人承担。第二，受托人与第三人订立合同，必须在委托人的授权范围内。例如，甲委托乙购买 100 台洗衣机，丙亦知晓此事，尽管丙知道甲和乙之间存在代理关系，但是如果乙向丙购买 100 台电视机，并表示其受甲之委托购买该批电视机，丙与乙订立电视机的买卖合同，因为超越了乙的代理权限，而不能直接约束甲和丙。第三，第三人清楚地知道受托人与委托人之间的代理关系，也就是说第三人知道受托人是委托人的代理人，也知道委托人即被代理人具体是谁。这是受托人与第三人订立的合同可以产生直接约束委托人与第三人之法律效力、突破合同相对性原则的关键。本法第 465 条第 2 款规定："依法成立的合同，仅对当事人具有法律约束力，但是法律另有规定的除外。"第三人知道委托人与受托人之代理关系，仍然选择与受托人订立合同，表明其实际上亦认可与委托人缔约。第四，"第三人知道"应当以订立合同时间为准，即第三人是在订立合同时就知道受托人与委托人之间的代理关系，如果是订立合同的当时不知道，而是事后知道，不适用本条的规定。例如，甲委托乙向丙购买100台洗衣机，乙在和丙签订的合同中已注明“乙受甲之委托购买100台洗衣机”，则丙在订立合同时就知道了委托人和受托人之间的代理关系。在订立合同时，第三人就知道委托人与受托人之间的代理关系，表明其实际上接受了以委托人为合同相对人，而不是受托人，所以第三人与受托人签订的合同才能直接约束委托人和第三人。第五，如果有确切证据证明该合同只约束受托人与第三人的，则不能适用本条的一般规定。这里讲的有证据证明该合同只约束受托人与第三人的情形，主要有以下几种：受托人与第三人明确约定该合同只约束第三人与受托人，不涉及其他人；受托人与第三人虽未明确约定该合同只约束受托人与第三人，但是根据合同解释规则明显可以得到这种结论；有交易习惯表明该合同只约束受托人与第三人，如行纪合同；有证据证明如果委托人作为该合同的当事人，第三人就不会订立该合同等。

本条规定的“该合同直接约束委托人和第三人”，主要是指委托人介入受托人与第三人的合同关系，取代受托人在该合同中的地位，委托人可以直接向第三人行使（受托人对第三人的）权利，第三人也可以直接向委托人行使（第三人对受托人的）权利。

第九百二十六条　受托人以自己的名义与第三人订立合同时，第三人不知道受托人与委托人之间的代理关系的，受托人因第三人的原因对委托人不履行义务，受托人应当向委托人披露第三人，委托人因此可以行使受托人对第三人的权利。但是，第三人与受托人订立合同

时如果知道该委托人就不会订立合同的除外。

受托人因委托人的原因对第三人不履行义务，受托人应当向第三人披露委托人，第三人因此可以选择受托人或者委托人作为相对人主张其权利，但是第三人不得变更选定的相对人。

委托人行使受托人对第三人的权利的，第三人可以向委托人主张其对受托人的抗辩。第三人选定委托人作为其相对人的，委托人可以向第三人主张其对受托人的抗辩以及受托人对第三人的抗辩。

条文主旨

本条是关于委托人的介入权、第三人的选择权的规定。

立法背景

受托人以自己的名义与第三人订立合同，第三人可能知道受托人与委托人之间存在代理关系，也有可能不知道该关系。受托人因第三人的原因对委托人不履行义务时，委托人可以行使介入权；受托人因委托人的原因对第三人不履行义务时，第三人可以行使选择权。

条文解读

委托人的介入权指的是在受托人与第三人的合同关系中，委托人取代受托人的地位，介入原本是受托人与第三人的合同关系中。委托人行使介入权的条件是：第一，受托人以自己的名义与第三人订立合同。如果受托人以委托人的名义与第三人订立合同，则该合同本来就直接约束委托人与第三人，不适用本条规定。第二，第三人不知道受托人与委托人之间的代理关系，也就是说受托人与第三人是该合同的当事人，该合同对受托人与第三人具有约束力。如果第三人知道受托人与委托人之间的代理关系，则适用本法第925条的规定，合同可以直接约束委托人和第三人。第三，当第三人不履行合同义务，导致受托人也不能履行完成委托事务的义务，间接影响到委托人的利益时，受托人应当向委托人披露第三人，此时，受托人违约的原因是第三人不按约定履行义务。如果是因为受托人自身的原因对委托人不履行义务，则委托人只能向受托人主张权利，而不能向第三人主张。第四，因受托人的披露，委托人可以行使介入权。委托人行使介入权的，应当通知受托人与第三人。第三人接到通知后，除第三人与受托人订立合同时如果知道该委托人就不会订立合同的以外，委托人取代受托人的地位，该合同对委托人与第三人具有约束力。实践中，可能存在第三人与受托人订立合同时如果知道该委托人就不会订立合同的情况，例如，甲与丙一直关系交恶，甲明知丙不会和自己订立合同，遂委托乙与丙订立合同，并叮嘱乙不告知丙他们之间存在代理关系。如果乙因为丙的原因对甲不履行义务，向甲披露第三人为丙（事实上甲已知道该第三人）且因丙的原因导致其不履行义务，此时甲也不能行使乙对丙的权利，因为甲和丙心里都很清楚，如果丙与乙订立合同时，知道甲为乙的委托人，则不会与乙订立该合同。另外，因受托人的披露，委托人也可以选择不行使介入权，仍然由受托人处理因第三人违约而产生的问题，此时，委托人只能向受托人主张权利，而不能直接向第三人主张权利。

第三人的选择权指的是在受托人与第三人的合同关系中，

因委托人的原因造成受托人不履行义务，受托人应当向第三人披露委托人，第三人因此可以选择受托人或者委托人作为相对人主张其权利，即第三人可以选择请求委托人承担违约责任，也可以请求仍然由受托人承担违约责任。但第三人只能选择其一，而且选定后不得变更。第三人行使选择权的条件有：第一，受托人以自己的名义与第三人订立合同。第二，第三人不知道受托人与委托人之间的代理关系。第三，受托人对第三人不履行合同义务，是基于委托人的原因，此时受托人应当向第三人披露委托人。如果是因为受托人自身的原因对第三人不履行义务，则第三人只能向受托人主张权利，而不能向委托人主张权利。第四，受托人向第三人披露后，第三人可以行使选择权。如果受托人不向第三人披露委托人，第三人只能向受托人主张其权利。受托人披露委托人后，第三人作出选择的，应当作出明确表示，并通知受托人与委托人。第三人既可以选择向受托人主张权利，也可以选择向委托人主张权利，但是二者只能选其一，选定后被选择的委托人或者受托人就是第三人的相对人，第三人不得变更，即使该相对人无力承担责任，第三人亦不得变更其选择。

法律规定委托人的介入权、第三人的选择权，有利于更好地保护委托人或者第三人的合法权益，有利于解决因代理产生的合同纠纷，有利于贸易代理制度更好地为经济建设服务，但委托人的介入权、第三人的选择权是有条件的，不能滥用。

委托人行使介入权或者第三人行使选择权后，权利义务的相对人发生变化，也就会产生相应的法律效果。委托人行使介入权的，委托人取代受托人的地位，成为第三人的相对人，产生的效果除了委托人可以行使受托人对第三人的权利外，第三人自然也可以向委托人主张其对受托人的抗辩。第三人行使选择权，选择委托人作为其相对人的，委托人取代受托人的地位，则第三人可以向委托人主张权利，而委托人也可以向第三人主张其对受托人的抗辩以及受托人对第三人的抗辩。委托人对受托人的抗辩权，是基于双方之间的委托合同；受托人对第三人的抗辩，是基于受托人与第三人之间的合同关系。

第九百二十七条　受托人处理委托事务取得的财产，应当转交给委托人。

条文主旨

本条是关于受托人转移利益的规定。

立法背景

受托人在处理委托事务过程中，可能会取得一定的财产，但其并非该财产的所有权人。因委托事务取得的财产所有权属于委托人，受托人应当将其转交给委托人。

条文解读

受托人应当将自己因处理委托事务而取得的各种利益及时转交给委托人，这是受托人的义务。这里所说的“取得的财产”，包括取得的金钱、实物、金钱与实物所生的孳息，以及其他财产权利。例如，受托人因出售委托人的物品而取得的价金，或为委托人出租房屋所取得的租金等。因为受托人在处理委托事务的过程中，不论是否以自己的名义从事活动，所取得财产的权利人都是委托人，受托人应当将该财产转交给委托人。受托人转移利益的义务，不仅适用于受托人，还适用于转委托的第三人。从比较法上来看，各个国家和地区的法律一般都规定了受托人负有向委托人转交财产及相关权益的义务。例如，《法国民法典》第1993条规定："任何受委托人（代理人），均应向委托人报告其管理的情况以及将其依据委托而受领之一切交给委托人，即使其受领之物并不属于委托人，亦同。"《德国民法典》第667条规定："受托人有义务将其为了执行委托而获得的一切和因处理事务而取得的一切，返还给委托人。"《日本民法典》第646条规定："受任人处理委托事务时收取的金钱及其他物，须交付委托人。其收取的孳息亦同。受任人以自己的名义为委托人取得的权利，须转移于委托人。"我国台湾地区"民法"第541条规定："受任人因处理委任事务，所收取之金钱、物品及孳息，应交付于委任人。受任人以自己之名义，为委任人取得之权利，应移转于委任人。"

第九百二十八条　受托人完成委托事务的，委托人应当按照约定向其支付报酬。

因不可归责于受托人的事由，委托合同解除或者委托事务不能完成的，委托人应当向受托人支付相应的报酬。当事人另有约定的，按照其约定。

条文主旨

本条是关于委托人支付报酬的规定。

立法背景

委托合同可以是有偿合同，也可以是无偿合同。如果当事人在合同中约定了处理委托事务的报酬，在委托事务完成后，委托人应当按照约定向受托人支付报酬。即使委托合同中并没有约定报酬，但依据习惯或者依据委托事务的性质应该由委托人给付报酬的，委托人仍然有支付受托人报酬的义务。

条文解读

在有偿委托中，按照约定向受托人支付报酬，是委托人的主要义务。在所有关于有偿合同的立法例中，委托人都负有此种义务。例如《法国民法典》第 1999 条第 1 款规定，委托人在约定向受委托人（代理人）支付报酬时，应当支付报酬。

一般处理事务完毕，委托关系才终止。但在委托事务未全部完毕之前合同提前终止的情况也很多，可能是委托人的原因，也可能是受托人的原因，还有可能是不可抗力等不可归责于任何一方的原因。因不可归责于受托人的事由导致委托合同解除或者委托事务不能完成，其原因主要有以下两个方面：第一，是因委托人的原因，如委托人有本法第 563 条规定的情形，受托人依法解除合同的；或者委托人不给付处理事务的费用，致使事务无法进行的。第二，由于客观原因，如发生不可抗力，或者委托人死亡、破产，委托合同终止的，或者受托人死亡、丧失行为能力无法使委托事务完成的等。

上述事由都不是因受托人的过错造成的，不能归责于受托人，委托人应当履行向受托人支付报酬的义务。委托关系提前终止时委托人是否还要给付全部报酬，各个国家和地区对此有不同的规定。例如根据《法国民法典》第 1999 条第 2 款的规定，如果没有可归责于受委托人的过错，即使委托的事务未获成功，也不得免除委托人支付报酬的义务，且委托人不得减少应当支付的数额。我国台湾地区“民法”第548条规定，委任关系因非可归责于受任人之事由，于事务处理未完毕前已终止者，受任人得就其已处理之部分，请求报酬。本条第2款规定，“因不可归责于受托人的事由，委托合同解除或者委托事务不能完成的，委托人应当向受托人支付相应的报酬”。根据该规定，在这种情况下，委托人并不需要向受托人支付约定的所有报酬，而只需支付“相应的报酬”，具体来说就是根据受托人处理委托事务所付出的工作时间的长短或者所处理事务的大小及完成情况，向受托人支付相应的报酬。不过上述规定是任意性规定，当事人可以另行约定这种情况下受托人的报酬请求权，如当事人可以约定，因不可归责于受托人的原因，委托合同解除或者委托事务不能完成的，委托人依然要向受托人支付事先约定的所有报酬。但是，如果是因可归责于受托人的原因导致委托合同解除或者委托事务不能完成的，受托人可能丧失报酬请求权。因此造成委托人损失的，受托人甚至还可能要承担相应的赔偿责任。

第九百二十九条　有偿的委托合同，因受托人的过错造成委托人损失的，委托人可以请求赔偿损失。无偿的委托合同，因受托人的故意或者重大过失造成委托人损失的，委托人可以请求赔偿损失。

受托人超越权限造成委托人损失的，应当赔偿损失。

条文主旨

本条是关于受托人过错导致委托人损失的责任的规定。

立法背景

受托人在处理委托事务的过程中，要尽到必要的注意义务，否则可能需要承担相应的责任。受托人的注意义务，还因委托合同是有偿还是无偿而有所不同。在无偿委托合同中，受托人仅负有一般的注意义务。而在有偿合同中，受托人可以从委托人处获取一定的报酬，按照权利义务对等原则，其所负有的注意义务要比一般注意义务高，有的学者认为有偿合同的受托人应尽到善良管理人的义务。对有偿委托和无偿委托中受托人注意义务的区分，类似于有偿保管和无偿保管中保管人的注意义务。从比较法上看，有一些国家或者地区的法律都规定有偿委托的受托人注意义务高于无偿委托的受托人，如《法国民法典》第1192条规定："受委托人（代理人）不仅应对其欺诈行为承担责任，而且应对其在管理中的过错负责。但是，涉及过错引起的责任时，无偿委托的受委托人（代理人）的责任，轻于收受薪金的受委托人（代理人）的责任。"但是，也有立法例对受托人的赔偿责任不区分有偿委托和无偿委托，如我国台湾地区"民法"第544条规定："受任人因处理委任事务有过失，或因逾越权限之行为所生之损害，对于委任人应负赔偿之责。"

条文解读

在有偿的委托合同中，受托人负有较高的注意义务，受托人在处理委托事务时只要有过错，即存在故意、重大过失或者一般过失，并给委托人造成损失，就要承担赔偿责任。在无偿的委托合同中，受托人在一般过失下并不承担赔偿责任，只有在故意和重大过失的情况下，才对损害承担赔偿责任。所谓故意是指受托人明知或者应当知道损失可能发生，并主动促使或者放纵损失的发生。所谓重大过失是指一般人对该行为所产生的损害后果都能预见到，而行为人却因疏忽大意没有预见到，致使损害后果发生。由于无偿委托合同中受托人没有报酬，因此，其承担责任相比有偿委托合同要轻一些。

受托人享有处理委托事务的权利，这种权利来自委托人的授权，也是为了委托人的利益。所以，受托人必须按照委托人的指示处理委托事务，在委托人的委托范围内处理事务，不得擅自超越权限。所谓“超越权限”，包括没有相应的权限、超出委托人的授权以及权限终止后继续处理委托事务。受托人超越权限给委托人造成损失的，无论委托合同是否有偿，都应当赔偿损失。

第九百三十条　受托人处理委托事务时，因不可归责于自己的事由受到损失的，可以向委托人请求赔偿损失。

条文主旨

本条是关于委托人对受托人的损失承担责任的规定。

立法背景

受托人在委托权限范围内认真处理委托事务，在自己毫无过错和过失的情况下，使自己的财产或者人身造成损害的，有向委托人请求赔偿的权利。

条文解读

受托人在处理委托事务过程中因不可归责于自己的事由遭受损害的情况有很多，例如，委托人在受托人无过错的情况下，解除委托合同的；委托人未经受托人同意，又委托第三人处理同一事务致使受托人报酬减少的等。

本条规定的受托人的损失，不仅包括上述可归责于委托人的事由，还应当包括因为意外事故等不可归责于受托人的原因而导致受托人受到损害的情形。因为委托人在享受委托事务所带来的利益的同时，也应当承担相应的风险。受托人的损失是在为委托人处理事务的过程中造成的，与处理委托事务具有关联性，按照利益风险一致的原则，应当由委托人承担相应的责任。而且，如果委托人并未委托受托人处理事务，而是亲自处理委托事务，受到损失的可能就是委托人自己。

受托人向委托人请求赔偿其损失，需要具备以下条件：一是受托人受到损失，即受托人在按照委托人指示处理委托事务时遭受了损害，包括人身损害和财产损害。例如，律师代理当事人出庭应诉，在去法庭的路上遇到山体滑坡，导致律师身体受伤、车辆受损。二是受托人的损失基于不可归责于受托人的原因。不可归责于受托人主要是指受托人对于损失的发生没有过错，不存在主观上的故意或者过失。如果损失的发生是由于可归责于受托人的事由，则受托人不享有向委托人主张赔偿的权利。例如，律师代理当事人出庭应诉，在去法庭的过程中，不遵守交通规则，闯红灯造成交通事故，负交通事故全部责任的，则对于其在交通事故中受到的人身和财产损失，委托人均无须赔偿。三是受托人的损失发生在处理委托事务的过程中。

因为只有在处理委托事务时，受托人才按照委托人的指示进行活动，才实际以“受托人”之身份行事，与委托事务及委托人产生直接关联。所以受托人的赔偿请求权以其损失发生在处理委托事务过程中为要件。如果受托人受到损失，并非发生在处理委托事务的过程中，也并非由于可归责于委托人的事由，则与委托人无关，受托人无权向委托人请求赔偿。例如当事人的代理律师，并非在出庭应诉的路上，而是在去超市购买生活用品时遇到山体滑坡，造成人身和财产的损害，则不能向委托人请求赔偿。

比较法上，许多国家和地区也都对受托人在处理委托事务过程中受到损害的情况作出了规定。例如，《法国民法典》第2000条规定：“委托人应当补偿受委托人（代理人）在管理事务中并非因其不谨慎而受到的损失。”《日本民法典》第650条第3款规定：“受任人为处理委任事务，非因自己的过失而受有损害时，可以请求委托人赔偿。”我国台湾地区“民法”第546条第3款亦规定：“受任人处理委任事务，因非可归责于自己之事由，致受损害者，得向委任人请求赔偿。”

第九百三十一条　委托人经受托人同意，可以在受托人之外委托第三人处理委托事务。因此造成受托人损失的，受托人可以向委托人请求赔偿损失。

条文主旨

本条是关于委托人另行委托他人处理事务的规定。

立法背景

相互信任是委托合同双方当事人订立合同的基础，它具有严格的人身属性，委托合同订立后，受托人就已经开始着手处理委托事务，为此付出人力、物力、财力，如果委托人擅自委托他人，不仅可能增加受托人处理委托事务的成本，甚至可能给受托人造成损失。因此，委托人如果要把委托事务再委托给他人处理，需要征得受托人的同意。如果受托人不同意，委托人或者受托人都可以解除合同，因解除合同给对方造成损失的，需要承担相应的赔偿责任。当然，如果委托人未经受托人同意，擅自将委托事务重复委托给第三人，不仅需要向受托人支付全部报酬，还应当赔偿因此给受托人造成的损失。

条文解读

本条规定的委托人在受托人之外委托第三人处理的委托事务，应当与受托人处理的委托事务内容相同，也就是委托人将同一事项先后委托两个受托人，存在两个委托合同。有的学者将这种情况称为“重复委托”。如果受托人和第三人处理的委托事务不同，则委托人委托第三人处理事务，与受托人并无直接关系，无须经过受托人的同意。例如，甲委托乙在某商场销售电视机，后来又委托丙在该商场销售洗衣机，两项委托事务并不相同，则甲对丙的委托无须经乙同意。

重复委托不同于本法第 932 条规定的共同委托。共同委托是指委托人委托两个以上的受托人共同处理委托事务，委托人和受托人之间只有一个委托合同。而重复委托则是委托人将相同的委托事务先后委托给不同的受托人，各受托人分别处理委托事务，存在两个以上的委托合同。

委托人另行委托第三人处理委托事务，可能给受托人造成损失，如报酬减少。委托人重复委托造成受托人损失的，受托人可以向委托人请求赔偿损失。

第九百三十二条　两个以上的受托人共同处理委托事务的，对委托人承担连带责任。

条文主旨

本条是关于共同委托的规定。

立法背景

共同委托是指委托人委托两个以上的受托人共同处理委托事务。但是，如果委托人为两个以上，而受托人只有一个人时，则不是共同委托。因为有的委托事务，一个受托人可能无法处理或者不能较好地完成，为了提高委托事务的处理效率，提高委托事务的完成质量，有时就需要委托给两个以上的受托人。例如有的复杂疑难案件，当事人可能委托给两个以上的律师甚至是一个律师团队来进行处理。

条文解读

共同委托的特点：

一、共同委托必须是由数个受托人共同处理委托事务

所谓共同行使，是指数个受托人享有共同的权利义务，即平等享有、共同享有的代理权，处理事务时只有经过全体受托人的共同同意，才能行使代理权。这并不是一个委托人同时委托了两个或者两个以上受托人，都产生共同委托的问题，如委托人在受托人之外另行委托他人处理委托事务的情况。又如，有时受托人虽然为数人，却不能认定是共同委托。例如，一个大商场委托甲代为购进家用电器，委托乙帮助销售电视机，又委托丙帮忙销售冰箱。这里虽然甲、乙和丙都是委托合同的受托人，都同时接受一个委托人的委托，但是受托人甲、乙、丙之间并不存在联系，他们是各自独立的接受委托、处理事务、承担责任，这是同时存在的三个独立的委托合同，而不是共同委托。只有委托人同时委托两个或者两个以上的受托人，共同处理同一项或者数项委托事务，才构成共同委托。

二、受托人承担连带责任

共同委托中的一个受托人与其他受托人协商后或者数个受托人共同协商后，单独或者共同实施的委托行为应该被认为是全体受托人的共同行为，由此造成损失的，若干个受托人依法应当对委托人承担连带责任。如果共同受托人中的一个受托人或者数个受托人没有经过协商而擅自单独行使代理权的，由此造成的损失，各受托人仍然承担连带责任。当然，委托人与各受托人事先约定了按份责任的除外，即合同中无特别规定，他们应对委托人承担连带责任。也就是说，不论委托人的损失是出于哪个受托人的过错，也不论各个受托人内部是否约定了对委托事务的处理权限和责任承担，除委托人与受托人有特别约定外，所有受托人都应当对委托人承担连带责任。各受托人在承担连带责任后，可以按照受托人之间的约定、各受托人的过错来处理内部关系。

比较法上，也有一些国家和地区对数个受托人之间的连带责任作出规定。例如，《法国民法典》第 2002 条规定："同一事务由数个受委托人（代理人）时，每一个受委托人（代理人）就委托的全部效力，向委托人负连带责任。”《意大利民法典》第 1716 条第 3 款规定：“数个受托人经常共同实行场合，该数个受托人对委托人负连带义务。”

第九百三十三条　委托人或者受托人可以随时解除委托合同。因解除合同造成对方损失的，除不可归责于该当事人的事由外，无偿委托合同的解除方应当赔偿因解除时间不当造成的直接损失，有偿委托合同的解除方应当赔偿对方的直接损失和合同履行后可以获得的利益。

条文主旨

本条是关于解除委托合同的规定。

立法背景

从比较法上来看，各国法律大多都赋予了委托合同双方当事人任意解除权，但一般也规定了行使任意解除权的一方当事人给对方造成损失的，须承担一定的赔偿责任。例如，《法国民法典》第 2004 条规定，委托人得任意解除委托。第 2007 条规定，受委托人（代理人）得以向委托人发出的抛弃受委托的通知，抛弃其所受的委托。如抛弃委托对委托人的利益造成损害，受委托人（代理人）应负责对委托人给予补偿；但是，在受委托人（代理人）本人非受重大损失即不能继续其所受之委托的情形，不在此限。《德国民法典》第 671 条规定，委托可以由委托人随时撤回，可以由受委托人随时通知终止。受委托人仅得以使委托人能够就事务的处理另做处置的方式通知终止委托，但有不适时地通知终止委托的重大原因的除外。受委托人无此种原因而不适时地通知终止委托的，必须向委托人赔偿因此发生的损害。《日本民法典》第651条规定，各当事人可以随时解除委任。解除委任在下列情形下须赔偿对方的损害，但是，有不得已的事由时不在此限：在对相对人不利的时期解除委任时；委任人解除以受任人的利益（主要因取得报酬而获得的利益除外）为目的的委任时。1999年我国制定合同法时，借鉴了其他国家和地区的立法经验，在第410条中规定："委托人或者受托人可以随时解除委托合同。因解除合同给对方造成损失的，除不可归责于该当事人的事由以外，应当赔偿损失。"

条文解读

本条规定了委托人和受托人对委托合同的任意解除权，以及因解除合同给对方造成损失的责任承担。

委托合同是以双方信任为基础的，如果一方不守信用，失信于另一方，继续履行合同已无必要，法律赋予了双方当事人的权利，即只要一方想终止合同，就可以随时解除合同，而且无需任何理由。

1. 委托人可以随时撤销委托。如果互相没有信任或者已不再需要办理委托的事项，委托人就可以单方解除委托合同，无须征得受托人的同意即可发生效力。但是受托人可以就其损失要求委托人承担相应的赔偿责任。

2. 受托人可以随时辞去委托。委托合同的成立既需要委托人对受托人的了解和信任，也需要受托人对委托人的信任。如果受托人不愿意办理受委托的事务，则无须表明任何理由，即可解除合同。

委托合同的一方当事人在不利于对方当事人的时期解除委托合同而造成对方损失的，应当承担赔偿责任。这是对任意解除权的一种限制。如果当事人可以任意解除委托而无需赔偿对方损失，显然是不公平的。所谓不利于对方当事人的时期，就委托人方面而言，当受托人在未完成委托事务的情况下解除合同时，委托人自己不可能亲自处理该项事务，而且又不能及时找到合适的受托人代他处理该委托事务而发生损害的情形；就受托人方面而言，是指由于委托人在委托事务尚未完成前解除了合同，使受托人因不能继续履行义务而少获得报酬。委托人除对受托人已履行的部分给付报酬外，对在不可归责于受托人的情况下，因解除委托合同给委托人造成的报酬减少承担赔偿责任。

如果受托人不尽注意义务，怠于委托事务的处理，委托人无奈而解除委托合同，虽会给受托人造成一定损失，但因解除合同事由不可归责于委托人或者不能完全归责于委托人，委托人对受托人因合同终止而遭受的损失不予赔偿或者只赔偿其部分损失。

我国《合同法》第410条规定了委托合同的任意解除权，即委托人或者受托人可以随时解除合同。关于委托合同的任意解除权，争议较大的有两个问题：一是，是否对委托合同的任意解除权作适当限制。有的意见提出，委托合同的任意解除权在司法实践中存在被滥用的情况，损害了合同相对方的利益，建议区分有偿委托合同与无偿委托合同作不同的规定，即对于无偿委托合同，可以随时解除，而对于有偿委托合同则允许当事人通过约定排除任意解除权的适用。但这种观点与委托合同的基础不相符合。委托合同的基础在于合同一方对相对方的信任，如果信任基础丧失，就应当允许解除合同。因此民法典延续了合同法的规定，对委托合同的任意解除权没有作限制。

二是，如何合理确定合同一方行使任意解除权后的赔偿范围。《合同法》第 410 条只是笼统规定，合同一方行使任意解除权的，除不可归责于当事人的事由外，应当赔偿对方损失。一方当事人任意解除委托合同，给对方造成的直接损失，解除方应当进行赔偿，这点应无疑义。但是，对于任意解除委托合同给对方造成的间接损失即合同履行后可以获得的利益，解除方是否应当赔偿，学界还有争议。有的学者认为，不论是有偿委托还是无偿委托，因为一方任意解除合同给对方造成损失的，都应当对其直接损失和间接损失进行赔偿。在编纂民法典的过程中，有的意见提出，应当区分有偿委托和无偿委托中，一方当事人任意解除委托合同给对方造成损失的赔偿责任。在有些委托合同尤其是在有偿的商事委托合同中，如果委托人在受托人处理事务快完毕时，行使任意解除权，受托人起诉要求委托人赔偿时，法院往往依据《合同法》第 410 条判决委托人仅赔偿受托人处理事务的费用，不足以弥补受托人损失。有偿委托大多是商事委托，受托人一般都是专门从事委托事务的人，受托人处理委托事务可以得到一定的报酬。如果一方当事人可以随意解除委托合同，可能给对方造成较大的损失，也不利于合同的稳定性。无偿委托往往都是基于个人之间的信任以及帮助，委托他人处理的一般也都是较小的事务，一方当事人任意解除合同给对方造成的损失也比较小。所以，有偿委托的当事人随意地解除委托合同，给对方造成损失的，应该承担更加严苛的责任。

据此，民法典对合同法的有关规定作出了修改，区分无偿委托合同与有偿委托合同，对赔偿范围作出不同的规定。本条规定：“无偿委托合同的解除方应当赔偿因解除时间不当造成的直接损失，有偿委托合同的解除方应当赔偿对方的直接损失和合同履行后可以获得的利益。”一方当事人在行使任意解除权时，给对方造成损失的，除不可归责于解除一方的事由外，所要承担的赔偿责任范围，在有偿委托和无偿委托中是不同的。在无偿委托中，解除方的责任范围仅限于直接损失，而在有偿委托中，解除方的责任范围不仅包括直接损失，还包括间接损失，即可以获得的利益。一般来说，可以获得的利益，不得超过解除方可以预见到或者应当预见到的因解除合同可能造成的损失。例如，甲和乙订立委托合同，甲委托乙在一个月内购买某种生产设备，向乙支付了相关费用以及报酬，计划于一个月后即投入生产，并在订立合同时明确将其生产经营计划写入委托合同中。乙在即将满一个月的最后一天，没有不可归责于乙的事由，通知甲解除委托合同。在这种情况下，乙应向甲赔偿的损失，不仅包括直接损失，如乙已经花费的部分委托费用等，还应当包括甲的间接损失，如因为乙解除合同导致甲未能在计划时间安装好生产设备并投入正常生产期间内可以获得的经济利益。因为在订立委托合同时，甲已经将其拿到委托乙购入的生产设备后立即投入生产使用的计划明确告知乙，乙仍然选择与甲订立合同，乙可以预见也应当预见到其在最后期限突然行使任意解除权解除委托合同，将导致甲无法按时开展生产经营活动，进而丧失进行生产经营可以获得的利益。

当事人的任意解除权一般须以通知的方式行使。本法第

565 条第 1 款规定，当事人一方依法主张解除合同的，应当通知对方。合同自通知到达对方时解除。但是根据该条第 2 款的规定，当事人也可以直接以提起诉讼或者申请仲裁的方式行使解除权。

第九百三十四条　委托人死亡、终止或者受托人死亡、丧失民事行为能力、终止的，委托合同终止；但是，当事人另有约定或者根据委托事务的性质不宜终止的除外。

条文主旨

本条是关于委托合同终止的规定。

立法背景

委托合同的成立，是以双方信任为基础的，如果当事人一方死亡、丧失行为能力或者终止，其继承人、遗产管理人、法定代理人或者清算人与合同的另一方当事人能否取得互相的信任还是未知的，为了避免不必要的纠纷，法律规定在这些情况下，委托合同可以终止。“死亡”“丧失民事行为能力”是对自然人而言的，“终止”则是对法人和非法人组织而言的。

条文解读

本条将《合同法》第 411 条中的委托人或者受托人“破产”改为“终止”，因为破产只是法人或者非法人组织终止的原因之一，法人或者非法人组织终止的原因还有解散等。而且，委托人或者受托人进入解散清算或者破产清算阶段，并不必然导致委托合同终止。而当委托人或者受托人终止的，委托合同原则上应当终止。

本条规定的委托合同终止的原因从当事人的角度可以分为两类：第一，委托人死亡或者终止。与《合同法》第411条相比，删除了委托人“丧失民事行为能力”的情形。第二，受托人死亡、丧失民事行为能力或者终止。之所以对委托人和受托人作出不同规定，是因为受托人一旦死亡、丧失民事行为能力或者终止，就无法再继续处理委托事项，委托关系只能终止。如果受托人的继承人或者法定代理人等愿意也有能力继续处理该委托事项，可以与委托人协商，双方订立新的委托合同。而委托人丧失民事行为能力，一般情况下并不影响受托人继续处理委托事务，受托人依然可以完成委托事务。而且，依据本法第173条的规定，委托代理因代理人丧失民事行为能力而终止，并不因被代理人丧失民事行为能力而当然终止。对于委托人丧失行为能力是否导致委托合同终止，各个国家或者地区有不同的规定，主要有两种立法例。一种是规定委托人丧失民事行为能力的，委托终止。例如，《法国民法典》第2003条规定，委托得以下列方式终止：受委托人（代理人）解除受到的委托；受委托人（代理人）抛弃其所受之委托；委托人或者受委托人（代理人）自然死亡或民事上死亡，成年人受监护或非商人破产。另一种则未将委托人丧失民事行为能力作为委托终止的原因。例如，《德国民法典》第672条规定，有疑义时，委托不因委托人死亡或者丧失行为能力而消灭。《日本民法典》第653条规定，委任因下列事由终止：1. 委托人或者受任人死亡时；2. 委托人或者受任人受破产宣告时；3. 受任人受监护开始的审判时。

各个国家或者地区对委托终止的法定事由的规定虽然不同，但是总体来说主要包括以下几种：当事人解除合同（委托人的撤回和受托人的放弃）；合同期限届满或者委托事务完成；作为委托人或者受托人的自然人死亡（包括宣告死亡）、丧失民事行为能力；作为委托人或者受托人的组织体终止（包括企业破产等）。

根据本条规定，委托人死亡、终止或者受托人死亡、丧失民事行为能力、终止这几种法定事由发生时合同应当终止，但也有例外情况：

1. 合同另有约定时除外。当事人可以另行约定即使有委托人死亡、终止或者受托人死亡、丧失行为能力、终止的情况发生，委托关系仍不消灭，有此约定的，当然依照其约定。

2. 因委托事务的性质不宜终止的。在一些特殊的委托合同中，根据委托事务的性质，不能因以上事由之发生而终止，受托人或者其继承人、遗产管理人、法定代理人应当继续处理委托事务。例如，甲委托乙企业生产医疗物资，用于某地抗击新冠肺炎疫情，情况十分紧急。如果此时委托人甲因感染新冠肺炎不幸逝世，由于委托事务是生产抗击疫情急需的医疗物资，性质十分特殊，在这种情况下，这批医疗物资不能停止生产，委托合同不能因委托人甲的死亡而终止。

一些国家和地区对此也作了规定，如我国台湾地区“民法”第550条规定：“委任关系因当事人一方死亡、破产或丧失行为能力而消灭；但契约另有订定或因委任事务之性质不能消灭者，不在此限。”《德国民法典》第672条规定，委托人死亡或丧失行为能力，原则导致委托合同的终止，但以下两种情况例外：其一，对委托人的死亡或丧失行为能力发生疑问；其二，不宜立即终止的委托合同。《瑞士债务法》则规定，除有相反约定或因委托事务的性质不能消灭者外，委托合同因委托人或受托人的死亡而消灭。

此外，还有一些国家将委托人或者受托人不知道委托终止的原因也作为一种例外情形，此时继续处理委托事务的仍为有效。例如，《法国民法典》第2008条规定："受委托人（代理人）在不知道委托人死亡或者其他终止委托之原因的情况下处理的事务，仍然有效。"《德国民法典》第674条规定："委托以撤回以外的方式消灭的，为受托人的利益，委托视为仍存续，直到受委托人知道委托消灭或者应当知道委托消灭时止。"《日本民法典》第655条则规定："委任终止的事由，非将该事由通知相对人，或者相对人不知道该事由，不得以之对抗相对人。"

委托合同终止后，可能也会因为特殊事由，要求受托人或者其继承人等履行继续处理委托事务或者采取必要措施的义务。本法第935条和第936条对此作出了相应规定。域外立法也有类似规定，例如《日本民法典》第654条规定："委任终止后的情形，有急迫的情势时，受任人及其继承人或者法定代理人，在委托人及其继承人或者法定代理人能处理委托事务前，须为必要的处分。"

第九百三十五条　因委托人死亡或者被宣告破产、解散，致使委托合同终止将损害委托人利益的，在委托人的继承人、遗产管理人或者清算人承受委托事务之前，受托人应当继续处理委托事务。

条文主旨

本条是关于委托人死亡或者被宣告破产、解散致使委托合同终止，受托人负有继续处理委托义务的规定。

立法背景

委托人发生死亡或者被宣告破产、解散的事由时，一般来说，委托关系终止。但是，如果出现了本条规定的情况，即发生上述法定事由，致使委托合同终止将损害到委托人的利益时，委托合同不能终止，受托人还负有继续处理委托事务的义务，应当采取必要的措施保护对方当事人的利益，直至委托人的继承人、遗产管理人或者清算人承受了委托事务为止。

条文解读

相比《合同法》第412条的规定，本条增加了“遗产管理人”。因为在委托人死亡后，可能先由遗产管理人暂时承受被继承人的权利义务。遗产管理人的职责包括清理遗产、处理被继承人的债权债务等与管理遗产有关的行为。

受托人继续处理事务，如果委托合同是有偿的，则受托人仍得向委托人的继承人、遗产管理人或者清算人请求报酬。因此，对委托人来说，并未增加负担，对受托人的利益则起到防止损害发生的作用。

受托人负有继续处理委托事务的义务，但是，应当继续处理到何时？一般认为，应继续到委托人的继承人、遗产管理人、清算人能接受时为止。例如，委托人死亡，委托人的继承人有时因远在外国，一时不能赶回来，如果受托人不继续处理其事务，势必使委托人的继承人发生损害。受托人应继续处理至委托人的继承人能够接受时为止。

有的国家和地区法律也规定在某种特殊情况下，委托终止后，受托人负有继续处理委托事务的义务。例如，《德国民法典》第672条规定，委托消灭的，如延缓会引起危险，则受委托人必须继续处理受托的事务，直到委托人的继承人或者法定代理人能够另做处置为止；在此限度内，委托视为存续。《意大利民法典》第1728条第1款规定，委托于因委托人死亡或者以后无能力而消灭场合，于迟延则有危险时，其已着手实行的受托人应将其继续实行。

第九百三十六条　因受托人死亡、丧失民事行为能力或者被宣告破产、解散，致使委托合同终止的，受托人的继承人、遗产管理人、法定代理人或者清算人应当及时通知委托人。因委托合同终止将损害委托人利益的，在委托人作出善后处理之前，受托人的继承人、遗产管理人、法定代理人或者清算人应当采取必要措施。

条文主旨

本条是关于受托人死亡等原因致使委托合同终止，其继承人等负有通知和采取必要措施义务的规定。

立法背景

因受托人死亡、丧失民事行为能力或者被宣告破产、解散，致使委托合同终止的，受托人的继承人、遗产管理人、法定代理人或者清算人负有两项义务：一是及时通知委托人。因受托人死亡、丧失民事行为能力或者被宣告破产、解散，导致委托合同终止的，委托人可能对委托终止的事由并不知情，如果不将该情况及时告知委托人，可能给委托人造成损失。二是在委托合同终止将损害委托人利益的情况下，受托人的继承人、遗产管理人、法定代理人或者清算人不仅应当及时告知委托人，还应当采取必要的措施保护委托人的利益。例如，保存好委托事务有关的单证和资料；保管好委托事务的财产，以便交付给委托人。

条文解读

需要注意的是，本条规定的“采取必要措施”与本法第935条规定的“继续处理委托事务”不同，采取必要的措施只是为了维护委托人的利益，减少委托人因委托合同终止产生的损失，实际上委托已经终止，受托人的继承人等没有义务继续处理委托事务。法律规定受托人的继承人、遗产管理人、法定代理人或者清算人承担上述通知义务和采取必要措施的义务，是因为受托人死亡后，继承人有继承其财产的权利，在遗产分割前由遗产管理人接管相关财产、处理被继承人的债权债务；受托人丧失民事行为能力后，由法定代理人代理其民事活动；法人被宣告破产或者解散后，由清算人接管，对财产清理、保管、估价、处理和分配，清算人可以进行必要的民事活动。继承人、遗产管理人、法定代理人、清算人在承受受托人遗产或者处理受托人事务时，应当遵循诚实信用的原则，将受托人的有关事宜妥善处理。

其他国家和地区的法律中也有类似的规定。例如，《法国民法典》第2010条规定：“如受委托人（代理人）死亡，其继承人应当告知委托人，并且应在等待的同时，为委托人的利益处理情势要求进行处理的事务。”《德国民法典》第673条规定：“有疑义时，委托因受委托人的死亡而消灭。委托消灭的，受委托人的继承人必须不迟延地将受委托人的死讯通知委托人，并且，延缓会引起危险的，受委托人的继承人必须继续处理受托的事务，直到委托人能够另做处置为止；在此限度内，委托视为存续。”《意大利民法典》第1728条第2款规定：“委托于受托人死亡或者以后无能力而消灭场合，其继承人、代理或者保佐受托人的人，在知其委托场合，要立即向委托人通告，而且在此期间为委托人的利益，应根据周围的情况采取必要的措施。”

采取必要措施的义务应到何时为止？在司法实践中，一般认为应当处理到委托人作出善后处理时为止。委托人在知道受托人死亡、丧失民事行为能力或者被宣告破产、解散，需要一段时间进行善后处理，如需要找新的受托人代替前一受托人的工作，寻找的过程需要时间等，在委托人处理好以前，受托人的继承人、遗产管理人、法定代理人或者清算人有义务采取必要的、有效的措施，以维护委托人的利益。

第二十四章　物业服务合同

本章共十四条，主要规定了物业服务合同的定义、主体、内容，前期物业服务合同的效力，前期物业服务合同的终止，物业服务事项的转委托和不得一并转委托，物业服务人的主要义务、重要事项的公开及报告义务，业主的主要义务及告知义务，物业服务合同的解除和续订，物业服务合同终止后物业服务人的交接义务和交接期间的物业费请求权等。

相比合同法，本章是新增的一章。近年来，我国城市建设和房地产业高速发展，物业服务行业也迅速发展壮大，一方面加速了住宅小区服务、管理方式的专业化和现代化；另一方面也由此引发了一些纠纷。为规范物业服务行业的健康发展，指导司法实践对物业服务纠纷进行处理，民法典将物业服务合同规定为一章。目前，其他国家和地区的法律没有将物业服务合同明确作为有名合同加以规定，设立专章规定物业服务合同可以说是我国民法典的创新之举。

第九百三十七条　**物业服务合同是物业服务人在物业服务区域内，为业主提供建筑物及其附属设施的维修养护、环境卫生和相关秩序的管理维护等物业服务，业主支付物业费的合同。**

物业服务人包括物业服务企业和其他管理人。

条文主旨

本条是关于物业服务合同的定义和主体的规定。

立法背景

“物业管理”可以追溯到19世纪60年代的英国，并随着英国社会经济的发展，传播到世界各地。现代的“物业”来源于我国香港地区的说法，我国内地的物业管理开始于20世纪80年代，以上海、深圳发展得最早。“物业”的含义可总的概括为各类建筑物及其配套的设施设备，既可指整个建筑物的住宅区域，也可指一定单位面积的房屋，具体来说包括高层住宅楼、商业写字楼、综合性大楼等及其附属的设施。

在我国，城镇化的快速发展，迅速带动了房地产行业，城市里的高楼大厦如雨后春笋般拔地而起。城市化进程的加快使土地资源日益稀缺，人们的居住方式开始从独门独户向众多人居住在一栋住宅楼中的商品房发展。在商品化的住宅楼中，大多采用建筑物区分所有的形式：业主对建筑物内的住宅等专有部分享有所有权，对专有部分以外的共有部分享有共有和共同管理的权利。共有部分包括楼道、电梯、建筑区划内的道路等，与人们的生活息息相关。但是，业主人数众多，公共事务繁杂，如果小区内的事务都由业主自己管理，可能会导致公共事务运转效率低下，管理成本增加，而且实际上往往也无法执行。所以业主们需要将这些事务交给专门的机构或者人员来处理，物业服务企业就是在这种背景下产生的。物业服务企业是专门为业主提供物业服务，管理建筑区划内业主共有部分和公共事务的企业，能够有效提升区分所有建筑中物业管理的水平。业主既可以自己管理小区物业，也可以委托物业服务人来管理，物业管理产生于业主的共同管理权，当业主委托物业服务人管理小区物业时，应当与物业服务人订立物业服务合同。物业服务合同是随着我国房地产实践的发展，为了满足物业管理的需要出现的。

条文解读

一、物业服务合同的定义

学界上对物业服务合同的定义有广义和狭义之分。广义的物业服务合同，主要可以分成两类，即前期由建设单位与物业服务人订立的前期物业服务合同以及后期业主通过业主委员会或者业主大会与物业服务人订立的物业服务合同。狭义的物业服务合同仅指后者，也可称为普通物业服务合同。所谓前期物业服务合同，是指在物业服务区域内的业主、业主大会选聘物业服务人之前，由房地产建设单位与物业服务人签订的、由物业服务人提供物业服务的合同。普通物业服务合同，是指在业主与物业服务人之间签订的物业服务合同。《物业管理条例》第2条规定："本条例所称物业管理，是指业主通过选聘物业服务企业，由业主和物业服务企业按照物业服务合同约定，对房屋及配套的设施设备和相关场地进行维修、养护、管理，维护物业管理区域内的环境卫生和相关秩序的活动。"该条所规定的物业服务合同就是狭义上的物业服务合同。而本条规定的物业服务合同是指广义上的物业服务合同，本章的规定一般也都适用于前期物业服务合同。

民法典通过以前，关于物业服务（物业管理）领域的规定，主要集中于行政法规、部门规章及司法解释中，物权法中也有所涉及。为了规范物业管理活动，维护业主和物业服务企业的合法权益，改善人民群众的生活和工作环境，国务院于2003年制定了《物业管理条例》，该条例在2007年物权法通过后作出修改，并于2016年和2018年分别进行再次修改。2004年，建设部发布了《物业管理企业资质管理办法》，目的是“加强对物业管理活动的监督管理，规范物业管理市场秩序，提高物业管理服务水平”。该办法于2007年更名为《物业服务企业资质管理办法》并作修改，此后又进行多次修改，但最终于2018年被住建部废止。2007年，第十届全国人民代表大会第五次会议通过了《中华人民共和国物权法》，但并没有专门规定物业服务（合同），只是在第六章“业主的建筑物区分所有权”中对物业服务（合同）有所涉及。2009年，最高人民法院通过了《关于审理物业服务纠纷案件具体应用法律若干问题的解释》（以下简称《物业服务纠纷司法解释》），以指导司法实践中出现的物业服务纠纷案件的处理，维护当事人的合法权益。

长期以来，“物业服务（合同）”一直被称为“物业管理（合同）”。2003年出台的《物业管理条例》中虽然采用了“物业服务合同”一词，但是合同主体还是用“物业管理企业”的名称，其提供的服务为“物业管理服务”。2007年颁布的物权法不再使用“物业管理企业”，而采用了“物业服务企业”的概念，也不再使用“物业管理”一词。物权法通过后，国务院也对《物业管理条例》进行了相应修改，将“物业管理企业”修改为“物业服务企业”。很多学者认为，从“物业管理（合同）”到“物业服务（合同）”的转变，不仅让此类合同回归了服务性合同而非管理性合同的本质，也体现了物业服务理念的转变和业主权利意识的增强。

传统合同法理论中并没有物业服务合同这种合同类型，我国合同法也没有对该合同作出规定。有的观点认为，《物权法》《物业管理条例》《物业服务纠纷司法解释》等有关法律、行政法规、司法解释都规定了物业服务合同，因而它已经是特别法所规定的有名合同。也有观点认为，物业服务合同属于委托合同、劳务合同，或者是混合合同，并非独立的有名合同。本法合同编将物业服务合同明确规定为一种典型合同。

二、物业服务合同的性质

关于物业服务合同的性质，学界观点各异，能够达成共识的不多，这恐怕与我国房地产市场的起步、发展较晚，规范化、现代化的物业服务业刚刚开始，关于物业服务纠纷近年来才开始大量出现，实践中缺乏足够实例供研究和佐证等因素不无关系。因此，有人认为，物业服务企业在本建筑区划内对小区享有的是管理权，业主无权干涉和监督。这种观点使得物业服务人以主人的身份从事管理活动，侵害了业主的权利。

物业服务合同的性质到底是什么，学理上的看法很多，概括起来主要有如下观点：

1. 委托合同说。目前，委托合同说比较受欢迎，认为物业服务合同的客体与委托合同相同，都是提供劳务。物业服务人接受业主的委托，办理物业服务事务，主要是为业主提供劳务，这是实现合同目的的必要手段。物业服务合同是有偿合同，而民事委托以无偿为原则，以有偿为例外，商事委托以有偿为原则。物业服务合同以营利为目的，为商事合同，属于有偿的委托合同。因此，物业服务合同是一种委托合同。

2. 服务合同说。该观点认为，作为物业服务合同当事人的业主、业主委员会和物业服务人，在法律地位上是平等的，因此双方所签合同的性质，应当定位于服务合同而非委托合同。具体理由主要有：第一，有偿服务是物业服务的基本特征，物业服务必须是一种有偿服务性质的劳动，物业服务合同是双务、有偿合同，而委托合同可以是双务、有偿合同，也可以是单务、无偿合同。第二，委托合同中所称的委托人的事务，是指与委托人有利害关系、委托人若不委托处理就得亲自处理的事务。而物业服务实际上不是一种事务，而是物业服务人提供的一种社会化、专业化、技术化的有偿服务性质的劳动。业主给物业服务人支付的物业费，除了处理各项事务所支出的费用，主要属于劳动报酬的性质。第三，委托合同要求受托人应当按照委托人的指示处理委托事务，而物业服务人的服务或者管理并不是完全按照业主、业主委员会或者建设单位的要求来处理。第四，委托合同有转委托以及就同一事务委托数人的规定，但是物业服务人只能将部分专项服务事项委托给专业性服务组织或者其他第三人，不能将物业服务区域内的全部物业服务转委托给第三人，或者分解后分别转委托给第三人。一个物业服务区域内只能选聘一家物业服务人。第五，两种合同法律后果的承担不同。受托人在委托范围内实施委托行为产生的法律后果，由委托人承担。且受托人处理事务时，因不可归责于自己的事由受到损失的，可以向委托人请求赔偿。而物业服务合同中，不论是侵权责任还是违约责任，都由物业服务合同当事人按照各自的过错分别承担责任。

3. 混合合同说。该观点认为，物业服务合同不是单纯的某类有名合同，而是复合性的，其包含了委托合同、代理合同、承揽合同、服务合同等多种合同类型的特征，或者叫“复合性合同”。业主群体把其共有部分、共用设施设备管理、安全秩序维护以及清洁、园林绿化等事务交给物业服务人完成，具有委托的性质；物业服务人把部分专项服务事项交给专业性服务组织承担，具有承揽的性质；而物业服务人在履行合同的过程中，很大程度上是以劳务付出或者提供服务的形式进行的，因而具有劳务性质和服务性质。物业服务给付具有综合性，整个物业服务的过程具有整体、连续的特征，仅提供单一服务都不能被称为物业服务合同。

4. 独立合同说。该观点认为，物业服务是一种复杂的综合性服务，与传统合同类型的客体都有所不同，所以物业服务合同不属于原来合同法所规定的任何一种合同类型，是一种独立的合同。其特殊性表现在：第一，主体特殊。与物业服务人对应的合同当事人包括业主、业主委员会或者建设单位，具有复杂性。第二，订立程序和形式特殊。有些物业服务必须通过招投标的方式来选聘物业服务人，且所有物业服务合同为要式合同，必须采用书面形式。第三，对诚实信用原则具有特殊的依赖性，业主选聘物业服务人往往基于对其的信任。第四，受国家或者行业的干预、指导。

除了以上几种主要观点，还有雇佣合同说、承揽合同说等。雇佣合同说认为，在物业服务合同是业主出钱雇佣物业服务人对物业服务区域内的相关事务进行管理，类似于过去的“管家”角色，应当属于雇佣合同。承揽合同说认为，在物业服务合同中，物业服务人按照业主的要求完成工作，给小区居民提供了一个优美安逸的生活环境，可以说是交付承揽的劳动成果。

物业服务合同具有其自己的特征无法完全归入某种类型的合同而适用其规定。据此，本法将物业服务合同作为一种新的有名合同，设立专章对其加以规定，以更好地规范物业服务行业的发展，更好地解决实践中出现的物业服务纠纷。

三、物业服务合同的特征

物业服务合同的主要特征有：

1. 是平等主体之间的民事合同

合同是平等主体的自然人、法人和非法人组织之间设立、变更、终止民事法律关系的协议。物业服务合同当事人一方是业主，另一方是物业服务人，双方订立的是以物业服务的权利义务为内容的，由物业服务人依据约定为业主提供专业服务，由业主支付相应报酬的协议。

物业服务合同是一种民事合同，毫无疑义，这本无须强调。但是，“物业服务合同”在我国曾长期被称为“物业管理合同”，而“物业管理合同”具有强烈的行政管理色彩。“物业服务”的含义区别于“物业管理”，物业管理是我国计划经济时代行政管理称谓的延续，其理念强调的是物业公司按照类似行政命令的方式对物业进行管理，显然不符合现代物业服务合同主体的平等理念。从“物业管理”到“物业服务”，体现了物业管理理念的转变，强调的是物业服务人与业主之间的平等关系。物业服务合同回归了“服务”的本质，体现了合同主体之间是平等地位，突出了物业服务合同的服务性而非管理性。

业主聘用物业服务人的目的是获取其提供的物业服务，而不是对自己进行管理。实践中，物业服务人可能会根据法律的规定或者接受社区居委会或街道办事处的委托从事一定的管理活动。本法第285条规定，物业服务企业或者其他管理人应当执行政府依法实施的应急处置措施和其他管理措施，积极配合开展相关工作。例如，在新冠肺炎疫情期间，各小区都要按照疫情防控的有关规定和要求，对进出小区的人员进行管控、测量体温等，小区物业服务人应当配合街道、社区实施各种防控措施。再如，现在全国很多地方都开始进行垃圾分类，物业服务人也需要配合当地政府做好小区内的垃圾分类工作。本法第942条第2款还规定，对物业服务区域内违反有关治安、环保、消防等法律法规的行为，物业服务人应当及时采取合理措施制止、向有关行政主管部门报告并协助处理。但是，物业服务人的这些管理活动实质上并非基于物业服务合同对业主进行管理，而是基于法律的规定或者社区的委托，在某些特殊情况或者特定场合中对政府予以配合，但其本质依然是向业主提供物业服务。

物业服务人的服务对象是业主，其基于与业主之间的约定，对物业服务区域内的建筑物和附属设施等进行管理。物业服务合同与委托合同等提供服务的合同具有相似性，业主和物业服务人之间是平等的主体关系。物业服务人“管理”的对象为物业，而非业主。即使物业服务人对物业的管理也包含对小区或者建筑物内的人员进行管理，但其本质上也是一种提供服务的行为，双方当事人处于平等地位，这与一般的民事合同没有本质区别。

2. 合同主体具有特殊性

物业服务合同的当事人为业主和物业服务人。根据本条第2款的规定，物业服务人又包括物业服务企业和其他物业管理人。

物业服务事关全体业主的人身、财产安全，同时，有的物业服务活动具有较高的专业性、技术性要求，如小区公共设施的检修、保养与维护等，这对物业服务人提出了一定的要求。作为物业服务合同一方当事人的物业服务人一般是专门从事物业服务经营活动的物业服务企业。在2018年国务院修改《物业管理条例》以及住建部废止《物业服务企业资质管理办法》以前，根据《物业管理条例》和《物业服务企业资质管理办法》的相关规定，物业服务企业应当具备一定的资质要求，不具备相关资质的物业服务企业不得从事相关的物业服务活动，不得签订物业服务合同。而物业服务人员则必须取得物业管理职业资格证书。2007年的《物业管理条例》第32条规定，从事物业管理活动的企业应当具有独立的法人资格。国家对从事物业管理活动的企业实行资质管理制度。具体办法由国务院建设行政主管部门制定。第33条规定，从事物业管理的人员应当按照国家有关规定，取得职业资格证书。《物业服务企业资质管理办法》进一步将物业管理企业资质等级分为一级、二级和三级。随着“放管服”改革的不断深入，国务院及有关部门于2015年取消了物业公司注册资本限制，取消了物业管理师资格考试；2016年修改的《物业管理条例》，删除了第33条和第61条与物业管理人员资格有关的条款，取消了物业管理人员从业资格限制；2017年又逐步取消了物业服务企业资质认定；2018年再次修改了《物业管理条例》中与物业服务企业资质管理有关的条款，并废止了《物业服务企业资质管理办法》。至此，我国已经全面取消了物业服务企业的资质认定和物业服务人员的资格限制，企业和有关人员从事物业服务活动不再需要经过主管部门审批或者取得职业资格证书。但是，作为专门从事物业服务的经营者，物业服务企业应当具有提供相应服务的专业知识和技能，以满足业主正常的生活需要。

对于物业服务合同的另一方当事人，学界一直存在争议。有的认为是业主大会，有的认为是业主委员会，还有的认为是单个业主。业主大会说认为，业主大会是代表和维护全体业主合法权益的自治组织，业主委员会只是业主大会的执行机构，应当由业主大会代表全体业主签订物业服务合同。业主委员会说认为，根据司法实践和《物业服务纠纷司法解释》的规定，业主委员会具有诉讼主体资格，可以参与物业服务合同纠纷案件的诉讼。业主委员会也可以与业主大会依法选聘的物业服务人订立物业服务合同。因此，业主委员会应当为物业服务合同的当事人。单个业主说则认为，虽然单个的业主并没有直接与物业服务人签订物业服务合同，但是每个业主都是实质上的合同当事人，因为每个业主都实际享有合同权利并承担合同义务，每个业主都是物业服务人的服务对象，都需要向物业服务人缴纳物业费。

就业主大会而言，它不具有民事主体资格，也不具有诉讼主体资格。业主大会不是常设的机构或者组织，亦没有财产，不能对外独立承担责任，不能成为合同当事人而享有权利承担义务。所以，业主大会不是物业服务合同的主体。业主委员会虽然常常直接与物业服务人签订合同，且在实践中具有诉讼主体的资格，但是业主委员会并非独立的民事主体，没有自己的财产，不能独立对外承担责任，不具有民事权利能力，不能享有权利承担义务，也不能成为合同当事人。业主委员会只是接受业主大会的授权，与业主大会依法选聘的物业服务人签订物业服务合同，其代表的是全体业主的利益。

物业服务合同的主体应当是业主，而且是全体业主。虽然与物业服务人签订物业服务合同的可能是业主，也可能是业主委员会甚至是建设单位，但是物业服务合同的当事人是全体业主，由全体业主享有物业服务合同的权利，承担合同义务。当独门独栋的业主自己聘请物业服务人时，业主直接与物业服务人签订物业服务合同，这是极少数的。但是，现在的住宅小区往往不止一栋楼房，而且每栋楼房里面又有很多住户，整个小区业主人数众多，具有集合性的特点。

在业主人数众多的情况下，由每个业主直接与物业服务人签订合同是不可能的，所以一般由业主委员会代表全体业主来与物业服务人订立合同。合同一旦成立，因为全体业主都是合同当事人，所以合同对每个业主都发生效力，业主不得以没有直接参与合同订立为由拒绝接受合同约束。因为业主人数较多，不可能由每个业主决定自己是否订立合同，也不可能由每个业主亲自与物业服务企业签订合同，所以全体业主需要按照一定的程序来作出决定，并且由某个特定的主体来代表全体业主与物业服务人签订合同。如果业主已经成立了业主大会，则需要按照法定程序，由业主大会作出决定。本法第280条规定，业主大会或者业主委员会的决定，对业主具有法律约束力。所以一旦业主大会作出与物业服务人订立合同的决定，就对全体业主具有拘束力，与物业服务人订立合同后，该合同就对全体业主发生效力，业主不能拒绝履行其合同义务。本法第944条规定，物业服务人已经按照约定和有关规定提供服务的，业主不得以未接受或者无需接受相关物业服务为由拒绝支付物业费。业主违反约定逾期不支付物业费的，物业服务人可以催告其在合理期限内支付；逾期仍不支付的，物业服务人可以提起诉讼或者申请仲裁。业主拒绝履行支付报酬的义务的，物业服务人可以通过诉讼或者仲裁等途径解决。

3. 客体是物业服务人提供的物业服务行为

物业服务合同的客体是物业服务人提供的物业服务，物业服务合同与委托合同、行纪合同、中介合同等类似，所给付的内容都不是具体的标的物，而是行为，而且提供服务的行为还具有持续性和重复性的特点，比如检修建筑物内的电梯，做好小区保洁工作维护环境卫生等。物业服务合同注重彼此之间的人身信任关系，一旦此种信任关系不存在，合同的履行将会面临困难，这也可能成为当事人解除合同的法定事由。本法第941条第2款规定，物业服务人不得将其应当提供的全部物业服务转委托给第三人，或者将全部物业服务支解后分别转委托给第三人。此外，物业服务人所提供的物业服务的质量没有法定的统一标准，而需要当事人的特别约定，且当事人履行义务的结果是否符合当事人之约定，一般难以准确判断，这也是容易引起物业服务合同纠纷的原因之一。

4. 服务内容的综合性和专业性

相比于一般的民事合同，物业服务人提供物业服务的内容较为复杂，物业服务人既要管理物业服务区域内的建筑物及其附属设施等物，也要管理进出小区以及建筑物内的人员。物业服务的内容十分庞杂，既包括物的管理，也包括人的管理。物业服务的具体内容视小区具体情况不同而有所差异，但是都势必包括卫生、环保、安全、消防等方方面面，具有综合性和全面性。根据本法第937条和第942条的规定，物业服务人是业主提供建筑物及其附属设施的维修养护、环境卫生和相关秩序的管理维护等物业服务，具体来说，包括妥善维修、养护、清洁、绿化和经营管理物业服务区域内的业主共有部分，维护物业服务区域内的基本秩序，采取合理措施保护业主的人身、财产安全，等等。基于物业服务合同内容的复杂性，有的学者认为，物业服务合同是一种包括委托、行纪、雇用、承揽在内的复合型合同。而就物业服务的每项具体内容来说，又都具有一定的专业性。例如，电梯检修需要专业的技术人员才能进行，供暖设备的维修工作也只能由专业人员才能实施。

5. 订立程序的特殊性

如上所述，物业服务合同的一方当事人为全体业主，具有集合性的特点。如果由物业服务人与业主逐一签订合同，不仅效率极低，而且无法实现。为了提高订约效率、避免发生纠纷，在物业服务合同的订立方面，需要设置一定的程序性要求，也就是物业服务合同的订立需要遵循法定的程序，业主们需要通过一定的方式来作出决定。根据本法物权编第 278 条的规定，选聘和解聘物业服务企业或者其他管理人时，应当由专有部分面积占比三分之二以上的业主且人数占比三分之二以上的业主参与表决，并且经参与表决专有部分面积过半数的业主且参与表决人数过半数的业主同意；同时，经过业主大会的选聘之后，由业主委员会代表全体业主与物业服务人签订物业服务合同。

6. 属于双务、有偿、要式、继续性合同

物业服务人的主要义务是按照物业服务合同之约定向全体业主提供物业服务，而全体业主的主要义务是向物业服务人支付报酬，双方所负义务属于给付与对待给付的关系，因此物业服务合同是一种双务合同。

根据物业服务合同的定义，业主负有向物业服务人支付报酬的义务。物业服务人一般都是专门从事物业服务的物业服务企业，是为了获取报酬才为业主提供专业的服务，因此物业服务合同是有偿合同。

物业服务合同是要式合同。本法第938条第3款规定，物业服务合同应当采用书面形式。之所以规定物业服务合同应当采用书面形式，主要是因为物业服务合同的内容往往十分复杂，为了明确物业服务人与业主之间的具体权利义务关系，同时也有利于避免纠纷的发生，需要以书面的形式来确定当事人的权利义务。

物业服务人应当按照物业服务合同的要求，向全体业主提供物业服务。通常情况下，物业服务并不是一次性完成的，而需要持续一定的时间，物业服务人应当在合同约定的期间内不间断地提供物业服务。因此，物业服务合同是继续性合同。由于继续性合同在终止时没有溯及既往的效力，在物业服务合同终止时，其效力向将来发生，对于物业服务人已经提供的服务，业主仍应当按照合同约定支付相应的报酬。因为物业服务合同是继续性合同，在合同终止前，物业服务人都应当提供符合约定的物业服务，但是业主可以按照法定程序解聘物业服务人，解除物业服务合同。

四、物业服务合同与委托合同的关系

物业服务合同与委托合同、承揽合同都有一定的相似性，与委托合同最为相近，学界也常常将两者进行比较。物业服务合同是业主委托物业服务人对物业进行管理、提供物业服务的合同，委托合同是委托人委托受托人处理一定事务的合同，都属于提供劳务型的合同。有的学者认为，物业服务合同也有一定的委托合同的性质，物业服务人接受业主委托处理的事务是对物业进行管理。2018年8月审议的《民法典各分编（草案）》

第 734 条规定："本章没有规定的，参照适用委托合同的有关规定。"考虑到物业服务合同既具有委托合同的特性，也具有承揽合同的特性，物业服务合同与委托合同之间存在诸多区别，不宜笼统规定物业服务合同参照适用委托合同，因此合同编二审稿删除了该条规定。

具体来说，物业服务合同与委托合同有以下区别：第一，物业服务合同是双务、有偿合同，而委托合同可以是双务、有偿合同，也可以是单务、无偿合同。第二，委托合同的受托人可以委托人的名义处理委托事务，也可以自己的名义从事活动。而物业服务人只能以自己的名义为业主处理物业服务事项。第三，委托合同的受托人实施代理行为的法律后果直接由委托人承担。在物业服务合同中，业主对物业服务人从事的民事行为并不承担法律后果。第四，一般的委托合同往往是处理具体的一项或者几项特定事务，而物业服务合同的内容往往十分复杂，包括各种繁杂的事项，既包括对物的管理，也包括对人的管理，等等。第五，委托合同的受托人须按照委托人的指示处理委托事务，而物业服务合同中，物业服务人提供的是专业性、综合性的服务，业主一般无须对物业服务人作出指示，物业服务人无须在处理所有物业服务事项的过程中按照业主的指示行事，只要按照物业服务合同的约定，并遵守相关法律法规、行业规范，可以独立自主开展物业服务和管理活动。第六，在委托合同中，委托人经受托人同意，可以在受托人之外委托第三人处理委托事务。而物业服务合同中，业主不得在物业服务人以外再聘请其他物业服务人，否则将使得物业服务活动无法开展。第七，物业服务合同中，业主可以通过法定程序共同决定解聘物业服务人，以解除物业服务合同，也就是说，全体业主（并非单个业主）具有任意解除权。但是物业服务人不能随意解除合同，不定期的物业服务合同除外。委托合同的委托人和受托人都有任意解除权，双方均可以随时解除委托合同。

第九百三十八条　物业服务合同的内容一般包括服务事项、服务质量、服务费用的标准和收取办法、维修资金的使用、服务用房的管理和使用、服务期限、服务交接等条款。

物业服务人公开作出的有利于业主的服务承诺，为物业服务合同的组成部分。

物业服务合同应当采用书面形式。

条文主旨

本条是关于物业服务合同的内容和形式的规定。

立法背景

合同的内容从形式上看是合同的条款，其实质则是当事人之间的权利义务。物业服务合同来源于当事人约定、法律规定以及交易习惯等，主要来源是当事人的约定。当事人的约定只要不违反法律法规的强制性规定，不违背公序良俗，就为有效的约定，双方当事人都要遵守约定，享有合同权利，履行合同义务。

条文解读

一、物业服务合同的内容

为了规范物业服务合同，对当事人订立物业服务合同提供指引，本条规定了物业服务合同一般包括的条款，以供当事人订立合同时参考。本条第 1 款规定："物业服务合同的内容一般包括服务事项、服务质量、服务费用的标准和收取办法、维修资金的使用、服务用房的管理和使用、服务期限、服务交接等条款。"物业服务合同的主要条款包括：

1. 物业服务事项

本法第 942 条规定："物业服务人应当按照约定和物业的使用性质，妥善维修、养护、清洁、绿化和经营管理物业服务区域内的业主共有部分，维护物业服务区域内的基本秩序，采取合理措施保护业主的人身、财产安全。对物业服务区域内违反有关治安、环保、消防等法律法规的行为，物业服务人应当及时采取合理措施制止、向有关行政主管部门报告并协助处理。"该条规定仅列举了一些主要的、基本的物业服务事项，当事人可以在合同中对这些事项作出更为具体、细化的约定，例如每半年或者一年对小区住宅楼内的电梯进行检修维护、小区内保安每天至少巡逻三次等。而且，当事人可以在物业服务合同中明确约定的具体物业服务事项，不限于上述列举的服务事项，例如当事人可以约定由物业服务人对区分建筑物的业主专有部分进行维修和管理（如约定物业服务人应当负责维修业主家中的电灯）。此外，业主甚至可以委托物业服务人提供一般物业服务事项以外的服务项目，服务报酬由双方约定。不过，如果只是单个业主委托物业服务人提供额外服务，并不能成为物业服务合同的内容，而是该业主与物业服务人之间成立了委托合同等关系。例如，业主可以与物业服务人约定由物业服务人向业主有偿提供代收代寄快递服务等。

2. 服务质量

服务质量的标准因人而异，人们可能会有不同的理解和要求，法律难以作出明确界定，一般都是由当事人在合同中作出特别约定。服务质量的标准往往还因不同的服务费用标准而有所区别，高档小区收取高额物业费，自然对其服务质量也提出了高于一般小区的要求。服务质量比较抽象，当事人应当对物业服务事项的质量进行具体约定，有利于明确双方的权利义务，避免产生不必要的纠纷。有些服务事项的质量可以通过量化来确定标准，例如，合同约定物业服务人每年须对小区内的电梯进行一次检修，小区门口必须每天24小时有两名以上保安值守，等等。但是，有些服务事项难以确定质量标准，例如，合同中约定，物业服务人应当保持小区内环境的整洁卫生。那么，需要达到何种程度的“整洁卫生”，才算是符合合同约定的服务质量？对于一些无法量化或者明确界定的标准，通常只能以常人之理解来确定。例如，小区环境整体非常干净，只是小区道路偶尔有个纸团，或者一些树叶没有及时打扫，一般还是认为符合“整洁卫生”的标准。

3. 服务费用的标准和收取办法

服务费用也称物业费，是业主对物业服务人提供的服务所支付的报酬。物业费一般由物业服务的成本和利润两部分构成。物业服务的成本一般包括管理服务人员的工资、社会保险，物业服务区域内的建筑物及其附属设施日常运行、维护费用，物业服务区域的清洁卫生费用、绿化养护费用、秩序维护费用，等等。物业费的收取主要有两种方式，即包干制和酬金制。包干制指业主向物业服务人支付固定费用，物业服务人自负盈亏，具体缴费标准一般由业主和物业服务人根据政府指导价自行约定。物业服务人为专门提供物业服务的专业机构或者人员，以物业服务为业，以经济利益为目的，对成本会进行预估，一般来说不至于出现亏损。而酬金制指物业服务人会在预收的物业服务资金中按约定比例或者约定数额提取酬金，其余部分则用于物业服务合同约定的支出，多退少补。物业服务人不得违反法律、法规和部门规章的规定，擅自提高收费标准或者重复收费，否则都构成违规收费。

4. 维修资金的使用

维修资金，也可称为“公共维修资金”或者“专项维修资金”，是指由业主缴纳的，专项用于物业服务区域内建筑物的共用部分、共用设施设备保修期满后的维修和更新、改造的资金，如电梯、单元门等共有部分的维修费用。维修资金是由业主共同出资形成的，属于业主共有，且只能用于特定的目的，不能用于物业服务过程中的其他各项支出。业主委员会与物业服务人订立物业服务合同时，可以就专项维修资金申请使用的具体事项作出约定。实践中，专项维修资金一般登记在以业主或者业主委员会名义开设的专用账户下，通常由有关部门指导、监督其使用。维修资金是全体业主的共同财产，关系到业主们的切身利益，所以维修资金的筹集和使用都要具备严格的条件，应当由业主按照法定的程序共同决定。物业服务人还应当定期向业主大会、业主委员会报告维修资金的使用情况。本法物权编中有关于维修资金的专门规定。本法第281条规定，“建筑物及其附属设施的维修资金，属于业主共有。经业主共同决定，可以用于电梯、屋顶、外墙、无障碍设施等共有部分的维修、更新和改造。建筑物及其附属设施的维修资金的筹集、使用情况应当定期公布。紧急情况下需要维修建筑物及其附属设施的，业主大会或者业主委员会可以依法申请使用建筑物级其附属设施维修资金。”本法第 278 条还对业主共同决定筹集和使用建筑物及其附属设施维修资金的法定程序作出了规定。2007 年，建设部和财政部联合发布《住宅专项维修资金管理办法》，对住宅专项维修资金的交存、使用和监督管理等进行了详细规定。

5. 服务用房的管理和使用

服务用房，又称物业服务用房，是指物业服务人为业主提供物业服务而使用的房屋。物业服务用房是向小区提供物业服务所必需的。没有物业服务用房，物业服务人就无法为业主提供必要的物业服务。依据本法第 274 条的规定，物业服务用房属于业主共有。在物业服务人开始为业主提供物业服务时，就可以使用物业服务用房。但是，物业服务用房的用途是特定的，物业服务人不得擅自改变。《物业管理条例》第 37 条规定：“物业管理用房的所有权依法属于业主。未经业主大会同意，物业服务企业不得改变物业管理用房的用途。”物业服务用房只限用于物业服务，而不得擅自改变用途，如出租给商户用于开设餐馆等，但是经过业主大会同意的除外。

6. 服务期限

服务期限，是指双方当事人在物业服务合同中约定的由物业服务人提供物业服务的期限。业主与物业服务人应当在合同中约定确定的物业服务期限，或者约定为不定期合同。如果对服务期限没有约定或者约定不明确的，双方当事人可以协议补充；不能达成补充协议的，应当视为不定期合同，当事人可以随时解除该合同，但在解除合同前应当给对方必要的准备时间。服务期限届满后，物业服务合同终止，物业服务人应当在一定期限内退出物业服务区域，并做好有关交接工作。但在新物业服务人或者业主自己接管前，物业服务人还是应当继续处理物业服务事项。合同期限届满后，如果当事人没有续约，也没有选聘其他物业服务人，物业服务人继续提供物业服务的，应当视为物业服务合同继续有效，但是服务期限变为不定期。

7. 服务交接

本法第949条第1款规定："物业服务合同终止的，原物业服务人应当在约定期限或者合理期限内退出物业服务区域，将物业服务用房、相关设施、物业服务所必需的相关资料等交还给业主委员会、决定自行管理的业主或者其指定的人，配合新物业服务人做好交接工作，并如实告知物业的使用和管理状况。"因为物业服务合同涉及的服务事项较多，是继续性合同，一般服务期限较长，原物业服务人不仅长期占有物业服务用房，而且掌握了小区内相关设施、物业服务的很多相关资料，这些物业服务用房及相关资料应当交还给业主委员会、决定自行管理的业主或者其指定的人；如果已经选定了新物业服务人，原物业服务人还应当配合新物业服务人做好交接工作，如实告知物业的使用和管理情况。具体如何进行交接，双方可以在物业服务合同中进行约定。

二、物业服务人公开作出的有利于业主的服务承诺为物业服务合同的组成部分

物业服务承诺，是指物业服务人为保证物业服务的质量和效益，向全体业主公开作出的有关物业服务内容和标准的单方意思表示。实践中，物业服务人会在其宣传中公开作出某种服务承诺，以吸引业主选聘其作为物业服务人，或者在提供物业服务的过程中作出某种承诺，以提高服务质量和业主满意度，这事实上经常成为业主选聘物业服务人的重要依据。为了规范物业服务人的行为，充分保护业主的利益，本条第2款将“物业服务人公开作出的有利于业主的服务承诺”作为物业服务合同的组成部分，即也属于物业服务合同的内容。这是对物业服务人义务范围的合理扩充，对实践中处理好此类纠纷案件具有重要的指导意义。

由于物业服务人公开作出的服务承诺是其真实意思表示，所以将该服务承诺作为服务合同的内容，实际上并没有额外增加物业服务人的义务。物业服务人的服务承诺，是物业服务人从有利于业主和物业实际使用人，提高服务质量和社区生活品质及自律行为的角度考虑，作出的单方意思表示。物业服务人员公开作出的有利于业主的服务承诺，只要是其真实意思表示，就应当对物业服务人具有法律约束力，物业服务人员就应当履行其承诺，否则将构成违约而要承担相应的责任。本法第942条第1款规定，物业服务人承担的主要义务是妥善维修、养护、清洁、绿化和经营管理物业服务区域内的业主共有部分，维护物业服务区域内的基本秩序，采取合理措施保护业主的人身、财产安全。物业服务人作出公开服务承诺，可以是上述服务事项的具体细化，例如物业服务人承诺，在业主报修有关设施设备后，24小时内安排工作人员进行维修；也可以在上述服务事项之外提供额外服务，例如物业服务人公开承诺，将在小区内设置快递代收点或者代寄点，以方便业主们收发快递邮件。

物业服务人作出的服务承诺，作为物业服务合同的组成部分，应当具备下列条件：（1）从形式上看，承诺的内容必须是公开作出的，例如在小区内公示栏张贴公告。如果只是物业服务人私下对单个业主的口头承诺，则不能认为是公开作出。

（2）承诺内容是物业服务人的真实意思表示。这是物业服务人作出服务承诺有效的实质要件。（3）承诺的内容应当有利于业主，这是就整个服务承诺的内容来说的，如果不利于业主，或者为业主增加义务、负担，则不能成为合同组成部分。例如，如果合同中约定了聘请3名保安，物业服务人发出公示以节省开支为由只聘请1名保安，则对业主不利，不应成为物业服务合同组成部分。再如，小区大门原先只有1人看守，难以对进出小区的人员进行有效管控，因此物业服务人张贴告示承诺，为加强小区安全管理，小区大门将24小时配备3名保安值守，这对业主来说就是有利的。但是，如果告示中要求每名业主须缴纳100元用于聘请保安，为业主增加了义务，则不能当然成为物业服务合同的组成部分。（4）承诺的内容必须清晰明确，例如在小区发生失窃案件后，物业服务人张贴告示承诺，进出小区必须出示相关证件，大门由2名以上保安值守，保安每天在小区内巡逻3次以上等。如果物业服务人只是承诺将加强小区的安全管理，则算不上是"清晰明确"的承诺。（5）该承诺内容不违背法律、行政法规的强制性规定，不违背公序良俗。这也是所有民事法律行为有效的要件之一。服务承诺虽然是物业服务人单方作出的，但是其作出的承诺只要符合上述条件，即可成为物业服务合同的组成部分，应当认定为有效。物业服务人应当按照其服务承诺履行义务，否则应承担违约责任。这样规定也符合诚信原则，物业服务人应当对其公开作出的承诺负责。

三、其他内容

物业服务合同的内容，除了物业服务合同中明确约定的内容，以及物业服务人公开作出的有利于业主的服务承诺，还应当包括如下几个方面的内容：第一，法律法规的规定。一些法律、行政法规对物业服务人和业主的权利义务作出了规定。例如，根据本法第282条的规定，物业服务人利用业主的共有部分产生的收入，在扣除合理成本之后，属于业主共有，物业服务人就应当在扣除成本后将剩余部分转交给业主。根据本法第285条的规定，业主有权监督物业服务企业，即使当事人没有在合同中约定该监督权，业主的监督权也应当成为合同的内容。再如，《物业管理条例》第49条规定，物业管理区域内按照规划建设的公共建筑和共用设施，不得改变用途。第50条规定，业主、物业服务企业不得擅自占用、挖掘物业管理区域内的道路、场地，损害业主的共同利益。第二，地方性规定。有的地方性法规、地方政府规章等对物业服务人及业主的权利义务作出了规定。例如，北京市人大常委会于2020年3月27日通过的《北京市物业管理条例》第65条规定，物业服务人应当按照物业服务合同的约定提供物业服务，及时向业主、物业使用人告知安全、合理使用物业的注意事项，发现有安全风险隐患的，及时设置警示标志，采取措施排除隐患或者向有关专业机构报告，不得泄露在物业服务活动中获取的业主信息，等等。第三，物业服务人的服务细则。有的观点认为，物业服务人的服务细则也应成为合同的组成部分。服务细则是指物业服务人依据《物业管理条例》等规定单方面制定的用于指导物业服务活动的细则，是否可以作为合同内容的组成部分，还应当视细则中规定的具体内容而定。一般来说，服务细则中违反法律法规、政府规章的规定无效，例如规定在小区内吸烟或者乱丢垃圾的罚款500元；通过服务细则擅自改变物业服务合同约定、加重业主的义务或者责任的规定无效，例如物业服务合同约定每年年底一次性缴纳物业费，或者每月最后一天缴纳当月物业费，服务细则却规定每月物业服务费用的具体缴纳时间为当月第一天。服务细则中如有有利于业主的物业服务承诺的规定，可以成为物业服务合同的内容。例如，物业服务合同中约定物业服务人将为小区配备5名保安，而服务细则中规定为小区配备10名保安。服务细则中的规定对业主公开且对业主有利的部分，可以视为公开对业主作出的服务承诺而成为物业服务合同的内容。例如，对物业服务区域的安全保卫具体规范要求进行细化，规定小区保安24小时有人在岗，每天巡逻3次以上等。

四、物业服务合同是要式合同

根据合同是否需要以特定的形式成立，可以将合同分为要式合同和不要式合同。本条第3款规定："物业服务合同应当采用书面形式。"之所以规定物业服务合同应当采用书面形式，主要是为了明确物业服务人与业主之间的具体权利义务关系，同时也有利于避免纠纷的发生，因为物业服务合同为双务、有偿合同，涉及物业费的收取范围、标准和办法，而且合同内容较为复杂，服务事项和服务质量等都需要当事人作出明确约定。

第九百三十九条　建设单位依法与物业服务人订立的前期物业服务合同，以及业主委员会与业主大会依法选聘的物业服务人订立的物业服务合同，对业主具有法律约束力。

条文主旨

本条是关于建设单位与物业服务人订立的前期物业服务合同、业主委员会与物业服务人订立的物业服务合同对业主具有法律约束力的规定。

立法背景

广义的物业服务合同，包括建设单位与物业服务人订立的前期物业服务合同，也包括业主或者业主委员会与物业服务人订立的物业服务合同。毫无疑问，业主可以直接与物业服务人订立物业服务合同，例如拥有独栋别墅的业主可以直接聘请物业服务人为其提供物业服务，该物业服务合同当然对业主具有法律约束力。本条所规定的建设单位与物业服务人订立的前期物业服务合同、业主委员会与物业服务人订立的物业服务合同，不仅对建设单位或者业主委员会、物业服务人具有法律约束力，也对业主具有法律约束力。业主享有合同中的相关权利的同时，也承担合同义务，受合同条款的规范和调整。

前期物业服务合同与普通物业服务合同有如下区别：第一，合同签订主体不同。前期物业服务合同不是业主与物业服务人签订的，而是由建设单位与物业服务人签订的。因为在只有少数业主入住时，业主大会及业主委员会尚未成立，此时也需要物业服务人来提供服务，只能由房地产建设单位与物业服务人签订合同。而普通物业服务合同的签订主体则是业主或者业主委员会与物业服务人。第二，合同签订时间不同。一般而言，前期物业服务合同是在物业开发过程中或者房屋建好后但是只有少数业主入住时签订的，而普通物业服务合同一般是在房屋已经建好、大部分业主已经入住并且能够召开业主大会的情况下签订的。第三，合同的内容不同。前期物业服务合同的内容受限制，主要侧重于对建筑物建成初期的养护、安全保障以及配合建设单位为未来入住的业主提供服务等，普通物业服务合同侧重于对建筑规划内建筑物的维护、环境及居住条件的保障等，目的系为业主正常的日常生活提供服务。第四，服务期限不同。前期物业服务合同具有过渡性质，其期限较短，通常只是从合同订立到普通物业服务合同生效之时。本法第940条规定："建设单位依法与物业服务人订立的前期物业服务合同约定的服务期限届满前，业主委员会或者业主与新物业服务人订立的物业服务合同生效的，前期物业服务合同终止。"据此，前期物业服务合同终止的原因包括：一是双方当事人约定的服务期限届满，二是前期物业服务合同的服务期限尚未届满，但是全体业主通过召开业主大会，选聘新的物业服务人并订立新的物业服务合同，该合同生效时前期物业服务合同终止。普通物业服务合同的服务期限可由合同签订双方进行具体约定，如果没有发生业主按照法定程序决定解聘物业服务人解除物业服务合同的情形，通常是在服务期限届满之后，合同效力才终止。

虽然两种物业服务合同存在诸多区别，但两者之间还是存在诸多联系的。第一，两者都属于物业服务合同，都适用物业服务合同的有关规定。第二，两者的目的和初衷是相同的，都是为了全体业主的利益，为全体业主提供物业服务，为在物业服务区域内的服务和管理行为提供依据和保障。第三，两者在时间先后上有衔接性，两种合同所涉及的权利义务内容和权利主体存在交叉和更替。

条文解读

一、关于建设单位依法与物业服务人订立的前期物业服务合同

前期物业服务合同，是指在物业区域内的业主或者业主大

会选聘物业服务人之前，由房地产开发建设单位与物业服务人之间订立的，双方约定由物业服务人提供物业服务，对前期的物业服务事项进行处理的合同。从建设单位开发建设好房屋及其附属设施、开始销售商品房，到召开业主大会选聘物业服务人，需要一段时间。在这段时间内，入住的业主人数较少，还不能召开业主大会并进而成立业主委员会，因而只能先由建设单位与物业服务人订立前期物业服务合同，以满足业主的生活需要，保护全体业主的利益。在物业开发建设完成后，开发建设单位将房屋销售给业主，逐步地将物业交给业主和物业服务人，自己则退出该物业服务区域。

前期物业服务合同是由建设单位与物业服务人签订的，在业主入住之前，建设单位作为合同的一方当事人，应当受到合同的约束。在业主入住之前，建设单位按照前期物业服务合同的约定享有合同权利，也应当履行相应的义务，特别是支付物业费的义务。但是在一部分业主入住，房屋交付给业主后，物业费由谁负担，仍有争议。一般认为，房屋出售且交付给业主后，业主就应当负担相应的物业费，未交付房屋的物业费，仍由建设单位负担。而物业服务人是前期物业服务合同的一方当事人，毫无疑问应当受到合同的约束。物业服务人有权依据前期物业服务合同主张权利，并履行相应义务。物业服务人在履行义务的同时，也享有按照约定收取物业费的权利。物业服务人应当依据前期物业服务合同对业主提供物业服务，不得违规收费，也不得任意解除合同。前期物业服务合同约定的服务期限届满，业主经过合法程序继续选聘前期物业服务人与其订立物业服务合同的，物业服务人应当继续为业主提供物业服务；如果业主决定选聘其他物业服务人，原物业服务人应当与新物业服务人进行交接。在前期物业服务合同约定的服务期限届满前，业主委员会或者业主与新物业服务人订立的物业服务合同生效的，前期物业服务合同终止，前期物业服务人则应当退出物业服务区域，并按照约定和有关规定完成交接工作。

在实践中，由于前期物业服务合同是由房地产建设单位与物业服务人之间签订的，业主并没有参加前期物业服务合同的订立，先入住的业主对物业服务人并没有选择权，所以其合法权益可能受到建设单位和物业服务人的侵害。例如，一些前期物业服务合同可能存在当事人权利义务不对等的约定，如免除物业服务人的责任、加重业主的责任、排除业主的主要权利等。对于建设单位与物业服务人之间签订的损害业主利益的合同或者条款，应当允许业主请求确定前期物业服务合同或者合同相关条款无效。此外，在业主入住率达到一定标准并召开业主大会之后，也可以解除前期物业服务合同。

根据本条规定，建设单位依法与物业服务人订立的前期物业服务合同，对业主具有法律约束力。虽然前期物业服务合同是由建设单位与建设单位所选定的物业服务人订立的合同，业主并不能选择物业服务人，也无法决定物业服务合同的内容，但是前期物业服务合同对业主也具有法律约束力，业主不得以未参加合同的订立或者未认可为由而否定合同的效力。所谓“对业主具有法律约束力”，是指业主享有合同权利，并承担合同义务。不论是订立前期物业服务合同时已经入住的业主，还是在前期物业服务合同订立后、业主或者业主委员会与物业服务人订立物业服务合同前入住的业主，都应当受到前期物业服务合同的约束。

关于前期物业服务合同对业主具有法律约束力的原因，学说上主要有以下几种观点。

1. 合同转让说。该观点认为，在不改变前期物业服务合同内容的情况下，房屋出售给业主后，前期物业服务合同的一方主体就由建设单位变更为业主。业主与建设单位订立的房屋买卖合同包含了双方转让前期物业服务合同的合意，前期物业服务合同因为房屋买卖合同的成立而发生概括转移。房屋买受人与建设单位签订房屋买卖合同，就表明了买受人愿意取代建设单位成为前期物业服务合同的当事人，签订买卖合同的同时也发生业主对前期物业服务合同的概括承受的效力。

2. 合同债务第三人代为履行说。该观点认为，业主与物业服务企业之间不存在合同关系，业主缴纳物业费，是与建设单位约定由其代替建设单位履行向物业服务人缴纳物业费的合同义务。但该观点不能解释，业主为何可以享受前期物业服务合同的权利。根据该说，如果业主不缴纳物业费，则由建设单位向其主张物业费，再由物业服务人向建设单位主张该物业费，增加行使权利的成本。

3. 涉他合同说。该观点认为，前期物业服务合同属于涉他合同，属于利益第三人合同。前期物业服务合同虽然是建设单位和物业服务人之间签订的，但是也赋予了作为第三人的业主一定的权利。但是该说不能解释业主为何须承担前期物业服务合同中的相应义务，如缴纳物业费。

4. 委托代理说。该观点认为，建设单位只是作为（未来）业主的代理人与物业管理公司签署合同，其法律后果由业主承担。在业主入住，业主大会、业主委员会成立之前，只能由建设单位与物业服务人签订物业服务合同。建设单位实际上是未来业主的代理人。业主通过房屋买卖合同或者临时管理规约等对建设单位与物业服务人订立前期物业服务合同进行授权。

5. 继受成员权说。该观点认为，建筑物区分所有人即业主选聘、解聘物业服务人的权利，负担物业费的义务，正是业主共同管理权即成员权的体现。在销售物业前，建设单位是物业的唯一业主，按照建筑物区分所有权理论，建设单位当然有权选聘物业服务企业并与之签订前期物业管理合同。在物业销售后，建设单位的物业所有权以建筑物区分所有权的形式开始分散转移给各业主。由于建筑物区分所有权具有一体性，业主从建设单位处不仅继受了建筑物的专有部分所有权，也同时继受了共有权和成员权。因此，前期物业管理合同对业主具有法律效力。

以上各种学说都有一定道理，较多学者持合同转让说和委托代理说的观点，但是这些观点仍不能完美诠释前期物业服务合同对业主约束力的来源，对此还有待进一步研究。

本条明确规定，建设单位依法与物业服务人订立的前期物业服务合同，对业主具有法律约束力。合法有效的前期物业服务合同对业主具有法律约束力，这主要是因为业主与建设单位之间有关于受前期物业服务合同约束的合意。从形式上看，前期物业服务合同的签订主体是建设单位与物业服务人，业主并不是合同主体。从合同的相对性原理出发，建设单位同物业服务人签订的合同不能对业主产生法律约束力。如果由建设单位承担物业费，而业主只享受前期物业服务合同中的相应权利，对建设单位来说显然是不公平的。按照权利义务相一致的原则，在成为物业所有人后，业主开始享受物业服务人提供的物业服务，就应当履行相对的义务，主要是支付相应的物业费。

二、关于业主委员会与业主大会依法选聘的物业服务人订立的物业服务合同

实践中，通常是由业主委员会与物业服务人订立物业服务合同。但是，业主委员会并不是合同当事人，只是因为业主无法一一与物业服务人订立合同而代表全体业主订立物业服务合同而已。就业主委员会而言，其不应成为物业服务合同的当事人。主要理由在于：第一，从主体资格上看，业主委员会并不具备民事主体资格，不具有权利能力，不能享有权利履行义务，也无法独立承担民事责任。业主委员会本身没有独立的财产，欠缺独立对外承担法律责任的物质基础，无法对外承担独立的责任。业主委员会依据法律规定的职权履行各项职责、参与诉讼等活动，都是为了业主的利益，法律效果应当归属于业主。实践中，业主委员会具有诉讼主体资格，可以代表业主参与诉讼，但是诉讼结果最终还是由业主来承担。第二，从物业服务合同的目的上看，物业服务合同的成立是为了向业主提供物业服务，是为了全体业主的利益，业主委员会虽然与物业服务人签订合同，但是业主委员会本身并无利益可言。第三，从权利义务的实际享有者和承担者上看，物业服务合同确立的是物业服务人与全体业主之间的权利义务关系，由业主实际享有合同确定的权利，履行合同约定的义务。而且，物业服务合同的履行涉及对共有财产的利用和处分，而业主委员会并非共有财产的权利人。业主委员会只是受业主大会的授权，代表全体业主与物业服务人订立物业服务合同，而不是以自己的名义、为自己的利益订立合同。

物业服务合同的当事人是物业服务人和业主。而物业服务合同中的“业主”往往是以“全体业主”的形式出现的。全体业主作为合同主体的主要理由在于：第一，物业服务合同的内容涉及全体业主的共同利益。物业服务合同订立的目的就是为业主提供物业服务，为的是全体业主的共同利益。物业服务人所处理的事务是全体业主的事务，物业服务人管理的财产是全体业主的共同财产。第二，全体业主是物业服务合同实质上的权利享有者和义务承担者。业主依据物业服务合同享有权利并承担义务。实践中，业主委员会具有诉讼主体的资格，可以成为诉讼的原告或者被告，但是诉讼的结果依然由全体业主来承担。第三，承认全体业主的当事人地位，全体业主便可以享有合同约定的权利，同时须履行合同约定的义务，这样才能保证物业服务合同的履行。物业服务人所提供的服务涉及全体业主的共有部分和共同利益。单个业主不能代表全体业主与物业服务人订立物业服务合同，也无法完全履行整个物业服务合同中全体业主的义务。

虽然物业服务合同是业主委员会与物业服务人签订的，合同的当事人往往表现为“全体业主”，但是这并不妨碍每个业主也都是物业服务合同的当事人。换言之，物业服务合同的当事人，既可以是全体业主，也可以是单个业主。业主委员会与物业服务人订立的物业服务合同，对全体业主具有法律约束力，即对每个业主都具有法律约束力。因为归根结底，“全体业主”是一个抽象的集合的概念，最终还是由每个业主来享有合同权利，履行合同义务，并承担违约产生的责任。例如，物业服务合同中约定由全体业主缴纳物业费，而实际履行就是由各个业主来进行缴纳。从责任的承担来看，一旦出现了违约情形，最终承担违约责任的仍然是各个业主。有的学者认为，在业主违约的情形下，违约责任由业主承担，而非由业主大会或者业主委员会承担；而当物业服务人违约时，业主只能以业主大会的名义向其主张权利。此观点值得商榷。业主违约，可能是全体业主违约，例如全体业主均拒绝缴纳物业费；也可能只是单个业主违约，如某个业主拒绝缴纳物业费。而物业服务人违约，可能是对全体业主违约，例如物业服务人擅自扩大收费范围、提高收费标准或者重复收费，或者物业服务人没有聘请保安，没有安装监控设备，导致小区内失窃事件频发；也可能仅对某个或者某部分业主违约，例如仅对某个或者某些业主收取高于合同约定的物业费。使业主成为物业服务合同的当事人，在某些情况下物业服务人对其违约时，有利于业主直接向物业服务人提出请求权，例如物业服务人一直对某业主收取高于合同约定的物业费，该业主知晓后可以直接以自己的名义向物业服务人请求返还；也有利于物业服务人直接对违约的业主提出请求权，尤其是涉及物业费缴纳等事项，例如某业主拒绝缴纳物业费，物业服务人可以直接向该业主请求，而不是起诉业主大会或者业主委员会。

基于上述理由，本条规定，业主委员会与业主大会依法选聘的物业服务人订立的物业服务合同，对业主具有法律约束力。为什么业主委员会根据业主大会依法作出的决定，与物业服务人订立物业服务合同，业主并没有实际参与物业服务合同的签订，却要受到合同的约束？这是由业主大会和业主委员会作为业主自治的权力机关和执行机关的法律地位所决定的。根据本法第278条的规定，业主大会有权决定选聘物业服务人。业主委员会代表业主与业主大会依法选聘的物业服务人签订物业服务合同，是业主自治权行使的结果，全体业主都应当遵守。本法第280条对业主大会、业主委员会决定的效力问题作出了明确规定，即业主大会或者业主委员会的决定对业主具有法律约束力。

业主大会是全体业主成立的，管理其共有财产和共同生活事务的自治组织。在建筑物区分所有的情况下，业主有权依法设立业主大会，并通过业主大会来管理物业服务区域内业主的共同事务。业主大会依据法定程序作出的决定，代表了业主的意志，对全体业主都产生法律约束力。业主大会是业主自治组织的权力机构，业主委员会则是业主大会的执行机构，是受业主大会的委托对业主共同事务进行管理的组织。业主委员会是由业主通过法定的程序选举产生的，为全体业主服务的组织，具体实施业主大会作出的决定。因此，业主委员会基于业主大会的决定与物业服务人签订物业服务合同，也是业主自治权行使的结果，对每位业主都应当具有法律约束力，业主享有合同权利，也应当履行合同义务。业主委员会与物业服务人订立的物业服务合同对业主具有法律约束力，需要具备以下条件：第一，必须是依法设立的业主大会作出的决定；第二，必须是业主大会按照法定程序作出的，具有程序性的要求；第三，物业服务合同的内容必须符合法律、行政法规的强制性规定，不违背公序良俗。

三、关于物业服务合同对业主具有法律约束力的具体表现

不论是前期物业服务合同还是普通物业服务合同，都对业主具有法律约束力，这种法律约束力主要体现在业主基于物业服务合同享有合同中约定的相关权利，同时也要履行合同约定的相关义务。业主享有的主要合同权利是享受物业服务人提供的物业服务，并对物业服务人提供的服务进行监督。具体而言，包括实际接受、享受物业服务人提供的服务；通过参加业主大会或者业主代表大会，对物业服务人的工作进行评估审查，以及依照法定程序决定解聘物业服务人等；监督物业服务行为，就物业服务的有关问题向物业服务人询问、提出意见和建议，等等。业主应履行的义务主要有按照合同约定支付物业费，必要的时候配合、协助物业服务人进行物业服务或者管理等义务。业主的义务具体表现为：按照约定的方式、期限和数额支付物业费；接受物业服务人的服务和管理，遵守物业服务制度和服务规约或者服务细则；装饰装修房屋时遵守相关规定并提前告知物业服务人；转让、出租物业专有部分，设立居住权或者依法改变共有部分用途的，及时将相关情况告知物业服务人；对物业服务人的服务或者管理提供必要的配合、协助，便于物业服务人提供服务或者进行管理，因此给业主带来的暂时不便，业主有一定的容忍义务，等等。

物业服务合同对业主具有法律约束力，业主就不能以不是合同当事人为由提出抗辩，也不能仅以未享受或者无需接受相关物业服务作为拒绝缴纳物业费的抗辩理由。在实践中，有些业主以不是合同当事人为由，不愿接受物业服务合同的约束，拒绝接受物业服务人的服务和管理，并拒绝履行相应义务，从而引发物业服务纠纷。业主虽非物业服务合同形式上的当事人，但业主是物业服务合同项下的权利享有者和义务承担者，是物业服务合同的实质上的当事人。因此，业主不得以其并非合同当事人为由，拒绝履行其合同义务。当业主违约时，物业服务人有权直接向违约的业主提出请求权。

第九百四十条　建设单位依法与物业服务人订立的前期物业服务合同约定的服务期限届满前，业主委员会或者业主与新物业服务人订立的物业服务合同生效的，前期物业服务合同终止。

条文主旨

本条是关于前期物业服务合同因物业服务合同生效而终止的规定。

立法背景

为了便于物业服务企业统筹安排工作，降低交易成本，防范经营风险，维护物业管理秩序，前期物业服务合同可以约定期限。但是，前期物业服务合同具有过渡性质，一般来说约定的服务期限较短。

条文解读

前期物业服务合同约定的服务期限届满后，如果双方当事人没有订立新的物业服务合同或者通过约定延长物业服务合同的服务期限，则前期物业服务合同终止，物业服务人应当退出物业服务区域，并和新的物业服务人或者决定自行管理的业主进行交接。

有的学者认为，前期物业服务合同是一种附终止条件的合同，即以物业服务合同生效为其停止条件的合同。虽然前期物业服务合同期限未满，一旦业主选聘新物业服务人，或者业主组成业主大会，并按照法定程序选聘了物业服务人，进入了正常的物业服务阶段，前期物业服务合同就没有存在的必要，自动终止。

前期物业服务合同终止的原因包括：一是双方当事人约定的服务期限届满，二是前期物业服务合同的服务期限虽然未届满，但是全体业主通过召开业主大会，选聘新的物业服务人并订立新的物业服务合同，该合同生效时前期物业服务合同终止。

第九百四十一条 **物业服务人将物业服务区域内的部分专项服务事项委托给专业性服务组织或者其他第三人的，应当就该部分专项服务事项向业主负责。**

物业服务人不得将其应当提供的全部物业服务转委托给第三人，或者将全部物业服务支解后分别转委托给第三人。

条文主旨

本条是关于物业服务转委托的规定。

立法背景

物业服务区域内的建筑物及其附属设施的正常有效运转，离不开良好的物业服务。物业服务涉及每个业主的切身利益，关系到业主居住环境的安宁与和谐。如前所述，物业服务的内容十分庞杂，既包括物的管理，也包括人的管理。物业服务的具体内容视小区具体情况不同而有所差异，但是都包括设施设备的养护维修、卫生、环保、安全、消防等各个方面，具有综合性和全面性。且物业服务的具体内容都具有一定的专业性，例如电梯维修等。基于物业服务内容的综合性和专业性，物业服务人难以应对如此庞大、复杂而又专业的工作，所有服务事项难以都由物业服务人亲自完成，物业服务的质量无法得到保证。此时，物业服务人将某些服务事项交给其他更具专业性的机构或者人员来进行服务，也是为了维护业主的利益，本质上受益的是业主。

条文解读

为了维护业主的合法权益，向业主提供更优质、更高效的服务，同时规范物业服务人的行为，提升物业服务质量，促进物业服务领域的专业性、合作性发展，本条规定物业服务人可以将物业服务区域内的部分专项服务事项委托给专业性服务组织或者其他第三人。实践中，物业服务人为了保证服务质量，也经常会结合自己的人员配备情况，酌情将部分服务事项转委托给更为专业的机构或者人员来完成。例如，物业服务人委托保安公司专门负责小区安保工作，委托保洁公司负责小区内的保洁工作等。而且，基于对物业服务合同的性质、目的等方面的分析，转委托属于当事人之间的民事法律关系，如果符合法律规定，又没有损害到业主的利益，而是有利于为业主提供更好的物业服务，应当允许这种转委托。

但是，物业服务人将物业服务区域内的部分专项服务事项委托给专业性服务组织或者其他第三人的，应当就该部分专项服务事项向业主负责。依法成立并生效的物业服务合同对物业服务人具有法律约束力，物业服务人应当按照约定履行义务。物业服务人应当按照物业服务合同的约定，向业主提供物业服务。物业服务人将部分专项物业服务事项转委托给第三人，由于第三人的原因导致物业服务人违反物业服务合同之约定的，物业服务人依然要向业主承担违约责任。物业服务合同的当事人依然为业主与物业服务人，而且根据合同相对性的原则，物业服务人与第三人之间订立的转委托合同，对业主没有法律约束力，业主与第三人之间没有直接的法律关系。即便物业服务人与第三人约定，因第三人之原因导致物业服务人未能履行物业服务合同义务而违约的，应当由第三人向业主赔偿，该约定亦对业主不发生效力。当物业服务人因转委托的第三人的原因违约时，业主可以向物业服务人主张违约责任，物业服务人再向第三人请求赔偿。

物业服务人可以将管理区域内的专项服务事项委托给第三人，但不得将全部物业服务转委托给第三人，或者支解后分别转委托给第三人。之所以如此规定，主要目的是保护业主的合法权益，并促进物业服务行业的健康发展。允许对部分专项服务事项转委托，是基于上述考虑，禁止全部转委托，也是由于此原因。这类似于建设工程合同中，为禁止承包方违法转包给第三人从中牟取非法利益，法律规定承包人不得将其承包的全部建设工程转包给第三人，或者将其承包的全部建设工程支解以后以分包的名义分别转包给第三人。通过转包非法渔利的合同，在司法实践中通常被认定为无效合同。

禁止物业服务人将全部物业服务事项转委托给第三人，主要理由有：

第一，物业服务合同是基于业主对物业服务人的信任而成立的，业主将其共同财产、共同事务交给物业服务人进行管理和处理，如果物业服务人擅自转委托，将使业主对物业服务人的信任落空，物业服务合同订立的基础就不存在，业主不如直接委托其他物业服务人来提供服务。所以，物业服务人负有亲自提供服务的义务。

第二，物业服务具有很强的综合性和专业性，不同的物业服务人专业、技术水平有所不同，物业服务事项、服务质量以及收费标准等都会有所差异。如果物业服务人擅自转委托给第三人，而第三人没有专业的技术人员以及相关的设备，就可能无法提供符合业主要求的物业服务。例如，电梯、供水供暖设施等的维护等，需要专业的技术人员才能进行。

第三，物业服务人作为专门从事提供物业服务的经营者，是以营利为目的的。物业服务合同是有偿合同，物业服务人提供的是有偿服务，业主向物业服务人缴纳的物业费中包含了投入的成本和合理的预期利润。物业服务人在订立物业服务合同后，如果为赚取一定的利润而全盘转委托，就会降低原合同价款。接受转委托的第三人依然要按照合同的约定提供同样的物业服务，但是经过转委托其利润空间已经被压缩。为了获取一定的利润，第三人只能通过降低服务质量来节约成本，进而损害全体业主的利益。

另外，从法律意义上讲，业主与原物业服务人之间通过签订物业服务合同形成了合同关系，就全部物业服务一并转委托，实质上是合同主体的变更，就狭义角度而言，当事人之间再履行的已经不是原来的物业服务合同，而是形成了新的合同关系。再者，物业服务人就全部物业服务事项的转委托，也可以理解为物业服务合同的转让，即权利义务的概括承受，按照本法第555条的规定，必须征得对方当事人即业主的同意。如果业主认为第三人比当前的物业服务人更适合为业主提供物业服务，可以直接选聘其他物业服务人，而没有必要与当前的物业服务人订立合同。

而规定物业服务人不得将全部物业服务支解后分别转委托给第三人，也是考虑到如果物业服务人只为从中谋取利益，不亲自处理任何事务，将导致业主对物业服务人的信任落空，无法保障物业服务质量，最终损害全体业主的共同利益，不能实现物业服务合同的目的和初衷。

如果物业服务人擅自将全部物业服务转委托给第三人，或者将全部物业服务支解后分别转委托给第三人，业主可以依照法定程序解聘物业服务人，解除物业服务合同。物业服务人因此给业主造成损失的，业主可以请求物业服务人承担违约责任。

需要注意的是，本条所说的转委托，并非委托合同中的转委托，而是特指或者说仅限于物业服务人与业主或者业主委员会签订物业服务合同后，围绕该合同涉及的物业服务具体事项进行的转委托。所以，本条的转委托不适用委托合同中转委托的规则。物业服务人将物业服务区域内的部分专项服务事项委托给专业性服务组织或者其他第三人的，无须经过业主同意，但是物业服务人应当就该部分专项服务事项向业主负责。而委托合同中的受托人应当亲自处理委托事务，须经委托人同意才能转委托。

第九百四十二条　物业服务人应当按照约定和物业的使用性质，妥善维修、养护、清洁、绿化和经营管理物业服务区域内的业主共有部分，维护物业服务区域内的基本秩序，采取合理措施保护业主的人身、财产安全。

对物业服务区域内违反有关治安、环保、消防等法律法规的行为，物业服务人应当及时采取合理措施制止、向有关行政主管部门报告并协助处理。

条文主旨

本条是关于物业服务人主要义务的规定。

立法背景

物业服务合同是双务、有偿合同，业主的主要义务是支付物业费，而物业服务人的主要义务，则是按照合同的约定、法律法规的规定和物业的使用性质，为业主提供物业服务。

条文解读

具体来说，物业服务人的主要义务包括以下内容：

一、对业主共有部分的管理和维护

物业服务人的义务首先就是对物业服务区域内的建筑物及其附属设施等共有财产进行管理和维护，这是物业服务人最重要的合同义务之一，也是保障业主正常生活、改善业主生活品质的重要基础。学界常把物业服务人的服务管理区分为对物的管理和对人的管理。物业服务人的此项义务主要涉及对物的管理，即管理物业服务区域内的业主的共有财产，主要包括小区内的道路、绿地、广场等公共场所，电梯、消防设施、公共照明设施和共有的车位车库等公共设施，以及物业服务用房等。

二、维护物业服务区域内的基本秩序

物业服务区域内的基本秩序，是业主正常生活的重要方面。物业服务人应当负有维护小区内共同生活秩序的义务，该项义务主要涉及对人的管理。例如，对外来人员的管理、对小区内停车位使用的管理等。为了维护物业服务区域内的基本秩序，可能会对业主的权利进行一定的限制，业主有义务配合物业服务人的管理。例如，物业服务人在小区内划定停车位，业主就应当按照划定的停车位进行停放，不能随意停放在其他区域，以免给其他业主带来不便。而当业主损害其他业主的利益时，物业服务人还应当对其行为进行制止。例如，业主在家中播放音乐声音过大，邻居向物业服务人反映，物业服务人应当制止业主的扰民行为，劝说其调低音量以免打扰他人。

三、保护业主的人身、财产安全

保护业主的人身和财产安全，是物业服务合同对物业服务人的基本要求，可以说是最为重要的内容。具体来说，此项义务主要包括两个方面的内容：一是物业服务人应当采取合理措施保护业主的人身及财产安全，消除安全隐患，预防损害的发生。例如，以醒目的方式告知业主24小时有保安在岗的值班室以及附近派出所的联系电话，在重要部位如地下停车场、单元楼门口等安装监控探头，按照约定和有关规定对电梯进行安全检修，等等。二是如果出现可能危害或者已经危害到业主人身、财产安全的情形，物业服务人应当及时制止相关行为，并且视情况采取必要措施以尽量保障业主的人身、财产安全。例如，发现小区单元楼发生高空抛物的行为，或者有人划伤在小区内停放的车辆时，物业服务人应当及时制止；发现小区内窨井盖破损时，物业服务人应当及时维修、更换，以免业主掉落窨井，导致人身、财产受到损害。

物业服务人是否具有安全保障义务，学界一直存有争议。宾馆、商场、银行、车站、机场、体育场馆、娱乐场所等经营场所、公共场所的经营者、管理者或者群众性活动的组织者负有安全保障义务。有的学者认为，就性质来说，物业服务人从事的是服务性行业，属于经营者的范畴。有的学者认为，从法理上来说，物业服务人符合成为安全保障义务承担者的法理依据，如危险控制理论的要求、收益与风险相一致理论的要求、节约社会总成本的要求等。较多学者认为物业服务人的安全保障义务是基于危险控制理论，因为物业服务人是对物业服务区域的实际管理者，对物业服务区域内的危险源的控制力显然要高于业主。另外，对物业服务人科以一定的安全保障义务，也符合业主对物业服务合同的期待。人身、财产安全是业主得以生存之基础，业主之所以聘请物业服务人来提供服务、管理物业，其中一个重要目的就是让自己的人身和财产安全能够得到保护。所以，规定物业服务人负有安全保障义务，具有一定的法理基础，也符合现实需要。

需要说明的是，物业服务人的安全保障义务之具体范围，可以由当事人自行约定。例如，双方当事人可以约定，物业服务人须安排 3 名保安，每隔 4 小时巡逻一次物业服务区域；在每栋居民楼有窗户的一面安装监控设备，以防止发生高空抛物坠物现象，等等。有的法律法规也对物业服务人安全保障义务作出了有关规定。例如，《物业管理条例》第 55 条第 1 款规定："物业存在安全隐患，危及公共利益及他人合法权益时，责任人应当及时维修养护，有关业主应当给予配合。"例如，小区内公共道路上的窨井盖发生破损，存在安全隐患，物业服务人就应当及时维修，消除安全隐患，防止业主不慎跌落，造成人身和财产损失。

需要注意的是，物业服务人承担的安全保障义务，应当在一定、合理、正常范围内，不能过于苛求。例如，业主不能要求物业服务人在物业服务合同中约定，保证在物业服务区域内不发生任何盗窃事件，或者不发生任何人身伤害事件。此外，物业服务人之安全保障义务的高低程度，也与物业服务人的收费标准有一定关联。一般而言，物业服务人收取的物业费越高，对其提供的服务质量的要求也越高，其安全保障义务自然也越高。在豪华高档小区，物业服务人收取高额物业费，自然也应当聘请足够的、较为年轻的保安，监控探头等安保设备也应当配备到位，安装消防设施的数量和质量也可以高于一般要求。

如果物业服务人没有尽到其安全保障义务，导致业主的人身、财产安全受到侵害，物业服务人应当承担相应的违约责任。当物业服务人的行为符合侵权责任之要件时，亦构成侵权，物业服务人须承担相应的侵权责任，此时发生违约责任与侵权责任之竞合，受到损害的业主可以向物业服务人请求其承担违约责任或者侵权责任。

四、对违法行为的制止、报告义务

本条第2款规定，对物业服务区域内违反有关治安、环保、消防等法律法规的行为，物业服务人应当及时采取合理措施制止、向有关行政主管部门报告并协助处理。作出该规定主要还是为了更好地为业主提供物业服务，履行前述的几项基本义务，妥善管理、维护物业服务区域内的相关设施，维护物业服务区域内的基本秩序，保护业主的人身、财产安全。例如，小区内正在发生高空抛物、划伤车辆等违法行为时，物业服务人应当及时采取合理措施制止该违法行为。应当注意，物业服务人所采取的措施应当是“合理”的，应当视具体情况而定，既不能超过必要的限度，也不能只做表面文章达不到制止的效果。例如，当发现有小偷行窃时，保安可以先将其控制后及时报警，将小偷交给公安机关处理，不能长时间限制小偷的人身自由，甚至对其进行殴打、拷问。又如，当物业服务区域内发生打架斗殴事件时，保安不能只站在一旁围观，而应视情况上前制止；当然，在无法制止的情形下，应当及时报警。而当此类违法行为已经发生之后，则应当及时向有关行政主管部门报告并协助处理。例如，发生业主失窃案件时，应当及时报案，通过调取相关监控资料、提供外来人员来访记录等方式，协助公安机关尽早破案。

上述义务是物业服务人的主要义务，也即物业服务人提供的物业服务的主要内容。除了上述义务，物业服务人往往还要承担一些其他义务，例如对物业进行验收接管的义务。物业服务企业接管物业时，应当对物业共用部位、共用设施设备进行查验。物业服务人的主要服务事项就是对物业服务区域内的业主共有部分进行管理，在物业服务人开始提供相关服务之前，应当对物业的有关情况进行全面了解，才能开展正常的物业服务活动。这些情况包括建筑物及其附属设施的现状（如电梯、车位车库、楼体外墙等设施的运行情况）、小区的入住情况、维修资金的筹集和使用情况等。物业服务人在提供服务之前，应当对物业进行验收和接管，特别是业主依法解聘了原物业服务人，聘请新物业服务人的，不仅可以让物业服务人了解有关情况，更好地为业主提供物业服务，也有利于物业服务人与业主以及前物业服务人明确物业现状及相关责任归属，以免接管后发生不必要的纠纷。例如，因为原物业服务人疏于管理，小区内多个单元门遭到破坏，一直没有维修。新物业服务人验收接管的范围，还应当包括原物业服务人或者原来自行管理的业主所掌握的相关信息以及资料，如监控资料、业主登记资料等。此外，物业服务人还负有不得妨碍业主合理行使专有权的义务，不得擅自处分业主共有财产或者改变共有财产用途的义务，执行政府依法实施的应急处置措施和其他管理措施的义务，配合居民委员会做好社区管理、社区服务的义务，等等。

第九百四十三条 物业服务人应当定期将服务的事项、负责人员、质量要求、收费项目、收费标准、履行情况，以及维修资金使用情况、业主共有部分的经营与收益情况等以合理方式向业主公开并向业主大会、业主委员会报告。

条文主旨

本条是关于物业服务人关于重要事项的公开及报告义务的规定。

立法背景

物业服务人应当将与物业服务有关的服务事项等情况定期向业主公开，并向业主大会、业主委员会报告，这些情况主要包括服务的事项、负责人员、质量要求、收费项目、收费标准、履行情况，以及维修资金使用情况、业主共有部分的经营与收益情况等。

条文解读

规定物业服务人的报告义务，主要有以下理由：第一，有利于保障业主的知情权。业主作为被服务的对象，有权知道与物业服务合同、物业服务事项有关的事项，物业服务人应当提供。这类似于消费者对自己所购买的物品或者享受的服务具有知情权。业主在了解物业服务有关事项的基础上，可以及时召开业主大会或者业主委员会对重要事项进行决策。第二，这是实现业主对物业服务人的监督权的需要。本法第285条规定了业主对物业服务人的监督权和物业服务人接受业主监督的义务，而物业服务人定期向业主报告，是业主对物业服务人进行监督的一种重要方式。第三，通过业主对物业服务人的监督，物业服务人会更加努力地做好各项服务工作，提高服务质量，业主获得更好的服务，提高生活品质，从而实现物业服务合同的目的。

有关物业服务人公开及报告的具体内容、范围、方式、时间等，当事人可以在物业服务合同中加以约定。业主要对常规事项进行定期公开，向业主大会或者业主委员会进行报告，并接受业主的监督，特别是有关维修资金的使用情况、业主共有部分的经营与收益等财务情况，应当定期公布。本法第 282 条规定，建设单位、物业服务企业或者其他管理人等利用业主的共有部分产生的收入，在扣除合理成本之后，属于业主共有。然而在实践中，业主往往无从知晓这些情况，而物业服务人常常擅自利用业主共有部分来进行牟利，如在电梯张贴商业广告或者安装广告显示屏，或者将车位对外出租等，损害业主的利益，对此，应当要求物业服务人公开、报告相关情况。除了对常规事项定期公开，涉及业主共同财产或者共同利益的重要情况，物业服务人也应当及时向业主公开，向业主大会或者业主委员会报告，依法应当由业主决定的，由业主按照法定程序作出决定。例如，物业服务人打算利用物业服务区域内部分空地规划建设停车位，需要及时向业主进行公示，并向业主大会或者业主委员会报告，这涉及改变共有部分的用途，依据本法第 278 条的规定，应当由业主共同决定。另外，根据本法第 285 条的规定，物业服务人应当接受业主的监督，并及时答复业主对物业服务情况提出的询问。因此，业主也有权就上述事项向物业服务人提出询问，物业服务人应当及时予以答复。物业服务人违反上述公开及报告义务，给业主造成损失的，应当承担相应的违约责任。

第九百四十四条 业主应当按照约定向物业服务人支付物业费。物业服务人已经按照约定和有关规定提供服务的，业主不得以未接受或者无需接受相关物业服务为由拒绝支付物业费。

业主违反约定逾期不支付物业费的，物业服务人可以催告其在合理期限内支付；合理期限届满仍不支付的，物业服务人可以提起诉讼或者申请仲裁。

物业服务人不得采取停止供电、供水、供热、供燃气等方式催交物业费。

条文主旨

本条是关于业主支付物业费的义务的规定。

立法背景

物业费，即物业服务费用，是指物业服务人按照物业服务合同的约定，对物业服务区域内的建筑物及其附属设施、相关场地进行维修、养护、管理，维护相关区域内的环境卫生和秩序，而向业主收取的报酬。物业服务合同是有偿合同，业主与物业服务人应当在物业服务合同中对业主支付物业费作出约定。

条文解读

一、关于业主应当按照约定支付物业费的义务

业主应当按照物业服务合同的约定向物业服务人支付物业

费，这是业主最基本也最核心的合同义务。业主违反该义务的，应当承担相应的法律责任。

域外有关建筑物区分所有权的相关规定，有的区分管理人和管理服务人，如我国台湾地区，其管理人相当于我们规定的业主委员会，管理服务人相当于物业服务人；有的仅规定了管理人而没有管理服务人，如日本、德国、瑞士，其管理人兼具我国法律上业主委员会与物业服务人的职能。由于建筑物区分所有权方面的制度不同，世界上各个国家和地区关于业主缴纳物业费以及拖欠物业费的追缴制度存在较大差异。在其他法域，业主作为区分所有权人所承担的各项费用，类似于物业费的管理费，由业主向管理人缴纳，缴纳的依据是法律规定和业主管理规约。而在我国，物业费由业主直接向物业服务人缴纳。

我国台湾地区“公寓大厦管理条例”（以下简称“条例”）第21条规定，区分所有权人或者住户积欠应缴纳之公共基金或其他应负担之费用已逾两期或达相当金额，经定相当期间催告仍不给付者，管理负责人或管理委员会得诉请法院命其给付应缴之金额及迟延利息。该“条例”规定了管理负责人或者管理委员会可以向法院起诉拖欠物业费的业主，该“条例”还规定管理服务人的报酬由管理负责人或者管理委员会向业主收取的管理费支付。诉讼请求的范围则包括拖欠的物业费以及相应的迟延利息。

《意大利民法典》第1130条规定，管理人有权收取各种费用，支付为建筑物共有部分的正常维修和公共服务支出的必要费用。第1118条规定，共有人不能以放弃财产共有权为由不承担维修养护费。

在日本，期限届满未缴纳管理费的，先后以口头、书面形式予以催收。对6个月和1年以上的滞纳，经过这些形式的催促而仍不能收回时，则采用支付命令的方式催促。如果被催促之人在支付命令发出 2 周内提出异议陈述，即进入诉讼程序。此后，该管理费滞纳以诉讼方式解决。

在新加坡，管理团体通常以书面方式通知各区分所有人支付管理费分担金，区分所有人在管理费分担金超过支付期日 30 日仍不支付的，将依管理团体所决定的利率加收利息。并且，管理团体可以将此作为债权，请求简易法院收取。

《德国住宅所有权法》第 16 条规定，各住宅所有权人对其他住宅所有权人，应按其应有部分之比例，就共有物的负担以及保存、修缮共有物的费用负有义务。第 11 条规定，住宅所有权人不得请求废止共有关系，即使其有重大理由。根据以上两条规定，住宅所有权人不但负有交费的义务，而且不得以放弃共有关系进行抗辩。

《奥地利住宅所有权法》第 8 条规定，不动产的费用应由全体共有人依其应有部分的比例负担。第 9 条规定，只要不动产上存有住宅所有权，所有权的共同关系仅得以全体住宅所有权人的同意而废止。根据该两条规定，住宅所有权人不但负有缴纳物业费的义务，而且不得以放弃共有关系进行抗辩。

各个国家和地区都规定了业主负有缴纳物业费（管理费）的义务。虽然这些国家和地区的规定和我国存在较大差异，但是对我国来说依然具有很大的借鉴意义，尤其是物业费的催缴程序和不得以放弃共有关系进行抗辩。

物业费的缴纳和收取需要注意以下几点，这些同时也是实践中比较容易产生物业费纠纷的问题。

1. 物业费的缴纳主体

对于前期物业服务合同，物业费的缴纳义务人应当是建设单位或者业主。对于普通物业服务合同，物业费的缴纳义务人是业主。一般认为，不论是前期物业服务合同还是普通物业服务合同，都应当以房屋交付作为业主开始承担物业费的时间点。在房屋出售或者交付给业主之前，物业费应当由建设单位缴纳；在出售或者交付给业主后，则应当由业主缴纳物业费。这符合权利义务相一致的原则。在房屋交付给业主之后，业主实际占有房屋，并开始接受物业服务人提供的物业服务，业主有权享受物业服务人的服务，相应地也有义务支付对价，即缴纳物业费。如果在房屋出售后，由于业主自身的原因导致未能成功交付，则应当由业主缴纳物业费。如果在房屋交付后，业主未实际入住房屋，是否需要缴纳物业费？此种情况下，业主依然应当缴纳物业费。房屋交付后，业主实际占有，即便其未实际入住，物业服务人依然要按照约定向其提供服务，业主不能以自己未实际入住作为拒绝缴纳物业费的理由。

但是，当物业所有人与物业使用人不是同一人时，应当由物业所有人还是由物业使用人缴纳物业费？物业承租人、借用人等物业使用人是否有缴纳物业费的义务？在实践中，业主常常将其房屋出租或者出借给他人使用，物业使用人不再是物业所有人即业主，而是物业的承租人、借用人以及其他物业使用人，此时物业使用人可以与业主约定物业费的承担。如果双方约定由物业使用人承担物业费，但是物业服务合同依然有效，按照物业服务合同的规定，应当由业主缴纳物业费。根据合同相对性原则，物业服务合同对物业使用人没有法律约束力。所以业主仍要承担支付物业费的义务，如果物业使用人未缴纳物业费，物业服务人可以直接请求业主承担。业主在向物业服务人缴纳物业费后，可以向物业使用人追偿。

另外，在实践中，房屋有可能基于买卖、赠与、继承等方式发生转移，如果原业主拖欠了物业费，新业主是否需要承担原业主拖欠的物业费？当然，在买卖、赠与、继承等法律关系中，当事人之间可以就拖欠的物业费如何缴纳作出约定，可以约定由原业主缴纳，也可以约定由买受人、受赠人或者继承人承担该物业费。但是，在没有约定的情况下，买受人、受赠人或者继承人是否需支付之前拖欠的物业费，对此存在不同观点：第一种观点认为，前业主拖欠的物业费属于他个人的债务，不随同房屋所有权的转移而转移，与买受人、受赠人或者继承人无关，新业主无须承担该拖欠的物业费。第二种观点认为，物业买受人、受赠人、继承人等继受人在继受区分所有权之前有义务向物业服务人查询之前的物业费缴纳情况，如果物业服务人将原业主拖欠物业费的情况告知，其在明知的情况下仍选择继受该物业的，就应当承担原业主拖欠的物业费。如果房屋所有权转移到新业主名下，而物业服务人不能向新业主主张，那么物业服务人就将面临难以追缴该笔物业费的境地，这也会损害其他业主的利益，对物业服务人和其他业主来说都是不公平的。我们认为，新业主是否需要承担前业主拖欠的物业费，不能一概而论，应当区分具体情形来处理。在继承场合，继承人如果没有放弃继承，应当承担被继承人拖欠的物业费。在赠与场合，拖欠的物业费原则上不应由受赠人承担，如果原业主的赠与行为影响了物业服务人债权（即拖欠的物业费）的实现，物业服务人可以请求法院撤销原业主的赠与行为。在买卖场合，一般由出卖人和买受人在买卖合同中约定拖欠物业费的承担；如果没有约定，买受人没有查询出卖人是否拖欠物业费之义务，根据合同相对性的原则，拖欠的物业费属于出卖人之个人债务，与买受人无关，买受人无须承担该拖欠的物业费，物业服务人可以向原业主请求支付。

2. 物业费收取的范围、标准和办法

物业费的收费范围、收费标准和收取办法通常应当在物业服务合同中作出约定。收费范围，也即物业费中所包含的收费项目，一般包括建筑物及其附属设施的维修养护、小区环境的清洁绿化等有关费用，如电梯使用费、车辆管理费、垃圾清运费等。收费标准，即应当缴纳的物业费数额的计算标准。根据本法第283条的规定，建筑物及其附属设施的费用分摊、收益分配等事项，有约定的，按照约定；没有约定或者约定不明确的，按照业主专有部分面积所占比例确定。实践中，物业费的收取往往也是按业主房屋的建筑面积计算的，如按建筑面积收取每平方米30元的物业费。物业费的收取办法，也即物业费的缴纳方式，具体包括物业费的支付时间、付款方式等，可以约定一次性缴纳，也可以约定分期缴纳。例如，双方当事人可以在物业服务合同中约定，物业费应当在每年的1月进行缴纳。如果物业服务合同没有约定或者约定不明确，应当按照法律、行政法规、部门规章等规定确定；如果没有约定亦没有相关规定，则应当依据当事人之间的交易习惯或者行业的通行做法来确定。

3. 物业服务人不得违规收费

物业服务人有权依据合同约定收取物业服务费用，但物业服务人不仅应当按照合同约定收取物业费，还应当符合法律法规、部门规章的规定。当事人应当在物业服务合同中对物业服务收费范围、收费标准和收取办法作出明确约定。物业费的收取范围、标准必须合理，物业服务人不得擅自单方不合理定价。物业服务人违规收费的行为包括：一是擅自扩大收费范围，即物业服务人违反合同约定、法律法规的规定收取额外费用。例如，小区内的篮球场或者足球场等公共设施属于业主共有财产，业主可以免费使用，但物业服务人仍向业主收取使用费。二是擅自提高收费标准，即物业服务人违反法律、行政法规、部门规章等关于物业费收取的有关规定或者行业标准收取高额物业费。物业服务人提高收费标准的，应当符合有关规定，同时经过业主的同意。三是重复收费，即物业服务人收取的物业费中原本就已经包含了有关项目的费用，但物业服务人又针对该项目向业主另行收费。例如，物业服务合同的收费范围包括了小区环境清洁绿化等相关项目的费用如垃圾清运费等，物业服务人又以清洁费的名义向业主收费。物业服务人不得擅自扩大收费范围，不得提高收费标准，也不得就同一事项向业主重复收费。如果出现违反约定或者有关规定收取费用的情形，业主有权以违规收费为由提出抗辩。物业服务人违反上述规定收费的，业主有权请求其退还已违规收取的费用。

4. 物业服务合同终止后物业费的缴纳

由于种种原因，物业服务期限届满后，或者物业服务合同被解除，导致物业服务合同终止的，物业服务人可能还继续为业主提供物业服务。此时，物业服务人是否有权主张业主缴纳物业费，应当根据具体情况来进行判断。如果物业服务合同终止后，物业服务人应当退出物业服务区域而拒绝退出，按照本法第 949 条的规定，物业服务人不得请求物业服务合同终止后的物业费，而且如果物业服务人给业主造成了损失，还应当赔偿业主的损失。根据本法第 950 条的规定，在物业服务合同终止后，在业主或者业主大会选聘的新物业服务人或者决定自行管理的业主接管之前，物业服务人继续提供物业服务，而业主也继续接受物业服务的，即使当事人在此期间没有订立正式的物业服务合同，业主仍有义务支付相应的报酬。就其法理基础，有观点认为，此时双方当事人实际上形成一种事实合同关系；也有观点认为，物业服务人继续服务的行为构成无因管理；还有观点认为，双方当事人是以默示的方式变更了物业服务合同，延长了物业服务期限。

物业服务合同是双务、有偿合同，物业服务人向业主提供物业服务，以业主向其支付相应报酬也即缴纳物业费为对价。业主应当按照约定向物业服务人缴纳物业费。只要物业服务人已经按照约定和有关规定提供服务，业主就不得以未接受或者无需接受相关物业服务为由拒绝支付物业费。在比较法上，很多国家和地区的法律也都规定了不得以放弃共有关系作为拒绝缴纳物业费或者管理费的抗辩理由。

二、业主违反约定逾期不支付物业费的违约责任

业主应当按照合同约定缴纳物业费，业主无正当理由逾期不支付物业费构成违约的，应当承担相应的违约责任。实践中，业主拖欠物业费的现象较为普遍。业主拖欠物业费的行为构成违约的要件主要有：

第一，业主逾期没有支付物业费。物业服务合同应当对物业费的缴纳时间和方式作出约定，业主应当按照合同约定的时间和方式缴纳物业费。业主逾期不支付物业费，就是物业服务合同约定的物业费缴纳期限届满，业主仍不缴纳。例如，物业服务合同约定，业主应当在每年1月最后一天之前缴纳当年的物业费，业主过了1月仍未缴纳物业费的，就属于逾期不支付物业费的行为。聘请物业服务人提供物业服务是全体业主依法定程序作出的决定，业主拖欠物业费的行为，不仅违反合同约定，损害了物业服务人的利益，同时，物业服务人也可能会因为物业费缴纳不到位，减少其服务事项或者降低服务质量，从而损害全体业主的利益。

第二，业主欠缺正当理由。业主逾期不支付物业费构成违约必须欠缺正当理由。如果业主对物业服务人收取物业费有正当的抗辩理由，则有权拒绝缴纳。业主可以拒绝支付物业费的正当理由包括：一是物业服务人不履行物业服务合同义务，或者履行义务不符合合同约定。物业服务合同为双务、有偿合同。业主缴纳物业费，是以物业服务人提供物业服务为基础的。如果物业服务人不履行义务，或者履行义务不符合合同约定，就丧失了收取物业费的基础，业主可以依法行使抗辩权。二是物业服务人违反物业服务合同约定或者法律、法规、部门规章规定，擅自扩大收费范围、提高收费标准或者重复收费，业主可以就属于违规收费的部分拒绝缴纳。

但是，业主不得以未接受或者无需接受相关物业服务为抗辩的理由拒绝向物业服务人支付物业费。一是业主不得以“未接受”为理由提出抗辩。如前所述，从房屋交付业主的时间起，业主就应当承担缴纳物业费的义务。即使在房屋交付后，业主未实际入住房屋的，依然应当缴纳物业费。房屋交付后，业主实际占有，不论其是否入住，物业服务人都要按照约定提供服务，业主不能以自己未实际入住作为拒绝缴纳物业费的理由。实践中，一人同时为多套房屋之业主的情况也较为多见，并不能因为其房屋空置而免除其缴纳物业费的义务。二是业主不得以无需相关物业服务为抗辩理由。业主不能放弃基于区分所有权产生的共有关系，不能以不需要物业服务人提供的全部或者某项服务为由，拒绝缴纳相应的物业费。例如，业主不能以其不产生生活垃圾，或者将生活垃圾带离小区后丢弃到小区外马路旁边的垃圾桶为由，拒绝缴纳物业服务合同约定的物业费中所包含的垃圾清运费。业主对物业服务合同中约定的物业服务事项以及相应的费用，并没有选择的余地。只要物业服务人为全体业主提供了相应的服务，业主就应当支付相应的物业费。

业主之所以不能以未接受相关物业服务为由拒绝支付物业费，主要有以下几个原因：一是物业服务人请求业主支付物业费的依据是物业服务合同，提供物业服务是物业服务人的主要合同义务，如果物业服务人已经按照合同约定向全体业主提供了物业服务，就履行了合同义务，业主应当按照约定支付物业费。二是在物业服务合同中，并没有约定先由物业服务人提供物业服务，物业服务人履行完合同义务后，业主才支付物业费，所以业主并不享有先履行抗辩权，不能以其还未接受物业服务人提供的物业服务为由提出抗辩。三是如果物业服务人不履行或者不完全履行物业服务合同约定的或者法律、法规规定的义务，业主可以依法请求物业服务人承担继续履行、采取补救措施或者赔偿损失等违约责任。在司法实践中，如果物业服务人起诉业主请求其支付物业费，同时业主也以物业服务人不履行合同义务，或者服务质量不符合合同约定为由，请求物业服务人承担违约责任，在符合合并审理条件的情况下一般都予以合并审理。

业主不能以无需接受相关物业服务为由拒绝支付物业费，主要理由在于，建筑物区分所有权具有整体性，不同于普通的所有权，建筑物区分所有权包括专有权、共有权和成员权三个方面的内容，并不是单个业主的绝对支配权。共有部分的利用和管理，与每个业主的利益息息相关，应当由全体业主共同作出决定，而非单个业主可以决定。本法第278条也规定，选聘和解聘物业服务企业或者其他管理人由业主共同决定。第280条规定，业主大会或者业主委员会的决定，对业主具有法律约束力。根据我国区分所有权制度的安排，全体业主通过业主大会作出决定，由业主委员会来执行。业主委员会与业主大会依法选聘的物业服务人订立的物业服务合同，对业主具有法律约束力，业主应当按照合同约定履行义务。因此，只要物业服务合同是由业主委员会根据业主大会依法通过的决议，与物业服务人签订的，即对所有业主具有法律约束力，这在上述第939条的释义中已经阐明。物业服务人对业主共有部分进行管理，就是在为全部业主提供物业服务，每个业主都可以实际享受相应的利益，并不因业主主观上是否需要而受影响。如果允许业主以“无需接受相关物业服务”为由拒绝支付物业费，恐怕支付物业费的业主将寥寥无几，甚至无人再支付物业费，这将使得物业服务人无法正常提供物业服务，无法实现物业服务合同的目的，反而损害了全体业主的共同利益。

第三，物业服务人进行了催告。业主违反约定逾期不支付物业费的，物业服务人可以催告其在合理期限内支付。一般情况下，在业主逾期未支付物业费时，物业服务人都要先进行催告，而不是直接起诉业主。实践中，业主可能基于种种理由而没有按照合同约定的期限缴纳物业费。例如，业主因为疫情原因正在隔离而无法缴纳，或者忘记缴纳物业费的期限，等等。物业服务人进行催告，给予业主合理的宽限期，可以提醒督促业主及时缴纳，提高效率，降低成本。如果直接进行诉讼，不仅可能需要投入大量的时间和精力，造成效率低下，还会导致司法资源的浪费。物业服务人进行催告，可以单独向单个业主作出。当拖欠物业费的业主较多时，物业服务人也可以采取在小区进行公告的形式，向全体拖欠物业费的业主作出催告。

在物业服务人催告的合理期限届满后，业主仍不支付物业费的，物业服务人可以通过诉讼或者仲裁的方式，请求业主支付物业费。业主应当按照合同约定承担逾期缴纳物业费的违约责任；如果合同对此没有作出约定，业主须承担违约责任的范围，不仅包括其所拖欠的物业费，还应当包括相应的迟延支付利息。需要指出的是，催告不是物业服务人提起诉讼或者申请仲裁的前置程序。业主违反约定逾期不支付物业费的，不要求物业服务人必须先进行催告，物业服务人也可以不经催告直接向法院提起诉讼或者申请仲裁，以保护自己的合法权益。

在比较法上，有些国家还对物业费或者管理费的收取规定了特殊的保障制度。例如，美国各州立法规定，业主管理团体可对欠费业主的房屋设定不动产留置权。经过催缴仍拒绝缴纳的，业主管理团体有权依照法定程序，强制拍卖业主房屋，就所得价款优先受偿其拖欠的物业费、利息、滞纳金、诉讼费及合理的律师费。再如，在新加坡，管理团体以书面形式通知业主缴纳物业费，如果业主超过30日仍未支付，则将依管理团体所决定的利率加收利息并请求简易法院予以收取；同时，法院得以业主违反义务为由处1万新加坡元以下的罚金。

三、物业服务人不得采取停止供电、供水、供热、供燃气等方式催交物业费

在审议民法典的过程中，有的代表提出，实践中，有的物业服务人采取断水、断电等方式催交物业费，对业主的基本生活造成了严重影响，建议予以规范。为了规范物业服务人的行为，保护业主的合法权益，本条第3款规定，物业服务人不得采取停止供电、供水、供热、供燃气等方式催交物业费。业主逾期不支付物业费的，物业服务人可以通过诉讼或者仲裁等合法途径主张权利，但是无权采取停止供电、供水等措施。如果物业服务人为催交物业费，采取停止向业主供电、供水、供热、供燃气等措施，造成业主损失的，应当承担相应的赔偿责任。

第九百四十五条　业主装饰装修房屋的，应当事先告知物业服务人，遵守物业服务人提示的合理注意事项，并配合其进行必要的现场检查。

业主转让、出租物业专有部分、设立居住权或者依法改变共有部分用途的，应当及时将相关情况告知物业服务人。

条文主旨

本条是关于业主负有就有关重要事项告知物业服务人的义务的规定。

立法背景

业主作为区分所有权人，对其专有部分享有专有权，可以行使对其专有部分的占有、使用、收益和处分的权利，自然就包括对自己房屋进行装饰装修的权利，他人无权干涉。但是由于业主的专有部分与其他业主的专有部分以及全体业主的共有部分紧密结合或者相邻，业主在进行装饰装修的过程中，会影响到其他业主的利益甚至是全体业主的共同利益。因为对房屋进行装饰装修，往往可能会发出噪声，产生大量的装修垃圾，造成管道堵塞、地面渗水等情况，可能改变建筑物的主体结构或者承重结构，甚至造成房屋倒塌等严重后果，影响全体业主的人身和财产安全。因此，本条规定，业主装饰装修房屋的，应当事先告知物业服务人。

条文解读

物业服务人负有为全体业主的利益维护小区公共安全、公共秩序的义务，业主应当积极配合物业服务人的服务和管理。例如，为公共设施铺设线路需要经过业主室内时，或者为检修管道需要进入业主室内进行查看时，业主应当予以配合。物业服务人有权根据合同约定和法律法规的有关规定对物业进行管理，业主擅自从事有关装饰装修等行为，或者危害小区公共安全、公共秩序的行为，损害全体业主的共同利益的，物业服务人有权而且应当予以制止。在物业服务人按照合同约定和有关规定提供服务，对物业服务区域进行管理的过程中，业主负有接受、配合物业服务人服务和管理的义务，其中就包括了当业主遇到有关重要事项时，应当及时告知物业服务人。所谓的"重要事项"包括装饰装修房屋，转让、出租物业专有部分，设立居住权或者依法改变共有部分用途等。这主要是因为，发生这些重要事项可能影响到其他业主的合法权益，影响到物业服务人对全体业主的物业服务和对小区内物业的管理。

业主装饰装修房屋，不仅应当在动工前告知物业服务人，而且应当遵守物业服务人提示的合理注意事项，并配合其进行必要的现场检查。这主要是因为物业服务人比较了解物业的实际情况，可能向业主提供必要的信息，并提示合理的注意事项，以免业主在装饰装修的过程中对建筑物尤其是建筑物的共有部分造成损害，造成其他业主的损失，且在损害发生时，物业服务人能够第一时间掌握相关情况并采取措施进行补救。例如，在需要进行装饰装修的业主事先告知物业服务人后，物业服务人可以将物业的相关信息告知业主，比如建筑物的承重墙、管道及电线线路等，以免业主因不知情错把承重墙拆除，破坏建筑物结构，或者破坏管道线路等，引发一定的安全隐患，影响全体业主正常的生产、生活秩序，造成其他业主的损失。当损害发生时，如破坏自来水管道导致业主不能正常用水时，物业服务人能够第一时间发现并安排人员进行抢修，将损失降到最小。

业主装饰装修房屋，除了应当遵守合同有关约定，还应当遵守法律、行政法规、部门规章等有关规定。根据建设部2002年出台的《住宅室内装饰装修管理办法》，住宅室内装饰装修活动，禁止下列行为：（1）未经原设计单位或者具有相应资质等级的设计单位提出设计方案，变动建筑主体和承重结构；（2）将没有防水要求的房间或者阳台改为卫生间、厨房间；（3）扩大承重墙上原有的门窗尺寸，拆除连接阳台的砖、混凝土墙体；（4）损害房屋原有节能设施，降低节能效果；（5）其他影响建筑结构和使用安全的行为。装修人从事住宅室内装饰装修行为，未经批准，不得有下列行为：（1）搭建建筑物、构筑物；（2）改变住宅外立面，在非承重外墙上开门、窗；（3）拆改供暖管道和设施；（4）拆改燃气管道和设施。

业主转让、出租物业专有部分，设立居住权或者依法改变共有部分用途的，也应当及时将相关情况告知物业服务人。业主转让其房屋的，原业主将退出物业服务合同，由新业主替代原业主成为物业服务合同的当事人，享受合同权利，履行合同义务。如果原业主不将转让的情况告知物业服务人，将导致物业服务人不知新业主为新的合同相对人，不了解房屋的权利归属，不便于物业服务人的服务和管理，也可能使物业费的收取难以进行，损害全体业主的利益。而业主将其物业专有部分出租、设立居住权的，将导致物业使用人和物业所有人不一致的情况，会导致物业服务人不了解物业使用情况，给物业服务人的服务和管理带来不便。如果物业所有人与物业使用人约定由物业使用人缴纳物业费，而物业使用人并没有按时缴纳，将使物业服务人收取物业费变得更加困难，因为物业所有人并不在小区居住，而物业使用人与物业服务人之间又没有直接的合同关系，不能直接向物业使用人请求支付物业费。业主改变共有部分的用途，应当由全体业主依照法律规定的程序共同作出决定，并及时将情况告知物业服务人。这主要还是为了便于物业服务人及时掌握物业服务区域内的情况，便于物业服务人对小区的服务和管理，维护全体业主的共同利益。例如，业主依法共同决定将小区内一块空地改为停车场的，应当及时通知物业服务人，方便物业服务人对停车场及小区内车辆进行管理。

第九百四十六条　**业主依照法定程序共同决定解聘物业服务人的，可以解除物业服务合同。决定解聘的，应当提前六十日书面通知物业服务人，但是合同对通知期限另有约定的除外。**

依据前款规定解除合同造成物业服务人损失的，除不可归责于业主的事由外，业主应当赔偿损失。

条文主旨

本条是关于业主可以依法共同决定解除物业服务合同的规定。

立法背景

根据合同法理论，合同的解除方式包括任意解除和非任意解除。任意解除，是指当事人可以在合同约定的期限届满之前，根据法律规定或者合同的约定，不需要特别的理由，不受条件限制，而根据自己单方的意思表示解除合同。非任意解除，是指当事人根据双方协议，或者当合同约定、法律规定的事由发生而解除合同，适用于所有民事合同。物业服务合同作为一种民事合同，自然适用非任意解除的规则。物业服务合同订立后，可能因为种种原因导致合同无法履行，或者双方均不愿意再继续保持合同关系，此时，双方当事人可以通过协议方式解除合同。业主与物业服务人也可以在物业服务合同中约定，如果发生某种事由，业主或者物业服务人得以解除合同。例如，物业服务合同约定，因可归责于物业服务人的原因，在物业服务区域内发生人身伤害事故的，业主可以解除物业服务合同。当然，业主与物业服务人还享有法定解除权。本法第563条规定了当事人可以解除合同的法定事由，包括因不可抗力致使不能实现合同目的，一方当事人根本违约，等等。

条文解读

任意解除权并不是所有民事合同当事人都享有的，必须在有法律明确规定或者当事人特别约定的情况下，合同当事人才能享有任意解除权。物业服务合同的当事人是否应当享有任意解除权，各个国家和地区的法律规定差异较大，学界也存在不同观点。

对于业主是否可以随时解除物业服务合同，学界有两种观点。第一种观点认为，应当赋予业主对物业服务合同的任意解除权。主要理由有：第一，更好地保护业主的合法权益。在物业服务合同关系中，业主往往处于弱势地位，或者信息不对称之境地，物业服务人掌握信息优势。在多数业主认为物业服务人提供的服务不能达到业主的满意程度、不能满足业主的需求，而物业服务人之行为又不构成根本违约的情形时，继续履行的意义不大，应当允许业主解除物业服务合同，重新选聘物业服务人。第二，尽管对于物业服务合同是否为委托合同，理论界和实务界都有争议，但是物业服务合同与委托合同一样都是继续性合同，合同的顺利履行和合同目的的顺利实现都离不开当事人双方的相互信任和相互配合，因此无论物业服务合同是否为委托合同，都应当赋予业主一方任意解除权。物业服务人的选聘以业主的信任为基础，具有一定的人身信任属性，如果业主对物业服务人产生信任危机，将使得物业服务和管理难以继续进行，此时应当允许业主通过法定程序解聘、更换物业服务人，

第二种观点认为，不应当规定业主对物业服务合同的任意解除权。业主受依法成立的物业服务合同的约束，不应当享有任意解除权，主要理由有：第一，物业服务合同不同于委托合同。本法合同编第二十三章规定了委托人的任意解除权，是因为委托合同大多是无偿的，即使委托人任意解除合同，通常也不会给受托人造成损失。而物业服务合同是双务、有偿合同，

不属于委托合同，不能适用委托合同有关任意解除权的规定。第二，赋予业主任意解除权，将损害物业服务人的利益。在实践中，物业服务合同成立之后，物业服务人为了提供约定的物业服务，通常要进行大量的准备工作，可能还要将某些专项服务事项委托给其他专业性服务组织或者其他第三人，从而和其他主体订立一系列合同。如果业主行使任意解除权，可能会给物业服务人造成较大损失，这对物业服务人来说是不公平的。第三，法定解除权已足以保护业主的合法权益，不必再另行赋予其任意解除权。实践中，如果物业服务人不履行相关合同义务，或者履行义务不符合合同约定，例如物业服务人不履行对公共设施的维修养护义务，造成小区内多部电梯出现故障，存在严重安全隐患，或者不履行清洁绿化义务，使小区内垃圾随意堆放，绿植都干枯而死，构成根本违约，业主可以行使法定解除权解除合同，解聘物业服务人。

关于业主（或者业主团体、管理委员会、管理负责人等）是否可以随时解聘物业服务人（管理人或者管理服务人），其他国家和地区主要存在两种不同的立法例。一种是规定业主（或者业主团体、管理委员会、管理负责人等）享有任意解除权，可以随时解除合同，如日本、我国台湾地区、新加坡等。《日本有关建筑物区分所有等之法律》第25条规定，在规约无特别规定时，区分所有人得依业主集会的决议选任和解任。管理人有不正当行为或其他不适于执行职务的情形时，各区分所有人得请求法院将其解任。该法第28条规定，除本法及管理规约的规定外，管理人的权利义务，依照有关委任的规定。也就是说，区分所有人（即业主）与管理人（即物业服务人）之间的法律关系为委任关系。《日本民法典》第651条规定，委任契约的各当事人，可以随时解除委任。因此，区分所有人与管理人均享有任意解除权。我国台湾地区“公寓大厦管理条例”没有直接规定大厦管理委员会（或者管理负责人）是否可以随时解除管理服务人，但是该“条例”第36条第9项规定管理委员会（或者管理负责人）负责管理服务人的委任、监督及监管，而根据我国台湾地区“民法”第549条的规定，委任合同当事人之任何一方，得随时终止委任契约。与日本一样，我国台湾地区也将管理委员会（或者管理负责人）与管理服务人的关系视为一种委托关系，据此双方均得任意解除合同关系。而在新加坡，每个新建住宅区必须在两年内成立管理委员会，由全体业主投票选出委员会成员。该委员会将代表全体业主管理社区，每年召开一次全体大会，讨论制定社区行为规则以及聘请物业管理公司等重要事务。如果物业公司表现不好，管理委员会有权立即将其解聘。

另一种则为解除权的行使设置了限制条件，如德国和瑞士等。《德国住宅所有权法》第26条规定，住宅所有权人以多数决决议管理人选任与委任。选任的期限最高为5年，管理人的解任以有重大原因者为限。可见，业主要解聘物业服务人，须以存在重大理由为前提。《瑞士民法典》第712q条规定，楼层所有人大会未能委任管理人时，各楼层所有人均得请求法院指定管理人。第712r条规定，楼层所有人大会得随时依其决议解任管理人，但其已到期的酬金请求权不受影响。楼层所有人大会无视重大理由，拒绝解任管理人时，各楼层所有人均得在一个月内请求法院解任。经法院指定的管理人，在任职期限届满前，未经法院同意不得解任。也就是说，物业服务人可以由业主委托，也可以由法院指定。对两种方式产生的物业服务人，业主的解聘程序也不一样。对于法院指定的物业服务人，业主不能随时解聘，必须经过法院的同意。

在编纂民法典的过程中，对于是否规定业主的任意解除权，起初也有不同意见。有的意见认为，应当优先保护业主的利益，仅将任意解除权赋予业主，不允许物业服务人任意解除合同；有的意见认为，如果允许业主任意解除物业服务合同，对物业服务人不公平，也可能会反过来损害业主的整体利益。为了保护业主的合法权益，构建和谐物业服务关系，民法典作出本条规定，赋予业主一方任意解除权。

所谓业主一方的任意解除权，此处的“业主”并非单个业主，而是指全体业主。单个业主是不能行使这种任意解除权的，必须由全体业主“依照法定程序共同决定解聘物业服务人”，才能解除物业服务合同。根据本法第278条的规定，解聘物业服务企业或者其他管理人由业主共同决定。而该“法定程序”，也就是通过业主大会的形式，而且对参与表决和同意的业主数量有所要求，即应当由专有部分面积占比三分之二以上的业主且人数占比三分之二以上的业主参与表决，经参与表决专有部分面积过半数的业主且参与表决人数过半数的业主同意。

此外，业主最终决定解聘的，还应当提前六十日书面通知物业服务人，但是合同对通知期限另有约定的除外。因为在业主决定解聘物业服务人后，物业服务人退出物业服务用房、交接物业及其相关资料都需要一定的时间，应当给予其一定的合理期限，做好退出、交接工作。本条规定的合理期限为六十日，该合理期限的规定为任意性规定，当事人可以作出特别约定排除其适用。因为实践中，不同物业服务人负责的物业服务内容可能是不同的，所以解聘时物业服务人做好退出准备的时间也是不相同的，当事人可以对提前通知物业服务人解聘决定的期限作出特别约定。

不过，业主行使任意解除权解除合同造成物业服务人损失的，除不可归责于业主的事由外，应当赔偿物业服务人的损失。物业服务合同成立之后，物业服务人为了提供约定的物业服务，通常要进行大量的准备工作，投入大量的人力、财力、物力，而且可能和其他主体订立一系列涉及物业服务的合同。业主行使任意解除权，可能会给物业服务人造成较大损失。如果不对受到损失的物业服务人进行赔偿，则有失公允。当然，如该损失之发生是因为不可归责于业主的事由，例如是因为不可抗力，或者物业服务人自己违约导致合同被解除，则业主不需要赔偿该损失。

需要注意的是，合同解除后，物业服务人是否可以请求已经履行部分的物业费？这个问题涉及合同解除效果即合同解除的溯及力问题。在比较法上，世界各个国家和地区合同法对合同解除的溯及力的规定基本一致，合同解除对非继续性合同具有溯及力，而对继续性合同不具有溯及力，即合同解除仅向将来发生效力。我国理论和实务界一般认为，应当区分合同解除对继续性合同和非继续性合同具有不同的法律效力，非继续性合同的解除原则上具有溯及力，继续性合同的解除原则上不具有溯及力。本法第566条第1款规定："合同解除后，尚未履行的，终止履行；已经履行的，根据履行情况和合同性质，当事人可以请求恢复原状或者采取其他补救措施，并有权请求赔偿损失。"对继续性合同来说，恢复原状不具有现实可行性，物业服务人可以请求相应的损失，主要就是与其已经履行的部分合同义务相对应的物业费。

此外，还有观点认为，也应当赋予物业服务人任意解除权。从比较法上看，多数国家都只规定业主一方的任意解除权，没有规定物业服务人的任意解除权。物业服务人作为专门提供物业服务的经营者，掌握信息优势，处于合同的有利地位，在服务期限届满前，都应当尽到善良管理人之职责，按照约定为业主提供物业服务。因此，民法典未赋予物业服务人任意解除权。

第九百四十七条　物业服务期限届满前，业主依法共同决定续聘的，应当与原物业服务人在合同期限届满前续订物业服务合同。

物业服务期限届满前，物业服务人不同意续聘的，应当在合同期限届满前九十日书面通知业主或者业主委员会，但是合同对通知期限另有约定的除外。

条文主旨

本条是关于业主续聘物业服务人的规定。

立法背景

物业服务合同的成立基于业主与物业服务人之间的信任。在物业服务期限届满前，业主将面临一个选择，即续聘物业服务人，或者重新选聘其他物业服务人。当然，物业服务人同样也面临两个选择，即同意业主的续聘或者不同意续聘。

条文解读

物业服务期限届满前，如果业主选择续聘物业服务人，应当与其续订物业服务合同。需要注意的是，续聘也应当由业主依法共同决定，即根据本法第 278 条的规定，由专有部分面积占比三分之二以上的业主且人数占比三分之二以上的业主参与表决，还应当经参与表决专有部分面积过半数的业主且参与表决人数过半数的业主同意。另外，业主与物业服务人应当在合同期限届满前进行续订，这样续订的物业服务合同可以与原物业服务合同衔接，不会出现物业服务的真空期，以免产生不必要的纠纷，损害业主或者物业服务人的合法权益。如果物业服务期限届满后，业主没有依法作出续聘或者另聘物业服务人的决定，物业服务人继续提供物业服务的，依据本法第 948 条的规定，原物业服务合同继续有效，但是服务期限为不定期。

如果物业服务人愿意接受续聘，业主也依法共同决定续聘，双方应当在合同期限届满前续订物业服务合同；业主在物业服务期限届满前没有依法作出续聘决定的，或者选聘其他物业服务人的，物业服务期限届满时，物业服务合同即终止。如果物业服务人不同意业主续聘，应当在合同期限届满前九十日书面通知业主或者业主委员会。之所以这样规定，主要是因为如果物业服务人不同意续聘，业主就需要重新选聘新的物业服务人。物业服务人的选择关系到全体业主的共同利益，业主需要多方考察对比，选择值得信任、服务到位、收费合理的物业服务人，而且要通过法定的程序作出选聘的决定，这往往需要较长的一段时间。因此，原物业服务人如果不愿意接受续聘，就应当在服务期限届满前给予业主充分的时间重新选择新的物业服务人。本条规定物业服务人应当在合同期限届满前九十日内通知业主或者业主委员会，而且应当以书面的形式明确告知。不过，合同期限届满前九十日的通知期限是任意性规定，双方可以对通知期限作出特别约定。

第九百四十八条　物业服务期限届满后，业主没有依法作出续聘或者另聘物业服务人的决定，物业服务人继续提供物业服务的，原物业服务合同继续有效，但是服务期限为不定期。

当事人可以随时解除不定期物业服务合同，但是应当提前六十日书面通知对方。

条文主旨

本条是关于物业服务期限届满后，业主没有依法作出续聘或者另聘物业服务人的决定，物业服务人继续提供物业服务的，原物业服务合同继续有效的规定。

立法背景

物业服务合同约定的服务期限届满后，如果当事人没有订立新的物业服务合同或者通过约定延长原物业服务合同的服务期限，该物业服务合同终止。但是，如果业主没有依法作出续聘或者另聘物业服务人的决定，小区的物业将处于无人管理的状态，将影响到全体业主的正常生活，损害全体业主的共同利益。

条文解读

基于诚信原则，从保护全体业主共同利益的角度出发，本条规定，物业服务期限届满后，物业服务人继续为业主提供物业服务的，原物业服务合同继续有效，只是服务期限变为不定期。此时，双方当事人都可以随时解除物业服务合同，只是需要提前六十日书面通知对方。业主在此期间解除合同的，提前六十日告知对方，可以让物业服务人有足够的时间做好退出的准备；物业服务人决定解除合同的，提前六十日告知对方，可以让业主利用这段时间去重新寻找合适的其他物业服务人。所以规定在此期间当事人解除不定期物业服务合同须提前六十日通知对方是很有必要的。

第九百四十九条　物业服务合同终止的，原物业服务人应当在约定期限或者合理期限内退出物业服务区域，将物业服务用房、相关设施、物业服务所必需的相关资料等交还给业主委员会、决定自行管理的业主或者其指定的人，配合新物业服务人做好交接工作，并如实告知物业的使用和管理状况。

原物业服务人违反前款规定的，不得请求业主支付物业服务合同终止后的物业费；造成业主损失的，应当赔偿损失。

条文主旨

本条是关于物业服务合同终止后物业服务人负有退出物业服务区域等义务的规定。

立法背景

物业服务合同终止后，物业服务人没有继续留在物业服务区域进行服务和管理的正当理由的，就应当及时退出物业服务区域。但是在实践中，物业服务合同终止后，物业服务人无正当理由，拒绝退出物业服务区域，拒绝移交物业服务用房等相关设施设备以及物业服务所必需的相关资料，或者不配合新物业服务人做好交接工作的现象也时有发生，导致新物业服务人无法进场或者决定自行管理的业主无法接管，不仅影响业主的正常生产生活，损害业主的共同利益，严重的甚至可能引发群体性事件。物业服务人之所以拒绝退出或者拒绝配合移交和交接，可能是因为业主对物业服务人提供的物业服务不满意，依法共同决定解聘物业服务人，提前解除物业服务合同；也可能是因为物业服务合同期限届满，业主没有续聘物业服务人，而是选聘新的物业服务人；还有可能是因为仍有部分业主拖欠物业费。

条文解读

物业服务合同终止后，当事人仍然负有一定的后合同义务。所谓后合同义务，属于附随义务的一种，是指在合同关系终止后，当事人依据法律法规的规定，以及诚信原则的要求对另一方负有保密、协助等义务。本法第 558 条规定："债权债务终止后，当事人应当遵循诚信等原则，根据交易习惯履行通知、协助、保密、旧物回收等义务。"因为物业服务合同涉及的内容方方面面，十分复杂，物业服务人对该物业服务区域内的业主情况、物业使用和管理情况都了解和掌握，基于诚信原则，为了保护全体业主的共同利益，实现物业的顺利交接，本条规定了物业服务人的一些后合同义务。物业服务人在合同终止后所应承担的后合同义务主要包括以下内容：

第一，在约定期限或者合理期限内退出物业服务区域。所谓退出，是指物业服务人及其工作人员应当离开相应的物业服务区域，如相关的工作人员应当退出物业服务用房，物业服务人所雇用的保安、门卫应当离开保安室、门卫室等，不得继续占用相关区域。因为物业服务合同终止后，物业服务人没有合法正当理由继续占用相关区域。当事人可以在物业服务合同中对合同终止后物业服务人的退出期限作出明确约定，如果没有约定，应当在合同终止后，给予物业服务人一定的合理期限，让物业服务人在该合理期限内有序退出。

第二，妥善交接义务，包括移交物业服务用房和相关设施，以及物业服务所必需的相关资料，配合新物业服务人做好交接工作。这主要是因为，物业服务合同已经终止，物业服务人已经丧失占用物业服务用房和相关设施、物业服务所必需的相关资料等的法律依据，因此应当将其交还。物业服务用房和相关设施、物业服务所必需的相关资料等应当交还给业主委员会、决定自行管理的业主或者其指定的人，指定的人往往为业主或者业主委员会选聘的新物业服务人，直接移交给新物业服务人，不仅可以提高交接效率，还能最大限度地维护全体业主的利益。

第三，如实告知物业的使用和管理状况。物业服务合同终止后，物业服务人不仅要移交物业服务用房和相关设施、物业服务所必需的相关资料等，同时要如实告知物业的使用和管理情况，尤其是与业主人身、财产安全密切相关的重要情况，例如某单元楼内某部电梯出现了故障仍待维修，小区门禁出现故障任何人可以自由进出，专项维修资金的使用情况，等等。告知的对象，既包括全体业主、业主委员会，也包括新物业服务人。因为业主对物业的使用和管理情况有知情权，物业服务人应当接受业主的监督，在其即将完全退出物业服务区域前，自然应当将有关物业使用和管理的情况如实告知业主。而之所以要告知新物业服务人，是因为新物业服务人即将接管物业服务和管理，为了尽快进入角色，应当及时全面了解和掌握物业的使用、管理情况，这也是新物业服务人的义务，而原物业服务人对物业的使用和管理情况最为了解，应当负有义务将这些情况如实告知新物业服务人，以保护业主的共同利益。

物业服务人违反上述义务，不仅不得请求业主支付物业服务合同终止后的物业费；造成业主损失的，还应当赔偿损失。需要特别说明的是，此处规定的“物业服务合同终止后的物业费”，并非其履行上述后合同义务的额外报酬，应是在他人接管相关物业前，原物业服务人继续为全体业主提供物业服务期间所应收取的物业费。本法第950条规定：“物业服务合同终止后，在业主或者业主大会选聘的新物业服务人或者决定自行管理的业主接管之前，原物业服务人应当继续处理物业服务事项，并可以请求业主支付该期间的物业费。”物业服务合同终止后，物业服务人仍占用物业服务用房及相关设施，拒绝向业主委员会选聘的新物业服务人移交物业服务所必需的相关资料，导致新物业服务人不能入场为业主提供物业服务的，即使其仍在继续提供物业服务，也是对业主权利的侵犯，不仅不能请求物业服务合同终止后继续服务期间的物业费，如果给业主造成损失，还要赔偿相应的损失。例如，物业服务合同终止后，由于物业服务人拒不退出物业服务区域，不配合新物业服务人交接，导致小区处于无人服务和管理的状态，如果小区内电梯出现故障导致业主人身受到伤害，此时虽然物业服务人与业主的权利义务关系已经终止，但是对于该业主的损失，物业服务人依然要予以赔偿。

此外，物业服务合同终止后，物业服务人可能还要履行其他义务，这些义务包括但不限于：

一是物业服务人应当对其为业主提供物业服务期间所掌握的有关信息、资料和情况等进行保密，这也属于物业服务合同的后合同义务。物业服务人基于其提供服务和管理的需要和便利，在工作过程中肯定会收集该物业服务区域内业主的个人信息，包括业主的姓名、身份证号码、联系方式、所居住的楼层及门牌号、行踪信息（如每天几点出门、几点回家）等。由于现在很多小区单元楼开始使用新型智能锁，物业服务人甚至还可能收集到业主的指纹、人脸、虹膜等重要的生物识别信息。物业服务人所收集的这些个人信息中不乏极为重要的敏感信息，对业主来说至关重要，如果物业服务人将其泄露，可能给业主造成人身、财产的重大损失。这些信息如果落入不法分子手中，后果更是不堪设想。例如，物业服务人通过门禁、监控等途径知晓业主每天几点离开小区，几点回家，如果让不法分子知道该信息，就可以选择业主不在家的时候行窃。除了业主的个人信息，物业服务人掌握的各种有关资料（例如小区监控录像资料）和有关情况（例如业主家中住几个人，居住人的性别，与业主一起居住的人是谁等），都应当予以保密，因为这些资料或者情况往往涉及业主的隐私。

二是物业服务人应当返还其占有的属于业主所有的财产，这主要是指物业服务人利用业主共有部分从事经营活动获得的收益。根据本法第282条的规定，物业服务企业或者其他管理人等利用业主的共有部分产生的收入，在扣除合理成本之后，属于业主共有。实践中，物业服务人常常利用业主共有部分进行牟利，例如在建筑物外墙粉刷商业广告，在电梯内部安装显示屏用于播放广告，将空余车位对外出租给非小区业主，等等。物业服务人取得的收入扣除合理成本之后，属于业主共有，在物业服务合同终止后，物业服务人应当及时返还给业主。

三是物业服务人应当退还已经预收的、尚未提供物业服务期间的物业费。物业服务合同因为业主提前解除合同等原因在服务期限届满前终止的，物业服务人仅有权收取其提供物业服务期间的物业费，对于物业服务人已经收取的、尚未提供物业服务期间的物业费，应当返还给业主。此外，物业服务人预收的其他费用，如装修保证金、垃圾清运费等，也应当依法返还给业主。

第九百五十条　物业服务合同终止后，在业主或者业主大会选聘的新物业服务人或者决定自行管理的业主接管之前，原物业服务人应当继续处理物业服务事项，并可以请求业主支付该期间的物业费。

条文主旨

本条是关于物业服务合同终止后、他人接管物业前，原物业服务人应当继续提供物业服务并可以请求业主支付相应物业费的规定。

立法背景

在物业服务合同期限届满或者被解除，物业服务合同终止后，在业主或者业主大会选聘的新物业服务人或者决定自行管理的业主接管之前，应当继续为业主提供物业服务。

条文解读

之所以作出该规定，主要有以下几个理由：一是出于保护业主利益的考虑。物业服务合同终止后，如果在业主或者业主大会选聘的新物业服务人或者决定自行管理的业主接管之前，原物业服务人就已完全退出，将导致该物业服务区域陷入无人服务和管理的境地，如小区内无人进行保洁工作使得垃圾成山，影响全体业主的日常生活，损害全体业主的共同利益。二是基于诚信原则。物业服务人与业主之间存在合同关系，由物业服务人为业主提供物业服务，当合同终止后，他人接管之前，物业服务人也应当按照诚信原则的要求，继续为业主处理物业服务事项，这属于物业服务人的后合同义务。三是符合公平与效率的原则。在物业服务合同终止后，物业服务人交给他人接管前，显然由物业服务人继续为业主提供服务是最为简便快捷的做法，而且物业服务人可以请求业主支付相应的报酬，也符合公平的原则。

在这种情况下，物业服务人继续提供物业服务的，可以请求业主支付在其继续为业主提供物业服务期间的物业费。在物业服务人继续处理物业服务事项，业主实际接受物业服务人所提供的服务的情形下，即使当事人没有订立正式的书面的物业服务合同，业主也应当向物业服务人支付相应的报酬。物业服务人之所以可以请求该期间的报酬，主要有以下几种观点：第一种观点认为此时双方当事人之间成立事实上的物业服务合同关系。物业服务合同终止后，如果物业服务人继续提供物业服务，而业主也继续接受物业服务，双方实际上存在一种事实合同关系，应当按照原物业服务合同约定的标准支付物业费。虽然依据法律规定，物业服务合同属于法定的书面合同，但是依据本法第490条的规定，物业服务人已经履行其主要义务，业主接受时，物业服务合同就已经成立。不过，因为当事人没有对服务期限作出约定，所以该物业服务合同已经转变为不定期合同，双方可以随时终止该合同。第二种观点认为，物业服务人继续处理物业服务事项的行为构成无因管理，物业服务人可以基于无因管理请求业主支付必要的费用。第三种观点认为，双方当事人是以默示的方式变更了物业服务合同，延长了物业服务期限，使得原物业服务合同继续有效，但是服务期限为不定期，因此物业服务人可以请求业主支付该期间的物业费。对于第一种观点，物业服务人继续提供服务、业主继续接受其服务的时间较短，根据双方的事实合同关系，物业服务人可以请求该期间的物业费，对物业服务人和业主来说都是公平的。对于第二种观点，物业服务人继续为业主提供服务，并非完全没有法定或者约定的义务，而是基于物业服务人与业主之间原来存在的物业服务合同关系，而且如果将物业服务人的行为认定为无因管理，物业服务人就只能请求业主偿还因管理事务而支出的必要费用，也就是其提供物业服务的成本，对物业服务人来说是不公平的。对于第三种观点，如果物业服务人与业主是以默示的方式延长了物业服务期限，将物业服务合同变更为不定期合同，那么双方将需要通过行使解除权来终止合同，而且需要在合理期限内通知对方以解除合同。如果是业主行使解除权，还需要依照法定程序作出决定。

第二十五章　行纪合同

本章共十条，主要内容有：行纪合同的概念，行纪人享有介入权、处置权、留置权，以及承担自负费用的义务、妥善保管的义务，委托人享有指示权及承担支付报酬、及时受领的义务等。

第九百五十一条　**行纪合同是行纪人以自己的名义为委托人从事贸易活动，委托人支付报酬的合同。**

条文主旨

本条是关于行纪合同概念的规定。

立法背景

改革开放前，受计划经济的限制，我国行纪业很不发达，只有一些国营和集体的信托商店、旧货寄售商店和贸易货栈等，主要是公民的寄售业务。改革开放后，全国各地相继恢复和新建许多贸易信托、行纪等机构，包括房地产中介机构独家销售公司等。行纪人往往在一定领域内从事专门性行纪活动，比较了解行情，熟悉业务和供求关系，且手段简便、灵活，可以为委托人提供有效的服务，对扩大商品流通、促进贸易发展起着重要的作用。

条文解读

行纪合同是指行纪人接受委托人的委托，以自己的名义，为委托人从事贸易活动，委托人支付报酬的合同。接受委托的一方为行纪人，另一方则为委托人。例如，某配件厂（甲方）委托某销售公司（乙方）代销产品，乙方接受甲方的委托并以自己的名义代甲销售，代销价款归甲方，乙方收取代销费。在这个关系中，甲方为委托人，乙方为行纪人。

行纪合同也称信托合同，最早罗马法所称信托是一种遗产处理形式。是指被继承人将遗产的全部、一部或者一特定物，嘱托其继承人转交给指定的第三人，这时的信托并不产生法律上的效力。英美法信托是从英国中世纪所通行的用益权制度发展而来，源于英国的衡平法。信托是英美法中一项很重要的财产法律制度，其主要内容是受托人根据信托人（财产所有人）的委托，为受益人（第三人）的利益而运用此财产，对信托人的财产进行管理、处分。大陆法系由于有财团法人制度及法定代理制度，可以实现信托所想要达到的目的，因此大陆法无信托制度。随着行纪业务的发展，行纪合同逐渐被广泛应用，成为一种独立的合同类型，与委托合同并存。1999 年我国制定合同法时，就设立专章对行纪合同进行了规定。

在比较法上，各个国家和地区对行纪合同的规定有几种立法例。有些国家把行纪合同规定在商法典中，如《法国商法典》和《德国商法典》对行纪合同都作了专门详细的规定。一些国家和地区则将行纪规定在民法典或者其他法律中。如《瑞士债务法》、我国台湾地区“民法”对行纪都有专门的规定。还有的国家认为行纪不是一种独立的合同类型，将其放到委托合同中进行规范，如意大利。

行纪合同具有以下特征：

一、行纪人从事贸易行为

根据行纪合同的定义，行纪人从事的活动限于贸易行为，这是行纪合同和委托合同的重要区别。就行纪合同的适用范围来说，如何界定“贸易行为”是关键。传统的“贸易”主要是指商品买卖、交易。有的观点认为，贸易的客体应当是商品，不包括不动产，也不包括知识产权等无形财产。新中国成立以来，尤其是改革开放以来，我国经济迅速发展。随着经济社会的不断发展，贸易的范围或者客体也在不断扩大。现代社会的贸易已经不再限于动产的商品交易，行纪活动也不应当再限于传统的商品贸易，而是可以包括更多财产权益的管理、处分，例如房地产买卖、证券交易、期货交易和信托等。一些国家和地区的法律中规定的行纪行为不限于动产买卖。例如，《德国商法典》明确规定行纪人可以从事有价证券的买卖，根据该法典第383条的规定，行纪人是指以自己的名义为他人（委托人）购买或者销售商品、有价证券，并以其作为职业性经营的人。我国台湾地区“民法”也未将行纪活动限定于动产交易，其第576条规定，“称行纪者，谓以自己之名义，为他人之计算，为动产之买卖或其他商业上之交易，而受报酬之营业”。基于现实生活的需要，现在已经有很多新兴行业都出现了专门从事行纪工作的专业机构和人员。例如，在房地产市场，有的房产中介机构也有从事不动产买卖的行纪活动（尽管很多房产中介机构主要是以中介人即居间人的身份提供房屋买卖或者租赁的中介服务）。在金融领域，证券资产管理业务是证券经营机构在传统业务基础上发展的新型业务，是委托人将自己的证券资产交给证券公司，由证券公司以自己的名义为委托人提供理财服务的行为，也属于一种行纪。近年来，信托行业迅速发展壮大，越来越多的人通过信托制度管理自己的财产。信托也是一种行纪，是指委托人基于对受托人的信任，将其财产权委托给受托人，由受托人按委托人的意愿以自己的名义，为受益人的利益或特定目的进行管理和处分的行为。

二、行纪人应当具有相应的资质

在现代社会，行纪被广泛运用于各种商业活动中，行纪人从事的某种贸易行为具有专业性的特点，往往需要具备相应的资质。行纪人一般专门从事贸易活动，其开业和经营往往需要经过国家有关部门的审批或者登记，并不是所有民事主体都可以无条件地成为行纪人从事行纪业务。例如，从事证券资产管理业务的证券公司，必须符合条件并依法设立。2019 年修订的《证券法》第 118 条规定了设立证券公司应当具备的条件，同时要求经国务院证券监督管理机构批准。未经国务院证券监督管理机构批准，任何单位和个人不得以证券公司名义开展证券业务活动。

三、行纪人的行为是以自己的名义

根据行纪的定义，行纪人必须以自己的名义为委托人从事贸易行为，而非委托人的名义。这也是行纪人和受托人、代理人的重要区别。受托人可以委托人的名义进行民事活动，也可以自己的名义。代理人则只能以被代理人的名义进行民事法律行为，其在代理权限内从事的代理行为的法律后果直接由被代理人承担。行纪人从事的贸易行为法律效果由行纪人承担，委托人可能不知道行纪人的相对人是谁，相对人也可能不知道委托人是谁，委托人和行纪人的相对人之间并不发生直接的法律关系。在行纪中一般存在两个法律关系，即委托人和行纪人之间的行纪关系，以及行纪人与第三人之间的合同关系。

四、行纪合同为诺成合同、不要式合同、有偿合同、双务合同

行纪合同是诺成合同，只要委托人和行纪人意思表示一致即可成立；是不要式合同，可以采用口头形式、书面形式或者其他形式；是有偿合同，委托人负有向行纪人支付报酬的义务；也是双务合同，行纪人受委托人之委托从事贸易行为，委托人需要向行纪人支付相应的报酬。

根据行纪合同的定义可知，行纪人的主要义务是以自己的名义为委托人的利益从事贸易活动，行纪人与第三人订立合同，行纪人是当事人即权利义务主体，委托人与第三人不发生直接的法律关系。委托人的主要义务则是向行纪人支付报酬。

如何理解本条对行纪合同的定义，重要的一点是分清行纪合同与委托合同的界限。行纪合同和委托合同有相同点，如都以提供劳务为合同的标的；都以当事人双方的信任为基础；都以处理一定事务为目的。

两者的区别在于：第一，适用范围不同。行纪合同适用范围较窄，仅限于代销等贸易行为；而委托合同的适用范围宽，可以适用于除法律规定禁止委托或者依性质不得委托以外的各种事务，有的学者甚至认为可以包括事实行为。第二，行纪合同的受托人只能以自己的名义处理委托事务；委托合同的受托人处理事务既可以用委托人名义，也可以用自己的名义。行纪人以自己的名义与第三人订立合同，该合同与行纪合同是相互独立的两个合同，委托人与第三人之间不发生直接的法律关系。而在委托合同中，受托人以委托人的名义处理委托事务的，对委托人直接发生效力，以委托人的名义与第三人订立的合同，合同当事人为委托人与第三人。受托人以自己的名义与第三人订立合同，如果第三人在订立合同时知道受托人和委托人之间的代理关系，则该合同直接对委托人发生效力，即可以直接约束委托人和第三人。第三，行纪人一般是专门经营为他人从事贸易活动的人，应当取得从事某种行纪行为的特定资质，其开业和经营需要经过国家有关部门的审批或者登记；而委托合同的当事人不必专门从事贸易活动，可以是一般的自然人，也可以是法人或者非法人组织。第四，行纪合同是双务、有偿合同；而委托合同既可以是双务、有偿合同，也可以是单务、无偿合同，是否有偿由当事人自行约定。第五，处理委托事务的费用负担不同。行纪合同中，如无特别约定，行纪人处理委托事务支出的费用由行纪人负担。而在委托合同中，受托人处理委托事务的费用则由委托人负担，委托人还应当预付受托人处理委托事务的费用。

行纪与间接代理从表面上看也十分相似。无论是行纪还是间接代理，行纪人或者代理人都是以自己的名义进行活动。行纪和间接代理都存在两个合同关系，尤其是对内都是受委托人之委托，在委托人的授权范围内从事一定的行为。所以在大陆法系，一般将间接代理归为行纪关系。但是，行纪和间接代理是两种不同的法律关系，两者之间还是存在许多区别的。第一，行纪人或者间接代理人是否需要具备一定的资质条件不同。行纪人都是专门从事行纪业务的专业机构或者人员，应当取得从事某种行纪行为的特定资质，其开业和经营需要经过国家有关部门的审批或者登记。而间接代理人没有这种资格限制，一般的自然人、法人或者非法人组织都可以接受委托成为间接代理人。第二，委托人或者间接代理中的被代理人是否可以直接与第三人发生法律关系不同。在间接代理中，虽然代理人是以自己的名义与第三人订立合同，但是第三人在订立合同时知道间接代理人与委托人之间的代理关系的，该合同可以直接约束委托人和第三人。如果第三人不知道间接代理人与委托人之间的代理关系，间接代理人因第三人的原因对委托人不履行义务的，委托人享有介入权，可以直接行使间接代理人对第三人的权利；间接代理人因委托人的原因对第三人不履行义务的，第三人享有选择权，可以选择间接代理人作为相对人，也可以选择委托人作为相对人主张其权利。在行纪中，行纪人以自己的名义与第三人订立合同，该合同与行纪合同是相互独立的两个合同，委托人与第三人之间不发生直接的法律关系。不论是由于第三人的原因还是由于委托人的原因导致行纪人不能履行义务，委托人或者第三人都只能向行纪人主张权利，再由行纪人向违约的第三人或者委托人追偿。第三，在行纪人或者间接代理人破产时，委托人或者被代理人是否对其受托买入或者卖出的货物享有取回权不同。在行纪中，行纪人与委托人、行纪人与第三人形成两个独立的法律关系，行纪人向第三人购买货物，在第三人将货物交付给行纪人后，货物归行纪人所有，此时如果行纪人破产，委托人并未受领该货物，只能基于其货款不能得到返还而以普通债权人的身份与其他债权人一起参加破产分配；行纪人向第三人出售委托物，在该委托物所有权转移给第三人之前，如果行纪人破产，则该委托物应当属于行纪人的破产财产，委托人不能直接取回，其只能主张对行纪人的债权，且该债权不能优先于其他债权人的债权。在间接代理中，第三人知道代理人与被代理人之间代理关系的，若代理人向第三人出售货物，在代理人将货物交付给第三人之前，所有权都归属于被代理人；若代理人向第三人购买货物，在第三人将货物交付给代理人后、代理人转交给被代理人之前，货物的所有权并不是转移给代理人，而是直接转移给了被代理人，交易的法律效果直接由被代理人承受。间接代理人应当视为被代理人的交付辅助人或者受领辅助人，只是代为交付货物或者受领第三人交付的货物而已。此时如果代理人破产，则该货物不属于代理人的破产财产，被代理人可以基于所有权直接取回。

第九百五十二条　行纪人处理委托事务支出的费用，由行纪人负担，但是当事人另有约定的除外。

条文主旨

本条是关于行纪人费用负担的义务的规定。

立法背景

行纪人在处理委托事务的过程中会产生一定的费用，如交通费、差旅费等。行纪人是专门经营行纪业务的人，既然是经营，就必然会有商业风险。就行纪合同来说，所谓风险反映在行纪人在为委托人处理委托事务，不仅需要尽职尽力，行纪的活动经费还需要行纪人自己负担。

条文解读

本条确定了行纪人负有承担行纪费用的义务。行纪人所支出的有关费用，应该说是处理委托事务的成本。只有当行纪合同履行完毕，才能由委托人支付报酬，报酬包括成本与利润。

行纪人作为从事为委托人处理委托事务的专业机构或者人员，是可以预估处理委托事务所需费用的。所以一般来说，双方约定由委托人支付的报酬肯定是超过行纪人处理委托事务支出的费用也就是成本的，只有这样行纪人才有为委托人进行贸易活动的动力。另外，规定由行纪人负担处理委托事务的费用，还可以促使行纪人节省费用，降低成本，以提高自己在行纪活动中可以获得的利润。如果行纪人没有处理好委托事务，他所付出的代价，即支出的成本费用，就算作商业风险，由其自己负担了。但是也有例外情形，如委托人与行纪人事先有约定，不论事情成功与否，行纪人为此支出的活动费用，都由委托人偿还。行纪人处理委托事务的费用由行纪人自己负担也是行纪合同与委托合同的不同之处。

第九百五十三条　行纪人占有委托物的，应当妥善保管委托物。

条文主旨

本条是关于行纪人保管义务的规定。

立法背景

在行纪中，有的委托人自行保管委托物，也有的委托人将委托物交由行纪人保管。行纪合同的性质决定了其为有偿合同，行纪人妥善保管自己占有的为委托人购进或者出售的物品等委托物，应当是行纪人的一项重要义务。

条文解读

占有委托物是行纪人负有妥善保管义务的前提，只有行纪人实际占有委托物，行纪人才负有该项义务。本条规定的“委托物”不仅包括一般意义上的物，还应当包括委托人交付给行纪人的金钱和权利凭证等。行纪人应选择对委托人最有利的条件，采取最有利于委托物的措施，并应当尽到善良管理人的注意义务来进行保管。例如，行纪人接受委托进行理财的，对委托人的财产一般都要求设立独立的账户进行管理，以和自己的财产严格区分，不得随意挪用委托人的财产，而且应当以善良管理人的标准来尽力管理、处分委托人的财产。许多国家的法律均要求“行纪人应当以普通商人的注意处理行纪事务”。例如，《德国商法典》第384条规定，行纪人有义务以通常商人的注意实行所承担的行为。

寄售商品通常以积压商品、旧物品等居多，由此行纪人有义务尽心尽力尽职地妥善保管好这些物品，如果因保管不善造成物品损坏灭失、缺少、变质、污染，造成委托物的价值贬损，甚至导致委托物无法出售，行纪人应承担赔偿责任。除非行纪人能证明自己已经尽了善良管理人的注意。对于灭失、毁损的财物，如果是由于不可抗力或物品本身的自然损耗等不可归责于行纪人的事由造成损失，行纪人可以免除责任，由委托人自己承担损失。如果委托人对财物的管理有特别指示，如委托人支付投保费，请行纪人代委托人投保财物保险，行纪人没有投保保险的，损失的责任理应由行纪人承担。但行纪人在既无约定又无指示的情况下，对其占有的财物投保，如果投保是为了委托人的利益且不违反委托人明示或可推定的意思，有权请求委托人支付保险费及自支出时起的利息。

第九百五十四条 **委托物交付给行纪人时有瑕疵或者容易腐烂、变质的，经委托人同意，行纪人可以处分该物；不能与委托人及时取得联系的，行纪人可以合理处分。**

条文主旨

本条是关于行纪人处置委托物义务的规定。

立法背景

行纪人是为了满足委托人所追求的经济利益而为其处理事务的，所以行纪人应当按照委托人的指示，从维护委托人利益的角度出发，选择最有利于委托人的条件完成行纪事务。行纪合同的目的决定了行纪人应当遵从委托人指示的义务。委托人指示行纪人处分委托物的，行纪人应当及时处分；如果委托人没有作出处分委托物的指示，则行纪人不得擅自处分。

条文解读

在行纪合同的履行过程中，委托出卖的物品，在委托人交付给行纪人的时候，行纪人应当对委托物进行检查，若物品已表现出瑕疵或者物品从性质上看容易腐烂、变质，行纪人为了保护委托人的利益，有义务及时通知委托人，在征得委托人同意的前提下，行纪人可以按照委托人的指示对委托物进行处置，如拍卖、变卖。如果行纪人发现委托物有瑕疵或者容易腐烂、变质，未经委托人同意就自行处置，其决定可能违背委托人的意志，给委托人造成损失，引起纠纷。例如，在交付委托物时行纪人发现委托物有瑕疵，但是可能并不影响委托物出售，如果行纪人此时未经委托人同意即擅自决定低价处理，则会给委托人造成损失。

一般情况下，行纪人不得擅自改变委托人的指示办理行纪事务。但是在紧急情况下，如果委托物在交付时有瑕疵将造成委托物毁损、灭失，或者委托物快要腐烂、变质了，行纪人又无法与委托人取得联络，如通信中断、委托人远行等，致使行纪人不可能征得委托人的同意，在这种时候，如果不及时合理地处置，就会使委托人的利益遭受更大的损失。紧急情况下行纪人进行合理处分需要具备几个要件：第一，发现委托物有瑕疵，或者容易腐烂、变质。委托物的瑕疵应该是可能影响委托物价值，或者将导致委托物毁损、灭失的瑕疵。第二，应当是委托物交付给行纪人时就存在瑕疵，或者委托物容易腐烂、变质，而不是在交付后出现的情况。第三，行纪人欲通知委托人作出指示，但是不能与委托人及时取得联系。在这种情况下，为了保护委托人的利益，法律赋予行纪人以合理的方式来处置委托物的权利。所谓“合理”，即应以善良管理人的标准来衡量，根据委托物的实际情况决定处分的价格和方式等，尽量减少委托人的损失，维护委托人的利益，而不能随意处分。

紧急情况下行纪人对委托物进行处分，既是法律赋予其的权利，也是行纪人应当履行的义务。这是行纪人负有善良管理人之注意义务的具体表现。行纪人处理委托事务，是为委托人的利益，应当努力将委托人的利益最大化。行纪人未尽到应尽的义务，如发现委托物有瑕疵或者即将腐烂、变质，而怠于通知委托人，又没有采取合理的措施，致使损失进一步扩大，给委托人造成损失的，应负赔偿责任。如果行纪人对出售的物品、购进的商品不做检查，或虽已做检查但对发现的物品的瑕疵没有按照规定程序记录存证，并且没有及时通知委托人，行纪人就应对委托物的瑕疵或者毁损、灭失承担责任。

第九百五十五条 **行纪人低于委托人指定的价格卖出或者高于委托人指定的价格买入的，应当经委托人同意；未经委托人同意，行纪人补偿其差额的，该买卖对委托人发生效力。**

行纪人高于委托人指定的价格卖出或者低于委托人指定的价格买入的，可以按照约定增加报酬；没有约定或者约定不明确，依据本法第五百一十条的规定仍不能确定的，该利益属于委托人。

委托人对价格有特别指示的，行纪人不得违背该指示卖出或者买入。

条文主旨

本条是关于行纪人按照委托人指定的价格买卖的规定。

立法背景

行纪人应当遵照委托人的指示从事行纪活动，尤其是按照委托人的指示买入或者卖出委托物。行纪人接受委托人的委托，为委托人的利益从事贸易活动，不论行纪活动是买入还是卖出，都应当按照委托人的指示进行交易。

条文解读

行纪人应当依照委托人已明确指定的价格操作，行纪人违反委托人指示的交易而进行买卖的，委托人可以拒绝承受，因此而造成的损害，由行纪人赔偿。

行纪人不按指定的价格处理事务无非有以下两种情况：

一是行纪人以低于指示价格卖出或者以高于指示价格买入。商场如战场，风云变化莫测，价格此一时彼一时，行情不利于委托人时，行纪人为了避免损失的进一步扩大，以劣于委托人的指示从事行纪活动的，即以低于委托人指定的价格卖出或者高于指定的价格买入时，将会减少委托人的利润甚至造成亏损，或者提高委托人购买委托物的成本，给委托人造成损失，应当及时取得委托人的同意；在没有征得委托人同意的情况下，行纪人擅自做主变更指示而作为的，行纪人卖出或者买入委托物的行为对委托人不发生效力，对于违背委托人利益而带来的后果，委托人有权拒绝接受对其不利的法律后果，并有权要求行纪人赔偿损失。但是未经委托人同意而以低于指定的价格卖出或者以高于指定的价格买入的行为也并不都是无效的。行纪人把损失的差额部分补足时，应认为行纪人的行为对委托人发生法律效力，委托人不得以违反指示为由拒绝接受。因为当行纪人把差额补足时，委托人并未因行纪人擅自改变价格卖出或者买入而受有损失，相当于行纪人已经按委托人指定的价格买入或者卖出，委托人应当予以接受。例如，甲委托乙以一台电脑 1 万元的价格代其销售 100 台电脑，由于电脑市场受金融风波的影响，出现供大于求不景气的现象，在没有征得甲同意的情况下，乙以一台电脑 8000 元的价格卖出这批电脑，这时乙应该补偿甲为此而受到的损失，即按照一台电脑补 2000 元的价格计算，补偿甲 20 万元，补偿后该批电脑的买卖对甲发生效力。

二是当执行委托任务的结果比合同规定的条件更为优越

时，即行纪人以高于委托人指定的价格卖出或者以低于指定的价格买入，使委托人增加了收入或者节约了开支，其增加的利益（高价卖出多出的价款或低价买入结余的价款），应当归属于委托人，但行纪人可以按照约定要求增加报酬。行纪合同没有约定或者约定不清楚的，双方可以协商解决；如果还不能达成补充协议，按照合同有关条款、合同性质或者按照商业交易的习惯确定，还不能确定的，利益归委托人，行纪人不能取得额外报酬。

一般情况下，行纪人低于委托人指定的价格卖出或者高于委托人指定的价格买入的，将给委托人带来损失，委托人不会同意。而如果行纪人以高于委托人指定的价格卖出或者低于委托人指定的价格买入，如无特别约定，额外获得的利益归属于委托人，委托人自然愿意接受。但是，在委托人对价格有特别指示时，行纪人就不得违背委托人的指示卖出或者买入。例如，在上述案例中，如果委托人甲指示必须以 1 万元一台的价格出售该批电脑，以其他价格卖出的一概不予接受，在这种情况下，行纪人乙不得擅自作出以每台 8000 元的价格出售该批电脑。乙擅自以每台 8000 元的价格出售该批电脑的，即便其补偿甲每台电脑 2000 元，甲仍然有权拒绝接受。如果甲特别指示必须以 1 万元每台的价格出卖该批电脑，而行纪人认为该款电脑的市场价格为 12000 元，于是擅自决定将该批电脑以 12000 元的价格出售。此时，即便高于指定的价格出售电脑获取的额外利益归属于委托人，委托人也可以拒绝。因为委托人作出以低于市场价的价格销售该型号电脑，可能基于特殊的原因，例如做促销活动以招揽更多顾客，库存过多低价销售尽快清理库存，或者该型号的电脑即将被新的型号淘汰而作出降价处理等，所以委托人特别指示须以1万元每台的价格出售，在这种情况下，行纪人不能擅自变更委托人所指示的价格进行销售。

第九百五十六条　行纪人卖出或者买入具有市场定价的商品，除委托人有相反的意思表示外，行纪人自己可以作为买受人或者出卖人。

行纪人有前款规定情形的，仍然可以请求委托人支付报酬。

条文主旨

本条是关于行纪人介入权的规定。

立法背景

行纪人可以作为出卖人或者买受人，卖出或者购买委托人的委托物。这就是通常说的行纪人的介入权，即行纪人按照委托人的指示实施行纪行为时，有权以自己作为买受人或者出卖人与委托人进行交易活动。行纪人的介入权由商业习惯发展而来，最早出现于德国商法，此后，日本商法等纷纷效仿。

条文解读

行纪人行使介入权，实际上就是行纪人自己作为买受人或出卖人与委托人之间直接订立买卖合同。买卖合同的双方当事人是委托人和行纪人。一般认为介入是实施行纪行为的一种特殊方法，行纪人虽然介入到买卖合同中来，但依然是行纪人。此时存在两个独立的合同关系，委托人同时也是出卖人或者买受人，与之对应，行纪人同时也是买受人或者出卖人。

行纪合同的委托物必须是有市场价格的商品，这是介入权构成的要件。这一要件既是行纪人产生介入权的要件，又是判定行纪人是否在对委托人不利时实施介入以及行纪人实施介入对委托人不利时赔偿的标准。行纪人所依据的价格应当明确，以便能公平地行使介入权。

既然行纪人仍然是行纪合同的一方当事人，委托人就应当按照行纪合同约定的报酬支付给行纪人，而不能以行纪人是买卖合同的买受人或者出卖人为由，拒绝支付报酬。因为这是买卖合同和行纪合同两个合同关系，就应当分别由这两个合同关系的法律调整，不能混合。例如，甲委托乙购买一辆汽车。乙正好有一辆车是同型号同质量的新车，便按照委托人指定的价格，自己以出卖人的身份把该辆汽车卖给甲。这时乙既是买卖合同的出卖人，又是行纪合同的行纪人。甲不仅要向乙支付买车的价款，还应向乙支付行纪合同所约定的报酬。

但是，如果在订立行纪合同时或者行纪人在履行义务时告知委托人自己想作为买受人或者出卖人委托人明确表示不同意，行纪人便不能实施该行为。

自己是否可以作为交易的相对人，是行纪人和代理人的区别之一。本法第 168 条第 1 款规定，代理人不得以被代理人的名义与自己实施民事法律行为，但是被代理人同意或者追认的除外。法律禁止自己代理，如果不经被代理人同意或者追认，代理人不能以自己作为合同相对人。而在行纪合同中，除了委托人明确表示反对外，行纪人自己可以作为买受人或者出卖人。

第九百五十七条　**行纪人按照约定买入委托物，委托人应当及时受领。经行纪人催告，委托人无正当理由**

拒绝受领的，行纪人依法可以提存委托物。

委托物不能卖出或者委托人撤回出卖，经行纪人催告，委托人不取回或者不处分该物的，行纪人依法可以提存委托物。

条文主旨

本条是关于委托人受领、取回义务和行纪人提存的规定。

立法背景

行纪人按照委托人的指示和要求为其购买的委托物，委托人应当及时受领，并支付报酬，从而终止委托合同。如果委托人不及时受领，将会加重行纪人保管委托物的负担，不论是其自行保管需要增加的成本，还是交给他人保管要支付相应的保管费，甚至还可能导致委托物毁损、灭失，如发生腐烂、变质等，造成委托人的损失。因此一旦行纪人按照约定或者委托人的指示买入了委托物，委托人就应当及时受领。委托人在受领委托物时，应当对委托物进行检查验收，以免日后因委托物不符合双方约定而发生纠纷。

条文解读

一、委托人无正当理由拒绝受领买入商品时，行纪人的提存权

行纪人行使提存权的条件是：第一，行纪人应当催告委托人在一定期限内受领，催告期应当与委托人进行约定，或者行纪人根据委托物的性质决定催告期的时间，如为易腐烂、变质的委托物，应当催告委托人在较短的时间内受领。催告是提存

的前置程序，如果没有进行催告，不得直接将委托物提存。因为委托人没有及时受领可能存在很多种原因，例如在外地一时无法赶回，或者发生不可抗力的事由，或者委托人一时疏忽忘记。第二，委托人无正当理由逾期仍拒绝受领买入物。如果行纪人没有按照约定买入委托物，违反委托人的指示，买入的委托物不符合约定，委托人可以拒绝受领。如果委托人有正当理由一时无法受领，比如身在国外一时无法回国，或者发生地震、台风等不可抗力的事由，则可以与行纪人协商受领的期限，受领前由行纪人暂时代为保管，不论行纪人自行保管还是交给他人保管，相关费用都应当由委托人负担。第三，行纪人应当依法提存买入物，主要是按照本法合同编通则中关于提存的规定行使提存权。例如，委托人委托行纪人购入一批水果，行纪人按照委托人的指示购入后，委托人拒绝受领，经行纪人催告后仍不受领，行纪人担心该批水果将腐烂、变质，可以依照法律规定予以提存，将该批水果交给有关部门进行提存以妥善保管。行纪人提存委托物的，提存费用由委托人负担。

二、委托人不处分、不取回不能出卖的委托物时，行纪人的提存权

不能卖出，主要是指因委托人定价过高、市场供过于求等因素导致委托物在约定时间内没有卖出。在行纪人卖出委托物之前，委托人有权随时作出新的指示撤回出卖委托物。在不能卖出或者撤回出卖的情况下，委托人负有取回委托物的义务，或者对委托物另行处分。委托行纪人出卖的委托物，如果不能卖出或者委托人撤回出卖委托物，行纪人应当通知委托人取回，行纪人虽然可以暂时代为保管，但行纪人没有继续保管委托物的义务。行纪人代为保管期间产生的相关费用应当由委托人负担。委托人取回委托物，可以减轻行纪人的保管负担，委托人自己也可以继续利用委托物，或者对委托物作出其他处分。经过行纪人的催告，在合理期限内委托人逾期仍不取回或者不处分委托物的，行纪人可以依法行使提存权。

三、行纪人享有拍卖权

拍卖权是指委托人无故拒绝受领或者不取回出卖物时，法律赋予行纪人依照法定程序将委托物予以拍卖的权利，并可以优先受偿，即就拍卖后的价款中扣除委托人应付的报酬、偿付的费用以及赔偿金等，如果还有剩余，行纪人应当交给有关部门进行提存。

第九百五十八条　行纪人与第三人订立合同的，行纪人对该合同直接享有权利、承担义务。

第三人不履行义务致使委托人受到损害的，行纪人应当承担赔偿责任，但是行纪人与委托人另有约定的除外。

条文主旨

本条是关于行纪人直接履行义务的规定。

立法背景

行纪合同的法律关系较之其他要复杂一些，这当中有两层法律关系，既有行纪人与委托人之间的行纪合同关系，又有行纪人与第三人之间的买卖合同关系；同时涉及三方主体，即委托人和行纪人与第三人之间的法律关系。而在行纪人与第三人订立的买卖合同中，行纪人是作为合同一方的当事人为委托人的利益而与第三人订立的合同。既然行纪人是合同的当事人，就必须自己直接对合同享有权利承担义务。

条文解读

在从事买卖事务时，不论行纪人是否告诉第三人自己是行纪人的身份，或者第三人是否知道委托人的姓名，都不影响行纪人以自己的名义参与的买卖合同的法律效力。由于委托人与第三人之间不产生直接的法律关系，委托人无权对行纪人与第三人之间的买卖关系提出自己的异议。

行纪人是为委托人的利益，受委托人的委托以自己的名义与第三人订立合同，委托人与第三人并不发生直接的法律关系。如果第三人不履行义务，将导致行纪人不能完成委托事务，违背行纪人与委托人订立的行纪合同；而委托人不履行行纪合同的义务，如不按约定交付委托物，也会导致行纪人不能履行与第三人的买卖合同的义务。在因委托人的原因发生合同违约行为、追究违约责任时，第三人不得直接对委托人主张赔偿请求权，而只能向行纪人主张权利，行纪人也不得以自己没有过错为由而拒绝承担违约责任，行纪人只能先承担责任后，再向委托人行使追偿权。同样的，如果第三人违约，委托人不得直接对第三人行使请求权，而只能向行纪人主张权利，行纪人此时也不得以自己无过错为由而拒绝承担自己的责任。行纪人承担责任向委托人履行后，再行使向第三人的追偿权。

第九百五十九条　**行纪人完成或者部分完成委托事务的，委托人应当向其支付相应的报酬。委托人逾期不支付报酬的，行纪人对委托物享有留置权，但是当事人另有约定的除外。**

条文主旨

本条是关于委托人支付报酬的义务以及行纪人对委托物享有留置权的规定。

立法背景

行纪合同是双务、有偿合同，行纪人负有完成委托事务的义务，与之相对应，委托人则负有向行纪人支付相应报酬的义务。行纪人就自己处理委托事务的不同情况，可以按照合同的约定请求委托人支付报酬。

条文解读

一、行纪人请求报酬的权利

一般而言，行纪人请求报酬有以下几种情况：（1）行纪人按照委托人的指示和要求履行了全部合同的义务，有权请求全部报酬；（2）因委托人的过错使得合同义务部分或者全部不能履行而使委托合同提前终止的，行纪人可以请求支付全部报酬；（3）行纪人部分完成委托事务的，可以就已履行的部分的比例请求给付报酬。委托人和行纪人也可以另行约定，比如双方约定，只要因非可归责于行纪人的原因导致委托事务不能完成的，委托人都应当支付全部报酬。

报酬数额以及支付报酬的时间和方式，一般由合同双方事先约定，如有国家规定，则应当按照国家规定执行。原则上委托人应当于委托事务完成之后支付报酬，但是完成委托事务后支付报酬的规定属于任意性规定，当事人可以另行约定报酬的支付时间和方式。当事人约定预先支付或分期支付的也可以按约定执行，如果寄售物品获得比原约定更高的价金，或者代购物品所付费用比原约定低，也可以约定按比例增加报酬。

二、行纪人享有留置权

委托人不按照约定支付报酬时，行纪人对其占有的委托物可以行使留置权。留置期届满后，以留置物折价或者从变卖留置物所得价款中优先受偿。行纪人留置委托物需具备以下几个条件：

1. 行纪人已合法占有委托物。行纪人行使留置权，必须是行纪人已经合法占有委托物，非法占有委托物的不得行使留置权。

2. 委托人没有正当理由拒绝支付报酬。行纪人行使留置权，必须具有委托人不能按照约定支付报酬的事实存在。

3. 委托合同中没有事先约定不得留置的条款。如果委托人与行纪人在行纪合同订立时已经约定，不得将委托物进行留置，行纪人就不得留置委托物，但是，行纪人可以要求委托人提供其他担保。

委托人向行纪人支付报酬超过了合同约定的履行期限的，应当承担逾期不支付报酬的责任，此时行纪人对占有委托物品享有留置权。

根据民法典物权编中对留置权的规定，行纪人留置委托物后，应当与委托人约定留置后的债务履行期间；没有约定或者约定不明确的，行纪人应当给委托人两个月以上的债务履行期；该债务履行期间届满，委托人仍不履行的，行纪人就可以行使留置权，并与委托人协议以留置物折价，或者从拍卖、变卖留置物的价款中优先受偿。如果留置的财产可分，则行纪人留置财产的价值应当相当于委托人逾期未支付的报酬。在留置期间，行纪人也应当尽到妥善保管留置财产的义务。如果留置物经过折价、拍卖、变卖后，其价款超过了委托人应支付的报酬，剩余部分还应当归委托人所有，如果结果不足以支付行纪人的报酬，行纪人还有权利请求委托人继续清偿。

第九百六十条　本章没有规定的，参照适用委托合同的有关规定。

条文主旨

本条是关于参照适用委托合同的规定。

立法背景

行纪合同与委托合同有许多共同点，行纪关系中委托人与行纪人的关系就是委托关系，只不过委托的事项特殊固定，但是，如前所述，行纪合同与委托合同又有诸多不同之处，在本章没有规定的情况下，也不能一概直接适用委托合同的有关规定，应视具体情况而定。所以，本条规定，本章没有规定的，参照适用委托合同的有关规定。

条文解读

行纪人应当按照委托人的指示处理委托事务。行纪合同可以参照本法第922条的规定，即在行纪合同中，行纪人也应当按照委托人的指示处理委托事务。需要变更委托人指示的，行纪人应当经过委托人的同意。如果因为情况紧急，行纪人难以和委托人取得联系，行纪人应当妥善处理委托事务，事后还应当将所有情况及时向委托人报告。行纪人应当按照委托人指定的价格卖出或者买入委托物，不得擅自改变价格卖出或者买入，损害委托人的利益。

行纪人负有向委托人报告委托事务处理情况的义务。参照本法第924条的规定，在行纪合同中，行纪人也应当按照委托人的要求，报告委托事务的处理情况。行纪合同终止时，行纪人应当报告委托事务的结果。行纪人处理委托事务是为了委托人的利益，因此委托人有权了解委托事务的进展情况，行纪人负有向委托人报告有关事项的义务。

行纪人负有向委托人转交相关财产的义务。参照本法第927条的规定，在行纪合同中，行纪人处理委托事务时取得的财产，也应当转交给委托人。行纪人在处理委托事务的过程中所取得的财产，所有权归委托人，行纪人只是因为处理委托事务而暂时占有相关财产，在完成委托事务后，应当将相关财产转交给委托人。

委托人享有任意解除权。本法第933条规定，委托人或者受托人可以随时解除委托合同。因解除合同造成对方损失的，除不可归责于该当事人的事由外，无偿委托合同的解除方应当赔偿因解除时间不当造成的直接损失，有偿委托合同的解除方应当赔偿对方的直接损失和可以获得的利益。行纪合同是有偿合同，在行纪合同中，委托人可以随时解除行纪合同，因解除合同造成对方损失的，除不可归责于解除方的事由外，应当赔偿对方的直接损失和可以获得的利益。至于行纪人是否享有任意解除权，学界仍存在争议。有的观点认为，应当赋予行纪人任意解除权，只要其依法承担相应的赔偿责任，对委托人来说亦无害。也有观点认为，行纪人是专门从事行纪业务的经营者，更应当遵守约定，不能任意解除合同。

第二十六章　中介合同

本章共六条，规定了中介合同的概念、中介人的报告义务、委托人支付报酬的义务、中介费用的负担和委托人绕开中介人直接订立合同应当向中介人支付报酬等内容。

合同法第二十三章规定了“居间合同”。为便于人民群众理解，民法典将“居间合同”改为“中介合同”。

第九百六十一条　中介合同是中介人向委托人报告订立合同的机会或者提供订立合同的媒介服务，委托人支付报酬的合同。

条文主旨

本条是关于中介合同概念的规定。

立法背景

居间制度源于古希腊、古罗马帝国时期，当时的社会发展处于简单商品经济形态，任何人都可为居间活动。到了欧洲中世纪，居间活动受到了一定的限制，从自由经营主义转为干涉主义，国家对其行业进行了控制，使居间人带有公职人员的性质。例如，《法国商法典》把居间人分为两种：一种是特权居间人，此等中间人须经政府的任命，居于公务员的地位，具有特殊的权利及义务；而另一种是除第一种以外的居间人。英国的居间人须经地方官署许可才可以执业。德国旧商法规定，居间人是一种官吏。到了近代，随着社会的进步及商品生产与流通领域的飞速发展，居间活动又开始兴旺起来，很多国家都对居间活动采用了完全自由经营主义来调整居间法律关系。《德国民法典》首先把居间活动作为民事合同的一种作了规定。以后大多数国家的民商法典和民商法理论上都承认居间合同为一种独立的典型合同。在大陆法国家的立法上，采民商分立的国家，一般以商法调整媒介居间，以民法调整指示居间；在采取民商合一的国家，则不作媒介居间与指示居间的区分。我国采取不作区分的立法体例。

我国古代社会也存在居间活动，居间人在古代被称为“互郎”“牙纪”“牙行”等，在近代居间人也被称“纤手”“掮客”等，是指促进双方买卖成交并从中获取报酬或者佣金的中间人。随着经济社会的日益发展，居间活动也日益繁荣，已经从传统的商品交换领域扩展到有价证券交易、保险、借款、运输等多个行业或者领域。日常生活中，买房、租房、保险等活动中的居间行为也已经非常普遍。尤其是近年来，随着房地产行业迅猛发展，房屋中介也如雨后春笋般在全国各地不断增加，为人们买卖或者租赁房屋提供中介服务。经济领域的很多交易都是通过中介来完成的，比如保险、有价证券交易等，中介人活跃在各种经济活动中。随着互联网的迅速发展，中介行业也搭上了互联网时代的快车，从事中介服务的互联网公司越来越多，这些中介平台充分利用了网络传播的快速、便利的特点，以及互联网提供的海量信息，为人们提供着高效便捷的中介服务。现在，很多人通过互联网中介平台发布各种提供商品或者服务的信息，例如将要出售的房屋或者二手商品的信息发布到中介平台，也有很多人发布各种需求信息，人们可以通过中介平台提供的信息选择适合自己的相对人来订立合同。现代社会，中介行业发挥着互通有无、传递信息、节约成本、方便快捷等各种功能，促成各种交易，促进了经济发展，尤其是随着互联网的发展和运用，中介更是为人们的生产、生活提供了极大的便利。因此，通过制定法律对其进行规范十分重要，很多国家和地区的法律都对居间（中介）作出了专门规定。

条文解读

一、中介合同的概念

中介合同，传统理论一般将其称为居间合同，是指当事人双方约定一方接受他方的委托，并按照他方的指示要求，为他方报告订立合同的机会或者为订约提供媒介服务，委托人给付报酬的合同。在中介合同中，接受委托报告订立合同机会或者提供交易媒介的一方为中介人，也称为居间人，给付报酬的一方为委托人。在中介合同中，中介人的主要义务就是提供中介服务以促成委托人和第三人订立合同，包括提供订约信息、据实报告的义务等；而委托人的主要义务是在其与第三人的合同因中介人提供的中介服务而成立后向中介人支付约定的报酬。

中介的宗旨是中介人把同一商品的买卖双方联系在一起，以促成交易后取得合理佣金的服务。无论何种中介，中介人都不是委托人的代理人，而只是居于交易双方当事人之间起介绍、协助作用的中间人。中介人是独立的民事主体，是完全民事行为能力人，可以自己作出意思表示，实施民事法律行为，中介人可以与委托人订立中介合同，成为中介合同的当事人。但是在中介人促成的交易中，中介人不是合同的当事人，也不是任何一方的代理人，不代表任何一方向对方作出意思表示或者实施民事法律行为，只是为委托人提供订约的机会，或者在双方之间进行周旋，为他们提供媒介服务，努力促成双方的交易。

中介合同的主体是委托人和中介人（居间人）。委托人可以是任何自然人、法人或者非法人组织。关于中介人的主体资格有无限制，我国学者有不同的看法。第一种观点认为，中介人只能是经批准从事中介业务的法人，自然人及未经批准的法人不得为中介人；第二种观点认为，中介人并无特殊的要求，任何自然人、法人或者非法人组织均可为中介人；第三种观点认为，中介人只能是自然人，不能是法人或者非法人组织；第四种观点认为，中介人必须是经核准得以从事中介营业的自然人、法人或者非法人组织。我国民法典并没有对中介人的资格进行限制，自然人也可以进行中介服务，但是中介合同较多地运用在商业交易中，一般都是专业的中介服务机构作为中介人。但是对特定行业的中介活动，可能由特别法、行政法规或者部门规章作出详细规定。对于商业上的中介服务，法律、行政法规或者部门规章可能会作出特别规定，要求中介机构或者中介人员具有从事某种中介业务的资质，经过有关部门的审批或者登记，并具有相应的专业能力和知识等。例如，根据我国保险法的规定，保险经纪人是基于投保人的利益，为投保人与保险人订立保险合同提供中介服务，并依法收取佣金的机构。保险法还详细规定了保险经纪人、保险经纪人的经纪从业人员应当具备的资格条件，如《保险法》第119条规定，保险代理机构、保险经纪人应当具备国务院保险监督管理机构规定的条件，取得保险监督管理机构颁发的经营保险代理业务许可证、保险经纪业务许可证。第 121 条规定，保险经纪人的高级管理人员，应当品行良好，熟悉保险法律、行政法规，具有履行职责所需的经营管理能力，并在任职前取得保险监督管理机构核准的任职资格。第 122 条规定，保险经纪人的经纪从业人员，应当品行良好，具有从事保险代理业务或者保险经纪业务所需的专业能力。在比较法上，中介也多是用于商业经营中，从事某种专业的中介服务工作，具有很强的专业性。

中介业务根据中介人所接受委托内容的不同，既可以是只为委托人提供订约机会的报告中介，也可以是为促成委托人与第三人订立合同进行介绍或提供机会的媒介中介，也还可以是报告中介与媒介中介兼而有之的中介活动。

所谓报告订约机会，是指中介人接受一方委托人的委托，寻觅、搜索信息报告委托人，从而提供订立合同的机会。《德国民法典》《瑞士债务法》等称此类中介人即居间人为报告居间人或指示居间人。所谓提供订立合同的媒介服务，是指介绍双方当事人订立合同，居间人不但要向委托人报告订约的机会，还要进一步周旋于委托人与第三人之间，努力促成其合同成立。《德国民法典》等称此类居间人为媒介居间人。只有中介活动成功，促成合同成立，居间人才能取得合同约定或者法律规定的报酬。

需要说明的是，中介人所提供的报告订立合同的机会或者提供订立合同的媒介服务，此处的“合同”包括买卖合同、租赁合同等有名合同，也包括民法典没有明确规定的无名合同。另外，有的观点认为，受当事人委托为其寻找缔结婚姻的对象，或者为双方缔结婚姻提供媒介服务的合同，也应当属于中介合同。有的国家和地区法律中规定的居间合同就包括了婚姻居间，如《德国民法典》。然而，婚姻关系不是合同关系，缔结婚姻并非订立合同，所以根据本条对中介合同的定义，婚姻中介所提供的服务，并不属于我国民法典中所规定的中介合同的范畴。

关于居间的定义，不同国家和地区从不同的角度进行了规定，综合起来主要有两种：一种是从契约的角度进行规定，也就是把居间活动视为一种合同关系，如我国台湾地区“民法”第565条规定：“称居间者，谓当事人约定，一方为他方报告订约之机会，或为订约之媒介，他方给付报酬之契约。”《瑞士债务法》第412条规定：“居间合同是指居间人为委托人提供订立合同的机会或者为订立合同之媒介，并取得佣金的协议。”这些都属于从合同关系的角度来定义。另一种是从主体的角度进行规范，即把居间人视为商主体的一种，例如《意大利民法典》第1754条规定：“为缔约事宜将两个或两个以上的当事人联系在一起，同时又与当事人中的任何一方没有合作、隶属或代理关系的是居间人。”《日本商法典》第543条规定：“居间人，是指以充任他人之间商行为的媒介为业的人。”我国1999年制定的合同法也设立了专章对居间合同进行了规定。我国合同法上关于居间合同定义的规定属于第一种，是从契约的角度来进行阐述的。民法典基本延续了合同法的规定，并在合同法规定的基础上，增加了两条内容，另外将“居间合同”修改为“中介合同”。在本章释义中，“中介”与“居间”、“中介合同”与“居间合同”、“中介人”与“居间人”为同义词。

二、中介合同的法律特征

1. 中介合同以促成委托人与第三人订立合同为目的

在中介合同中，中介人是为委托人提供服务的，这种服务表现为报告订约的机会或为订约的媒介。中介合同的标的是中介人进行中介活动的结果，其目的在于通过中介活动获取报酬。不论报告中介还是媒介中介，其目的都是促成委托人和第三人订立合同。中介人的活动只有促成委托人与第三人之间建立起有效的合同关系才有意义。

2. 中介人在合同关系中处于介绍人的地位

中介合同的客体是中介人依照合同的约定实施中介服务的行为。无论何种中介，中介人都不是委托人的代理人或当事人一方，中介人只是按照委托人的指示，为委托人报告有关可以与委托人订立合同的第三人，给委托人提供订立合同的机会，或者在当事人之间充当“牵线搭桥”的媒介作用，并不参加委托人与第三人之间具体的订立合同的过程，他的角色只是一个中介服务人，只是在交易双方当事人之间起介绍、协助作用。

3. 中介合同具有诺成性、双务性和不要式性

中介合同的诺成性，是指只要委托人与中介人意思表示一致，中介人就负有依委托人的指示进行中介的义务，而一旦中介人的活动取得结果，委托人就应支付报酬，合同即成立，而无须以实物的交付作为合同成立的要件。

中介合同的双务性，是指中介合同一经成立，当事人双方均需承担一定的义务，而且双方承担的义务具有对待给付性。就中介人而言，中介人有提供中介服务以促成委托人和第三人订立合同的义务，包括提供订约信息、据实报告的义务等；对委托人而言，合同因中介而成立后，其有支付报酬的义务。

中介合同的不要式性，是指当事人可以采取口头或者书面形式等合同形式，中介合同的成立无须采用特定的形式。如果约定不明确，应当遵循交易惯例。以提供中介服务为业的中介

服务机构或者人员，往往都会有相应的格式合同，为委托人提供更加专业、高效、便捷的服务。

4. 中介合同具有有偿性

中介人以收取报酬为业，中介人促成合同成立后，委托人当然要向中介人支付报酬，作为对中介人活动的报偿。不要报酬促进他人订立合同的行为，不是中介活动，而是一种服务性活动，行为人不承担中介合同中的权利义务。

三、中介合同与相关合同的关系

中介合同、委托合同、行纪合同具有一些共同点，有很多相似之处，但是也有一些区别，学者们经常将它们放在一起进行比较。中介合同属于服务性合同，服务合同包括保管、行纪、中介、委托等很多种类的合同，它们之间有一个共同的特征，其标的是提供劳务，而不是物的交付，而且提供的劳务都是接受委托人的委托处理委托事务或者提供某种服务。它们都是当事人与委托人之间的基础合同，在此基础上，委托人或者受托人、行纪人又与第三人订立合同，建立新的合同关系，所以委托关系、行纪关系或者中介关系一般都涉及三方当事人。但它们相互之间又有其各自的特征，它们的不同点在于：

1. 当事人的地位、提供的服务行为和行为法律后果的归属不同

中介合同的中介人，限于报告订约机会或媒介订约，其服务的范围有限制，只是介绍或协助委托人与第三人订立合同，委托人与第三人直接订立合同，中介人本人并不参与委托人与第三人之间的合同，在中介活动中不能自己作出或者代委托人作出意思表示，中介人的角色只是一个中间人，只是在交易双方当事人之间起介绍、协助作用；委托合同的受托人办理委托

事务时，以委托人的名义或者以自己的名义进行活动，可以向第三人作出意思表示，代委托人与第三人订立合同，依照委托人的指示参与并可决定委托人与第三人之间的关系内容，处理事务的后果直接归于委托人；行纪合同的行纪人是行纪合同的一方当事人，行纪人以自己的名义为委托人办理交易事务，同时也是与第三人订立合同的当事人，与第三人发生直接的权利义务关系，处理事务的后果是间接地而不是直接地归于委托人，委托人与第三人之间不发生直接的法律关系。

2. 所处理事务内容的范围不同

中介合同的中介人，是为委托人提供与第三人订立合同的机会，或者为委托人提供媒介服务，在委托人与第三人之间进行斡旋促成他们的交易，其行为本身对于委托人与第三人之间订立的合同而言并不具有直接的法律意义；委托合同的受托人是按委托人的要求处理受托事务，处理的事务可以是有法律意义的事务，也可以是非法律意义的事务；行纪合同的行纪人则是按委托人的要求，从事购销、寄售等特定的民事法律行为，行纪人受托的事务只能是民事法律行为，其行纪行为具有法律意义。

3. 是否有偿以及报酬的来源和支付条件不同

中介合同是有偿合同，但中介人只能在有中介结果时才可以请求报酬，并且在为订约媒介中介时可从委托人和其相对人双方取得报酬；委托合同可以是有偿的，也可以是无偿的，有偿委托的受托人从委托人处获得报酬；行纪合同都是有偿合同，行纪人却仅从委托人一方取得报酬。

4. 费用的负担不同

在中介合同中，中介人促成合同成立的，中介活动的费用由中介人负担。双方可以约定没有促成合同成立的情况下费用由中介人还是委托人负担，或者双方分担。在委托合同中，委托人应当负担受托人处理委托事务的费用，而且应当预付该费用。而行纪人应当自己负担处理委托事务支出的费用。

第九百六十二条　中介人应当就有关订立合同的事项向委托人如实报告。

中介人故意隐瞒与订立合同有关的重要事实或者提供虚假情况，损害委托人利益的，不得请求支付报酬并应当承担赔偿责任。

条文主旨

本条是关于中介人如实报告义务的规定。

立法背景

委托人有权了解与订立合同有关的事项，中介人应当如实报告。中介人的报告义务是中介人在中介合同中承担的主要义务，中介人应依诚信原则履行此项义务。

条文解读

一、关于中介人的报告义务

订立合同的有关事项，包括相对人的资信状况、生产能力、产品质量以及履约能力等与订立合同有关事项。订立合同的有关事项根据不同的合同还有许多不同的事项。中介人不可能具体了解所有事项，只需就其所知道的情况如实报告给委托人就可以了。但中介人应当尽可能掌握更多的情况，提供给委托人，以供其选择。依德国的有关判例和学说，根据诚信原则，中介人就一般对订约有影响的事项虽不负有积极的调查义务，然就所知事项负有报告于委托人的义务。此意思与我国民法典的规定是一致的。当然，委托人可以与中介人就报告义务作出特别约定，要求中介人报告特别的事项，例如双方约定中介人应当按照委托人的指示，调查了解潜在交易对象的某方面情况，如潜在交易对象的为人、品行，或者近期与哪些人订立过合同，以及这些合同的履约情况等，并向委托人如实报告。

所谓“如实报告”，就是中介人所报告的情况应当是客观真实的。这就要求中介人尽可能了解更多的情况，必要时可能还要进行深入的调查，对了解到的信息进行核实，再将掌握的实际情况向委托人进行报告，以便委托人作出判断是否订立合同。所谓中介人提供的情况，应当是“有关订立合同的事项”，也就是提供的信息要与委托人将订立的合同具有一定的关联性，可能影响到委托人合同的订立以及履行的情况，如相对人的资信状况、生产能力、产品质量以及履约能力等。这就要求中介人对了解到的情况进行筛选，将与委托人订立合同无关的情况筛除，如相对人的婚姻状况、子女情况等，而保留与订立合同有关的情况，如相对人的资产情况、信用状况、买卖标的物的权利归属及担保情况等。中介人所要报告的事项，也因委托人将订立合同的类型不同而有所区别，要结合具体的情况加以判断。而且中介人报告的信息应当尽可能全面，不能遗漏与订立合同有关的重要信息。例如，委托人想购买一套房屋，委托中介人寻找合适的房源，房屋中介应当提供房屋的具体位置、面积大小、户型等基本情况，还应当提供房屋是否被抵押、是否被法院查封、是否为凶宅等重要信息。

中介人报告义务的履行对象是委托人。不论是报告中介还是媒介中介，中介人都负有如实报告的义务。如果是媒介中介，中介人在委托人和第三人之间斡旋，除了要向委托人报告第三人的情况，可能还需要向第三人报告有关情况。如果委托人不止一人，中介人应当向每个委托人都进行报告。中介人还可能同时接受交易双方的委托提供中介服务，以促成双方订立合同，此时，两个委托人互为相对人，中介人应当就交易的具体类型向双方如实报告对方与订立合同有关的情况。例如，在房屋租赁市场，房屋中介往往既接受房主的委托寻找租客，也接受租客的委托寻找合适的房屋，房屋中介就双方的条件和提出的要求，促成房屋租赁合同的订立，并从出租人和承租人处获得一定的报酬。在这个过程中，房屋中介既要向房主如实报告承租人的情况，如租赁房屋的用途、计划居住人数等，也要向承租人如实报告房屋及房主的有关情况，如房屋的具体位置、面积、户型等。

委托人与中介人订立中介合同，往往是由于信息不够灵通，或者没有足够的时间、精力亲自处理，才请中介人为自己办理事务，其目的就在于通过中介人找到订约的机会。而要达成这一目的，中介人按照委托人的要求采取实事求是的态度据实报告是十分重要的。中介人是专门提供中介服务的专业机构或者人员，有收集相关信息、寻找订约机会的专业知识和技能，并收取委托人的报酬提供中介服务，就应当如实向委托人报告与订立合同有关的事项。报告不真实，将误导委托人订立有可能受到损害的合同，这与中介合同的本意是完全违背的，中介人也要就委托人受到的损失承担相应的赔偿责任。

比较法上，也有的国家对居间人的报告通知义务作出规定，例如《意大利民法典》第1759条第1款规定，“居间人，关于其缔结可产生的影响，关于交易的评价及确实性，要将其所知的事实向当事人通知”。

二、故意隐瞒有关事实或者提供虚假情况的后果

中介人有如实报告的义务，如果中介人故意隐瞒与订立合同有关的重要事实或者提供虚假情况，损害委托人利益的，不得要求支付报酬并应当承担相应的赔偿责任。本条第2款规定应当从以下几个方面理解：第一，中介人主观上具有故意。就是中介人明知与订立合同有关的重要事实或者其他真实情况，但是有意进行隐瞒或者提供虚假情况。至于因为中介人的过失给委托人造成损失的，并不适用本条规定，中介人是否需要承担责任，可以适用民法典合同编通则部分的规定进行判断，如果中介人的行为构成侵权，委托人还可以基于中介人的侵权行为向中介人主张赔偿。第二，中介人客观上没有将与订立合同有关的重要事实向委托人报告，或者提供了虚假的情况。并非与订立合同有关的所有事项都是重要的，所谓“重要事实”就是能够直接影响委托人作出是否订立合同之决定的事实，这种事实因订立合同类型的不同而不同。例如，委托人想购买一套房屋用于自住，委托房产中介寻找合适的房屋，该房产中介向委托人提供了房屋的具体位置等相关信息，卖家明确告知房产中介该房屋为凶宅，如果委托人知晓该房屋为凶宅，是不可能与之订立房屋买卖合同的。但是房屋中介却故意隐瞒该重要事实，或者当委托人询问是否为凶宅时提供虚假情况，告知委托人该房屋不是凶宅。第三，中介人隐瞒重要事实或者提供虚假情况的行为损害了委托人的利益，给委托人造成了损失。第四，中介人违反如实报告义务，损害委托人利益的，会产生两

个法律后果，一是中介人丧失中介的报酬请求权，二是中介人应当就委托人的损失承担相应的赔偿责任。上述案例中，如果委托人与房主订立了房屋买卖合同，并实际入住，已经向中介人支付了中介行为的报酬，其利益受到损害，不仅可以请求返还支付给中介人的报酬，还可以向中介人主张赔偿损失。

诚信原则应是中介人履行合同指导思想之一。中介合同的履行过程中，中介人必须实事求是地就自己所实际掌握的信息，如实地向委托人提供最方便、最有利、最有价值、最及时的订约渠道，并保证提供的信息真实和可靠，没有任何隐瞒欺骗或掺杂任何自己的主观臆测，对于有影响的事项及商业信息，如第三人的资信状况、支付能力、标的物是否有瑕疵等，中介人都必须据实、公正地报告，而不得弄虚作假，从中盘剥渔利，不得与第三人恶意串通损害委托人的利益，也不得恶意促成委托人与第三人订立合同。如果中介人没有尽到以上这些忠实的义务，反而为获取中介报酬而故意作虚假介绍，或者是与一方当事人事先串通好，故意告知虚假事实以促成委托人与第三人订立合同，从而损害了委托人或者第三人的合法利益，这些情况一旦发生，中介人非但无权向委托人请求中介报酬，还应当就自己因故意提供虚假情况而给委托人造成的损失承担赔偿责任。例如，甲委托乙为其购买原装彩色电视机一台。经乙寻找认识了丙，在丙向乙介绍产品时，乙发现彩电不是原装的，而是组装的，但想到优厚的报酬，加上丙暗中又给了乙“好处费”，于是，乙没有将实情告诉给甲。在甲与丙签订买卖合同后，甲发现了问题，便向丙提出赔偿要求。此案中的乙为了拿到报酬，不仅没有履行据实报告的义务，还采取隐瞒真相的手段，与第三人恶意串通损害甲的合法权益。因此，乙不仅无权向甲主张中介报酬，而且应就其故意造成的损失承担赔偿责任。

除上述义务外，基于诚信原则，中介人还负有其他一些义务。例如，中介人不得对交易双方订立合同实施不利影响，从而影响合同的订立或损害委托人的利益；在中介活动中，中介人应当遵守法律、法规和国家政策，遵循商事惯例和交易习惯，不得从事违法的中介活动等。

第九百六十三条　中介人促成合同成立的，委托人应当按照约定支付报酬。对中介人的报酬没有约定或者约定不明确，依据本法第五百一十条的规定仍不能确定的，根据中介人的劳务合理确定。因中介人提供订立合同的媒介服务而促成合同成立的，由该合同的当事人平均负担中介人的报酬。

中介人促成合同成立的，中介活动的费用，由中介人负担。

条文主旨

本条是关于中介人的报酬的规定。

立法背景

在中介合同中，向中介人支付报酬是委托人的主要义务。中介人的报酬，通常也被称为“佣金”或者“居间费”，是中介人完成中介服务后委托人向中介人支付的酬劳。中介合同是有偿合同，中介人是以提供中介服务赚取报酬为业的营业者，其为委托人提供订约机会或者媒介服务的目的就是获取报酬。

所以，委托人和中介人应当在中介合同中约定报酬的数额和支付方式等。当中介人促成委托人与第三人之间的合同成立，委托人就应当按照约定向中介人支付报酬。

条文解读

在以提供服务或者劳务为内容的各种合同中，一般都规定了当事人的报酬请求权，例如承揽合同的承揽人、委托合同的受托人、行纪合同的行纪人等，均有权请求按照合同约定支付报酬，但都是在完成一定事项后才有权请求报酬。中介合同的特殊性在于，中介合同中委托人的给付义务是附条件的。给付义务，有的是针对给付行为，有的是针对给付效果（结果）。在中介合同中，中介人的给付内容是给付效果，即促成委托人与第三人合同缔结，而委托人给付义务的主要内容是支付报酬，该义务的履行以中介人促成交易为前提，是附条件的。

关于报酬请求权的成立，各个国家和地区一般都规定以居间达到目的即合同缔结为前提条件。例如，《德国民法典》第652条第1款规定，“某人就报告订立合同的机会或者充当合同的媒介而许诺支付居间佣金的，仅在合同因该报告或者居间人的媒介而成立时，许诺支付居间佣金的人才有义务支付佣金”。《日本商法典》第550条规定，居间人非于法律规定的居间手续终结后，不得请求报酬。《意大利民法典》第1755条第1款规定，“居间人，于交易因其介入的结果而缔结的场合，有从各当事人取得手续费的权利”。我国台湾地区“民法”第568条第1款规定，居间人，以契约因其报告或媒介而成立者为限，得请求报酬。我国合同法也是以居间人促成合同成立为请求支付报酬的条件，民法典延续了该规定。

关于委托人给付义务所附条件的性质，有两种立法例。一种是规定委托人给付义务所附条件为停止条件。例如，《德国民法典》第 652 条规定，合同系附停止条件而订立的，仅在条件成就时，才能请求支付居间佣金。我国台湾地区“民法”第 568 条第 2 款也作出相同规定，“契约附有停止条件者，于该条件成就前，居间人不得请求报酬”。另一种是规定委托人给付义务所附条件既包括停止条件，也包括解除条件。例如，《意大利民法典》第 1757 条规定：“契约附停止条件场合，对于手续费的权利在其条件成就时发生。契约附解除条件场合，对于手续费的权利不因条件的成就而消灭。即使于契约被撤销或者被废除时，于居间人不知其成为无效的原因场合，亦适用前项的规定（即居间人对于手续费的权利亦不消灭）。”

由于中介是以报告订约机会或提供订立合同的媒介服务为内容，所以中介人是否促成委托人与他人之间成立交易，就是委托人支付报酬与否的明确标准。可见中介人是就其“劳务的结果”而非“劳务的给付”而享受报酬请求权。这是中介合同与其他劳务合同的不同之处。中介人取得报酬必须具备三个要件：第一，所介绍的合同必须成立；第二，合同的成立与中介人的介绍有因果关系，是由中介人的中介活动促成的；第三，中介人促成的契约必须与中介合同中的约定具有同一性。只有三者同时具备，委托人才负有支付报酬的义务。如果委托人与第三人没有订立合同，或者合同并非因中介人的活动而成立，或者中介人最终促成的合同并非中介合同约定之合同，中介人都不能请求委托人支付报酬。

一、关于中介人的报酬

1. 报酬支付的前提，须是中介人促成委托人与第三人的合

同成立

委托人支付报酬是以中介人已为委托人提供了订约机会或经介绍完成了中介活动，并促成了合同的成立为前提条件。对此，应该从以下几个方面去理解：

第一，委托人与第三人之间的合同成立，是指合同合法、有效成立，如果所促成的合同属无效合同，或者属于可撤销的合同而被撤销的，不能视为促成合同成立，中介人仍不能请求支付报酬。如果中介人实施了一定的中介活动后，委托人与第三人之间的合同并未成立，或者成立后被宣告无效或者被撤销，中介人并未促成交易，不得向委托人请求支付报酬，但是可以主张因进行中介活动而支出的必要费用。对于“合同成立”是否还要求合同有效，学界有不同观点。有学者认为，“合同成立”仅指委托人与第三人订立合同，与合同效力无关，如果将中介人的报酬请求权建立在合同有效的基础上，对中介人来说过于苛刻，有失公平。目前司法实践中对此问题也存在不同认识。

由于中介合同可以随时终止，有时不免会有委托人为了逃避支付报酬的义务，故意拒绝中介人已经完成了的中介服务，而后再与因中介而认识的第三人订立合同。就此情况，中介人并不因此而丧失报酬的请求权。例如，甲委托乙租房子，乙为其找到价格便宜的房主丙，甲为了不支付中介费，而假借房子的质量不好，终止了中介合同，然后甲又擅自找到丙要求租房。应该认为，甲的行为无疑违背了诚信原则，因此甲仍然需要支付报酬。

第二，委托人与第三人之间合同成立，是由中介人促成的，也就是与中介人的中介服务具有因果关系。因果关系的判断，应当考虑合同能够成立可以归因于中介人进行中介活动付出的努力，以及委托人是否实际利用了中介人提供的订约信息或者媒介服务。这一点也是判断委托人的行为是否构成“跳单”的关键，对此将在下文本法第965条的释义中进行详细阐述分析。在报告中介中，与委托人签订合同的第三人是中介人介绍的。而在媒介中介中，中介人参与了委托人和第三人签订合同的谈判和协商，在委托人和第三人之间斡旋，也就是在双方的谈判中起到了一定的辅助、协调作用。对于因果关系的存在，应当由中介人证明。有的委托人以自己本来就知道中介人报告的情况，中介人提供的信息毫无价值为由，拒绝支付报酬。针对这种情况，德国法认为，应当由委托人来举证其在中介人提供有关信息之前就已经知晓该信息。一般认为，只要中介人能证明其在委托人与第三人的合同订立之前，就提供了相应活动，如向委托人报告了第三人的有关情况，或者经常参与到双方的谈判中，一般就可以认为中介人的这些行为与合同的成立具有因果关系。这里的因果关系和其他的因果关系一样，并不要求是构成合同成立的唯一原因。有的学者认为，如果中介人的中介行为与委托人、第三人之外的其他因素促成合同成立，中介人可以请求与自己的中介行为价值相当的报酬。关于因果关系的判断，德国法院认为仅需“除了其他事件外居间人之活动与有原因者”即可，依评价的意思去理解，中介人的活动在某种程度上促成了契约的缔结，就可以构成此种因果关系。所谓“因果关系”，应当构成比较直接或者相当程度的因果关系，或者说中介人的中介行为对合同订立起到一定程度的作用。例如，甲委托乙购买一套房屋，乙向甲介绍房主丙，最终因为甲对房屋质量不满意，没有与丙订立房屋买卖合同。但是在看房的过程中，甲发现丙家中有一架钢琴，表示自己正想买一架钢琴给孩子，而恰巧丙正想将该闲置的钢琴出售，双方一拍即合，当下订立该钢琴的买卖合同。在这种情况下，甲与丙虽然订立了买卖合同，且该合同的订立与乙的中介活动并非毫无关系，因为甲与丙是通过乙介绍认识的，也是乙带甲到丙的房屋看房，但是这种关系恐怕难以构成因果关系，因为甲与丙之间订立的钢琴买卖合同并不是由乙付出的努力促成的，只能算是一种机缘巧合罢了。委托人与第三人订立钢琴的买卖合同，中介人未促成房屋买卖合同的订立，不能请求委托人支付报酬，但是可以按照约定请求委托人支付从事中介活动支出的必要费用，如交通费等。

第三，中介人促成的契约必须与中介合同中的约定具有同一性，也就是说，委托人与第三人最终订立的合同，应当是委托人委托中介人时欲订立的合同。有的学者认为，“居间人之报酬请求权之要件，除因果关系外，尚须所缔结之契约，必须亦符合在居间契约中所约定者，即成立之契约，须与委托人所委托者，有同一性”。“同一性”要件得到许多学者的赞同，但是对“同一性”的标准如何界定，学界还有争议。有的观点认为，对“同一性”应当严格界定，限于完全相同。也有观点认为，对此同一性的界定并不以完全相同为必要，如果成立的合同与所应媒介的合同不同，只要同样能达到委托人所追求的结果，也可以认定中介人有报酬请求权。例如，甲委托乙租赁一套房屋用于自住，乙为其找到房主丙。在甲与丙协商的过程中，乙也多有参与，甲在实地看房后看中该房屋欲买下，丙经过考虑认为甲的出价合适也同意出卖，于是双方签订房屋买卖合同，丙将该房屋出售给甲。在这种情况下，甲和乙之间的中介合同约定的是甲与第三人订立房屋租赁合同，但是最后甲和丙订立了房屋买卖合同，乙是否可以主张报酬请求权？甲和丙订立了房屋买卖合同，而且该合同的成立与乙的活动具有因果关系，只是最终与第三人订立的是房屋买卖合同，并非事先与中介人约定的房屋租赁合同。在这种情况下，房屋买卖合同与房屋租赁合同虽然不是相同类型的合同，但是甲通过与丙订立房屋买卖合同可以说也实现了其订立房屋租赁合同的主要目的，即有房屋可以居住，而且甲与丙订立房屋买卖合同离不开乙的努力，乙应当享有相应的报酬请求权，委托人不得以最终与第三人订立房屋买卖合同而非房屋租赁合同而拒绝向乙支付报酬。如果否定中介人乙的报酬请求权，则乙可能只能以与甲存在事实合同关系（以订立房屋买卖合同为目的的中介合同）来请求获得报酬，将面临更大的困难。另外，需要补充的是，该“同一性”也并非指合同类型相同即可满足。如前述甲原本委托乙购买房屋，最终没订立房屋买卖合同，却买下房主丙家中的钢琴之案例，虽然订立的钢琴买卖合同和房屋买卖合同都属于买卖合同，但是显然此买卖合同非彼买卖合同，可以说两者毫无关系，所以最终订立的钢琴买卖合同与委托人委托中介人时欲订立的房屋买卖合同并不具有同一性，基于此，乙也不得就该钢琴买卖合同的成立向甲主张报酬请求权。

委托人是否给付中介人报酬及其支付数额，原则上应按照中介合同约定。这里的合同约定，可以是以书面形式或者口头形式明确的。中介人的报酬数额由当事人自主约定，虽然符合合同自由原则，但是在有些情况下可能会导致显失公平的结果，因此有的国家和地区规定了“报酬数额酌减制度”。例如，《德国民法典》第655条和我国台湾地区“民法”第572条中都规定了，在当事人约定的居间报酬过高的情况下，可以因报酬支付义务人的申请而酌减居间报酬的数额。但是如果报酬已经给付，不得要求返还。我国民法典没有在中介报酬数额中规定“数额的酌减”，基于合同自由原则，对中介报酬的数额法律一般不应干涉。但是如果报酬数额畸高，存在可撤销的情形时，委托人可以依据民法典总则编的规定申请撤销。

如果委托人和中介人对报酬没有约定，或者约定不明确，中介人是否享有报酬请求权，存在两种立法例，一是当事人没有约定或者约定不明确的，在符合法律规定的条件下，中介人可以取得报酬请求权。例如，《德国民法典》第 653 条第 1 款规定，“根据情事，只能期待仅凭着受报酬才履行托付给居间人的给付的，视为已默示地约定居间佣金。”我国台湾地区“民法”也有相同的规定，“如依情形，非受报酬即不为报告订约机会或媒介者，视为允与报酬”。二是当事人没有约定或者约定不明确，只要中介人促成合同成立，就可以向委托人请求支付报酬。《意大利民法典》和我国民法典（以及合同法）都属于这种立法例。根据本法的规定，只要中介人促成合同成立，原则上就可以向委托人请求支付报酬。如果中介合同中对中介人的报酬没有约定或者约定不明确，委托人和中介人可以协议补充；如果仍然达不成补充协议，应当按照合同的相关条款或者商业交易习惯来确定；如果还是解决不了，可以根据中介人的劳务合理确定，所谓合理应考虑诸多原因，如中介人所付出的时间、精力、物力、财力、人力、中介事务的难易程度以及中介人的行为对合同成立所起到的作用等因素，根据公平原则来合理确定。在比较法上，对于没有约定或者约定不明的情况下，报酬的数额如何确定，一般都规定根据交易习惯或者价目表等来确定。例如，《德国民法典》第653条第2款规定，报酬额不确定的，有价目表时，必须视为已约定合于价目表的佣金，无价目表时，必须视为已约定通常的佣金。我国台湾地区“民法”第566条第2款规定，未定报酬额者，按照价目表所定给付之。无价目表者，按照习惯给付。《意大利民法典》第1755条第2款规定，手续费的数额及各当事人应负担的比例，于没有特别约定、职业费用表或者习惯场合，应基于公平由裁判官决定。

2. 受益的当事人平均负担报酬的义务

支付报酬以中介事务的不同而有不同的标准。报告中介，因中介人仅向委托人报告订约机会，中介人不与委托人的相对人发生关系，因此，中介人的报酬应当由委托人给付。在媒介中介合同中，中介人不仅向委托人提供报告订约机会，而且要找第三人促成合同订立，由于有了中介人的中介活动，使得委托人与第三人双方发生了法律关系，委托人与第三人都因此而受益，因此，一般情况下，除合同另有约定或另有交易习惯外，中介人的报酬原则上应由因媒介中介而订立合同的委托人与第三人双方平均负担。实践中，房屋中介在其提供的房屋买卖或者房屋租赁的中介服务中，一般都是从出卖人和买受人、出租人和承租人双方收取佣金的，双方各担一半。《日本商法典》和我国台湾地区“民法”中也作出了媒介中介的报酬由契约双方当事人平均分担的规定。有的学者认为，这实际上是法律为了平衡委托人和相对人的利益而强加给相对人的负担，除非是在相对人和中介人也存在委托关系即双方中介的情形下，否则相对人的支付义务是没有充分的法理依据的。因此，有学者主张在媒介中介中应当允许中介合同的双方当事人在中介合同中约定由委托人一人支付报酬即排除法律规定效力，或约定报酬由委托人与相对人分担、分担比例、由谁向相对人主张等，而且，在需要相对人支付报酬的情形下，中介人从事中介活动时应当告知相对人或由委托人通知相对人，以使其对所介入的交易的费用有所预期。只有在没有约定的情形下，中介人才可依法律规定直接向相对人主张另一半报酬。实际上，我国民法典也充分尊重合同当事人的意愿，本条关于由委托人和第三人平均负担中介人报酬的规定属于任意性规定，当事人可以通过约定排除其适用。此外，有的国家对此作出了不同的规定。例如，《意大利民法典》第 1755 条第 2 款规定，对于居间报酬各当事人应负担的比例，在没有约定、职业费用表或者交易习惯的情况下，由裁判官基于公平原则确定。

二、关于中介活动的费用

中介活动的费用，主要是指中介人为从事中介行为而支出的一些费用，如交通费、住宿费等。中介人促成合同成立的，中介活动的费用由中介人负担。中介人促成合同成立的，可以向委托人请求支付报酬，中介人的报酬中就包括了成本和利润。因为中介活动的费用已作为成本计算在报酬之内，所以中介人不得再另外请求委托人负担费用。和行纪人一样，中介人一般都是专门从事中介业务的经营者，作为专业机构或者人员，是可以预估从事中介行为所需费用的。所以一般来说，双方约定由委托人支付的报酬肯定是超过中介活动的费用也就是成本的，这也是中介人从事中介业务的根本动力。而且，规定由中介人负担中介活动的费用，还可以促使中介人节省费用，降低成本，以提高自己可以获得的利润。

第九百六十四条 中介人未促成合同成立的，不得请求支付报酬；但是，可以按照约定请求委托人支付从事中介活动支出的必要费用。

条文主旨

本条是关于中介人的中介费用的规定。

立法背景

关于报酬请求权的成立，各个国家和地区一般都规定以中介达到目的，即委托人与第三人缔结合同为条件。《德国民法典》、《日本商法典》、《意大利民法典》以及我国台湾地区“民法”等都作出了这种规定。我国民法典也是以中介人促成合同成立为请求支付报酬的前提条件。由于中介是以报告订约机会或提供订立合同的媒介服务为内容，所以中介人是否促成委托人与第三人之间成立交易，就是委托人支付报酬与否的明确标准。中介人促成合同成立的，可以按照约定获得报酬；没有促成合同成立的，不能取得报酬请求权。

条文解读

在中介合同中，只有中介人的中介活动达到目的，委托人才负有给付报酬的义务。中介人的活动能否达到目的，委托人与第三人之间的合同能否促成，有着不确定性，不是完全可由中介人的意志决定的。因此，委托人是否须履行支付报酬的义务，也是不确定的。有时尽管中介人为了使合同能促成尽了向委托人报告或者媒介的义务，但合同最终没有成立，没有达到中介合同的目的，中介人仍然不能请求报酬，委托人有权不予支付报酬，因为报酬是中介人服务成果的对价，没有促成合同成立，则不得请求支付报酬。这一点与承揽合同必须是承揽人完成了工作后才能请求报酬是一样的。

本法第 963 条第 2 款对中介人促成合同成立时中介活动的费用负担作出了规定，沿用了《合同法》第 426 条的规定。对于中介人未促成合同成立时，中介活动的费用由谁负担，1999 年制定的《合同法》第 427 条规定："居间人未促成合同成立的，不得要求支付报酬，但可以要求委托人支付从事居间活动支出的必要费用。"中介活动费用是中介人在促使合同成立的活动中支出的必要费用，与报酬不是一个概念。因此，有时中介人虽然为促成合同成立付出了劳务和费用，但合同未促成，仍不能请求支付报酬，但是依据《合同法》第 427 条的规定，中介人可以请求委托人支付从事中介活动支出的必要费用，如中介活动中支出的交通费等。也就是说，中介人未促成合同成立，委托人虽然不承担支付报酬的义务，但是应当承担返还或者偿还中介人为中介活动支出的必要费用的义务。

相比《合同法》第 427 条的规定，本条规定增加了"按照约定"。所谓"按照约定"，也就是在合同未成立的情况下，中介人向委托人请求支付从事中介活动的必要费用，须以中介人和委托人之间存在合同未成立时中介人亦享有费用请求权的约定为前提。反过来理解，在委托人与中介人没有约定委托人与第三人合同未成立而中介人仍可以主张返还从事中介活动的必要费用的情况下，中介人无权向委托人请求返还，委托人也没有义务向中介人支付该费用。结合本条规定和本法第 963 条第 2 款的规定可知，中介活动的费用原则上由中介人自己负担。在没有特别约定的情况下，不论中介人是否促成合同成立，中介人都要自己负担从事中介活动的费用。这和行纪合同由行纪人负担处理委托事务的费用是相似的。因为中介人和行纪人都是以营利为目的的经营者，中介人是专门从事提供中介服务的人。既然是经营，就必然会有商业风险。就中介合同来说，只有当中介人促成合同成立，才能向委托人请求支付报酬。如果中介人没有促成交易，不得请求报酬，他所付出的代价即支出的成本费用，就算是商业风险，由其自己负担。但是也有例外情形，如委托人与中介人事先有约定，不论合同成立与否，中介人都可向委托人请求返还从事中介活动的必要费用。

各个国家和地区的法律规定对中介费用负担都是尊重当事人的意愿，有约定的从约定，对于没有约定或者交易习惯的情况，则作出了不同的规定。《德国民法典》第 652 条第 2 款规定，“（委托人）仅在已约定向居间人偿还费用时，始须向其偿还费用。即使合同不成立，也适用前句的规定”。我国台湾地区“民法”第 569 条采用了相同立法例：“居间人支出之费用，非经约定，不得请求偿还。前项规定，于居间人已为报告或媒介而契约不成立者，适用之。”可见，依据德国和我国台湾地区的规定，从事中介活动的费用原则上由中介人负担。不论中介人是否促成合同成立，中介费用的承担都依当事人之自由约定，在没有约定的情况下，应由中介人承担，中介人不得要求委托人支付。而《意大利民法典》则作出了不同的规定，认为如无特别约定原则上应当由委托人负担中介人从事中介活动的费用。《意大利民法典》第 1756 条规定，“除有相反的特约或者习惯场合外，居间人即使于交易没有缔结的场合，但关于为该人执行的任务，亦有对该人请求偿还费用的权利”。

第九百六十五条　委托人在接受中介人的服务后，利用中介人提供的交易机会或者媒介服务，绕开中介人直接订立合同的，应当向中介人支付报酬。

条文主旨

本条是关于委托人接受中介人的服务后，绕开中介人直接订立合同应当向中介人支付报酬的规定。

立法背景

本条规定的是委托人实施“跳单”行为须承担向中介人支付报酬的法律后果。本条规定的“跳单”，是指委托人接受中介人的服务后，利用中介人提供的订约信息或者媒介服务，绕开中介人直接与第三人签订合同的行为，其目的是规避向中介人支付报酬义务。学界对中介合同的研究也多集中在“跳单”行为，但是学界所探讨的“跳单”不仅包括本条规定的行为，还包括委托人接受中介人服务后，绕过中介人，另行委托他人提供中介服务的行为。有的学者将“跳单”分为可归责的“跳单”和不可归责的“跳单”。在编纂民法典的过程中，有的意见建议，明确规定禁止“跳单”以及“跳单”行为的法律后果。实践中，“跳单”现象频繁发生，已经成为中介合同纠纷案件中的一种常见纠纷类型。“跳单”行为违背诚信和公平原则，严重损害中介人的利益，扰乱市场秩序，阻碍了中介行业的健康发展。经过认真研究，民法典中增加了本条规定。“跳单”行为中，委托人实质上利用了中介人提供的订约信息或者机会，但是在订立合同时却避开中介人，自行与第三人订立合同，以此来逃避向中介人支付报酬的义务。对于“跳单”行为，司法实践一般认为，委托人与第三人订立合同，只要委托人实质上利用了中介人提供的劳动，即中介人通过中介行为向委托人提供了订约信息或者媒介服务，就应当认定该交易是由中介人促成的，委托人就应当向中介人支付约定的报酬。如果委托人并未利用中介人提供的订约信息或者机会，则中介人无权主张报酬请求权。

条文解读

委托人的行为构成本条规定的“跳单”应当具备以下要件：第一，委托人接受了中介服务。中介人接受委托后，履行了向委托人报告订约机会或者提供媒介服务的义务，委托人接受了中介人提供的服务，这是中介人获取报酬的权利来源。中介合同是双务、有偿合同，委托人支付报酬须以中介人提供约定的、有价值的中介服务为对价。第二，委托人绕开中介人直接与第三人订立合同。委托人与第三人私下订立合同，并未通过中介人，或者委托人在中介人之外，又委托其他人从事中介服务，通过其他中介人与第三人订立了合同。也就是说，客观上，委托人实施了“跳”过中介人的行为。“跳”的形式有两种，一是委托人直接与第三人私下订立合同，二是委托人通过其他中介人与第三人订立合同。第三，委托人与第三人合同的订立，主要是由于委托人利用了中介人提供的交易机会或者媒介服务，或者说合同订立与中介人的中介服务具有因果关系。这是判断委托人的行为构成“跳单”并应当向中介人支付报酬的关键。不论委托人是私下与第三人直接订立合同，还是通过其他中介人与第三人订立合同，只要委托人利用了中介人提供的交易机会或者媒介服务，就构成“跳单”，是否存在其他中介人并不是关键因素。一般而言，只要委托人实际接受了中介人的中介服务，又与第三人订立了合同，就可以推定该合同之成立与中介人提供的服务有因果关系。如果委托人认为其没有利用中介人的交易机会或者媒介服务，应当承担举证责任。实践中，委托人可能自己事先也通过各种渠道收集了一些信息，知晓第三人的情况，而中介人又向委托人重复报告了该第三人的情况，例如中介人提供的是公开的、委托人可以轻易获得的信息，中介人的报告对委托人来说可能是毫无价值的，委托人与第三人订立合同，就不能认为利用了中介人提供的交易机会或者媒介服务。但是，委托人要对其在中介人提供订约信息前就已知晓第三人的有关情况，并未利用中介人提供的交易机会或者媒介服务承担举证责任。

实践中还存在一种情况，委托人委托多个中介人从事中介活动，多个中介人为其提供交易信息或者媒介服务，委托人最后选择其中一个中介人，通过其与第三人订立合同。此时对其他中介人来说，并不构成“跳单”，因为委托人具有选择最满意、最合适的中介人的优质服务并通过其与第三人订立合同的权利。这就和买东西一样，消费者有自主选择的权利，很多时候都是货比三家之后才决定在哪一家商店购买。这也需要委托人证明，其与第三人订立合同，并非利用中介人提供的交易机会或者媒介服务，而是通过其他中介人提供的服务使得合同得以成立。

“跳单”多见于房屋买卖或者租赁中介，一般是指委托人与房产中介机构订立中介合同，且接受房产中介机构的相应服务后，绕过房产中介机构，就中介人报告的标的房屋私下与交易对方订立房屋买卖合同、房屋租赁合同，或者另行委托他人提供中介服务，通过其他中介人订立合同的行为。这种行为危及中介人的利益，为了防止委托人实施“跳单”行为，减少自己的损失，实践中中介人带客户看房时，常常要求其签署“看房确认书”，一来证明缔结了中介合同，二来借格式条款带入禁止“跳单”条款。有关这类实务中的“跳单”条款的解读，归纳起来主要有四种观点：第一种观点认为，中介合同若有禁止“跳单”条款，则委托人别无选择，只能委托该中介人。这种格式合同加重了委托人责任，排除了其主要权利，应作无效处理。第二种观点认为，委托人避开中介人直接与对方当事人磋商并缔约，不正当地阻止了中介人报酬请求权条件的成就，应视为中介人收取报酬的条件成就。第三种观点是在批判前述观点的基础上提出来的。这种观点主张者首先认为禁止“跳单”条款并非无效，条件拟制成就的规定在中介合同无适用余地，然后提出应就“跳单”行为的法律后果作类型化处理：(1）委托人与第三人私下缔约，该缔约机会系由中介人促成；(2）委托人与第三人私下缔约，该缔约机会不是中介人所促成；(3）委托人另行委托其他中介人并经其促成缔约；(4）委托人另行委托其他中介人，但未促成缔约。其中，情形（1）中的中介人享有报酬请求权；情形（2）、(3)、(4）中的中介人享有必要费用返还请求权，如必要费用不能填补实际损失，可按实际损失主张违约金支付请求权。第四种观点认为，禁止“跳单”条款是关于委托人跳开中介人的违约责任条款，据此中介人履行带看房的义务之后，若委托人有恶意逃避报酬支付义务的行为，即应支付相当于报酬的违约金。该观点重视委托人召入其他中介人的自由，拒绝要求委托人支付多次报酬，倾向于认为只要委托人向其中一名中介人支付了报酬，也就没有了“恶意逃避报酬支付义务行为”。

最高人民法院2011年12月20日发布了第一批指导案例，指导案例1号即“上海中原物业顾问有限公司诉陶德华居间合同纠纷案”。该指导案例的核心要义就是衡量委托人是否“跳单”违约的关键，在于委托人是否利用了中介人提供的信息、机会等条件。该案件是房屋买卖中介合同纠纷的典型案例，值得深入研读。

基本案情是：原告上海中原物业顾问有限公司（简称中原公司）诉称：被告陶德华利用中原公司提供的上海市虹口区株洲路某号房屋销售信息，故意跳过中介，私自与卖方直接签订购房合同，违反了《房地产求购确认书》的约定，属于恶意“跳单”行为，请求法院判令陶德华按约支付中原公司违约金1.65万元。被告陶德华辩称：涉案房屋原产权人李某某委托多家中介公司出售房屋，中原公司并非独家掌握该房源信息，也非独家代理销售。陶德华并没有利用中原公司提供的信息，不存在“跳单”违约行为。法院经审理查明：2008年下半年，原产权人李某某到多家房屋中介公司挂牌销售涉案房屋。2008年10月22日，上海某房地产经纪有限公司带陶德华看了该房屋；11月23日，上海某房地产顾问有限公司（简称某房地产顾问公司）带陶德华之妻曹某某看了该房屋；11月27日，中原公司带陶德华看了该房屋，并于同日与陶德华签订了《房地产求购确认书》。该确认书第2.4条约定，陶德华在验看过该房地产后六个月内，陶德华或其委托人、代理人、代表人、承办人等与陶德华有关联的人，利用中原公司提供的信息、机会等条件但未通过中原公司而与第三方达成买卖交易的，陶德华应按照与出卖方就该房地产买卖达成的实际成交价的1%，向中原公司支付违约金。当时中原公司对该房屋报价165万元，而某房地产顾问公司报价145万元，并积极与卖方协商价格。11月30日，在某房地产顾问公司居间下，陶德华与卖方签订了房屋买卖合同，成交价138万元。后买卖双方办理了过户手续，陶德华向某房地产顾问公司支付佣金1.38万元。

上海市虹口区人民法院于2009年6月23日作出（2009）虹民三（民）初字第912号民事判决：被告陶德华应于判决生效之日起十日内向原告中原公司支付违约金1.38万元。宣判后，陶德华提出上诉。上海市第二中级人民法院于2009年9月4日作出（2009）沪二中民二（民）终字第1508号民事判决：一、撤销上海市虹口区人民法院（2009）虹民三（民）初字第912号民事判决；二、中原公司要求陶德华支付违约金1.65万元的诉讼请求，不予支持。

法院生效裁判认为：中原公司与陶德华签订的《房地产求购确认书》属于居间合同性质，其中第2.4条的约定，属于房屋买卖居间合同中常有的禁止“跳单”格式条款，其本意是为防止买方利用中介公司提供的房源信息却“跳”过中介公司购买房屋，从而使中介公司无法得到应得的佣金，该约定并不存在免除一方责任、加重对方责任、排除对方主要权利的情形，应认定有效。根据该条约定，衡量买方是否“跳单”违约的关键，是看买方是否利用了该中介公司提供的房源信息、机会等条件。如果买方并未利用该中介公司提供的信息、机会等条件，而是通过其他公众可以获知的正当途径获得同一房源信息，则买方有权选择报价低、服务好的中介公司促成房屋买卖合同成立，而不构成“跳单”违约。本案中，原产权人通过多家中介公司挂牌出售同一房屋，陶德华及其家人分别通过不同的中介公司了解到同一房源信息，并通过其他中介公司促成了房屋买卖合同成立。因此，陶德华并没有利用中原公司的信息、机会，故不构成违约，对中原公司的诉讼请求不予支持。

这个案例从司法实践的角度确立了衡量买方是否“跳单”违约的标准，主要是看买方是否利用了该中介公司提供的房源信息、机会等条件。在本案中，买受人陶德华已经先得到房屋出售信息。一个很关键的情节是中介人中原公司所拥有的并不是独家信息。只要不是独家信息，委托人就可以从其他渠道获取，且委托人能够证明该信息的其他来源，则一般可以认定为是不可归责的“跳单”。委托人陶德华另找他人中介，没有利用中原公司的独家信息，属于不可归责的“跳单”。不可归责的“跳单”，虽然不承担支付报酬的义务，不承担赔偿责任，但是并不免除支付费用的责任，中介人中原公司可以按照约定请求委托人支付有关费用。本案生效裁判中还有一个重要观点，即认为案例中的这种房屋买卖中介合同中常有的禁止“跳单”格式条款，并不存在免除一方责任、加重对方责任、排除对方主要权利的情形，并不属于无效条款。

但是，实践中，中介合同中的禁止“跳单”条款，往往还包括了独家委托（中介）条款，也就是约定委托人只能委托中介人对其提供中介服务，不能再将同一事项委托给其他中介人。委托人总是要在中介人之间进行选择，或者就同一事项委托两个以上的中介人。而中介人为了自己的利益，希望只由自己为委托人提供中介服务，排除其他中介人的介入。独家委托条款也称为“专任委托契约”，即委托人就该同样之事务负有在一定期间内不得再委托其他中介人之义务。近年来，房屋买受人与中介人在中介合同中的独家委托条款效力的认定，与恶意“跳单”行为的认定是房产买卖纠纷司法实践中的热点。对独家委托条款的效力主要有三种观点：第一种观点认为，此类条款系当事人真实意思表示，具有法律约束力。第二种观点认为，中介人提供的格式条款，排除了委托人的主要权利，加重了委托人的责任，应属无效。第三种观点认为，中介人使用的独家委托条款等诸如此类格式条款，具有一定合理性，虽不宜一概认定无效，但作为中介人，从事中介活动具有专业优势和处于强势地位的专门机构，对其提供的单方制作、未与对方协商的格式化条款，应审查是否尽到合理提示和说明义务；如果未尽该义务，且明显违反公平原则，应认定为无效条款。

第九百六十六条　本章没有规定的，参照适用委托合同的有关规定。

条文主旨

本条是关于参照适用委托合同的规定。

立法背景

中介合同与委托合同都属于服务合同，都是当事人接受委托人委托从事一定事务的合同，只不过中介合同委托的事项特殊固定。中介合同和委托合同有很多共同之处。有的观点认为，中介合同就是一种特殊的委托合同。

条文解读

在本章没有规定的情况下，可以参照适用委托合同的有关规定。例如，中介人应当亲自处理中介事务，不得擅自将中介事务交给他人处理；两个以上的中介人共同处理委托事务的，对委托人承担连带责任等。

需要特别说明的是，中介合同可以参照适用委托合同任意解除权的规定，但并不是完全适用。中介合同的委托人享有任意解除权，应无疑义。一般认为，委托合同中委托人的任意解除权，其法理基础在于委托合同是基于特殊信赖而成立的合同。另外，就委托人一方来说，委托事项可能随时发生变化，这就产生了随时解除的需求。以上观点也可应用于中介合同。类似于委托合同，中介合同的委托人委托中介人从事一定的中介事务，在中介事务完成之前，情况发生变化，委托人又不再需要中介人的中介服务的，可以随时解除中介合同。中介合同委托人的任意解除权还有更多的理由。如前所述，类似于消费者，中介合同的委托人有权选择更优的服务，这同时也避免了依附现象的弊端。而且，委托人没有与第三人缔约的义务，委托人不缔约的实际效果，与行使任意解除权是相同的。而行使任意解除权，反而使中介人得到了通知，能避免其进一步为完成中介事务继续付出人力、财力和物力，还能向委托人请求相应的赔偿。报告中介的任意解除，是在委托人获得信息之前，之后就没有解除的必要了。媒介中介的任意解除，是在委托人与第三人的合同成立之前。如果委托人与第三人之间成立的合同是附生效条件（停止条件）的合同，在条件成就之前，中介人不得请求报酬，但在合同成立之时，委托人的任意解除权终止。中介合同中委托人的任意解除权更接近于承揽合同中定作人的随时解除权。本法第 787 条规定："定作人在承揽人完成工作前可以随时解除合同，造成承揽人损失的，应当赔偿损失。"中介合同是有偿合同，委托人解除合同给中介人造成损失的，除不可归责于委托人的事由外，委托人还是应当赔偿中介人的损失。至于中介人是否应当享有任意解除权，学界还存在不同认识。

中介合同有许多区别于委托合同的特点，所以委托合同的规定，有的也不适用于中介合同。例如，本法第 931 条规定，委托人经受托人同意，可以在受托人之外委托第三人处理委托事务。因此造成受托人损失的，受托人可以向委托人请求赔偿损失。一般认为，委托人在中介人之外又委托第三人处理中介事务的，无须经过中介人的同意。实践中，很多打算出售房屋的房主，都是委托多个房屋中介机构来寻找买家的，哪个房屋中介机构能够实际促成交易，房主就向其支付中介的报酬。委托人和中介人订立中介合同后，委托人再委托他人如果须经过中介人同意，中介人基于自己的利益考虑，都想成为独家中介，一般而言是不会同意的，这样委托人就丧失了自由选择的权利，对委托人来说是不公平的，委托人的利益将受到损害。

第二十七章　合伙合同

本章共十二条，主要内容有：合伙合同的定义，合伙人的出资义务，合伙财产，合伙事务的执行，执行合伙事务不得请求报酬，合伙的利润分配和亏损分担，合伙人的连带责任，合伙人对外转让财产，合伙人的债权人之代位权的行使，合伙期限，合伙合同的终止及终止后的处理等。

相对于合同法，本章是新增的一章。在民法典编纂过程中，不少意见提出，我国 1997 年通过并于 2006 年修订的合伙企业法规定了商事合伙，1999 年制定的合同法没有规定合伙合同的内容，而民法典总则编删去了民法通则中规定的个人合伙有关内容，合同编有必要将合伙合同作为独立的合同类型。经研究，合伙合同作为一种典型合同单独成章，规定在民法典合同编中。

第九百六十七条　合伙合同是两个以上合伙人为了共同的事业目的，订立的共享利益、共担风险的协议。

条文主旨

本条是关于合伙合同的定义的规定。

立法背景

早在罗马法时期，合伙契约就已经是一种重要的契约形式。在现代社会，合伙合同也是各国规定的重要的典型合同，大陆法系各国或者地区的民法典（或者商法典）中都对合伙合同作出了规定。在民法典通过以前，我国的法律中没有对合伙合同作出专门规定。1986 年制定的民法通则从民事主体的角度，在第二章第五节对公民（自然人）之间的“个人合伙”和第三章第四节对企业之间或者企业、事业单位之间联营（其中《民法通则》第 52 条规定了合伙型联营）作了简单规定。1997 年制定合伙企业法，对合伙企业作出了专门规定。合伙企业法旨在规范以合伙协议为基础成立的合伙企业，属于典型的商事主体法，在适用范围上受到严格限制。各个民事主体之间为持续的或者临时的共同事业而未成立企业的合伙，则被排除在合伙企业法之外。在 1999 年制定合同法时，试拟稿、征求意见稿均规定了合伙合同，但合同法草案以合伙企业法对合伙组织体及合伙协议都作了比较详细的规定为由删除了合伙合同类型，最终通过的合同法中没有规定合伙合同的内容。2017 年制定民法总则时，删除了民法通则关于“个人合伙”和“联营”的内容，主要是考虑作为商事主体的合伙企业由合伙企业法进行调整，而未成立合伙企业的民事合伙，则可以由民法典合同编进行规定。实践中，大量存在当事人签订合伙合同而成立的、没有设立合伙企业的合伙，需要通过法律的规定来进行规范，以保护合伙人的合法权益，促进经济社会的发展。因此，民法典合同编设立专章规定了“合伙合同”，确立合伙合同的基本规则，使得我国关于合伙的法律规定更加科学和完善。

不少国家和地区的法律也都对合伙（合同）作出了专门规定。《德国民法典》、《日本民法典》和《西班牙民法典》均在债编中规定了合伙。法国法律中的“合伙”只是“公司”的一种形式，并无“合伙”这一独立的概念，从形式上看，“民事公司”相当于我国的合伙企业，“隐名合伙”相当于本章规定的未形成组织的合伙。与法国法类似，《意大利民法典》也将合伙（单纯公司）作为公司的一种类型。此外，《俄罗斯联邦民法典》《美国统一合伙法》等也都对合伙作出了规定。

条文解读

合伙合同，是指两个以上合伙人为了共同的事业目的，订立的共享利益、共担风险的协议。合伙合同，是以共同出资为基础，以共同事业为目的，以共享利益、共担风险为本质的协议。

规定合伙合同的外国民法典也都对合伙合同下了定义，但是描述的角度有所差异。例如，《德国民法典》第 705 条规定，“因合伙合同，合伙人相互有义务以该合同所规定的方式促进共同目的的达到，特别是提供所约定的出资”。《日本民法典》第 667 条第 1 款规定，“合伙契约，因各方当事人约定出资经营共同事业而发生效力”。《西班牙民法典》第 1665 条规定，“合伙为二人或者数人同意将其金钱、财务或者劳务共集一处，而以分配其经营所得利益为目的”。第 1666 条第 1 款规定，“合伙合同应有合法的标的，并为当事人的共同利益而订立”。尽管角度略有差异，但是对合伙合同的定义都涵盖了共同出资和为了共同事业目的或者共同利益这两个最基本的要素。

作为一种新增的典型合同，合伙合同与其他类型的合同有很多不同之处。合伙合同主要有以下几个特征：

一、对合伙人有所限制

根据合伙合同的定义，合伙合同的主体为两个以上的合伙人。合伙人的数量要求两个以上，只有一个则无法成立合伙。当因合伙人死亡、丧失民事行为能力、终止等原因，合伙人数量减少到一个时，合伙合同终止。作为合伙合同主体的合伙人，可以是自然人、法人或者非法人组织。但是，合伙人并不是没有完全限制，不是所有民事主体都可以成为合伙人。《合伙企业法》第3条规定："国有独资公司、国有企业、上市公司以及公益性的事业单位、社会团体不得成为普通合伙人。"普通合伙人是对合伙企业债务承担无限连带责任的合伙人。而合伙合同中的合伙人，对合伙债务承担无限连带责任。国有独资公司、国有企业、上市公司如果成为合伙人，就要以其全部财产对合伙债务承担责任，这不利于保护国有资产和上市公司股东的利益。从事公益性活动的事业单位、社会团体，因其从事的活动涉及公共利益，其自身财产也不宜对外承担无限连带责任。因此，国有独资公司、国有企业、上市公司以及公益性的事业单位、社会团体不得成为合伙企业的普通合伙人，原则上也不得与他人订立合伙合同成为合伙人。

二、为了共同目的或者共同利益

合伙人订立合伙合同是为了达到共同的事业目的，实现共同的利益，这是合伙合同最重要的特征，也是合伙合同与其他类型的合同最重要的区别之一。所谓"共同的事业目的"，可以是营利性的目的，也可以是非营利性的目的，如公益目的。"共同的利益"，可以是物质上、经济上的利益，也可以是其他方面的利益。就一般的合同而言，虽然合同的双方或者多方当事人总体目标是一致的，都是为了实现合同目的，例如买卖合同中的出卖人和买受人都希望交易达成。但是，从当事人的角度出发，他们的目的或者权利义务又可能是不一致甚至是完全相对的。出卖人的目的是以标的物的所有权换取相应的价款，其权利是获取买受人支付的价款，义务是交付标的物转移所有权；而买受人的目的是以一定的价款换取标的物的所有权，权利是取得标的物所有权，义务是支付标的物的价款。双方的目的或者权利义务是相对的关系，当事人之间处于对立或者竞争的关系。而合伙合同中，所有合伙人的目的具有一致性，权利义务的内容或者说方向也具有一致性，都是为了实现共同的事业目的，原则上都享有表决权、执行权、监督权等权利，都负有出资等义务，都要对合伙债务承担连带责任，完全是一种合作关系而非对立关系。通俗地说，一般合同当事人之间的权利义务是“此消彼长”的关系，而合伙合同的所有合伙人之间则是“共消共长”的关系。

三、共享利益、共担风险

如前所述，合伙合同的所有合伙人之间具有共同的事业目的，是合作共赢的关系。因此，所有合伙人就应当共享合伙经营之利益，共担合伙经营之风险。可以说，合伙合同中的全体合伙人是“一荣俱荣，一损俱损”的关系。目的的共同性决定了所有合伙人共享利益、共担风险，不能只由部分合伙人享受利益或者承担风险，否则有违合伙合同之目的。

四、合伙具有较强的人合性和一定的组织性

合伙合同的成立是基于合伙人之间的互相信任，合伙人之间可以互为代理人，且全体合伙人对合伙债务承担连带责任。合伙人具有共同的事业目的，共享利益，共担风险。因此，合伙具有较强的人合性。这决定了合伙人不得擅自处分自己在合伙财产中的份额，以及合伙人的债权人不得代位行使合伙人对合伙的权利等。

基于本章规定的合伙合同形成的合伙，具有一定的组织性，但又不是完全独立的组织体，不具有民事主体资格。这是基于本章规定的合伙合同成立的合伙与合伙企业的重要区别。合伙企业具有民事主体资格，属于民法典总则编中规定的非法人组织，具有民事权利能力和民事行为能力，可以依法享有民事权利和承担民事义务。合伙企业包括依照合伙企业法在中国境内设立的普通合伙企业和有限合伙企业，有普通合伙人和有限合伙人之分。合伙企业是完全独立的、组织严密的组织体。合伙企业有自己的财产，合伙企业对其债务应先以其全部财产进行清偿；当合伙企业的财产不足以清偿到期债务时，再由合伙人承担无限连带责任。而本章规定的契约型合伙，具有一定的组织性，但是其组织性相对于合伙企业来说较为松散，即使基于合伙人的出资和合伙事务可以形成合伙财产，也并不是必须先由合伙财产承担合伙债务，合伙的债权人可以对所有合伙人的所有财产（包括合伙财产以内和以外的财产）提出请求权。一些学者将合伙企业称为“企业型合伙”或者“组织型合伙”，将基于合伙合同成立的未形成组织的合伙称为“契约型合伙”或者“协议型合伙”。

五、不要式合同、继续性合同

民法典对合伙合同的订立形式没有作出特别要求，可以是口头形式，也可以是书面形式或者其他形式。合伙合同为不要式合同。

合伙合同是继续性合同。不论合伙合同的共同事业目的是持续性的还是临时性的，都不影响合伙合同为继续性合同。合伙人履行义务的行为不是一次性的，只要共同目的仍未实现，所有合伙人都应持续履行其义务。作为继续性合同，合伙合同在解除等方面也与非继续性合同有所不同，例如合同的解除不具有溯及力，仅向将来发生效力。

第九百六十八条　合伙人应当按照约定的出资方式、数额和缴付期限，履行出资义务。

条文主旨

本条是关于合伙人应当按照约定履行出资义务的规定。

立法背景

合伙人的出资是指合伙人基于合伙合同，为了实现共同事业目的而进行投资。合伙人的出资是合伙得以形成和正常经营的基础。合伙人的出资义务，是合伙人最基本的义务，各法域都对合伙人的出资义务作出了规定。例如，《德国民法典》第705条、《日本民法典》第667条和《西班牙民法典》第1665条对合伙合同的定义中都规定了合伙人的出资义务。

条文解读

合伙合同应当对合伙人的出资方式、数额和缴付期限等作出约定。所有合伙人都应当按照合同的约定履行出资义务。按约定履行出资义务是指合伙人按照合伙合同约定的出资方式、数额与缴付期限进行出资。出资义务是合伙人的根本义务，也是合伙得以成立的前提。

一、出资方式

合伙人的出资方式是合伙人向合伙投入资本的具体形式，

合伙人的出资可以是货币形式，也可以是非货币形式。非货币形式包括除货币外的各种有形财产和无形财产，如实物、股权、土地使用权、知识产权等，还可以包括劳务。具体来说，合伙人的出资方式主要包括以下几类：

1. 货币。货币是商品交换的一般等价物。货币出资是最常见、最基本的出资方式，不同于其他出资，货币可以构成合伙财产的全部。合伙人出资所用货币应当是合伙人自有的资金，或归自己管理、支配的资金。

2. 实物。实物即共同经营所需的各种货币以外的有形财产，实物出资的范围较广，既可以是厂房、设备、专门设施，也可以是仓库、运输工具以及其他生产资料。以实物出资是否需要评估作价，由谁来进行评估作价，应由全体合伙人协商确定，全体合伙人也可以委托法定的评估机构进行评估。以实物出资的，合伙人用以出资的实物必须为自己所有的或可在合伙经营期间完全由自己支配的实物财产。不能完全支配的财产，已设立担保的实物，短期租赁他人的实物，一般不应作为实物出资。

3. 知识产权。知识产权是人们的智力劳动成果在法律上产生的一种无形的财产权利，合伙人依法取得的知识产权可以作为合伙的出资。主要包括：一是商标权，即权利人对自己创立的商标经依法注册后，在一定期间内享有的排他性权利。二是专利权，即专利权人对有关发明等技术经依法申请，并经专利机关核准后，在一定期限内享有的排他性权利，包括发明专利权、实用新型专利权和外观设计专利权。三是著作权（版权），即作者对文学、艺术、科学作品，包括计算机软件在内的依法享有的署名、发表、出版、获得报酬等权利。四是技术秘密，即技术秘密专有人持有的从事某种生产经营的技术诀窍，应用这种技术诀窍能为某种产品质量或风格带来经营效益，典型的技术秘密如可口可乐的配方，不为外人所知晓。根据世界贸易组织《与贸易有关的知识产权协议》的规定，知识产权的范围较为宽泛，还包括商业秘密等，这些权利也可以作为合伙人出资。

4. 土地使用权。土地使用权是指依法对土地加以使用的权利。对合伙出资的只能是土地的使用权而不能是土地所有权。合伙人可以将依法取得的土地使用权作为对合伙的出资。可以用于合伙出资的土地使用权，主要包括土地承包经营权、土地经营权和建设用地使用权。本法第 334 条规定，土地承包经营权人依照法律规定，有权将土地承包经营权互换、转让。第 339 条规定，土地承包经营权人可以自主决定依法采取出资、入股或者其他方式向他人流转土地经营权。第 353 条规定，建设用地使用权人有权将建设用地使用权转让、互换、出资、赠与或者抵押，但是法律另有规定的除外。

5. 劳务。以劳务出资，即将某一特定人的劳务，看作一种财产权利而允许其作为对合伙的出资方式。由于特定的劳务，如某人的管理技能、某个知名厨师的烹调技艺等具有较高的价值含量，实际应用能产生经济效益，世界上多数国家和地区的立法对以这种劳务为合伙人出资的做法是肯定的，即允许部分合伙人以其特定的劳务对合伙进行出资。例如，《法国民法典》第 1843－3 条第 1 款规定，“各股东（合伙人）就其许诺向公司投入的全部实物、货币或者劳动技艺对公司（合伙）为债务人”。《德国民法典》第 706 条第 3 款规定，“合伙人的出资，也可以存在于劳务给付中”。《日本民法典》第 667 条第 2 款规定，“出资，可以以劳务作为其标的”。《西班牙民法典》第1683条规定，“合伙人约定以劳务出资时，应将其作为合伙标的的劳务所发生的一切利益归入合伙名下”。我国合伙企业法也允许普通合伙人以劳务出资。但由于劳务出资不是有形财产出资，其价值具有不确定性，为了避免纠纷，维护劳务出资者和其他合伙人的合法权益，合伙人以劳务出资的，其评估办法由全体合伙人协商确定，并应当在合伙协议中载明。

6. 其他出资方式。在现实生活中，用于合伙投资的财产除上述五种以外，还有许多其他财产，如股权、债权、信托受益权、矿产资源开发权、林地使用权等，合伙人都可以用来进行出资。当然，这类出资应当经过评估以货币计价，有关权利应可以转让并符合法律的限制性要求。

二、出资数额

出资数额，即用以出资的财产的价值额，以非货币资产出资的要按商定的或者法定评估机构进行评估的价值来计算并约定数额。各合伙人的出资数额，由所有合伙人进行协商决定。合伙人的出资数额决定了合伙人之间的出资比例，合伙人之间的出资比例往往决定了合伙的利润分配和亏损分担。所以，合伙人的出资数额和出资比例，应当由所有合伙人自行约定。一般来说，这是合伙合同最重要的事项之一，合伙合同应当作出规定。但是，当合伙合同对出资额没有约定或者约定不明确时怎么办？对此问题，《德国民法典》第706条第1款规定，“无不同约定时，合伙人必须提供均等的出资”。似可借鉴。

三、缴付期限

缴付期限，即合伙人对用于出资的资产进行缴付的期限。对于合伙的出资，并不要求必须一次性完全缴付。合伙人可以采取实际缴付或者认缴的方式进行缴付。所谓认缴，就是合伙人承诺向合伙进行的出资。法律允许出资人对其出资实行承诺制，分期缴付，分批到位，通过协议明确各类出资的期限。合伙合同应当对合伙人出资的缴付期限作出规定，所有合伙人都应当按照合伙合同中约定的缴付期限进行缴付。

四、不按约定履行出资义务的责任

当合伙人不履行出资义务时，应当如何处理？对此，《日本民法典》第 669 条规定，“以金钱作为出资的标的的情形，合伙人怠于出资时，除支付其利息外，还须赔偿损害”。《西班牙民法典》第 1682 条第 1 款规定，“合伙人以一定的金额出资而不缴纳时，虽未经诉讼请求，依法应当自应付金额之日起负支付利息的义务。造成其他损失的应作出赔偿”。合伙人不按合伙合同的约定履行出资义务的，首先应当按照合同的约定承担责任，合同对此没有约定的，再依照法律的规定承担相应的违约责任。未按约定履行出资义务的合伙人，应当赔偿其给其他合伙人造成的损失，该损失可以包括合伙人迟延缴付的利息。

第九百六十九条　合伙人的出资、因合伙事务依法取得的收益和其他财产，属于合伙财产。

合伙合同终止前，合伙人不得请求分割合伙财产。

条文主旨

本条是对合伙财产的定义的规定。

立法背景

合伙合同是合伙人为了共同的事业目的而订立的。合伙人成立合伙，为了实现共同的事业目的，共同从事生产经营等活动，需要一定的财产以保证合伙事务的进行，促进合伙目的的实现。如果没有提供一定的合伙财产作为物质保障，合伙经营也就无法正常开展。

条文解读

一、合伙财产的范围

合伙财产包括两个部分，一是合伙人对合伙的出资，也就是合伙的原始财产；二是所有因合伙事务依法取得的收益和其他财产，例如合伙经营的收入、债权、因他人违约或者侵权向合伙作出的赔偿或者补偿等。此处的“财产”仅指积极财产。世界上多数国家和地区的法律都规定合伙人原始的财产投入为合伙财产，同时规定所有因合伙取得的收益和其他财产也属于合伙财产。例如，《德国民法典》第 718 条规定，合伙人的出资和因执行业务而为合伙取得的标的，成为合伙人的共同财产（合伙财产）。因属于合伙财产的权利，或作为毁坏、损坏或侵夺属于合伙财产的标的的补偿而取得的利益，也属于合伙财产。《美国统一合伙法》第 8 条规定，所有基于合伙形成的财产，不论是最初被带入合伙股份的财产，还是后来通过购买或者其他方式获得的财产，均属于合伙财产。除非有相反的意思表示，通过合伙基金获得的财产是合伙财产。

二、合伙财产的归属

合伙财产是合伙赖以存在和发展的基础。契约型合伙具有一定的组织性，但是不具有独立的民事主体资格，不能成为合伙财产的所有权人。因此，合伙财产的所有权人应当为全体合伙人，需要登记的合伙财产应当登记在全体合伙人名下。这与合伙企业不同。依法成立的合伙企业，属于民法典总则编中规定的非法人组织，具有民事主体资格，可以独立地享有民事权利、承担民事义务，当然也就可以成为合伙企业财产的所有权人。成立合伙企业后，合伙人的出资等财产都归合伙企业所有，需要登记的财产，应当登记在合伙企业名下。

合伙财产应当归全体合伙人共有，对此应无疑义。各国法律一般都规定合伙财产归全体合伙人共有。对合伙财产的所有权应当区分内部关系和外部关系分析。于内部关系而言，对于合伙财产，全体合伙人之间是共同共有关系，还是按份共有关系？对此学界存在不同观点。有的认为应当是共同共有，有的认为是按份共有。合伙合同的订立是为了共同的事业目的，全体合伙人共享利益、共担风险，且对合伙债务承担连带责任。合伙具有高度的人合性，合伙人之间互相信任才使合伙得以成立。全体合伙人共同经营，共同管理合伙财产，共同对所有合伙财产享有占有、使用、收益和处分的权利。对于合伙财产的处分，应当按照合伙合同的约定，或者全体合伙人的共同决定，才能得以进行。因此，全体合伙人对合伙财产享有共同共有权。《日本民法典》第668条规定，“各合伙人的出资及其他合伙财产，为全体合伙人共有”。

从外部关系来看，合伙财产由全体合伙人共有，只有根据合伙合同的约定或者所有合伙人同意才可以对合伙财产进行处分。但是合伙人之间对处分合伙财产的内部约定不能对抗善意第三人。合伙财产中的某个具体财产可能实际为某个合伙人占有，或者仅登记在某个合伙人名下。此时如果该合伙人将该财产转让给并不知晓该财产为合伙财产的善意第三人，第三人可以依据本法第311条的规定取得财产的所有权。当然，如果第三人明知该合伙人处分合伙财产的行为属未授权行为，或者与该合伙人相互串通损害其他合伙人的利益，即不属于善意第三人，则其他合伙人不仅可以此与之相对抗，要求其返还财产或补足差价，而且有权依法追究该第三人的相关责任。

三、合伙财产在合伙终止前不得分割

合伙财产是合伙得以成立和存续、发展的重要条件，因此必须保证合伙财产的稳定性。契约型合伙虽然不是独立的民事主体，但是也具有一定的组织性，财产一旦进入合伙财产的范围，就与合伙人相对分离，归全体合伙人共同共有。在共有关系终止前，合伙人不得分割合伙财产。合伙人一旦按照约定缴付了出资，就不得随意予以抽回。任何一个合伙人抽走或分割其财产份额，都会直接导致合伙财产数量的减少，给正常进行的生产经营活动造成消极影响；以合伙名义取得的收益和依法取得的其他财产，也具有同样的性质。合伙人在合伙合同终止前分割合伙财产，往往会影响到合伙的正常经营，甚至可能导致共同目的的落空。为避免这种现象的发生，维护合伙的正常经营和全体合伙人的利益，本条第 2 款规定："合伙合同终止前，合伙人不得请求分割合伙财产。"

此外，任何合伙人不得私自转移或者处分合伙财产。在合伙经营中，由于每一个合伙人都有执行合伙事务、对外代表合伙的权利。在代表合伙对外从事活动的过程中，当合伙人占有的合伙财产中的动产或者不动产、机动车等登记在合伙人名下时，各合伙人都有独自处分某些财产的机会，不排除该合伙人为了自己的私利私自转移或处分合伙财产的情况，如私自出售经营设备，将定购的原材料、设备移转他处或将出售产品的收入占为己有等。发生此类情况时，合伙不得以此对抗善意第三人，主要是为了保护善意第三人的利益，维护正常的交易的安全。

合伙人执行合伙事务将应当归合伙的利益据为己有的，或者采取其他手段侵占合伙财产的，应当将该利益和财产退还合伙；给合伙或者其他合伙人造成损失的，应当依法承担赔偿责任。合伙人私自转移或者处分合伙财产的，一是应将转移财产的收入收归合伙，如转移财产行为尚未实际执行，可与第三人协商解除合同，由此造成的损失由该合伙人承担；二是由于转移或处分财产的行为给其他合伙人造成损失的，由该合伙人赔偿。

在比较法上，各国民法典也都规定了合伙人不得在合伙终止前请求分割合伙财产，或者擅自处分合伙财产。例如，《德国民法典》第 719 条第 1 款规定，合伙人之一无权请求分割合伙财产。《日本民法典》第 676 条规定，合伙人不得在清算前请求分割合伙财产。《西班牙民法典》第 1695 条第 4 款规定，合伙人中的一人，非得其他合伙人的同意，不得以处分变更属于合伙财产的不动产，即使此种变更对合伙有利。

第九百七十条　合伙人就合伙事务作出决定的，除合伙合同另有约定外，应当经全体合伙人一致同意。

合伙事务由全体合伙人共同执行。按照合伙合同的约定或者全体合伙人的决定，可以委托一个或者数个合伙人执行合伙事务；其他合伙人不再执行合伙事务，但是有权监督执行情况。

合伙人分别执行合伙事务的，执行事务合伙人可以对其他合伙人执行的事务提出异议；提出异议后，其他合伙人应当暂停该项事务的执行。

条文主旨

本条是关于合伙事务的决定和执行，以及合伙人的监督权和异议权的规定。

立法背景

合伙人为了共同的事业目的订立合伙合同，共享利益、共担风险。合伙的正常运转，需要就合伙事务作出各种决定并执行。合伙人可以就合伙事务的决定和执行进行约定，没有约定时应当按照法律的规定处理。

条文解读

一、关于合伙事务的决定

本条第 1 款规定，合伙人就合伙事务作出决定的，除合伙合同另有约定外，应当经全体合伙人一致同意。由于合伙事务关系到全体合伙人的共同利益，原则上应当由全体合伙人共同决定，尤其是关于合伙事务或者合伙财产的重要事项。例如，改变合伙的事业目的或者经营范围，转让、处分合伙财产中的不动产等，必须由全体合伙人一致同意才能进行，不能由部分合伙人或者执行事务合伙人自行决定，也不能适用少数服从多数的原则。

当然，合伙合同可以对此作出特别约定。合伙人之间存在相互信任关系，合伙事务的表决应当更多地体现合伙人意思自治的原则和协商原则。合伙合同相当于合伙的章程，所有合伙人都应当按照合伙合同的约定享有权利，承担义务。一般而言，所有合伙人应当在合伙合同中对合伙事务的决定进行约定，对不同的合伙事务可以约定不同的参与和表决程序，例如对合伙事务中的重要事项约定由所有合伙人参与表决并一致同意，对一般事项仅须半数以上合伙人同意即可。全体合伙人在订立合伙合同时，应尽可能细地约定合伙事务的表决方式，包括是按出资份额，还是按合伙人人数，或是两者相结合的表决方式，并就表决决定的计票办法等作出明确规定。

实践中，关于合伙事务的一切事项都由所有合伙人共同决定且一致同意，可能难以实现，对一般事项而言也实在没有必要。而且，随着市场经济的发展，商业机会的时效性强，要求合伙的决策应更加及时、快速。为了提高合伙的决策经营效率，应当允许合伙合同对合伙事务的决定作出更加灵活的规定，如规定某些事项可以采用普通多数决或特别多数决的办法作出决定。

目前域外对合伙事务的决定主要有两种立法例，一种是规定合伙事务的决定以合伙人一致同意为原则，以普通多数决为例外。例如，《德国民法典》第 709 条规定，对于任何业务，全体合伙人的同意是必要的。依合伙合同，须按多数票决定的，有疑义时，必须按合伙人的人数计算多数。也就是说，如无特别约定，每个合伙人的表决权是一致的，都有相同的一票，合伙人的表决权不因出资比例不同而有所差异。另一种是规定合伙事务的决定以普通多数决为原则，以全体合伙人同意为例外。例如，《日本民法典》第 670 条规定，合伙业务，由全体合伙人或者业务执行人过半数决定；业务执行人作出的过半数决定，不妨碍全体合伙人一致同意作出决定。我国民法典则采德国的立法例，是以全体合伙人一致同意为原则，以当事人的约定为例外。合伙合同可以约定采用普通多数决或者特别多数决（如超过三分之二人数的合伙人）的办法来对合伙事务作出决定。

二、关于合伙事务的执行

合伙不仅由各合伙人共同出资而设立，还通常由合伙人共同进行经营和管理。合伙人通常人数较少，相互十分信任，其从事经营活动具有法律上的相互代理关系，因此无须和公司法人一样设立严密的组织管理机构。灵活性是合伙的优点之一，可以在很大程度上提高合伙的决策效率和经营效率。合伙人对执行合伙事务享有同等的权利，即每一个合伙人对企业的经营管理和其他事务的执行不但有参与权，而且权利平等。无论出资多少、出资方式是否相同，都不影响这一法定权利，不影响各合伙人在执行合伙事务时的平等资格。据此，本条第 2 款规定，合伙事务由全体合伙人共同执行。

需要注意的是，一般的法人和非法人组织也可以成为合伙人，由于法人和非法人组织不是自然人，有自己的组织机构，所以作为合伙人的法人和非法人组织应当由其委派的代表，即特定的自然人执行合伙事务。

但是，如果所有合伙事务都由全体合伙人共同执行，则程序将变得十分繁琐，容易导致经营效率低下，不利于合伙事务的执行、处理。因此，合伙人可以在合伙合同中约定，或者在订立合伙合同后由全体合伙人共同决定，委托一个或者数个合伙人来执行合伙事务。合伙人分工协作，不仅有利于发挥各个合伙人的专长，也有利于提高合伙的决策和经营效率，促进合伙经营的发展。合伙事务重要程度不同，一般来说，合伙合同应当对合伙事务的决定作出具体约定，比如涉及重要事务必须由全体合伙人一致同意，合伙人在执行合伙事务时必须按照合伙人一致同意的决定行事。执行合伙事务既可以由全体合伙人共同执行，也可以按照合同约定或者全体合伙人的决定，委托个别合伙人单独执行。全体合伙人共同执行合伙事务是指根据合伙合同的约定，各合伙人都可以对内负责管理事务，对外分别代表合伙，以合伙的名义从事经营活动。由于谁来执行合伙事务对内关系到合伙生产经营的安排，对外涉及谁来代表合伙对外发生联系，对维护交易安全有一定的影响；因此，法律要求委托部分合伙人执行合伙事务须由全体合伙人共同决定。据此，本条第2款规定，按照合伙合同的约定或者全体合伙人的决定，可以委托一个或者数个合伙人执行合伙事务。

合伙具有一定的组织性，可以合伙的名义从事一定的活动，因此也有谁来对外代表合伙的问题。从本质上说，全体合伙人互为代理关系，如果全体合伙人共同执行合伙事务，则对外均有代表权。如果全体合伙人委托一个或数个合伙人执行合伙事务，则由受委托的合伙人对外代表合伙。在委托范围之外的某些事项，全体合伙人也可以临时决定委托给某一合伙人办理。即在作出对合伙事务执行的一般委托时，并不排除特殊的委托，但需要合伙合同作出约定或全体合伙人的授权。

在合伙合同约定或者全体合伙人共同决定了执行事务合伙人的情况下，其他合伙人是否可以代表合伙对外开展活动？一般来说，在确定了执行事务合伙人的情况下，就应当由执行事务合伙人来代表合伙进行经营活动。但是在实际经营活动中，有时也会需要不执行事务的合伙人就某一事项对外代表合伙，这种特殊情况应有合伙合同的约定或全体合伙人的授权。没有按照约定或者未经合伙人授权擅自对外代表合伙的，其行为对外不能对抗不知情的善意相对人，对内则应当赔偿给其他合伙人造成的损失。

各国民法典也多对合伙事务的执行作出了具体规定，一般都规定合伙事务可以由全体合伙人共同执行，也可以只由部分合伙人来执行，日本甚至允许将合伙事务委托于合伙人以外的第三人来决定和执行。例如，《德国民法典》第710条规定，在合伙合同中，业务执行被托付给一个或者两个以上合伙人的，其余的合伙人被排除在业务执行之外。《日本民法典》第670条规定，合伙业务由各合伙人执行。对于合伙业务的决定及执行，一个或者数个合伙人可以根据合伙契约的约定，委托于第三人。此外，执行业务合伙人或者业务执行人为两个以上时，《德国民法典》和《日本民法典》均规定适用合伙人作出决定的表决规则。我国民法典对执行业务合伙人为数人时合伙事务的决定和执行没有明确规定，对此应当由合伙人自行约定，没有约定时，也可参照合伙人对合伙事务的表决规则。

三、关于非执行事务合伙人的监督权

不执行合伙事务的合伙人虽然不直接参与合伙日常事务的经营管理，但是仍然享有对合伙重大事务的参与权和决定权，如参加合伙人会议，对重大事务行使表决权等。

合伙事务执行权委托于一个或数个合伙人代为行使后，其他合伙人因不负责事务执行，难以了解合伙的经营情况。但是作为合伙的投资者和受益者，他们应当享有了解所投资金的运用情况、合伙财产的具体情况以及合伙的经营效益的基本权利。同时，如果没有必要的监督和制约，执行事务合伙人可能会滥用权力，损害合伙及其他合伙人的合法权益。因此，本条第2款还赋予了非执行事务合伙人对合伙事务执行人执行合伙事务的监督权。该监督权的内容主要包括：执行事务的合伙人要向不执行事务的合伙人报告业务经营情况；必要时不执行事务合伙人有权查阅企业的有关会计账册，查看合伙财产的实际状况，等等。

规定非执行事务合伙人对合伙事务执行情况的监督权，也是世界各国民法典的普遍做法。例如，《德国民法典》第716条第1款规定，即使合伙人之一被排除在业务执行之外，也可以亲自了解合伙业务、查阅合伙的业务账簿和文书，并据之制作关于合伙财产状况的一览表。《日本民法典》第673条规定，即便各合伙人无决定或者执行合伙业务的权利，也可以检查该业务及合伙财产的状况。

需要注意的是，实际上，全体合伙人都享有对合伙事务执行情况的监督权。分别执行合伙事务的合伙人，除了自己执行的事务，对于他人执行事务的情况，也应当有监督的权利，应当有权了解、知晓其他合伙人执行事务的情况以及合伙财产的情况等，这种权利也体现在对其他合伙人执行事务提出异议的权利。

四、关于合伙人对其他合伙人执行事务的异议权

合伙人分别执行合伙事务，使合伙生产经营活动变得灵活而有效，但不可避免地会发生执行事务合伙人考虑问题不周、执行事务不当的情况，还可能出现个别合伙人不尽忠诚义务和勤勉义务，甚至损害其他合伙人的利益，牟取自身利益的情况。对这些行为，不执行合伙事务的合伙人难以在经营过程中随时发现并予纠正，而由执行事务合伙人互相监督，是保证合伙正常经营、防止权利滥用的较好的方式。从这个角度上来说，各执行事务合伙人既是事务执行人，也是他人执行事务的监督人。他们都既有义务认真尽职地将自己负责的业务执行好，也有权利和义务对他人执行企业事务的情况进行监督。如果执行事务合伙人的行为有损合伙的利益、不当或有错误，其他执行事务的合伙人可以提出异议。一旦提出异议，就应暂停该项事务的执行。这主要是为了保障执行事务合伙人异议权的实现，防止被提异议人对异议置之不理，如果已经造成损失，还可以防止损失的扩大。在合伙人执行事务的异议中，一种后果往往是可能在一方提出异议后，被提异议人具有不同看法，由此导致纠纷。对于合伙人执行事务产生的纠纷，应当按照合伙合同的约定进行处理。合伙合同没有约定或者约定不明确的，由全体合伙人共同作出决定。《德国民法典》第 711 条及《日本民法典》第 670 条都规定了合伙人对其他合伙人执行合伙事务的异议权。

执行事务合伙人受全体合伙人委托执行合伙事务，根据代理法律关系，执行事务合伙人必须按照合伙协议或全体合伙人的决定执行合伙事务，不得超越规定的权限执行合伙事务，不得利用执行合伙事务的便利损害合伙或其他合伙人的利益，否则属于不按合伙合同或者全体合伙人的决定执行事务的行为，对此，其他合伙人可以决定撤销该委托。如果因此造成其他合伙人损失，该执行事务合伙人还应当进行赔偿。

非执行合伙事务合伙人也可以对合伙事务的执行行使监督权和异议权。如果发现执行事务合伙人有不当经营行为，可能损害合伙及其他合伙人的利益，或者其行为已经给合伙及其他合伙人造成了损失，也可以对此行为提出异议。但考虑到不执行合伙事务的合伙人一般不了解合伙经营的具体情况，他们可以通过要求召开合伙人会议等办法对合伙经营进行监督，为了保障合伙经营的效率，当非执行事务合伙人提出异议时，合伙事务可以不停止执行，但应尽快召开合伙人会议，讨论并决定有关异议事项。

第九百七十一条　合伙人不得因执行合伙事务而请求支付报酬，但是合伙合同另有约定的除外。

条文主旨

本条是关于合伙人执行合伙事务不得请求支付报酬的规定。

条文解读

合伙人执行合伙事务，既是其权利，也是其义务。合伙人既是合伙的投资者也是经营者，有权参与合伙事务的执行。合伙人应当共同执行合伙事务，处理合伙事务也是其作为合伙人应尽的义务。合伙人执行合伙事务也就是在处理自己的事务，因此，原则上合伙人不得以执行合伙事务为由请求支付报酬。

但是，在合伙事务委托给一个或者数个合伙人执行的情况下，有的合伙人可以不直接参与合伙的经营管理。执行合伙事务不仅需要付出大量的时间、精力，还需要一些专业技能和管理才能等。如果不对执行事务合伙人的付出进行补偿或者奖励，可能是不公平的，这也将影响其执行事务的积极性，可能影响合伙经营的效率和质量，进而损害全体合伙人的共同利益，不利于合伙共同事业目的的实现。为了体现公平原则，保护对合伙作出更多贡献的合伙人的积极性及合法权益，应当允许其从合伙经营利润中获得补偿。合伙合同可以约定在委托部分合伙人执行合伙事务的情况下，对执行事务合伙人的报酬或者奖励办法，这种报酬或者奖励通常应与其劳务提供量、业绩和难易程度挂钩。执行事务合伙人的报酬或者奖励也可以由全体合伙人共同作出决定。如果合伙合同对此没有规定，也没有全体合伙人的决定，则合伙人无权以合伙事务的执行为由而要求报酬。

第九百七十二条　合伙的利润分配和亏损分担，按照合伙合同的约定办理；合伙合同没有约定或者约定不明确的，由合伙人协商决定；协商不成的，由合伙人按照实缴出资比例分配、分担；无法确定出资比例的，由合伙人平均分配、分担。

条文主旨

本条是对合伙的利润分配与亏损分担的规定。

立法背景

合伙的利润分配，指合伙的生产经营获得的收入，在扣除成本后所得的利润，在各合伙人之间进行的分配。合伙的亏损分担，是指合伙经营过程中发生的在一定时期内各种收入减去各项费用后出现负差额即发生亏损时，就这种亏损在各合伙人之间进行的分别承担。合伙经营既可能为投资者带来收益，也可能因经营等多方面原因而产生亏损。

条文解读

本条规定了合伙的利润分配和亏损分担的方法，具体来说是：首先，合伙的利润分配、亏损分担，应当按照合伙合同的约定办理。合伙合同是合伙的章程，是合伙从事经营活动的准则和合伙人据以享受权利、承担义务的重要依据。而合伙的利润分配和亏损分担是合伙人重要的权利义务，理应由合伙合同作出约定，因此，本条确认了合伙合同约定优先的原则。其次，合伙合同对此没有约定或者约定不明确时，还是应当尊重合伙人的意思，尽量由合伙人共同协商作出决定，充分体现意思自治原则。再次，如果合伙人经过协商仍未能作出决定，则应当按照各合伙人的实缴出资比例进行分配、分担。需要注意的是，这里的出资比例应当是实缴出资的比例，合伙人承诺出资或者应当出资而未实际缴付的，以实际缴付的出资为准。最后，合伙人之间的出资比例也无法确定的，只能由各合伙人平均分配和分担。这里需要指出的是，前两种程序是合伙人之间协议、协商解决，后两种程序是由法律直接规定的一般原则。

在未约定损益分配比例的情况下，对于利润分配和亏损分担的比例，不同的国家作出了不同的规定。《德国民法典》第722条第1款规定，合伙人在利益和亏损中的份额不确定时，每一个合伙人有均等的利益和亏损中的份额，而不论其出资的种类和多寡。也就是无法确定分配或者分担比例的，直接按照均等处理。《日本民法典》第674条及《西班牙民法典》第1689条均规定，当事人未约定损益分配的比例时，按各合伙人的出资比例确定。《法国民法典》第1844－1条第1款规定，在无相反约定时，股东（合伙人）按其出资比例确定分享利润和填补亏损的份额，以劳动技艺作为出资的股东（合伙人）所占的份额与出资最少的股东（合伙人）所持份额相同。以合伙人的出资比例来确定利益分配和亏损分担，符合人们对合伙经营、对投资的期待，符合常理，也符合公平原则。据此，本条也规定在合伙人没有约定且协商不成时，以出资比例来确定利润分配和亏损分担的比例。

实践中，合伙人可能仅在合伙合同中约定了利润分配（或者亏损分担）的办法，此时，对亏损分担（或者利润分配）的比例又该如何确定？对此，本条并未作出明确规定。其他国家和地区的民法典一般都规定，利益分配比例或者亏损分担比例确定的，可以适用于利益分配和亏损分担。例如，《德国民法典》第 722 条第 2 款规定，仅利益中的份额或者亏损中的份额被确定的，有疑义时，该项确定适用于利益和亏损。《日本民法典》第 674 条第 2 款规定，仅就利益或者损失约定分配的比例时，其比例推定为利益及损失共同的分配成数。德国和日本的规定是一致的，这对我国也有一定的借鉴意义。《西班牙民法典》第 1689 条和《意大利民法典》第 2263 条均规定，合伙人仅约定利益分配比例的，推定损失分担比例也遵照利益分配比例。此种规定实际上与德国、日本的规定基本一致，因为一般来说，合伙经营的目的往往是获得利益，所以合伙人自然会对利益分配作出规定。

确定合伙的利益分配和亏损分担办法，最重要的是应当体现公平。合伙的一个重要特征是合伙人共享收益，共担风险。每一个合伙人无论出资多少，以何种方式出资，都有分配利润的权利，也有分担亏损的义务。虽然合伙合同可以自行约定利润分配和亏损分担的办法，自主调节相互间的利益关系，但行使这一权利必须遵循公平的原则，不能明显有失公允。因此，一般来说，合伙的利润分配和亏损分担，应当由全体合伙人共同决定，但是合伙合同不得约定将全部利润分配给部分合伙人或者由部分合伙人承担全部亏损。对此，一些国家的法律明确禁止剥夺部分合伙人权利或者向其强加义务等不公平的“狮子合伙”，例如《法国民法典》第 1844 – 1 条第 2 款规定，“任何情况下，将公司所得利润全部分配给一名股东（合伙人）或者完全免除某一股东（合伙人）分担亏损，以及排除某一股东（合伙人）分享利润或者责成其承担全部亏损，此种条款视为未予订立”。《意大利民法典》第 2265 条规定，合伙人一人或者数人对利润或者亏损排除分配的一切约定无效。《西班牙民法典》第 1690 条规定，分配利益或者损失的比例不得由合伙人中的一人决定。第 1691 条规定，约定合伙人中的一人或者几人享有全部利益或承担所有损失的，该约定无效。只有劳务合伙人可以全部免除承担损失的责任。

第九百七十三条　合伙人对合伙债务承担连带责任。清偿合伙债务超过自己应当承担份额的合伙人，有权向其他合伙人追偿。

条文主旨

本条是关于合伙人对合伙债务承担连带责任，合伙人承担的责任超过应承担的份额后有权向其他合伙人进行追偿的规定。

立法背景

合伙从事生产经营，对外从事民事活动，与他人发生权利义务关系，就会产生各种债权债务。合伙债务，是指合伙事业经营过程中产生的应当由合伙承担的债务。合伙的债务不同于合伙人的债务，合伙财产由全体合伙人所有，合伙债务也应当由合伙人共同承担。

条文解读

本条规定，合伙人对合伙债务承担连带责任。这是对合伙人的外部关系作出的规定。合伙人对合伙债务承担连带责任，是指全体合伙人以自己的所有财产向债权人承担连带责任，债权人可以请求任何一个或者数个合伙人清偿所有合伙债务。之所以如此规定，主要是由合伙合同的性质和目的所决定的。合伙合同的订立是为了实现共同事业目的，共享利益、共担风险。对合伙人来说，合伙具有很强的人合性，合伙人之间互相信任，共同投资，共同经营管理，对合伙财产共同共有。规定合伙人的连带责任虽然增大了合伙人的风险，但同时也增加了合伙的对外信誉，使合伙获得了更强的偿债能力。合伙虽然具有一定的组织性，但是并不具有民事主体资格，合伙人之间可以互为代理人，这对债权人来说意味着较大的交易风险，而规定合伙人承担连带责任，可以扩大合伙人对合伙债务的履行担保，有利于实现债权人的债权，保护债权人的利益。因此由合伙人对合伙债务承担连带责任，对合伙人和债权人来说都是公平合理的。

关于合伙财产和合伙人的个人财产清偿合伙债务的顺序，本条规定的合伙与合伙企业是不同的。《合伙企业法》第 38 条规定，合伙企业对其债务，应先以其全部财产进行清偿。第 39 条规定，合伙企业不能清偿到期债务的，合伙人承担无限连带责任。由此可见，合伙企业中的合伙人，对合伙企业的债务承担“无限”连带责任。也就是说，合伙企业必须先以合伙企业的财产清偿合伙企业债务，当合伙企业的财产不足以清偿到期债务时，再由合伙人以其所有的其他财产来进行清偿。无限连带责任，实际是无限责任与连带责任的结合。所谓无限责任即在合伙财产不足以清偿债务时，合伙人要以自己的其他财产偿付自己承担的债务份额，直到清偿完毕为止；所谓连带责任即指当债权人追究各合伙人的无限责任，某一合伙人无力承担这种责任时，其他合伙人有连带承担其偿付债务的义务。因此，当合伙企业财产不足以清偿债务时，债权人即可向任何一个普通合伙人主张权利，要求其偿付债务。该合伙人负有代合伙企业偿付债务的责任，这种责任既包括他自己应承担的债务份额，也包括其他合伙人应承担部分。而本章规定的契约型合伙，虽然具有一定的组织性，却是松散型的合伙，并不具有独立的民事主体资格，其财产还是由全体合伙人共有，合伙财产与合伙人的其他财产难以厘清，因此，并不要求对合伙债务先以合伙财产进行清偿，债权人可以直接请求所有合伙人以包括合伙财产在内的所有财产来履行合伙债务。这是契约型合伙与企业型合伙的重要区别之一。

从比较法上看，各国的民法典关于合伙人就合伙债务对外承担责任的规定差异较大。例如，《法国民法典》第 1857 条规定，“对第三人，各股东（合伙人）按照债务可追偿之日或停止支付之日其在公司资本中所占份额比例，就公司负债承担无限责任”。即直接以合伙人所占资本份额比例来确定清偿责任。《德国民法典》第 735 条规定，“合伙财产不足以清偿共同债务和偿还出资的，合伙人必须按其所须承担的亏损的比例，负责补充不足之额。从合伙人之一处不能取得归于他的数额的，其余的合伙人必须按同样的比例负责短缺额”。该规定原则上以亏损分担比例来确定合伙人对债权人应承担的债务份额，当有的合伙人不能清偿其承担的份额时，再由其他合伙人按相同比例负担，实际上合伙人也是对合伙债务承担连带责任。《西班牙民法典》也以损失分担比例确定合伙人的债务份额，但是在第1698条第1款规定，“合伙人对于合伙债务不负连带责任，且合伙人中的某一合伙人非经其他合伙人授权时，不得使其他合伙人负担债务”。也就是说，合伙人实际上对外承担的是按份责任。《日本民法典》第675条规定，“合伙的债权人可以对合伙财产行使其权利。合伙的债权人可以根据其选择以损失分担的比例或者相等比例，对各合伙人行使其权利。但是，合伙的债权人在其债权发生时，知道各合伙人损失分担的比例时，按该比例”。该规定则赋予了债权人选择权，可以选择合伙人对其承担的债务比例以损失分担比例计算，或者按照平等比例分担。

对于经营利润的分配和亏损的分担，本法第972条已明确规定，这是对合伙人内部责任划分的依据。合伙债务在合伙人之间的划分应当按照亏损分担的方法。如果合伙合同约定了具体的亏损分担或者债务承担办法，或者全体合伙人协商确定的，应当按照合伙合同的约定或者合伙人协商确定的办法承担合伙债务。如果未约定且协商不成，应当按实缴出资比例分担债务，将所有合伙债务按出资比例分成若干份额，各合伙人按其比例所分担的份额以其合伙财产中的份额以及其他个人财产偿付债务。如果连出资比例也无法确定，应将合伙债务按合伙人人数平均分为若干份额，每个合伙人分别承担自己的债务份额。简单地说，合伙人对合伙债务的承担应由合伙合同约定，或者按出资比例分担或者平均分担。无论按何种方式，合伙人所承担的都只是全部债务的一部分。需要注意的是，合伙人之间对合伙债务承担、亏损分担的内部约定，不能对抗债权人，对合伙的债权人不具有法律约束力，全体合伙人对外还是应当承担连带责任。

各合伙人因各自的经济实力不同，承担债务的能力也有区别。在合伙人按一定比例分担合伙债务的情况下，就可能发生有的合伙人因财力所限，一时难以承担债务偿付份额的情况。对此情况，任何合伙人都要对合伙债务承担连带责任，即除对自己分担的债务份额承担责任外，还应对其他合伙人应承担而无力承担的部分进行清偿。当合伙人实际偿付的合伙债务超过其应承担的份额时，就该超过部分，应当允许其向其他合伙人进行追偿。据此，本条规定，清偿合伙债务超过自己应当承担份额的合伙人，有权向其他合伙人追偿。

第九百七十四条　除合伙合同另有约定外，合伙人向合伙人以外的人转让其全部或者部分财产份额的，须经其他合伙人一致同意。

条文主旨

本条是对合伙人转让其财产份额的规定。

立法背景

合伙财产属于全体合伙人共同共有，对合伙财产的处分应当按照合伙合同约定，或者经过全体合伙人同意。而不论是对所有合伙财产，还是对合伙财产中每个具体的财产，从内部关系上看，每个合伙人都占有一定的份额。

条文解读

实践中由于各种原因，合伙人可能需要将其投在合伙中的财产份额变现。为此，合伙人有权将其持有的合伙财产份额转让。该转让包括向合伙内部的其他合伙人转让和向合伙人以外的人转让。但是合伙人转让其财产份额并不可以任意为之。合伙具有很强的人合性，是基于合伙人之间的相互信任才得以成立的。合伙人的数量一般不多，而且彼此间互相信任和了解，每个合伙人都有对外代表合伙的权利，各合伙人之间可以互相代理。这种合伙的人合性决定了合伙人的加入和退出都必须受到严格的限制。例如，《西班牙民法典》第1696条规定，各合伙人就自己的股份，可不经其他合伙人的同意而以第三人为自己的合伙人；但合伙人如未经其他合伙人的同意，不得使第三人为合伙的合伙人，即使该合伙人为执行业务的合伙人也相同。通俗地说，合伙人可以自行与第三人组成新的合伙，但是要让第三人加入合伙，则必须经过其他合伙人的同意。合伙人将其合伙财产中的全部或者部分份额向合伙人以外的人转让，实际上就相当于合伙人的地位全部或者部分被合伙人以外的人所取代，发生该财产份额的受让者加入合伙成为新的合伙人的效果。而且，基于共同共有的理论，合伙人转让共同共有的合伙财产中的份额，自然也需经过其他共有人的同意。因此，一般来说，合伙财产份额的转让必须经其他合伙人一致同意。《德国民法典》第719条就明确规定，合伙人之一不得处分其在合伙财产中的份额和在属于合伙财产的各个标的中的应有部分。当然，全体合伙人可以在合伙合同中对合伙人的财产份额转让作出特别约定，比如约定经过三分之二的合伙人同意即可转让合伙财产的份额。

不过，合伙人可以向其他合伙人转让自己的财产份额，也就是合伙人可以将自己持有的合伙财产份额，部分或全部转让给合伙中的一个或数个其他合伙人。由于这种转让属内部关系，只关联到各合伙人财产份额的变化，既没有新的合伙人加入，也不影响合伙财产总额的变化，因此一般来说，无须征得其他合伙人的同意，也没有其他事前程序，只需通知他们知晓即可。当然，合伙合同也可以对合伙人的财产份额在各合伙人之间的转让作出特别约定，例如合同约定合伙人对合伙事务的表决权大小取决于合伙财产份额的大小时，可以对财产份额的内部转让作出一定限制，如约定任何合伙人将合伙财产份额转让给其他合伙人，必须经过全体合伙人过半数同意。

需要注意的是，本条中所说的合伙人转让其合伙财产中的份额，并不等同于转让合伙财产中具体的某个财产，而是将所有合伙财产看成一个抽象的整体，合伙人将其所占的份额全部或者部分转让给他人。如果是转让给合伙人以外的人，受让人就得以加入该合伙。如果合伙人将其全部财产份额转让给他人，那么该合伙人就退出合伙。当然，任何合伙人都不得私自转移或者处分合伙财产，但是合伙人处分合伙财产的，不能对抗善意相对人，这在前文第 969 条释义中已经有所阐述。如果没有特别约定，合伙人将其全部或者部分合伙财产份额转让给合伙人以外的人，必须经过其他合伙人一致同意，并不存在善意相对人可以善意取得的问题。《日本民法典》第 676 条规定，合伙人就合伙财产处分其份额时，不得以其处分对抗合伙及与合伙进行交易的第三人。也就是说，合伙人擅自处分其财产份额的，转让并不对合伙、其他合伙人以及与合伙进行交易的第三人发生效力。

第九百七十五条 合伙人的债权人不得代位行使合伙人依照本章规定和合伙合同享有的权利，但是合伙人享有的利益分配请求权除外。

条文主旨

本条是关于合伙人债权人代位行使权利的限制的规定。

立法背景

合伙人在合伙以外以自己的名义，为自己的目的所从事的经营或交易等民事活动产生的有关债务，属于其个人债务，与合伙无关，应由合伙人自行偿还。如前所述，合伙具有很强的人合性，是基于合伙人之间的相互信任才得以成立的。合伙人的数量一般不多，彼此间互相信任和了解，每个合伙人都有对外代表合伙的权利，各合伙人之间可以互相代理。这种合伙的人合性也决定了合伙人不得将合伙的权利随意转让给合伙人以外的人，合伙人的债权人一般不得主张合伙人对合伙或者合伙财产的权利。例如，《日本民法典》第677条规定，合伙人的债权人不得对合伙财产行使其权利。但是，对合伙人自身的债权人来说，其债权应予实现，债务也需清偿，在合伙人自身无其他财产可供清偿债务的情况下，可以要求该合伙人依法转让其合伙财产的份额，也可以等待合伙人取得合伙收益后清偿，还可以申请法院强制执行该合伙人在合伙中的财产份额。

条文解读

合伙人的债权人是否可以代位行使合伙人对合伙的权利？代位权，是指债权人以自己的名义依法代替债务人行使债务人之权利的权利。代位权是保全债权的方法之一。当债务人享有对第三人的权利而怠于行使，使债务人的收益或财产遭受损失，从而损害债权人利益时，债权人便可代位行使债务人应行使的权利，以保护债权的实现。依据本法第535条的规定，代位权的行使应当符合以下条件：债权人享有对债务人的到期债权；债务人须享有对第三人的财产权利，包括但不限于债权；债务人怠于行使该权利；债务人迟延履行其债务；等等。

合伙人在合伙中不仅享有财产性质的利益分配请求权，还包括其在合伙中的表决权等身份权及合伙事务执行权、监督权等其他权利。合伙人的债权人要求合伙人偿还债务，只能通过与合伙人签订合同或通过诉讼的方式，获得对合伙人在合伙中利益分配的请求权或者分割其在合伙财产中的份额以实现债权，而对合伙人的其他具有人身属性的权利，如合伙事务执行权、重大事务表决权、对合伙的监督权等均没有请求权。此外，合伙还具有一定的组织性，合伙人一旦出资就成为合伙财产，合伙人的出资和其他因合伙取得的财产都是合伙财产，属于所有合伙人共同共有。基于共同共有的理论，在合伙合同终止前，合伙人不得请求分割合伙财产，也不得随意处分合伙财产以及合伙人在合伙财产中的份额。如果允许合伙人的债权人代位行使合伙人对合伙的权利，那就相当于变相分割或者处分了合伙财产。基于以上理由，本条规定合伙人的债权人原则上不得代位行使合伙人在合伙中的权利。

但是，当合伙人的自有财产不足以清偿其债务时，还是可以以基于合伙产生的其他财产性权利来进行清偿。合伙财产是由合伙人投入合伙的原始出资、出资收益及其他财产收益形成的。合伙人将其出资投入合伙即变成合伙财产，是合伙经营的必要条件，如允许合伙人以这部分财产清偿自身债务就意味着要对这种财产进行处分，势必要求对合伙财产进行分割，并按份额予以减出，其结果必然对合伙经营造成负面影响，因此不允许合伙人直接以其在合伙财产中的份额清偿自身债务。合伙人对合伙享有的权利，既包括具有人身属性的权利，也包括财产权利，如利益分配请求权。为了既维护合伙的利益，又考虑到合伙人的债权人实现债权的要求，本条规定允许合伙人的债权人代位行使该合伙人基于合伙享有的利益分配请求权。债权人行使合伙人的利益分配请求权，并不影响合伙的人合性和组织性，也不减少合伙财产，对合伙经营来说并无害处，应当允许。

对此问题，《德国民法典》也作出了详细的规定，该法第717条规定，合伙人因合伙关系而相互享有的请求权是不可转让的。合伙人之一因其业务执行而享有的请求权（以可在清算前请求满足它们为限），以及对利益份额或者在清算时归属于该合伙人的利益的请求权除外。第725条第2款规定，除红利请求权外，只要合伙存在，债权人就不得主张因合伙关系而发生的合伙人权利。

另外，需要注意的是，当合伙人的债权人同时是合伙的债务人时，这两个债是否可以通过某种方式抵销呢？在现实生活中，合伙人自身债务的债权人除与该合伙人具有债权债务关系外，可能与合伙也进行过交易而产生债权债务关系。当其作为合伙人自身的债权人时，可能又是合伙的债务人，由于合伙与合伙人的经济联系，使其很容易产生错误认识，主张将其对合伙人自身的债权与其对合伙所负债务相抵销。合伙具有一定的组织性，合伙人存在于合伙的财产份额，业已形成合伙财产，合伙人只能以从合伙分红等方式取得后再转而偿付债权人。本法第568条规定，当事人互负债务，该债务的标的物种类、品质相同的，任何一方可以将自己的债务与对方的到期债务抵销；但是，根据债务性质、按照当事人约定或者依照法律规定不得抵销的除外。第569条规定，当事人互负债务，标的物种类、品质不相同的，经协商一致，也可以抵销。根据合同编通则中这两条关于抵销权的规定，可知当事人享有和行使抵销权的前提是“当事人互负债务”，也即互负债务的当事人必须只有两个主体，且两个主体之间互为债权人和债务人。合伙人的债权人仅对该合伙人享有债权，而该债权人同时又是合伙的债务人，也就是全体合伙人对该第三人享有连带债权，而不是该负有债务的合伙人享有全部债权，因此不符合“当事人互负债务”的条件，不能行使抵销权。故合伙人的债权人不得以其债权抵销其对合伙的债务。

第九百七十六条　合伙人对合伙期限没有约定或者约定不明确，依据本法第五百一十条的规定仍不能确定的，视为不定期合伙。

合伙期限届满，合伙人继续执行合伙事务，其他合伙人没有提出异议的，原合伙合同继续有效，但是合伙期限为不定期。

合伙人可以随时解除不定期合伙合同，但是应当在合理期限之前通知其他合伙人。

条文主旨

本条是对合伙协议未约定合伙期限时合伙人自愿退伙情形的规定。

立法背景

合伙期限，即合伙合同的存续期限。合伙合同应当对合伙期限作出约定，例如约定合伙期限为三年、五年，或者约定为不定期合伙。合伙期限届满后，合伙合同也就终止了。

条文解读

实践中，基于各种原因，合伙合同可能对合伙期限并没有作出约定或者约定不明确。对于这种情况，合伙人可以补充协议；不能达成补充协议的，则按照合同相关条款或者交易习惯确定。例如，合伙人之间已经连续多次签订合伙期限为两年的合伙合同，最后一次订立合伙合同时，没有对合伙期限作出约定。在这种情况下，即便合伙合同对合伙期限没有作出约定，也可以推定该合伙合同的合伙期限仍是两年。按照合同相关条款或者交易习惯仍无法确定的，视为不定期合伙。

本条第 2 款规定，合伙期限届满，合伙人继续执行合伙事务，其他合伙人没有提出异议的，原合伙合同继续有效，但是合伙期限为不定期。一般来说，合伙期限届满，合伙合同即告终止。但是，如果合伙人在合伙期限届满后，仍继续执行合伙事务，且其他合伙人也没有提出异议，可以推定全体合伙人均具有使合伙继续存续的意思，因此法律规定这种情况下视为原合伙合同继续有效。但是由于约定的合伙期限已经届满，合伙人都没有约定新的合伙期限或者延长的期限，此时合伙合同的期限变为不定期。

合伙合同是继续性合同，对于不定期的合伙合同，合伙人均有任意解除权。本法第 563 条第 2 款规定：“以持续履行的债务为内容的不定期合同，当事人可以随时解除合同，但是应当在合理期限之前通知对方。”与不定期的物业服务合同一样，不定期合伙的合伙人也有任意解除权。但是，合伙人解除合同，应当尽量不损害合伙及其他合伙人的利益，给予其他合伙人必要的准备时间，以便对合伙事务及时作出安排和调整。据此，本条第3款规定，合伙人可以随时解除不定期合伙合同，但是应当在合理期限之前通知其他合伙人。合伙人解除合伙合同后，合伙关系终止。合伙合同为继续性合同，其解除仅向将来发生效力。对于不定期合伙，《德国民法典》第723条、《日本民法典》第678条、《西班牙民法典》第1705条均规定了合伙人可以随时退出、解散或者终止合伙。

本条规定与合伙企业法的规定有所不同。《合伙企业法》第46条规定：“合伙协议未约定合伙期限的，合伙人在不给合伙企业事务执行造成不利影响的情况下，可以退伙，但应当提前三十日通知其他合伙人。”合伙企业是独立的民事主体，对于不定期限的合伙企业，一般也不宜随意终止，但是可以允许合伙人在不影响合伙企业事务执行的情况下自行退伙。而本章规定的契约型合伙，本身就是松散型的合伙，如果是不定期合伙，应当允许合伙人行使任意解除权解除合伙合同。当然，合伙合同终止后，如果其他合伙人仍有意继续原合伙事业，可以继续订立新的合伙合同。

需要注意的是，如果合伙合同明确约定了合伙期限，在合伙期限届满前，除非有合伙合同约定的事由，或者行使法定解除权的重大事由等正当理由，否则合伙人不得解除合伙合同或者退伙。对此，各国民法典都有明确规定，例如《德国民法典》第723条规定，存续期间已确定的，如有重大原因，则准许在该期间届满前通知终止合伙。《日本民法典》第678条第2款规定，即便约定了合伙的存续期间，各合伙人有不得已的事由时，也可以退伙。《西班牙民法典》第1707条规定，定有存续期限的合伙，非因合伙约定或者合伙目的无法成就，非有正当理由，合伙人之一人不得在其期限届满前请求解散。所谓正当理由，例如其他合伙人不履行义务，或不能胜任合伙事业，或其他相类似的事由，并由审判员对理由进行斟酌。

第九百七十七条　合伙人死亡、丧失民事行为能力或者终止的，合伙合同终止；但是，合伙合同另有约定或者根据合伙事务的性质不宜终止的除外。

条文主旨

本条是关于因合伙人死亡、丧失民事行为能力或者终止时合伙合同效力的规定。

立法背景

合伙合同的当事人可以是自然人、法人或者非法人组织等民事主体。一般来说，作为合伙人的自然人，应当具有完全民事行为能力。因为合伙合同的成立是为了共同的事业目的，对于合伙事务合伙人应当共同决定、共同执行，因此合伙人应当具有符合进行合伙经营之要求的相应能力。合伙具有很强的人合性，全体合伙人共享利益、共担风险，对合伙债务承担连带责任，这就要求合伙人具有一定的财产或者偿债能力。

条文解读

本条规定也与合伙企业法不同。因为合伙企业是独立的民事主体，是组织型合伙，属于依法成立的非法人组织，成立和终止都应当具备较为严格的条件，不到迫不得已不宜随意终止。因此法律对合伙企业区分了退伙和终止的规定，当某合伙人出现死亡、丧失民事行为能力等事由时，仅发生该合伙人退出合伙企业的法律效果，合伙企业则继续存续。根据《合伙企业法》第48条的规定，作为合伙人的自然人死亡或者作为合伙人的法人、其他组织由于依法被吊销营业执照、责令关闭、撤销，或者被宣告破产等原因终止的，该合伙人退伙。如果合伙人被依法认定为无民事行为能力人或者限制民事行为能力人，经其他合伙人一致同意，可以依法转为有限合伙人，普通合伙企业依法转为有限合伙企业。其他合伙人未能一致同意的，该无民事行为能力或者限制民事行为能力的合伙人退伙。与合伙企业不同，契约型合伙不具有独立的民事主体资格，是松散型的合伙，具有很强的人合性，全体合伙人都要对合伙债务承担连带责任，因此对契约型合伙则不区分退伙和终止。当作为自然人的合伙人死亡、丧失民事行为能力，或者作为合伙人的法人、非法人终止时，合伙合同也应当终止。据此，本条规定，合伙人死亡、丧失民事行为能力或者终止的，合伙合同终止。当然，如果其他合伙人仍有意继续合伙事业，也可以订立新的合伙合同。

比较法上，各国民法典对于合伙人死亡、丧失民事行为能力或者终止的，有的规定合伙终止，如《德国民法典》第727条第1款规定，以合伙合同不另有规定为限，合伙因合伙人之一死亡而被解散。也有的规定此种情况下仅发生该合伙人退伙的效果，如《日本民法典》第679条规定，合伙人可依下列事由退伙：（1）死亡；（2）受破产宣告；（3）受监护开始的审判；（4）除名。

需要说明的是，合伙合同对此有所约定的，应当按照约定。例如，合伙合同可以特别约定此种情况下不终止合伙合同，而是由承受死亡、丧失民事行为能力或者终止的合伙人权利义务的民事主体，如继承人、法定代理人等，作为新的合伙人，也可以约定该合伙人退出合伙关系，其他合伙人之间的合伙关系继续存续。此外，如果根据合伙事务的性质不宜终止，发生合伙人死亡、丧失民事行为能力或者终止时，合伙也并不当然终止，这类似于本法第 934 条关于委托合同的规定。《德国民法典》也作出类似规定，其第 736 条第 1 款规定，“在合伙合同中，规定如合伙人之一通知终止合伙或者死亡，或者关于其财产的支付不能程序开始，合伙应在其余合伙人之间存续的，发生此种事件之一时，其自身发生该事件的合伙人即退出合伙”。当发生合伙终止的原因时，合伙也可能因某种原因而阻却终止，此时仅产生某合伙人退伙的效果。

当合伙人死亡、丧失民事行为能力或者出现被宣告破产、解散等法定终止原因时，为了最大限度地保护全体合伙人的利益，合伙人的继承人、遗产管理人、法定代理人或者清算人应当及时通知其他合伙人，如果合伙事务的执行不宜停止，或者停止将给合伙人造成不可弥补之损失，在通知后或者一时无法通知其他合伙人的情况下，还应当继续执行原合伙人未完成的有关事务。对此，《德国民法典》第 727 条第 2 款规定，在解散的情形下，已亡合伙人的继承人必须不迟延地将死讯通知其余的合伙人，并且，延缓会引起危险的，必须继续执行因合伙合同而托付给被继承人的业务，直到其余的合伙人可与之共同另作处置为止。其余的合伙人有义务以同样的方式临时地继续执行所托付给他们的业务。在此限度内，合伙视为存续。

合伙合同的终止原因，除合伙人死亡、丧失民事行为能力或者终止以外，还包括以下几种原因：一是合伙期限届满。合伙合同确定的合伙期限届满，合伙合同自然终止。二是合伙合同约定的终止事由发生。三是全体合伙人的同意。全体合伙人一致同意终止合伙的，合伙合同终止。四是合伙人依法解除合伙合同。如不定期合伙的合伙人行使任意解除权解除合伙合同。五是合伙的共同事业目的已经实现或者不可能实现，例如《德国民法典》第 726 条规定，所约定的目的已达到，或者其达到已成为不可能的，合伙终止。《日本民法典》第 682 条规定，合伙因下列事由解散：（1）合伙目的的事业完成或者不能完成；（2）合伙契约中约定的存续期间届满；（3）合伙契约中约定的解散事由发生；（4）全体合伙人的同意。

当发生合伙合同终止的原因时，合伙合同是否立即终止？一般认为，原则上合伙合同立即终止，但是由于某些特殊原因也可能还需要暂时维持合伙关系，如为了全体合伙人的利益而暂时不得终止的情形。此外，在终止原因发生后清算结束前，或者执行事务合伙人在并不知晓的情况下继续执行合伙事务时，合伙还可以在必要的范围内存续。例如，《德国民法典》第 729 条规定，合伙被解散的，为执行业务合伙人的利益，其执行业务的权能仍视为存续，直到该合伙人知道合伙解散或者应当知道合伙解散为止。在合伙为退伙人执行业务的权能或者为合伙的亏损而以其他方式存续的情形下，亦同。

第九百七十八条 合伙合同终止后，合伙财产在支付因终止而产生的费用以及清偿合伙债务后有剩余的，依据本法第九百七十二条的规定进行分配。

条文主旨

本条是对合伙财产支付因终止而产生的费用和清偿合伙债务后剩余财产分配的规定。

立法背景

合伙合同因各种原因终止后，应当对合伙财产以及因合伙产生的所有债权债务进行结算，先是清偿各项费用和合伙债务，清偿后有剩余财产的才能分配给合伙人。而如果合伙财产不足以清偿有关费用和合伙债务，合伙人应当对不足部分承担连带责任，以所有合伙人的个人财产进行清偿。

条文解读

本条规定，合伙合同终止后，合伙财产在支付因终止而产生的费用以及清偿合伙债务后有剩余的，依据本法第 972 条的规定进行分配。合伙合同终止，不论合伙财产有多少，是否足以清偿有关费用和合伙债务，应当按照以下顺序处理：一是支付因终止产生的费用。因终止产生的费用，包括合伙财产的评估、保管、变卖等所需要的费用，以及有关的律师费用、诉讼费用、仲裁费用等。二是清偿合伙债务。在支付完因终止产生的费用后，应当对合伙债务进行清偿，以保护合伙的债权人的利益。

支付因终止产生的费用和清偿合伙债务后，如果有剩余财产，才能在全体合伙人之间进行分配。合伙的一切债权都应当优先于合伙人的分配财产请求权，只有上述所有债权都得到清偿后，才可以分配剩余的合伙财产。虽然合伙人要对合伙债务承担连带责任，但是，如果合伙人在清偿合伙债务之前分配合伙财产，再由合伙的债权人向合伙人请求偿还，不仅不符合效率原则，而且可能使债权人的债权难以实现。从实际情况来看，如允许合伙人先分配合伙财产，更便利了合伙人分配完合伙财产后潜逃或者转移、隐匿财产，使债权人无从追索。因此，本条规定了“先偿债，后分配”的原则。

对于剩余财产，应按照本法第972条规定的利益分配规则进行分配，即首先按照合伙合同的约定办理；合伙合同没有约定或者约定不明确的，由合伙人协商决定；协商不成的，由合伙人按照实缴出资比例分配；无法确定出资比例的，由合伙人平均分配。对此，《德国民法典》也规定按利益份额分配，其第734条规定，清偿共同债务和偿还出资后有结余的，该结余按合伙人在利益中的份额的比例，归属于合伙人。根据《日本民法典》第688条的规定，剩余财产按各合伙人的出资价额分割。

需要注意的是，合伙人将自己的财产交由全体合伙人共同使用，并非作为实物出资的，在支付因终止而产生的费用和清偿合伙债务之前，合伙人有权取回。因为该财产并不属于合伙财产，合伙人可以基于所有权要求返还。对此，《德国民法典》第732条规定，合伙人之一交给合伙使用的标的，必须返还给该合伙人。对于因偶发事件而灭失或毁损的标的，该合伙人不得请求补偿。

本条规定也与合伙企业法不同。《合伙企业法》第89条规定：“合伙企业财产在支付清算费用和职工工资、社会保险费用、法定补偿金以及缴纳所欠税款、清偿债务后的剩余财产，依照本法第三十三条第一款的规定进行分配。”合伙企业通过清理合伙企业财产、编制资产负债表和财产清单后，确认合伙企业现有的财产大于合伙企业所欠的债务，并能够清偿全部债务的时候，应当按照以下顺序进行清偿：（1）支付清算费用。（2）支付职工工资、劳动保险费用和法定补偿金。（3）缴纳税款。（4）偿还合伙企业的其他债务。以上各项都清偿完毕之后，才能将合伙企业的剩余财产分配给合伙人。本章规定的契约型合伙，没有专门的清算程序，但是因合伙合同终止而产生的费用，和合伙企业的清算费用具有相同的性质，应当优先支付。合伙人一般人数不多，也不一定雇用他人，因此没有规定支付职工的工资等。契约型合伙不具有独立的民事主体资格，不是独立的纳税主体，而是由各合伙人自己分别纳税，故不存在由合伙缴纳税款的问题。

第三分编 准合同

本法总则编第121条、第122条分别对无因管理和不当得利制度作了原则性规定。但是无因管理、不当得利之债的具体规则较为复杂，现实生活中关于无因管理、不当得利的纠纷也越来越多，仅有总则编的两条原则性规定是远远不够的，需要对无因管理和不当得利制度作出更为详细具体的规定。但在不设置单独的债权编，以合同编通则代行债权编功能，且侵权行为之债主要纳入民法典侵权责任编的前提下，就需要考虑无因管理和不当得利这两种债的具体规则如何安放的问题。对于这个问题，不少意见提出，无因管理和不当得利虽与侵权行为同为债的产生原因，但不宜纳入民法典的侵权责任编。一方面，侵权行为是法律所否定的行为，但无因管理之债，其本质上是法律所鼓励的行为，将其规定在侵权责任编，可能产生价值上的冲突。就不当得利而言，虽然也可能因侵权而产生，但侵权型不当得利只是不当得利的一小部分，大量的不当得利是因合同而产生的，难以完全参照适用侵权责任规则。另一方面，与合同编相比，侵权责任编的规则与无因管理、不当得利之债的关系差异更大，如侵权责任的归责原则、免责事由等，具有较强的特殊性。从比较法的角度看，不设置债法总则编的国家大多将其他债的关系规定在合同编之中，称为“准合同”。在不设置单独的债权编的情况下，可以借鉴法国等部分大陆法系国家和英美法系国家将无因管理和不当得利作为准合同对待的经验，将无因管理和不当得利制度作为准合同规定于合同编较为合适。本法在编纂过程中，考虑到不设置单独的债编，又要解决无因管理和不当得利之债的具体规则问题，借鉴国外的立法例，特在合同编中设置了单独的准合同分编，规定无因管理和不当得利制度的具体规则。需要强调的是，将无因管理和不当得利作为准合同对待，除了立法技术的考虑，还因为无因管理和不当得利制度都与合同制度具有密切联系，例如适当的无因管理需要管理人具有管理他人事务的意思，还须符合于本人的真实意思，这两种意思并存于适当的无因管理制度中，事实上具有合同之基础，但因两人的意思并非通过本编通则规定的要约和承诺的过程达成一致，而是由法律拟制而成，可以作为准合同关系对待。还例如，多数的不当得利都是因为合同无效、被撤销、不成立而产生，或者因非债清偿而产生，这些不当得利与合同也有相当大的关联，纳入“准合同”这一分编也是可行的。

第二十八章　无因管理

本章共六条，对无因管理的概念、管理人的权利、不真正的无因管理以及管理人的适当管理义务、通知义务、报告义务等内容作了规定。

第九百七十九条　管理人没有法定的或者约定的义务，为避免他人利益受损失而管理他人事务的，可以请求受益人偿还因管理事务而支出的必要费用；管理人因管理事务受到损失的，可以请求受益人给予适当补偿。

管理事务不符合受益人真实意思的，管理人不享有前款规定的权利；但是，受益人的真实意思违反法律或者违背公序良俗的除外。

条文主旨

本条是关于无因管理构成要件及管理人主要权利的规定。

立法背景

无因管理制度作为债的主要发生原因之一，是一种重要的民事制度。该制度渊远流长，早在古罗马法中就已存在。设立该制度的主要目的，一是鼓励人们见义勇为、互助互帮，促进社会中助人为乐的传统道德观念；二是为合法干涉他人事务的行为确立评价标准，明确管理人与本人之间的权利义务关系，有利于维护和保障良好社会关系的形成，有利于维护社会公平与正义。所以，无因管理制度是立法为了鼓励助人为乐、危难相助和见义勇为行为的产物，它厘清了管理人的哪些行为属于合法的无因管理，哪些属于侵权行为或者不当得利。正是因为无因管理制度所具有的独特功能和价值，不少国家和地区的民法典都规定了该制度，将其作为债的重要发生原因。我国 1986 年的民法通则就明确规定了无因管理制度，《民法通则》第 93 条规定：没有法定的或者约定的义务，为避免他人利益受损失进行管理或者服务的，有权要求受益人偿付由此而支付的必要费用。2017 年通过的民法总则继承了民法通则的规定。考虑到无因管理制度所具有的功能和价值符合社会主义核心价值观，对形成良好的社会道德风尚具有重要意义，本法总则编延续了民法总则的规定，本法第 121 条明确规定，没有法定的或者约定的义务，为避免他人利益受损失而进行管理的人，有权请求受益人偿还因此支出的必要费用。本章关于无因管理的规定是对总则编规定的进一步具体化，确立了我国无因管理制度的基本规则。本章中的“管理他人事务”既包括对他人事项的管理，也包括为了他人利益为其提供服务的管理；管理事务的当事人被称为管理人，事务被管理的一方当事人被称为本人，因本人一般从管理事务中受益，所以本章中本人又被称为受益人。

条文解读

无因管理虽是法律所鼓励的合法行为，但毕竟具有干涉他人事务的特征，为了避免被滥用，应当对其构成要件作出明确规定，让其在社会观念许可的限度和范围内发挥积极作用。根据本条的规定，无因管理应当满足以下要件：

首先，管理人对所管理的事务没有法定或者约定的义务。管理人对管理他人事务是否有法定或者约定义务，是认定是否构成无因管理的前提条件。这里的法定义务是指法律法规直接规定的义务，不限于本法规定的义务，例如婚姻家庭编规定的抚养义务，还包括其他法律行政法规规定的义务。约定的义务是指因当事人之间约定而产生的义务，例如合同编中的委托合同、运输合同、保管合同等典型合同中约定的义务。管理人管理事务不论是履行法定义务，还是履行约定义务，均不构成无因管理。无因管理制度是一种民事制度，只调整平等民事主体之间的关系，不调整公法上的义务，对于行政机关履行行政法等公法上的义务，例如公安机关救人就是履行公法上的义务，虽客观上是管理他人事务，但不构成无因管理行为。管理人在进行管理时没有法定或者约定义务，既包括在开始管理时没有任何法定或者约定义务，也包括在管理过程中没有法定或者约定义务。例如，在开始管理前无义务的，可成立无因管理。在开始管理时有义务，但根据义务进行管理的过程中义务消失的，则从义务消失时开始构成无因管理。需要特别强调的是，本条中的“管理人没有法定的或者约定的义务”是指管理人既没有法定的义务，也没有约定的义务，而非二者居其一。也就是说，管理人没有约定义务，但依据法定义务应管理他人事务的不构成无因管理；管理人没有法定义务，但依据约定义务应管理他人事务的也不构成无因管理；只有在既没有法定义务，也没有约定义务的情况下对他人事务进行的管理才构成本法所规定的无因管理。

其次，管理人管理他人的事务。这里的他人事务是指有关人们生活利益并能成为债务目的一切事项，既可是涉及他人经济利益的事项，也可是涉及他人非经济利益的事项，既可以是管理财产的事项，也可以是提供服务的事项。对于管理属于自己的事务或者不适宜由他人管理的事务，不得为无因管理的事项。一般情况下，下列事项不宜作为无因管理的事项：一是违法行为，例如为他人销赃等；二是必须经本人授权、同意或者必须由本人亲为的行为，例如股东的投票权，演员亲自表演节目等；三是违反公序良俗的行为；四是单纯属于管理人自己的事项。本规定中的“管理”是指处理事务的行为，是广义的，既包括对财产的保管、利用、改良或者处分行为，也包括提供劳务服务等行为。至于管理他人事务的目的是否最终达到，不影响无因管理的成立。也就是说，即使本人未因管理人的管理行为而获得利益，或者甚至因此还受到损失，也不影响无因管理的成立。这里的“事务”应当是他人事务。如果不是为他人事务或者误信为他人事务，则不构成真正的无因管理，但管理人在管理他人事务的过程中可以同时兼顾自己的利益。在合同无效、被撤销或者不成立的情形下，双方当事人之前互为的行为因都自认为是履行约定的义务，而非为管理他人事务，所以不构成无因管理，但属于不当得利的，双方当事人可以根据不当得利制度处理各自的权利义务关系。好意施恩惠的行为虽表面具有管理他人事务的行为，但因管理人没有受约束的意思，例如实践中的好意同乘行为、代某人投信等行为，属于社会应酬行为，原则上受道德规范，不纳入无因管理范围。

最后，管理人具有管理他人事务的意思，即管理人有为他人谋取利益的意思或者有使管理行为所生的利益归于他人的意思。无因管理制度中的管理人客观上干涉了他人事务，若其主观上没有为他人利益进行管理的意思，必将损害他人权益，管理人也有可能从中获得利益，这违背了无因管理制度的设立目的，所以管理人有无管理意思是区分无因管理与侵权行为、不当得利的重要标准。管理人的这种意思无须明确表示出来，只要认识到所管理的事务属于他人事务，并且没有将其作为自己事务进行管理的想法和意思，就可以认定为具有管理他人事务的意思。管理人是否具有管理意思，可以从管理人是否具有“为避免本人利益受损害”的目的、效果等因素综合判断。管理人要具有管理他人事务的意思，并不意味着要明确知道他人具体是谁，即使不知道他人具体是谁，也不影响无因管理的成立。但是，若管理人与本人就是否具有管理意思产生争议，原则上应当由管理人承担举证责任。

在民法典的编纂过程中，对于是否将管理行为符合本人的真实意愿作为无因管理的构成要件，理论界和实务界有不同意见。有的意见认为，违背本人真实意愿的管理行为不构成无因管理。有的意见则认为，将是否符合本人的真实意愿作为无因管理的构成要件对管理人过于严苛，因为在不少情况下，管理人无法也不可能推知本人的意思，其对管理事务的后果衡量可能仅是依据普通民众的一般判断来进行。此外，管理人对他人的帮助行为仅因本人事后的否认，便由社会道德倡导的行为变成了违法行为，极不合理。因此，只要管理人具有管理他人事务的意愿，即使在管理过程中违背了本人的真实意愿也构成无因管理行为，只是该无因管理为不适当的无因管理行为。还有的意见认为，要区分情况，对公益行为进行无因管理的，例如替他人交税或者替他人交抚养费等行为，虽违背他人意愿，也构成无因管理行为。从比较法的角度看，国外和我国台湾、澳门地区对这个问题的立法也不完全相同，德国等国家强调须以符合本人意愿作为无因管理的要件之一。以瑞士和日本为代表的国家不将是否符合本人真实意愿作为无因管理的构成要件，符合前三项要件的无因管理均构成无因管理，是否符合本人真实意愿仅是在构成无因管理关系后对管理人与本人的权利义务进行分配的标准。经研究认为，从大陆法系国家和地区的发展来看，目前立法的趋势是不再将本人的意思作为无因管理的构成要件，而是作为判断管理人的管理行为是否适当的标准。这些国家和地区为了防止他人不当干预本人的事务，规定了管理人须以符合本人意思的方式进行管理，其目的就是保护本人的利益，对管理人的管理行为所作的要求，但并非无因管理构成要件的要求。本人是否知道管理人正在对其事务进行管理也不是无因管理人构成要件，无论本人是否知道，即使本人不愿或者不能作出意思表示，或者虽然本人作出了意思表示，但管理人不知道或者不可能知道的，均不影响无因管理的构成。从我国的立法来看，民法通则对无因管理的规定并没有强调无因管理要以符合本人意愿作为构成要件。2017 年的民法总则继承了民法通则的规定，也没有强调符合本人意愿这一要件。基于此，本条第 1 款规定，管理人没有法定的或者约定的义务，为避免他人利益受损失而管理他人事务的，可以请求受益人偿还因管理事务而支出的必要费用；管理人因管理事务受到损失的，可以请求受益人给予适当补偿。这是对无因管理制度的原则性规定。

根据本条第 1 款的规定，是否符合本人的意愿虽不影响无因管理的构成，但是自愿原则是民法的基本原则，根据该原则，应当充分尊重民事主体处分自己权利的意愿，只要该处分行为不损害公共利益或者第三人利益。无因管理本质上是为他人谋利的行为，但若管理行为完全违背了本人的意愿，例如违背本人的意愿替本人偿还自然债务等，则损害了本人处理自己事务的自由和权利，构成对本人事务的不当干预，若认可其正当性，将会给任何人提供任意干涉他人事务的理由和借口，对民法的自愿原则造成冲击，故不少国家和地区的立法例都不认可管理人有要求本人偿还费用和赔偿的权利。所以，虽然管理人的管理行为构成前述三个要件，但如果管理行为违背了本人的真实意思，且管理人知道或者应当知道本人的真实意愿的，则其管理行为就构成不适当的无因管理，不享有向本人请求偿还必要费用和请求损害补偿的权利。本人的真实意愿可以是明示的，这种明示可以向管理人直接作出，也可以不直接向管理人作出，管理人可以通过其他途径了解或者知道这种意思即可。本人的真实意愿也可以是默示的，即可以推定的意思，就是依据一般社会观念或者根据一般人处于同样的情形都可以判断出管理行为是符合本人意愿或者有利于保护本人利益的。需要注意的是，管理人的行为虽违背本人的意愿，但其管理的事务是为本人履行公益性或者法定义务的，即使不符合本人的意愿，仍享有请求本人偿还管理事务所支付的必要费用的权利；因管理事务受到损失的，也可以请求受益人给予适当补偿。因此，本条第 2 款规定，管理事务不符合受益人真实意愿的，管理人不享有本条第 1 款规定的权利，但是受益人的真实意愿违反法律或者违背公序良俗的除外。需要强调的是，管理人管理事务的行为若不符合本人的真实意思，其虽不享有向本人请求偿还必要费用和请求损害补偿的权利，但是根据本法第 980 条的规定，本人最终享有管理利益的，应当在获得的利益范围内向管理人承担偿还必要费用和补偿损失的义务。所以，对本款的含义，不应孤立进行理解，而应结合本条第 1 款和本章的其他条款整体进行理解。

根据本条的规定，对于满足前述条件的适当的无因管理，管理人享有以下权利：一是请求本人偿还必要费用的权利。管理人为管理本人事务支出的必要费用及其利息，有权请求本人偿还。这里所谓的必要费用是指一个理性的管理人在完成管理事务时所支出的合理费用。对管理事务无益的支出费用，管理人无权请求本人偿还。本人偿还必要费用及其利息，并不以本人是否获得管理利益为前提条件，即使本人没有因管理人的管理事务而获得管理收益，只要管理人为管理其事务尽到了合理义务，且没有违背本人的真实意愿，本人就应当向管理人偿还必要的费用支出。如果管理人在管理事务的过程中，因管理事务的必要而对外所欠债务，也可以请求本人偿还。这种费用支出可以是管理人以自己名义对外所负担的，也可以是以本人名义对外所负担的。在以本人名义对外所负担的情况下，其可以要求债权人直接请求本人偿还，但这时可能面临无因管理制度与无权代理或者表见代理制度之间的竞合，这时可依无权代理或者表见代理制度处理本人与第三人之间的关系，依无因管理制度处理本人与管理人之间的关系。二是补偿管理人因此所受到的损失。管理人为管理本人事务而受到损害的，如损害的发生与其管理行为之间具有因果关系，管理人有权向本人请求给予赔偿。管理人对损害的发生有过错的，应当适当减轻本人的赔偿责任，这就要求管理人在管理他人事务时要衡量自己的状况和能力，量力而行。但这种赔偿是完全赔偿还是补偿有不同意见，通说认为应当是补偿。本条采纳了通说的观点，也即本人对管理人的损害赔偿不以过错为要件，即使本人对损害的发生没有过错，也要承担补偿性的赔偿责任。这主要是因为管理人是为了本人的利益而受到的损害，于情于理，本人都应当承担一定的赔偿义务。只要管理人管理行为的过程和方法是适当的，管理人就享有这种损害补偿请求权，至于是否给本人带来实际的效果和利益则在所不问。但需要注意的是，管理人在管理事务的过程中因第三人的原因受到损害的，管理人原则上得向第三人请求损害赔偿，只有在第三人逃逸或者无力承担责任时，本人才应当给予适当补偿。本法总则编第 183 条规定：因保护他人民事权益使自己受到损害的，由侵权人承担责任，受益人可以给予适当补偿。没有侵权人、侵权人逃逸或者无力承担民事责任，受害人请求补偿的，受益人应当给予适当补偿。理论界和实务界对无因管理的管理人能否向本人请求报酬有争议，但主流观点认为，无因管理是社会善良行为，法律规定无因管理制度的目的是鼓励大家互帮互助，有利于弘扬社会主义核心价值观，但若鼓励管理人通过无因管理为自己谋取报酬，就与设置无因管理的目的相违背。

无因管理是管理人基于管理意思或者管理意图而对他人事务进行的管理。目前主流观点认为，法律虽然要求管理人具有为他人管理事务的意思，但这种意思仅是指管理人让因管理所发生的利益归于本人的意思，而非发生何种法律效果的意思，所以，从本质上讲其是为确保他人利益的事实行为。无因管理行为虽为事实行为，但是管理人管理他人事务的方法既可以是事实行为，也可以是民事法律行为，例如管理人看管他人生病的小孩的行为是事实行为，为了给他人小孩看病购买药品的行为则属于民事法律行为。但不管其在管理他人事务过程中是采取事实行为，还是实施民事法律行为，都不影响无因管理的本质属性。管理人在以民事法律行为的方式进行管理时，既可以以本人名义进行，也可以以自己名义进行，但若以本人名义进行，则有可能与本法总则编规定的无权代理或者表见代理行为产生竞合。对第三方当事人而言，其若选择无权代理制度，则按照总则编的规则处理管理人、本人与第三方当事人之间的关系。若构成表见代理，第三方当事人选择表见代理制度的，则按该制度处理管理人、本人与第三方当事人之间的关系。但无论是无权代理还是表见代理制度，只要同时满足无因管理的要件要求，管理人均可以根据本章的规定，要求本人偿还必要的费用并对损失给予补偿。

对于管理人是否必须具有民事行为能力的问题，目前有争议。国外的立法例也不完全相同。有的观点认为，无因管理为一种事实行为，不要求管理人具有民事行为能力，无民事行为能力人或者限制民事行为能力人只要具备管理事务的能力，能够辨别是为了他人利益就可以进行无因管理。有的观点认为，管理人应当具有民事行为能力。因为无民事行为能力人或者限制民事行为能力人因不具有意思能力或者完全的意思能力，无法具有为他人利益进行管理的意思，也不能准确地判断其所管理的事务是否为他人事务，更无法履行通知或者报告义务。若无民事行为能力或者限制民事行为能力无意识地客观上为他人做了好事，支出了费用或者受到了损失，可以依据不当得利制度要求受益人偿还或者补偿。鉴于对这个问题有较大的争议，本章未作规定。

理解本章的无因管理制度，还需要与本法规定的几个制度相区分。

一是无因管理制度与代理制度。无因管理制度虽与代理制度都具有管理他人事务的共同点，但二者是不同的制度：第一，代理制度中的代理行为是基于法定或者约定义务而发生的，而无因管理制度中的管理行为恰恰是基于没有法定义务或者约定义务而发生的。第二，代理人代理的行为原则上为民事法律行为，而无因管理中的管理行为既可以是民事法律行为，也可以是事实行为。第三，代理制度调整被代理人、代理人与第三人之间的关系，而无因管理制度原则上只调整管理人与本人之间的关系。第四，代理人从事代理行为原则不得为自己代理，但无因管理中的管理人在为他人利益为管理时可以同时为自己的利益。第五，代理人从事代理行为既可以无偿也可以有偿，而无因管理制度中的管理人从事管理行为原则上为无偿。

二是无因管理与不当得利制度。无因管理与本编第二十九章规定的不当得利虽都同属于准合同制度的一部分，但二者的区别是明显的：第一，无因管理是合法行为，而不当得利是非法行为。第二，无因管理中的管理人不仅有将因管理所获利益返还给本人的义务，还要履行适当管理、通知、报告等义务，且本人负有支付管理人因管理所支出的必要费用及补偿给管理人造成的损失等义务；而不当得利仅涉及受益人返还不当利益的问题。第三，在无因管理中原则上管理费用的返还不以现存利益为限，而以管理人实际支付的必要费用为准；在不当得利中，如果受益人为善意，则仅仅以返还现存利益为限。

三是无因管理与见义勇为制度。本法第 183 条、第 184 条对见义勇为制度作了规定。总则编规定的见义勇为是指行为人为了他人利益而实施的保护或者救助他人的行为。从内涵上讲，其符合无因管理的构成要件，应当属于无因管理的一部分，但从法律效果看，见义勇为制度与一般的无因管理制度又有所不同。首先，在一般的无因管理中，管理人享有直接请求本人（即受益人）偿还必要费用和对损害给予适当补偿的权利。但根据本法第 183 条的规定，在见义勇为中，因保护他人民事权益使自己受到损害的，由侵权人承担民事责任，受益人可以给予适当补偿。没有侵权人、侵权人逃逸或者无力承担民事责任，受害人请求补偿的，受益人才应当给予适当补偿。其次，见义勇为的行为人因自愿实施紧急救助行为造成受助人损害的，救助人不承担民事责任。但是在一般的无因管理中，管理人在管理过程中因过错行为造成本人损害的，应当承担民事责任。从这个角度讲，见义勇为属于一种特殊的无因管理行为，因在本法中有特别规定，所以应当首先适用本法的特别规定。

第九百八十条　管理人管理事务不属于前条规定的情形，但是受益人享有管理利益的，受益人应当在其获得的利益范围内向管理人承担前条第一款规定的义务。

条文主旨

本条是关于不适当无因管理制度的规定。

条文解读

根据管理人的管理行为是否符合本人的真实意愿，本章所规定的无因管理可以分为适当的无因管理和不适当的无因管理两类。所谓适当的无因管理就是管理人没有法定的或者约定的义务，为避免他人利益受损失而管理他人事务，并且符合受益人真实意思的管理行为。根据本章第979条的规定，适当的无因管理的管理人享有请求受益人偿还必要费用和补偿损失的权利。所谓不适当的无因管理就是管理人没有法定的或者约定的义务，为避免他人利益受损失而管理他人事务，但不符合受益人真实意思的管理行为。例如，某自然人代朋友保管一古董花瓶，其朋友明确告知该花瓶为传家宝，属于非卖品，但该自然人在保管期间发现该花瓶在古董市场的价格有可能下跌，为了朋友的利益不受损，将花瓶及时卖掉。对于不适当无因管理的后果，根据本章第979条第2款的规定，除受益人的真实意愿违反法律或者违背公序良俗外，不适当无因管理的管理人原则上不享有请求受益人偿还必要费用和补偿损失的权利。然而，现实生活是复杂的，实践中，不适当无因管理的管理行为虽不符合本人的真实意思，但是本人事实上却享有了管理人在管理过程中所获得的管理利益。从公平的角度讲，考虑到这种管理的管理人仍有为本人利益进行管理的意愿，本人在享受管理利益的同时也有义务偿还管理人在管理事务中所支付的必要费用；管理人因管理事务受到损失的，也可以请求本人给予适当补偿。但是，本人向管理人偿还的费用和补偿的损失不超过管理人在管理中获得的利益，对超出所得利益范围的费用和损失，本人不承担偿还和补偿责任。基于此，本条规定，管理人管理事务不属于前条规定的情形，但是受益人享有管理利益的，受益人应当在其获得的利益范围内向管理人承担前条第1款规定的责任。

需要说明一点，本章的规定并不调整学理上的不真正无因管理行为。根据管理人在管理事务时有无为他人利益进行管理的意思，学理上将无因管理分为真正的无因管理和不真正的无因管理。真正的无因管理是指管理人无法定或者约定义务而为他人管理事务，且管理人有为他人利益管理事务的意思的行为。真正的无因管理产生两方面的法律效果，一是使无因管理成为合法行为；二是在管理人与本人之间产生无因管理之债。本法第121条和本章调整的主要是真正的无因管理。不真正的无因管理是指管理人非为他人利益而管理事务的行为。由于其没有为他人利益管理的意思，不成为真正的无因管理，只是具有外观上的管理行为，所以学理上称之为不真正的无因管理。不真正的无因管理主要包括三种情况：一是不法管理。即明知是他人事务，但非为他人利益进行管理，而是为自己利益而为管理，例如无权处分行为。这种管理因管理人没有为他人管理的意思，本就不属于无因管理的范围，但考虑到本人依据侵权行为或者不当得利请求损害赔偿或者返还利益时，请求范围反倒不如依据无因管理请求管理人请求的利益范围大，因此，若不准用无因管理的返还请求权制度，不但对本人不公正，还有可能诱使更多的不法管理行为发生。因此，对于不法管理这种不真正的无因管理，可以准用真正的无因管理返还制度，即本人可以向管理人主张不法管理所获得的利益。二是误信的无因管理，即将他人的事务误认为是自己的事务而进行管理的行为。这种误信有可能是因本人的原因导致的，也有可能是管理人自己的原因导致的，还有可能是双方共同的过错导致的，对于误信的无因管理应当适用不当得利或者侵权行为制度进行处理，具体的处理结果因发生原因的不同而不同。三是幻想管理，即误将自己的事务作为他人事务进行管理的行为，因不满足无因管理中为他人管理事务的实质要求，也不构成无因管理，而是不当得利或者侵权行为。无论是哪种不真正的无因管理，管理人都没有为他人利益进行管理的意思，要么是作为自己的事务进行管理的，要么是为自己的利益进行管理的，无论是善意的不真正无因管理还是恶意的不真正无因管理，管理人都是有过错的，从本质上讲这是一种不法行为，不符合本法设立无因管理制度的目的，所以本章的无因管理并不包括学理上的不真正无因管理行为。如果不真正无因管理的管理人在管理过程中造成了本人损害，应当承担赔偿责任。本人也可以请求管理人返还其在管理事务中所获得的所有利益。

第九百八十一条　管理人管理他人事务，应当采取有利于受益人的方法。中断管理对受益人不利的，无正当理由不得中断。

条文主旨

本条是关于管理人在管理事务中履行善意或者适当管理义务的规定。

条文解读

管理人在管理他人事务时，应当履行一定的义务，其中最主要的是按照善良管理人的注意义务管理他人事务，这主要体现在两个方面：一是管理人依本人明示的或者可推知的意思进行管理。这里的明示的或者可推知的意思表示并非对管理人的意思，而是对如何管理事务的意思。实践中，通常是依平常人或者一般人的经验得以推知本人的意思。二是管理人应当以利于本人的方法进行管理。是否有利于本人应当以客观上能否避免本人利益受损为标准，一般都认为管理人应当像管理自己的事务一样进行管理。管理人未以善良管理人的身份尽到恰当管理义务造成本人损害的，原则上要承担过错的损害赔偿责任，但是若管理人为本人管理的是公共利益上的事务或者紧急事务的，仅就其故意或者重大过失管理行为承担损害赔偿责任，如为本人履行法定抚养义务，又如为了使本人的财产免受紧迫的损害而进行的管理行为等。因为管理人管理事务是为了公共利益或者紧急事务，所以管理人需要履行的注意义务要低于管理一般事务需要履行的注意义务，否则不利于鼓励人们从事这类有利于公共利益的无因管理行为，或者有可能贻误时机不利于保护本人的利益。我国台湾地区“民法”专门规定，管理人为免除本人之生命、身体或者财产上之急迫危险而为事务管理者，对于因其管理所生之损害，除有恶意或者重大过失者，不负赔偿之责。本法第 184 条也特别规定，因自愿实施紧急救助行为造成受助人损害的，救助人不承担民事责任。三是管理人还应当履行继续管理义务。根据本法第 979、980 条的规定，无因管理应当符合受益人的意愿，如果在受益人可以自己管理事务时，管理人仍继续管理他人事务，将很有可能与受益人的意愿相冲突。因此，原则上讲，管理人在受益人自己能进行管理时，可以停止管理行为，并将管理事务移交给受益人，但是管理人在开始管理后，如其中途停止管理行为较不管理对本人更为不利的，若放任管理人中止管理事务，既与设立无因管理制度的目的不符，也不符合本法总则编规定的诚信原则，所以在这种情况下，管理人不得中断对事务的管理，应当继续管理事务。管理人违反该义务导致受益人的利益受到损害的，管理人应当承担损害赔偿责任。

第九百八十二条　管理人管理他人事务，能够通知受益人的，应当及时通知受益人。管理的事务不需要紧急处理的，应当等待受益人的指示。

条文主旨

本条是关于管理人在管理事务时履行通知义务的规定。

条文解读

根据本条的规定，管理人在管理事务时对受益人有通知的义务。之所以规定管理人的通知义务，一方面是考虑到管理人如果不将管理的事实通知本人，有可能漠视本人的存在，对履行善良管理人的义务是不利的；另一方面是考虑到如果管理人不通知本人，本人就很有可能不知道自己的事务被管理人管理的事实，也就很有可能造成管理人管理事务不符合本人的本意。因此，为了促使管理人更好地履行管理中的义务，更好地保护本人的利益，管理人在开始管理时，在有可能和必要的情况下应当通知本人。在实践中，通知是认定管理人有为他人管理事务意思的重要方式。在可能和必要的情况下，管理人没有履行通知义务的，有可能承担过错损害赔偿责任。但如果管理人因客观原因没有可能或者没有必要通知，则管理人没有通知义务，例如管理人虽为他人管理事务，但并不知道他人具体是谁，或者根本不知道他人的具体地址和联系方式的，管理人可以不履行通知义务；还例如在本人已经知道管理人管理其事务的情况下，管理人就没有必要通知本人。管理人通知的事项主要是开始管理的事实，通知的方式既可以是书面方式，也可以是口头或者其他方式。对于通知义务，不少国家和地区的民法典均作了规定，例如《德国民法典》第681条规定，管理人开始管理时，以能通知者为限，应立即通知本人。如拖延不会造成危险，应等待本人的决定。《日本民法典》第699条规定，管理人应将其开始事从速通知本人。但本人已知时，不在此限。我国台湾地区“民法”第173条第1款规定，管理人开始管理时，以能通知为限，应即通知本人，如无急迫之情事，应俟本人之指示。

管理人发出通知后应当中止管理行为，等待受益人的指示。受益人指示同意管理人管理其事务的，管理人可以继续管理；管理人没有指示或者虽有指示但拒绝其管理的，管理人不得再继续管理。但是如果管理人管理的事务属于紧急事务，例如管理人管理的事务是处置受益人所有的即将变质的海鲜食品，若不继续管理可能对受益人的利益造成现实的重大损害，管理人可在收到受益人指示前继续管理事务。

第九百八十三条　管理结束后，管理人应当向受益人报告管理事务的情况。管理人管理事务取得的财产，应当及时转交给受益人。

条文主旨

本条是关于管理人履行报告及移交财产义务的规定。

条文解读

管理人在管理事务结束后，如果不将管理事务的结果或者状况告知本人，本人将无法知道管理人是否履行了管理中应当履行的各项义务，无法知道管理人管理的结果如何。对管理人来说，如果不向本人报告管理的后果和状况，无法向本人请求必要费用的偿还，也无法请求本人补偿其在管理事务中受到的损失。因此，为了更好地保护本人及管理人自己的利益，避免发生不必要的争议，管理人应当在管理事务结束后向本人报告管理情况，并向本人提供涉及管理的相关资料。对于管理人的报告义务，不少国家和地区的民法典都作了明确规定，例如《俄罗斯联邦民法典》第 989 条规定，为他人利益实施行为的人，应向享有该行为利益的人提交指明所获收入和所花费用以及所受其他损失的报告。我国《澳门民法典》第 459 条规定，管理人应当遵守下列义务：（1）正事务完结、管理中断或者应本人要求时，向本人报告管理之情况；（2）向本人提供有关管理之一切资料。本条明确规定，管理结束后，管理人应当向受益人报告管理事务的情况。管理人管理事务取得的财产，应当及时转交给受益人。

根据本条的规定，管理人报告管理事务情况的时间原则上是在管理事务结束后，但在管理人中断管理事务或者本人提出请求时，也应当将中断前管理事务的情况报告给本人。管理人向本人报告管理事务时，可以采用书面形式，也可以采用口头形式或者其他方式。报告的内容原则上应当包括管理的过程、结果等，且报告的内容应当真实，不得欺瞒本人，否则管理人应当承担责任。此外，管理人在履行报告义务时，还应当将其持有的与管理事务相关的所有资料交付给本人，以确保本人全面了解管理的过程和结果。对于管理人因履行报告义务而产生的必要费用，属于管理人有权请求本人偿还的必要费用的组成部分，本人应当偿还。管理人履行报告义务的前提是管理人可以确定本人的情况，管理不知道本人具体是谁或者不知道本人的联系方式的，管理人可以暂不履行该义务，而将因管理他人事务而获得的收益予以提存。一旦知道了具体本人及其联系方式，管理人仍应向本人报告管理情况。

无因管理制度的设立目的就是鼓励民事主体为他人利益而从事，因此，管理人不得因无因管理而获取利益，而应将因管理事务而获得的利益返还给他人。因此，在管理事务结束后，管理人除了要履行报告义务外，还应当将因管理事务所收取的金钱、物品及孳息等财产，返还给本人；管理人以自己的名义为本人所取得的权利，也应当转移给本人。管理人在为本人管理事务期间，第三人所给付的所有财产，包括物、权利、金钱等，只要应当归属于本人，管理人都应当移交给本人。管理人拒绝移交的，本人可以根据本编第二十九章规定的不当得利制度要求管理人返还；管理人因拒绝移交给本人造成损害的，应当承担损害赔偿责任。如果管理人在管理事务期间为了自己的利益使用了应交付于本人的金钱，应当自使用之日起支付利息，如果有损害还应当赔偿损失。基于此，本条明确规定，管理人管理事务取得的财产，应当及时转交给受益人。该规定与国际上通行做法是一致的，我国台湾地区“民法”也规定，管理人应当将收取的金钱、物品及孳息，应交付于本人；我国《澳门民法典》规定，管理人应当将在从事管理期间自第三人所受领之一切，或有关结余，并将自交付时起计之有关款项之法定利息，一并交付于本人。

第九百八十四条　管理人管理事务经受益人事后追认的，从管理事务开始时起，适用委托合同的有关规定，但是管理人另有意思表示的除外。

条文主旨

本条是关于本人对管理事务进行追认的规定。

条文解读

在管理人进行管理的过程中，本人可以通过追认方式对管理人管理自己的事务予以追认。这种追认原则上应当以明示方式进行，在一定情况下也可以用默示方式进行，但本人请求管理人返还因管理所获得利益的行为本身不构成追认。对于追认的无因管理类型，有的国家如瑞士规定，本人可以追认所有类型的无因管理，但排除了不真正的无因管理。我国台湾地区"民法"的规定与《瑞士民法典》的规定基本相同。但有的国家则对可以被追认的无因管理类型作了进一步限制，例如根据《德国民法典》的规定，本人的追认仅限于不符合本人意愿和利益的无因管理。本法赞同瑞士和我国台湾地区的做法。就适当的无因管理行为而言，本人通过追认行为不但表明了其认可管理人的管理行为符合自己的意愿，而且通过追认事实上授权管理人对自己的事务继续进行管理。就不适当的无因管理行为而言，本人通过追认补正了管理人的行为不符合本人真实意愿这个不足，使不适当的无因管理成为适当的无因管理；同时，通过追认也事实上正式授权管理人对自己的事务继续进行管理。不真正的无因管理本质上不属于本章调整的无因管理的范围，本人追认与否及效果如何不适用本章的规定，应当适用本法的其他相关规定。

对于追认的范围是限于管理行为，还是包括管理结果，各国和地区的规定也是不相同的，有的国家认为追认是对管理行为的追认，不是对管理结果的追认，若管理人的管理对本人造成损害，本人仍可以要求管理人赔偿；有的国家则认为追认既是对管理行为的追认，也是对管理结果的追认，因此，对管理人采取的管理方法不适当造成的损害，本人追认后就无权要求管理人承担损害赔偿责任。学者对这一问题也是见仁见智。经研究认为，本人的追认是对管理人管理行为的追认，这一点应无疑问，但是否当然包括对管理结果的追认则不能一概而论，应根据具体情形来进行判断。在本人追认时有特别声明的，则要按声明中的意思来确定追认的范围。在本人追认时没有特别声明的情况下，则要看管理人管理结果的严重程度和过错程度来判断追认的范围，若损害结果是管理人故意或者重大过失行为导致的，则不宜当然将本人的追认视为对这种管理结果的承认。

至于本人对管理人的管理事务进行追认后产生什么样的效力，根据本条的规定，适用委托合同的有关规定。也就是说，管理人管理事务开始后，一旦本人追认，管理人与本人之间的权利义务法律关系就由无因管理制度调整为由委托合同制度来调整，双方均应按本编委托合同的规定履行各自的义务，享受各自的权利。本人的追认具有溯及既往的效力，即一旦本人事后对管理人的管理事务进行追认，从管理人开始管理事务时起，双方当事人就应当按照委托合同的规定行事。所以本条规定，管理人管理事务经受益人事后追认的，从管理事务开始时起，适用委托合同的有关规定。该规定与瑞士等国家和我国台湾地区的规定基本是一致的，例如我国台湾地区“民法”第178 条规定，管理事务经本人承认者，除当事人另有意思表示外，溯及管理事务开始时，适用于委任之规定。但是根据本编委托合同的规定，受托人履行的注意义务程度要高于无因管理制度中管理人的注意义务程度，受托人的损害赔偿责任要高于无因管理制度中管理人的损害赔偿责任，一旦追认后按委托合同调整本人与管理人的关系，会让管理人处于更为不利的地位，因此，管理人有可能并不愿意本人追认后依照委托合同处理其与本人的关系。在这种情况下，应当尊重管理人的意愿。基于此，本条还规定，管理人另有意思表示的除外。也就是说，本人事后对管理人的管理事务进行了追认，但管理人用书面或者口头等方式表明自己不愿意按照委托合同调整其与本人的权利义务关系时，仍应当按照无因管理制度调整二者之间的关系。

第二十九章　不当得利

本章共四条，主要对不当得利的效力、不得请求返还的不当得利、善意受领人的返还责任、恶意受领人的返还责任以及第三人的返还义务作出了规定。

第九百八十五条　**得利人没有法律根据取得不当利益的，受损失的人可以请求得利人返还取得的利益，但是有下列情形之一的除外：**

（一）为履行道德义务进行的给付；

（二）债务到期之前的清偿；

（三）明知无给付义务而进行的债务清偿。

条文主旨

本条是关于不当得利效力及不得请求返还的不当得利的规定。

条文解读

不当得利，是指没有法律根据，取得不当利益，造成他人损失的情形。不当得利制度对民事主体之间的财产流转关系有调节作用，目的在于恢复民事主体之间在特定情形下所发生的非正常的利益变动。因不当得利产生的债称为不当得利之债。

本条规定，因得利人没有法律根据，取得不当利益，受损失的人有权请求其返还不当利益。关于不当得利的类型存在不同的认识，理论上一般区分为给付型不当得利和非给付型不当得利。虽然这两种不当得利在构成要件的表述上没有区别，请求权基础都是相同的法条，但是在构成要件的解释上存在差异。

一、给付型不当得利，是指基于给付而产生的不当得利

构成给付型不当得利，有以下几个要件：

1. 基于给付而取得利益

所谓给付，是指有意识地基于一定目的而增加他人的财产。如果一方当事人取得利益并非出于他人的意思，不构成给付不当得利，可能成立非给付不当得利。例如，甲误将乙的房屋作为自己的而修缮，因无增加乙的财产的意思，所以甲不能根据给付不当得利请求返还，只能基于非给付不当得利请求返还。基于给付而取得的利益表现为以下形态：（1）财产权的取得。具有财产价值的权利可成为给付不当得利的客体，如所有权、定限物权、知识产权、债权、期待权、票据上的请求权、担保物权的顺位。（2）占有或登记。占有、登记具有财产价值，也可以成为不当得利的客体。例如，甲无权占有了乙的自行车，乙既可以向甲主张物的返还请求权，也可以基于占有的不当得利请求返还该自行车，因为乙对该自行车占有的本身即构成利益。(3）债务消灭。债务免除，对债务人来说显然受有利益。第三人清偿，债务人所负的债务因之消灭，同样受有利益。(4）劳务的提供。劳务的提供使相对人受益。在合同无效或被撤销等场合，劳务的提供者无法基于合同请求相对人支付酬金，可依据不当得利请求受益人返还该项利益。(5）物的使用。使用物而取得利益，在该使用丧失合同依据时，该利益可构成不当得利中的获益。

在对利益进行个别具体的判断时，可不必在任何情况下都固守“利益”必须是个别具体财产利益的理论，在一定情况下承认就受领人整个财产状态抽象计算的观点，承认在一个债的关系中两种给付的差额即为利益，可按利益变形理论，成立不当得利。例如，在合同解除无溯及力的场合，受领人取得给付物的所有权具有合法根据，那就是解除生效之前的合同关系及其债权，但他因未为对待给付或未为完全的对待给付而取得的利益，没有法律根据，构成不当得利。

2. 他方当事人受有损失

在损害赔偿制度中，损失（损害）是指权利或利益受到侵害时所发生的不利益，即行为发生前的财产状态和行为发生后的财产状态两相比较，受害人所受的不利益，即为损失（损害）之所在。此类损失（损害）有积极损失（损害）和消极损失（损害）所失利益和所受损害的问题。与此有别，不当得利制度的目的及功能，不在于弥补损害，而在于使受领人返还没有合法根据而取得的利益，所以，构成不当得利的受损失，不具有损害赔偿制度上的损失（损害）的意义，而是另有所指。它不以积极损失（损害）和消极损失（损害）为要件。在给付不当得利类型中，一方当事人因他方当事人为给付而取得利益，就是他方当事人的损失。例如，甲出售A车给乙，并依约交付了，乙所取得的利益，是甲的给付，即A车的所有权。

3. 具有因果关系

构成不当得利，需要一方当事人取得的利益与他方当事人受到的损失之间具有因果关系，以决定谁得向谁主张不当得利。构成不当得利所需要的因果关系，在学说上有直接因果关系说和非直接因果关系说的分歧。德国的传统见解为了适当限制不当得利当事人请求权的范围，使受害人不得对间接获利的第三人请求返还其所受的利益，而采取直接因果关系说，主张构成不当得利所需要的因果关系必须是直接的。该因果关系是否直接存在，应当以受益的原因事实与受损的原因事实是否同一为判断。我国台湾地区的通说和判例对此说也予以接受。

在给付不当得利中，因果关系的要件已由给付关系取而代之，即以给付人为不当得利的请求权人（债权人），以受领人为债务人。给付人无权处分第三人的物品场合，也是如此认定。例如，甲擅自将乙借阅的 A 书出卖给善意的丙，并依交付而移转了所有权。在该买卖合同无效的场合，应由甲（给付人）对丙（受领人）请求返还 A 书。在丙将 A 书所有权移转返还给甲时，该书的所有权当然复归于乙。直接因果关系的类型包括双重瑕疵、间接代理、处分基于合同受领的给付三种类型。属于双重瑕疵类型的，如甲出售 A 车给乙，乙将之转售于丙，并依约定交付了。在甲和乙之间、乙和丙之间的买卖合同均不成立、无效或被撤销的情况下，甲不得向丙主张不当得利请求权，因甲已将 A 车所有权移转给乙了，丙取得 A 车所有权的利益，来自乙的财产及其交付，与甲所受损失没有直接的因果关系。属于间接代理类型的，如丙委托乙，以乙的名义向甲购书，乙取得该书所有权后，再移转给丙。在买卖合同不成立、无效或被撤销的情况下，甲也不得向丙主张不当得利的返还，因甲已将该书的所有权移转给乙了，丙所受有该书所有权的利益，来自乙的财产，与甲的受损失并无直接因果关系。属于处分基于合同受领的给付类型的，如乙向甲购买水泥修缮丙的房屋，在乙无力支付价款时，甲仍不得向丙主张不当得利的返还，因为甲已将水泥的所有权移转给乙了，丙所受利益来自乙的财产，与甲所受损失并无直接因果关系。

非直接因果关系说认为，一方当事人若无法律上的原因而受利益，致他方因之受有损失，则对因果关系存在与否的判断，也应当基于公平理念，依社会上的一般观念加以决定。如损益之间有第三人行为介入，若该财产价值的移动，依社会观念认为不当时，应当适用不当得利的规定，使之返还。例如，甲从乙处骗取1000元，用以向丙为非债清偿。若依直接因果关系说，则乙只能向甲主张不当得利返还，而不能向丙直接行使不当得利返还请求权，亦即丙对乙无返还其利益的义务。若果真如此，在甲逃亡时，乙就徒受损失，而丙却坐享其利益，显失公平。如果采取非直接因果关系说，则会使丙承担返还不当得利的义务，方为合理。对给付不当得利是否应适用直接因果关系的问题，理论探讨不多，究竟是固守直接因果关系说，还是兼采非直接因果关系说，需要继续研究。在个别类型中采取非直接因果关系说可能有助于问题的适当解决。

4. 没有法律根据

即欠缺给付目的，其内容即给付目的的内容，为给付所关联的债的关系及其缘由。此处所谓缘由，是指给付人和欲将其给付与哪个债的关系发生关联的缘由，主要指履行目的。该履行目的，乃由给付人的目的表示一方确定，明示的或默示的均可，但须彰显给付所欲履行的债的关系。给付目的的内容，一般说来，除给付人主观上的目的以外，尚须客观上为一定的表示，才发生法律上的效力。给付目的主要有两类：一是清偿债务。此处所谓债务，或为法定债务，如因侵权行为而产生的损害赔偿；或为因基础行为而产生的债务，如基于买卖合同所产生的交付买卖物的债务。二是直接创立一种债的关系。例如，没有约定的或法定的义务而为他人修缮房屋，以成立无因管理。给付目的通常基于当事人的合意，但在单独行为的场合，可由给付人一方为意思表示为之。当事人一方本于一定目的而为给付时，其目的在客观上即为给付行为的原因，从而给付如欠缺其原因时，他方当事人受领给付即无法律上的原因，应成立不当得利。

给付行为欠缺目的，分为自始无给付目的、给付目的嗣后不存在和给付目的不达三种，相应的，给付行为因欠缺目的而构成的不当得利也分为三类。

（1）自始无给付目的。给付自始欠缺给付目的的不当得利，主要有两种：一是狭义的非债清偿，如不知所欠之债业已清偿仍为履行；二是作为给付的原因行为未成立无效或被撤销，如买卖交付买卖物，但买卖合同却未成立。

（2）给付目的嗣后不存在。其一，合同所附解除条件成就，该合同消灭，基于该合同所为的给付可构成不当得利。例如，甲赠与A车给乙，约定乙移民他国时，赠与合同失其效力。如今，乙已经移民加拿大，所受A车的原因即失其效力。于此场合，在德国民法和我国台湾地区的“民法”上，构成利益为A车所有权的不当得利，也成立利益为占有A车的不当得利；在我国民法上，只能成立利益为占有A车的不当得利，以及所有物返还请求权。其二，合同所附终期届至，该合同消灭，基于该合同所为的给付可构成不当得利。其道理如同合同所附解除条件成就，不再赘述。其三，依当事人一方的意思表示，撤销或不追认合同，基于该合同所为的给付，可构成不当得利。例如，某国土资源管理部门将A宗建设用地使用权出让给甲，并办理完毕过户登记（变更登记），后依欺诈或重大误解等理由将该出让合同撤销。于此场合，该建设用地使用权的登记即为不当得利构成要件中的利益，该国土资源管理部门可基于不当得利制度请求甲注销该项登记。其四，合同解除，基于该合同所为的给付，可构成不当得利。在合同解除无溯及力的场合，受领人取得给付物的所有权具有合法根据，那就是解除生效之前的合同关系及其债权，在《德国民法典》、我国台湾地区“民法”上，受领人所受领的给付具有法律上的原因，不成立不当得利。但是，这在不成立违约责任的情况下显失公平，不如改采如下的观点：因未为对待给付或未为完全的对待给付而取得的利益，没有合法根据，构成不当得利。其五，为证明债务而交付证书，其后债务因清偿或其他事由而消灭，导致失去证明目的。于此场合，成立利益表现为占有的不当得利。

(3) 给付目的不达。拟实现将来某种目的而为给付，但日后并未达成其目的，属于给付目的不达。例如，附停止条件的债务，预期条件能够成就而先行交付标的物，结果是条件并未成就。在德国民法、我国台湾地区的“民法”上，认为成立不当得利，但给付人若违反诚信原则而妨碍目的达成，不得依不当得利的规定请求返还。在我国民法上，可成立占有的不当得利请求权，也产生所有物返还请求权，给付人可选择其一而行使。

二、非给付型不当得利是因给付以外的事由而发生的类型

非给付型不当得利的事由包括受益人的行为、受害人的行为、第三人的行为、自然事件以及法律的直接规定。

1. 基于受益人的行为而生的不当得利

基于受益人的行为而生的不当得利有以下几个要件：

（1）因侵害他人的权益而取得利益。基于受益人的行为而生的不当得利，以侵害他人的权益而取得利益为基本要件。无权出卖他人之物而取得价款，出租他人之物而收取租金，占用消费他人之物等为其典型表现。

（2）使他人受损失。基于受益人的行为而生的不当得利，其构成所要求的“使他人受损失”，只要因侵害应归属于他人的权益而取得利益，就可认为基于同一原因事实“使他人受损失”，不以有财产移转为必要。例如，甲擅自在乙的屋顶设置广告牌时，因使用乙的屋顶而取得利益，使乙受到损失，至于乙有无使用计划或其屋顶是否受到毁坏，在所不问。甲和乙之间虽无财产的移动，但不影响不当得利的成立。

（3）没有法律根据。在德国法系，侵害应归属于他人的权益范畴而取得利益，使他人受损失，欠缺正当性，就构成无法律上的原因；在我国民法上，应构成没有法律根据。

2. 基于受害人的行为而生的不当得利

基于受害人的行为而生的不当得利，有的是给付型不当得利，有的是非给付型不当得利，究竟如何，需要根据个案予以确定。这种类型的不当得利主要有如下两种类型：

（1）支出费用的不当得利。例如，甲误将乙的奶牛为自己的而饲养，可向乙请求返还不当得利。在这种类型的不当得利领域，可能发生“强迫得利”，即对他人之物支出费用，增加其价值，但违反受益人的意思，不符合其计划的情形。例如，不知他人的围墙即将拆除而加以装修。解决强迫得利，存在着不同意见。主观说认为，就受益人的整个财产，依其经济上的计划认定应偿还的价值额。例如，油漆他人即将拆除的围墙，应偿还的价值额为零，不必返还。客观说则主张，不宜为解决这种特殊问题而将价值额的计算主观化。强迫得利应如何返还，属于所受利益是否存在的问题。就油漆围墙而言，因该围墙预定拆除，在整个财产上并无存留的利益，善意的受领人免负返还或偿还价值额的责任。

（2）因清偿他人的债务而发生的所谓“求偿不当得利请求权”。例如，甲向乙购买 A 车，分期付款，约定在价款付清前由乙保留对 A 车的所有权。在履行过程中，甲的债权人丙对 A 车请求强制执行，是为自己的利益而代甲清偿后几期的价款，消灭 A 车买卖合同关系。于此场合，丙对甲可主张“求偿不当得利请求权”。

3. 基于第三人的行为而生的不当得利

基于第三人的行为而生的不当得利，是指受益人因第三人的行为取得应当归属于他人（受害人）的利益，而成立的不当得利。其主要类型有：（1）第三人以受害人的饲料饲养受益人的家禽；（2）债务人善意地向收据持有人为清偿，导致债权人丧失其债权；（3）债务人善意地向准占有人（如负债字据的持有人）为清偿；（4）法院在拍卖程序中将价款分配于无权利接受分配的人；（5）债务人在收到债权让与通知之前向债权人为给付，其清偿有效，致使债权消灭，债权受让人因此遭受损失；（6）登记部门在办理登记时，误将抵押权的顺序颠倒，致使后顺序的抵押权所担保的债权优先取得清偿。

4. 基于法律规定而生的不当得利

基于法律的直接规定而生的不当得利，其中的法律规定应从广义上理解，指法律秩序，包括法院的判决和行政处分。如果法律规定的目的是使受益人终局地、实质地保有利益，以维护财产状态的新秩序为目的，则不成立不当得利；反之，该法律规定的目的仅仅在技术上谋取方便，形式上使该项利益归属于某人，实质上并不使其终局地保有该项利益时，则可成立不当得利。基于法律规定而生的不当得利，主要发生在添附、善意取得等场合：

（1）添附与不当得利。在添附制度中，法律使原物的所有权人中的一人取得因添附而发生新物的所有权，是为避免社会经济的不利，保全物的使用价值，以及防止共有的不便，于是，一方面使该新物取得人终局地取得所有权，另一方面不允许新物取得人终局地、实质地保有其价值利益，使因添附丧失所有权而受损失的动产所有权人，可基于不当得利请求新物所有权人予以返还。

（2）善意取得与不当得利。甲将乙的A车擅自出卖与丙，丙善意取得A车，甲对乙负有不当得利返还车款的义务，或承担损害赔偿责任。至于丙是否承担不当得利返还的义务，在德国民法和我国台湾地区“民法”上，一种理论认为，丙善意取得A车系基于甲的给付，具有法律上的原因，不构成不当得利；换个角度说，善意取得制度为保护交易安全而设，有使受让人终局地保有其取得的权利，因此，丙取得A车不成立不当得利。在我国民法上，丙善意取得场合，他（它）和甲之间的买卖合同有效，不成立不当得利；在该买卖合同无效时，丙仍负不当得利返还的义务，只是返还的利益是A车的所有权或占有，还是差价款，存在争议。如果彻底贯彻善意取得制度使受让人终局地保有其取得的权利这种立法目的，则不应使丙返还A车，而应返还差价款，即采用差额说返还不当得利；假如沿袭德国关于给付不当得利的规则，丙就必须依不当得利制度返还A车，甲向丙返还（全部或部分的）车款。前者更加合理。

（3）终局确定判决与不当得利。债权人基于法院的确定判决，请求对债务人的财产为强制执行，取得了钱款，该确定判决如未经其后的确定判决予以废弃，纵使该确定判决的内容不当，亦非无法律上的原因而取得利益。不过，在该确定判决被其后的确定判决撤销时，则债权人依据该确定判决取得的该笔钱款丧失法律根据，债务人可基于不当得利请求债权人予以返还。

5. 基于自然事件而生的不当得利

取得利益出于自然事件的结果，可成立不当得利。例如，甲放养的羊群进入乙承包的牧场，乙取得占有利益，甲可基于占有的不当得利请求乙返还该羊群。当然，在甲能够证明哪些羊属于他（它）所有的情况下，也可以基于物的返还请求权请求乙返还。

三、给付型不当得利请求权与非给付型不当得利请求权的关系

1. 排除非给付型不当得利

如果认定当事人之间存在给付关系，就概念而言，当然排除非给付关系。只有在当事人之间没有给付关系时，才发生非给付不当得利请求权。例如，甲受雇喂养乙的马，雇用合同无效时，甲对乙有给付不当得利请求权。如果甲和乙之间没有雇用关系，甲误认乙的马为自己的马而喂养，因无给付关系，应成立非给付型不当得利。

2. 非给付型不当得利的成立

需要注意的是，第三人介入损益变动过程而与受益人或受害人具有给付关系时，受益人和第三人之间的关系中可能欠缺法律上的原因（法律根据），该财产损益变动被赋予“不当性”的特征，因而成立非给付不当得利。例如，承揽人将其所盗油

漆用于为定作人完成的工作物上，在该承揽合同关系中，承揽人对定作人的给付和定作人取得该工作物所有权的同时一并取得该油漆的所有权，均有法律上的原因（法律根据），无“不当性”可言。但另一方面，定作人取得油漆所有权的利益系直接出自该油漆原所有权人的财产，并且定作人对该油漆原所有权人而言，乃系违反法律上权益归属而取得油漆所有权的利益，因而，在定作人和该油漆原所有权人的关系中，定作人取得油漆所有权的利益即无法律上的原因（法律根据），构成不当得利。

3. 给付不当得利返还请求权原则上优先

第三人介入损益变动过程而与受益人或受害人具有给付关系时，基本上可以采取给付不当得利返还请求权优先性作为判断的出发点，即因给付而取得利益时，对第三人原则上不成立非给付型不当得利，给付关系不成立、无效或被撤销时，仅须对给付人负不当得利返还义务。此外，还应参酌各个法律规定的规范目的（如民法关于善意取得的规定），作为判断依据。

四、不当得利请求权的客体

1. 原物返还

不当得利的返还方法，以返还所受利益的原状（学说称作“原物返还”）为原则，以价值额偿还为例外。原物返还，包括所受利益，以及本于该利益更有所取得。

所受的利益，是指受领人因给付或非给付所取得的权利、物的占有、不动产的登记、债务免除等财产上的利益。关于返还的方法，对于权利，应按照各个权利的移转方法，将其权利移转于受害人（债权人）。例如，对于物的占有，应依交付的方法为之；对于不动产的登记，可请求移转登记（变更登记）

的途径予以返还；经设立的物权（用益物权或担保物权）应予废止；经废止的物权应予复原。经成立的债权应予免除；经抛弃的债权应予回复。

本于该利益更有所取得，可分为三类：一是原物的用益，是指原物所得的孳息（天然孳息和法定孳息）和使用利益（如房屋的使用）；二是基于权利的所得，如原物为债权的，所受到的清偿；三是原物的代偿物，如原物因毁损而从第三人处取得的损害赔偿金或保险金。

2. 价值额偿还

取得的利益依其性质或其他情形不能返还的，应偿还其价值额。所谓依其性质，如取得的利益为劳务、物的使用或消费、免除他人的债务等。所谓其他情形，主要有取得利益本身（如花瓶）的灭失、被盗或遗失，受领人将受领的标的物出售、赠与或与他人之物互易而移转其所有权等。还有，受领之物部分毁损时，也属于不能返还原物，就其毁损部分也应以价值额偿还。对此类不能原物返还的情形，受领人有无过失，在所不问。受领的利益为代替物的，应予返还的仍为价值额，而非其他代替物。

关于价值额的计算，客观说认为，所谓价值额，应依客观交易的价值予以确定。主观说则主张，所谓价值额，应就受益人的财产加以判断，在财产总额上有所增加的，皆应予以返还。例如，受领人的利益为 A 花瓶的所有权，市场价格为 5 万元，受益人将之出售于他人时，不能将 A 花瓶返还，应偿还其价值额。按照客观说，无论其价款多少，受领人应偿还的均为 5 万元；依主观说，受领人应偿还的为所得价款，若所得价款为 6 万元，应偿还 6 万元；若所得价款为 4 万元，应偿还 4 万元。客观说为通说。

在受领的利益为劳务时，所应偿还的为取得该项劳务的相当报酬。消费他人之物时，所应偿还的系该物的市场价格。在使用他人之物的情形，为“物的使用”本身。

在无权使用他人著作权、专利权等情况下，所获利益不能原物返还，应偿还其价值额。该项价值额应按照使用该项权利通常必须支付的报酬加以计算。问题在于，债权人可否进一步请求债务人返还超过该项客观价值额的获利？换句话说，债务人所应返还的，究竟为价值额还是取得的利益？这涉及不当得利制度的功能，侵权损害赔偿和无因管理制度的适用，系民法上一项重要的争论问题。通说认为，损失大于利益时，应以利益为准，利益大于损失时，则应以损失为准。所以，在侵害他人著作权或专利权时，仅应偿还其客观价值额，在无权处分他人之物时，亦然。其理由在于，若返还超过损失的利益，则受害人反而取得不当得利。不过，不法侵害他人权利，能有侵害的取得利益，不合事理，亦非妥当，于是，通说又主张受害人可类推适用无因管理的规定，向受益人请求返还不法管理他人事务所得的利益。

五、不当得利请求权的排除

该条还有关于不得请求返还的不当得利的规定。从前述理论构成看，主要针对的是给付型不当得利。

第1项排除事由不当给付是为履行道德上义务而为之。这一项规定在于调和法律与道德的关系，使法律规定符合一般道德观念。所谓道德上的义务应该以社会观念加以认定，例如：(1) 对无抚养义务的亲属。比如侄子女对叔伯父，以为有抚养义务而进行抚养，但实际上没有抚养义务。这种抚养行为虽然导致叔伯父没有法律根据而获利，但是也不会构成不当得利，因为这是为了履行道德上的义务，这种行为我们应该加以鼓励。（2）对救助其生命的无因管理人给予报酬，我们知道依据无因管理，本来是没有报酬请求权的，所以本来是不用对其给予报酬的，但是为了履行道德上的义务而对管理人进行了报酬，那么管理人取得报酬本身虽然欠缺法律上的原因，但是对于此行为，我们也没有必要否认它的效力，因此这也成了排除不当得利的事由。

第 2 项排除事由是债务到期之前的清偿。债务到期之前的清偿，因为债务并非不存在，所以债权人受领给付，不能称为缺乏法律上的原因。并且债务因清偿而消灭，债权人也没有什么得利可言。因此从本质上来说，该项并不是不当得利请求权的例外，而是不当得利请求权不发生的问题。但是为了避免实践中发生异议，所以此处特别规定此时也不能请求返还。

当然有争议的问题是，在有偿的借款合同当中，原本提前清偿和按期清偿之间应该会有一个利息差，但是假如债务人误以为到期而进行了提前清偿，并且支付了合同约定的全部利息，那么债权人多取得的那一部分利息是否属于不当得利应该返还呢？债权人取得了提前清偿，那么本来他不应该取得到期的全部利息，从这个意义上来说，多出来的这一部分利息缺乏法律根据；但是从另一个角度来看，如果将这部分多出来的利息都认定为不当得利，也就意味着债务人可以通过单方面提前清偿的方式，迫使债权人放弃一部分利息，从而达到单方面变更合同的效果。正因如此，对此问题比较法上也无统一解决方案：日本法中以债务人的清偿系出于错误为限，债务人可以向债权人请求返还中间利息；但是德国民法则明定不能请求返还。此问题还值得未来解释论进一步研究。本法第677条规定：借款人提前返还借款的，除当事人另有约定外，应当按照实际借款的期间计算利息。

第3项排除事由是明知无给付义务而进行的债务清偿。非债清偿属于典型的不当得利，本来是可以请求返还的，但是法律对于明知无债务而进行的清偿，特别设置了本项这个例外。设置这一例外的理论根据在于禁反言原则，也就是说明知没有给付义务而进行的给付，再请求返还，则构成了前后矛盾，有违诚信原则，所以不允许。关于此项的构成要件有三，以下详述：

（1）无债务存在。受领人和清偿人之间必须没有债务存在，如果有债务存在，则根本不可能构成非债清偿，也就没有不当得利的问题了。判断有无债务存在的时间点为给付的时候。值得注意的是，当债务具有撤销原因的时候，在撤销前债务存在，但一经撤销债务关系就溯及既往地失其效力，债务也就溯及既往地不存在。因此如果明知撤销原因的存在而继续进行的给付，也属于明知无债务而进行的清偿。这种情况下通常可以认为，承认了可以撤销的法律行为，所以丧失了撤销权。

（2）因清偿债务而进行了给付。需要注意的是，这里的给付必须是彻底的给付，如果债务人在进行给付的时候有所保留，那么，不当得利返还请求权并不因为本项而被排除。比如说，债务人虽然明知已经清偿了债务，本来这个时候没有清偿的义务，但是因为找不到收据，债权人又来催收，所以债务人不得已进行了给付，然而同时表示：如果我找到了清偿的收据，那么这次的给付应该返还给我。在这一情况之下，虽然债务人在清偿债务的时候是明知债务不存在的，但是因为他在清偿的时候作出了保留，明确说了如果找到收据的时候应该返还，于是就不适用本项，并不构成返还请求权的排除。

（3）给付时明知无给付义务。对于有无债务，如果属于心存怀疑而进行的给付，最后发现却无债务，原则上仍然应该允许其返还。此外需注意的是，这里的主观要件是明知，也就是说因过失而不知并不包含在内。这是一项非常严格的主观要件，也就是说只有明确违反禁反言原则的行为，才受此项的约束。实践中常见的汇错款的行为，即使汇款的人有重大的过失，也不能认为构成了此项的明知无给付义务而进行的给付。

第九百八十六条　得利人不知道且不应当知道取得的利益没有法律根据，取得的利益已经不存在的，不承担返还该利益的义务。

条文主旨

本条是关于善意得利人的返还责任的规定。

条文解读

受领人为善意时，仅负返还现存利益的义务，如果该利益已不存在，则不必返还原物或偿还价值额。之所以如此，是因为法律使善意受领人的财产状态不致因发生不当得利而受不利的影响。这里的“善意”，是指受领人非因过失不知（不知且不应知）没有法律根据（无法律上的原因）。

特别需要说明的是，这里的“取得的利益”有无的判断，不同于不当得利中的个别判断标准，应抽象概括地就受领人的整个财产加以判断，以取得利益的过程而产生的现有财产总额与若无其事实应有财产的总额比较，而决定有无利益的存在。这种按照经济考察方法认定的利益概念，学说上称为差额说，不当得利过程中出现的利益（积极项目）与不利益（消极项目）均应纳入计算，以其结算的余额作为应返还的利益。

关于利益不存在的认定，存在以下几种情形：

一、受领标的本身不存在

就受领标的物而言，所谓利益不存在，可就若干典型案例加以说明。

1. 原来取得利益（如 A 车所有权）因毁损、灭失、被盗或其他事由不能返还时，取得相应的损害赔偿金、补偿金或保险金等补偿，属于因为该利益而取得的利益，应予返还；若未取得此类补偿，就构成利益不存在，受领人免负返还义务或偿还价值额的责任。

2. 受领人就取得的利益（如 A 车所有权）为法律行为上的交易，所取得的对价（如价款或互易物）属于原物不能返还，应负返还价值额的责任。例如，受领人将时值 10 万元的 A 车以 9 万元出卖，其财产总额的增加现在尚存的，为 9 万元，所以，善意受领人仅负 9 万元的返还责任。如果受领人将 A 车赠与他人，实际上所获财产并未增加，取得的利益不存在，免负返还义务或价值额偿还的责任。

3. 取得的利益为金钱时，因金钱具有高度的可代替性和普遍使用性，只要移入受领人的财产，就难以识别，原则上无法判断其存在与否。但受领人若能证明确实以该项金钱赠与他人，可主张取得的利益不存在。

4. 使用消费他人之物，如甲、乙二人同名同姓同日生同住于A宿舍，各有姓名相同的女友丙、丁。甲生日，其女友寄来蛋糕，乙误以为是其女友丁所送，举行庆祝会，与其他同学共同享受。设乙家境清贫，一向没有食用生日蛋糕的习惯和支出该项费用的计划，则其使用消费的利益并未曾留存于财产上，按照差额说，可主张取得的利益不存在。

二、受领人其他财产上的损失

在差额说的理论架构中，通说强调，与取得利益的事实有因果关系的损失，均可列入扣除的范围；就该扣除的数额，受领人可主张利益不存在。其道理在于，受领人只能于受益的限度内将该利益还尽为止，不能因返还更受损失。同时应强调受领人可主张扣除的，限于其因信赖取得利益具有法律依据而遭受的损失。其理由有二：一是因果关系说过于广泛，应作适当限制；二是恶意受领人之所以应负加重责任，乃因其必须计及受领利益的返还，善意受领人之所以得减轻其责任，乃基于信赖其受利益具有法律上的原因，法律旨在保护善意受领人的信赖，从而他（它）得主张扣除的，亦应以信赖损失为限。依此见解，受领人就其财产上损失可以主张扣除的，有如下几种：其一，因取得该利益所支出的费用，如运费、关税等；其二，对受领物所支出的必要费用和有益费用，如动物的饲料费用；其三，受领人的权利因该项利益的受领而消灭，或其价值减少所产生的损失，如第三人丙因其错误向债权人甲清偿乙的债务，甲误信该清偿为有效而受领，导致毁损了债权证书，抛弃担保时，其原有债权受损害，也可主张扣除。当然在此情形下，为了平衡丙的利益，应该由甲保留受领的给付，而以甲对乙的债权让与丙。

第九百八十七条　得利人知道或者应当知道取得的利益没有法律根据的，受损失的人可以请求得利人返还其取得的利益并依法赔偿损失。

条文主旨

本条是关于恶意得利人的返还责任的规定。

条文解读

此处所说的恶意，是指受领人明知没有法律根据（无法律上的原因），包括受领时明知和其后明知，以及因过失而不知晓的情形。由于认定是否知道或者应当知道有没有法律根据（欠缺法律原因的认识）较为困难，受领人依其对事实的认识和法律上的判断知晓或者应当知晓其欠缺保有所获利益的正当根据（依据常识判断即可）时，就足够了，不以确实了解或者应当了解整个法律关系为必要。受领人为法人机关时，该机关的明知或者应知即为法人的明知或者应知。代理人的明知或者应知，应归被代理人负责。受领人为限制行为能力人的，应依其法定代理人的明知或者应知加以认定。

一、自始恶意的受领人的返还责任

1. 加重的返还责任。恶意受领人应将受领时取得的利益，附加利息，一并返还。

一是受领时取得的利益。受领时取得的利益，不仅包括该利益的本体，还包括本于该利益更有所取得。受领时取得的利益依其性质或其他情形而不能返还时，应偿还其价值额。恶意受领人不得主张所取得的利益不存在而免负返还责任。

二是就取得的利益附加利息。受领的利益为金钱时，应附加利息。受领的利益为金钱以外的形态时，可转变为损害赔偿。

三是损害赔偿。恶意受领人返还取得的利益（含利息），若仍不能弥补受害人的损失，就其不足部分，应另负损害赔偿责任。该种损害赔偿，请求权系不当得利制度上的制度，而非侵权责任法上的损害赔偿，不以受害人对损失的发生具有过错为要件。

2. 受领人的支出费用请求权。恶意受领人不得主张所取得的利益不存在，故因取得利益所支出的费用，如运费、税费等，不得主张扣除。

二、嗣后恶意的受领人的返还责任

受领人如果是嗣后知道或者应当知道欠缺法律上的根据，那么在知道或者应当知道欠缺法律上的根据之前，依据本法第986条的规定，仅就现存利益负返还义务，若所取得的利益不存在，亦可主张不负返还责任；在知道或者应当知道欠缺法律上的根据之后，才开始承担本条的加重责任。

第九百八十八条　得利人已经将取得的利益无偿转让给第三人的，受损失的人可以请求第三人在相应范围内承担返还义务。

条文主旨

本条是关于第三人的返还义务的规定。

条文解读

第三人所受利益，来自于得利人，并未导致受损人受损害，不成立本法第985条所规定的不当得利。但是对当事人的利益加以衡量，一方面受领人免负返还义务，另一方面第三人无偿取得利益，不合情理且显失公平。为了达到保护债权人的利益的目的，该条规定得利人将所取得的利益无偿转让给第三人时，第三人于受领人免负返还义务的限度内，承担返还义务。

需要注意的是“受损失的人”的解释，如果请求权人已经依据本法第986条或者第987条取得了完全的不当得利返还，那么就不是这里的“受损失的人”；只有没有依据第986条或者第987条取得完全的不当得利返还（或者没有选择第986条或者第987条，这里允许请求权的选择），才属于这里“受损失的人”。也即是说“受损失”这一要件排除了不当得利请求权人多重获利的可能性。

关于“无偿转让给第三人”，应该注意：（1）须为无偿转让，如赠与或遗赠。只要是有偿转让，不论是否支付合理对价，都不能够要求第三人承担返还义务。在半卖半送的廉价买卖（混合赠与）中，赠与部分仍可要求第三人承担返还义务。（2）须为原受领人所应返还的赠与物，包括所受利益以及基于该利益更有所得者。例如，受领人占有的A物品被他人毁损，他人以B物品代偿，善意受领人将B物品赠与第三人时，第三人对受损人仍负有返还B物品的义务。

后　记

《中华人民共和国民法典》已由第十三届全国人民代表大会第三次会议通过，自2021年1月1日起施行。为了更好地配合民法典的宣传、学习和实施，我们编写了这本《中华人民共和国民法典解读》。本书对《中华人民共和国民法典》进行了详尽的解释和说明，便于读者准确理解和把握立法原意。

本书由全国人大常委会法制工作委员会民法室主任黄薇同志任主编，参加本书撰写工作的作者还有杨明仑、杜涛、石宏、段京连、庄晓泳、孙娜娜、李恩正、朱书龙、宋江涛、孙艺超、马吾叶、罗鑫煌、魏超杰、王灯、朱虎、龙俊、许灿等。

作者

2020年6月

图书在版编目（CIP）数据

中华人民共和国民法典合同编解读 / 黄薇主编 . —
北京：中国法制出版社，2020
ISBN 978 -7 -5216 -0861 -8

Ⅰ. ①中… Ⅱ. ①黄… Ⅲ. ①合同法 - 法律解释 - 中
国 Ⅳ. ①D923. 65

中国版本图书馆 CIP 数据核字（2020）第 076095 号

责任编辑 卜范杰 王佩琳 周琼妮　　封面设计 蒋 怡

中华人民共和国民法典合同编解读

ZHONGHUA RENMIN GONGHEGUO MINFADIAN HETONGBIAN JIEDU

主编/黄薇
经销/新华书店
印刷/保定市中画美凯印刷有限公司
开本/880 毫米 ×1230 毫米 32 开　　印张/ 51. 625 字数/ 1057 千
版次/2020 年 7 月第 1 版　　2020 年 7 月第 1 次印刷

中国法制出版社出版
书号 ISBN 978 -7 -5216 -0861 -8　　定价：176. 00 元

北京西单横二条 2 号
邮政编码 100031　　传真：010 -66031119
网址：http：//www. zgfzs. com　　**编辑部电话：010 -66066621**
市场营销部电话：010 -66033393　　**邮购部电话：010 -66033288**

（如有印装质量问题，请与本社印务部联系调换。电话：010 -66032926）